사랑과 자본

LOVE &
CAPITAL

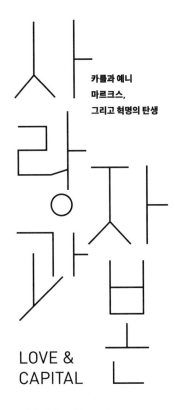

카를과 예니
마르크스,
그리고 혁명의 탄생

사랑과자본

LOVE &
CAPITAL

메리 게이브리얼 지음 │ **천태화** 옮김

모요사

존에게

그리고 할아버지를 추억하며

이 책을 바친다.

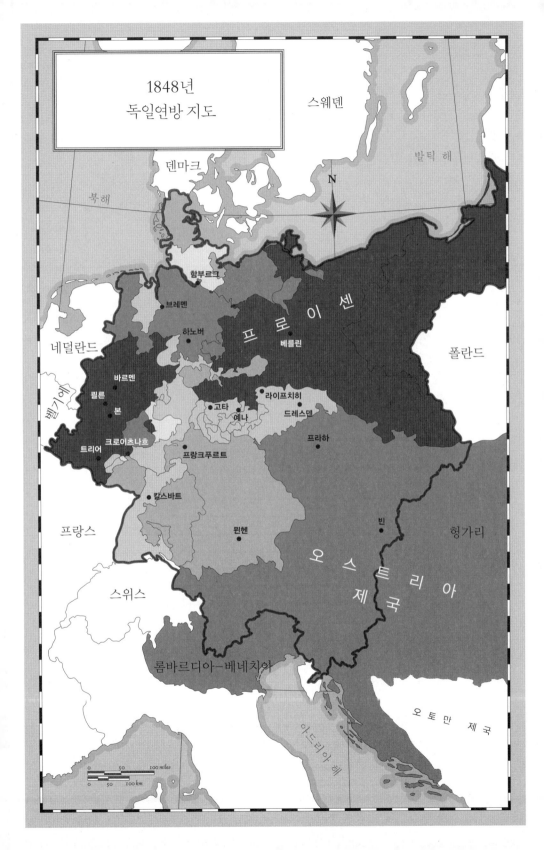

1848년
독일연방 지도

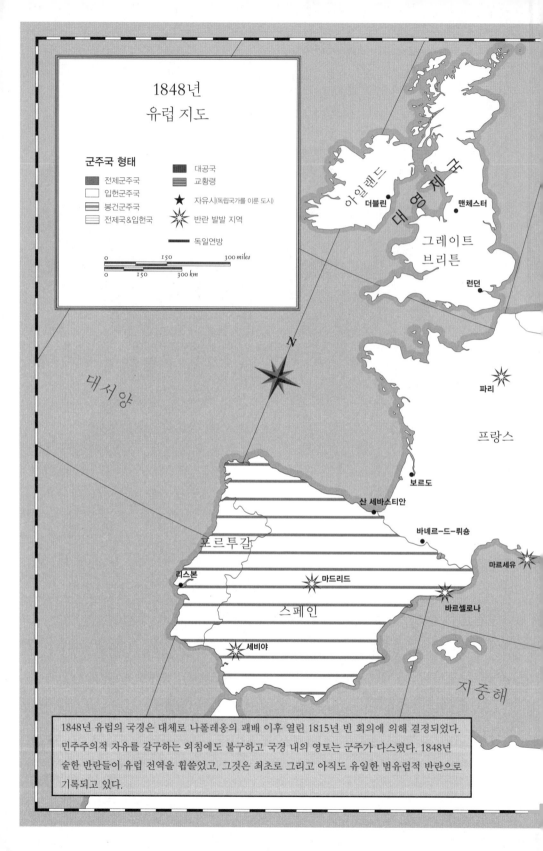

1848년
유럽 지도

군주국 형태

▪ 전제군주국   ▪ 대공국
□ 입헌군주국   ▨ 교황령
▤ 봉건군주국   ★ 자유시(독립국가를 이룬 도시)
▥ 전제국&입헌국   ✳ 반란 발발 지역

── 독일연방

0 ___ 150 ___ 300 miles
0 ___ 150 ___ 300 km

아일랜드
더블린
대영제국
맨체스터
그레이트
브리튼
런던

대서양

N

파리

프랑스

보르도
산 세바스티안
바녜르-드-뤼숑
마르세유

포르투갈
리스본   마드리드
바르셀로나
스페인
세비야

지중해

1848년 유럽의 국경은 대체로 나폴레옹의 패배 이후 열린 1815년 빈 회의에 의해 결정되었다. 민주주의적 자유를 갈구하는 외침에도 불구하고 국경 내의 영토는 군주가 다스렸다. 1848년 숱한 반란들이 유럽 전역을 휩쓸렸고, 그것은 최초로 그리고 아직도 유일한 범유럽적 반란으로 기록되고 있다.

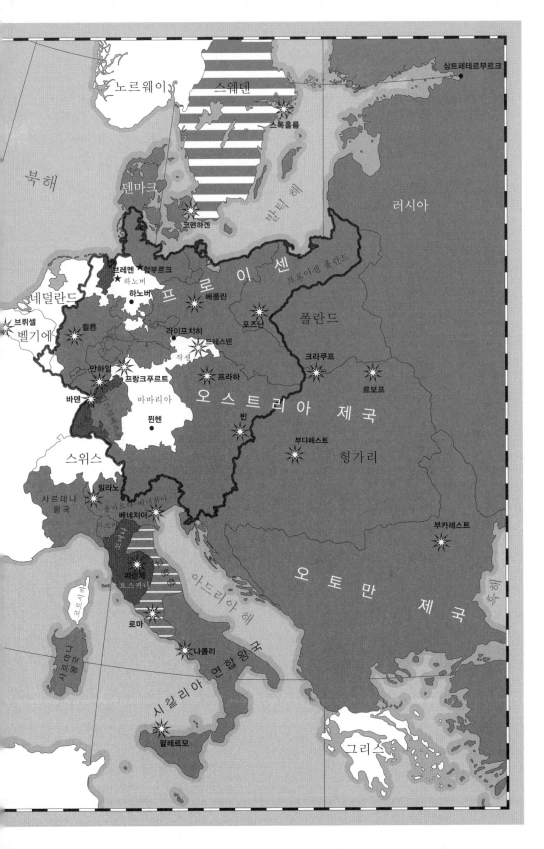

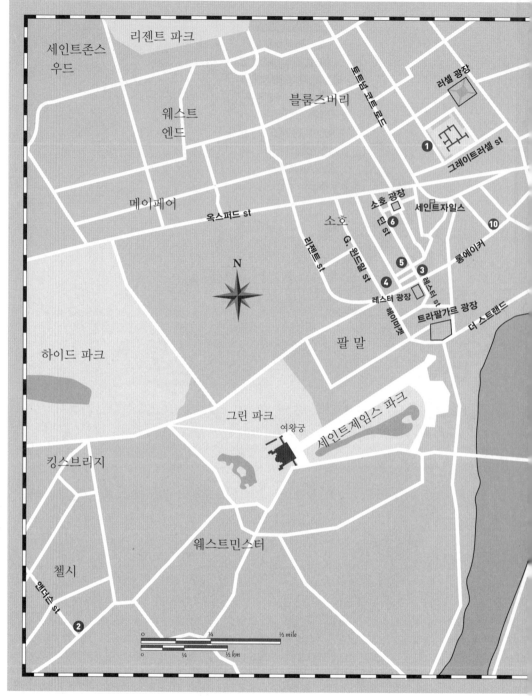

주요 위치 **1** **영국 박물관**

      2 **앤더슨 스트리트 4번지** 마르크스 가족의 최초 런던 거주지.

      3 **독일 호텔** 마르크스 가족이 도착해서 머문 곳.

      4 **레드라이언 주점** 독일 망명자들이 만나고 공산주의자동맹을 결성한 곳.

      5 **딘 스트리트 64번지** 마르크스 가족이 처음 거주한 딘 스트리트 아파트.

      6 **딘 스트리트 28번지** 마르크스 가족이 오랫동안 머문 딘 스트리트 거주지.

      7 **그래프턴 테라스 46번지** 마르크스 가족이 두 번째로 오래 머문 런던 거주지.

1883년 런던

카를 마르크스가 사망한 해인 1883년경의 런던.
마르크스 가족은 1849년 런던으로 이주했다. 마르크스가 자신의
가장 중요한 저작을 쓰고, 부부가 딸들을 양육했던 곳이다.

- 첸서리 레인
- 페린던 st
- 플리트 st
- 런던 시
- 리버풀 st ⑪
- 템스 강
- 런던 탑
- ⑭ 워터로 파크
- 햄스테드 히스
- 켄티시타운
- 햄스테드
- 해크니
- 하버스톡 힐 ⑦ ⑧⑨
- 빅토리아 파크
- 프림로즈 힐 ⑫ ⑬
- 캠든타운
- 리젠트 파크
- 이즐링턴
- 쇼디치
- 보우
- 도클랜즈
- 하이드 파크
- **센트럴 런던**
- 시드넘
- 그리니치

8   **모데나 빌라스 1번지** 마르크스 가족이 세 번째로 오래 머문 런던 거주지.
9   **메이틀랜드 파크 로드 41번지** 마르크스 가족이 네 번째로 오래 머문 거주지. 이곳에서 마르크스와 예니가 사망했다.
10 **성마틴 홀** 제1인터내셔널이 탄생한 곳.
11 **리버풀 스트리트** 「공산당 선언」이 인쇄된 곳.
12 **리젠트 파크 로드 122번지** 엥겔스가 런던으로 돌아온 이후 머문 집.
13 **리젠트 파트 로드 41번지** 엥겔스의 마지막 런던 거주지. 이곳에서 엥겔스가 사망했다.
14 **하이게이트 공동묘지** 마르크스 가족이 묻힌 곳.

내가 마르크스의 가족 이야기를 처음 접한 것은 런던의 한 잡지 뒷부분을 뒤적일 때였다. 런던의 유명인들에 관한 기사였는데 그중 한 대목이 내 시선을 사로잡았다. 성년까지 살아남은 카를 마르크스의 세 딸 중 둘이 자살로 생을 마감했다는 내용이었다. 나는 기사를 읽다가 내가 마르크스의 가족이나 그의 개인적 삶에 대해서 거의 아는 바가 없다는 사실을 깨달았다. 내게 그는 하이게이트 공원묘지의 화강암 기단 위에 놓인 거대한 두상이자, 수백 권의 책 속에 표현된 이론의 총체일 뿐이었다. 나는 그가 세상을 뒤바꿀 이론을 창안하기 위해 분투하는 동안 그의 일상을 돌보았던 여인들에 대해서는 단 한 번도 떠올려본 적이 없었던 것이다. 그리고 유럽 사회주의의 태동과, 러시아에서 아프리카까지, 아시아에서 카리브 해까지 공산주의가 퍼져 나가는 데 이론적으로 기여했던 한 인간의 삶에 대해서도 무지했다.

나는 그들의 이야기를 찾아 읽기 시작했다. 그리고 내가 발견한 사실은 마르크스의 철학과 모든 말들이 그 뉘앙스까지 철저히 분석되었고 상상할 수 있는 모든 정치적 전망 속에서 다수의 마르크스 전기들이 출간되었음에도 불구하고, 마르크스의 가족을 전면적으로 다룬 책은 영어권에서는 단 한 권도 없다는 것이었다.● 마르크스에 관한 많은 책들 중에서 그의 아내 예니와 자녀들, 그리고 가족이나 다름없었던 프리드리히 엥겔스와 헬레네 데무트의 삶에 대해 온전히 주의를 기울인 책은 없었다. 예니 마르크스와 마르크스의 막내딸, 엘레아노르를 다룬 전기는 몇 권 있었다. 그렇지만 그들의 인생 역정이나 분투가 마르크스의 작업에 끼친 영향에 대해서 제대로 평가한 책은 없었다. 그래서 나는 그 일을 시도해보기로 마음먹었다.

나는 먼저 마르크스의 가족 구성원들이 서로 간에, 그리고 그들 각각의 지인들

● 비영어권 서적들에 대해서는 단언할 수 없다. 하지만 마르크스의 성장기부터 딸들의 사망까지 다룬 책은 아직 만나지 못했다.(저자 주)

과 육십 년이 넘는 기간 동안 주고받은 수천 페이지의 서한을 모으는 일부터 시작했다. 그 대부분은 모스크바의 기록보관실에 있었고, 영어로 출간된 적도 없었다. 나는 마르크스 가족이 언급된 먼 친척이나 친구들의 편지들도 이용했다. 그 수많은 문건들을 연대순으로 묶어 읽어 내려가자, 여러 인물들이 그들 주변에서 일어난 사건들을 두고 서로에게 말하는 소리가 점차 들리기 시작했다. 나는 그들의 일상적인 대화를 들을 수 있었다. 이십 년 동안 마르크스와 엥겔스는 거의 하루도 빼놓지 않고 서신을 교환했으며, 마르크스의 아내와 딸들도 그에 못지않게 많은 편지를 남겼다. 그렇게 해서 서서히 떠오른 영상은 바로 훗날 세상이 마르크스주의라고 기억하게 되지만 그들의 생애에서는 거의 대부분 카를 마르크스의 머릿속에만 머물고 있었던 이념을 위해 모든 것을 희생한 가족의 모습이었다. 그의 이념은 세상으로 나오기까지 부단한 좌절을 겪어야만 했다.

내가 발견한 이야기는 네 자녀의 죽음, 빈곤, 질병, 사회적 추방, 그리고 마르크스가 다른 여인에게서 사생아를 얻었을 때 느꼈을 돌이킬 수 없는 배신감에도 불구하고 한 부부간에 유지되었던 열정적이고 지칠 줄 모르는 사랑에 관한 것이다. 또한 아버지를 숭배했고, 그의 원대한 사상을 위해 자신의 꿈을 접고, 심지어 아이까지 잃으면서도 헌신했던 세 젊은 여인들의 삶에 관한 이야기다. 그것은 19세기 유럽을 휩쓴 혁명의 격랑에 뛰어든 명석하고, 호전적이고, 성마르고, 유쾌하고, 열정적이고, 형언할 수 없이 비극적인 일단의 사람들에 대한 이야기다. 무엇보다도 개인적, 정치적으로 가혹한 현실에 의해 좌절된 희망에 관한 이야기다.

나는 마르크스의 직접적인 언명을 근거로 볼 때, 지난 125년간 그의 전기에 기술된 사건들 중 정치적, 개인적 이유로 인해 왜곡되거나 잘못 해석된 부분이 상당히 많음을 발견했다. 논란의 중심에 선 인물의 경우 항상 이런 일이 발생하기 마련이다. 나는 그중에서도 마르크스가 가장 대표적인 경우라고 감히 말하겠다. 그런 예들 중 몇 가지는 이미 잘 알려져 있다. 1883년 마르크스가 사망한 직후 추종자들에 의해 그의 경력을 세탁하는 작업이 시도되었다. 그의 가난과 주벽에 대한 언급을 제거하고, 심지어 그가 대학시절부터 무어인Mohr이라는 별명으로 불렸던 사실까지 말살하려 했다. 나중에 냉전 기간 동안, 그리고 베를린 장벽이 무너진 이후에도 다시 그의 전기는 동서 간의 치열한 이데올로기 격전장이 되었다. 그의 구체적인 삶, 더 나아가 그의 가족들의 삶까지도 저술자가 그를 공산주의 성자로 기술하는지 아니면 망상에 사로잡힌 범죄자로 기술하는지에 따라 달라졌다. 저자가 어떤 자본의 지원을 받아 책을 썼는지 안다면 책 속에 어떤 마르크스의 삶이 담겨 있는지도 쉽게 추측할 수 있을 정도였다.

마르크스를 중상하는 사람들은 그가 노동자를 위해 싸우는 척하면서 화려한 생활을 한 부르주아였다고 자주 비난하곤 한다. 이런 공세는 이미 오래전 그가 살아 있을 때부터 그와 그의 작업을 폄훼하려는 의도로 집요하게 제기되어왔다. 반면에 마르크스를 사회주의자들의 우상으로 우뚝 세우고 싶어 하는 자들은 그가 헬레네 데무트의 아들인 프레디의 아버지였다는 사실을 부정하기 위해 갖은 애를 썼다. 모스크바의 기록보관소에는 당 위원들이 프레디의 출생에 관해 토론한 편지들이 보관되어 있다. 그러나 요제프 스탈린은 마르크스-엥겔스연구소 소장인 다비드 랴자노프로부터 그 편지들에 관해 보고 받았을 때 사소한 문제라며 "편지들을 보관소 깊숙이 묻어두라"[1]고 지시했다. 이후 오십 년 가까이 그 편지들은 공표되지 않았다.

당시에 만들어진 오해와 잘못된 인물 설명에 관한 사례는 그밖에도 많지만, 대부분 위의 예와 같이 마르크스 학자들에 의해 발견되어 대체로 교정되었다. 그렇지만 불행히도 마르크스뿐만 아니라 그 지인들에 대한 전기에서도 여전히 사실처럼 그대로 반복되고 있는 일들도 있다. 일차 자료인 주요 인물들의 직접적인 언급—특히 많은 연구자들이 간과한 마르크스의 여인들이 쓴 편지들—으로 돌아가서 나는 여전히 남아 있는 미스터리들을 정리하려고 시도했다(물론 마르크스는 필요한 경우 사실도 왜곡한 것으로 잘 알려져 있기 때문에, 그가 진실이라고 말했다고 해서 꼭 그렇지 않을 수도 있다. 그런 경우에는 사건에 대한 그의 언급이 완전히 신뢰할 만한 것은 아니라는 점을 적시하려고 노력했다).

나는 마르크스의 가족사가 그 자체로 많은 이야기를 담고 있을 뿐만 아니라, 그들의 삶이 현대 자본주의의 태동을 배경으로 하고 있기 때문에 마르크스 사상의 형성에도 많은 영향을 끼쳤음을 발견했다. 19세기 자본주의 체제는 마르크스의 딸들이 성장해간 과정과 시기적으로 일치한다. 세기말에 딸들이 노동자를 대변해 싸웠던 투쟁은 아버지가 19세기 중반에 싸웠던 것과 양상이 사뭇 달랐다. 마르크스의 투쟁은 비교적 온순했지만, 딸들의 투쟁은 더 격렬했다. 사실 이 부분은 내가 글을 써나가면서 더욱 중요하게 다뤄졌다.

　내가 이 프로젝트를 시작할 때의 세계는 지금과 매우 달랐다. 자본주의 체제가 세계를 지배했다는 것을 의심하는 사람은 거의 없었다. 자본주의는 주기적 활황 사이클의 정점에 도달해 있었다. 그러나 내가 자료 조사를 마치고 집필에 들어갈 무렵, 금융위기가 시작되었고, 그 위기가 2008년 가을에 첫 번째 정점에 이르면서 체제의 완결성에 대한 믿음을 뒤흔들어놓았다. 경제학자를 비롯한 여러 학자들이 자유시장자본주의의 장점에 대해 공공연하게 회의하기 시작했고, 어떤 대안이 있을지 고민하게 되었다. 이런 혼란의 결과로 마르크스의 저작들이 지닌 선견지명이 재평가되고 주목받기 시작했다. 현대 자본주의의 여명기라고 할 수 있는 1851년에 그는 이미 이런 결과를 예측했던 것이다. 임박한 혁명에 대한 예견은 결국 틀린 것으로 드러났고, 그가 꿈꾸었던 무계급 사회는 다소 공상적이었지만(그는 아니라고 반박하겠지만), 자본주의의 약점에 대한 그의 분석은 섬뜩할 정도로 정확하다는 것이 판명되었다. 그래서 나는 원래의 계획 — 마르크스의 가족사만 다루는 것 — 에서 마르크스의 이론을 더 많이 포함시키고 노동자계급 및 노동 운동의 발전을 전면적으로 다루는 것으로 집필 계획을 수정할 수밖에 없었다. 그렇지만 마르크스의 가족사도 그런 요소들을 배제한 상태에서는 결국 완벽할 수 없었을 것이라고 나는 생각한다. 그것이 그들이 살았던 삶이다. 마르크스의 가족들은 정치적, 사회적, 경제적 혁명 속에서 먹고 자고 숨 쉬었다. 그리고 마르크스에 대한 무한한 사랑은 그들을 한데 묶어주는 단단한 동아줄과 같은 것이었다.

　플루타르코스는 서기 120년 세상을 떠나기 전까지 로마와 아테네의 위인들에 대한 전기를 쓰면서 위인들을 이해하는 열쇠는 전장에서의 승리나 사회적 성공에서가 아니라 사생활, 성격, 심지어 몸짓이나 한마디 말 속에서 발견될 수 있다고 지적한 바 있다. 나는 플루타르코스의 말처럼 마르크스의 가족 이야기를 통해 독자들이 마르크스를 더 잘 이해할 수 있을 것이라고 믿는다. 또한 그 당시 그들이 자라난 사회 환경 속에서 대체로 지원자 역할에 머물 수밖에 없었던 여성들이 마르크스의 인생에서 기여한 부분도 독자들이 정당하게 평가할 수 있게 되기를 바란다. 나는 그들의 용기와 강인함, 그리고 명석함이 너무 오랫동안 그늘 속에 묻혀 있었다고 생각한다. 그들이 없었다면 카를 마르크스도 없었을 것이고, 카를 마르크스가 없었다면 세상은 우리가 알고 있는 것과 많이 달라졌을 것이다.

　이 책을 쓰면서 나는 독자들을 어느 방향으로 이끌지에 관해 몇 가지 선택을 해야 했다.

　마르크스의 가족은 서로에게 여러 언어로 편지를 썼다. 영어, 프랑스어, 독일어 ― 가끔은 세 가지 모두 ― 로 썼으며 이탈리아어, 라틴어, 그리스어를 불쑥불쑥 끼워 넣기도 했다. 나는 독자들이 번역문을 찾아 번번이 후주를 뒤적이게 하기보다는 영어로 통일시키기로 결정했다. 단 편지의 내용에서 언어가 핵심 요소이거나 누구나 이해할 수 있는 의미일 때는 예외로 했다.

　또한 일부 편지에는 인종주의적 언급이 담겨 있었는데 이 책에서는 배제했다. 왜냐하면 첫째, 내용과 밀접한 관련이 없는 것이었고, 둘째, 당시의 기준에서는 전혀 이상할 게 없는 표현이었기 때문이다(미국에서는 여전히 노예제가 존재했었다). 그렇지만 그런 표현들은 현대 독자들의 주의를 끌 게 분명하다. 나는 인종주의적 단어들(수천 페이지의 편지에 비하면 그다지 많이 나오는 것도 아니다)을 포함시킨다면 공연히 독자들의 주의만 흩뜨려놓을 뿐이라고 생각했다. 마르크스와 예니가 인종주의자가 아니라는 사실은 너무나도 명백하다. 왜냐하면 그들은 딸이 혼혈인 젊은이와 결혼하는 것에 반대하지 않았고, 마르크스는 노예제에 대해 단호한 반대 입장을 표명했기 때문이다. 그 가족을 이해하는 데 그런 구절을 넣는 것이 필요하다고 생각했다면 물론 그렇게 했을 것이다. 그렇지만 나는 그런 말들이 그들의 부정적인 성향을 반영하는 것이 아니라, 단지 그들이 살았던 사회상을 보여주는 것일 뿐이라고 믿는다. 마르크스, 예니, 그리고 엥겔스가 (보통 페르디난트 라살레에 대해 말할 때) 가끔 반유대주의적인 표현을 사용한 것도 마찬가지다. 마르크스가 반유대주의자였는지에 대해서는 많은 연구가 이루어졌다. 나는 그 논쟁은 다른 사람들에게 맡기기로 하고 여기서는 그런 자료를 이용하지 않았다. 마르크스 자신이 유대인이었기 때문에 나는 마르크스, 예니, 그리고 엥겔스가 반유대주의적인 표현을 사용한 것 역시 어떤 뿌리 깊은 편견에서라기보다 19세기 문화의 반영에 불과한 것이라고 믿는다.

차례

천재는 오직 자기 자신에게만 책임이
있다. 오직 혼자만이 어떤 목적이
성취되어야 하는지 알고, 오직 혼자만이
그 수단을 정당화할 수 있기 때문이다.

—오노레 드 발자크

1851년
런던

부가 늘어남에도 불구하고 궁핍이 줄지
않는 사회는 핵심부에 무엇인가가 썩어
있음이 분명하다.

―카를 마르크스[1]

자욱한 안개 속에서 그들은 유령처럼 나타났다. 런던으로 몰려든 수만 명은 소호Soho 지구의 딘스트리트Dean Street를 따라 골목과 건물들 앞을 배회하고 있었다. 빅토리아 여왕 시대의 런던은 세계에서 가장 부유한 도시였다. 북해의 어둡고 사나운 바다 위에 불 밝힌 등대처럼 런던은 불운하고 친구가 없는 자들에게 피난처를 제공했다. 빈곤과 기아를 피해 몰려온 아일랜드인들이 그 시작이었다. 그러나 반란의 물결이 대륙을 휩쓴 후엔 독일인, 프랑스인, 헝가리인, 이탈리아인들이 제각각 이국적인 복장을 한 채 배를 가득 메우고 바다를 건너 런던의 거리로 꾸역꾸역 몰려들었다. 그들은 군주제를 타도하고 가장 기초적인 자유를 쟁취하려고 시도하다가 실패해 정치적 난민이 된 사람들이었다. 혹독한 추위와 휘몰아치는 빗발 속에 선 그들에게는 이제 인권을 위한 투쟁이란 배부른 소리로 들릴 수도 있었다. 그들의 등대가 되었던 런던은 신기루에 불과했다. 도시는 그들에게 문호를 개방했지만 아무것도 베풀지 않았다. 그들은 굶주렸다.

도시의 소음 속에서 고통스런 절규의 불협화음이 밤낮없이 이어졌다. 이주민들은 살아남기 위해 옷가지, 단추, 구두끈 등 팔 수 있는 모든 것을 팔았다. 하지만 대부분의 경우 시간제로 또는 일당으로 자기 자신을 팔았다. 날품팔이나 매춘이었다. 그런 남자와 여자들은 비탄을 추레한 망토처럼 걸치고 살았다. 궁핍은 근면한 자들도 범죄로 내몰았다. 갓 도축해 김이 무럭무럭 나는 고기와 알싸한 치즈를 운반하는 수레들은 부자들의 동네를 향하면서 소호 광장이나 세인트자일스^{St. Giles} 가를 지날 때면 도둑과 강도를 피하기 위해 속도를 높였다.² 그렇지만 사실 난민 대부분은 훔치거나 강도짓을 하기에는 너무나도 허약한 상태였다. 그들은 희망에 들떠서 영국을 향한 기나긴 여정에 올랐었다. 이제 그들을 지탱해주는 것 중에 남은 것이라곤 조각난 꿈뿐이었다.

딘스트리트에 있는 3층 건물의 두 칸짜리 다락방에서 서른세 살의 프로이센 출신 망명객이 창밖 아래로 보이는 거리의 사람들을 비참한 삶으로 몰아넣은 체제를 비난하며 그에 대한 전쟁을 선포하느라 열을 올리고 있었다. 그는 자신의 진의를 숨기려는 어떤 시도도 하지 않았다. 바느질감, 장난감, 이 빠진 컵, 기타 잡동사니들이 산더미처럼 쌓인 집 안의 유일한 탁자 한 귀퉁이에서 그는 혁명의 청사진을 휘갈기고 있었다. 그에게는 집 안의 소음도 들리지 않았고, 그의 커다란 등짝을 놀이 삼아 오르는 아이들도 방해가 되지 못했다.

영국 전역에서 미래를 꿈꾸는 남자들은 그와 비슷하게 방구석에서 일에 몰두하고 있었다. 다윈은 조개를 관찰했고, 디킨스는 자신이 가장 아끼는 작품인 『데이비드 코퍼필드^{David Copperfield}』를 막 마무리한 상태였으며, 바잘게트는 런던의 지독한 오수를 처리할 거대한 지하 하수도 시스템을 구상하고 있었다. 그리고 소호의 그 방 안에서는 카를 마르크스가 시가를 깨물고 왕조와 자본주의를 전복할 계획을 짜고 있었다.

마르크스의 혁명은 망명자들이 자신들의 은밀한 모임에서 상상에 불과한 전리품을 나누며 지지하는, 그래서 마르크스가 술집에서의 허세라고 조롱해 마지않던 것들과는 차원이 달랐다. 그리고 구체적인 수단에 대한 어떠한 개념도 없이 이상적인 사회를 꿈꾸기만 하는 프랑스 사회주의자들의 유토피아적인 반란과도 달랐다. 그의 혁명은 어떤 사람이 다른 사람을 착취해서는 안 되며, 역사는 착취당하던 대중이 언젠가 승리하는 쪽으로 전개될 것이라는 기본적인 전제에 뿌리를 둔 것이었다.

그렇지만 대중은 자신들이 정치적 힘은 고사하고 목소리를 낼 수 있다는 사실조차 모르고 있다는 점을 마르크스는 잘 알고 있었다. 그들은 경제와 정치 체계가 어떻게 작동하는지에 대해서도 무지했다. 마르크스는 자신이 19세기 중반의 현상을 만들어낸 역사의 경로를 설명할 수 있다면 자본주의의 수수께끼도 밝힐 수 있을 것이며, 그렇게 된다면 새로운 무계급 사회를 건설할 이론적 토대를 제공할 수 있게 될 것이라고 확신했다. 그런 토대 없이는 끊임없는 혼란만 초래할 뿐이었다. 그동안 그의 가족들은 희생해야 할 것이다. 그가 자신의 책 『자본론』을 완성할 때까지 어쩔 수 없이 견뎌내야만 할 것이다.

사실 마르크스의 자녀들은 이미 빈곤에 잘 적응되어 있었다. 마르크스의 가족과 길거리의 더 불운한 자들 간의 간극은 그들이 살고 있는 3층 건물 높이만큼도 되지 않았다. 마르크스가 집필을 시작한 해인 1851년까지 자식 중 둘이 영양 결핍으로 죽었고, 그 작은 시신들은 다른 아이들이 먹고 뛰놀던 방 안에 궤짝같이 허름한 관 속에 눕혀져 있었다. 한때 프로이센 남작의 영애寧愛로서 미모에 대한 찬사를 한 몸에 받던 부인 예니는 무자비하게 그들의 방문을 두드리는 빚쟁이들에게 돈을 갚기 위해 은식기부터 신발까지 세간을 가지고 전당포를 전전하는 신세로 전락해 있었다. 그리고 마르크스의 장난꾸러기 아들 에드가는 아일랜드 아이들 틈에서 어울리고 도둑질을 배우며 거리의 가르침을 빨아들이고 있었다.

그렇지만 예니와 마르크스에게 가장 큰 걱정거리는 딸들이었다. 아이들이 노는 공간에는 항상 망명객들로 북적였는데 그곳은 늘 시가와 파이프 담배 연기로 자욱했으며, 아이들의 귀는 상스러운 대화와 혁명의 단어들로 채워졌다.

에드가는 그런 환경에서도 잘 자랐다. 이 아이는 술 취한 도망자의 이야기를 즐겼으며 아버지의 친구들이 가르쳐준 혁명가를 목청껏 불러 젖혀서 마르크스를 기쁘게 했다. 하지만 딸들의 경우는 평생의 가난을 모면할 유일한 희망이 상류사회의 아가씨들과 어울릴 수 있는 부르주아적 교육이라는 사실을 마르크스 내외가 모를 리 없었다. 대의에 대한 강렬한 열정에도 불구하고, 마르크스와 예니는 딸들이, 머리엔 급진적 공상이 가득하지만 배 속은 텅 빈 채 딘스트리트의 좁은 계단을 올라 귀가하는 남자와 일생을 함께하며 비참하게 사는 것을 원치 않았던 것이다.

예니는 다른 누군가가 쓰다 버린 고물가구들로 가득한 형편없는 아파트에서 자녀들을 구차하게 키울 수밖에 없는 운명이 한스러웠다. 그리고 그것만큼이나 항상 그녀를 괴롭혔던 것은 한 번만 더 집세가 밀리면 집주인이 가족들을 아래 길거리로 쫓아낼지도 모른다는 불안감이었다. 수입은 항상 연기처럼 사라졌고, 저축은 진공 상태였다. 가족의 생존 자체가 친구의 우의나 상점 주인의 자비에 달려 있었다.

마르크스는 예니에게 그녀와 아이들이 평생 그런 고통을 견뎌야 할 필요는 없다고 장담했다. 일단 책이 출판되기만 하면 곧 유복한 삶을 누리게 될 것이며 세상은 그들의 희생정신에 감사하게 되리라는 것이었다. 1851년 4월, 마르크스는 낙관에 젖어 절친한 친구이자 동료인 프리드리히 엥겔스에게 "지금 굉장한 진척을 보이고 있기 때문에 5주 정도면 경제학 전체를 완성할 수 있을 것 같네"[3]라고 말했다. 그렇지만 『자본론』은 그 후 십육 년이 흘러서야 겨우 마무리되었고, 출간된 후에도 노동자들의 봉기를 촉발하기는커녕 잔물결조차 일으키지 못했다.

마르크스의 가족들은 그 푸대접받는 걸작을 위해 모든 것을 희생했던 것이다. 예니는 일곱 아이 중 넷을 땅에 묻어야 했고, 남은 세 딸이 제대로 성장하기 위해 필요한 모든 것을 박탈당하는 모습을 지켜봐야 했으며, 한때 사랑스러웠던 자신의 얼굴이 병색으로 찌들어가는 것을 경험했고, 카를이 다른 여인으로부터 사생아를 얻었을 때 극도의 배신감을 맛봐야 했다. 그래도 그녀가 살아서 딸들의 비극적 종말까지 보는 일은 일어나지 않았다 — 그녀 사후에 세 딸 중 둘이 자살했던 것이다.

결국 그들 가족이 소유했던 것이 있다면, 마르크스의 사상뿐이었다. 그것도 그들 생애 대부분의 기간 동안은 그의 난해한 머릿속에서 태동하는 폭풍으로만 존재했으며 그것을 이해하거나 인정해주는 사람은 거의 없었다. 그럼에도 불구하고 마르크스는 굶주린 시절에는 전혀 가망이 없을 것 같았던, 하지만 그가 그토록 하고자 했던 일을 마침내 해내고 말았다. 바로 세상을 변화시킨 것이다.

I부

마르크스와
남작의 딸

1

1835년
독일 트리어

> 그녀는 음미해볼 만한 진정한 열정을,
> 그리고 무엇보다도 보호받고 지원받아야
> 할 흥미로운 약점을 필요로 했다.
>
> —오노레 드 발자크[1]

예니 폰 베스트팔렌은 트리어Trier에서 가장 매력적인 아가씨였다.

물론 훨씬 부유한 집안에다 아버지가 더 높은 귀족 반열에 든 아가씨들도 있었다. 그리고 더 매력적인 외모를 지닌 여인들도 있었을 것이라는 점은 의심의 여지가 없다. 그렇지만 태생적이건 신흥계급이건 지역 귀족사회에서 나름대로 상당한 지위를 지닌 여성들 중에서 그녀만큼 재색을 겸비한 경우는 없다는 것이 중론이었다. 아버지 루트비히 폰 베스트팔렌 남작은 모젤Mosel 강가에 자리 잡은 인구 만 2천 명 규모의 아담한 도시인 트리어의 지방정부 고문관으로서 프로이센 정부의 일원이자 높은 급료를 받는 고위 공직자였다.[2] 루트비히의 선친은 7년 전쟁에 참전해 귀족 지위를 얻고, 아가일과 앵거스[3] 두 백작의 후손인 스코틀랜드의 장관 딸과 혼인했다. 예니라는 이름은 스코틀랜드 혈통의 할머니에게서 따온 것이며, 녹색 눈동자와 짙은 적갈색 머리카락, 그리고 불같은 성격의 반골 기질도 할머니를 닮았다. 아치볼드 아가일은 에든버러에서 참수형을 당한 스코틀랜드의 자유운동 투사였으며, 다른 친척인 종교개혁가 조지 위샤트 역시 그 도시에서 말뚝에 묶인 채 화형에 처해졌다.[4]

그렇지만 1831년의 예니는 정치적 저항과는 거리가 멀었다. 당시 열일곱 살이었던 그녀는 트리어 여기저기서 개최된 무도회에 늘 참석했다. 그곳은 여인들이 화려한 의상과 머리 모양을 뽐내는 곳이었고, 남성들은 고급스런 야회복을 입고 우아한 예절로, 무엇보다도 가장 중요한 상품인 재력으로 여성들에게 구애하던 곳이었다. 그곳은 촛불로 밝힌 시장으로서 젊은 아가씨들이 거래되는 곳이었으며, 예니는 자기 외모의 가치를 완벽히 인지한 채 상대를 바꿔가며 춤을 추었다. 사회적 기대치와 경계境界는 무도장에서 예니 같은 귀족들을 다른 사람들과 구분지어놓았던 벨벳 로프*만큼이나 뚜렷한 것이었다.[5]

예니의 이복 오빠인 페르디난트는 4월에 양친에게 보낸 편지에서 그녀에게 구혼한 여러 남자들을 품평하며 그녀에게 신중한 입장을 견지할 것을 권했다.[6] 그러나 그해 여름 한 파티에서 상황이 바뀌었다. 그곳에서 예니는 젊은 장교, 카를 폰 파네비츠를 만났다. 그가 사교적인 저녁시간을 불같은 열정으로 마무리하면서 예니에게 청혼했던 것이다. 예니는 즉시 수락함으로써 가족들, 특히 그녀의 아버지와 항상 보호자 역을 자임한 페르디난트 오빠를 놀라게 했다. 하지만 곧 후회할 수밖에 없는 성급한 결정이었다. 몇 달 후 그녀는 사회적 관습을 어기고 파혼해버렸다.[7]

스캔들은 트리어에 널리 퍼져 나갔다. 페르디난트의 부인인 루이제는, 그해 12월에 예니는 아버지가 사태를 수습하는 동안 의기소침해져서 스스로 세상과 담쌓고 고독한 시간을 보냈다고 적고 있다.[8] 그렇지만 크리스마스이브가 되자 예니는 활기를 되찾았고, 가족 모두도 실패한 로맨스의 기억을 뒤로하고 다시 행복해질 수 있었다. 루이제는 자기 부모에게 보낸 편지에서, 그녀의 표현을 빌리자면 베스트팔렌 가家의 이상하게 관용적인 축제 분위기에 대해 충격과 혐오감

● velvet rope, 극장이나 연회장에서 통로 등의 가이드라인으로 사용되는 줄.

을 드러냈다. "예니는 아무런 감정이 없는 성격인 게 분명해요. 그렇지 않다면 불행한 (전)약혼자를 동정해서라도 그런 축제 분위기에 강한 거부감을 보였어야 해요…… 폰 파네비츠 씨의 뒤를 이을 첫 번째 사람이 나타날 때까지 얼마나 시간이 흘러야 할지…… 후보자들이 모두 파네비츠의 예를 보면서 주눅 들어 있답니다."⁹

그렇지만 예니는 청혼을 수락했다가 파혼하는 과정을 거치면서 사실 자기 또래 아가씨들의 마음을 짓누르고 있던 결혼이라는 악령을 한시적이나마 몰아냈던 것이다. 그녀는 다시 사교계로 복귀했지만 이제 그곳에는 입소문에 오르거나 가족의 주의를 끌 만한 남자들은 없었다. 대신 그녀는 아버지의 가르침 아래 공부를 시작했다. 여러 가지 격렬한 낭만주의와 사회주의라고 불리는 프랑스의 새로운 유토피아 철학이 그것이었다. 예니는 특히 낭만주의에 몰입했다.¹⁰ 그것이 독일의 작가, 음악가, 철학자들에 의해 주도되었기 때문이었다. 그들에 따르면 지고의 선은 이상을 위해 사는 것이었다. 개인의 자유를 침범하는 모든 것을 거부하고 더욱 중요한 것으로 창조하는 것, 즉 새로운 철학, 예술작품, 또는 사람들이 상호 교류할 수 있는 더 나은 방도를 만들어내는 것이야말로 지고의 선이었다. 그리고 꼭 성공할 필요도 없었다. 중요한 점은 어떤 대가를 치르더라도 꿈을 좇아 끝까지 밀어붙이는 것이었다.¹¹ 예전에는 지고의 신성에서 발산되는 것으로 여겨진 빛이 이제는 인간의 내적인 것으로 전환되었다. 인간의 개인적 추구가 이제 신성한 것이 된 것이다.¹²

약혼에 대한 작은 저항(당시의 사회 분위기에서는 결코 작은 일이 아니었다) 때문에 빚어진 일에서 회복하려고 애쓰던 예니에게 낭만주의는 가슴 벅찬 영웅담이었다. 그리고 자신이 처한 현실을 차치하고라도 그녀는 그 운동을 수용할 또 다른 이유를 발견했다. 낭만주의자들 중 일부가 여성의 동등한 권리를 옹호했던 것이다. 독일의 철학자 임마누엘 칸트는 "다른 사람에게 의존하는 사람은 더 이상 사람일 수 없다. 그는 자신의 입지를 상실한다. 그는 다른 사람의 소유물에 불과하다"¹³라고 선언했다. 칸트의 언명을 여성에게 적용해보면 소유물이라는 의미가 백배는 커진다. 그러므로 낭만주의가 남성과 여성의 진정한 자유에 부여한 전망은 결코 가볍지 않았다. 그것은 사회적 속박을 깨뜨리는 자유뿐만 아니라, 지상에 내려온 신의 사자使者라고 주장하며 수세기 동안 무소불위의 전권을 휘둘러온 왕들에게 저항할 자유까지 내포한 것이었다.

1832년 2월, 예니가 열여덟 번째 생일을 맞을 때까지 그런 가르침을 흡수하고 있던 바로 그 시기에, 그녀를 둘러싼 세상은 두 개의 진영으로 나뉘어져갔다. 왕과 내각에게 변화하는 사회에 더 잘 봉사할 수 있도록 강제하려는 사람들과 현상 유지를 원하는 사람들이 그들이었다. 그런 분열은 가족 내부에서도 분명해졌다. 예니의 아버지는 프로이센의 관료였음에도 불구하고 프랑스 사회주의의 창시자인 클로드 앙리 드 생시몽 백작을 존경했다.[14] 그런 아버지의 열정은 분명히 딸을 고무했을 것이다. 하지만 그는 자신이 끼친 영향이 얼마나 심대할지는 결코 알지 못했을 것이다.

루트비히 폰 베스트팔렌은 오래전부터 프랑스의 평등과 박애 사상을 접하고 있었다. 여덟 살 때 그가 살고 있던 서西프로이센이 나폴레옹에 의해 프랑스에 복속되었다. 그 정복기에 점령 지역에서는 1789년 프랑스 혁명의 교훈과 함께 법 앞의 평등, 개인의 권리, 종교적 관용, 농노제 폐지, 과세의 표준화 등을 포함한 나폴레옹법전이 숭상되었다.[15] 그렇지만 서프로이센에서 프랑스의 영향은 당시의 사회가 작동하는 방식보다 한참 앞서 있었다. 그것은 먼 미래의 이야기였다. 프랑스의 혁명적 계몽주의 사상가들은 인간의 선천적 선함을 믿었으며, 자신의 통치권을 유지하기 위해 그들을 무지로 몰아넣는 지배자들로부터 자유로워진다면 인간은 더 나은 사회를 건설할 수 있을 것이라는 입장을 취했다.[16] 그런 새로운 질서 속에서 개인의 성취는 출생이 아닌 재능에 의해 판가름 날 것이다. 그런 교의는 신흥 상공업계급에게 막강한 호소력을 발휘했다.[17]

그렇지만 그것은 외국의 법을 강제하는 것이었기 때문에 점령지 시민들의 불만이 점차 격화될 수밖에 없었고 많은 사람들이 프랑스의 지배를 물리치기 위해 분투했다. 1813년, 선동가의 한 사람이었던 루트비히는 반역죄로 기소되어 작센 요새에서 이 년간의 감옥형을 언도받았다. 그러나 나폴레옹이 라이프치히에서 패퇴함에 따라 곧 풀려났다. 루트비히는 외견상 프랑스에 저항하기는 했지만 서프로이센의 다른 많은 시민들과 마찬가지로 계속 프랑스적 사고방식을 가지게 되었던 것이다.[18]

1830년, 프랑스에서 다시 문제가 발생했다. 그해 7월 봉기로 샤를 10세가 쫓겨난 것이다. 그는 대부르주아(은행가, 관료, 기업가 등 작위나 토지가 아닌 돈으로부터 힘을 얻는 자들)의 요구를 묵살하고 선대왕들이 인민에게 제한적 헌법을 부여하는 방향으로 취해왔던 일련의 조치들을 되돌리려 했었다.[19] 샤를은 '시민왕' 루이 필리프로 교체되었다. 루이 필리프는, 프랑스의 역사학자 알렉시스 드 토크빌의 묘사에 따르면 "물질적 쾌락에 대한 사랑으로 혁명적 열정을 질식"[20]시키려 했다. 유럽의 부르주아와 교육받은 계급들은 프랑스의 군주제가 약간의 자유를 확장시키는 것만으로 프랑스 내의 현금 흐름을 증가시키는 것을 보면서, 그 장점을 발견하고 영감을 얻었다. 그리고 곧 그들은 거리로 뛰쳐나가 자국의 개혁을 부르짖었다.

그해에 연이어 일어난 반란들은 신속하고도 야만적인 탄압을 불러왔다. 폴란드가 가장 심했다. 그렇지만 일부 성과도 있었다. 벨기에가 네덜란드로부터 독립을 쟁취했다. 그리고 저변에서 중대한 변화가 일어났다. 새로운 세력이 등장한 것이다. 그러한 변화를 이끈 것은 대부르주아였다. 그들은 자유주의적 산업사회의 도래가 불가피하다고 믿었다.[21] 그와 함께 부상한 또 다른 세력은 과거에 무시되었던 노동자들의 부대, 즉 프롤레타리아트였다. 새로운 산업사회는 실제로 그들의 손에 의해 건설될 것이다. 그리고 프랑스 반란은 사회주의자들이 행한 최초의 싸움이었다. 당시의 사회주의 운동은 인간을 더 넓은 사회의 일원으로 규정하고, 그에 수반되는 모든 책임을 져야 한다고 말하는 중간계급 운동이었다.[22]

이런 초창기의 사회주의는 자애로운 사상이었고, 가톨릭 프랑스 국민에게 어울리는 그리스도교적인 것이었다. 그러나 프랑스 밖에서 사회주의는 점점 거세지는 변혁을 요구하는 합창과 어울리면서 경계심을 불러일으켰다. 겁먹은 독일의 위정자들은 서쪽 국경지역에서 일어난 사건들에 대해 야만적인 탄압으로 대응했다. 프로이센과 오스트리아에 의해 주도된 독일연방에 속한 서른아홉 개 주州에서 자유와 발전, 그리고 기회의 문은 굳게 닫혀버렸다. 귀족들은 자신들의 특권적 지위를 조금도 양보하려 하지 않았다.

그럼에도 불구하고 자신들을 '청년독일파Das junges Deutschland'라고 부른 단체는 더 많은 권리를 위해 선전선동 활동을 펼쳤다. 그들은 백성들이 나폴레옹을 물리치는 데 협조하면 헌법 제정을 허락하겠다던 약속을 십오 년째 미루고 있는 프로이센의 왕, 프리드리히 빌헬름 3세에 대한 배신감으로 인해 오랫동안 누적된 인민들의 불만을 적극 활용하려 했다.[23] 인민들은 무장하라는 왕의 요청에 응답했고, 새로이 부상한 상공업계급은 항상 현금에 허덕이는 귀족들을 위해 전쟁자금을 제공함으로써 마침내 나폴레옹을 물리칠 수 있었다. 그렇지만 1815년에 만들어진 연방의회Bundestag는 왕과 군주들의 연방회의였다. 한 논자가 지적했듯이 "전제군주들의 상호부조 조직"[24]에 불과했던 것이다. 그들은 죽어간 해방투사들을 위해 동상을 세웠지만 산 자들을 위한 개혁은 하지 않았다.[25] 오히려 지배자들은 자기들의 권력을 불순분자들을 탄압하고 이미 제한적인 자유를 더욱 억누르는 데 사용했다.[26] 소요가 발생하고 산발적 폭동이 거의 일 년간 지속되는 와중에 선동가들은 쫓기고 체포되었다.[27]

예니의 이복 오빠 페르디난트는 루트비히의 사별한 첫 부인인 리세테의 소생으로 예니와는 열다섯 살 터울이었다. 그는 자유주의자인 아버지와는 반대로 철저한 보수주의자였다. 1832년, 페르디난트는 프로이센 정부의 관리이자 왕의 자랑스러운 종복으로서 자신의 경력에 첫발을 내딛었다. 그렇지만 그의 아버지는 정부가 억압하고자 한 바로 그 사회주의를 공부하고 있었다. 루트비히 폰 베스트팔렌은 그 속에서 젊은 시절 친숙했던 평등과 박애의 외침을 들었다. 그는 사회주의 사상의 정합성에서 장점을 발견했을 뿐만 아니라 거리에서 그 실현의 정당성도 목격했다. 당시 트리어에서는 빈민의 수가 급속하게 증가하고 있었으며, 그것은 부분적으로 통상관세법 개혁으로 말미암은 것이었다. 1830년경에 주민의 4분의 1이 구호소에 의존해 살아갔으며 범죄, 구걸, 매춘, 전염병등 극단적 빈곤과 관련된 모든 사회적 부작용들이 표면화되기 시작했다.[28] 루트비히는 사회는 인민이 피폐해지는 것을 방관해서는 안 되며 인민의 고통을 경감시켜줄 책임이 있다고 믿었다. 그는 자신의 말에 귀 기울이는 사람이라면 누구에게나 그런 신조를 당당히 설파했다. 예니와 더불어 그의 가장 열성적인 학생이 된 아이는 한 동업자의 아들이었다. 소년의 이름은 카를 마르크스였다.[29]

1832년, 열네 살이 된 마르크스는 루트비히의 막내아들인 에드가와 함께 공립학교인 프리드리히 빌헬름 김나지움에 다니고 있었다. 카를은 그리스어, 라틴어, 독일어에 재능을 보였지만 수학과 역사에 약했고, 반에서 딱히 뛰어난 학생이 아니었다.[30] 그는 혀짤배기소리를 냈다. 고치려고 애쓰기는 했지만, 그 때문에 수줍은 소년이 되었던 것 같다.[31] 루트비히의 지도하에 마르크스는 문학에 대한 열정을 키웠다. 셰익스피어를 특히 좋아했고, 독일의 낭만주의 문학가인 실러와 괴테에 심취했다. 또한 초기 공상적 사회주의 사상을 흡수하기 시작했다. 당시 그것은 그가 흠뻑 빠져들던 희곡과 시만큼이나 매혹적인 것이었다. 예순두 살의 루트비히는 어린 친구들과 함께 유유히 흐르는 넓은 모젤 강가의 하늘을 찌를 듯한 소나무 숲 언덕을 거닐며 최신 사상에 대해 대화를 나누었다. 마르크스는 그때를 인생에서 가장 행복했던 시절로 기억했다. 박식하고 저명한 귀족으로부터 그는 당당한 사내이자 지식인으로 대우받았던 것이다.[32] 그런 토론이 몇 년간 지속된 것을 보면 루트비히도 그 토론을 즐겼던 것이 분명하다. 마르크스의 학교 성적이 중위권에 머물렀던 것을 고려해보면 루트비히는 그 소년이 자기의 가르침을 그토록 빠르게 흡수하는 것에 놀라지 않을 수 없었을 것이다. 그러나 별로 놀랄 일은 아니었다. 왜냐하면 수세기 동안(14세기 이탈리아까지 거슬러 올라간다) 마르크스의 가문은 친가와 외가 양쪽으로 유럽에서 가장 저명한 랍비들을 배출해왔기 때문이다. 베스트팔렌 가가 프로이센과 스코틀랜드의 운동가들을 계승한 집안이라면, 마르크스 가는 종교의 권위가 정치에까지 미치는 유대 사상가들의 계보를 이은 집안이었다.

트리어에서 마르크스 가는 1693년부터 랍비를 배출해왔다.[33] 그중 카를의 친가 쪽 인물인 요슈아 헤셸 리보프Joshua Heschel Lvov는 미국 독립전쟁이 발발하기 몇 해 전이고 프랑스 혁명보다는 수십 년이나 앞선 1765년에 『레스폰사: 달의 얼굴Responsa: The Face of the Moon』을 써서 민주주의의 원리를 옹호했다. 당시 그가 얼마나 유명했는가 하면 유대인 사회에서는 리보프의 의견 없이는 어떤 중요한 결정도 있을 수 없다고 일컬어질 정도였다. 카를의 할아버지 마이어 할레비Meyer Halevi(1804년 사망)는 트리어에서 마르크스 레비Marx Levi로 알려졌는데, 그가 시의 랍비가 된 후 마르크스라는 이름이 성으로 채택되었다. 그리고 가문의 랍비 전통은 카를의 소년기까지 이어졌다. 그의 삼촌 자무엘Samuel은 1827년까지 트리어의 고위 랍비였으며, 카를의 외할아버지도 네덜란드의 네이메헌Nijmegen 시에서 랍비를 지냈다.[34] 랍비의 임무에는 영적인 것은 물론 현실적인 것도 포함되었다. 공동체가 사회적 변혁의 물결에서 표류할 때 랍비들은 유대인들을 위한 효과적인 시민지도력으로 기능했다.[35]

유대인들은 프랑스의 서프로이센 점령기 전후로 기독교 왕국의 이방인으로서 노골적인 적대감은 아니더라도 종종 의심에 찬 시선을 받아야만 했다. 그렇지만 1806년부터 1813년까지 프랑스가 통치한 기간에는 유대인들도 어느 정도 평등한 대우를 받을 수 있었다. 카를의 아버지 헤셸 마르크스Heschel Marx는 그 기회를 활용해 법률 수련을 받았고 트리어에서 첫 번째 유대인 변호사가 되었다. 그리고 사회에서 자기 영역을 구축하며 지역 변호사협회의 회장직을 맡기까지 했다.[36] 그도 루트비히 폰 베스트팔렌과 마찬가지로 사고방식은 프로이센인보다 프랑스인에 가까웠던 것 같다. 그는 볼테르와 루소를 암송했고,[37] 그런 이성적인 렌즈로, 유대인이 전문직이나 공직에 종사하는 것을 방해할 편견이나 공포는 없을 것이라 기대하며 자신의 미래를 낙관했다. 그렇지만 나폴레옹이 패퇴하면서 프로이센 정부는 유대인에게 주어진 권리를 철폐했고 1815년에는 유대인을 모든 공직에서 추방했다. 그리고 일 년 후 정부는 법조계에서도 유대인의 활동을 금했다. 프로이센의 최서단 지역인 라인란트Rhineland에서는 세 사람이 그 조치에 영향을 받게 되었다. 헤셸 마르크스도 그중 하나였기 때문에 유대인으로 남을지 아니면 기독교로 개종해 변호사직을 계속할지 선택을 강요받았다.[38] 그는 직업을 택했다. 1817년 그의 나이 서른다섯 살 때 헤셸은 하인리히 마르크스Heinrich Marx라는 이름의 루터교 신자가 되었다.[39]

당시 하인리히는 헨리에타 프레스부르크Henrietta Presburg와 결혼한 지 삼 년째였다. 그녀는 네덜란드의 부유한 유대 집안 출신이었지만 교육은 받지 못한 여성이었다. 부부는 이미 두 자녀가 있었으며, 일 년 후인 1818년에 또 다른 아이를 갖게 되는데 그 아이의 이름이 카를이었다.[40] 헨리에타는 부모님에 대한 공경심 때문에 양친이 생존한 동안에는 개종하지 않았고 자녀들도 1824년까지는 개종하지 않았다.[41] 1824년 종교가 아닌 현실적인 이유로 인해 또 한 번의 개종이 있었다. 그해 카를은 여섯 살이 되었는데 유대인이어서 공립학교에 입학할 수 없었던 것이다.[42]

어린 카를은 모순되는 여러 문화의 충돌 속에서 성장기를 보내야만 했다. 가톨릭이 압도적인 도시의 유대 가정에서 루터교 신자여야 했으며, 표면적으로는 프로이센 왕정에 충성하고 그 억압적 법률을 준수하면서도 개인적 자유를 찬양하는 프랑스 사상가들을 은밀히 숭배하는 아버지와 멘토에 의해 길러지고 교육받았던 것이다. 그리고 멘토, 즉 베스트팔렌의 경우 프랑스 사상의 급진적 형태인 사회주의까지도 수용하고 있었다.[43]

많은 전기 작가들이 마르크스 가와 베스트팔렌 가 서로 이웃이었다고 적고 있다. 카를이 태어난 해에 하인리히의 가족이 잠시 베스트팔렌 가로부터 몇 거리 떨어지지 않은 곳에 살았던 적이 있기는 했다. 그러나 곧 마르크스 가는 1819년 지메온스트라세Simeonstrasse에 작은 집을 구입해 이사했다. 그곳은 트리어의 북적이는 시장 바로 옆에 있는 곳으로 몇 미터 밖에는 천6백 년 세월의 더께에 짓눌려 신음하는 것처럼 보이는 검은 콘크리트의 로마 시대 건축물, 포르타 니그라Porta Nigra가 있었다. 베스트팔렌 가는 마을을 가로질러 노이스트라세Neustrasse의 강가와 더 가까운 남쪽에 있었고, 우아한 긴 창문 때문에 지나가던 행인들이 부자들의 삶을 엿보게 만드는 그런 커다란 집에 살았다.

두 집안은 거리상으로나 문화적으로나 서로 격리되어 있었다. 베스트팔렌 가는 번다한 사교활동으로 항상 북적였고, 루트비히에 의해 단테, 셰익스피어, 호메로스가 자주 소개되었으며(그는 호메로스를 암송하고 영어로 셰익스피어를 외울 수 있었다), 라틴어와 프랑스어가 마치 가족이 일상적으로 사용하는 독일어의 연장인 것처럼 자연스럽게 흘러나왔다. 하인들이 밤늦게까지 이어질 사치스러운 만찬을 준비하는 동안 손님들은 멋진 그림과 시를 즐겼으며 밤이 되면 왁자지껄하게 거리로 쏟아져 나와 마차를 타고 흩어졌다.[44]

그와 반대로 마르크스의 집은 1832년에 아이들만 여덟 명으로 불어나 있었지만 무척 조용했다. 카를의 아버지는 매우 신중한 지식인으로 암송보다는 독서를 하며 시간을 보냈고, 그의 어머니는 강한 네덜란드 악센트가 섞인 서투른 독일어를 구사했다. 그녀는 트리어 사회에 잘 섞이지 못했고, 가정의 직접적인 필요를 벗어난 영역으로 자신의 세계를 확장하고 싶어 하지도 않았던 듯하다. 집안은 화기애애했지만 딱히 즐거운 곳이라고 할 수는 없었고, 살림은 그런대로 넉넉했다 — 하인리히는 열심히 일했고 집안은 검소했기 때문에 작은 포도농장 두 곳을 구입할 정도는 됐지만 그렇다고 풍요롭다고 할 수는 없었다. 마르크스는 가끔 아버지의 지시에 반항하기는 했지만 그를 존경했다. 그러나 맹목적인 사랑으로 참견하는 어머니와는 어린 시절부터 불화를 겪었다. 그는 집안의 우울한 분위기를 어머니 탓으로 돌리는 듯했다.[45]

그렇지만 두 집안의 분명한 차이에도 불구하고 그들의 삶은 서로 엮여 있었다. 루트비히 폰 베스트팔렌과 하인리히 마르크스는 공히 도시에서 2백 명밖에 되지 않는 신교도의 일원이었고, 같은 고급 전문직 사교 클럽에 가입되어 있었다. 카를 마르크스와 에드가 폰 베스트팔렌은 급우였다(사실 에드가는 마르크스의 동창 중에서 유일하게 평생 동안 남은 친구였다). 그리고 마르크스가 가장 따르던 큰누나 소피 마르크스는 예니 폰 베스트팔렌과 친구 사이였다.[46] 아이들은 서로의 집을 자주 왕래했다. 그리고 마르크스가 예니의 관심을 끌게 된 계기는 마르크스와 그녀 아버지와의 관계보다는 에드가와의 교우관계였을 것이다. 에드가는 예니보다 다섯 살 어린 유일한 동복형제였다. 여러 해가 흐른 후 예니는 친구들에게 그는 "내 어린 시절의 우상이었고…… 유일하게 사랑한 동반자였다"[47]고 고백했다.

에드가는 준수한 외모를 지녔고 헝클어진 머리 탓에 시인처럼 보였지만 그다지 지적이지는 않았다(유치하고 경박한 성격이었기 때문에 항상 부모와 누나로부터 보살핌을 받았고 그래서 버릇없이 자랐다). 상대적으로 세심한 성격이었던 마르크스가 그에게 좋은 영향을 줄 것으로 기대되었다. 어쨌든 베스트팔렌 가의 사람들은 마르크스를 환영했다. 후에 첫 번째 마르크스주의자가 되는 에드가도 그랬고, 소년의 탁월한 두뇌에 이끌린 루트비히도 그랬으며, 자기가 가장 사랑하는 두 남자에게 강렬한 인상을 심어준 십대 소년을 모른 체할 수만은 없었던 예니도 그랬다.

1833년과 1834년에 정부가 행한 반정부 세력에 대한 탄압은 두 가정에도 상당한 영향을 미쳤다. 그전까지만 해도 프로이센에서 학교는 독일 철학에 관한 논쟁에 머무르는 한 공권력의 간섭에서 상당히 자유로웠다(정부는 퇴폐적인 프랑스 사상의 영향을 건강한 독일 철학으로 막을 수 있기를 기대했다).[48] 그렇지만 1831년에 독일의 가장 위대한 학자인 게오르크 빌헬름 프리드리히 헤겔이 사망하고 나자, 그의 추종자들 중 일부가 헤겔의 이론 중 변화는 불가피하다는 대목에 초점을 맞추며 위험스러운 경향으로 흘러가기 시작했다. 프로이센의 관리들은 '변화'를 '정치적 변화'로 해석하려는 급진주의자들을 대학과 학교에서 추방하기 위해 감시의 눈길을 번뜩이기 시작했다.[49] 트리어의 정부 스파이는 마르크스가 다니는 학교에서 학생들이 금지된 문학작품을 읽고 정치적 시를 짓는다며 몇몇 교사가 너무 자유주의적이라는 보고서를 올렸다. 그 결과 한 소년이 체포되고 인기가 좋았던 교장이 물러나야 하는 사태가 벌어졌다.[50]

그 와중에 마르크스의 아버지는 자신과 루트비히 폰 베스트팔렌이 속한 한 클럽에서 행한 연설 때문에 정부의 미움을 사게 되었다. 1834년 1월, 전문직 종사자, 군인, 기업인들로 구성된, 트리어에서 가장 폐쇄적인 친목단체인 카지노 클럽Casino Club이 라인란트 의회의 자유주의적 의원들에게 감사를 표하기 위한 모임을 가졌다. 하인리히 마르크스는 모임의 개최를 도왔고, 왕이 인민을 대변할 의회 구성을 허락한 데 감사하며 백성들의 소망에 귀 기울이는 것에 찬사를 보낸다는 요지의 연설을 했다. 그런데 그의 연설은 진지했음에도 불구하고 정부 관리들에게는 비꼬는 것으로 해석되었고 경계심을 품게 만들었다. 몇 주 후 클럽 모임이 다시 개최되었는데 이번에는 연설(일부 내용은 1830년의 프랑스 봉기를 기리는 것이었다)이 금지된 '자유의 노래들'로 이어졌고, 그중에는 프랑스의 〈라 마르세예즈〉도 있었다. 당시 〈라 마르세예즈〉는 군주들에게는 적기를 흔드는 것에 비견될 만큼 반란을 선동하는 것으로 인식되었다. 관리들은 트리어의 지역 유지들이 그 노래를 부른다는 것 자체만으로도 충분히 놀랄 만한 일인데 그들 모두 가사를 암기하고 있다는 사실에 더욱 충격을 받았다. "열광적 혁명정신"(현장에 있었던 장교의 표현이다)은 일시적인 탈선으로 치부해버릴 수 없었다. 클럽은 사찰 대상이 되었고 하인리히 마르크스는 정부에 의해 요주의 인물로 낙인찍혔다.[51]

카를 마르크스는 교장이 좌천당하고 준법정신이 투철한 아버지가 부당하게 감시당하는 상황이 벌어졌을 때 한창 감수성이 예민한 열여섯 살의 나이였다. 그러니 정부의 탄압이 그에게 어떤 영향을 미쳤을지 추측하는 것은 그다지 어려운 일이 아니다. 표현의 자유나 법 앞의 평등이라는 관념이 그전까지는 그저 추상적인 것에 불과했다면 이제 더 이상 그렇지 않게 되었을 것이다. 이제 마르크스는 베를린 정부의 가공스럽고 전횡적인 손길을 체감한 것이고, 그것에 대해 자신이 무력하다는 것을 깨닫고 분노와 굴욕감을 느낀 것이다.

마르크스 학자 할 드레이퍼는 프로이센 정부의 과도한 통제가 "매우 온건한 개혁론자를 혁명가"로 만드는 뜻하지 않은 결과를 초래했다고 지적한 바 있다. 실로 민주주의나 사회주의에 대한 논의를 억압하려던 정부의 노력은 학교에서 부터 식탁까지 사회 전반에 걸쳐 그러한 개념에 대한 토론(때로는 속삭임)을 불 러일으키는 결과만 초래했을 뿐이었다. 그리고 그것이 점점 더 많이 회자될수 록 점점 덜 프랑스적인 것으로 여겨지게 되었다. 이제 민주주의와 사회주의는 독일에서도 적절하게 나름의 존재근거를 갖는 사상이 되어버린 것이다.[52]

1835년, 독일 사회주의의 아버지인 루트비히 갈의 팸플릿이 트리어에 돌았 다. 팸플릿에서 그는 사회가 모든 부를 생산하는 노동자들과 모든 이득을 취하 는 지배계급으로 분열되어 있다고 썼다.[53] 하인리히 하이네는 그의 작품이 금서 가 되었음에도 불구하고 독일에서 가장 인기 있는 시인으로 추앙받았다. 그는 정부가 체포영장을 발부하자 파리로 도망쳤다(한 장관은 그의 처형을 주장했다).[54] 그가 자신의 강요된 망명을 개탄하며 쓴 글은 열정적으로 복사되어 학교와 대 학에서 읽혔고, 학생들은 조직적 저항의 가능성에 점차 눈을 뜨기 시작했다.

당연히 베스트팔렌 가에서도 흥분이 고조되었다. 예니, 에드가, 그리고 카를 은 불의에 눈감지 말고 당당히 맞서라고 절규하는 낭만주의자일 뿐만 아니라 농부를 땅에서 몰아내고 장인을 공장으로 몰아넣는 새로운 수탈적 경제체제 를 사회의 병폐라고 비난하는 사회주의자이기도 한 사람으로부터 교육을 받고 있었다. 독일은 공업 발전에서 영국에 많이 뒤처져 있었다. 그렇지만 라인란트 는 독일에서 가장 산업화된 지역이었고 산업화의 효과는 트리어의 새로운 부와 새로운 빈곤으로 뚜렷이 관찰되었다. 마르크스가 고개만 돌리면 어둠을 드리 우는 것이 무엇인지 확인할 수 있었던 것이다.

1835년에 열일곱 살이 된 카를은 대학 진학을 위해 트리어를 떠날 준비를 하 고 있었다. 진로 선택에 관한 학교 논문에서 그는 야망이 지닌 매력, 자기 자신의 직접적인 경험의 부족, 그리고 아버지의 사회적 지위 때문에 어느 정도는 이미 자신의 열망을 제한하고 있던, 그가 "사회적 관계"라고 표현했던 것에 관해 신중하게 검토했다. 결론적으로 그는 다음과 같이 썼다.

> 직업 선택에서 우리를 이끌어야 할 중요한 기준은 인류의 복지와 우리 자신의 완성이 되어야 한다…… 인간의 본성은 다른 사람들의 선과 완성을 위해 힘쓸 때만 자신의 완성도 얻을 수 있도록 되어 있다…… 만약 어떤 사람이 자기 자신만을 위해 힘쓴다면, 그는 유명한 지식인, 위대한 현인, 탁월한 시인이 될 수 있을지도 모른다. 그렇지만 그는 절대로 완성된 진정 위대한 사람이 될 수는 없다……
>
> 만약 우리가 인생에서 무엇보다도 인류를 위해 일할 수 있는 위치를 선택한다면, 어떤 역경도 우리를 좌절시킬 수 없을 것이다. 왜냐하면 그것은 모두의 이득을 위한 희생이기 때문이다. 그 속에서 우리는 작고 제한적이고 이기적인 기쁨을 느끼는 것이 아니다. 우리의 행복은 수백만 사람들의 것이며, 우리의 행동은 조용히 그러나 영원히 작품 속에 살아 전해질 것이고, 우리가 한줌의 재가 된 후에도 우리 위로 고귀한 사람들의 뜨거운 눈물이 뿌려질 것이다.[55]

이것이 예니 폰 베스트팔렌이 사랑에 빠질 수밖에 없었던 낭만주의적 반항아의 모습이었다. 감히 자신을 전 인류의 행복을 위한 도구로 선언하는 시골뜨기 소년이 예니에게는 그녀의 아버지가 준 책들에 나오는 영웅들의 현신이었던 것이다. 그는 괴테의 빌헬름 마이스터였고, 실러의 카를 폰 무어였으며, 폭압적 신에게 도전했다는 이유로 절벽에 사슬로 묶인 셸리의 프로메테우스가 될 사람이었다. 자신감과 기백이 넘치고 자신의 지적 능력을 확신하며 그녀 앞에 선 네 살 연차이 소년을 예니는 우상으로 받아들였다.

산발적으로 남녀평등의 주장이 있기는 했지만 19세기 초엽 낭만주의적 열정을 지닌 대부분의 여성들이 당시 꿈꿀 수 있었던 것은 대담한 꿈을 추구하려는 남성을 위해 자신을 버리고 내조에 전심전력하는 것이었다. 그것은 예니가 자신과 카를을 위해 품었던 마음가짐이기도 했다. 마르크스가 그해 여름 본의 대학으로 떠나기 전 두 사람이 서로를 연인으로 받아들였는지 아닌지는 알려져 있지 않다. 그렇지만 일 년 안에 그들은 그렇게 되었다. 1836년에 예니 폰 베스트팔렌은 마르크스와의 결혼에 은밀히 동의했다.

2

I838년
베를린

나 같은 사람들로 구성된 군대를 이끌게
해주오. 그러면 로마와 스파르타를
수녀원처럼 보이게 만들 공화국이 독일에
탄생할 것이오.

—프리드리히 폰 실러[1]

　대학에 간 마르크스는 첫해에 술독에 빠졌다. 인류의 선을 위해 모든 것을 바칠 각오가 되어 있다고 선언하며 트리어를 떠난 열일곱 살 소년은 본에서 가장 비싼 학생아파트를 세내고, 대학의 시인 클럽에 가입했으며, 부르주아 술집 클럽의 회장이 되었다. 그는 성긴 턱수염을 기르고 검은 곱슬머리를 길게 늘어뜨린 단정치 못한 모습이었으며, 간혹 술주정으로 밤새 구금되는 일도 있었다. 총기 소지 혐의로 체포될 뻔하기도 했고, 라이벌인 귀족 클럽 회원들을 상대로 검술 결투를 벌이기도 했다. 그리고 친구들과 어울려 샴페인을 벌컥거리며 돈을 마구 낭비했다. 그가 점점 빚에 허덕이게 되면서 이따금씩 집에 보낸 편지는 보통 돈을 조르는 내용들로 채워졌다.

　마르크스의 아버지가 자식에게 기대했던 모습은 그런 것이 아니었다. 카를은 가족 중에서 최초로 대학에 진학한 사람이었다. 1835년 10월 15일 그가 학교로 떠날 때 가문의 모든 사람들이 그를 전송하기 위해 새벽 4시에 선착장으로 몰려나왔었다. 마르크스 가의 장남으로서 그는 가문의 미래를 어깨에 짊어지고 있었다. 다섯 누이와 어머니의 물질적, 정신적 기둥이어야 했으며, 하인리히 마르크스의 유업이 기틀을 잡을 반석이 되어야 했다. 또한 가족 중 최초로 유대 전통의 속박에서 완전히 벗어나 새로운 삶을 개척할 사람이었으며, 아버지가 보기에 그의 앞에는 법조계는 물론 문학과 정치까지 가능성이 활짝 열려 있었다.[2] 기대에 부푼 아버지는 마르크스가 본에 도착한 직후 "나는 네가 세상이 공정한 가능성을 열어주었다면 내가 되었을 법한 그런 사람이 되는 모습을 지켜보고 싶구나. 너는 나의 간절한 기대를 만족시킬 수도 있고 파괴할 수도 있다"[3]라고 말했다.

그렇지만 마르크스는 새로운 학교생활로 뛰어들면서 그런 말에 귀 기울이지 않았던 것 같다. 그는 법학부에 등록하고 그해에 열 개의 강의를 수강했다. 철학과 문학에 심취했고 시인으로서의 자기 목소리를 발견했다. 아버지는 그가 너무 활발히 사회활동을 하는데다 학문적으로도 과도하게 몰입한다고 걱정하며 "병약한 학자만큼 안타까운 존재도 없을 것"[4]이라고 경고했다. 그러고는 솔직하게 마르크스의 시를 이해할 수 없다고 덧붙였다. "간단히 내게 단서를 다오. 이건 나의 이해 능력을 벗어난다고 말할 수밖에 없구나."[5] 그리고 회의적으로 "그때의 결투가 철학과 그렇게 밀접한 연관이 있는 것이었느냐?"[6]라고 묻기도 했다.

하인리히는 이따금씩 아들의 격정적이고 무절제한 자기중심주의에 공포를 느끼곤 했다. 그는 마르크스가 아주 이질적인 지적 방향들로 종횡무진 날뛰는 것을 지켜보면서 어떻게든 이해해보려고 애썼다. 마르크스는 법조인, 극작가, 시인, 연극비평가가 되고 싶어 했다. 하인리히와 헨리에타는 아들이 건강을 위해서라도, 그리고 아버지와 그 자신의 평판, 나아가 가족의 경제적 사정을 고려해서라도 절제해주기를 간절히 바랐다.

1836년 봄에 마르크스는 검술 결투를 벌이다가 눈 위를 다쳤다. 부상은 가벼워서 차라리 명예로운 훈장쯤으로 여겨졌지만, 부모 입장에서는 그가 본을 떠나 더 진지한 학풍의 베를린 대학으로 옮길 것을 강권할 만한 충분한 이유가 되었다.[7] 본 대학 당국은 1836년 8월 22일 그의 전학을 승인했다. 대학은 서류에 마르크스의 탁월한 또는 매우 부지런한 학문적 관심을 지적하면서도 품성 난에는 "그는 밤에 만취해 소란을 피워서 다른 사람들의 평화를 방해한 죄로 하루 동안 구금에 처해진 적이 있으며…… 쾰른에서 불법무기 소지 혐의로 기소되었다"고 적는 것을 잊지 않았다. 그렇지만 카를에게는 다행스럽게도 그가 동료들과 어떤 금지된 단체 활동(즉 정치적 활동)에 연루되지는 않았다고도 적혀 있었다.[8]

예니 폰 베스트팔렌이 친구인 소피 마르크스를 통해 마르크스의 기행奇行에 대해 모두 듣고 있었을 것이라는 점에는 의심의 여지가 없다. 아버지의 편지에 덧붙인 소피의 추신에는 사랑스러운 동생에게서 사건의 다음 내용을 듣고 싶어 안달하는 심정이 물씬 묻어나 있다. 카를의 모험은 트리어에서의 삶에 비하면 넓은 세계의 무용담이라 할 수 있었다. 그가 가족의 넉넉지 못한 재산을 탕진하고 있다고 해도 좋았다. 간접 체험으로나마 다른 삶을 느껴보는 데 그만한 대가는 충분히 지불할 수 있었던 것이다.

트리어를 떠난 지 불과 십 개월밖에 되지 않았지만 열여덟 살이 되어 돌아온 소년은 더욱 강한 신체에 지적이고 이국적인 모습이었다. 예니도 물론 변했다. 그녀는 스물두 살이 되었고 한창 미모가 꽃필 나이였다.[9] 가족의 친구로서 이미 잘 알고 있었고, 예니 아버지의 학생으로서 더욱 친밀했던 두 사람은 서로 다시 만났을 때 수줍음을 느꼈다. 예니는 카를에게 보낸 편지에서 그때의 만남을 회상하며 "오, 당신은 처음 저를 그렇게 처다본 뒤 곧바로 시선을 돌렸고, 다시 또 저를 처다보았지요. 저도 똑같았어요. 그리고 마침내 우리는 서로를 꽤 오랫동안, 그리고 아주 깊게 처다볼 수 있게 되었고 더 이상 시선을 돌릴 수 없게 되어버렸지요"[10]라고 썼다.

8월과 10월 사이의 어느 날 카를이 베를린으로 떠날 때 두 사람은 약혼했다.

그들은 마르크스 가에는 사실을 알렸지만 베스트팔렌 가에는 알리지 않았다. 그쪽은 여러 가지로 반대할 가능성이 높았기 때문이었다. 나이 차이는 차치하더라도, 카를은 아직 돈도 없고 뚜렷한 미래도 없었다. 그렇지만 드러나지 않은 더 근본적인 이유는 사회적인 것이었다. 프로이센의 엄격한 계급사회에서는 귀족끼리의 통혼이 자연스러운 일이었다. 그렇기 때문에 딸이 귀족이 아닌 사람과 결혼한다는 것은 대부분의 부모가 원치 않는 희생이었다. 그리고 종교 문제도 걸림돌이었다. 세월이 흐른 후 카를은 자신의 유대 혈통이 결혼에 장애가 되었을 것이라는 추측에 격분하기도 했지만, 그는 평생 동안 친구나 적 모두로부터 유대인으로 취급되었으며, 아버지의 개종으로도 트리어 사회에서 그런 인식을 완전히 지우지는 못했다(라인란트에서는 구교도와 신교도 간의 결혼조차 구설수에 올랐다).[11] 유대인이지만 개종하지 않았던 시인인 하인리히 하이네는 "개종은 유럽 문화로 들어가는 입장권"이라고 말했다. 그렇다고 반드시 입장이 보장된 것은 아니었다.[12]

카를과 예니는 마르크스 가의 묵인 하에(하인리히 마르크스는 자신이 로맨스 소설의 등장인물이 된 것 같다고 말했다[13]) 약혼을 비밀로 간직하기로 하고, 그들의 결혼이 예니의 부모에게도 받아들여질 수 있는 길을 찾을 때까지는 직접적인 연락도 삼가기로 했다. 마르크스는, 그 자신의 표현에 따르면 자신을 태우는 격정에 사로잡혀 베를린으로 닷새간의 마차 여행을 떠났다. 그리고 학업에 전념해, 직업을 찾고 독립된 가장으로서 자수성가하겠다는 각오를 새로이 했다.[14] 예니에게는 긴 기다림이 시작되었다. 그녀는 이제 경솔하게 장교의 청혼을 수락했다가 그의 외모와 춤 솜씨 말고는 아는 것이 아무것도 없다는 것을 뒤늦게 깨닫고 후회하는 열일곱 살의 소녀가 아니었다. 그녀는 마르크스에게 헌신할 각오를 다졌다. 그리고 그를 얻기 위해 사회와 맞서야 한다는 사정은 그들의 사랑을 더욱 매혹적으로 보이게 만들어줄 뿐이었다.

만약 마르크스가 대학에서 특출한 성과를 거두며 예니가 기대한 대로 화려한 삶을 살 수밖에 없는 운명이라는 것을 증명해 보였다면, 예니의 부모로부터 결혼 승낙을 받는 데 상당한 도움이 되었을 것이다. 마르크스도 그 점을 충분히 인지하고 있었다. 그렇지만 그들 인생에서 무수히 반복되었듯이, 마르크스는 성과를 내야 한다는 압박을 받을 때면 늘 다른 일에 사로잡혀서 무기력해져버렸다. 그에게는 항상 더 공부해야 할 책들이 있었고, 그는 늘 새로운 자료를 분석해야 했으며, 중요한 원문을 연구하기 위해 새로운 언어를 익혀야 했다. 그리고 베를린에서 카를은 평생 지속될 일탈거리를 발견했다.

첫 학기에 마르크스는 한 작가가 "고립된 천재의 낭만적인 열정"이라고 부른 것에 굴복했다. 아마 그것은 학교의 규모에 대한 반발이었을 것이다. 학생이 2천 명이나 되는 베를린 대학은 본의 대학에 비해 거의 세 배나 컸다. 아니면 베를린에 대한 반발이었을지도 모른다. 베를린은 인구가 30만 명으로 연방 내에서 빈 다음으로 큰 도시였다.[15] 그것도 아니면 단순히 마르크스가 자신이 뛰어든 학풍에 흠뻑 취했던 것일지도 모른다. 베를린 대학은 유럽에서 가장 뛰어난 대학 중 하나였고 개인 학습과 독창적 연구를 중시했다.[16] 예니에 대한 그리움과 위의 모든 요인들이 작용해 마르크스는 귀신 같은 몰골이 되었고, 그의 아버지는 화를 내며 다음과 같이 썼다. "무질서, 모든 학문 분야를 집적거리고 음침한 기름등잔 아래서 공상에 빠져 있는 무기력. 맥주 한 잔을 놓고 호탕하게 즐기는 대신 부스스한 머리에 학자의 잠옷을 입고 방종에 빠지는 것. 예의범절은 죄다 무시하고…… 무감각하고 부적당한 현학의 방구석에 처박혀 있는 것."[17] 하인리히는 아들에게 제발 정신 좀 차리라고 간청했다. 하인리히는 시詩란 자신의 의무를 충족시키는 것과 불가분의 관계라는 것을 카를에게 설득하려고 노력했다. 그렇지만 이미 그의 아들은 아버지의 훈계를 따르기에는 너무 성장해 있었다.

마르크스는 베를린에서 첫해를 보낸 후 하인리히에게 쓴 장문의 편지에서 자신이 "변천기"라고 표현했던 것을 설명했다. 이 편지는 대학시절 그가 아버지에게 보낸 편지 중 현재 유일하게 전해지는 것이다.

아버지,

제가 아버지를 떠났을 때 제 앞에는 새로운 세상이 나타났습니다. 그것은 사랑의 세상이었습니다. 사실 처음에는 열정적인 동경과 가망 없는 사랑이었습니다. 베를린으로의 여행조차 다른 식이었다면 저를 한껏 고양시켰을 테지만……별다른 감흥이 없었습니다. 실로 저는 놀랍도록 웃음을 잃어갔습니다. 제가 보았던 어떤 바위도 제 영혼의 감정보다 더 거칠지도 더 단단하지도 않았으며, 어떤 큰 도시도 제 피보다 더 생기 있지 않았고, 어떤 여관의 음식도 제가 품고 다니는 환상의 창고보다 더 화려하지도 더 먹음직스럽지도 않았습니다. 결국 어떤 예술 작품도 예니만큼 아름답지는 않았습니다.

그는 베를린에서 모든 사적인 관계를 청산하고 학문과 창의적 실험에 몰두하는 것에 대해 설명했다. 그의 첫 번째 희망은 시를 쓰는 것이었다. 그는 예니를 위해 세 권 분량의 시를 썼지만 그것들이 "한량없는 그리움"을 표현하는 데는 충분치 못하다고 말했다. 그다음 법과 고전에 몰입했다. 형법, 민법, 종교법을 공부했고, 고대 로마의 민법인 『판덱트Pandect』 중 앞의 두 권을 독일어로 옮기고, 자신의 3백 페이지짜리 법철학 논문을 작성했다. 그는 그리스어로 된 아리스토텔레스의 『수사학Rhetoric』 중 일부를 번역하고, 라틴어로 된 타키투스의 『게르마니아Germania』와 시인 오비디우스의 『비가Tristia』를 번역했다. 또한 영어와 이탈리아어 공부를 시작했고, 희극소설인 『스콜피언과 펠릭스Scorpion and Felix』, 그리고 『파우스트』에서 영감을 얻은 희곡 『울안엠Oulanem』을 지었다. 이런 다양한 시도에도 불구하고 그는 "결국 나는 별로 풍요로워지지 못했다"[18]라고 자탄했다.

사실 얻은 것은 심신쇠약뿐이었다. 의사는 마르크스에게 도시를 떠나 시골에 머물라고 권했다. 카를은 의사의 권고를 받아들여 대학으로부터 남서쪽으로 거의 6.5킬로미터를 걸어서 스프레Spree 강가의 어촌인 스트랄라우Stralau로 갔다.[19] 마르크스는 그곳에 숙소를 구하고 집주인과 사냥을 다니면서도 아버지에게 스스럼없이 다음과 같은 편지를 썼다. "저는 아픈 동안 헤겔을 처음부터 끝까지 완벽하게, 그리고 그의 모든 제자들까지도 이해할 수 있게 되었습니다."[20] 그 독일 철학자는 육 년 전에 이미 타계했다. 그의 광휘가 비록 베를린 대학(헤겔이 교수로 재직했었다)의 젊은 교수들과 학생들 사이에서 조금 사그라지기는 했지만, 마르크스가 자신의 지적 탐구를 진척시키려면 헤겔은 여전히 뛰어넘어야 할 장벽이었다.

헤겔 철학의 가장 기초적인 전제는 인류의 역사가 갈등 또는 모순의 결과라는 것이다. 두 개의 이념은 서로 충돌해 제3의 이념을 낳고, 그것은 다시 다른 것과의 갈등을 통해 새로운 것을 산출한다. 그래서 삶의 본성은 역동적이고, 변화는 본질적인 것이다. 헤겔은 이것을 불가피한 것으로 보았고 변증법이라고 불렀다. 변증법적 과정이 비록 긴장에 기반하고 있기는 하지만 사실은 긍정적인 것이다. 왜냐하면 갈등이란 임의적인 것이 아니라 역사 진보에서 필수적인 것이기 때문이다. 헤겔의 변증법은 갈등에 새로운 의미를 부여한다 ─ 또는 엥겔스가 말했듯이 "인류의 역사는 더 이상 어리석은 폭력 행위의 거친 소동이 아니다."[21] 헤겔은 또한 정신Geist이라는 개념을 발전시켰다. 그것은 같은 역사적 환경에 놓인 사람들에게 만연하고, 그 대체물인 소외는 어떤 사람이 더 큰 세상에서 자기 자신 또는 세상에 대한 자신의 생산적 기여를 인정하지 않았을 때 발생한다.

헤겔의 웅변적인 철학은 독일의 낭만주의 시대를 풍미했으며 수많은 '헤겔파'를 낳았다. 그들은 그 이론을 논하며 헤겔이 도달할 수밖에 없었을 새로운 것을 만들어내기도 했다. 그의 변증법이 품고 있는 희망이 그러한 운동의 본산인 베를린에서 공부하는 세대들을 얼마나 흥분시켰을지 쉽게 추측할 수 있다. 그들은 정체停滯 대신 개혁과 기본적 자유에 대한 원초적 요구를 보았다. 그리고 서쪽 국경 밖으로 눈을 돌려 프랑스, 벨기에, 영국 등지의 국가에서 왕이 백성들에게 말하고 쓰고, 일부의 경우 투표하는 것까지도 두려움 없이 허락했기 때문에 정치적, 예술적, 경제적 진보가 이루어지는 것을 보았다. 그들은 철이 철로가 되고 그 위로 과거에는 듣도 보도 못한 시속 백 킬로미터의 속도로 열차들이 기적을 울리며 처녀지로 달려가는 것을 보았고, 최초로 배터리를 만들어내고 전보라 불리는 새롭고 마치 마술 같은 소통수단의 발명을 자극하는 전류의 스파크가 튀는 소리를 들었다. 이런 새로운 세상에 헤겔의 가르침을 적용하면서 '청년헤겔파'는 그의 갈등 이론에서 변화의 잠재력뿐만 아니라 사회혁명의 가능성까지도 보았다.[22]

헤겔은 독일 내부의 혈기 넘치는 사람들을 베를린으로 끌어모았다. 아울러 동쪽의 국가들, 특히 한층 억압적인 체제 하에서 봉건적 굴레에 신음하고 있는 러시아에서 많은 사람들이 몰려들었다. 마르크스가 건강을 회복하고 스트랄라우에서 다시 베를린으로 돌아왔을 때 그의 낭만주의적 고립은 끝났다. 그는 보헤미안적인 박사 클럽Doctors' Club 내의 청년헤겔파 그룹에 가입했다. 그곳에서 마르크스는 자신이 가장 즐기는 두 가지 활동, 즉 철학적 논쟁과 음주를 결합시켰다.[23]

베를린에서 마르크스가 겪은 처음 몇 달간의 어려움 못지않게 예니도 트리어에서 힘겨운 시기를 보내고 있었다. 그들은 예니의 부모가 알게 될 것이 두려워 서로 연락하지 않기로 했었다. 예니는 잊힐지도 모른다는 불안감과 시기심 때문에 초조했다. 멀리 베를린에 떨어져 있는 카를이 자신을 잊는 상상을 하며 그녀는 무기력하고 신체적으로 쇠약해졌다. 하인리히 마르크스는 그녀의 상태를 우울증으로 진단했다(카를은 예니가 아프다는 소식을 전해 듣고 자기가 쇠약해질 핑곗거리로 삼았다). 두 젊은 연인들 사이를 편지로 중계해주던 하인리히도 예니만큼이나 고심했다. 아들에게 보낸 편지마다 예니를 향한 신성한 의무에 대한 말을 반복했고, 마르크스가 사람들의 호의를 얻기 위해 힘을 기울이는 것만이 "그녀의 눈에 생기가 돌게 하고, 세상도 그녀를 그렇게 보도록 할 수 있을 것"이라고 강조했다. 그는 예니가 마르크스와 결혼하겠다고 결심했을 때 얼마나 "숭고한 희생"을 한 것인지 언급하며 "만약 네가 평생 동안 단 한시라도 그 사실을 잊는다면 천벌을 받을 것이다!"[24]라고 덧붙였다.

카를은 예니를 위해 쓴 세 권의 시집으로 답했다. 그는 1836년 크리스마스에 가족을 통해 책을 예니에게 전달했다. 책의 1, 2권은 '사랑의 책', 그리고 세 번째는 '노래의 책'으로 이름 붙여졌다. 그 책들은 "나의 친애하는 영원한 사랑 예니 폰 베스트팔렌에게"[25] 헌정되었다. 세월이 흐른 후에도 책을 간직하고 있던 예니는 마르크스의 유치한 격정적 표현들에 웃음을 터뜨렸지만, 그해 12월은 몇 개월간의 단절 끝에 처음 카를로부터 메시지를 받은 때였기에 그간의 고통을 되새기며 희열의 눈물을 흘렸다. 카를의 누나, 소피는 마르크스에게 예니의 사랑을 재확인해주고 예니가 점차 그녀의 부모에게 약혼 사실을 알릴 준비를 할 것이라고 말해주었다.[26]

그렇지만 그런 준비는 고통의 새로운 원천일 뿐이었다. 그 기간에 예니가 쓴 편지는 현재 남아 있지 않다. 그러므로 우리는 하인리히로부터 그녀의 분투에 대해 들어볼 수밖에 없다. 그가 아들에게 보낸 편지에는 직업적 전망에 더 주의를 집중할 것을 훈계하는 것과 아울러 힘겨워하는 예니를 어떻게 달래고 위로해주어야 하는지에 대한 내용도 점점 늘어났다. 그는 한편으로는 지적, 윤리적으로 방탕해 보이는 아들을 올바르게 인도하기 위해 애쓰는 극히 자상한 아버지였다. 그러나 다른 한편으로는 가치 없는 사내에게 젊음과 사랑을 바치는 예니를 안타까운 시선으로 쳐다보는 연적이었을지도 모른다. 1837년 3월, 하인리히는 아들에게 비통한(그리고 선견지명이 엿보이는) 편지를 썼다.

가끔 너와 네 장래를 생각할 때면 내 가슴은 설렌다. 그렇지만 간혹 불현듯 스치는 생각 속에서 슬픈 예감과 공포에 사로잡히는 경우도 있다. 네 가슴이 네 머리, 네 재능과 조화를 이루고 있느냐? 네 가슴속에는 슬픔의 골짜기를 헤매는 감성적 인간의 위안에 꼭 필요한 세속적이지만 자상한 감정이 들어설 공간이 있느냐? 그리고 그 심장이 분명히 모든 사람에게 주어지지는 않는 영적 존재에 의해 움직이고 통제되고 있다면 그 존재는 천상의 것이냐, 아니면 파우스트적인 것이냐? 너는 정말이지…… 언젠가 가정적으로 행복한 진실한 인간이 될 수 있겠느나? 최근 내가 어떤 사람을 자식같이 사랑하게 되었기 때문에 이런 의문이 한층 더 나를 번민하게 만드는지도 모르겠지만, 너는 정말로 가까운 사람들에게 행복을 가져다줄 능력이 있는 게냐……?

나는 예니에게서 심각한 현상을 발견한다. 그 아이는 어린아이같이 순진무구한 성격으로 너에게 완전히 헌신했기 때문에, 가끔 자기 의지에 반해 어쩔 수 없이 느낄 수밖에 없는 어떤 공포, 예감에 사로잡힌 어떤 공포를 애써 모른 척한다. 나는 설명할 수는 없지만 그런 공포를 느낀다. 내가 예니에게 그런 심정을 털어놓으면 그 아이는 즉시 내 마음속에서 그런 미혹의 흔적을 말끔히 씻어주려고 애쓴다. 그렇지만 과연 그것의 의미는 무엇일까, 그게 무엇일까? 나 자신에게조차 설명할 수 없지만, 경험상 불행히도 나는 그런 느낌을 떨칠 수가 없다.

하인리히는 오랫동안 자기 아들이 명성을 떨치는 순간을 기다려왔다고 말했다(그리고 그가 명시적으로 말한 적은 없지만, 예니와의 결합을 전체 가문의 위상을 드높일 기회로 보았을 것이다). 그렇지만 이제 아들이 사랑할 능력이 있는지만이라도 확인하고 싶어 하는 것이다. "그런 다음에야 비로소 나는 오래전에 너를 통해 꿈꿔왔던 행복을 발견할 수 있을 것이다. 그렇지 않다면 내 인생의 최상의 목표가 허물어지는 것을 보게 될 것이다." 예니에 대해서 그는 다음과 같이 말했다. "평생 동안의 극진한 사랑만이 이미 그 아이가 겪은 고난에 대한 보상이 될 수 있을 것이다…… 내가 이토록 네가 사회에 상서로운 첫발을 내딛기를 희망하는 이유도 모두 그 아이 때문이다. 그래야만 예니가 마음의 평화를 얻을 수 있을 테니까…… 그 매력적인 아이 때문에 내가 얼마나 노심초사하는지 알아주기 바란다. 나는 무엇보다도 그 아이의 평온과 행복을 기원한다. 너만이 그 일을 해줄 수 있다. 그것을 위해서는 네가 전심을 기울여도 아까울 게 없다."[27]

그렇지만 마르크스의 마음은 사랑—마르크스는 후일 어린 시절에 자신은 예니를 만나고 나서 붙잡고 싶은 격정 때문에 사나운 롤랑*처럼 되었다고 말했다[28]—과 청년헤겔파의 새로운 친구들에게로 분산되어 있었다. 친구들이 더 가까이 있었기 때문일 수도 있고, 평생에 걸쳐 나타나는 지적인 것에 대한 맹목적인(강박증이라고 말할 수도 있다) 헌신 때문일 수도 있겠지만, 어쨌든 마르크스는 당분간은 트리어의 연인보다 베를린의 삶을 선택했던 것으로 보인다.

마르크스는 아돌프 루텐베르크의 영향 하에 있었다. 루텐베르크는 지리 교사였으나 만취한 채 도랑에 처박혀 있는 모습이 발각돼 파면되었다는 소문이 돌았다. 하지만 선동적인 신문기사를 쓰는 데 매진하기 위해 교사직을 그만두었을 것이라고 보는 게 옳을 것이다.[29] 카를은 또한 급진적 신학론자인 브루노 바우어의 영향도 받았다. 바우어는 헤겔의 초창기 추종자인 다비트 프리드리히 스트라우스가 1835년에 쓴 책 『예수의 생애The Life of Jesus』에서 기독교는 역사적 신화에 기초했다는 주장을 이어받았다. 헤겔은 이성적 힘인 신이 변증법적 역사를 지도한다고 주장했다. 청년헤겔파는 그 의견에 반대했다. 그들은 낭만주의에 귀 기울이면서 인간은 자기 운명의 저작자이며, 아무리 자비롭다 할지라도 보이지 않는 존재에 의해 운명 지어지지는 않는다고 주장했다. 그리고 그런 사고를 전개시킨다면, 신이 인형조종자가 아니라고 할 때 왕도 신의 손에 의해 작동되는 것이 아니라는 지극히 논리적이지만 위험스러운 결론에 이르게 된다. 왕은 이제 다른 사람들에 의해 도전받을 수 있고, 도전받아야만 하는 권위를 지닌 일개 인간이 되어버린다.[30]

그것은 정치적 다이너마이트였고 열아홉 살의 마르크스는 그런 논쟁의 한가운데 있었다. 마르크스는 동료들 사이에서 금방 지도자로 부상했다. 동료들 대부분은 사실 그보다 적어도 나이가 열 살 이상 많은 교수 혹은 작가들이었다 (그 연장자들 중 한 사람이 조금의 주저함도 없이 젊은 마르크스는 루소, 볼테르, 하이네, 그리고 헤겔을 한데 합쳐놓은 사람이라고 말했다).[31] 이런 열정적이면서도 불온

● Roland, 중세 유럽의 서사시인 『롤랑의 노래』에 등장하는 비극적 영웅. 샤를마뉴 대제의 충신으로서 열두 용사 중 최고의 용장이었다.

한 토론 속에서 마르크스는 훗날 자신에게 많은 적을 만들어줄 비타협적인 스타일을 발전시켰고, 아울러 수십 년 후 마르크스주의라고 알려질 사상을 조금씩 형성해나가기 시작했다. 카를은 자신이 공격 대상이 되고 있다고 느꼈을 것이다. 라인란트의 언덕길을 거닐 때 루트비히 폰 베스트팔렌이 읽어준 공상적 사회주의는 베를린의 커피 집과 맥주홀을 태풍처럼 휩쓸던 난상 토론에 비하면 동화를 낭송해주는 정도였을 것이다.

그런 격렬한 환경에서 환골탈태한 카를 마르크스는 '무어인Mohr'이라는 별명을 얻었다. 그 별명은 그의 칠흑 같은 머리와 검은 안색 때문이었지만 다른 한편으로는 실러의 작품 『군도Die Räuber』에 나오는 잔인하지만 카리스마 넘치는 인물, 카를 폰 무어Karl von Moor에 그를 빗댄 것이기도 했다. 카를 폰 무어는 산적을 이끌고 부패한 귀족정과 전쟁을 벌인다. 평생 동안 마르크스는 친한 사람들로부터 그 별명으로 불렸다.

그렇지만 하인리히 마르크스는 무어인이 된 아들에 대해서 까맣게 모르고 있었다. 단지 카를이 가족으로부터 점점 멀어지고 있다는 느낌을 받았고, 예니를 걱정할 뿐이었다. 1837년 8월, 하인리히는 카를이 집안일에 너무 소홀하다고 꾸짖었다. 그의 동생인 열일곱 살의 에두아르트가 중병에 걸렸고(넉 달 후 사망했다), 어머니는 걱정으로 넋이 나가 있었으며, 하인리히 본인도 7~8개월간 몸이 좋지 않은 상태였다. 그는 "네가 자기방어를 위해 필요한 것 이상으로 이기심에 묶여 있다는 생각을 완전히 떨쳐버릴 수가 없구나"[32]라고 말했다. 12월에는 여전히 다른 일에 정신이 팔려 있는 아들을 설득하기 위해 마르크스의 의무를 항목별로 정리했다. 첫 번째 범주인 '젊은이의 과제'에서는 예니에 관해 말했다. "연기가 자욱한 방 안의 냄새나는 기름등잔 아래 제멋대로인 학자의 옆자리가 아니라, 현실 속에서 그 아이에게 정당한 미래를 만들어주거라." 하인리히는 카를이 예니의 아버지에게 커다란 빚을 졌다고 말을 이었다. 그해 봄 예니의 아버지가 친척들의 반대에도 불구하고 그들의 결혼을 승낙해주었던 것이다. "사실 수천의 부모들이 그런 승낙은 거부했을 것이다. 그리고 네 아버지인 나도 우울할 때면 차라리 그분들이 거부하기를 바랐다. 왜냐하면 내 마음속에서는 그런 천사 같은 아이의 행복이 너무나도 소중했기 때문이다."

하인리히는 화가 나서 그와 카를이 "한 번도 이성적인 서신 교환의 즐거움을 누려본 적이 없다"고 선언하고, 아들이 불경不敬의 수준까지 자학으로 스스로를 몰아세우고 있다고 비난했다. 그는 불과 몇 줄밖에 안 되는, '방문The Visit'이라는 제목의 일기 발췌문으로 채워진, 카를이 보낸 한 편지에 대해 "네가 얼마나 재능을 낭비하고 있고 괴물을 탄생시키기 위해 밤을 지새우고 있다는 것을 보여줄 뿐인 미친 졸작"이라고 혹평했다. 그리고 "아드님Herr Son"이 일 년 동안 최고의 부자보다도 더 많은 돈을 낭비했다고 비난하며, 조롱조로 "매주 또는 격주마다 새로운 체계를 발견하고 여태껏 공들여 쌓아 올린 작품들을 산산조각 내야 하는 사람이 그런 하찮은 것에 구애받지 않는 것은 어찌 보면 당연한 일이겠지?"[33]라고 물었다.

하인리히의 분노는 자신이 죽어가고 있다는 것을 알았기 때문에 더욱 컸다. 그는 인생의 모든 꿈을 아들에게 걸었는데 살아서는 그 실현을 볼 수 없을 것이며, 설상가상으로 그 꿈이 실현될 전망도 점점 난망해지는 상황이었다. 1838년 2월, 마지막으로 카를에게 보낸 장문의 편지에서 하인리히는 자신의 조바심에 대해 사과하지 않았으며, 자기가 그렇게 수수방관하는 것은 이제 싸울 힘조차 남아 있지 않기 때문이라고 말했다. 그렇지만 자기가 그토록 화냈던 것은 사랑의 발로임을 카를이 이해해주기를 바랐다. "네가 항상 내 가슴 가장 깊숙한 곳을 차지하고 있었고 내 인생에서 가장 강력한 지렛대 중 하나였음은 한시도 의심해본 적이 없다…… 사랑하는 카를아, 나는 지쳤고 이제 끝날 때가 됐다. 내가 편지를 솔직하게 쓰는 능력이 모자랐다는 사실이 한스럽구나. 나는 진심으로 너를 껴안아주고 싶었다."[34]

마르크스는 부활절에 트리어를 방문할 계획이 없었다. 그가 이미 그해에 아버지가 벌 액수보다 더 많은 돈을 베를린에서 모두 써버렸고, 부모도 닷새간의 우편마차 여행은 너무 비쌀 것이라는 데 의견을 같이했기 때문이다. 그렇지만 겨울을 지나면서 어머니와 누이들로부터 받은 편지에서 아버지의 건강이 날로 악화되고 있다는 소식을 듣고 카를은 집에 돌아올 수밖에 없었다. 그는 4월 말 트리어로 돌아와 스무 번째 생일이 지난 5월 7일까지 머물렀다.[35] 하인리히는 마르크스가 떠난 후 사흘 뒤 결핵과 간염으로 운명했고, 장례는 5월 13일에 치러졌다.[36]

일부 전기 작가들은 마르크스가 다른 중요한 일이 있다고 말하며 아버지의 장례식에 참석하지 않았다고 주장하면서, 그가 변명의 여지없이 아버지에게 냉담했다고 비난해왔다. 그렇지만 그것은 오해다. 트리어를 막 떠난 상황에서 카를은 어쨌든 장례식에 맞춰 되돌아가는 것이 불가능했기 때문에 돌아가지 않았다. 게다가 어차피 아버지와의 작별 인사도 이미 마친 상태였다. 그리고 이 기간 동안 주고받은 편지는 현재 남아 있는 것이 없지만 마르크스의 슬픔이 아주 컸을 것이라는 점은 의심의 여지가 없다. 마르크스는 평생 동안 아버지의 은판 사진을 가슴의 주머니에 간직했으며, 45년 후 그 자신이 죽었을 때 엥겔스는 그 낡은 사진을 마르크스의 무덤에 함께 넣어주었다.[37]

하인리히가 사라지자, 가족 중에서는 이제 똑똑하지만 제멋대로인 장남에게 위험한 사상을 집적거리는 일을 그만두고 사회적으로 존경받는 인물이 되라고 성화를 해댈 사람이 없었다. 그렇지만 이번에는 베스트팔렌 가에서 더 준엄한 목소리가 새로이 등장했다. 그것은 성화가 아니라 위협이었다.

3

1842년
쾰른

아, 사랑하는 이여, 그대는 이제
정치에도 관여하기 시작했군요. 그건
정말로 위험한 일입니다.

—예니 폰 베스트팔렌[1]

아버지가 세상을 떠난 후 삼 년 동안 마르크스에게는 베를린의 청년헤겔파가 가족이 되었다. 마르크스는 그들과 함께 공부하고 또 나름대로 독학하기 위해 등록했던 코스와 강좌마저 포기했다. 1838년 여름부터 대학생활이 끝나는 1841년까지 오직 두 개의 코스만 수강했으며 그중 하나는 친구 브루노 바우어가 가르치는 것이었다.[2] 하지만 쉽지 않은 길이었다. 그는 곤궁한 처지에 놓였다. 어머니는 그가 예산을 초과하는 것에 대해 아버지처럼 관대하지 않았기 때문이다—그녀는 수입이 거의 없었고 카를 말고도 여섯 자녀를 키워야 했다. 그리고 마르크스는 예니와의 약혼을 가장 심하게 반대한 예니의 오빠, 페르디난트의 감시를 받아야 했다. 페르디난트는 루트비히 폰 베스트팔렌의 절대 권위에 밀려 약혼을 인정할 수밖에 없었지만, 그 대신 베를린에서 자신의 영향력을 발휘해 장래 매부가 될 사람의 활동을 조사하도록 했다. 그는 마르크스가 무신론, 자유주의, 민주주의 그리고 사회주의 등 모든 급진적 사상을 떠벌리고 다니며 장래 부인과 아이들을 부양하기 위해 필요한 직업을 얻는 일에는 어떤 가시적인 노력도 기울이지 않고 있음을 발견했다. 마르크스가 가장 좋아한 교실은 베를린의 가장 화려한 광장인 젠다르멘마르크트Gendarmenmarkt 주변의 맥주 집과 카페들이었다.³ 카를은 교회, 국가, 가족 등 페르디난트가 옳고 좋은 것이라고 믿는 모든 것을 모독했다. 하지만 남작의 비호가 있는 한 약혼은 안전했다. 페르디난트가 할 수 있는 일이라고는 끔찍한 실수로 보이는 일에서 누이동생을 구할 수 있는 날이 올 때까지 모든 정보를 축적해놓는 것이었다.

한편 예니와 마르크스는 연인의 동정심을 자극하기 위해 꾀병을 부린다거나, 자신의 동요와 시기심을 묘사한 편지들로 서로를 괴롭히는 등 그들 나름의 원거리 연애에 적응해나가고 있었다. 그들의 편지에는 채워지지 않는 열정에 대한 고조된 갈망이 위대한 비극적 스타일로 넘쳐났다. 그들은 서로의 새로운 상처를 즐기고 있는 것 같았다. 사랑을 직접적으로 확인할 수 없다면 최소한 고통만이라도 느끼고 싶었던 것이다. 한 편지에서 예니는 그녀가 다른 남자와 사귈지도 모른다는 마르크스의 두려움에 답했는데, 그녀의 의도는 마르크스를 안심시키려는 것이었지만, 한편으로 마르크스의 심장에서 칼을 뽑아주면서도 한번 슬쩍 비틀어보는 심술을 부렸다. "트리어에는 거의 모습을 드러내지 않는 당신 같은 사람에게, 정체를 밝힐 수 없는 어떤 사람이 정확히 언급되었다는 것은 이상한 일이군요. 저는 사교계에서 온갖 종류의 남자들과 함께 자주 즐겁고 활발한 대화를 나누고 또 그런 모습이 다른 사람의 눈에 목격됩니다. 저는 종종 꽤 명랑하고 사람들을 안달 나게 만들기도 하지요."

그렇지만 자신이 너무 즐기고 있다고 생각하지는 않도록 하기 위해 계속해서 썼다.

저는 당신이 저 때문에 싸움에 휘말려 결투를 할지도 모른다는 생각에 괴로워요. 카를, 저는 밤낮으로 당신이 상처 입고 피 흘리며 아파하는 장면을 상상하게 돼요. 하지만 솔직히 말하자면 그런 생각이 꼭 고통스러운 것만은 아니에요. 당신이 오른팔을 잃은 상황을 생생하게 그려보면서 일종의 환희, 희열 같은 것을 느끼기도 한답니다. 그렇게 되면…… 저는 당신의 고귀한 사상을 받아 적을 수 있을 것이고 당신에게 정말 필요한 사람이 될 수 있겠지요. 너무나도 그 느낌이 생생하고 자연스러워서 저는 끊임없이 당신의 사랑스러운 목소리를 듣는답니다. 당신의 고귀한 말들이 내게 쏟아지고 저는 그 모든 것을 낱낱이 듣고 다른 사람들에게 전하기 위해 소중히 기록하는 것이지요.[4]

예니도 오빠와 마찬가지로 베를린에서의 카를의 활동에 대해 잘 알고 있었다. 그렇지만 페르디난트와 달리 카를을 지지했다. 그와의 로맨스가 트리어에서는 절대로 가질 수 없는 의미 있고 활기찬 삶의 가능성을 보여주었기 때문이다. 트리어에서의 삶이라는 것은 현실적인 남자들이 현실적인 결정을 내리고 여성들은 그들이 늘 알고 있던 사회를 영속시키기 위해 가족을 돌보는 것이 고작이었다. 예니는 아버지와 약혼자를 통해 더 나은 세상의 가능성을 접하게 되었고, 자신이 그것을 성취하기 위한 투쟁의 한가운데에 있다고 생각했다. 그녀는 무슨 일이든 적당히 건성으로 하는 성격이 아니었다. 그런데 그것은 새롭고 훨씬 심각한 일이었기 때문에 예니는 마르크스에게 책을 부탁했다 — "좀 특별한 종류로 어느 정도 깊이가 있는 것…… 아무나 읽고 싶어 할 만한 책 말고요. 그리고 동화나 시 같은 것은 싫어요. 그런 것은 견딜 수가 없어요."[5]

1840년 선왕의 죽음으로 프리드리히 빌헬름 4세가 새로이 프로이센의 왕위에 올랐다. 선왕은 과거의 프랑스 ─ 혁명사상과 나폴레옹 ─ 에 대한 투쟁 속에서 빚어진 인물이었다. 하지만 그의 아들은 새로운 세대를 대표했다. 그는 마흔다섯 살로 지적이고 개화되었으며, 과거의 유령들이 가하는 속박으로부터 자유로울 것이라고 여겨졌다. 세력을 키우고 있던 부르주아는 자신들이 이루어놓은 공업적, 경제적 진보에 걸맞게 빌헬름 4세가 민주적 개혁을 해줄 것을 기대했다. 특히 1834년 독일연맹의 국가 간 자유로운 상거래를 위한 촐페라인Zollverein 관세동맹의 완성 이후 그런 기대감은 더욱 커졌다. 이 순진한 자유주의 세력은 상공업에 종사하는 자들이 입헌적 정부의 구성원이 되어 군주에게 자신들의 생각을 표현할 기회를 보장받지 못한다면, 프로이센, 더 나아가 독일은 다른 유럽 국가들보다 뒤처질 우려가 있음을 프리드리히 빌헬름 4세도 인식할 것이라고 기대했다.[6] 마르크스나 그의 냉소적인 동료들과 같은 사람들에게는 애초에 모든 왕권은 경멸의 대상이었다. 하지만 그들에게도 새로운 왕은 언론, 출판에 대한 규제를 완화하고 표현의 자유를 허락할 것으로 기대되었다.

그러나 왕은 그런 개혁의 열망을 모르지 않았으나 그냥 무시하는 쪽을 택했다. 선대왕 때와 마찬가지로 귀족들이 여전히 정부 고위직과 군 요직을 장악하고 있었다. 왕은 부르주아들을 향해 지역의회를 소집하는 상징적인 조치를 취했지만 그 의회는 사실상 의미 있는 일을 할 수 있는 어떠한 권한도 부여받지 못한 것이었다. 새로운 왕에게 대중은 부도덕한 자들로 보일 뿐이었다. 특히 그들 중 일부가 왕 자신은 당연하다고 믿고 있는 왕권신수설에 의문을 제기하기 시작했기 때문이었다. 그래서 기본적인 자유를 확대하는 것은 말할 것도 없고 헌법도 용인하지 않을 생각이었다. 반대파들의 거세지는 목소리는 출판, 연설, 의회에 새로운 규제를 가해 억누를 생각이었다[7]—같은 시기에 오스트리아의 재상 클레멘스 폰 메테르니히는 독일연방에 퍼진 소위 위험한 사상들에 대한 탄압을 추진하고 있었다.[8] 대학들은 엄중한 감시를 받았다—나중에 한 작가는 "대학은 군 막사의 부속건물이 되었다"[9]라고 말했다. 청년헤겔파는 저항했다. 그렇지만 그들은 정부의 상대가 되지 못했다.

마르크스는 베를린 대학이 지나치게 반동화되어 학위 수여를 거부할까 두려워 자신의 논문, 「데모크리토스와 에피쿠로스의 자연철학의 차이」를 예나 대학에 제출했다. 독일의 가장 자유주의적인 작은 공국에 위치한 그 대학은 우편으로 학위를 발급하는 등 학위공장 같은 곳이었다. 마르크스는 1841년 4월 6일 논문을 제출해 고작 일주일 남짓 지난 4월 15일 철학박사학위를 취득했다.[10] 그는 논문을 루트비히 폰 베스트팔렌에게 헌정했다. "부모처럼 돌봐주신 정성에 대한 보답으로…… 당신은…… 이상이 단순한 상상력의 편린이 아닌 진실임을 제게 몸소 보여주신 산 증인이십니다."[11]

브루노 바우어는 강의를 위해 본으로 이사하면서 마르크스에게 그 역시 그곳에서 강의를 맡을 수 있을 것이라고 장담했다. 그렇지만 바우어는 종교와 국가에서의 종교의 역할에 대한 그의 격렬한 공격 때문에 입지가 점점 위태로워지고 있었다. 1841년 여름, 프로이센의 종교교육 장관은 바우어에 대한 공격을 개시했고 마르크스도 그의 동료라고 비난했다. 그 결과 마르크스는 프로이센의 어디에서도 강의를 맡을 수 없게 되었다.[12]

카를은 스물세 살이었고 예니는 스물일곱 살이었다. 그녀는 이미 오 년 동안 결혼을 기다려왔지만 마르크스가 직업을 찾을 때까지는 결혼이 불가능했다. 마르크스는 판사나 변호사가 되겠다는 꿈을 안고 대학에 진학했지만, 실상 학업은 법조계 진출과는 상당히 동떨어져 있었고, 어차피 그 분야는 지원자들이 워낙 많아서 전망이 불투명한 상태였다. 독일은 전체적으로 너무 많은 중간계급의 대학졸업자들이 너무 적은 직업을 놓고 극심한 경쟁을 벌이는 상태였다—지난 이십 년 전에 비해 상급학교 진학률이 두 배로 급증했다.[13] 고학력 실업자가 마지막으로 기댈 곳은 언론 분야였다.[14] 전문성이라는 관점에서 언론직은 최하위에 가까웠고 한 역사가가 "평판이 안 좋고 저속하고 불안정한 사람들"이라고 부른 자들의 도피처로 인식되었다.[15] 그리고 보수도 박했다. 물론 보수라는 것이 있다면 말이다. 그렇지만 마르크스는 선택의 여지가 없었다. 게다가 그의 주장에 따르자면 언론은 돈을 위해 글을 쓰는 곳이 아니었다. 신문은 교육받은 계급의 중요한 저항 수단이어야 했다. 마르크스는 낭만주의와 관련된 평론지에 몇 편의 시를 발표한 것을 제외하고 자신의 글을 출판해본 적이 없었다.[16] 하지만 그에게는 표출해야 할 저항의식이 있었다—그리고 사상이 있었다.

1841년 마르크스는 줄곧 글을 쓸 기회를 찾아 트리어, 본, 쾰른을 오갔다. 그 기간 중 1836년에 베를린으로 떠난 이래로 가장 오랜 시간인 6주간을 트리어에서 머물렀다. 그리고 과거에는 비밀스러운 약혼관계였지만 이제는 공개적으로 승인된 커플로서 그와 예니는 사람들 앞에 나섰고, 사람들 입에 오르내렸다.[17] 예니를 제외하고는 마르크스를 잘생겼다고 여긴 사람은 아마 아무도 없었을 것이다. 한 마르크스 전기 작가는 트리어의 주민 중 한 사람이 그를 "태양이 비친 이래 아마도 가장 매력 없는 남성"이라고 평가한 말을 인용하기도 했다. 그는 권투 선수처럼 다부진 체구에 우락부락한 얼굴이었으며 면도도 하지 않고 머리는 헝클어져 있었다. 꽤 고급스러운 검은색 프록코트를 입고 다녔지만 종종 단추를 잘못 채운 모습이 목격되곤 했다.[18] 그의 검은 턱수염은 지나치게 길었다. 19세기 프로이센의 사회적 관습 하에서 그런 턱수염을 기르는 자는 극단적 급진주의자로 여겨졌다. 그가 공공장소에서 거리낌 없이 피우던 시가도 마찬가지였다(신사라면 자기 집 안에서 파이프를 피웠다).[19] 마르크스는 주변의 보수적 사회에 대해 천연덕스럽게 저항했다. 그렇지만 그가 트리어를 산보할 때 그 옆에는 외모상 완벽하게 대비되는 사람이 동행했다. 예니는 늘씬한 체구에 우아한 모습이었다. 불타는 듯한 적갈색의 머릿결과 함께 긴 목을 더욱 돋보이게 해주는 한 가닥의 진주 목걸이를 두른 그녀의 모습은 아름다움 그 자체였다. 그래서 어떤 옷을 입어도 잘 어울렸고 굳이 섬세한 치장을 하지 않아도 아름다웠다. 게다가 아버지의 지위와 어머니의 감각 덕분에 예니는 항상 트리어의 최고 디자이너의 옷을 입었다. 상점 유리창 뒤에서 훔쳐보는 사람들의 눈에 그녀는 너무나도 매혹적인 여인이었는데 그녀의 약혼자는 혐오스럽기 그지없었고, 그래서 사람들은 당연히 의아한 생각을 품을 수밖에 없었다.

예니는 그들의 외모가 어울리지 않는다는 말은 웃어넘길 수 있었지만, 나이 차이나 카를의 불안정한 지위를 지적하는 것에는 그러지 못했다. 그렇지만 당당한 태도를 보임으로써 비판을 잠재우려 애썼다. 반면 카를은 그런 것에 전혀 개의치 않았다. 그는 아무런 전망도 없었지만 희망만은 잔뜩 부풀어 있었던 것이다. 재력과 민주주의에 대한 열망을 겸비한 자유주의자들은 점점 일일이 간섭하는 왕에 의해 어린아이처럼 다뤄지는 것에 신물을 느끼고 있었다. 마르크스는 "무능력한 귀족들과 모든 것을 신의 뜻으로 돌리는 관료들의 무기력"이 구체제의 파국적 결말을 만들어내고 있는 것을 목도했다.[20]

작가들은 공개적 정치 토론과 정당에 대한 규제를 피하기 위해 종종 신학과 철학 용어를 사용해 논의를 위장했으며, 문학 또는 철학 모임이라고 불리는 것으로 서로 만남의 기회를 가졌다.[21] 마르크스와 그의 동료들에게 종교에 대항한 그와 같은 공격은 국가구조 내에서의 종교의 역할에 대한 공격이었다. 그들은 그리스도라는 이름의 훌륭한 사람에 관한 신화가 썩은 체제와 폭압적 군주를 지지하는 데 이용되고 있다고 주장했다. 그러므로 종교는 그것을 지원하는 국가와 마찬가지로 비윤리적인 것이었다. 마르크스와 브루노 바우어는 이런 사상을 전파할 수단으로서 『무신론자의 서고*Atheistic Archives*』라는 잡지를 창간하고 싶었지만 먼저 자금을 댈 투자자가 필요했다.[22] 마르크스는 트리어의 부유한 자유주의자들과 접촉했던 것 같다. 예니는 그런 자들 중 지역 의사인 로베르트 슐라이허의 반응을 전하며 우려를 표했다.

숄라이허 씨가 한 젊은 혁명주의자로부터 편지를 받았는데 그 편지가 시골 사람들을 심각하게 잘못 이해하고 있다고 방금 제게 말했어요. 그 사람은 지분을 투자하지 않을 생각이에요. 아, 사랑하는 이여, 그대는 이제 정치에도 관여하기 시작했군요. 그건 정말로 위험한 일입니다. 나의 사랑스런 카를, 여기 고향에는 희망과 고통 속에서 당신의 운명에 완전히 몸을 맡긴 연인이 있다는 사실을 항상 기억해줘요.[23]

예니는 위험한 사상을 퍼뜨리며 돌아다니는 자신의 연인을 "나의 작은 철도원*dear little man of the railways*"[24] 또는 "나의 사랑스런 멧돼지"라고 놀리면서도, 부부로서의 삶을 위해 그에 필요한 지적 수준을 갖추기에 바빴다. 그녀는 마르크스가 박식함의 증거인 자신의 그리스어 실력에 대해 아무런 평도 하지 않은 것

을 나무랐다. 그리고 아침 일찍 일어나 신문에서 헤겔주의에 관한 세 편의 기사
와 바우어의 책 『공관 복음서 비판*Criticism of the Synoptic Gospels*』을 읽었다고 썼다.[25]
예니의 그런 행동은 일종의 다급함과 위기의식의 반영이었다. 그것은 당연한 일
이었다. 그녀는 자기가 속한 계급의 여성에게는 사회적으로 매우 위험한—어떤
의미에서 경솔하다고 할 수도 있는—일에 첫발을 내딛고 있었다. 수년간의 성
적인 제한 때문에 안달하던 두 사람이 마침내 7월 본에서 그들 관계의 정점에
도달했던 것이다.[26] 카롤리네 폰 베스트팔렌 부인은 누나 예니와 여행하던 에드
가를 예니의 "내·외적 정숙성"을 지키는 보호자로 임명했었다.[27] 그렇지만 보
호자로 그를 선택한 것은 잘못이었다. 에드가는 자유분방한 사고의 소유자인
데다 마르크스의 친구였고 연인간의 욕구에 지극히 동정적이었다. 그는 그들을
내버려두었다. 예니는 나중에 카를에게 보낸 편지에서 다음과 같이 썼다.

> 저는 조금도 후회하지 않아요. 제가 눈을 질끈 감았을 때, 당신의 축복 같은 미
> 소 짓는 눈이 보였어요…… 그 순간 제가 당신에게 모든 것이었다는 사실을, 그리
> 고 다른 사람에게는 어떤 것도 아닐 것이라는 사실을 깨닫고, 저는 이루 말할 수
> 없는 행복을 느꼈어요. 오, 카를, 저는 제가 무슨 일을 했는지 아주 잘 알고 있고,
> 세상이 어떻게 저를 비난할지도 잘 알고 있어요. 그럼에도 불구하고 저는 여전히
> 행복하고 가슴 벅찬 희열을 느끼고 있고, 그 소중했던 시간의 기억을 세상의 어떤
> 부와도 바꾸지 않을 생각이에요. 그건 나의 보물이고 영원히 간직될 겁니다……
> 저는 다시 한 번 당신의 심장 가까이 머리를 대고 누워, 사랑에 취하고 희열을 느
> 끼는 행복한 순간들로 젖어든답니다…… 카를, 당신의 아내가 된다니, 세상에!
> 오, 신이시여, 현기증이 나는군요!

당시의 사회적 관습에 따르면 마르크스는 난봉꾼이라는 약간의 비난만 감
수한다면 그런 성적인 관계에 대해 가볍게 책임을 회피할 수도 있었다(페르디난
트가 그것을 공적 모욕으로 비화시켜 마르크스에게 결투를 신청하지만 않는다면 말이

다). 그렇지만 예니의 입장에서는 만약 마르크스가 그녀와 결혼하지 않는다면 그녀의 인생은 파멸을 맞을 게 뻔했다. 그들의 관계가 알려졌을 경우 트리어의 반응을 생각하며 예니는 말했다. "제 부모님이 그곳에 살아요. 당신을 그렇게 사랑하시는 제 연로하신 부모님이요. 오, 카를, 저는 나쁜 여자예요. 당신에 대한 사랑 말고는 아무짝에도 쓸모없는 여자예요."[28] 이제 예니의 미래는 그들의 연애 기간 중 그 어느 때보다도 더 마르크스와의 결혼에 의존하게 되었다. 그런데 그녀가 가장 필요로 할 때 그들의 결합을 지켜줄 아버지의 도움을 기대할 수 없게 되어버렸다.

병마와 싸워오던 루트비히 폰 베스트팔렌은 1841년 12월 위독한 지경에 이르렀다. 마르크스는 트리어로 돌아와서 루트비히를 돌보기 위해 베스트팔렌 가로 들어갔다. 덕분에 예니와 가까이 지낼 수 있었다.[29] 그가 그곳에 머물 때, 프로이센 내각의 장관들이 도발적인 검열령을 선포했다. 표면적으로는 작가들에게 가해진 부당한 제약을 완화하겠다는 왕의 의지가 반영된 것이었지만, 실제로는 1819년 처음 적용된 규제를 확장한 것이었다.[30] 새로운 법령 하에서는, 그리스도교에 대한 어떤 "경망스럽거나 적대적인" 저술도, 종교와 정치를 혼란에 빠뜨리려는 어떤 시도도, 정부가 개인 또는 전체 계급에 대해 공격적이거나 명예훼손의 우려가 있다고 판단하는 모든 것 — 실상 유해하다고 판단되는 모든 '경향들' — 이 검열을 받아야 했다. 그럼으로써 프로이센 정부는 검열관 부대를 통해 모든 출판물에 대한 절대적이고 전횡적인 통제권을 갖게 될 터였다.

마르크스는 예니의 집에 머문 몇 달간을 그에 대한 대응을 정식화하는 일로 보냈다. 그 결과는 검열법에 대한 전면적인 공격이었다. 그는 군이 종교나 철학 뒤에 자신의 정견을 숨기려고도 하지 않았다. 어떤 반체제 인사도 용납하지 않던 공국 내에서 그가 쓴 글의 처머리는 정부의 새로운 법에 대한 선전포고로 채워졌다. 마르크스는 자신의 22페이지짜리 글에 정제된 분노를 쏟아부었다. "사고의 틀을 규제하는 법은 시민을 위해 공표된 국가의 법이 아니라, 한 정파가 다른 정파를 통제하는 법이다…… 그것은 통합이 아니라 분열을 위한 법이고 분열을 조장하는 모든 법은 반동적이다. 그것은 법이 아니라 특권일 뿐이다…… 검열에 대한 근본적이고 진정한 해결책은 그 철폐뿐이다."³¹

마르크스는 그 글에 "라인란트 사람ᴬ ᴿʰⁱⁿᵉˡᵃⁿᵈᵉʳ"이라고 서명해 드레스덴의 『독일연보Deutsche Jahrbücher』 편집자 아르놀트 루게에게 보냈다. 루게는 마르크스보다 열여섯 살이 많았으며 자유주의적 사상 때문에 육 년간 투옥되기도 했다. 루게도 정치적 신념 때문에 대학에서의 길이 좌절된 학자로서 프로이센에서 신문을 창간했지만, 역시 정치적 논조 때문에 폐간당하자 어쩔 수 없이 드레스덴으로 자리를 옮길 수밖에 없었다. 하지만 한층 유화적인 지역에서 발간된 신문에서조차도 마르크스의 글은 검열을 통과할 수 없었다.³² 그리고 그 글은 경계심으로 가득한 예니의 오빠, 페르디난트의 시선을 끌었을 것이다. 그는 1838년 트리어에서 정부 요직을 맡고 있었다. 그에게는 그 불온한 글이 자신의 아버지 집에서 작성된 것이 명백해 보였다.

마르크스가 기사를 루게에게 보낸 후 루트비히는 세상을 떠났다. 그의 죽음과 함께 베스트팔렌 가에서 마르크스의 가장 강력한 남성 동맹자도 사라졌다. 가장이 된 페르디난트는 예니의 파혼을 위해 즉시 보수적인 삼촌, 하인리히 게오르크 폰 베스트팔렌을 끌어들이며 예니를 압박했다. 예니의 어머니, 카롤리네가 딸과 마르크스의 관계가 어느 정도까지인지 알았는지는 분명치 않지만, 그녀는 예니의 편에 서서 딸을 페르디난트의 영향력이 닿지 않는 트리어로부터 동쪽으로 80킬로미터 가량 떨어진 크로이츠나흐Kreuznach라는 휴양지 마을의 자기 소유의 집으로 급히 피신시켰다.³³ 그곳에서 두 여인은 폭풍이 지나가기를 기다렸다.

마르크스도 트리어를 떠나 결국 쾰른으로 향했다. 거기서 그는 한 클럽에 가입했는데 그 모임에는 과거 베를린의 박사 클럽 동료들뿐만 아니라 프로이센에서 반체제 인사로 자처한 쾰른의 사업가들도 가입되어 있었다.³⁴ 마르크스의 베를린 시절 친구인 게오르크 융과 새로운 친구 모제스 헤스는 『라인 신문』이라는 새로운 신문을 창간하기 위한 자금 조달에서 일단의 사업가들을 설득하는 데 성공했다. 신문은 "정치, 상업, 그리고 공업을 위하여"라는 중간계급의 이익을 대변하는 것으로 해석될 수 있는 문구를 모토로 삼았다.[35]

『라인 신문』에 관련된 사람들을 보면 프로이센의 반체제 인사들이 얼마나 잡다한 구성이었는지 알 수 있다―그것이 강점이자 약점이기도 했다. 베를린의 청년헤겔파에 아울러 사회주의자, 민족주의자, 민주주의자, 기타 여러 성향의 급진적 지식인들이 있었으며, 자유주의적 법조인, 박사, 기업가들도 신문의 지원자에 포함되었다. 그중 눈에 띄는 사람으로는 장래에 프로이센의 수상이 되는 은행가이자 철도기업가인 루돌프 캄프하우젠과 역시 장래에 프로이센의 재무장관이 되는 기업가인 다비트 유스투스 한제만을 꼽을 수 있다.[36]

그런 사람들을 하나로 뭉치게 한 것은 그들에게는 시대에 뒤처진 것으로 보였던 정부에 대한 반대였다. 1834년 관세동맹의 결과로 중간계급 기업가들은 더욱 강력해졌다. 그들은 관세동맹으로 말미암아 다른 독일 공국들 내에서 같은 목적, 즉 개발에 박차를 가하고 무역을 가급적 넓고 더 신속하게 확장해야 한다는 것에 동의하는 동지들과 접촉할 수 있게 되었다. 그들은 각각의 통치자와 법, 화폐를 지닌 공국들 간의 느슨한 연합인 독일연방을 무한한 산업발전 앞에 가로놓인 장애물로 보았다. 그들은 연방이 통일된 정치, 경제적 힘을 갖춘 단일국가가 되기를 원했다. 상호 조정만으로는 충분치 않았다. 무엇을 쓰고 무엇을 말해야 하는지 정부로부터 일일이 지시를 받는 통에 질식할 것만 같았던 많은 지식인들과 마찬가지로, 프로이센의 중간계급들도 심대한 사회 변화 없이는 더 이상의 발전은 불가능하다고 믿었다. 실력 위주의 체제 없이, 연설과 집회의 자유 없이, 법 앞의 평등과 공평과세 없이 어떻게 국가가 진보할 수 있겠는가?(중간계급에게 과세 문제는 특히 민감한 것이었다. 세금을 전혀 내지 않는 귀족들이 다수를 차지한 정부는 그들에게 무거운 세금을 물렸다.)

라인란트는 프로이센에서 경제적으로 가장 발전한 지역이었기 때문에 특히 개혁을 부르짖는 목소리가 높았다. 쾰른은 그 지적 활동의 중심지였다.[37] 마르크스가 그곳에 갔을 때는 고작 스물세 살이었고 미출간된 글이 하나 있을 뿐이었다. 그런데 그는 일 년 안에 프로이센에서 가장 영향력 있는 반체제 신문의 편집자 중 한 사람이 된다.

『라인 신문』은 4백 명의 구독자를 거느리고 1842년 1월 1일에 창간되었다. 마르크스는 넉 달 후 그 신문에 기고하기 시작했다. 그의 첫 번째 기사는 출판의 자유에 관한 것이었다. 라인란트 의회에서의 같은 주제에 대한 논쟁에 자극받아 쓴 글이었다.[38] 주제 자체도 논란의 소지가 많았지만, 지역의회에서 쟁점이 된 사안에 대해 글을 쓰는 것은 원래 금지되어 있었다. 백성들이 정부에 발언권을 가질 수 있다는 망상을 품게 될지도 모른다는 프로이센 지도층의 두려움에서 비롯된 조치였다. 전제주의자들에게 의회 대표들은 "악마의 견습공들"이었으며 그들의 말을 퍼뜨리는 것은 이미 바보스러운 독자들을 "더욱 바보스럽게" 만들 우려가 있는 행위였다.[39]

난관 속에서도 마르크스의 기사는 검열을 통과했다. 그의 논지는 너무 복잡했기 때문에 그것을 살펴보라고 정부가 파견한 정치적 순결의 수호자들을 혼란스럽게 만들기에 충분했다. 그렇지만 그 글은 관료가 아닌 독자들을 깨우치기에는 모자람이 없을 정도로 재미있고, 문학적이며, 웅변적이었다. 그의 전제는 간단했다. 자유는 인간의 본성이며 법은 그 자유를 소중히 지키기 위해 존재한다는 것이었다.

아무도 자유에 대해 반대할 수 없다. 기껏해야 다른 사람들의 자유에 대해 반대할 수 있을 뿐이다. 그러므로 모든 종류의 자유는 늘 존재해왔다. 어느 순간은 특권으로, 또 다른 순간에는 보편적 권리로……

법이 자유에 대해 억압적 수단이 아닌 것은 중력의 법칙이 운동에 대해 억압적 수단이 아닌 것과 마찬가지다…… 법이란 자유가 개인의 자의성을 탈피해 객관적, 이론적 존재가 될 수 있도록 하는 더 긍정적이고 명료하며 보편적인 기준인 것이다. 법전은 인민의 자유의 성경이다.

그러므로 **출판법은 출판의 자유에 대한 법적 승인이다.**[40]

처음으로 발표된 마르크스의 이 정치적 글은 그의 스물네 번째 생일인 1842년 5월 5일 대중에게 선보였다. 하지만 그의 이름으로 발표된 것은 아니었다. 마르크스는 안전하게 익명으로 남았다. 그러나 친구들은 필자가 그라는 사실을 알고 칭찬을 아끼지 않았다. 신문의 보조 편집자였던 모제스 헤스는 마르크스를 "가장 위대한, 아마도 현 세대에서 유일하게 진실한 철학자"[41]라고 치켜세웠다. 루게는 그 기사가 해당 주제에 대해 쓴 것 중 최고의 글이라고 말했다. 융도 탁월한 글이라고 언급했다.[42]

마르크스는 한껏 고무되어 트리어로 돌아왔다. 그러나 그를 기다린 것은 쾰른에서 받았던 찬사와는 정반대의 것이었다. 그는 돈과 자신의 미래에 관해 어머니와 심각한 언쟁을 벌였다. 어머니는 마르크스가 가족을 등한시하고 있으며 자신이 베스트팔렌 가로부터 냉대를 받았다고 불평했다. 워낙 갈등이 심했기 때문에 마르크스는 집을 나와 남은 기간을 여관에 머무르다가 누나, 소피의 결혼식에 참석한 후 다시 훌쩍 트리어를 떠나버렸다. 그렇지만 그는 그런 가정불화에 별로 개의치 않았다. 그의 마음은 쾰른에 뿌리박혀 있었다. "공적인 스캔들 때문에 사적인 것으로 상심할 겨를이 없었던 것이 참으로 다행스러운 일이었습니다"라고 마르크스는 루게에게 말했다.[43]

『라인 신문』의 외형은 꾸준히 성장했다. 그렇지만 편집진은 점점 혼란에 빠져들었다. 1842년 여름, 편집진의 교체 후 마르크스의 오랜 벗인 아돌프 루텐베르크가 편집장이 되었다. 그렇지만 그도 자리를 오래 지키지 못할 것 같았다. 루텐베르크는 술을 많이 마셨으며 프로이센 검열관들과도 자주 충돌했다.[44]

그런 와중에도 마르크스는 탁월함으로 사람들 입에 오르내린 여러 편의 기사를 썼고, 정부의 감시를 따돌릴 수 있을 정도로 애매하게 뜻을 흐리는 능력을 지속적으로 과시했다. 또한 신문을 이론 논쟁의 기관지로 삼고자 한 베를린 급진주의자들의 수중으로 신문이 넘어갈지도 모른다는 투자자들의 불안감을 잠재웠다. 마르크스는 『라인 신문』이 추상적 이론에 관여하지 않고 오직 "현실적 문제"만을 다뤄야 한다며 그들을 안심시켰다. 더 나아가 신문은 기고자들을 이끌어야지 그들에게 끌려가서는 안 된다고 말했다. 그것은 기고자로 남고자 했던 마르크스의 입장에서는 상당히 놀라운 태도였다.

그렇지만 마르크스는 순전히 통신원으로 남을 의도는 아니었다. 그의 논평을 이해하고 찬사를 아끼지 않던 신문의 재정적 지원자들이 10월 15일에 그를 편집장으로 임명했다.[45] 취임 첫날 그는 『라인 신문』이 공산주의를 옹호하고 있다는 라이벌 신문의 비난에 대해 반박 기사를 실었다. 당시 공산주의는 사회주의와 거의 동의어로 사용되고 있었지만, 다른 점이 있다면 공산주의자들은 사유재산의 철폐를 추구한다는 것이었다(그것은 『라인 신문』에 자금을 댄 기업가들에게는 저주와 같았다). 마르크스는 그의 신문은 "현실의 공산주의 사상이 이론적 현실성을 가졌다고 여기지 않으며 그렇기 때문에 그 실천적 현실화를 바라지 않고 그것이 가능하다고 생각하지도 않는다"[46]고 썼다.

라인란트의 기업가이자 신문의 재정적 지원자였던 구스타프 메비센은 마르크스에 대해 지적이고 육체적으로도 인상적인 "강인한 사람…… 뺨과 팔, 코와 귀에 검고 두꺼운 털이 돋은 사람이었다. 그는 위압적이고, 충동적이고, 열정적이었으며 무한한 자신감으로 똘똘 뭉친 사람이었다. 그러면서도 다른 한편으로는 박식하고 굉장히 진지하기도 한 사람이었다"[47]라고 술회했다. 이런 열의에 찬 편집자가 주머니에 신문을 꽂고 자갈로 포장된 쾰른의 도로에서 마차와 손수레를 피하며 부지런히 돌아다니는 모습이 사람들 눈에 띄었다.[48] 그는 또한 독일의 다른 공국이나 외국의 구하기 어려운 신문들을 찾아 커피숍이나 어두침침한 지하 레스토랑과 맥주 집을 들락거리기도 했다. 마르크스는 그 모든 것을 빨아들였다. 프로이센 및 국외에서 얻은 자료들을 잘 정리해두었다가 글을 쓸 때 참고했으며, 언론의 라이벌들을 정복하거나 그를 침묵시키려는 관료들을 교묘히 회피하는 데 활용했다. 마르크스의 지도하에 『라인 신문』은 프로이센의 자유의 목소리가 되었다.

마르크스의 인상적인 지도력에 힘입어 신문은 성공을 거두었고, 곧 독일의 재능 있는 작가들이 몰려들었다. 한 기고가는 "프로이센과 독일의 모든 젊고, 신선하고, 자유로운 사고나 혁명적인…… 재능들이 이곳에서 피난처를 찾았다"[49]고 말했다. 신문이 자유사상가들을 끌어들였지만 편집장은 엄격한 태도를 견지했다. 기고가의 역할에 대해 초기에 그가 보였던 태도는 빈말이 아니었다. 실로 독재자라는 마르크스의 평판은 이 시기에 비롯된 것이었다. 브루노 바우어에 따르면, 마르크스는 도전을 받으면 "광적인 분노"에 사로잡혔다─편집장의 의자에서 그는 빈번한 도전을 받았다.[50] 그의 승인 없이는 어떤 글도 신문에 실릴 수 없었다. 그래서 이제 자칭 '자유The Free'라는 이름을 가진 베를린의 청년헤겔파들은 "모호한 논리, 그리고 잘난 체하는 문구와 자족적인 자기 숭배"를 삼가고 "현실에 더 많이 주의를 기울이고 더욱 전문적인 지식"[51]을 포함시키지 않으면 신문에 글을 실을 수 없었다. '자유'는 즉각 마르크스가 보수주의자라고 비난했다. 그러나 마르크스는 신문을 희생시키느니 차라리 "베를린의 몇몇 허풍선이들"의 분노를 감수하겠다고 말했다.[52]

마르크스가 편집장으로 임명되기 하루 전인 10월 14일에 스물세 살의 동생, 헤르만이 사망했다. 마르크스가 장례식에 참석하려고 귀가했음을 보여주는 자료는 없다.[53] 그 대신 마르크스는 쾰른에 남아서 그 자신을 "순수하고 단순한 정치에서 경제적 환경으로, 그래서 결국 사회주의로 이끌리게 해주었다"고 나중에 엥겔스에게 말하게 되는 두 개의 기사 중 하나를 두고 고심하고 있었다. 그 연구는 그의 내부에서 인간관계는 기본적으로 물질적이라는 것, 다시 말해 경제적인 것이라는 관념을 일깨웠다.[54]

첫 번째 기사는 사유지에서 빈농들이 떨어진 나뭇가지를 채취하는 일에 관한 것이었다. 프로이센 정부는 그것을 절도로 규정했다. 가난한 사람들이 난방을 위해 죽은 나뭇가지를 줍는 것은 전통적으로 허용되었고, 그러한 관습은

1807년 농노제가 폐지된 이후에도 계속 이어져왔다. 그런데 1840년대에 공업이 번창하면서 나무들이 필요해졌고 지주들은 나무를 팔아 쏠쏠한 돈을 챙길 수 있었다. 정부는 지주 편을 들어주며(당연하게도 정부를 구성하는 귀족들의 대부분이 지주였다) 허가받지 않고 나무를 줍는 일을 범죄로 규정했다. 마르크스가 그 기사를 쓸 무렵 프로이센은 만연한 빈곤과 급격한 인구 증가로 인해 모든 형사사건의 6분의 5가 나무 '도둑'과 관련된 것이었다.[55] 마르크스는 법 자체의 언어를 사용해 스스로 "자연의 자비"라고 부른 것에 대해 지주들이 소유권을 주장하도록 허락한 위선적인 법의 모순성을 신랄하게 꼬집었다. 그는 법이 지나치게 지주들에게 편파적이기 때문에 "삼림 소유주들이 나무 도둑들을 난로 속에 넣고 불을 때도록 허용하지 않은 것이 오히려 놀라울 정도"[56]라고 말했다.

두 번째 기사는 독일연방 내의 과세와 자유무역의 결과로 발생한 모젤 지역 포도 재배농의 빈곤과 관련된 것이었다.[57] 『라인 신문』을 재정적으로 지원하던 기업가들은 자유무역의 장점을 보았다. 자유무역으로 확장된 시장은 그들의 이윤을 늘려주었다. 그렇지만 마르크스는 그들의 이득이 항상 대규모 생산자들이 장악하고 있는 넓어진 시장에서 경쟁할 수단을 갖지 못한 소농들의 희생의 결과였음에 주목하기 시작했다.

"현실적인 문제"를 다루는 과정에서 마르크스는 자신의 기사가 바로 그의 많은 구독자들이 환호하고 있는 체제를 비판한 것이라는 사실에도, 그 결과 주주들의 지지를 잃게 될지도 모른다는 사실에도 별로 개의치 않았던 것으로 보인다. 실제로 마르크스가 저널리스트로서 빠르게 적응해갈수록 신문은 더욱 급진적으로 변했다. 『라인 신문』은 라인란트 의회와 베를린 정부에 대해 가차없이 비판적인 태도를 취했다. 사실을 (편집자들이 보는 그대로) 정확하게 전달했고, 철저히 분석했으며, 조롱을 아끼지 않았다. 신문은 프로이센의 식자층에게 용기 있는 새로운 목소리를 전했으며, 구독자 수는 처음 4백 명에서 불과 일 년 사이에 3천5백 명으로 늘어났다. 마르크스는 그의 보도에 놀란 당국에 대해서도 끈질기게 괴롭히는 방법으로 승리를 거두었다. 지쳐버린 한 검열관은 "마르크스는 완벽하게 옳다고 확신하는 주장을 위해서는 목숨이라도 건다"[58]고 혀를 내둘렀다. 그런 싸움은 마르크스에게도 역시 힘겨운 일이었다. 그리고 철학적 논문이나 순수한 선전물과는 달리 신문은 어떤 기사로 채워져야 하는지에 대해 작가들과 항상 끊임없는 설전을 벌여야 했기 때문에 그 역시 마르크스에게는 진이 빠지는 일이었다.

12월에 그는 예니, 그리고 그녀의 어머니와 함께 크리스마스를 보내기 위해 크로이츠나흐 행 마차를 탔다. 그는 이제 유력한 자유주의자들 속에서 어느 정도 평판을 얻었고, 한군데에 정착했으며, 연수입도 그럭저럭 괜찮았다. 오랜 기다림 끝에 마침내 결혼할 준비가 된 것이다. 그래서 예니와 6월에 결혼할 계획을 잡았다.[59] 그런데 쾰른으로 되돌아왔을 때 마르크스는 정부가 『라인 신문』의 발간을 금지한 사실을 알게 되었다. 무허가로 영업했으며 금지된 경향을 대변했기 때문에 불법이라는 것이었다.[60]

마르크스의 신문은 창간 초기부터 라인란트와 베를린 정부에게 눈엣가시 같은 존재였고, 11월부터 이미 강제 폐간이 논의되고 있었다. 그렇지만 일부 사람들은 1843년 1월 4일자 신문에서 차르 니콜라이 1세를 비난한 기사가 폐간의 결정적 계기가 되었을 것이라고 추측했다. 그 공격적 기사 때문에 차르가 프로이센 대사를 상트페테르부르크로 불러들여 프로이센 정부가 자유주의적 언론들에 대한 통제를 강화해줄 것을 직접 요구했던 것이다.[61] 1월 21일, 프리드리히 빌헬름 4세는 내각회의를 소집해 신문의 폐간을 결정했다. 정부는 『라인 신문』에 1843년 3월 말까지의 영업 시한을 주면서 그동안은 검열관 두 명의 감시를 받을 것을 명했다.[62]

마르크스는 3월 17일 신문사에서 사임했다. 자신이 떠남으로써 신문이 살아날 수 있기를 바랐던 것이다(결과는 그렇지 못했다. 『라인 신문』은 3월 31일 폐간되었다). 하지만 결국 어떤 식으로든 신문사를 떠날 생각이었다. 그는 루게에게 "저는 그 분위기에 점점 숨이 막혔습니다. 그것이 비록 자유를 위한 일이고 몽둥이 대신 펜으로 싸우는 일이라 할지라도 잡무 속에 파묻혀 지내는 것은 견디기 힘든 고역입니다. 위선, 우둔함, 전반적 무원칙들, 그리고 이것저것 끌어모으고, 속임수를 쓰고, 단어들을 놓고 신경을 곤두세워야 하는 일들에 신물이 났습니다…… 정부가 제게 자유를 되돌려준 셈이군요."[63]

4

1843년
크로이츠나흐

모든 곳, 모든 부분에서도
나의 영혼은 여전히 당신의 가슴에 묶여
있습니다.
바로 그곳에서 가장 열광적인 꿈을 꾸며,
기쁨에 넘쳐 약동하며 뛰놉니다.

—하인리히 하이네[1]

　마르크스는 다시 일을 잃고 수입도 끊겼다. 그것은 앞으로 수십 년간 그의 인생에서 일관된 기조가 될 터였다. 마르크스는 평생을 경제의 우위성을 강조하는 데 보냈지만, 정작 자신의 경제 사정과 관련된 문제에서는 만성적으로 무책임한 모습을 보였다(그러한 그의 태도는 이미 알려져 있었음이 분명하다. 그는 예니 가족의 요구에 따라, 결혼 전에 발생한 어떠한 빚에 대해서도 미래의 신부는 책임을 지지 않는다고 서약해야 했다).[2] 마르크스는 어머니로부터 전혀 돈을 얻을 수 없었으므로,[3] 3월에 숙부, 리온 필립스를 만나 상속 문제를 상의하기 위해 네덜란드로 떠났다. 비록 기록은 없지만 필립스 숙부는 그에게 선물로 지급해주었던 것으로 보인다. 왜냐하면 그해 마르크스에게 돈이 생겼는데 그것이 쾰른에서 일해을 때의 수입을 저축한 것이라고는 상상하기 어렵기 때문이다.

　그 기간 중 마르크스는 루게와도 편지를 주고받았다. 루게는 가능하면 프랑스로 터전을 옮겨서 『독불연보』라는 신문을 만들고, 그것을 통해 두 나라의 반체제 세력의 목소리를 규합할 계획을 세우고 있었다. 마르크스는 그 계획에 적극적이었지만 예니는 조심스러웠다. 그녀는 마르크스가 독일을 떠나 프랑스로 가면 조국을 배신한 것으로 비칠 수 있고, 다시 돌아올 수 없게 될지도 모른다고 걱정했다.[4]

그 무렵 사실 마르크스는 프로이센에 머물 수 있는 두 가지 제안을 받았다. 하나는 베를린의 라인 상소법원의 주임고문을 맡고 있는 에서Esser라는 친척으로부터 온 것이었다. 에서는 프로이센 당국으로부터 마르크스에게 관리직을 제공하라는 지시를 받았다. 아마도 젊은 비평가의 추종 세력이 커지기 전에 미리 포섭해두려는 목적이었을 것이다. 다른 하나도 역시 관리직으로, 페르디난트가 손을 썼던 것으로 보인다. 그는 비록 약혼을 깨는 데는 실패했지만 적어도 누이동생을 가까이 두고 정치적으로 불온한 남편을 감시하고 싶어 했다.[5] 공직은 직업적 안정성은 물론 명예까지 가져다주는 것이었기에 일반적으로 대학 졸업자들이 선호한 자리였다. 그렇지만 카를은 두 가지 제안 모두를 거절했다.

마르크스는 루게의 말처럼 "철두철미한 진정성으로"[6] 제약 없이 운영될 수 있는 신문을 창간하기 위해서는 독일을 떠나는 것이 필수적이라는 생각을 점차 군히게 됐다. 5월에 그는 루게, 그리고 유력한 출판사를 운영하고 있는 취리히의 교수, 율리우스 프뢰벨을 만나기 위해 드레스덴으로 향했다. 루게와 프뢰벨은 신문 창간을 위한 자금을 모으고 마르크스를 공동 편집자로 삼으며, 쾰른에서 받았던 것에 준하는 월급과 함께 그 절반 정도로 예상되는 저작료까지 지불하기로 합의했다. 마르크스는 제안을 받아들인 후 크로이츠나흐에서 기사를 작성할 테니 그들에게 제반 준비를 해두라고 말했다.[7] 그런데 이상하게도 그 합의에 관해 루게에게 쓴 편지 중간에 그답지 않게 사적인 일을 언급했다.

저는 조금의 낭만주의적 과장도 섞지 않고 머리부터 발끝까지 사랑에 빠져 있다고 당신에게 말할 수 있습니다. 그것도 아주 심각한 방식으로 말입니다. 저는 무려 칠 년 이상 약혼 상태를 유지하고 있는데, 저에게는 매우 다행스럽게도 제

약혼녀는 그녀의 건강을 갉아먹고 있는 아주 격렬한 전투를 잘 이겨내고 있습니다. 싸움은 한편으로는 "하늘에 계신 아버지"와 "베를린에 계신 군주"를 동격으로 여기는 사교邪教에 빠진 그녀의 신실한 귀족 친척들에게 대항하는 것이고, 다른 한편으로는 성직자들과 그 밖의 적들이 굳건히 자리 잡고 있는 제 가족들에게 대항하는 것입니다.[8]

마르크스는 두 가문과의 "불필요하고 소모적인 갈등"을 언급하며 그와 예니는 약혼한 1836년부터 결혼하기 위해 무진 노력해왔음을 시사했다. 그렇지만 사실 그들의 계획은 오직 단 한 사람 때문에 계속 방해를 받아왔다. 바로 마르크스 자신이었다. 그는 혼자서 본과 베를린, 쾰른으로 돌아다니는 지적 여행이 꼭 필요하다고 생각했고, 결혼 연기가 예니에게 정서적으로 어떤 대가를 요구할지, 그리고 그것이 얼마나 약혼을 위험에 빠뜨릴지에 대해서는 늘 눈감아왔다. 그런데 놀랍게도 그녀는 마르크스에 대해 한 번도 인내심을 잃은 적이 없었다. 그녀의 편지에는 불안감을 드러낸 말들이 많았지만, 또한 카를헨Karlchen●에 대한 사랑이 넘쳐흐르고 있었다. 결혼식 전날 그녀는 마르크스가 가는 곳이라면 어디든지 함께 갈 각오가 되어 있다고 말했다. "저는 당신을 앞서기도 하고 또 뒤따르기도 할 거예요. 제가 당신의 길을 평탄하게 만들고 장애물이 될 수 있는 모든 것을 치울 수만 있다면 말이에요."[9]

독일의 낭만주의 철학자 요한 고틀리프 피히테는 자아―즉 '나'―가 다른 것 또는 다른 사람과 충돌할 때에만 진정한 자신을 인식할 수 있다고 믿었다. 마르크스와 예니는 서로를 통해 진정한 자아를 발견했던 것이다.[10] 그들은 1843년 6월 19일에 크로이츠나흐의 개신교 교회에서 결혼식을 올림으로써 마침내 기나긴 약혼 상태를 끝냈다. 마르크스의 가족은 아무도 참석하지 않았다. 결혼식에 참

● 독일어에서 명사에 chen이나 lein이 붙으면 축소명사로서 작고 예쁘다는 뜻이 첨가된다.

석한 가족은 예니의 어머니와 남동생 에드가뿐이었다. 마르크스는 스물다섯 살, 예니는 스물아홉 살이었다.[11]

카롤리네 폰 베스트팔렌 부인은 딸에게 결혼선물로 아가일 가의 문장이 새겨진 수백 년 된 진귀한 은식기와 리넨을 주고 젊은 한 쌍이 스위스로 신혼여행을 갈 자금도 마련해주었다.[12] 예니는 결혼식 전에는 검약의 화신이었다. 그녀는 돈을 절약하려고 카를에게 아무것도 미리 사지 말라고 당부했다. 심지어 웨딩드레스에 쓸 꽃도 사지 못하게 했다.[13] 그렇지만 이후로는 신혼의 단꿈에 젖어든 탓인지, 마르크스의 태도에 물들어가면서 그들이 지닌 얼마 안 되는 돈이 순식간에 증발해버리는 것을 아무렇지도 않게 지켜보게 되었다. 그들은 신혼여행지로 인기 높은 스위스의 휴양지인 라인팔츠Rheinphalz에서 머물다가 돌아올 때는 느린 길을 택해 마차를 타고 여행했다. 중간에 머무른 여관마다 게걸스런 친구들이 몰려들었고, 두 사람은 탁자 위의 작은 금고를 열어 결혼자금으로 친구들을 대접했다. 그들이 크로이츠나흐에 돌아왔을 때 금고는 텅 비어 있었다.[14] 이것은 독립을 앞둔 자들에게는 낭만주의적 희곡에서나 나올 법한 파멸을 자초하는 행위였다. 시인 퍼시 셸리라면 또 옹호했을지도 모르겠지만.

이 고매한 부부에게 금전적 손실은 전혀 중요하지 않았다. 마르크스의 가방에는 그들이 돈보다 훨씬 귀중하다고 믿는 것이 들어 있었다. 신혼여행 기간 중 마르크스가 연구하고 싶어 한 헤겔, 루소, 마키아벨리, 그리고 샤토브리앙 등을 망라한 마흔다섯 권의 책이 그것이었다.[15] 예니의 사랑이 선사한 평정 속에서 그는 책뿐만 아니라 쾰른에서 배운 현실적, 정치적, 경제적 교훈들에 대해서도 검토해보았다. 역사에서 찬연한 빛을 발할 카를 마르크스가 오랫동안 고대해온 예니와의 결혼으로 비로소 모습을 드러낸 것이다. 그들의 맹세는 신의에 대한 상호 승인이었다. 그들의 결혼은 열정의 상호적 배양이 될 터였다. 그녀의 사랑이 그에게 힘을 주었다. 그는 신혼여행 중의 연구와 명상을 통해 가장 유명한 선언 두 가지를 만들어냈다. 종교는 인민의 아편이라는 것, 그리고 인류 해방의 심장은 프롤레타리아트라는 것이 그것이었다.[16]

부부는 10월까지 서로에게 대한 것 말고는 누구에게도 의무를 질 필요가 없는 소읍, 크로이츠나흐에 머물면서 책에 둘러싸인 채 서로의 사랑을 만끽했다. 7월경 예니는 임신했고, 마르크스는 여태껏 만나보지 못했던 몹시 어려운 문제와 씨름하고 있었다.[17]

헤겔은 (마르크스가 바라보는 것과 같은) 현실 세상이 아닌 이념에 초점을 맞추고 있다는 이유로 부정되었지만, 그때까지 마르크스의 사고에서 가장 중요한 영향력을 발휘한 것은 여전히 헤겔 사상이었다. 마르크스가 헤겔의 언어를 지적 논쟁에서 정치적 실천으로 탈바꿈시킨 후 헤겔의 변증법은 마르크스의 변증법이 되었다. 마르크스의 그런 수정적 접근에는 루트비히 포이어바흐의 영향이 적지 않았다.[18] 마르크스와 브루노 바우어의 친구였던 포이어바흐는, 1841년 『기독교의 본질The Essence of Christianity』을 출판해 신은 인간의 피조물이며 인간은 인류의 모든 덕목을 한데 모아 신성한 상으로 투사하고 그것을 숭배하고 있는 것이라고 주장했다. 또한 인간이 그런 식으로 자신의 선한 본질을 다른 것, 또는 다른 자에게 양도하고, 스스로를 약하고 무가치하다고 여기며, 자기 본성 중 최고였던 것으로부터 소외되어버렸다고 주장했다. 이후 1843년 포이어바흐는 연달아 논문들을 발표하면서 헤겔을 위시한 과거의 사상가들은 (종교와 같은) 관념이 사람이 아닌 무엇인가 다른 것으로부터 유래하며 사람에게는 천둥처럼 갑작스럽게 다가오는 것으로 묘사했기 때문에 틀렸다고 설파했다. 사실 사람이 생각을 하고, 그 사고 과정을 통해 신과 철학이 창조되는 것이기 때문이다.[19]

마르크스는 그런 논리를 헤겔의 국가관에 적용시켜본 후 헤겔이 인간으로부터 독립된 국가의 작용을 상정하고 국가의 질서 개념에 인간을 뜯어 맞추고 있다는 사실을 발견했다. 마르크스는 그렇지만 국가는 인간—사람들의 사회—이기 때문에 인간이 국가가 운영되는 데 필요한 계약인 법—헌법—의 제정자가 되어야 한다고 생각했다.[20]

그다음 마르크스는 종교에 대해 고찰했다. 포이어바흐는 인간의 선한 본질을 전달하기 위해 건조된 배가 곧 종교라고 보았다. 그렇지만 마르크스는 종교가 인간의 고통이 반영된 것이라는 점을 발견했다. 그는 종교는 인간이 창조한 것이며 변화시킬 수 없는 세상 속에서 무력감을 느낀 인간이 고통을 완화하기 위해 마약처럼 사용하고 있는 것으로 보았다. "종교는 억압받는 피조물의 한숨이고, 심장 없는 세계의 감정이고, 영혼 없는 상황의 영혼이다"라고 그는 썼다. "그것은 인민의 아편이다."[21]

인간이 그들의 우주에서 차지해야 할 정당한 중심 위치로 되돌려놓기 위해 마르크스는 스스로 "존재하는 모든 것들에 대해, 결과를 두려워하지 않고 기성 권력과의 충돌도 불사한다는 의미에서 가차 없는 비판"이라고 부른 작업을 시작했다. 그는 루게에게 그것이 바로 그들이 신문에서 해야 할 일이라고 말했다. 루게와 프뢰벨은 그런 신문이 간행될 수 있는 곳은 오직 한 군데밖에 없다고 보았다.

바로 파리였다.[22]

2부

망명가족

5

1843년
파리

> 따라서 우리는 세상을 향해 '이것이
> 진리이니 그 앞에 무릎 꿇으라'는 식으로
> 일련의 원칙을 절대명제처럼 제출하고
> 있는 것이 아닙니다.
> 우리는 세상의 낡은 원칙들로부터
> 세상을 위한 일련의 새로운 원칙들을
> 발전시키고 있는 것입니다.
>
> —카를 마르크스[1]

역사상 여러 차례 파리가 창조적 세상의 중심이 된 순간이 있었다. 1843년도 그런 때 중 하나였다. 실제이건 상상에 불과하건, 중요한 사람들이 모두 그곳에 모였고 모든 사람들이 정치적이었다. 프랑스, 독일, 러시아, 폴란드, 헝가리, 이탈리아의 개혁가들이, 작품에서 이상보다 현실을 중시하는 화가, 시인, 소설가, 작곡가, 철학자들과 어울렸다.[2] 역사적으로 유명한 이름의 귀족들이 금색으로 번쩍이는 살롱이나 은밀한 회합장소에서 다채로운 이력의 혁명가들을 만났으며, 그곳에서 왕조를 국가로 만들어낼 음모가 배태되었다. 정치적 망명자들이 센강 우안에 자리한 카페들의 벨벳의자에 앉아서 융숭한 대접을 받았다. 반체제 시민들의 생명을 보호하기 위해 군대를 버린 군인들은 그 대담성으로 칭찬을 받았다—비록 패션을 중시한 여성들에게는 완벽한 제복을 포기했다는 것이 약간의 흠이었지만 말이다. 이것이 루이 필리프 왕 치하의 파리였다. 그곳은 유럽 전역에서 사회 각계각층의 급진주의자들을 끌어들이는 자석과 같은 곳이었다.

프랑스 혁명 시기에 열여덟 살이었던 루이 필리프는 잠시 모반에 가담했으며 그 이후 영국을 거쳐 평등주의의 최첨단 지역인 미국까지 여행했다. 그렇게 가장 진보적인 정치적 사상에 노출되었고 쉰네 살이 될 때까지도 자신의 사업 열정에 방해되지만 않는다면 시끄러운 반대 목소리에 크게 개의치 않았다. 그는 축출된 선임자들로부터 교훈을 얻었고 일정한 수준의 자유주의는 권좌에서 살아남기 위해서뿐만 아니라 사업의 융성과 국고를 채우기 위해서도 필요하다는 사실을 잘 알고 있었다. 그 결과 파리는 부유함과 화려함으로 영광을 누리고 있었다. 당시 크게 유행한 한 가운은 약 230미터짜리 샹티이 레이스와 인도산 캐시미어로 만들어졌으며 가격은 1만 프랑을 호가했다. 노동자 가족의 일 년치 수입에 해당하는 금액이었다.[3] 그렇지만 또한 파리는 그런 사치를 끝장내려는 급진적 예언가들(일부는 바로 그런 고급 옷을 입은 여성들을 대동하고 다녔다)의 고향이기도 했다. 프리드리히 엥겔스는, 파리는 간단히 말하자면 정말로 "유럽 문명이 만개한"[4] 곳이라고 썼다.

예니와 마르크스는 장시간의 마차여행을 마친 후 드디어 도시를 산보하면서 자신들이 그런 축제 분위기의 한가운데 들어섰음을 발견했다. 그들은 파리가 자유롭기 때문에, 작가들이 검열의 위협 없이 하고 싶은 말을 할 수 있기 때문에 찾아왔다. 그렇지만 막상 그 자유가 어떤 것인지 실감하자 놀랄 수밖에 없었을 것이다. 프로이센에서 자유란 그저 단순한 관념, 믿음의 일종일 뿐이었지 그들이 직접 경험해본 적은 없었다. 그런데 이제 그들은 "부자가 되라"는 정부의 권유에 화답해 분주히 움직이는 부르주아의 모습에서 자유를 목격했으며, 공공 장소에서 유창하고 거리낌 없이 행해지는 사상 논쟁—자유주의, 사회주의, 공산주의, 민족주의—에서, 그런 운동들이 태동한 바로 그 도시에 폭풍처럼 몰아치는 감탄의 함성 속에서 자유의 소리를 들었다.[5] 카를도 예니도 출생지에서 이렇게 멀리, 그리고 이토록 완벽하게 이국적인 장소에는 가본 적이 없었다. 그럼에도 불구하고 두 사람은 파리야말로 그들이 있을 만한 곳이라는 데 공감했다.

거의 즉각적으로 그들은 파리인의 생활에 빠져들었다. 극장을 무척 좋아하고 어머니처럼 사람들이 붐비는 곳을 사랑한 예니는 특히 가로수가 우거진 프랑스 수도의 큰길가에서 공연되던 희가극을 무척 좋아했다. 그곳에서 남자들은 꼭 끼는 반바지에 고급 원단과 여성스러운 섬세한 색조의 코트 차림으로 거드름을 피웠고, 여성들은 머리에서 발끝까지 다른 사람들의 시선을 끌기 위해 디자인된 사치스러운 복장으로 치장하고, 일단 시선을 끌면 무시하는 척하기를 잊지 않았다. 예니와 같은 관찰자에게 그 거리는 익살스럽게 끝없이 구애하는 향연장이었다. 마치 상류계급은 연애 이외에는 아무것도 신경 쓸 것이 없는 것처럼 보였다. 그렇지만 거리에는 그들 주위를 서성이고, 집에서 그들의 시중을 들며, 언젠가 바로 그들의 몰락을 불러올 사람들도 있었다. 빈자들은 증오심으로 부글부글 끓고 있었지만 사회적 강자들은 그 위협을 눈치채지 못하고 있었다. 그래서 그들은 사회가 언제까지나 자신들의 통제력 하에 안정되어 있을 것이라는 망상을 품었다.

트리어의 부모님 집에서 오랜 기간 쓸쓸히 카를을 기다리며 스러져가는 젊음을 망연히 바라만 보고 있던 예니는 마침내 꿈꿔왔던 삶을 살게 되었고, 곧 창간될 마르크스의 신문에서 약속된 수입도 있었기 때문에 미래는 한층 밝아 보였다. 카를에게는 책을 쓸 아이디어가 있으며, 그녀는 그것을 필사할 것이고, 장차 아기도 생길 것이다. 그리고 그 모든 것을, 혁명이 낭만이 되고 보병들조차도 멋들어진 파리에서 모두 함께하게 될 것이다. 이 라인란트의 딸은 거대 도시에서 가능성의 공기를 한껏 들이켜며 도취되었다.

부부가 파리에 당도하기 전에 루게가 특수 제작된 마차에 아내와 아이들, 그리고 커다란 송아지다리 고기를 싣고 먼저 파리에 입성했다. 그는 결혼으로 부자가 되었지만 근검절약했다. 그는 마르크스 부부에게 또 다른 커플인 시인 게오르크 헤르베크와 그의 아내 엠마와 함께 공동체 생활을 하며 생활비를 아끼자고 제안했다. 루게는 매우 예의바르고 윤리적으로 보수적인 사람이었다. 그는 센 강과 생제르맹 가 사이의 바노^{Vaneau} 거리에 있는 검소한 아파트의 두 개 층을 임차했다. 남자 셋은 모두 거리 건너편의 『독불연보』 사무실에서 일할 예정이었

다. 루게는 여자들이 서로 가사를 분담할 수 있을 것이라고 말했다.[6]

그 생각은 처음에는 예니와 마르크스에게도 그럴듯해 보였다. 낯선 도시에서 독일 친구들과 함께 가족적인 분위기에서 살 수 있을 테니까 말이다. 그러나 계획은 금세 파탄 났다. 몇 년 후 헤르베크의 아들 마르셀은 자기 어머니가 한눈에 상황을 파악하고 문제점을 알아챘다고 말했다. "어떻게 작고 상냥한 색슨족 여성인 루게 부인이 아주 지적이고 야심만만한 마르크스 부인과 어울릴 수 있겠는가?" 헤르베크 가족은 불화의 가능성을 예감하고 즉시 제안을 거절했다.[7] 반면 카를과 예니는 루게 가족과 2주 동안 같이 지냈다. 그러나 결국 그들도 같은 거리에서 더 크고 우아한 건물로 이사해 자신들만의 신혼살림을 차렸다.

마르크스 박사와 그의 부인은 파리의 급진주의자들과 민주주의적 서클에 쉽게 융화되었다. 그들은 이제 부부로서 모임에 소개되었다. 마르크스는 예니가 자랑스러웠다―파리의 여인들 사이에서도 두드러진 그녀의 미모뿐만 아니라 지적 능력도 자랑스러웠다. 결혼 초기부터 그는 예니를 지적으로 동등한 상대로 여겼고 그것은 단순한 배려의 차원이 아니었다. 마르크스는 지성과 관련된 문제에서는 매우 엄격했기 때문에, 실제로 예니가 총명하다고 생각하지 않았다면 절대로 그녀의 판단에 의존하지 않았을 것이다.[8] 엄밀히 말하자면 마르크스의 생애를 통틀어 그런 높은 평가와 신뢰를 받은 유일한 사람은 그의 분신이자 공동작업자인 프리드리히 엥겔스뿐이었다. 그렇지만 엥겔스가 마르크스를 지적으로 이해하고 지원했다면 예니는 그를 인간화시켰다고 말할 수 있다.

사생활에서 마르크스는 일에 대한 근심에서 비롯된 불면의 밤으로 고통받거나 병마로 쇠약해진 상태가 아니라면, 대체로 온화하고 다정하고 친절했기 때문에 더없이 훌륭한 친구로 묘사되었다. 그렇지만 공적으로는 종종 격렬하게 논쟁을 벌였고, 지적으로 오만했으며, 자기 의견에 반대하는 사람이면 누구에게나 화를 내는 것으로 악명이 높았다. 본, 베를린, 쾰른에서 생활하는 내내 동료들과 자주 술을 마셨으며 술자리는 주먹다짐까지는 아니어도 종종 말다툼으

로 번졌다. 그는 사교와는 담쌓고 지내는 사람이었다. 마르크스는 관념적으로
는 인간소외라는 개념에 매료되어 있었지만, 만나는 사람들을 일상적으로 소
외시켜버리곤 했다. 그리고 논쟁은 그에게 활력을 주기도 했지만 다른 한편으로
는 일을 방해하는 원인이 되기도 했다. 그는 책(자신의 "노예들"이라고 불렀다) 속
에 파묻힐 때 가장 행복했다. 마르크스는 내향적인 사람이었다. 하지만 범상치
않은 자신감과 통솔력을 발휘했기 때문에 본인은 원치 않았음에도 불구하고
자연스럽게 추종자들이 몰렸다. 러시아의 부유한 자유주의자 파벨 안넨코프
는 마르크스를 "민주적 독재자의 전형"이라고 말했다. 마르크스는 볼품없는 외
모에 사교성마저 떨어졌지만 그럼에도 불구하고 존경을 받았던 것이다.[9]

그에 반해 예니는 사교계의 전문가였다. 그녀는 차분하고 섬세한 방법으로
조금은 다른 종족처럼 보이는 그녀의 남편 때문에 놀라곤 하는 사람들을 안도
시켜주었다. 그녀의 품안에서, 그리고 오직 그 안에서만 공적인 마르크스는 사
적인 마르크스처럼 여유롭고, 유쾌하고, 가끔은 경망스럽기까지 한 사람이 될
수 있었다. 지적으로 야생마 같은 사나이도 아내가 가까이 있을 때만큼은 길들
여진 순한 양처럼 되었다.

파리에 도착했을 때 예니는 스물아홉 살이었고 마르크스는 스물다섯 살이
었다. 쾰른에서의 집필 활동으로 독일 망명자들 사이에 이름이 알려지기는 했
지만 그는 아직 상대적으로 덜 주목받는 인물이었다. 파리는 독일의 기라성 같
은 정치적, 문학적 망명자들이 머무는 곳이었다. 헤르베크도 마르크스보다 더
유명한 그런 사람들 중 하나였다. 몇 개월 전 프리드리히 빌헬름 4세는 헤르베크
의 최근작이 정치적 이유로 금서가 된 이후 직접 그를 불러 접견했다. 왕은 프로
이센의 문화 부흥을 위한 작업에 헤르베크가 동참해주기를 호소했다. 그렇지만
시인은 자신은 골수 공화주의자이기 때문에 왕권을 위해 봉사할 수 없다고 일
언지하에 거절한 것으로 유명했다. 헤르베크는 그 후 프로이센, 작센, 스위스에
서 연달아 추방당한 후 결국 파리로 흘러들게 되었던 것이다.[10] 당연하게도 매번
추방당할 때마다 그의 명성은 점점 높아만 갔다. 그 여정에서 그는 베를린의 부

유한 실크 상인의 딸과 결혼했고(나중에 무정부주의자로 유명해진 미하일 바쿠닌이 결혼식에 들러리를 섰다), 새로운 독일의 시적 목소리가 되기를 꿈꿨다.[11]

마르크스와 마찬가지로 헤르베크도 루게의 신문에 글을 실었다. 두 사람은 절친한 사이가 되었고 똑같이 신혼이었던 두 부부는 서로 잘 지냈다. 그렇지만 마르크스 부부는 곧 재능 있고 용모마저 준수한 그들의 친구가 도시를 돌아다니며 흥청망청 돈을 써대고 염문을 뿌리고 있다는 소문을 듣게 되었다. 헤르베크의 정부情婦는 다구 백작부인이었다. 그녀는 다니엘 스턴Daniel Stern이라는 필명으로 작품 활동을 했고, 전 애인인 헝가리의 작곡가이자 피아노 연주자인 프란츠 리스트 사이에서 세 자녀를 두고 있었다. 다구 백작부인은 파리에서 가장 유명한 살롱 중 하나를 열었다. 그녀와 교유한 사람으로는 조르주 상드, 쇼팽, 앵그르, 빅토르 위고 등이 있었다.[12]

19세기 중반에는 이런 예술가들과 마르크스 같은 급진주의자들 간의 구분이 흐려졌다. 예술가들의 상당수가 한때 시와 노래를 위해 기꺼이 돈을 지불했던 부유한 후견인들로부터 버림받았다.[13] 이제 마르크스가 "머리 노동자"라고 불렀던 사람들도 손 노동자와 마찬가지로 굶주릴 자유를 얻게 된 것이다. 그래서 점점 크게 입을 벌리는 극빈의 심연에 맞닥뜨린 이 많은 낭만적이고 소외된 천재들은 더욱 정치화되어갔다. 한 작가는 예술가들이 자기 작품과 스스로를 정치적 도구로서 우선적으로 고려하기 때문에 거의 대부분 빨치산이라고 말하기도 했다.[14] 창조적 활동의 화류계적 기질을 알고 있었던 마르크스와 예니는 헤르베크의 탈선을 너그럽게 보아 넘겼던 것으로 보인다. 특히 예니는 그런 일을 편협한 독일인의 시각으로 보아서는 안 된다고 여겼던 것 같다. 어쨌든 마르크스는 평생 동안 시인을 다른 사회적 기준으로 바라보았다. 마르크스의 딸 엘레아노르는 아버지가 시인들은 "제멋대로 하도록 내버려두어야 할 괴짜들이며, 평범한 사람 혹은 매우 비범한 사람의 기준으로 가늠되어서는 안 된다"[15]고 말했다고 전했다.

마르크스가 헤르베크를 만났을 무렵 한 독일인 의사가 그를 하인리히 하이네에게 소개해주었다. 하이네는 마르크스가 소년이었을 때부터 이미 파리에서 망명 생활을 하고 있었다. 그렇지만 하이네는 대시인으로서만이 아니라 외가 쪽의 먼 친척으로서 항상 마르크스의 삶에 자리 잡고 있었다. 하이네는 마르크스보다 스무 살이나 연상이었고 마르크스 이상으로 친구보다 적을 만드는 경향이 있었지만, 두 사람은 만나자마자 즉시 친해졌다. 하이네는 두 사람이 "손짓만 봐도 서로 이해할 수 있었다"[16]고 말하곤 했다.

하이네는 한때 아름다운 청년이었다—자상한 눈매와 길고 약간 곱슬곱슬한 머리카락을 지닌, 전체적으로 부드러운 인상이었다. 그렇지만 마르크스와 예니가 만났을 때는 비극적인 인물이 되어 있었다. 하이네는 일종의 이동성 마비증상을 앓고 있었다. 1843년에는 얼굴 왼쪽이 마비되자 실명할까봐 두려워했다. 하이네는 정부情婦인 마틸드(하이네가 유명한 시인이라는 것을 모르는 열다섯 살 연하의 문맹인 프랑스 여인이었다)와 갓 결혼한 상태였고, 다음 날 질 것으로 예상되는 결투를 앞두고 있었다(지지 않았다).[17]

그렇지만 하이네에게 죽음의 문턱에 서 있다는 사실은 오히려 그의 시적 재능을 부추기는 것일 뿐이었다. 비평가들에 의해 "괴물 같은 이기주의자"로 묘사되기도 한 그는 사실 심리적으로 너무나도 불안정한 상태였기 때문에 자기 작품에 대한 혹평을 읽고 마르크스의 면전에서 울음을 터뜨렸다(그런 경우 마르크스는 그를 예니에게 맡겼다. 그러면 예니는 격해진 시인을 재치와 자상함으로 달래주고 자신감을 회복시켜주었다). 하이네는 마르크스 부부에게 가족이나 마찬가지였다. 그들은 매일 서로의 아파트를 왕래했다.[18] 파리에서 마르크스와 하이네의 관계는 매우 중요한 의미가 있었다. 그 관계를 통해 시인은 정치화되었고 마르크스는 예술가이자 남성으로서 성숙하는 데 도움을 얻었다. 그렇지만 마르크스는 마틸드와 그녀의 친구들은 몹시 싫어했다. 그들을 창녀와 뚜쟁이로 의심했고 그들이 병약한 하이네를 등쳐 먹고 있다고 생각했다.[19]

루게의 신문은 프랑스어와 독일어로 제작되어 매달 한 번 발간될 예정이었고

1843년 11월에 창간호를 낼 계획이었다. 하지만 자금 문제가 있었다. 게다가 기고자들도 문제였다. 루게는 단 한 명의 프랑스인도 끌어들이지 못했다. 사실 신문에 참여하기로 한 유일한 외국인은 역시 파리에 머물고 있던 러시아인 바쿠닌뿐이었다. 루게는 프랑스 작가를 물색하기 위해 마르크스를 파견했으며 혹시 여성 작가인 조르주 상드나 플로라 트리스탕●에게 '구애'해볼 수 있는지 궁금해했다. 마르크스는 두 사람 모두를 알고 있었다. 그렇지만 그가 『독불연보』 기사를 위해 그들에게 접근했었는지는 알려지지 않았다. 결국 그들은 물론이고 어떤 프랑스 작가도 신문에 글을 싣지 않았다. 독일인들은 프랑스 사상을 게걸스럽게 빨아들이고 있었지만 프랑스인들은 독일 사상과 교유하기를 꺼렸던 것으로 보인다. 프랑스 사람들의 눈에 독일인들은 자기네가 이미 1789년(프랑스 대혁명)에 극복했던 문제들을 이제야 막 더듬고 있는 것으로 보였던 것이다.[20]

이런 모든 스트레스의 영향으로 루게는 쇠약하고 신경질적으로 변했으며 신문의 발간은 1844년 2월까지 미루어졌다. 마르크스의 편집하에 마침내 신문이 세상에 모습을 드러냈을 때 그것은 거의 책 한 권 분량이었다. 헤르베크와 하이네의 시가 실렸고, 루게, 마르크스, 포이어바흐, 바쿠닌 간에 서로 주고받은 독일에 대한 비판적인 편지들이 소개되었으며, 바쿠닌, 모제스 헤스, 그리고 바이에른에서 추방된 전직 신문편집자 F. C. 베르나이스^{Karl Luwig Bernays}의 논문들이 게재되었고, 마르크스와 영국에 거주하는 젊은 독일인 엥겔스의 기사가 실렸다. 발행 부수는 1천 부였다.

온건한 민주주의자였던 루게는 마르크스가 『독불연보』를 너무 급진적인 방향으로 끌어가고 있으며 다듬어지지 않은 문체로 글을 썼다고 화를 냈다[21](마르크스의 몇 페이지씩 이어지는 긴 문단, 모호한 문학적 암시, 산만한 전개, 말하려는 것을 독자가 이해할 수 있는지에 대한 철저한 무관심 등을 비판한 사람은 루게만이 아니었다). 예니는 그들의 미래를 보장해줄 것으로 기대했던 신문이 "창간호부터 애물

● Flora Tristan. 프랑스의 작가이자 노동운동가. 화가 폴 고갱의 외할머니이기도 하다.

단지가 되어버렸다"[22]고 회상했다.

　신문은 파리에서 판로를 찾지 못했고 독일 국경을 넘을 수도 없었다. 루게와 프뢰벨은 자금 지출을 줄였고, 남편이 고향으로 돌아가지 못하게 될지도 모른다는 예니의 공포는 현실화되었다. 프로이센 총독은 마르크스, 루게, 하이네, 베르나이스가 프로이센 땅에 발을 들이는 즉시 체포하라는 명령을 하달받았다. 그들의 죄목은 대역죄였다.[23]

　프로이센 정부가 발끈한 이유는 기사 중에 마르크스가 신혼여행 때 쓰기 시작했던 두 편의 글 때문이었다. 하나는 헤겔에 대한 비판이었고, 다른 하나는 「유대인 문제에 관하여On the Jewish Question」라는 글이었다. 둘 다 베를린과 쾰른 생활에서 얻은 생각을 구체화시킨 것이었으나, 또한 프랑스의 영향도 보여주고 있었다. 특히 아직 거의 눈에 띄지도 않는 프롤레타리아트에 대한 그의 논의도 담겨 있었다. 라틴어로 최하층 계급, 또는 재산이 없는 사람들을 일컫는 프롤레타리우스proletarius에서 파생된 이 용어는 마르크스에 의해 사회적 변혁의 희생자들을 가리키는 말로 사용되었다. 역사적으로 그들은 가난한 사람들이 아니었다. 19세기의 프롤레타리아트는 한때 스스로를 부양할 수 있었지만, 사람을 기계로 대체하고, 여성과 어린이의 값싼 노동력을 활용하고, 일할 시간을 줄여 임금을 깎거나, 임금을 올리지 않고 노동시간을 늘리는 등의 변화를 수반하는 소위 경제적, 산업적 진보에 의해 희생자가 되었다.[24] 헤겔에 대한 비판에서 마르크스는 이론만으로 혁명을 창조할 수는 없지만 불평등에서 비롯된 야성적인 힘을 갖춘 프롤레타리아트가 철학이라는 지적 무기로 무장하게 되면 혁명은 가능하다고 말했다.[25] "이 해방의 머리는 철학이다." 그는 말했다. "그 심장은 프롤레타리아트이다."[26]

　'유대인 문제'를 다루면서 마르크스는 종교를 신학적인 문제가 아닌 사회정치적인 것으로 보았다. 19세기 초엽 독일의 유대인들은 대체로 상업과 금융업에 종사하고 있었다. 그것은 국가에 의해 암묵적으로 유대인에게 인정되고 할당된 영역이었고, 국가는 그런 식으로 유대인 스스로의 인식, 그리고 사회에서 그들을 바라보는 편견을 조장하는 데 일조했다. 마르크스의 아버지가 유대인으로 남을 것인지 아니면 기독교인으로서 사회에 진입할 것인지 선택에 직면했던 1816년부터 프로이센의 유대인들에게는 평등권이 없었다. 하지만 1840년대 초엽에 이르자 사회에서 유대인의 권리와 역할이 새롭게 고찰되기 시작했다.

마르크스는 논문에서 그것이 정치적 영역에서의 기독교이건, 시장 영역에서 유대인의 지배이건 종교가 독일의 일상적 삶에서 어떻게 이용되고 있는지, 그리고 종교로부터의 자유라는 것이 비신학적 용어로 무엇을 의미하는지를 고찰했다. 유대인의 경우 그들의 주요 활동 분야인 금융업은 국가의 존립 자체에 필수불가결한 요소가 되었다고 주장하며, 유대인을 그 상업 활동의 제한된 영역에서 해방시키는 것(그는 그것이 유대주의의 본질이 되었다고 느꼈다), 그래서 국가가 그것으로부터 얻는 이익을 박탈하는 것은 자신이 추구하는 독일의 사회적 혁명을 촉진시킬 것이라고 결론지었다. 국가는 자신을 지탱하는 기둥들 중 하나─이 경우 금융─가 허물어지면 더 이상 존립할 수 없게 될 것이다. 마르크스와 그의 동료들이 경멸해 마지않던 정부는 붕괴될 것이다.[27]

『독불연보』에 게재된 마르크스의 두 글은 완전히 다른 주제를 다루고 있었다. 그렇지만 둘 다 독일연방의 미래에 관한 것이었고, 결론은 그것의 해체였다. 두 편의 글에서 마르크스는 쾰른에서 검열관과 힘겹게 싸우며 글을 쓸 때와는 사뭇 다른 모습을 보여주었다. 파리에서는 그의 글에 대한 제한이 제거되었으며, 프랑스의 프리즘을 통과한 그의 저술 경향은 혁명을 향해 굴절되어 있었다.

『독불연보』를 포기해야 할 무렵 예니는 임신 칠 개월째로 접어들었고, 경제 형편은 어려워졌다. 마르크스와 루게의 관계도 신문의 정치적 색조를 놓고 불화가 생겼으며 헤르베크에 대한 태도 때문에도 다툼이 일었다. 루게는 헤르베크의 처신을 역겹게 느꼈다. 루게는 헤르베크를 나봇꾼이라고 불렀으며, 그가 "파리의 유희, 상점들, 마차들, 부자들의 화려한 방, 꽃가게 진열장, 여자들에게 굴복했다"고 비난했다. 그리고 헤르베크와 다구 백작부인과의 관계에 경악을 금

치 못했으며, 그를 바람둥이에 게으름뱅이라고 비난했다. 마르크스는 루게가
열변을 토할 동안은 묵묵히 들어주다가도 집에 돌아가면 헤르베크의 천재성
을 강력하게 옹호하며 루게를 속 좁은 속물이라고 지칭하는 편지를 작성하곤
했다.[28] 하지만 그들의 관계가 틀어진 진정한 이유는 돈 때문이었을 것이다. 루
게는 애초 마르크스에게 약속했던 급료의 지급을 거절하고 그 대신 아무짝에
도 쓸모없는 신문을 주었다. 루게의 그런 태도에 마르크스가 더욱 화가 날 수
밖에 없었던 이유는 곧 아버지가 됨에도 아무런 수입이 없는 본인의 사정도
있었지만, 루게가 철도 주식으로 큰돈을 벌었다는 사실을 알고 있었기 때문
이었다.[29]

　그렇지만 예니와 카를의 사정이 비참한 지경에 이르기 전에 게오르크 융과
쾰른의 과거 『라인 신문』 주주들이 돈을 보내주었다. 그 액수는 마르크스가
『독불연보』의 공동편집자로서 벌었을 돈의 두 배에 해당하는 금액이었다—그
들은 그것이 마르크스가 그들을 대표해서 해준 일에 대한 감사의 표시라고 말
했다.[30] 그런 횡재는 결국 루게를 자극했고, 프뢰벨에게 마르크스와 예니가 미
친 듯이 돈을 쓰고 있다고 불평하도록 만들었다. "그의 부인은 그에게 1백 프랑
씩이나 하는 승마용 회초리를 생일선물로 주었는데, 그 작자는 말을 탈 줄도 모
르고 말도 없습니다. 그는 보이는 것은 무조건 '갖고' 싶어 합니다 — 마차, 최신
유행의 옷…… 아마 달도 따달라고 할 겁니다."[31] 루게는 뒤이어 보낸 또 다른 편
지에서 소원해진 동료의 다른 광적인 일면에 대해 험담을 늘어놓는데 이번에
는 좀 더 현실에 부합하는 얘기였다. 그는 마르크스를 냉소적이고 오만불손한
사람으로 묘사했다. "아주 괴상한 성격입니다. 학자와 저술가로서는 완벽하지
만 저널리스트로서는 완전히 빵점짜리지요. 그는 아주 많이 읽고 비상한 집중
력으로 작업에 몰입합니다…… 그렇지만 어떤 것도 마무리하지 못합니다. 모든
일을 벌여놓기만 하고 끝없는 책의 바다에서 허우적거리기만 합니다."[32] 그해
두 사람의 반목은 매우 심각하고 결정적인 국면에 이르렀다. 시간이 지나면서
마르크스도 루게에 대한 욕을 서슴지 않았다. "족제비처럼 생긴 멍청이"가 그중

가장 짧고 점잖은 욕이었다.[33]

1844년 5월 1일, 마르크스의 첫아이가 태어났다. 어머니의 이름을 따라서 예니헨Jennychen(작은 예니)이라고 불렀지만 외모는 오히려 아버지의 검은 눈과 머리카락을 닮았다.[34] 예니나 마르크스나 아기에 대한 경험이 전혀 없었다. 예니는 하인들로 가득한 집안에서 자랐고, 그곳에서는 아기가 태어나자마자 보모에게 맡겨졌다. 마르크스는 가족과 소원했기 때문에 형제가 칠남매였음에도 불구하고 오랫동안 외아들처럼 살아왔다. 오후 5시에 일어나서 카페나 살롱, 레스토랑에서 새벽 5시까지 깨어 있는 그들의 보헤미안적인 파리의 친구들도 별 도움이 되지 못했다. 그래서 예니와 마르크스는 예니헨을 어떻게 보살필지 몰라 허둥대면서도 나름대로 최선을 다했지만, 결국 아기가 심각하게 아픈 지경에 이르고 말았다.

도움은 의외의 곳에서 찾아왔다. 하인리히 하이네였다. 아이를 가져본 적 없고 부분 마비로 고생하고 있는 마흔여섯 살의 시인은 계단을 올라 마르크스의 아파트로 들어서다가 젊은 부부가 경기 난 아이를 두고 어쩔 줄 몰라 하는 광경을 보았다. 하이네가 손을 걷어붙이고 나서서 따뜻한 물을 준비하라고 지시하고 아기를 씻겼다.[35] 예니헨은 곧 회복되었지만 놀란 부모는 그렇지 못했다. 그들은 예니가 아기를 데리고 트리어로 돌아가 위험스러운 초기 몇 개월간은 친정어머니의 도움을 받아야 한다고 결정했다.

6월 초순, 벨벳 망토를 두르고 깃털 모자를 쓴 예니는 카를을 파리에 홀로 남겨놓고 아기를 품에 안은 채 마지못해 라인란트 행 마차에 올랐다. 동쪽으로 향하면서 그녀는 불안감을 느꼈다. 그들이 결혼한 지 채 일 년도 안 되었기 때문에 카를이 "부정不貞의 실제적인 위협, 대도시의 유혹과 매력"[36]에 빠져버릴지도 모른다고 걱정했다. 예니는 파리가 일단 욕망을 분출시키면 쉽게 만족을 구할 수 있는 곳이라는 사실을 잘 알고 있었다.

그러나 그녀의 걱정은 기우에 불과했다. 그녀가 없는 동안 마르크스는 정말로 푹 빠져 있었지만 그 대상은 여자가 아니었다. 그녀가 멀리 떨어져 있는 동안 마르크스는 비밀스러운 사회의 지하세계로 내려가서 경제학에 대한 자신의 최초의 진지한 탐사를 시작했던 것이다.

6

1844년
파리

다섯 사람은 들었으나 이해하지 못했고,
다른 다섯 사람은 이해하지 못했으나
떠들었다.

—알렉산드르 헤르첸[1]

마르크스에게 실업失業은 일종의 해방이었다. 그것은 그가 다시 학교로 돌아갈 수 있음을 의미했다. 그의 교실은 가스등이 켜진 카페와 와인 가게, 그리고 방에 한가득 들어찬 사람들이 자욱한 시가 연기 때문에 어렴풋한 형체로만 보이는 작은 사무실이었다. 강의는 없고 토론만 있었다. 다양한 국적의 사람들이 다양한 언어로 와자지껄 떠들어댔기 때문에 행인들은 호기심 어린 시선으로 그들을 쳐다보았다. 그들은 각각 사회주의, 공산주의, 민족주의, 자유주의, 그리고 민주주의의 상대적 장점을 피력하며 목에 핏대를 세웠고, 정부를 무력으로 접수하고 폐허에서 재건해야 하는지, 그리고 지배계급에게 근본적인 사회변혁이 오고 있다—누구나 도처에서 감지할 수 있었다!—는 것을 청원으로 알리고 군주들이 그에 부응하도록 해야 하는지에 대해서 난상토론을 벌였다. 부르주아와 기업가들의 정치적 힘을 강화시켜야 한다고 주장하는 사람들도 있었다. 그들은 생산을 촉진하고 기초적인 상품들의 생산비용을 줄이며 새로운 시장을 여는 일련의 진보에서 인류의 희망을 보았던 것이다. 그렇지만 그런 진보는 부르주아가 무력화시키려 하는 왕조보다도 대중에게 더욱 커다란 위협을 가할 것이라고 주장하며 주의를 촉구하는 다른 목소리들도 있었다. 그들은 기업가들의 유일한 동기가 탐욕이기 때문에 더 큰 부를 추구하는 과정에서 몇 세대에 걸친 노동자들을 기꺼이 제물로 삼을 것이라고 주장했다.

모든 논쟁 당사자들은 유럽에 새로운 형태의 정부가 필요하다는 사실에는 공감했다. 사회의 본질이 변했다. 아첨하는 대신들로 둘러싸인 절대군주와 무자비한 심복들을 거느린 폭군은 이제 구시대에 속한 유물이 되었지만 여전히 권력을 지닌 채 사회 경제적 진보를 가로막고 있었다. 마르크스의 서클 사람들 모두 다 전제군주제가 사라져야 한다는 데는 완전히 의견이 일치했다. 그렇지만 어떻게, 그리고 무엇으로 대체할 것인가에 대해서는 합의에 이를 수 없었다.[2]

예니가 트리어로 떠나기 전인 3월에 마르크스는 이런 문제가 논의될 예정인 연회에 참석했다. 식탁에는 향후 삼십 년간 유럽의 거의 모든 주요한 혁명적 사건들에서 주역이 될 사람들이 둘러앉아 있었다. 그들은 사상도 제각각이었고 학식의 수준도 천차만별이었지만 이미 확고부동한 나름의 개성을 구축하고 명성도 쌓고 있었다.[3] 그중 미하일 바쿠닌과 루이 블랑 두 사람이 마르크스에게 중요한 의미를 가졌다.

바쿠닌은 5백 명의 농노를 거느린 광대한 영지를 소유한 러시아 백작의 아들이었다. 그의 어머니는 러시아의 가장 유명한 가문 중 하나인 무라비예프 Muraviev 가 출신이었다. 무라비예프 가의 사람들 다수는 1825년 차르에 대항한 봉기에 참여했다가 교수형을 당했다. 바쿠닌은 군대훈련 중이었지만 스물한 살 쯤에 탈영했고 1840년 결국 베를린으로 흘러들어와 절친한 친구인 소설가 이반 투르게네프('니힐리즘'[4]이라는 용어의 창시자다)가 활동 중이던 러시아인 청년 헤겔파 서클에 가입했다.[5] 키가 크고 날렵한 몸매를 가진 바쿠닌은 텁수룩하고 지저분한 머리 위에 역시 지저분한 학생모를 쓰고 있었다. 그는 철저한 행동파였고 자신의 이념과 친구를 지키기 위해서는 어떤 싸움에라도 기꺼이 뛰어들

각오가 되어 있는 사람이었다. 그렇지만 여성에 대해서는 지나칠 정도로 냉담한 태도를 보였다(그를 성불구자라고 말하는 사람도 있었다). 그렇다고 그 때문에 그의 인기가 덜한 것은 아니었다. 그는 가는 나라마다 모든 계급의 여성들을 매료시켰다.[6]

바쿠닌은 파리에 입성할 무렵 이미 혁명가로서 명성을 떨치고 있었다. 그는 혁명에는 사상보다 본능이 필요하다고 믿었다.[7] 바쿠닌은 마르크스보다 네 살이 많았지만, 스스로도 인정했다시피 두 사람이 만났을 때 마르크스보다 지적으로는 뒤처져 있었다. 시작부터 두 사람의 관계에는 긴장이 흘렀다. 한 작가는 "러시아의 귀족과 유대인 변호사의 아들은 서로 성격적으로 충돌했을 뿐만 아니라 전통이나 이념 면에서도 어떠한 공통 배경도 없었다"[8]라고 말했다. 수십 년이 흐른 후 바쿠닌은 파리에서 그들이 함께했던 시절에 대해 다음과 같이 기록했다. "우리는 꽤 자주 만났다. 내가 그의 학식, 그리고 프롤레타리아트의 대의에 대한 그의 열정과 진지한 헌신성—비록 늘 오만함과 뒤섞여 있기는 했지만—을 높이 샀기 때문이었다. 나는 정말로 그와 대화하는 것을 좋아했다. 그의 말은 늘 유익하고 재치가 넘쳤다. 물론 사소한 증오에 의해 촉발된 것이 아닐 경우에 말이다. 그렇지만 아쉽게도 그런 경우는 너무나도 많았다. 어쨌든 그럼에도 불구하고 우리는 허심탄회한 관계가 되지 못했다. 성격적으로 안 맞았던 것이다. 그는 나를 감상적 이상주의자라고 불렀고, 사실 그의 말이 옳았다. 나는 그를 공론이나 일삼는 비겁하고 교활한 자라고 말했고, 내 말 역시 틀리지 않았다."[9]

루이 블랑은 1844년에 서른세 살이었으며 프랑스에서, 특히 계몽된 노동자들 사이에서 가장 비중 있는 사회주의자 중 하나였다. 그는 신체적, 지적으로 바쿠닌과 정반대였다. 여덟 살 어린아이 정도의 자그마한 체구를 지녔지만 통솔력과 지적 능력을 겸비해 운동에서 지도적인 역할을 담당했다.[10] 1840년에 그는 두 권의 책을 출판했다. 민주주의 국가에 대한 노동자의 지배를 주장한 『노동의 조직Organization of Labor』과 루이 필리프의 통치를 비판한 『십 년간의 역사History *of Ten Years*』였다. 1843년에는 『개혁*La Reforme*』이라는 중요한 반체제 신문을 공동 창간했다. 신문은 군주제 철폐와 공화정 도입, 보통선거권, 직업 보장, 그리고 노동권을 주장했다.[11] 블랑도 바쿠닌처럼 수년간 마르크스와 자주 마주치게 되는데 바쿠닌과 마찬가지로 그 대부분의 조우 역시 적대적인 것이었다.

그들이 연회에서 서로 만날 때만 해도 그런 모임을 주최할 국제적인 조직은 전무했다. 그 이유는 한편으로는 각 지역마다 봉착한 문제가 서로 상이했고, 다른 한편으로는 지도자로 자칭한 사람들에게 다른 반체제 그룹들은 거의 안중에 없었기 때문이었다. 그렇지만 모든 사람과 이념들이 한데 모이는 파리에서는 새로운 이념의 최전선에 서 있던 사람들이 서서히 언어와 관습의 장벽을 뛰어넘어 공통의 관심사에 대해 논의하기 시작했다. 유럽의 이런 중간계급 개혁가들 사이에서 두드러졌던 사상적 조류는 자유주의, 급진주의, 민족주의, 그리고 사회주의였다.

자유주의자들은 투표권이 재력 있고 교육받은 사람들에게까지 확장된, 신분이 아닌 능력에 기반을 둔 광범한 민주주의 정부를 원했다. 또한 연설, 출판, 집회의 자유, 그리고 재산권의 보호를 원했다. 그들은 헌법이 마련된다면 군주제에 대해서도 반대하지 않았다. 급진주의자들은 왕을 원하지 않고―그들은 공화정을 원했다―더 넓은 투표권과 사회적 개혁을 주장하는 자유주의자들이었다. 민족주의자들은 보통 자유주의자들이었다. 그들은 국가를 통일하고 (특히 독일과 이탈리아에서) 동일한 언어, 역사, 예술 등이 포함된 민족문화를 달성하고자 했다. 사회주의자들은 반체제 진영에서 다른 자들과 구별되었다. 사회주의는 프랑스에서 커져가는 기업가들의 힘에 대한 직접적인 반발로 출현했다. 그 옹호자들은 불평등한 재산권에 반대했다. 그들은 그것이 부유한 자들을 더욱 부자로 만들고 기술과 튼튼한 육체밖에 없는 사람들을 정치에서 배제시키는 사회정치적 무기로 사용되고 있다고 믿었다. 사회주의자들은 군주제와 봉건주의에 대항해 민주주의를 지지하기는 했지만 민주주의가 산업화의 불평등으로

부터 노동자들을 충분히 보호해주지는 못할 것이라고 믿었다.[12]

그렇지만 이 모든 사상들은 대체로 이론의 영역, 즉 토론의 주제로만 머물고 있었다. 왜냐하면 그것을 적용시킬 군대, 즉 대중적 지지가 없었기 때문이다. 그 이유는 아주 간단했다. 마르크스가 그런 군대가 되리라고 믿었던 노동자계급이 중간계급의 개혁가들을 의심의 눈초리로 바라보았고, 그 때문에 그들의 사상도 믿지 않았던 것이다. 마르크스 역시 그런 사상에 의심을 거둘 수 없었다. 반체제 지식인들의 토론에서 인류의 당위는 자주 언급되었지만 개인들의 물질적 필요에 대한 언급은 이상하리만치 없었다. 또한 지식인들이 부르짖는 혁명은 대부분의 경우 주도적 엘리트(귀족)를 다른 세력(대부르주아)으로 교체하는 것에 불과했고, 따라서 노동하는 자들에 대한 부자들의 압제는 계속되는 것이었다. 결국 마르크스는 사회의 병을 치유하기 위해 고안된 그런 사상들 중 어떤 것도 이제 막 성장기에 접어든 유럽의 산업경제 체제에 퍼지고 있는 병폐를 제대로 이해하고 있는 것은 없으며(반면 군주제의 문제점은 자명했다), 그것에 대한 이해 없이는 어떤 의미 있는 사회 변화도 불가능하다고 생각했다. 그리고 자기 자신도 그것을 완전히 이해하지 못하고 있다고 솔직히 인정하고 그 해답을 찾기 위한 연구에 돌입했다.[13]

그는 바노 거리에 사는 두 독일인의 도움으로 해결의 실마리를 찾았다. 아우구스트 헤르만 에베르베크와 게르마인 마우러는 파리에서 독일의 급진적인 프롤레타리아트 망명자들에 의해 1836년 결성된 비밀조직인 '의인동맹League of the Just'의 조직원이었다.[14] 의인동맹은 선전과 공작 활동을 겸한 조직이었는데 프랑스 공산주의 이념을 받아들여서 사회를 근본적으로 변화시킬 가장 확실한 방법으로 사유재산의 철폐를 주장하고 있었다.[15] 마르크스는 이 독일 노동자들의 조직과 프랑스의 상대 조직 모임에 참석한 후 안락의자에서 벌이는 지식인들이 타상공론 같은 사회주의와는 달리 공산주의 투쟁에 열렬히 헌신하는 그들의 모습에 깊은 감명을 받고 돌아왔다. 그는 다음과 같이 썼다. "인류의 동포애는 그들에게 한낱 미사여구가 아니라 치열한 삶의 현실이었다. 그리고 노동으로 단련된 그들의 몸은 우리에게 인간의 고귀한 빛을 뿌렸다." 또한 그는 그들의 얼굴에서 노동—사실은 그들의 삶—이 불충분한 임금과 맞바꿔지고, 생산에 수반되는 기쁨인 자부심을 누릴 수 없게 된 인간소외를 보았다. 그들이 만든 것은 공장주의 소유가 될 뿐이었다.[16]

영감을 얻은 마르크스는 그해 자신이 읽고 있던 책들, 특히 프랑스와 영국 경제학자들의 책으로 돌아가 여러 권의 공책들을 휘갈겨 쓴 필기로 빼곡히 채웠다. 이것이 바로 「경제학 철학 수고」 또는 「1844년 수고」가 되었으며, 비록 미완으로 남았지만 그의 필생의 작업을 위한 토대가 되었다.

마르크스는 자신이 "부르주아 경제학자들"이라고 부른 사람들에 대한 연구를 통해 그들이 경제체제가 인간의 통제력 밖에서 인간을 질질 끌고 다니는 냉엄하고 변경될 수 없는 법칙에 의해 작동되는 것으로 믿고 있다고 결론지었다. 또한 그 경제학자들은 정부가 간섭하지 않고 내버려두기만 하면 산업은 자연히 모든 인류를 위한 보편적인 이익을 산출할 것으로 믿고 있었다. 그렇지만 마르크스가 보고 듣는 현실은 그와 정반대였다. 그래서 그는 그 경제학의 신화를 제거하고 현실세계의 작동 원리를 규명함과 아울러 그 당연한 결과까지 기술하고자 했다.[17]

「수고」에서 마르크스는 임금, 지대, 신용, 이윤, 사적 재산 대 공산주의, 그리고 자본과 노동의 관계 등을 고찰했으며, 헤겔에 대해 재평가하기도 했다. 그가 발견한 사실은, 새로운 경제체제에서의 반짝이는 포상, 즉 돈(그리고 좀 더 확장해서 그런 자본으로 살 수 있는 것들)을 획득하는 것은 현대인에게 다른 사람들과의 관계의 모든 면, 심지어 자기 자신에 대한 평가까지도 왜곡시키는 힘이 된다는 점이었다. 그것은 부자가 선택하기만 하면 무엇이든 될 수 있게 만들어주는 요술을 부렸다.

나는 **못생겼다**. 그렇지만 **가장 아름다운** 여성을 살 수 있다. 그러므로 나는 **못
생기지** 않았다. **못생긴 것**의 효과—그것의 악영향—는 돈으로 무화되기 때문이

다…… 나는 못되고, 부정직하고, 비양심적이고, 멍청하다. 그렇지만 돈은 정직하기 때문에 그것의 소유자는…… 나는 **어리석지만** 돈은 모든 것의 **진정한 두뇌**다. 그러므로 그 소유자가 어떻게 어리석을 수 있겠는가? 게다가 그는 명석한 사람들을 돈으로 살 수 있다…… 그러므로 나의 모든 돈이 내 모든 결점들을 그 반대의 것으로 바꾸어주지 않는가?[18]

한편 부자에게 부를 만들어준 노동은 노동자의 생명의 피를 강탈한 것이다. "그것은 궁전을 짓는다—그렇지만 노동자들에게는 돼지우리를 만들어준다. 그것은 미를 만든다—그렇지만 노동자들에게는 기형을 만들어준다. 그것은 노동을 기계로 대체한다. 그렇지만 그것은 한 구역의 노동자를 야만적인 노동 형태로 내던져버린다. 그리고 그것은 다른 구역마저 기계로 바꾼다. 그것은 지력을 만들어낸다—그렇지만 노동자들에게는 무지와 크레틴병을 만들어준다."[19]

마르크스는 어떻게 이런 부정적인 관계가 발생했는지 설명하려 했다. 그는 대부르주아가 모든 돈과 아울러 생산수단도 장악하고 있고, 노동자는 유산자나 기업가에 의해 결정된 임금에 자신의 노동을 팔 수밖에 없는 비인간적 존재로 축소되는 체제 속에서 인간을 이해하기 시작했다. 그것은 마치 한 자루의 곡물을 판매하려는 사람이 자기가 알고 있는 가치에 따라 스스로 가격을 정하는 것이 아니라, 구매자가 지불하고자 하는 가격이 얼마가 되었건 무조건 수용할수밖에 없는 것과 비슷했다. 판매자가 자기 곡물의 가치에 대한 통제력을 잃은 것과 마찬가지로 노동자도 새로운 산업관계 속에서 자신의 가치에 대한 통제력을 잃었다. 그는 모든 이득을 챙겨가는 계급을 위해 일하면서도 그 대가로 오직 생존만을 보장받는, 하나의 대상으로 소외되어버린 것이다.

마르크스의 이론은 장대해졌다. 곳곳에서 증거들이 반짝였다. 가장 직접적인 예로, 도시는 새로운 산업체제 속에서 일거리를 찾아 헤매는 사람들로 넘쳐났지만 생계를 이어줄 만한 직업은 찾을 수 없다는 것이었다(프랑스에서는 그런 현상에 대해 포퍼리즘pauperism이라는 새로운 단어가 생기기도 했다). 임금은 거의 과거 이십 년간 줄곧 떨어졌지만 같은 기간에 물가는 17퍼센트가 올랐다. 1844년에 광범위한 기근이 발생했지만 부자들의 식탁은 더욱 풍요로워졌다.[20] 프랑스 관료들이 어떻게 선택받은 소수의 손에 극단적으로 부를 집중시키고 경제적 불균형을 심화시켜왔는지 일련의 스캔들을 통해 드러났다.[21] 그래서 마르크스가 목격한 시장은 경제학자들이 그들의 논문에서 그토록 찬란하게 묘사했던 자유시장이 아니라 부자들이 자신들의 이익을 위해 통제하고 있는 시장일 뿐이었다.

마르크스는 불과 이 년 전 쾰른에서 현실성이 없다고 공산주의를 부정해버렸지만 이제는 사회를 재편할 수단으로 새롭게 보게 되었다. 인류는 부를 성취할 것이다. 그렇지만 그 부는 사적 재산이 되는 것이 아니라 공유되어야 마땅했다. 인류는 노동할 것이다. 그렇지만 그 노동은 스스로를, 그리고 더 큰 선善을 위한 것이어야 하며 유산자만을 위한 것이 되어서는 안 되었다. 그는 공산주의를 다음과 같이 묘사했다. "사람과 자연, 그리고 사람과 사람 간의 적대에 대한 진정한 해결책이다. 그것은 존재와 본성 간의 투쟁, 객체화와 자기 확신 간의 투쟁, 자유와 곤경 간의 투쟁에 대한 진정한 해결책이다."[22] 그의 친구 하이네가 공산주의가 예술과 아름다움을 해칠지도 모른다고 우려하자 그는 "제가 모든 사람은 먹을 권리가 있다는 전제를 반박하지 못한다면 그 전제에서 비롯된 모든 것을 받아들일 수밖에 없습니다"[23]라고 대답했다.

파리에서 자신을 공산주의자라고 자처한 프랑스와 독일의 노동자들은 부패한 새로운 경제 질서를 파괴할 유일한 길은 혁명뿐이라고 믿었다. 착취는, 그것을 통해 이익을 챙기는 사람들이 잃을 것이 너무나도 많은 상황에서 협상으로는 종식시킬 수 없다는 것이 자명했다. 산업봉건제(그들 중 일부는 이런 용어를 사용했다)는 농업봉건제와 마찬가지로 폭력행위에 의해서만 청산될 수 있을 것이다. 마르크스는 동의하면서 다음과 같이 썼다. "사적 소유라는 관념을 철폐하기 위해서는 공산주의라는 관념만으로도 충분하다. 사적 소유를 실제로 철폐하기 위해서는 공산주의자들의 실제 행위가 필요하다."[24] 그리고 마르크스가 경제에 대해 천착하고 있을 때 마침 그런 폭력사태가 발생했다. 프로이센의 실레지아 지역에서 폭동이 일어났다는 소식이 날아든 것이다. 파리의 노동자들과 마르크스 같은 사람들에게 그것은 앞으로 다가올 사태를 알리는 전조처럼 흥분되는 일이었다.

1844년 6월 4일, 자신들의 비참한 생활에 격분한 직공들이 임금 인상을 요구하며 프로이센 기업가 형제의 집을 향해 행진을 벌였다. 그들은 노래 불렀다. "너희들은 모두 악당이고 더러운 밥버러지들이다. / 너희들은 사탄의 옷을 입은 파렴치한이다! / 너희들은 가난한 사람들을 먹어치운다. / 우리의 저주가 너희를 심판하리라!" 시위대는 절망하고 분노에 차 있었다. 남자, 여자, 어린이를 가릴 것 없이 모두 너무 낮은 임금을 받고 있었기 때문에 일부 노동자는 굶어 죽기도 했다. 자신들의 요구가 거부되자 격분한 직공들은 집 안으로 난입해 기물들을 때려 부쉈다. 하지만 기업가 형제는 다치지 않고 몸을 피했다. 다음 날 5천 명의 직공과 그 가족들이 가세해 폭동은 더 커졌다. 그들은 집과 공장에 뛰어들어가 기계들을 부수고 그들에게 음식 제공을 거절한 사람들의 안락한 집과 사무실을 뒤지고 약탈했다. 기업가들은 프로이센 군대를 끌어들였고 군은 군중을 향해 발포해 서른다섯 명의 사망자가 발생했다. 군중은 돌과 도끼로 무장하고 군대를 몰아냈다. 그렇지만 다음 날 아침 도착한 증원군에 의해 직공들의 저항은 분쇄되었다. 많은 사람들이 도망쳤고 그러지 못한 사람들은 체포되었다.

직공들의 폭동은 독일에서 산업노동자들이 일으킨 최초의 폭동이었으며, 비록 실패로 끝나기는 했지만 마르크스는 그 속에서 자신이 추구하던 열정적인 프롤레타리아트, 경제, 그리고 국가 간의 상호 관련성을 발견할 수 있었다. 폭동을 일으킨 추동력은 과거처럼 종교나 윤리, 왕권 등과 같은 추상적인 것이 아니라 더 구체적인 것, 바로 빵이었다. 마르크스는 특히 직공들의 폭동이 누구를 겨냥했는가를 보고 고무되었다. 미래의 적, 부르주아였다. 그들은 돈을 장악하고 있기 때문에 결국 정부, 심지어는 프랑스에서와 마찬가지로 왕까지 통제하게 될 터였다.[25]

고국에서의 사건 전개에 고무되어 마르크스, 헤르베크 그리고 하이네(두 사람은 실레지아 직공들을 위한 시를 썼다)를 포함한 2백여 명의 독일인들이 파리 뱅센Vincennes 가의 트론Trône 장벽 근처에 있는 와인 가게에서 매주 일요일 모임을 갖기 시작했다. 프랑스 경찰의 첩자들은 그들이 왕의 암살 및 부자와 종교인들의 탄압을 비롯한 기타 "끔찍한 얘기들"을 주고받았다고 보고했다.[26] 또한 마르크스는 바쿠닌과 그해 파리에 머물던 그 밖의 러시아 자유주의적 귀족들을 빈번히 접촉하면서 대의를 위해 돈을 기부할 의사가 있는지 타진했다.[27] 그리고 1844년 7월에 마르크스는 노동자 출신으로 독학으로 프랑스의 유명한 무정부주의자가 된 피에르 조제프 프루동을 소개받았다.[28] 프루동은 1840년에 『소유란 무엇인가?What Is Property?』라는 유명한 저서에서 제목에 대한 답으로 "소유는 도둑질이다"라고 말했다. 프루동은 자신이 새로운 체제를 제안하는 것이 아니라 단순히 특권을 종식시킬 것을 요구하는 것뿐이라고 선언했다. 그의 말에 따르면 그가 추구하는 것은 오직 정의뿐이었다. 그렇지만 마르크스는 프루동의 업적을 "획기적"이라고 평가했다. 그는 프루동을 사유재산에 기초한 체제의 고유한 사회적 병폐를 최초로 보여준 사람이라고 말했다. 두 사람은 자주 만나 공산주의에 대해 대화를 나누었고 어떤 때는 밤을 새우는 경우도 있었다. 마르크스는 프루동이 독일어를 몰라서 독일 철학을 제대로 공부하지 못했기 때문에 자기가 그 프랑스인에게 독일 철학을 가르쳐주는 데 대부분의 시간을 보냈다고 말했다.[29]

1844년 초 루게의 『독불연보』에 글을 썼다가 그 기사 때문에 대역죄로 몰렸던 마르크스는, 그해 여름 『전진!Vowarts!』이라는 신문에 기고하기 시작한 마르크스에 비하면 신출내기 소년성가대원 같은 존재였다. 파리에 근거지를 둔 그 주간지는 유럽에서 유일하게 검열 없이 발간되는 독일어 신문으로 알려져 있었다.[30] 사실 그 신문은 사회주의자, 공산주의자들과 친분이 있는 자코모 마이어베어라는 프로이센 오페라 작곡가, 그리고 다구 백작부인을 통해 참여한 더 소심한 자유주의자들의 자금 지원으로 운영되고 있었고, 프로이센 왕인 프리드리히 빌헬름 4세가 파리의 반역적인 독일인들을 추려내기 위해 그들이 활동할 지면을 제공한 것이라는 소문도 있었다.

마르크스의 친구인 베르나이스가 편집장이었지만, 보조편집자인 아달베르트 폰 보른슈테트는 오스트리아의 첩자이자 프로이센 왕으로부터 보수를 받는 앞잡이였다. 마르크스와 다른 기고자들은 마이어베어와 보른슈테트가 누구를 위해 일하고 있는지 알고 있었을 것이다. 그럼에도 불구하고 이념을 전파하기 위해 그 기회를 이용했던 것이다. 어쨌든 당시 첩자는 술이나 담배만큼이나 서클 안에서 당연한 존재였고 그들은 가십거리를 잘 알고 있었기 때문에 기분전환 상대로서도 제격이었다.[31]

자금을 대지는 않았지만 신문의 창간자인 하인리히 뵈른슈타인은 센 강 우측의 튈르리 궁 바로 북쪽의 데 물랭des Moulins 가에 위치한 자신의 아파트에서 매주 편집회의가 열릴 때마다 열둘에서 열네 명 정도가 모였다고 회고했다. "일부는 침대나 트렁크 위에 앉기도 하고 다른 사람들은 그냥 서 있거나 서성거렸다. 그들은 모두 줄담배를 피워대며 강한 열정과 흥분에 차 논쟁을 벌였다. 거리의 행인들이 연기가 치솟는 것을 보고 놀라서 몰려들까봐 창문을 열 수도 없었고, 그래서 새로 도착한 사람은 자욱한 연기 때문에 방 안에 누가 있는지조차 알 수 없을 정도가 되곤 했다." 그곳에 참석한 사람으로는 마르크스, 하이네, 헤르베크, 루게, 바쿠닌, 시인인 게오르크 베르트 그리고 공산주의자인 에베르베크가 있었다. 글에 대해 보수를 받는 기고자는 한 명도 없었다.[32]

이 기간 중 파리에서 마르크스가 트리어에 있던 예니에게 보낸 편지들은 현재 남아 있지 않다. 그러나 예니가 마르크스에게 보낸 편지를 보면 점차 미래에 대한 불안감을 갖고 있는 것을 볼 수 있다. 아마도 마르크스의 아버지가 오래전 그녀에게서 발견한 종류의 불안일 것이다. 6월 21일에 쓴 편지를 보면, 예니는 탁월한 기품으로 아침부터 밤까지 주위의 관심을 집중시키며 주변 사람들의 부러움을 사고 있는 것을 매우 즐거워하는 듯이 보였다. "저는 누구에게나 위엄 있게 행동하고 제 외모가 그런 것을 완전히 정당화시켜주지요. 저는 그들 누구보다도 우아하고 또 지금은 과거 어느 때보다도 제가 활짝 피어나 있으니까요. 그것에 대해서는 어느 누구도 이의를 제기하지 않아요." 예상 밖으로 따뜻했던 마르크스의 어머니와 누이들과의 만남을 설명한 후, 그녀는 계속 썼다. "성공이 얼마나 많은 것을 변화시켰던지, 아니 우리의 경우 성공한 듯한 모습이겠지요." 하지만 모든 사람들의 입에 여전히 오르내리는 것은 카를이 안정적인 직업을 언제 갖게 될지, 또는 도대체 갖게는 될 것인지였으며 그녀도 역시 여러 가지 말들을 통해 그런 생각이 자신의 마음을 짓누르고 있음을 표현했다. "사랑하는 그대여, 저는 가끔 우리 미래에 대해 심각한 걱정에 빠져듭니다. 단기적으로도 그렇고 장기적으로도 마찬가지예요. 제가 여기서 너무 거드름 피우며 풍요롭게 지내는 것에 대가를 치르게 될 것이라는 생각이 듭니다. 당신이 할 수 있다면 이런 제 마음에 평안을 가져다주세요. 사방에서 안정적인 수입에 대한 말들이 너무 많이 들리는군요."

예니는 분명히 남편이 위험한 길을 따라 더 멀리 여행에 나서는 동안 강해지기 위해 분투하고 있었다. 그 이유는 말할 것도 없이 딸 때문이었다. 이제 처음으로 그녀의 충성심이 남편과 파리에서 거의 잃을 뻔했던 자식에게로 분산된 것이다. 그녀는 예니헨을 "우리 사랑의 가장 긴밀한 결합"이라고 말하며 불안정한 상태를 한탄했다. "우리의 작은 아기가 클 때까지만이라도 우리가 버텨낼 수만 있다면."

문단을 이어가면서 예니는 소식을 전하는 것과 두려움의 토로 사이를 오가다가 결국 카를이 선택한 길은 옳고 불가피한 것이며, 그가 글을 쓰는 한 모든 일이 잘 풀릴 것이라고 체념하는 모습을 보였다. 하지만 글을 쓸 때는 너무 적의를 갖고 자극적으로 쓰지 말았으면 좋겠다고 덧붙였다. "당신의 다른 기사들이 얼마나 큰 영향력을 발휘하는지 알고 있을 거예요. 사실적이고 섬세한 방식으로 또는 좀 더 가볍고 재미있게 글을 써보세요." 그리고 그녀 자신도 포함해 그의 진로에 의문을 품는 사람들에게 그녀는 말했다. "이런 멍청이들, 마치 자기들이 단단한 지반 위에 서 있는 것처럼…… 지금 단단한 토대가 어디 있는데? 모든 곳에서 지진의 징후가 포착되고 사회가 자신의 신전과 상점들을 세운 그 토대가 허물어지고 있다는 것을 정녕 보지 못한단 말인가?"[33]

예니가 이런 편지를 쓴 후 한 달쯤 지나서 정말로 프로이센의 지각이 흔들렸다. 6월 실레지아의 폭동에 이어 프리드리히 빌헬름 4세에 대한 암살 시도가 왕국에 경종을 울렸다. 예니에 따르면, 암살범의 동기는 이번에도 정치가 아닌 배고픔이었다. 카를에게 보낸 편지에서 그녀는 그 실패한 암살범에 대해 다음과 같이 썼다. "그 사람은 아사할 지경에 이르러 베를린 거리에서 사흘간 구걸을 해보았지만 별 소득이 없었대요—그렇기 때문에 그 암살은 사실 사회적 시도였다고 할 수 있어요! 무슨 일이 일어난다면 그건 이런 식으로 시작될 거예요…… 사회혁명의 씨앗이 곳곳에 흩뿌려져 있어요." 그렇지만 그녀는 프로이센인들이 그 위험에 대해 모르고 있다고 말했다. "모든 종이 일제히 울리고, 총이 발사되어도 경건한 군중은 신전에 모여들어 그들의 지상의 주인을 그렇게 기적적으로 구해준 하늘의 주인을 찬미할 거예요."[34]

마르크스는 예니의 편지를 1844년 8월 10일자 『전진!』에 싣고 기고자가 "한 독일 숙녀"라고 적었다. 마르크스가 가장 급진적인 독일어 신문에 자신의 첫 글을 싣고 난 사흘 후에 예니의 글도 처음으로 발표되었던 것이다.[35] 곧 『전진!』은 암살 시도 후 크게 긴장돼 있던 프로이센 당국의 주의를 끌게 되었다. 그동안 당국은 신문에 첩자를 심어두고 감시하고 있었기 때문에 별다른 제재 조치를 취하지 않았다. 그러나 『전진!』이 프로이센 국민들에게 군주는 신성한 존재가 아니라 그들과 마찬가지로 약하고 오류를 범할 수 있는 사람이라는 것을 납득시킬 수 있는 유일한 방법은 국왕 암살이라고 선언했을 때 상황은 달라졌다. 프로이센 정부는 프랑스 정부에 압박을 가했고, 프랑스 정부는 왕의 암살을 옹호하는 망명자들을 감싸는 것으로 보이고 싶지 않았다.[36] 편집장인 베르나이스는 신문의 허가와 관련된 날조된 죄목으로 두 달간 투옥되었다. 나머지 직원들도 다른 혐의로 조사를 받았으며 추방될 위험도 있었다.[37]

그런 와중에 예니는 파리로 돌아올 채비를 하고 있었다. 그녀는 8월 11일과 18일 사이의 편지에서 "모든 것이 엉망이 된" 그곳에 곧 돌아가 그의 옆을 지킬 것이라고 썼다. 그녀의 편지에는 "내 작은 인형의 사랑스러운 아버지" 그리고 그녀의 "착하고 다정한 작은 멧돼지"에 대한 사랑이 구구절절 흘렀다. 그녀는 마르크스에게 물었다. "사랑하는 카를, 우리의 작은 인형이 언제까지 혼자 놀아야 하나요? 저는 두려워요. 언제쯤 그 아이의 아빠와 엄마가 한데 모여서 공동 양육을 할 수 있게 될지 말이에요."[38] 항상 그랬듯이 예니는 남편이 위협을 받을 때 그의 옆으로 달려갔다. 그가 공격받는다면 그녀가 그를 보호할 것이다. 그가 위험에 처하면 그녀가 그를 지켜줄 것이다. 경제적 안정에 대한 그녀의 모든 두려움은 어느덧 하찮은 것이 되어 뒤로 밀려났다. 그녀로부터 그런 편지를 받은 그 무렵 마르크스는 또 다른 평생의 수호자가 될 사람, 프리드리히 엥겔스와 사귀게 된다.

7

1845년
파리

나는 천재를 질투하는 사람들을 도무지
이해할 수 없다. 그것은 너무나도
특별하기 때문에 그런 재능을 갖지 못한
우리 같은 사람들은 애초에 얻을 수도
없었던 것이라는 사실을 잘 알고 있기
때문이다. 그러니 그것을 시샘하는
사람이 있다면 그 사람은 정말로 속이
좁은 사람일 것임이 분명하다.

—프리드리히 엥겔스[1]

　엥겔스는 영국에서 고향인 독일로 돌아가던 길에 잠시 파리에 들르기로 마음먹었다. 마르크스는 그를 그해 초 루게의 신문에 정치경제학에 대해 탁월한 글을 기고했던 작가로 알고 있었다. 엥겔스는 마르크스를 쾰른의 『라인 신문』을 운영한 독재자로 알고 있었지만 그의 글만은 대단히 높이 사고 있었다. 두 사람은 1844년 8월 28일에 레장스 카페Café de la Régence에서 만나 열흘 밤낮 동안 대화를 나누었다.[2] 루브르 근처에 있는 그 카페는 그들의 사실상 첫 만남의 장소로는 제격이었다. 그곳은 체스의 대가들이 실력을 겨루는 살롱으로 유럽에서 유명한 곳이었다.

　당시 스물세 살이던 엥겔스는 키가 크고 날렵한 체격으로 운동선수 같았으며 금발 머리에 옷차림도 섬세하게 가꾸고 있었다. 그는 여성들을 사랑했고—가능한 한 많이—그리고 말馬도 좋아했다. 공장 소유주인 아버지의 고집에 따라 가업을 배우기 위해 열일곱 살에 학교를 그만두었다. 엥겔스는 스스로를 사업가이자 프로이센 왕국의 포병[3]이라고 불렀으며, 술을 많이 마시고 신랄한 유머감각을 지닌 것[4] 말고는 텁수룩한 머리에 까무잡잡하고 구부정한 지식인 타입의 기혼남(마르크스)과는 외견상 아무런 공통점도 없었다. 그러나 마르크스가 보이는 그대로인 사람이라면 엥겔스는 그보다 복잡했다. 한편으로 그는 사회가 바라고 권장하는 사람이었다. 사냥개들을 따라 말을 달리고 훌륭한 와인을 가려내는 귀신같은 재주를 지닌 가벼운 청년이었던 것이다. 하지만 그는 아일랜드의 급진적인 여공을 동거녀로 삼는, 혁명에 열정적인 젊은이였으며 십대 때 고향 바르멘Barmen에서 무분별하게 진행된 산업화의 결과로 발생한 사회적 병폐에 대해 비판적인 신문기사를 쓰기도 했다. 8월 파리에서 마르크스에게 소개된 것은 혁명적인 엥겔스의 모습이었지만 마르크스는 그 특별한 성격의 양면을 모두 기꺼이 수용했다.

엥겔스는 지극히 피부에 와 닿는 웅변적인 기사를 쓸 수 있는 개혁가이자 사상가였지만 또한 소유주의 안락한 사무실에서 공장을 내려다보며 기업이 어떻게 돌아가는지 알고 있는 사업가이기도 한 매우 드문 양면성을 지닌 존재였다. 그는 새로운 산업체제가 어떤 사회적, 정치적, 경제적 파급효과를 갖는지 알고 있었다. 왜냐하면 그 자신이 그 속에서 살고 있었기 때문이다. 그는 마르크스의 이론적 연구의 허점을 메워주기 위해 물질적 세계에서 파견되어 그의 집을 방문한 특사였다.

엥겔스는 스물여섯 살의 마르크스에게서 그 자신이 알고 있던 어떤 사람보다도 강한 개성과 지성을 발견했다. 훌륭한 군인으로서 그는 누군가 섬길 자를 찾고 있었고, 카를 마르크스에게서 그런 인물을 발견했던 것이다. 엥겔스는 나중에 파리에서의 그들의 역사적인 만남에 대해 조심스럽게 술회했다. "모든 이론적 영역에서 우리는 완벽하게 의견을 같이한다는 것을 확인했고, 그때부터 우리의 공동 작업은 시작되었다."[5] 이후 그는 마르크스 가족의 구원자가 되었다. 마르크스의 작업에 물질적 내용을 제공했을 뿐만 아니라 가족의 생존 자체를 위해서 물질적인 생계수단도 제공했다.

　엥겔스는 집안에서 팔 남매 중 장남이었으며, 18세기에 증조부가 프로이센의 부퍼탈Wuppertal 계곡에서 시작해 날로 성장하고 있는 직조회사의 상속자였다. 엥겔스가 바르멘에서 십대였을 때 라인란트의 그 지역은 독일에서 가장 산업화된 곳이었으며 부퍼탈 강은 공장폐수로 시커멓게 오염되어 있었다. 그의 집안은 기독교 중에서도 엄격한 근본주의적 경향을 따르고 있었다. 그의 집안에서는 어떤 종류의 공식적 유희도 비난받았고, 성경과 작은 공동체의 결정이 지고의 권위를 지닌 것으로 여겨졌다. 엥겔스는 철이 들고 난 후부터 즉시 반항적 기질로 부모를 놀라게 했다.[6] 프리드리히 엥겔스 시니어는 부인에게 보낸 편지에서 열다섯 살 된 아들이 심한 벌로 다스려도 말을 듣지 않는다고 걱정했다. 아버지는 또한 프리드리히의 책상에서 "그 아이가 도서관에서 빌려온 더러운 책, 13세기 기사들의 무용담"을 발견하고 "신이여, 이 아이의 성정을 보살펴주소서…… 나는 다른 면에서 총명한 이 아이가 가끔 두려울 때가 있소"[7]라고 말했다.

　엘버펠트 김나지움에 다니던 시절 엥겔스는 시에 대해 진지한 관심을 가졌는데 마르크스와는 달리 재능도 있었다. 열일곱 살 되던 해, 그의 첫 번째 시가 출판되었고 그는 문학가가 되고 싶어 했다.[8] 그렇지만 아버지는 그가 사업에 투신하기를 바랐고, 그래서 아들에게 학교를 그만두도록 강요했다. 엥겔스는 작은 산업도시인 브레멘에 견습공으로 보내졌는데 공장주의 아들이 혁명가로서의 인생을 시작하게 된 곳이 바로 그곳이었다. 그 도시에서 그는 초창기 반항적인 행동들로 널리 알려지게 되었다.[9] 그는 점잖은 사람들 사이에서는 무례한 것으로 여겨진 콧수염을 길러서 동료들을 놀라게 했다. 그런 사람들이 십여 명 있었고 그들은 '콧수염 축제'를 위해 함께 모였다.[10] 그는 콧수염을 기를 뿐만 아니라 주변의 다른 젊은이들이 콘서트에 연미복을 입고 고급 양가죽 장갑을 끼고 갈 때 맨손에 보통 코트만 걸치고 가는 것으로 '속물들'을 조롱했다고 누이에게 자랑하기도 했다. "그런데 아가씨들이 그걸 정말 좋아하더구나…… 가장 좋은 것은 불과 삼 개월 전만 해도 이곳 사람들 중 나를 아는 사람이 하나도 없었는데 이제는 나를 모르는 사람이 거의 없게 되었다는 것이란다."[11] 하지만 그의 진정한 반항은 글이었다. 엥겔스가 자신을 철학적인 상업여행가 '프리드리히 오스발트Friedrich Oswald'라고 소개하며 가명으로 기고한 「부퍼탈로부터의 서신들」은 커다란 파장을 불러일으켰다. 1839년 엥겔스가 열여덟 살일 때 함부르크의 한 정기간행물에 발표된 그 글은 곧 독일의 모든 자유주의적 신문에 실렸다.[12] 그 편지들은 여섯 살 때부터 시작된 공장노동자들의 삶, 낮은 천장 아래서 산소보다 석탄 연기와 먼지를 더 많이 마시며 일하는 열악한 노동 환경을 그린 것이었다. 그런 환경은 "그들의 삶에서 모든 활력과 기쁨을 박탈해버릴 것"이며 "신비주의의 제물이 되지 않은 사람은 술 때문에 망가지고 있다"[13]라고 그는 썼다.

극심한 궁핍이 하층계급에게 만연되어 있다. 특히 부퍼탈 공장노동자들의 경우는 더욱 심각하다. 매독과 폐병은 믿을 수 없을 정도로 널리 퍼져 있다. 엘버펠트에서만 2천5백 명의 어린이들 중 1천2백 명이 교육 기회를 박탈당한 채 공장에서 자란다. 그 결과 공장주들은 어른을 고용했으면 두 배를 지불했어야 할 임금을 어린이들을 부림으로써 아끼는 것이다. 그렇지만 부유한 공장주들은 유연한 양심을 지녔기 때문에 어린아이 한둘쯤 죽음에 이르게 한다고 해서 그들의 경건한 영혼이 지옥에 처박히지는 않는다. 특히 그들이 매주 일요일 두 번씩 교회에 갈 경우엔 더욱 그렇다. 공장 소유주들 중 경건한 사람들이 특히 노동자들을 악독하게 다룬다. 그들은 노동자들이 술에 절어버리는 것을 미연에 방지한다는 핑계 하에 임금을 줄일 수 있는 가능한 모든 수단을 구사한다.[14]

'오스발트'는 여성해방에 대해서도 그것이 모든 인간의 자유를 향해 나아가는 첫발이라고 말하며 옹호했다[15](물론 엥겔스가 박애의 이유만으로 그러지 않았을지도 모른다—그는 사회적 속박으로부터 여성을 자유롭게 만드는 것에서 성性적인 가능성을 보았다).

정치에 관해서는 한 친구에게 보낸 편지에서 자신은 왕을 증오한다고 선언한 바 있었다. 당시의 왕은 프리드리히 빌헬름 3세였다. "만약 내가 그 작자를 경멸하지 않았다면 더욱 증오하게 되었을지도 모른다. 그 자에 비하면 나폴레옹은 천사다…… 왕세자는 인민들에게 양쪽 귀싸대기를 맞고 혁명의 돌팔매로 궁전 창문이 박살나는 경우를 제외하고는 아무짝에도 쓸모없다고 생각한다."[16] 그는 귀족제를 "예순네 개의 정략결혼"의 산물이라며 경멸했다.[17]

엥겔스는 1841년 바르멘의 집으로 돌아왔다가 일 년간의 군복무를 위해 베를린으로 떠났다. 그렇지만 또 다른 목적은 대학, 그리고 그가 브레멘에서 읽었던 청년헤겔파들과 가까이 지내기 위해서였다. 엥겔스는 청년헤겔파의 새로운 세대인 '자유'라는 서클에 가입했다. 그들은 엥겔스를 따뜻하게 맞아주었다. 엥겔스가 쓴 글이 이미 적어도 서른일곱 편이나 기사화되었고, 그 서클에서 전설적인 '프리드리히 오스발트'의 공격을 모르는 사람이 없었기 때문이었다.[18]

당시 엥겔스에게 중대한 영향을 끼친 사람 중 하나는 그들 중 처음으로 공산주의를 지지했고 마르크스의 친구였던 모제스 헤스였다. 헤스는 혁명은 불가피하다고 보았고 프랑스, 독일, 영국에서 함께 일어날 것이라고 믿었다―프랑스는 정치적 봉기의 고장이었고, 독일은 철학의 중심지였으며, 영국은 세계금융의 본산이었다.[19] 우연히도 베를린 생활을 마친 후 엥겔스의 자아 발견을 위한 여행의 다음 기착지는 마지막 세 번째 나라, 영국이 되었다.

1837년 엥겔스 가는 영국의 에르멘Ermen 형제들과 합작해 맨체스터에 면방직 공장을 열었다. 엥겔스의 아버지는 견습의 다음 수순으로 장남을 그곳에 보냈다. 엥겔스는 세계 산업의 심장으로 여겨진 도시에서 에르멘앤엥겔스 회사의 빅토리아 공장 사무실에서 일하게 되었다. 엥겔스에게는 사업을 배우기에―또 다른 엥겔스에게는 혁명, 즉 어떻게 체제를 전복할 것인가를 배우기에―그보다 좋은 곳은 없었다.[20] 영국으로 향하는 길에 그는 『라인 신문』의 편집장인 카를 마르크스를 만나기 위해 잠시 쾰른에 들렀다. 그렇지만 마르크스는 그를 자신이 경멸하는 '자유'의 성원으로만 여기고 데면데면하게 굴었고 만남은 금방 끝나버렸다[21](그런 사정 때문에 그들이 파리에서 다시 만났을 때가 사실상 그들의 첫 만남이었다고 할 수 있다).

1842년 11월, 엥겔스가 자신의 생일 전날 밤에 맨체스터에 도착했을 때, 도시는 임금 삭감에 항의하는 노동자들의 대규모 파업이 휩쓸고 지나간 뒤였다. 분위기는 극도로 긴장되어 있었다. 노동자들은 세상에서 가장 핍박받는 존재였지만 그래도 영국의 법에 따라 집회의 자유는 누리고 있었다—그리고 그것이 그들에게 스스로 운명을 개선할 수 있을지도 모른다는 희미한 희망을 품게 만들었다.[22] 그렇지만 그것은 결코 쉬운 일이 아니었다. 한 관찰자는 당시의 맨체스터를 다음과 같이 기록했다. "이 세상에 부자와 빈자 간의 거리가 그렇게 먼 곳은, 또는 그들 간의 장벽이 그렇게 넘기 힘든 곳은 또 없을 것이다."[23] 그렇지만 엥겔스는 곧 메리 번스라는 열아홉 살의 아일랜드 여성의 도움을 받아 그 장벽을 뛰어넘었다.[24]

메리는 아버지, 그리고 열다섯 살의 누이동생 리디아(또는 리지)와 함께 엥겔스의 공장에서 일하고 있었다. 엥겔스가 어떻게 메리를 만났는지는 불분명하다. 공장에서 만났을 수도 있고, 아니면 일부 전기 작가들이 주장하듯 맨체스터에서 사회주의자들이 강연회를 열고 집회를 갖던 과학의 전당에서 오렌지를 팔고 있던 그녀를 발견했을 수도 있다. 그러나 어디서 만났건 엥겔스가, 그 친구들이 묘사하듯 메리의 야성적인 아름다움, 재치, 그리고 선천적인 총명함에 끌렸던 것만은 분명하다. 그들의 관계는 엥겔스에게 대단히 중요했다. 메리는 엥겔스와 같은 신사는 심지어 집세를 받을 일이 있어도 절대로 발을 들여놓지 않을 '작은 아일랜드' 구역과 또 다른 노동자계급의 구역으로 그를 안내했다.[25] 그가 그곳에서 본 것은 아무런 위생시설도 없고 동물들의 사체가 방치된 채 썩어가고 지린내가 풍기는 시궁창, 스무 걸음도 못 가 마주치게 되는 돼지우리들, 그리고 "발목까지 빠지지 않고는 도저히 걸을 수 없는 진창"이었다. 방 한두 칸짜리의 집들은 흙바닥이었다. 엥겔스는 오물과 너무 심한 악취 때문에 그곳을 "조금이라도 문명화된 인간이라면 절대로 살 수 없는 지역"[26]이라고 말했다.

그렇지만 그곳은 아버지의 공장, 그리고 그와 비슷한 공장들에서 일하는 사람들이 살고 있는 곳이었다. 그리고 그들은 자신들의 노동으로 공장주들의 찬란한 새로운 미래를 창조해내는 역군들이었다. 엥겔스는 노예와 공장노동자들 간의 유일한 차이는, 노예는 종신으로 팔리는 데 반해 노동자들은 매일매일 스스로를 판다는 점뿐이라고 결론지었다.[27] 그렇지만 그는 그런 비참한 지경에서도 어떤 희망이 솟아오르는 것을 보았다. 엥겔스는 그런 상황이 "기계가 더 이상 그들에게 반해서 일하는 것이 아니라 그들을 위해서 일하게 되는 사회를 만들기 위한 개혁의 필요성을 그들이 절감하도록 만들 것"[28]이라고 느꼈다.

메리는 또한 엥겔스에게 아일랜드와 영국의 여러 급진주의자들을 소개해주었다.[29] 영국인 조지 줄리언 하니는 "어린아이처럼 솜털도 채 가시지 않은 호리호리한 젊은이가 상당히 정확한 영어를 구사하는 것"[30]을 보고 깜짝 놀랐다. 겉보기에 순진무구해 보이는 프로이센 젊은이의 내면에 깃든 반골 기질은, 그가 맨체스터에서 일주일을 보낸 후 분노로 들끓었다. 아버지 공장의 사무실에서 일하면서 엥겔스는 영국의 개혁적인 신문들에 독일의 상황에 대한 글을 썼고, 영국의 노동자들 사이에서 자신이 발견한 것들에 관해 독일에 편지를 보냈다. 마르크스는 1842년에 그중 다섯 편의 글을 'X'라는 필명 하에 『라인 신문』에 실었다. 영국에서 게재된 기사에는 보통 필자가 'F. 엥겔스'로 표시되었다.[31]

1843년에 이르러서는 현장에서 얻은 엥겔스의 지식이 영국의 경제학, 정치학, 그리고 역사에 관한 독서를 통해 더욱 공고화되었다. 그 결과물이 25페이지짜리 「정치경제학 비판 개요」였고, 그것은 마르크스에 의해 편집되어 1844년 초 루게의 파리 신문에 게재되었다. 그 글은 아마도 아직 맹아적인 자본주의 체제에 대한 최초의 '마르크스주의적' 비판일 것이다. 그 속에서 엥겔스는 기계를 소유한 자들이 주기적인 과잉생산과 생산 감축을 통해 임금을 떨어뜨리고 사회적 위기를 조장하며, 계급 갈등을 격화시켜서 사회경제적 혼란을 야기하고 있다고 썼다. 노동절약적인 진보는 노동자들의 곤궁을 완화시키는 것이 아니라 오직 이윤의 확대를 위해서만 채용될 뿐이었다. 새로운 기계들 때문에 사람들이 실직하게 되며, 일자리에 남은 사람들은 감소된 인력을 메울 만큼—그 이상은 아니라 할지라도—더 강한 노동강도에 시달려야 했다. 그런 체제 속에서 자본가들은 노동자들의 손실만큼 이익을 보게 되는 것이었다.[32]

1844년 8월 두 사람이 만났을 때 마르크스와 엥겔스는 각자 상이한 길을 통해 이미 같은 결론에 이르고 있었다. 그 시점에서 그들은 전진을 위한 최선의 길은 선전이라는 데 의견일치를 보았다. 엥겔스는 독일로 돌아가서 영국에서의 경험을 책으로 쓸 계획이었고(그것이 이제는 고전이 된 『영국 노동자계급의 상태』였다) 마르크스는 그해 연구를 기반으로 정치경제학에 관한 책을 시작할 생각이었다. 9월에 엥겔스는 파리를 떠나기 전에 자신과 마르크스가 공저할 책에 대한 15페이지짜리 논쟁적인 팸플릿을 작성했다. 그들의 예전 동료들 중 몇몇의 입장을 공격하는 내용이었다. 책의 서문에서 마르크스와 엥겔스는 그 팸플릿이 일종의 정화 작업이라고 규정했다. 그 이후 그들은 긍정적인 철학적, 사회적 저작 활동에 착수하려 했다. 그것은 그들의 첫 번째 공동 출판이 될 것이었다. 마르크스는 그 책을 『신성가족, 혹은 비판적 비판에 대한 비판』[33]이라고 불렀다.

예니가 파리로 돌아왔을 때 마르크스는 팸플릿에서 자기가 맡은 부분을 부지런히 쓰고 있었다. 예니는 남편을 그렇게 활기차게 만든 새로운 친구를 일찍이 만나보지 못했다. 하지만 마르크스는 엥겔스가 들려준 맨체스터 공장들에 관한 이야기와 산업체제가 어떻게 돌아가는지에 대한 그의 내적 통찰로 한껏 들떠 있었다. 마르크스는 사회이론이란 실제 경험과 동떨어져 존재할 수 없다는 것을 그 어느 때보다도 확신했다. 바로 그 순간 브루노 바우어가 손쉬운 표적이 되어주었다. 그는 최근의 출판물에서 역사가 인류를 이끄는 힘이고 그 반대는 아니라고 주장했기 때문이다. 바우어는 또한 프랑스 혁명에 대중이 개입되면서 혁명의 기반이 되었던 지식인들의 이념이 오염되었고 결국 혁명은 실패로 귀결되고 말았다고 썼다. 마지막으로 그는 프루동도 비판했다.[34]

마르크스는 바우어의 입장을 반박하기 위해, 그리고 약간의 돈도 벌기 위해 팸플릿이 빨리 출판되기를 바랐다. 그 돈은 7월에 쾰른에서 게오르크 융이 보내준 추가 자금과 더불어 그와 예니가 가을까지 지낼 수 있는 생활비가 될 것이었다.[35] 그들은 돈이 필요했다. 만약 프로이센 정부가 『전진!』에 대한 처벌을 베르나이스 외에 다른 직원들에게까지 확대하라고 프랑스 정부를 설득하는 데 성공한다면, 마르크스는 언제든지 체포되거나 추방당할 수 있었다. 마르크스는 빨리 작업을 마쳐야 한다는 강한 압박감을 느꼈으나 그것은 오히려 작업을 더디게 만드는 요인이 될 뿐이었다. 엥겔스의 15페이지에 덧붙일 그의 초고는 11월에야 겨우 마무리되었다.[36] 막상 마쳤을 때 마르크스가 맡은 부분은 거의 3백 페이지에 육박하는 분량으로 늘어나 있었고, 그중 상당 부분은 프랑스의 소설가 외젠 수Eugène Sue의 고딕소설에 관한 산만한 고찰로 채워져 있었다.[37]

마르크스의 글은 논지를 많이 벗어나 있었다. 엥겔스와의 만남에 대한 흥분에서 비롯된 것일 수도 있었다. 마르크스는 엥겔스에게 11월에 파리로 돌아오라고 재촉했던 것이다(하지만 엥겔스는 그럴 수 없다고 답했다. 그는 영국의 노동자계급에 관한 자신의 책에 몰두하고 있었으며, 집을 떠날 경우 가족과의 불화를 감수해야 했고, 청산할 애정 문제도 있었다).[38] 아니면 일종의 분풀이 같은 행동이었을 수도 있다. 지난 수년간 마르크스는 머릿속에 아이디어를 한가득 쌓아왔었다. 『신성가족』을 읽다보면 여러 군데에서 마치 폭발을 보는 것 같은 느낌을 받게 된다.

1월이 되어도 마르크스는 탈고하지 못했으며 경제학 책도 아무런 진척을 보지 못하고 있었다. 엥겔스가 마르크스에게 보낸 편지를 보면 마치 예니가 하듯 그를 구슬려서 작품을 완성하게 만들려고 애쓰는 모습이 역력하다. "정치경제학 책을 마무리하려고 노력해보게. 아직 스스로 만족할 수 없는 부분이 많다고 하더라도 그다지 중요하지 않아. 생각은 완숙했는데 쇠가 달구어졌을 때 두드려야 하지 않겠나…… 내가 하는 방법대로 해보게. 자네가 확실하게 끝낼 수 있는 날짜로 스스로 기한을 정하게. 그리고 단숨에 인쇄에 들어가는 거야."[39]

그 편지는 1845년 1월 20일에 작성된 것이다. 엥겔스는 파리에서의 상황 변화에 대해 몰랐던 것이 분명하다. 9일 전 프랑스 내무장관은 『전진!』의 직원들 중 일부—마르크스, 하이네, 루게, 베르나이스, 바쿠닌도 포함되었다—를 선별해 24시간 내에 파리를, 그리고 그보다 약간 긴 시간 내에 프랑스를 떠나라고 명령했다. 프리드리히 빌헬름 4세가 보낸 진귀한 백자 화병을 선물로 들고 온 프로이센의 저명한 과학자 알렉산더 폰 훔볼트의 "무신론자들"을 추방하라는 설득에 루이 필리프가 결국 넘어갔던 것이다. 프랑스 왕은 정부가 평화롭게 잘 유지되기를 바라며 기꺼이 화병을 받고 말썽쟁이 작가들을 내쳤다.[40] 예니의 말에 따르면 경찰국장이 일요일에 추방명령서를 들고 그들의 아파트를 찾아왔다고 한다.[41]

그들은 몇 달 동안이나 프랑스에서 쫓겨날 수도 있다는 생각을 해왔음에도 불구하고 막상 상황이 닥쳤을 때 별다른 준비가 되어 있지 않았다. 특히 예니가 그랬다. 그녀는 이미 파리 시민이 되어 있었다. 그녀의 세상은 생제르맹 궁과 카르티에라탱 사이의 거리에 있었다. 파리는 그녀와 카를이 부부로서 삶을 시작한 곳이고, 그들의 딸이 태어난 곳이며, 친구들이 살고 있는 곳이었다. 그녀는 머물고 싶었다. 그리고 추방명령서에는 그 가능성만 제안되어 있었다. 추방명령서에 이름이 올랐어도 앞으로 정치활동을 하지 않겠다는 서약서에 서명만 하면 되는 것이었다. 마르크스와 바쿠닌을 제외한 다른 모든 사람들은 그렇게 했다. 한 지인은 마르크스가 "그것은 스스로 경찰의 감시하에 들어가는 것으로 그의 자존심이 허락지 않았기 때문에"[42] 거절했다고 말했다. 억압적인 프로이센과는 다른 바깥세상의 삶을 이미 맛보았기 때문에 마르크스는 이제 쓰고 말할 자유를 포기하려 하지 않았던 것이다.

그 대신 그는 24시간 내 추방명령을 거의 한 달가량으로 연장시켜서 자신과 가족들이 파리에 좀 더 머물 수 있는 조건으로 협상을 시도했다. 그렇지만 정부도 마르크스만큼이나 단호했다. 그래서 2월 2일 그와 젊은 저널리스트 하인리히 뷔르거스는 작은 역마차에 몸을 싣고 눈과 진눈깨비를 헤치며 울퉁불퉁한 길을 따라 벨기에로 향했다. 뷔르거스는 그들의 활기찬 대화, 그리고 노래로 여행 동반자의 기운을 북돋워주려 했던 자신의 별로 성공적이지 못한 시도에 대해 묘사했다. 두 사람은 1845년 2월 5일 브뤼셀에 도착했다.[43]

예니와 생후 팔 개월 된 딸, 그리고 예니헨을 돌보기 위해 트리어에서 예니를 따라온 유모는 헤르베크 부부와 함께 파리에 머물렀다. 많은 방문자들이 찾아와서 추방을 저지하려는 자신들의 노력을 알리고 도움을 주겠다고 말했다.[44] 예니는 마르크스에게 쓴 편지에서 아직 파리에 남아 자신의 추방을 철회시키려고 노력중인 바쿠닌이 "찾아와서 저에게 수사학과 희곡을 강의해주고 자신의 심경을 털어놓았다"고 말했다. 또 독일의 저널리스트 알렉산더 베일은 그녀의 "특별한 수호자"를 자처했다고 알렸다. 그렇지만 그녀가 정말 필요로 하는 도움은 재정적인 것이었다. 예니는 빚을 갚고 브뤼셀로 가는 여행경비로 필요한 돈을 모으기 위해 애쓰고 있었다. 카를이 그녀에게 2백 프랑을 주었지만 밀린 집세만도 380프랑이었다. 2월 10일 그녀는 마르크스에게 편지를 썼다. "어떻게 해야 할지 모르겠어요. 오늘 아침에 저는 파리 시내를 정처 없이 걸었어요. 조폐국은 문이 닫혀 있었기 때문에 다시 가봐야 할 것 같아요. 그다음 운수회사와 가구경매상을 방문했지요. 어디서도 별 소득이 없었어요." 그리고 "엄마가 아빠에게 천 번의 키스를, 그리고 예니헨이 아빠에게 작은 키스를" 보내며 그녀는 "안녕 내 친구, 당신을 다시 볼 날을 고대하며…… 우리의 새로운 조국에 경의를 표하며"[45] 글을 마치고 있다.

며칠 후 그녀는 그녀 자신의 표현에 따르면 말도 안 되는 헐값에 가구를 팔아치우고 파리 생활을 청산했다. "을씨년스러운 날씨 속에서 나는 카를을 따라 브뤼셀로 향했다"라고 예니는 회상했다.[46] 그녀는 그때까지만 해도 그것이 앞으로 여러 번 반복될 그런 이주의 시작에 불과하다는 사실을 모르고 있었다. 바야흐로 추방자로서의 마르크스 가족의 삶이 시작된 것이다.

8

1845년 봄
브뤼셀

나는 결혼이 이렇게 행복한 것인 줄 미처
몰랐다. 그 속에서 기쁨과 고통은⋯⋯
나누어지고 모든 슬픔은 완벽한 상호
의존에 대한 믿음 속에서 극복된다.

—슈테판 보른[1]

벨기에는 억압적인 전제군주제의 바다에 홀로 떠 있는 자애로운 군왕의 섬이었다. 불과 십오 년 전에 네덜란드에서 떨어져 나온 독립국이었으며 비록 왕이 군림하기는 했어도 헌법을 갖추고 있었고, 그 헌법은 유럽 대륙에서 가장 자유주의적인 것으로 여겨졌다. 벨기에에 결여된 것은 떠들썩함이었지만(브뤼셀은 파리에 비하면 도시라기보다 소읍 정도로 느껴졌다), 그것은 자유로 보상되었다. 벨기에의 왕 레오폴드 1세가 국내에 정착한 망명자들에게 요구한 단 한 가지는 벨기에보다 훨씬 크고 강력한 이웃 국가들을 자극할 만한 직접적인 정치 활동이나 선전 활동은 삼가라는 것뿐이었다.[2] 마르크스는 파리에서는 그와 비슷한 조건을 수용할 수 없었다. 그렇지만 벨기에에서는 사적, 그리고 직업적 이유로 그 조건에 동의했다. 예니가 두 번째 아기를 임신했고, 파리를 떠나던 날 그가 정치경제학에 관한 책을 쓰기로 계약서에 서명했기 때문이었다.[3]

마르크스는 레오폴드 왕에게 두 통의 편지를 보내 "폐하의 가장 하찮고 순종적인 신민"이 아내와 자식들과 함께 벨기에에 살기를 청하며 "벨기에 내에서는 현재의 정치에 관한 어떤 저작물도 발간하지 않을 것을 명예를 걸고 맹세"[4]한다고 썼다. 레오폴드의 허락으로 마르크스는 벨기에 왕국에 거처를 마련할 수 있었다.[5] 그렇다고 그것이 아무런 감시도 없이 완전히 자유롭다는 것을 의미하는 것은 아니었다. 벨기에 당국은 그들 품으로 들어온 프로이센 선동가에 대해 프랑스로부터 주의를 받았다. 경찰국장이 브뤼셀 시장에게 보낸 편지를 보면 "만약 그자가 약속을 어기고 프로이센 정부나 기타 우리 이웃과 동맹자들에게 위해를 가하는 행위를 한다면 발견 즉시 저에게 알려줄 것을 요청"[6]한다고 씌어 있다. 그런 의심은 곧 타당한 것으로 판명되었다. 마르크스가 어떤 정치적인 것도 쓰지 않겠다고 맹세한 나라에서 19세기의 가장 혁명적인 문건인 『공산당 선언』을 작성했던 것이다. 하지만 그것은 아직 나중의 일이었다. 마르크스는 벨기에에 도착했을 때 어쨌든 약속을 지키기 위해 노력했다.

예니의 입장에서는 여태까지 그녀와 마르크스가 지내온 것보다 좀 더 안정된 삶을 브뤼셀에서 기대했던 것 같다. 마르크스가 파리를 떠나기 전 그녀는 남편이 현지에서 발견했으면 좋겠다고 바라는 숙소의 조건에 대해 상세한 목록을 작성해주었다. 왕의 암살을 옹호했다고 추방당해 역마차에 몸을 싣고 변경을 여행하던 마르크스의 안주머니에 찬장—"그건 주부의 생활에서 중요한 역할을 하는 것이에요"—을 구입할 때 각별히 주의하라고, 그렇지만 주방기구에 대해서는 너무 신경 쓰지 말라고 지시하는 목록이 꽂혀 있었다는 사실을 상상하면 절로 웃음이 나온다. 그는 "방 네 개와 부엌 하나를 갖추고, 여러 가지 잡동사니와 여행 가방들을 집어넣어둘 곁방이 딸린 집"을 찾아야 했다. 그리고 그녀는 "세 방은 난방이 되어야만 하고…… 우리 방은 꼭 우아할 필요는 없어요. 그 방에, 당신의 작업실도 마찬가지고 가구가 구비되어 있으면 더욱 좋겠어요. 그렇지만 수수한 것이어야 해요"라고 쓰며 책 정리는 그녀의 "고귀한 수호자"에게 일임했다.[7] 브뤼셀에서 그런 집에 살게 될 것을 꿈꾸며 예니는 파리에서 추방당했다는 충격을 견뎌냈는지도 모를 일이다. 그리고 부르주아적이지는 않다고 하더라도 가정을 깊이 뿌리내림으로써 또다시 경찰관이 떠나라는 명령서를 들고 집 문을 두드리는 것으로부터 가족을 보호하고 싶었을 것이다. 아니면 두 번째 아기를 가진 후 단순히 그녀는 그들의 보헤미안적 삶도 끝나고 있다는 것을 느꼈던 것인지도 모른다.

하지만 2월 말 브뤼셀에 도착했을 때 예니는 부평초 같은 삶이 끝나려면 아직 멀었다는 사실을 발견했다. 카를이 미처 정주할 곳을 마련하지 못했던 것이다. 그녀와 예니헨, 그리고 유모는 도심 한복판인 생귀뒬St. Gudule 광장에 카를이 머물고 있던 부아 소바주Bois Sauvage 하숙집으로 들어갔다. 부아 소바주는 마르크스가 적으로 여긴 교회의 절대적인 힘을 끊임없이 상기시켜주려는 듯 우뚝 솟은 생미셸 대성당 옆에 납작 엎드린 건물로 예니가 상상한 집과는 거리가 멀었다. 하지만 독일인 망명자들이 가장 즐겨 찾는 곳이었다. 브뤼셀에 있던 독일인은 수백 명에 지나지 않았다. 파리에서 8천 명으로 추산된 수에 비하면 아주 미미한 숫자였다.[8] 그래서 그들은 쉽게 결속되었고, 여행자들은 빠르게 친구가 되었다.

파리에서 마르크스의 사회적 삶은 그 거대한 무대에 걸맞게 정치적으로도 사적으로도 매우 극적인 사건들로 넘쳐났었다. 브뤼셀에서의 초창기 삶은 훨씬 조용했다. 하지만 훨씬 풍요로웠다. 몇 년간 마르크스 주변에 몰려든 사람들을 그의 적들은 '마르크스당'이라고 경멸적으로 불렀다. 그 말은 많은 수의 사람들이 조직적으로 모였음을 시사하는 것이다. 하지만 그런 모임은 존재한 적이 없었고, 심지어 그런 표현을 사용한 사람들조차도 그것이 단지 마르크스의 친우들과 가족을 일컫는 말임을 알고 있었다. 정말로 마르크스와 예니 주변의 가까운 사람들은 같은 이념을 공유하고 있었지만 또한 사랑으로 단단히 결속되어 있었다. 1840년대 중반 브뤼셀에서 처음으로 이런 당원들의 대부분이 한데 모였던 것이다.

브뤼셀에 도착한 다음 날 마르크스는 시인 페르디난트 프라일리그라트를 찾아 나섰다. 삼 년 전 마르크스가 『라인 신문』의 편집을 맡고 있을 때 그를 다루었던 방식을 사과하기 위해서였다. 당시 프라일리그라트는 독일의 가장 인기 있는 시인 중 하나였다(그는 또한 사업가였고 그래서 젊은 엥겔스에게 영감을 주었다). 그의 초기 경향은 (헤르베크와 마찬가지로) 정치가 아닌 작품의 순수한 아름다움에 기초했다. 그는 시인은 사회 문제에 관여해서는 안 된다고 주장하며 헤르베크와 공개적인 설전을 벌이기도 했다. 1842년 프라일리그라트는 프로이센 왕으로부터 연금을 하사받았다. 그래서 『라인 신문』은 그가 자유의 적으로 고용되었다고 비난했다.[9]

그렇지만 그 후 이 년간 프로이센 정부가 더욱 반동적으로 변하자 프라일리그라트의 시도 정치색을 띠게 되었다. 그리고 1844년 그의 책 『애국적 판타지 *Patriotic Fantasies*』는 금서가 되었다. 그는 책을 『신앙고백 *Confession of Faith*』으로 개명하고 서문에서 왕립연금을 거부하겠다고 말했다. 왕은 분노해 책을 불법화시켰고, 프라일리그라트는 벨기에로 망명길에 올랐다. 그와 부인 이다Ida가 브뤼셀에서 조용히 머물며 다음 행선지를 고민하고 있을 때 마르크스 가족이 그곳에 온 것이다. 두 가족은 금세 친해졌다.[10] 마르크스보다 여덟 살이 많은 프라일리그라트는 새로운 친구를 "겸손하고 재미있고 멋지고 강직한 사람"[11]이라고 평했다.

그렇지만 프라일리그라트는 곧 스위스로 떠났다. 마르크스 가족은 부아 소바주를 나와 그들이 비운 집으로 들어갔다. 그리고 5월에는 다시 브뤼셀 동쪽 교외의 포르트 드 루뱅Porte de Louvain 근처로 이사했다.[12] 엥겔스, 융, 그리고 라인란트의 다른 지지자들이 보내준 돈이 거의 1천 프랑에 달했으므로 그들은 알리앙스l'Alliance 거리에 있는 집(벨기에의 민주주의자가 소유주였다)에 일 년치 집세를 지불하고 입주할 수 있었다. 그곳은 노동자계급이 거주하는 곳이었고 주변에는 도서관도 있었다.[13] 집은 파리 바노 거리의 집에 비하면 황량했다. 3층짜리 그 건물은 숯검정으로 지저분했으며 시장 좌판들과 수공업자들의 소규모 작업장이 널려 있는 거리를 면하고 있었다. 그렇지만 예니는 초라한 거처에 의기소침하지 않았다. 그리고 친구들도 그들 주변으로 몰려들기 시작했다. 마르크스와 함께 브뤼셀로 온 저널리스트 뷔르거스가 주변으로 이사했고,[14] 마르크스가 쾰른에서부터 알고 지내던(그리고 만취난동 사건 때 볼모로 잡았었던) 독일의 저널리스트 카를 하인첸도 가까이 이사 왔다.[15] 모제스 헤스와 그의 연인 지빌레 페쉬(그가 쾰른에서 만난 교육받지 못한 노동자계급 출신의 여성이었다)는 마르크스의 집과 두 집 떨어진 곳의 집을 임차했다.[16] 그리고 사회주의로 기운 전직 프로이센 대위 요제프 바이데마이어(마르크스는 그를 바이바이Weywey라고 불렀다)는 잠시 마르크스, 예니와 함께 머물렀다.[17] 그러나 가장 중요한 친구—그들은 사실상의 가족이 되었다—는 4월에 도착했다. 한 사람은 헬레네 데무트였고 다른 사람은 엥겔스였다.

헬레네는 마르크스 가족에게 여러 이름으로 알려졌는데 보통 렌헨Lenchen으로 불렸으며 예니보다는 여섯 살이 어렸고 마르크스보다는 두 살이 어렸다. 그녀는 트리어 근방의 한 마을에서 제빵인 부부의 일곱 자녀 중 하나로 태어났다. 열한 살 무렵부터 베스트팔렌 집안에서 하녀로 일했기 때문에 (비록 하녀로서 주인의 자제들에게 봉사해야 하기는 했지만) 사실 예니와 그녀의 동생 에드가 그리고 카를과 같이 성장했다고 할 수 있다.[18] 1845년 4월, 예니의 어머니는 딸이 임신한 상태에서 아기를 돌보는 것이 걱정되어 스물다섯 살의 렌헨을 브뤼셀로 보냈다. 어머니는 자신이 직접 가지는 못하지만 렌헨을 보내는 것이 할 수 있는 최선을 다하는 것이라고 말했다.[19] 금발에 푸른 눈을 가진 렌헨이 집안일을 도맡으면서 예니는 카를의 작업을 돕고 출산을 준비할 여유가 생겼다. 렌헨이 브뤼셀에 도착할 당시 어떤 정치적 견해를 가지고 있었는지, 또는 사실 그런 것을 표명해본 적은 있는지조차 분명치 않다. 그러나 그녀는 마르크스와 예니 주변의 공산주의자와 사회주의자 모임에 급속히 빨려들어갔고 그들의 사회생활에 철저히 동참하게 되었다. 1845년 봄부터 렌헨은 완전히 마르크스 가의 가족처럼 대우받았다. 그리고 그들에게 맹목적인 헌신으로 보답했다. 한 지인은 그녀가 수년간 많은 구애를 받았지만 항상 구애자 대신 마르크스 가족을 선택했다고 말했다.[20]

렌헨의 도착 시점은 절묘했다. 엥겔스가 나타나 집 안을 어지럽히기 시작하자마자 그녀가 와서 모든 것이 원활하도록 가사를 돌보았던 것이다. 엥겔스는 마르크스의 바로 옆집을 빌렸지만 눈을 뜨고 있는 모든 시간을 마르크스의 집에서 보냈다.[21] 팔 개월 전 파리를 떠난 엥겔스는 바르멘에서 가족과 함께 있으면서 자신의 책 『영국 노동자계급의 상태』(그는 이 책에서 영국 부르주아들을 공장 내에서의 살인, 강도, 기타 대규모 범죄로 고발했다고 마르크스에게 말했다)를 완성했고, 아버지와 다퉜다. 아버지는 아들의 어떤 모습도 못마땅하게 여겼기 때문에 엥겔스는 집에 있는 동안 아버지를 달래기 위해 다시 일하러 돌아갈 것이라고 약속했다.[22] 그렇지만 마르크스에게는 다음과 같이 썼다. "나는 일을 시작하기 전부터 그 모든 것에 넌덜머리가 난다네. 강압하는 것도 너무 야만적이고, 바르멘도 너무 야만적이고, 시간낭비도 너무 야만적이고, 그중에서도 가장 야만적인 것은 부르주아일 뿐만 아니라 실제로 공장주, 즉 적극적으로 프롤레타리아트의 반대편에 서는 부르주아가 되어야 한다는 사실이야. 내 아버지의 공장에 며칠만 있어 봐도 이런 야만적인 것들을 직접 대면할 수 있지. 나는 차라리 못 본 체해버렸다네."[23]

그는 일을 그만두고 아버지에게 더 이상 공장 일에 관여하고 싶지 않다고 말한 후, 모제스 헤스와 함께 라인란트를 돌아다니며 공산주의를 선전하기 시작했다.[24] 그렇지만 엥겔스의 활동은 곧 경찰의 시선을 끌게 되었다. 경찰은 한 보고서에서 그를 "전단지를 뿌리며 돌아다니는 광신적 공산주의자"[25]로 묘사했다. 그의 아버지는 그에 대한 체포영장이 발부되어 가문 전체가 치욕을 당하게 될까 두려워서 그런 운명을 기다리느니 차라리 말썽쟁이 아들에게 도피할 자금을 대주며 브뤼셀로 가라고 일렀다 — 이 계획은 아주 성공적이었다. 브뤼셀은 어차피 엥겔스가 가고 싶어 했던 곳이었기 때문이다.[26]

엥겔스는 브뤼셀에 도착하기 전 마르크스에게 보낸 편지에서 이제 "이론적 공론"은 접어두고 진정한 사람들을 만나서 진정한 일을 해보고 싶다고 썼다.[27] 영국 노동자계급에 대한 그의 책은 독일에서 5월에 출간될 예정이었다. 그는 책

의 인세를 마르크스 가족의 경제적 부담을 덜어주는 데 기꺼이 바치겠다고 제
안했다. 그 자신은 살아가는 데 충분한 돈을 아버지로부터 받게 될 터였다.[28] 그
때까지 일과 선동을 병행해나갈 생각이었다. 그는 바르멘에서 아주 착실히 지
냈었다. 엥겔스는 "하나님이 내 책을 눈감아주어 나를 천국에 들일지도 모른다
는 불길한 생각이 드는군"[29]이라고 말했다.

마르크스는 활기찬 동료가 곁으로 찾아온다는 것에 흥분했고, 예니는 마침
내 여섯 살 아래의 그 남자를 만나게 돼서 기뻤다(엥겔스는 그때까지 그녀에 대해
서는 조금 어렵게 느껴지는 '마르크스 부인'으로밖에 달리 아는 것이 없었다). 엥겔스
가 카를과 함께 일하고자 한다면 예니와도 함께 일해야 했다. 그녀는 마르크스
가 결투를 하다가 다쳐서 글을 쓸 능력을 상실하는 것을 상상했을 때 그토록 바
랐던 대로 정말 그의 오른손 역할을 하고 있었다. 그리고 이제 그들의 집이 친구
들 활동의 본거지가 되었기 때문에 그런 모든 일이 더욱 수월해졌다. 마르크스
는 더 이상 파리에서처럼 모임을 위해 외출할 필요가 없어졌다. 모임이 그와 그
녀를 찾아왔다. 그들이 브뤼셀에서 만난 스물세 살의 독일인 식자공, 슈테판 보
른은 "나는 결혼이 이렇게 행복한 것인 줄 미처 몰랐다. 그 속에서 기쁨과 고통
은 나누어지고 모든 슬픔은 완벽한 상호 의존에 대한 믿음 속에서 극복된다. 더
욱이 마르크스 부인처럼 외모로나 지적으로나 잘 균형 잡혀서 누구나 즉시 매
혹시켜버릴 수 있는 여인이 있는 줄도 미처 몰랐다"[30]라고 썼다.

그들의 작은 공동체는 보잘것없는 자원도 서로 나누며 다정하고 조화롭게
함께 지냈다고 예니는 회상했다. 그녀의 말에 의하면 한 사람의 성공은 곧 모든
사람의 성공이었다. 그들은 브뤼셀의 호화로운 카페의 쏟아지는 샹들리에 불빛
아래서 한데 먹고 마시고 춤췄다.[31] 그곳에서 독일인들은 다른 나라에서 온 정
치적 망명자들을 만났고, 그들 조국의 점증하는 빈곤과 절망에 관해 비슷한 얘
기들을 들었다.

1845년의 유럽은 마치 저주를 받은 것만 같았다. 곡물은 흉작이었고 아일랜

드에서 시작된 감자마름병이 대륙까지 번지면서 기근이 발생했다. 시골 사람들은 더 이상 자신들을 먹여 살리지 못하는 땅에 그래도 남을 것인지, 아니면 모든 것을 버리고 낯선 곳의 낯선 사람들 속으로 떠나갈 것인지 결정해야 하는 어려운 문제에 봉착했다. 어떤 길을 택하건 굶주리기는 마찬가지였다. 뱃삯을 낼 수 있었던 유럽인들은 신대륙으로의 이주를 선택했다. 1845년에만 십만 명이 넘는 유럽인들이 미합중국으로 떠났다. 그해는 앞으로 계속될 이민자 수 신기록 행진의 첫해가 되는 해였다. 그렇지만 땅을 버린 대부분의 사람들은 그렇게 멀리 가지 못했다. 대신에 유럽의 붐비는 도시들로 꾸역꾸역 밀려들었다.[32] 시골에서 도시로 통하는 길은 가족과 가재도구들을 잔뜩 실은 수레들과 가지고 있는 모든 것을 등짐으로 진 사람들로 꽉 막혔다. 그리고 이런 소농들이 줄어들면서 식량 부족은 더욱 심각해졌다.[33] 질병도 창궐했다. 범죄, 타락, 아동 밀거래가 성행했고 농업 불황이 깊어지고 넓어지면서 폭동의 기운이 감돌았다.[34]

농업 분야가 침체 일로를 걷는 그 순간 상업은 오히려 과열 양상을 띠었다. 1800년 이후 유럽 인구는 40퍼센트나 늘어났으며 기업가들은 그 거대한 시장에 상품을 공급하려고 재빠르게 움직였다. 과거에 상품은 수요에 맞게 생산되었지만 이제 생산과정이 너무 싸고 빨라졌기 때문에 이윤에 굶주린 공장주들은 더 이상 고객의 주문을 기다리지 않았다. 대신 스스로 시장을 창출했고, 팔아야 할 물건을 사줄 지역 소비자가 모자랄 때는 새로운 철로와 증기선을 이용해 생산물을 전 세계로 보냈다. 상업의 가능성에는 끝이 없다고 그들은 생각했다. 그런 생각은 세계에서 가장 산업화된 나라인 영국에서 특히 만연했다. 구매력이 있는 사람들은 이제 "내게 무엇이 필요한가?"보다는 "나는 무엇을 갖고 싶은가?"라는 질문을 하게 되었으며, 인구 중 그런 질문을 하는 사람들과 그렇지 못한 사람들 간의 간격은 놀랄 만큼 벌어져 있었다.[35]

가속화된 상업은 일자리를 창출했다. 그렇지만 새로운 공장들과 확장된 광산들이 급속히 증가하는 인구를 모두 수용할 수 있을 정도로 일자리를 만든 것은 아니었으며, 기계화나 경쟁의 격화로 오랜 가업에서 밀려난 사람들을 반드시 고용한 것도 아니었다. 종종 여성과 아이들이 먼저 고용되었다. 왜냐하면 그들은 성인 남성보다 적은 임금으로도 일했기 때문이다. 더군다나 공장이나 광산에서 제공된 일자리는 가족들이 예전부터 알고 있던 것과 같은 안정성을 제공해주지 않았다. 그 가족들은 같은 영주, 같은 가업, 같은 땅에서 누대에 걸쳐 일해왔었다. 그들의 삶은 힘겹긴 했지만 그들의 존재는 공동체의 일부였고 땅에 속해 있었다. 이제 일자리는 십장이라고 불리는 새로운 창조자의 변덕에 의해 주어지거나 거둬지기도 했고, 종종 오직 고용주에게만 충성스러운 외부인에 의해 좌우되기도 했다. 공장의 작업환경 또한 간과해서는 안 되었다. 노동자들은 항상 부상이나 사고사의 두려움에 떨어야 했다. 공장의 가족들은 하루 열두 시간에서 열여덟 시간, 일주일에 6일 반을 일하며 살아야 했고 살기 위해 일했다.

이런 불행한 사람들, 그리고 아직 그들처럼 산업체제에 진입하지도 못한 수백만의 사람들은 부를 누리는 사람들보다 훨씬 많았다. 하지만 대부분 쉽게 무시되었다. 그들은 철저히 보이지 않고, 목소리도 없으며, 힘도 없고, 지도자도 없는 문맹의 대중일 뿐이었다. 하지만 주변에는 사람들의 삶이, 그들의 사회가 송두리째 뒤집히는 참상을 목격한 사람들이 있었다. 그들 대부분은 양복쟁이, 가구공, 인쇄공과 같은 기능공들이었다. 그리고 그 노동자들—프롤레타리아트—은 모르지만 그들의 곤경만은 이해하는 지식인들이 있었다. 유럽 곳곳의 커피숍과 선술집, 집회장에서 이 기능공들과 지식인들은 그런 사태를 진정시킬 여러 가지 사회적 변화에 관해 토론을 벌였다.

실로 상업의 확장을 초래했던 교통의 발달이 개혁 이념의 전파에도 기여했다. 대부분의 유럽 지역에서 글을 이해하는 사람의 비율이 여전히 50퍼센트를 밑돌고 있었지만 사람들은 지식을 갈구했다. 책은 국제적으로 보급되었고 발자크, 빅토르 위고, 디킨스같이 대저택에서 시궁창에 이르기까지 사회를 현실주의적 문체로 묘사한 사람들은 세계적인 작가가 되었다. 이제 그들의 작품들은 예전에는 자기 나라 작가들만 알던 전 세계 사람들에 의해 거실과 클럽에서 활발하게 토론되었다.[36] 또한 신문도 한 나라의 수도에서 다른 나라의 수도로 재빨리 근거지를 옮기면서, 어떤 지역의 왕이 공개하고 싶지 않은 것들이 출판되지 못하게 하려고 행하던 검열도 피해갈 수 있게 되었다. 심지어 유럽에서 가장 억압적인 군주인 차르, 니콜라이 1세가 있는 러시아에서조차 비록 그들이 열두 개의 검열기관을 운영하고 있음에도 불구하고 외국 신문들이 평범한 시민들의 손에까지 전달되는 것을 막지 못했다.[37] 마르크스의 친구 파벨 안넨코프는 그런 현상에 대해 다음과 같이 말했다. "예전에는 최고위층 귀족과 정부관료들의 특권이었던 것들이 이제는 평범한 생활이 되었다."[38]

하지만 무엇보다도 위험한 것은 머리와 가슴속에 트로이 목마처럼 혁명적 사상을 품고 여행하는 사람들이었다. 생활 터전을 잃고 외국에서 새로운 삶을 찾아 나선 유민流民들과는 달리 유럽의 교육받은 계급들은 사업상, 또는 학업을 계속하기 위해 여행을 다녔다. 그들은 집을 떠나 단기간 타지에 체류했고 그 과정에서 새로운 이념과 더욱 넓은 세계관을 접했다. 이종교잡이 시작되었다. 프랑스와 미국에서 경험한 민주주의의 교훈이 상트페테르부르크까지 전해졌고 영국 산업의 복잡한 내용들이 밀라노에서 논의되었다. 사회주의와 공산주의라는 새로운 개념은 유럽 전역에 걸쳐 열렬한 환영을 받았다. 그 창시자들은 그것이 사회적 병폐를 치유하고, 자연적, 인위적 재앙으로 인해 집과 음식과 일자리를 박탈당한 채 방치돼 있는 사람들을 구원해줄 것이라고 말했다. 그리고 그 그룹의 지도자들이 자국 정부에 의해 추방되고 외국 수도에서 서로 만나게 되면서 그들의 대화는 개별 국가의 문제에서 현저히 세계적인 문제로 옮아가게 되었다.[39]

당시 유럽에서는 불만을 표출하는 시위가 드물었다. 노동자들은 산업이라고 불리는 교활하고 거대한 힘에 어떻게 대항해야 할지 전혀 모르는 것 같았다. 그렇지만 일 년 전 실레지아 노동자 폭동이 발발했고(엥겔스는 이것이 실천적 노동자계급 운동의 시작이라고 느꼈다), 1845년 3월 말에는 스위스의 루체른에서 부글부글 끓던 정치-종교적 논쟁이 폭력사태로 비화하면서 백여 명의 주민이 피살되는 사건이 일어났다.[40] 사회적 개혁을 부르짖는 자들에게 그런 사건들은 매우 상징적인 의미가 있었다.

유럽에서 왕좌를 차지하고 있던 자들도 경계심을 품었다. 그들에게도 역시 사회는 변하고 있었던 것이다. 과거의 위협은 영토나 명예, 또는 종교 때문에 전쟁을 걸어오는 다른 군주들로부터 왔었다. 그렇지만 18세기 미국과 프랑스에서의 혁명, 그리고 더 최근인 1830년의 그 후속적 충격 이후, 위험은 더욱 종잡을 수 없어졌고 그 목표도 인권이라는 더 성가신 것이 되어버렸다. 지배자에 대한 위협은 경쟁국 군주로부터 오는 것에 아울러, 이제 계몽 귀족, 부르주아 지식인, 또는 블라우스를 입고 붉은 어깨띠를 두른 상점 주인으로부터도 발생했다.

유럽은 미답지로 향하고 있었다. 왕과 군주의 결정에 감히 도전하는 자가 없었고, 사회의 모든 구성원이 자신의 상급자에게 종속(소유까지는 아니라 하더라도)되어 있던, 상대적으로 단순하면서 수백 년 동안 이어져 내려온 사회구조가 점차 흔들리고 있었다. 그렇지만 무엇이 그것을 대체할 것인가? 사실 유럽 대륙의 미래로 가보는 일은 가능했다. 영국해협을 건너기만 하면 되었다. 엥겔스가 그곳에 있었고 1845년 여름 그에게는 동행자가 있었다. 바로 카를 마르크스였다.

9

1845년
런던

우리는 이 세상의 행운이란 게 무엇인지
알지 못합니다. 제가 아주 열심히
노력해야 할 뿐입니다. 먹고살기
위해서는 정말로 열심히 일해야지요.
그렇지만 결국 안 될 때도 종종
있더군요. 그럴 때면 없는 대로 견뎌볼
도리밖에 없지요.

—거리의 광대[1]

그해 봄에 엥겔스와 함께 영국으로 떠나기 전 마르크스는 두 사람이 함께 쓸 책에 대한 구상을 시작했다. 그 책은 '이론적 공론'을 넘어 종교이건, 정치이건, 또는 경제에 관한 것이건 간에 현실세계에 뿌리박아야만 한다는 것을 완벽하게 보여주는 것이 될 것이다.[2] 특히 독일의 지식인들은 현실과 유리된 철학이라는 지고의 영역에 붙박여 있는 경향이 있었다. 왜냐하면 정부가 일상생활에 적용될 만한 것으로 보이는 것은 무엇이든지 토론하거나 출판하는 것을 금했기 때문이다. 사회주의자들조차도 자신이 의도한 뜻을 흐리기 위해 사람이나 굶주림 같은 말 대신 '인류'나 '고통'같이 애매한 단어들을 사용했다. 그렇지만 마르크스와 엥겔스는 이론적 장막을 걷어내고 실체적 진실을 노출시켜야 한다고 주장했다. 그 무렵 작성된 『포이어바흐에 관한 테제들』 열한 번째 항목에서 마르크스는 "철학자들은 세계를 단지 다양하게 해석해왔을 뿐이다. 그러나 중요한 것은 세계를 변화시키는 것이다"[3]라는 유명한 말로 그 문제를 간명하게 정리했다. 그런 실천의 필요성에 부응해 마르크스는 정치경제학에 관한 자신의 책 (아직 시작도 하지 않았다)에 대한 선인세로 받은 1천5백 프랑을 가지고 엥겔스와 함께 영국 여행을 준비했다.[4]

예니는 카를이 없는 동안 렌헨과 함께 아기를 데리고 트리어로 돌아가기로 했다. 그녀는 임신 육 개월이었기 때문에 여행이 쉽지 않았다. 한편 그녀의 어머니는 남동생 에드가와 불화를 겪고 있었다. 에드가는 수년 동안 미루다가 드디어 법률시험에 응시했지만 취직을 하거나 정착할 것 같지는 않았다. 그는 쾰른에서 공부할 때 급진주의 서클에 빠져들었고, 자신이 혁명의 대의, 그리고 사회의 고통을 해결하기 위한 일이라고 선언한 것을 위해 어머니의 지갑을 탕진했다. 하지만 실제로는 왕성한 사교계 활동과 밤마다 오페라극장에 가는 것으로 돈을 낭비했던 것이다. 어릴 때부터 동생을 아꼈던 예니도 더 이상 그를 관대하게 대할 수 없다고 마르크스에게 말했다. 에드가는 브뤼셀에서의 장기 체류를 생각하고 있었다. 예니는 제멋대로인 동생을 곁에 붙잡아둠으로써 어머니의 부담을 덜어드릴 수 있을 것이라고 기대했을 것이다.[5] 그녀는 카를과 엥겔스에게 작별인사를 하고 마차를 타고 동쪽 트리어를 향해 출발했다. 마르크스와 엥겔스는 7월에 반대 방향으로 떠났다.

영국에서 6주의 체류 기간 동안 두 사람은 대부분 맨체스터에서 머물렀다. 영국에서는 거의 50만 명이 방직산업에 종사했는데 맨체스터는 그 중심지였다. 사회과학자에게 그 도시는 산업사회의 실험실과 같은 곳이었다. 마르크스와 엥겔스가 방문했을 당시 직조산업은 가내수공업에서 대규모 공장체제로의 이행이 거의 완료되어 있었다. 소규모 장인들—사회적 관습에 따라 그들은 자신의 직공들이 장인이 될 때까지 돌봐주었다—은 최대 이윤을 위해 임금을 낮게 책정하고 임금 외에는 피고용인에 대해 아무런 책임도 지지 않는 얼굴 없는 회사 조직으로 거의 대체되어 있었다. 노동자는 더 이상 사람이 아닌 기계의 부속물로 전락해버렸다. 실로 노동자는 이제 가족의 가장 역할도 할 수 없었다. 그것마

저 공장이 떠맡았다.[6]

　마르크스와 엥겔스는 체류 기간 동안 바깥에 비처럼 내리는 검댕들을 피해 영국에서 가장 오래된 공립도서관인 체담Chetham 도서관에 자주 들렀다. 그곳에서 스테인드글라스로 둘러쳐지고 나무로 마감된 알코브에 앉아 데이비드 리카도, 애덤 스미스, 데이비드 흄, 윌리엄 페티와 같은 영국 경제학자들—이들 모두는 나중에 마르크스와 엥겔스의 책에 다시 나온다—의 저서를 연구했다. 밤이면 중간계급 사업가들이 어울리는 술집들을 돌아다니거나 메리 번스와 함께 북적이는 노동자들의 지구를 방문했다.[7] 그곳은 항상 생기 넘쳤다. 특히 토요일 밤 노동자들이 임금을 받으려고 줄지어 섰을 때는 더욱 그랬다. 일주일간의 힘겨운 노동이 기적처럼 은과 동으로 탈바꿈될 때 모두들 흥겨움에 들떠 광분했다. 주화를 든 손은 잠시나마 자유의 약속도 쥐고 있는 것이었다. 하지만 공장들은 간혹 술집에서 임금을 지불하기도 했고, 그러면 노동자들의 일주일치 벌이는 결코 술집 문밖으로 나서지 못했다. 노동자들은 자신의 노동이 스스로에게 행복을 벌어준다는 환상에 굴복했다. 또 다른 무리들은 소중한 돈을 가지고 생필품을 사기 위해 밤 10시부터 자정까지 열리는 시장으로 곧바로 달려갔다. 어지러이 뻗은 시장은 멀리서 보아도 지옥 같았고 냄새 또한 고약했다. 줄줄이 늘어선 좌판 위로 붉은 기름등들이 뿌연 빛을 발했고 팔고 있는 것이라고는 낮 동안 더 부유한 구매자들이 거들떠보지도 않았던 썩은 상품과 상한 내장들뿐이었다. 쓰레기와 진창으로 뒤범벅되어 발목을 붙잡는 바닥은 그 구역에 사는 사람들이 얼마나 비참한 지경에 빠졌는지 일깨워주는 또 하나의 증거처럼 보였다.[8]

　노동자들의 거주 지역에는 방 두 개, 지하실과 다락방이 각각 한 개씩 있는 나지막한 오두막에 한 채당 보통 스무 명씩 살고 있었으며 화장실은 외부에 주민 120명당 한 개꼴로 마련되어 있었다. 사람과 동물의 분뇨 냄새가 코를 찔렀다. 집들이 너무 촘촘히 들어서 있었기 때문에 악취를 날려버릴 바람도 안뜰까지 들어오지 못했다.[9] 공장에서 일하는 사람들은 면화를 다뤘고 면은 그들이 사철 내내 입고 지내는 것이었다. 모직은 너무 비쌌다. 여전히 색깔이 남아 있는 옷은 부의 상징으로 여겨졌다—대부분의 노동자들은 너무 많이 빨아서 원래 색조의 희미한 흔적만 비치는 옷을 입었다. 노동자들은 끊임없이 내리는 차가운 비를 막아줄 모자를 살 돈도 없었다. 그래서 모자 모양으로 접은 물에 불은 종이를 쓰고 다녔다. 장갑이나 양말 같은 것은 노동자들의 지구에서는 아예 존재하지 않는 단어였다. 신발 역시 사치품이었다. 남녀노소 가릴 것 없이 일 년 내내 맨발로 돌아다녔다.[10]

이런 절망적인 세상에서 가족은 해체되었다. 일은 해야 하지만 어린 자식을 돌봐줄 사람이 없는 어머니들은 돌아올 때까지 아기를 진정시키기 위해 아편을 먹였다. 여자아이들은 열두 살 때부터 가족의 경제적 부담을 덜기 위해 '결혼'으로 치워버려야 할 대상이 되었고, 남자아이들은 같은 이유로 여섯 살 때부터 거리 생활을 시작해야 했다. 한때 사랑하는 가족을 부양하며 존경받았던 아버지들은 이제 푼돈벌이를 위해 십대의 아들과 경쟁해야 하는 처지가 되었다. 병을 앓는 것도 빈자들에게는 사치에 속했다. 병이나 부상당하는 것보다는 차라리 죽는 것이 더 낫고 자비로운 일로 여겨졌다. 다치거나 아픈 노동자는 이미 풍비박산 난 가족에게 또 다른 부담을 지우는 일이었기 때문이다.[11] 장례식은 실로 가난한 자들에게는, 특히 아일랜드인 빈자들에게는 세상을 떠난 행운아를 기리는 와자지껄한 행사였다. 광적인 바이올린 연주와 지그^{jig} 춤을 추며 몸을 부딪치면서 상갓집에서 법석을 피우는 것으로 살아 있는 사람들은 앞으로도 비참한 삶이 계속된다는 사실을 잠시 잊었다.

마르크스가 찾고 있던 것이 현실이었다면 맨체스터에서 그것을 발견한 것이었다. 이 여행 전에는 프롤레타리아트의 삶을 실제로 목격한 적이 없었으며, 그가 여태까지 겪어온 어떤 일도 그곳에서 보게 될 참상과는 견줄 수 없었다. 물론 파리에서도 노동자들을 만났지만 그들의 이야기만 들었을 뿐이다. 이제 그는 산업의 시궁창에 육체적으로나 정신적으로나 무릎 깊이까지 빠져들었다. 그 지역의 참상, 악취, 고통 소리는 충격이었을 것이다. 마르크스는 결국 귀족과 결혼한 중간계급 지식인이었고 교양 있는 사람들의 테두리를 벗어나보지 못한 사람이었기 때문이다. 그가 오래전부터 이론만 떠벌리는 사람들을 비판해왔음에도 불구하고 결국 진실은 자신도 똑같은 일을 하고 있었던 것이다. 더 이상 그럴 수는 없었다.[12]

두 친구는 한 달 반 정도 맨체스터에서 머물다가 런던으로 가서 새로운 산업 사회의 또 다른 일면을 목격했다. 수도는 너무 붐벼서 걸어 다니기조차 곤란했지만 엥겔스의 말에 따르면 모두들 무관심으로 둘러싸인 채 외로움을 느끼고 있었다.[13] 맨체스터에서는 부자들이 빈자들을 외면하려고 애를 썼다—그 도시는 부유한 계급들이 현실에서 가난한 자들과 마주칠 필요가 없도록 배치되어 있었다.[14] 런던에서는 그런 시도가 보이지 않았다. 부자와 빈자가 같은 거리를 공유했다. 그렇지만 그들은 마치 두 개의 다른 종족인 것 같았고, 사회적으로 너무 멀리 떨어져 있어서 서로가 이용할 대상물이라는 점을 제외하면 서로 존재하지 않는 것이나 마찬가지였다. 빈자들은 능력껏 부자들로부터 훔쳤고, 부자들은 일하는 빈자들로부터 능력껏 훔쳤다—하나는 범죄로 불렸고 다른 하나는 산업이라고 불렸다.

이미 북적거리던 런던의 빈민굴은 그해 아일랜드 대기근으로 더욱 팽창했다. 이미 만신창이가 되어 들어온 새로운 입성자들은 몰골이 말이 아니었다. 런던의 음습한 골목길 바닥에 주저앉은 늙은 여인은 차라리 넝마 더미처럼 보였다. 후드 아래에서 피어오르는 파이프 연기만이 그 장소를 차지한 것이 사람임을 보여주고 있었다. 누더기를 걸친 아이들은 땟국으로 범벅되어 있어서 나이는 고사하고 사내인지 계집아이인지조차 분간할 수 없었다.[15] 좀 부유한 아일랜드 이민자들은 돌 오두막에서 왔지만 대부분은 흙 움집밖에 몰랐으며, 그들의 피부는 고국의 혹독한 날씨 탓에 거칠고 주름졌으며, 아일랜드의 야산을 흘러내리는 타닌 성분의 물 때문에 갈색으로 변해 있었다. 그들은 이미 런던에 자리 잡은 동포들로부터도 박대를 받았다, 왜냐하면 그들이 가장 절망적인 사람도 거들떠보지 않을 임금을 받고 일하려 했으며 또한 귀중한 공간을 점유했기 때문이다.[16]

맨체스터에서 노동자 지구는 강변의 잡초들처럼 길게 뻗어갔다. 하지만 런던에서 슬럼은 수직으로 올라갔다. 빈자들은 4층짜리 건물을 지하실에서 다락방까지 가득 메웠다. 계단까지 포함해 모든 공간이 채워졌다.[17] 어떤 사람들은 침대 안의 자리를 임차하기도 했다. 그것도 침대 전체가 아니었다. 다른 사람들은 벽을 따라 늘어진 로프 위의 공간을 임차하기도 했다. 그곳에서는 앉은 채잘 수 있었다. 소년과 소녀, 남자와 여자, 서로 모르는 사람들이 한데 뒤엉켜 상층계급은 당연한 것으로 여기는 온기와 휴식을 바라며 매일 밤잠을 청했다.[18] 그런 혼잡 때문에, 더 많은 사람들이 더 적은 일자리를 두고 경쟁해야 했기 때문에, 런던에서의 타락상은 맨체스터에 비해 훨씬 심각했다. 빈자들이 몰리는 소호 광장과 세인트자일스, 스트랜드 가의 섹스산업은 가히 전설적이었다. 어른 흉내를 낸 아이들이 1파딩(4분의 1페니)이라도 낼 만한 행인들을 향해 추악한 제안을 외쳐댔다.[19] 그들은 먹을거리와 일거리가 없어서 농장이나 마을에서 밀려난 가족들의 아이들로 거리에서 어떻게 생존하는지 이미 익혔던 것이다. 그들은 슬럼가의 강인한 프롤레타리아트였다. 사회는 그들이 팔아야 할 것을 요구했고 그들은 그에 응한 것이다. 맨체스터의 공장에 있는 사람들과 마찬가지로 그들도 자기의 유일한 재산을 팔았다. 바로 자기 몸이었다.

마르크스와 엥겔스는 시내를 둘러보다가 그 빈자들을 위해 일하는 독일인들과 영국인들을 만났다. 그중 일부는 비밀조직인 의인동맹의 회원이었다. 마르크스는 의인동맹을 파리에서 처음 만났는데, 런던에서 그들은 소호의 레드라이온 주점Red Lion Pub에서 '독일노동자교육연합'이라는 온건한 이름으로 활동하고 있었다.[20] 그 지도자는 카를 샤퍼, 하인리히 바우어, 요제프 몰이었다. 1843년에 이미 그들을 만난 적이 있던 엥겔스는, 그들은 "내가 만난 최초의 혁명적 프롤레타리아트였다…… 나는 그 진정한 세 사나이가 아직 사나이가 되고자 애쓰던 나에게 심어준 깊은 인상을 결코 잊지 못할 것이다"[21]라고 말했다.

동맹은 교육연합을 회원 모집을 위한 창구로 활용하고 있었다. 스위스와 독일에도 지부가 있었으며, 교육연합이 의심을 받게 되자 독일인들은 합창모임이나 운동 클럽을 만드는 등 지하동맹에 추가적인 회원을 끌어들이기 위해 할 수 있는 모든 일을 다 했다.[22] 1845년에 회원은 3백 명 남짓이었다. 그렇지만 조직은 조금씩 독일인이 아닌 사람들도 받아들이기 시작해서 중심 그룹은 이제 '공산주의노동자교육연합'으로 불리게 되었다. 회원증은 20개국 언어로 인쇄되었으며, 거기에는 "모든 사람은 형제다"라고 씌어 있었다. 그렇지만 엥겔스는 이 지부들의 거의 대부분이 수공업자들로 구성되어 있음에 주목했다―그들은 노동자들 중에서 귀족이었으며 대부분 장인이 되기를 갈망했다.[23]

그에 반해서 영국의 급진주의, 또는 개혁운동은 1792년 제화공들이 투표권을 얻기 위해 '런던통신협회'를 설립했을 때부터 노동자와 수공업자들의 바람직한 혼합으로 구성되어 있었다(지도자 토머스 하디는 대역죄로 산 채로 배가 갈리고 내장이 제거된 후 교수형을 당했다). 영국은 다른 나라들에 비해 일찍 산업화되었기 때문에 이 새로운 체제에 대한 연구도 가장 성숙해 있었다.[24] 1820년 영국 최초의 사회주의자인 로버트 오언은 노동자들이 비참하게 저평가된 일종의 화폐(노동)를 지니고 있다고 주장했다. 그 이후 영국의 급진주의자들은 노동을 질적인 것이자 수량화할 수 있는 용어로 이해했다.[25] 그들은 공장주들에게 착취체제의 직접적인 책임을 돌렸다. 그렇지만 그들의 자본의 원천에 대해서도 눈을 돌려서 오래전부터 의회를 지배하고 있던 똑같이 부유한 지주들과 지역 상인들도 발견했다. 그 사람들이 권력을 공고히 하는 한편 수지타산이 좋은 새로운 산업에 자금을 대고 있었던 것이다. 그들이 도전을 받지 않은 것은 아니었지만 아직까지는 양쪽 모두 성공하고 있었다.[26]

1830년 유럽 대륙이 프랑스와 폴란드에서의 봉기를 경험하고 있을 때, 맨체스터의 노동자들은 모든 노동자들을 단일한 통합노조 아래로 모으고 (남성 보통선거권을 포함한) 정치적 개혁을 추진해 상층계급의 지배를 종식시키고자 시도했다. 그렇지만 이 년 후 개혁법이 통과되었을 때 의회는 그들을 배신하고 보통선거권을 중간계급의 선택된 구성원들에게 한정시켜버렸다. 노동자들은 정치적 타협에서 교묘하게 따돌림을 당한 것이다.[27] 그렇지만 그런 좌절은 패배로 귀착되기는커녕 오히려 노조 형성을 가속화시켰다. 1833년에 한 조직이 적어도 50만 명의 조합원을 갖게 되었다.[28] 노동자들은 또한 자신들이 뭉쳤을 때 사회에서 무시할 수 없는 세력을 형성할 수 있다는 것, 자신들이 하나의 계급, 즉 **노동자 계급**을 형성한다는 사실을 깨달았다. 급진적인 선전가 브론테어 오브라이언이 그들의 저항의 목소리를 대변했다. "소수의 법에서 현실의 불평등이 피어났다. 다수의 법으로 그것은 파괴될 것이다."[29]

1837년 영국의 노동자 선동가들은 하원에 여섯 가지 요구사항을 제출했다. 다음해에 인민헌장People's Charter으로 알려지게 되는 것으로, 최종적으로 영국의 모든 남성 시민들이 의회에 참여할 수 있도록 하는 총체적 정치개혁을 요구한 것이었다.[30] 그렇지만 향후 오 년간 인민헌장 운동은 위세를 잃어갔고 여섯 가지 요구는 계속 거부되었다. 1845년 차티스트들은 생존을 위해 프랑스와 독일의 노동자들과 연대 강화를 꾀하고 있었다.[31]

마르크스와 엥겔스가 런던에서 영국 노동자운동의 지도자들을 만난 것은 그 무렵이었다. 그중 주목할 만한 사람으로는 차티스트 운동의 지도자이자 런던의 『노던 스타Northern Star』 신문의 편집자인 줄리언 하니, 그리고 역시 차티스트이고 마르크스와 엥겔스의 평생 친구가 된 어니스트 존스가 있었다.[32] 마르크스의 통역을 맡았던 엥겔스는 토론에 참여한 사람들이 그런 여러 가지 운동들—차티즘, 사회주의, 공산주의—은 결국 부르주아에 대한 프롤레타리아트의 투쟁이라는 동일한 역사적 현상의 표현일 뿐이라는 사실에 동의했다고 회상했다.[33]

마르크스와 엥겔스는 이런 독일과 영국의 노련한 혁명가들로부터 많은 것을 배웠다. 그 혁명가들은 두 젊은이에게 그들 운동의 역사뿐만 아니라 조직화라는 실천적인 측면까지 알려주었다. 두 사람은 브뤼셀의 노동자들을, 나아가 그 이상을 급진주의로 무장시킬 의지를 불태우며 벨기에로 돌아왔다.

마르크스는 신랄하고 냉소적인, 악명 높은 공식적인 얼굴 뒤로, 그를 헐뜯는 사람들은 알지 못하는 동료들에 대한 깊은 정을 간직하고 있었다. 그와 동시대의 사람들 대부분은 마르크스가 사랑보다는 증오를 품고 있었다고 평할 것이다. 그렇지만 그의 인생을 살펴보면 두 가지 모두를 적절히 가지고 있었다는 것이 명확히 드러난다. 그리고 그가 영국에서 본 것 때문에 그 두 가지 열정이 심히 격동되었을 것이라는 것은 쉽게 상상할 수 있다. 마르크스는 여행 후 다른 사람이 되어 돌아왔다. 그가 책에서 읽어서 잘 알고 있던 단어들, 그 스스로 그렇게 자주 반복했던 단어들이 새로운 의미를 갖게 되었다. 이제 단어들이 현실의 얼굴을 지니게 된 것이다.

또 한 가지 지적할 만한 중요한 면은 그 여행이 마르크스와 엥겔스의 우정을 공고히 했다는 점이다. 그들은 일 년 전 파리에서 열흘간을 같이 보냈지만 그 후로는 대부분 서신으로 의견을 나누었고, 여러 사람과 같이 모인 자리에서 만났을 뿐이다. 영국을 함께 여행하면서 그들은 서로 지적으로 완전히 일치할 뿐만 아니라 인간적으로도 끌리는 것을 느꼈다. 그때까지 마르크스가 함께 일하고 어울렸던 사람들은 대부분 그보다 나이가 많은 사람들이었다. 헤르베크와 바쿠닌을 제외하고는 다른 세대의 사람들로 둘러싸여 있었던 것이다. 그렇지만 그와 엥겔스는 같은 언어를 말하고, 역사적인 출발점도 비슷했으며, 그들의 전망도 같다고 할 수는 없지만 비슷한 경험들에 기반하고 있었다.

지식인으로서 그들은 총명하고 날카로웠으며, 선견지명이 있고 창의적이었다(그렇지만 또한 자만하고 호전적이고, 성미가 급하고 음모적이기도 했다). 친구로서 허물없이 상스러운 말도 주고받았으며 치기 어린 행동도 마다하지 않았다. 그들은 담배를 즐겼고(엥겔스는 파이프를, 마르크스는 시가를 피웠다), 새벽까지 술을 마셨으며(엥겔스는 고급 와인과 에일을, 마르크스는 아무거나 닥치는 대로 마셨다), 잡담을 나눴고(대부분 지인들의 성적 경향에 관한 것이었다), 그리고 너털웃음을 터뜨렸다(대체로 그들의 적을 조롱하는 것이었다. 마르크스의 경우 뺨으로 눈물이 흘러내릴 때까지 웃었다고 한다).

이제 최고의 친구가 되어 두 사람은 새로운 과제와 열정을 안고 브뤼셀로 돌아갔다. 마르크스는 종종 새로운 발견에 뒤따르게 되는 극도의 명쾌함을 안고 돌아왔다. 엥겔스는 좀 더 세속적인 것과 함께 돌아왔다. 그의 '아내' 메리 번스였다.

10

I846년

브뤼셀

> 생활에는 무엇보다도 먼저 먹을 것, 마실
> 것, 잘 곳, 입을 것, 기타 여러 가지가
> 필요하다. 그러므로 최초의 역사적
> 행위는 이런 필요를 충족시키는 수단을
> 생산하는 것, 물질적 생활 그 자체를
> 생산하는 것이었다.
>
> —카를 마르크스[1]

예니는 스스로 자신들의 '빈민굴'이라고 부른 브뤼셀에 9월 말에 돌아와 두 번째 아이를 출산했다. 그녀는 어머니를 홀로 두고 오는 것이 마음에 걸려 마지막 순간까지 트리어에서 돌아오기를 미뤘었다. 에드가도 마침내 집을 떠나 브뤼셀로 향했다. 몇 달간 브뤼셀에서 머물다가 미국으로 건너가 사업을 해볼 계획이었다. 카롤리네 폰 베스트팔렌은 이제 완전히 혼자가 돼버렸다.[2] 예니는 한때 어울리기를 좋아했던 어머니가 집 안에만 틀어박혀서 추억 속으로 점점 깊이 빠져들고 있다는 사실을 발견했다. 그녀의 재산은 오래전에 고갈되었고 사교계 출입도 거의 하지 않았다. 부도 사라지고 지위가 높은 남편도 없어지자 그녀는 한때 자신을 품어주었던 사회의 그림자 속으로 밀려나버린 것이다. 그녀는 예순 살이 가까웠고 다른 많은 사람들처럼 결국 버림받은 것이다.

예니는 어머니에 대한 효성이 지극했기 때문에 트리어를 떠나는 것이 자기도 어머니를 버리는 꼴이 될까봐 두려웠을지도 모른다. 그녀는 화가 나서 사회에서 여성이 당하는 곤경에 대해 마르크스에게 편지를 썼다. 그 편지에서 그녀는 남성으로부터 여성을, 심지어 남편과 자기 자신의 급진적 이념으로부터도 여성을 보호하고자 했다. 그들의 모임에서 권리라는 말이 끊임없이 언급되었지만 그것은 무엇보다도 남성의 권리였다. 낭만주의자들이 옹호한 여성의 동등한 권리는 항상 뒤로 쳐졌다. 그녀는 이것저것 여러 가지 비난을 해대면서 프랑스에서 추방된 것과 브뤼셀에서의 불안정한 삶에 대한 좌절감도 드러냈다. 그러면서도 두 사람이 같이 욕하던 조국을 옹호하는 모습을 보이기도 했다.

저는 한적한 독일이 너무나도 편안하게 느껴져요. 당신처럼 극단적인 반독일주의자 앞에서 이런 말을 하기에는 약간의 용기가 필요하지만 말이에요, 그렇지 않나요?……사람들은 이 오래된 죄인의 땅에서 그런대로 행복하게 살아가고 있어요. 사실 제가 가장 소심하고 가장 치졸한 자들과 처음으로 알게 된 곳도 따지고 보면 결국 그 영광스러운 프랑스와 벨기에였잖아요. 이곳 사람들은 소심해요. 정말 한없이 그럴 거예요. 생활은 전체적으로 문고판 책처럼 단순해요. 하지만 어차피 그곳에서도 영웅들은 거인이 아니고 개인이라고 해서 조금도 나을 바가 없지요. 남자들은 조금 다를 수도 있겠지만 여자들은 아이를 갖고, 바느질하고, 밥하는 게 운명이니 저는 비참한 독일을 찬양해요.[3]

예니가 브뤼셀로 돌아오리라는 것은 의심의 여지가 없었고, 그녀가 진정으로 독일이 여자로서, 어머니로서, 그리고 아내로서 그녀에게 가장 만족스러운 곳이라고 믿었다고 볼 증거도 없다. 오히려 몇 년 후 마르크스 가족이 베를린으로 돌아갈 수 있는 가능성이 생겼을 때 예니는 적극적으로 반대했다. 편지 속에서 그녀는 딸로서의 의무와 아내로서의 의무 간에 양자택일을 해야 하는 상황에 대해 투정을 부려본 것뿐이었다. 하지만 상황은 더 이상의 내적 갈등을 허용하지 않았다. 카를에게 편지를 쓴 8월에 그녀는 이미 임신 팔 개월째였다. 브뤼셀에서 출산을 하려면 서둘러 트리어를 떠나야 했다.

카를의 독일 내 사회주의자 친구들이 그녀의 여행길에 줄곧 동반자가 되어 주었다. 그녀를 섬세한 우편물처럼 다루며 서프로이센의 숲과 들판을 가로지르는 길에 다음 마차역과 여관에 당도할 때까지 호위했던 것이다. 그녀는 "마차의 흔들림이 불쾌한 결과를 가져올 수도 있기 때문에" 가급적 자주 쉬려고 애썼다고 말했다. 그녀는 카를에게 자신과 렌헨, 그리고 예니헨을 벨기에에 들어서서 80킬로미터쯤 되는 지역인 리에주Liège까지 마중 나와 달라고 부탁했다.[4] 그들은 그렇게 예니가 출산하기 2주 전인 9월 26일 알리앙스 거리에 도착했다. 예니는 두 번째 딸을 낳았다. 아기 이름은 막 걸음마를 뗄 무렵에 사망한 예니의 누이동생 이름을 따서 라우라Laura라고 지었다.[5]

출산이 가까워오자 예니는 그런 어수선한 분위기가 카를의 작업에 방해가 되지 않을까 걱정했다. 그녀는 "그 큰일이 제가 간절히 기다리는 그 책을 당신이 마무리하고 있는 바로 그 순간에 발생하지는 말아야 할 텐데요"라고 썼다. 그녀는 아이를 집의 꼭대기 층에 데려다놓았다. 그리고 나중에는 아래층으로 격리시켜서 카를이 가운데 층에 있는 서재—그녀는 농담조로 (난방은 되지 않지만) 그들의 장대한 살롱이라고 불렀다—에서 방해받지 않고 글을 쓸 수 있도록 배려했다.[6] 예니가 그의 책(그들 사이에서는 단지 '정치경제학'이라고만 알려져 있었다)이 출판되는 것을 보고 싶어 한 데는 여러 가지 이유가 있었다. 그 책의 영향으로 그녀는 남편이 논의를 촉발시키고 정치적 개혁을 가속화시켜 오랫동안 지체된 찬사를 받을 것이라고 기대했다. 하지만 더 직접적인 이유는 아마도 그들의 생계가 그 책에 달려 있었기 때문일 것이다. 그녀와 카를은 아무런 수입도 없었고, 아직까지 친구들이 관대하기는 했지만 부부가 그것에 미래를 맡길 수만은 없었다(그리고 원하지도 않았다).

마르크스는 평생 동안 자기 작업의 진척 정도를 말할 때만큼은 대단한 거짓말쟁이였다. 벌써 끝내야 할 글에 대해 사람들이 물어보면 한두 주 후면 끝난다거나, 탈고를 위해 글을 다듬고 있다거나, 경제적 어려움 또는 개인적 사정으로 조금 지체되고 있기는 하지만 곧 작업을 재개할 수 있을 것이라는 식으로 대답했다. 하지만 대부분의 경우 완성과는 거리가 먼 상태였다. 새로운 아이디어가 기존의 생각과 충돌하면서 그가 판단하기로는 놀랍도록 새롭고 중요한 다른 것들이 나타나곤 했다. 그런 상황에서 어떻게 자신의 마음에게 그만 멈추라고 말하고 앉아서 글을 쓸 수 있겠는가? 그렇게 해서 무엇인가를 빠뜨려버릴 수도 있다는 점을 생각하기만 하면! 이런 경우, 마르크스는 아직 그것이 개념적 단계에—즉 그의 머릿속에—머물러 있기 때문에 책을 조만간 출판할 수 없을 것이라는 사실을 예니에게 말하지 않았던 것 같다. 세월이 흐르면서 예니는 그렇게 원하고 애지중지한 책의 출판 계약이 사실 그의 남편에게는 쇠약의 원인이 되었다는 사실을 깨닫게 된다. 그녀는 남편의 몸에 압박감으로 인한 고통스런 종기들이 돋는 것을 보면서 그가 겪는 정신적 고문을 말 그대로 눈으로 확인하게 되었던 것이다. 그렇지만 그런 깨달음은 훨씬 나중의 일이었다. 1845년 예니는 여전히 마감 기한이란 책이 제시간에 완성된다는 것을 의미하는 것으로 믿었고, 마감이 끝나면 곧 수입도 생기리라고 기대하고 있었다.

사실 마르크스는 집필을 하고 있었지만 정치경제학에 관한 것은 아니었다. 라우라가 태어나서 온 집 안이 갓난아기의 울음소리로 가득할 때, 그와 엥겔스는 그들이 『독일 이데올로기』라고 부른 책을 시작하고 있었다.

마르크스는 사실 봄에 『포이어바흐에 관한 테제들』에서 이미 『독일 이데올로기』를 고려하고 있었다. 영국 여행으로 기운을 얻은 후 가을이 되자 그들은 마침내 독일 철학과 아울러 당시 선전되고 있던 독일 사회주의를 한데 뭉뚱그려 쓰레기장으로 던져버릴 만반의 준비를 마쳤다. 카를은 이제나저제나 그의 경제학 책만을 기다리고 있는 출판업자 카를 레스케에게 먼저 그 앞에 선행했던 것들, 특히 청년헤겔파를 박살내지 않고는 그 책을 내는 것도 불가능하다고 통보했다.[7] 마르크스가 이미 그 거대한 용을 무수히 난도질한 것으로 보일 수도 있었다. 그렇지만 그의 생각은 달랐기 때문에 엥겔스와 그는 공동으로 그 작업에 착수했다.

『독일 이데올로기』는 기본적으로 인간의 출현과 함께 시작되는, 인간 역사의 물질적 토대라는 마르크스의 개념을 최초로 전개한 저작이었다. 마르크스와 엥겔스는 헤겔과 그 추종자들이 믿었던 것과는 달리 역사는 인간과 별개의 힘에 의해 인도되는 것이 아니라, 그 자체가 인간이며 인간의 이야기이고, 인간 행동의 연대기라고 주장했다. 다른 식으로 믿는 것, 즉 인간을 더 큰 힘(운동, 신, 또는 왕)에 의해 연출되는 드라마 속의 단순한 배우로 만들어버리는 것은 인간을 무력하게 만들고, 인간 사회에서 자신을 능동적 행위자로 볼 수 있는 능력을 흐려버리는 것이다. 그들은 모든 생명, 모든 죽음, 모든 변화―정치적, 경제적, 그리고 사회적―는 구체적인 환경에서 만들어지는 것이라고 주장했다. 거기엔 어떠한 신비도 없으며, 인류가 해답을 얻으려고 다른 쪽으로 눈을 돌릴 필요도 없었다.[8]

문제에 "과학적으로" 접근하면서, 즉 실제 생활에서 발견된 증거들을 평가하면서 그들은 인간 존재는 생산과정에 뿌리박고 있다고, 즉 인간은 생존에 필요한 수단을 생산하자마자 자신을 동물과 구별 짓게 되었다고 단언했다[9](또한 마르크스의 집 꼭대기 층에서 들려오는 울음소리를 분명히 염두에 두면서 남성과 여성 간의 생산적 노동의 최초의 분업은 육아였다고 선언했다).[10] 따라서 각 세대는 생산방식의 개선을 통해 자신을 발전시키고, 바뀐 필요에 따라 사회도 변화시키기 때문에 결국 이전 세대의 어깨 위에 올라타고 있는 것이라고 썼다.[11] 그렇지만 어느 시점에서 기계와 돈이 결합되어 사적 소유의 형태로 소수의 수중에 장악되었을 때 "파괴적인 힘"이 도입되었다. 그런 지배층은 다시 자신의 상대편을 부상시킨다. 그들은 "사회의 모든 부담을 짊어지면서도 그 혜택을 누리지 못하고…… 모든 사회구성원 중 다수를 형성하는 계급, 근본적인 혁명의 필요성에 대한 자각, 즉 공산주의에 대한 자각을 이룩하는"[12] 계급이다.

마르크스와 엥겔스는 모든 혁명적인 역사적 변화들은 어떤 단계에서건 생산물을 통제하는 자들과 그들의 통제를 받는 대중 간의 충돌에서 비롯되었다고 결론지었다.[13] 마르크스가 나중에 교육과 이해를 혁명의 전제조건으로 강조할 것을 예견하듯, 그들은 영속적이고 진정한 변화는 폭력만으로 일어나지 않는다고 말했다. 지배층의 폭력을 제거한다고 해서 그들이 신주단지처럼 모셨던 "보편적 진리들"—그들의 법, 그들의 예술, 그들의 신성한 제도들—이 사라지는 것은 아니었다.

> 지배계급의 이념은 시기를 막론하고 지배이념이 되었다. 이를테면 사회의 **물질적** 힘을 지배하는 계급은 동시에 사회의 **지적** 힘도 지배하는 것이다. 물질적 생산수산을 가진 계급은 정신적 생산수단도 통제하게 되고, 따라서 정신적 생산수단을 결여한 자들의 이념은 그것에 종속당하는 것이다.[14]

그러므로 혁명의 단계에 이르기 위해서는 먼저 대중이 자신들이 살고 있는 체제가 아무리 강고해 보이고, 또는 신성해 보인다 할지라도 순전히 지배계급의 창조물에 불과하고 그들의 목적은 권력을 유지하는 것일 뿐이라는 사실을 깨달을 필요가 있다. 둘째로, 그들이 청산하고자 하는 사회 다음에 올 새로운 사회를 건설할 수 있는 지적 토대를 개발해야 한다.

두 사람은 1845년 9월 말부터 1846년 8월까지 『독일 이데올로기』에 매달려 있었다. 첫 번째 공동 작업인 『신성가족』과 마찬가지로 책의 대부분은 독일의 급진주의 진영의 여러 인사들을 지목해 조롱하는 데 바쳐졌다. 나중에 렌헨은 마르크스와 엥겔스가 집필하는 동안 집 안이 울리도록 큰 소리로 웃어대며 가족들의 잠을 깨웠다고 회상했다. 그런 한밤중의 유쾌한 분위기가 사실은 그 가족이 책에서 얻을 수 있었던 보상의 전부였다.[15] 그들과 독일 내 그들의 친구들은 여덟 명의 출판업자를 접촉하며 책에 흥미를 갖도록 유도해보려 했으나 별다른 성과를 거두지 못했다. 결국 원고를 "쥐가 쏠도록 흔쾌히 내버려두었다. 우리는 이미 중요한 목표—자기 정화—를 달성했기 때문이다"[16]라고 마르크스는 말했다.

1845년 가을, 라우라가 태어난 직후에, 마르크스 가족은 프로이센 정부가 벨기에에서 마르크스의 추방을 추진하고 있다는 소식을 듣고 몹시 놀랐다. 브뤼셀의 독일 이민인구가 점차 불어나고 있었기 때문에 문제 인물을 감시하기 위해 베를린 정부가 사람을 고용한 것은 당연한 이치였다. 마르크스 측에서 딱히 새로운 외교적 압박을 야기할 만한 행동은 한 적이 없었다. 첩자들이 그가 급진주의적 이민자들 사이에서 중심 인물이라고 보고서를 올렸을 것이고, 이에 프로이센 정부는 그를 국경에서 좀 더 먼 곳으로 보내고 싶어 했던 것이다.

마르크스는 허세로 난국을 타개해보려 했다. 그는 트리어의 총독에게 미국으로의 이민 허가를 요청하는 편지를 보냈다. 만약 이민이 허가되면 그는 더 이상 프로이센 시민이 아니기 때문에 프로이센 당국이 관심을 가질 이유도 없어지는 것이다. 하지만 마르크스가 실제로 미국으로 이민 갈 생각을 했음을 시사하는 증거는 없다. 다만 프로이센의 주의를 다른 곳으로 돌리려는 책략으로 그 요청을 이용했을 뿐이다. 하지만 마르크스의 의도는 빗나갔다. 이민은 허가되었지만 베를린으로부터의 압력은 그치지 않았다. 1845년 12월, 그런 간섭으로부터 스스로를 지키기 위해 마르크스는 프로이센 시민권을 포기해버렸다.[17]

그 결정으로 그는 무국적자가 되었지만, 어차피 체포될 각오 없이는 프로이센으로 돌아갈 수도 없었기 때문에 사실 그것은 단지 행정상의 지위 변화에 불과할 뿐이었다. 그리고 그가 생각하기에 정당성을 갖추지 못한 국가에 더 이상 속박되지 않는다는 것은 일종의 해방감을 가져다줄 수도 있었다. 1846년 초엽, 마르크스, 엥겔스, 그리고 벨기에의 젊은 사서인 필리프 지고는 '공산주의자통신위원회'의 조직에 착수했다. 조직의 목적은 "행동의 순간이 왔을 때"[18]를 대비해서 노동자, 사회주의자들 사이의 국가 간 장벽을 허무는 것이었다. 소식지는 신문과 달리 검열을 염려하지 않고 작성될 수 있었다. 유일한 위험은, 유럽의 군주들이 편지들에서 정치적 다이너마이트를 골라내기 위해 설립했지만 아직 체계가 제대로 잡히지 않은 사신私信검열소cabinets noir 뿐이었다.[19]

위원회는 조직원 수도 미미했고 통신원 수도 보잘것없었지만, 마르크스가 만들려고 노력한 국제적 조직의 시초였으며 그의 모든 정치적 활동의 맹아였다. 예니는 비서 역할을 맡고 해독 불가능한 마르크스의 필기 서류들을 정서해주었다(마르크스 생전에 그의 글을 온전히 알아볼 수 있었던 사람은 예니, 엥겔스, 그리고 마르크스의 딸들뿐이었다). 엥겔스는 마르크스와의 공동 저술을 계속했고 세 사람은 공산주의자통신위원회 모임에 참석했다. 곧 알리앙스 5번가의 집은 비록 거주자들이 벨기에 관리들의 시선을 끌지 않기 위해 조용히 활동하려고 노력하기는 했지만 하루 종일 바쁘게 돌아가기 시작했다. 마르크스는 그 기간 중 하루에 네 시간밖에 자지 못했으며 그것도 거의 아침이 다 돼서야 잠들었다고 말했다.[20] 조지 줄리언 하니의 부인은 영국에서 편지로 예니에게 가족들의 휴식을 위해 '반反새벽3~4시연합'을 만들어서 한밤중의 혁명 활동을 금하자고 제안했다.[21] 좋은 아이디어였다. 마르크스와 엥겔스의 가정은 점차 신경이 곤두서기 시작했다. 그리고 3월에 예니가 병든 어머니를 보살피기 위해 트리어로 돌아갔을 때 상황은 더욱 악화되었다. 마르크스는 두 권의 책을 쓰느라고 '씨름' 중이었고, 새로운 정치적 조직을 맡았으며, 주변에 몰려드는 망명자들은 늘어만 갔고, 세 살도 안 된 두 아이를 책임져야 했다. 물론 아이들은 렌헨이 돌봤지만 마르크스를 돌봐줄 사람은 없었다.

예니가 없을 때 위원회는 3월 30일에 모임을 잡고 재단사인 빌헬름 바이틀링을 연사로 초청했다. 바이틀링은 프랑스인 장교와 독일인 세탁부 사이에서 태어난 사생아로 사회주의자와 공산주의자들 사이에서는 전설적인 인물이었으며, 중간계급 지식인들에게 의심의 눈초리를 보내던 노동자들 사이에서 강력한 지지 세력을 거느리고 있었다. 그는 파리의 의인동맹 공동 설립자였으며, 『인류의 현실과 이상Mankind as it is and as it ought to be』이라는 유명한 지하서적의 저자이기도 했다. 마르크스는 예전에는 그를 프루동과 비교하며 두둔하기도 했었다. 그러나 바이틀링은 선동가로서의 활동을 계속하면서 점점 흐트러진 모습을 보이기 시작했고 그의 이념은 기껏해야 공상적인 수준에 머물렀다. 사람들은 그의 불안정한 모습을 프로이센과 스위스에서의 투옥생활 탓으로 돌렸다. 바이틀링은 스위스에서 자신의 책 『가난한 죄인의 복음The Gospel of a Poor Sinner』 때문에 징역형을 선고받았다. 그 책에서 그는 그리스도를 자신과 마찬가지로 공산주의자이자 가난한 여인의 사생아로 묘사했다. 어떤 사람들은 바이틀링이 정말로 자신을 메시아로 여기고 있다고 말하기도 했다.[22] 엥겔스에 따르면 그는 "천국을 지상에서 현실화시키는 처방전을 주머니에 가지고 다녔고…… 모든 사람들이 그것을 훔치려 든다는 망상에 사로잡혀 있었다".[23] 그가 진지하게 제안한 것들 중에는 지배계급에 대항한 게릴라 전쟁을 벌이기 위해 4만 명의 죄수들로 군대를 창설하자는 주장도 있었다.[24]

마르크스는 바이틀링이 2월에 브뤼셀에 도착했을 때 따뜻하게 맞아주었다 (엥겔스는 그가 한 접대를 "거의 초인적인 인내"[25]의 행동이라고 묘사했다). 요제프 바이데마이어는 마르크스의 집에서 마르크스, 바이틀링, 에드가 폰 베스트팔렌, 그리고 자신도 참여해 밤새도록 벌인 카드게임과 다음 날 하루 종일 이어진 소풍에 대해 상세히 이야기했다. "아주 화기애애한 분위기였다. 이른 아침에 우리는 카페로 갔고 그다음 열차를 타고 가까운 마을인 빌레보르데Villeworde로 가서 점심을 먹었다. 우리는 정말 신나게 즐기다가 막차를 타고 돌아왔다."[26]

그렇지만 예니가 트리어로 떠나고 위원회 모임이 시작되었을 때 그런 화목한 분위기는 끝났다. 마르크스의 살롱에서 작은 녹색 테이블에 둘러앉아 사람들은 정치로 화제를 옮겼다. 정치라는 무대에 매혹되기는 했지만 어떤 정치적 대의에도 헌신하지 않고 있던 러시아인 안넨코프도 당시 브뤼셀에 있었는데, 그는 과거의 독일 공산주의 지도자가 미래의 독일 공산주의 지도자와 대결하게 되는 장면을 생생하게 묘사했다. 안넨코프는 바이틀링이 미친 혁명가로 보이지는 않았다고 말했다. 마르크스보다 열 살이 많아 서른여덟 살인 바이틀링은 머리도 단정했고 우아한 코트를 입고 "작은 턱수염을 예쁘장하게 다듬은" 미남이었다. 그는 점잖은 사업가 분위기를 풍겼다. 반면에 마르크스는 거친 외모에 행동거지도 어설펐지만 자신감이 넘쳐 보였다. "그는 사람들 앞에서 어떻게 보이건, 그리고 무엇을 하건 당당하게 존경을 요구할 권리와 힘이 있는 사람처럼 보였다…… 그의 방식은 인간관계에서 전통적인 것들에 도전하는 것이었지만, 위엄 있고, 또 어느 정도 깔보는 듯하기도 했다." 안넨코프는 마르크스의 목소리를 날카로운 쇳소리 같았다고 말하며 (누구도 감히) 반론을 제기할 수 없도록 만드는 위세가 있었다고 덧붙였다.

엥겔스가 소수의 동료들이 모인 자리에서 노동의 변화를 원하는 사람들이 그것을 어떻게 이룰지에 대한 합의를 이끌어낼 필요가 있다고 말하며 개회를 선언했다. 안넨코프는 엥겔스가 말하는 동안 마르크스는 사자갈기 같은 머리를 숙이고 서류를 들여다보며 손에는 연필을 쥐고 있었다고 비망록에 기록했다. 그렇지만 마르크스는 오랫동안 조용히 앉아 있지 못했다. 그는 바이틀링에게 그의 활동에 대해 설명해줄 것을 요구했다. 그리고 "당신의 설교로 독일은 너무 소란스럽다"고 그를 비난했다. 바이틀링은 노동자들이 자신들의 곤경을 이해하도록 만들고 공산주의와 민주주의로 그들을 단합시키는 것에 대한 막연한 생각을 제시했다. 그러나 마르크스는 화를 내며 그의 말을 끊고, 노동자들에게 몽상적 희망을 불러일으키는 것은 정직하지 못한 설교를 하는 것일 뿐이며, 그것은 "계시를 받은 예언자 행세를 하는 것으로, 달리 말하면 멍청이 짓이다"라고 일갈했다. 덧붙여 사람들이 스스로 비참하다는 것을 아는 것만으로는 부족하고 왜 그렇게 되었는지를 이해해야 하며, 명확한 계획이나 원칙을 제공하지 않고 노동자들을 봉기시키는 것은 실패로 귀결될 뿐이라고 주장했다. 바이틀링은 변명하려 했다. 그러나 마르크스는 등잔이 흔들릴 정도로 테이블을 주먹으로 내리치며 소리쳤다. "여태까지 누구에게도 무지가 도움이 된 적은 없소!" 모두들 흩어졌다. 마르크스는 혼자 남아 잔뜩 화가 난 채 씩씩거리며 방 안을 서성거렸다.[27]

마르크스의 그런 분노는 시작에 불과했다(한 동료는 그를 "유리창을 박살내기 위해 무거운 대포를 끌고 올 사람"[28]이라고 평했다). 며칠 후 마르크스는 그의 그룹에서 또 다른 사람을 공격했다. 독일인 저널리스트 헤르만 크리게였다. 마르크스는 한 기사에서 '사랑'이라는 말을 서른다섯 번이나 사용한 그 사람을 감상적 공상주의자라고 놀리며 웃음거리로 만들었다.[29] 그리고 마르크스는 과학적으로 불충분하다고 생각되는 다른 독일과 프랑스의 "수줍은 사회주의자들"—현실세계에서 현실의 궁핍과 현실의 불평등을 경감시킬 방법을 논의할 의사가 없거나 능력이 없는 사람들—을 공격하는 팸플릿을 제작했다.[30] 그의 마음에는 산업화된 영국에서 본 인상들이 화인火印처럼 찍혀 있었기 때문에 추상적 이론에 눈이 멀어 현실의 확고부동한 증거를 외면해버리는 사람들을 더 이상 견딜 수 없었던 것이다. 한가롭게 노닥거리고 있을 시간이 없었다. 그는 혁명이 임박했다고 믿었다.

마르크스에게는 폴란드 사태—갈리치아Galicia의 농부들이 2월에 폭동을 일으켜 수백 명의 귀족들을 살해했다—가 다가오는 파도의 최후의 증거로 보였다. 폭동은 크라쿠프Kraków로 번졌고 그곳에서 폴란드 혁명과 봉건제의 폐지가 선언되었다. 하지만 열흘 후 그들의 시도는 실패로 돌아가고 말았다. 폭동에 조직이나 계획이 결여되어 있었다는 점이 실패에 한몫했다. 그리고 그것이 바로 마르크스의 견해였다. 성공적이고 지속 가능한 혁명은 그 국면까지 그들을 이끌어온 역사에 대한 명확한 인식과 구체제를 대신할 미래의 청사진 없이는 불가능한 것이었다.[31]

갈리치아의 폭동은 유럽이 얼마나 심각한 상황에 처해 있는지 일깨워준 사건이었다. 그 파장은 유럽의 모든 수도首都에서 느껴졌다. 통치자들은 식량 부족과 재정 위기로 압박받고 있었다. 노동자들은 일터 밖으로 쫓겨났으며 국고는 텅텅 비어버렸다. 그같이 급박한 상황에서 적어도 동지들은 각 나라의 상황에 대해 알고 있어야 한다는 생각에 마르크스는 자신의 통신위원회에 기고자들을 끌어들이려 노력했으나 별로 성공적이지 못했다. 독일의 몇몇 사람들과 영국인 줄리언 하니의 주변 사람들만 그의 편지에 답해올 뿐이었다. 마르크스는 프랑스인들을 끌어들이는 것이 어렵다는 것을 다시 한 번 느껴야 했다. 5월에 마르크스, 엥겔스 그리고 지고는 프루동에게 편지를 썼다. 마르크스는 겸손하게 그에게 위원회의 프랑스 통신원이 되어줄 것을 부탁했다. 왜냐하면 프루동만큼 그 일에 적합한 사람은 없었기 때문이다.[32] 그렇지만 프루동은 그즈음 마르크스의 동료 사회주의자들에 대한 격한 언동에 대해 이미 들어서 알고 있었던 것 같다. 아마 파리에 있던 바이틀링의 친구들이 알렸을 것이다. 프루동은 답장에서 마르크스가 "새로운 불관용"의 지도자가 되려고 하는 것 같다며 강한 우려를 표시하고 "그것이 아무리 논리의 종교, 이성의 종교라 할지라도" "새로운 종교의 사도가 되지는 말자"고 말했다. 만약 마르크스가 소식지에서 자유롭고 전면적인 사상의 교환을 보장할 수 있다면 합류하겠지만 "그렇지 않다면—거절하겠소!"라고 프루동은 답했다.[33]

　마르크스는 예니가 없는 동안 위원회 일도 제대로 하지 못했을 뿐만 아니라 엥겔스의 가정과도 문제가 있었다. 메리 번스는 엥겔스와 육 개월 동안 동거해왔고 두 가정은 잘 지내왔지만—사실 거의 함께 살았다—마르크스와 예니는 한 번도 엥겔스의 동반자를 제대로 배려해준 적이 없었다. 일부 전기 작가들은 엥겔스와 메리가 결혼하지 않고 함께 지내는 것에 대해 예니가 못마땅하게 여겼을 것이라고 추측하지만 그럴 가능성은 낮아 보인다. 모제스 헤스도 동반자와 결혼하지 않고 지내기는 마찬가지였다(많은 작가들이 이 당시 지빌레를 헤스의 부인으로 잘못 표현하고 있다). 그리고 마르크스와 예니는 이미 파리에서 그런 관계들을 많이 보았고 아무렇지도 않게 넘겼었다. 다른 사람들은 예니가 메리보다 사회적으로 우월감을 느꼈기 때문에 그녀와 친교하지 못했을 것이라고 추측하기도 하지만 예니는 평생을 통틀어 사람을 사귀는 데서 어떤 식으로든 계급적 편견을 보인 적이 단 한 차례도 없었다. 그냥 단순하게 그녀와 마르크스는 엥겔스의 애인을 좋아하지 않았거나 또는 이해하지 못했다고 보는 것이 옳을 듯하다. 아일랜드 공장노동자의 딸인 스물세 살의 메리와 프로이센 귀족인 서른두 살의 예니 사이에 가로놓인 문화적 간극은 엄청난 것이었다. 1846년 3월 트리어에서 마르크스에게 보낸 편지에서 그녀는 엥겔스의 집에서 메리와 관련해 벌어진 "심각한 불화radical breach"를 언급하면서 자신이 브뤼셀에 없었던 것이 다행이었다고 말했다. 만약 그렇지 않았다면 "야심찬 여자 맥베스"로서 오랫동안 엥겔스의 관계를 비판해왔던 자신에게 비난의 화살이 돌아왔을 것이라고 말했다. 그리고 엥겔스가 다른 반려자를 찾는 것이 좋을 것 같다고 덧붙였다. "사랑스럽고, 매력적이고, 능력 있고…… 자기를 해방시켜주고 데려가줄 남자를 기다리는 여자들이 얼마나 많은데"라고 그녀는 썼다. 그해 봄에 무슨 일이 있었는지는 알 수 없으나 그 후 곧 메리는 영국으로 돌아가버렸다.[34]

브뤼셀의 작은 망명자 사회에서 또 다른 사적인 불화들이 촉발되었다. 첫해의 다정다감한 분위기는 사라지고 있었다. 헤스는 마르크스가 바이틀링을 대하는 것을 본 후 더 이상 그의 '당'과 관계하고 싶지 않다고 말했다(나중에는 마르크스가 주변 사람들에게 개인적인 복종을 요구했다고 비난했다).[35] 그리고 그들 모임의 모든 사람들이 빈곤에 시달렸고 마르크스는 더욱 그랬다. 3월에는 오랫동안 그의 경제학 책을 기다리고 있던 출판업자가 마르크스에게 다른 출판업자를 물색해보라고 제안하며 섭외가 끝나면 선금으로 준 1천5백 프랑을 돌려달라고 통보해왔다[36](카를은 이런 사정을 예니에게 전혀 알리지 않았던 것으로 보인다. 왜냐하면 같은 시기에 예니는 곧 출판될 예정인 그의 책에 대해 독일에서는 무척 기대가 크다고 알렸기 때문이다).[37] 이상하게도 엥겔스조차도 그 무렵 돈이 궁했다—그는 새 매부에게 전당포에 150프랑에 저당 잡혀놓은 물건이 있으니 답장에 그 금액을 동봉해달라는 편지를 보냈다.[38]

마르크스는 바이데마이어에게 자기가 심각한 궁지에 처했으니 독일로 돌아가서 『독일 이데올로기』의 출판을 알아봐달라고 부탁했다. "일단 당분간이라도 버텨보려고 얼마 전 저는 마지막 남은 금과 은, 그리고 상당량의 리넨을 저당 잡혔습니다." 그렇지만 무엇보다도 심각한 일은 알리앙스 가의 집 임차가 만료되었기 때문에 이사를 가야 하는데 새로운 집을 얻을 돈이 없다는 사실이었다. 그들은 다시 부아 수바주로 돌아가야 했다. 엥겔스도 이미 그곳에 방을 잡고 있었다. 마르크스는 "보시다시피 사방이 빈곤뿐이군요! 이 상황에서 무엇을 해야 할지 참 난감합니다"[39]라는 말로 친구들 사이에 일반화된 경제적 붕괴 상황을 표현했다.

하지만 어떤 곤란도 마르크스를 그 자신이 선택한 급진주의적 길에서 벗어나도록 만들지는 못했다. 앞으로도 계속 마찬가지일 것이다. 그리고 어쨌든 마르크스와 예니에게 상황이 좋지 않은 것만은 사실이었지만 그렇다고 완전히 절망적이지는 않았다. 아직 필요할 경우 그들이 돈을 변통해볼 만한 자들이 (정치적인 이유 때문에 마르크스가 원하지 않기는 했지만) 쾰른의 사업가들 중에 좀 있었다. 친구 문제의 경우, 헤스 같은 사람이 중도에 떨어져 나가기는 했지만 다른 사람들이 나타나 그 자리를 채웠다. 1846년 4월에도 그런 사람이 갑자기 나타났다. 서른일곱 살의 땅딸막한 남자로, 엥겔스의 표현을 빌리자면 부르주아 옷을 입은 시골농부처럼 보이는 사람이 마르크스 집의 문을 두드렸다. 그의 이름은 빌헬름 볼프였다. 그는 언론법을 어겼다는 이유로 감옥형을 선고받았지만 슐레지엔 요새에 투옥되기 전에 탈출했다. 마르크스의 서클에서 '루푸스' 볼프로 알려진 그 사람에 이어, 독일의 저널리스트 페르디난트 볼프('레드 볼프'), 독일의 시인 게오르크 베르트, 벨기에의 변호사이자 저널리스트 루시앙 조트랑, 벨기에의 변호사 빅토르 테데스코[40], 그리고 연로한 폴란드의 역사가이자 혁명가 요아힘 렐레벨(예니는 그가 일반 노동자의 푸른 상의를 입고 저녁에 브뤼셀 카페에 갔던 일을 즐거운 추억으로 기억했다)[41] 등이 합류했다. 마르크스가 비록 초기의 많은 사회주의 친구들과는 소원해졌지만 그의 높아가는 명성으로 인해 서클에 신참자들도 많이 몰렸다.

8월에 엥겔스는 파리로 가서 그곳에 통신위원회를 만들겠다고 자원했다. 브뤼셀에서 편지로 사람들을 모을 수 없다면 프랑스에서 직접 후보자를 찾을 수 있기를 바랐던 것이다.[42] 그렇지만 파리에서 그의 활동은 마르크스가 벨기에서 편지를 보냈던 것과 별반 다르지 않았다. 더군다나 11월에 한 첩자는 엥겔스가 노동자들의 모임에서 공산주의의 목적은 "폭력에 의한 민주적 혁명"[43] 없이는 달성될 수 없다고 한 발언을 경찰에 고발해버렸다. 엥겔스는 마르크스에게 자신이 경찰의 미행을 당하고 있고 언제 추방명령이 떨어질지 알 수 없기 때문에 당분간 정치적 선동은 자제하면서 좀 즐겨야겠다고 말했다. 이어서 열성적인 파리의 경찰 덕분에 젊은 아가씨들과의 "달콤한 만남"과 "엄청난 즐거움"[44]을 누릴 수 있었다고 보고하곤 했다.

12월에 마르크스의 숙부 리온 필립스와 예니의 어머니가 카를과 예니에게 부아 소바주를 나와 집을 얻기에 충분한 돈을 주었기 때문에 그들은 브뤼셀의 또 다른 교외인 익셀Ixelles에 작은 집을 얻었다. 예니는 임신 칠 개월이었다. 그녀는 세 번째 아이를 하숙집에서 낳고 싶지 않았지만 이사할 돈이 없었고 조만간 카를의 글에서 돈이 생길 가능성도 전무했었다.[45] 마르크스는 자기가 벌써 경제학 책의 초고를 모두 마쳐놓았지만 너무 오랫동안 방치해두었기 때문에 다시 써야 할 것 같다고 말했다.[46] 출판업자 레스케는 프로젝트에서 이미 손을 뗀 상태였고 마르크스는 그 프로젝트 또는 『독일 이데올로기』를 맡을 사람을 아직 구하지 못하고 있었다. 그는 지쳐서 안넨코프에게 편지를 썼다.

원래는 이 편지와 함께 당신에게 정치경제학 책을 보내고 싶었지만 아직까지 출판하지 못했고, 브뤼셀에서 당신에게 언급했던 독일의 철학자와 사회주의자들에 대한 비판서도 출판하지 못했습니다. 당신은 독일에서 이런 출판을 하기가 얼마나 어려운지 상상도 못할 겁니다. 한편으로는 경찰 때문이고, 다른 한편으로는 서적판매상들 때문입니다. 그들은 내가 공격하는 모든 경향을 대변하는 데 이해를 같이하고 있으니까 말입니다. 그리고 우리 쪽의 사정에 대해 말하자면 우리는 가난할 뿐만 아니라, 독일 공산주의 진영 내부에는 내가 공상주의와 그 주장들에 대해 반대한다는 이유로 나를 미워하는 커다란 세력이 존재하기도 합니다.[47]

하지만 같은 편지에서 마르크스는 독일인들(또는 그 누구이든)로부터 따돌림당하는 것이 두렵지 않다고 표명했다. 마르크스는 프루동이 공산주의자통신위원회의 참여에 조건을 단 것 때문에 그 프랑스인에 대해 반감을 품고 있었음이 틀림없다. 마르크스는 프루동이 보낸 편지의 어조가 마음에 들지 않았을 것이다. 편지에서 프루동은 그를 마치 학생에게 훈계하듯 꾸짖었기 때문이다. 그렇지만 그해 12월에 마르크스는 자신이 한때 획기적이라고 극찬했던 사람의 책에 대해 단순한 분풀이 이상의 반박을 시도한다. 지난 몇 년간, 특히 1846년에 마르크스는 자기 자신의 체계를 구축하려고 노력하면서 그동안 공부해온 모든 이론가들을 체계적으로 파괴해왔다. 프루동은 그가 마지막으로 넘어야 할 산이었다. 프루동은 두 권짜리 새 책『빈곤의 철학』에서 마르크스에게 허점을 보였다. 마르크스는 1846년 12월에 그 책을 받은 후 안넨코프에게 자신의 첫인상을 말했다. 그것은 "아주 형편없고" 논제와 관련된 역사적, 경제적 발전에 대해 프루동이 전혀 모르고 있다는 증거라고. 그가 말하길, 프루동에 따르면 인류는 과거의 활동이나 선조들의 생산적 결과물에 의존하지 않는다. 왜냐하면 역사는 "시공을 초월한 막연한 상상의 영역에 있기 때문이며…… 프루동 씨가 말하는 진화라는 것은 절대이성의 수수께끼 같은 품속에서 일어나는 진화로 여겨지기 때문이다".[48] 마르크스가 여러 번 언급했듯이 그런 추상화는 무익할 뿐만 아니라 위험스럽기까지 했다.

그리고 그는 프랑스 저자들이 냉담하게 부른, 이를테면 노예제와 같은 "경제적 카테고리"에 대한 이해 부족도 비판했다. 마르크스는 다음과 같이 썼다. "직접적인 노예제는 바로 기계나 신용 등에서처럼 우리의 현대산업주의가 그 위를 돌고 있는 중심축과 같은 것이다. 노예제 없이는 면화도 없을 것이며 면화 없이는 현대산업도 없다. 식민지들에 가치를 부여하고 있는 것은 노예제이며, 세계무역을 창조한 것은 식민지들이고, 세계무역은 대규모 기계제 산업의 필수적 환경이다."[49]

그렇지만 마르크스는 그 정도에 그치지 않았다. 그는 곧바로『철학의 빈곤』을 집필했다. 백 페이지를 가득 메운 책으로 상당한 열정을 쏟은 저작이었다. 그 책에서 마르크스는 자신의 역사, 경제, 혁명에 대한 이론을 세밀화하는 수단으로 프루동을 활용했다. 마르크스가 처음으로 혼자 저술했고 스스로를 처음으로 경제학자라고 부른[50] 그 책에서 그는 다음과 같은 결론을 내렸다.

그러므로 부르주아가 운신하는 생산관계는 단순하고 균일한 성격이 아닌 이 중적인 성격을 지녔다는 사실이 날이 갈수록 분명해진다. 부가 생산되는 바로 그 관계 속에서 빈곤도 생산되고 있는 것이다. 생산력이 발전하는 그곳에는 압제를 생산하는 힘도 존재하는 것이다. 이런 관계들이 **부르주아의 부**와 같은 것들을 생산해낸다. 부르주아 계급의 부는 지속적으로 이 계급에 속한 개별구성원들의 부를 소멸시키는 것을 통해, 그리고 점증하는 프롤레타리아트를 생산해냄으로써 늘어가는 것이다.[51]

프루동의 책은 프랑스에서 열렬한 환호를 받았고 독일어로도 번역되었다.[52] 그렇지만 마르크스는 자신의 반박을 출판해줄 사람을 찾지 못했다. 그래서 극심하게 쪼들리는 형편에도 불구하고 자비 출판으로 파리와 브뤼셀에서 총 8백 부를 인쇄했다.[53] 책은 성공적이지 못했지만 마르크스에게는 중대한 전환점이 되었다. 그는 마지막 남은 지적 거인을 때려눕혔던 것이다. 기존의 사회주의, 공산주의, 헤겔주의, 기독교, 그리고 유대주의에 대한 그의 오랜 투쟁이 드디어 끝나면서 새로운 것이 만들어졌다. 그것은 이론뿐만 아니라 실천까지 요하는 정치-경제-사회학적 체계의 출발점이었고, 사회를 본질부터 변혁시킬 것이었다.

마르크스는 이제 역사적 혁명과정에 직접 참여할 때라고 선언했다. 그리고 그 일환으로 그와 예니, 그리고 브뤼셀의 동지들은 의인동맹에 가입했다.[54]

11

1847년
브뤼셀

신앙고백에 대해 생각해보게.
내 생각에는 교리문답 형식을 버리고
그것을 '공산당 선언'이라고 부르는 것이
가장 좋을 것 같네.

—프리드리히 엥겔스[1]

의인동맹은 파리에 본부를 두고 있었다. 그렇지만 1846년 가을 무렵에는 경찰의 강화된 탄압 때문에 열성 조직원 대부분이 프랑스를 떠난 상태였다. 반면에 런던에서는 공권력의 개입을 두려워하지 않고 활동할 수 있었다. 동맹이 그다지 위협적이지 않다는 것이 부분적인 이유였다. 그래서 의인동맹은 중앙위원회를 영국의 수도로 옮기고, 마르크스와 엥겔스가 그 전해에 만났던 독일인 공산주의자들과 영국인 차티스트들을 끌어들였다.

1846년 초에 마르크스는 의인동맹과 자신의 통신위원회의 연합을 위해 그들에게 접근했다. 그렇지만 당시는 동료 사회주의자들과 공산주의자들에 대한 마르크스의 공격이 최고조에 달한 때였기 때문에 그들은 그런 격렬한 성격의 인물과 결연하기를 꺼렸던 것으로 보인다. 동맹은 그의 제안을 거절했다. 그렇지만 가을이 될 때까지 마르크스는 편지를 보내 이제 미래의 이상적 사회에 대한 애매모호하고 공상적인 목표를 세우는 것은 '과학적' 공산주의로 대체되어야 한다는 점을 그들에게 확신시켰다. 과학적 공산주의는 현대의 억압받는 계급인 프롤레타리아트를 이해하고 실질적으로 지원하는 것이었다. 프롤레타리아트는 자신들도 인식하지 못하는 사이에 이미 혁명적 투쟁에 참여하고 있었다.[2] 1847년 2월, 요제프 몰이라는 쾰른의 시계공이 브뤼셀의 마르크스 집을 찾아와 동맹에 가입하라고 권했다. 몰은 이어서 엥겔스를 만나기 위해 파리로 떠났다. 그는 동맹이 조직의 재활성화를 위해 두 젊은이를 원한다고 전했다. 마르크스와 엥겔스는 그 새로운 도전을 받아들였다.[3]

동맹이 그 공상적 뿌리로부터 벗어나야 한다는 마르크스의 주장을 뒷받침해주는 증거들이 당시 대륙을 휩쓸던 경제적, 농업적 위기에서 발견되었다. 그 위기는 동맹이 존재 목적상 당연히 도우려고 시도했지만 여태까지 세력으로 규합하는 데는 실패만 거듭했던 바로 그 사람들 사이에서 광범한 동요를 야기했다. 1845년에 시작된 감자와 곡물의 흉작은 계속되었고, 소농들을 농업에서 몰아내면서도 대규모 생산자들이 식량을 국내시장보다 이윤이 많이 남는 외국으로 수출하도록 허용한 새로운 무역정책 때문에 1845년부터 1847년 사이에 주요 곡물가가 두 배로 폭등하면서 상황은 한층 악화되었다.[4] 사람들이 높은 식료품비 때문에 다른 상품에 지출할 여력이 줄어들면서 이 기간 도산기업의 수도 전례 없이 높게 치솟았다. 기업들이 문을 닫았고 여러 도시에서 기아가 발생했다.[5] 그해 겨울 파리의 백만 시민 중 3분의 1이 지역 관청, 가톨릭교회, 자선기관에서 운영한 구호에 의존하고 있었다. 곧 식량폭동이 발발했고 뒤이어 노동자들의 파업, 그리고 급기야 불길한 바리케이드가 다시 모습을 드러냈다. 일부 지역정부는 시골로부터 곡물을 징발해 불온한 도시를 달래려 했지만, 이미 절망적인 처지에 놓인 시골의 상황을 더욱 악화시킬 뿐이었다.[6]

한 작가는 그 순간이 역사적으로 부가 계절과 수확량에 따라 변동하던 과거의 농업문화적 질서의 종말을 알린 것이라고 선언했다. 새로운 질서는 좋건 싫건 상업과 제조업에 결부된 것일 수밖에 없었다. 그렇지만 1847년에 유럽과 그 주민들은 그 두 가지 세상이 모두 최악인 상황에 놓인 불행한 희생자였다.[7]

의인동맹은 마르크스가 가입에 동의한 최초의 프롤레타리아트 조직이었다. 대체로 그는 조직과 공개적인 정치활동을 좋아하지 않았다. 그는 저술가이자 사상가일 뿐 (비록 평생 동안 조직에 가담하게 되고 그것도 거의 대부분의 경우 지도자가 되기는 했지만) 외교적 기술이나 조직 활동에 필요한 인내심은 완전히 결여한 인물이었다. 마르크스가 가입 전에 망설였는지 여부는 알려지지 않았다(초기에 그가 의도한 것은 연합이었지 흡수되는 것이 아니었다). 그렇지만 마르크스가 동료들에게 예외적으로 관대한 태도를 지녔던 시기에 몰이 그에게 접근했던 것만은 확실하다. 몰이 벨기에에 도착한 것은 마르크스와 예니가 첫아들을 얻은 직후였던 것이다. 2월 3일에 태어난 아기는 외삼촌의 이름을 따서 에드가로 명명되었다.[8] 그리고 에드가는, 마르크스와 예니가 주고받았던 서신을 살펴보면, 아기 때부터 가장 총애받은 아이였음이 분명했다. 예니는 커다란 머리를 지닌 그 작은 소년이 결코 미남자는 될 수 없겠지만 자랑스럽게 아이를 "작은 괴물"이라고 묘사하며 그 아이 속의 야성을 사랑한다고 말했다.[9]

하지만 그런 기쁨은 다른 한편으로는 가중된 경제적 부담을 의미했다. 마르크스의 집에는 이제 아이 셋, 그리고 렌헨과, 유모, 에드가 폰 베스트팔렌까지 포함해 다섯 명의 어른이 있었다. 게다가 연락할 일이 많아지면서 우편료도 만만치 않았으며(파리까지 소포를 보내는 데 6프랑 가량 들었다[10]), 가족이 없어서 마르크스네 식탁에서 시간을 보내는 사람들을 위한 감자와 고기 값도 있어야 했다. 마르크스와 예니는 친구들에게 보낸 편지에서 자기들의 경제적 어려움을 설명하면서도 그들의 식사비용에 대해서는 한 번도 아까워하지 않았다. 심지어 그들과 매일 점심식사를 함께한 사람들 중에는 공개적으로 마르크스와 결별한 사이인 바이틀링도 있었다. 마르크스는 항상 운동이 개인보다 더 중요하고 희생은 불가피하다고 말했다. 마르크스는 엥겔스를 통해 파리에서 그에게 빚진 친구들로부터 돈을 회수하려고 애썼다. 그렇지만 그 돈이 모두 들어온다 하더라도 돈은 여전히 모자랐다.[11] 정치경제학 책으로 돈을 벌 수는 없었다. 2월에 출판업자가 마르크스와의 계약을 공식적으로 파기해버렸다. 그곳에서 들어올 수입은 이제 또 다른 빚이 되고 말았던 것이다.[12]

희생은 불가피했다. 하지만 엥겔스의 편지를 보면 그는 마르크스에게 가해진 개인적, 직업적 압박에 대해 전혀 모르는 듯했으며, 예니에 대해서도 무감각한 태도를 취했다. 엥겔스는 여전히 파리에서 사회주의자들 및 정치의식화된 노동자들을 접촉하고 있었다. 그곳에 있는 동안 그는 여러 옛 친구들을 만났다. 모제스 헤스는 매독에 걸려 나타났다.[13] 『전진!』 때문에 감옥에 갔던 베르나이스는 정신적 상처를 입고 프랑스 시골에 반쯤 은둔해 지내며 이따금씩만 파리에 나타났다.[14] 그리고 하이네는 쓸쓸한 안마당이 내려다보이는 작은 아파트에서 살고 있었다. 그의 한쪽 눈은 뇌졸중으로 완전히 감겼다.[15] 난봉꾼으로 유명한 헤르베크도 세 아이의 아버지가 되어 정착했다—적어도 잠정적으로는.[16] 엥겔스는 이들과 몇몇 동맹 조직원들과 어울렸으며 새로운 친구는 거의 사귀지 않았다(물론 프랑스 여인들은 예외였다).

3월에 마르크스에게 보낸 편지에서 엥겔스는 정치적 상황이 점점 긴박해지고 있다고 썼다. "요즘 여기 경찰들은 아주 우울해 보이네. 그들은 식량 위기를 이용해 무슨 수를 써서건 폭동을 유발하거나 대규모 음모를 날조해내려는 것 같네." 일부 공산주의자들이 체포되어 재판을 앞두고 있었다. 엥겔스는 마르크스에게 '따분한' 브뤼셀을 벗어나 파리에서 기분 전환을 하라고 권했다. 그의 권유는 저항운동과는 거의 아무런 관련이 없었다. 어떤 종류의 저항이건 엥겔스가 염두에 두었다면 그것은 아마도 결혼에 대한 저항이었을 것이다. 그는 카를에게 4월이면 돈이 생길 것 같다고 말했다. "그러니까 잠시 화끈하게 놀아볼 수 있을 거야. 술집에서 모든 돈을 탕진해버리는 거지…… 나는 자네와 함께 마음껏 즐겨보고 싶네…… 만약 내게 5천 프랑이 있다면 나는 글 쓰는 일과 몸이 가루가 된 때까지 여자들과 즐기는 것 말고는 아무것도 하지 않을 거야. 프랑스 여인이 없다면 인생도 살맛이 없지. 그렇지만 여자들만 있다면 모든 것이 좋아!" 마르크스가 그 미끼에 걸려들지 않을 것을 알고 그는 덧붙였다. "그런 것들에 빠져 있어도 사람은 때때로 제대로 된 주제의 토론도 해보고 싶고 고상한 취미로 인생을 즐기고 싶어진단 말이지. 그런데 내 주변 사람들과는 그 어떤 것도 가능하지 않아. 자네는 꼭 여기 와야 해."[17]

마르크스는 가지 않았다. 그는 돈도 시간도 없었다. 벨기에의 정치 상황 또한 좋지 않았다. 프로이센 정부는 벨기에의 관리들에게 망명자들이 약속과는 달리 정치활동에 개입하고 있다고 알렸다. 브뤼셀 서클의 일원이었고 마르크스가 『철학의 빈곤』의 출판을 부탁했던 독일의 서적 판매업자 카를 포글러가 4월에 체포되었다.[18] 마르크스는 벨기에의 반체제 망명자 신문인 『독일-브뤼셀 신문』에 기고하기 시작했는데 그 기사가 꼭 정치적이었다고 할 수는 없어도 그가 약속을 지키지 않을 것이라는 의심을 사게 만들었다. 마르크스는 헤르베크에게 보낸 편지에서 프로이센 대사관이 그 신문의 편집장을 미행하고 있다고 말했다. 마르크스 자신도 역시 감시당하고 있을지 모른다는 불안감을 느낄 수밖에 없었을 것이다.[19]

6월에 동맹은 런던에서 조직 재편을 논의하기 위한 첫 번째 대표자회의를 가졌다. 마르크스는 엥겔스에게 정말로 참석하고 싶지만 갈 수 없다고 말했다[20] (그달에 청구될 집세를 지불해야 했다). 그리고 여권 문제도 있었다. 필요한 서류 없이 국경을 넘을 수도 있었겠지만 마르크스는 강화된 경찰의 감시하에서 그런 행동은 별로 현명하지 못하다고 생각했을 것이다. 그는 루푸스가 대신 브뤼셀 지부의 대표자 자격으로 갈 것이라고 말했다. 엥겔스는 프랑스의 대표자로 참석할 예정이었다. 그 둘의 참석으로 동맹의 개편에 대한 마르크스의 생각이 충분히 반영될 수 있을 터였다.

수십 명의 동맹 조직원들이 6월 2일부터 일주일 동안 런던의 한 선술집에 모여 조직의 이름을 비롯해 조직의 목표를 더 선명히 하는 중대한 변화에 동의했다. 의인동맹은 '공산주의자동맹'이 되었고 슬로건도 "모든 인류는 형제다"라는 온건하고 애매모호한 것에서 "만국의 노동자여, 단결하라!"라는 더 힘찬 것으로 바뀌었다. 새로운 변모를 통해 동맹은 역사상 최초의 국제적 공산주의자 조직이 되었다. 엥겔스, 모제스 헤스, 카를 샤퍼는 새로운 조직원 모집에 필요한 공산주의 강령의 초안 작성을 의뢰받았다.[21] 런던에서 작성된 첫 번째 초안은 질 의응답식 구성으로 공산주의자, 그들의 목적, 프롤레타리아트의 역사, 그리고 혁명의 길 등에 대한 설명을 담고 있었다.[22] 그리고 그들은 6월 모임에 참석하지 못한 동맹조직원들에게 배포하기 위해 화려한 수사로 가득한 회람을 만들었다.

　　형제들! 우리는 위대하고 경이로운 대의를 대표한다. 우리는 세상에 선포되었
　던 모든 혁명 중 가장 위대한 혁명을 선포한다. 그것은 철저함과 결과의 풍요로움
　이라는 면에서 전대미문의 혁명이다. 우리는 이 혁명의 과실을 누리는 것이 우리
　에게 얼마나 허락될지 알 수 없다. 그러나 우리는 안다. 이 혁명이 그 모든 권세를
　가까이 끌어들이고 있음을. 우리는 본다. 모든 곳, 독일에서와 마찬가지로 프랑스
　에서도, 미국에서와 마찬가지로 영국에서도 분노한 프롤레타리아트 대중이 행
　동에 들어서며, 아직 종종 혼란스럽기는 하지만 점점 커지고 선명해지는 목소리
　로 금전 지배의 굴레로부터, 부르주아의 굴레로부터 자신들의 해방을 요구하고
　있음을. 우리는 본다. 부르주아계급은 점점 부유해지고, 중간계급은 점점 더 파
　멸로 치달아, 역사는 인민의 고통과 부자들의 사악함으로 언젠가 터지고야 말 위
　대한 혁명으로 성큼성큼 나아가고 있음을.[23]

　　공산주의자동맹의 조직원들은 세상을 변혁시킬 역사적 사명을 띠고 런던에 서 출범했다. 그렇지만 실상은 생쥐가 포효하는 격이었다. 그들의 수는 미미했 다. 그들을 감시하기 위해 런던에 파견된 전직 베를린 경찰관은 그해 여름의 조 직원 수를 고작 여든네 명의 과격분자들이라고 추산했다.[24] 그해 여름에 마르 크스가 브뤼셀에서 동맹의 지부를 설립했을 때 구성원은 열여덟 명이었다. 명단 의 첫 번째 인물은 예니였고 그녀의 동생 에드가와 엥겔스도 포함돼 있었으므 로 결국 마르크스의 최측근을 제외하고는 겨우 열네 명의 조직원이 있을 뿐이

었다.[25] 이것이 1847년 무렵 공산주의혁명의 전위부대라는 이들의 실상이었다.

브뤼셀의 동맹은 거의 예외 없이 마르크스의 집 근처에 살고 있던 독일인과 벨기에인으로 구성되었다. 그들은 가족이나 다름없이 긴밀히 연결된 사이였기 때문에 그것이 힘의 원천이 되었을 것이다. 의견 차이도 거의 없었고 모든 사람들이 당연히 지부장으로 선출된 마르크스의 지시를 따랐다.

독일인 식자공 슈테판 보른은 익셀의 카를과 예니의 집이 극단적으로 검소하고 가구도 엉망이었지만 그럼에도 불구하고 "공산주의의 정신적 중심"으로 기능했다고 회상했다. 엥겔스가 그를 소개해주었을 때 마르크스와 예니 모두 따뜻하게 환대했다. 하지만 보른은 예니의 다정한 태도에 특히 감명을 받은 것 같았다. 그는 그녀를 헌신적인 공산주의자로 묘사했다. "평생 동안 그녀는 남편의 관심사가 되고 그의 정신을 사로잡는 것들에 대해 극진한 주의를 기울였다…… 마르크스는 아내를 사랑했고, 그녀는 그의 열정을 공유했다."[26] 두 사람은 각각 한 손을 마주잡은 채 다른 손은 주먹을 틀어쥐었다.

브뤼셀에서는 모든 일이 신속하게 돌아갔다. 『독일-브뤼셀 신문』의 발행인은 사실상 신문을 마르크스에게 넘겼으며,[27] 마르크스와 엥겔스는 동맹 참여율이 저조한 교육받은 노동자들을 끌어들이기 위해 '독일노동자조합'을 설립했다. 모임은 매주 수요일에 유명한 그랑플라스Grand-Place 광장에 있는 격에 맞지 않게 고급스러운 나무 패널로 장식된 '백조의 카페Café au Cygne'에서 열렸다. 마르크스는 역사적 유물론과 자본의 착취에 대해 강의했고, 다른 이들은 외국어, 과학, 문화를 가르쳤다. 일요일은 시 낭송(가끔 예니가 했다), 인기 있는 연극 공연, 춤 등으로 가족행사를 가졌다.[28] 마르크스는 또한 놀랍게도 그의 라이벌들이 노동자들에 대한 그의 영향력을 차단하기 위해 다국적 전문직 종사자들로 설립한 소규모 조직인 국제민주주의연합의 부의장직을 맡기도 했다. 그 조직이 만들어질 당시 마르크스는 도시 밖의 다른 곳에 가 있었다. 그러므로 영리하게 대처해 그 조직을 마르크스에게 우호적인 도구로 바꾸는 일은 엥겔스의 몫이었다.[29] 그것은 정치적 권모술수와 함께 면도날처럼 날카로운 지적인 논쟁으로 적들을 신속하고 때로는 무자비하게 파멸시켰던 마르크스와 엥겔스의 평생에 걸쳐 계속될 전투의 초창기 예에 불과했다. 그들은 그런 싸움을 즐겼고 거의 항상 승리를 거두었다. 그들의 적들은 어떻게 당하는지도 모른 채 당할 수밖에 없었다.

그런 분주한 활동과 신문 발간은 경찰의 주의를 끌었다. 경찰은 다음과 같은 비밀보고서를 작성했다.

그 해로운 신문은 의심의 여지없이 그것이 대상으로 삼는 교육받지 못한 대중에게 가장 타락한 영향력을 행사하고 있습니다. 부의 분배라는 매혹되기 쉬운 이론을 공장노동자들과 일용직 노동자들에게 마치 천부적인 권리인 양 제시하고, 군주와 다른 공동체 성원에 대한 심대한 증오를 심어주고 있습니다······ (노동자조합의) 조직원 수가 불과 며칠 만에 서른일곱 명에서 칠십 명에 육박하고 있는 상황은 예의 주시할 필요가 있습니다.[30]

마르크스는 헤르베크에게 조직원 수는 곧 백 명에 이를 것이고 계속 증가할 것이라고 썼다.[31]

9월에 마르크스는 상속 문제를 의논하기 위해 네덜란드의 숙부 집에 가야 했다.[32] 그와 예니는 1845년 여름에 레스케로부터 선금을 받은 이후 거의 아무런 수입 없이 지내왔다(레스케는 당연히 선금의 반환을 요구하고 있었다). 한 해 전에 리온 숙부와 예니의 어머니가 이사할 돈을 마련해주기는 했지만 마르크스가 친구들로부터 모은 푼돈을 제외하고는 그들은 거의 무일푼이었고 지출은 늘어만 갔다. 12월에는 일 년치 집세를 지불해야 했으며, 마르크스는 11월에 예정된 동맹의 다음 회의에 참석하기 위해 런던으로 여행을 떠나고 싶어 했다. 엥겔스는 새로운 위협에 직면해 그간의 성과를 공고히 하기 위해서는 마르크스의 참석이 필수적이라고 말했다.[33]

가을에 바쿠닌이 브뤼셀에 나타나서 즉시 문제를 일으키기 시작했다. 그와 카를 사이는 원래부터 좋지 않았지만, 1847년에 마르크스가 취한 바이틀링과 프루동에 대한 태도 때문에 그는 새로운 적의를 품게 되었다. 바쿠닌은 바이틀링 덕분에 자신이 철학도에서 혁명가로 변신했으며 프루동은 그를 한 단계 진일보하게—혁명가에서 무정부주의자로—만들었다고 말했다.[34] 바쿠닌은 마르크스의 요청으로 국제민주주의연합에 가입하기는 했지만 그것은 그의 성향에 비해서는 너무 빡빡한 조직이었다. 그는 헤르베크에게 "그런 분위기에서 당신은 숨조차 편히 쉬지 못할 겁니다"라고 말했다.[35] 그리고 마르크스가 자신의 평상적인 "사악한 작업"을 계속하고 노동자들을 그의 이론들로 파멸시키고 있다고 덧붙였다.[36] 또 카를과 그 동료들을 아늑한 안락의자에 푹 파묻힌 모반꾼들이라고 비난했다. "허영심, 적의, 잡설, 이론적 오만으로 치장하고…… 현실, 실천, 단순성을 이론화할 뿐 그 자체는 완벽히 결여된…… 부르주아라는 말을 구호처럼 지겹도록 반복하지만 그들 자신이 바로 머리부터 발끝까지 소도시 부르주아들입니다."[37]

마르크스는 유산에 대한 약속은 얻어냈지만 빈손으로 네덜란드에서 돌아왔다. 하지만 동맹에서 그의 사상과 지도력에 대한 도전이 거세지는 상황에서 회의 참석이 중요했기 때문에 어쨌든 런던으로 출발했다. 그것은 예니를 모든 경제적 어려움 속에 홀로 방치하는 것을 의미했다. 그는 파리에 있는 파벨 안넨코프에게 도움을 청하는 편지를 썼다.

현재 제 형편이 너무 어렵기 때문에 아내는 빚쟁이들로부터 시달림을 당하고 있고 가장 곤궁한 재정적 난관에…… 부끄러움을 무릅쓰고 당신에게 이런 상황을 솔직히 알려드리니, 제 아내에게 1백 프랑 내지 2백 프랑 정도만 보내주실 수 있다면 당신은 저를 진정 최악의 상황만은 면하게 해주시는 것일 겁니다. 물론 저는 제 가족과의 돈 문제가 해결되기 전까지는 당신에게 그 돈을 갚을 수 없을 것입니다.

안넨코프가 그의 청을 들어주었다면, 돈은 익셀로 부쳐야 했을 것이다. "그렇지만 제 아내가 당신의 편지로부터 내가 당신에게 편지를 썼다는 사실을 유추할 수 없도록 해주시기 바랍니다…… 다음번에는 더 기쁜 소식으로 편지를 보낼 수 있을 것이라 믿습니다."[38] 이런 탄원 외에 나머지는 예니가 모두 스스로 알아서 처리해야 했다.

11월 27일, 마르크스, 엥겔스, 게오르크 베르트, 그리고 빅토르 테데스코는 벨기에의 북쪽 항구도시 오스텐트Ostend에서 만나 다음 날 도버Dover로 향하는 증기선에 몸을 실었다. 많은 수의 급진주의자들이 영국의 수도로 몰려들었다. 여러 조직들이 11월 말에 그곳에서 행사를 계획하고 있었기 때문이다. 첫 번째는 1830년에 무자비하게 진압된 폴란드 봉기를 기리는 행사였다. 폴란드는 아직도 그때의 상처를 완전히 회복하지 못하고 있었다. 폴란드는 유럽 전체에서 반체제 인사들을 묶어준 공통의 대의가 되었고 프랑스, 벨기에, 이탈리아, 폴란드, 덴마크, 영국 등지에서 온 동조자들이 소호의 그레이트윈드밀Great Windmill가에 있는 한 선술집에 모여 그 순교자들을 추모했다.[39]

마르크스는 대중연설가로서의 명성은 없었지만 폴란드 투쟁의 교훈에 대해 독일어로 연설했다(샤퍼가 영어로 통역해주었다). 그는 세상을 모든 국가의 부르주아들이 모든 국가의 프롤레타리아트에 대항해 단결한 곳으로 묘사했다—"억압받는 자들에 대항한 억압하는 자들의 단결, 착취당하는 자들에 대한 착취하는 자들의 단결". 그렇지만 프롤레타리아트가 아직까지는 그런 단일한 전선을 갖지 못했지만 그들은 새로운 세상을 건설할 공통의 경험을 가지고 있다고 그는 말했다.

구舊폴란드는 어쨌든 이미 사라졌고 우리는 절대로 그것의 복구를 원하지 않을 것입니다. 하지만 사라진 것은 구폴란드뿐만이 아닙니다. 구독일, 구프랑스, 구영국, 모든 옛 사회들이 사라졌습니다. 그렇지만 구사회의 상실이 그 구사회에서 아무것도 잃을 것이 없었던 사람들에게는 결코 상실이 아니었습니다. 이것은 현재 모든 국가의 대다수 인구를 점하는 사람들에게도 마찬가지입니다. 그들은 구사회의 몰락에서 오히려 얻을 것이 훨씬 많습니다. 그것은 더 이상 계급 간의 적대에 기초하지 않는 새로운 사회 건설의 조건이 될 것입니다.[40]

연사들은 나설 때마다 폴란드와 노동자들에 대한 연대를 재확인했고 그날 밤은 모두들 모자를 벗고 〈라 마르세예즈〉를 합창하는 것으로 마무리되었다.

다음 날 같은 장소에서 공산주의자동맹의 회의가 개시되었고 전날과 동일한 얼굴들이 다수 참석했다. 대부분의 사람들에게 그 행사들은 정부에게는 물론 동료 사회주의자들에게까지 신랄한 글로 공격을 퍼붓는 것으로 유명한 마르크스를 처음 실제로 만날 수 있는 기회였다. 마르크스가 세상을 흑과 백으로 양단한 것과 마찬가지로 그에 대한 사람들의 평판도 중간은 없는 것 같았다. 그는 사랑과 존경만큼이나 공포와 혐오를 불러일으켰다. 그를 이념적 지도자로 세우는 데 동의했던 동맹의 조직원들도 그 인간피뢰침●에 대해 궁금하게 여겼다.

런던에 살고 있던 독일인 재단사 프리드리히 레스너는, 엥겔스는 날렵하고 민첩한 사람으로 "학자라기보다 젊고 영리한 장교"[41] 같았다고 말했다. 그렇지만 그는 마르크스의 경우에는 육체적, 정신적 존재에게 압도당했다. "마르크스는 아직 스물여덟 살가량의 청년에 불과했지만 우리 모두에게 강렬한 인상을 심어주었다. 그는 중키에 넓은 어깨를 가진 다부진 체구였고 행동에는 활력이 넘쳤다. 눈썹은 높고 멋진 모양이었다. 머리카락은 칠흑같이 검고 풍성했으며 눈빛은 형형했다. 그의 입매는 이미 상대편이 그렇게 두려워하는 냉소를 흘리고 있었다." 마르크스는 절대로 불필요한 말을 하지 않았으며 어떤 몽상가적 모습도 찾아볼 수 없었다고 그는 전했다. 레스너는 마르크스와의 첫 만

● 비판을 도맡아 받는 사람.

남에서 그를 "사회주의 사상의 기백을 대표하는" 타고난 지도자로 여기게 되었다.[42]

열흘간 동맹의 조직원들은 술집 위층의 커다란 방에서 회의를 열었다. 맥주 항아리들이 놓인 테이블 주위의 벤치에 둘러앉아 6월에 논의된 원칙들에 대해 독일어, 프랑스어, 영어, 이탈리아어로 논쟁을 벌였다. 의상도 가지각색으로 각자의 사회적 신분을 말해주고 있었다. 노동자의 닳아빠진 면직 작업복에서부터 중간계급 지식인의 보잘것없는 품위를 드러내는 검은 프록코트, 그리고 먼 땅의 먼 지역에서 온 방문자의 전통 의상과 이상한 모자들까지 실로 다양했다. 마르크스, 엥겔스와 그들의 동료들은 다양한 그룹들을 설득해 공상적 이념을 멀리하도록 만들기 위해 노력했고, 동맹의 정강에도 그런 공상적인 내용이 삭제되기를 바랐다. 동맹이 성장하기 위해서는 노동자들과 밀접해져야 했고, 그러기 위해서는 더 적극적으로 노동자들의 필요와 요구에 부응할 필요가 있었다.[43]

회의의 말미에 공산주의자동맹의 회원 자격에 대한 규정이 제정되었으며 다층적 조직구조가 확립되었다.[44] 그리고 개정된 목표도 합의로 통과되었다. 예전 동맹의 목표는 "재산공동체 이론의 전파를 통한 인류 해방과 그것을 위한 가장 신속한 실천적 도입"이라는 제안 수준에 불과했었다.[45] 새로운 목표는 "부르주아의 전복, 프롤레타리아트의 지배, 계급 간 적대에 기초한 낡은 부르주아사회의 폐지, 그리고 계급과 사적 재산이 없는 새로운 사회의 건설"로 완전히 마르크스적인 것이었다.[46] 그리고 조직을 비밀로 유지하기로 정했다. 런던과 같은 곳에서는 조직이 자유롭게 운영될 수 있겠지만 프로이센에 있는 조직원의 경우 발각되면 체포될 수 있었기 때문이다. 그렇지만 동맹은 새로 가입하고자 하는 사람들에게 강령을 설명해줄 수 있는 문서가 필요했다. 12월에 회의를 마치면서 조직은 마르크스와 엥겔스에게 신속히 그것을 작성해줄 것을 요청했다.

엥겔스는 6월에 착수한 공산주의자 '교리문답'의 새로운 버전을 이미 완성해놓았다. 하지만 런던에 오기 전부터 그 형식에 대해 회의를 품고 있었다. 마르

크스에게 보낸 편지에서 그는 "신앙고백에 대해 생각해보게. 내 생각에는 교리
문답 형식을 버리고 그것을 공산당 선언이라고 부르는 것이 가장 좋을 것 같네"
라고 말했다.[47]

12

I848년
브뤼셀

나 는 어 떤 반 란 도 없 기 때 문 에 어 떤
위 험 도 없 다 고 들 었 네 . 나 는 사 회 의
표 면 으 로 떠 오 른 어 떠 한 가 시 적 인
동 요 도 없 기 때 문 에 임 박 한 혁 명 은
없 다 고 들 었 네 . 자 네 가 잘 못 알 았 다 고
내 가 믿 을 수 있 도 록 해 주 게 .

—알 렉 시 스 드 토 크 빌[1]

예니와 마크크스는 춤을 추며 1848년을 맞았다. 독일노동자조합은 백조의 카페에서 신년 축하연을 열었다. 예니는 그 준비를 도왔다. 『독일-브뤼셀 신문』은 그 행사를 여러 국가에서 민주주의를 강화하는 한 걸음이라고 표현했지만[2] 예니에게는 주로 자신의 사기를 강화하는 한 걸음이었다. 지난해는 매우 힘겨웠었다. 그녀는 한 친구에게 "내 시간은 항상 일상의 크고 작은 슬픔과 문제들, [그리고] 내 사랑하는 남편의 일들에 대한 걱정으로 비참하게 쪼개졌어요"라고 말했다. 그리고 무엇보다도 카를이 런던에 머무는 동안 "애나 어른이나 할 것 없이 우리 식구 모두 아파서 십사 일 동안 꼬박 침대에 누워 있어야만 했다"고 말했다.[3] 그렇지만 신년이 다가오면서 가정의 어려움도 극복되는 것처럼 보였다. 아이들은 건강해졌다. 그녀는 아들 에드가가 "고비는 넘겼다"고 말했다. 그리고 경제적 사정마저 좋아지는 것 같았다. 카를의 어머니가 마침내 유산의 일부를 미리 떼어주겠다고 말했던 것이다.[4]

그래서 12월 31일에 그들은 혁명은 잠시 잊고 그날 밤을 축하했다. 실로 몇 년 만에 예니가 처음 참석한 무도회였다. 오랜만에 그녀와 서클의 다른 상류계급 여성들이 완벽한 야회복 차림에 보석 목걸이와 무도회 장갑을 꼈다. 그날 밤 파랑, 노랑, 초록, 빨강의 다채로운 실크가운들이 그랑플라스 광장에서 백조의 카페로 분주히 움직였고, 거리를 밝힌 가스등은 시청과 동업조합의 수천 개 다이아몬드 꼴 유리창에 반사되어 반짝였다. 평일 같으면 광장이 어두운 코트를 입은 사업가들과 앞치마를 두른 시장 상인들로 붐볐겠지만 그날 밤만은 환상의 세계였다.

신문은 카페 안에서 연설이 진행되는 동안 우아한 여성들이 열렬한 박수갈채를 보냈다고 보도했다.[5] 그중 하나는 마르크스의 연설이었는데, 기묘하게도 왕에 대한 찬사가 교묘한 비판으로 오해받았던, 1835년 트리어에서 그의 아버지가 행한 연설을 연상시켰다(아들의 경우는 아마도 비판이었을 것이다). 마르크스는 벨기에의 자유주의적 헌법을 칭찬하며 그것이 유럽 전체를 위한 "인도주의의 씨앗"을 번성하게 만든다고 말했다.[6] 예니는 연극 공연에 참여했다. 『독일-브뤼셀 신문』은 "그녀는 탁월한 암송 솜씨를 과시했다. 프롤레타리아트의 지적 능력을 향상시키기 위해 특출한 재능을 지닌 여성들이 애쓰는 모습이 무척 인상적이었다"[7]고 전했다. 그런 순서가 끝나고 오케스트라가 무도곡을 연주하자 커플들은 무대로 나왔다. 음악은 피로에 지친 행인들에게 새해 아침까지 들려왔다.

마르크스가 둔하다는 소리를 종종 듣기는 했지만 춤을 좋아했고 춤을 추는 동안은 경쾌한 모습을 보여주기도 했다. 그와 예니는 왈츠를 추며 무대를 누볐고 다른 사람들과 조화가 필요한 더 엄격한 격식의 카드리유*도 췄다. 참여자들은 과거 라인란트 시절의 무도회 때와는 사뭇 달랐다. 귀족들과 하층계급을 구분 짓는 벨벳 로프도 없었고 모든 남성과 여성들이 야회복을 입은 것도 아니

---

* quadrille, 네 쌍 이상의 남녀가 네모꼴을 이루며 추는 춤.

었다─실제로 어떤 남자들은 주머니에 모자를 쑤셔 넣고 있기도 했는데 그런 모습은 공식적인 무도회에서는 퇴장당할 만한 위반행위였다. 그렇지만 마르크스의 품 안에 안긴 여인은 열세 살이나 더 나이가 들었지만 하나도 변하지 않았다. 그녀는 여전히 트리어를 황홀하게 만들던 열여덟 살의 소녀였던 것이다.

결혼 후 예니는 경제적 불안정과 추방으로 고통을 겪었다. 어린 딸의 끊이지 않는 병치레와 남편이 당한 정치적 박해로 상심의 세월을 보냈지만, 아직은 그 모든 것들에 놀랄 만큼 영향을 받지 않은 듯했다. 그녀는 여전히 귀족적 특권의 보호막에 의해 자신이 보호받고 있다고 느끼는 것 같았다. 그녀의 계급도 빚에 몰리고 비통에 잠길 수 있지만 19세기의 사회적 그물은─적어도 프로이센인들에게는─그 구성원이 몰락하는 것을 방지하도록 짜여 있었다. 지배계급의 구성원은 스스로 원하지만 않는다면 실패할 수 없었다. 예니는 "고귀한 빈자의 웅장한"[8] 궁정에서 여왕이 되는 것에 대한 농담을 했다. 그녀는 그곳을 일종의 궁정으로 보았던 것이다. 이런 점에서 그녀가 스스로를 사회적으로 밝고, 정치적으로 활동적인 보헤미안 집단의 일부로 보았을 것이라는 점을 쉽게 추측할 수 있다. 그들은 젊고 실험적이었으며 그들의 미래는 불확실하지만 의문의 여지없이 밝았다. 지성적이고 확신에 찬 여인에게 그것은 흥미진진한 환경이었다. 그녀가 남편의 사상에 헌신했다는 것은 의문의 여지가 없다. 그렇지만 그녀의 편지를 보면 과연 그녀가 자신이 성장했던 보호된 세상으로부터 멀어지면서 불가피하게 정치적, 사회적 격동 속으로 진입하고 있다는 사실을 인지하고 있었는지는 확실치 않다.

브뤼셀의 그날 밤 모임에 참석한 사람들은 너나 할 것 없이 모두 희망에 들떠 있는 것처럼 보였다. 그들의 모든 친구들이 축하연에 참석했다. 엥겔스는 영국에 갔을 때 메리 번스를 데리고 왔다. 그래서 그녀도 백조의 카페에서 그들과 어울려 춤은 췄다. 그렇지만 메리의 참석은 찬란한 그날 밤에 약간의 그늘을 드리웠다. 그녀와 마르크스 가족 간의 불화는 여전히 남아 있었다. 슈테판 보른은 마르크스가 예니는 메리와 대화하기를 원치 않는다는 점을 분명히 밝혔다고 말하며, 그것을 예니의 귀족적 성향으로 여겼다.[9] 그렇지만 예니가 너무 오만해서 메리와의 대화를 거부한 것은 아니었다. 그녀는 엥겔스가 행사에 참석한 노동자들의 시선을 고려하지 않은 것에 화가 났던 것이다. "모임의 참석자 대부분이 노동자들인 곳에 자신의 정부情婦를 데리고 옴으로써 엥겔스는 공장주의 부유한 아들이 인민의 젊은 아가씨를 노리갯감으로 삼고 있다는 심심찮게 제기된 비난을 자초한 것"[10]이라고 보른은 설명했다.

엥겔스는 그 점과 관련해 곧 더욱 심각한 비난에 직면하게 되었다. 브뤼셀의 노동자조합 모임에서 모제스 헤스가 엥겔스가 자신의 배우자 지빌레를 강간했다고 비난했던 것이다. 그런데 의사록 작성을 담당하고 있던 레드 볼프가 헤스의 주장을 교묘히 누락시켰고, 엥겔스(회의에 참석하지 않았다)는 볼프의 교묘한 수단에 포복절도했다고 마르크스에게 말했다. "모제스가 모든 브뤼셀 시민들 앞에서 권총을 흔들면서 오쟁이 진 남자의 질투심을 폭발시키는 꼴이라니…… 참으로 가관이었겠는걸…… 어쨌든 그 멍청이가 계속 그렇게 강간에 대한 허무맹랑한 소리를 지껄이고 다닌다면 나는 전후 사정을 아주 상세히 말해서 그 작자를 더 약 오르게 만들 수 있지." 헤스는 지빌레보다 여덟 살 위였고 지빌레는 엥겔스와 동갑이었다. 헤스는 엥겔스에게 그녀를 데리고 국경을 넘어 벨기에로 와달라고 부탁했었다. 엥겔스가 마르크스에게 한 말에 따르면, 지빌레가 엥겔스에게 사랑한다고 말했는데 엥겔스가 반응하지 않자 아마도 헤스에게 엥겔스가 자기를 술 취하게 만든 다음 강간했다고 거짓말을 한 것 같다는 것이었다. "그녀는 짝사랑하다가 내게 화가 났던 거야…… 독한 와인이라는 것도 3분의 1병 정도의 보르도였을 뿐이야." 엥겔스는 헤스가 "어쨌든 나의 현재, 과거, 미래의 모든 정부情婦들에게 언제든지 자유롭게 복수할 수 있다"[11]고 말했다.

1월 초 엥겔스는 『공산당 선언』을 완성하도록 마르크스를 브뤼셀에 혼자 남겨두었다. 그때까지 이미 세 개의 초안이 마련되어 있었다. 두 개는 엥겔스가 작성한 것이고 나머지 하나는 헤스의 것이었다. 마르크스는 비록 엥겔스의 마지막 초안을 착상과 구성에 참조하기는 했지만 완전히 무에서 새로 시작했다. 예니가 그의 비서로 일하며 작업 속도를 높이는 데 기여했다. 그들의 글씨는 페이지마다 교차되었다. 마르크스가 자기 생각을 종이에 휘갈겨놓으면 그녀는 남편의 부르주아에 대한 신랄한 고발과 혁명이 정당하며 불가피하고 임박했다는 그의 신념을 우아하고 여성적인 손길로 꼼꼼히 베껴서 읽을 수 있는 글로 바꾸어 놓았던 것이다. 하지만 마르크스는 아무리 급한 일이 있어도 언제나처럼 항상 또 다른 일로 주의가 분산되었다. 그는 『독일-브뤼셀 신문』에 글을 썼고, 또 나중에 팸플릿으로 엮을 계획으로 독일노동자조합을 위한 경제학 강의를 준비했다. 또한 국제민주주의연합의 사무도 돌봐야 했다. 그 속에는 벨기에의 작은 맨체스터인 섬유산업의 중심지 겐트Ghent에 새로운 지부를 여는 일도 포함되어 있었다. 그리고 1월에는 연합에서 그가 9월부터 쓰기 시작한 자유무역을 주제로 연설을 했다.[12]

　일부 옹호자들은 자유무역이 신성한 권리를 부여받아 지배하는 군주와 같은 것—즉 신의 의지—이라고 했다. 무역은 사람들을 한데 모으고, 정신적, 사회적 복지를 증진시키며, 한 역사가의 기술처럼 문명의 축복을 배가시킨다는 것이다(이런 주장은 영국에서 무역 규제를 제거하는 데도 이용되었다).[13] 그렇지만 마르크스는 자유무역이란 단지 "자본이 노동자들을 분쇄할 자유"를 의미할 뿐이라고 말했다. 그럼에도 불구하고 그는 자유무역을 옹호했다. 왜냐하면 그래야만 산업이 번성할 것이며, 그것은 곧 세상을 두 개의 뚜렷한 계급—돈을 가진 부르주아와 임금노동자[14](엥겔스는 나중에 이들을 "한편으로는 상속되는 부와 다른 한편으로는 상속되는 빈곤"이라고 표현했다)[15]—으로 분화시키는 것을 포함해 사회적 변화를 촉진시킬 것이기 때문이다. 마르크스는 그런 체제가 통제 불능의 상태로 빠져들면서 경제적 붕괴와 사회혁명을 가져올 것으로 보았다.

　노동자들의 고통을 야기할 것으로 예측했던 무역체제에 대해 마르크스가 싸우기보다는 오히려 받아들인 것에 대해 냉소주의라고 비난할 수도 있다. 그렇지만 마르크스는 아무리 참기 어려워도 성급한 혁명 시도는 결국 실패로 귀결될 수밖에 없다는 생각을 표출했던 것이다. 대다수의 인민들이 혁명의 필요성을 느낄 정도로 상황이 무르익기 전까지는(그리고 그는 자유무역이 그런 상황의 창출에 기여하리라고 기대했다) 폭력적 행위를 통한 도박 같은 시도는 소수의 엘리트 집단이 권력을 장악하는 것에 지나지 않았다.

마르크스는 자신의 자유무역 이론이 9월에 브뤼셀에서 열리는 경제학자들의 모임에 제출되기를 희망했지만 뜻을 이루지 못했다. 하지만 그의 생각은 폐기된 것이 아니었다. 그 주장의 일부는 결국『공산당 선언』에 나타나게 된다.

파리에 있던 엥겔스는 프랑스 동맹조직원들의 무기력이 실망스럽다고 마르크스에게 말했다. 문제는 대륙의 정치적 온도가 급상승함에도 불구하고, 부분적으로 그들이 아직 런던 회의로부터 아무런 결과물도 보지 못했기 때문이고, 또 "천성적으로 완전히 게으르기" 때문이라고 그는 말했다.[16] 엥겔스의 말은 마르크스의『공산당 선언』에 대한 작업을 은근히 재촉하는 것이었다. 한편 더욱 조바심을 내던 동맹의 지도부는 1월 26일에 마르크스에게『공산당 선언』이 2월 2일까지 런던에 도착하지 않으면 "그에 대한 후속조치가 단행될 것"[17]이라고 통보하는 더 노골적인 압력의 편지를 보냈다.

사실 마르크스는 거의 작업을 끝낸 상태였다. 1월 말에 그는 23페이지짜리 문서를 런던으로 부쳤다.[18] 재단사 레스너는 원고를 런던의 리버풀 거리에서 인쇄소를 운영하던 독일인 인쇄업자 J. E. 부르크하르트에게 가져갔다. 부르크하르트는 공산당이라는 조직이 존재하지 않음에도 불구하고 팸플릿에 진녹색의『공산당 선언Manifesto of the Communist Party』이라는 표지를 얹었다. 1848년 2월 말, 인쇄소를 떠난 8백 부의 책자에는 저자 이름이 없었다.[19] 마르크스가 교외의 작은 집에서 작성하고 그의 아내가 식탁에서 베낀 그 팸플릿을 두고 영국의 차티스트 조지 줄리언 하니는 여태까지 세상에 출현한 것 중 가장 혁명적인 문서라고 평했다.[20]

마르크스가 썼기 때문에『공산당 선언』은 엥겔스의 문답식 교의만큼 극적이지는 않지만 절제 속에 훨씬 강력한 힘이 느껴졌다. 마르크스의 팸플릿은 법정에서의 모두진술을 읽는 것과 같은 느낌이 들었다(그가 법률가가 될 수도 있었다는 증거다). 그는 "유럽에 공산주의라는 유령이 떠돌고 있다"라는 극적인 표현으로 시작했다. 그다음 공산주의와 그것이 대체하기를 희망하는 부패한 체제를 그리면서 '동화'에서 사실적인 이야기로 글을 이끌어나갔다.[21]

다른 지식인들과 경제학자들로부터 얻은 발상을 자신의 것이 될 때까지 종합해, 마르크스는 부르주아들이 저지른 범죄에 대해 기술했다. "부르주아들은 인간들 간의 관계에서 적나라한 이기심, 무감각한 '현금 거래'만을 남겨놓았다." 그는 체제가 전통적으로 존경받던 직업들—의사, 법률가, 성직자, 시인, 과학자—을 임노동자로 축소시켰으며, "가족관계를 단순한 금전관계로" 바꾸어놓았다고 말했다. 마르크스는 자본에 의해 지배되는 세상에서 벌어지는 전대미문의 혼란에 대해 서술했다. 자본은 끊임없이 생산을 혁신하고 이윤을 높여야 하며 나아가 전 세계에서 새로운 시장을 개척해야 하기 때문이다. "그것은 모든 곳에 깃들고, 모든 곳에 정착하고, 모든 곳에 관계를 만들어낸다." 그 무역체제는 원자재를 대양을 건너 머나먼 곳으로부터 생산자에게 실어 나르고 생산물은 증기선이 가거나 철로가 뻗은 곳이면 어디든지 소비자에게 팔려 나간다. 오래된 국가산업은 파괴되었다. 오래된 문명도 새로운 그물망에 포섭되면서 마찬가지의 운명을 맞았다. 그 체제에 관해 마르크스는 "한마디로 그것은 자신의 모습으로 세상을 창조한다"[22]고 했다.

하지만 이 사회는 자신의 파멸의 씨앗 또한 창조했다고 그는 설명했다. 그 체제는 "자신의 주문으로 불러낸 지옥의 힘을 더 이상 통제할 수 없게 된 주술사와 같은"[23] 것이다. 과잉생산으로 상업적 위기는 가속화되고 산업사회의 기계들을 돌리는 데 필요한 노동자 군대—노동자계급 또는 혁명적 프롤레타리아트—는 그것의 소멸을 위한 세력으로 바뀔 것이다. "따라서 무엇보다도 부르주아가 생산하는 것은 그 자신의 무덤을 파는 자들이다. 그들의 몰락과 프롤레타리아트의 승리는 공히 불가피한 것이다."[24] 마르크스에게 이런 계급투쟁은 한

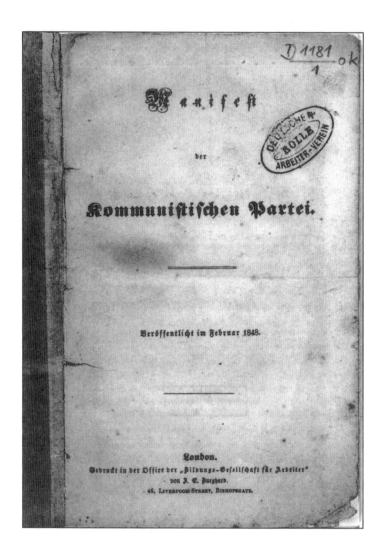

『공산당 선언』의 초판 표지. 1848년 2월 런던에서 발간되었다. 그때는 유럽에서 미증유의 반란이 촉발된 때이기도 하다.(국제사회연구소, 암스테르담)

세대의 생산물이나 발견이 다음 세대의 발전의 발판이 되는 것과 마찬가지로 역사적 진보에서 필수불가결한 것이었다.

마르크스는 공산주의의 핵심은 사유재산의 철폐라고 선언했다. 그는 놀라는 비평가들이 있을 것을 대비해 당시 인구의 10분의 9는 재산을 소유하지 못했기 때문에 잃을 것이 있는 사람은 오직 착취로 이득을 얻는 소수뿐이라고 지적했다. "공산주의는 누구에게서도 사회의 생산물을 전유할 권리를 박탈하지 않는다. 공산주의가 하는 것은 다른 사람의 노동을 그런 전유의 수단으로써 지배하는 권리를 박탈하는 것이다."[25] 왜 수백, 심지어 수천 명의 노동에 의해 운영되는 산업이 오직 소수만 부유하게 만들어야 하는가? 왜 자연의 혜택—광물, 땅, 바다—이 일부의 배타적 독점물이 되어야 하는가?

마르크스는 공산주의자들을 위선자로 몰며 공산주의가 가족제도를 위협한다고 공격한 비판자들에게도 답했다. 그는 부르주아의 산업체제 아래에서 어린이들은 이미 어린 시절을 빼앗겼다고 지적했다. 어린이들은 교육받지 못하고 단순한 "상거래 물품이나 노동의 도구"로 취급당하고 있다. 결혼의 경우도 이미 유산계급에 의해 파괴되었다. 유산계급은 여성 노동자들을 성적으로 착취—협박 또는 매춘—하고 서로의 아내들을 재미 삼아 유혹할 대상으로 여긴다.[26]

"낡은 부르주아의 사회에서, 그 계급구조와 계급 간의 적대 속에서 우리는 개인의 발전이 모두의 발전을 위한 조건이 되는 새로운 사회를 갖게 될 것이다."[27] 그렇지만 그것은 "기존의 모든 사회 환경을 폭력적으로 전복시키는 것"을 통해서만 성취될 수 있다고 그는 말했다. "지배계급이 공산주의혁명 앞에서 벌벌 떨도록 하라. 프롤레타리아트가 잃을 것은 사슬뿐이고 얻을 것은 세계이다."

"만국의 노동자여, 단결하라!"[28]

13

I848년
파리

『공산당 선언』은 나중에 결국 2백여 개의 언어로 번역되기는 했지만 출판되었을 당시에는 거의 아무런 반응도 얻지 못했다. 유럽은 이미 불길에 휩싸여 있었다. 1848년 2월 셋째 주가 되자 파리에서 정치적 지진이 발생했다는 소문이 브뤼셀에 돌기 시작했다. 소문은 믿을 수 없을 정도로 놀라운 것이었다. "루이 필리프가 권좌를 버리고 망명길에 올랐다. 프랑스에 임시정부가 수립되었다. 프랑스는 이제 공화국이다!" 24일 목요일, 브뤼셀의 기차역은 연착되고 있는 파리발 기차가 새로운 소식을 가져오기를 기다리는 사람들로 북적였다. 프랑스 대사조차도 자신이 섬겨야 할 정부가 어떤 것인지 알아보려고 그곳에 나와 있었다. 자정을 넘긴 금요일 0시 30분에 마침내 기차는 도착했다. 군중 속에 있던 슈테판 보른은 기차가 채 정지하기도 전에 한 기관사가 뛰어내리며 다음과 같이 외쳤다고 회고했다. "발랑시엔Valenciennes의 탑들 위로 붉은 깃발이 휘날립니다. 공화국이 선포되었습니다!" 군중 속에서 환호성이 터져 나왔다. "공화국 만세!"

대부분 독일인들이 만세를 외치는 동안 프랑스 대사 부부는 황급히 플랫폼을 빠져나갔다.[2] 몇 주 안에 그 함성은 한때 무적으로 보이던 지도자들이 도미노처럼 차례로 넘어지면서 유럽 전역의 수도들에서 메아리치게 되었다. 더욱 고무적인 사실은 그들이 군대에 의해 몰락한 것이 아니라는 점이었다. 그들은 무기라고는 풍부한 인원수밖에 없는 평민들에 의해 무너진 것이었다.

"역사는 불만을 제거하지 않는다. 역사는 불만을 지뢰처럼 묻어놓을 뿐이다"[3]라고 한 역사가가 썼는데, 1848년의 경우가 그랬다. 그해 폭발한 불만은 1815년 빈 회의에서부터 비롯된 것이었다. 빈 회의는 나폴레옹 점령기의 모든 흔적을 없애는 방식으로 유럽을 조각해놓았다. 그렇지만 회의를 구성한 지도자들이 설정한 국경들은 인구 분포와 잘 맞지 않았다. 그리고 회의를 통해 군주가 된 자들은 자신들이 새로운 힘을 갖췄다고 믿었지만 사실은 나폴레옹 전쟁의 결과로 허약해져 있었다. 그들의 백성들은 전투에서 피의 희생을 치렀지만 평화기에는 아무런 보답도 얻지 못했다. 세금은 생활을 개선하는 데 쓰이지 않았다. 대신에 화려한 궁정생활에 충당되었다. 프랑스군을 내모는 것에 대한 포상으로 약속된 권리들은 실현되지 않았다. 대신에 새로이 힘을 얻은 경찰력에 의해 끈질기게 거부되었다. 흉작이 들었지만 정부는 어떤 구호 활동도 하지 않았다. 실업률이 치솟았지만 일자리를 만들려는 시도는 없었다. 1815년부터 1848년 사이에 불만을 지닌 사람들이 점차 목소리를 내기 시작하다가 1848년에 이르러 마침내 봉기했던 것이다. 그해의 봉기는 이후 '인민의 봄Springtime of the Peoples'이라 불렸는데, 그것은 유럽 전역에서 일어난 인민들의 지배자들에 대한 최초의—그리고 아직도 유일한—전면적 반란이었다.[4]

2월의 파리가 1848년 반란의 극적인 정점이 되기는 했지만 사실 사태는 1847년 가을부터 시작되었다. 제일 먼저 일어난 봉기는 스위스에서였다. 그곳에 새로 수립된 정부는 새로운 자유주의적 헌법을 받아들이기보다 탈퇴를 선택한 일곱 개의 가톨릭 지역을 상대로 전쟁을 벌였다. 이웃 오스트리아의 막강한 재상인 메테르니히는 그 전쟁을 유럽의 보수적인 군주들에 대한 위협으로 간주하고 "급진적 무신론자들"에 대항해 지지 세력을 모으려고 했다. 그렇지만 이십육 일간의 전쟁 끝에 자유주의자들이 승리했다. 스위스는 통일되었다. 그들의 승리에 대한 소식이 유럽 전역에 퍼져 나갔다.[5] 한 급진주의자는 "인민의 시계는 한밤중이다. 스위스 인민들이 그 시곗바늘을 새벽 쪽으로 몇 시간은 돌려놓았다"[6]는 메시지를 스위스에 보냈다.

스위스의 반란은 즉시 팔레르모Palermo의 반란으로 이어졌다. 당시 이탈리아는 사실상 존재하지 않았다. 이탈리아는 두 개의 공국, 세 개의 왕국, 세 개의 주권공작령, 그리고 교황령으로 나뉘어 있었다. 피에몬테에서는 지배계급이 프랑스어를 사용했고 롬바르디아와 베네치아에서는 독일어를 사용했다. 그리고 반도 전체의 인민들은 제각각 사투리로 말했는데 불과 몇 킬로미터 떨어진 이웃 주민과도 의사소통이 불가능할 정도였다.[7] 1830년대의 민족주의자인 주세페 마치니는 조국의 통일을 위해 '청년 이탈리아 운동'을 벌였지만, 유럽의 다른 지역에서 반체제 세력의 조직화에 기여했던 철도나 통신수단이 없었기 때문에 이탈리아의 각 지역들은 가망 없이 서로 분열되어 있었다.[8]

그러나 1848년 1월 초에 이탈리아의 가장 가난한 지역인 시칠리아에서 발생한 식량 위기로 반란이 촉발되었다. 팔레르모 주민들은 영향력 확대를 꾀하던 범죄조직과 교황령에서 시행된 비오 9세의 개혁에 고무된 자유주의자들의 도움을 받아 페르디난도 왕이 방심한 틈을 타서 2주 내에 임시정부를 수립했다. 절대 권력을 휘두르던 왕은 1월 말이 되자 시칠리아로부터 아풀리아까지 자신의 모든 영토에서 통제력을 잃게 되었다. 그러자 왕은 권좌를 지키기 위한 최후의 방책으로 입헌정치를 제안하기에 이르렀고[9] 헌법에 대한 열망은 전염병처럼 북쪽으로 빠르게 확산되어갔다. 런던에 체류 중이던 마치니는 추종자들에게 고국으로 돌아가라고 지시했다. 민족국가 건설의 꿈이 현실화되는 것 같았다.[10]

스위스와 이탈리아의 사건이 극적이기는 했지만 군주제에 대항한 전투에서는 아직 시작에 불과했다. 본격적인 싸움은 전통적으로 유럽 혁명의 본고장

182

인 프랑스에서 일어나야 했다. 페르디난도 왕과 마찬가지로 루이 필리프 왕도 1848년의 사태 전개에 놀랐다 — 다른 왕들은 몰라도 그만은 그러지 말았어야 했다. 그가 조금만 주의 깊게 주변을 살폈더라도 충분히 경고신호를 감지할 수 있었을 것이다. 그렇지만 그는 궁에 틀어박혀 "파리 시민들은 겨울에는 혁명을 시작하지 않을 거야. 그들은 더워야 날뛰거든"[11]이라고 말하며 자만에 빠져 있었다. 자기 백성들을 정말로 몰랐던 것이다.

프랑스의 야권 의원들은 허울뿐인 투표권을 부여한 1847년의 선거법에 대한 대응으로 거의 일 년간 선거와 정치적 개혁을 부르짖고 있었다.[12] 노동귀족인 수공업자들도 일 년에 고작 평균 6백 프랑을 버는 나라에서 투표세가 무려 2백 프랑에 달했다. 그렇기 때문에 9백만 명의 남성 투표자들 중 정작 투표할 수 있는 사람은 불과 25만 명밖에 되지 않았다.[13]

정치단체가 사전 허가 없이는 정치토론을 위해 여섯 명 이상 모이는 것을 엄격히 금한 새로운 규정을 회피하기 위해 일련의 대연회가 개최되었다.[14] 첫 번째 모임은 7월에 텐트를 친 파리의 노천무도장에서 칠십 명의 오케스트라와 함께 열렸다. 샤토 루주Château Rouge 연회에는 1천2백 명 이상이 모였고, 다른 지역에서도 온건한 낙관론자들의 모임이 이어지면서 전체적으로 스물두 개의 연회가 열렸으며, 어떤 경우에는 6천 명이 참가해 성황을 이루기도 했다. 매번 축제마다 분위기는 점차 급진적으로 변해가면서 11월의 릴Lille 연회에서는 공화주의 지도자 알렉상드르 르드뤼-롤랭이 신성하지만 승인되지 못한 대부분의 프랑스인들의 권리를 위해 건배를 제안했다. "인민들에게 정치적 권리를. 이것이 미친 짓이라고 말들을 합니다. 어떻게 그들에게 그들 자신을 맡길 수 있냐고, 그들의 무능과 무지와 도덕적 타락 상태를 보면 말이지요." 그렇지만 그는 선언했다. "나는 자신의 고혈과 땀과 은으로 세금을 납부한 사람들은 그 부를 사용하는 정부에 당연히 참여할 권리가 있다고 감히 단언합니다."[15] 그 당시 엥겔스는 런던의 『노던 스타』지에 기고한 글에서 프랑스의 하층 부르주아 대다수가 반체제에 합류할 준비가 되어 있다고 썼다. 그들은 왕, 그리고 정부에서 왕에게 충성스러운 자들은 "소수의 은행가, 주식중매인, 철도투자가, 대공장주, 지주와 광산업자의 충실한 하수인"[16]이라고 이미 결론을 내렸던 것이다.

2월 22일에 파리의 열두 번째 행정구에서 대규모 연회가 예정되어 있었고, 입장료를 낼 수 없는 사람들을 위해 식전에 행사장까지 행진이 계획되었다. 그때까지도 왕은 연회에 대해 그다지 우려하지 않았다. 그렇지만 루이 필리프 체제의 사악한 설계자로 지탄받고 있던 재상 프랑수아 기조는 연회가 난동으로 이어질 것을 염려해 모임을 금지시켜버렸다. 기조의 명령으로 아흔아홉 명의 개최인 중 여든 명이 포기했지만 행진을 위해 모인 군중은 굴복할 기분이 아니었다.[17] 2월 22일 아침에는 차가운 비가 줄기차게 내렸지만 마들렌 광장에 모인 사람들은 "기조 퇴진"을 외쳤다.[18]

다음 날은 날씨가 더욱 궂었다. 진눈깨비와 비가 얼음바늘처럼 머리와 손을 파고들었다. 그렇지만 시위대는 한층 불어나 있었다. 폭도들을 통제하기 위해 8만 명의 건장한 방위군이 파견되었지만 그들 역시 군주제에 염증을 느끼고 있었다. 그들은 총을 거꾸로 메고 시위대에 합류했다. 우레와 같은 환호성이 울렸다. 또다시 기조 퇴진의 구호가 울려 퍼졌다.

점심 무렵 루이 필리프는 이미 너무 노쇠했고 싸움도 지겨웠던지 요구에 굴복해 자신의 강력한 재상을 해임했다. 그는 군중이 그 정도면 만족할 것이라고 기대했겠지만 저녁때가 되자 거리는 시위대로 넘쳐났고, 그들은 더 많은 것을 요구하기 시작했다. 시위대 남녀가 팔짱을 끼고 시끌벅적하게 카푸신Capucines 대로를 행진해 내려가고 있을 때 경찰 저지선을 만났고 이어 총성이 울렸다. 오십 명(어떤 보도에는 팔십 명)의 사망자가 발생했다. 시위대는 열여섯 구의 시신을 수레에 싣고 어두운 도시를 횃불로 밝히며 숙연히 행진했다.[19] 다른 때 같으면 텅 비었을 거리가 젖은 포장도로 위의 덜그럭거리는 금속 마차바퀴 소리와 수백 명의 발소리로 메아리쳤다. 더 이상의 구호나 노래도 없었다. 부글부글 끓고 있는 시위대는 침묵 속에서도 무시무시한 존재였다.

그날 밤 파리에서 곤히 잠든 사람은 아무도 없었다고 해도 과언이 아니었다. 시위대도 왕도 잠들지 못했다. 밤새도록 바리케이드가 세워졌다. 백만 개 이상의 보도용 석재가 뜯겨져 나갔고, 군대와 경찰의 공격에 대비한 천5백 개의 구조물을 쌓기 위해 4천여 그루의 가로수가 베어졌다. 그렇지만 아침이 되자 군대도 시위대에 합류하기 시작했다.[20] 2월 24일, 프랑스 혁명이 재연될 가능성과 루이 16세를 해치운 기요틴에 대한 두려움 때문에 루이 필리프는 왕좌를 버리고 변장한 채 영국으로 도망치면서 자신은 프랑스인들이 피 흘리는 것을 원치 않는다고 선언했다. 그는 달아나기 전 자신의 아홉 살배기 손자에게 양위했다. 그 아이가 성장할 때까지는 어머니가 섭정하기를 바랐다. 그렇지만 상황은 이미 그 단계를 넘어서 있었다. 아이와 어머니도 탈출해야 했다. 그리고 임시정부가 수립되었다.[21]

알렉시스 드 토크빌은 반체제 세력에 별로 공감하지 않은 귀족이었지만, 그럼에도 불구하고 파리 반란을 가장 잘 표현한 인물 중 하나였다. 긴장이 고조되기 거의 한 달 전에 프랑스의 선출직 의원으로 구성된 하원Chamber of Deputies에서 그는 정치 지도자들에게 눈을 뜨고 가난으로 촉발된 반란이 임박했음을 직시하라고 탄원하는 연설을 했다. "당신들은 사회에 정치 대신 그들의 열정이 팽배해 있는 것을 보지 못합니까? 당신들은 그들이 점차 이런저런 법률, 내각, 심지어 정부 형태에 그치지 않고 사회 자체를 뒤흔들게 될 견해와 이념을 만들어나가고 있는 것을 보지 못한단 말입니까?…… 제 말을 믿으십시오. 누군가가 정치적 힘을 잃게 된 진정한 이유, 그 실제적인 이유는 바로 그들에게 그 힘을 유지할 자격이 없어졌기 때문입니다."[22]

미국은 프랑스의 새로운 정부를 즉시 승인했다.[23] 유럽에서의 반응은 더 우려스러웠다. 절대군주들은 루이 필리프의 몰락에서 야릇한 시적詩的 정의를 보았다. 루이 필리프는 1830년 바람의 결과로 귀좌에 올랐는데 이제 또 다른 반란으로 쓰러져버린 것이다. 하지만 절대군주들도 그 순간을 그렇게 오래 즐길 수는 없었다.[24]

파리 반란의 소식이 브뤼셀에 당도하기 약 일주일 전에 마르크스는 무슨 일이 발생할 것이라는 예견을 이미 들었었다. 브뤼셀에서 망명생활을 하던 프랑스 사회주의자이자 국제민주주의연합의 조직원인 자크 앵베르가 그에게 준비하라고 일러두었던 것이다. 그렇지만 마르크스와 예니는 폭력사태가 벨기에로 확산될 경우를 대비해 안전한 곳으로 도망치기보다 오히려 안전한 교외인 익셀에서 브뤼셀의 중심가인 부아 소바주로 거처를 옮겼다.[25] 엥겔스는 이미 그곳에 와 있었다. 1월 29일에 프랑스 경찰이 파리의 그의 아파트로 쳐들어와서 24시간 내에 프랑스를 떠나지 않으면 프로이센으로 강제 송환하겠다고 통고했던 것이다. 그의 추방과 관련해서는 두 가지 상충된 설명이 있다.[26] 하나는 그가 정부에 적대적인 독일 이민자들에게 한 연설 때문이라는 것이다.[27] 다른 하나는 한 여성을 둘러싼 언쟁 때문에 추방되었다는 것이다. 슈테판 보른에 따르면, 엥겔스가 어떤 생활수단도 마련해주지 않고 정부情婦를 차버린 'X백작'을 공개하겠다고 협박했다고 한다. 그랬다면 그 여인은 창녀까지는 아니라 하더라도 여러 남자들의 정부였다는 비난을 평생 동안 받게 되었을 것이다. 이 설명에는 결투도 등장한다. 진정한 내막은 수수께끼로 남겨져야 했다.[28] 국제민주주의연합은 『독일-브뤼셀 신문』에 엥겔스가 프랑스로부터 갑자기 출국하게 된 사건에 대해 엥겔스 자신의 설명에 충분히 만족한다고만 입장을 표명했다.[29]

파리 반란에 관한 첫 번째 기쁜 소식을 접한 후 마르크스 가족과 엥겔스는 기대에 차 다음 정보를 기다렸다. 하지만 너무 조용했다. 모든 관계 세력들이 상황을 평가하면서 각자의 다음 행보를 고민하고 있는 것 같았다. 벨기에 당국은 오래전부터 급진적 망명자들이 브뤼셀에 여러 클럽과 단체들을 결성하고 있다는 사실을 알고 있었지만 그들을 어떤 실체적 위협으로 여기지는 않았었다. 그런데 이제 상황이 바뀌었다. 벨기에의 섬유공장들에서 실업률이 치솟았고 작은 국가 내에서 기근이 발생한 지역들이 나타나기 시작했다. 벨기에 노동운동을 연구한 한 역사가는 "감옥에 들어가 배고픔을 달래기 위해 고의로 상점 유리창을 박살내는 굶주린 노동자들이 하루도 빠짐없이 있었다"[30]고 말했다. 당국은 외국인들이 파리 반란과의 연계를 활용해 브뤼셀에서 폭력사태를 획책할지도 모르고, 또 벨기에 노동자들이 자신들의 고통을 파리의 시위대와 견주어 보면서 벨기에도 왕이 없으면 더 나을 것이라는 생각을 품게 될지도 모른다고 우려했다.[31]

2월 26일 토요일, 벨기에 정부는 필요하다면 추방까지 고려할 요시찰 외국인들에 대한 명단을 작성했다.[32] 한편 마르크스와 국제민주주의연합의 지도부는 조직원과 친구들에게 다음 날 밤 "프랑스 인민들이 획득한 진보를 벨기에의 정치적 제도에도 적합한 방식으로 얻기 위해" 열릴 시위에 대해 알리기 시작했다.[33] 빅토르 테데스코는 카페들을 돌아다니며 테이블 위에 올라서서 사람들에게 시위에 동참해줄 것을 호소했다.[34] 일요일 저녁이 되자 시청 앞 그랑플라스 광장은 물론이고 주변의 선술집과 카페까지도 시위를 하기 위해 나온 사람들과 구경꾼들로 붐볐다.

시민들은 평화적 시위를 전개했다. 그렇지만 수가 불어나면서 점점 흥분했고 상황은 혼란으로 치달았다. 〈라 마르세예즈〉가 합창되는 가운데 "공화제 만세!"라는 구호가 터져 나왔다. 기립하거나 마상에 올라탄 채 광장을 에워싸고 있던 민병대(대부분 중간계급 자원자들로 구성되었다), 경찰, 육군, 그리고 지방의 예비군들은 시위대가 점점 과격해지고 몸싸움도 불사하게 되자 눈에 띄게 흥분하기 시작했다. 군중이 길 가장자리까지 불어나며 "해방, 평등"을 외치고 있을 때, 엥겔스, 슈테판 보른, 루푸스는 한 카페에서 다른 독일인들 사이에 섞여 시위를 지켜보고 있었다. 그런데 갑자기 광장의 기병대가 군중을 밀어붙이기 시작했다. 시위대는 길에 넘어져서 짓밟히고 구타당했으며, 경찰들은 주변을 봉쇄하고 도망가는 자들을 체포했다.[35] 루푸스는 검문 중 소지한 칼이 발견되어 서른네 명의 벨기에인, 네 명의 외국인과 함께 체포되었다. 그는 심문을 받고 구치소로 이송되었다가 감옥으로 보내졌다.[36] 후에 마르크스는 루푸스가 술 취한 경찰에게 구타당했다고 주장했다. "그의 안경을 벗기고, 얼굴에 침을 뱉고, 발로 차고, 주먹으로 때리고, 모욕했으며…… 그를 고문했다"(루푸스는 오른쪽 눈의 실명이 우려될 정도로 심하게 다쳤다. 하지만 영구적인 장애를 입지는 않았다).[37]

벨기에의 레오폴드 정부는 어떤 의미에서 다른 유럽의 정부들보다 훨씬 약은 면이 있었다. 브뤼셀 당국은 만약 독일인들을 그랑플라스 폭력사태의 배후 세력으로 지목할 수 있다면, 벨기에 동포들은 정부에 대항하지 않았다고 국민들의 생각을 오도할 수 있을 것이라고 생각했다. 그러면 최소한 반란 봉쇄를 위해 조치를 취할 시간이라도 벌 수 있었다. 동시에 국왕은 국민들이 그토록 원한다면 퇴위할 생각도 있으며 그가 심정적으로는 원래 공화주의자라는 소문도 퍼졌다. 그런 교묘한 여론 조작으로 국민들 사이에서 레오폴드의 입지는 실제로는 아무런 조치도 취하지 않았음에도 불구하고 오히려 강화되었다.[38]

월요일이 되자 브뤼셀에는 자신들의 조국에서조차 쫓겨난 못된 독일인들이 일요일 밤의 폭력사태를 일으켰다는 소문이 돌았다. 『노던 스타』에 기고한 기사에서 엥겔스는 다음과 같이 썼다. "하룻밤 사이에 속물적 대중 전체가…… 한목소리로 독일인 반란자들을 비난하기 시작했다…… 독일인들은 한 커피 집을 모임장소로 정하고 각자 파리로부터 들은 최신 소식을 가져오기로 했었다. 그렇지만 속물들의 비난이 너무 거셌기 때문에, 독일인들에 대한 정부의 조작이 너무 다방면에 걸쳐 진행되었기 때문에 서로 정보를 공유하기 위한 그런 순수한 수단조차 포기할 수밖에 없었다."[39] 예니는 경찰, 군대, 민병대들이 한결같이 독일인들을 비난한 통에 독일인들이 무장을 결심할 수밖에 없었다고 썼다. "단도, 권총 등을 구입했다. 카를은 막 유산을 받았기 때문에 그에 필요한 돈을 기꺼이 내놓았다." 그녀는 후에 자서전에서 이렇게 담담하게 회고했다.[40]

정말로 2월 초에 마르크스는 어머니로부터 약속받은 6천 프랑을 받았다.[41] 그 돈은 당장 빚을 청산하고 앞으로 몇 달간의 생활비를 위해 비축해놓아야만 했었다. 가까운 장래에 들어올 다른 수입이 없었기 때문이다. 그렇지만 마르크스는 자기 자신의 재정적 문제에 관해서는 거의 미래를 생각해본 적이 없었다.

그의 수중에 들어오는 돈은 눈 깜빡할 사이에 사라지고 말았다 ─ 대부분의 경우 들어오기도 전에 이미 그 몇 배를 사용해버렸다. 예니는 유산을 그렇게 성급하게 써버리는 것이 무엇을 의미하는지 알고 있었다. 빚 독촉, 불안정, 거짓말이었다. 그럼에도 불구하고 그녀는 마르크스가 가족을 위해 식료품을 구입하는 대신 동료들을 위해 총기를 구입하는 것에 대해 간섭하지 않았던 것으로 보인다. 사실 그녀는 순진하게도 남편의 행동에 대한 벨기에 정부의 반응에 놀랐던 것 같다. 그녀는 "이 모든 것을 정부는 음모와 범죄적 계획으로 보았던 것이다. 마르크스가 돈을 받고 무기를 샀다. 그러므로 그를 제거해야 한다는 것이다"[42]라고 말했다.

예니의 지적을 일부 마르크스 전기 작가들이 말하듯, 그들이 국경을 넘어 고향 프로이센에서의 싸움을 계획한 것이기 때문에 벨기에 정부는 그, 또는 그의 동료 독일인들을 두려워할 필요가 없었다는 의미로 받아들일 수도 있다. 그렇지만 실제로 상황이 그랬다고 하더라도 벨기에 정부는 여전히 동맹국의 전복을 꾀하는 무장반란자를 (최소한) 추방할 권리는 있다고 생각했을 것이다. 조금은 의아한 예니의 그런 반응은 그녀가 남편의 저술에서 그렇게 경탄해 마지않던 혁명이론이 현실에서는 총이라는 아주 뚜렷한 물질적 형태로 나타난다는 점을 완전히 이해하지 못했다는 사실을 보여주는 것이라고 생각된다.

3월 1일, 루푸스와 그날 일요일에 체포된 다른 외국인들은 검은 경찰호송차에 태워져 역으로 끌려갔고 프랑스로 추방되었다. 마르크스에게도 역시 시간이 얼마 남지 않았다. 2월 28일 월요일, 한 경찰 첩자는 마르크스가 두 남자와 함께 현찰 2천1백 프랑을 환전하는 것을 포착했다.[43] 만약 마르크스가 벨기에의 반란자들을 무장시키고 있다는 것이 입증된다면 교수형에 처해질 수도 있었다. 그는 예니에게 아이들을 데리고 트리어로 가라고 권했지만 예니는 거절했다. 그녀도 마르크스의 아내로서 그곳에서 시달림을 당했다[44] (마르크스의 노모조차도 트리어 당국으로부터 그녀가 아들에게 보내준 돈에 대해 조사받았으며 그 돈은 가족의 생활비였다는 진술서에 서명해야만 했다).[45]

한편 공산주의자동맹은 런던에서 파리의 반란과 더 가까운 곳인 브뤼셀로 중앙본부를 옮겼다. 그렇지만 3월 3일에 마르크스는 본부를 다시 한 번 옮겨야겠다고 결심했다. 바로 파리 그곳으로.[46] 이를 보건대 이미 그 자신도 파리로 갈 결심을 굳혔던 것으로 볼 수 있다. 파리의 반체제 신문 『개혁』의 편집자인 페르디낭 플로콩이 프랑스 임시정부에 들어가서 자신의 재량으로 "선하고 충직한 마르크스"에게 프랑스로 귀환할 것을 권했던 것이다. 3월 1일자로 되어 있지만 마르크스에게는 하루 이틀 늦게 도착했을 편지에서 플로콩은 그에게 "독재자가 당신을 내쫓았습니다. 이제 자유로운 프랑스는 당신을 비롯해 신성한 대의, 인민의 박애적 대의를 위해 싸우는 모든 사람들에게 문호를 활짝 개방하고 있습니다"[47]라고 썼다. 플로콩의 편지가 도착한 시기는 절묘했다. 3월 2일에 레오폴드 1세가 벨기에에서 마르크스를 추방하고 재입국을 불허하는 명령서에 서명했던 것이다.[48]

마르크스, 엥겔스, 보른은 체포를 피해 브뤼셀 밖의 친구 집에서 잠을 잤다. 그렇지만 3월 3일 오후 5시에 마르크스는 부아 소바주에 있었고 그때 추방명령서가 그의 손에 건네졌다. 그것은 이제 익숙해져버린 24시간 내의 출국명령을 담고 있었다.[49] 예니와 렌헨이 가재도구를 꾸리고 있는 동안―이미 브뤼셀에서 삼 년 이상 살고 있었기 때문에 간단한 일이 아니었다―마르크스는 엥겔스와 지고를 포함한 다섯 명의 공산주의자동맹 조직원을 자신의 2층 방으로 불렀다. 그들은 공식적으로 본부를 파리로 옮기기로 결정하고 마르크스에게 그곳에서 새로 본부를 구성할 권한을 부여했다.[50]

경찰은 하숙집을 감시하고 있다가 밤 9시에서 11시 사이에 여러 사람이 마르크스를 방문하는 것을 목격했다고 보고했다. 새벽 1시에 경찰은 불 꺼진 부아 소바주로 들어가 잠자고 있던 직원을 지나쳐 마르크스 가족의 방이 있는 1층 계단을 올랐다.[51] 보고에 따르면 네 명의 부하와 객실담당 직원을 대동한 한 경찰관이 먼저 예니와 렌헨이 자고 있는 침실에 들이닥쳤다고 한다. 그들은 삼십 분간 방을 뒤지다가 2층으로 올라가서 잠옷을 걸치고 여행 가방을 챙기고 있던 마르크스를 발견했다. 가까운 테이블에는 그곳에서 모임이 있었다는 것을 말해주는 반쯤 빈 포도주잔과 맥주잔들이 널려 있었다. 경찰은 방을 수색해 본부를 파리로 옮기는 것을 포함한 동맹의 문서들을 찾아냈다. 그들은 마르크스에게 공식적인 신분증을 제시할 것을 요구했고, 마르크스는 프랑스로부터의 추방명령서와 새로운 벨기에로부터의 추방명령서를 보여주었다. 경찰은 그것이 유효한 신분증도, 여권도 아니라고 비웃으며 즉시 그를 체포했다. 마르크스는 옷을 갈아입을 시간을 허락받은 다음 제복을 입은 경찰들에게 둘러싸인 채 대기하고 있던 경찰마차로 끌려갔다.[52]

예니는 황망히 집을 뛰쳐나와 친구인 벨기에 변호사 루시앙 조트랑에게 달려갔다. 그녀는 브뤼셀에서 체포된 독일인에게 어떤 일이 닥칠 수 있는지 잘 알고 있었다. 남편이 무기 구입에 자금을 댄 사실을 경찰이 밝힐 수 있다면 그를 반역죄로 기소할 가능성도 있었다. 예니는 조트랑에게 카를을 찾아내고 석방시키는 데 필요한 일이라면 뭐든지 해달라고 당부했다. 그녀는 벨벳망토를 휘날리며 브뤼셀 중심가의 어두운 밤거리를 가로질러 필사적으로 집집마다 누비며 도움을 구하기 위해 친구들을 깨웠다. 그러다 길에서 필리프 지고를 만났다. 그가 그녀의 손을 잡고 심신을 안정시켜주었다. 그들이 함께 부아 소바주로 돌아왔을 때 그곳에서 경찰반장이 예니에게 남편을 만나게 해주겠다고 제안했다.[53]

지고와 예니는 그를 따라 경찰서로 갔지만 그곳에 마르크스가 없다는 얘기를 들어야만 했다. 그다음 그녀는 왜 조트랑을 만나러 갔었는지, 그리고 적절한 신분증을 지니고 있는지 조사를 받아야 했다. 지고는 그것은 얼토당토않은 질문이고 무례한 짓거리라고 항변했다. 그러자 그는 감방에 처넣어졌다(한 경찰은 나중에 보고서에서 그를 만용의 희생자라고 불렀다).[54] 한편 예니는 신분증 미소지료 체포돼 부랑자로 취급받아 세 명의 창녀들과 함께 어두운 감방에 수감되었다.[55] "내가 훌쩍이며 들어섰을 때, 비참한 지경의 불행한 동료들 중 한 사람이 내게 자리를 나누자고 친절을 보였다. 그것은 딱딱한 나무판자 침대였다. 나는 그 위에 누웠다."⁵⁶ 경찰은 두 개의 침대가 있는 다른 방으로 옮길 때까지 잠시 동안만 그곳에 예니를 가둬두었다고 말했다. 옮긴 방에서 다른 한 침대는 폭력 혐의로 체포된 여인이 차지하고 있었다. 예니는 방을 옮겨준 것에 너무 감사했던 나머지 간수에게 반 프랑을 주었다.⁵⁷

다음 날 아침은 흐리고 추웠다. 예니는 창밖을 내다보다가 반대쪽 창문의 쇠창살 너머로 "시체같이 음산한 얼굴"을 발견했다고 말했다. 지고였다. "나를 알아보자 그가 손짓으로 아래쪽을 가리켰다. 그 방향으로 시선을 돌리자 카를이 군인의 호송 속에 끌려가는 모습이 보였다." 마르크스가 죽음을 향해 가는 것인지 그렇지 않은지도 알지 못한 채, 그녀는 비통에 잠긴 상태로 또 몇 시간 동안 방치되었다가 판사에게 끌려가서 심문을 받았다. 두 시간 동안 판사가 그녀와 남편의 활동에 대해 심문했지만, 그녀의 말에 따르면 그는 별로 얻어낸 것이 없었다.⁵⁸ "그 심문은 애초부터 사기였다"고 마르크스는 나중에 썼다. "내 아내가 죄가 있다면 프로이센의 귀족이면서도 남편의 민주주의적 견해를 받아들였다는 것뿐이다."⁵⁹

결국 그들은 마르크스에게 아무런 혐의도 씌울 수 없었다(그는 그날 밤을 미친 사람과 한 감방에서 보냈다고 말했다⁶⁰). 예니에게도 마찬가지였다. 결국 그들은 추방시한이 몇 시간 남지 않은 오후 3시에 풀려났다. 마르크스는 예니가 몸을 추스르고 아이들의 여행 준비를 위해 사흘간 브뤼셀에 더 머물 수 있도록 허락해 달라고 요구했으나 예니가 마르크스 없이 혼자 남지 않겠다며 거절했다.⁶¹ 그녀와 렌헨은 서둘러 짐을 꾸리고 팔 수 있는 것은 모두 팔았다. 그녀는 애지중지하던 은식기와 아가일 지방의 리넨도 서적판매상인 포글러에게 넘겼다.⁶²

부부의 많은 친구들이 작별인사를 위해 부아 소바주로 모였다. 자신의 회고록에서 예니를 너무나 상냥하게 묘사해 마치 그녀와 살짝 사랑에라도 빠진 것처럼 보였던 슈테판 보른은 다음과 같이 말했다. "그녀의 순수한 외모에 깊은 슬픔이 배어 있었다. 그녀가 자신의 임시 거처에 도착했을 때 우리는 악수를 하고 작별인사를 나누었다. 그녀에게는 모든 것이 임시적이었고, 그녀는 자신과 아이들을 위한 진정한 가정을 알지 못했다."[63]

3월 4일, 마르크스, 예니, 렌헨, 그리고 세 아이들은 레드 볼프를 대동하고 브 뤼셀을 떠나 파리로 향했다. 그들은 객차의 깜빡이는 등불 속에서 프랑스와의 국경 수비를 강화하기 위해 남쪽으로 향하는 벨기에의 병사들이 기차에 가득 한 것을 보았다.[64] 마르크스와 그의 가족은 반란의 진앙지를 향해 여행에 나섰 지만 불안감에 떨기보다는 기대감으로 흥분해 있었다. 예니는 그때의 생각을 회상했다. "우리가 새롭게 떠오르는 혁명의 태양 아래보다 더욱 편안함을 느낄 수 있는 곳이 달리 어디 있겠는가? 우리는 그곳으로 가야만 했다. 꼭 그래야만 했다!"[65]

14

1848년 봄
파리

거인이 우리 눈에 거인으로 보이는 것은
우리가 무릎을 꿇었기 때문이다.
일어나자!

—엘리제 루스탈로[1]

카를과 예니는 다음 날이 돼서야 파리에 도착할 수 있었다. 여행 도중 날이 추웠기 때문에 객차 바닥에 짚을 단열재로 깔아놓았음에도 불구하고 아이들의 몸을 따뜻하게 유지하는 것은 쉽지 않았다.[2] 한 살배기 에드가는 예니의 품속에 안겼고, 여자아이들은 남자들의 두꺼운 코트 속으로 파고들며 몸이 어는 것을 막았다. 여행은 평상시보다 오래 걸렸다. 산업이라는 괴물의 확산을 도와주는 것으로 인식된 철도회사들에 대한 항의로 곳곳의 철로가 뜯겨져 있었기 때문이다. 한밤중에 승객들은 손상되지 않은 철로 구간이 나올 때까지 승합마차로 갈아타고 이동해야 했다. 그렇지만 새벽녘에 그들의 사기는 회복되었다. 길을 따라 가는 역마다 그들은 붉은 기와 프랑스 삼색기가 휘날리는 모습을 볼 수 있었다. 변경지역에서는 정부가 대축제 속에 전복된 것처럼 보였다. 그렇지만 그들이 수도에 가까워질수록 전투의 상처는 선명해졌다. 기관차, 객차, 교각이 불에 타거나, 박살나거나, 해체되어 있었다. 파리에 도착하기 직전에 있는 공장지대인 생드니의 역사驛舍는 완전히 불타 없어져버렸다.[3] 파리에서도 파괴의 흔적이 도처에 널려 있었다. 바리케이드를 쌓는 데 사용된 돌들이 한때 깔끔하게 포장되어 있던 도로 위에 널브러져 있었다. 도로는 시커멓게 타버린 빵 수레들로 막혔고, 부서진 가구들이 지붕 높이까지 쌓여 있었으며, 마차들은 뒤집혀 있었다. 팔레루아얄은 창문들이 박살났고, 맞은편 위병소는 시커멓게 타버린 폐허가 되었으며, 그 안에는 불에 타 죽은 초병들의 시신이 보였다.[4] 튈르리 궁의 장대한 연회장들에는 누더기를 걸친 부상자들이 궁전의 두툼한 카펫 위에 아무렇게나 흩어져 누워 있었고, 그 위로는 과거의 위풍당당했던 주인들의 초상화들이 찢겨진 채 너덜거렸다. 그리고 궁전 창문들에는 새하얀 커튼들이 백기처럼 박살난 창틀 밖으로 펄럭거렸다.[5]

그것은 더 이상 1845년에 마르크스와 예니가 뒤로하고 떠났던 파리가 아니었다. 영광스러운 도시는 파괴되었다. 하지만 이제 그곳은 적어도 남성들에게는 자유로운 곳이었다―그들이 도착하던 날 프랑스에서 남성 보통선거권이 선포되었다. 파리에는 마르크스의 친구들과 동지들이 살고 있었고, 부부는 더 이상 체포의 공포 속에서 살 필요가 없어졌다. 마르크스에게 임박한 반란을 귀띔해주었던 자크 앵베르는 이제 지사governor가 되었고 그의 사무실은 튈르리 궁에 있었다.[6] 또 다른 친구 마르크 코시디에르는 파리의 경찰청장police prefect이 되어 새로 석방된 정치범들로 민병대를 조직하느라고 바빴다.[7] 엥겔스는 그 시기를 "공화주의자들의 밀월기"라고 불렀다. 낮에는 먹을 것이라곤 마른 빵과 감자밖에 없는 시민들이 대로변에 바리케이드를 쌓기 위해 베어진 가로수를 대신해 '해방나무'라고 불리는 것을 심었다. 해가 지면 거리는 축하연과 노랫소리로 시끌벅적해졌다.[8]

너무 많은 사람들이 파리로 몰려들었기 때문에 카를과 예니는 도착한 날 밤 잠자리를 찾기 어려웠다. 마르크스 가족은 바스티유 근처의 네브-메닐몽탕Neuve-Ménilmontant 가에서 독일 사회주의자들을 돌봐주던 한 여인이 운영하는 작은 하숙집에 간신히 방을 마련할 수 있었다.[9] 일단 짐을 풀자 마르크스는 즉시 가족들을 떠나 프랑스의 노장 혁명가인 아르망 바브(왕에 대한 모반죄로 복역 중 풀려났다)가 주도한 회의에 참석하고, 임시정부의 구성원들을 방문하고, 파리에 머물고 있던, 2월 24일 이후 되돌아온 망명자들[10]과 재회했다. 바쿠닌도 그 중 한 사람이었다. 그는 2월 28일에 돌아왔고 이제 대로에서 마차를 탄 젊은 멋쟁이들이나 지팡이를 들고 한가로이 거니는 자들이 더 이상 주요한 볼거리가 아니게 된 데 놀라고 있었다.[11] 그 대신 거리는 혁명의 사나이들─"2월 혁명 당원들" 혹은 "48혁명 지지자들"─로 붐볐다. 챙이 넓은 모자를 쓰고 턱수염을 길렀으며 긴 스카프를 두른[12] 그들은 강건한 투사들이었다. 그렇지만 그 순간만큼은 햇빛 아래서 즐기는 낭만적 취객들 같았다.

그런 모습은 파리에서 1830년 봉기 이후, 아니 1789년 혁명 초기의 격한 흥분의 나날 이후로는 볼 수 없던 것이었다. 귀스타브 플로베르는 루앙Rouen의 집을 떠나 파리로 여행하면서 이 최근 봉기의 "예술적 면"을 관찰했다.[13] 조르주 상드는 내무성을 위해 게시문을 쓰는 작업에 착수했고, 빅토르 위고는 교육부장관 직을 제의받았다(그는 거절했다).[14] 정치적 클럽들이 테이블과 충분한 수의 의자만 있으면 어디서든 우후죽순처럼 생겨났다. 여성단체들은 이혼, 작업장에서의 여성차별 종식, 여성의 취업을 위한 보육 지원을 주장했다. 여성의 권리에 대한 열정적인 선언과 함께 도시의 벽들은 노란색 포스터들로 물들었다. 그런 운동을 전개한 사람들은 대부분 여성 지식인들로 더 커다란 혁명에 몰두한 남성들로부터 거의 지원을 받지 못하고 있었다[15](프랑스 사회주의자들은 반反여권확장주의자들로 악명 높았다).[16] 신문들도 폭발적으로 증가했다. 한 달 사이에 파리에만 171개의 신문들이 생겨났다.[17] 그 첫날 플로콩도 마르크스에게 자금을 댈 테니 신문을 만들자고 제안했지만 마르크스는 자신은 어떤 정부로부터도, 설령 그것이 공화정이라고 하더라도 독립적으로 남고 싶다는 말로 거절했다.[18] 사실 그는 독일의 동지들을 규합해 그 싸움을 조국으로 가져가는 일에 완전히 몰두하고 있었다. 동맹의 런던 지도자들이 이미 파리에 도착했고 브뤼셀의 동맹 조직원들도 오는 중이었다. 엥겔스는 "혁명의 파도가 모든 과학적 추구를 뒷전

으로 밀려나도록 만들었다. 당시 중요한 것은 운동에 개입하는 것이었다"[19]라고
말했다.

'인민의 봄'은 파리에서 끝나지 않고 점점 확산되고 있었고, 가장 빠르게 퍼져
나간 곳 중 하나가 바로 독일연방이었다. 연방의 서른아홉 개 지역들도 유럽의
이웃 지역들과 마찬가지로 재앙적인 흉작과 경기 침체로 고통당하고 있었다. 곡
물 가격은 1844년 이래 50퍼센트 이상 폭등했고 거의 모든 주에서 식량폭동이
터졌다. 독일은 전체적으로 여전히 농업국가였지만 일부 발전한 공업들이 수공
업자들에게 심각한 타격을 입혔다. 장인들은 공장에서 미숙련공, 여성, 아이들
과 함께 일해야 하는 현실에 참담함을 느꼈다 — 그것도 물론 일자리가 있을 경
우였다.

연방에서 가장 큰 주이고 인구도 1천6백만 명으로 가장 밀집된 지역인 프로
이센에 가장 심각한 문제들이 있었다.[20] 직접적인 위기는 전해에 프리드리히 빌
헬름 4세가 통합의회United Diet의 지지를 요구하면서 시작되었다. 통합의회는
대부분 프로이센 젠트리gentry로 구성된 지역의회의 대표자들이 모인 곳이었다.
통합의회가 정부의 돈줄을 쥐고 있는 마당에, 아버지로부터 상속받은 잉여분
을 대부분 궁정 활동으로 탕진한 프리드리히 빌헬름 4세는 철도 건설을 위해 공
채가 필요했다. 그리고 그의 요청에 당연히 동의할 줄 알았던 의회가 승인을 거
부하는 것을 보고 그는 적잖이 놀랐을 것이다. 의원들은 낭비벽이 심하고 당시
별로 인기도 없던 왕이 방종하다고 여겨질까봐 전전긍긍하고 있었다.[21] 지난 일
년간 동프로이센과 상부 실레지아에서는 수십만 명의 인구가 기아와 관련된 이
유로 사망했고, 그동안 소극적이던 농촌 지방도 동요하고 있었다. 반정부, 반젠
트리 시위의 약 3분의 1이 그곳에서 발생했다. 1847년 4월 의회 개회기 때만 백
오십 차례의 식량폭동이 일어났다.

의회는 왕이 그의 아버지가 삼십 년 전에 약속했던 헌법을 허락할 때까지는
공채를 승인해줄 수 없다고 버텼다.[22] 프리드리히 빌헬름 4세는 자기를 사랑하

는 백성들과 자신 사이에 종이 쪼가리가 끼어들도록 허락할 수는 없다고 단언하며 거절했다. 그리고 왕은 의회를 해산시켜버렸다. 하지만 그와 관련된 논쟁(점점 격해지고 있었다)이 이미 고스란히 신문을 통해 프로이센 전역에 알려진 뒤였다. "통합의회가…… 1789년 프랑스 의회와 매우 흡사하다고 느끼는 분위기가 팽배해 있었다"[23]고 한 논자는 평했다. 하지만 일 년이 지나도록 여전히 반란 비슷한 그 어떤 것도 프로이센에서 일어나지 않았다. 그런 상태에서 파리의 봉기가 일어났으며, 더 극적인 것은 오스트리아의 강력한 재상 클레멘스 폰 메테르니히 공이 실각한 사건이었다.

일흔네 살의 메테르니히는 모든 개혁주의자들에게 유럽 정부들, 특히 군주제의 모든 잘못된 점들의 화신이었다. 그는 빈 회의와 반동적인 프로이센, 오스트리아, 러시아 간의 신성동맹의 주역이었다. 신성동맹은 자신들의 강력한 입지를 유지하고 폴란드를 분할 지배하기 위해 존재하는 것이었다. 메테르니히는 왕이 아니라 오스트리아의 재상에 불과했지만 모든 독일을 대변했고 여러 사람들에게 유럽 대륙의 대표적인 외교관으로 인정받고 있었다.[24]

프랑스에서의 반란 이후, 그 소식은 2월 29일 카니발이 열리고 있을 때 빈에 당도했다. 오스트리아의 모든 계급들은 의심과 기대감으로 서로를 쳐다보았다. 반란의 도래는 확실했다. 그렇지만 어디서 올지 알 수 없었다. 그 무렵 한 무리의 빈 의학도들이 오스트리아의 황제 페르디난트 1세에게 청원했다. 자신들은 급진파가 아니라 자유주의자들이라고 말하며 언론의 자유, 연설의 자유, 헌법과 학문의 자유 등을 포함한 총체적 개혁을 요구했던 것이다. 청원이 무시되자 수천 명의 학생들이 시위를 조직했고 점점 규모가 커지면서 노동자들도 가세했으며 시위는 마침 공교롭게도 3월 13일 오스트리아 의회의 회기와 겹치게 되었다. 그런데 시위대가 행진할 때 군대가 발포해 열다섯 명의 사망자가 발생했다. 시위는 확산되었고 시위에 동조하는 자들도 늘어났다. 심지어 방위군도 정부에 등을 돌리고 반체제 대열에 합류했다.[25]

동요가 극에 달하자 그날 밤 사십 년간 권력을 쥐고 흔들던 메테르니히가 사임했다(루이 필리프처럼 그도 변장을 하고 영국으로 도망쳤다).[26] 이틀 후 페르디난트 1세는 헌법을 약속했고, 스스로를 학생군단Academic Legion이라고 선포한 승리한 학생들이 빈을 장악했다. 파리의 반란 소식에 화답한 카니발은 또다시 커다란 파급효과를 낳았다. 제국 전역 —부다페스트, 프라하, 베네치아 —에서 각 지역들이 떨어져 나갔다.[27] 밀라노에서는 오스트리아의 통치에 대항한 닷새간의 영광스러운 반란이 시작되었다. 장인과 노동자들이 불과 몇 시간 만에 밀라노의 고급스러운 집들과 교회들에서 제공한 소파, 피아노, 마호가니 테이블, 기도용 의자 등으로 1천5백여 개의 바리케이드를 쌓고 진을 친 것이다. 밀라노 주민들은 6백 정의 머스킷 총(구식 보병총)밖에 없었다. 그래서 그들은 박물관들과 스칼라 오페라하우스에서 가져온 곤봉, 창, 검으로 무장했다. 일주일이 지나기도 전에 이미 도시는 그들의 것이 되었다.[28]

빈의 소식은 3월 16일 베를린에 도착했다. 도시는 파리의 소식이 전해진 이후 이미 반란과 시가전 분위기 속으로 빨려 들어갔지만 초기의 시위는 그다지 조직적이지 못했다. 그것은 인구의 열 명 중 한 명만이 정규적인 일자리를 가졌고 그마저도 반수는 근근이 생활비만 버는 도제에 지나지 않았던 상황에서 자발적으로 터져 나온 울분의 표현에 불과했다. 베를린의 사십만 명 인구 중에 85퍼센트는 하층계급에 속했고 그 반수 이상이 빈민 구제에 생계를 의존하고 있었다. 대중은 치안 당국을 공격했고, 무엇이든 약탈했으며, 누구든 그들을 저지하려는 자들과 싸웠다. 빈 반란이 발발하자, 중간계급의 조직가, 학생, 급진주의적 지식인들이 그 대열에 합류하면서 시위는 더 조직적이고 위협적인 양상으로 발전해갔다. 프로이센 왕에게 전통적인 자유주의적 권리들을 승인하라는 또 다른 청원이 이루어졌다. 이번에는 그도 귀를 기울이지 않을 수 없었다.[29]

3월 18일 아침 10시에 프리드리히 빌헬름 4세는 포고문을 발표했다. "검열은 폐지되고 개혁이 도입될 것이다. 프로이센 내각은 사퇴하고, 왕은 해산된 의회를 재소집해 함께 통일된 독일을 위해 노력할 것이다." 왕은 발코니에 나타나서 그의 양보에 감사하려고 몰려든 군중의 환호에 답했다. 광장은 대부분 베를린의 하층계급 시민들과 학생들로 붐볐고 그 주변으로는 기마대가 주둔하고 있었다. 왕의 목소리는 군중의 함성에 묻혀버렸다. 군중은 듣고 싶은 것만 들었다. 그들은 원하는 모든 것을 얻었다고 믿었다. 순간 북을 연타하는 소리가 울리자 기마대가 물러나려는 듯이 보였다. 그러나 아니었다. 기마대는 군중 쪽으로 말을 몰아 사람들을 흩어놓기 시작했다. 혼란 중에 두 발의 총성이 울렸고 좀 전까지만 해도 넘쳐나던 기쁨은 순식간에 공포와 분노로 뒤바뀌었다. 사람들은 왕이 군대에게 발포 명령을 내렸다고 여겼다.[30] 한 목격자는 "배신당했다! 우리는 배신당했다!"라는 함성이 높아가고 "무장하자!"라는 구호가 뒤따랐다고 전했다.[31]

목격자의 진술은 이어졌다. "사방에서 대로가 바리케이드로 차단되었다. 포석이 저절로 땅에서 튀어 올라 진지로 구축되는 것처럼 보였고, 그 위로는 검정, 빨강, 황금색 깃발이 나부꼈으며 시민, 대학생, 상인, 장인, 노동자, 전문직 종사자들이 라이플과 산탄총을 포함해 창, 도끼, 망치 등 온갖 종류의 무기를 들고 그 안을 지켰다."[32] 궁에는 "오해다"라는 한마디가 적힌 하얀 현수막이 드리워졌다. 그러나 이미 너무 늦었다.[33] 오후 4시에 가공할 전투의 시작을 알리듯 교회 종소리가 울려 퍼졌다. 밤새도록 정부의 대포가 표적들을 두들겨댔고 시민 전사들은 복수의 절규를 외쳤다. 아마 그중 가장 무시무시했던 것은 신호 총성에 이어 울려 퍼진 날카로운 비명소리, 두말할 것도 없는 처형 소리였을 것이다.

다음 날인 일요일 아침에도 교회 종소리는 어김없이 울렸다. 왕은 발포 중지를 명했다.[34] 끔찍한 밤을 지새우며 궁전 안에서도 피할 수 없었던 그 밤의 소리를 고스란히 들은 후, 프리드리히 빌헬름 4세는 권좌를 지키는 유일한 길은 스스로를 백성의 자비에 내맡겨 그들의 충성을 믿어보는 수밖에 없다는 결론을 내렸던 것이다. 그는 군대에게 베를린 밖으로 철수하라고 명령하고 무기고를 백성들에게 개방해 그들이 수도를 지키도록 했다.[35] 3시에 군대는 철수를 시작했고 바리케이드는 해체되었다.[36] 월요일 자정을 기해 평화가 회복되었다.[37]

해가 지자 베를린의 모든 불이 밝혀졌고 거의 모든 거리에는 시민들이 쏟아져 나와 군대가 부대별로 차례차례 도시를 빠져나가는 것을 지켜보았다.[38] 그리고 사방에서부터 왕궁으로의 조용한 행진이 시작되었다. 전투 중 군대는 수십만 개의 탄약통을 발사한 것으로 추산되었다. 그리고 수백 명의 사망자가 발생했다. 여전히 몸에 피와 화약을 묻히고 있던 사람들이 흩어진 시신들을 높이 들고 가서 궁전 마당에 즐비하게 늘어놓았다. 군중이 왕을 부르자 왕은 부인과 함께 발코니에 나타났다.[39] 군중의 한 사람이 모자를 벗으라고 소리치자 전에는 그 누구에게도 고개 숙여본 적이 없던 왕이 아래의 사자死者들에 대한 예의로 모자를 벗었다.[40]

베를린에서의 자유를 위한 투쟁은 그때까지 유럽의 다른 어느 곳에서보다도 훨씬 참혹했다. 그렇지만 시작된 지 불과 사흘 만에 왕은 완전무장하고 도시를 장악한 시민들 속에서 아무런 위해도 받지 않고 말을 타고 다닐 수 있게 되었다. 프리드리히 빌헬름 4세는 정치범과 국사범들에 대한 일반사면을 단행하고 프로이센 망명자들의 귀국을 허락했다. 또한 입헌군주제도 약속했다. 수백 년간 지속된 절대군주제가 정말 믿을 수 없게도 한순간에 끝난 것처럼 보였다. 프로이센 사람들은 이제 더 이상 신민이 아니었다. 그들은 시민이 되었다. 베를린 곳곳의 관공서 벽에는 "인민의 재산"이라는 글귀가 굵직하게 새겨졌다.[41]

베를린에 있던 미국 대사 앤드류 잭슨 도넬슨은 전투를 시간별로 기록했다. 3월 30일, 보고서를 워싱턴에 보내기 전에 그는 다음과 같이 썼다.

왕은 당분간 무력해졌다. 그를 지키던 군인들도, 그의 궁정에 그토록 호화로움과 장엄함을 선사하던 모든 격식들도 마술처럼 한순간에 사라졌다. 왕은 그의 아버지로부터 물려받았고, 그로 인해 자신의 권위가 신성한 권리라고 여길 수 있었던 그 신비로운 유산이 꿈처럼 덧없이 사라지는 것을 지켜보아야 했…… 그는 여전히 모든 사람이 자유롭고 평등하게 태어났다는 위대한 도덕적 진리의 힘을, 그리고 그들은 어떠한 신성한 정치적 특권이나 힘도 용납하지 않는다는 사실을 이해하지 못한다…… 그는 이런 미덕들이 유럽에 더 나은 정부와 더 나은 인민들을 선사하기 위한 개혁의 출현을 시사하는 섭리에 의해 고안되었다는 사실을 이해하지 못한다. 새로운 시대에 절대왕정은 몰락한다. 그 이유는 왕들이 나쁜 사람이어서가 아니라 그 체제가 더 이상 사회의 필요에 부응하지 못하기 때문이다.[42]

파리에 있던 독일의 사회주의자와 공산주의자들은 베를린 사태를 전해 듣고 고국으로 돌아갈 방법을 모색했다. 중간계급에게 확대된 권리가 노동자들에게도 적용되도록 하려는 것이었다. 헤르베크(러시아 작가 알렉산드르 헤르첸의 아내와 사귀는 것으로 혁명을 축하하고 있었다[43])는 소위 독일여단German Legion을 만들어 남부 독일로 진군해 공화국을 쟁취할 준비를 하고 있었다. 헤르베크의 아내인 엠마는 그 계획이 그의 혁명적 업적에 광휘를 더하고 시인으로서의 그에 대한 관심을 새롭게 하는 계기가 될 것으로 보고 지지했다.[44] 수천의 자원자가 원정에 참여하겠다고 서명했고, 새로운 프랑스 정부는 재정 지원을 해주었다.

마르크스는 프랑스의 지원이 사실은 파리의 치열한 인력시장에서 독일 노동자들을 제거하려는 은밀한 기도라고 보았다.[45] 아울러 그 지원은 전 세계에서 파리로 몰려든 혁명가들의 과도한 열정에 대한 대응이라는 면도 있었다. 그런 과격한 무리들에 대한 대응으로 프랑스는 외국의 지배 때문에 어쩔 수 없이 프랑스의 품에 안긴 아일랜드인과 폴란드인들을 제외한 다른 모든 망명자들에 대해서 프랑스를 떠날 것을 장려했던 것이다.[46] 하지만 플로콩은 폴란드 역시 한번 휘저어놓을 필요가 있다고 보고 바쿠닌을 그곳으로 보냈다. 그는 바쿠닌에게 2천 프랑과 두 개의 여권을 주고 포즈난Poznań으로 가서 반란을 모색하도록 했다.[47]

마르크스와 엥겔스는 헤르베크의 군대에 대해 강하게 반대했다. 그들은 그 군대가 즉시 패배할 것이고, 프랑스군 침략의 기억을 일깨워서 정부 내 보수 세력의 입지만 강화시켜줄 것이라고 예견했다. 마르크스가 당시 헤르베크를 돕고 있던 국제민주주의연합의 한 모임에서 그런 우려를 표명했을 때 그는 겁쟁이에 반역자라는 비난을 받아야 했다. 심지어 그가 재구성한 공산주의자동맹의 조직원들도 그런 비난에 합세했다. 그는 반대자들을 축출하고 '독일노동자조합'이라는 별도의 조직을 창설하는 것으로 대응했다. 새로운 조직은 생드니의 한 카페에서 모임을 가졌다. 그 모임에는 브뤼셀의 서클뿐만 아니라 런던에서 온 동맹지도부 — 샤퍼, 몰, 바우어 — 도 포함되어 있었다.[48] 마르크스는 조합 조직원들에게 붉은 리본을 달자고 제안했다. 샤퍼는 핏빛 붉은색을 제안했다. 하지만 별다른 특징이 없는 단색의 리본으로 결정되었다.[49]

그다음 마르크스는 자기 나름대로 독일로 침투할 방법을 모색했다. 그의 조직원들은 군대가 아닌 선전가가 될 것이다. 그들은 행진곡 없이 개별적으로 돌아가서 독일연방 전역에 걸쳐 조용히 공산주의의 씨앗을 뿌릴 것이다.

사실 선전 활동은 이미 시작되었다. 3월 17일에 예니는 당시 독일에 있던 바이데마이어에게 마르크스의 독일노동자조합과 헤르베크 그룹 간의 차이점을 알리는 글을 출판해줄 것을 부탁했다. 그녀는 헤르베크의 그룹이 은퇴한 프로이센 장교들을 이용해 군사훈련을 하고 있다고 묘사했다. 엥겔스는 헤르베크의 군대가 받을 공격 중 하나는 독일에 닿기도 전에 맞게 될 배신이라고 말했다. 예니의 편지는 바로 그런 일을 태연히 하고 있는 것 같았다. 그녀는 계속 썼다.

> 이것이 가급적 많은 독일 언론에 실리도록 애써주세요. 저는 현재 이곳에서 벌어지고 있는 재미있는 운동에 대해 훨씬 더 많은 것을 쓰고 싶어요. 그것은 시시각각 성장하고 있답니다(오늘 밤에는 40만 명의 노동자들이 시청 앞을 행진했습니다). 시위대는 계속 불어나고 있어요. 그렇지만 저는 세 명의 아이들을 돌보는 것을 비롯한 집안일로 너무 바쁘기 때문에 할 수 있는 것이라곤 멀리서 당신과 당신의 사랑스러운 아내에게 진심 어린 인사를 건네는 것밖에 없군요.

그녀는 편지에 "방랑시민 예니 마르크스가 동지애를 전하며"[50]라고 프랑스어로 서명했다.

헤르베크의 부대는 4월 1일 독일로 출정했다. 다채로운 복장을 한 수천 명의 반란자들이 드높은 사기와 함께 번쩍이는 총검을 치켜들고 행진했으며 시인詩人 -전사의 부대에 어울리게 수십여 개의 웅변적인 휘장들도 앞세우고 있었다. 그러나 이십오 일 뒤에 벌어진 첫 번째 전투에서 부대는 거의 괴멸되어버렸다.[51]

마르크스의 조합에는 (8만 명으로 추산되는 파리의 독일 망명자들 중에서) 4백 여 명의 조직원이 있었다. 그들은 4월 초부터 프랑스 정부로부터 보조금을 받아 파리를 떠나기 시작했다. 엥겔스는 조직 작업을 할 때 자신이 제일 선호한 지역인 부퍼탈로, 루푸스는 브레슬라우로, 샤퍼는 비스바덴으로, 보른은 베를린으로, 그리고 마르크스는 쾰른으로 갔다.[52]

그들은 『공산당 선언』, 그리고 마르크스와 엥겔스가 작성한 「독일에서의 공산당의 요구The Demands of the Communist Party in Germany」라는 전단을 가지고 잠입했다.[53] 전단은 통일독일, 남성 보통선거권, 유급의원직(부자가 아니라도 봉직할 수 있도록 하기 위해서였다), 시민 무장, 봉건적 부채와 의무 탕감, 모든 영주지의 국유화, 중앙은행의 설립과 지폐의 사용, 정교 분리, 상속권의 제한, 노동권, 모든 국민의 무상교육 등의 주장을 담고 있었다.[54] 그 문서는 오늘날의 관점에서는 전혀 급진적이지 않지만 19세기 중엽 왕정통치의 유럽에서는 이단적으로 여겨졌을 것이다.

마르크스, 예니, 세 자녀, 렌헨, 엥겔스, 그리고 에른스트 드롱케(독일의 감옥에서 탈출한 작가)는 4월 6일 파리를 떠났다. 그들은 마인츠에 일 년간 머물 수 있는 비자가 있었지만 이틀만 머문 후 서로 헤어졌다. 엥겔스와 드롱케는 각자의 임무지로 출발했고 예니, 렌헨, 그리고 아이들이 트리어로 갈 때 마르크스는 쾰른으로 떠났다.[55]

엥겔스는 이것을 투쟁의 제2막이라고 불렀다.[56]

15

1848년
쾰른

급진적 혁명, 보편적 인류해방은
독일에서 공상적인 꿈이 아니다.
정말로 공상적인 것은 부분적인, 단순한
정치혁명, 서 있는 집의 기둥들을 그대로
남겨놓는 혁명이다.

—카를 마르크스[1]

　　마르크스는 오 년 만에 쾰른에 다시 돌아왔지만 변한 것이라곤 거의 없었다. 1843년 정부 때문에 좌절했던 사업가들은 여전히 좌절하고 있었다. 국가와 부르주아에 의해 이중으로 희생당하고 있다고 믿고 있던 노동자들도 여전히 희생자였다. 눈에 띈 변화는 최근 몇 달 사이에 찾아온 것뿐이었다. 베를린에서의 3월 18일 봉기의 결과로 검열이 사라졌고 드디어 작가들은 하고 싶은 얘기를 할 수 있게 되었다. 마르크스의 세 동료인 모제스 헤스, 게오르크 베르트, 하인리히 뷔르거스는 과거 카를이 쾰른에서 간행했던 신문을 계승할『신 라인 신문 *Neue Rheinische Zeitung*』의 발간을 준비 중이었다.[2] 신문은 마르크스가 선택할 수 있는 무기 중 하나였기 때문에, 이미 창간 작업이 순조롭게 진행되고 있다는 사실에 그는 매우 고무되었다. 아울러 그가 도착하기 한 달 전에 이미 쾰른에 공산주의자 조직을 위한 씨앗이 뿌려진 것을 발견했을 때도 그에 못지않게 기운이 났다.

3월 3일에 가난한 자들을 치료해주어 인기가 높았던 의사인 안드레아스 고트샬크와 두 명의 전직 러시아 장교인 아우구스트 빌리히와 프리츠 안네케가 쾰른 시청 앞에서 집회를 열고 5천 명을 끌어들여 자신들의 요구를 주장했던 것이다. 그런 성급한 시도는 조직자들의 체포로 결말났지만, 그 일로 인해 조직망이 형성되었다. 세 사람은 프리드리히 빌헬름 4세의 일반사면으로 석방된 후 다시 쾰른으로 돌아와 새로운 노동자계급의 조직을 만들기 시작했다. 4월에 그 조직은 8천 명의 회원을 거느리게 되었다.[3] 마르크스는 그 지도자인 고트샬크의 전술에 대해 거의 즉각적인 반대 입장을 표명했다. 고트샬크는 노동자들의 권리, 민병대로의 무장, 공산주의의 개념 등에 대한 격정적인 웅변을 좋아했는데 그것은 독일의 중간계급을 공포로 몰아넣었다. 그들은 이제 막 얻은 권리를 훨씬 다수의 하층계급들이 일으키는 봉기 때문에 잃게 되지 않을까 전전긍긍했다. 마르크스는 아무리 역사의 발전이 느리고 변화의 속도가 실망스러울지라도 프롤레타리아트의 지배가 있기 위해서는 그전에 반드시 중간계급의 지배가 선행되어야 한다고 믿었다. 그리고 어쨌든 '프롤레타리아트 계급'은 독일에서 거의 존재하지 않았다. 자신의 손으로 노동하는 사람들의 수는 많았지만 그들은 아직 조직되지 않았고 자신들의 힘을 자각하지도 못한 상태였다. 그들의 궁극적 목표를 지원하기 위해서는 먼저 중간계급의 민주주의를 위해 노력할 필요가 있다고 마르크스는 믿었다. 다가오는 선거를 그런 기회로 보고 그는 민주주의적 후보가 개혁을 후퇴시키려는 반동적 후보들에게 승리를 거둘 수 있도록 투표에 적극적으로 참여할 것을 주장했다. 더욱이 마르크스는 쾰른에서 자신과 동료들이 발간하는 모든 신문은 공산주의가 아닌 민주주의적인 것이 되어야 한다고 믿었다. 왜냐하면 독일에서는 민주주의가 훨씬 더 즉각적인 가능성을 지닌 이데올로기였기 때문이다.[4] 만약 그들이 초급진적인 신문을 만들었다면, "우리로서는 작은 지방지에서 공산주의를 설교하고, 행동하는 다수 대신에 소그룹을 갖는 것밖에 할 수 없었을 것"[5]이라고 엥겔스는 말했다.

그런 실용주의적인 접근은 마르크스에게는 새삼스러운 것이 아니었다. 그는 과거 『라인 신문』의 편집장 역을 맡고 있는 동안에도 '자유' 서클의 공산주의 이념이 신문의 중간계급 독자들에게는 너무 이론적이고 실천력을 결여한 것이라는 이유로 게재를 거부했었다. 그는 쾰른으로 돌아오면서 조용히, 하지만 영향력을 넓게 확산시킬 수 있는 방식으로 일하며 프로이센 왕국, 궁극적으로는 독일연방을 개혁의 길로 이끌려는 생각을 품고 있었다. 그는 당시의 미묘한 상황을 이해했다. 너무 많은 변화는 중간계급을 자극해 그들로 하여금 나쁘지만 이미 익숙해 안도할 수 있는 구질서를 위해 투쟁하도록 만들 수도 있었다.

동료들 중에는 마르크스가 너무 유화적인 경로를 택하고 있다고 생각하는 사람들도 있었다. 그렇지만 정부를 포함해 다른 사람들은 그를 위험스러운 급진주의자로 보았다. 그런 인식이 그가 4월에 쾰른에 도착하자마자 추진한 프로이센 시민권 복원 시도를 복잡하게 만들었다.[6] 시민권 없이는 프로이센의 자유화와 관계없이 그는 언제든지 추방당할 위협에 놓이게 될 터였다. 예니는 카를의 신청서가 제출되고 승인될 때까지 트리어에 머물 계획이었다. 그렇지만 아무런 조치가 없자 6월에 그녀는 가족들―네 살의 예니헨, 두 살의 라우라, 한 살의 에드가―과 함께 짐을 꾸려 쾰른으로 이사했다.[7] 그 당시 마르크스는 『신 라인 신문』의 운영을 둘러싼 헤스와의 기싸움에서 승리를 거두고(부분적으로는 신문의 부족한 재정을 자신의 돈으로 메꾸는 방법으로) 신문사를 브뤼셀과 파리에서 온 공산주의자동맹의 조직원으로 채웠다. 그는 신문의 편집장이 되었다.[8]

쾰른의 의사인 롤란트 다니엘스는 마르크스와 예니가 신문의 편집사무실과 가까운 체칠리엔 7번가에 아파트를 얻는 것을 도와주었다.[9] 그 지역은 살기 편한 곳이었다. 라인 강과 불과 몇 블록 떨어지지 않은 그곳은 쾰른의 상업 중심지였으며 또한 아름답기도 했다. 가까운 곳에 위치한 광장Heumarkt은 상업계급들의 궁전 같은 집들로 둘러싸여 있었다. 그렇지만 그곳이 완벽하게 편안하고 안전한 곳이라고 할 수는 없었다. 아파트와 편집사무실 둘 다 8천 명이 주둔하고 있는 프로이센 수비군 부대의 그늘에 자리 잡고 있었다. 새벽부터 해 질 녘까지 보급품을 실은 수레가 덜컹거리며 부대 안으로 들어갔다. 탄약 상자가 수송되고 총검을 장착한 장총이 포수들에게 배급되었다.[10] 군인들은 사방에 흩어져서 분주히 참호들을 보수하고 있었다. 수비대가 전쟁을 준비하고 있다는 것은 누가 봐도 명백했다. 문제는 누구에 대항한 것이냐였다. 정부는 외부의 공격에 대비한 것이라고 주장했지만 엥겔스는 군대가 내부의 새로운 질서에 대항한 싸움을 준비하는 것이라고 확신했다.[11] 그 위협에 대응하기에는 가소로운 것이었지만 그래도 신문사 직원들은 여덟 정의 장총과 250개의 탄창을 즉각 사용할 수 있도록 비치해두고 있었다. 엥겔스는 사무실을 요새로 묘사했다. 그리고 비록 그들의 화력은 주변의 부대에 압도당했지만 그렇다고 그들의 사기까지 위축된 것은 아니었다. 마르크스도 총을 지니고 다니기 시작했다.[12]

이런 상황이 『신 라인 신문』이 자신을 '민주주의의 기관'이라고 선포하며 창간호를 냈던 1848년 6월 1일의 프로이센에서의 자유언론의 상태였다.[13] 차라리 '민주주의 산통産痛의 기관'이라고 부르는 것이 더 적절한 표현이었을 것이다. 그 일간지는 종종 전투 현장에서 보내오는 동료들의 기사를 실으면서, 정부들이 무너지고 반체제 세력들이 적당한 대체물을 세우기 위해 투쟁하면서 시시각각 변하는 유럽 사회의 국면들을 보도했다. 마르크스는 신문의 중요한 사명 중 하나는 후진적인 독일을 민주주의 운동이 더 진보된 다른 여러 나라들의 최근 상황으로 교육시켜서, 그들 자신의 정치적, 사회적 진보의 다음 단계에 대응할 수 있도록 하는 것이라고 믿었다. 그렇지만 이미 다른 유럽 국가들로부터 들려오는 소식은 실망스러운 것들이었다. 진보보다는 후퇴에 관한 이야기가 더 많았다.

2월부터 6월 사이에 혁명 초기의 환호는 거의 사라지고 그 자리는 대부분 계급 간의 불신에서 비롯된 적대감이 대신하게 되었다. 중간계급들은 봉기를 자신들의 승리로 보았지만, 그 싸움에서 물리력을 제공한 하층계급들이 전리품을 챙기지 못했을 때 발생할 결과를 두려워했다. 귀족들은 투표권을 촉진하는 중간계급의 정부 치하에서 정치적 힘과 경제적 특권을 잃는 것을 두려워했다. 그리고 지방의 농부들은 중간계급들이 도시에서의 봉기로 극심해진 대중의 굶주림을 달래는 자금을 마련하기 위해 자신들에게 세금을 뜯어갈 것을 우려했다. 정부를 전복시키는 것은 오히려 쉬운 일이었다. 질서를 회복하는 것은 극히 어려운 일로 드러났다 — 대부분의 지역에서 그랬다.

프랑스에서는 임시정부의 대통령직이 상징적인 차원에서 여든 살의 노혁명가에게 돌아갔다. 그러나 귀족 시인 알퐁소 마리 루이 드 라마르틴은 명실상부하게 새로운 체제의 목소리이자 정신적인 지도자였다. 라마르틴은 공화주의자였으며 그의 연설은 너무나도 감동적이었기 때문에 많은 사람들이 그것을 총만큼이나 효과적인 무기로 받아들였다. 그런 그에게 임시정부를 이끄는 열정적인 사람들을 제어해야 하는 과제가 맡겨진 것이다.[14] 그가 통제해야 할 동료들 중에는 사회주의자 루이 블랑, 저널리스트 플로콩, 르드뤼-롤랭(그는 2월 24일 공화국 선포일 전의 연회를 과격하게 만들었다), 그리고 알베르(알렉상드르 마르탱의 별명이었다)라고만 알려진 한 노동자가 있었다.[15] 결과는 혼란 그 자체였다. 어느 누구도 통치 경험이 없었고, 새로운 정부 상像에 대해 모두들 각기 다른 생각을 가지고 있었던 것이다.[16]

그렇지만 2월 24일부터 총선이 있던 4월 23일까지 임시정부가 이루어놓은 일들을 보면 매우 인상적이다. 몇 가지 예를 들면 식민지에서의 노예제 철폐, 남성 보통선거권, 출판과 결사의 자유, 고용보장을 위한 국립작업장 설립, 노동일 단축, 정치범에 대한 사형제 폐지 등이 있었다.[17] 그렇지만 아무리 많은 포고문을 발표해도 누군가의 바람은 충족되지 못하고 묻혀버렸다. 긴장이 고조되고 원한이 쌓여갔다.

예를 들면 파리에 대해 깊은 불신을 지니고 있던 농민들은 떨어진 나뭇가지를 채취하는 것을 포함해 그들의 공동체 권리를 박탈했던 1827년의 정부 결정을 임시정부가 뒤집지 않고 있는 것에 실망했다. 그리고 임시정부가 반란으로 초래된 상업 위기를 해소하기 위해 토지에 45퍼센트의 부가세를 부과했을 때 그 실망감은 분노로 바뀌었다. 그리고 내무장관인 르드뤼-롤랭이 다가오는 총선에서 그가 혁명적 국회라고 부른 것을 더욱 공고히 하기 위해 공무원들을 보내 공화주의자들을 위한 선거운동을 벌이자 지방 사람들은 경악했다. 수도의 그 무시무시한 자유주의자들과 사회주의자들이 그들의 지갑을 터는 것에 만족하지 못하고 이제 지방에 자신들의 정치적 의지까지 강요하려 드는 것처럼 보였던 것이다. 귀족들은 물론, 농민과 지주들 모두가 보수주의적 후보들의 품안으로 도망쳤다.[18] 파리에서의 진행도 혼란과 분열을 부추기기는 마찬가지였다. 프랑스에는 9백만 명 이상의 유권자들의 투표를 감당할 만한 제도적 장치가 마련되어 있지 않았다.[19]

투표참여율은 엄청났다. 유권자의 84퍼센트가 투표했다. 결과가 집계되었을 때 876석 중 급진주의자나 사회주의자가 얻은 의석은 채 백 석도 되지 않았다. 압도적 다수는 보수주의자나 온건주의자들이었고 그들 대부분은 바로 루이 필리프 시절에 권력을 잡은 사람들이었다. 파리의 노동자들은 새로운 정부가 그들을 대표한다고 보지 않았다. 조금 전 전복시켰다고 생각했던 유산계급이 그대로 돌아온 것이라고 믿었다.[20]

지방에서 국회의원으로 당선된 후 파리로 돌아온 토크빌은 충격을 받았다.

나는 파리에서 십만 명의 노동자들이 일터를 뛰쳐나와 굶주림에 죽어가면서도 공허한 이론들로 머릿속을 가득 채운 채 무장하고 있는 모습을 발견했다······ 나는 사회가 둘로 쪼개진 것을 보았다. 아무것도 소유하지 못한 채 탐욕으로 한데 뭉친 자들과 무엇인가를 소유했지만 역시 공포로 한데 뭉친 자들로. 두 개의 큰 집단 간에는 어떠한 공통점도 이해심도 없었다. 곧 터질 수밖에 없는 싸움의 전운이 사방에 감돌았다.[21]

5월 15일, 불만에 찬 노동자들이 극단주의자들의 지휘하에 새로 선출된 국회를 도발했다. 그들은 표면적으로는 폴란드에 대한 논의를 방청하기 위해 회의에 참석했다. 당시는 폴란드의 마지막 독립 시도가 막 저지된 상황이었다. 그러나 곧 군중의 수가 급격히 불어나면서 분위기는 위협적으로 돌변했고 급기야 자신들의 요구사항을 제출하기에 이르렀다. 그 속에서 아나키스트인 오귀스트 블랑키도 목소리를 높였는데 그의 존재만으로도 온건주의적인 의원들이 공포를 느끼기에 충분했다. 블랑키는 인생의 상당 부분을 정치범으로 감옥에서 보내면서 이따금씩 지배계급에 대한 무시무시한 성명서를 밖으로 내보내기도 했다.[22] 그가 국회에 모습을 드러냈을 때는 이미 출옥한 지 두 달이 지난 후였지만 안색은 여전히 죄수의 그것이었다. 그는 깡말랐고 입술은 파리했으며 젓가락 같은 사지에 꼭 끼는 프록코트를 입고 있었다. 토크빌은 그가 썩어가는 시체같이 보였다고 말했다.[23] 그는 중간계급들이 두려워하는 것, 가장 공포스러운 미래, 즉 두 번째 공포정치의 체현자였다.

전직 장관인 루이 블랑이 회의장으로 입장하다가 블랑키 추종자들에 의해 말 그대로 번쩍 들어 올려졌다. "그들은 그의 작은 다리를 붙잡고 그를 거꾸로 들어 올렸다. 그는 그들의 손을 벗어나려고 숨넘어가는 소리로 계속 떠들며 이리저리 몸을 바둥거렸지만 아무 소용이 없었다"고 토크빌은 회상했다. 난폭한 군중은 국회가 유산流産되었다고 선언하며 비어 있던 의장석에 빨간 모자를 올려놓은 후 새로운 임시정부를 선포했다. 그들의 집권은 블랑키와 그 수하들이 체포되면서 불과 몇 시간 만에 막을 내렸다.[24]

프랑스 정부는 첫 번째 도전을 성공적으로 처리했다. 그렇지만 비록 정치적 소동으로 끝나기는 했지만 그것은 극단적 좌파가 새로운 질서에 어떤 위협을 가할 수 있는지를 보여준 극명한 예였다. 그런 돌출사태는 자유주의에 동조하던 파리의 대중을 지방 유권자들의 경우처럼 온건주의와 보수주의 지도자들 쪽으로 쏠리도록 만들었다. 많은 사람들이 사회의 심각한 적은 상층부가 아니라 하층부에 있다는 생각을 품기 시작했다.

프로이센에서도 역시 중간 및 상층 계급들이 사회 혼란 때문에 그들이 바라던 진정한 민주개혁이 잠식당할 것이라고 두려워하면서 노동자들에게 등을 돌리기 시작했다. 3월 18일의 베를린 봉기 직후 프리드리히 빌헬름 4세는 더 자유주의적인 내각을 구성하겠다는 약속을 성실히 이행했다. 마르크스의 구빨『라인 신문』지원자였던 루돌프 캄프하우젠이 재상으로 발탁되었고, 쾰른에서 알게 된 마르크스의 또 다른 지인인 다비트 한제만도 재무장관이 되었다. 아울러 프로이센에서는 이미 손에 잡힐 듯 가시화된 대규모 개혁을 이끌 새로운 의회를 구성하기 위한 선거가 공표되었으며, 개별 연방들에서도 장차 독일이라고 불릴 새로운 국가의 창설을 책임질 사람들을 선출하기 위한 투표들이 예정되어 있었다. 그렇지만 프랑스와 마찬가지로 독일의 유권자들도 선거에 대한 경험이 없었다. 각 정파들은 초보 유권자들의 마음을 사로잡기 위해 분주히 움직였다. 보수주의자들은 안정적인 구체제의 복원을 원했고, 입헌주의자들은 진보를 원했지만 혼란을 무릅쓸 마음은 없었으며, 민주주의자들은 3월 반란의 자유주의적 약속들을 믿었다. 고트샬크 같은 공산주의자들은 추종자들에게 아예 투표하지 말라고 지시했다. 농민과 노동자들은 선거 전에도 행동을 원했다. 그들의 요구는 너무 다급한 것이었기 때문에 투표권을 행사하고 집계하는 것을 기다릴 수 없었던 것이다.[25]

3월 말, 봉기가 발발했다. 이번에는 직인 길드로의 즉각적인 복귀를 원한 수공업자들이 일으켰다. 길드가 경쟁을 통제함으로써 그들의 고용을 보장해줄 수 있다고 생각한 것이다. 그들은 실레지아 직공들의 파업 때처럼 부자들의 집과 공장들을 습격했다. 지방 농민들도 역시 반란을 일으켰다. 그들의 공격 목표는 토지를 사들이고 병합해 농민들을 빈털터리로 만들어버린 대지주였다.[26]

정치개혁은 호황기에도 매우 어려운 작업이었다. 사회적 동요로 촉발된 경제위기가 지속되는 동안에는 더더욱 어려울 수밖에 없었다. 새로 권력을 잡은 자유주의적 부르주아들은 실용주의적 자세로 대안들을 평가한 후, 한 작가가 간명하게 표현했듯 "혁명은 위험하고 그들의 실질적 요구(특히 경제적 의미에서)는 혁명 없이도 가능하다는 사실을 발견했다. 그래서 부르주아는 혁명 세력이기를 그만두었다".[27] 그들은 정치적인 것이나 사회적인 것을 배제하고라도 경제적인 것만으로도 자유주의자가 될 수 있었다.[28]

새로운 정부는 권력을 이용해 공채를 무이자로 보증하고 경기 회복에 필요한 조치들을 취하면서 경제를 안정시켰다(또한 왕이 원한 철도 건설을 위한 공채도 드디어 승인되었다). 유산계급을 돌본 후 정부는 이어서 동요하는 수공업자들과 농민들에게 경기가 호전되면 그들의 요구도 처리될 것이라고 약속하며 그들을 달래려 했다. 그러나 그런 약속만으로는 충분치 않았다. 수공업자들의 관점에서 캄프하우젠 정부는 과거의 정부와 조금도 다르지 않았다.

그리고 떠들썩하게 선전한 선거가 애매모호한 규정으로 하층계급 중에서 많은 사람들의 권리를 박탈하는 결과를 빚게 되자 그런 불신은 더욱 커져갔다.[29] 선거법에는 법적 연령에 도달한 남자는 누구든 **투표할** 수 있다고 규정되어 있었다. 그렇지만 실제로 그런 권리가 보장된 것은 아니었다. 어떤 경우는 봉급을 받는 남자들이 '독립적'이지 않다는 이유로 투표할 수 없었다. 계절노동자로 여행하기 때문에 고정된 주소를 갖지 못한 사람들이나 일용직 장인들은 도시에서 투표할 수 없었다. 어떤 지역에서는 미혼자와 유대인이 배제되었다.[30] 투표가 집계되었을 때 투표율은 50퍼센트 미만이었고 일부 지역은 30퍼센트에도 미치지 못했다. 투표하지 못한 사람들의 대다수는 노동자나 하층계급이었다. 그렇기 때문에 대중에게 선거의 승리자들이 베를린의 바리케이드에서 그들에게 등을 돌린 지배계급과 중간계급들의 꼭두각시로 보인 것은 당연한 일이었다.[31] 『신 라인 신문』은 이에 격분해 새로 선출된 독일과 프로이센의 의회들은 자격 미달이라고 선언했다.[32]

프랑크푸르트에서 소집된 독일국회German National Assembly는 특히 실망스러웠다. 전에 없었던 조직이기 때문에 회의는 조직 구성 문제를 논의하는 것으로 시간을 보냈다. 국회는 통일독일의 최고 입법기관이 되어야 했지만 독일이 아직 하나의 국가로서 존재하지 않았기 때문에 국회가 법률을 제정할 수 있는지조차 분명치 않았다. 엥겔스는 그것을 "가상적인 국가의 국회…… 그들은 스스로 만든 가상적인 정부의 가상적인…… 정책을 논의하고…… 아무도 상관하지 않는 가상적인 결의들을 통과시켰다"[33]고 말했다.

『신 라인 신문』은 인력도 모자라고 재정도 부족했지만 현재 진행되고 있는 복잡한 상황을 설명하려고 노력했다. 신문을 광고하는 알록달록한 벽보들이 쾰른의 좁은 거리 담벼락에 나붙었다. 맥주 집과 와인 가게에는 구독신청서도 비치되어 있었다.[34] 그렇지만 그런 노력과는 별개로 자유언론에 대한 경험이 거의 없는 나라에서 독자를 끄는 방법은 보도의 대담성과 소재의 광범위함이었다. 마르크스는 유럽 전체의 통신원망을 활용하고 외국 신문과의 비공식적 교환시스템을 통해 기사들을 얻어서 독일의 어느 신문보다 풍부하게 외국 소식을 다루었다. 『신 라인 신문』의 보급률은 급격히 증가해 5천 명의 구독자를 확보하고 독일의 39개 공국에서 가장 널리 읽히는 신문이 되었다[35](커피 집이나 선술집에서 손에서 손으로 건네지면서 더욱 많은 독자들에게 읽혔을 것이다). 신문이 유명세를 타면서 사무실로 방문자들이 찾아오기 시작했다. 그중 어떤 사람은 미국에서 온 경우도 있었다.

많은 여행자들은 대담하게 운영되고 있는 신문사의 조직을 직접 확인하고 싶어 했고 또한 경찰에 의해 신문사의 영혼으로, 그리고 엥겔스에 의해 신문사의 독재자로 묘사된 인간을 만나보기를 원했다.[36] 미국의 사회주의자인 앨버트 브리즈번은 『뉴욕 데일리 트리뷴』지의 특파원으로 라인란트에서 일하고 있었다. 그는 한눈에 마르크스가 온화하고 조용한 성격이지만 동시에 "용감한 정신의 정열적 불꽃"[37]을 소유한 사람임을 알아봤다고 말했다. 다른 사람들의 평은 좀 덜 관대한 편이었다. 나중에 미국의 내무부 장관이 된 독일인 카를 슈르츠는 당시 열아홉 살의 신출내기 반란자였다. 그는 3월 18일 봉기가 한창이던 때 베를린에 머물다가 나중에 반란의 다른 얼굴을 찾아 쾰른으로 여행했다. 그리고 한 모임에 참석해 마르크스의 연설을 들었다. "그는 당시 갓 서른을 넘긴 정도로 보였지만 벌써 진보적 사회주의 진영에서 중요한 인물로 인정받고 있었다. 시원한 이마에 칠흑 같은 머리와 수염, 그리고 까맣게 반짝이는 눈동자를 지닌, 약간은 땅딸막한 그 사람은 즉시 대중의 관심을 끌었다." 그렇지만 슈르츠는 마르크스의 연설이 참기 어려웠다고 말했다. "그는 자신을 반대하는 모든 사람들을 비열한 경멸로 대했다. 자기 마음에 들지 않는 주장에 대해서는 그 근거를 따져보지도 않고 신랄한 조롱을 퍼붓거나, 그것을 제시한 사람의 동기에 대한 악의적인 비방을 퍼부었다." 슈르츠는 마르크스가 그렇지 않았다면 자신의 추종자가 될 수도 있었을 많은 사람들을 등 돌리게 만들었다고 결론지었다.[38]

마르크스와 가까운 사람들, 특히 예니와 엥겔스는 그의 분노 속에서 뼛속까지 자신이 옳다고 믿는 한 인간의 좌절감을 보았을 뿐이었다. 마르크스는 정치적 문제에서는 일말의 자기 회의도 없었다. 하지만 그를 모르는 사람들이 완벽한 자기 확신과 오만함 사이의 차이를 구별하는 일은 쉽지 않았을 것이다. 마르크스는 자신의 대의에 대해서는 굽힘이 없었다. 그는 저널리스트이고, 철학자이고, 경제학자였으며, 그 모든 일들이 궁극적으로는 정치적 문제와 관련됨에도 불구하고 정치가는 아니었다. 마르크스는 남들로부터 사랑받는 것에 대해서는 거의 관심을 보이지 않았다. 그는 호평을 받게 되면 그런 감정을 강력한 충성심으로 돌려놓았다. 그렇지 못했을 경우에도 그런 하찮은 일을 개인적인 감정이나 자존심의 상처로 여기며 고심하는 데 시간을 허비하지는 않았다.

쾰른에 있는 동안 마르크스에게서 멀어져가는 사람들이 많아졌다. 신문사의 입장에서 불행한 것은 그들 중 일부가 신문의 존립을 위해 꼭 필요한 사업가들이라는 점이었다. 6월 5일에 마르크스가 캄프하우젠 재상이 3월 18일 반란을 공식적으로 폭동으로 격하시켜야 한다고 제안한 것에 대해 공격하자, 주주들은 그가 너무 좌편향으로 나아가고 있다고 우려하며 곧 모두들 그를 버리게 되었다. 그리고 이번에는 그 계기가 국내의 위기가 아니라 파리에서 벌어진 유혈전이었다.[39]

16

I848년 6월
파리

눈을 뜨자마자 나는 날카로운 금속음이
지붕을 흔들고 곧 파리의 정적 속으로
사라지는 것을 들었다.
"그게 뭐였지?" 나는 물었다.
아내가 대답했다. "대포예요."

—알렉시스 드 토크빌[1]

    1848년 6월, 파리의 모든 남녀는 무장되어 있었다는 말이 있다. 계급 간의 괴리는 도저히 좁힐 수 없는 것이었다. 정부는 무력화된 상태였다. 인민들은 굶주렸다. 매일 밤 거리에 모여든 군중은 할 일이 없었고 격앙되어 폭발하기 일보직전이었다.[2] 5월 말경 노동자계급이 6월에 자신들의 독자적인 연회를 계획하고 있다는 소문이 돌았다. 연회가 일단 열리면 곧바로 노동자들의 반란으로 비화될 것이라는 것은 누가 봐도 자명했다. 그렇지만 결국 반란을 촉발한 것은 연회가 아니라 정부의 행동이었다.[3] 6월 21일, 국회의 위원회 앞으로 라마르틴의 내각이 승인한 고용보장 약속의 폐기를 주장한 결의안이 제출되었다. 당시 국회의원이었던 빅토르 위고는 그렇게 하면 장차 "새로운 독재의 근위병들"이 될 "빈자들의 군대"가 형성될 것이라고 경고했다. 그렇지만 정부는 돈이 바닥나고 있었기 때문에 돈만 들고, 많은 사람들이 반정부 급진주의자들의 피난처로 바뀌어버렸다고 여기는 일자리 정책에서 비용 삭감을 고려했다.[4]

국립작업장은 국가와 시 차원에서 사람들에게 일자리를 마련해주기 위해 설립한 것이었다. 만약 그 일자리가 사라진다면 그곳에서 일하는 노동자들에게는 생존을 위해 필요한 최소한의 돈도 사라지게 될 터였다. 프랑스의 허약한 경제를 고려할 때 그 정책은 수십만 명의 노동자들과 그 가족들을 기아로부터 구해주는 마지막 방책이었다. 그것이 바뀌거나 사라질지도 모른다는 소문이 돌자 즉각적인 항의가 터져 나왔다. "총탄이 아니면 빵을! 총탄이 아니면 일자리를!"이라는 구호가 울려 퍼졌고 시내에는 다시 바리케이드가 출현했다.[5] 6월 23일, 시의 일부가 노동자들의 수중에 떨어졌다.[6] 6월 24일, 전직 알제리의 군사총독이었고 국방장관직을 맡고 있던 루이 외젠 카베냐크는 휘하의 군사 5만 명을 동원해 반격을 개시했다.[7]

그날은 끔찍한 폭풍우가 몰아쳐 파리가 물바다로 변했다. 그렇지만 그것이 싸움의 불길을 끄지는 못했다. 오후 6시부터 포탄이 건물과 바리케이드에 계속 쏟아지기 시작했다. 젖은 포석 사이로 피가 개울처럼 흘렀다. 건물들은 산산조각 나서 돌무더기로 쌓였다. 상점 유리창들은 박살났고 진열된 상품들은 악몽 같은 밤 속으로 감히 뛰쳐나올 용기가 있었던 사람들의 약탈물이 되었다.[8] 첫날이 끝나기 전에 새로 선출된 국회의원들은 실행 전권을 카베냐크에게 위임하는 결의를 통과시켰다. 프랑스의 민주주의적 지도자들은 더욱 커다란 혁명 쪽으로 기울고 있는 무장한 필사적인 노동자계급보다 독재자를 덜 위험한 존재로 보았던 것이다.[9] 그렇지만 입법부의 겁쟁이들이 카베냐크의 권한을 강화시켜준 것이 노동자들을 위축시키기는커녕 오히려 그들의 분노만 키워주는 꼴이 되었다. 매일 전투는 점점 더 치열해져갔다.

수만 명의 남녀가 거리 곳곳에서 싸웠다. 토크빌은 시민민병대에 별로 동정적이지 않았지만, 그들이 "최고참 장교들도 놀라게 만들 만큼 경이로운 조직력과 노련함으로" 싸웠다고 칭찬했다. 여성들은 총을 장전하고 남성들은 발사했으며 남성들이 지치거나 전사하면 여성들이 바리케이드에 오르고 아이들이 총을 장전했다. 포부르 생탕투안 거리, 팡테옹, 마들렌 광장, 시청 등 도시 곳곳에

서 파리 시민들이 중무장한 군대에 맞서 싸우면서 반란은 나흘간 지속되었다.[10]

전투는 6월 26일에 끝났다. 막대한 사상자가 발생했다. 어림잡아 1천5백 명의 시민이 사망했다. 그렇지만 마지막 바리케이드가 무너진 후에도 살육은 그치지 않았다. 반란자들은 붙잡혀 처형되었다. 그 수가 무려 3천 명에 달했다. 그리고 1만 5천 명이 체포되었으며 4천5백 명이 알제리로 향하는 빽빽한 수송선에 올라야 했다.[11] 많은 사람들에게 그 여행은 사형선고나 다름없었다. 그렇지만 공포에 질린 의원들에게 생명의 손실은 그다지 큰 문제가 아니었다.

요구받은 대로 노동자들을 섬멸한 카베냐크는 계엄령을 선포하고 샹젤리제 거리에 5만 명의 군사를 주둔시켰다. 그곳에서 그들의 군마는 한때 파리의 자부심이었던 화초를 뜯어먹었다. 급진적 클럽들은 폐쇄되었고 언론의 자유는 제한되었다. 2만 4천 프랑 상당의 보증금을 걸고 순응을 맹세한 신문만 발간될 수 있었다. 곧 카베냐크는 신설되었던 노동시간 제한을 철폐하는 조치로 모든 노동자들에 대해 6월 투쟁에 대한 응징을 가했다.[12] 민주주의를 위한 실험은 끝났다. 개혁주의자들은 권리, 노동, 동등한 대표권의 정치를 설파했다는 이유로 감옥에 내던져졌고, 루이 블랑은 그런 운명을 피해 영국으로 도망쳤다.[13]

마르크스는 6월 24일부터 '6월의 나날들June Days'에 대해 알려진 그대로 계속 최신 내용을 보도했다. 동료들 간의 연락망 덕분에 독일에서 누구보다 신속하게 사태 전개를 알릴 수 있었고 그것이 우려감을 극도로 고조시켜놓았다. 2월 봉기 소식이 베를린까지 도착하는 데는 며칠이 소요되었다. 그런데 이제 훨씬 참혹한 6월의 나날들 소식이 단 몇 시간 만에 당도했던 것이다. 정부는 파리의 폭력사태가 또다시 후속 반란들을 야기하게 될까봐 두려워했다. 파리와 베를린에는 동일한 계급 적대감이 존재하고 있었고 그런 동일한 긴장 상황은 쉽사리 끓어오를 수 있기 때문이었다.

6월 26일, 마르크스는 신문 지면 전체를 파리 이야기에 바쳤다. 그의 보도는 숨을 멎게 할 정도였다. "파리는 피에 잠겼다. 반란은 여태까지 일어났던 그 어떤 것보다도 더욱 위대한 혁명으로 자라났다. 그것은 부르주아에 대항한 프롤레타리아트의 혁명이었다."[14] 엥겔스는 덧붙였다. "6월 혁명을 예전의 다른 모든 혁명과 구분 짓는 것은 어떠한 환상이나 열광도 없었다는 점이다. 인민들은 2월처럼 '연회를 위해 죽자'고 노래 부르며 바리케이드에 서지 않았다…… 6월 23일의 노동자들은 자신들의 생존을 위해 싸웠고 그들에게 조국은 모든 의미를 상실해버렸다."[15]

마르크스는 그 투쟁이 그동안 부르주아가 숨기려 애써왔고 노동자들이 완벽하게 이해하지 못했을 수도 있는 사회의 진실을 적나라하게 까발려놓았다고 말했다. 프랑스가 두 개의 나라라는 것이었다. 하나는 유산자들을 위한 국가이고, 다른 하나는 노동자들을 위한 국가였다.[16] 그는 2월에 선포되어 모든 감옥과 군대의 벽에 쓰인 '형제애fraternité'라는 말은 사기라고 말했다.[17] 그리고 2월 혁명은 "멋진 혁명"이라고 덧붙였다. 왜냐하면 2월 혁명은 보편적 온정을 전면에 부각시키고 사회적 투쟁을 오직 시적 미사여구로만 표현했기 때문이라는 것이다. 반면에 6월 혁명은 "추한 혁명, 불쾌한 혁명이다. 왜냐하면 미사여구가 현실에 자리를 내주었기 때문이다".[18] 6월 혁명은 자본과 노동 간의 시민전쟁이었다. 엥겔스는 그 희생자들을 "프롤레타리아트 최초의 결정적 전투에서의 순교자들"[19]이라고 불렀다.

그처럼 모든 것이 변했다. 2월 혁명은 죽었고, 반혁명이 파리뿐만 아니라 유럽 전역에 걸쳐 개시되었다. 반동 세력은 그해 초에 어쩔 수 없이 수용할 수밖에 없었던 개혁 조치들을 무효화시키는 투쟁을 벌였다. 엥겔스는 마르크스가 쓰러져간 프랑스 반란자들에게 바치는 조사를 쓴 후 『신 라인 신문』에 남아 있던 마지막 중간계급 주주들이 그들을 버렸고, 그들은 자금에 쪼들리는 신세가 되었다고 기록했다.[20] "그렇지만 우리는 모든 나라에서 부르주아와 소부르주아들이 이미 정복당한 자들을 짓밟으며 학살을 자행하고 있는 순간 독일, 그리고 거의 유럽 전역에서 유일하게 괴멸당한 프롤레타리아트의 깃발을 높이 쳐들고 버틴 신문이었다는 사실에 자부심을 느꼈다."[21]

6월 말 런던과 브뤼셀에서 온 공산주의자동맹의 지도부는 모두 쾰른에 모여서 행동에 돌입할 준비를 마친 상태였다. 그러나 마르크스는 조직의 해체를 원했다. 그가 보기에 불만에 찬 사람들이 거리에서 총을 쥐고 아우성치고 있을 때 비밀조직은 오히려 시대에 뒤처진 짐이 되었던 것이다. 마르크스는 일견 역설적인 방식으로 매번 패배한 혁명에서 승리하는 혁명의 씨앗을 보았다. 하지만 그런 승리에서 음모적 조직은 아무런 역할을 하지 못할 것이라고 확신했다. 더 이상 숨을 곳은 필요치 않았다. 싸움은 공개적으로 벌어져야 했다. 동맹은 진로에 대해 투표했고 반대가 없진 않았지만 해체를 결정했다. 조직원들은 이제 『신 라인 신문』일로 바삐 움직이며―그 신문은 동맹이 발간할 수 있는 어떤 팸플릿보다 훨씬 효과적인 선전도구였다―독일에서 다시 강력해지고 있는 보수 세력에 대항해 조직사업에 매진했다.[22]

7월 2일, 마르크스의 옛 동료 캄프하우젠이 실각하면서 프로이센에 새로운 정부가 들어섰다. 새로운 정부도 비록 자유주의적이기는 했지만 빈곤을 퇴치하는 최선의 길은 "법과 질서를 준수하는 것에 대한 약화된 신념을 회복시키고 가급적 빨리 안정된 입헌군주제를 도입하는 것"[23]이라고 선언했다. 헌법은 여전히 요원한 목표였지만, 법과 질서를 위한 탄압은 즉시 개시되었다. 7월 3일, 『신 라인 신문』은 고트샬크와 프리츠 안네케의 체포를 보도했다. 프리츠 안네케는 노동자 조직들의 통합에 관해 했던 연설 때문에 체포되었다. 경찰은 그에게 내란 선동 혐의를 씌웠다. 마르크스의 신문은 해 뜰 무렵 예닐곱 명의 경찰이 안네케의 집에 들이닥쳤으며 그중 네 명은 안네케와 그의 임신한 부인이 잠들어 있는 침실로 난입했다고 보도했다. 그들은 영장도 제시하지 않고 안네케에게 동행을 요구했다. 또 기사는 안네케를 계단에서 밀치고 유리창을 깨뜨린 한 경찰은 술에 취한 상태였으며, 헥커Hecker라고만 알려진 검찰은 나중에야 현장에 나타났다고 언급했다.[24] 이틀 후 『신 라인 신문』은 그 기사가 경찰에 대한 '중상과 모욕'이라고 주장한 헥커의 반론 기사를 실었다. 그는 법적 조치를 취할 것이라고

말했다.[25]

7월 6일, 마르크스는 작성자를 밝히지도 않은 기사 때문에 당국으로부터 조사를 받았다.[26] 7월 10일, 기사의 저자를 확인하기 위해 열 명의 식자공이 증인으로 소환되었다.[27] 한 달 후 쾰른의 경찰은 『신 라인 신문』의 편집진을 표적으로 삼기 시작했다. 아내와 세 자녀를 거느린 카를 샤퍼는 프로이센을 떠나라는 명령을 받았다. 그가 독일 시민이었음에도 불구하고 정부는 그를 외국인이라고 선언했던 것이다. 마르크스는 자신의 시민권 복원이 아직 마무리되지 않은 사정을 고려하면 당국이 자신도 외국인으로 취급할 것이라는 사실을 깨달았다.[28]

마르크스의 주변 사람들에게는 쾰른이 위험한 곳이 되었다. 집 안은 침입당하고 가족들은 괴롭힘을 당하거나 추방될 위험이 있었다. 마구잡이식 체포가 이루어졌고 그것은 굳이 법적 절차에 구애받지 않았다. 그런 절차상의 문제는 더 이상 중요치 않아 보였다. 프로이센 의회는 바로 그 자신을 존재하게 했던 여러 권리들을 다시 없애는 일로 바빴다. 그리고 그들이 아무리 빨리 서둘러도 왕은 만족하는 법이 없었다. 또 한 번의 정치적 위기를 거친 후 세 번째 새로운 정부가 들어섰다. 이번 것은 9월 왕명王命에 의한 것이었으며, 마르크스는 그것을 "정신 나간 얼간이들"이 이끈 반혁명의 승리라고 불렀다.[29]

눈을 돌리는 곳마다 마르크스에게는 정치적, 사회적 혼란만 보였다. 새로 선출된 의회들이 무력화되어 있는 동안, 소위 질서의 세력들이 파리, 베를린, 빈 등지의 거리에서 민주주의 세력들에 대한 전쟁을 벌이고 있었으며, 애초에 사회 불안을 야기했던 굶주림과 궁핍은 점점 심해지기만 했다. 2월이 되기 전까지 하층계급은 단순히 무시되었다. 이후 6월의 나날들을 거치면서 인정받기는 했지만 불신과 공포를 동반한 것이었으며, 이제 상층계급들은 그들을 피하고 그들의 비참한 상태에 대해 아무런 동정심도 갖지 않았다. 노동자들도 역시 변했다. 자신들의 권리를 지키는 일에 어느 누구도 믿을 수 없다는 사실을 뼈저리게 느꼈다. 또한 싸움 속에서 스스로의 힘을 확인했다. 비록 거의 모든 전투에서 패배하기는 했지만 자신들의 폭력이 지닌 가능성을 보았던 것이다.

1848년 9월 11일, 쾰른에서 술 취한 군인들이 한 젊은 여인을 희롱하다가 분개한 지역시민군과 충돌한 사건이 발생했다. 싸움 중 일부 시민들이 칼에 베이는 상처를 입었고 지휘관이 군인들에게 병영으로 복귀하라는 명령을 내린 후에야 소동이 진정되었다.[30] 그 폭력사태는 가톨릭 신자가 대다수인 지역 주민들과 신교도가 다수를 차지하고 있는 프로이센군 간의 갈등을 최고조로 끌어올렸다. 군인들은 오래전부터 시민들에게 점령자로 인식되고 있었다(군인들은 주민들의 증오를 알고 있었기 때문에 독살될까봐 식당에서 밥 먹기도 꺼렸다).[31] 9월 사건이 일어났을 때 쾰른에는 주민 열네 명당 한 명에 달하는 군인들이 주둔하고 있었고 부대 내에는 무한정 사용할 수 있을 정도의 많은 무기가 있었다.[32] 그 사건으로 쾰른의 많은 주민들은 민병대를 조직할 필요가 있다고 생각하게 되었다.

이틀 후 6천 명의 시민 — 어떤 이는 만 명이라고 했다 — 이 '공공안전위원회 Committee of Public Safety'의 설립을 위해 쾰른 대성당이 올려다보이는 프랑켄 광장에 모였다.[33] 군중 동원은 어느 정도 마르크스의 작품이었다. 그날 아침 『신 라인 신문』의 편집자들이 쾰른의 각 지역들을 돌며 종을 울려 시민들을 저녁집회로 끌어모았던 것이다.[34] 몰려든 군중은 횃불을 받쳐들고 귀를 쫑긋 세운 채 짐차 위에 올라 위원회에 대한 전폭적 지지를 호소하는 연사의 연설을 들었다. 그렇게 만들어진 위원회에는 마르크스, 엥겔스, 그리고 다른 다섯 명의 『신 라인 신문』 편집인들이 포함되었다. 서른 명의 위원에는 약사, 상인, 제화공, 정육점 주인, 지붕수리공, 채소상 등 다양한 사람들이 포함되어 있어서 프로이센 군대의 주둔에 대한 쾰른 시민들의 우려가 얼마나 널리 퍼져 있는지 잘 보여주었다.[35] 그렇지만 『신 라인 신문』의 직원들이 위원회의 다수를 점하고 있었고 조직의 이름도 프랑스 혁명에서의 자코뱅 독재를 연상시켰기 때문에 일부 사람들의 경계심을 자극했다.[36] 쾰른의 담벼락에 미래의 붉은 공화국을 경고하는 포스터들이 나붙었다. 그런 경고가 중간계급을 겁먹게 만들기는 했지만 노동자나 농민들은 크게 동요하지 않았다.[37] 그들은 행동에 굶주렸고, 그들을 대표할 수 있는 행동은 정치 스펙트럼 상에서 극좌에서만 올 수 있었기 때문이다.

다음 일요일, 상층 및 중간계급이 우려하던 폭력사태가 이제 갓 만들어진 독일국회가 있던 프랑크푸르트에서 터졌다. 불씨는 두 개의 공작령에 대한 권리를 둘러싸고 덴마크와 벌인 전쟁을 종식시키기 위해 프로이센이 휴전협정에 서명한 것이었다. 사람들은 즉시 그것을 독일의 굴욕으로 받아들였다. 독일은 그 협정으로 슐레스비히와 홀슈타인 공국을 덴마크에게 양도했다.[38] 독일 시민들은 그 휴전협정이 만약 개정되지 않으면 강력한 통일독일의 꿈을 물거품으로 만들 수 있는 심대한 타격이 될 것으로 보았다. 9월 5일, 프랑크푸르트의 독일국회는 협정의 승인을 거부했다. 하지만 무의미한 제스처에 불과했다. 왜냐하면 그렇다고 해서 모든 독일을 대신해 전쟁의 부담을 지고 있던 프로이센이 전쟁을 재개할 리는 만무했기 때문이다. 독일 정부는 감당할 수 없는 과제에 직면해 자신의 무능을 인정하고 사임해버렸다.[39]

9월 16일, 아무도 새로운 정부를 꾸리려 하지 않자, 의회는 결정을 번복해 휴전협정을 받아들이기로 의결했다. 다음 날 의회가 열린 성 파울 성당 주변의 프랑크푸르트 거리는 성난 군중의 함성소리로 가득 찼다.[40] 우파 국회의원인 펠릭스 리히노프스키와 그의 친구가 거리에서 시위대에 붙들려 폭행당했다. 시위대를 진압하기 위해 군대가 동원되었고 싸움은 바리케이드가 허물어질 때까지 48시간 동안 계속되었다.[41]

『신 라인 신문』은 시위자들에게 지지를 표하고 그들을 위한 모금 활동을 전개했다. 9월 19일과 20일 양일간 엥겔스는 비록 시위대가 패배하기는 했지만 그들의 해방운동이 승리할 때까지 결코 무기를 놓아서는 안 될 것이라고 썼다. 그리고 다음 표적은 "프티부르주아의 호화로운 집들"과 "장원"이 될 것이라고 경고했다.[42]

이렇게 보도를 가장해 무장할 것을 요구한 것은 프랑크푸르트부터 쾰른은 물론 멀리 베를린까지 긴장하게 만들었을 것임에 틀림없다. 엥겔스의 논평이 간행되고 나흘 후에 쾰른 당국은 마르크스가 소위 "무한 체포욕"이라고 부른 것을 발동했다. 날이 밝기 전에 경찰은 신문사 직원 두 명을 체포했고 다른 사람들에 대해서도 체포영장이 발부되었다.[43] 마르크스는 다음과 같이 썼다. "만약 이 신사 분들이 자기들 계획대로 밀고 나간다면, 우리 신문의 편집 작업이 어떻게 수행될지는 곧 미스터리가 될 것이다…… 그것은 어느 쪽이 먼저 유머감각을 잃느냐의 문제일 뿐이다. 검찰청에서 온 그 신사 분들과 『신 라인 신문』의 편집자들 중에."[44]

월요일 아침의 체포 소식이 퍼지자 폭력사태가 일어났다. 약탈이 벌어지고 경찰과 충돌했으며 가스등이 깨지고 쾰른의 일부 가스관이 끊겼다.[45] 월요일에는 대부분의 노동자들이 할 일이 없었다. 그래서 마르크스는 정부의 체포 시점이 최대한 많은 노동자들을 자극해 싸움에 휘말리도록 일부러 의도된 것은 아닌지 의심했다. 그럴 경우 정부는 탄압의 빌미를 얻게 될 터였다. 그는 사람들이 모인 곳마다 돌아다니며 노동자들에게 경찰의 함정에 넘어가지 말라고 설득했다. 수천 명의 군대가 주둔하고 있는 쾰른에서 그것은 불을 보듯 뻔한 패배를 의미하기 때문이었다. 그렇지만 저녁이 되자 선술집에서 새로이 타오르기 시작한 열정이 절정에 달하면서 결국 사람들은 다시 거리로 뛰쳐나왔다. 사십여 개의 바리케이드가 세워졌고 사람들은 총포상과 철물점을 약탈해 낫, 도끼 등 무엇이든 무기로 사용될 만한 것들로 무장했다.[46]

그렇지만 자정을 기해 비상사태가 선포되었다. 노동자들은 싸울 기회를 갖지 못했다. 관리들은 민병대를 해산하고 술집의 영업시간을 오후 10시까지로 제한했으며 모든 공적 모임을 금하고 『신 라인 신문』과 다른 세 개의 쾰른 신문을 정간시켰다.[47] 마르크스는 구독자들에게 전단을 발행해 "펜이 검에 굴복해야 한다"고 말했다. 그렇지만 정간사태가 오래 지속될 것이라고 생각하지는 않았다.[48]

실제로 정간은 오래 지속되지 않았다. 그렇지만 신문의 존립을 위험에 빠뜨리기에는 충분한 정도였다. 신문은 항상 빚더미 속에서 운영되고 있었다. 그렇지만 이제 구독이 중지된 상태였기 때문에 인쇄 비용을 충당할 돈도 없었다. 게다가 헥커 검사에 의해 루푸스, 엥겔스, 뷔르거스에 대한 체포영장이 발부되었

다. 혐의는 정부 전복 모의죄였다.[49]

루푸스는 남서쪽 바이에른의 팔츠 지방으로 도망쳤다가 곧 다시 쾰른으로 돌아와서 반 은거 상태에 들어갔다.[50] 엥겔스와 뷔르거스는 경찰이 그들의 신상을 신문에 공개했기 때문에 더 멀리 떠나 있었다. 엥겔스의 어머니가 바르멘에서 편지를 썼다. "이제 너는 정말 멀리 가버렸구나…… 신문을 집어 들고 거기서 내 아들의 체포영장이 발부되었다는 기사를 보고 나는 벌벌 떨었다…… 사랑하는 프리드리히야, 만약 이 보잘것없고 슬픔에 빠진 어미의 말이 네게 조금이라도 의미가 있다면, 네가 여태껏 해왔던 일들을 모두 털어버리고 아버지의 충고에 따라 미국으로 가거라."[51]

엥겔스는 미국으로 가지 않았다. 대신에 브뤼셀로 갔다. 그렇지만 10월 4일에 드롱케와 함께 호텔에서 식사를 하려고 자리를 잡았을 때 경찰에게 체포되었다. 두 사람은 몇 시간 동안 구금되어 있다가 프랑스로 추방되었다.[52] 엥겔스는 프랑스에서도 체포될 처지였기 때문에 그곳에 머물 생각을 하지 않았다. 게다가 그는 그곳에서 본 광경들 때문에 가슴이 아팠다고 말했다.

> 카베냐크의 포탄이 파리의 활기찬 기상을 박살내버렸다. 〈라 마르세예즈〉와 〈출발의 노래Chant du Départ〉는 멎었다…… 빵도 총도 없는 노동자들은 억눌린 분노로 이를 갈고 있었다…… 파리는 죽었다. 그곳은 더 이상 파리가 아니었다. 거리에는 부르주아와 경찰 스파이밖에 없었다. 무도장과 극장은 텅 비었다…… 한마디로 그곳은 다시 1847년의 파리가 되었지만 정신도 사라지고 삶도 사라지고…… 어디로든 떠나야 했다. 그래서 먼저 스위스로 향했다. 나는 돈도 얼마 없었다. 그것은 내가 걸어가야 함을 뜻했다. 그리고 나는 가장 짧은 길을 택하지도 않았다. 프랑스를 떠나는 것은 누구에게나 힘든 일이다.[53]

엥겔스는 상황에 떠밀려 혁명운동과 결별하게 되었다. 그는 이제 스물여덟 살이었고 런던에 있을 때 줄리언 하니가 보았던 앳된 모습은 이미 사라지고 없었다. 대신 지적 반란의 최전선에서의 삶과 수년간 필요한 것보다 더 적은 것으로 지내온 생활로 단련된 더 거친 영혼이 자리 잡고 있었다. 그렇지만 그의 열정과 생기는 조금도 줄어들지 않았다. 그의 맑고 푸른 두 눈은 모험에 대한 기대로 반짝였다 ― 그것은 혁명적인 것일 수도 있었고, 아니면 그보다 더 나을지도 모를 성적인 것일 수도 있었다. 그는 여태까지 전자에 푹 빠져 있었다. 그렇지만 프랑스의 전원을 거닐며 가로지를 때는 "프랑스는 아름답구나!"라고 외치며 후자에 마음껏 빠져들었다.[54]

"그리고 얼마나 기막힌 와인인가!" 엥겔스는 「파리에서 베른으로」라는 제목의 일기에서 탄성을 질렀다. 그 일기는 손으로 경로를 그린 지도와 함께 그의 여행을 기록하고 있다(무수한 영탄부호가 사용되었다). 부르고뉴 지방에서 그는 돈이 조금이라도 있었으면 얼마나 좋았을까 하고 몹시 아쉬워했다. 그는 그곳을 "붉은 공화국"이라고 불렀는데, 정치적인 이유 때문이 아니라 그곳의 포도주 빛깔과 사람들 때문이었다. "1848년은 작황이 아주 좋아서 와인 통을 모두 끌어모아도 모자랐다. 게다가 그 품질이라니, 46년산보다 좋고 어쩌면 34년산보다도 나을 것이다!…… 매 걸음마다 나는 유쾌한 길동무, 가장 달콤한 포도, 그리고 가장 어여쁜 아가씨들을 찾아냈다…… 그렇기 때문에 언덕길을 힘겹게 오르는 것보다 훨씬 많은 시간을 풀밭에 누워 포도주업자와 그들의 아가씨들과 같이 포도를 먹고, 와인을 마시고, 웃고 떠드는 데 시간을 보냈던 것 같다."[55] 그는 카베냐크와 르드뤼-롤랭의 캐리커처를 그리며 지역 주민들과 사귀었고 이동 중에 그처럼 파리의 혼란을 피해 목가적 전원을 방랑하는 사람들과 어울렸다. 그가 여행하는 동안 정치적 활동은 거의 없었으며 마침내 제네바에 도착했을 때는 검게 그을리고 활력이 넘치는 상태였다. 그는 마르크스에게 돈이 필요하다는 편지를 썼다.[56]

그러나 마르크스에게 돈은 시간, 도울 능력, 마음의 평화 등과 함께 가장 희소한 자원이었다. 그는 『신 라인 신문』을 지키기 위해 사력을 다하고 있었다. 쾰른에서 비상사태가 해제된 후 일주일이 경과했을 무렵인 10월 12일에 다시 신문을 발간하기 시작했다. 그보다 빨리 신문을 재발간하는 것은 도저히 불가능한 일이었다. 왜냐하면 그나마 신문의 지원을 고려하던 소수의 주주들조차도 편집진에서 그렇게 많은 사람들이 도망자 신세가 되어버리자 발행에 대한 지원을 주저했기 때문이다.[57] 설상가상으로 정간 중에 가을철 구독기한이 다가왔는데 신문이 재발행된다는 보장이 없었기 때문에 기존 구독자들도 연장구독료를 내지 않았던 것이다.[58]

게오르크 베르트와 페르디난트 프라일리그라트(그는 뒤셀도르프에서 혁명을 선동한 시를 출판했다는 혐의에 대해 막 무죄선고를 받은 상태였다[59])가 모자란 집필진을 보충하기 위해 신문에 합류했다.[60] 한편 예니는 부부의 안락한 아파트에서 인쇄 잉크, 등잔 기름, 담배 냄새로 찌든 지저분한 편집사무실로 근거지를 옮겨 잡무를 거들고 엥겔스 같은 도망자들과 감옥에 갇혀서 가족들의 도움을 구하는 사람들의 개인적 요청들을 처리해주었다.[61]

조금 의아한 것은, 쾰른에서 이렇게 긴장이 고조되고 있는 가운데서도 예니가 아이들을 데리고 쾰른을 떠나 트리어로 가는 것을 마르크스와 예니가 한 번도 진지하게 고려해보지 않았다는 점이다. 마르크스의 체포는 시간문제로 보였고, 정세는 부대 안에 있는 수천 명의 군인들과 무장한 쾰른 시민들이 전투를 개시할 구실이 생기기만을 기다리고 있는 일촉즉발의 위기 상황이었다. 그러나 마르크스도 예니도 그녀의 안전에 대해서는 어떤 걱정도 드러내지 않았다. 그 이유는 아마 예니의 오빠 페르디난트를 믿었기 때문인지도 모른다. 페르디난트는 예니가 소녀였을 때 트리어의 무도장에서 그녀를 아주 훌륭히 보호해주었고, 지금은 프로이센 정부에서 출세가도를 달리고 있었다. 슈테판 보른은 페르디난트에 관해서는 마르크스와 예니 사이에 불화가 거의 없었다고 지적했다. 그는 마르크스가 예니에게 "당신 오빠는 너무 멍청해서 언젠가 프로이센의 장관이 될지도 모르겠군"이라고 농을 던지는 것을 들었다. 그 말에 예니는 얼굴을 붉혔다고 보른은 전했다.[62] 마르크스가 페르디난트에 대한 경멸을 스스럼없이 표현한 반면, 예니는 오빠에 대한 가족애를 마음속에 품고 있었기 때문일 것이다.

그들이 주고받은 편지는 따뜻했고, 그들 상호간의 존중은 의심의 여지가 없었다. 그들 간에는 정치 때문에 복잡해지기는 했지만 분명 사랑이 존재했다.[63] 페르디난트는 포츠담의 왕궁에 초청되었고[64] 정부의 지도급 인사들과 교분을 쌓았다—특히 내무장관이자 라인 지방의 총재인 프란츠 아우구스트 아이히만, 그리고 곧 내무장관이 될 오토 폰 만토이펠 남작과 가까웠다.[65] 그렇기 때문에 그의 누이동생은 비록 유명한 선동가의 아내이기는 했지만 그의 지위에 기대어 보호받을 수 있었다. 하지만 다른 사람들은 그렇게 운이 좋지 못했다.

17 1849년
쾰른

혁명은 죽었다.
혁명 만세!

—카를 마르크스[1]

『신 라인 신문』이 재간되었을 때 전한 이야기는 유럽에서 반혁명의 승리가 가까워지고 있다는 것이었다. 1848년 10월 6일에 발생한 추악한 사건이 대세를 되돌려버렸던 것이다. 빈의 노동자, 학생, 그리고 방위군은 이미 수개월간 진행되고 있는 반동적 조치 속에서 3월의 승리를 지키지 못할 수도 있다는 생각에 잔뜩 화가 나 있었는데, 오스트리아의 국방장관인 테오도르 라투르가 헝가리 독립운동을 진압하는 제국군을 돕는 데 방위군을 차출하려 하자 분노가 폭발하고 말았다. 노동자들은 라투르를 붙잡아 망치와 쇠파이프로 구타하고 칼로 난자한 뒤 엉망이 된 그의 시신을 가로등에 매달아두었다. 황제는 사태를 모면하려고 양보를 약속한 후 즉각 빈을 탈출했다. 그렇지만 대부분의 부르주아들은 그대로 머무르는 것 외에는 선택의 여지가 없었다. 문을 꼭 걸어 잠그고 그들은 빈이 무정부상태로 빠져드는 것이 아닌지 그리고 몇 개월 전 학생들이 주도한 낭만적 혁명이 이제 노동자들의 공포통치로 변해버린 것은 아닌지 두려움에 떨었다. 헝가리에 있던 제국군에게 귀환명령이 내려졌다. 수천의 군대가 왕과 유산계급을 위해 빈을 되찾으려고 돌아오고 있었다.

5만 명에 달하는 노동자, 학생, 방위군들은 무기를 나눠주고 바리케이드를 쌓으며 도시 안에서 일전에 대비했다.[2] 약 7만 명으로 추산된 오스트리아군은 시 외곽에 진을 치고 진입명령을 기다렸다. 그리고 10월 28일 날이 밝았다. 군대는 빈에 중화력을 퍼부었고 전투는 나흘 만에 끝났다. 분노만으로는 대포를 감당할 수 없었다. 3천여 명의 빈 시민과 1천3백여 명의 군인이 전사했다. 2천4백 명이 체포되고 25명이 처형됐다. 그 전투로 오스트리아 반란은 종언을 고했고 패배 소식은 불과 칠 개월 전 같은 도시에서 메테르니히의 실각 소식이 그랬던 것처럼 유럽 전역으로 퍼져 나가면서 사람들을 경악시켰다.[3]

마르크스는 그해의 반란들에 대응해 유럽 정부들이 보여준 무자비함에 치를 떨었고, 그런 잔인함을 눈감아주며 암묵적으로 동의해버린 중간계급의 비겁함에 분노했다. 그는 전에 없이 격한 표현들을 동원해가며 기사를 썼다. "6월부터 10월 사건까지 자행된 무의미한 학살들, 2월과 3월부터 끊임없이 제공된 희생 제물들, 반혁명의 식인주의는 낡은 사회의 살인마적 죽음의 고통과 새로운 사회의 피 흐르는 산통을 단축시킬 수 있는 유일한 수단이 단 한 가지밖에 없다는 점을 확신시켜준다. 그것은 바로 **혁명적 테러**이다."[4]

그렇지만 그가 그렇게 자극적인 표현을 구사했음에도 불구하고 폭력이 답이 될 수 없다는 점은 마르크스에게도 분명해지고 있었다. 지난 몇 달간 배운 점이 있다면, 바리케이드와 맨손은 왕과 왕의 군대에게는 무력할 수밖에 없다는 사실이었다. 맨손으로 일하고 싸우는 사람들은 국가의 지원 아래 잘 훈련되고 훌륭한 장비를 갖춘데다 유산자들의 지원까지 받는 군대를 전투에서 도저히 물리칠 수 없었다. 그렇기 때문에 격한 말을 쏟아내면서도 현실주의자로서의 마르크스는 10월 말에 새로운 무기를 찾기 시작했다. 그리고 세금에서 그것을 발견했다. 인민과 정부의 관계를 살펴보면서 그는 상호의존성에 주목했다. 그렇지만 그 의존성에 대한 전통적 해석에는 이의를 제기했다. 왕들은 시민들이 정부에 완전히 의존적이라는 관념을 퍼뜨려왔지만 마르크스의 시각에서는 달랐다. 지배자들은 농장이 운영되고, 공장의 생산 활동이 이루어지고, 상점에 상품들이 쌓이고, 배와 철로에 화물이 실리도록 하기 위해서 백성들이 필요했다. 그들은 백성들이 일하도록 할 필요가 있었던 것이다. 그렇지만 또한 왕들은 백성들이 벌어들인 돈을 정부에 내도록 할 필요도 있었다. 세금은 왕실과 국회, 군대의 재원이 된다. 즉 세금이 바로 왕국의 존립을 위한 자금줄인 것이다. 그러므로 억압적 정부가 있는 왕국에서, 백성들은 자신들을 옭아매도록 간수에게 돈을 지불하고 있는 셈이다.

마르크스는 백성들이 세금의 수도꼭지를 잠가버리면 왕국을 몰락시킬 수도 있다는 '경제적 비밀'을 발견했을 때, 전제군주들은 기적적으로 입헌정부의 사도들이 되었다고 주장했다. 그는 10월 20일자 『신 라인 신문』에 이런 주장을 실었는데[5] 놀랍게도 프로이센 의회가 그 주장을 채택했다. 의회는 3월 18일 이후의 세 번째 정부가 무너진 다음 왕에 의해 철저히 무력화되어 있었다.

새로운 재상 브란덴부르크 백작은 보수주의자였고 프리드리히 빌헬름 2세의 서자였다. 그는 11월 9일 프로이센 의회를 수도에서 서쪽으로 56킬로미터 떨어진 작은 도시인 브란덴부르크로 강압적으로 이전시켰다. 그리고 의회를 지지하는 시위대가 거리로 쏟아져 나올 것에 대비해 비상사태를 선포하고 베를린에 4만 명의 군대를 주둔시켰다.[6] 어찌할 도리가 없어진 의원들은 각자의 지역구로 돌아가 주민들에게 의회가 베를린으로 되돌아올 수 있을 때까지 세금을 내지 말라고 설득했다.[7]

11월 17일부터 마르크스는 신문의 1면 헤드라인에 줄기차게 "납세 거부!!!" 문구를 실었다. 그는 라인 지역 민주주의자위원회가 제출한 청원서에서도 그 구호를 반복했다.[8] 며칠 후 그 문서에 서명한 세 사람—마르크스, 샤퍼, 그리고 변호사이자 쾰른 민주주의협회의 회장인 카를 슈나이더 2세—은 반란선동 혐의로 법정에 소환되었다.[9] 그리고 혐의에 대한 증거들도 있었다. 본에서 뒤셀도르프에 이르기까지 시위대가 납세 거부를 구호로 채택하고, 세금징수소를 닮은 것이면 무엇이든 공격하고 불 질렀던 것이다(비록 그런 시도가 정부를 심각하게 위협할 만큼 확산되지는 않았지만).[10]

마르크스에 대한 법적 압력이 전방위에서 가중되고 있었다. 11월 초에는『신 라인 신문』의 사무실이 수색당했고, 마르크스는 신문이 발간한 한 편지 때문에 반역죄로 기소되었다.[11] 12월 초 마르크스는 다시 법정으로 소환되었다. 이 번에는 제국 내각이 신문을 중상 혐의로 고발했기 때문이었다[12](내각은『신 라인 신문』을 "나쁜 언론"[13] 중 최악이라고 불렀다). 마르크스가 체포될 것이라는 소문이 돌았다. 그럼에도 불구하고 그는 아직 스위스에 있는 엥겔스에게 자기는 정부를 자극하는 기사를 싣는 것을 멈추지 않겠다고 말했다. "이 요새는 수호되어야 하고 정치적 입지는 포기되어선 안 되네."[14]

마르크스가 여러 가지 법정투쟁으로 바쁜 동안, 프리드리히 빌헬름 4세는 12월 5일 프로이센 국회를 해산시키고, 왕에게 모든 권리를 중지시킬 수 있고 전쟁을 선포할 수 있는 권한을 부여하는 '헌법'을 제정함으로써 태어난 지 구 개월밖에 안 된 정부를 사실상 살해해버렸다. 그러고는 관대하게 새로운 선거를 명했다(새로 선출될 의회에 따르겠다는 것보다는 그간 국민들의 경험을 감안할 때 그런 제스처를 취하는 것이 무난해 보였기 때문일 것이다). 마르크스는 그것을 쿠데타와 다름없는 행위라고 불렀다.[15]

그런데 놀랍게도 그 '쿠데타'는 프로이센에서 비록 짧지만 바람직한 효과를 가져오는 것처럼 보였다. 왕은 당연히 자신의 것이라고 믿는 자리로 복귀했다. 이제 필요한 것은 흐트러진 것들을 재정비하는 것, 즉 반대파의 잔당들을 일소하는 일만 남았다.

1849년 1월 중순이 되자 쾰른은 엥겔스가 돌아와 마르크스가 "잔혹한 곤경"[16]이라고 불렀던 것들을 헤쳐 나갈 수 있도록 도와도 괜찮을 정도로 안전해 보였다. 체포 위협 때문에 프로이센을 떠났던 동료들의 대부분도 이미 그 전달에 돌아와서『신 라인 신문』사무실에서 근무하고 있었다. 그들은 무혐의 처리되거나 도피 중 사면되었다. 엥겔스는 마르크스와 함께 법정투쟁을 해보기로 마음먹었다.

2월 7일, 마르크스와 엥겔스, 그리고 신문발행인은 법정에 출두했다. 혐의는 한 해 전 안네케 체포에 관한 기사로 경찰을 중상했고 그와 아울러 부장검사 츠바이펠의 명예를 훼손했다는 것이었다. 마르크스와 엥겔스 두 사람 모두 법정을 가득 채운 방청객들을 향해 연설했다. 마르크스는 츠바이펠에 대한 명예훼손 혐의에 대해 만약 신문사가 그 사람의 본래 모습 ―인민에 대한 반역자― 을 그대로 보도했다면 유죄가 성립되겠지만, 사실 신문이 한 일은 그 사람이 한 말 ―그는 3월에 쟁취한 자유를 예전 상태로 되돌리겠다고 약속했다― 을 그대로 표현한 것밖에 없기 때문에 아무런 모욕이나 명예훼손도 없었다고 주장했다.[17] 마르크스는 나폴레옹법전에 많이 의지해 자기주장을 펼쳤고 자유언론의 의무도 강조했다. "공적 감시자로서의 언론의 역할은 권력자에 대한 지칠 줄 모르는 비판자이자, 모든 곳을 살피는 눈이어야 하며, 인민의 자유를 수호하기 위해 언제나 열려 있는 입이어야 합니다." 그는 문제가 된 기사는 신문이 비판자로서의 본연의 임무에 충실했음을 보여주는 것일 뿐이라고 지적한 후, 지난 몇 달간의 혼란스러웠던 상황들을 상기시키고 그 속에서 재판이 갖는 의미를 되새기며 그렇기 때문에 그 사건은 역사적 상황을 떠나서 이해되어서는 안 된다는 말로 진술을 마쳤다.[18] "3월 혁명이 패배한 이유는 무엇입니까? 그것은 혁명이 단지 최상층부의 정치구조만 개혁했지 그 구조를 떠받치고 있는 토대는 건드리지 않았기 때문입니다. 낡은 관료주의, 낡은 군대, 낡은 검찰, 낡은 사법체계는 절대군주에게 봉사하면서 발전했고 노쇠해갔습니다. 언론의 첫 번째 임무는 이제 기존 정치구조의 모든 토대를 허무는 일입니다." 방청석에서 갈채가 터져 나왔고, 마르크스는 자리에 앉았다.[19]

이제 경찰이 안네케를 체포할 때 그중 한 명이 취한 상태였다는 보도로 경찰을 중상했다는 혐의에 대해 엥겔스가 반박할 차례였다. 그는 어떤 경찰도 중상당하지 않았다고 주장했다. 왜냐하면 어떤 경찰의 이름도 언급된 바가 없기 때문이었다. 게다가 목격자들의 증언이 보도를 뒷받침해주었다.

만약 언론이 눈앞에서 벌어지고 있는 것에 대해 보도하는 것이 금지되어야 한다면, 만약 언론이 모든 복잡한 사건에 대해 유권해석이 내려질 때까지 기다려야 한다면, 만약 언론이 그 진실 여부와는 상관없이 다루고자 하는 사건이 장관에서부터 말단 경찰관까지 모든 공무원들에게 감정이나 명예에 상처를 받을지 먼저 일일이 물어봐야 한다면, 만약 언론이 사건을 변조하거나 완전히 모른 척 가만히 있는 것, 두 가지 중 하나밖에 선택할 수 없다면, 그렇다면 신사 여러분, 언론의 자유는 끝났습니다. 정녕 그것이 여러분이 원하는 것이라면 우리에게 **'유죄'**를 선고하십시오!

배심원들은 그러지 않았다. 세 명의 피고인은 모든 혐의로부터 무죄평결을 얻었다.[20]

그다음 날 마르크스는 '납세 거부'로 인한 반역 혐의로 다시 법정으로 돌아왔다. 샤퍼와 변호사인 슈나이더가 그와 동행했다. 마르크스는 다시 법정에서 연설했고 이번에는 거의 한 시간 동안 이어졌다. 그와 공동 피고인들이 세금을 정부에 대한 무기로 활용할 권리가 있음을 입증하기 위해 마르크스는 배심원들에게 지난해의 역사를 상기시켰다. 절대군주제, 귀족적 특권, 길드, 노예화된 농부 — 마르크스는 선출된 국회가 경제적 진보, 기초적 자유, 현대적 사회의 달성을 위해 그런 제도들의 철폐를 추진했다고 말했다.[21] 그런데 왕, 군대, 구사회 배후의 유력자들이 그런 국회에 위협을 느껴서 쿠데타를 일으켰다. "왕이 반혁명을 일으킨다면" 마르크스는 말했다. "인민은 혁명으로 답할 권리가 있습니다." 그리고 마르크스는 미국의 독립선언이 영국에 대한 조세반란에서 잉태되었음을 지적하며 세금을 혁명의 도구로 사용한 역사적 전례들을 언급했다. "국회 역시 권리가 없습니다. 인민들은 단지 국회에게 인민의 권리를 지켜달라고 위임했을 뿐입니다. 만약 의회가 자신에게 부여된 사명을 다하지 못한다면 그 권한은 자연 소멸하는 것입니다. 그러면 인민들은 스스로 나서서 스스로의 권위로 행동할 수밖에 없습니다."[22] 배심원들은 피고인들이 자기 권리 내에서 행동했음에 동의하고 세 사람에게 무죄평결을 내렸다. 배심원장은 마르크스에게 연설이 매우 유익했다고 사적으로 감사를 표했다.[23]

정부는 법정을 통해 마르크스와 그 동료들의 활동을 막으려 애썼지만 반정부적인 라인란트 배심원들이 번번이 혐의 없음이나 무죄방면을 선언해 좌절을 맛봐야 했다. 하지만 또 다른 카드가 남아 있었다. 쾰른 시장은 라인 지역 총재인 아이히만에게 편지를 보내 마르크스가 "이제 배심원들의 무죄평결로 더욱 기세등등해지고 있기 때문에 지금이야말로 그자를 추방하기에 적기가 아닌지 사료됩니다"라고 말했다. 그리고 마르크스가 "독기 서린 입으로 모든 것을 헐뜯는다"고 비난했다. 2월 17일에는 지난해 4월 마르크스가 쾰른으로 들어온 이후 행동이 점점 위험해져서 이제 더 이상 두고 볼 수 없게 되었다는 이유로 공식적인 추방요청서가 경찰감독관에게 제출되었다. "그는 자유를 제멋대로 이해해, 자유를 우리의 헌법, 왕, 고위공직자들을 자기의 인기 있는 신문에서 모욕하는 데 이용하고 있다. 그는 끊임없이 불만을 확산시키려 노력하고 교묘히 백성들에게 반란을 부추기고 있다."[24]

며칠 후 마르크스에 대한 보고서가 프로이센 내무장관 만토이펠의 책상에 올라왔다. 보고서는 마르크스가 실로 "사람들이 보통 존중하고 신성하게 여기는 모든 것들"을 조롱하고 있다고 말하면서도 그를 추방하는 것은 소요사태를 야기할 수 있다고 경고했다. 만토이펠은 원칙적으로 마르크스의 추방을 승인했지만 그 실행은 지역 당국의 판단에 맡겨놓았다. 지역 정부는 마르크스가 추방의 "직접적 빌미"를 제공할 때까지 기다리기로 결정했다.[25]

프로이센에서 추방된 다른 여러 사람들과 비교해보아도, 마르크스가 반정부 정서를 불러일으키는 데 훨씬 큰 역할을 했던 것으로 보였다. 그렇지만 마르크스는 다시 한 번 이해하기 어려운 대접을 받았다. 아마 그것은 그의 부인이 오빠에게 지닌 영향력 때문이었을 것이다. 페르디난트는 이제 리그니츠^{Liegnitz}의 실레지아에서 지역 정부 수장이었고, 그의 매제의 운명을 결정함으로써 나아가 누이의 운명까지 좌우할 수 있는 사람이 되어 있었다. 위태로웠던 지난 몇 달 동안 그는 왕, 브란덴부르크 백작, 빌헬름 왕세자, 아이히만, 그리고 만토이펠 등을 위해 일하고 그들과 사귀어두었다.[26] 그렇지만 마르크스가 어떤 이유로 쾰른에 머물 수 있도록 허락되었건 그곳에서 그의 삶은 계속적인 괴롭힘의 연속이었다. 증오의 편지들이 연일 신문사에 쏟아져 들어왔고 신변에 대한 협박도 있었다.[27] 두 명의 무장 하사관이 마르크스와 예니의 집에 쳐들어와 군 보급품을 빼돌리다가 유죄판결을 받은 한 장교에 대한 기사에 대해 보복을 원했다. 두 사람은 그 기사로 인해 쾰른의 프로이센 군대가 치욕을 느꼈다고 마르크스에게 말했다. 그들은 필자의 이름을 요구했고 만약 그를 넘겨주지 않으면 그들도 "더 이상 부하들을 말릴 수 없게 될 것"이라고 협박했다. 마르크스는 차분히 대응했다. 그들이 어떤 법적 조치에 의지할 수 있는지 설명해주고 협박으로는 아무것도 얻을 수 없다는 점을 지적했다. 그리고 자신의 가운 주머니 위로 삐져나온 권총 손잡이를 그들에게 보여주었다. 그들의 만남은 그런 대치 상태에서 마무리되었다. 누구도 먼저 폭력을 사용하고 싶어 하지 않았다.[28]

마르크스는 트리어에서 소년시절부터 사격술을 배웠다. 그곳에서 사냥은 흔한 일이었다. 그렇지만 그가 사람을 향해 총을 발사한 적은 없는 것으로 알려져 있다. 나중에 좌절감과 개인적 문제들 때문에 자신의 적들에게 결투를 신청하기도 했지만, 그가 정말로 결투를 원했는지는 분명치 않다. 그는 안개 낀 들판에서 이십 보 앞의 적 앞에 자신의 목숨을 내던지기에는 자기 삶(즉 자신의 작업)을 너무나도 소중히 여겼다. 마르크스는 혁명을 옹호하기는 했지만 개인적인 폭력에 대해서는 가장 비생산적인 일로 생각했다. 쾰른에 긴장이 가시고 더 이상 가족의 안전을 걱정할 필요가 없게 되자 마르크스는 그 하사관들을 '강도떼'로 묘사하며 새로운 사법 당국이 시민들의 현관 앞까지 관할권을 확대시켜줄 수는 없는지 문의하는 공식 소원을 제기했다.[29]

몇 개월간의 논쟁을 거쳐 1849년 3월, 마침내 프랑크푸르트의 독일국회는 독일연방을 하나의 국가로 전환시킬 헌법을 마련했다. 그렇지만 4월 초 프로이센 왕은 그 헌법을 거부했다. 그의 주장은 그것이 너무 자유주의적이기 때문이 아니라 다른 공국의 군주들이 자신이 모든 독일의 황제가 된다는 규정에 동의할지 확신할 수 없기 때문이라는 것이었다. 지난해 베를린 약속에 대한 왕의 이 같은 최종적 배신은 더 자유주의적인 독일의 공국들로부터 비난을 불러일으켰고, 다시 한 번 중간계급들조차도 반란의 가능성을 생각해보는 계기가 되었다.[30] 연방이 이렇게 술렁이고 있을 무렵인 4월 15일에 마르크스는 상황을 평가하고, 신문을 위한 자금 마련과 노동자단체들과의 접촉을 위해 쾰른을 떠나 독일의 여러 곳으로 여행길에 올랐다.[31] 그는 엥겔스에게 가족의 안전을 부탁했다.[32]

출발하기 전날 마르크스는 공산주의 운동의 역사에서 중대한 한 발을 내디뎠다. 공식적으로 부르주아 민주주의 단체들과 절연한 것이다. 그전까지 그는 민주주의자들과 실용적으로 연대한 것 때문에 비판을 받아왔었다. 그렇지만 노동자들에 대한 지지를 표명했던 그 자유주의자들이 일 년 동안 자신들의 정치적, 경제적 이득을 위해 반복적으로 등을 돌리는 모습을 보이자, 마르크스는 그들에게 신물을 느끼고 라인란트 민주주의조합을 탈퇴해버린 것이다.[33] 마르크스 전기 작가인 보리스 니콜라예프스키와 오토 맨헨-헬펜은 그 순간을 마르크스가 프롤레타리아트와 완전히 결합한 시점으로 보고 있다. 그는 다시는 부르주아와 정치적 동침을 추구하지 않을 것이다.[34]

마르크스는 3주간 쾰른을 떠나 있었다. 이 여행 중에 노동자의 대변자이자 중간계급과 이제 막 영구적인 결별을 선언한 그 사나이는 함부르크의 일급 호텔에서 2주간 머물며 사람들을 놀라게 했다.[35] 여행을 하는 동안, 종종 자신의 빈곤으로부터도 휴가를 얻어 (거의 항상 다른 사람의 돈으로) 최고급 호텔과 스파로 스스로를 달랬다. 그것은 별난 약점—그는 호화로운 환경을 사랑했던 것으로 보인다—이었으며 적들에게 공격의 빌미를 제공했다. 그의 적들은 그를 평생 동안(그리고 사후에도) 겉으로는 핍박받는 자들을 보호해주는 척하면서 사실은 엘리트주의자였다고 비난했다. 하지만 그런 비판자들은 마르크스를 잘못 이해한 것이다. 그는 다른 사람들의 안락한 삶에 대해 시샘하지 않았다. 단지 그들이 스스로 그것을 일궈야지 다른 사람들을 착취하는 방법으로 얻어서는 안 된다고 주장한 것뿐이었다. 그의 편지들로 판단해보건대 마르크스는 또한 짓궂게 상층계급 속으로 비집고 들어가 그들을 호되게 꾸짖고 그 반응을 살피는 것을 즐겼던 것으로 보인다. 그럼에도 불구하고 한결같이 그들은 점점 그와 동석하기를 즐기게 되었다. 그렇지만 함부르크에서 사치를 부린 것에는 다른 이유가 있었을 수도 있다. 그는 구걸의 심리학을 알았다. 작은 돈을 원할 때는 손을 뻗는 것만으로도 충분하다. 하지만 큰돈을 원할 때는 꼭 필요하지 않은 것처럼 보이는 것이 가장 좋다. 하지만 그는 거지나 다름없었다. 마르크스와 예니는 가진 것을 거의 모두 써버렸다. 그중 상당 부분은 신문사 비용을 대는 것이었다. 그런데 마르크스는 돈을 구하는 데 완전히 실패했다. 그는 떠날 때보다 더 가난해져서 5월 9일에 쾰른으로 돌아왔으며 호텔비를 갚기 위해 또다시 돈을 빌려야 했다.[36]

그리고 또 다른 나쁜 소식이 그를 기다리고 있었다. 프로이센을 떠나라는 명령서가 결국 발부된 것이다. 명령서의 날짜는 5월 11일이었지만 마르크스에게 전달된 것은 5월 16일이었다. 『신 라인 신문』이 독일혁명이 임박했음을 보도한 것이 그를 추방하기 위해 호시탐탐 기회를 엿보던 당국에게 빌미를 주었던 것 같다.[37]

프로이센 왕이 통합독일을 거부한 이후 연방 곳곳에서 산발적인 싸움이 벌어졌다. 베를린 남부, 작센의 수도 드레스덴에서 거의 일주일 동안 시가전이 벌어졌다. 바쿠닌은 친구인 리하르트 바그너가 드레스덴 오페라하우스에서 지휘하는 베토벤의 9번 교향곡을 보려고 4월에 드레스덴에 와서 머물다가 5월 초 바그너와 함께 도시 한쪽의 바리케이드를 지켰는데 다른 쪽에서는 오페라하우스가 불타고 있었다. 바쿠닌은 동료 시위자들에게 가지고 있는 모든 폭탄을 지니고 시청에 자살테러를 감행하자고 제안했다[38](그는 이 계획을 포기하고 도시를 탈출했다. 사흘이 지난 후 결국 체포되었는데 소지품 중에는 프로이센에서 도망 다니면서 직접 쓴 에로소설도 있었다).[39]

마르크스가 기금모금 여행에서 막 돌아왔을 때, 엥겔스는 쾰른의 신문사 사무실에서 싸움을 살펴보며 라인 강 계곡에서의 봉기에 관한 계획을 작성하고 있다가, 졸링겐Solingen 근처의 무기고를 습격한 노동자들이 탈취해온 두 상자의 탄약을 얻어서 봉기에 직접 가담하려고 엘버펠트Elberfeld로 가버린 뒤였다.[40] 엥겔스는 바리케이드 쌓는 일을 도운 후 주변의 전세를 살피려고 나섰다. 엘버펠트와 바르멘 사이의 다리 위에서 엥겔스가 포수들을 지도하고 있을 때, 그의 아버지가 그를 발견했다. 그때 엥겔스는 붉은 띠를 두르고 있었기 때문에 봉기를 지휘하고 있다는 사실을 부인할 수 없었다. 엥겔스와 아버지는 심하게 다투었다.[41] 한편 엘버펠트 봉기의 중간계급 조직자들 중 일부는 쾰른의 악명 높은 '빨갱이'가 그들의 반란을 원래 의도보다 더 과격하게 만들어버릴 것이라고 우려했다. 그들은 엥겔스에게 떠나달라고 요구했다.[42] 엥겔스는 순순히 동의했다. 하지만 한 번만 더 '정찰'을 돌고 떠나겠다고 말했다. 엥겔스와 두 명의 다른 동료들은 칼과 권총으로 무장하고 말을 몰아 엘버펠트 근처의 군대보급창으로 갔다. 그리고 무기를 약탈해 거리의 시위대에게 전달했다.[43] 이 약탈로 인해 또다시 엥겔스에게 체포영장이 발부되었다.[44]

여러 가지 실망스러운 일에도 불구하고 엥겔스는 처음 도착했을 때에 비해 조금도 식지 않은 열정을 간직한 채 엘버펠트를 떠났다. 그는 라인란트에서 통일독일의 검정, 빨강, 황금색의 깃발 아래 진행될 새로운 차원의 싸움이 왕권에 대한 결정적 전투로 발전하기를 바랐다. 그리고 『신 라인 신문』에서 "과연 이번에도 인민들이 '모자 벗어!', 그 한마디로 끝내고 말 것인가!" 하고 궁금해했다.[45] 엥겔스는 베를린 시민들이 왕에 대항해 봉기하지 않은 것을 애석하게 여겼다. 그것이 비록 패배가 확실한 싸움이 된다고 할지라고 적어도 그들은 "자신들 뒤로, 생존자들의 마음속에 복수의 열망을 남길 것이며, 혁명적인 시기에 그것은 정열적인 실천에 가장 강력한 동기가 될 것이기 때문이다".[46]

신문사 직원들은 초과근무를 하며 봉기에 관한 특별판을 찍어냈다. 북적이는 사무실 안에서 인쇄기는 시끄럽게 덜컹거리며 양면으로 인쇄된 종이를 뱉어냈고, 직원들이 미친 듯이 최근 소식들을 정리해 식자공들에게 넘기면, 그들은 한 글자 한 글자씩 공들여 활판을 짰다. 침침한 기름등잔 아래서 밤늦게까지 일하던 마르크스는 더욱 대담해지기 시작했다. 그는 공개적으로 인민들에게 왕에게 저항하라고 촉구했다.[47] 왕이 일 년간 개혁을 받아들이는 척하다가 민주주의자들에게 유일한 약은 오직 군대뿐이라고 말하며 결국 자신의 속내를 드러냈기 때문이다.[48] 이제 마르크스는 신문에서 프리드리히 빌헬름을 폰 호엔촐레른 씨Herr von Hohenzollern라고 불렀다. 왕이 신으로부터 부여받았다고 스스로 말하고 있는 지위를 공개적으로 박탈해버린 것이다.[49] 이틀 후 마르크스에게 추방명령이 떨어졌다.

기한이 다가오면서 신문은 마지막 호를 서둘러 찍어냈다. 1849년 5월 19일에 나온 마지막 신문은 시작부터 끝까지 저항 일색이었다. 마르크스는 다음과 같이 썼다. "우리는 아무런 동정심도 없고, 당신으로부터 아무런 동정도 바라지 않는다. 우리 차례가 오면 우리도 탄압에 대해 변명하지 않을 것이다." 편집부는 쾰른 시민들에게 작별인사를 고하면서 봉기하지 말 것을 조언했다. 질 것이 뻔했기 때문이다. 그들은 독자들에게 감사의 뜻을 전하며 "마지막 말은 언제 어디서나 항상 **노동계급의 해방!**"[50]이라고 말했다. 마지막 호는 첫 페이지부터 끝까지 붉은 잉크로 인쇄되었고 나오자마자 즉시 고전이 되었다. 신문은 2만 부—구독자 수의 세 배 이상—가 팔렸고 일부는 원래 가격의 열 배에 팔리기도 했다.[51] 엥겔스는 자랑스럽게 회상했다. "우리는 요새를 버릴 수밖에 없었다. 하지만 우리는…… 군악대의 연주에 맞춰 깃발을, 마지막 붉은 호의 깃발을 휘날리며 퇴각했다."[52] 신문에 공감하지 않았던 한 저널리스트도 나중에 그 마지막 호는 수집가들이 선호하는 품목이 되었다고 말했다. "그 신문이 고급 액자에 넣어져 소장되는 경우가 많았다."[53]

그렇지만 그런 찬사는 마르크스에게 아무런 도움도 되지 못했다. 그와 예니는 강제로 국경까지 호송되기 전에 다시 짐을 꾸려 서둘러 도시를 떠나야 했다. 예니는 모든 짐을 챙겼다. 그리고 유일하게 남은 귀중품인 은접시는 빌린 여행 가방에 넣었다. 그녀는 카를의 3백여 권의 책을 아파트를 얻는 데 도움을 준 의사 롤란트 다니엘스에게 맡기고, 가구 등은 처분해 여행경비를 마련했다.[54] 그동안 마르크스는 신문사 일을 정리했다. 모든 집기가 그의 소유였기 때문에 그것들을 처분해 주주, 인쇄공, 직원들에게 골고루 나눠주었다. 나머지 소모품과 장비들은 쾰른의 또 다른 민주주의적 신문인 『신 쾰른 신문Neue Kölnische Zeitung』에게 주었다. 그 신문은 소멸되는 자매지에 대한 경의의 표시로 검은 테두리를 두른 신문을 발행했다.[55]

신문사 직원들은 재빨리 흩어졌다. 엥겔스는 그들에게는 아직 해결되지 않은 스물세 건의 소송이 걸려 있었기 때문에 가능할 때 빨리 떠날 필요가 있었다고 말했다.[56] 신문의 마지막 호가 거리에 뿌려지자마자 마르크스, 예니, 렌헨, 세 자녀, 그리고 엥겔스는 라인 강의 바지선을 타고 쾰른을 떠나 빙겐Bingen을 거쳐 프랑크푸르트에 도착했다.[57] 예니는 그곳에 잠시 머물렀다—그녀의 은식기를 저당 잡히는 데, 또는 그녀의 표현으로 "브뤼셀의 전당포에서 금방 찾아온 은접시를 즉시 사용할 수 있는 현찰로 바꿔놓는 데"[58] 필요한 시간만큼만. 그리고 그녀는 마르크스와 헤어져 아이들을 데리고 트리어로 갔다. 비록 다시 추방자 신세였지만 예니는 한 친구에게 자신 있게 말했다. "우리가 지금 느끼는 모든 압력은 곧 다가올 우리 관점의 완벽한 승리를 예고해주는 것일 뿐이에요."[59] 그녀는 마르크스의 낙관주의를 따르고 있었다. 모든 불리한 상황 속에서도 마르크스는 적어도 표면적으로는 정부가 전복될 것이라고 확신하고 있었다.

마르크스와 엥겔스는 프랑크푸르트에 남아서 독일 전역의 시위대들에게 국회의 지도 아래 뭉쳐서 힘을 한데 모으고 베를린에 대한 반란의 계획을 재정비하라고 호소했다. 성과가 없자 두 사람은 바덴Baden으로 가서 그곳에서 싸우고 있던 사람들에게 활동 공간을 프랑크푸르트로 옮겨야 한다고 설득했다. 그렇지만 아무도 불운한 의회를 구하는 데 관심을 보이지 않자 그들은 다시 빙겐으로 돌아왔다.

독일을 포기하고 떠나려는 바로 그 순간 마르크스는 체포되었다. 빙겐에 도착하자마자 마르크스와 엥겔스는 군대에 체포되어 프랑크푸르트로 이송된 후 며칠 동안 구금되어 있다가 석방되었다. 두 사람은 서로 헤어지기로 했다. 마르크스는 레드 볼프와 여행하다가 파리에서 예니를 기다리기로 했다.[60] 파리에는 이미 여러 반란적인 독일 공국들의 대표들이 지원과 승인을 구하며 분주히 움직이고 있었다. 엥겔스는 바덴으로 가서 전투에 참가했다. 포병으로서의 기질이 발동한 것이다. 그리고 무엇보다도 시위대가 계속 공세적으로 보이도록 유지할 필요가 있다고 믿었다. 그는 "방어적인 것은 모든 무장봉기에서 죽음이다"[61]라고 주장했다.

그렇지만 사실 싸움은 이미 끝나 있었다. 정부군은 잔당들에 대한 산발적인 소탕 작업을 펼치고 있을 따름이었다. 유럽의 왕과 왕자들은 다시 모든 곳에서 그들의 권좌에 편안하게 정착했다. 단, 프랑스만은 예외였다.

18

I849년
파리

헤겔은 세계 역사에서 중요한 일은 두 번
반복된다고 지적했다. 그는 다음 말을
추가하는 것을 잊었다. 첫 번째 것은
비극이지만, 두 번째 것은 희극이라는
사실을.

—카를 마르크스[1]

가끔 장엄한 사건의 잿더미에서 떠오르는 인물들은 너무 괴상하기 때문에 거의 우연한 사고처럼 보이기도 한다. 1848년 봄의 혼돈 속에서 프랑스에서 떠오른 인물이 그랬다. 무료로 배포된 메달과 석판화에서 단순히 '그 사람Lui'이라고만 언급된 사람이 있었다. 당시로서는 놀랍도록 현대적인 선전 방법이었는데 마침내 그가 나타나 모든 것을 바로잡을 것이라는 소문이었다. 파리 사람들이 냉혹하게 서로를 학살하고 지방 사람들은 공포에 질려 혁명의 도시에서 그런 범죄들이 흘러넘쳐 시골까지 번지지 않을까 벌벌 떨고 있을 때, 구원자가 될 그는 런던에서 최적의 복귀 기회가 오기를 기다리고 있었다. 그렇지만 그의 모습은 이미 모든 곳에서 목격되었다. 파리의 담벼락에는 마음을 편안하게 해주는 한 이류와 함께 알 수 없는 사나이의 벽보가 나붙어 있었다.

'그 사람'은 샤를 루이 나폴레옹 보나파르트로 나폴레옹 보나파르트의 조카였고, 그 자신도 프랑스의 황제가 될 운명이라고 믿고 있었다. 군중의 믿음을 고

취시키기 위한 방편으로 그 교포는 오르간 악사와 거리의 가수들을 고용해 큰 길에서 또 다른 나폴레옹의 임박한 복귀를 예언하며 다니도록 시켰다. 많은 프랑스인들에게 그 이름은 정작 주인이 누가 되었건 안정, 일자리, 음식, 심지어 부, 즉 그들에게 부족한 모든 것을 의미하는 것이었다.[2]

루이 나폴레옹은 비록 파리에서 태어났지만 스위스에서 자랐기 때문에 역사를 제외하고는 프랑스와 아무런 관련이 없었다. 그렇지만 이미 두 번씩이나 프랑스 정치에 개입하려고 시도했었다.[3] 두 번의 시도는 모두 무위에 그쳤는데, 특히 두 번째 것은 매우 극적이었다. 1840년 8월 당시 그는 황제 복장으로 프랑스에 도착했다. 그의 머리 위로는 독수리 한 마리가 장엄하게 선회하고 있었다 (아래에 있는 루이 나폴레옹의 출중함보다는 그가 모자 속에 감추어둔 베이컨 조각에 이끌렸던 것이다). 그는 프랑스를 이끌기 위해 왔다고 선언하며 불로뉴에 제국기를 꽂았다. 국민방위군은 즉시 그를 쿠데타 기도 혐의로 체포했다.[4] 그는 종신형을 선고받고 북프랑스에 육 년간 갇혀 있다가─그가 프랑스에서 머문 가장 긴 시간이었다─노동자로 변복해 영국으로 탈출했다. 그곳에서 삼촌의 권좌를 재탈환하기 위한 음모를 계속 꾸몄다.[5]

1848년 5월, 드디어 기회가 왔다. 프랑스에서 거의 알려지지 않았던 루이 나폴레옹의 이름이 국회의원 선거 후보명단에 오르자 파문이 일었다. 그는 네 개의 지역구를 대표하는 의석들을 얻었다.[6] 정부는 이 유명한 이름을 지닌 탈옥자가 국회에 의석을 차지할 것이라는 사실에 경악했다. 관료들은 그의 후보 자격을 문제 삼았다. 루이 나폴레옹은 우아하게 사퇴하고 영국으로 돌아가서, 프랑스 정치인들이 약한 나폴레옹─스스로 그렇게 보이도록 꾸몄다─이 재건사업에서 강력하지만 다루기 쉬운 상징적 존재로 유용할 것이라는 사실을 깨닫게 되기를 기다렸다. 그는 아무런 세력 기반이 없었기 때문에 현재의 정부지도자들에게 의존할 수밖에 없었을 것이다. 그의 예상대로 정치인들은 그 가능성을 보았다. 그는 9월에 다시 프랑스로 돌아와 국회에서 의석을 차지했다.[7]

루이 나폴레옹은 아주 볼품이 없었다. 커다란 머리와 상체에 짧은 다리를 가졌으며 얼굴은 온화하지만 멍청해 보였다. 게다가 프랑스어가 서툴렀고 강한 외국 억양이 배어 있었다. 그럼에도 불구하고 그의 의회 복귀를 추진한 전략가들은 그를 더 높은 자리에 올려놓는 작업에 착수했다. 그는 실질적으로는 프랑스를 움직이는 힘을 수십 년간 그것을 휘둘러온 사람들의 손에 그대로 남겨두면서도 국민들에게 거짓된 안정감을 심어줄 수 있는 완벽한 도구였다.[8] 12월 대통령선거가 치러졌을 때, 루이 나폴레옹은 그의 가장 큰 경쟁자인 카베냐크가 백만 표를 얻은 데 비해 무려 5백만 표라는 압도적 득표로 승리를 거두었다.[9]

그렇지만 이 새로운 나폴레옹은 자신이 꾸민 것처럼 그렇게 바보스럽지 않았다. 그는 처음에는 자기를 프랑스 국민들이 자신들의 희망과 꿈 — 자신들의 미래 — 을 마음껏 새겨 넣을 수 있는 텅 빈 석판처럼 보이도록 놓아두었고, 설혹 자기 생각이 있다 하더라도 그 대부분을 첫해에는 혼자만 간직하고 있었다. 사실, 그의 가장 시급한 임무는 먼저 그가 선출되어 이끌게 된 나라에 대해 좀 더 알아보는 것이었다. 그 나라는 정치적 시기, 불신, 증오로 갈가리 찢겨져 있었다. 과거의 상처는 전혀 아물지 않았고 극좌파와 노동자들은 패배하기는 했지만 죽지 않았다. 루이 나폴레옹은 불가피해 보이는 도전을 물리치기 위해 정부를 강화할 필요가 있었다. 하지만 그 도전이 임박한 것은 아니었다. 정부가 분열되어 있다면, 반체제 세력은 상황이 더욱 심각했다. 노동자들은 아직도 전해 6월의 나날들에서 회복되지 못하고 있었다.

마르크스는 아시아콜레라가 번지고 초여름의 더위가 몰려오던 6월 9일 파리에 도착했다. 그는 정부 내에 그의 안전을 보장해줄 친구가 더 이상 없었기 때문에 무슈 람보즈^{Monsieur Ramboz}라는 가명으로 여행하고 있었다.[10] 1848년 2월과 1849년 6월의 차이는 아주 컸다. 혁명에서 반혁명으로의 전화는 프랑스에서는 익숙한 것이었다. 그것은 유럽 전체에서 닮은꼴로 나타났다. 반란의 환호성은 정치적 불안, 폭력, 그리고 충성심의 재편으로 이어졌고, 노동자들은 혼자 전투를 치렀으며, 결국 새로운 혈통의 지배계급 — 산업자본가와 금융자본가 — 으로 구성된 반동적 정부의 형성으로 귀결되었다.

마르크스는 유산자인 부르주아, 중간계급이 그들의 사적인 이익과 그들이 알지도 이해하지도 못하는 계급의 삶 사이에서 선택해야 할 시기가 왔을 때 손쉽게 프롤레타리아트를 버렸던 것에 대해 혐오하기는 했지만 놀라지는 않았다. 그리고 이 다수의 프롤레타리아트가 그들을 억누르는 힘에 효과적으로 맞서기 위해 서로 단합하지 못했던 것에 대해 낙담하기는 했지만 역시 놀라지는 않았다. 마르크스는 여전히 프랑스 노동자계급—"안정된 임금 수입이 없는 4백만 명"[11]—이 다시 일어설 것이라는 신념을 버리지 않았다. 그는 엥겔스에게 썼다. "파리는 황량하군. 무엇보다도 콜레라가 기승이야. 그럼에도 불구하고 오늘의 파리만큼 혁명의 화산이 대규모로 분출할 날이 가까웠던 적도 없지…… 나는 모든 혁명적 당과 접촉하고 있네."[12]

즉각적 혁명에 대한 그 예상은 6월 13일에 비참한 모습으로 현실화되었다. 이제 국회에서 소수파인 자유주의자들 중 한 사람인 르드뤼-롤랭은 루이 나폴레옹이 교황을 교황령의 수장으로 복귀시키기 위해 로마를 침공하자 그에 대한 반대를 주도했다.[13] 교황은 자신의 민주주의적 성향 때문에 1848년 시칠리아 봉기의 촉발에 기여하기도 했는데, 측근의 암살을 포함한 정치적 혼란이 일자 로마를 버리고 탈출했었다. 그가 없는 동안 로마공화국이 선포되었다.[14] 루이 나폴레옹은 교황을 돕기 위해 움직이면 프랑스 가톨릭계의 지지를 얻을 수 있고, 영토 협상에서 더 유리한 위치를 차지할 수 있을 뿐만 아니라, 유럽 문제에 개입하는 나폴레옹의 전통이 되살아났음을 과시할 수도—침략군으로서가 아니라—있는 기회라고 여겼다.[15]

로마 침공을 이유로 대통령을 탄핵하려던 르드뤼-롤랭 주도의 계획이 의회에서 거부되자 그의 추종자들은 거리로 뛰쳐나가 시민들과 함께 싸우고자 했다.[16] 그렇지만 마르크스의 낙관론과는 달리 정치적, 사회적 온도는 1848년 6월에 정점을 찍은 후 급격히 냉각되어 있었다. 반란자들은 한 학교를 점거하고 바리케이드를 쌓자고 외쳤지만, 마르크스의 기록에 따르면 그들이 동원할 수 있었던 것은 거리로 내던져진 고작 몇 개의 의자뿐이었다.[17] 그 항의를 통해 얻은 것은 소위 혁명가라는 사람들의 무능력을 노출시키고 장차 다가올 탄압에서 루이 나폴레옹의 손에 힘을 실어준 것 외에는 아무것도 없었다. 비상사태가 연장되고 망명자들에 대한 새로운 규제가 가해졌다. 무엇보다도 정부는 파리가 다시 외국에서 온 선동가들의 피난처가 되는 것을 원치 않았던 것이다.[18] 경찰은 특히 독일인들을 예의 주시했다. 경찰은 독일인들이 국제혁명위원회의 지도자들이라고 생각했다. 한 초기 마르크스 전기 작가는 이 무서운 조직은 치안 당국의 풍부한 상상력 속에서만 존재하는 것이었다고 말했다[19] — 그리고 마르크스의 상상력 속에서도 그랬다고 할 수 있을 것이다. 그의 과장된 표현들은 여러 정부들이 파국적인 미래상을 떨쳐버리지 못하게 하는 데 한몫했다.

예니, 렌헨, 그리고 아이들은 7월 7일 파리에 도착했다. 보통 예니는 트리어의 어머니를 떠나는 것을 힘겨워했지만 그해 여름만큼은 그렇지 않았다. 그녀는 친구 리나 쇨러(예니의 동생 에드가가 미국으로 떠나기 전까지 그와 약혼한 사이였다)에게 어머니의 경제적 걱정과 나이 때문에 자신이 견디기 힘들고 이기적으로 변했다고 말했다. "나는 그곳에서 편안하지 못했어. 그곳의 모든 것들이 너무 많이 바뀌었고 사람들도 당연하겠지만 예전과 달랐어." 어쨌든 그녀는 파리가 무척 그리웠다고 말했다.[20]

또다시 임신한 예니와 그 일행들은 쾰른에서 지내는 동안 끌어모은 짐 보따리들을 마차에 실어 브뤼셀을 지나고 다시 기차로 파리까지 옮겼다. 파리에 도착하자 그녀는 힘이 솟고 상쾌함을 느꼈다고 썼다. 그것은 아마도 여행을 마쳤다는 안도감보다는 마침내 다시 파리로 돌아왔다는 기쁨의 표현이었을 것이다. 일 년간 프리드리히 빌헬름의 철권과 군부대의 그늘에서 지낸 뒤라서 루이 나폴레옹의 반동적 파리에서의 삶조차도 그녀에게는 경이적으로 자유롭게 느껴졌던 것이다. "이 순간 파리는 화려하고 웅장하고…… 불운했던 6월 13일 이후 귀족들과 부르주아들은 자신들이 안전하다고 여기고…… 14일이 되자 모든 고위층들이 숨어들었던 구멍에서 마차를 타고 기어 나왔고 경이로운 거리는 다시 모든 면에서 웅장함과 장대함으로 물결쳤고…… 아이들은…… 그 모든 경이로움에 눈이 휘둥그레졌다."

그것은 그녀가 사랑했던 도시였고 그녀가 원했던 집이었다. 파리는 그녀가 신혼의 단꿈을 아로새긴 곳이었고 원치 않았지만 쫓겨날 수밖에 없었던 곳이었다. 그녀는 이어서 적당한 가격에 임차할 것을 제의받은 파리에서 한 시간 정도 떨어진 파시Passy의 방 여섯 개에서 열 개짜리 집에 대해 리나에게 설명했다. 그 집은 하이네의 새로운 집과 가까웠고 우아한 가구들로 꾸며져 있었으며 정원도 있었다.[21] 하지만 당분간은 앵발리드Les Invalides 근처의 쾌적한 동네에 있는 예쁘고 아늑한 아파트에서 살게 될 것이라고 그녀는 말했다. 레드 볼프도 그들과 함께 살 예정이었다. 그녀는 리나(마르크스가 "붉은 광란의 오를란도"라고 부른 그 신사가 그녀를 좋아했다)에게 그들의 아름답고 편안한 도시로 자신을 방문해 달라고 초청했다.[22]

그렇지만 예니가 행복에 들떠 그들의 상황을 상술하고 있는 동안 마르크스는 가족을 부양할 돈을 마련하기 위해 미친 듯이 편지를 쓰고 있었다. 그는 예니에게 안 좋은 소식을 솔직히 알리지 않았던 것이 분명하다. 예니는 안 그래도 빠듯한 그들의 경제 사정이 이제는 절망적인 상황이라는 사실을 모르고 있었던 듯하다. 쾰른을 떠나기 전 마르크스는 미리 받은 유산의 나머지를 신문사를 유지하는 데 이미 모두 써버렸다. 그는 요제프 바이데마이어에게 자기가 현재 완전히 무일푼이며 프루동에 대해 공격했던 과거의 책이 재배포되고 판매가 이루어지면 돈을 받게 될 테니 그때까지 돈을 좀 구해봐달라고 부탁하는 편지를 썼다. 마르크스는 그에게 지나치게 낙관적으로(부정직한 것까지는 아니라 하더라도) 책이 출판될 것이라고 말했다. "가능한 한 다른 사람들에게 알리지 말고 이 일을 알아봐주십시오. 조만간 어떤 식으로든 도움을 얻지 못한다면 저는 도무지 어찌해야 할지 난감합니다. 제 가족들은 이미 이곳에 와 있고 제 아내의 마지막 보석도 이미 전당포에 들어가 있으니까요."[23] 그는 또한 바덴에서 반란자들과 함께 싸우고 있는 엥겔스에게도 호소했다. "어디서 돈 좀 구해주게…… 현재와 같은 상황 속에서 경제적 어려움에 처하는 것은 물론이고 완전히 은퇴한 삶을 살 수는 없네."[24]

그렇지만 그들의 가장 심각한 문제는 돈이 아니었다. 예니가 리나에게 도시 중의 도시에서의 그녀의 미래에 대해 편지를 쓴 후 닷새 뒤에 누군가 찾아와 현관문을 두드렸다. 그리고 파리에서의 행복하고 안정된 삶이라는 예니의 꿈은 산산조각 났다. "낯익은 경찰반장이 다시 찾아와서 카를 마르크스와 그의 아내는 24시간 내에 파리를 떠나야 한다고 알렸다"고 예니는 그녀의 미완의 비망록에서 회고했다.[25] 마르크스는 프랑스의 수도에서 더 이상 환영받지 못하는 기피 외국인으로 분류되어 있었다. 마르크스는 당국에게 자신이 선의로 왔고 경제학에 대한 책의 저술에만 전념할 것이라고 설득을 시도했으나,[26] 1845년 브뤼셀로 갈 때 성공했던 그 방법은 1849년 파리에서는 먹히지 않았다. 마르크스는 그전에 서신교환자들에게 프랑스 경찰이 자기 편지를 열어보고 있다고 경고한 적이 있고, 정말로 그렇다면 자기가 스스로 말한 "혁명의 조기 부활"[27]을 위해 노력하는 반란자가 아니라고 발뺌할 수 있는 도리는 없었다.

추방명령서는 가족들이 파리에서 서쪽으로 480킬로미터 떨어진 브리타뉴의 모리비앙Morbihan으로 이사할 수 있다고 했지만, 마르크스는 그것을 사형선고나 마찬가지로 받아들였다. 왜냐하면 그곳의 늪지대는 질병의 온상이었기 때문이다. 그는 소원을 제기했고, 관료주의의 느린 일처리 덕에 한 달의 유예기간을 벌었지만 그 기간도 전혀 편안하지는 못했다.[28] 그는 "다모클레스의 칼"•이 머리 위에 매달려 있는 느낌이었다고 말했다.[29] 게다가 예니와 아이들이 아팠기 때문에 마르크스는 '남성 간호사' 역할을 해야만 했다.[30] 편지에서 그는 예니의 상태를 임신 탓으로 돌렸지만, 사 년 사이에 네 번째로 다른 나라로 옮겨야 하는

• BC 4세기 전반에 시칠리아 시라쿠사의 참주 디오니시오스 2세는 자신에게 아첨하는 신하 다모클레스를 호화로운 연회에 초대해 한 올의 말총에 매단 칼 밑에 앉혀, 참주의 행복이 위기와 불안 속에서 유지되고 있음을 깨닫게 했다.

상황에 맞닥뜨려 그녀가 우울증에 빠졌을 가능성이 높다. 평생 동안 예니는 그들의 사적인 문제가 견디기 어려울 정도로 심각해질 때면 병이 나곤 했다. 그런 경우 렌헨이 가정의 안주인 노릇을 대신했고 카를(그 자신도 스트레스에 의한 발병을 모르지 않았다)은 사람들에게 그녀의 고통을 단지 육체적인 것으로 가장했다.

마르크스는 자신의 지적 추구와 운동적 목표를 개인적 어려움에 대한 방어막으로 이용했다. 그는 자신의 사업을 개인적 삶으로부터 분리시켜놓는 데 탁월한 재능을 보였다(한 작가는 마르크스가 이런 상황에 굴복하는 것을 부르주아적 방종으로 여겼고, 그것은 전시에 용서될 수 없는 일로 보았다고 전한다).[31] 7월 프라일리그라트에게 보낸 편지에서 자신의 경제적 사정과 관련된 논란을 설명하면서 그는 그런 사적인 불쾌함을 잊을 수 있도록 정치에 대해 말하자고 제안했다.[32] 그리고 심지어 돈도 없고 앞으로 어떻게 될지도 막막한 그런 7월의 절망적인 상황 속에서도 바이데마이어에게 쓴 편지에서 "현재 우리의 개인적 사정들이 참으로 난감하기는 하지만, 그럼에도 불구하고 저는 그럭저럭 만족스럽게 지내고 있습니다. 상황은 나아지고 있습니다"라고 썼다. 그는 지난해 유럽의 노동자들을 패주시켰던 자들의 상충되는 이기심이 표면화되었고 이제 그들끼리 서로 격렬하게 싸우게 될 것이라고 믿었다.[33]

여름 내내 마르크스는 가족을 부양하기 위해 경제적 문제에 대한 소책자를 쓰는 것부터 베를린에 새로운 신문을 창간하는 것까지 다양하게 돈을 만들 방법을 궁리했다. 심지어 경제학 책을 쓰지도 못했고 선금으로 받은 돈을 아직 돌려주지도 못하고 있는 과거의 출판업자 레스케에게도 연락해 자신의 책 출판에 관심이 있는지 타진해보기도 했다. 그렇지만 모든 계획은 지지부진했고 마침내 8월 중순에 프랑스 정부가 그의 소원을 각하하고 브리타뉴에 정착하든지 아니면 즉시 프랑스를 떠나라고 통고했을 때, 그의 미래는 쾰른을 떠날 때보다도 더 암울해 보였다.[34]

마르크스는 가족들이 파리를 떠날 돈을 마련하기 위해 절박한 심정으로 독일의 젊은 변호사이자 동료 사회주의자인 페르디난트 라살레에게 편지를 썼다.

그는 라살레에게 다른 사람들에게는 말하지 말아달라고 부탁했으나 라살레는 그의 경제적 곤궁에 대해 공개적으로 다른 사람들과 논의했던 것으로 보인다. 마르크스는 격분했다. 자신이 약하게 보이는 것을 참을 수 없었고 적들이 자신의 개인적인 어려움을 세세히 알도록 만드는 것을 죽기보다 싫어했기 때문이다.[35] 그는 프라일리그라트에게 상황이 "형언할 수 없을 정도로 짜증스럽게" 돌아가고 있으며 "공개적인 구걸보다는 차라리 굶어 죽는 것이 낫다"[36]고 말했다. 하지만 그런 자존심에도 불구하고 라살레의 돈을 받았다. 달리 방법이 없었던 것이다.

마르크스는 프랑스 정부에게 스위스로 갈 수 있는 여권을 요청했으나 거절당했다. 그들이 발급해줄 수 있는 여행증명서는 영국으로 가는 것뿐이었다.[37] 마르크스는 8월 23일 스위스에 있는 엥겔스에게 편지로 자신은 프랑스를 떠나 런던으로 가지만 예니는 정리를 위해 조금 더 머물 것이라고 알렸다.[38] 그 이전에 엥겔스에게 보낸 편지에서 마르크스는 두 사람이 저술 활동, 또는 상업적 기업 활동을 해야 한다고 썼다.[39] 영국으로 떠날 날이 임박하자 그는 그곳에서 독일어 신문을 시작할 돈을 약속받았다고 말하며 엥겔스에게 합류하라고 간청했다. "나는 이것을 완전히 믿네. 자네는 스위스에 있어서는 안 돼. 런던에서 우리는 사업을 시작할 수 있어…… 자네가 나를 어려움 속에 혼자 내버려두지 않으리라 확신하네."[40]

마르크스는 다음 날 파리를 떠나 8월 26일 영국해협을 건넜다.[41] 예니, 렌헨, 그리고 아이들은 어쩔 수 없이 그들의 연장체류에 동의해준 경찰로부터 계속 들볶이기는 했지만 2주간 더 파리에 머물렀다.[42] 예니는 그녀와 마르크스가 다른 여러 친구들 속에 섞여 같은 정부에 의해 파리에서 쫓겨났던 첫 번째 경험에서 일종의 정치드라마 같은 스릴을 느꼈다면, 이번에는 그저 두렵기만 했다. 그녀는 임신 칠 개월이었고 파리의 더위 속에서는 운신조차 힘겨웠다. 그녀를 도와줄 만한 친구도 별로 없었다. 파리에서 그녀에게 가족 같은 존재인 하이네가 아직 있기는 했지만, 그는 팔다리의 거동이 불편했고 몸무게도 뼈다귀만

남은 수준인 32킬로그램으로 떨어져 있었다. 그는 고통을 완화하기 위해 세 가지 종류의 모르핀을 사용했고 방을 거의 나서지도 않았다. 그럼에도 불구하고 반은 마비된 입을 놀려 속삭임 같은 목소리로 시를 구술하고 있었다.[43] 과거 예니헨의 목숨을 구해주기도 했던 그 남자는 이제 그녀를 도울 처지가 못 되었다.

예니가 가족과 자신을 위해 꿈꿨던 파리에서의 찬란한 미래는 불과 한 달 만에 물거품이 되어버렸다. 이제 그녀는 전혀 알지 못하는 춥고 음습한 나라, 영국으로 향하고 있었다. 프라일리그라트가 인심 좋게 건네준 1백 프랑을 쥐고 예니, 렌헨, 그리고 아이들(각각 다섯 살, 세 살, 두 살이었다)은 9월 15일 칼레Calais로 가서 영국으로 떠나는 증기선에 몸을 실었다.[44] 그들이 아는 많은 사람들이 이미 거쳐간 길이었다. 그녀는 여행 중에 기운을 차려보려고 애썼다. 그녀는 "빈자와 핍박받는 자들의 세상을 위해 칼과 펜을 들고 싸운 사람들은 외국에서 밥벌이할 수 있다는 것만도 다행스럽게 여긴다"고 말했다. 그렇지만 육 년간의 불안한 생활을 보낸 후 영국으로 향하면서 그녀에게는 오직 단 한 가지 목표밖에 없었다. 그녀에게는 쉴 곳이 필요했다.[45]

3부

빅토리아 여왕 시대
영국에서의 망명생활

19

ᴉ849년
런던

런던은 지옥 같은 도시다……
동정은 고사하고 정의도 찾아보기
어렵다.

—퍼시 비시 셸리[1]

1849년 프랑스에서 영국으로 해협을 건너는 이틀간의 여행은 건장한 사람에게도 힘든 일이었다. 예니에게는 살아남기 위해 모든 힘을 모아야 하는 일이었다. 그녀는 칠 개월 차가 넘은 서른다섯 살의 임산부였고 쾰른에서 가족이 추방당한 5월 이래 계속 정착하지 못하고 이동 중이었다. 추위 속에 물에 젖고, 멀미로 쇠약해진 상태에서 아이들(역시 추위 속에 젖고 아팠다)을 돌보느라고 지칠 대로 지친 그녀는 마침내 남편을 만나게 될 것이라는 기대로 템스 강을 들어서는 증기선 위에 서 있었다. 그렇지만 그들이 도착했을 때 마르크스는 부두에 나와 있지 않았다. 그의 말로는 콜레라 비슷한 증세로 앓아누웠고 대신 시인 친구인 게오르크 베르트를 내보내 가족을 마중하게 했다. 그래서 베르트가 예니, 렌헨, 그리고 아이들을 그들의 끔찍한 새 보금자리로 안내했다. 그들은 전세마차로 안개를 뚫고 런던의 웨스트엔드 한복판의 레스터 스퀘어Leicester Square에 있는, 독일인 재단사가 운영하는 하숙집에 도착했다. 그녀는 남편이 건강을 되찾아 영구적으로 살 집을 마련할 때까지 일단 그곳에 머물라는 말을 들었다. 한편 마르크스는 여자의 돈을 보고 결혼한 독일 친구 카를 블린트와 함께 화려한 그로스브너 스퀘어Grosvenor Square에 머물고 있었다.[2]

예니가 온기도 모자란 작은 방에 망연자실하고 주저앉아 미래를 걱정했을 것임을 상상하기는 어렵지 않다. 다시 한 번 파리 — 화려하고 부유하고 활기찬 곳 — 에서 밀려나 알지도 못하고 언어도 생경한 도시에 내팽개쳐진 것이다. 그렇지만 이번의 이주는 다른 때보다 더욱 힘겨웠다. 왜냐하면 가족은 더 불어났고, 가진 돈은 없는데 전망마저 암울했으며, 유럽의 가장자리에 있는 런던은 그들처럼 절망적인 수천 명의 여행자들이 마지막에 찾는 종착지였기 때문이다. 빅토리아 여왕의 영국은 추방당한 군주와 범죄자, 반란자들에게 자유의 환상을 제공하며 붙잡아두는 무덤과 같은 곳이었다. 한 이탈리아인 방문자가 "5천만 명을 다스리던 전제군주에서부터 굶주린 오르간 악사와 비질하던 소녀에게까지 망명자의 땅은 누구에게나 공평하게 열려 있었다"[3]라고 썼다. 그렇지만 영국의 개혁가 조지 줄리언 하니는 그런 자유가 대부분의 망명자에게 무엇을 의미하는지 더 정확하게 표현했다. 그들은 "자유롭게 우리의 해안가에 상륙할 수 있고 자유롭게 우리의 혹독한 하늘 아래서 굶어 죽을 수 있었다".[4]

마르크스가 맨체스터 여행 때 느낀 것과 마찬가지로, 예니의 그간 삶은 세상에서 가장 산업화된 이 거대하고 부유한 도시에서 발견한 오물과 소음과 비참함에 대해 어떤 식으로 대처해야 할지 조금도 알려주지 못했다. 물론 런던의 일부 지역은 그녀가 고향에 돌아온 듯한 편안함을 느낄 수 있을 만한 곳도 있었다. 그로스브너 스퀘어가 그런 곳 중 하나였다. 그곳의 방마다 따뜻하게 타오르는 난로와 편안하게 몸을 감싸는 실크드레스, 푹신한 긴 의자는 그녀가 트리어의 고향집에서 알고 지냈던 안정감을 선사했을 것이다. 꼭 그런 곳이 아니라 보통 말하는 부유함에는 미치지 못하는 곳이라 할지라도, 그 도시에는 어느 정도 품위를 유지하며 소박하게 살아갈 수 있는 곳들도 많았다. 그렇지만 레스터 스퀘어에는 고상함이라고는 눈을 씻고 봐도 찾을 수 없었으며 품위 비숫한 것으로 착각할 만한 것도 거의 없었다. 여행 가방에는 아직 파리의 초창기 생활 때부터 간직한 근사한 옷들이 들어 있었고, 여전히 베스트팔렌 남작부인이라는 신분을 지닌 그녀는 주변의 황량한 회색세계 속에서 이방인일 수밖에 없었다. 그녀가 숨 쉬는 먼지투성이 공기 속에도 절망이 떠다니는 것 같았다.

사실, 마르크스 가족은 도시의 안개가 너무 짙어서 해가 뜨는 것도 보이지 않는 계절이 시작되는 시점에 런던에 도착했다. 한낮에도 이방인은 가스등의 노란 불빛이나 보도를 밝히기 위해 고용된 소년들이 높이 치켜든 깜빡이는 등불이 있음에도 불구하고 길을 찾는 것이 거의 불가능할 정도였다. 한 외국인은 안개가 너무 짙기 때문에 악수하면서도 상대편의 얼굴을 볼 수 없을 정도라고 말했다.[5] 그리고 그런 답답한 대기에 악취까지 더해지면 가히 사람을 질식시킬 만한 분위기가 만들어졌다.

수천 마리의 말들이 마차, 짐차, 승합차 등을 끌며 런던의 진흙탕 거리를 누볐고, 오가는 중에 매일 수백 톤의 배설물을 쏟아냈다. 그런 동물의 냄새는 런던 사람들이 그들의 "밤의 흙(night soil, 분뇨)"[6]을 처리하는 지하 시궁창에서 올라오는 인간의 쓰레기 냄새와 뒤섞였다. 웨스트엔드와 소호 같은 인구밀집 지역의 지하 시궁창은 배설물이 1미터 높이까지 쌓였다.[7] 예니가 도착한 해에 그 폐기물들을 템스 강으로 흘려보내기 시작했다. 하지만 그것은 문제를 없애기는커녕 더욱 유동적으로 만들 뿐이었다. 고약한 냄새가 나는 침전물은 런던의 초보적인 하수시스템 속에서 조류를 타고 위아래로 떠밀려 다녔다. 도시를 깨끗하게 만들 수도 있었던 강은 그 대신 도심을 관통하는 거대하게 노출된 하수도가 되어 악취를 퍼뜨렸고 그뿐만 아니라 더욱 위험스럽게도 질병을 전파하는 역할까지 했다.[8] 1849년 런던은 정기적인 콜레라 창궐에서 이제 막 벗어날 무렵이었다. 소호와 레스터 스퀘어 광장 근처의 지역들은 특히 발병이 심각한 곳이었다. 왜냐하면 가난한 사람들이 가능한 모든 틈바구니에서 벌레처럼 우글거리며 살고 있었기 때문이다.[9]

감자잎마름병과 경제위기가 대량 이민을 유발한 1845년 이후 웨스트엔드와 소호는 동쪽으로는 대륙에서, 서쪽으로는 아일랜드에서 유입된 수천 명에 이르는 유민들의 종착지가 되었다. 그들이 그곳으로 몰려든 이유는 선배 이민자들이 이미 그곳에 프랑스, 독일, 이탈리아, 아일랜드 주거지를 일궈놓아서 영어로 말할 필요가 없었고 영국의 방식을 따를 필요도 없었기 때문이었다. 이미 정착한 사람들이 신참들을 등쳐 먹는 일도 비일비재했다. 터무니없는 집세를 요구하기도 하고 그들의 보잘것없는 비상금을 털어가기도 했다. 그러면 친구도 없는 그 불운한 자들은 거리로 내몰렸고, 그곳에서 일에 빠져 여념이 없기로 악명 높은 런던의 군중과 공간을 다퉈야 했다. 런던 사람들은 발길을 늦추느니 차라리 도랑에 처박힌 유민들을 짓밟고 다녔다. 추위 속에서 유민들은 지역의 복잡한 골목으로 기어들어 피신처를 찾을 수밖에 없었고, 골목은 더 많고 더 가난한 난민들이 몰려들면서 북적대며 도시 안의 또 다른 도시들로 성장해갔다. 그들은 그들만의 법이 있었고 그들만의 언어도 있었다.[10]

그리고 당연한 일이겠지만 레스터 스퀘어 주변에는 백여 개 이상의 술집이 몰려 있었다. 주머니에 1실링을 가진 행운아는 그곳에서 한 잔의 술로 위안을 얻을 수 있었다.[11] 그 지역의 분위기는 어둡고 시끌벅적하고 별났다. 행상들이 거리에 줄지어 자리 잡고 감자, 커피, 구운 장어, 완두콩 수프, 파이, 땅콩 등을 팔았다. 선정적이거나 폭력적인 소책자의 내용을 큰 소리로 떠벌리는 판매자들도 있었다(그들이 떠드는 폭력이나 음란성은 보통 과장된 것이었다). 시인과 극작가들은 구석에 서서 자신의 작품을 비장하게 암송했다. 하지만 거리를 장악한 것은 이탈리아인들이었다. 8백여 명의 이탈리아 소년들이 오르간 악사로 일했다. 그들 중 많은 수는 인신매매로 영국에 오게 된 아이들이었다. 그들은 원숭이나 훈련된 쥐를 데리고 다니면서 간신히 로시니나 벨리니의 작품임을 알 수 있는 곡들을 틀었다. 아이들은 근처의 클럭큰웰Clerkenwell이나 사프라힐Saffron Hill에서 그들을 재워주는 두목을 만족시키기 위해 돈을 벌어야 했다.[12]

그런 떠들썩한 모습 뒤에는 먹고살기 위해 아등바등해야 하는 사람들의 비애가 담겨 있었다. 그것은 삶의 활력이 아니라 공포였다. 예니는 자신과 같은 처지인 주변의 모든 유민들이 살아남기 위한 투쟁으로 미쳐가는 것을 보았다. 그리고 그것이 그들의 새로운 보금자리였다.

1848년 반란의 다른 많은 망명자들과 마찬가지로 마르크스와 예니도 지난해의 흥분이 아직 가시지 않은 채 런던에 도착했고, 유럽의 면모를 거의 바꿀 뻔했던 혁명적 세력을 부활시키려는 뜻을 품고 있었다. 반란이 군주와 유산계급의 손에 분쇄되었다는 것도 오히려 그들의 열정을 더욱 부채질할 뿐이었다. 중간계급들은 약간의 정치적 권리를 얻었고, 기업들은 더 자유로운 활동을 보장받았지만, 노동자들은 여러 가지 면에서 그전보다 악화된 상태로 전락했다. 노동자들은 공장에서 생산물을 만들어내면서도 여전히 착취당하는 계급이었다. 그리고 정치적 힘이 없기 때문에 사회적으로도 거의 눈에 띄지 않는 존재였다. 그들에 대한 관심은 항상 경계와 의심을 동반했다. 왜냐하면 아직 파리, 빈, 밀라노, 베를린의 바리케이드에 대한 기억이 생생했기 때문이다.

마르크스는 믿었던 싸움이 중도에 끝장난 것을 애석해하면서 다음 봉기를 기대했다. 다음 봉기는 대부르주아의 탐욕 앞에 생존을 위협당하고 있고, 최근 반란의 성과를 나눌 때 아무것도 챙기지 못했던 프티부르주아들 ― 소상점주, 숙련공, 관리 ― 에 의해 주도될 것으로 예견했다. 이 소부르주아들은 지배계급에 대한 자신들의 투쟁에 노동자들을 끌어들이려고 시도할 것이다. 마르크스는 그 연합이 불가피하다는 것을 어쩔 수 없이 인정하면서도 그것이 아주 짧을 것이라고 보았다. "우리의 목표는 사적 소유의 변형이 아니라 폐지일 뿐이다. 계급간의 적대를 완화시키는 것이 아니라 계급 자체의 폐지여야 하며, 기존 사회의 개선이 아니라 새로운 사회의 기초를 마련하는 것이어야 한다."[13]

그렇지만 어떻게 대륙의 노동자들에게 접근해 사회적 지진에 대비하도록 만들 것인가? 더군다나 머나면 영국 땅에서. 그 일을 위해서는 조직, 신문, 그리고 노동자들의 신뢰를 얻을 프로그램이 필요했다. 그래서 마르크스는 다시 정치에 뛰어들었다. 공산주의자동맹의 옛 동지들과 연락을 취해 런던에서 조직의 부활을 꾀했고, 망명자부조위원회의 설립을 도왔다. 그렇지만 그가 정말 주력한 일은 신문을 발간하는 일이었다. 그의 목표는 독일어로 출간되는 80페이지짜리 월간지였고 그것을 주간지 또는 일간지로 발전시키는 것이었다. 그 신문을 일단 유럽 여러 곳의 망명자 사회에 배포할 것이지만 중요한 점은 그것이 적지 한가운데, 즉 독일에서 읽히도록 만드는 것이었다. 동맹은 재건된 공개적 조직을 확장시키는 한편 신문을 통해 대륙에서는 불가능한 자유언론 역할을 영국에서 수행하면서 반동적인 체제에 대한 압박을 가하게 될 것이다.[14]

마르크스는 신문 창간에 필요한 돈이 없었다. 동맹의 조직원들도 모두 그처럼 망명자들이었기 때문에 돈이 없기는 마찬가지였다. 그러나 그는 자금 마련에 낙관했다. 그는 프라일리그라트에게 처음 몇 주간이 가장 힘들 것이라고 말했다. 한편으로는 독일노동자교육협회German Workers' Educational Society를 위해 '부르주아의 재산이란 무엇인가?'와 같은 경제학 강의를 시작했다.[15] 그 강의는 레드라이언 술집Red Lion Pub의 2층 방에서 열렸다. 강의가 성공적이면 강의 내용을 신문에 게재할 계획이었다.

이제 서른두 살이 된 마르크스는 어디를 보아도 대학교수 같은 인상을 풍겼다. 빳빳한 셔츠에 무릎까지 내려오는 짙은 색의 낡은 프록코트를 걸쳤으나, 그런 전통적인 신사의 복장 위에 목에 두른 스카프를 늘어뜨려 예술가적인 느낌을 더했다. 헝클어진 검은 머리에서 조금씩 갈색빛이 보였지만 수염만큼은 아직도 칠흑같이 검은 단색을 유지하고 있었다. 그는 안경을 끼지 않고 가끔씩 오른쪽 눈에 외눈안경을 사용했는데, 단지 꿰뚫어보는 듯한 시선을 강조하기 위한 용도일 뿐이었다.[16] 그는 칠판을 사용하며 장차 자신의 책『자본론』의 구성부분이 될 여러 가지 공식과 이론들을 끈기 있게 설명했다. 마르크스의 학생들은 대부분 나이 어린 동료들이었다. 하지만 강한 라인란트 발음을 구사하는 탁월한 선생에게 진정 매료된 사람들은 동맹이 모집하고자 한 노동자들이 아니라 장인들과 지식인들이었다. 지식인들은 새로 도착한 망명자들 속에서, 그리고 마르크스가 도시의 한쪽 끝에서 반대쪽 끝까지 누비며 망명자들을 돕고 그럼으로써 그들의 신뢰를 얻기 위해 모금 활동을 벌이는 과정에서 모집되었다.[17]

놀랍게도 이런 박애주의적 활동도 경쟁이 치열했다. 당시 런던에는 1848년에 잠시 권력을 쥐었다가 안전한 영국으로 도망친 사람들이 우두머리 역할을 하고 있는 조직들이 수십 개나 있었다. 그들은 좁은 바닥에 한데 몰려 작은 부스러기의 기금이나 관심, 그리고 정치적 지원을 두고 서로 다투었다. 독일인들은 (서로 간에, 그리고 다른 망명자 그룹들과 접촉할 때) 떠들썩한 것으로 악명 높았고 구성도 가장 다채로웠다.[18] 상대적으로 단조로웠던 영국인들의 눈에는, 무릎까지 오는 가죽바지에 밝은 술이 달린 초록색 후드코트를 입었으며, 모자에 사람 머리카락 장식을 달고 엄지까지 포함한 손가락에 자신의 지위나 직업을 상징하는 반지를 낀 독일인들이 매우 괴상한 종족으로 보였다.[19] 술집 단골들은 그런 사람들이 서로 둘러앉아 맥주를 밤새도록 끝도 없이 마셔대는 것을 놀란 눈으로 지켜보았다. 독일인들은 진지하고 강했으며 영국에서의 체류가 길지 않을 것이라고 확신했기 때문에 그곳에 적응할 필요도 거의 느끼지 못했다.

여러 망명자 단체의 지도자들은 스스로를 혁명을 완수할 새로운 운동의 지도자로 여겼다. 그들은 위원회들을 조직하고 전략을 구상했으며, 심지어 자기들과 극소수의 추종자들에게서밖에 인정받지 못한 임시정부를 수립하기도 했다. 또 자신들의 세력과 지위를 과시하기 위해 허세를 부리며 돌아다녔고, 가끔씩 자기 지지자들의 사기를 고취시키기 위해 서로 싸움을 벌이는 경우도 있었다. 하지만 지역에서 그들이 영향력을 확장시킬 수 있는 터전에는 한계가 있었다. 그렇기 때문에 런던의 부두에 첫발을 내딛은 불행한 무리들이 그들에게는 세력 확장의 주요 대상이 되었다. 따라서 신참자들을 돕기 위해 경쟁하는 독일인 단체들은 그들의 안녕에 대한 걱정뿐만 아니라 다가올 위대한 혁명투쟁에서 그들을 군대로 활용하고픈 이기적인 동기도 지니고 있었다.

마르크스는 자신을 그런 당파의 지도자들 중 하나로 보지 않았다. 오히려 그들이 단골술집에서 자기를 둘러싼 사람들로 하룻밤 새 새로운 내각을 뚝딱 만들어내는 "민주주의적 독재자"가 되기를 열망하는 자들이라고 조롱했다. 그는 평생 동안 독재자적 야망을 가졌다고 비난받았음에도 불구하고 한 번도 실제건 상상이건 어떤 나라의 수장이 되고 싶어 한 적이 없었다. 그리고 다수의 대중으로부터 찬사를 받는 것도 원치 않았는데, 한 동료의 말에 따르면 마르크스는 그때 당시 그런 대중을 "생각과 감정을 지배계급들로부터 제공받는 두뇌 없는 무리들"[20]로 여겼다고 한다. 그는 그들을 이끌고 싶어 하지 않았다. 하지만 그들을 가르치고 싶어 했다. 왜냐하면 역사 진보에 대한 그의 이론이 옳다면 그 대중이 바로 미래를 대표하기 때문이었다.[21] 그는 오직 그들만이 지식으로 무장하고 다수의 힘을 바탕으로 지배계급을 패배시킬 수 있다고 보았다. 그가 공정하고 정의롭다고 생각하는 체제 — 공산주의 체제 — 가 탄생한다면, 그것은 바로 런던 부두에 발을 내딛는 자들 같은 사람들이 주도하는 프롤레타리아트 혁명의 산물일 수밖에 없었다. 마르크스는 그들 사이에서 기반을 닦는 가장 빠른 방법은 그 시점에서 그들이 가장 원하는 것 — 이론이 아닌 물질적 도움 — 을 제공하는 것이라는 사실을 알고 있었다(사람은 꿈을 꾸기 위해 먼저 먹어야 한다). 그와 동료들은 독일의 개혁가들에게 절망적인 상태로 영국에 도착한 수천 명의 동포들을 돕자고 호소하는 글을 배포했다.

　　그들은 아침에 일어나면서 저녁이면 어디에 머리를 눕힐지, 또 저녁에는 다음 날 먹을 음식을 어디서 얻게 될지 알지 못합니다…… 그들은 자유주의자, 민주주의자, 공화주의자, 사회주의자로 여러 가지 다른 정치적 신념을 지지했고 다른 이해관계를 가졌지만, 망명길에서는 모두 똑같이 비참한 처지에 놓여 있습니다. 동포의 반수 이상이 누더기를 걸치고 외국인의 문전에서 구걸하고 있습니다. 우리의 망명 동포들이 화려한 대도시, 런던의 차가운 도로 위를 방랑하고 있습니다…… 도시의 거리 어디에서나 망명자들이 우리말로 내는 비탄의 소리가 들립니다.[22]

호소문은 기부 대상자들에게 위원회 구성원 누구도 기금에서 돈을 빼낼 수 없으며 월간 지출내역도 공개하겠다고 약속했다. 11월 중순, 기금은 열네 가족을 도울 수 있을 만큼 모였다. 그리고 곧 예순 가족이 위원회의 구호를 받았으며 그 수를 5백까지 늘릴 계획이었다.[23] 단체는 또한 소호에 공동숙소와 식당을 세웠으며 망명자들이 기술을 익힐 수 있는 작업장도 만들었다.[24]

망명자들을 돕는 일에 마르크스와 동참한 사람들 중에는 베르트, 레드 볼프, 카를 블린트, 공산주의자동맹의 하인리히 바우어, 그리고 전직 프로이센 장교로 공산주의자가 된 귀족 아우구스트 빌리히가 있었다. 예니는 항상 그랬듯이 비서로 일했고 엥겔스도 곧 와서 도왔다.

엥겔스는 지난 5월에 마르크스, 예니와 함께 쾰른을 떠난 후 그들과 이따금씩 연락을 주고받고 있었다. 그는 자기 말처럼 "칼을 허리에 차고" 곧바로 바덴으로 달려가 빌리히 휘하에 모인 8백 명가량의 의용군에서 군사부관이 되었다. 바덴은 독일 반란의 마지막 대접전이 벌어질 곳이었고 엥겔스는 그 기대에 한껏 부풀어 있었다.[25] 6월의 뜨거운 열기 아래 제복은 블라우스로 교체되었고 대반란군 내에서 사회적 차별은 이미 사라져 있었다.[26] 엥겔스는 예니에게 "나는 네 번의 전투를 치렀소…… 그리고 포화 아래에서의 용기라고 우쭐할 만한 것들이 사실은 대부분의 사람이 누구나 지닐 수 있는 일반적인 성품이라는 것을 알았소. 총탄이 날아가는 소리쯤은 정말 별것 아니오…… 내가 본 사람들 중에 전투에서 겁을 먹은 자는 손가락으로 꼽을 정도요."[27]

바덴에 집결한 반란자들은 6천에서 1만 3천 명 정도였지만 프로이센과 바이에른의 6만 부대를 상대해야 했다.[28] 전사한 많은 반란자 중에는 공산주의자동맹의 거물인 요제프 몰도 있었다.[29] 그는 1847년 마르크스와 엥겔스를 공산주의자동맹에 가입하도록 설득했었다. 몰이 전사한 후 곧 패배가 확실시되자 엥겔스의 부대는 국경을 넘어 스위스로 갔다. 그곳에는 이미 1만 명 정도가 피난처를 찾아 넘어와 있었다. 엥겔스는 영국으로 가서 마르크스와 합류하고 싶었지만 프랑스 국경이 봉쇄되었기 때문에 직선거리로 여행할 수 없었다. 그래서 10월 초에 남쪽의 제노바로 이동해 이탈리아로부터 지브롤터 해협을 거쳐 영국으로 가는 긴(그리고 어느 모로 보나 즐거운) 해상여행을 시작했다.[30]

예니가 도착한 이후 마르크스의 가족이 레스터에 머문 것은 잠시뿐이었다. 영어를 할 줄 아는 친구들의 도움으로 그들은 첼시의 킹스로드King's Road에 방 두 칸짜리 아파트를 얻었다. 그곳은 오늘날처럼 번화한 곳은 아니었지만(첼시의 거주민들 대부분도 마르크스 가족만큼이나 절박한 상황이었다) 소호보다는 나았다. 그리고 그 이사로 그들은 예니가 또 다른 아들을 출산할 때 다른 방에 머물 수 있었다.[31]

1849년 11월 5일, 예니가 산통으로 비명을 지를 때 도시 전체가 함성으로 화답하는 것 같았다. 창문 아래의 거리에는 떠들썩한 군중이 몰려들었다. 창가에서 마르크스의 가족은 폭죽이 터지는 것을 보았고 그들이 이해할 수 없는 함성을 들었다. "가이 포크스Guy Fawkes 만세!" 그리고 "11월 5일을 기억하라!" 그날은 가이 포크스 데이였다. 17세기 영국의 가톨릭교도들이 왕과 국회의원들을 살해하려 했던 음모가 좌절된 것을 기념하는 날이었다. 가면을 쓴 소년들이 나무 당나귀에 올라 거리를 행진하고 누더기를 입은 '가이들'은 수레 뒤편에 서서 거대한 가면들이 달린 빗자루를 치켜들고 2층에 있던 사람들을 놀라게 했다. 무질서의 세력에 대한 먼 과거의 승리를 기리며 밴드가 행진하고 사람들은 노래하고 춤추며 술을 마셨다.[32]

마르크스와 예니는 네 번째 아이인 하인리히 귀도 마르크스가 반정부 음모를 되새기는 날에 태어난 것을 상서로운 징조로 여기고 위대한 모반자의 이름을 따서 아이에게 포크스헨Fawkes-chen(작은 포크시)이라는 별명을 붙여주었다.[33] 그렇지만 태어날 때부터 포크시Fawksy는 건강이 좋지 않았다. 마르크스와 예니는 유모를 고용할 형편이 못 되었기 때문에 예니가 스스로 키웠지만 아이는 계속 아팠다. 아이는 밤낮으로 보챘다. 예니가 그런 상태를 "많은 걱정과 말할 수 없는 슬픔"을 아이가 모유를 통해 빨아들인 탓으로 돌렸다.[34] 한 동료는 다른 동료에게 "항상 앞서기를 좋아한 젊은 공산주의자 마르크스는…… 고함소리로 모든 사람들의 신경을 자극하고 있다. 그렇지만 그는 조만간 좀 더 이성적이 될 것임에 틀림없다"[35]고 말했다. 하지만 그는 그러지 못했고, 예니의 초창기 런던 생활은 끝없는 불안의 연속이었다. 남편을 돕기 위해 할 수 있는 것이 아무것도 없었던 예니는 아이가 점점 쇠약해지는 것을 그저 지켜봐야만 했다.

엥겔스는 포크시가 태어나고 일주일 후인 11월 12일 런던에 도착해 소호에 방을 얻었다. 그의 영향력은 즉시 눈에 보일 정도였다. 그의 존재가 마르크스를 대담하게 만들었다. 엥겔스가 도착하고 며칠 후 망명자위원회는 소위 프티부르주아 조직원들을 축출하기 위해 조직 개편을 단행했다.[36] 마르크스는 장래의 전투에서 그들과의 연대가 불가피하다고 하더라도 굳이 지금 당장 그들을 선택해 같이 일하고 싶은 생각은 없었다. 마르크스는 1848년 반란 때의 그들의 배신을 용서하지 않았고, 앞으로도 용서할 수 없었다. 엥겔스에게는 그 배신이 옆에서 같이 싸우던 전우들의 생명을 앗아간 것이었기 때문에 더욱 뼈저린 것이었으리라. 망명자들이 아무리 절박해도 두 사람은 그들을 대표해 부유한 부르주아들과 협력하지는 않으려 했다.

하지만 마르크스는 사업에 관한 일일 때는 그런 거리낌을 보이지 않았다. 신문 운영을 위해 필요한 5백 파운드를 모으기 위해 기업가든 누구든 기꺼이 받아들였다.[37] "정치에서 사람은 악마와도 손잡을 수 있다. 단 악마에게 속지 않고 자신이 악마를 속이고 있다는 것을 확신해야 한다"[38]라고 쓰기도 했다. 그는 『신 라인 신문』에서 일할 당시 누가 돈을 냈든 자기는 신문에 쓰고 싶은 것은 모두 다 썼다고 자부했다.

12월 중순경 마르크스는 바이데마이어에게 함부르크에서 『신 라인 신문, 정치경제학 비평Neue Rheinische Zeitung, Politisch-ökonomische Revue』을 출판, 배급해줄 사람을 찾았다고 알렸다. 『비평』의 위원회 명의(그 주소는 마르크스의 첼시 아파트였다)로 1월에 창간을 알리는 광고가 신문에 게재되었다.

시간이 절대적으로 중요했다. 마르크스는 확신에 차서 미래를 낙관했다. 그는 아직 독일에 있는 바이데마이어에게 다음과 같이 썼다. "월간지가 세 번, 또는 두 번 정도 나왔을 때쯤이면 세상에 대격변이 몰아칠 것이라고 확신합니다."[39] 그렇지만 『비평』의 출간은 (당연하게도) 자금 문제로 지연되었다. 다급한 심정에 마르크스는 다른 사회주의자들이나 민주주의자들이 자주 하던 것처럼 '황금사과'를 따기 위해 누군가를 미국으로 파견할 준비를 했다.[40] 미국의 소읍과 도시들은 반군주제 투쟁을 하는 급진주의자들에게는 매우 비옥한 토양이었다. 일부 지방은 1848년 반란자들을 기리며 도시 이름을 개명하기도 했다(예를 들면 라마르틴, 펜실베이니아).[41] 그렇지만 마르크스와 친구들은 그 여행자금마저 마련할 수 없었다. 계획은 무산되었다.

『비평』이 출간되지 않은 채 1월이 지나갔고, 2월도 마찬가지였다. 그리고 마르크스는 경제적 압박을 받을 때 늘 그랬던 것처럼 몸져누웠다. 신문이 재정 문제로 보류되었을 뿐만 아니라 그는 집에서 빚 독촉에도 시달려야 했다. 그중 특히 심한 사람은 포크시의 출산을 도왔던 독일인 의사 루트비히 바우어였다. 마르크스는 그가 벌써부터 소송을 준비하며 자신을 "홀랑 벗겨 먹으려" 하고 있다고 비난했다.[42] 그런 반목은 예니와 마르크스에게 심각한 후유증을 가져다주었다. 그것은 포크시가 계속 아픈 상태임에도 불구하고 더 이상 바우어에게 의료 서비스를 받을 수 없게 되었음을 의미했고, 그들의 사적인 경제 문제가 가십이 무성한 런던 망명자들 사회에서 좋은 소재가 되었음을 의미했다. 그런 일은 마르크스에게는 참을 수 없는 것이었다. 특히 그것을 부정할 도리가 없었기 때문에 더욱 그랬다. 그들은 극도로 가난했다. 그의 유일한 분출구는 동료 독일인들에게, 그리고 자신의 글에서 더욱 신랄한 공격을 퍼붓는 것뿐이었다.

3월에 드디어 『비평』이 발간되었다. 마르크스가 초기의 부족한 자금을 보충하기 위해 출판업자에게 미래수익에서 더 많은 지분을 제공하기로 타협했던 것이다. 신문에는 마르크스가 「프랑스에서의 계급투쟁The Class Struggle in France」[43]이라고 제목을 붙인 중요한 연재물이 실렸다. 마르크스는 그 글에서 최근의 프랑스 반란을 평가하면서 최초로 '프롤레타리아트 독재'라는 표현을 사용했다(나중에 레닌을 비롯한 다른 사람들로부터 급진적이라고 해석된다). 그는 그것을 완전한 공산주의 단계로 넘어가는 험난한 길에 있는 중간 역으로 묘사했다.

이 사회주의는 **영구적인 혁명의 선언**이다. 프롤레타리아트의 **계급독재**는 **계급구별의 전반적인 철폐**, 계급이 의존하는 생산관계의 철폐, 생산관계에 조응하는 모든 사회적 관계의 철폐, 그런 사회적 관계로부터 비롯되는 모든 이념들의 혁명으로 나아가는 필수적인 전환점이다.[44]

또한 『비평』의 창간호에서 마르크스는 1849년 대륙이 상대적인 안정 상태에 놓여 있는 이유를 그 전해에 캘리포니아에서 있었던 금광의 발견에서 찾았다. 그는 금광이 그 자체로서 하나의 혁명이었고, 유럽의 경제 회복을 도왔다고 지적했다. 그렇지만 금이 있건 없건 또 다른 경제 위기는 결국 새로운 경제체제의 내적 결함에서 비롯된 것이기 때문에 피할 수 없다고 보았다. 그리고 다음 위기는 전면적 봉기를 야기하게 될 것이라고 생각했다.[45]

그의 글에서는 부르주아 후원자나 독자들을 배려한 완곡한 표현은 찾아볼 수 없었다. 『비평』에 글을 쓴 마르크스는 의심의 여지가 없는 공산주의자였다. 그는 1848년 6월 파리에서 현대사회 최초로 위대한 계급투쟁을 개시했던 프롤레타리아트에게, 그리고 그들을 위해 말하고 있었다. 그 순간 아무도 거리에서 그 투쟁을 계속하려 하지 않는다 하더라도 런던에 있는 그 자신과 소수에 불과한 그의 동료들은 글로써 그 투쟁을 이어갈 생각이었다.

『비평』은 마르크스에게 지적인 무대로서 소중한 분출구였지만, 시작부터 그가 상상했던 것처럼 발전할 수 있는 사업은 아니었음이 명백했다. 신문은 런던에서 집필되고 편집되었지만 인쇄는 언론법의 규제가 심한 함부르크에서 진행되어야 했기 때문에, 출판업자와 교정담당자(그들은 기사가 정부의 비위를 건드리면 책임을 져야 했다)는 신문이 검열을 통과할 수 있기를 바랐다. 그것은 일정한 자제력을 의미하는 것이었다. 그렇지만 함부르크에 있는 사람들의 의견은 무시되었고 신문은 원안대로 간행되었다.[46] 신문의 출현은 지지보다는 경계심을 더 많이 불러일으켰다. 독일 당국은 공산주의자동맹이 재건되고 그것이 독일 내에서 선동 활동을 펼치려는 것에 대해 긴장했다. 게다가 신문이 너무 과격했기 때문에 투자자를 구하는 것은 사실상 불가능했다. 그리고 배포상의 문제점들도 있었다. 정기구독자들이 일부 확보되기는 했지만 그 수입이 마르크스가 비용을 충당할 만큼 정기적으로 송금되지는 못했다.[47]

마르크스와 엥겔스, 예니는 신문사를 유지하기 위해 모두 미친 듯이 자금을 끌어모으고 구독료를 독촉했다. 그렇지만 소위 마르크스당은 매우 곤란한 처지에 놓여 있었다. 그들은 신문을 위한 자금이 필요한 것과 동시에 망명자 원조를 위한 모금 활동도 펼치고 있었다. 게다가 마르크스의 개인적인 경제적 위기(그의 의사와 상관없이 널리 알려져 있었다)까지 겹치자, 런던의 그의 라이벌들은 마르크스와 그 일당들이 망명자 기금을 유용하고 있다는 소문을 퍼뜨리기 시작했다. 또한 마르크스가 모은 기금이 공산주의자들만을 위해 사용되고 추위에 떨고 있는 다른 사람들에게는 주어지지 않는다는 의혹을 제기했다.[48] 소문은 런던에만 퍼진 것이 아니라 편지나 신문을 통해 독일에도 확산되었기 때문에 심각한 상황이었다. 그런 보도는 마르크스, 엥겔스, 심지어 예니에게까지 분노와 좌절감을 불러일으켰다. 당시 그들에게는 명예 말고는 아무것도 가진 것이 없었기 때문이다.

5월에 바이데마이어에게 보낸 비밀편지에서 예니는 그 상황에 대해 억울함과 분노를 호소하며 거의 비명을 지르고 있었다.

『비평』이든 **어디서든 들어오는 돈이 있으면 바로바로 보내주시기를** 부탁드립니다. **돈이 무척 궁합니다.** 저는 우리가 몇 년간 포기할 수밖에 없었고 참을 수밖에 없었던 것들 때문에 약간의 잡음이 일었다고 해서 우리를 비난할 수 있는 사람은 아무도 없다고 믿습니다. 우리가 사적인 문제 때문에 대중을 성가시게 한 적은 단 한 번도 없었기 때문이지요. 제 남편은 그런 일에는 매우 예민하기 때문에 민주주의자의 동냥바가지를 돌리는 것으로 스스로를 초라하게 만들기보다는 차라리 그나마 가진 모든 것을 포기해버릴 그런 사람입니다…… 그렇지만 그가 친구들, 특히 쾰른의 친구들에게 정당하게 요구할 수 있는 것은 『비평』에 대한 실천적이고 열정적인 관심입니다…… 그런데 사업은 무책임하고 미숙한 운영으로 인해 완전히 파산해버렸지요. 서점의 꾸물거림, 쾰른에서 사업을 하는 사람들과 지인들의 잘못, 또는 민주주의자들 전체의 일반적인 태도 중 어떤 것이 가장 심각한 해를 끼쳤는지는 아무도 정확히 말할 수 없겠지만요.

여기 제 남편은 부르주아의 입장에서는 아주 사소한 근심거리들 때문에 완전히 궁지에 몰린 상태이고, 그것들이 너무나도 터무니없기 때문에 그는 매일, 매시간 그런 투쟁을 견뎌내기 위해서 모든 에너지, 모든 평정과 냉철함과 자신감을 끌어모을 필요가 있습니다.[49]

바이데마이어에게 그런 투쟁을 더 생생하게 묘사하기 위해 예니는 그들의 일상을 세세하게 설명했다. 포크시는 이제 생후 육 개월이고 태어나서 한 번도 두 시간 이상 잠을 잔 적이 없는데다 지금도 경기를 일으키고 있었다. 삶과 죽음의 경계를 넘나들고 있었던 것이다. "그 아이는 고통 중에 너무 심하게 젖을 빨기 때문에 제 가슴이 온통 헐어버렸어요. 갈라져서 피가 나기 때문에 가끔 아이의 가녀린 입속으로 피가 흘러 들어가기도 하지요." 하루는 아이에게 젖을 먹이고 있는데 집주인 여자가 찾아와서 빚진 5파운드를 갚으라고 요구했다고 그녀는 말했다. 그리고 집주인은 바로 돈을 받지 못하자 억지로라도 지불하도록 만들겠다고 경고했다는 것이다. "두 명의 집행관이 집으로 들어와서 내가 가진 변변치 않은 것들—침대, 리넨, 옷 등 모든 것. 심지어는 아기의 요람과 딸들이 가장 아끼는 장난감들까지. 딸들은 울음을 터뜨렸어요—에 차압딱지를 붙이기 시작했어요. 그들은 두 시간 내에 모든 것을 가져가겠다고 협박했어요. 덜덜 떨고 있는 아이들과 가슴이 헐어 아픈 저를 맨방바닥에 남겨놓고 말이지요." 예니는 친구인 콘라트 슈람을 불렀고, 그는 도움을 청하러 밖으로 나갔다. 하지만 그가 탄 합승마차를 끌던 말들이 싸움을 일으켜서 슈람은 마차 밖으로 굴러 떨어졌다. 그는 피를 흘리면서 마르크스의 아파트로 실려 왔고 오히려 간호받아야 할 또 다른 부담만 되었다.

다음 날 마르크스가 다른 집을 알아보았다고 예니는 말했다. 그렇지만 아이들이 넷이 있다고 말하자 어느 누구도 그들 가족을 받아주려 하지 않았다. 그런데 어렵게 한 친구의 도움으로 레스터 스퀘어의 한 호텔에 방 두 개를 얻을 수 있었다. 그렇지만 첼시의 아파트에서 이삿짐을 옮기려 하자 제지당했다. 영국은 해가 진 후 이사하는 것을 법으로 금하고 있었기 때문이다. "집주인이 경찰을 대동하고 찾아왔어요. 우리가 이삿짐 속에 자기 물건을 숨겨 나갈 것이고, 야반도주를 해서 해외로 도망치려 한다고 주장하면서 말예요. 오 분도 안 돼서 우리 집 문밖에는 이삼백 명의 구경꾼이 몰려들어 기웃거리기 시작했지요. 첼시의 모든 쓰레기가 다 모인 것 같았어요." 마르크스와 예니는 전에도 어려운 처지이기는 했지만 이 정도의 굴욕적인 상황에 놓여본 적은 없었다. 모든 세간붙이를 거리로 내놓은 상태였는데 새벽이 되도록 모두 다시 집 안으로 옮겨야만 했다.[50]

마르크스 가족은 결국 레스터 스퀘어로 이사할 수 있었지만 그곳에서도 겨우 일주일만 머물다가 집주인에게 다시 쫓겨나는 신세가 되었다. 물론 이번에도 당연히 집세 문제였으며, 아울러 쉴 새 없이 울리는 포크시의 울음소리 때문에 호텔의 다른 입주자들이 고통을 호소한 것도 추가적인 이유였다. 결국 예니의 어머니가 그들을 구원해주었다. 그들에게 딘스트리트 64번가에 방 두 개(하나는 사실 커다란 옷장에 불과했다)를 얻을 수 있는 돈을 주었던 것이다.

『비평』은 6호까지만 발간하고 접을 수밖에 없었다. 마르크스는 실패를 자금 부족과 당국의 탄압 탓으로 돌렸다. 예니는 프로이센 정부가 『비평』의 배포를 계약한 서점들을 매수해 판매를 방해했다고 비난했다.[51]

소호의 프랑스인 구역인 딘스트리트에 있는 집은 유대인 레이스 상인의 소유였고, 그 사람은 동맹의 조직원인 하인리히 바우어에게도 방을 빌려준 적이 있었다. 구두공인 바우어는 그해 봄 동맹의 재건을 위해 독일로 파견되었다. 그가 중앙에서 받아간 성명서에는 "1793년 프랑스에서 일어난 일이 이제 독일에서 일어날 것이다"라고 선언되어 있었다. 그 글은 혁명의 다음 장에 대한 설명과 함께 모든 프롤레타리아트를 무장시킬 필요성을 지적했다. 미래에는 노동자들이 "부르주아 민주주의자들의 합창에 갈채를 보내기 위해" 몸을 낮출 필요가 없을 것이라고 예언하고 독일 정부가 타도되고 나면 동맹의 중앙이 복귀하게 될 것이라고 약속했다.[52]

엥겔스에 따르면 바우어의 활동은 결실을 맺기 시작했다. 그렇지만 그가 귀국한 후 한 달쯤 경과했을 무렵에 발생한 불행한 사건이 그의 노력을 좌절시켰다.[53] 5월에 한 미친 남자가 프리드리히 빌헬름 4세를 암살하려 했던 것이다.[54] 바우어의 선동은 중앙의 급진적 태도와 『비평』의 자극적 기사와 맞물려 비난의 화살이 동맹에게 돌려지도록 만들었다. 프로이센의 보수적인 신문들은 그 암살 시도가 런던의 마르크스 서클에 의해 계획된 것이라고 일제히 비난했고 한 왕당파 신문은 마르크스가 베를린에서 최근 목격되었다고 보도하기도 했다.[55]

프로이센 당국은 프랑스와 벨기에에게 했던 것처럼 영국 정부에게 그 위험스러운 급진주의자를 추방하라고 압박했다. 베를린의 영국 대사는 프로이센 내무장관으로부터 마르크스 그룹이 독일 정부뿐만 아니라 영국 여왕에 대해서도 음모를 꾸미고 있고, 영국군과 공모하고 있을 가능성도 있다는 내용의 비밀보고서를 전달받았다. 그 보고서는 마르크스 그룹이 제후들의 암살에 대해 "공식적으로 가르쳤고 논의했으며" 그런 작전을 위해 훈련된 요원을 스무 명까지 거느리고 있다고 주장했다. 런던 내 독일 망명자들의 모임에서 한 스파이가 들은 표현으로 볼 때 빅토리아 여왕이 위험에 처한 것은 명백한 사실이라는 것이다. 그 내용은 "영국의 백치는 자기 운명을 벗어나지 못할 것이다. 영국의 철물은 최고다. 이곳 도끼는 특히 잘 든다. 기요틴은 왕관 쓴 모든 머리들을 기다리고 있다"[56]라는 것이었다.

마르크스와 예니는 이미 익숙해진 경찰의 탄압을 피하기 위해 영국의 시골로 이주하는 것을 고려해보았다. 그렇게 하면 세상으로부터 잊혀서 지낼 수 있기 때문이었다. 그렇지만 돈이 없었다.[57] 그러므로 유일한 대안은 보도에는 보도로, 비방에는 비방으로 맞서는 방법뿐이었다. 그 일을 위해 그들은 런던의 주요 신문들에 의존했다. 『더 선*The Sun*』,『더 스펙테이터*The Spectator*』,『더 글로브*The Globe*』의 편집장들에게 보낸 편지(신문마다 조금씩 내용을 바꿨다)에서 마르크스, 엥겔스, 빌리히(그는 자신을 바덴 반란군의 대령이라고 당당히 밝혔다)는 자신들을 프리드리히 빌헬름 4세의 암살 시도자와 관련짓는 것이 얼마나 우스꽝스러운 짓인지 지적했다. 암살자는 극단적인 왕당주의자였다.[58] 그들은 또한 자신들이 영국 경찰첩자의 (불법적인) 밀착감시의 희생자라고 주장하며 간접적으로 영국의 여론에 호소했다.

편집장님, 우리는 이 나라에 그렇게 많은 밀정들이 있는 줄 미처 몰랐습니다. 우리가 운이 좋아서 일주일 동안 그렇게 많은 자들을 보게 된 것은 아닐 것입니다. 우리가 살고 있는 집 문밖에는 들락거리는 모든 사람들을 의심의 눈초리로 바라보며 매번 노트에 뭔가를 기입하는 사람들이 있을 뿐만 아니라, 우리가 어디를 가든 단 한 걸음도 미행이 따라붙지 않은 적이 없습니다. 우리는 승합차에 오르거나 커피숍에 들어갈 때도 적어도 한 명 이상의 낯모르는 친구들과 동행하게 되는 후의를 입게 됩니다…… 도대체 별 볼 일 없는 밀고자들 속에 뽑혀 돈을 받고 일하는 듯해 보이는 그 많은 불쌍한 첩자들, 최하층의 남창들이 우리 집 문 앞에서 긁어모은 부스러기 정보들이 무슨 소용이 있단 말입니까?[59]

영국인들은 그들 내부에 망명자들이 사는 것을 좋아할 이유가 없었다. 특히 그 망명자들이 가난하고 무신론 및 비윤리와 등치되는 턱수염을 기른 괴짜들일 때는 말이다. 그렇지만 영국인들은 그들을 쫓아내기보다는 무시하려 했다. 영국인들은 자신들의 사회정치적 시스템이 워낙 건강하기 때문에 외국인 급진주의자들을 두려워할 이유가 없다고 믿었으며, 자기 나라는 대륙의 다른 군주국들과는 달리 사람들이 자신들의 정치에 동의하지 않는다는 이유만으로 그들의 권리를 박탈하지 않는다는 것에 일종의 자부심을 가졌다.[60]

이런 여론몰이가 영국 정부에 효과가 있었는지는 알 수 없으나, 어쨌든 마르크스와 그의 동료들에 대해 어떤 조치도 취해지지 않았고, 그들을 추방하라는 프로이센 정부의 요청에 대해 영국 정부는 아무런 공식적 대응도 하지 않았다.

마르크스가 도대체 누구였기에 그렇게 많은 관심을 끌었을까? 1850년의 큰 그림 속에서 보자면 답은 아무도 아니었다는 것이다. 그의 이름은 유럽의 반체제 서클들 밖에서는 생경했고 그 내부에서도 그렇게 널리 알려져 있지 않았다. 그는 눈에 잘 띄지 않는 철학자이자 저널리스트일 뿐이었다. 철학자로서는 대학에 있을 때조차도 대중에게 거의 아무런 영향도 미치지 못했고, 그 이후로도 전혀 영향력이 없는 상태였다. 저널리스트로서는 특히 평판이 안 좋은 곳들을 전전하는 떠돌이쯤으로 치부될 수 있었다.

물론 프로이센 관리들은 그가 선동 활동을 개시할 때부터 그를 알고 있었고, 곧 내무장관으로 임명될 매부의 입장에서 그는 눈엣가시 같은 존재였다. 그렇지만 그는 당면한 위협은 못 되었고 그 자신도 어느 정도 그 사실을 인정할 수밖에 없었을 것이다. 그리고 마르크스는 프로이센 정부의 입장에서는 간편하게 써먹을 수 있는 이념 공세의 수단이었다. 1848년 이후 유럽의 정부들은 반란을 언론 탓으로 돌리려 애썼다. 그들은 언론이 사회적 불만을 조장하고 준법적인 시민들을 혼란에 몰아넣었다고 말했다. 프로이센은 그런 소요와 그에 수반된 폭력사태의 배후 조종자로 손쉽게 마르크스를 지목할 수 있었다. 왜냐하면 그의 이름은 소요사태에서 가장 급진적인 세력으로 드러난 공산주의자들과 그의 신문을 통해 연결되어 있었을 뿐만 아니라, 그는 미미한 존재였기 때문에 사람들이 그를 방어하기 위해 들고일어날 우려도 없었기 때문이다.

런던의 망명자 사회에서 그와 반목과 경쟁을 거듭하던 정치적 라이벌들에게도 마르크스는 그의 신념 때문이 아니라 불같은 성격 때문에 가십과 비난의 손쉬운 표적이 되었다. 일부 반란자들—특히 이탈리아의 주세페 마치니와 헝가리의 러요시 코슈트의 경우—이 낭만주의적 영웅으로 비춰지던 당시에도 마르크스는 사랑받을 수 없는 인물이었다.[61] 그는 독선적이고, 오만하고, 공격적으로 비쳐졌다. 마르크스의 가장 신랄한 비판자들 중 일부는 바로 그의 추종자들 사이에서 나왔다(어떤 사람은 그를 "모든 것을 알고 항상 현명한 젊은 달라이 라마 마르크스"라고 비아냥거렸다).[62] 철학자 이사야 벌린은 영국에서의 첫해 동안 마르크스의 비참한 생활환경과 좌절된 야망이 그의 성격에서 부정적인 면을 더욱 악화시켰다고 지적했다. "환경 때문에 겪을 수밖에 없었던 자잘한 굴욕들, 스스로 정당하다고 믿는 지도적 지위에 오르지 못한 좌절감, 억눌린 자기 자신의 어마어마한 활력 등이 그를 증오와 분노의 격한 발작으로 몰아넣었다…… 그는 모든 곳에서 음모와 박해를 보았다."[63] 그 모든 것들이 마르크스를 비판하는 일을 더욱 용이하게 만들었다. 그리고 그를 비판하지 않으면 안 되도록 만들었던 것은 바로 그가 지닌 두드러진 가능성 때문이었다.

구스타프 테코프는 1848년 반란에서 반란자들 측에서 싸운 전직 프로이센 장교였는데, 1850년 런던의 공산주의자동맹에 가담할 것을 고려하며 마르크스와 엥겔스를 만났다. 그는 마르크스가 지적 탁월함뿐만 아니라 지도자로서의 풍모도 지녔다고 말했다. "만약 그가 지적 능력만큼 따뜻한 가슴을, 증오만큼 사랑을 가졌다면 나는 그를 위해 불속에라도 뛰어들었을 것이다. 심지어 그가 드물지 않게 나에 대한 완벽한 무시를 언뜻언뜻 비쳤고, 나중에는 아주 노골적으로 그것을 표현했음에도 불구하고 말이다. 그는 우리들 중 최초이자 유일하게 내가 지도자로서의 능력을 신뢰한 사람이고 큰일을 앞두고 사소한 문제로는 절대로 잃고 싶지 않은 인물이었다."[64]

테코프는 마르크스의 지적인 힘과 개인적 약점의 핵심을 완벽하게 짚어냈다.

마르크스의 마음은 항상 커다란 일들에 가 있었다. 그렇기 때문에 그가 자기 주변의 평범한 사람들에게 호감을 사는 것과 같은 자잘한 문제들에 신경을 쓰거나, 그의 행동이 그가 가장 사랑하는 사람들에게 어떤 영향을 미칠지 이해하는 것은 거의 불가능했다.

한 예로 예니가 9월 17일 런던에 도착한 다음 날 이해할 수 없는 일이 발생했다. 한 망명자 단체가 9월 18일 마르크스를 다섯 명의 이사 중 한 명으로 선출했던 것이다.[65] 그렇다면 당연히 그가 그 모임에 참석했다고 추정할 수 있다. 물론 그가 궐석인 상태에서 선출되었을 가능성도 배제할 순 없다. 그러나 만약 그렇지 않다면 마르크스는 자기 가족들에 대해 정말로 무심했다고 비난받아 마땅하다. 가족들이 프랑스로부터의 여행에서 지친 상태로 낯선 땅인 영국의 부두에 첫발을 들여놓을 때도, 너무 아파서 그들을 마중할 수 없었던 그가 다음 날 바로 멀쩡하게 선술집에서 열린 모임에 참석해 망명자부조위원회의 간부로 선출되기까지 했던 것이다. 만약 마르크스가 그날 밤 투표장에 있었다면, 그것은 그가 평생토록 가족의 평안보다는 당의 요구와 자신의 이론적 작업에 더욱 치중했던 또 한 가지 예가 될 것이다.

마르크스가 가족을 소중히 여긴 것은 의심의 여지가 없다. 그렇지만 그런 평범한 일들보다는 더 높은 차원의 활동에 기울었고, 그것이 예니와 자식들의 삶을 그렇게 힘들게 만들었던 것이다. 그는 더 정의로운 사회를 창조하겠다는 궁극적 목표를 실현하기 위해 필요하다면 어떤 개인적 희생도 치를 각오가 되어 있었다. 그렇지만 제도적 잔인성에 대한 그런 가차 없는 투쟁은 개인적 영역에서는 자기 자신의 잔인성을 드러내는 것으로 귀결되고 말았다. 십 년 전 마르크스가 베를린에서 청년헤겔파와 씨름하며 아무런 가책도 없이 가산을 탕진하고 있을 때 마르크스의 아버지는 아들의 과도한 '이기심'에 대해 매우 걱정했었다.[66] 자신의 작품에 심혈을 기울이는 외곬 예술가처럼 마르크스는 자신의 가족들마저 뒷전으로 물러나주기를 바랐던 것이다. 왜냐하면 가족들도 그 일의 중요성을 알고 있다고 생각했기 때문이었다. 자신의 이상이 옳다는 이런 확신이 바로 그를 가족들의 요구에 눈감게 만들었던 것일지도 모른다.

그렇다면 예니는 어땠을까? 마르크스의 목표와 철학이 그녀와 아이들에게 너무 많은 대가를 요구했기 때문에 그것에 대해 그녀가 덜 헌신적인 모습을 보인 적은 없었을까? 우리가 살펴볼 수 있는 것은 그녀의 편지와 미완의 자서전, 그리고 친구들의 증언이지만 적어도 런던의 초기 몇 달간의 생활에서는 어디에도 그녀의 충성심이 흔들렸다는 흔적은 발견되지 않는다. 물론 19세기 귀족적 전통을 지닌 아내로서 그녀에게는 남편을 지원하는 것 외에 다른 뚜렷한 선택의 여지가 없었고, 그녀가 불평함으로써 혹시라도 적―또는 친정―에게 마르크스를 공격할 수 있는 빌미를 제공하는 것을 원치 않았을 것임은 의심의 여지가 없다. 그렇지만 그런 제약 조건을 감안한다 하더라도 예니는 마르크스의 작업에 헌신적이었고 남편으로 선택한 비범한 천재의 요구를 완전히 이해하고 수용했던 것으로 보인다. 그의 많은 결점에도 불구하고 마르크스를 깊이 사랑했고, 그를 완전히 신뢰했으며, 그와 결혼함으로써 사회와 가족에 저항했던 젊은 낭만주의자처럼 그녀는 그의 필생의 작업을 자신의 것으로 받아들였던 것이다. 예니는 자신의 비참한 가정사를 극도로 상세하게 묘사한 바이데마이어에게 보낸 편지에서 다음과 같이 덧붙였다. "제가 이런 작은 고통들 때문에 의기소침해 있을 거라고는 여기지 마세요. 저는 우리의 투쟁이 고립된 것이 아니라는 것을 잘 알고 있고, 또한 제 사랑하는 남편, 제 인생의 버팀목이 여전히 제 곁에 있는 한, 제가 가장 행복하고 축복받은 사람 중 하나라는 사실도 잘 알고 있으니까요."[67] 그녀의 모든 분노는 마르크스를 배반했다고 느껴지는 사람들에게 돌려졌다. 그녀의 모든 불만은 남편이 도전하는 지배계급에게 돌려졌다. 예니의 삶은 무척 힘겨웠다. 끝도 없이 그랬다. 그렇지만 그녀는 그 고통 때문에 남편을 탓하지는 않았다. 그녀가 요구한 것은 오직 남편의 신의뿐이었다.

런던의 삶을 시작할 때 예니는 외적으로는 흔들리는 것처럼 보였지만 내적으로는 견고했다. 그녀가 감히 미래를 계획했다고 하더라도, 남편이 정치적 또는

경제적으로 연속적인 실패 속에 표류할지라도 그녀는 남편을 향한 자신의 헌신
과 결의가 흔들릴 수도 있다는 상상 따위는 해보지도 않았다. 그러나 진정한 비
극은 사적인 것이었다.

20

1850년 8월
네덜란드 잘트보멀

커피 봉지, 차 상자, 청어 통조림,
기름병뿐인 그 따분한 곳을 보았을 때
나는 정말 무서운 방화범이 되어
손에 횃불을 들고 그 나라를 누비고
싶었어요!

— 예니 마르크스[1]

1850년 6월, 건조한 열기로 봄의 진창과 분뇨가 말라붙어 말들의 무수한 발굽 아래 부서져 먼지로 피어오를 무렵, 마르크스는 하나의 탈출구, 그의 아이디어를 발전시킬 천상의 문을 발견했다. 영국박물관 열람실의 직원들에게 자기 연구의 중요성을 납득시키고 추천장도 제출해 열람권을 얻어낸 것이다.[2] 열람실은 마르크스에게 교회의 성소와 같은 곳이라고 말할 수 있었다. 그해 6월부터 그곳은 마르크스에게 평생의 안식처가 되었다.

1850년의 열람실은 지금처럼 돔 지붕의 웅장한 원형 도서관이 아니었다. 당시는 장방형 책상들이 줄지어 들어서 있고 사방 벽이 천장까지 책으로 가득 차 있어서 마치 나무로 장식된 일종의 신사 클럽 같았다. 담당직원도 이민자였다. 안토니 파니치라는 이름의 이탈리아인은 1823년 영국으로 건너올 당시 영어를 한마디도 못하던 무일푼의 정치망명자였다. 마르크스가 그를 알게 된 1850년에 그는 인쇄본 열람실의 관리자가 되어 있었다.[3]

거리를 벗어날 수 있다는 것이 마르크스에게 건전한 영향을 미쳤음은 어렵지 않게 짐작할 수 있다. 그는 아파트 안팎의 소음과 먼지로부터 벗어날 수 있었고, 독일노동자교육협회, 공산주의자동맹, 망명자위원회에서의 정치적 언쟁으로부터도 멀어질 수 있었다. 박물관에서 작업을 시작한 직후부터 그는 눈에 띄게 안정을 되찾았다. 마르크스는 항상 조용한 서재에서 가장 행복했다. 따라서 그가 좌절감을 느끼게 된 가장 직접적인 원인은 모든 시간을 온전히 도서관에 투자할 수 없다는 사정이었다. 그 이유는 이미 익숙한 것이었다. 바로 빚이었다. 마르크스는 런던의 한 상인에게 20파운드짜리 차용증을 써주었고 7월 말 기일이 다가오는데 돈이 없었다. 그래서 런던에 도착했을 때 함께 머물렀고 당시 파리에 체류 중이던 카를 블린트에게 도움을 청하는 편지를 썼다. "제가 만약 돈을 갚지 못하면 스캔들에 휘말릴 것이고, 여기 당의 현 상태와 프로이센 대사관 및 영국 정부와 저의 관계를 고려해볼 때 그것은 아주 불미스러운 결과를 초래할 것입니다." 그가 새로운 빚으로 예전의 빚을 갚는다 하더라도 밑 빠진 독에 물 붓기였을 것이다. 가시적인 출판 기회도 없었고, 급료를 받을 일거리도 없었으며, 네덜란드의 숙부를 제외하고는 돈 문제로 마땅히 의지할 만한 사람도 없었기 때문이었다. 그리고 개인적으로 복잡한 사정 때문에 가까운 장래에 숙부에게 의지할 가망도 없다고 블린트에게 털어놓았다.[4]

한편 엥겔스는 가족들로부터 위험하고 보헤미아적인 친구들과 절연하라는 압력을 받고 있었다. 가족들은 특히 마르크스가 젊은 프리드리히의 정신을 망치고 있다고 생각했다. 가장 친한 누이로 사회주의자와 결혼한 마리는 그에게 그의 당이 어느 정도 성공할 가능성이 보일 때까지는 일터로 돌아가라고 충고했다.[5] 엥겔스의 아버지는 더 강력한 제안을 했다. 엥겔스에게 당시 동인도회사가 엄청난 양의 면화 수출로 활황을 누리고 있는 캘커타로 가라고 한 것이다.[6] 엥겔스는 뉴욕으로 가는 것을 고려해보았다. 마르크스를 설득해 같이 갈 수도 있을 것이라고 생각했기 때문이었다. 그러나 결국 어느 것도 택하지 않았다. 그는 런던 생활이 오래 지속될 수 없다는 것을 알고 있었다. 거리는 먹고살기 위해버둥거리는 유민들로 넘쳐났고 그중 많은 수는 작가로서 역시 새로운 신문을 만들거나 외국에 글을 팔려고 애쓰고 있는 상황이었다. 엥겔스는 자기 자신뿐만 아니라 마르크스의 가족까지 부양하기 위해 할 수 있는 현명한 선택은 아버지의 공장에서 일하는 것밖에 없다는 결론에 도달했다. 그는 마르크스가 기회가 주어진다면 프롤레타리아트를 교육하고 그들에게 혁명을 준비시키는 데 강력한 힘을 발휘할 수 있는 정치경제학에 관한 획기적인 책을 집필할 수 있을 것이라고 믿었다. 마르크스 역시 그럴 각오를 하고 있었다. 마르크스에게 필요한 것은 오직 시간뿐이었고 그것은 바로 돈을 의미했다. 그 당시까지 두 사람 중 (시인, 저술가, 저널리스트로서) 더 성공적인 경력을 지닌 사람은 엥겔스였다. 하지만 그는 마르크스를 매우 높이 샀기 때문에 자원해 자신의 꿈을 접고 친구의 글쓰기를 돕기로 결심했다.[7]

물론 엥겔스의 아버지는 아들이 그런 결심을 하게 된 진정한 동기를 알 턱이 없었지만 어쨌든 프리드리히가 그런 결정에 이른 것만으로도 기뻤다. 면직산업에서 경쟁이 치열해지고 있었기 때문에 그는 가족이 맨체스터에 상주하면서 영국 동업자를 감시하기를 바랐던 것이다.[8] 이제 서른 살이 된 엥겔스는 11월에 일을 시작할 예정이었고 일 년 안에 연봉 2백 파운드라는 만만치 않은 수입에 판공비까지 추가적으로 받을 것으로 예상되었다(당시 은행 직원이 일 년에 70파운드를 받았으며 세 자녀가 딸린 중하위층 가족의 일 년 생활비는 150파운드 정도였다).[9] 그렇지만 빚은 엥겔스의 첫 월급을 기다릴 수 없을 정도로 쌓여만 갔다.

엥겔스의 희생에 자극받았던지 예니도 그들의 부담을 덜기 위해 무엇인가 하지 않으면 안 된다는 각오를 다지며 네덜란드의 잘트보멀Zaltbommel로 가서 카를의 숙부와 대화를 나누어봐야겠다고 결심했다. 그녀는 미래가 절망적이라고 말했다. 그리고 그녀에게는 그렇게 걱정할 만한 새로운 이유가 있었다. 마르크스가 자신은 "일보다 결혼에 더 생산적인 강력한 엉덩이를 가진 가장"[10]이라고 말했을 때 그것은 실로 옳은 말이었다. 예니는 자신이 또다시 임신했다는 사실을 알게 되었다.

8월에 네덜란드에서 마르크스에게 보낸 편지에서 예니는 그녀의 여행을 설명했다. "열다섯 시간 동안 배에서 흔들리면서 열다섯 시간 동안 끔찍한 멀미에 시달린" 후 리온 필립스가 자기 집 문 앞에 선 후줄근한 여인을 알아보았을 때 이어진 냉대와 "어색한 포옹"에 대해 썼다. 예니는 자기가 있는 동안 집 안에 여자라고는 하나도 보이지 않았기 때문에 다소 당황해 단도직입적으로 용건을 꺼냈고, 그들이 만약 유산의 일부를 미리 받을 수 없다면 미국으로 이주하는 수밖에 없다는 말을 했다고 한다. 하지만 당혹스럽게도 필립스는 그 또한 좋은 계획이라고 답했다는 것이다. 예니가 그것 역시 돈이 드는 일이라고 설명하자 그때서야 그 "작은 사람"은 강력하게 반대의사를 표했고, 이후 그들이 믿고 있는 모든 것들을 공격하기 시작했다고 그녀는 전했다. 필립스는 자신과 아들이 1848년 반란으로 많은 돈을 손해 보았기 때문에 특히 화가 나 있었던 것이다. 예니는 다음과 같이 말했다.

저는 모든 수를 다 써보았지만 그분을 설득할 수 없었어요. 모두 헛수고였어요…… 어젯밤 저는 납덩이 같은 가슴으로 침대에 누워 눈물 젖은 탄식을 쏟아냈지요…… 슬프네요. 사랑하는 카를, 저는 그렇게 공들인 일이 헛수고가 되고 여행경비조차 건지지 못한 채 집으로 돌아가게 될까봐 두려워요. 어제 이후로 제가 여기서 겪은 내적 슬픔, 분노는 이 몇 줄만으로는 도저히 표현할 길이 없군요.

잔뜩 흥분해서 그녀는 정말 마음 같아서는 "커피 봉지, 차 상자, 청어 통조림, 기름병뿐인 그 따분한 곳을 보았을 때 나는 정말 무서운 방화범이 되어 손에 횃불을 들고 그 나라를 누비고 싶었어요!"라고 썼다. 예니는 톡톡히 망신을 당했다. 그녀는 가족으로부터도 내몰린 거지와 같은 신세였다. 그럼에도 불구하고 남편을 탓하지 않았다.

사랑하는 카를, 나는 죽음의 공포 속에서 고문 받고, 상처 입고, 완전히 기만 당한 채 빈손으로 집에 돌아가게 될 것 같아요. 내가 당신과 그 귀여운 녀석들을 얼마나 그리워하고 있는지 당신은 알까요? 애들 얘기는 못 쓰겠군요. 벌써 눈앞이 뿌예져요. 저는 여기서 강해져야 해요. 그러니 아이들에게 키스해주세요. 작은 천사들에게 저 대신 천 번 키스해주세요. 물론 당신과 렌헨이 아이들을 잘 돌보고 있을 것이라는 걸 알아요. 렌헨이 없었다면 내가 여기서 이렇게 태연할 수는 없었겠지요…… 안녕, 나의 심장, 카를.[11]

예니가 네덜란드에서 모욕을 당하고 있는 동안 마르크스는 런던에서 그녀를 배신하고 있었다. 그녀가 가족을 위해 도움을 청하고 있는 동안 그는 딘스트리트에서 렌헨과 육체적인 관계를 맺고 있었다.

그런 용서받지 못할 배신행위에 대해 마르크스만을 일방적으로 비난하기는 쉬운 일이다. 그렇지만 그것은 렌헨을 성격상 전혀 그렇지 않은데도 소심하고 연약한 존재로 치부해버리는 일이 될 것이다. 이제 서른 살이 된 렌헨은 집 안에서 독재자로 통했고, 마르크스가 광적으로 흥분해 날뛸 때 유일하게 집 안에서 감히 그와 맞서며 진정시킬 수 있는 인물이었다.[12] 마르크스가 그녀의 의사에 반해 어떤 일을 강제로 시켰을 가능성은 거의 없다. 아마 마르크스와 렌헨이 같이 술을 마셨거나(두 사람 모두 좋아한 오락거리였다), 또는 예니가 멀리 떠나 있고 엥겔스도 곧 떠날 준비를 하고 있는 상황에서 그에게 위안이 필요했고 기댈 곳은 렌헨밖에 없었던 탓이었는지도 모른다. 가능성은 적지만 주인인 마르크스가 하녀인 렌헨에게 주인 행세를 했을 가능성도 물론 배제할 수 없다. 그런 관계는 드물지 않았다. 그리고 그것은 귀족들의 일탈행위 이상으로 심각하게 여겨지지도 않았다. 그렇지만 마르크스는 귀족이 아니었고 렌헨은 가족의 일원처럼 받아들여지고 있었다. 예니에게 그녀는 친동생과도 같은 존재였고, 예니가 어머니를 제외하고 가장 믿을 수 있는 인물이 바로 카를과 그녀였다. 그것이 두 사람 간 육체관계의 처음이었는지, 마지막이었는지는 알려지지 않았다. 하지만 재앙적인 결과를 초래했다는 것만은 확실했다. 렌헨이 임신을 한 것이다. 그것은 그녀와 예니가 1851년 봄에 동시에 출산하게 될 것이라는 사실을 의미했다.

마르크스는 렌헨의 임신 사실을 몰랐을 수도 있다. 다행히 예니도 몰랐다. 그녀는 네덜란드에서 한 아이만을 위한 장난감 한 개 외에는 리온 필립스로부터 아무것도 얻지 못하고 돌아왔지만 가족과 다시 만났을 때 무척 기뻤다. 그녀는 "내 가엾은 에드가가 폴짝거리며 내게 달려왔고…… 포크스헨도 작은 팔을 내게로 활짝 벌렸다"고 회상했다. 예니는 비망록에서 아무리 보잘것없고 아무리 힘겨워도 가족의 삶으로 속히 돌아오고 싶어 미칠 지경이었다고 썼다.[13]

런던에서의 생활 첫해에 마르크스와 관계를 맺은 사람들 중에서 가장 화려한 인물은 아우구스트 빌리히였다. 그는 폰 빌리히로 태어났지만 공산주의자가 되었을 때 그 귀족 혈통의 흔적을 버렸다. 프로이센에서 가장 유서 깊은 가문 출신이었고 프로이센의 왕이 배출된 호엔촐레른 가와 혈연관계라는 소문도 있었다. 바덴에서 빌리히 밑에서 싸웠던 엥겔스는 예니에게 그는 전투에서 "용감하고 침착하며 능숙"하지만 다른 면에서는 진부한 공론가이고 사회주의적 몽상가라고 평했다.[14]

아우구스트는 (이름에 걸맞게) 위풍당당한 영웅적 전사의 풍모를 지녔다. 매서운 파란 눈과 조각 같은 광대뼈, 풍성하게 굽이치는 금발 턱수염을 지닌 세련되고 우아한 인물이었다. 그는 쾰른에서 급진적 의사인 안드레아스 고트샬크와 손잡았고, 1848년 초 그곳에서 처음으로 시도된 공산주의 반란의 배후인물 중 하나였다. 그렇지만 마르크스는 그가 엥겔스의 추천장을 들고 런던에 나타나기 전까지는 그에 대해 거의 아는 바가 없었다.[15] 그 이후부터 빌리히는 마르크스의 편에 서서 영국과 고국 프로이센에서, 공개적인 것과 은밀한 것을 막론하고 당의 모든 일에 관여하게 되었다. 마르크스 가족이 아직 첼시에 살고 있을 때, 예니는 이른 아침 그들이 침대에서 나오지도 않았을 시간에 혈기 왕성한 모습으로 집에 들이닥친 빌리히에 대해 묘사했다. "그는 회색 양모 더블릿에 벨트 대신 붉은 천을 허리에 두르고 정말 프로이센식의 호탕한 웃음을 터뜨리며, 너무나도 '자연스러운' 공산주의에 대해 긴 이론적인 토론을 늘어놓을 준비를 하고 돈키호테처럼 방 안에 불쑥 들어섰다."[16] 마르크스가 그의 얘기를 가로막았다. 그렇지만 그가 마르크스 가족을 허물없이 찾아온 것은 그것이 결코 마지막이 아니었다. 그 멋쟁이 신사는 예니에게 끌린 것으로 보였다.

어떻게 그러지 않을 수 있었겠는가? 그녀는 그와 같은 귀족 출신이었고, 비록 신념과 결혼으로 인해 비참한 처지로 전락하기는 했지만 여전히 고개를 꼿꼿이 치켜세우고 관능적인 매력을 발산하며 주변 사람들로부터 경의와 충성심을 이끌어내고 있었는데 말이다. 빌리히는 진정한 독일 낭만주의자로서 그녀를 구해내는 것이 자신의 의무라고 믿었을지도 모른다. 굳이 그런 저의를 감추려 들지도 않았다. 예니는 "그는 모든 결혼관계 속에 살고 있는 벌레를 찾아내고 꾀어서 밖으로 드러나도록 하기 위해 나를 찾아왔던 것 같다"[17]고 말했다. 그는 성공하지 못했다. 그렇지만 마르크스의 엄청난 질투심을 불러일으키는 데는 성공을 거두었다.

마르크스, 엥겔스, 빌리히는 1850년 여름 내내 동맹과 망명자들에 관련된 일을 함께 했다. 그렇지만 불화가 싹트기 시작했고 그것은 마르크스가 "개인적 문제들"이라고 애매하게 부른 것에 의해 더욱 첨예화되었다. 비록 마르크스가 1848년 이후 정치적 선동과 반체제 언론 활동에 기울어져 모든 이론적 작업을 제쳐두었음에도 불구하고, 그에게는 혁명이 절대로 임박하지 않았음이 더욱 분명해지고 있었다. 그렇지만 빌리히는 음모적인 모임들을 즐기는 행동을 앞세우는 사람이었다. 그는 동맹이 비록 소수이지만 의지력으로 봉기를 촉발할 수 있을 것이라고 믿었고, 대규모 사회변혁은 먼 훗날의 과제가 될 것이라는 점차 굳어져가는 마르크스의 결론에 대해 반대 입장을 표했다. 마르크스는 혁명의 성공을 위해서는 일정한 조건이 무르익어야 한다고 주장했고 그 속에는 섣부른 폭력을 호소하는 빌리히의 주장은 들어설 자리가 없었다.

그 논쟁이 시사하는 바는 컸다. 마르크스는 여러 가지 면에서 혁명주의자라기보다는 사회적 진화론자였다. 그의 생각은 혁명적이었지만 그의 방법은 진화론적이었다. 마르크스에 따르면 혁명이란 분명한 역사적 과정의 결과로서 발생할 수 있는 것이지 힘으로 섣부르게 일으킬 수 있는 것이 아니었다. 마르크스의 입장에서 구체제가 새로운 사회로 대체되기 위해서는 두 가지 발전이 전제되어야 한다고 한 전문가는 설명했다. 첫째, 대중 사이에서 더 큰 계급적 자각이 있어야 하며 노동조합을 거쳐서, 그리고 언론과 출판, 집회와 결사의 자유를 통해 그들이 더 많은 사회정치적 과정에 참여할 수 있어야 한다. 둘째, 프롤레타리아트가 계급 없는 사회 —공산주의 사회 —를 만들기 위해서는 그전에 프티부르주아가 지배하는 기간이 있어야 한다.[18] 그런 담론은 빌리히에게는 이단적으로 들렸다. 그는 마르크스가 안전한 이론적 영역을 위해 혁명의 전장을 내팽개쳤다고 비난했다.

빌리히는 군대 없이 움직이는 것을 좋아하지 않는 인물이었다. 그래서 마르크스의 지식인적 편향에 대항하기 위해 동맹자를 물색하기 시작했다. 그는 귀족 출신이었지만 지지기반의 대부분은 노동자계급의 독일인 망명자들이었다. 그는 그들과 함께 살았고, 그들과 함께 먹었으며, 대화할 때도 친구들끼리 예사말로 나누는 '너Du'라는 호칭을 사용했다. 그래서 노동자들의 기금을 유용해 가족들과 함께 부르주아적으로 살고 있다는 소문이 돌고 있는 마르크스에 비해 훨씬 인기가 높았다.[19]

그해 초 마르크스, 엥겔스, 그리고 다른 동료들은 '혁명적 공산주의자 세계협회Universal Society of Revolutionary Communists'라는 런던의 조직과 접촉했다. 그 조직을 관장하는 프랑스인은 오귀스트 블랑키(1848년에 바싹 마른 입술과 수감자의 창백한 얼굴로 나타나 프랑스 국회를 놀라게 했던 사람)의 추종자였다.[20] 마르크스는 여전히 투옥 생활을 하고 있는 블랑키에게 호감을 갖고 있었지만, 세계협회의 추종자들에 대해서는 '혁명의 연금술사' 정도로 여기며 이내 실망하게 되었다. 또한 그들이 또 다른 패배로 이어질 게 뻔한 바보스러운 싸움을 일으킬지도 모른다고 우려했다.[21]

그렇지만 빌리히는 그 단체와 더 긴밀히 협력하기 시작했다. 그 조직에는 6월의 나날들에서 한 역할 때문에 추방선고를 받은 직후 프랑스의 감옥에서 막 탈옥해 온 에마뉘엘 바르텔레미라는 이름의 범죄자도 있었다.[22] 바르텔레미는 옥스퍼드 거리 근처의 래스본 거리의 펜싱 경기장을 자주 찾았는데 그곳은 프랑스 망명자들뿐만 아니라 마르크스와 그의 친구들에게도 인기 있는 곳이었다 (한 동료는 마르크스가 "원기 왕성하게" 프랑스인과 싸웠다고 말했다. "과학에서 결여된 것을 그는 공격성으로 보충하려 했다").[23] 그 후 바르텔레미는 마르크스의 아파트를 방문하기 시작했다. 그렇지만 예니는 그가 마음에 들지 않았다. 바르텔레미는 갓 서른의 나이였지만 검은 콧수염과 염소수염을 기르고 있었고 그것 때문에 얼굴이 실제보다 더 파리해 보였다. 예니는 그를 이상한 사람이라고 생각했고 그의 텅 빈 듯한 검은 눈에 혐오감을 느꼈다.[24] 마르크스의 가족에게 알려지지 않은 사실은 바르텔레미가 무척 폭력적인 사람이라는 것이었다. 그는 살인을 비롯한 범죄의 구실로 정치를 이용했다. 혁명이 그의 관심을 끈 가장 커다란 이유는 누군가의 등에 칼을 꽂아 넣을 수 있는 기회라는 점이었다.

스물네 살에 공산주의로 전향해 그해 여름 역시 마르크스의 집을 방문했던 빌헬름 리프크네히트에 따르면, 빌리히와 바르텔레미가 마르크스에 대한 음모를 꾸미기 시작했다고 한다. "그들은 마르크스를 반역자라고 부르며 반역자는 죽어야 한다고 말했다."[25] 같은 시기에 빌리히는 극단주의자들에게 지지를 구하고, 또한 그 전해에 마르크스와 엥겔스가 망명자위원회에서 축출한 프티부르주아들에게도 제안을 했다. 빌리히는 단결이 그들의 노력에 더욱 힘을 실어줄 것이라고 주장하며 위원회가 다시 민주주의자들을 받아들여야 한다고 로비했다. 그리고 그의 안이 부결되자 버럭 성을 내며 공산주의자동맹 중앙위원회에서 사임했다. 그렇지만 며칠 후 분명히 싸울 의도를 품고 동맹의 모임에 참석해 회의 도중 마르크스를 모욕하더니 결국 결투를 제의했다.[26] 문제의 근원은 분명히 정치적인 것이었을 것이다. 그렇지만 거기에 빌리히가 예니에게 품었을지도 모를 어떤 사심이라는 배경과 바르텔레미의 사악한 영향력이 개재되었을 가능성도 배제할 수 없다.

마르크스는 결투라는 해결책을 부정했는데(어쨌든 영국에서 결투는 불법이었다) 성미 급하고 의협심이 강한 젊은이인 콘라트 슈람이 마르크스와 그의 가족을 돕기 위해 스스로 논쟁에 끼어들어 빌리히를 모욕했다. 그러자 결투는 스물여덟 살의 슈람과 마흔 살의 빌리히 간의 대결이 되었다.[27] 슈람은 결투를 포기하라는 마르크스의 만류를 뿌리치고 그의 입회인인 헨리크 미스코프스키라는 이름의 폴란드 육군 장교와 함께 밤에 보트를 타고 벨기에로 향했다. 빌리히도 바르텔레미와 함께 움직였다.[28] 리프크네히트는 "슈람은 한 번도 총을 쏴본 적이 없고 빌리히는 한 번도 표적을 놓쳐본 적이 없음"에도 불구하고 두 사람은 권총으로 결투를 진행하기로 합의했다고 기록했다.

리프크네히트는 다음 날인 9월 12일에 마르크스의 아파트에서 예니와 렌헨과 함께 초조하게 소식을 기다리고 있었다. 예니는 결투의 직접적인 원인은 아니었지만 그녀와 빌리히의 관계 때문에 어떤 식으로든 죄책감을 느꼈을 것이다. 리프크네히트는 그들이 하루 종일 소식을 기다렸지만 저녁때까지 아무 기별이 없었다고 했다. 그런데 리프크네히트와 마르크스가 외출한 후 문이 열리면서 바르텔레미가 집 안으로 들어섰다. 그 프랑스인은 뻣뻣하게 인사하고 예니와 렌헨의 물음에 "슈람 소식이요? 슈람은 머리 속에 총알이 박혀 있습니다"라고 대답했다. 바르텔레미는 다시 인사하고 친구의 운명 때문에 슬픔에 잠긴 여인들을 두고 떠났다. 리프크네히트는 "사람들은 여자의 괜한 기우였다고 생각했을 것이다. 그러나 그녀는 이제 본능적인 혐오감이 그녀를 속인 것이 아니었다는 사실을 알게 되었다"라고 말했다.

한 시간 후 예니는 마르크스와 리프크네히트가 돌아오자 황망히 소식을 전했다. 리프크네히트는 그들이 이미 슈람을 포기하고 있었다고 대답했다. 그렇지만 다음 날 그들이 슈람에 대해 얘기를 나누고 있을 때 "문이 열리면서 애도의 대상이던 사람이 머리에 붕대를 감았지만 즐겁게 웃는 낯으로 방 안에 들어섰다. 그는 총알이 머리를 스쳐서 기절했었다고 말했다. 정신을 차려보니 바닷가에 입회인과 의사만 남아 있더라는 것이었다".²⁹ 슈람은 살아남았지만 마르크스와 빌리히의 관계는 그렇지 못했다. 결투가 있은 지 나흘 뒤에 중앙위원회 모임에서 공식적인 분리가 행해졌다.

회의록에는 앞서 일어난 사건에 대해서는 일절 언급이 없었다. 다이아몬드처럼 군세고 찬란한 마음의 소유자였던 마르크스는 지혜로 겨루는 것에서는 어떤 싸움이든 자신이 승자가 될 것이라는 사실을 잘 알고 있었다. 더 사적인 환경이었다면 화산처럼 폭발할 수도 있었겠지만 그런 모임에서는 가능한 한 침착하고 이성적인 태도를 견지해 적이 당황하는 모습을 즐겼던 것으로 보인다. 공산주의동맹의 실무조직을 런던에서 쾰른으로 옮기고, 기존 동맹의 역할은 폐기하고 재작성하며, 런던의 동맹은 두 개의 그룹 또는 '지구'로 분할하고 양자는 쾰른에 직접 보고하지만 서로 간에는 간섭하지 않는다는 안을 마르크스가 중앙위원회 모임의 토론 안건으로 제안하고 표결에 붙였을 때가 바로 그런 경우였다.³⁰ 그런 조치는 공개적인 분열로 인한 추문을 방지하고 조직원들 사이에 어떤 불일치가 발생해도 동맹이 살아남도록 만들기 위해 필요한 것이라고 마르크스는 주장했다. 그는 런던 그룹이 분할되는 것은 사적인 문제에 따른 것이 아니라 다음 혁명의 전망에 대한 상호 간의 견해 차이에 따른 것이라고 설명했다. "우리는 노동자들에게 상황을 바꾸고 권력을 행사할 준비를 위해 십오 년, 이십 년, 또는 오십 년의 내전을 거쳐야만 할 것이라고 말하는 데 반해 [동맹의 다른 당파는] 우리는 즉시 권력을 장악해야 한다, 그렇지 않으면 잠이나 자러 가는 것이 낫다고 말한다." 마르크스는 그의 '지구'에는 열두 명만 있으면 충분하다고 말했다. 런던의 다른 동맹이 나머지 조직원을 취해도 좋다는 것이었다.³¹

카를 샤퍼는 동맹의 창립 멤버였고 마르크스의 절친한 친구였지만 이 문제에 관해서는 마르크스와 반대 입장에 섰다. 그는 마르크스의 점진적 접근에 동의하지 않았고, 비록 단두대에 머리가 잘리는 한이 있더라도 독일로 가서 싸우겠다고 말했다. 마르크스가 런던의 동맹을 쪼개고 싶다면 그렇게 할 수도 있겠지만 "그럴 경우 펜으로 일하는 자들과 다른 방식으로 일하는 자들, 두 개의 동맹이 존재하게 될 것"[32]이라고 말했다.

빌리히는 침묵을 지켰다. 마르크스는 그의 발언을 유도해보기도 했으나, 그는 다른 멤버들과 함께 퇴장하는 것으로 회의에 대한 불신을 표시했다. 마르크스의 그룹만 참여한 상태에서 투표가 진행되었다. 당연히 분리안은 만장일치로 가결되었다.[33] 이틀 후 마르크스와 그의 동료들은 독일노동자교육협회에서도 사퇴했고 곧이어 혁명적 공산주의자 세계협회의 블랑키주의자들과도 절연했다. 엥겔스, 마르크스, 조지 줄리언 하니는 그룹 멤버들에게 딘스트리트의 엥겔스 아파트로 와서 모임의 서류를 소각하는 것을 참관하라고 편지를 썼다.[34] 빌리히와 그의 동료들을 파멸시킬 마르크스의 계획에는 마지막 한 가지가 더 남아 있었다. 마르크스는 퀼른의 새로운 중앙위원회에 런던의 반대파들이 반란을 일으켜 동맹의 질서를 해치고 있으니 그들을 축출하라고 요청했다. 퀼른은 그의 요청을 받아들였다.[35]

반대자들에 대한 마르크스의 승리는 하니가 자신의 신문 『붉은 공화주의자 *Red Republican*』에 『공산당 선언』을 싣는 것으로 확정되었다. 그것은 『공산당 선언』의 최초 영역판이었으며 처음으로 '시민 찰스 마르크스와 프레더릭 엥겔스'라고 저자를 밝힌 것이었다.[36] 그렇지만 마르크스는 승리를 만끽하고 있을 여유가 없었다. 동맹의 라이벌들을 파멸시킨 행위로 그는 다수의 괴물 같은 적들을 만들어냈던 것이다(그들은 『공산당 선언』을 반동적이라고 불렀다). 게다가 엥겔스는 맨체스터로 떠날 채비를 하고 있었다. 친구가 떠나고 나면 마르크스는 한줌의 풋내기 추종자들에게만 둘러싸여 런던에 홀로 남게 되는 것이었다. 예니를 제외하고는 제대로 된 지적 동반자가 없게 되는 것이고, 공산주의자동맹에서의 자신의 쿠데타로 불가피해진 역풍에 혼자 맞설 수밖에 없게 되는 것이었다. 그리고 역시 경제적 문제들도 따랐다. 10월 말 마르크스는 바이데마이어에게 편지를 써서 프랑크푸르트의 전당포에 있는 예니의 은식기를 처분해 돈을 보내달라고 부탁했다(바이데마이어는 그 은식기를 지키기 위해 5월 이후 꾸준히 이자를 지불하고 있었다). 그렇지 않고는 가족의 생계가 위협당하는 상황이었다. 하지만 마르크스는 작은 은 머그잔, 작은 나이프와 포크, 그리고 한 개의 은 접시는 팔고 싶지 않았다. 그것들은 오 년 육 개월 된 딸, 예니헨의 것이었다.[37]

아이들은 마르크스의 인생에서 몇 안 되는 밝은 빛 중 하나였다. 아이들은 잦은 이사, 돈 문제와 정치에 관련된 소동, 추위와 배고픔, 이해할 수 없는 언어로 말하는 사람들에게 둘러싸인 공포 등의 심리적 상처에도 불구하고 "예쁘고 명랑하게 잘 컸다"고 예니는 말했다. 예니는 그들의 '뚱보' 세 살배기 에드가가 "장난기 넘치는 행동으로 귀여움을 독차지했다. 하루 종일 작은 팔을 휘저으며 잔뜩 감정을 살려서 커다란 목소리로 재미있는 노래들을 불렀으며 프라일리그라트의 〈라 마르세예즈〉로 '6월이여 오라, 행동하게 해다오 / 우리 가슴이 진실로 동경하는 신선한 행동을'이라고 귀청이 떨어질 듯한 목소리로 시를 읊을 때는 온 집 안이 들썩거렸다"[38]고 썼다.

런던 생활의 첫해에 정말로 고통 받았던 아이는 바로 그곳에서 태어난 아이였다. 하지만 그 아이의 고통은 길지 않았다. 하인리히 귀도는 첫돌을 갓 넘긴 11월 19일 폐렴합병 증세로 사망했다. 마르크스는 맨체스터에 있던 엥겔스에게 편지를 써서 그날 아침 "작은 폭파음모자"가 경기를 일으키다가 죽었다고 말했다. "몇 분 전만 해도 그 아이는 웃고 떠들고 있었는데…… 여기 분위기가 어떤지 짐작이 갈 걸세. 이럴 때 자네가 없다는 게 우리를 더욱 쓸쓸하게 만드는군."[39] 나흘 후 마르크스는 예니에 대해 엥겔스에게 편지를 썼다. "흥분과 탈진으로 아주 위험한 상태야. 예니는 그 아이에게만큼은 직접 젖을 먹였고, 그렇게 어려운 상황 속에서도 모든 것을 희생하면서 아이를 지키려고 헌신했었네."[40]

예니가 "내 가엾은 작은 슬픔의 아이"라고 불렀던 포크시는 토트넘 코트 로드 근처의 퀘이커 공동묘지에 묻혔다.[41] 그의 작은 관은 가족들이 직접 장지까지 옮겼기 때문에 멀리 운반될 필요도 없었다. 소호의 북적이는 뒷골목에서 장례 행렬은 익숙한 광경이었기 때문에 마르크스의 가족들에게 시선을 주는 사람들도 별로 없었을 것이며, 그것이 그들의 비통함을 더욱 깊게 만들었을 것이다. 거리 몇 개를 사이에 두고 반대편에서는 헤아릴 수도 없는 막대한 부를 누리는 사람들이 있었던 반면에, 그들은 단지 가난의 구렁텅이에 빠져 허우적대는 수많은 비참한 가족들 중 하나였을 뿐이었다.

21 1851년 겨울 런던

부르주아 사회의 생산력이 부르주아의
생산관계 속에서 그 모든 가능성이
만개하도록 발전하고 있는 이런 보편적인
번영하에서는, 진정한 혁명이란 있을 수
없다.

—카를 마르크스와 프리드리히 엥겔스[1]

1851년 빅토리아 여왕은 남편 앨버트 공이 세계를 평화와 단결로 성공적으로 결속시켰다고 자랑스럽게 선포했다. 앨버트는 귀족위원회commission of notables 의 회장으로 최초로 만국박람회를 창설했다. 그것은 무역, 산업, 투자의 승리였다. 5월 1일, 런던 시민의 4분의 1이 개막행사를 보려고 하이드파크에 몰려들었다. 그 속에서 대중의 찬사를 한 몸에 받으며 서른두 살의 여왕이 위엄을 과시하고 있었다. 엑스포를 개최하기 위해 로마의 성베드로 성당보다 더 큰 돔으로 건축된 크리스털 팰리스(수정궁) 안에는 푸코의 추부터 수세식 변기까지, 면방적기부터 달의 은판사진까지 수십만 개의 전시물이 사람들의 감탄을 자아냈다. 만국박람회는 상품을 아주 쉽게 옮기는 다층식 상점인 쇼핑몰의 효시가 되었다. 그리고 박람회장에는 세계에게 가장 큰 실내온실도 있었는데, 자연에 대한 인간의 우월성을 과시하는 것이었다. 천 명의 합창단이 부르는 헨델의 〈할렐루야 합창곡〉이 울려 퍼지는 가운데 여왕은 "사람들은…… 내가 들어본 그 무엇

291

보다도 더 신앙심으로 가득 차 있다"[2]고 말했다. 그리고 영국 국교회의 수장은 산업이 새로운 종교가 되었다고 선언했다. 영국의 자본주의 황금시대—예찬가들 사이에서 영광스러운 단어인 제국주의와 함께 쌍을 이루어 사용된 말이었다[3]—가 개막된 것이다.

실로 유럽 전역에 걸쳐 자본이 왕으로 등극했다. 경제호황은 1849년 반란이 진압되고 반동적 세력이 복귀한 후 얼마 되지 않아 찾아왔다. 정부들은 마르크스가 항상 설파했던 것처럼 실업과 배고픔, 질병이 어떤 이데올로기나 심지어 적의 군대보다도 더 심각하게 자신들의 안녕을 위협할 수 있다는 교훈을 얻었다. 사회의 하층—즉 기초—이 들썩거리면 카드로 만든 집과 같은 사회 전체가 무너져 내릴 수 있기 때문이었다. 그런 사태를 피하기 위해 철도, 집, 공장을 건설하는 등 많은 사람을 고용할 수 있고, 더 중요하게는 두둑한 이윤을 창출할 수 있는 것이라면 무엇이든 고용-창출 프로그램으로 실행되었다.[4] 1851년의 런던만 해도 건설 부문이 6만 6천 명 이상의 노동자들을 고용해 자본주의의 최대산업이 되었다. 물론 그들이 인구가 밀집된 슬럼가에서 다닥다닥 붙은 집을 지었던 것이 아님은 말할 필요조차 없다. 건설호황은 갑자기 돈이 두둑해진 중간계급들의 빌라가 세워지던 벨그레이비어, 켄싱턴 등 런던 북부의 새로운 교외지구로 확산되었다.[5]

이런 산업경기는 유럽의 왕들과 순종적인 의회에게는 축복이었다. 철도를 소유한 기업가들은 의회로 침투해 들어가 주식시장이라고 불리는 영역을 활성화하고 확장시키기 위한 활동을 벌였다. 이들은 간단한 공식만 좇는다면 성공과 번영이 계속될 것이라고 주장했다. 기업은 사적 소유이고 경쟁적이어야 하며, 자재(노동을 포함)를 가장 싼 가격에 구매해 자유시장에 가급적 비싼 값에 팔아야 한다는 것이었다. 그 공식은 바로 자본주의였다.[6]

철도와 증기선, 전신은 시간과 거리의 장벽을 부수며 기업의 발걸음을 가속화시켰다. 그렇지만 시장에서 무모하게 보일 정도로 전에 없던 대담성을 불러일으킨 것은 금이었다. 유럽의 기업가들은 캘리포니아의 경쟁자들이 규제 없이 자유분방한 미국 개척지에서 태산같이 막대한 돈을 끌어모으는 것을 보았다. 유럽의 정부들은 상대적으로 빈곤한 자신들의 재정을 보았고, 대륙의 기업가들이 여러 가지 구시대적 규제의 족쇄 때문에 경쟁력을 잃고 있다는 점을 인정했다.[7] 광산 개발에 규제가 풀리고 무역이 자유로워졌으며, 상업을 진작시키기 위해 은행이 설립되고 기업가의 성장을 고무하기 위해 법이 개정되었다.[8]

런던 만국박람회는 그런 상업시대의 서막을 여는 것이었다. 그리고 평범한 노동자들이 새로운 경제의 지상명령을 피할 길이 없는 것과 마찬가지로, 평범한 런던 시민이 대축제를 피할 수 있는 길도 없었다. 도시의 일부가 여러 국가원수들을 위해 개조되었고, 기타 저명인사들도 속속 도착할 예정이었다. 분뇨는 떨어지는 즉시 치워졌다. 페인트공들은 건물들을 알록달록하게 치장했다. 상점 주인들은 유리창에 낀 검댕을 벗겨내고 반짝반짝 윤을 냈다. 가장 중요한 것은 매일 밤 하이드파크에서 잠자던 노숙자들이 모두 먼 외곽으로 쫓겨난 것이었다. 귀족부인 같은 자태의 런던이 다시 분칠하고 립스틱을 바른 후 손님을 맞을 준비를 마쳤다.

박람회뿐만 아니라 세계에서 영국이 지닌 독보적인 지위로 인해 그런 축하 분위기는 끝나지 않을 기미였다. 1851년 영국은 세계에서 운항되는 배의 절반을 보유했으며 세계 철도의 절반도 영국 소유였다.[9] 그 성공은 철학적 이성주의, 정치적 실용주의, 상업적 창의력의 승리였으며 그 모든 것을 뽐내는 곳이 바로 박람회장이었다.

그 행사는 또한 사적 부의 권세에 대한 전 세계적 찬사였으며, 그것이 특히 마르크스를 우울하게 만들었다. 한때 현실에서 어떤 행동도 하지 않고 마음속의 기념비를 창조하는 것만으로 혁명가가 되려 한 공상주의자들과 다퉈야 했던 이곳에서, 이제 마르크스는 상품들이 중국에서 브라질까지, 캐나다에서 남아프리카공화국까지 판매될 수 있기 때문에 무역상들을 조화로운 세계의 평화전령사로 여기는 자본주의 공상가들에게 둘러싸이게 된 것이다. 마르크스와 엥겔스에게 박람회는 "사해동포주의-박애주의적 상업…… 부르주아의 과대망상증"에 바쳐진 신전, 현대판 로마의 판테온에 지나지 않았다.[10] 자본주의자들이 자유무역의 장점으로 추켜세운 것들 — 국가 간 경계를 허물고 특징을 없애서 현지 생산방법과 사회적 관계를 흐리게 만드는 것 — 을 마르크스와 엥겔스는 심각한 금융위기를 초래할 원인으로 보았다. 그들은 그 위기가 다음해에 올 것이라고 예측했다.[11]

박람회는 예니나 엥겔스가 할 수 없었던 일을 해냈다. 마르크스를 작업에 몰두하도록 만든 것이다. 박람회에 전시된 산업과 기술의 진보에 대해서 마르크스는 아무런 반감도 없었다. 역사는 그런 것 위에 건설되는 것이다. 사실 그는 리젠트 가의 창문에 진열된 전기원동기 모델을 보고 전기 스파크는 증기보다 "훨씬 위대한 혁명가"이며 그것이 "가져올 결과는 상상을 초월하는 것"[12]이라고 말하며, 마치 어린아이처럼 흥분했었다. 그렇지만 인류의 그런 경이로운 진보가 어떻게 소수의 자본주의자들의 수중에 떨어지는지, 그리고 그런 대단한 발전이 많은 사람들을 이롭게 할 수 있음에도 불구하고 극소수만을 부유하게 만드는 것이 왜 잘못된 것인지를 설명하는 것이 마르크스의 과제였다.

1851년 봄, 대부분의 사람들이 자본주의에 대해 들어본 적도 없던 시절, 마르크스는 장차 전 세계로 확산되고 인류 존재의 모든 영역에 충격을 줄, 거대하게 진화하고 있는 그 경제적, 정치적, 사회적 시스템과 씨름하기 시작했다. 자본주의의 유아기 단계에서 자본주의의 부상을 추적하고 그 몰락을 예언하는 작업에 착수한 것이다.[13] 그는 자신의 대작 『자본론』의 첫 편을 출간하게 되기까지 다음 십육 년간 수천 페이지의 글을 쓰게 될 터였다. 그의 젊은 추종자들은 그 속에서 자본주의를 대신할 청사진을 발견하고, 그것을 마르크스주의라고 불렀다.

마르크스는 무엇이든 건성으로 하는 일이 없었다. 그래서 경제학에 대한 몰입도 철저했다. 매음굴의 깊숙한 곳을 탐험할 때가 아니면 가끔씩 마르크스의 비서 역할을 했던 빌헬름 피퍼라는 젊은이는 엥겔스에게 농담조로 불만을 토로

했다. "누구든 언제나 마르크스를 찾아가면 인사말 대신 경제학 개념들을 들어야 합니다."[14] 엥겔스는 놀라지 않았을 것이다. 마르크스의 편지에는 자신의 유능한 친구에게 검증받고 싶어 하는 경제학 이론들이 수두룩했다. 이때부터 엥겔스가 다시 런던으로 이사 올 때인 1870년까지 이십여 년 동안 두 사람 간에는 거의 매일 활발한 서신교환이 시작되었다. 마르크스의 딸들 중 하나는 하루 중 최고의 순간은 군인 같은 빨간 프록코트 제복을 입고 금테 모자를 쓴 우체부가 올 때였다고 회상했다. 우체부가 막대기로 가볍게 두 번 문을 두드리는 소리가 들리면 아이들은 나는 듯이 계단을 뛰어내려가 문을 열었다. '엥겔스 삼촌'으로부터 온 편지가 아버지를 얼마나 행복하게 만들지 잘 알고 있기 때문이었다.[15] 편지 속에는 보통 서신 대화의 최신 내용뿐만 아니라 가족에게 없어서는 안 될 돈도 동봉되어 있었다.

12월에 맨체스터로 이주한 마르크스 아이들의 '천사'(엥겔스를 말함)는 두 개의 주소를 가졌다. 하나는 사업가들이 살고 동료들을 접대하기에 어울리는 고급 아파트였다. 다른 하나는 교외에 있는 독채로 보드먼Boardman 부부 명의로 등록했고 메리 번스, 그리고 그녀의 여동생 리지와 함께 살았다. 그 집에는 아일랜드 급진주의자들이 자주 방문했다. 나라를 초토화시킨 기근은 이미 끝났지만 아일랜드는 워낙 피폐했기 때문에 영국으로부터의 독립이 요원한 상태였다. 당시 아일랜드에는 그런 싸움을 벌일 힘조차 남아 있지 않았다. 그렇지만 맨체스터의 아일랜드 노동자들 사이에서 번진 분노는 강했다. 그것은 웨스트민스터의 아일랜드 지배에 대한 것이 아니라 영국에 거주하는 아일랜드 노동자, 여성, 아이들에 대한 처우 때문이었다.

엥겔스는 수입을 반란자 친구들을 돕는 데 기꺼이 사용하는 것으로 자본가 '행상'을 하며 느낀 양심의 가책을 달랬을 것이다. 그는 방직사업에 투신할 때부터 마르크스 가족의 생계를 책임지겠다고 했으며—그것이 회사자금에 손을 대는 것을 의미할지라도—맨체스터의 번스 가족도 돌보았다. 엥겔스는 공장주의 아들 역할을 훌륭히 수행했다. 필요한 모든 클럽에 얼굴을 내비치고 호감을 얻었다. 그렇지만 그의 진정한 친구들은 그런 클럽들이 단두대로 보내버리고 싶어 한 자들이었다. 그는 수영과 펜싱을 하고 말을 타고 사냥을 다녔다. 운동 자체를 좋아하기도 했지만, 필요할 때 즉시 군대로 달려갈 수 있도록 체력을 단련해두자는 목적도 있었다.[16] 예니는 그를 "위대한 면화 제왕"이라고 놀렸다. 그의 생활은 그랬지만 그의 가슴은 항상 혁명을 품고 있었다. 그녀는 그가 변함없는 독일인인 것이 기쁘다고 말했다.[17]

엥겔스는 아버지가 얼마나 오랫동안 자신을 맨체스터에 붙잡아둘지 몰랐다. 하지만 그곳에 있는 동안 마르크스와 예니의 걱정은 상당 부분 덜어줄 수 있었다. 엥겔스의 편지에는 종종 그들의 기본적 생계에 충당될 1~2파운드 정도의 돈이 들어 있었다. 그래서 마르크스 가족은 런던에 도착한 이래 처음으로 형편이 나아지기 시작했다. 마르크스는 경제학 연구를 진행하며 쾰른에서의 글들을 소책자로 엮어 판매할 계획을 세우고 있었다.[18] 스위스에서 『비평』을 재간하는 것을 꿈꿔보기도 했다.[19] 아이들 역시 포크시의 죽음으로부터 많이 회복된 것 같았다. 그렇지만 모든 일이 순조롭지는 않았다. 망명자들 사이에서는 여전히 분쟁이 끊이지 않았다. 12월에 레드 볼프는 빌리히의 추종자들에게 구타당했고, 콘라트 슈람과 빌헬름 피퍼는 파리 반란을 기념하는 연회에 참석하려다가 거칠게 내몰렸다.[20] 그렇지만 마르크스는 그런 분쟁에 휘말리지 않은 채 그들의 선전을 "자신의 배설물로 적을 폭격하려는 원숭이"의 짓거리라고 비웃으며 그들과 상대하지 않으려 했다. 그리고 그들을 향해 조롱조로 한마디 덧붙였다. "각자의 능력에 맞게"[21](냉소적으로 쓰인 이 표현은 나중에 확장되어 마르크스의 공산주의 이론에서 이정표가 된다).

1월 말 마르크스 가족은 포크시가 그곳 딘스트리트 64번지에서 죽었기 때문인지, 아니면 집세 체납으로 떠나라는 통고를 받았기 때문인지(마르크스는 그달 초 엥겔스에게 집세가 밀렸다고 돈을 부탁하는 편지를 썼다)[22] 알 수 없으나 다시 집을 옮겼다. 새 주소는 소호의 딘스트리트 28번지로 고작 몇 채 건너였으며 예전 집에 비해 약간 좋아진 정도였다. 세 어른과 세 아이는 이제 1층에 상점이 있고 백 년은 된 4층짜리 조지 왕 시대의 건물 꼭대기 층에 온전한 방 두 개를 갖게 되었다. 그 건물에는 다른 세 가족이 함께 살았다. 두 가족은 이탈리아인들—한 사람은 집주인이었다—이었고 다른 한 사람은 아일랜드 출신의 어학 선생이었는데 그가 자기 공간의 일부를 마르크스에게 재임대했던 것이다.[23]

다락방 아파트는 결코 넓다고 할 수 없었다. 거리를 면한 앞방은 창문이 세 개 있었고 기껏해야 가로 세로 4.6미터, 3미터에 불과했다. 그곳은 응접실, 식당, 서재로 사용되었다. 벽난로가 딸리고 경사진 지붕이 있는 뒷방은 더욱 작았다. 그곳은 가족들과 렌헨이 음식을 조리하고 잠자고 목욕하는 곳이었다.[24] 상수도는 지상에서 3미터 이상 도달하지 못했기 때문에 마르크스 가족은 지상층에서 물을 길어 써야 했다. 마찬가지로 중앙급수장치와 연결된 화장실도 없었다. 그들은 공동 수세식 화장실을 이용하거나(오수는 지하의 시궁창으로 흘러들어갔다) 아파트의 변기통을 사용해야 했다.[25] 그럼에도 불구하고 그들은 높은 곳에 사는 것을 행운으로 여겼을 것이다. 창밖으로 내다보면 다른 낡은 건물의 지붕과 굴뚝들 너머로 탁 트인 전망이 들어왔고 그들은 거리보다는 하늘과 가까운 곳에 살고 있다고 느꼈을 것이다. 리프크네히트는 그 아파트를 "수많은 보헤미안, 도망자, 망명자들이 들락거리는 비둘기 집"이라고 불렀다. 다음 오 년간 그곳은 "무어인의 집"이 되었으며 그의 주변에 몰려든 모든 사람들의 중심지가 되었다. 그곳은 무덤을 빼고는 망명자들이 런던에서 찾을 수 있는 가장 안정된 거처였다고 리프크네히트는 말했다.[26]

새로운 아파트에서 마르크스 가족은 안온한 일상을 즐겼다. 딸들은 학교에 다녔다. 예니는 시간을 쪼개서 남편의 일을 돕고 아이들을 돌보았다. 렌헨은 가사를 맡았다. 그것은 엥겔스가 보내준 돈(또는 마르크스가 빌려온 돈)으로 먹을거리를 충분히 장만해야 하는 쉽지 않은 일이었다. 그 돈으로 충분치 못할 때는 전당포에 의지했다. 아이들이 엥겔스와 같은 또 다른 '삼촌'이 있는 곳으로 여긴 전당포는 여러 가지 세간붙이나 그들이 당장 없어도 지낼 수 있는 옷가지를 잡고 돈을 내주었다.

마르크스는 젊은 동료들을 이끌고 매일같이 영국박물관 열람실에 가서 시간을 보냈다.[27] 리프크네히트는 런던의 다른 망명자들이 세상을 뒤엎을 계획을 짜내느라고 바쁜 동안 "우리, 인간 쓰레기들은 영국박물관에 둘러앉아 공부하며 미래의 전투를 위한 무기와 탄약을 준비했다…… 어떤 때는 먹을 것도 없었지만 그렇다고 박물관에 가는 것을 거르는 일은 없었다…… 그곳에는 적어도 편안히 앉을 의자가 있었고 겨울에는 집—집이라는 것이 있는 사람이라면 말이다—에서 누릴 수 없는 기분 좋은 온기가 있었기 때문이다"[28]라고 회상했다.

밤에는 정치적 모임이 있었다. 대부분은 선술집의 밀실에서 열렸다. 그곳에는 흑맥주가 담긴 반짝이는 주석 항아리가 있었고 흡연자를 위해 긴 도자기 파이프가 제공되었다.[29] 돈이 아무도 없을 경우—대부분의 경우 그랬다—하루 종일 마르크스와 시간을 보낸 젊은 망명자들은 딘스트리트로 찾아가서 비록 가난한 집이지만 그들에게는 그리운 가족적인 분위기를 즐겼다. 마르크스 가족은 아무리 가진 것이 없어도 마르크스를 지도자—그런 호칭에 대해 물론 마르크스는 항의했을 것이다—로 여기는 사람들에게 무엇인가를 내놓았다.

재단사 프리드리히 레스너는 예니가 너무 편안하게 대해주었기 때문에 마치 어머니나 누나 같았다고 말했다. 또 그녀가 늘씬하고 아주 아름다우며 기품이 있었지만, 그녀의 계급이 하층민들에게 보였을 오만이나 딱딱함은 찾아볼 수 없었다고 덧붙였다. 그의 말에 따르면 그녀는 사랑스럽고 재기 발랄한 인물이었다.[30] 리프크네히트는 예니가 마르크스보다 더 그들을 휘어잡았다고 했다. "예의바르면서도 친숙함을 잃지 않았던 그 품위, 그 우아한 태도는 우리처럼 거칠고 심지어 무례하기까지 한 사람들에게 마술 같은 힘을 발휘했다."[31] 세월이 흐른 후 리프크네히트는 예니에 대해 "그녀는 내게 처음으로 교육의 가능성과 여성의 힘을 인식하게 만든 사람이었다…… 어머니이자, 친구이자, 후원자이자, 조언자로서 그녀는 내게 이상적인 여성상이었고, 지금도 내 우상이다"[32]라고 썼다. 그녀는 심지어 마르크스 서클에 침투한 프로이센 첩자를 매료시키기도 했다. 그는 예니가 "남편에 대한 사랑으로 그런 집시 같은 삶에 적응하고 있으며 그런 비참함 속에서도 편안함을 느끼는 것 같다"[33]고 보고했다.

그리고 그런 활기 속에는 마르크스의 세 아이들도 있었다. 그들은 어른들의 모임에서 한 번도 배제되어본 적이 없었다. 그것은 마르크스가 아이들이 어른들에게서 무언가 배울 것이라고 기대했기 때문이 아니라 오히려 그 반대로 아이들로부터 어른들이 배울 것이 있을 것이라고 믿었기 때문이었다(마르크스는 "아이들은 그들의 부모를 키워야 한다"는 말을 즐겨 했다).[34] 마르크스는 아이들에게 권위적으로 명령하지 않고 항상 제안했다. 그러면 아이들은 언제나 동의했다. 리프크네히트에 따르면 여성과 아이들이 있을 때 마르크스는 "여자 가정교사도 부러워했을 만한"[35] 상냥함을 보였다고 했다.

1848년에 1차로 영국에 밀려든 망명자들은 대륙에서 비중이 떨어지는 인물들이었다. 그러나 1851년에는 혁명의 베테랑들이 나타나기 시작했고 그들의 출현은 상대적으로 덜 유명한 급진주의자들 속에서 자신의 가치를 증명하기 위한 거의 우스꽝스러울 정도의 경쟁을 새로이 촉발시켰다.[36] 마르크스와 엥겔스는 그들을 "영웅 희망자들의 상호부조 클럽"[37]이라고 지칭했다.

마르크스는 1848년 파리의 모든 주요 인물들과 아는 사이였다. 이제 루이 나폴레옹 치하에서 반체제 활동은 거의 불가능해졌기 때문에 그들은 런던으로 건너와 딘스트리트 28번지로 예의상 방문하기 시작했다. 그중 처음 찾아온 사람은 루이 블랑이었다. 그는 이른 아침에 찾아왔다. 렌헨은 그를 앞방으로 안내했고 아직 자고 있던 마르크스는 뒷방에서 옷을 갈아입었다. 리프크네히트는 나중에 마르크스로부터 들은 얘기로 그 장면을 묘사했다. 마르크스와 예니는 살짝 열린 문틈으로 블랑을 관찰했다. 마르크스의 말에 따르면 블랑은 형편없는 실내를 둘러보다가 "극히 원시적인 거울을 발견하고 즉시 그 앞으로 가서 자리를 잡은 후 자세를 가다듬고 난쟁이 같은 몸을 최대한 늘려서—그는 내가 본 것 중 가장 굽이 높은 장화를 신고 있었다—발정 난 3월의 토끼처럼 이슬람

교식 인사를 하는 것이었다". 예니는 도저히 참을 수가 없어서 웃음을 터뜨리고 말았다. 마르크스는 세수를 마치고 옷을 입은 다음 방 안으로 들어설 때 일부러 헛기침을 했다. "그 민중의 호민관이 거울에서 한 걸음 물러나 방 안에 들어서는 집주인에게 적절한 인사를 할 기회를 주기 위해서였다."³⁸

사실 마르크스는 블랑은 물론 지난 이십 년간 혁명운동과 이름이 관련된 어느 누구와도 손잡을 생각이 없었다. 그는 영국인들의 사랑을 받고 있으며 절대로 부패할 수 없는 인물로 추앙받고 있는 마치니같이 쟁쟁한 사람들까지 포함해 1830년대의 베테랑들이 젊은 세대들을 이용하고 그들에게 모든 일을 시키면서 돈과 영광은 자신들이 챙기는 "노련한 사기꾼들"이라고 여겼다.³⁹ 그런 사람들과 군소 급진주의자들이 현란한 속도로 이합집산을 거듭하고 있었고 그런 공론들 때문에 실제적인 일은 거들떠볼 여유도 없었다. 그 망명자들의 관심은 오직 자신들과 서로에 대한 것뿐이었다. 마르크스는 스스로에게 필요한 것은 단지 자신의 작은 모임뿐이라고 믿었다. 만약 엥겔스가 런던에 같이 있을 수 있었다면 더욱 좋았을 것이다. 2월 초 그는 엥겔스에게 말했다. "나는 자네와 나 둘이서 이제 우리 스스로에 대해 추구해볼 수 있는 공식적이고 완전한 고립을 얻은 것을 대단히 기쁘게 생각한다네. 상호 양보의 시스템, 체면치레 때문에 용인되어야만 했던 불완전한 방편들, 당 속에서 멍청이들과 함께 어쩔 수 없이 감내할 수밖에 없었던 공개적 조롱, 이 모든 것들이 이제 끝나버린 거야."⁴⁰

엥겔스는 동의하며 답했다. "사람들은 점점 이민자 단체가 결국 사람을 바보로 만드는 곳이라는 사실을 깨닫기 시작했네. 그곳에서 완전히 벗어나지 못한다면, 소위 혁명적 당이라는 것에 대해 조금도 신경 쓰지 않는 독립저술가로 만족하지 못한다면, 결국 바보 멍청이가 될 수밖에 없는 거야. 그곳은 진정 소문과 광기의 학교이고 그 속에서는 최후미에 뒤처진 당나귀도 최선두에서 조국을 구할 구원자가 된다네." 그는 그들의 위치가 새로운 자유를 주었다고 말했다. "이제부터 우리는 오직 우리 자신에게만 대답할 것이며 이 신사분들이 우리를 필요로 할 때가 오면 그때는 우리가 우리의 방식대로 지휘하는 자리에 있게 될 걸세. 그때까지 우리는 적어도 평화와 고요함을 누릴 수 있겠지. 물론 어느 정도의 고독함도 포함해서 말이야 — 이런, 나는 맨체스터에서 그걸 벌써 석 달간이나 누리고 있었군." 중요한 것은 무엇인가를 출판하는 것이었다. "모든 망명자들이 아무리 자네에 대해 찧고 까불어대도 자네가 정치경제학으로 그것에 답해버리면 그들 얘기가 무슨 가치가 있겠는가?"[41]

마르크스는 책을 완성하고 싶었다. 정치는 소극으로 마무리되었고 관심을 기울일 가치가 있는 것은 이론밖에 없었다. 그렇지만 일련의 개인적 위기들이 닥쳐와 그의 작업을 방해했다. 마르크스는 엥겔스도 갚아줄 수 없는 빚에 허덕이고 있었다. 그는 여러 사람들에게 40파운드 가량씩 빚지고 있었고, 그런 상황 때문에 스캔들이 런던에서 브뤼셀로, 그리고 트리어까지 번져 나갔다. 마르크스는 어쩔 줄 몰라서 어머니에게 만약 빚을 갚을 만큼 돈을 주지 않으면 차라리 프로이센으로 돌아가 감옥에 들어가버리겠다고 협박하기까지 했다. 그녀는 아들이 갇히는 것을 별로 대단한 일로 여기지 않았던지 아무것도 주지 않았다. 마르크스는 엥겔스에게 집 안에 땡전 한 푼도 없다고 말하며 "그래서 상점 주인들의 청구서 — 정육점, 빵집 등등 — 는 쌓여만 가고…… 자네도 이게 지극히 난감한 상황이고 내가 프티부르주아의 쓰레기 속에 목까지 푹 잠겼다는 사실을 인정할 거야. 그런데 바로 이런 사람이 노동자들을 착취했고 독재자가 되려고 했다고 욕을 먹고 있다니! 정말 무섭군!"

그런 혼란 가운데 1851년 3월 28일 예니는 딸을 낳았다. 그 아이는 프란치스카라고 이름 지었다. 비록 마르크스는 순산이었다고 말했지만 예니는 침대에서 일어나지 못했고, "그 원인은 신체적 문제보다 가정적 문제였다". 그 당시 렌헨은 임신 육 개월째였고 예니는 아버지의 정체는 모른다 하더라도 렌헨의 상태에 대해서는 눈치챘을 것이다. 마르크스는 이 문제로 엥겔스와 의논하고 싶어 했다. 그는 썼다. "결국 이게 웃을 수도, 울 수도 없는 상황인데, 자네에게 한 가지 더 간단히 비밀을 털어놓겠네." 여기서 그는 편지를 쓰다가 예니의 방해를 받았다. 마르크스는 계속 쓰겠다고 말했지만 그러지 못했던 것 같다[42](마르크스가 자신이 렌헨의 아기 아버지라고 인정한 편지가 설혹 존재했다고 하더라도 지금은 남아 있지 않다). 4월 2일, 엥겔스에게 보낸 다음 편지에서 마르크스는 어떤 대가를 치르더라도 맨체스터로 가서 설명하겠다고 다짐했다. "나는 여기를 일주일 정도 떠나 있어야 해. 가장 안 좋은 일은 도서관에서의 작업이 갑자기 방해를 받았다는 것이지. 아주 대단한 진척을 이루어서 이제 5주 정도면 그 망할 경제학을 완전히 끝낼 수 있을 것 같네."[43]

마르크스가 이보다 더 심각한, 특히 이토록 강력한 타격이 될 수 있는 사적인 스캔들에 휘말린 적은 없었을 것이다. 유럽의 모든 반체제 세력이 박람회 때문에 런던에 몰려와 있었다. 그 방문자들이 돈을 뿌리고 있었기 때문에 망명자 사회는 아연 활기를 띠었다. 방문자들은 런던에서 진행되고 있는 다양한 반란운동에 대한 소식을 듣고 싶어 했다. "독일의 돈 많은 속물들이 런던에 와 있던 기간만큼 망명자들이 술에 취하고 싸구려가 된 적은 없었다." 마르크스와 엥겔스는 자신들이 "공공 집안 정치public house politics"[44]라고 부른 그해의 상황에 대해 이렇게 썼다. 결국 세상의 주목을 받게 된 런던에 망명해 있던 사람들은 기대를 저버리고 싶지 않았다. 새로운 음모가 부화되고, 반란의 날짜가 잡히고, 봉기를 위한 채권(혁명정부가 들어서면 현금화할 수 있었다)이 판매되었다.[45] 물론 그중에서도 가장 달콤한 것은 가십이었다. 소문은 술집에서 술집으로 퍼져 나가 매번 입방아를 찧을 때마다 더욱 그럴듯하게 윤색되었다. 마르크스와 같이 살고 있는 두 여성이 모두 그의 자식들의 어머니일 수도 있다는 얘기는 당연히 대중의 귀를 솔깃하게 만들기에 충분했을 것이다. 그런 얘기를 듣는 것만으로도 런던까지 오는 뱃삯을 톡톡히 뽑았다고 여길 것이고, 그뿐만 아니라 적을 못 잡아먹어 안달하던(파멸까지는 아니더라도) 그 오만한 독재자를, 자신의 이념은 자유연애와는 아무 상관이 없고 신성한 결혼에 아무런 위험도 되지 않는다고 주장하던 그 공산주의의 우두머리를 단숨에 조롱거리로 만들 수단을 얻을 수도 있는 것이었다.

5월로 예정된 박람회가 개최되기 전 몇 달 동안, 루이 블랑과 르드뤼-롤랭(두 사람은 그전까지는 적대적이었다)이 헤이마켓Haymarket 술집에서 전 세계적인 반란을 조직하고 있다는 소문이 파다하게 퍼졌다. 계획은 9만 명의 외국인 망명자들이 참여해 자기들이 살고 있는 집에 동시에 방화할 것이라는 것이었다. 그리고 성냥팔이로 변장한 20만 명의 아일랜드인들과 그들의 무시무시한 가톨릭 신부들이 그 작전을 도울 것이라는 것이었다.[46] 소문은 허무맹랑한 것이었다. 그렇지만 대륙의 정부들이 런던 경찰에게 그 반란자들을 체포하고 수상한 계획에 대해 조사해보라고 압력을 가하기에는 충분한 이유가 되었다. 1848년 폭동의 예봉에 깜짝 놀랐던 정부들은 영국인들이 그런 혼란이 가라앉은 지 얼마 되지도 않아 박람회를 여는 것에 대해 성급하고 정신 나간 짓이라며 못마땅하게 여기고 있었다. 빈 주재 영국 대사는 "영국은 다른 나라들의 모든 혁명운동이 선전선동될 뿐만 아니라 살인과 모반이 조장되고 고무되는 중심적인 나라로 인식되고 있다"[47]고 썼다.

예니의 오빠 페르디난트 폰 베스트팔렌은 런던의 극단주의자들이 가하는 위협에 대해 가장 큰 목소리로 떠들어댄 사람 중 하나였다. 그는 한 해 전 12월에 프로이센의 내무장관으로 임명되었기 때문에 공안을 책임지고 있었다. 1월 1일 포고문에서 그는 강력한 탄압을 선언했다. 경찰의 감독 없이는 어떤 정치적 모임도 열릴 수 없고, 출판업은 정부의 통제하에 놓이며, 신문은 경찰에 거액의 보증금을 예치해야만 간행될 수 있었다.[48] 엥겔스는 마르크스에게 말했다. "자네 처남은 정말 놀라운 열정으로 책들을 압수하고 있군. 그자가 프로이센의 관료적 브루투스처럼 되어 자네의 책들에도 그 폭력적인 손을 댈까봐 걱정일세. 그러면 예기치 않게 인세가 끊길 수도 있으니 말이지."[49] 영국이 자본주의의 황금시대를 열고 있을 때, 프로이센은 "반동의 십 년"을 시작하고 있었다.[50]

베스트팔렌의 목표는 혁명적인 것들이 프로이센에 유입되지 못하도록 막는 것이었다. 역마다 공안요원을 배치해 감시를 강화하고, 금지된 문서들을 왕국으로 가지고 들어오는 자들을 체포하기 위해 함정이 만들어졌다. 그는 프로이

셴, 나아가 독일 영역 내에서의 운동을 제한하는 것에 만족하지 않았다. 페르디 난트는 혁명의 심장이 런던에서 뛰고 있다고 믿고, 1851년 봄 그런 음모자들을 뿌리 뽑기 위해 영국에 스파이들을 파견했다. 그 대상 중 한 명은 그가 아주 잘 알고 있는 사람이었다[51](마르크스는 페르디난트를 공개적으로 "심약한 광적 반동주 의자"라고 불렀다).[52] 베스트팔렌은 반역 행위를 현장에서 적발할 수만 있다면 영 국 여왕도 선동가들을 추방하는 데 동의하리라고 믿었다. 범죄의 증거는 믿을 만한 것이어야 했다—그렇다고 꼭 진실일 필요는 없었다.[53]

이 당시 빌헬름 스티버라는 프로이센의 스파이가 마르크스 서클에 관심을 기울이기 시작했다. 그는 찰스 플뢰리라는 사람을 고용했다. 플뢰리는 런던에서 박람회를 취재하고 있는 슈미트라는 신문편집자로 위장했다. 플뢰리의 실제 일 은 영국의 수도에 있는 독일 급진주의자들, 특히 마르크스의 가정에 대해 보고 하는 것이었다. 그 정보의 최종 수령자는 예니의 오빠였을 것이다.[54]

이 모든 상황이 의미하는 것은 렌헨의 임신이 부인할 수 없는 사실이 되었을 때 마르크스가 철저한 조사를 받게 될 것이라는 점이었다—반체제 세력 내 그 의 경쟁자들로부터, 프로이센 정부로부터, 그리고 가장 직접적이고 가장 위험한 것은 그의 아내와 처갓집으로부터. 그는 아이의 아버지로 노출되지 않기 위해 무슨 일이든 해야 했다. 그의 부정에 관한 소문이 퍼지면 반대자들에게 웃음거 리가 되는 것은 물론이고 정치적으로 파탄을 맞을 수도 있었다. 개인적으로도 아주 심각한 사태를 불러일으킬 수 있었다. 그의 부정은 이미 그 때문에 많은 고 통을 겪은 예니를 허물어뜨릴 수도 있었다. 최악의 경우 마르크스는 가족을 잃 는 것도 생각해야 했다. 그녀가 참을 수 없는 고통에 빠지게 되면 페르디난트(그 는 누이를 "나의 소중한 예니"라고 불렀다)[55]가 그녀에게 친정으로 돌아와서 아이 들을 훌륭한 환경에서 양육하라고 설득할 수도 있을 것이기 때문이었다. 마르 크스는 렌헨에게서 태어날 아기에 대해서는 전혀 고려하지 않았던 것 같다. 그 것은 미래의 일이었고 발등에 떨어진 불부터 꺼야 했다.

4월 말 마르크스는 엥겔스를 만나기 위해 맨체스터 행 열차에 올랐다. 두 사람 간의 대화를 어렵지 않게 추측해볼 수 있다. 엥겔스는 친구의 곤란한 처지를 완전히 이해해주었을 것이다. 그렇지만 딘스트리트에 남겨진 두 여인의 처지는 어땠을까? 예니와 렌헨은 어릴 때부터 친한 사이였다. 이제 그들은 완전히 소원해져서 불신하고 깊은 슬픔에 잠겨버렸다. 렌헨에게 주어진 선택은 오직 아이를 데리고 마르크스 가족을 떠나거나, 아이를 두고 어쨌든 마르크스 가족을 떠나는 것이었을 것이다. 그녀가 집 안에 머물 수 있는 가능성은 없었고 또 설혹 가능하다 하더라도 결코 편안한 상황은 아니었을 것이다. 예니의 입장에서는 만약 그녀가 렌헨의 아기 아버지가 마르크스라고 믿는다면 그녀의 인생 전체가 허물어지는 것이었으리라. 마르크스에게 모든 것을 바치면서 그녀가 단지 요구한 것은 사랑과 신의뿐이지 않았던가?

예니는 신경을 안정시키기 위해 거의 매시간 브랜디와 포트와인을 한 숟가락씩 먹으면서 침대에 누워 있었다. 그녀는 프란치스카를 유모에게 맡겼다. 비통에 잠긴 상태에서 젖을 먹였다가는 아기가 다시 포크시와 같은 운명을 맞게 될까봐 두려웠던 것이다.[56] 다른 아이들은 렌헨이 돌봤다. 라우라와 에드가는 너무 어려서 집 안의 이상한 공기를 감지하지 못했겠지만 예니헨은 5월에 여섯 살이 되기 때문에 뭔가 심상치 않다는 것을 느꼈을 것이다. 그렇지만 그걸 이해하기에는 아직 너무 어렸다. 어린 시절 사진을 보면 주변 어른들의 문제로 인해 얼굴에 그늘이 드리워져 있음을 볼 수 있다. 그녀는 마르고 창백했으며 검고 커다란 눈은 그녀를 나이보다 조숙해 보이게 했다. 세월이 흐른 후 그녀는 라우라에게 어렸을 때 자신은 "내가 용납할 수 없는 일을 늘 혼자 간직해왔다. 그건 나에게 이루 말할 수 없는 고통을 안겨주었다"[57]고 말했다.

마르크스는 5월 1일 예니헨의 생일을 위해 런던으로 돌아왔다. 현존하는 편지들에서는 당시 렌헨의 임신과 관련된 언급을 한마디도 찾아볼 수 없다. 그렇지만 마르크스가 맨체스터로 가 있는 동안 엥겔스가 아기의 아버지로 나서는 데 동의했을 것이라고 대체로 이해되고 있다.[58] 두 사람은 그것을 가장 합리적인 선택으로 보았을 것이다. 엥겔스는 자신의 평판에 대해서는 조금도 신경 쓰지 않았고, 특히 여성과 관련된 문제일 때는 더욱 그랬다. 그리고 그런 평판을 감안할 때 렌헨의 임신에 대한 그런 설명은 망명자 사회에서 설득력을 발휘했을 것이다. 그리고 그것은 렌헨을 수치로부터 구해주는 방법이기도 했다. 사람들은 그녀도 다른 많은 여자들처럼 전문가의 꾐에 넘어간 것뿐이라고 여길 것이기 때문이었다. 그것은 그녀도 충분히 수용할 만한 해명이었다.

예니는 과연 그 말을 믿었을까? 단정 짓기 어렵다. 그렇지만 렌헨과 한데 섞여 살고 있으면서 진실을 몰랐다고 보기는 어렵다. 예니와 마르크스는 이미 오랫동안 결혼생활을 해왔다. 작고 어수선한 방 안에서 일반적으로 가까운 것 이상으로 가깝게 지내왔다. 한쪽이 없는 사이에 저질러진 부정행위는 일시적으로는 감춰질 수 있다. 그렇지만 시선을 회피하거나 고개를 숙이는 것과 같은 작은 행동들도 그녀가 놓칠 수 없는 무언의 고백이 되었을 것이다. 예니는 마르크스가 허둥대는 모든 모습에서 진실을 발견했을 것이다. 그런 상황에서 여자는 남편이 거짓말하고 있다는 사실을 간파하게 된다. 아무리 다른 식으로 믿고 싶다 하더라도 말이다. 렌헨의 임신에 대해 예니가 유일하게 언급한 말은 수수께끼 같다. 그녀는 비망록에 썼다. "1851년 초여름, 내가 여기서 자세히 언급하고 싶지 않은 일이 일어났다. 비록 그 일이 내 개인적인 것을 포함해 여러 가지로 우리의 근심을 늘리는 데 크게 기여한 것이라 할지라도 말이다."[59]

마르크스는 더 큰 목표를 위해서는 자신의 개인적인 고통쯤은 모른 척할 수 있다는 것에 자부심을 느껴왔다. 하지만 그해 5월에는 그가 강철로 만들어진 인간이 아닌 이상 심부 깊숙이까지 흔들렸을 것이다. 가정 문제가 절정으로 치닫고 있는 순간, 그는 프로이센의 공산주의자동맹 동료들이 체포되고 있다는 소식을 들었다. 예니의 오빠가 내린 명령에 의해 고국에서 그의 친구들이 하나씩 그물망에 걸려들고 있었던 것이다. 5월 10일 엘버펠트의 재단사 페터 노트융이 처음으로 구금되었다. 경찰은 그에게서 입수한 문서를 통해 팔 일 후 더 많은 사람들을 체포했다. 그들 중에는 선전선동을 위해 가명으로 런던에서 마인

츠로 떠났던 레스너, 4월부터 마르크스의 전집 출판에 착수했던 헤르만 베커, 1848년 마르크스와 예니가 아파트를 얻도록 도와주었던 쾰른의 의사 롤란트 다니엘스, 오래전 마르크스가 파리에서 브뤼셀로 쫓겨날 때 동행했던 하인리히 뷔르거스도 있었다. 전체적으로 마르크스의 동지 열두 명이 대역죄와 국가전복 기도죄로 기소되었고 열한 명이 체포되었다.[60] 유일하게 체포를 모면해 탈출에 성공한 이는 프라일리그라트였다. 그는 5월 셋째 주에 런던에 도착했다.[61] 곧 다른 사람들도 체포가 두려워 프로이센을 탈출했다. 6월 말이 되자 소위 마르크스당의 대부분은 프로이센의 감옥에 갇히거나 런던에서 망명자 신세가 되었다.

엥겔스에게 보낸 편지에서 마르크스는 그 체포극에 대해 빌리히의 주변 인물들을 탓했다. 그들이 혁명놀이를 하고 박람회 때 음모를 꾸민 것이 프로이센 당국을 경계하게 만들었다는 것이다. "그 허풍선이들은 자기들이 정말 어떤 음모를 꾸미거나 목표를 추구하고 있는 것은 아니라는 사실을 알고 있었을 거야…… 그들이 원하는 것은 위험스럽게 보이는 것뿐이니까…… 스스로 공언하는 목표가 단지 쇼를 하는 것인 이런 당이 예전에도 있었을까?"[62]

다니엘스는 경찰에 끌려가기 전에 영국의 집들도 수색당할 수 있으니 증거가 될 만한 것은 모두 없애라는 편지를 마르크스에게 가까스로 보낼 수 있었다. 마르크스는 엥겔스에게 필요하지 않은 것을 모두 태우고 중요한 것은 메리에게 맡겨 보관하라고 전했다. 엥겔스는 시키는 대로 하고 마르크스와 독일에서 온 동료들을 만나기 위해 런던으로 향했다.[63] 그는 5월 31일부터 6월 15일까지 그곳에 머물렀다. 그의 방문 목적은 당연히 정치적인 것이었지만, 렌헨의 출산을 앞두고 동요하던 마르크스의 가정은 그의 존재만으로도 안정을 되찾는 데 많은 도움을 받았을 것이다. 그리고 아기가 태어날 무렵 엥겔스가 그곳에 와 있다는 것은 그가 아기 아버지라는 사실을 다른 사람들이 의심하지 않도록 만드는 효과도 있었다. 그렇지만 그는 아기의 출산을 지켜볼 정도로 오래 머물지는 않았다. 딘스트리트의 다락방에서 또 다른 갓난아기의 울음소리가 울려 퍼질 때는 이미 맨체스터로 돌아간 뒤였다.[64] 렌헨은 1851년 6월 23일 사내아이를

낳았다. 그녀는 아기에게 헨리 프레데릭—간단히 프레디—이라는 이름을 지어주었다.[65]

마르크스는 열람실로 도피해 경제학 연구에 주력하려 했지만—그해 열네 권의 공책을 채웠다[66]—가정의 불안과 극심한 경제적 고통 때문에 거의 아무런 진보도 이루지 못했다고 엥겔스에게 하소연했다.

> 집에 있으면 항상 모든 것이 괴로웠네. 나는 밤마다 신경이 날카로워지고 분노가 치밀어 왈칵 눈물을 쏟곤 했네. 그래서 당연히 별로 일도 못했지. 아내에게 미안하네. 그녀가 가장 힘겨워하고 있고, 본질적으로 그녀가 옳아. 결혼보다는 일이 더욱 생산적이어야 해. 그럼에도 불구하고 자네는 내가 천성적으로 참을성이 별로 없고 좀 격한 면까지 있기 때문에 가끔씩 평정심을 잃는다는 점을 기억해야 하네.[67]

8월까지 렌헨은 프레디가 태어난 후 6주가 지나도록 출생신고를 하지 않았다. 그리고 마침내 신고했을 때 어머니 이름에는 자기 이름을 적었지만 아버지 이름은 빈칸으로 남겨두었다. 그해 여름 그녀가 아기와 함께 딘스트리트에서 살았는지는 확실치 않다.[68] 슈테판 보른에게 보낸 편지에서 예니는 렌헨이 집을 나갔다고 했지만, 그것은 잠시 동안이었던 것으로 보인다.[69] 어쨌든 그 기간은 관련된 모든 사람들에게 고통스러운 시간이었을 것이다. 렌헨이 아기와 함께 아파트에 머물렀건, 출산 이후 갑자기 떠났건 둘 다 의심을 불러일으켰을 것이다. 망명자 사회는 항상 소문들로 들끓고 있었다. 게다가 마르크스가 동맹의 조직원들이 체포된 것과 관련해 망명자 사회를 격렬히 공격한 뒤였다. 그때 렌헨과 예니의 개인적인 비극이 일어났던 것이다. 만약 렌헨이 마르크스 가를 떠났다면 자신이 알고 있는 유일한 가족을 떠나서 말도 제대로 통하지 않는 나라를 떠돌아야 했거나, 수치 속에 라인란트로 되돌아갈 수밖에 없었을 것이다. 예니에게 렌헨은 둘도 없는 소중한 친구이자 조력자였다. 게다가 그런 비참한 생활을 군말 없이 같이 나눌 사람이 렌헨 말고 또 누가 있을 수 있겠는가?

프레디의 출생신고를 마친 다음 날인 8월 2일, 마르크스는 바이데마이어에게 보낸 편지에서 모든 잘못을 외부로 돌리며 주변상황을 한탄했다.

당신도 상상할 수 있겠지만 제 주변상황은 아주 우울합니다. 이런 상황이 좀 더 지속된다면 제 아내는 무너지고 말 겁니다. 항상적인 걱정과 아주 사소한 일상의 투쟁이 그녀를 갉아먹고 있습니다. 그리고 무엇보다도 이제 그 문제로 본격적으로 저를 공격하려는 적들의 중상모략이 있습니다. 그들은 자신들의 무능력에 대해 제 인격에 대한 의혹을 불러일으키고, 저에 대한 형언할 수 없는 비방을 퍼뜨리는 것으로 복수하려고 하지요…… 물론 저는 그런 더러운 일을 코웃음으로 넘길 겁니다. 저는 그런 일들이 단 한순간도 제 작업에 방해가 되지 못하도록 할 것이지만, 당신도 알다시피 제 아내가 아침부터 밤늦게까지 하루 종일 고된 집안 살림에 묶여 있어서…… 멍청한 소문으로 인해 그녀에게 매일같이 쏟아질 전염병 같은 민주주의자들의 배설물로부터 호기롭게 벗어나 회복되지는 못할 것입니다.[70]

렌헨의 임신을 둘러싼 슬픈 이야기는 시작과 마찬가지로 끝도 불분명했다. 8월 어느 날 렌헨은 레비Levy라는 이름의 가족들에게 프레디의 양육을 맡겼다. 그들은 소호와 비교해서도 가난하기로 유명한 이스트 런던에 살고 있었다.[71] 그 가족은 양육비를 원했을 것이고 엥겔스가 주었을 것으로 추정된다.[72] 프레디는 어머니와 마르크스 가족과 떨어져서 자랐고, 렌헨은 딘스트리트에 그대로 남았다. 렌헨, 예니, 마르크스 세 사람 간에는 그들의 상호의존도가 렌헨의 임신으로 파국을 맞기에는 너무 강력하다는 암묵적인 동의가 이루어졌음이 틀림없다. 그런 동의로 그들의 삶은 견딜 만한 것이 되었지만 그렇다고 해서 상처가 아문 것도 아니고 소문을 잠재운 것도 아니었기 때문에, 마르크스가 바이데마이어에게 공언한 것과는 달리 그 일은 그의 작업에 지속적으로 영향을 미쳤다.

8월 중순 새로운 비방이 활자화되었다. 런던에서 발간되는 독일어 주간지가 마르크스가 프로이센의 반동적인 신문에 글을 썼으며, 처남 페르디난트를 위해 일하는 스파이라고 주장했던 것이다.[73] 마르크스는 신문 게재를 염두에 두고 독일인 저널리스트에게 쓴 편지에서 그런 모함은 터무니없는 것이고, 자신이 페르디난트 폰 베스트팔렌과 가진 직업적 관계는 오직 그의 출판인들이 투옥된 것과 『비평』의 판매가 저지된 것뿐이라고 해명했다. 그렇지만 이런 노력이 마르크스에게 안정을 가져다주지는 못했다. 그 편지를 받은 저널리스트는 오스트리아의 첩자였고, 따라서 그 편지를 읽은 사람들은 경찰들뿐이었기 때문이다. 마르크스 쪽의 이야기는 사람들에게 전달되지 못했다.[74]

그 사건에 분노해 마르크스는 프라일리그라트와 루푸스를 대동하고 런던의 그 주간지를 찾아가서 출판자에게 결투를 신청했다. 아마도 그 출판인은 이 거친 외국인의 명예회복 시도를 인정하고 싶지 않았던 듯하다. 왜냐하면 대결은 일어나지 않았기 때문이다.[75]

그들의 삶이 더 이상 비참해질 수 없을 것같이 보이던 그 순간, 한줄기 희망의 빛이 비쳤다. 마르크스는 『뉴욕 데일리 트리뷴』지로부터 열여덟 명의 유급 외국인 특파원 중 한 명으로 일하지 않겠느냐고 제의하는 편지를 받았다. 그의 담당 영역은 유럽 문제에 관한 것이었다. 마르크스는 『뉴욕 데일리 트리뷴』지의 편집장 찰스 다나를 만난 적이 있었다. 그 미국인이 반혁명을 직접 보기 위해 유럽에 와 있을 때인 1849년에 『신 라인 신문』의 사무실에서였다. 마르크스가 연초에 미국 신문들에게 혹시 런던의 리포터가 필요하지 않느냐고 물어보는 편지를 띄운 사실을 다나가 기억해냈던 것 같다. 『뉴욕 데일리 트리뷴』은 판매부수가 20만 부에 달하는 세계에서 가장 큰 신문사였다.[76] 그리고 마르크스는 한편으로는 그 신문을 넝마라고 폄하하면서도 그 신문을 위해 일하고 싶어 했다.[77] 하지만 한 가지 문제가 있었다. 마르크스는 (비록 셰익스피어의 작품을 암송하려고 노력하고 있기는 했지만) 아직 영어로 말하거나 쓰지 못했다.[78] 다시 한 번 그는 엥겔스에게 의지했다. 자기는 경제학 연구로 너무 바쁘기 때문에 혹시 그가 "독일어로 된 기사를 금요일 아침[일주일 내에]까지 영어로 바꿔 보내줄 수 있는지"[79] 물었다. 마르크스는 자기 이름으로 나올 기사지만 친구에게 "마음껏 재치를 부려도" 좋다고 말했다.[80] 당시 그에게 결여된 것이 있다면 그것은 바로 재치였다.

22

1852년
런던

인류는 자신의 역사를 만든다. 그렇지만
자신이 원하는 대로 만들 수 있는
것은 아니다. 역사는 인류가 스스로
선택한 환경하에서 만들어지는 것이
아니라 과거로부터 전승되고 주어지고
직접적으로 맞닥뜨리게 된
환경하에서 만들어지는 것이다.

—카를 마르크스[1]

엥겔스는 『뉴욕 데일리 트리뷴』지의 기사를 성실히 써주었다. 그렇지만 기사한 편당 1파운드의 보수는 에르멘앤엥겔스 사에서 자주 보내오는 보조금과 합해도 마르크스 가족이 먹고 입는 데는 불충분했다. 마르크스는 그의 지난 저작을 엮어서 출판해주거나 『비평』을 사줄 사람을 찾는 데 열심이었다. 즉 빠르고 쉽게 돈이 될 만한 일이라면 무엇이든 좋았다. 당시 요제프 바이데마이어는 뉴욕에 정착해 신문사 일을 찾고 있었다. 그렇지만 마르크스는 "루푸스와 숙의한 끝에" 그에게 정치 계열의 출판사를 차려보라고 권했다.[2] 마르크스가 제안한 목록만으로도 바이데마이어 회사는 적어도 일 년간은 바쁘게 돌아갈 수 있을 정도였다.

엥겔스는 마르크스에게 즉시 경제학사에 관한 책을 쓰는 것이 더 좋은 길이될 것이라고 제안했다. 시리즈로 출간하고 첫 번째 책도 곧 독일에서 판매할 수 있을 것이라고 예상했다.

중요한 것은 자네가 비중 있는 책으로 다시 한 번 공식적으로 데뷔하는 거지. 그리고 가장 탈 없는 역사에 관한 것이라면…… 자네가 오랫동안 독일의 출판시장을 비워두었고, 나중에 서적판매상들의 소심함 때문에 생긴 공백기를 깨뜨리는 것이 절대적으로 필요하네. 그렇지만 일단 유익하고, 학구적이며, 잘 정리된, 게다가 재미있기까지 한 책이 한두 권 출판되고 나면, **그때는 양상이 달라질 걸세**. 자네는 대가를 적게 지불하려는 서적판매상들에게 코웃음을 칠 수 있는 입장에 서게 될 거야.

그는 이례적으로 책망도 덧붙였다. "이번엔 좀 사업적인 태도를 가져보게!"[3] 그렇지만 마르크스는 고립된 채 무력했다. 돈을 벌어야 했기 때문에 정말 쓰고 싶은 것을 쓸 수 없었다. 그의 동료들은 쾰른의 감방에서 썩어가고 있었으며, 그의 운동은 완전히 죽지는 않았다 하더라도 정지된 상태였고, 그는 런던과 독일뿐만 아니라 미국을 순회하는 비판자들로부터도 조롱의 대상이었다. "마르크스의 당이 도덕적 영웅이 되지 않기 위해 악덕에 상을 수여한다"는 소문까지 돌았다.[4] 그런 비방이 특히 짜증스러웠던 것은 그것이 많은 1848년의 망명자들—마르크스는 이제 그들을 사기꾼이라고 여겼다—이 자신들의 영웅적 행위로 두둑한 보상을 받고 있던 시기에 나왔다는 점이었다. 그들은 미래의 정부를 위한 공채를 팔고, 혁명 착수금을 모으고, 연설을 한 후 모금함을 돌려서 많은 돈을 끌어모으고 있었다. 미국으로 단 한 번 순회 연설을 떠나는 것만으로도 2만 달러는 거뜬히 모을 수 있었다.[5]

합스부르크 왕조와 정면대결을 펼쳐 거의 승리를 거둘 뻔했던 헝가리의 영웅 러요시 코슈트가 그해 10월 마치 전선에서 귀환하는 여왕의 전사처럼 런던에 입성했다. 그는 박람회의 폐막식에 런던 시장의 손님으로 초청되었다. 박람회는 마지막 날까지 6백만 명을 동원했다. 거리에는 수많은 인파들이 그를 보기 위해 줄지어 늘어서 있었고, 그들은 실망하지 않았다. 코슈트가 헝가리 전통 의상을 입고 허리에 칼을 찬 채 마차 위에서 군중의 환호에 답했던 것이다.[6] 일부 비판자들이 말하는 것과는 달리 마르크스는 그런 열광에는 조금도 흥미가 없었다. 그는 그런 과시를 부질없는 짓이라 여기며 경멸했다. 그렇지만 코슈트와 자신의 처지를 비교하지 않을 수 없었다. 그는 엥겔스에게 "코슈트 씨는 성 바오로처럼 모든 사람들에게 모든 것이 되더군. 마르세유에서는 '공화국 만세!'를 외치고, 사우샘프턴에서는 '신이여, 여왕을 보우하소서'를 외칠 수 있으니 말이야." 마르크스는 코슈트의 기금모금 사업을 분석해보고 그것이 기대보다 성공적이지 못했다는 사실을 고소하게 여겼다.[7] 그렇지만 그 모든 것은 마르크스와는 상관없는 일이었다. 코슈트가 주머니에 동전을 가득 담고 런던을 떠나건 말건 그의 가족과는 아무 상관이 없었다. 그들은 한 푼도 없었다.

1851년 12월 2일, 마르크스 가의 사적, 경제적 불행에 돌파구가 보이지 않는 것보다 더 중요한 일이 터졌다. 그 일은 마르크스부터 어린 아들 에드가까지 가족의 모든 관심을 다른 곳으로 돌리게 만들었다. 루이 나폴레옹이 쿠데타를 감행하면서 1848년 봉기를 공식적으로 종식시켰던 것이다. 삼 년 전까지만 하더라도 프랑스에서는 이방인에 불과했던 그 위장술에 능한 자가 군대의 지지를 받아서 프랑스 제2공화국의 헌법을 간단히 찢어발기고, 국회를 해산시켰으며, 스스로를 종신 대통령으로 선포했다. 1852년으로 끝나는 자신의 사 년 임기에 대해 오랫동안 의회와 설전을 벌이다가 그는 삼촌의 1804년 대관식 기념일에 맞춰 쿠데타를 감행했다.[8] 빅토르 위고는 "하룻밤 새에 자유는 그것을 지키겠다고 선서한 손에 의해 박살났다. 법의 불가침성, 시민의 권리, 사법권의 독립, 군인의 명예, 그 모든 것이 일순간에 사라지고 칼, 위증, 살인, 그리고 암살에 기반을 둔 개인의 독재정부가 들어섰다"[9]고 썼다.

공화주의자, 사회주의자, 민주주의자들이 파리뿐만 아니라 프랑스의 중부와 남부에서 모두 항의하기 위해 거리로 뛰쳐나왔다. 그렇지만 그들의 대열은 압도적인 힘으로 밀어붙이는 군대에 의해 흩어져버렸다. 12월 3일과 4일 양일간의 전투만으로 5백여 명이 사망하고 2만 6천 명이 체포되었다.[10] 베를린 봉기를 기록했던 카를 슈르츠는 나폴레옹의 쿠데타가 일어날 당시 런던에 있었다. 그의 설명에 따르면 그 소식이 전해지자 망명자들 사이에서 소동이 일어났다고 한다. 모두들 프랑스 클럽에 몰려들었고, 그곳의 분위기는 "광기를 넘나드는 것"[11]이었다. 하지만 런던의 열정과는 상관없이 대륙에서의 싸움은 이미 끝나 있었다.

마르크스는 그 쿠데타가 언젠가 고국으로 돌아가 영광스러운 전투를 벌이리라고 꿈꿔온 망명자들에게 찬물을 끼얹었다고 말했다.[12] 마르크스에게 즉각적인 이로움을 준 것은 그들이 이제 — 적어도 일시적으로는 — 너무 기가 죽어서 그를 자극할 힘도 없어졌다는 점이었다. 그리고 무장봉기가 무익할 것이라는 자신의 예측이 맞아떨어졌다는 사실에 대해서도 어느 정도 만족감을 느꼈다.

바이데마이어는 1월 초 뉴욕에서 독일어 공산주의자 주간지 『혁명Die Revolution』을 간행할 계획이었다. 마르크스는 그 첫 호에 게재할 프랑스 쿠데타에 관한 기사를 쓰기 시작했다.[13] 그가 글을 쓰려고 자리에 앉았을 때, 프랑스 국민들은 루이 나폴레옹의 대담한 시도에 반대하기는커녕 오히려 열광하는 모습을 보여주었다. 나폴레옹은 정부에 대한 신임을 묻는 국민투표에서 투표자의 92퍼센트라는 경이적인 찬성률로 지지를 확인했다.[14] 프랑스의 유산계급들도 루이 나폴레옹의 성공을 자신의 성공으로 받아들이며 그를 지지했다. 마르크스는 그들의 희희낙락하는 태도를 생생하게 묘사했다. "그들은 '범죄는 그의 것, 하지만 결실은 우리의 것'이라고 평가하며 즐거워했다."[15]

프랑스에서 건너온 소식은 마르크스 가족이 지난해의 끔찍한 기억들을 털어내기 위해 꼭 필요한 효과를 가져다주었다. 바이데마이어의 신문에 기고할 글을 쓰는 작업은 마르크스에게 돈벌이는 되지 않지만 다시 그를 지적인 작업에 몰두하게 만들었고, 그와 예니를 다시 협력하도록 해주었다. 『공산당 선언』을 작성할 때 그랬던 것처럼 그녀는 그가 한 페이지 한 페이지 작성할 때마다 그것을 다시 정서했다. 12월 17일, 엥겔스에게 쓴 편지에서 그녀는 사랑하는 카를이 "프랑스 사건에 관한 글에 정열을 불태우고 있으며", 엥겔스가 휴가로 방문하게 될 주말쯤이면 기사가 마무리될 수 있을 것이라고 말했다. 마르크스의 열정과 근면은 전염성이 있었다. 예니는 심지어 이제 무슈Musch 대령이라고 불리는 네 살배기 에드가조차도 엥겔스에게 보낼 편지를 하루 만에 세 통이나 쓰고 "그 위에 지순한 양심으로 헌 우표들을 붙였다"[16]고 말했다. 나중에 그녀는 마르크스의 "괴발개발 써놓은 기사들"을 정서하며 보낸 시간들이 인생에서 가장 행복한 때였다고 회고했다.[17] 마르크스의 경우와 마찬가지로 혁명을 대신해 한 일이 그녀의 개인적인 슬픔과 고통을 달래주었던 것이다.

예상된 일이지만 마르크스는 주말까지 기사를 끝내지 못했다. 게다가 엥겔스의 방문으로 더욱 방해를 받았다. 마르크스 집안의 크리스마스는 경제적 사정 때문에 부득이 검소할 수밖에 없었는데, 엥겔스의 방문으로 적어도 먹고 마실 것만큼은 그의 돈과 렌헨의 요리 덕택에 풍족할 수 있었다.

마르크스 서클의 사람들 대부분은 소호 바깥에 런던의 신문사 구역의 중심인 플리트Fleet 가 근처 패링던Farringdon 가에 있는 와인 가게에서 모였다. 마르크스는 그의 클럽을 '시너고그synagogue'라고 불렀다.[18] 도서관과 시너고그(클럽)로 마르크스를 충성스럽게 따라다니던 젊은 미혼자들 역시 마르크스 가족의 크리스마스와 신년 축하파티에 참가했을 것으로 보인다. 왜냐하면 바이데마이어에게 보낸 1월 1일자 편지에서 마르크스는 자기도 그렇고 루푸스나 레드 볼프 역시 신문에 보낼 글을 마치지 못했다고 말했기 때문이다. 그는 지연의 이유로 각각 자기의 경우 사적인 문제, 루푸스는 병, 그리고 레드 볼프는 기사를 다시 작성해야 할 필요성을 들었다.[19] 그렇지만 진정한 이유는 엥겔스가 "진탕 먹고 놀기"[20]라고 칭한 것 때문이었을 것이다. 엥겔스는 그렇게 밖으로 돌아다닌 것이 결국 마르크스를 2주간이나 "고통과 후회 속에 침대"에 누워 있게 만들자 예니에게 사과했다.[21] 그녀는 "어떻게 제가 그런 작은 술자리 때문에 화났을 거라고 상상할 수 있는 거지요?…… 게다가 그런 기분전환은 건강에도 아주 좋아요. 하지만 이번에 마르크스 신부님은 야밤에 '대주교의 조카'—예니가 엥겔스를 빗댄 것이다—와 철학적 산책을 나갔다가 심한 감기에 걸려버린 것 같군요"라고 대답했다.[22]

마르크스는 1월 20일경 드디어 회복되어 집필 작업에 복귀할 수 있었지만 아파트를 떠날 수는 없었다. 이제 문제는 과음의 후유증이 아니라 치질이었다. 마르크스는 치질이 "프랑스 혁명보다도 더 심하게 나를 괴롭히기"[23] 때문에 열람실에 갈 수 없다고 썼다. 그동안 예니는 엥겔스와 바이데마이어를 포함한 동료들과 편지를 주고받으며 남편의 건강에 대해 사과하고 마르크스가 하던 것처럼 뉴스와 정치적 견해를 제공하며 계속 활발한 서신교환을 유지했다.

이때의 소식들 중 가장 중요한 것은 그녀 오빠의 탄압으로 체포된 사람들에 관한 것이었다. 마르크스와 예니는 쾰른의 친구들이 반역죄로 구 개월간 구금 상태에 있었음에도 불구하고 예상했던 것처럼 1월에 재판을 받지 못할 것이라는 사실을 알게 되었다. 정부 측에서 수사가 너무 복잡하기 때문에 처음부터 완전히 다시 시작해야 한다고 발표했기 때문이다. 언론은 열한 명의 구금자들에 대해 거의 다루지 않았고, 유죄를 입증할 만한 충분한 증거가 없어서 재판을 지연시키고 있는 것으로 보이는 검찰 측의 음모에 대해서도 침묵했다.[24] 예니는 바이데마이어에게 보낸 편지에서 동료들이 정부의 가혹행위 속에 삼 개월은 더 교도소에 붙잡혀 있어야 할 것이고 마르크스 서클 이외의 곳에서는 아무런 관심도 받지 못할 것 같다고 말했다.[25]

예니가 통신비서로 일하는 동안, 마르크스는 동맹의 동료들에 관한 소식이 신문에 계속 보도될 수 있도록 선전 활동을 펼치는 데 총력을 기울였다. 마르크스는 프로이센의 자유주의적, 민주주의적 언론들은 그들이 대변하는 정당들이 그 기소 사건을 정적을 제거할 수 있는 기회로 보기 때문에 사건에 눈감고 있는 것이라고 주장했다.[26] 그래서 그는 영국 신문들에 의존해 사건에 대한 관심을 끌려고 노력했다. 또한 루이 나폴레옹의 쿠데타에 대한 기사의 마무리도 서둘렀다. 마르크스는 그 글에 프랑스 혁명달력상으로 1799년 나폴레옹 1세가 쿠데타를 일으켜 독재정부를 수립한 날에 빗대어 『루이 보나파르트의 브뤼메르 18일』이라는 제목을 붙였다.[27]

마르크스는 집 안의 단 하나뿐인 탁자에서 일했고, 보통의 가정보다 더 시끄러운 환경에 둘러싸여 있었다. 아이들은 마르크스 뒤에 의자들을 놓고 벌이는 역마차놀이를 개발해냈다. 앞에 앉은 마르크스는 말 역할을 맡아서 와자지껄한 승객들을 끌고 가는 체하거나 채찍을 맞아야 했다. 나중에 그의 딸은 "『브뤼메르 18일』의 여러 장은 세 꼬마들의 채찍질 아래에서 씌어졌다"[28]고 말했다. 정말로 집중할 필요가 있을 때 마르크스는 조용한 밤을 택해서 작업했다. 아파트의 추운 앞쪽 방에서 "싸고 지독한" 시가에 의존해 새벽녘까지 몰두했다. 아침이 되면 소파에 허물어졌고 그 주위로 가족들의 새로운 하루가 시작되었다. 이런 습관은 그에게 건강을 대가로 치르도록 만들었다. 특히 시력이 나빠졌다.[29] 독서를 위해 기름등이나 촛불을 이용했는데 불빛이 침침했다. 좀 더 밝은 파라핀등도 있었지만 좁은 공간에서 사용하기에는 냄새가 너무 독했다.[30] 그는 어쩔 수 없이 어두운 등불에 의존했고, 또 사실 다른 것을 마련할 형편도 되지 못했다. 그래서 매일 밤, 그리고 겨울에는 안개 속에 잠긴 런던까지 태양빛이 뚫고 들어오지 못했기 때문에 낮에도 그런 등불을 사용할 수밖에 없었다.

마르크스가 집중력을 발휘해 작업했음에도 불구하고 최초의 『브뤼메르 18일』은 바이데마이어의 신문에 실리지 못했다. 마르크스가 글을 마치기 전에 신문이 사라져버린 것이다. 또한 부분적으로 그 '기사'가 하나의 작은 책자로 커져버린 것도 문제였다[31](마르크스는 저절로 그렇게 됐다고 말했다).[32] 마르크스는 그런 종류의 보고기사에 흠뻑 빠져 즐기면서 자기가 할 수 있는 최선을 다했던 것으로 보인다. 그 속에서 그는 자신의 통찰력과 현상에 대한 이해를 기반으로 우연적인 사건처럼 보이는 것들을 더욱 큰 역사적인 맥락에서 이해했다. 다른 사람들이 잔물결을 보고 있을 때 마르크스는 거대한 조류를 꿰뚫어보았던 것이다. 불가능할 것 같던 루이 나폴레옹의 부상에 대해 그는 다음과 같이 썼다.

모든 사멸한 세대의 전통은 산 자들의 머리를 악몽처럼 짓누른다. 사람들이 여태까지 한 번도 존재한 적이 없었던 무엇인가를 창조하는 일을 하면서 자기 자신과 주변의 것들을 혁명적으로 바꾸는 일에 몸담고 있다고 여길 때, 정확히 이런 혁명적 위기의 시기에 그들은 과거의 정령들을 불러들여 자신의 일을 돕도록 만들고, 그들로부터 이름, 전투구호, 의복까지 빌려와서 이런 시기에 세계 역사의 새로운 국면을 위장과 이따위 차용된 언어들로 치장하는……

19세기의 사회적 혁명은 과거로부터 시詩를 끌어올 수 없다. 그것은 오직 미래로부터만…… 19세기의 혁명은 자신의 내용에 도달하기 위해서 죽은 자들로 하여금 죽은 자들을 매장하도록 해야 한다.[33]

『브뤼메르 18일』의 작가가 집필 중에 말이 되어 의자에 묶여 있었다거나, 거의 볼 수 없을 정도로 충혈된 눈 때문에 고통당하고 있었다는 사실은 좀처럼 믿기지 않는다. 그 글이 너무나도 아름다운 명쾌함으로 사람들을 매료시키기 때문이다. 글은 간명하고 웅변적이다. 문체뿐만 아니라 분석도 탁월하다. 그렇지만 그런 것들도 마르크스가 출판사를 찾는 데는 아무런 도움이 되지 못했다. 그리고 마르크스는 돈을 벌 거리가 필요했다. 그는 다시 한 번 프루동에 대한 자신의 공격을 재활용해볼 생각을 떠올려보았고, 아직 구상단계인 경제학 책으로 출판인의 관심을 끌어볼 생각도 해보았다. 하지만 둘 다 긍정적인 반응을 얻지 못했다.[34] 결국 2월 말 엥겔스에게 편지를 썼다. "일주일 전 나는 전당포에 맡긴 외투 때문에 외출을 하지 못하고, 신용이 없어서 더 이상 고기를 먹을 수 없는 아주 재미있는 상황에 도달했네." 그즈음에 그에게 유일하게 희망적으로 보인 것은 예니의 반동적인 삼촌들 중 한 사람이 건강이 안 좋다는 것뿐이었다. "그 똥개가 당장 뒈진다면 나는 이 곤경에서 벗어날 수 있겠지." 그렇지만 그 똥개는 죽지 않았다. 그리고 마르크스는 외투와 돈이 없었기 때문에 1848년 기념파티에 참석할 수 없었다. 대신에 예니를 보냈다. 예니는 한 프랑스인의 동반자로 갔기 때문에 입장료를 낼 필요가 없었다.[35]

스파이들은 마르크스의 가정이 취약한 순간을 포착해 공략하는 데는 거의 본능적인 육감을 가졌던 것으로 보인다. 마르크스는 그와 친구들이 한 침입자의 감시하에 놓여 있다는 익명의 제보를 받았다.[36] 그 인물이 누구인지 알 것 같았다. 12월에 마르크스 서클이 패링던 가에서 목요일 밤 모임을 시작할 때 빌헬름 히르슈라는 사람이 갑자기 나타났던 것이다. 마르크스의 직감은 옳았다. 히르슈는 감옥에 있는 동맹 조직원들의 유죄선고를 얻어내기 위해 검찰에게 필요한 증거를 수집하려고 프로이센 경찰이 파견한 첩자였다.[37] 마르크스와 그의 동료들은 런던에서의 첫해 동안은 정말로 사람들의 비난처럼 위험스러운 집단이었다. 혁명, 암살 등 모든 방식의 반정부적 활동이 논의되었던 것이다. 그렇지만 히르슈가 모임에 참석할 무렵에 그들의 직접적인 관심사는 선전과 그들 자신의 생존에 돌려져 있었다. 그들은 처음부터 히르슈를 수상쩍게 여겼다. 그래서 그에게 알리지 않고 시너고그 모임을 수요일 밤 소호의 '장미와 왕관Rose and Crown' 술집으로 옮겼었다.[38] 그렇지만 해결책이 되지 못했다. 히르슈는 성과제로 수당을 받았다. 증거를 가져가면 그에 대한 대가를 받는 식이었다. 그렇기 때문에 빈손으로 가기보다는 가상의 회의록을 조작해내는 일을 택했다. 마르크스는 그 당시 히르슈의 조작에 대해 몰랐고, 다른 스파이인 스티버가 경쟁 망명자 모임에서 서류 뭉치를 입수해 마르크스의 친구들에 대한 불리한 증거로 사용하려 한다는 사실도 알지 못했다. 그리고 무엇보다도 위험스러운 것은 장차 배신으로 마르크스와 동료들에게 심각한 타격을 주게 될 또 다른 경찰 첩자가 그들의 작은 모임으로 진입을 시도하고 있다는 사실을 몰랐다는 점이었다.

부활절에 엥겔스는 런던에 머물고 있었다. 그렇지만 크리스마스 때처럼 흥청망청 놀기 위해서가 아니었다. 마르크스와 예니의 막내딸 프란치스카가 중증 기관지염을 앓다가 첫돌이 갓 지난 4월 14일에 사망했다.[39] 19세기 영국에서 영아 사망은 흔한 일이었다. 태어난 지 일 년 안에 15퍼센트 가량의 아이들이 사망했다.[40] 그렇지만 그런 가혹한 통계는 비통에 잠긴 부모에게는 별로 위로가 되지 못했다. 특히 슬픔이 그들의 빈곤과 겹치며 고통이 배가되었을 예니에게는 더욱 그랬을 것이다. 그들은 프란치스카의 관을 장만할 돈조차 없었다.

딸의 장례를 치를 수 없게 된 예니는 아이의 시신을 뒷방에 안치하고 모든 침구를 앞방으로 옮겼다. 이제 돈이 마련될 때까지 가족 모두 한군데서 잠을 자야 했다. 그녀는 비망록에서 "우리는 살아 있는 세 아이를 곁에 눕히고, 옆방에 싸늘한 시신으로 누워 있는 작은 천사를 위해 울었다"고 썼다. 예니와 마르크스는 독일인과 영국인 친구들에게 돈을 빌려보려 했지만 별 소득이 없었다(엥겔스마저 돈에 쪼들리고 있었다). 마침내 예니는 이웃인 프랑스 망명자에게 사정해 관을 살 돈 2파운드를 구할 수 있었다. "그 아이는 세상에 올 때도 요람이 없었는데 마지막 안식처도 오랫동안 가질 수 없었다"고 그녀는 회상했다. "우리는 무거운 가슴으로 아이가 무덤으로 운반되는 것을 지켜보았다!" 프란치스카는 몇 블록 떨어진 공동묘지에 포크시와 함께 묻혔다.[41]

마르크스와 예니는 딸의 죽음을 차분히 애도할 겨를도 없이 또 다른 나쁜 소식을 전해 듣게 되었다. 마르크스의 『브뤼메르 18일』의 출판을 추진하던 바이데마이어가 프란치스카의 장례식 날에 편지를 보내와, 그 일이 불가능할 것 같다고 알린 것이다.[42] 마르크스는 한 친구에게 그 편지의 충격은 가혹했다고 말했다. "줄곧 이 년간 그녀[예니]는 나의 모든 사업이 차례로 재난에 빠지는 것을 지켜봐왔습니다."[43] 마르크스는 엥겔스에게도 하소연했다. "자네는 내가 지난 주에 얼마나 끔찍한 시간을 보냈는지 상상도 못할 걸세. 장례식 날 여러 군데서 내게 오기로 약속되어 있던 돈들이 도착하지 않았네. 그래서 나는 인정사정없는 영국인 무리들에게 돈을 지불하기 위해 어쩔 수 없이 프랑스인 이웃들에게 사정해야만 했네. 게다가 슬프게도 바이데마이어가 편지를 보내와 미국에서의 우리 희망마저 물거품이 될 것이라는 사실을 알려왔네…… 천성적으로 강하다고 자부해온 나도 이번에는 정말로 견디기 힘들 정도로 타격을 받았어."[44] 나중에 그는 "내 부인의 고통과 나 자신의 무능력을 생각할 때마다 차라리 악마에게 나 자신을 맡겨버리고 싶은 생각이 든다네"[45]라고 말했다.

어떤 의미에서 마르크스는 그렇게 했다. 야노스 방야라는 이름의 헝가리 저널리스트를 만나게 되었는데, 그해 봄쯤에 그 사람은 마르크스의 인생에서 중요한 인물이 되었다. 방야는 스파이였지만 마르크스는 그 사실을 알지 못했고,

그의 배신은 정치적인 것이 아닌 사적인 것이었다. 엥겔스와 미국의 동료들에게 보낸 편지로 보건대 마르크스는 방야를 완전히 신뢰했던 것 같다. 그런데 이 새로운 친구는 4월 말 마르크스를 노린 함정을 팠다. 마르크스는 런던에 있는 여러 독일인 망명자들에 대해 재미 삼아서 풍자적인 글을 썼고, 그 글에서 그들의 단체, 취향, 목적 등도 묘사했다. 방야는 베를린의 아이젠만Eisenmann이라는 출판업자가 그런 종류의 소책자에 대해 25파운드를 지불할 용의가 있다고 마르크스에게 제안했다. 그리고 마르크스는 익명으로 글을 쓸 수 있었다.[46]

마르크스가 공동 저술을 제안하자 엥겔스는 주저했다. 공격을 당한 사람들이 필자를 알게 될 경우를 감안할 때, 과연 그 금액이 그럴 만한 가치가 있는지 의문스러웠기 때문이었다. 엥겔스는 또한 쾰른의 친구들이 조사를 받고 있는 와중에 그런 책이 나오는 것은 반동적이지는 않더라도 독일 전체의 반체제 운동에 대한 배신행위로 비쳐질 수 있다고 생각했다.[47] 그렇지만 마르크스는 방야가 제시한 돈에 마음이 끌려 이미 그 제안을 뿌리칠 수 없는 상태였다. 그 헝가리인은 원고를 받자마자 돈을 보내주겠다고 말했다. 5월 말 마르크스는 엥겔스와 공동 작업을 하기 위해 맨체스터로 갔다.

마르크스는 런던을 떠날 때마다 예니 혼자 성난 빚쟁이들을 감당하도록 만들었다. 이번 경우는 적어도 미래에 수입이 생길 가능성은 있었다. 마르크스가 떠난 사이 방야는 베를린의 출판업자가 마르크스의 조건에 동의했다면서 계약 성사를 알려왔다.[48] 그렇지만 그것으로는 우유, 빵, 감자, 석탄 등 가족의 생존을 위해 당장 필요한 것들을 살 수 없었다. 마르크스의 이번 여행은 예니에게는 특히 힘든 것이었다. 왜냐하면 프란치스카가 죽은 지 불과 한 달밖에 되지 않았고, 그녀는 상실의 고통과 아울러 아이들에게 필요한 기본적인 생활을 제공해줄 수 있었다면 프란치스카와 포크시도 구할 수 있었을지 모른다는 죄책감에 휩싸여 있었기 때문이다.

그달 초, 마르크스와 예니는 예니헨, 라우라, 무슈를 맨체스터로 보내 머물게 했다. 그때는 엥겔스의 아버지가 맨체스터를 방문한 시기와 겹친다. 그러므로 아이들은 메리와 리지 번스와 함께 머물렀을 가능성이 높다. 세 아이는 엥겔스가 마르크스에게 보낸 편지에 각자의 메모를 덧붙여서 보냈는데 그 메모에서 완두콩과 감자를 곁들인 우둔살 스테이크를 먹고 얼마나 좋았는지 설명했다. 라우라가 무슈를 위해 대신 글을 써주었다. "간단한 저녁식사 후에 우리는 굉장한 야식을 먹었어요. 버터를 바른 빵과 치즈, 맥주 등 아빠도 아주 좋아했을 거예요. 우리는 아빠와 프레드 아저씨의 건강을 위해 마실 거예요. 우리가 취한다면 그건 아빠의 건강을 위한 일일 거예요. 안녕, 사랑하는 아빠."[49] 아이들은 이렇게 조그만 것에도 행복해했다. 그렇지만 마르크스와 예니는 아이들에게 그것을 해줄 수 없었다.

아이들이 돌아오고 대신 마르크스가 맨체스터의 자리를 채운 후, 예니는 그에게 괴로움의 편지를 썼다. "여기 앉아서 저는 몸과 마음이 허물어지고 있어요. 카를, 이제 정말 갈 데까지 가버린 것 같아요…… 나는 아무런 도움도 찾지 못하고 주저앉아 눈물을 흘리고 있어요. 머리가 복잡해요. 지난 한 주 동안 간신히 버텨봤지만 이제는 정말 한계를 느껴요."[50] 마르크스의 답장은 90퍼센트는 사업에 관한 것이었고 10퍼센트가 달래는 말이었다. 그가 엥겔스와 너무나도 즐거운 시간을 보내고 있었기 때문에(그는 두 사람이 망명자들을 스케치하면서 눈물이 날 때까지 웃고는 했다고 말했다) 예니의 곤경에 대해 둔감했을 수도 있다. 그렇지 않다면 돈을 보낼 수 없는 바에야, 차라리 아내가 일에 집중할 수 있도록 해주는 것이 그가 할 수 있는 최선의 길이라는 것을 알았기 때문일 수도 있다. 마르크스는 예니가 성격이 쾌활하고, 약간의 격려만으로도 금세 기운을 되찾는다고 자주 말했었다. 아마도 그런 점을 유념하고 6월 11일 편지를 썼을 것이다. "사랑하는 예니…… 당신은 조금도 거리낌 없이 내게 모든 것을 말해도 괜찮소. 내 가련하고 연약한 당신이 쓰라린 현실을 감내해야 한다면, 나 역시 하다못해 머릿속으로라도 그 고문을 나누는 것이 공평할 것이오." 그리고 그다음 그는 당과 관련된 여러 가지 할 일의 목록을 제시하고, 그녀가 또 다른 정치적 일을 잘 처리한 것을 칭찬했다.[51]

마르크스의 아이들에게는 집 안에서의 정치적 활동들, 밤마다 만나게 되는 다채로운 인물들, 그리고 빚쟁이들과 매일같이 벌이는 실랑이들이 모두 정상적인 것으로만 보였을 것이다. 그들은 친구들조차도 자기들 부모와 같은 남자와 여자들—대체로 반체제 정치에 관여된 가난한 독일인 망명자들—의 자녀들이었기 때문에 어떤 식으로도 비교해볼 수 있는 대상이 없었을 것이다. 그렇지만 마르크스와 예니는 자기 계급에 걸맞은 수준에서 가족을 꾸리려고 마음먹었더라면 아이들의 삶이 얼마나 달라질 수 있었는지에 대해 몰랐다고 할 수는 없을 것이다. 그들은 런던에 도착한 시점부터 그 선택으로 야기될 어려움에 대해 잘 알고 있었고, 그것은 해가 갈수록 커져만 갔다. 그렇지만 가장 어두운 시기의 초입에 막 들어선 것일 뿐이었다. 정말로 그들에게는 아무런 좋은 일도 일어나지 않는 것 같았다.

예니와 에른스트 드롱케는 마르크스와 엥겔스의 수백 페이지에 달하는 망명자 스케치, 『망명 중인 위인들*The Great Men of the Exile*』을 옆에서 마르크스가 읽어주는 대로 교대로 받아 적었다. 그 작업이 끝나자마자 즉시 방야는 원고료를 건네주었다. 마르크스는 7파운드를 제한(아마 그전에 방야가 빌려준 돈이었을 것이다) 18파운드를 받았다.[52] 드롱케에게 수고비를 지불하기에는 부족한 돈이었다. 게다가 방야는 마르크스가 그 소책자의 판매에 큰 기대를 걸고 있었음에도 불구하고 그것이 언제 출판될지에 대해서는 확답을 주지 않았다.[53] 엥겔스도 돈이 궁했기 때문에 8월에 그는 앞으로 6주간 마르크스에게 돈을 부쳐줄 수 없을지도 모르겠다고 말했다.[54] 마르크스의 『브뤼메르 18일』이 드디어 뉴욕에서 인쇄되기는 했다. 뉴욕의 독일인 망명자들에게서 40달러를 지원받아 바이데마이어의 신문이 재간되었던 것이다. 그렇지만 신문의 배급까지 감당하기에는 돈이 부족해서 그것은 쌓인 채 먼지만 뒤집어쓰게 되었다.[55] 더욱이 빌헬름 피퍼가 영어 번역을 엉망으로 해놓아서 런던에서 팔릴 기회도 나중으로 미뤄야 했고, 독일 내에서는 어떤 출판인도 관심을 보이지 않았다.[56] 그런 지연은 치명적이었다. 날이 갈수록 기사의 시의성은 떨어진 반면, 다른 사람들은 프랑스 대통령의 쿠데타에 대해 자유로이 나름의 평가를 출판하고 있었기 때문이다. 그 와중에 더욱 마르크스를 힘들게 만든 것은 그의 숙적 프루동이 루이 나폴레옹에 대한 비판을 출판해 10만 프랑 이상의 수입을 거둬들였다는 소식이 들려온 것이었다.[57]

이 시기에 마르크스의 괴로움이 담긴 편지들은 돈 때문에 그가 얼마나 고통스러워했는지 여실히 보여준다. 편지들은 라이벌들의 경제 사정을 과도하게 다루고 있다. 그는 또한 이례적으로 자신과 엥겔스에 대한 공격에 민감한 모습을 보였다. 특히 신시내티를 순회 중인 한 독일인 망명자의 말은 마르크스를 격분하게 만들었다. 그는 "마르크스와 엥겔스는 절대로 혁명가가 아닙니다. 그들은 런던의 노동자들에 의해 술집 바깥으로 내던져진 불한당일 뿐입니다"[58]라고 말했다. 마르크스는 종종 자신은 가십 따위에는 신경 쓰지 않는다고 말했었다. 그렇지만 1852년 하반기의 심각한 경제 사정에 자신의 작업이 전혀 인정받지 못하는 사정까지 겹치자 그런 비난이 더욱 아프게 다가왔다. 그것이 아무리 멀리서 일어난 것이라 할지라도.

신시내티에서 모욕적인 말을 한 이는 고트프리트 킨켈(마르크스는 그의 메시아적인 정치적 공상주의 때문에 그를 "예수 그리스도 킨켈"이라고 불렀다)이었다. 그가 런던으로 돌아왔을 때, 마르크스는 편지로 항의했지만 그는 답하지 않았다. 킨켈이 소호의 소인이 찍힌 편지를 보고 그의 것인 줄 눈치채서 열어보지도 않을까봐, 마르크스는 루푸스를 시켜서 윈저에서 보통 연애편지에 사용되는 종이로 편지를 보내도록 했다. 킨켈이 만약 그 편지를 열어보았다면, 은은한 장미와 물망초 향 속에 도사린 구구절절이 이어진 카를 마르크스 박사의 비난을 발견했을 것이다.[59]

마르크스는 인내심의 한계를 느끼고 있었다. 그는 엥겔스에게 가족 모두가 아픈데도 의사를 부를 돈이 없다고 썼다. "지난 8~10일간 나는 가족들에게 빵과 감자만 먹였다네. 그런데 이제 오늘은 그마저도 구할 수 있을지 의문이군…… 사방에서 태풍이 몰아닥치고 있네." 빵집 주인, 채소상, 정육점 주인이

돈을 달라고 아우성이었다. "자네는 내 편지에서 언제나처럼 내가 곤경에 처해
있고 그런 소리들을 면전에서 들으면서도 철저한 무관심으로 버텨내고 있다는
것을 알 수 있을 거네. 하지만 어쩌겠나? 우리 집은 병원이 되어 있고, 위기는 너
무 심각해서 나는 다른 일에는 전혀 신경 쓸 수 없네. 어떻게 해야 하지?"[60]

마지막 선택은 전당포였다. 그곳은 기껏해야 물건 가치의 3분의 1밖에 안 쳐
주었고, 그것도 결국 높은 이자 때문에 그 이하로 밑돌게 되었다. 마르크스는 예
니의 아가일 가 문장이 새겨진 은식기를 저당 잡히려 했다. 그렇지만 그런 고가
의 물품이 초라하고 궁기가 줄줄 흐르는 외국인의 손에 있는 것을 본 전당포 주
인이 그를 도둑으로 의심했다. 마르크스는 수치심 때문인지 그 사건의 결과에
대해 어떤 기록도 남기지 않았다. 전해지는 얘기 중 하나는, 사실일 것 같진 않
지만, 마르크스가 자신은 영국의 가장 유서 깊은 가문의 후예와 결혼했다고 전
당포 주인을 결국 납득시켰다는 것이다. 다른 하나는 마르크스가 절도 혐의로
체포되어 경찰서에서 하룻밤을 지새운 후, 예니가 자신과 아가일 가의 관계를
입증함으로써 풀려났다는 것이다.[61] 어느 얘기가 진실이든 결과는 같다. 마르크
스는 톡톡히 망신을 당했던 것이다. 마르크스는 너무나도 영락해버렸기 때문
에 런던을 통틀어 가장 비참한 지역 중 하나에 자리 잡은 전당포 주인의 눈에도
형편없는 모습으로 비쳐졌던 것이다.

1852년 가을, 마르크스 가족의 비좁은 아파트는 스파이들을 적발해내고 쾰
른의 동료들을 돕기 위한 망명자들의 지휘사령부가 되었다. 예니는 워싱턴에 있
는 마르크스의 친구 아돌프 클루스에게 딘스트리트의 아파트에 완벽한 사무실
이 세워졌다고 말했다. "두세 사람은 글을 쓰고, 어떤 사람들은 심부름을 하고,
또 다른 사람들은 글 쓰는 사람들이 생계 걱정 없이 낡은 세계의 관리들이 아주
터무니없는 스캔들을 지어낸 범죄자들이라는 사실을 입증할 수 있도록 돈을
긁어모으고 있습니다. 그리고 중간 중간에 제 장난꾸러기 세 아이들이 노래하
고 휘파람을 불다가 가끔 아빠로부터 심한 꾸지람을 듣기도 합니다. 정말 정신

이 하나도 없답니다!"[62]

심칠 개월간 질질 끌던 프로이센에서의 공산주의자동맹 조직원들에 대한 재판이 마침내 열렸다. 그들에 대한 증거는 얼토당토않은 것이었지만 그렇다고 무죄방면을 보장하는 것은 아니었다. 그들의 유죄 확정은 정부의 자존심이 걸린 문제였다. 마르크스와 친구들은 배심원들이 피고인들에게 불리하게 채워졌다고 결론 내렸다. 배심원은 세 명의 부유한 중간계급, 두 명의 귀족, 두 명의 지주, 두 명의 정부고문관, 그리고 한 명의 프로이센 교수로 채워졌다.[63] 그렇지만 피고 입장에서 긍정적이었던 점은 두 명의 중요 검찰 측 증인이 사라졌고 — 그중 한 명은 브라질로 도망갔다 — 경찰의 불법행위에 대한 충격적인 증거들이 있었다는 것이다.[64]

그 사건의 70페이지짜리 공소장은 런던에 급진주의적 독일인 반체제 세력이 모여서 마르크스의 지도하에 과격한 활동을 벌인 것으로 묘사하고 있었다. 그리고 1851년 5월 첫 번째 체포에서 1852년 10월 재판까지의 긴 과정이 터무니없이 왜곡되었으며, 검찰은 동맹 창립 때의 것들은 물론 1831년의 것들도 증거로 제출하고 있었다.[65] 증거의 일부는 피고인들을 장시간 홀로 감금해놓거나 강제 행군 — 한 번에 십일 일 동안 — 을 시킨 후 심문해 얻은 것이었다. 그런 행위들이 피고인들에게 엄청난 고통을 안겨주었을 것임은 말할 나위도 없다.[66] 그래서 출판인 베커는 시력을 잃어가고 있었으며, 의사 다니엘스는 폐결핵 증세를 보였다.[67]

마르크스는 피고인들에게서 직접 얻은 증거들이 그들의 반정부 정서에 대한 증거는 될지 몰라도 기소 사실처럼 그들이 반정부 음모를 모의했다는 것을 입증해주는 것은 아니라고 강력히 주장했다. 다시 말해 소위 증거라는 것들이 런던에서 스파이들이 수집한 것이고, 그것은 피고인들이 재판에 회부된 것이 정치적 입장 때문이 아니라 단지 위험스러운 지도자의 지령을 받고 움직이는 위험한 사람들이기 때문이라는 것을 대중에게 인식시키기 위해 고안된 것일 뿐이라고 주장했다. 비록 마르크스가 열한 명의 피고인들과 함께 재판정에 서지는 않

았지만 검찰이 노리는 인물은 바로 그라는 점이 명백했다.[68]

스티버가 검찰에 제출한 한 다발의 문건은 사실 빌리히의 단체에 대한 감시에서 얻은 것들이었다. 실제로 그 단체는 반정부 폭력투쟁을 모의하고 있었다. 한 경찰 보고서는 마르크스 단체가 주류파에서 떨어져 나온 사실을 인정했지만, 마르크스를 표적으로 삼고 있었기 때문에 그 세부 내용은 무시하기로 결정했다.[69] "마르크스 당은 모든 망명자, 선동가, 그리고 중앙위원회……의 상층부에 군림하고 있다. 마르크스는 그 자신도 알다시피 모든 사람들을 배후 조종하고 있다."[70] 결과적으로 정부는 부적절한 문서들을 증거로 채택함으로써 배심원들이 마르크스 단체와 빌리히 단체를 혼동하고 그 차이를 알 수 없도록 만들었다.

그렇지만 스티버의 파일들에서는 그런 교묘한 속임수가 통했지만, 다른 스파이 히르슈가 제출한 증거들은 너무나도 오류가 명백했기 때문에 즉시 기각되었다. 딘스트리트의 변호위원회는 히르슈가 음모가 논의되고 있는 마르크스의 시너고그 모임에 직접 참석해 얻었다고 맹세한 의사록이 사실은 아마추어적인 조작이었음을 입증했다. 위원회는 히르슈의 주장과는 달리 의사록이 리프크네히트와 또 다른 멤버 L. W. 링스(히르슈에게는 불행하게도 그는 거의 문맹이었기 때문에 어떤 식으로든 서기가 될 수 없었다)에 의해 작성된 것이 아니라는 것을 보여주기 위해 필적 견본들을 모았다. 그리고 모임이 목요일이 아닌 수요일에 있었고 히르슈가 말하는 곳과는 다른 곳에서 열렸음을 증명해주는 술집 주인의 증언도 확보했다. 법정은 조작 사실에 대한 잘 정리되고 부인할 수 없는 증거들이 제출되자 어쩔 수 없이 히르슈의 의사록을 기각했다.[71]

그렇지만 증거를 잃게 된 검찰은 피고인들에게 가장 타격이 될 만한 증거를 유지하기 위해 더욱 혈안이 되었다(베를린의 공안관리 수장은 런던의 프로이센 대사에게 보낸 편지에서 "정치경찰의 존립 자체가 이 재판의 결과에 달려 있습니다!"라고 말했다).[72] 서명이 없는 한 편지가 오십 부의 "붉은 교리문답" 다발과 함께 발견되었는데 한 전문가는 그 편지가 마르크스에 의해 작성된 것이라고 증언했다.

그 편지는 "혁명은 많은 사람들이 생각하는 것보다 훨씬 가까이 와 있다. 혁명 만세!"라고 말하며, 누구든 그 교리문답을 입수한 사람은 1852년 6월 5일 자정 전에 혁명에 동조적인 사람들의 집 문틈 아래로 그것을 밀어 넣으라고 지시하고 있었다. 그리고 그 편지는 작성 시점이 피고인들이 체포된 이후로 추정됨에도 불구하고 그들에 대한 증거로 쓰이고 있었다.

그 증거는 런던에서는 말도 안 되는 소리라는 반응을 불러일으켰다. 마르크스를 아는 사람이라면 누구라도 그것이 거짓임을 알 수 있었다. 마르크스가 시계종이 열두 번 울릴 때 지지자들의 방문 아래로 문서를 밀어 넣는다는 유치한 작전을 채택할 사람도 아닐뿐더러, 그 내용도 그의 신념과는 어긋나는 것이었기 때문이다. 마르크스는 혁명이 임박하지 않았다고 말함으로써 동료 망명자들을 분노케 만든 사람이었다.[73] 마르크스는 영국 재판정에 가서 자신은 그 편지나 교리문답과는 아무런 관련이 없다고 선서했으며, 그 선서는 쾰른의 변호인들에게 전달되었고, 영국 신문에 보도되기까지 했다. 그렇지만 검찰은 꿈쩍도 하지 않았다. 심지어 그 편지와 마르크스의 필적 비교도 거부했다.[74]

증언석에서 스티버는 '비밀요원'이 다른 스파이에 의해 감시되고 있는 런던의 치밀한 정보망에 대해 설명했다—아마도 현지에서 고용된 자와 전문적으로 그들을 감독하는 사람을 말하는 것이었을 것이다.[75] 10월에 마르크스는 엥겔스에게 수상적은 사람들이 다시 집 밖에 서성거린다고 말했다. 그의 집에서는 변호위원회가 일하고 있었다. 엥겔스와 마르크스는 누군가 자기들의 편지를 열어본다고 생각했다.[76] 그렇지만 그런 감시 때문에 일을 미루지는 않았다. 5주간 망명자들은 딘스트리트 아파트의 긴 계단들을 도전적으로 오르내리며 친구들에 대한 정부의 소송이 근거 없음을 밝혀줄 증거들을 모으기에 분주했다. 방문자들은 아침 일찍 몰려들어 밤늦게까지 머물렀으며, 아파트를 시가 연기로 가득 채우며 공판 소식이 전해질 때마다 때로는 웃고 때로는 흥분했다. 아이들은 방 안에 사람들이 붐비며 식사하고 맥주를 마시는 것에 이미 익숙해져 있었기 때문에 그들을 한 식구처럼 생각했다. 하루는 아침에 예니가 아직 옷을 갖춰 입기도 전에 한 위원회 멤버가 출근했고, 그래서 예니는 황급히 서둘러야 했다. 그때 무슈가 걱정할 것 없다고 소리쳤다. "그냥 프라일리그라트일 뿐이에요."[77]

이 기간 동안 예니는 1848년 빈에서 처형된 동료들을 기리는 일을 포함해 재판과 관련되지 않은 남편의 다른 공적인 일들을 대신했다. 마르크스가 다른 일은 모두 제쳐두고 재판에만 매달리고 있었기 때문이다.[78] 그는 거의 50페이지에 달하는, 재판에 대한 글을 썼는데 그것을 빨리 출판해 재판에 사람들의 이목을 집중시키고 싶어 했다. "말할 것도 없이, 나는 그 일에 단 한 푼도 보낼 능력이 없네." 그는 엥겔스에게 말했다. "어제는 종이 살 돈을 마련하기 위해 리버풀 시절부터 입던 외투를 전당포에 잡혔어."[79] 바로 그맘때쯤 집주인은 밀린 집세 때문에 가족을 내쫓겠다고 위협했다. 마르크스는 그 사람이 처음에는 난리를 쳤지만 자신이 더 강력하게 대응하자 곧 꼬리를 내리고 물러갔다고 말했다.[80]

동맹에 대한 재판은 11월 7일에 끝났다. 그리고 베를린 신문마저 피고인들에 대한 공소 사실이 입증되지 못했기 때문에 그들은 무죄 석방될 것이라고 예견했다.[81] 그렇지만 배심원들은 복잡한 평결을 들고 돌아왔다. 다니엘스를 포함해 네 명의 피고는 무죄였지만, 다른 일곱 명은 유죄였다. 저널리스트 뷔르거스를 포함한 세 명은 육 년, 출판인 베커를 포함한 세 명은 오 년, 그리고 재단사 레스너는 삼 년의 감옥형을 각각 선고받았다.[82] 예니는 그 평결은 배심원들이 "불쾌한 선동자들에 대한 증오"와 "경찰의 불법행위에 대한 공포"[83] 사이에서 분열되었음을 보여주는 것이라고 말했다.

2주가 지나기 전에 마르크스는 동맹을 공식적으로 해체했다. 재판의 결과, 프로이센 관료들이 동맹을 분쇄하기 위해 만반의 준비를 하고 있다는 극단적인 상황, 유럽에서의 일반적인 반동적 정서, 그리고 현재는 반성과 연구에 매진할 때이지 조직 활동을 할 때가 아니라는 마르크스의 신념 등이 그로 하여금 당분간 동맹은 필요치 않다는 결론에 이르도록 만들었다.[84] 그리고 두 가지 사건이 마르크스의 생각이 옳았음을 보여주었다. 12월 2일 공화주의의 요새였던 프랑스가 다시 제국이 되었다. 종신 대통령이던 루이 나폴레옹이 나폴레옹 3세로 등극한 것이다. 한때 자기 머리 위로 독수리를 유인하기 위해 베이컨이나 이용하던 그 작은 사람이 정부의 노련한 각료들을 물리치고 자신이 프랑스의 영광과 안정을 재현할 것이라고 대중을 설득하는 데 성공한 것이다. 그것은 마치 1815년부터 1848년까지의 모든 성과가 왕의 손짓 한 번으로 물거품이 되는 것과 같은 상황이었다.

더 사적인 사건은, 마르크스와 엥겔스가 마침내 그들의 폭로 소책자『망명 중인 위인들』의 진정한 운명을 알게 되었다는 것이다. 애초에 그것에 관심을 보인 출판인은 없었다―경찰이 그 원고를 원했고, 그 대가로 방야는 베를린으로부터 한 달에 두 번씩 보수를 지급받았다(그래서 마르크스에게 그렇게 빨리 원고료를 지불할 수 있었던 것이다). 마르크스와 엥겔스는 그 문건을 대중적으로 보급할 계획이었고, 그렇다면 경찰의 손에 들어가는 것도 어차피 마찬가지였다. 그렇지만 방야의 이중거래로 그것은 오직 경찰만 볼 수 있게 되었고, 쾰른의 재판이 한창 진행되고 있을 때 경찰이 망명자 사회를 손금 들여다보듯이 훤히 알 수 있도록 만들어주었다.[85] 롤란트 다니엘스의 형은 롤란트의 체포를 마르크스 탓으로 돌렸다. 만약 마르크스가 방야와 관계를 맺지 않았다면 그런 일이 일어나지도 않았으리라는 것이었다[86](그런 비난은 부당했다. 다니엘스는 마르크스가 방야를 만나기 전에 이미 체포되었었다). 한편 방야는 나폴레옹의 파리로 도망쳐 프랑스 경찰국의 특수요원이 되었다.[87]

마르크스는 나폴레옹과 방야, 두 사건에 대해 놀랍도록 무심한 태도를 보였다. 아마도 그때 스위스의 한 출판인이 쾰른 재판에 대한 그의 팸플릿을 극찬하며 즉시 인쇄에 돌입하겠다고 약속했기 때문일 것이다. 마르크스는 자신의『쾰른의 공산주의자 재판에 관한 폭로』가 출판된다는 사실에 잔뜩 흥분했다.[88] 예니는 출판인의 예상치를 근거로 초판에서만 30파운드의 수익을 올릴 것으로 계산했다.[89] 마르크스는 워싱턴의 아돌프 클루스에게도 한 부 보내서 미국에서의 출판을 추진해달라고 부탁했다.

이 일의 해학을 충분히 감상하려면 당신은 이 책자의 저자가 등과 발에 덮을 적당한 물건이 없는 관계로 집 안에 억류된 것이나 다름없는 생활을 하고 있다는 점을 알아야 합니다…… 재판은 저를 더욱 깊은 수렁으로 밀어 넣었습니다. 생계는 팽개쳐두고 저는 5주간이나 정부의 음모에 대항해 당을 위해 일해야 했습니다. 무엇보다도 저는 그 일 때문에 경제학 책의 계약을 마무리 지을 것으로 기대했던 독일의 서적판매상과 완전히 틀어져버렸습니다.[90]

하지만 스위스에서의 기대는 또 한 번 실망으로 변해버렸다. 출판업자는 거의 2천 부나 되는 마르크스의 『폭로』를 위탁화물로 바덴으로 몰래 들여보낸 다음 프로이센 전역으로 유통시킬 계획이었다. 그렇지만 물건을 찾지 못했다. 화물이 부려진 마을에서 모든 책이 압수되었고, 프로이센 정부의 명령에 따라 소각되어버린 것이다.[91] 마르크스는 이성을 잃고 흥분해 소리쳤다. "이건 한 사람이 글 쓰는 것을 완전히 포기하도록 만드는 짓이다. 프로이센 왕을 위해 이토록 집요할 수 있다니!"[92]

그렇지만 그것은 좌절의 끝이 아니었다. 몇 개월 지나지 않아 그 출판업자의 동업자는 마르크스에게 인쇄비용으로 424프랑을 청구했다. 돈을 벌려고 시작한 사업이 또 한 번 빚이 되어버린 순간이었다.[93]

23

1853년
런던

우리는 우울해질 일이 많았지만
그 모든 것을 웃음으로 이겨냈다.
누구든 불평하기 시작하는 사람은 즉각
사회에 대한 그의 의무를 일깨워주는
강력한 충고를 듣게 되었다.

—빌헬름 리프크네히트[1]

재판이 프로이센 정부의 승리로 돌아가자 마르크스는 정당의 정치에 관여하고 싶은 생각이 없음을 천명하기로 결심했다. 그는 적들로부터 당하는 시달림과 함께, 그가 친구라고 불렀던 사람들로부터 더욱 가혹한 대접을 받았다. "나는 소위 당의 이익이라는 명분 때문에 낡은 당의 멍청이들에게 나 자신이 모욕당하는 사태를 더 이상 감수하고 싶지 않다."[2] 공산주의자동맹 변호위원회에게는 마지막 남은 한 가지 과제가 있었다. 프로이센에 투옥된 사람들의 가족을 위한 기금 마련을 호소하는 것이었다.[3] 그 일이 끝나자 멤버들은 짐을 쌌고, 마르크스는 이제 아파트에 홀로 남아 엥겔스가 희망한 돈 버는 일을 할 수 있는 상태가 되었다. 엥겔스는 마르크스의 주변 인물들이 게으름뱅이가 되어가고 있으며 쉽게 술주정뱅이가 돼버릴지도 모른다고 걱정했다.[4] 그는 위원회 운영의 재정적인 면을 도왔고, 그에 아울러 자신의 지출까지 더해지자 자기가 "아버지 수익의 반 정도를 말아먹었다"고 말했다. 그와 동료들은 지출을 줄여야 했다—아버지의 수익을 잠식하는 것이 아까워서가 아니라 발각될 것이 두려워서였다.

그래서 엥겔스가 먼저 모범을 보였다. 싼 집으로 이사하고 싼 술을 마셨다.[5] 마르크스는 『뉴욕 데일리 트리뷴』지에 첫 번째 영어 기사를 보내며 새해를 시작했다. 이제 기사당 2파운드를 약속받았고, 한 주에 적어도 두 편 이상은 쓸 계획이었다.[6] 예니는 그 수입으로 "너저분한 딘스트리트 아파트"를 벗어날 수는 없겠지만 생활비는 충당할 수 있을 것으로 기대했다. 그녀는 그곳을 떠나고 싶어 안달하지는 않았던 것으로 보인다. 1853년까지 마르크스 가족은 소호에서 거의 삼 년째 살고 있었기 때문에 처음 왔을 때 받았던 끔찍한 인상도 꽤나 누그러져 있었다. 예니는 심지어 가난과 지저분하고 어수선한 것들에도 적응되어 있었다. 불을 쬐며 친구들을 만날 수 있는 단골 선술집과 커피 집도 발견했고, 운이 좋아 공짜표를 얻으면 극장에 가기도 했다. 그리고 그 구역을 장시간 산책하기를 즐겼다.[7] 무대를 좋아한 이 여인은 이제 주변에서 벌어지는 일상적인 쇼, 즉 런던의 갖가지 자질구레한 삶이 펼치는 다채로운 모습을 감상할 줄 알게 된 것이다.

차양을 드리운 진열창과 포목점이 즐비한 옥스퍼드 가는 승합마차와 임대마차, 그리고 잘 차려입고 쇼핑하러 나온 여인들로 북적였다. 헤이마켓도 역시 붐볐다. 일하는 여성들과 소녀들이 손에 들거나 목줄로 드리운 바구니에 한가득 꽃이나 허브 등의 상품을 담고 길을 오가며 물건을 팔았다. 그리고 아일랜드인 구역이 있었다. 그곳에서 식사는 종종 한 잔의 커피를 의미했다. 머리에 후드를 뒤집어쓰고 발과 무릎도 온기를 아끼려고 옷 안으로 잔뜩 오그린 채 불그스름한 뺨만 내보인 여인들이 거리에 앉아 있었다. 그녀들은 간혹 지나는 행인들이 그녀들이 팔려고 내놓은 초라한 상품을 구경하려고 허리를 숙일 때만 손을 내밀었다.[8] 모두들 자기만의 손님을 끄는 노래와 표현이 있었다. 그런 호객 소리는 여러 가지 언어의 다양한 수다와 뒤섞여 소호 거리의 자연발생적인 오페라를 만들어냈다. 비극적이기도 하고 미쳐 날뛰는 것 같기도 한 그 합창은 행인들에게는 변화무쌍한 소리였고, 그래서 항상 즐거움을 선사했다 — 너무 자세히 들여다보지 않는 한에서 말이다.

산책할 때면 예니는 검은 면사포로 얼굴을 반쯤 가리고 군중 속을 누볐다. 자라난 환경 그대로 어느 모로 보나 우아한 모습이었기 때문에, 그 지역에 살고 있는 사람이라기보다 잠시 방문한 사람으로 보였다. 한번은 산책 중에 레드 볼프와 마주쳤다. 지독한 근시에다가 호색한으로 유명한 인물이었다. 그는 예니를 알아보지 못한 채 옆으로 접근해 파리의 플레이보이가 하듯 유혹하려 들었다. 예니는 남자가 무례하게 굴면 쏘아보는 것만으로도 그 사람을 얼려버리는 재주가 있는 것으로 알려져 있었다. 그렇지만 레드 볼프의 실수에 대해서는 한바탕 웃음으로 넘겨버렸다. 아마도 그 많은 고생을 겪었음에도 불구하고 외모 하나만으로도 여전히 남자를 유혹할 수 있다는 사실이 즐거웠기 때문일 것이다.[9]

마르크스의 자녀들에게 소호는 가정과 같은 것이었다. 그것이 그들이 알고 있는 가장 안정된 삶이었다. 여자아이들은 오후 늦게나 저녁이 되면 보호자 없이 외출할 수 없었다. 그곳이 유흥지여서 단정치 못한 인간 군상들이 몰려들었기 때문이다. 예를 들면 딘스트리트의 소호극장은 도둑과 매춘부가 들끓는 위험한 곳이었다.[10] 콜드웰의 무도장 역시 위험한 곳이었다. 그곳은 독일 중간계급 출신의 젊은 점원들과 도제들이 자주 찾는 곳이었다. 그들은 자기들과 비슷한 환경의 아내—또는 동거녀라도—를 얻기 위해 그곳에 나왔다.[11]

예니헨과 라우라는 아직 어렸지만—예니헨은 아홉 살, 라우라는 일곱 살이었다—둘 다 사교적이었다. 예니헨은 아버지를 닮아서 검은 머리에 검은 눈동자, 까무잡잡한 피부에 아버지와 같은 강렬한 인상을 지닌 반면, 라우라는 어머니처럼 옅은 금발의 우아한 외모를 지녔다. 리프크네히트는 라우라가 어린아이임에도 불구하고 짓궂은 눈을 갖고 있다고 말했다.[12] 딸들은 딘스트리트에서 어느 정도 격리되어 있었지만, 개구쟁이 무슈는 제멋대로 거리를 쏘다니도록 내버려두었다. 그 아이는 거리의 가난한 아일랜드 아이들과 놀았고, 변변치 않은 용돈을 대가로 지불하고 그들로부터 노래를 배우기도 했다.[13] 마르크스 가족은 집안에서 독일어를 사용했다. 그렇지만 아이들은 쉽게 영어를 익혔고, 특히 무슈는 소호의 악동들처럼 능숙하게 말했다. 예니는 빵집 주인이 빵 배달을 끊어버리겠다고 경고한 후의 일화에 대해 기록했다. 빵집 주인이 건물 입구에 찾아왔을 때 마침 무슈가 그곳에 서 있었다. 그가 "마르크스 씨 집에 계시니?"라고 묻자, 무슈는 "아니요, 아빠는 위에 안 계세요"라고 대답한 후 그의 팔에서 세 덩이의 빵을 낚아채 아버지에게 알려주려고 달려갔다.[14] 그 아이는 그런 속임수를 거리에서 배웠을 것이다. 한 관찰자는 소호의 아이들은 막 걸음마를 뗄 무렵부터 훔치는 것을 배운다고 말했다.[15]

그렇지만 아이들이 소호의 삶에 너무 깊이 빠져들 걱정은 별로 없었다. 부모와 마찬가지로 그들의 사회적 삶도 독일인 망명자들과 함께 이루어지고 있었다—그들은 런던 외곽에서 공산주의노동자교육클럽의 가족들을 위한 비공식적 야외 모임인 이른바 공산주의노동자교육캠프Communist Laborer's Educational Camp에도 참석했다.[16] 무슈는 특히 카를 블린트의 의붓아들 페르디난트 코헨과 친했다.[17] 그렇지만 아이들의 가장 좋은 놀이상대는 아버지였다. 아이들은 마르크스를 아빠라고도 불렀지만 대부분 무어인 또는 찰리Challey라고 불렀다. 아이들은 매일 그가 일하도록 내버려두었지만, 일요일만큼은 종일 같이 놀아줄 것을 요구했고, 마르크스는 기꺼이 그렇게 했다(비록 그가 주머니에 수첩을 넣어두고 가끔씩 몰래 메모를 하기는 했지만 말이다).[18]

날이 화창할 때면 가족들은 딘스트리트에 온 마르크스의 지인 누구하고나 같이 한 시간 반을 걸어서 햄스테드 히스Hampstead Heath로 소풍을 떠나곤 했다. 렌헨은 독일에서 가져온 바구니에 점심을 챙겨 들고 나섰다. 맥주는 히스에서 샀다. 점심식사 후 어른들이 꾸벅꾸벅 졸거나 신문을 읽는 사이 마르크스는 아이들과 놀았다.[19] 리프크네히트는 마르크스가 밤을 떨어뜨리려고 너무 오래 밤나무를 흔들어서 여드레 동안 오른팔을 사용할 수 없었던 적도 있었다고 회고했다.[20] 그리고 다른 때는 마르크스의 친구들이 로프에 묶여 말 노릇을 하고 각각의 등에 아이들이 하나씩 올라타서 전쟁놀이를 벌인 적도 있었다. 놀이는 다리가 두 개뿐인 말이 비명을 지를 때까지 계속되었다. 그리고 당나귀를 타기도 했다. 그것은 마르크스의 고집 때문이었는데, 그는 그 느린 짐승 위에 올라탄 자신의 꼴이 얼마나 우스꽝스러운지도 몰랐다.[21] 소호로 돌아오는 먼 길에서는 누가 노래를 부르거나, 아니면 마르크스가 『신곡』을 암송하거나 괴테의 『파우스트』에 나오는 메피스토 역할을 연기했다(리프크네히트는 그의 연기가 지나치게 과장되었기 때문에 그다지 훌륭하지 못했다고 평했다). 그리고 마르크스의 창작 이야기도 있었다. 그는 이야기를 "일 마일 단위"로 지어냈고 만약 그가 얘기를 멈추면 아이들은 일제히 "일 마일 더 해줘!"라고 소리쳤다고 한다.[22]

마르크스는 아이들에게 어렸을 때부터 문학과 언어를 가르쳤으며, 예니의 아버지가 그랬던 것처럼 셰익스피어를 집안의 가장 소중한 손님으로 삼았다.[23] 그와 예니는 그들의 비좁은 다락방을 셰익스피어 희곡들을 암송하면서 베로나의 화려한 저택, 프랑스의 포성이 울리는 전장, 또는 싸늘한 런던 타워로 뒤바꿔놓았고, 나중에는 아이들도 모든 구절을 외워서 같이 암송할 수 있을 정도가 되었다. 마르크스는 또한 아이들에게 단테, 세르반테스, 월터 스콧, 제임스 페니모어 쿠퍼, 발자크의 작품을 읽어주었다 — 가능하면 원어로. 그래서 아이들의 편지를 보면 아이들은 집안의 친구들만큼이나 그런 책들의 등장인물들과도 친숙했다. 그 꼬마 학자들은 나이에 걸맞지 않은 문학적 인용과 말장난을 하기도 했다. 마르크스의 집안은 정신적으로는 풍요로웠다. 그것이 물질적 안락의 완벽한 결핍을 참고 견디는 데 도움이 되었을 것이다.

재미있게도 마르크스 가족의 딘스트리트에서의 삶을 가장 잘 묘사한 것은 프로이센 스파이의 보고서였다. 그는 그 아파트에 초대되어 천재성과 열정은 매우 인상적이지만 생활은 완벽한 혼돈인 한 사나이를 만났다. "그는 진정한 보헤미안 지식인의 삶을 살고 있다. 씻고, 꾸미고, 이불보를 가는 것 같은 일은 거의 하지 않으며 술에 취하기를 즐겼다…… 그리고 자고 일어나는 시간도 대중없었다." 그 보고서에는 마르크스의 세 자녀가 정말 잘생겼다고 기록되어 있다. 그리고 마르크스가 거칠고 성급한 성격이지만, 남편과 아버지로서는 "가장 온화하고 가장 부드러운 남자"였다고 평했다. 그렇지만 집 안은 점잖은 신사들도 몸서

리치게 만들 정도였다고 했다.

마르크스는 런던에서 최악의―따라서 가장 저렴한―숙소에서 살고 있다. 그는 방 두 개를 사용한다…… 아파트를 다 둘러보아도 깨끗하고 제대로 된 가구는 단 한 점도 없다. 모든 것이 깨지고 부서져 있고 그 위에는 5센티미터 가량의 먼지가 쌓여 있으며 단 한 군데도 정리된 곳이 없다. 거실 한가운데에는 유포로 덮인 커다란 구식 테이블이 있는데 그 위에는 그의 원고, 그리고 책과 신문들과 함께 아이들 장난감, 그의 아내의 바느질 바구니와 그 속의 헝겊 쪼가리들, 이가 빠진 여러 개의 컵들, 포크, 등잔, 잉크병, 텀블러, 네덜란드식 도기파이프, 담뱃재 등이 있다. 한마디로 난장판이고, 그 모든 것이 한 테이블에 같이 있다…… 어디 앉는다는 것은 아주 위험한 일이다. 다리가 세 개뿐인 의자가 있고, 또 다른 의자는 다행히 다리가 네 개지만 그 위에서 아이들이 소꿉놀이를 하고 있다. 손님에게 제공된 것은 그 멀쩡한 의자지만 소꿉놀이 흔적이 제대로 닦이지 않아 그 위에 앉았다가는 바지를 버릴 것을 감수해야 한다.

하지만 마르크스나 예니에게는 그런 것들이 전혀 문제가 되지 않았던 것 같다. "활발하고 화기애애한 대화가 오가기 시작하면서 그런 가정적 결함은 상쇄되고 불편은 견딜 만해진다. 그리고 마침내 그들에게 적응되면, 즐겁고 독특한 경험을 하게 된다. 이것이 공산주의자들의 우두머리인 마르크스의 진정한 가정생활 모습이다."[24]

1853년이 시작될 때 마르크스는, 망명자들의 분파투쟁을 거치고, 쾰른 재판이 지나고, 두 아이가 죽고, 친권을 주장할 수 없는 한 아이가 태어난 이후, 잠정적으로 경제학 저술과 정치활동을 접고 조용한 관찰자가 되었다. 그는 뉴욕의 신문사를 위해 일하는 저널리스트가 되어 19세기 남편과 아버지들이 일반적으로 하는 역할, 즉 가족 부양을 했다. 그가 그 역할을 훌륭히 수행했음을 보여주는 증거가 없는 것(가족은 만성적인 빚에 허덕였다)과 마찬가지로 딱히 그가 그런 상황을 안타깝게 여겼다는 증거도 없다. 혁명가 마르크스는 일종의 휴가를 자청했고 세상을 바꾸기보다 세상 일들을 관찰하고 기록하는 일에 힘썼다.

당시 미국에서 가장 인기 있던 일간지의 1면에는 필자명이 마르크스인 기사가 자주 실렸다. 조국에서 자신의 언어로 글을 썼다면 검열당하고 박해받았겠지만 19세기 중반에 언론이 자유롭고 정치적 논의가 활발했던 미국에서 마르크스는 열렬한 독자층을 발견할 수 있었을 것이다. 자유주의적인 『뉴욕 데일리 트리뷴』지의 다수 독자들은 유럽의 정치적, 사회적 불평등에 대한 마르크스의 비판, 그리고 노예제와 자본주의적 처벌에 대해 소리 높여 항의하는 그의 기사들에 공감했을 것이다. 편집자들은 종종 마르크스의 기사를 『뉴욕 데일리 트리뷴』지의 성향을 결정하는 사설로 싣기도 했다. 마르크스는 일부 기사들로 논란을 불러일으키기도 했고—코슈트나 마치니와 같은 독립 영웅을 냉소적으로 비판했을 때 특히 그랬다—종종 자기 기사들이 부드럽게 편집되었다고 불평하기도 했다. 하지만 한 기사가 논란이 된 이후, 『뉴욕 데일리 트리뷴』지는 런던의 특파원에 대해 다음의 소개 글을 덧붙였다. "마르크스 씨는 자기 의견이 강한 분이고 어떤 견해는 우리가 동의할 수 없는 것이지만, 그의 편지를 읽지 않는 독자는 현재 유럽 정치의 중대한 물음에 대한 가장 유익한 정보의 원천 중 하나를 놓치게 될 것입니다."[25]

마르크스와 엥겔스는 이런 기간이 정치에 실제로 참여하는 활동에서 잠시 휴가를 얻은 것뿐이라는 사실을 잘 알고 있었다. 엥겔스는 장차 그들이 독일로 돌아가서, 새로운 당원들을 모집하고 활동하는 것과 아울러—항상 지녔던 열망으로—신문을 창간하는 것까지 꿈꾸고 있었다.[26] 그는 다음에 다시 마르크스 당이 세상에 출현하게 될 때는 훨씬 더 나은 조건에서 활동할 수 있을 것이라고 믿었다. 그 이유는 많은 나약한 주변인들이 이미 유럽을 떠나 미국으로 가버렸으며, 또한 쾰른 재판의 부당함에 분개한 새로운 세대들이 당에 참여하게 될 것이기 때문이었다. 드디어 그는 망명 속에서 자신들이 성숙했다고 말했다.

1853년 4월 12일 바이데마이어에게 보낸 편지에서 엥겔스는 먼 미래까지 관망하며 그가 상상하는 미래가 무엇인지 설명했다.

> 좋은 날이 오면 다른 모든 자들의 무력함과 나약함 덕택에 우리 당이 권력을 쥘 수밖에 없는 상황이 올 것이라는 예감이 듭니다. 처음에는 직접적인 우리의 이익이 아닌 보편적인 것들, 혁명적이고 특히 프티부르주아적인 것들을 위한 조치들을 단행할 수밖에 없을 것입니다. 그 과정에서 프롤레타리아트 **대중**의 재촉이 있을 것이고, 또 우리가 공언했던 선언들과 계획들—당내 투쟁 속에서 어느 정도 잘못 해석되기도 하고, 어느 정도 성급하게 추진될 수도 있습니다—에 묶여 어쩔 수 없이 우리는 누구보다도 아직 시기가 무르익지 않았다는 사실을 잘 알고 있는 공산주의적 실험과 도약을 시도할 수밖에 없는 우리 자신들을 발견하게 될 것입니다. 그때 누군가 머리(분별력 — 옮긴이)를 잃게 되고—단지 **육체적인 것**뿐이기를 바랍니다 — 반동이 찾아들고, 세상이 이런 종류의 일들에 대해 **역사적** 판결을 내릴 능력이 생길 때까지 그 사람은 잔인한 야수(이런 것은 조금도 문제되지 않습니다)일 뿐만 아니라 **멍청하고** 그보다 훨씬 더 나쁜 것들로 여겨지겠지요. 저는 다른 방식으로 일이 일어날 수 있을지에 대해서는 잘 모르겠습니다…… 중요한 것은, 이런 일이 일어난다면, 역사 속에서 우리 당의 재평가는 이미 자신의 **문헌** 속에서 구체화되어 있다는 사실입니다.[27]

엥겔스의 이 편지는 20세기 공산주의의 터무니없는 폭주에 대한 것까지는 아니라 할지라도 그 부침에 대한 예언적 묘사로 볼 수 있다. 그렇지만 그가 이 편지를 썼을 당시인 19세기 중엽에는 아직 그 공동 설립자들이 자신의 이론을 증명하고 다음 시대로 넘어갈 지침이 될 작품을 만들어내지 못한 상태였다. 마르크스와 엥겔스는 그 일을 위한 굳은 각오를 지니고 있었지만, 둘 다 마르크스 가족의 당장의 필요를 충족시키기 위해 그 작업을 미뤄둘 수밖에 없었다.

1849년 런던에 들어온 이래 마르크스 가는 수만의 런던 빈민들과 마찬가지로 매년 돌아오는 도시의 크리스마스 축제 분위기를 경탄과 부러운 시선으로 쳐다볼 수밖에 없었다. 번화가에는 때가 껴 흐릿한 쇼윈도가 말끔히 닦였고, 자욱한 안개를 뚫고 갑작스레 쏟아져 나온 따사로운 불빛 아래 형형색색의 장난감, 옷감, 보석들이 행인들의 시선을 사로잡았다. 진열창에는 야회복, 어린이 장갑, 공단 장화 등 진창으로 덮인 도시에서는 상상을 초월하는 사치품들이 자태를 뽐내고 있었다. 거리 곳곳에 세워진 음식점과 시장들에는 고기, 가금류, 생선 등이 넘쳐났다. 녹색, 빨간색, 흰색의 채소들이 산처럼 쌓였고, 신선한 과일과 딸기, 그리고 온갖 사탕들이 늘어져 있었다. 이른 시간부터 사람들이 몰려들어 밤늦게까지 붐볐고, 손수레와 짐마차들이 덜컹거리며 분주히 오가면서 상점에 신선한 상품들을 실어 나르고 기대에 찬 고객들에게 배달을 떠나기도 했다. 밤이면 포석 위에서 규칙적으로 또각거리는 말발굽 소리가 다른 모든 악사와 가수들을 거리 밖으로 몰아낸 성가단과 바이올린 연주자에게 반주를 넣어주었다.[28] 누구도 그런 축제 분위기를 모른 체할 수 없었다. 하지만 마르크스 가족은 돈이 없었기 때문에 늘 그렇게 해야만 했었다. 그렇지만 1853년 그들은 약간만이라도 그 환상을 누려볼 결심을 했다.

마르크스 가족에게 크리스마스란 완전히 세속적인 행사였다. 아이들이 크리스마스의 기원을 물어보면 마르크스는 부유한 사람들에 의해 살해당한 가난한 목수로서의 예수의 삶에 대한 얘기를 해주었다. 보통 그는 종교에 대해서는 일말의 가치도 부여하지 않았지만, "종교가 우리에게 아이들을 숭배하라고 가르친 점 때문에 기독교를 용서해줄 수도 있다"[29]고 말했다.

마르크스의 자녀들은 크리스마스 일주일 전부터 아파트의 앞방에는 들어갈 수 없었다. 그동안 어른들은 장식을 하고 선물을 준비했다. 세월이 흘러 예니헨은 라우라에게 보낸 편지에서 딘스트리트의 크리스마스를 회상했다. "나는 지금도 그 일이 눈앞에서 펼쳐지는 것처럼 선해. 너하고 에드가, 그리고 내가 귀를 쫑긋 세우고 트리가 세워진 방으로 우리를 부르는 종소리가 울리기를 얼마나 조바심치면서 기다렸던지. 그리고 그렇게 기다리던 종소리가 마침내 울리자 우리는 거의 까무러칠 지경이었지…… 너는 겁먹고 뒤로 처졌는데 나는 억지로 용감한 척 달려 나갔었지. 그때 그 거실이 우리에게는 얼마나 화려해 보였던지, 그 낡고 먼지 낀 가구들이 얼마나 우아하고 신선해 보였던지."[30]

엥겔스와 다른 친구들도 와서 트리 장식을 도왔고 아이들의 선물 — 인형, 총, 조리기구, 북 — 도 가져왔다. 예니는 그때를 런던에서 가족이 처음 맞이한 진정한 크리스마스로 기억했다.[31] 그리고 엥겔스가 와인 상자를 들고 방문했을 때는 으레 그러했듯 마르크스는 나중에 아파서 드러누웠다. 사실은 가족 전부가 아팠다. 특히 무슈는 마르크스에 따르면 고열로 헛소리를 하고 경련을 일으키기까지 했다고 한다. 마르크스는 엥겔스에게 "작은 녀석이 빨리 회복되기를 바라고 있다네"라고 썼다.[32]

마르크스의 바람에도 불구하고 1854년은 가족들의 병치레로 점철되었다. 병은 한 사람씩 차례로 자리를 옮겼지만 마르크스의 말로는 자비롭게도 동시에 모든 가족을 쓰러뜨리지는 않았다고 한다. 아이들의 질병은 이질이나 감기같이 가벼운 것이었지만 예니와 마르크스는 여러 가지 질병으로 더 오랫동안 자리보전해야 했다.[33] 마르크스는 류머티즘과 인중에 난 혹 때문에 거의 3주간 아무 일도 할 수 없기도 했다. 혹이 너무 커져서 거의 말하거나 웃을 수도 없었다. 그리고 1853년 봄에 처음 발병한 간염 같은 증세의 간질환에도 계속 시달렸다(이 병은 평생 그를 괴롭혔다).[34] 예니에 따르면 남편은 잠을 이루지 못해 아편과 스패니시플라이Spanish fly에 의존해야 했다고 한다. 스패니시플라이는 국소용 연고로서 복용하면 최음 효과가 있다는 소문도 있었다. 그런 상황에서 마르크스는 글을 쓸 수 없었고, 자연 가족의 잔고도 고갈되어갔다. 예니는 맨체스터의 친구에게 "카를은 우체부의 상서로운 두 번의 노크 소리가 들리면 '야호, 프레데릭이다, 2파운드가 왔어, 이제 우리는 살았어!'라고 소리쳤어요"[35]라고 말했다.

예니의 병은 마르크스가 회복된 후 시작되었고, 정신적 스트레스 때문에 더욱 악화되었던 것 같다. 이제 마흔 살인데 그녀는 또다시 임신한 사실을 알았다. 프란치스카를 임신한 후 거의 사 년이 흘렀으니 결혼 후 임신하지 않고 보낸 기간 중에는 가장 길었다. 프란치스카와 포크시의 연이은 죽음으로 그녀가 피임 조치를 취했을 수도 있고, 마르크스와 렌헨의 불륜 사건 이후 감정적 상처가 쉽게 아물지 않아 남편을 멀리했을 수도 있다. 이유야 어찌되었건 또 다른 아이를 가졌다는 것은 저주처럼 느껴졌을 것이다. 그들이 이제 막 가난한 삶이나마 근근이 꾸려나갈 수 있다는 희망을 품게 되었는데 임신은 더 많은 의료비와 보육비 지출을 의미했고, (가장 심각했던 것으로) 런던의 빈곤 속에서 태어난 또 다른 아이도 짧고 비참한 삶을 살게 될지 모른다는 불안감을 갖게 만들었다.

마르크스는 『뉴욕 데일리 트리뷴』지에서 얻는 수입을 보충하기 위해 또 다른 글 쓰는 일을 찾으려고 열심히 노력했다. 누이동생의 남편이 다리를 놔준 덕분에 남아프리카에서 영어와 네덜란드어로 발행되는 한 신문에 기고하기로 계약했다. 그렇지만 3월에 편집자는 마르크스가 신문사가 지불할 수 있는 금액보다 많은 액수를 요구한다며 계약을 무산시키고 말았다.[36] 마르크스는 또한 자신이 "작은 퇴비 더미"라고 깔보았던 스위스의 신문에 기사를 쓰는 일도 협상했다. 그는 신문의 정치적 성향에 동의하지 않았지만 엥겔스에게 자신은 순전히 예니의 마음의 평화를 위해 그 일을 맡을 의향이 있다고 말했다.[37]

마르크스는 자기 집을 진정한 병원이라고 불렀다. 그리고 자신이 벌어 오는 변변찮은 수입으로는 가족의 건강을 지키는 데 필요한 식료품을 구입할 수 없을 것이라고 걱정했다. 특히 런던에 다시 콜레라가 발생하고 그 중심지가 소호였기 때문에 더욱 긴장했다.[38] 소호에서 걸어서 일 분 거리인 브로드 가만 하더라도 115명이 콜레라로 죽었다(그해 런던에서 거의 1만 1천 명이 콜레라로 사망하게 된다).[39] 다른 많은 사람들과 마찬가지로 마르크스도 병의 원인이 1665년의 대역병 사망자들이 묻힌 곳을 관통하며 새로이 가설된 하수도 파이프 때문이라고 믿었다.[40] 하지만 존 스노John Snow라는 소호의 의사가 발견해낸 진짜 원인은 하수도에서 누출된 물이 런던 사람들이 식수로 마시는 우물로 흘러들어갔기 때문이었다. 브로드 가에도 그런 우물이 하나 있었다.[41]

　겨우 임신 삼 개월째인 예니는 6월에 벌써 침대에서만 지냈다. 의사는 그녀에게 건강을 위해 런던을 떠날 것을 권했다. 그래서 마르크스는 예니와 렌헨, 아이들을 데리고 시골의 친구 집에 머물게 되었다. 예니는 그때 트리어로 갈 수도 있었다.[42] 그렇지만 그 모든 일은 돈이 필요했고 마르크스에게는 돈이 없었다. 의사는 겨울 동안의 진료비로 26파운드의 청구서를 보내고 앞으로 정기적으로 지불하지 않으면 가족의 진료를 그만두겠다고 통고했다. 게다가 약제사의 청구서도 해결해야 했고, 집안의 고정적인 지출도 있었다. 마르크스가 건강을 잃지 않고 겨울 동안 계속 일할 수 있었다면 가장 드센 빚쟁이들은 어느 정도 막을 수 있었을 것이다. 그는 엥겔스에게 자신이 꼼짝도 할 수 없는 상황이며 그런 궁핍함이 자신을 "아주 멍청한 개로 만들어버렸지. 가족이 없는 자에게 복이 있나니"라고 말했다. 그는 엥겔스에게 친구들 중 돈을 빌릴 만한 사람이 있는지 물어보았다. 그렇지만 그들도 역시 모두 빈털터리였다.[43] 망명자 생활의 첫 장이 마감되고 이제 그들도 각기 정착한 빈민굴에서 각자의 생계를 꾸려야만 했다. 그들의 삶에 정당성을 부여해주던 정치적 격변의 가능성이 멀어진 만큼 이제 그들은 왕관보다 빵 부스러기에 더 많은 관심을 기울여야 했다.

　심지어 운도 좋고 어떤 위기도 헤쳐 나갈 수 있는 성격인 엥겔스조차도 의기소침하고 화를 내곤 했다. 대륙에는 터키와 팽창주의 국가 러시아 간에 영토분쟁이 불거지면서 일촉즉발의 전운이 감돌았다. 전쟁이 발발하면 불가피하게 프랑스와 영국도 말려들 수밖에 없었다. 엥겔스는 아버지의 사업에 신물이 난 것은 말할 필요도 없고, 저널리스트로서 대군을 따라다닐 수 있을 것이라는 기대감에 런던의 『데일리 뉴스』에 편지를 써서 군대특파원으로 일하겠다고 제안했다.[44] 처음 반응은 긍정적이었다. 편집자는 엥겔스의 글을 칭찬하며 시험적으로 기사 하나를 작성해줄 것을 요청했다.

　"일이 잘만 풀리면," 엥겔스는 들떠서 마르크스에게 말했다. "여름에 아버지가 왔을 때 사업을 내던지고 런던으로 갈 수 있을 걸세."[45] 그렇지만 2주가 지나지 않아 신문사는 그의 기사들이 "너무 전문적"이라는 이유로 정중히 거절했다. 엥겔스는 적들 중 하나가 신문사와 관련이 있을 것으로 짐작된다고 말했다. 덧붙여 그자가 신문사에 자신이 접근한 것을 알게 된 후 편집자에게 엥겔스는 "일 년간의 자원 입대병 경력이 전부이며, 공산주의자이자 사무원이라는 사실을 알려서 모든 것을 망쳐놓고…… 그 모든 일이 나를 엄청나게 화나게 만드네"[46]라고 말했다. 엥겔스를 짜증 나게 만든 또 하나의 사건은 그가 메리와 함께 살고 있는 것을 사업상의 동료에게 들켜버린 일이었다(그는 돈을 아끼기 위해 잠시 다른 집을 포기한 상태였다). 사회적, 정치적으로 문제가 복잡해지기 전에 다른 아파트를 구해야 할 상황이었지만 그럴 돈이 없었다.[47] 그는 마르크스에게 "그 많은 사람들 중 우리가 의지할 만한 사람은 우리 서로밖에 없는 것 같군"[48]이라고 썼다.

정말로 빈곤, 술, 여자 등의 이유로 나머지 친구들은 서서히 사라져가고 있었다. 빌리히와의 결투에서 슈람의 입회인이 돼주었던 폴란드인은 화이트채플의 판잣집에 화재가 났을 때 같이 살던 다른 여섯 명의 망명자들과 함께 저세상 사람이 되어버렸다.[49] 악성 매독에 걸렸을 때 잠시 마르크스 가족과 함께 지냈던 피퍼는 두 번이나 다시 마르크스 가의 문전을 찾았다. 첫 번째는 돈이 떨어져서 숙소에서 쫓겨났을 때였다. 그는 곧 독일어 강습으로 다시 돈을 벌었다. 그렇지만 다시 번 돈을 그가 '보석'이라고 묘사한 매춘부와 2주간 같이 지내는 것으로 모두 탕진해버린 후 또 마르크스를 찾아왔다.[50] 한편 베르트는 배우자를 찾아서 캘리포니아까지 가버렸다.[51] 리프크네히트는 런던의 그들 서클 내부에서 두 명의 신붓감을 놓고 저울질하고 있었다. 한 사람은 영국인이고 다른 사람은 독일인이었는데 결국 독일 여인을 골랐다. 그렇지만 결혼식 후 그는 실직자가 되었다.[52] 루푸스는 술로 망가졌다. 하루는 맨체스터에서 엥겔스와 저녁시간을 보낸 후, 혼자 비틀거리며 다른 술집으로 들어가서 여섯 명의 뚜쟁이와 두 명의 매춘부와 어울렸다. 그는 뚜쟁이들이 술집 밖으로 따라오더니 자기를 때리고 돈을 빼앗아갔다고 말했다. 그렇지만 엥겔스는 일이 그렇게 단순하지 않았을 것이라고 말했다. 왜냐하면 루푸스는 그날 밤 집에 가는 대신 낯선 영국 남자와 하룻밤을 보냈고 그 남자는 루푸스에게 재워준 대가로 1실링을 요구했기 때문이다. 그 남자의 집은 루푸스의 아파트에서 60미터밖에 떨어져 있지 않았다.[53]

루푸스의 이상한 이야기는 마르크스 아이들의 상상력에 불을 지폈다. 아이들은 아버지 친구들의 온갖 추잡한 이야기들에 호기심이 많았기 때문이다. 마르크스가 처음 그 소식을 접했을 때 몸이 아파서 집에 있었던 라우라는 학교에 있는 예니헨과 에드가에게 루푸스가 노상강도를 당했다고 편지를 썼다.[54] 그러자 무슈는 애초에 그 이야기를 해준 사람이 아버지였음에도 불구하고 마르크스에게 그 사건을 설명하는 편지를 썼다. "나의 사랑하는 악마, 잘 지내시지요. 곧 갈게요. 잊은 게 있는데 루푸스가 맨날 하던 것처럼 술을 마시러 나가서는 많이 취해서 길을 걷다가 도둑들이 와서 그의 [해독 불가]와 안경, 그리고 5파운드를 훔쳐갔대요…… 그리고 엄청나게 때렸대요…… 아빠의 친구 무슈 대령."[55]

이렇게 여러 가지 사적인 일들로 시끄럽던 와중에 7월 8일 마르크스는 예니를 혼자 트리어로 보냈다. 이 일은 그들의 빚을 더욱 크게 불려놓았다. 그가 엥겔스에게 말했던 것처럼, 자존심 때문에 그녀는 그녀의 표현을 빌리자면 "유복한 외모"를 유지해야지 초라한 모습으로 고향에 갈 수는 없었기 때문이었다. "이런 분에 넘치는 지출은 다시 나의 영원하고 '점잖은' 빚쟁이들과의 충돌을 야기했네. '이건 아주 오래, 오래된 이야기야.'" 그는 하이네의 시를 인용하며 체념적으로 말했다.[56] 그렇지만 그가 설명한 것 외에 또 다른 오래된 이야기가 있었다. 『뉴욕 데일리 트리뷴』지가 마르크스의 수당을 깎고자 했던 것이다. 그것은 한편으로는 미국의 경제위기 때문이기도 했고, 다른 한편으로는 『뉴욕 데일리 트리뷴』지가 종종 마르크스의 글 일부를 필자를 밝히지 않은 채 다른 호에 싣는 경우가 있었는데 그것을 두고 마르크스와 『뉴욕 데일리 트리뷴』지의 편집자들이 다투었기 때문이었다.[57]

이제 집에 아이들과 렌헨만 남게 되자 마르크스는 리프크네히트의 표현을 빌리자면 "광적인 술잔치"[58]에 빠져들면서 사기를 회복하려고 했다. 가장 유명한 일화에는 리프크네히트와 에드가 바우어가 관련된다. 에드가는 마르크스가 『신성가족』으로 자신과 형 브루노를 공격했음에도 불구하고 마르크스의 친구로 남아 있었다. 어느 날 밤 그들은 옥스퍼드 가와 햄스테드 가 사이—2.4킬로미터 정도의 거리였다—의 눈에 띄는 모든 술집에서 술을 마셔보자는 제안을 했다. "우리는 자신만만하게 나섰다." 리프크네히트가 회상했다. "그리고 별다른 사고 없이 토트넘 코트 로드까지 도착했다." 그렇지만 그곳에서 "망할 외국 놈들"과 "영국 속물들"이라는 표현이 수반되는 말싸움이 시작됐고 폭력적으로 번질 기미를 보이자 마르크스와 친구들은 물러섰다. 집으로 돌아오는 길에 바우어가 도로 포장용 석재를 발견하고 가로등에 던지기 시작했다. 마르크스와 리프크네히트도 합세해 네댓 개의 가로등을 깨뜨렸다. 그렇지만 벌써 새벽 2시였기 때문에 그 소리가 사람들을 놀라게 했다. 리프크네히트는 서너 명의 경관들이 쫓아왔지만 옆 골목과 뒷길로 빠져 그들을 따돌렸다고 말했다. 리프크네히트는 그렇게 도망치는 동안 "내가 그에게서 발견할 수 있으리라고는 생각하지 못했던 생기를 마르크스가 보여주었다"[59]고 회상했다.

그것이 예니가 없는 동안 벌인 술판의 마지막은 아니었다. 그리고 그런 흥청거림으로 그의 사기는 고양되었을지 몰라도 가계는 더욱 주름이 깊어갔다. 라우라는 엄마에게 보낸 편지에서 아빠가 일요일에 하루 종일 침대에 누워 있었다고 썼다. "그 전날 진을 아주 많이 마셨대요."[60] 그렇지만 술에 취해 지낸 것만은 아니었다. 예니가 없을 때 마르크스와 친구들은 런던 주변에서의 여러 가지 모험으로 아이들을 바쁘게 만들었다. 그리고 마르크스, 렌헨, 아이들은 런던 시민들이 자주 찾는 여름 휴양지인 캠버웰Camberwell에 가서 쾰른의 친구 페터 이만트와 함께 머물기도 했다.[61] 그들은 독일에 있던 이만트의 형에게 예니에게 보내는 편지를 부탁했다. 그렇지만 그 편지를 전달하지 못했다는 답이 돌아왔다. "우리는 그 소식에 무척 놀랐어요." 예니헨이 엄마에게 말했다. "엄마가 감옥에 간힌 줄 알았거든요."**62**

물론 예니는 감옥에 가지 않았다. 그녀는 잘 쉰 후, 배가 잔뜩 부른 상태에서 8월 말 런던으로 돌아왔다. 이제 곧 닥쳐올 비참한 어둠 속에서 살아남기 위해서 힘을 축적할 필요가 있었을 것이다.

24

1855년
런던

> 베이컨이 말하길, 진정 중요한 인물들은
> 자연과 세상에 대해 많은 관계를 맺고
> 있고, 관심 영역이 많기 때문에 어떤
> 상실이든 쉽게 극복할 수 있다고 했다.
> 나는 그런 중요한 사람이 아닌 것 같다.
>
> —카를 마르크스[1]

1월 17일 딘스트리트의 다락방 아파트에서 또 한 번 갓난아기의 울음소리가 울렸다. 예니가 아침 6시에서 7시 사이에 출산한 것이다. 앞으로 다가올 시대는 한 부대의 지적인 남자들이 필요한 정치적 투쟁의 시기가 될 것이라고 믿고 있었던 마르크스는 엥겔스에게 아이가 태어난 사실을 알리면서, 그 아이는 "불행히도 너무나 우수한 '성性'을 타고났지. 사내 녀석이었다면 괜찮았을 텐데"라고 말할 때, 반쯤은 농담이었다.[2] 아이 이름은 엘레아노르라고 지었다. 그 아이는 태어날 때부터 몹시 아팠다. 예니는 그 아이가 사경을 헤매는 세 번째 아이가 될까봐 어쩔 줄 몰랐다. 아이의 투쟁을 더욱 힘겹게 만들려는 듯 겨울은 전에 없이 혹독했다. 날카로운 바람은 그들이 보금자리라고 부른 것을 비웃기라도 하듯 허름한 아파트에 사정없이 몰아쳤다.

주변 사정도 황량하기만 했다. 마르크스가 대의를 배신했기 때문에 그를 죽이기 위해 항상 총알을 준비해두고 있다고 떠벌리고 다니던 프랑스인 바르텔레미는 그달 교수형에 처해졌다.³ 바르텔레미는 소호의 망명자 사회를 떠나고 마르크스의 아파트에도 발길을 끊은 후, 런던 북서쪽의 세인트 존스우드 주변에 정착한 귀족적인 망명자들과 함께 여행하고 있었고 그에 따라 그의 자존심도 한층 고양되어 있었다.⁴ 1853년 그는 결투로 동료 망명자를 죽인 것 때문에 재판을 받고 고작 이 개월간의 감옥형을 선고받았다(그가 영국에서 권총으로 다툼을 해결하는 것이 불법인 줄 몰랐었다고 배심원들이 믿도록 만들었다).⁵ 그렇지만 1854년 12월 그는 두 건의 살인사건에 연루되었고 이번에는 변명할 도리가 없었다. 살인사건은 튈르리 궁에서 무도회가 열릴 때 나폴레옹을 암살하려는 모의와 관련해 발생했다. 바르텔레미는 무도회 입장권과 무기는 이미 입수했지만 여행경비가 필요했기 때문에 그의 예전 고용주를 찾아갔다. 그런데 그 사람은 바르텔레미에게 그런 자금을 대줄 의향이 없는 것처럼 보였다. 그래서 바르텔레미는 그를 쏘았다. 그리고 탈출 과정에서 경관 한 명도 살해했다.⁶ 배심원들은 1855년 1월 5일 그에게 살인죄로 유죄평결을 내렸다. 십칠 일 후 그는 한때 형법이 말 그대로 피로 써지기도 했던 뉴게이트 형무소⁷에서 처형되었다.⁸

마르크스도 예니도 그의 죽음을 애도하지는 않았다. 그렇지만 그 교수형은 망명자들의 불행했던 런던의 초창기 생활을 설명해주는 일례였고, 그들 중 일부가 그들이 몸 바쳐 투쟁했던 이상에서 얼마나 멀어져버렸는지 보여주는 생생한 증거였다.⁹

3월이 돼도 엘레아노르는 여전히 아팠고, 포크시의 경우처럼 아이의 날카로운 울음소리는 온 집 안을 뒤흔들었다. 그래서 무엇인가 변화가 있으면 아이의 고통을 덜어줄 수 있을지도 모른다는 희망으로 아일랜드인 유모를 고용했다.¹⁰ 마르크스는 결막염이 심했다. 그는 경제학 원고를 보다가 그렇게 되었다고 믿었다. 그리고 기침을 잠재우기 위해 수시로 약병을 들이켜야 했다. 그렇지만 사랑스런 아들 여덟 살짜리 무슈가 그중 가장 아픈 사람이었다고 마르크스는 엥겔스에게 말했다. 마르크스가 아들을 돌봤다. 무슈는 심각한 장티푸스를 앓고 있어서 몸을 움직일 수도 없었기 때문에 마르크스가 밤낮으로 옆에 붙어 있어야 했다.[11] 3월 8일 그는 엥겔스에게 무슈가 큰 회복세를 보여서 의사가 아주 기뻐했다고 전했다. 정말로 많이 회복되어 마르크스는 홀가분한 마음으로 조만간 엥겔스를 만나러 갈 것까지 생각했었다.[12]

3월 내내 무슈의 병세는 오락가락했다. 의사는 그의 회복에 기뻐하다가도 새로운 증세가 나타나고 사라진 증세가 재발하면 곤혹스러워했다. 3월 16일 마르크스는 엥겔스에게 무슈가 회복되지 못할까봐 두렵다고 썼다.[13] 그렇지만 열흘 후 아이가 눈에 띄게 호전되었으며, 의사도 아주 희망적이라고 썼다. 문제는 무슈가 너무 허약하다는 것이었고, 그렇기 때문에 시골로 가는 여행이 가능할 정도로 몸을 튼튼하게 만들기 위해 우선 필요한 치료를 아이가 견뎌낼 수 있을지 불확실하다는 것이었다. 의사는 아이가 회복되기 위해서는 런던의 오염된 공기를 피해 시골로 가야 한다고 말했다.[14]

마르크스는 침대 맡에서 밤새도록 아들을 지키며 아이가 침대를 떠나야 할 때마다 그를 옮겨주었다. 렌헨도 계속 아이와 함께 있었다. 그렇지만 예니는 아이를 잃을지도 모른다는 예감에 너무나도 고통스러웠기 때문에 아이와 함께 있을 수 없었다. 그녀는 무슈를 그녀의 자부심이자 기쁨이며, 천사라고 불렀다. 그래서 아이가 집 안의 유일한 불기가 있는 뒷방을 차지하고 있을 때 앞방에 머물렀다. 그녀는 자기 눈물이 아이를 놀라게 할까봐 두려웠다. 그렇지만 비록 어릴지라도 커다란 머리에 깊은 눈을 지닌 무슈는 총명했다. 그는 누나들에게 "엄마가 내 침대로 오면 내 팔을 덮어서 마른 모습을 보지 않도록 감춰줘"[15]라고 말했다. 어머니가 무엇을 두려워하는지 알고 있었던 것이다.

에드가 아픈 동안 여자아이들은 엘레아노르를 돌보고 아일랜드 유모를 감시했다. 유모는 명랑하고 착한 성격이었지만 진과 브랜디를 너무 좋아했다. 예니는 딸들이 "매처럼 그녀를 감시했다"고 말했다. 그래서 결국 엘레아노르는 튼튼해졌다.[16] 『뉴욕 데일리 트리뷴』지로 보내야 할 마르크스의 글은 엥겔스가 알아서 처리했다. 그래서 푼돈이나마 집안에 계속 돈이 흘러들어왔다.

3월 30일 마르크스는 무슈의 건강상태가 시시각각 변한다고 엥겔스에게 말했다. 하지만 그런 변동은 호전보다는 악화 쪽으로 향하고 있었다. 아이의 병은 장결핵으로 발전했다. 의사는 분명히 말하지는 않았지만 포기하는 기색이 역력했다. 마르크스는 다음과 같이 썼다. "지난주의 감정적 스트레스가 내 아내를 지금까지 그 어느 때보다도 더 심각하게 아프게 했네. 내 심장에서 피가 흐르고 머리에서 불길이 치솟지만 그래도 평정을 잃어서는 안 되겠지. 그 아이는 줄곧 아픈 중에도 한 번도 화를 내본 적이 없고 독립심도 잃지 않았네."[17]

4월 6일 마르크스는 엥겔스에게 썼다. "불쌍한 무슈는 이제 더 이상 없어. 오늘 5시에서 6시 사이에 내 품에서 잠들었네…… 그 아이를 잃은 슬픔이 얼마나 큰지 자네는 알 걸세."[18] 개구쟁이 대령인 그의 아들, 상상력이 넘치고 익살로 온 집 안에 생기를 불어넣어주던 무슈가 죽었다. 그의 창백한 육신은 차갑게 식었다. 세상에서 가장 큰 도시의 허름한 벌집처럼 다닥다닥 붙어 있는 집들 사이에서, 낡아빠진 건물의 처마 밑 좁은 방에 남겨진 것은 비통한 외로움뿐이었다.

리프크네히트는 무슈의 죽음이 알려진 직후 마르크스 집안의 모습을 기록했다. 예니와 렌헨은 아이의 시신 옆에 나란히 서서 흐느끼고 있었다. 예니는 아들을 데려간 죽음으로부터 딸들만은 지키려는 듯 두 아이를 꼭 붙들고 있었다. 마르크스는 화를 내며 어떤 조의도 거절했다[19] — 이것은 상실이 아니다. 아니, 이것은 도둑질이다.

그렇다면 그 도둑은 누구인가? 무슈는 장결핵이라는 드물지 않은 병으로 사망했다. 그렇지만 영양결핍과 비위생적인 환경이 더욱 병을 악화시켰다.[20] 비슷한 상황에서 모든 부모는 그런 비극적 결말을 어떻게 하면 피할 수 있었을까 되짚어보게 된다. 마르크스와 예니도 당연히 그런 생각을 해봤을 것이다. 그리고 영혼의 가장 어두운 구석으로 가라앉게 만드는 이런 상황에서 불가피하게 그들은 하나의 결론에 도달했을 것이다. 그들이 선택한 혁명가로서의 삶이 아이를 죽였던 것. 무슈는 예니와 마르크스가 잃은 세 번째 아이였다. 하지만 그 죽음이 준 충격은 훨씬 컸다. 예니는 그 아이가 죽던 날이 인생에서 가장 끔찍한 순간이었고, 그동안의 모든 고통과 힘겨움을 합한 것보다도 더욱 견디기 힘든 일이었다고 고백했다.[21] 한 친구는 무슈의 죽음으로 마르크스의 회색빛이 감돌던 머리카락이 하룻밤 새 하얗게 변했다고 말했다.[22]

무슈는 이틀 후 포크시와 프란치스카가 묻힌 토트넘 코트 가의 퀘이커 공동묘지에 묻혔다.[23] 마르크스는 측면이 유리창으로 된 영구차가 무슈의 시신을 공동묘지로 옮기는 동안 마차 위에서 손으로 머리를 감싸고 넋 나간 표정으로 앉아 있었다. 리프크네히트는 마르크스의 머리를 다독이며 그를 사랑하는 가족과 친구들을 상기시키며 그를 위로하려 했다. 그렇지만 마르크스는 소리쳤다. "자네는 내 아이를 돌려주지 못해!" 그리고 고통으로 신음했다. 공동묘지로 가는 짧은 여행의 나머지는 무거운 침묵 속에서 이어졌다. 리프크네히트는 무슈의 작은 관이 땅속으로 내려졌을 때, 마르크스가 따라 뛰어들까봐 얼른 그의 옆으로 뛰어가 가로막았다고 말했다.[24]

장례식도 슬픈 일이었지만, 그 이후 딘스트리트의 나날들도 무척 쓸쓸했다. 마르크스는 엥겔스에게 집 안이 텅 빈 것 같다고 말했다. "매 순간 우리가 얼마나 아이를 그리워하는지 자네는 모를 걸세." 상실감에 빠진 아버지는 계속 썼다. "모든 악운을 겪고 나니 이제야 진정한 행복이 무엇인지 알겠네. 나는 완전히 부서진 느낌이야. 장례식 이후 머리가 쪼개지는 듯한 두통을 앓고 있는데 그게 얼마나 행운인지 모르겠네. 아무것도 생각하지도 듣지도 볼 수도 없으니 말이야. 내가 최근 견뎌야 했던 무서운 고통들 속에서도, 자네와 자네의 우정에 대한 생각이, 우리가 함께 이 세상에서 무엇인가 해볼 만한 일이 아직 있다는 희망과 마찬가지로 항상 나를 지탱해주는 힘이 돼주었네."[25]

4부

보헤미안 생활의 끝

25

I855년 가을
런던

너희들의 온화한 영혼이
아직 공중에 있다면,
그리고 아직 저승에 붙박이지 않았다면,
가벼운 날갯짓으로 내게 날아와다오.
그리고 네 어미의 통곡을 들어다오!

—윌리엄 셰익스피어[1]

무슈가 죽은 지 2주가 지나지 않아 마르크스와 예니는 가장 싼 기차표를 끊어서 전원을 가로질러 맨체스터의 엥겔스에게로 향했다.[2] 그에게 의지해 마음을 달랠 작정이었다. 두 사람 다 좀 더 일찍 무슈를 런던 밖으로 보낼 수 있었다면 구할 수 있었을지도 모른다는 자책감에 괴로웠다. 이제 그들은 자기 자신들을 위한 안식처를 찾고 있었다. 마르크스는 『뉴욕 데일리 트리뷴』지와 브레슬라우의 독일어 신문에 기고하는 일을 친구들에게 나누어 맡기고[3] 예니를 돌보는 일에만 전념하고 있었다. 그녀는 열한 살짜리 예니헨이 적절히 묘사한 것처럼 "작은 양초, 반 펜스짜리 양초처럼 여위었고, 말린 청어처럼 푸석푸석했다".[4] 마르크스는 아내가 그 비극을 이겨내지 못할까봐 걱정했다. 예니는 고통이 가슴의 가장 고요한 부분에 깊고 단단히 뿌리를 박고 절대로 늦거나 출혈을 멈추지도 않는 무자비한 정주자가 되었다고 고백했다.[5]

예니와 마르크스는 거의 3주간 맨체스터에 머물렀다. 그렇지만 그 기간 중에 예니가 위안을 얻었다 하더라도 다시 딘스트리트로 돌아갔을 때는 마음의 평안이 오래 지속되지 못했다. 5월 첫 주에 그녀는 심각한 우울증에 빠져 침대에서만 보냈다. 딸들과 렌헨도 무슈의 죽음으로 상처를 받기는 마찬가지였다.[6] 마르크스는 그들의 상황을 고통이라고 불렀다. "끝없이 찌뿌둥한" 날씨마저 가족의 슬픔을 더해주는 것 같았다.[7] 그렇지만 한 가지 좋은 일도 있었다. 마르크스가 '똥개'라고 부르며 일찍 죽었으면 좋겠다고 말했던 예니의 삼촌이 드디어 죽었다는 소식을 듣게 된 것이다. 그의 죽음으로 그들은 최소한 1백 파운드의 유산을 받게 되었고, 그 돈은 낭비하지만 않는다면 일 년은 거뜬히 버틸 수 있는 액수였다.[8] 그렇지만 그 유산은 또 하나의 슬픔이기도 했다. 그것이 조금만 일찍 왔다면, 무슈를 구하기 위해 무엇인가 할 수 있었을지 또 누가 알겠는가?

7월 초 마르크스는 엥겔스에게 돈이 도착하면 가족을 데리고 런던 밖으로 가겠다고 말했다. "사랑스러웠던 가련한 아이의 기억이 우리를 고문하고 있어. 그런 고통은 심지어 아이 누나들의 놀이에도 끼어들고 있지. 이런 고통은 시간이 지나면서 천천히 잊히는 수밖에 없는 거야. 나한테는 그 상실감이 첫날과 하나도 다를 바 없지만 말이야."[9] 그렇지만 그들은 도시를 떠나기 위해 유산이 오기를 기다릴 필요도 없었다. 쾰른에서부터 친구였고 학교 교사를 하고 있던 페터 이만트가 한 달간 스코틀랜드로 가면서 마르크스 가족에게 캠버웰에 있는 자기 오두막에 머물라고 했기 때문이다.[10] 그들은 슬픔으로부터 벗어나기 위해, 그리고 그들이 슬픔에 잠겨 있을 때도 찾아오는, 점점 수도 많아지고 격해지고 있는 화난 빚쟁이들의 부대를 피하기 위해, 그 기회를 놓치지 않았다.[11] 일부 마르크스 전기 작가들은 가족여행을 순전히 빚쟁이들을 피하기 위한 마르크스의 시도로 돌려버리지만, 그들의 편지를 살펴볼 때 일차적인 이유는 역시 무슈를 잃은 슬픔이었음이 분명했다.

캠버웰에 도착한 직후 예니는 프로이센에 있는 한 친척에게 예니헨과 라우라가 느끼는 상실감에 대해 썼다. "아이들의 모든 작고 사랑스러운 게임들이 멈췄고, 노랫소리도 잠잠해졌어요. 아이들의 놀이에서 한 명이 사라진 것이고, 늘 붙어 다니던 충성스러운 그들의 동지가 즐거운 농담과 게임들과 함께, 스코틀랜드와 아일랜드의 민요를 부르곤 하던 또랑또랑한 목소리와 함께 사라져버린 거예요." 예니는 두 딸 중 예니헨이 더 충격을 받았다고 말했다.[12] 그렇지만 서서히 두 딸은 아기 엘레아노르에게 관심을 기울였고, 엘레아노르도 처음 몇 달간은 힘들었지만 이제 무럭무럭 자라나고 있었다. "그들은 사랑스러운 남동생에게 쏟던 모든 사랑을…… 우리 집이 고통의 현장처럼 되어버렸을 때…… 신의 작은 선물처럼 그들 앞에 나타난 그 작은 영혼에게 모두 쏟아 붓고 있습니다."[13] 9월이 되자 마르크스는 소호(마르크스는 십 년 후에도 그쪽으로 갈 때는 여전히 두려운 생각이 든다고 말했다)[14]에서 멀리 떠나 상쾌한 전원의 공기를 쐰 것이 가족을 안정시켰다고 말했다.[15] 예니의 기분도 어느 정도 좋아졌다. 그리고 우연찮게도 이만트가 스코틀랜드에서 반영구적으로 머물겠다고 결심했다. 그것이 의미하는 바는 예니의 유산이 올 때까지 그들이 캠버웰에서 머물 수 있고, 그 이후 딘스트리트에서 멀리 떨어진 곳으로 거처를 옮길 수 있다는 것이었다.[16] 예니는 마르크스가 영국박물관에서 작업을 계속할 수 있도록 그 근처로 이사하는 것이 좋겠다고 말했다. 그리고 딘스트리트의 아파트는 되돌아가야 할 최악의 경우를 대비해서 일단 유지하기로 했다.[17]

세상일에 대한 관심이 마르크스의 마음상태를 드러내는 어떤 지표가 될 수 있다면, 그는 캠버웰을 떠날 때쯤 부분적으로 (적어도 슬픔을 잊으려고 정치에 몰입할 수 있을 만큼은) 평정을 되찾은 것처럼 보였다. 엥겔스에게 보낸 편지들의 내용이 사적인 것으로부터 직업적인 것들로 기울기 시작했으며, 그 대부분은 흑해와 러시아의 남부 크림 반도에 관한 것이었다. 그곳은 1855년 여름에 터키, 러시아, 프랑스, 영국이 관련된 분쟁의 무대가 되었다. 그것은 1815년 이후 유럽 강호들 간 최초의 본격적인 전쟁이었으며, 증기선이 군대를 이동시키고, 카메라가 전장을 기록하고, 전투현장에서 전신으로 기사가 송고된 최초의 현대전이었다.[18] 그런 보도들은 독자들에게 여태껏 경험해보지 못한 방식으로 전투현장의 공포를 생생하게 전했으며, 장막을 걷어내고 그들이 사랑하던 사람들의 목숨

을 앗아간 무모한 결정들이 어떻게 이루어졌는지 폭로했다.[19]

다른 모든 국제적 분쟁과 마찬가지로, 크림 전쟁도 그 이전의 싸움에 뿌리를 두고 있었다. 1세기 전 오토만의 지배자들은 러시아와 오스트리아에 대항한 전쟁을 도와준 것에 대한 감사의 표시로 프랑스에게 예루살렘 성지의 기독교인들에 대한 통치권을 넘겨주었다. 그렇지만 기독교인들의 다수는 프랑스처럼 로마가톨릭이 아니라 러시아와 그리스 같은 정교회 쪽이었다. 그래서 그 결정은 '선물'(기독교인들)이 정교회 국가들 쪽으로 기울면서 반란을 일으켜 수십 년간의 긴장으로 치닫게 만든 원인이 되었다. 1852년 나폴레옹 3세는 군대의 지지를 받고 국내 가톨릭 세력의 지지를 공고히 하고자, 허약한 오토만 지도부에게 기독교 성지의 통제권을 로마가톨릭에게 완전히 이양한다고 맹세해줄 것을 요구했다. 터키의 술탄은 동의했지만 러시아는 그렇지 않았다. 러시아는 성지를 포함한 오토만제국 전체의 정교회 교도들에 대한 통치권을 넘긴다는 또 다른 조약을 요구했다.

터키는 강대국들 틈바구니에 끼여 이러지도 저러지도 못하는 난처한 처지가 되었다. 나폴레옹 전쟁 이후 강대국들 사이에는 여전히 적의가 남아 있었으며, 서유럽인들이 러시아의 팽창주의를 경계하면서 그런 적대감은 최고조에 이르고 있었다. 불쾌해진 거인 러시아와 상대적으로 허약한 터키 간에는 서로 대항적인 군사 이동이 이어졌고, 그런 상황은 영국과 프랑스의 관심을 끌었다. 그들은 분쟁 확산 방지를 목적으로 흑해에 함대를 파견했다. 그렇지만 오히려 그들도 분쟁에 휘말리게 되면서, 마침내 1854년 3월 영국과 프랑스는 러시아에 선전포고를 하기에 이르렀다. 그리고 몇 주 후 영국군은 터키의 갈리폴리Gallipoli에 상륙하기 시작했다.[20]

엥겔스는 나중에 자신과 마르크스는 모든 전쟁이 어떤 결과로 끝나든 세계적인 혁명을 촉진시킬 것으로 기대했다고 쓰곤 했다.[21] 크림 전쟁의 경우 러시아가 패하기를 바랐다. 두 사람은 차르 정부가 대륙에서 가장 강력한 반동적 정부이기 때문에 오래전부터 유럽 내 개혁에 대한 가장 커다란 위협으로 간주해왔다. 러시아는 나폴레옹 전쟁 때부터 군사적으로 무적이라는 아우라와 함께 부상했고, 유럽의 한쪽 구석에서 거대한 훼방꾼으로 자리 잡았다. 1848년 러시아는 오스트리아를 도와 헝가리의 독립운동을 분쇄했고, 격동기에 자신의 힘이 필요로 하는 곳이 없어지자, 그 반동적인 열정을 자기 백성들에게 돌려 잔인한 세기Cruel Century로 알려진 시대를 열었다.[22] 러시아의 지식인들은 과거에는 전적으로 귀족 출신이었지만 이제는 상인이나 전문직 종사자의 자식들도 그 대열에 합류하고 있었다. 그들 중 많은 수는 차르 니콜라이 1세가 위험한 것으로 간주한 사상들에 노출되어 있었다. 그래서 차르는 그들을 박멸할 결심을 굳혔다[23](심지어 공식적인 러시아 사전에서 '진보'라는 말을 빼버릴 것을 요구했다).[24]

크림 전쟁이 한창이던 1855년 봄, 니콜라이가 갑자기 세상을 떠나 그의 아들 알렉산드르 2세가 왕위에 올랐다. 곧 빈에서 평화협정이 시작되었고 나폴레옹 3세는 의기양양하게 영국을 방문했다(마르크스는 나폴레옹 ─ 그를 "제복 입은 원숭이"라고 불렀다 ─ 이 웨스트민스터 다리를 건너는 것을 구경했다).[25] 그렇지만 협상은 지지부진했고 양측의 병사들은 계속 죽어갔다. 전선에서 런던으로 타전되어 온 기사는 충격적으로 부조리한 실상을 전했다. 영국군은 노인이나 미숙한 귀족들에 의해 지휘되고 있었고, 대부분 가난 때문에 지원한 스코틀랜드 청년이나 아일랜드인들로 구성되어 있다는 것이었다.[26] 런던의 『더 타임스』는 부적절한 보급(겨울철 전투에 여름옷이 보내진 것 등), 콜레라로 수천 명이 병사한 일, 불필요한 학살 등을 고발하고, 전사한 군인들의 시신에서 흐르는 피로 미끄러운 전장에서 솟아오르는 역겨운 냄새를 생생하게 묘사했다. 평화협정이 체결된 1856년 2월까지 60만 명의 병사가 사망했고 그중 절대 다수는 병으로 죽었다.[27]

이렇게 많은 희생자가 난 상황에서 누구도 승리를 주장하기 어려웠지만 어쨌든 프랑스와 영국은 전승국처럼 보였다. 러시아는 그 패배로 위협적이던 힘이 크게 약화되었고 알렉산드르 2세의 치하에서 자유화의 길로 들어섰다. 전쟁은 또한 1853년 창안된 개념인 '실리정책realpolitik'을 대중화시켰다.[28] 새로운 세계는 외교적 연대로 장려되고 군사력으로 수호되는 상호 연관된 시장들이 되었으며, 그 속에서 물질적 이득에 방해물로 여겨진 이상들은 쉽게 무시되고 조용히 폐기되었다. 마르크스와 엥겔스의 입장에서 크림 전쟁은 그들이 런던과 파리의 지도자들 간의 이기적 연합이라고 부른 것을 폭로해준 사건이었다. 그 연합은 상업적으로는 터키에서 유리한 조건으로 새로운 시장을 얻었고, 외교적으로는 프랑스에 유리하도록 유럽의 세력 균형을 재편했다.[29]

마르크스와 예니는 1855년 캠버웰에서 유산을 기다리면서 그해 가을을 보내고 있었다. 그렇지만 마르크스는 빨리 런던으로 돌아가 일하고 싶었다. 전쟁으로 자극받기도 했고, 쾰른 재판의 피고인 중 한 사람인 서른네 살의 롤란트 다니엘스의 죽음에 화가 났기 때문이었다. 다니엘스는 모든 혐의에서 무죄선고를 받았지만 재판 전 십칠 개월간의 구금생활이 그에게는 실제적으로 사형선고나 마찬가지였던 것이다. 마르크스는 다니엘스의 미망인, 아말리에에게 친구를 잃은 슬픔을 주체할 길이 없으며, 그를 위해 『뉴욕 데일리 트리뷴』지에 부고기사를 써주겠다고 말했다. "언젠가 좋은 때가 와서 그의 삶을 단축시킨 무리들에게 부고장보다 더 강력한 복수를 퍼부을 수 있게 되기를 기원합니다."[30]

그렇지만 마르크스는 은신해야 했다. 정치적 이유가 아니라 경제적 이유 때문이었다. 무슈를 치료했던 의사가 치료비 때문에 마르크스를 쫓아 캠버웰까지 찾아왔던 것이다. 마르크스는 그답지 않게 엥겔스에게 음모적인 편지를 써보냈다. 가족들은 이만트의 집에 머물지만 자기는 몰래 맨체스터로 도망가겠다는 내용이었다.[31]

마르크스는 12월까지 엥겔스와 지내다가 은밀히 딘스트리트로 돌아왔다. 의사나 다른 빚쟁이들과 마주칠까 두려워 아파트 안에서만 지냈다.[32] 이런 자발적인 유폐생활은 예니가 돌아가신 삼촌의 유산에서 자기 몫인 150파운드를 받았을 때 끝났다. 마르크스는 다른 집을 알아보지 못했다. 그래서 이만트가 캠버웰로 돌아왔을 때, 예니와 아이들은 어쩔 수 없이 다시 딘스트리트로 돌아와야 했다.[33] 그리고 가족들이 돌아왔다는 소식이 들리자마자 그들을 포위한 "적대

적인 무리들"에게 마르크스는 돈을 지불했다.[34]

　그들을 기다리고 있던 또 다른 사람은 피퍼였다. 그들이 멀리 떠나 있는 동안, 그 불운한 낭만주의자는 그해 초 런던을 방문했었던 바그너[35]의 음악을 발견하고, 그 작곡가의 작품을 연주하면 마르크스 가족의 사기를 고양시킬 수 있겠다고 생각했던 것 같다. 마르크스는 엥겔스에게 "미래의 음악"[36]에 충격을 받았다고 썼다. 음악으로 마르크스 가족을 즐겁게 해주려던 피퍼의 시도는 비록 실패했지만, 그의 출현만은 확실히 그들에게 활력을 선사해주었다. 런던으로 돌아와서 무슈 대령 없이 크리스마스를 맞게 된 그 몇 주간은 피퍼의 기행마저 없었다면 훨씬 더 쓸쓸한 시간이 되었을 것이다.

　하루는 피퍼가 마르크스의 딸들을 가르치고 있을 때 편지 한 장이 전달되었다. 그에게 재회하자고 말한 낯선 글씨는 분명 여자의 것이었고 그래서 피퍼를 기대감에 들뜨게 만들었다. 그가 예니에게 편지를 보여주자 그녀는 단번에 엘레아노르가 태어난 후 고용되었던 아일랜드인 유모의 필체임을 알아보았다. 피퍼가 상상하던 여인과는 너무나도 거리가 멀었기 때문에 마르크스 가족은 박장대소했고 그도 멋쩍게 웃을 수밖에 없었다. 그렇지만 피퍼는 신사였으므로 초대에 응했다. 숙녀를 실망시키고 싶지 않았던 것이다.[37]

　피퍼는 사실 어려운 한 해를 거치면서 더 실용적인 사람이 되어 있었다. 예니가 "소호 남작"[38]이라고 부른 그는 자신이 어려운 시기를 헤쳐 나가는 데 꼭 필요한 충분한 돈을 가진 아내를 만나게 된다면 진정 행복해질 수 있을 것이라는 결론에 도달했다. 그런 생각으로 청과물 상인의 딸을 유혹하는 일에 착수했다. 마르크스는 그녀를 "고기든 근육이든 전혀 없는…… 녹색 안경을 끼고 보는 수지양초" 같다고 묘사했다. 그녀는 오랫동안 피퍼를 연모해오던 중이었다. 그래서 피퍼는 그녀의 아버지를 찾아가 딸을 사랑한다고 말하고, 더 중요한 것으로 언젠가는 의심할 바 없이 자신이 그녀에게 제공하게 될 미래를 더욱 공고히 하기 위해 돈을 좀 빌려달라고 말했다. 장래의 장인에게 20파운드에서 40파운드 정도를 요구했고 딸과의 결혼식은 좋은 날을 잡아 치르겠다고 덧붙였다.[39]

청과물상의 답변은 편지로 딘스트리트 28번가로 전달되었다. 피퍼가 그의 집에 발을 들여놓는 것을 금한다는 내용이었다. 그러자 슬픔에 잠긴 젊은 아가씨가 마르크스의 아파트 앞에 나타나서 피퍼에게 같이 도망치자고 말했다. 그렇지만 피퍼는 사랑에 눈이 먼 가난한 아가씨에게는 별 관심이 없었기 때문에 그 사랑은 금세 끝나고 말았다.[40] 하지만 예니헨과 라우라는 자신들의 살롱에서 공연되고 있는 로맨틱 코미디를 흥미진진하게 구경하고 있었다. 예니헨은 피퍼를 셰익스피어의 『헛소동』에 나오는 베네딕트에 빗댔고, 열 살인 라우라는 베네딕트는 재치가 있는 사람이지만 피퍼는 단순히 광대, 그것도 무일푼의 광대일 뿐이라고 언니의 말을 교정해주었다.[41]

예니의 삼촌에게서 온 유산 덕에 마르크스 가족은 겨울 내내 빚 걱정 없이 지냈다. 이제 마르크스가 엥겔스에게 보낸 편지에서 돈 문제는 거의 등장하지 않았고, 간혹 나온다고 해도 대부분 개인적 사정이 아닌 사업과 관련된 것이었다.

페르디난트 폰 베스트팔렌의 도움으로 예니는 1856년 봄 아이들과 렌헨을 데리고 트리어로 여행할 수 있는 여권을 발급받았다.[42] 여행 목적은 두 가지였다. 하나는 어머니가 아파서였고, 다른 하나는 그녀와 아이들이 딘스트리트를 떠나고 싶어 해서였다. 5월 22일 그들은 삼사 개월 정도 예정하고 집을 떠났다.[43] 피퍼와 단둘이만 남게 된 마르크스는 예니와 아이들에게 신경 쓸 필요 없이 일에 전념할 수 있는 환경이 마련되었지만, 자신도 그곳에 더 이상 머물 수 없다고 생각하고 바로 탈출을 모색하기 시작했다. 그는 엥겔스에게 의사가 자꾸 재발하는 간질환과 싸우기 위해서는 공기를 바꿀 것을 권했다고 말했다.[44] 그의 편지들에는 정신건강을 위해서도 거처를 바꿀 필요가 있음이 암시되어 있다. 그리고 5월 23일 엥겔스에게 보낸 편지는 그를 분주하게 만들 가족이 없으면 그가 얼마나 빨리 허물어질 수 있는지를 보여주고 있다. 그는 셰익스피어에 푹 빠져서 『헨리 4세』에서 'hiren'이라는 말이 무슨 뜻인지 궁금하다고 엥겔스에게 썼다. 새뮤얼 존슨이 'hiren'을 'siren'으로 해석한 것이 과연 옳은지, 그것이

'hure' — 또는 whore — 와 siren에 관한 희곡이 될 수는 없는지, 또는 hearing을 가리키는 'heoren'은 아닌지 등을 물었다. 그리고 결론 내기를 "자네는 이런 문제에 내가 이렇게 몰두하는 것을 보면 오늘 내가 얼마나 우울한지 알겠지"[45]라고 했다.

작업을 하기 위해서(즉 살 수 있기 위해서) 마르크스는 예니와 아이들이라는 닻이 필요했다. 그들의 무질서 속에서만 생각의 질서를 잡을 수 있었던 것이다. 평생에 걸쳐 그들은 그가 염원한 사회였다. 열일곱 살 때부터 이미 자신을 인류를 위한 일에 바치겠다고 맹세한 이 남자는 그의 작은 가정을 꾸리던 여인이 비워둔 자리에서는 과업을 수행할 수 없는 것으로 보였다. 그는 특히 예니를 그리워했다. 그녀는 단순히 친구이자 연인만은 아니었다. 십삼 년 전 신혼여행 이후로 그가 가장 신뢰한 지적 조언자였다. 그녀 없이는 그의 가슴도 그의 머리도 제대로 작동하지 못했다.

6월 초 그는 더 이상 외로움을 견딜 수 없어서 피퍼와 함께 헐Hull로 여행을 떠났다. 그다음 엥겔스와 머물기 위해 혼자 맨체스터로 갔다. 엥겔스는 금방 메리와 아일랜드 여행을 다녀온 뒤였다.[46] 엥겔스는 더블린부터 골웨이Galway까지 기근으로 황폐화되고 영국에 의해 점령된 땅을 둘러보았다 — 어디에서나 무장한 경찰관들이 눈에 띄었다. 그는 농부부터 부르주아, 지주까지 주민들 모두 "정치적, 산업적으로 박살나서" 기가 죽어 있었다고 표현했다. 그리고 웨스트민스터를 탓하며 "소위 영국 시민들의 자유라는 것은 식민지에 대한 억압에 기반하고 있다"고 말했다. 엥겔스는 이제 연대의 표시로 몰락한 아일랜드 귀족들 사이에서 유행하는 커다란 콧수염을 기르기 시작했다. 그에 아울러 상대적으로 깔끔하게 면도하고 다니는 영국의 상거래 동료들에 대한 도전으로 턱수염도 넥타이와 옷깃을 완전히 덮을 정도로 풍성하게 길렀다[47](이 당시 마르크스는 턱수염을 짧게 다듬었다).

마르크스는 가장 절친한 친구와 함께 있어도 그리움을 달래지 못했다. 아직도 아물지 않은 무슈의 죽음으로 입은 상처 때문일 수도 있고, 육 년 전 런던에 도착한 이후 모든 가족과 그렇게 오랫동안 떨어져 있어본 적이 없었기 때문일 수도 있다. 이유가 무엇이었건 그들의 빈자리를 크게 느꼈다. 마르크스는 결혼 13주기가 이틀 지난 1856년 6월 21일 아내에게 편지를 썼다. "당신과 공간적으로 떨어져 있는 것만으로도 나는 즉시 태양과 비가 식물에게 하듯, 시간이 우리 사랑에 무엇을 해놓았는지 알게 되었소―성장시켰던 것이오. 당신을 향한 내 사랑은 당신이 떠나자마자 거인처럼 모습을 드러냈고, 그 속에 내 마음의 모든 생기와 내 가슴의 모든 열정이 압축되어 담겨져 있음이…… 내 사랑, 나는 또다시 당신에게 편지를 쓰오. 왜냐하면 나는 혼자이기 때문이고, 당신이 내 말을 알거나, 듣거나, 대답할 수 없는데도 항상 당신과 머릿속으로만 대화해야 한다는 것이 짜증스럽기 때문이오." 그는 눈이 침침한 불빛과 담배연기로 많이 상했지만 그럼에도 불구하고 마음속으로 예니를 생생하게 그려볼 수 있다고 말했다.

　　당신은 현실보다 생생하게 내 앞에 서 있소. 나는 그대를 안아 올려서 머리에서 발끝까지 키스하고 당신 앞에 무릎 꿇고 앉아 울음을 터뜨리오. "부인, 나는 당신을 사랑하오." 그리고 정말 당신을 사랑하…… 당신은 웃으며 "왜 갑자기 이런 호들갑이실까?"라고 하겠지. 그렇지만 당신의 달콤하고 하얀 가슴에 몸을 맞댈 수 있다면 나는 단 한 마디도 않고 침묵으로……
　　세상에는 정말로 여인들이 많고, 그중 몇몇은 아름답기도 하지만 모든 생김새와 주름에서조차 내 생의 가장 위대하고 달콤했던 순간을 떠오르게 하는 얼굴을 어디서 찾아볼 수 있겠소? 당신의 달콤한 용모에서 나는 내 무한한 슬픔, 내 돌이킬 수 없는 상실감을 읽을 수 있소. 그리고 당신의 달콤한 얼굴에 키스할 때 나는 키스로 내 슬픔을 날려버리오. "그녀 품에 파묻혀 그녀의 키스로 생기를 되찾으리라"―그러니까 당신 품속에서 당신의 키스들로.[48]

안타깝게도 예니의 답장은 남아 있지 않다. 그렇지만 그녀도 7월 중순에 리프크네히트의 아내인 에르네스티네에게 보낸 편지에서 이별의 아픔을 토로했다. 예니는 자식들, 아기 엘레아노르[그녀는 계속되는 잔기침 때문에 이제 프랑스어의 동사 tousser(기침하다)에서 따온 별명 투시^{Tussy}로 불렸다]⁴⁹와 두 소녀(그들이 트리어에서 산책을 나서면 군중이 감탄하며 따라다녔다고 한다)로부터 얻는 기쁨에 대해 상세하게 설명했다.⁵⁰ 그렇지만 예니는 말했다. "모든 곳에는 뭔가 빠진 것이 있어요…… 무어인과 떨어져 있으니 힘들군요. 아이들도 아빠를 무척 그리워해요. 투시조차도 아빠를 잊지 않고 자주 그를 찾고 있어요." 예니는 또한 무슈를 잃은 슬픔을 도저히 극복할 수 없다고 토로했다. "그 아이가 없는 시간이 길어질수록 그 아이가 더욱 간절히 생각나고 계속 가슴속에 사무치기만 합니다."⁵¹

예니의 트리어 여행은 또 다른 죽음으로 인해 중도에 끝났다. 이번에는 7월 23일 어머니의 죽음이었다. 카롤리네 폰 베스트팔렌은 한동안 병을 앓고 있었고, 예니가 그녀 인생의 마지막 열하루를 곁에서 지켜주었다. 어머니를 잃는 슬픔은 편안한 시기에도 예니를 통째로 뒤흔들어놓을 만한 일이었을 텐데, 무슈를 잃은 지 얼마 되지 않은 상태에서 그 충격은 더했다. 예니는 페르디난트와 함께 어머니와 관련된 문제를 처리하는 대로 곧 트리어를 떠날 계획이라고 마르크스에게 썼다. 그다음 아이들과 함께 파리로 갈 것을 제안했다. 그곳은 그녀에게 항상 위로와 평안을 제공해주었기 때문이다. 그리고 그다음에는 노르망디 해안의 저지^{Jersey} 섬으로 가자고 했다. 저지 섬이 런던보다 물가도 싸고 즐거운 곳이기 때문에, 건강도 회복할 겸, 아이들에게 프랑스어도 가르칠 겸 해서 가고 싶다는 것이었다. 예니는 또한 어머니의 시중을 들던 렌헨의 동생 마리안네^{Marianne}도 그들과 함께 살기 위해 런던으로 갈 것이라고 알렸다.⁵²

마르크스는 아내에게 답하기 위해 서둘렀다. 예니가 없는 동안 딘스트리트로부터 떨어진 곳에 집을 구하고 아울러 돈도 벌기로 했었다. 하지만 둘 다 해놓지 않았다. 더욱이 일 년 전에 받은 유산도 모두 사라졌다. 마르크스는 엥겔스에게 예니의 심약한 상태를 고려해서 그녀의 계획이 훌륭하다고 찬동해줄 수밖에 없었지만, 현실에서는 그 계획이 도무지 어떻게 경제적으로 가능할지 모르겠다고 말했다.⁵³ 그리고 예니가 떠나 있는 동안 런던에서 무슨 일이 있었는지 전혀 모르고 있는 것이 분명하다고 덧붙였다. "자네도 충분히 상상할 수 있듯이 나는 뜨거운 벽돌 위의 고양이 같은 처지라네. 가족들이 돌아오기 전에 지낼 곳을 어떻게 해봐야 하는데 지금 있는 곳을 어떻게 벗어날지, 새로운 곳으로 어떻게 이사할지, 어떤 가시적인 전망도 없는 상태라네."[54]

마르크스는 고민하다가 결론을 냈다. 그 불가피한 일을 늦추려고 한 것이다. 그래서 예니에게 편지를 썼다. "정말로 당신과 아이들이 보고 싶기는 하지만—정말 말로 표현할 수 없을 정도라오—트리어에 한 주 더 머물러주었으면 좋겠소. 그게 당신과 아이들에게도 나쁘지 않을 거요." 상황을 가급적 안 좋게 보이도록 하기 위해 그는 다음과 같이 덧붙였다. "나는 당신 대신 피퍼와 함께 자고 있소. 끔찍하오. 한 방에서, 어쨌듯…… 3주간 나는 정말 노이로제에 걸린 것만 같소."[55]

사실 예니는 트리어에 좀 더 머물러야 할 아주 좋은 이유가 있었다. 참을 수 없을 정도로 심한 8월 런던의 더위 때문이었다. 엥겔스가 자기의 육체는 물로 "씻기고 목욕시켜주며, 정신은 여러 가지 다른 음료들"[56]로 씻어준다고 말할 정도였다. 그런 날씨에서도 마르크스는 아침부터 밤까지 가족을 위한 새로운 집을 찾기 위해 미친 듯이 헤맸다.[57] 9월 22일 마침내 런던 북부의 햄스테드 히스 근처인 하버스톡 힐Haverstock Hill이라는 곳에 집 하나를 찾았다고 엥겔스에게 말했다.[58] 그곳은 도시 밖에 가정을 꾸리고 싶어 하는 증권중개인, 사업가, 상인 같은 사람들이 즐겨 찾는 곳이었다.[59] 그 지역은 아직 공사 중이었다. 길도 하수도도 아직 정비되지 않았고, 밤과 안개를 꿰뚫을 가스등도 없었다(마르크스는 그 지역을 "좀 미완성"이라고 표현했다)—그렇지만 그는 결국 찾아냈다는 것만으로도 크게 안도했다.[60]

나인 그래프턴 테라스Nine Grafton Terrace는 지은 지 칠 년 된 3층짜리 벽돌 건물로 줄지어 늘어선 비슷하게 생긴 집들 사이에 있었다. 방이 여덟 개로 딘스트리트보다 네 배나 넓었고 집세는 거의 두 배 수준이었다.[61] 마르크스는 그토록 절실히 소호를 떠나고 싶지만 않았다면 그런 비싼 집을 임차하지 않았을 것이다. 예니 어머니로부터 받을 상속에 대한 기대감으로 비용에 대해 둔감해졌을 수도 있었을 것이다. 그는 비용에 대해서는 아내의 돈에 자기 수입을 더하면 그런 비싼 집에 살아도 충분할 것이라고 지극히 비현실적으로 계산했을 것이다.

예니의 동생 에드가는 미국 뉴욕 주에서 농장근로자로 일하고 있다가 어머니의 별세 소식을 접했다. 그는 유산에 대해 아무런 권리가 없었음에도 불구하고 (그해 5월에 페르디난트의 보증으로 이미 돈을 빌려 썼다) 8월에 형에게 보낸 편지에서 "나는 어머니의 세간과 재산에 대한 모든 권리를 누나 예니에게 양도한다."[62]고 썼다. 카롤리네 폰 베스트팔렌은 세상을 떠날 때 돈은 거의 없었고 증권만 조금 있었다고 알려져 있었다. 그렇지만 예니와 마르크스는 그것이 무엇이건 그래도 그들이 가진 것―약 50파운드―에 비해서는 클 것이라고 기대했다. 그들은 그 돈으로 빚을 청산하고 새집에 보증금도 걸어야 했다.[63] 예니헨도 그들의 처지를 알고 있었다. 그녀는 아버지에게 보낸 편지에서 어머니가 밀린 집세를 냈다고 썼다. "제 생각에 내일이면 우리가 다시 옛날의 그 구멍 속으로 들어가게 될 것 같아요." 마르크스는 엥겔스에게 도움을 청했다. 엥겔스는 당연히 도왔다.[64]

이 당시 마르크스 가족의 경제적 문제 중 일부는 시장의 혼란 때문이었다. 미국에서 발발한 금융지진의 첫 번째 진동파가 대서양을 건너 유럽의 은행과 증시에서도 느껴지기 시작했다. 카롤리네가 투자한 주식이 급락해버렸고 페르디난트는 손해를 보면서까지 팔지는 않으려 했다.[65] 많은 사람들이 그런 증시폭락의 희생자가 되었다. 1849년에 시작된 경제호황은 1850년대에도 계속되면서 투기를 키웠다. 무수히 많은 투자자들이 거의 존재하지도 않는 회사와 어디로도 가지 않는 철도의 주식을 사기 위해 미친 듯이 증시로 몰려들었다. 견고했던 은행산업도 위험스러운 새로운 정책들을 도입하면서 그런 곡예에 뛰어들었다. 은행이 개인수표라는 형태의 종이결제를 받아들였고, 건실한 재정적 토대가 있는 개인의 보증 없이도 개인 신용에 대해 대부를 승인해주기 시작했던 것이다. 그래서 금융은 여러 가지 측면에서 도박과 비슷한 것이 돼버렸다.[66] 자신들의 부를 늘리고 그것을 위해서는 원칙도 굽힐 수 있는 사람들에게는 호시절이었다.

1856년 일부 전문가들은 이렇게 급상승하는 자본주의 체계가 부실한 토대 — 어떤 경우는 허공 — 위에 세워졌음을 인지하고 전 세계적인 금융위기를 예견했다. 그런 비관론자들이 옳았다. 그들이 목도한 것은 자본주의 세계를 강타한 최초의 현대적인 경제위기였다. 그것은 뉴욕에서 은행들의 몰락으로 시작되었고, 모든 선진 경제들이 긴밀히 연관되어 있었기 때문에 한군데에서의 위기는 곧 모든 곳의 위기로 전화되었다.[67] 비록 영국 정부가 여왕의 영토에서는 금융이 건전하다고 선언했지만,[68] 마르크스와 엥겔스는 영국도 건전하지 않을 뿐만 아니라 프랑스와 기타 나머지 유럽 국가들도 마찬가지라는 사실이 확실해지자 아찔한 흥분을 느꼈다. 엥겔스는 다음해 어느 시점에서 "여태까지 볼 수 없었던 분노의 날, 모든 유럽 산업이 파산하고…… 모든 자산계급들이 곤경에 처하고, 부르주아가 완전히 파산하고, 극한적인 전쟁과 타락"[69]이 나타날 것으로 예상된다고 말했다. 마르크스도 역시 사회적 풍운이 감도는 것을 보고 그와 엥겔스가 다시 혁명 활동으로 끌려 나갈 것으로 기대했다. "우리가 여기서 방관자로 오래 머물 수 있을 것 같지는 않네." 그는 농담조로 다음과 같이 덧붙였다. "내가 마침내 다시 집을 꾸미는 일을 마무리 짓고 사람을 시켜 내 책들을 가져오라고 했다는 바로 그 사실이 내게는 우리 사람들의 '동원'이 임박했다는 것을 증명해주는 것으로 보이네."[70]

　　10월 초 예니는 유산 중 자신의 몫 97파운드 6실링을 받았고 가족은 그래프턴 테라스로 이사했다. 유언 집행과 재산 분배는 페르디난트의 처남인 빌헬름 폰 플로렌코트가 맡았다.[71] 비록 혈육은 아니었지만 예니는 그를 그렇게 대우했다. 그녀는 그의 도움에 감사를 표하고 "페르디난트에게도 그 모든 사랑과 배려에 대해 제가 다시 한 번 감사한다고 전해주세요"[72]라고 말했다. 예니는 다른 부분의 가족유산을 둘러싸고 오빠와 분쟁이 있었지만, 그래프턴 테라스에 정착한 그 시점에서는 그런 사적인 — 그리고 분명히 당적인 — 문제를 둘러싼 좋지 않은 감정은 훌훌 털어버리고 싶었던 것 같다. 예니의 페르디난트에 대한 예의는 의심의 여지없이 필요에서 비롯된 면이 있었다. 페르디난트가 가족의 지갑 끈을 쥐고 있었기 때문이었다. 하지만 그녀는 또한 런던에서 가족을 잃고 트리어에서 어머니의 죽음을 맞이한 후 가족애를 더욱 중시하게 되었던 것으로 보인다. 그녀는 프로이센에 있는 동안 그와 계속 연락을 주고받았고, 애도기간 동안 그들은 서로간의 관계가 그들을 멀리하도록 만들었던 정치보다 더욱 끈끈하다는 사실을 확인했던 것이다.

플로렌코트에게 보낸 편지에서 예니는 딘스트릭트에 비하면 그래프턴 테라스는 궁전이라고 말했다. 편지를 보면 런던의 새집이라기보다 독일의 낭만주의적 풍경화를 묘사한 것 같다. 새집은 "바람이 잘 통하고, 햇빛도 잘 들고, 건조하고 자갈토 위에 지어져 있어요. 주변에는 이슬을 머금은 푸른 초원이 펼쳐져 있고 소, 말, 양, 염소, 닭들이 아늑한 조화 속에 먹이를 먹고 있지요. 정면으로는 거대한 도시, 런던이 안개 속의 실루엣으로 보여요. 그렇지만 화창할 때는 성바오로 성당의 돔까지도 정확히 식별할 수 있지요". 뒷방들은 햄스테드 히스와 하이게이트를 올려다보고 있다고 그녀는 말했다.[73] 사실 그래프턴 테라스의 주변 지역은 그다지 장대하지 않았다. 예니는 다른 사람에게는 "쓰레기 더미를 타고 넘어야 하고, 비가 올 때면 붉은 점토가 장화에 달라붙어서 무거운 다리를 허우적거린 후에야 비로소 우리 집에 도착할 수 있어요"라고 말했다.[74] 그리고 집이 넓기는 했지만 이때는 조용하고 그런대로 나쁘지 않은 중간계급의 집으로 묘사되었다.[75] 지하에는 작업 공간 — 부엌과 세탁실 — 이 위치해 있었고, 첫 번째 층에는 응접실 두 개와 침실 하나, 작은 옷방이 있었다. 두 번째 층에는 방 세 개가 있었다. 그리고 렌헨과 마리안네가 자는 다락방이 있었다.[76] 집 안에는 두 개의 수세식 화장실[77]이 있었다. 예니는 닭을 칠 마당이 있어서 좋다는 말을 자주 했다.[78]

그러나 문제는 집에 가구가 없다는 점이었고, 마르크스 가는 그 집을 채울 만한 가구가 아무것도 없었다. 그들은 새 가구를 살 형편이 못 되었다. 그래서 오십여 군데의 집에서 하는 세일을 돌아다니며 고물들을 그러모아 집을 채워야 했다고 예니는 말했다.[79] 하지만 플로렌코트에게는 그런 일도 즐거움이었다고 썼다. "과거의 내 모든 고통과 고생의 기억들도 이 환상적인 집에서는 눈 녹듯 사라져버려요…… 아이들은 많은 새 방들 때문에 기뻐서 펄쩍펄쩍 뛰고 작은 엘레아노르도 기분이 좋은지 훌륭한 카펫과 난로 앞 펠트깔개에 웅크린 강아지에게 계속 키스를 해대고 있답니다."[80]

가족은 새로운 집에서 처음 한 철을 조용히 보냈다. 그렇지만 조용함이 평온을 가져온 것은 아니었다. 예니는 딘스트리트에 있는 동안은 그곳의 기억들로부터 벗어나고 싶어 했다. 그렇지만 한적한 그래프턴 테라스에 들어오자, 그 기억들은 여전한데 잠시나마 그것들을 잊게 해줄 번잡함은 사라져버렸다. 그녀는 웨스트엔드West End의 긴 산책로가 그리웠다. 소호와 세인트자일스의 선술집, 그레이트 윈드밀 가의 레드라이언과 드루어리 레인의 화이트하트 인White Hart Inn에서 떨던 수다도 생각났다. 그리고 하루 종일 아파트를 마치 제 집처럼 드나들던 친구들도 보고 싶었다.[81] 그런 친구들 대부분에게 그래프턴 테라스는 편하게 방문하기에는 너무 멀었다. 예를 들면 프라일리그라트는 소호에서 했던 것처럼 그렇게 자주 찾아올 수 없었다. 이제 한 스위스 은행의 런던 지점 매니저가 되었기 때문에 런던 북부로 일부러 찾아오기에는 너무 바빴기 때문이다.[82] 들고양이처럼 수시로 소호의 방문 앞을 찾던 피퍼조차도 더 이상 찾아오지 않았다. 그리고 다른 사람들은 런던을 완전히 떠나버렸다. 루푸스는 이제 맨체스터에서 엥겔스 옆에 눌러앉았고, 레드 볼프는 랭커셔에서 교사 자리를 얻었다.[83] 그리고 그들이 사랑하던 동료 중 몇몇은 세상을 떠났다. 예니가 런던으로 올 때 마중 나왔던 게오르크 베르트는 출장차 아바나로 갔다가 사망했다. 당시 서른네 살이었는데 현지인에게서 감염된 것으로 추정되는 병으로 죽음을 맞았다.[84] 게다가 그들의 오랜 친구인 하이네도 죽었다. 물론 하이네는 그들이 처음 알게 된 그 순간부터 죽어가고 있었지만, 마지막 몇 해는 정말 힘든 상황이었다. 그의 형은 "칠 년간의 육체적 고통이 그를 외부 세계와 단절시켜버렸다. 그는 이 행성의 평범한 삶의 일상과는 완전히 동떨어진 사람으로 보였다"[85]고 말했다. 예니와 마르크스는 하이네를 무척 사랑했다. 그의 죽음은 경이로운 시절의 슬픈 종결, 그들의 소중한 파리에서의 추억에 대한 신성모독이었다.

예니는 그래프턴 테라스에서 처음 몇 달간 우울증에 빠져 아편을 포함한 약병들에 둘러싸인 채 보냈다. "오랜 시간이 필요했다." 그녀는 고백했다. "그 완전한 고독에 적응하기까지는."[86] 게다가 마르크스의 계산에도 불구하고, 그들은 다시 돈이 떨어졌다. 예니의 상속금이 모두 새집에 들어가버렸던 것이다.[87] 같은 시기에 『뉴욕 데일리 트리뷴』지는 매주 두 편씩 마르크스의 기사를 싣겠다는 약속을 지키지 못했다. 그리고 그해 초 마르크스에게 기고를 부탁했던 또 다른 미국 언론사인 푸트남스Putnam's는 그들의 요구대로 마르크스가 글을 보내주었음에도 불구하고 원고료 지불을 미루고 있었다.[88] 1856년 크리스마스가 다가올 때 마르크스는 다시 엥겔스에게 돈을 부탁하는 편지를 썼다. "첫 집세를 내지 못한다면 나는 완전히 신용을 잃게 될 걸세."

그들은 딘스트리트를 떠났지만 그들의 가장 고질적인 문제는 여전히 그들을 따라다녔다. 그들은 아팠고 빈털터리였으며, 이제 외톨이이기까지 했다. "보헤미안 생활은 막을 내렸고 빈곤한 망명생활과 공개적으로 투쟁하는 대신, 이제 우리는 적어도 외형만이라도 안정적인 삶을 유지해야 했다." 나중에 예니는 썼다. "우리는 모든 돛을 활짝 펴고 부르주아의 삶을 향해 항해하고 있었다. 그렇지만 여전히 변함없는 작은 압박들, 변함없는 투쟁들, 변함없는 과거의 궁핍, 변함없는 전당포와의 친숙한 관계가 있었다—사라진 것은 웃음뿐이었다."[89]

26

1857년
런던

이런 어려운 시기에는 씩씩하게 고개를
빳빳이 세울 필요가 있다.
세상은 용감한 자들의 것이다.

—예니 마르크스[1]

1월 말 가족의 경제형편은 더욱 나빠졌다. 『뉴욕 데일리 트리뷴』지는 단 한 편만 제외한 마르크스의 모든 기사를 퇴짜 놓았고, 마르크스는 그 신문이 자신을 굶겨서 내쫓으려는 것이 아닌지 의심했다. "내 처지가 이렇다네." 그는 엥겔스에게 말했다. "어떤 전망도 없고…… 변변찮지만 가진 돈 모두를 쏟아 부었는데 딘스트리트에서처럼 하루하루 돈을 긁어모아보는 것도 불가능한 이 집에 완전히 고립되어 있는 거지. 도대체 어떻게 해야 할지 모르겠어. 오 년 전보다 더 절망적인 상황에 처한 것 같아. 인생의 가장 쓴맛을 보고 있는 것 같군. 아니지! 정말 최악인 것은 이게 단순히 일시적인 위기가 아니라는 거야. 도대체 나 자신을 어떻게 구해내야 할지 모르겠네."[2]

마르크스와 엥겔스는 정치적으로, 그리고 지적으로 그 어느 때보다도 가까워졌다—마르크스는 엥겔스를 자신의 또 다른 자아라고 불렀다.[3] 그렇지만 1857년에 그들의 개인적 삶의 차이는 극명했다. 엥겔스는 에르멘앤엥겔스의 이익에서 배당을 받기 시작했고,⁴ 그의 아버지는 엥겔스를 유능한, 심지어 타고난 사업가로 인정하기 시작했다. 그는 더 이상 아들의 공산주의적 견해에 대해 걱정하지 않았다. 아들이 자본가로서의 역할을 잘 수행하고 있는 한, 사석에서 자기 자신을 무엇이라고 부르든 상관할 바 아니었던 것이다. 그런 편안한 입장에서 엥겔스는 썼다.

자네 편지는 청천벽력 같은 소리였네. 나는 드디어 모든 일이 술술 풀리고 있다고 생각했었지 — 자네가 이제 제대로 된 집에 터전을 잡고 일도 잘 되고 있는 줄 알았어. 그런데 모든 게 불투명한 상태라니…… 자네가 이 일을 2주만 일찍 알려주었어도 좋았을 것을. 우리 노인장이 내 크리스마스 선물로 말 한 필을 구입할 돈을 줬는데, 마침 괜찮은 녀석이 보이기에 지난주에 덜컥 사버렸지 뭔가. 자네 사정을 알았더라면 한두 달 더 기다려서 말 먹이는 비용을 아낄 수…… 자네 가족은 런던에서 고생하고 있는데 나는 이곳에서 말에 돈을 써야 한다는 게 너무나도 짜증이 나는군.

엥겔스는 마르크스에게 한 달에 5파운드씩 보내줄 것이며, 언제든지 필요하면 기탄없이 더 요구하라고 말했다. 엥겔스가 이렇게 더 강한 책임감을 느끼게 된 것은 "새 사람이 되겠다"는 결심 때문이었다. 그는 마르크스에게 "나는 과거에 너무 경박한 삶을 살았네"⁵라고 말했다.

한편 마르크스는 다시 간질환에 시달리며 아무것도 할 수 없었기 때문에 덴마크어를 공부했다⁶(이런 것이 그가 병석에서 즐기는 오락이었다). 예니 역시 몸이 좋지 않았다. 그렇지만 그녀의 문제는 이미 너무나도 익숙한 것이었다. 그녀는 임신 중이었다. 그렇지만 그들의 형편이 워낙 안 좋았기 때문에 누구도 쉴 수 없었다.⁷ 마르크스는 『뉴욕 데일리 트리뷴』지에 기사 쓰기를 계속했고, 예니는 비서 일을 했다. 그리고 결국 그녀가 침대에서 꼼짝도 할 수 없게 되자, 열세 살의 예니헨과 열한 살의 라우라가 아버지의 조수로서의 장기적인 활동을 개시하게 되었다. 두 딸은 마흔세 살의 어머니가 마지막 자식을 세상 속으로 인도하기 위해 기다리는 동안, 그녀를 "중요한 가사에서 완전히" 쫓아냈다고 예니는 엥겔스에게 말했다.[8]

1857년 봄, 『뉴욕 데일리 트리뷴』지의 찰스 다나는 마르크스의 기사를 적게 실어서 미안했던지, 그에게 유럽과 미국의 학자들이 공동으로 편찬하는 일반 지식에 관한 여러 권짜리 『신 아메리칸 대백과사전*New American Encyclopedia*』에 기고 자로서의 일자리를 제안했다. 마르크스는 백과사전 편집자들로부터 기고 내용 속에 그의 '당적' 견해가 스며들어서는 안 된다는 지침을 받았다. 그런 제한사항에도 불구하고 그는 그 프로젝트가 반가웠다. 두둑하고도 안정적인 수입을 가져다줄 것이고, 엥겔스와 함께 『뉴욕 데일리 트리뷴』지에 기사를 쓰는 것보다 수고도 덜 것이기 때문이었다.[9] 엥겔스는 한술 더 떠서 다나에게 백과사전 전체를 도맡아 쓰겠다고 말해보라고 마르크스에게 권했다. 물론 실제로는 엥겔스, 루푸스, 피퍼가 돕는 것을 염두에 둔 것이었다. "우리는 그 정도 양의 '섞이지 않은(단편적인)' 지식은 쉽게 제공할 수 있네." 그는 자신만만했다. "섞이지 않은 (순수한) 캘리포니아 황금을 대가로 받는다면 말이야." 이례적으로 낙관적인 태도를 보이며 그는 그 프로젝트가 마르크스를 경제적으로 구원해줄 것으로 보았다. "이제 모든 일이 다시 잘 풀릴 것이고, 당장 돈을 받지 못한다 하더라도 그건 아주 안정적인 자리임에 틀림없어."[10] 마르크스는 간이 안 좋은 것도 잊고 영국박물관으로 돌아가 백과사전 세목에 대한 조사 작업에 착수했다.[11]

그해 봄 마르크스가 돌아간 열람실은 개수되어 있었다. 책들은 여전히 바닥에서 천장까지 꽉 들어차 있었지만, 이제 스무 개의 아치형 창문은 돔의 꼭대기까지 거대한 원형 창문으로 높이 솟아 있었다(도서관에는 인공조명이 없었다. 이용자들은 별로 신뢰할 수 없는 햇빛에 의존했고, 안개 때문에 도서관이 휴관하는 경우도 종종 있었다). 긴 테이블은 서로 붙여서 방사형으로 배치된 책상들로 교체되어 있었다. 그래서 연구자들은 더 독립된 공간을 누릴 수 있게 되었다. 게다가 이제 쿠션의자에 몸을 파묻고 명상에 빠져들 수도 있었다. 그래프턴 테라스에서 박물관까지는 소호보다 두 배나 먼 거리였지만 마르크스는 건강이 허락하는 한, 걸어서 거의 매일 박물관을 찾았다. 엥겔스는 마르크스에게 백과사전 작업을 위해 사무실을 얻으라고 제의했다. 하지만 마르크스는 이미 공짜 사무실이 있었다 ─ 열람실의 K열과 P열 사이의 책상이었다. 다음 사반세기 동안 그곳은 그의 자리였다.[12]

다나로부터 얻은 일감은 마르크스가 가족의 비극으로부터 다른 곳으로 생각을 돌릴 수 있도록 만들어주었다. 7월 6일 예니는 아들을 낳았지만 그 아이는 태어나자마자 죽었다.[13] 마르크스는 엥겔스에게 "그 자체로서 이것은 재앙은 아니야"라고 말했다. 그렇지만 그 출산이라는 상황이 "그들 마음에 새겨지고" 그래서 "되새겨보는 고통" ─ 그래서 편지에서 말하고 싶지 않은 그런 것들 ─ 을 주었다고 암시했다.[14] 예니는 몇 주간 침대에 누워 있었고, 마르크스에 따르면 "무척 화를 잘 냈다". 마르크스는 그녀를 탓하지 않았다. 그렇지만 몹시 지친다고 엥겔스에게 털어놓았다.[15] 그런데 예니의 편지를 보면 그녀는 화가 나 있기는커녕 오히려 쾌활한 상태였던 것으로 보인다. 그녀는 페르디난트의 아내 루이제에게 아기(그녀는 아이의 이름을 언급하지 않았다. 물론 아이의 이름이 있었다면 말이다)는 죽기 전 한 시간 조금 넘게 살아 있었다고 말했다. "다시 가슴속의 조용한 희망이 무덤 속에 묻혔어요."[16] 이제 예니에게는 죽은 자식들이 살아 있는 자식들보다 더 많았다.

마르크스와 엥겔스는 일 년 이상 금융시장에서 들리는 파열음과 신음 소리에 귀 기울이고 있었다. 특히 프랑스와 미국에 주의를 기울였다. 엥겔스는 1857년이 끝나기 전에 사회혁명으로 이어질 수도 있는 대규모 경제위기가 발발할 것이라고 장담했다. 10월에 마르크스는 위기가 무르익고 있다고 선언했다. "미국의 위기는…… 아름답고, 프랑스 산업에 즉각적인 영향을 미친다. 왜냐하면 이제 실크제품이 생산지인 리옹에서보다 뉴욕에서 더 싸게 팔리고 있기 때문이다."[17]

엥겔스도 동의했다. 그는 그 붕괴가 "멋지고, 아직 절대로 끝나지 않았다…… 앞으로 삼사 년간은 상거래가 엉망이 될 것이다. 우리는 운이 좋다"[18]라고 말했다.

그 위기의 결과로『뉴욕 데일리 트리뷴』지는 마르크스와 다른 한 명만 제외하고 유럽의 모든 특파원들을 해고했다. 그리고 마르크스의 수당도 절반으로 깎았다. 자신도 타격을 입었음에도 경제위기에 대한 마르크스의 기쁨은 조금도 줄지 않았다.[19] 마르크스는 엥겔스에게 "1849년 이래로 이런 사태 속에서 이렇게 편안했던 적은 없네"[20]라고 말했다. 예니는 한 동료에게 말했다. "미국의 위기가 우리 지갑에 무시할 수 없는 영향을 끼쳤지만…… 그럼에도 불구하고 무어인이 얼마나 흥분해 있는지 상상이 갈 거예요. 그는 일하는 데 예전의 힘과 능력을 되찾았어요. 그리고 사랑하는 자식[에드가]을 잃은 큰 슬픔에 오랫동안 시들어갔던 정신도 활기를 되찾았지요…… 카를은 낮에는 돈벌이를 하고 밤에는 정치경제학의 완성을 위해 일하고 있어요."[21]

만국박람회와 그에 따른 자본주의의 승리감이 그랬듯 금권정치의 몰락 가능성도 마르크스를 다시 경제학 연구로 이끌었다. 마르크스는 몇 년 동안 경제학 작업을 멀리했었다. 돈 버는 일 때문에 너무 바빠서 경제학에 대해 쓸 시간이 없었던 것이다. 그렇지만 위기는 다시 한 번 그에게 책의 완성을 서둘러야 한다는 생각을 갖도록 만들었다. 은행의 실패, 증시와 상품시장의 재난, 전염병처럼 번지는 도산, 실업과 노숙자들 그리고 굶주림 등을 지켜보면서, 마르크스는 자신이 자본주의 체제를 설명하고 자본주의 이후의 세계에 대한 지침을 제공하기도 전에 그 체제가 무너져 내리는 것은 아닌지 걱정했다. 그는 독일에 있는 한 동료에게 자기는『뉴욕 데일리 트리뷴』지와『대백과사전』을 위해 글을 쓰고 은자처럼 사는 것으로 "시간을 허비하며", 밤에는 보통 새벽 4시까지 다량의 레모네이드와 담배에 의지해 '정치경제학'의 초안 작업을 하고 있다고 말했다. 그것은 "이 악몽을 제거해버리기 위해"[22] 필수적인 것이라고 말하며, 말미에 "집이 내 눈앞에서 무너져 내리는 한이 있더라도" 이번만큼은 끝내겠다고 덧붙였다.[23]

맨체스터에서 마르크스에게 시장의 최신 소식들을 전하던 엥겔스는 자신이 경제 붕괴에 맞닥뜨린 상태에서도 기분이 좋은 것을 보고 사업 동료들이 몹시 분개하고 있다고 유쾌하게 말했다. 또 그들의 절망감은 클럽에서도 확인된다고 덧붙였다. 술 소비량이 급증했던 것이다.[24] 자기 자신에 대해서는 다음과 같이 마르크스에게 말했다. "지난 칠 년 동안 부르주아의 오물이 나한테도 의심할 여지없이 어느 정도 달라붙었을 걸세. 이제 나는 그것을 말끔히 씻어내고 새 사람이 될 거야. 이 위기는 신체적으로 해상에서의 전투만큼이나 내게 좋은 효과를 줄 거야. 나는 이미 느낄 수 있어. 1848년에 우리는 말했지. 우리 시대가 도래했다고. 어떤 의미에서 사실 그랬어. 그렇지만 이번에는 제대로 오고 있어. 이제 행하느냐 아니면 죽느냐 둘 중 하나뿐이야." 이렇게 새로워진 엥겔스는 그의 과외 활동이었던 여우 사냥을 줄이기로 했다[25](그는 일곱 시간 동안 했던 사냥을 묘사하면서 "그런 종류의 것들은 항상 나를 며칠씩이나 최고의 기분으로 만들어주었다. 그것은 내가 알고 있는 것 중 가장 훌륭한 육체적 기쁨이다"라고 말했다).[26]

경제 붕괴가 대륙 전역으로 퍼지는 동안 — 심지어 러시아의 철도 운행에도 영향을 미쳤다 — 마르크스와 엥겔스는 그 진행 과정을 추적했다. 마르크스는 평소에는 실업 구제 프로그램에 반대하던 바로 그 기업들이 이제 정부의 재정 지원을 호소하며 공공비용으로 "이윤을 위한 권리"를 지키려는 것을 보고 비웃었다.[27] 두 사람은 위기가 농업 부문으로 전화되는 징후를 기다렸다. 그 시점이 되면 위기가 "볼 만한 것"이 되리라고 믿었다.[28]

마르크스는 뒤셀도르프의 사회주의자 페르디난트 라살레라는 사람과 몇 년간 서신교환을 해오고 있었다. 라살레는 1848년에 개혁주의자로서 이름을 알렸지만 소피 폰 하츠펠트 백작부인의 십이 년간의 이혼 소송 대리인으로 더 유명해졌다. 라살레는 그 소송을 여성해방을 위한 투쟁이라고 말했지만, 사실은 독일 사회 상류층의 외설스러운 사생활 때문에 대중(심지어 프로이센 왕까지)의 관심을 사로잡은 사건일 뿐이었다. 소송이 성공적으로 끝나자 라살레와 백작부인은 평생 먹고살 수 있을 정도로 부자가 되었다. 그런데 라살레는 자기보다 스무 살이나 연상인 고객과 동거를 시작했다.[29] 마르크스는 그가 스스로 노동자들의 투사라고 자처하면서도 귀족에게 아양 떠는 하수인이 되어버렸다고 비난했다.[30]

마르크스와 엥겔스는 라살레에 대한 의혹이 있기는 했지만 그를 뒤셀도르프와 베를린의 당 조직원과의 연락을 위해 중시했다. 그는 또한 출판업자들과의 연줄도 있었다. 1857년에 마르크스는 너무나도 오랫동안 독일의 출판계를 떠나 있었기 때문에 그를 대행해줄 현지인 없이는 출판업자를 찾기가 쉽지 않았다. 그래서 라살레에게 "부르주아 경제체제에 대한 비판적 폭로"라고 설명한 책의 집필이 거의 마무리 단계에 있다고 말했다. 마르크스는 그 책이 순전히 과학적인 내용이기 때문에 검열도 문제없을 것이라고 덧붙였다. "물론 당신이 베를린에서 이 작업을 수행할 누군가를 찾아주시리라 믿습니다." 마르크스는 그 책을 분권으로 출판하되 엄격한 마감시한을 정하지는 말았으면 좋겠다고 제안했다. 또한 작가의 작업에 대한 보상은 이루어져야 한다고 강조했다.[31]

그는 라살레에게 자신의 경제적 곤궁을 털어놓기에는 자존심이 너무 강했다. 그렇지만 엥겔스에게는 『뉴욕 데일리 트리뷴』지의 수입이 반으로 줄었기 때문에 상황이 견디기 어려운 지경이고 "조만간 이런 식으로 근근이 버티는 것도 한계가 올 걸세. 지극히 사소한 것들로 계속 스스로를 괴롭히면서 남들에게 항상 짐만 되고 있군"이라고 말했다.[32] 추위가 혹독하던 1월 말, 예니는 식료품을 구입할 몇 펜스를 마련하기 위해 숄을 전당포에 잡혔다.[33] 마르크스는 말했다. "다행히도 외부 세계의 상황이 지금 많은 위안을 주고 있다. 반면에 개인적으로 나는 상상할 수 있는 가장 힘겨운 삶을 살고 있다. 상관없다!" 그리고 짐짓 나중에 생각난 듯 덧붙였다. "큰 포부를 지닌 사람에게 결혼하는 일보다 더 어리석은 것이 있을 수 있을까? 그렇게 해서 스스로를 가정과 개인적 삶의 작은 불행 속으로 몰아넣는 것 말이다."[34]

딘스트리트에서 살 때는 아이들이 너무 어려서 가족의 빈곤이 무엇인지 몰랐다. 그렇지만 그래프턴 테라스로 이사 온 이후는 아이들도 자기들과 주변의 다른 중간계급 가족들 간의 차이를 알 만큼 성장해 있었다. 마르크스의 이웃들은 번창하는 젊은 가족들로 대체로 단정하고, 상식적이고, 교회에 나가는 영국의 사업가들이었다. 반면에 마르크스는 가족의 생계도 책임지지 못하는 헝클어진 무신론자이자 외국인 학자였다. 이웃들은 그의 집 앞에 늘어선 빚쟁이들을 못 보았을 리가 없을 것이며, 주변 상점 주인들을 통해 그들이 가장 기초적인 청구서조차 납부하지 못하고 있다는 소문을 들었을 것이다.

예니헨은 특히 가난에 민감했으며, 그녀 자신이 바로 그 가난을 선명하게 보여주는 실례였다. 예니헨은 열세 살이 되자 성장속도가 너무 빨라서 그에 맞춰 예니와 렌헨이 옷을 재빠르게 고쳐줄 수 없었다.[35] 그녀와 다른 학교 친구들 간의 격차는 도저히 숨길 수 없었고 그것은 깊은 상처가 될 수 있었다. 하지만 그녀는 화를 내지 않았다. 오히려 반대로 자신이 고생하는 부모에게 또 하나의 부담이 되고 있다고 생각했다. 노동자계급의 가족에서는 예니헨 또래의 여자아이들은 벌써 취직하는 것이 보통이었다.[36] 하지만 부모가 허락하지 않을 것이기 때문에 그녀는 집안일이라도 거들며 나름대로 기여하려고 애썼다. 그런 노력에도 불구하고 가사에는 별로 소질이 없었다. 투시를 위해 지어준 옷은 너무 요란했고(어떤 옷은 은색과 붉은색이었다), 식탁에서는 어머니의 표현을 따르자면 "서툴렀다". "예니헨이 커피 상을 차릴 차례가 되면, 모든 잔들이 위태로웠다. 그래도 난해하게 배치된 도기들에도 불구하고 사람들은 훌륭한 차로 항상 보상받았다. 왜냐하면 그 낭비가 항상 정해진 양보다 두어 스푼씩 차를 더 넣었기 때문이다."[37] 발그스름한 뺨에 금발이고 가냘프며 음악을 좋아한 라우라에 비해 예니헨은 검은 머리에 강하고 이지적이어서 빅토리아 여왕 시대의 전형적인 여인상으로 보였다.[38] 열세 번째 생일 때 예니헨은 라우라로부터 일기장을 선물받았다. 그런데 그녀는 일기장을 소녀다운 일상의 관찰과 꿈을 채워 넣는 데 쓰기보다는 그리스 역사에 대한 긴 논문을 쓰는 데 사용했다.[39]

예니는 가난과 정치적 신념에도 불구하고 딸들을 제대로―부르주아적이지는 않다고 하더라도―키우고 싶었으며, 그들이 교양 있는 남편(영국인이나 독일인)을 만나서 경제적으로나 정치적으로 근심 없는 가정을 꾸릴 수 있도록 가르치려 했다. 그녀는 가끔씩 자기가 '아마추어'가 돼서 정치적인 것들은 넌덜머리를 내며 외면해버렸으면(그녀와 카를에게는 불가능한 일이었다. 불행히도 그들에게는 정치적인 것이 항상 가장 중요한 문제로 남았기 때문이다) 하고 바랄 때가 있다고 한 친구에게 털어놓은 적이 있다. 어떤 대가를 치르든 그녀는 혁명이 딸들의 삶 속으로까지 밀고 들어가는 일만은 막고 싶었다.[40] 그렇지만 그들의 미래는 19세기의 모든 젊은 여인들과 마찬가지로 아버지의 운에 달려 있었다. 그리고 마르크스의 딸들에게는 애석하게도 그들의 아버지는 거의 매 고비마다 좌절을 겪고 있었다.

1858년 봄, 라살레가 마르크스의 책을 출판하겠다는 업자를 찾았다.[41] 베를린의 프란츠 구스타프 둔커(그의 부인이 라살레의 정부 중 하나였다)[42]가 마르크스가 제안한 분책 출판에 동의하고 5월 말까지 첫 편을 받기를 원했다. 마르크스는 보수를 받아야 한다고 이미 규정했음에도 불구하고 둔커가 관심을 보여준 것에 너무 기뻐서 첫 편은 돈을 받지 않고도 쓸 준비가 되어 있다고 말했다.[43] 그렇지만 둔커는 보통 비슷한 작업에 베를린의 교수들이 받는 보수보다 더 후하게 지불하겠다고 제안했다. 그 출판업자는 후속편도 몇 달 간격으로 받았으면 좋겠다고 말하고, 카를 마르크스 박사가 현재 작업 중인 경제학 책도 출판할 의향이 있다고 밝혔다.[44]

오랜 시간이 지난 끝에 마침내 마르크스가 머릿속에서만 품고 있던 책이 현실화될 순간이었다. 그렇지만 계약에 서명한 그 순간부터 마르크스의 몸과 정신이 반항하기 시작했다. 간질환이 심각해져서 그는 "『뉴욕 데일리 트리뷴』지에 기사를 쓰는 것을 제외하고는 생각, 읽기, 쓰기는커녕 정말로 아무것도 할 수 없었다". 그는 엥겔스에게 말했다. "내 병은 재앙이야. 몸이 회복되고 손가락에 펜을 쥘 힘이 생길 때까지는 둔커에게 약속한 작업은 시작도 할 수 없거든."[45]

마르크스는 결국 맨체스터의 친구에게 첫 편의 초안을 보냈다. 그렇지만 엥겔스는 그것이 "정말로 너무 추상적이고 추상적이다"라고 생각했다. 그는 공장에서 일하는 동안 자기 두뇌의 이론적 영역이 죽어버린 것 같다며, 그 글을 이해할 수 없음을 사과했다.[46] 그렇지만 마르크스는 너무 허약해져 있었기 때문에 엥겔스의 그런 부드러운 비판마저 심한 충격으로 느꼈다. 그는 답장조차 쓰지 못했다. 그래서 그 일은 예니의 몫이 되었다.

> 지난주에 카를은 몸이 너무 안 좋아서 도통 글을 쓸 수 없었어요. 그는 최근 자기가 힘겹게 쓴 편지들을 보고 당신이 이미 그의 기분과 간 상태가 안 좋아졌음을 추측했을 것이라고 믿고 있어요…… 그의 건강상태가 악화된 것은 정신적 불안과 흥분 때문이에요. 물론 그런 불안상태는 출판업자와 계약을 매듭지은 후 그 어느 때보다 커졌고, 또 나날이 더 커지고 있어요. 왜냐하면 자기가 그 작업을 종결짓는 것이 완전히 불가능하다는 것을 깨달았기 때문이지요.[47]

예니와 엥겔스는 계약이 마르크스에게 고문과 같은 역할을 할 것이라는 점을 알고 있었다. 지난 십오 년 동안, 파리에서의 나날까지 거슬러 올라가보아도, 마르크스가 기한을 맞추거나, 분량 제한을 지키거나, 요구된 방식으로 과제를 완수한 적은 단 한 번도 없었기 때문이다(마지막 항에 대한 유일한 예외로 『공산당 선언』이 있다). 문제는 결단력 부족이 아니라 그의 탐구심이었다. 마르크스는 쉽게 연구를 밀쳐놓고 글쓰기를 시작하지 못했다. 아직 모르는 것에 마음이 사로잡혀 있었으며, 늘 진화하는 자신의 주제를 모든 각도에서 완벽하게 이해하지 못하면 이론을 제출할 수 없다고 느꼈다. 하지만 당연히 그런 것은 불가능했다. 지식의 전당은 무한하고 끊임없이 변하며, 비록 그가 평생 동안 그 속에서 어슬렁거리며 즐길 수 있다고 하더라도, 계약은 그에게 그만 멈출 것을 요구했다. 바로 그 시점에서 고문은 시작되었고, 그것은 재빨리 마음에서 몸으로 옮겨갔다. 마르크스는 당면 작업의 중요성을 알고 있었다. 그는 바이데마이어에게 "나는 어떤 어려움이 있어도 내 목표를 추구해야 하며, 부르주아 사회가 나를 돈 버는 기계로 전락시키는 것을 용납하지 않을 겁니다"[48]라고 말했다.

마르크스는 초안을 엥겔스에게 보낸 후 이십칠 일이 지난 4월 29일에 드디어 다시 엥겔스에게 편지를 썼다. "내 오랜 침묵은 한마디로 설명될 수 있네─글을 쓸 수 없었어. 말 그대로 글씨를 쓸 수도 없는 상태였고 아직도 완전히 회복된 것은 아니야. 『뉴욕 데일리 트리뷴』지에 꼭 써야 하는 기사는 아내에게 구술했는데, 그것도 강력한 자극제를 먹은 다음에야 가능했지. 이렇게 간이 나빴던 적은 없었어. 이게 혹시 간경화증이 아닌지 두렵네." 그는 의사가 모든 일을 멈추고 "놀러 다니라"고 권했다고 말했다.[49]

엥겔스는 마르크스에게 즉시 맨체스터로 오라고 청했다. 자기가 대줄 테니 일등칸 기차표를 끊으라고 권하고, 그가 없는 동안 예니에게 필요한 모든 비용을 부쳐주겠다고 말했다.[50] 다음 날 마르크스는 닷새 후에 도착할 것이라는 편지를 썼다. 그는 "나는 어제부터 한결 좋아졌다네"[51]라고 정직하게 덧붙였다.

예니도 엥겔스의 개입으로 안도한 듯 보였다. 사실 가족들은 엥겔스의 보살핌으로 마르크스가 급격히 좋아지는 것을 보고 감탄했다. 그들로서는 할 수 없었던 일이었다. 엥겔스는 마르크스를 책임─빚과 마감기한─으로부터도, 자기 자신으로부터도 완전히 탈출하도록 도왔으며, 억지로라도 휴식을 취하다보면 내부의 천재성이 해방될 것으로 기대하며 좋은 음식, 훌륭한 와인, 고급 시가 등을 계속 권했던 것이다. 엥겔스는 예니에게 그가 마르크스를 데리고 두 시간씩 승마를 다니고 있으며 무어인이 이제 "승마를 꽤 좋아하게 됐다"[52]고 전했다.

마르크스는 5월 말까지 엥겔스와 지냈다. 그 무렵 책의 제1권은 출판인의 손에 전달되어 있어야 했다. 하지만 그는 라살레에게 어느 정도 진실이기는 하지만 거의 우스꽝스러운 변명으로 채워진 편지를 보냈다. 아파서 다량의 약을 복용하며 지내다가 의사의 강권을 받았다고 쓴 것이다. "일정 기간 모든 지적인 노동을 멈추고, 중요한 치료법으로 말을 타라고…… 내키지는 않지만 의사와 가족의 권유를 뿌리칠 수 없어서 결국 맨체스터의 엥겔스에게로 갔습니다." 그는 둔커에게 자기 상황을 잘 설명해달라고 라살레에게 부탁했다. 그렇지만 초 안을 언제 보낼 수 있을지에 대해서는 함구했다.[53]

런던으로 돌아온 마르크스는 건강을 회복했고 이제 일할 수 있다고 선언했 다. "빌어먹을 문제는 내 원고가…… 뒤죽박죽이고 그 상당 부분이 뒷부분을 위한 것이라는 점이지." 그는 엥겔스에게 말했다. "그래서 어떤 공책의 어떤 페 이지에서 내가 먼저 필요한 내용을 찾을 수 있는지 쉽게 알 수 있도록 색인을 만 들어야 할 것 같네." 다른 말로 하자면 이미 작업을 완성지어야 했을 날에 공책 정리를 시작하고 있었던 것이다. 그것은 어떤 의미로도 일의 착수라고 볼 수 없 었다. 마르크스는 8백 페이지의 공책을 모아놓고 있었다.[54]

7월 중순까지도 원고는 완성되지 못했고, 맨체스터에서 머문 동안 경제 사정 이 더 나빠졌기 때문에 마르크스는 돈을 벌기 위해 모든 시간을 투자해야 했다. 런던에 기록적인 무더위가 찾아온 그해 여름, 그는 걷거나 승합마차를 타고 시 내로 나가서 지인들을 만났고, 이 사람 저 사람 만나며 돈을 융통해야 했다. 더 위가 너무 혹독했으며 가뭄까지 겹쳐 템스 강에 흐르는 물의 대부분이 하수인 데다 냄새도 지독했기 때문에 숨 쉬는 것조차 곤란했다.[55] 마르크스는 엥겔스 에게 견딜 수 없는 상황이라고 말했다. 예니가 특히 걱정이었다. "여러 가지 불쾌 한 상황이 아내의 신경을 피폐하게 만들었어. 닥터 알렌은 물론 정확한 사정은 모르겠지만 문제의 근원이 어디에 있는지 대충 짐작하고, 내게 아내를 해변 휴 양지로 보내 장기간 요양시키지 않으면 뇌염 같은 것으로 발전할 수 있다고 여 러 번 강력하게 얘기하고 있네." 마르크스는 예니가 겪는 문제가 일상적인 압박 과 "피할 수 없는 최종적인 파국에 대한 두려움"[56] 두 가지라고 말했다.

다급해진 마르크스는 대부회사를 찾아갔다. 그곳은 보증인만으로도 담보 없이 5파운드에서 2백 파운드까지 대출해준다고 광고하고 있었다. 프라일리그 라트와 한 청과상이 마르크스에게 보증을 서주었고, 마르크스는 수수료로 2파 운드를 썼다. 그렇지만 결국 대출은 거절되었다. 그래서 그는 다시 엥겔스에게 기댔다. 지출과 부채를 세 장의 긴 목록으로 정리해 친구에게 보여준 후, 자신이 처한 경제적 곤경에서 헤어날 방도가 있는지 물었다. 마르크스의 가장 큰 지출은, 그의 계산에 따르면 전당포, 세금, 학비, 의료비, 그리고 신문구독료였다. 마르크스는 아이들을 학교에 보내지 않고, 노동자계급의 숙소로 거처를 옮기고, 렌헨과 그녀의 동생을 내보내고, 감자만 먹고 사는 것으로 허리띠를 바싹 졸라매도, 여전히 빚쟁이들에게 줄 돈은 없을 것이라고 계산했다.

여태까지 유지해왔던 **체면을 계속 유지하는 것**이 몰락을 피할 유일한 방도야. 나 자신만 놓고 보자면, 최소한 한 시간만이라도 작업할 시간이 있다면 화이트채플에 살아도 아무 문제없어. 그렇지만 내 아내의 상태를 고려해보면, 그런 급격한 변화는 아주 위험한 결과를 초래할 수 있고, 또 자라나는 딸들에게 그런 환경이 절대로 좋을 수는……
내 지력을 망치고 내 작업능력을 파괴하는 셀 수 없는 고통들에 내가 분통을 터뜨리며 지난 두 달간 빠져서 허우적거리고 있던 수렁 속으로 나의 최악의 적이 걸어 들어오도록 만들고 싶지는 않네.[57]

엥겔스는 마르크스에게 당장 급한 돈이 50~60파운드 가량 될 것으로 계산했고, 40파운드 정도는 주선해줄 수 있다고 말했다. 그렇지만 이제 마르크스가 어머니나 숙부에게 "한번 가봐야 할" 시기라고 지적했다.[58] 마르크스는 그동안 격조했던 어머니에게 접근하는 수단으로 엘레아노르의 사진을 이용했다. 어머니의 첫 반응은 긍정적이었지만 금세 싸늘해졌다.[59] 결국 마르크스를 구한 것은 엥겔스의 돈이었다. 그리고 프라일리그라트가 복잡한 거래를 도와주었다.[60]

마르크스는 급한 빚을 청산하고 예니를 해변 마을인 램즈게이트Ramsgate로 보냈다. 그곳은 영국의 신사계급이 자주 찾는 곳으로 상쾌한 공기 때문에 런던의 '허파'로 알려진 곳이었다.[61] 그녀는 마르크스가 장난으로 섬세하고 총명한 영국 부인들이라고 불렸던 사람들과 지냈다. "오랜 세월 하층민들과만 지내다가 그녀와 비슷한 부류들과 어울리게 되니 그녀에게도 좋았던 것 같다." 며칠 지나지 않아 예니헨은 렌헨과 아이들을 불렀다.[62] 그 학기 내내 사우스햄스테드 여학교에서 아이들의 성적은 눈부셨다. 예니헨은 반에서 최우수상을 탔고 프랑스어에서도 일등을 했다. 그리고 라우라도 반에서 이등상을 탔다.[63]

그동안 마르크스는 『뉴욕 데일리 트리뷴』지 기사를 램즈게이트에 있는 예니에게 보내 정서한 다음 뉴욕으로 송고하도록 했으며, 렌헨의 동생 마리안네는 런던에 남아서 집안일을 돌봤다. 이 모든 것은 마르크스가 자신이 약속한 완성 시한이 임박한 원고를 마무리할 수 있도록 그에게 필요한 시간과 장소를 배려하기 위한 것이었다.[64] 그렇지만 마르크스는 일하는 대신 다시 앓아누웠다. 몇 주간 편지를 쓰지 않았던 그는 9월 21일 엥겔스에게 그 이유가 간 때문이라는 편지를 보냈다. 어떤 글쓰기도 그에게는 엄청난 수고를 요하는 일이기 때문에 앞으로 2주 내에는 둔커에게 원고를 보낼 수 없을 것 같다고 말했다.[65] 한 달 후인 10월 22일, 그는 베를린에 원고를 보내려면 아직 몇 주가 더 필요하다는 말을 하게 된다.[66]

11월이 되자 라살레도 원고에 대해 궁금증을 갖기 시작했다. 그의 한 친구가 마르크스와 프라일리그라트를 방문한 후, 카를이 편지에서 언급한 것과는 달리 "호화로운 환경" 속에서 아름다운 아내와 함께 살고 있더라고 그에게 보고했다. 마르크스는 즉시 자기와 프라일리그라트는 "이 평범한 독일 부르주아"가 진실을 알고 "악의적인 만족"을 느끼도록 해주고 싶지 않았던 것이라고 해명했다. 그리고 둔커를 기다리게 한 것에 대해 납득할 만한 설명을 제시하려 애썼다. 건강과 가정적인 문제가 있었던 것도 사실이지만, 지연의 진정한 이유는 형식에 대한 자신의 우려 때문이었다고 그는 말했다. "내게는 내가 쓴 모든 것들의 문체가 간질환의 영향을 받은 것으로 보였습니다. 그리고 이 작품을 건강상의 이유 때문에 망치도록 내버려둘 수 없는 두 가지 이유가 있습니다." 첫 번째는 그것이 십오 년간 노력의 결산이기 때문이었다. 마르크스는 그 기간을 자기의 지적인 삶의 최고 시기로 불렀다. 두 번째는 그의 작업이 사회적 관계에 대해 최초로 과학적으로 설명하는 중요한 관점을 내포하고 있기 때문이었다. "따라서 나는 당적 이익을 위해서라도 그것이 망가진 간 때문에 무겁고 활기 없는 문체로 훼손되는 것을 용납할 수 없었습니다." 그는 다시 한 번 라살레가 개입해서 둔커에게 자기 입장을 설명해줄 것을 부탁했다. "이제 실제 집필을 개시했기 때문에, 지금으로부터 4주 정도 후면 원고를 완성할 수 있을 겁니다."[67]

마르크스는 책을 완성하려고 분투하면서 몇 주간 엥겔스에게 거짓말과 변명의 편지들을 보냈다.

11월 29일: 예니가 내 원고를 정서하고 있다.[68]

12월 22일: 원고가 올해 말에 출판업자에게 전달될 것이다. "말 그대로 정말 이제 더 이상 시간을 끌 수는 없지."[69]

1월 중순: 그는 여전히 원고를 우송하지 않았다. 하지만 총 원고는 세 편 분량에 해당하는 192페이지에 달했고, '자본의 일반이론Capital in General'이라는 제목도 붙어 있었지만, 아직 자본에 대한 내용은 없었다.[70]

1월 21일: 그 "불운한 원고"는 보낼 준비가 되었다. 그렇지만 그는 우편과 보험을 위한 돈이 없었다.[71]

1859년 1월 26일, 마침내 마르크스는 엥겔스에게 『정치경제학 비판 요강 A Contribution to the Critique of Political Economy』의 원고가 둔커에게 우송되었다는 세 줄짜리 편지를 썼다.[72]

마르크스는 그 책이 베를린에서 성공을 거둘 경우, 영어판을 위해 런던의 출판업자를 접촉해야 할 것인지에 대해 고심했다.

27

1859년
런던

> 슬프도다, 현명한 사람이 아무런 보상도
> 얻지 못한다면 현명하다는 것은 끔찍한
> 일이다.
>
> —소포클레스[1]

마르크스가 원고를 쓰고 있는 동안, 그와 엥겔스가 혁명을 재촉하리라고 보았던 세계적 금융위기는 자본주의 체제를 파괴시키지도, 사회적 격변을 야기하거나 정부를 무너뜨리지도 않고 슬그머니 끝나버렸다. 프로이센에는 새로운 통치자가 들어섰지만 그 원인은 완전히 자연적인 것이었다. 프리드리히 빌헬름 4세가 1858년 미쳐버려서 동생 빌헬름이 섭정을 하게 된 것이다. 빌헬름은 한때 전면에서 비난을 도맡아 감수하는 역할을 맡은 사람으로 인식되었다. 왜냐하면 1848년 3월에 군중에게 발포를 명령해 결국 봉기를 유발한 것도 그 사람으로 여겨졌기 때문이다.[2] 그러나 섭정 빌헬름은 정부 내에서 십 년간의 탄압을 주도하던 사람들을 숙청해버림으로써 그를 반대하던 사람들을 기쁘게 만들었다.[3] 그렇게 제거된 사람들 중에는 예니의 오빠 페르디난트도 끼어 있었다.[4]

반동적인 프로이센에도 마침내 새벽의 여명이 깃든 것처럼 보였다. 빌헬름은 러시아보다는 영국과 서유럽에서 동맹국을 찾았고, 내각도 온건자유주의자들로 채웠다.[5] 정치적, 문화적, 전문적 단체들이 어느 정도 허용되었고 정치적 망명자들에 대한 사면 소문도 돌았다. 이런 새로운 자유의 흐름을 축하하기라도 하듯, 그해는 독일의 위대한 시인, 극작가, 역사가, 그리고 철학자인 요한 크리스토프 프리드리히 폰 실러의 탄생 백주기가 되는 해였다. 연방을 비롯해 유럽과 미국의 독일인 사회에서는 독일 문화의 화신으로 받들어지는 그 인물을 기리는 축제들이 열렸다.[6]

마르크스와 엥겔스는 비록 그토록 기대했던 혁명을 보지는 못했지만, 조국의 변화하는 분위기가 그들의 목표인 노동자계급의 정당과 조직을 훨씬 가능성 있는 목표로 만들어준 사실에 매우 고무되었다. 오랫동안 은밀하게 활동해온 단체들이 이제 공개적으로 나설 수 있게 되었고 전제적인 자본주의적 부르주아의 지배를 마감하고, 프롤레타리아트의 지배와 궁극적으로는 계급의 철폐로 나아가는 길을 준비할 수 있게 된 것이다. 그리고 숙적 페르디난트 폰 베스트팔렌이 더 이상 방해할 수 있는 위치에 있지 않았기 때문에 다른 이유가 없다면 마르크스의 책이 독일에서 출판되지 못할 이유가 없었다.

1859년의 처음 몇 달 동안 마르크스는 자기 책이 출판되기를 조바심 내며 기다렸다. 예니도 역시 프로이센의 가족들에게 남편이 지난 시기 건강까지 버려가면서 치열하게 연구한 성과가 곧 책으로 출간될 것이라고 자랑했다.[7] 부부는 그 책이 '당'과 마르크스의 명성을 위해 중대한 역할을 할 뿐만 아니라 중요한 수입원도 될 것으로 기대했다. 일단 독일에서 출간되면 훨씬 짭짤한 시장인 영국에서도 번역될 수 있을 것으로 내다보았다.[8]

마르크스 자신은 비록 팔 개월이나 늦게 원고를 넘겼지만 둔커가 즉시 책을 출간할 것으로 기대했다. 베를린으로부터의 소식을 기다리는 중 그가 엥겔스에게 보낸 편지를 보면 조바심이 절절이 묻어나는 것을 볼 수 있다. 그가 흥분한 상태로 서재를 오가면서 우체부의 노크를 기다리는 모습이 상상이 될 정도다. 그렇게 2주가 흐르고 그다음 한 달이 지났다. 둔커는 원고를 받은 지 6주 후에 달랑 한 부의 교정지만 보내왔다. 마르크스는 당혹감에 어쩔 줄 몰랐다.[9] 그는 시의성을 위해 책이 즉시 출판되어야 한다고 생각했다. 그리고 더 현실적인 이유는 당장 돈이 급했다. 그의 작업이 지연된 것은 사실이었다. 그렇지만 이것은 창작이다. 둔커가 해야 할 일이라고는 고작 활판을 짜는 일밖에 없지 않은가! 분노한 저자는 이렇게 주장했을 것이다.

마르크스는 라살레가 문제라고 생각했다. 라살레의 소설책 때문에 자기 책이 둔커에게 뒷전으로 밀려난 것이라고 확신했다.[10] 한편 둔커는 오스트리아, 프랑스, 그리고 프로이센 간의 군사적 긴장을 다룬 엥겔스의 『포 강과 라인 강 Po and Rhine』이라는 팸플릿을 익명으로 출판하던 중이었다.[11] 9주 후 마르크스는 고작 세 부의 교정지만 받았을 뿐이고 그것은 총 192페이지짜리 책 중 48페이지에 지나지 않았다. 그는 라살레에게 둔커가 그 책을 맡은 것을 후회하는 것 같고, 그렇기 때문에 그렇게 꾸물대는 것이라는 내용의 편지를 보냈다.[12]

책이 당장 출판될 기미가 보이지 않자, 마르크스는 결국 라살레에게 자기 형편을 털어놓고 자기에게 단기대출을 위한 보증을 부탁했다.[13] 라살레는 난색을 표했다. 대신에 사촌과 의논했고 그 사촌은 마르크스를 통신사에 고용하겠다고 제의했다. 런던에서 뉴스를 타전하는 일이었다.[14] 일도 복잡하고 비용도 많이 들며 통신사의 정치적 경향에 동의하지도 않았지만, 마르크스는 그 기회를 받아들이고 예상되는 수입에 대해 흥분해 엥겔스에게 설명했다. 그렇지만 수많은 다른 일들과 마찬가지로 그 계획도 몇 주 안에 수포로 돌아갔다. 마르크스는 다시 라살레를 원망했다.[15] 라살레가 자기 사촌에게 통신사의 보수적 편향에 대해 비판하고는 그것이 마르크스를 대변하는 양 보이도록 만들었다는 것이다. 마르크스는 화가 나서 외쳤다. "이렇게 그 바보는 여름에 내 최고의 일거리를 망쳐버렸어."[16]

마르크스는 하는 일마다 좌절을 맛봐야 했다. 5월 중순에 첫 번째 경제학 책이 출간되어야 했다. 그렇지만 출판에 대한 아무런 말도 없이 여러 날이 흘러가버렸다. 대신 둔커는 엥겔스의 저작과 비슷한 라살레의 군사적 문제에 관한 팸플릿을 출판했다.[17] 라살레의 책 때문에 자기 책이 밀리고 있다는 마르크스의

의심은 이제 라살레가 하츠펠트 백작부인의 집을 나와서 둔커의 집에서 기거하게 되자 더욱 굳어졌다.[18]

마르크스는 마지막 교정지를 베를린으로 보내고 나서 나흘째인 1859년 5월 21일에 둔커가 출판 일자를 확정 짓도록 압박하기 위해, 뻔한 술수지만 미국에서 백 부의 책을 주문받았다고 말하며 책의 가격을 알려달라는 편지를 보냈다.[19] 그렇지만 그런 시도는 아무런 반응도 이끌어내지 못했다. 그러자 마르크스는 둔커에게 고의적으로 늑장을 부리고 있다고 비난하는 격한 편지를 띄웠다. "나는 당신이 그런 책동을 그만두기를 단호하게 요구하는 바입니다. 내게는 그 목적이 지극히 의심스러우며, 영국의 나의 모든 지인들도 나와 같은 견해입니다."[20] (지인들이란 엥겔스, 루푸스, 예니를 말한다).

마르크스가 막 폭발하기 일보 직전인 그때 런던의 독일노동자교육협회는 새로운 신문 『인민Das Volk』을 간행하기 시작했다.[21] 마르크스는 1851년 이후 노동자 모임이나 망명자들의 정치활동에는 관여하지 않고 있었다. 가족을 제외하고는 열두 명도 안 되는 사람들과만 교제했고, 엥겔스와 편지로 자기들의 소모임 바깥의 망명자들을 비웃기는 했어도 공개적으로 그랬던 적은 없었기 때문에 처음 런던에 왔을 때와 같이 좌충우돌하는 상황은 없었다. 그렇지만 마르크스는 싸움을 원했던 것 같다. 그는 울분에 찼고 그 신문에서 짓궂은 장난의 가능성을 보았다(그는 "런던의 생활은 너무 팍팍하기 때문에 팔 년마다 이런 일로 기분풀이를 해야 한다"라고 썼다).[22] 그는 엥겔스에게 『인민』은 "아마추어적 쓰레기"에 불과하지만 그들의 오랜 라이벌인 고트프리트 '예수 그리스도' 킨켈을 고문하는 데 활용할 수 있을 것이라고 말했다. 킨켈은 자기 자신의 신문을 가지고 있었다.[23]

리프크네히트와 『인민』의 발행인 엘라르트 비스캄프는 사실 마르크스에게 신문에 힘을 합쳐달라는 부탁을 했었다. 처음에 마르크스는 거절했지만, 자기 마음대로 주무를 수 있는 신문을 갖는다는 유혹을 이기지 못했던 것으로 보인다. 그는 곧 "이런저런 일들에 대한 지침"을 주기 시작했다.[24] 그리고 그의 영향력은 커져갔다. 마르크스의 개입하에 『인민』은 킨켈과 그의 동맹자들, 그리고 대륙의 비판자들을 향해 포문을 열기 시작했다. 그것은 망명자 서클들 사이에서 한동안 잠복하고 있던 '마르크스 당'에 대한 반감을 다시 일깨웠다.

마르크스는 6월에 엥겔스와 루푸스를 만나려고 맨체스터로 갔다. 그들은 마르크스의 그런 섣부른 행동을 말리기보다는 오히려 출판업자가 그 가치를 몰라서 그의 획기적인 경제학 저작이 세상에 알려지지 못하고 있다고 판단하고, 마르크스의 화를 더욱 부추겼다. 6월 22일 마르크스는 다시 둔커에게 6월 초순까지 책을 출판하고 보수를 지불하겠다던 약속을 지키지 못한 것을 꾸짖는 편지를 보냈다. 그는 자기 책의 출판이 왜 지연되고 있는지 알리는 공고를 신문에 내겠다고 협박했다. 너무나도 많은 사람들이 그것에 대해 질문하고 있는데 자기가 일일이 답변해줄 수는 없으므로 그런 방법이 필요하다는 뻔한 과장도 다시 한 번 덧붙였다.[25] 하지만 마르크스의 그 편지는 이중으로 당혹스러운 결과를 가져왔다. 『정치경제학 비판 요강』 1천 부가 이미 열하루 전에 인쇄되어 있었다는 것을 마르크스가 몰랐다는 것과 그래서 자신의 다음 책을 출판해줄 사람에게 돌이킬 수 없는 모욕을 주었다는 것이 그것이다.[26]

책이 출간되자 마르크스는 책에 대한 반응을 기다리며 더욱 조바심을 쳤다. 엥겔스는 책이 마음에 든다고 말했다.[27] 마르크스의 글에 대한 여태까지의 반응과 비교해보면 미온적인 것이었다. 그의 서클 내 다른 사람들은 솔직히 당황한 모습이었다. 리프크네히트는 책에 그렇게 실망해본 적은 없었다고 말했고, 『인민』의 비스캄프는 마르크스에게 책의 목적을 이해할 수 없다고 말했다.[28] 그 책이 마르크스의 지인들을 혼란스럽게 만든 것은 놀랄 일이 아니었다. 『요강』은 어떤 사람이 혼자 가설을 세우는 것처럼 전개되고 있었다. 그것은 『1844년 수고』와 장래의 『자본론』의 중간쯤 어딘가에 위치한 마르크스의 미완의 사상이었다. 서문은 역사에서 물적 토대에 대한 마르크스의 주장을 제시했지만, 이어지는 장들은 단편적이었고, 질문을 제기하지만 답을 제시하지는 못했다.[29]

언론에서는 엥겔스가 『인민』에 쓴 서평을 제외하고는 아무런 반응도 없었다. 엥겔스의 서평은 일부 독일어 신문에 다시 게재되었지만, 그 대부분은 미국에 있는 신문이었다.[30] 예니와 마르크스는 그렇게 아무런 반응도 없는 것을 "침묵의 음모"[31]라고 불렀다. 그리고 그것이 마르크스를 거의 미치게 만들었다. 그는 라살레에게 말했다. "그나저나 만약 내가 독일 언론들로부터 찬사를 기대했다거나, 그렇지 않다고 해서 그들을 탓한다고 생각한다면 당신의 오산입니다. 나는 공격당하거나 비판받을 것을 예상했지 완전히 무시될 것으로 생각하지는 않았습니다. 게다가 그것이 책 판매에 심각한 영향을 주고 있지요. 그들이 그동안 얼마나 자주 격렬히 내 공산주의에 대해 욕설을 퍼부었는지 생각해보면, 그 이론적 주장을 반박하기 위해 그들의 모든 지혜를 모을 것이고 그것이 결국 그 이론을 지원해줄 것으로 예상했었지요."[32] 마르크스는 잔뜩 화가 나서 그의 망명자 라이벌들이 자신의 자명해진 실패를 즐기고 있다고 엥겔스에게 썼다.[33]

　7월에 마르크스는 병이 났고 그것을 더위 때문이라고 여겼다.[34] 8월에도 그는 계속 토했다.[35] 책에 대한 실망감에 더해 마르크스의 가족은 전면적인 경제적 몰락 상태로 접어들고 있었다. 그들은 잡힐 수 있는 모든 것을 전당포에 잡혔다. 그리고 예니는 지방법원에 출두해 빚쟁이들의 요구로부터 가족을 지켜야만 했다. 그렇지만 그녀가 너무 늦게 나타나는 바람에 더 유연한 변제 일정을 얻어내지 못했다. 빚은 그대로였고 독촉은 심했다.[36] 이런 개인적 재난 속에서도 마르크스는 『인민』의 편집권을 맡았다. 그것은 그가 신문에 대한 재정적 책임도 진다는 것을 의미했다. 신문의 재정 상태는 그의 가족의 재정 상태보다 더 심각했지만 그는 엥겔스에게 낙관적으로 "앞으로 6주 내에 신문이 탄탄한 기반 위에 올라설 것으로 확신하네"라고 말했다.[37] 8월 26일 그는 "『인민』은 더 이상 없어…… 사실 신문이 좋아질수록 적자가 커지고 독자들은 떨어져 나갔기 때문이지"[38]라고 말했다. 그 이후 곧 신문의 인쇄업자가 마르크스에게 12파운드를 청구하는 소송을 제기했다.[39]

　마르크스가 빠진 수렁은 깊었다. 가장 심각한 것은 적들에게 그가 완전한 패배자로 낙인찍혔다는 사실이었다. 그는 견딜 수 없었다. 고립과 고독 속에서 9월

에 엥겔스에게 "내가 허심탄회하게 털어놓을 수 있는 사람이 아무도 없군"⁴⁰이

라고 한탄했다. 그렇지만 엥겔스도 제 코가 석 자였다. 그는 술자리에서 한 영국

인에게 모욕을 당하자 우산으로 그 사람을 때렸다. 그런데 불행히도 그 사람의

눈을 맞혔다. 장애를 입힌 것은 아니었지만 그 영국인은 보상을 요구했고 엥겔

스는 그 액수가 2백 파운드에 육박할 것으로 걱정했다. "무엇보다도 소문이 번

지고 결국 돈을 내야 할 아버지와 다투어야 한다는 것이 문제지." 엥겔스는 말했

다. "무엇보다 안 좋은 것은 내가 완전히 그 돼지와 그 녀석의 변호사 손아귀에

떨어져버렸다는 거야…… 말할 나위도 없이 그 더러운 영국 놈들은 괘씸한 외

국인을 괴롭히는 즐거움을 절대로 포기하지 않을 거야."⁴¹ 이것이 마르크스에게

의미하는 바는 엥겔스의 사건이 해결될 때까지 그로부터 아무런 도움도 기대

할 수 없다는 것이었다.

우정의 발로와 아울러 돈 문제도 염두에 두고 마르크스는 엥겔스에게 대륙

으로 가라고 제안했다.⁴² 그렇지만 맨체스터에서 자신의 사회적, 사업적 지위를

고려한 엥겔스는 그런 선택은 배제하고 있었다.⁴³ 당장 돈이 들어올 희망이 보

이지 않자 예니는 남편 몰래 오빠 페르디난트에게 돈을 빌리려는 과감한 시도

를 했다. 마르크스는 절대로 동의하지 않았을 것이다. 자존심이 걸린 문제일 뿐

만 아니라 그 돈의 출처가 적들에게 알려지면 두 사람 간의 공모에 관한 모든 헛

소문이 되살아날 것이기 때문이었다. 예니에게는 다행인지 불행인지 알 수 없지

만, 페르디난트는 자기도 일이 없어서 가난에 시달리고 있다고 말했다. 결국 예

니는 그 거래로 마르크스의 평판을 해치지 않아도 되었다. 하지만 어쩔 수 없이

취할 수밖에 없었던 그 "불쾌한 시도"로 인해 오물을 뒤집어쓴 기분이었다.⁴⁴

마르크스는 둔커와 사이가 벌어질 수 있는 모든 일과, 둔커의 회사가 그의 경

제학 책의 다음 편을 출판하지 않게 만들 모든 행동을 했지만, 10월이 되자 독

일에서 그의 책을 출판할 가능성이 가장 높은 곳은 역시 둔커의 회사밖에 없다

는 사실을 깨달았던 것으로 보인다. 마르크스는 라살레가 다시 한 번 자기를 대

신해서 둔커에게 접근해주기를 바라면서, 다른 출판사를 고려해보았지만(그것이 사실이었음을 보여주는 증거는 없다) 그래도 처음 두 편은 같은 출판사에서 나오는 것이 좋을 것 같다는 결론을 내렸다고 라살레에게 말했다. "두 편의 원고가 나온 지 벌써 일 년이 다 되었기 때문에, 그것을 완전히 뜯어고쳐야 할 것 같습니다." 그는 아무리 늦어도 12월이면 그 일을 마칠 수 있을 것으로 생각했다. 또한 첫 편을 영어로 번역하고 있다고 라살레에게 알렸다(그것 또한 사실임을 보여주는 증거는 없다). "어쨌든 영국에서는 내가 아는 한 그 책에 대해 아무도 묻지도 따지지도 않는 독일에서보다 좀 더 나은 반응이 있을 것이라고 생각합니다. 내가 원하는 것은 적어도 이 첫 번째 섹션 전체를 독일의 대중 앞에 선보이는 것입니다. 독일인들이 책에 대해 계속 아무런 관심을 보이지 않는다면, 나는 모든 후속 섹션을 바로 영어로 번역할 작정입니다."[45]

마르크스는 두 번째 편은 쉽게 진행될 것이라고 엥겔스에게 자신했지만, 한 달도 되지 않아 거의 아무런 진척도 이루지 못하고 있다고 털어놓았다.[46] "어떤 면에서 나는 쥐와 개구리들의 싸움에서 멀리 떨어져 맨체스터에서 살 수 있는 자네가 부러워. 여기서 나는 이 모든 똥 덩어리들을 헤쳐 나가야만 한다네. 그것도 내 이론적 연구에 바쳐야 할 많은 시간들을 이미 그런 식으로 허비해버린 상황에서 말이야."[47]

12월에 마르크스는 절망적인 상황에 놓였다. 소액 채권자들에 의해 채무불이행으로 지방법원에 소환되었으며, 인쇄업자가 제기한 『인민』 관련 소송의 합의를 위해 5파운드를 지불했고, 비스캄프가 아픈데다가 수입도 없었기 때문에 삼 개월간 그를 먹여 살려야 했다.[48] 마르크스는 크리스마스 때 엥겔스가 런던으로 오기를 바랐다. 자신과 아내의 마음의 평화를 위해서만이 아니었다. 마르크스는 엥겔스에게 "내 딸들에게 집 안에 다시 '사람다운 사람'이 있다는 것을 느끼게 해주는 일이 절실하네. 그 불쌍한 아이들은 너무 일찍 가난으로 고통받아왔어"[49]라고 말했다.

정말로 이제 각각 열다섯 살과 열네 살이 된 예니헨과 라우라가 그렇게 힘겨운 집안에서 어떻게 버티고 있었는지 쉽게 상상이 되지 않는다. 그들은 아버지의 창작에 따른 고통을 목격했고, 적들의 음모에 대한 그의 분노를 들었으며, 현관문을 두드리는 빚쟁이들 때문에 굴욕감을 느꼈다. 하지만 예니는 페르디난트의 부인에게 보낸 편지에서 딸들에 대해 우아한 장밋빛 그림을 그려놓았다. "우리의 다 큰 아가씨들은 사랑스럽고 상냥하고 온화한 성격으로 우리를 늘 기쁘게 해준답니다. 그 아이들은 학교와 여러 가지 개인교습으로 빠듯한 시간을 아껴서 성심으로 막내를 돌봅니다. 그 대가로 귀엽고 우아한 갈색 머리의 꼬마 아가씨는 언니들이 학교를 마치고 가방과 그림폴더를 들고 푸른 초원을 가로질러 환히 웃으며 집으로 돌아올 때면 언제나 팔을 활짝 펴고 그들을 맞으려고 달려갑니다. 마치 언니들이 세계일주를 마치고 돌아온 것과 같은 상봉 장면이 항상 벌어지지요."[50] 그곳은 예니가 예전에 너무 질척거려서 집에 돌아올 때는 마을 전체가 신발 바닥에 달라붙는다고 묘사했던 장소와 같은 곳이었다.[51] 진실은 어쨌든 두 가지 묘사의 중간 어디쯤에 있을 것이다.

한 가지 확실한 것은 딸들이 지적으로 왕성한 성장을 보이고 있다는 점이었다. 1859년 예니헨이 다시 학교 전체에서 최우수상을 탔고, 라우라는 이등상을 탔다.[52] 그들은 영어, 독일어, 프랑스어를 말할 수 있었고 영어, 독일어, 프랑스어, 이탈리아어를 읽고 쓸 수 있었다. 스페인어도 어느 정도 했다(적어도 『돈키호테』의 일부는 알았다).[53] 또 피아노를 치고 듀엣으로 노래를 불렀으며, 초상화를 그렸다. 그들은 당시 영국에서 중간계급의 딸들에게 기대된 모든 교육을 받았다. 아울러 아버지 덕분에 정치에 대해서도 강도 높은 교육을 받을 수 있었다.

12월 말에 예니는 큰딸이 마르크스의 『뉴욕 데일리 트리뷴』지 기사를 정리하는 일에서 자신을 밀어냈다고 말했다. 엥겔스에게 보낸 크리스마스 편지에서(마르크스의 부탁에도 불구하고 엥겔스는 런던으로 오지 않았다) 예니는 자신의 변화되고 있는 역할(그녀는 그토록 오랫동안 마르크스의 비서 역할을 했는데 연금을 받지 못해 섭섭하다고 농담을 했다)과 지난 한 해의 곤경을 돌이켜보며 달관한 태도를 보였다. "우리가 지난해 '형편이 나았다면', 저는 그 모든 문제를 웃음으로 넘길 수도 있었을 거예요. 하지만 사람이 자잘한 곤경과 끊임없이 싸워야 할 때 웃음은 불가능한 것이 되어버리지요. 이제 막 피어나고 있는 우리의 사랑스러운 딸들도 그것을 같이 견뎌내야 한다고 생각할 때마다 저는 이보다 더 비통할 수 없어요. 게다가 우리가 오랫동안 카를의 책에 걸어왔던 은밀한 희망까지도 이제 독일인들의 침묵의 음모로 인해 물거품이 되어버렸군요."[54]

예니는 상황이 아무리 어려워도 마르크스가 낙천적인 태도를 견지하는 모습을 종종 볼 수 있었다. 그것은 자기 생각이 궁극적으로 성공할 것이라는 확신이었다. 그녀는 거의 미안한 마음으로 자신을 두 사람 중에서 더 현실적인 사람으로 묘사했다. 마치 그들의 삶을 가감 없이 그대로 들여다보는 것이 배신행위라도 되는 것처럼 말이다. 예니는 한 번도 마르크스의 재능에 대해서 의심해본 적이 없었다. 그렇지만 그의 작업이 받아들여질지에 대해서는 회의를 품기도 했다. 대중이 남편의 생각을 이해할 능력이 있는지에 대해서는 믿음이 없었던 것이다. 단련된 혁명가답게 그녀는 대중의 관심을 끌 수 있는 유일한 길은 더 큰 폭탄을 마련하는 것이라고 생각했고, 마르크스의 다음 작업이 그런 폭발이 되리라고 믿었다. 그녀는 엥겔스에게 말했다. "2편은 게으름뱅이들을 깜짝 놀라게 만들어서 무기력에서 끌어낼 거예요. 그리고 그 작품의 과학적 성격에 관해 그간 침묵했었기 때문에 이제 더욱 격렬하게 그 사상의 맥락에 대해 공격을 퍼붓겠지요. 꼭 그렇게 될 거예요."[55]

예니가 그렇게 희망적으로 생각한 데는 이유가 있었다. 그 전달에 영국에서 난해한 과학책이 무명의 저자를 단박에 유명인으로 만든 일이 있었기 때문이었다. 찰스 다윈이 11월 22일 『종의 기원』이라는 책으로 세간의 이목을 집중시켰다.[56] 서클에서 엥겔스가 제일 먼저 그 책을 읽고 "탁월하다…… 자연에서의 역사적 진화를 보여주는 이런 웅장한 시도는 전에 없던 일이며, 이 정도로 훌륭했던 적도 없었다"[57]고 극찬했다. 마르크스는 "이 책은 자연의 역사라는 영역에서 우리의 관점에 토대를 제공해주는 것"[58]이라고 평했다. 마르크스와 친구들은 수개월 동안 다윈과 과학의 혁명적 힘에 관해 이야기했다. 리프크네히트는

다윈은 그의 조국 영국에서 "마르크스가 험난한 세상의 한가운데서 하려 했던
것과 비슷한 혁명을 준비하고 있었다―단지 그는 다른 차원에서 활동했을 뿐
이다"[59]라는 결론에 이르렀다.

　다윈의 책은 단 하루 만에 매진되었다. 예니는 남편에게도 그런 일이 일어날 것
이라고 스스로 위로했을 것이다. 그녀는 마치 구명뗏목처럼 그 믿음에 매달렸다.

　그렇지만 마르크스는 중차대한 2편 작업에 매진하는 대신, 다음 한 해를 이
젠 사라진 프랑크푸르트의 독일국회의 전직 의원이자 현직 지리교사, 저널리스
트, 그리고 스위스의 지방정치인인 사람과 입씨름을 벌이느라 허송해버렸다. 마
르크스는 그 싸움이 당의 미래와 직결되는 것이라고 믿었다. 그렇지만 친구들
은 그가 무시해버렸어야 할 모욕을 둘러싸고 모든 시간과 엄청난 액수의 돈을
소송과 설전에 쏟아붓고 있는 모습을 걱정스럽게 지켜보았다.

　일의 발단은 1859년 5월에 한 사건을 둘러싸고 주고받은 가십이었다. 당시
프랑스와 오스트리아는 북이탈리아의 영유권을 둘러싸고 전쟁을 벌이고 있었
다. 마르크스의 오랜 친구 카를 블린트가 그에게 독일의 민주주의자 카를 포크
트가 프랑스를 지지하는 선전―그 자신의 글과 그가 매수한 작가들의 글―을
해주는 대가로 나폴레옹 3세로부터 돈을 받았다고 말해주었다. 포크트와 그의
친구들은 스위스에서 신문을 창간하고 오스트리아에 대한 전쟁에서 프랑스를
지지해야 한다고 선전하고 있었다.[60]

　마르크스는 가십을 좋아했다. 그는 5월 18일 엥겔스에게 보낸 편지에서 그
이야기를 전하며 포크트가 스스로를 보나파르트에게 팔아넘겼다고 말했다.[61]
또한 그 소문을 『인민』의 비스캄프에게 말해주었고, 비스캄프는 확인되지 않은
그 사실을 신문에 실었으며, 반응을 보기 위해 한 부를 포크트에게 보냈다.[62] 고
립적이고 불안정한 독일인 망명자들의 사회는 서로 얽히고설키며 연결되어 있
었고, 그것은 안정망 역할보다 거미줄처럼 사람을 옭아매는 역할을 할 때가 더
많았다. 마르크스가 『인민』과 깊은 관련을 맺고 있었기 때문에 『신 라인 신문』

시절부터 마르크스와 악연이 있던 포크트는 그 '중상비방'의 진원지로 마르크스를 지목했다.[63]

그 일은 처음에는 독일 망명자들만이 읽는 소규모 신문에만 오르내리는 찻잔 속의 태풍과 같은 사건이었다. 그렇지만 리프크네히트가 『경고*A Warning*』라는 제목의 팸플릿을 입수한 순간 사건은 확대되었다. 팸플릿은 동일한 포크트의 혐의를 훨씬 구체적으로 다루고 있었다.[64] 리프크네히트는 그 스캔들에 관한 기사를 19세기 상반기에 최대 발행부수를 자랑하던 『아우크스부르크 알게마이네 차이퉁*Augsburger Allgemeine Zeitung*』지에 보냈다.[65] 포크트는 그 신문을 고소했다. 하지만 고소는 절차상의 문제로 각하되었다. 그렇지만 『알게마이네 차이퉁』은 포크트가 나폴레옹의 첩자라는 사실을 입증하지도 못했고 소문의 진원지를 밝히지도 못했기 때문에 그에 대한 혐의도 근거 없는 것으로 받아들였다. 그리고 마르크스는 패배자가 되어버렸다.[66] 그의 서클 친구들을 빼고는 거의 대부분의 사람들이 마르크스가 그 팸플릿을 작성했다고 믿었다. 블린트의 한 친구가 나서서 자기가 포크트를 비난하는 팸플릿을 썼다고 말해도 상황은 달라지지 않았다.[67]

좀 더 싸울 가치가 있는 중요한 전투가 없었던 것일까? 물론 있었다. 그렇지만 그 드라마는 1859년 말 절정으로 치달았다. 당시 마르크스는 경제학 책으로 실의에 빠져 있었고, 만성적인 경제적 위기도 심각한 국면이었다. 삶의 다른 영역에서 갈피를 못 잡게 되자, 마르크스는 포크트 사건에 광적인 집착을 보이기 시작했다. 모든 분노를 포크트와 그의 동료들에게 퍼붓고, 그 과정에서 프라일리그라트와 리프크네히트 같은 가장 소중한 친구들과의 관계도 위태롭게 만들었다. 그는 친구들을 여러 가지 죄로 비난했지만 그 모든 것은 결국 한 가지로 요약될 수 있었다. 마르크스는 그들이 상대방 편을 들었다고 생각했다.

프라일리그라트는 특히 마르크스의 공격에 상처를 받아서 모든 당 활동으로부터 물러나겠다고 선언했다.[68] 그는 1844년 이래로 가장 절친한 동료 중 하나였기 때문에 마르크스에게는 개인적으로 큰 손실이었다. 그리고 경제적 손실이

기도 했다. 종종 은행원인 프라일리그라트의 지위에 기대서 협상을 타결 짓고는
했고, 그것이 가족의 생계에 도움이 되었기 때문이다. 이런 연유로 마르크스는
사적으로는 그를 용서하지 않았음에도 불구하고 그에게 긴 사과의 편지를 보냈
다.[69] 예니는 "나는 어중간한 것은 싫다"[70]고 말하며 한술 더 떠서 프라일리그라
트 가족과 모든 관계를 끊어버리자고 주장했다.

마르크스가 학식으로 인정받는 해가 될 것으로 기대되었던 1860년은 이렇
게 불명예의 해가 되어버렸다. 1월에 마르크스는 포크트가 『알게마이네 차이퉁
에 대한 나의 투쟁My Action Against the Allgemeine Zeitung』이라는 책을 펴내고 그 속에
서 자신을 비방의 출처로 지목했다는 사실을 알게 되었다.[71] 포크트는 한 발 더
나아가 마르크스가 프롤레타리아트의 이름으로 폭력적인 음모를 추진하는 과
정에서 협박, 강탈, 위조 등을 일삼는 불한당 무리의 우두머리라고 비난했다. 하
지만 마르크스의 진정한 충성심은 그의 귀족 처남인 페르디난트 폰 베스트팔렌
에게 향한다고 포크트는 선언했다.[72]

그 책은 3천 권의 초판이 다 팔리고 재판 인쇄에 들어간 상태였다.[73] 그리고
그 책의 내용이 발췌되어 베를린의 유력한 자유주의 신문인 『국민신문National-
Zeitung』에도 소개되었다. 그 신문은 마르크스를 독일 국민이 일정 금액의 돈을
내지 않으면 국가의 적으로 간주하겠다고 협박한 '유황 갱단Brimstone Gang'의 두
목으로 지목했다. 나아가 마르크스와 그 일당이 독일과 프랑스의 비밀경찰과 협
력하고 있다고 주장했다. 마르크스는 노동자들에게 사기를 치고 자기 조직을
'철권'으로 다스리는 악당으로 묘사되었다.[74]

마르크스는 포크트의 팸플릿과 『국민신문』을 예니에게 보이지 않으려고 최
선을 다했다. 그렇지만 정확히 어떤 비방이 실렸는지 보기 위해 신문을 기다리
며 엥겔스와 자주 그 일에 관해 논의했다.[75] 엥겔스는 친구를 잘 알았기 때문에
포크트에 대한 악감이 마르크스를 피폐하게 만들고 있다는 사실도 알았으며,
그래서 포크트와 그들의 모든 비난을 잠재울 수 있는 유일한 방법은 책의 다음
편을 완성하는 것뿐임을 일깨워주려고 애썼다. "자네가 포크트 일 때문에 책

쓰는 일을 멈추지 않기를 바라네." 엥겔스는 부탁했다. "자네의 작품에 대해 너무 완벽함을 추구하지 않도록 한번 노력해보게. 그건 어쨌든 한심한 대중에게는 이미 너무 훌륭한 것이야. 중요한 점은 책이 완성되고 출판되어야 한다는 거야. 자네 눈에 미진한 부분이 있다고 해도 멍청이들에게는 보이지도 않을 걸세."[76] 마르크스는 자기는 일하고 있으며, 다음 편이 6주 안에 끝날 것이라고 엥겔스에게 호언했다. 그렇지만 다른 한편으로는 『국민신문』을 고소하기로 결심했다. "이 소송은 우리의 반박을 즉각 광범한 대중에게 알릴 수 있는 계기가 될 걸세. 그 다음에는 포크트 그 녀석에게 관심을 돌릴 수 있을 거야."[77]

마르크스는 예전 동료들에게 그의 작업 —이론적인 것과 정치적인 것— 과 관련해 증언해줄 것을 요청하는 편지를 썼다. 그렇지만 그 편지들은 예니가 깨끗이 정서하지 않으면 수취인들은 읽을 수도 없었다. 2월 초 편지와 소송 서류의 정서를 위해서도 예니에게 포크트 사건을 알리지 않을 수 없게 되었다.[78] 예니는 나중에 그 순간을 일 년간의 불면의 밤이 시작된 때로 기억했다. 그녀는 남편뿐만 아니라 딸들도 걱정되었다. 아버지에 대한 험담을 딸들도 듣게 될 것이기 때문이었다.[79] 가족들의 고통을 가중시킨 것은 그런 기사가 독일에만 국한되지 않고 뉴욕, 그리고 더욱 심각하게는 딸들의 친구들이 읽어볼 수도 있는 런던에서도 보도되었다는 것이다.[80] 『데일리 텔레그래프_Daily Telegraph_』지가 그 기사를 받아서 엥겔스의 표현으로 "두 칼럼짜리 포크트의 헛소리"[81]를 내보냈다.

마르크스는 『국민신문』에 대한 소송을 준비 중이라는 성명서를 발표했다.[82] 그리고 엥겔스에게 자기가 『데일리 텔레그래프』의 "개자식들"을 명예훼손 혐의로 고발하겠다고 으름장을 놓았다고 말했다.[83] 마르크스는 『데일리 텔레그래프』에 보낸 편지에서 편집자들이 "당신들이 전혀 모르고 있다고 고백할 수밖에 없을 성격, 정치적 과거, 저작물들, 사회적 지위를 가진 한 사람을 헐뜯은 것"에 대해 사과할 것을 요구했다.[84] 『데일리 텔레그래프』는 사과하기는커녕 베를린 특파원의 기사를 싣는 것으로 대응했다. 그 기사는 마르크스가 독일에서 돌고 있는 자신에 대한 비난을 반박할 수 없었기 때문에 애꿎은 영국 신문을 공격했

다고 마르크스를 비난했다.[85]

마르크스는 언론이 작가, 정치인, 배우, 기타 공적인 인물들을 비난할 권리를
가진다고 믿었다. 그렇지만 이 경우는『국민신문』이 포크트의 책에서 모든 중
상들을 그대로 채용해 마치 자명한 사실인 양 제시했기 때문에 문제라고 말했
다. 그는 신문들이 최악을 믿게 되는 대중의 정치적 편견을 이용한 것이라고 확
신했다. 그리고 자신이 오랫동안 정치적 삶에서 떠나 있었기 때문에 대중은 포
크트의 말이 옳은지 그른지 판단할 근거가 없다고 말했다. "정치적 고려와는 상
관없이" 마르크스는 썼다. "나는 그러므로 가족, 내 아내와 내 아이들을 위해"
그 사건을 법정으로 가져가겠다는 것이었다.[86]

마르크스는 베를린에서 명예훼손 소송의 수임에 동의한 변호사에게 필요한
무기를 준비하기 위해 왕성한 활동을 벌이면서 오십 통 이상의 편지를 발송했
다. 그리고 예전에 베를린, 파리, 브뤼셀, 쾰른, 런던 등지에서 만났으나 이제 전
세계에 흩어져 있는 모든 지인들에게 연락을 취했다. 목표는 자신의 경력을 있
는 그대로 설명하고 유황 갱단이라는 누명을 벗는 것이었다.[87] 예니는 가족이
사건에 휘말리는 것을 피하고 싶어 했지만, 마르크스는 필요하다면 페르디난트
도 증인으로 부를 각오가 되어 있었다.[88]

그는 자기 집은 난장판이라는 이유로 맨체스터로 가서 엥겔스와 루푸스의
도움으로 쾰른 공산주의자동맹 재판 때 만들었던 변호위원회의 축소판도 설립
했다.[89] 마르크스의 변호사는 재판에 대해 고무적인 신호를 보냈고 옛 친구들
로부터 속속 들어오는 증언들도 마르크스 측 주장을 뒷받침해주었다. 마르크
스는 과거의 한 동지에게 "저는 포크트 씨의 공격을 축복으로 여겨야 할 것 같
습니다. 그것 때문에 제가 우리 혁명운동과 망명자들의 고참자들에게 긴밀한
연락을 취하게 되었으니까요"[90]라고 말했다. 런던의 한 노동자 모임에서는 포크
트를 비난하고 마르크스를 지지하는 결의안 채택을 위해 투표가 실시되기도 했
다.[91] 다른 것은 몰라도 그 소송이 마르크스에게 "사기꾼들과 진실한 친구들을

구분하게 해주고, 시시한 인간들과 고귀한 사람들의 차이가 무엇인지 알게 해주었다"[92]고 예니는 말했다.

아직 마르크스와 만나지는 못했지만 이런 친구들의 몇몇은 러시아에서도 찾아볼 수 있었다. 그들은 상대적으로 자유주의적 정책을 취한 알렉산드르 2세의 치하에서 활동하고 있었다. 마르크스의 『정치경제학 비판 요강』이 그곳에서 판매되기 시작했으며, 모스크바 대학의 한 교수가 그 책으로 강의했다.[93] 예니는 흥분해 마르크스에게 보낸 편지에서 "러시아는 항상 당신의 든든한 기반이 되어왔어요"라고 썼다.[94]

마르크스의 맨체스터 행은 두 사람 모두에게 긍정적인 효과를 가져왔던 것으로 보인다. 마르크스가 떠남으로써 그가 작업하던 1층 방에서 발산되던 분노의 태풍—담배연기, 욕설, 서성거림, 받은 편지를 큰 소리로 읽는 것—도 사라졌다. 마르크스가 집에 있을 때는 집안의 모든 일이 그의 필요와 활동에 철저히 종속되어 흘러갔었다. 그의 작업은 가족의 작업이었으며, 그의 기분은 모두에게 영향을 미쳤다. 이런 면에서 마르크스 가족은 빅토리아 시대의 전형적인 모습이었다고 할 수 있다—남자는 태양이고 집안의 모든 여성들은 의무로 묶여 그 주변을 도는 것. 그렇지만 그것이 마르크스 가의 여성들과 렌헨이 자기 의사에 반해 그렇게 했다고 말하는 것은 아니다. 그들의 소명은 마르크스와 그의 사상을 수호하는 것이었다. 그렇지만 그것은 고달픈 일이었고, 종종 마르크스가 엥겔스를 방문하는 것은 남겨진 여성들에게는 휴가와 마찬가지였다. 이번에 그들은 마르크스가 없는 시간을 재단장에 활용했다. 예니는 오래전에 한 투자에서 예상치 못한 돈이 굴러들어 왔기 때문에 그것을 마음대로 써보고 싶었다.[95] 렌헨, 마리안네, 예니, 그리고 딸들—네 살짜리 투시는 예외였다. 그 아이는 주로 즐거움을 선사하는 역할이었다—은 벽을 새로 칠하고, 낡은 카펫을 옮기고, 가구 배치를 바꿔 집 안이 새로운 느낌이 나도록 꾸몄다. 그들은 전당포에 있던 자기들의 낡은 물건들을 역시 전당포에 있던 다른 물건으로 바꾸는 방법으로 새로운 가구를 '장만'하기도 했다(예니는 전당포 주인을 자신의 '오른팔'이라고 불렀다). 그중에는 기계로 짠 울로 만든 화사한 색채의 멋진 브뤼셀 카펫도 있었고, 다리가 떨어져 나간 가죽의자를 대신할 등나무의자도 있었다.[96] 예니헨에게는 몇 년간 대가들의 미술작품을 파스텔로 모사해놓은 것들이 있었다. 그 그림들도 황금색 액자에 끼워져 벽에 걸렸다.[97]

집수리는 예니헨의 열여섯 번째 생일 직전인 5월 1일에 끝났다. 생일파티를 묘사한 편지는 남아 있지 않다. 그렇지만 포크트 때문에 어수선한 분위기였다 할지라도 그들이 생일을 축하했을 것이라는 점은 의심의 여지가 없다. 마르크스 가족은 항상 전투태세를 갖춘 그 자체로서 하나의 작은 세상이었고, 중요한 날들은 국경일처럼 엄수되었다. 마르크스는 특히 예니헨에게 축하를 해주고 싶었을 것이고, 자신의 문제가 아무리 심각하더라도 그것이 방해되기를 원치 않았을 것이다. 그는 예니헨에 대해 각별한 애정을 가지고 있었다. 예니헨은 아직 십대였지만 그의 연구를 심도 있게 이해했다. 그리고 자신과 예니가 개인적, 경제적 고통이나 질병으로 무기력해져 있을 때도 예니헨이 알아서 동생들을 잘 돌보는 것을 매우 기특하게 여겼다. 그녀는 아이답지 않게 불평 없이 자신을 희생했고 그런 태도는 외모에서도 드러났다. 예쁘고 다정했으며 잘 웃고, 부모에 뒤지지 않는 위트도 있었다. 하지만 그녀는 전혀 어려 보이지 않았다. 눈매와 이마의 주름에 걱정의 그늘을 드리우고 있었다. 그녀는 본능적으로 부모의 고통을 덜어주어 동생들이 밝고 명랑하게 자라도록 배려해주었다. 그런 노력은 고상한 것이었지만 치러야 할 대가도 컸다. 그녀는 십대 때부터 기관지로 고생했으며 그것 때문에 평생 허약했다.

마르크스는 아이들 중 예니헨이 가장 자신을 닮았다고 말했다.[98] 열여섯 살인 그녀는 성실하고 총명했으며 로맨스에는 전혀 관심이 없었다. 그녀는 직업을 원했다. 이미 가지고 있는 직업, 즉 아버지와 일하는 것을 소중하게 여겼지만, 또한 자기 자신만의 일을 원했고 그 일을 드라마에서 찾았다고 믿었다. 마르크스 가족은 극장을 좋아했고 기회가 있을 때마다 가까운 동부 런던의 새들러스 웰스 극장이나 쇼디치Shoreditch에 가서 셰익스피어 작품의 공연을 관람했다(좌석을 살 돈이 없었기 때문에 서서 보았다).[99] 가족의 대화에도 희곡의 대사가 자연스럽게 끼어들 정도였다. 하지만 예니와 마르크스는 딸들이 배우가 되는 것을 원치 않았다. 테이블 다리마저도 품위를 위해 가리던 빅토리아 시대의 영국에서 중간계급의 젊은 아가씨가 무대 위에 노출되는 삶을 산다는 것은 별로 자랑스럽지 못한 일이었다. 그렇지만 그녀의 어머니는 예니헨의 재능을 인정했다. 그녀는 아름다운 목소리를 지녔고(예니는 달콤한 저음이라고 묘사했다) 웅변술도 탁월했다. 예니는 한 친구에게 자기나 마르크스는 딸이 진심으로 원한다면, 건강이 걱정되기는 하지만 무대를 향한 아이의 꿈을 굳이 꺾을 생각이 없다고 말했다. 예니헨은 조용히 그들의 마음을 돌려놓을 작업을 시작했다.

마르크스의 맨체스터 체류는 엥겔스의 아버지가 장티푸스로 돌아가셨다는 부음을 접했을 때 갑작스럽게 끝났다. 엥겔스는 프로이센 정부의 허가를 얻어 집으로 돌아갔다.[100] 1849년 쾰른에서 추방된 이후 처음으로 고향에 돌아가는 것이었다. 그는 그곳에서 몇 주 동안 머문 후 맨체스터로 돌아와서 아버지 회사의 구조조정을 위한 협상에 돌입했다.[101] 그렇지만 세부사항이 합의되기도 전에 엥겔스는 돈이 생겼고 마르크스에게 1백 파운드를 보내주어서 그를 놀라게 했다. 마르크스는 횡재를 한 후 "황홀한 놀라움이었다…… 모든 가족이 환희에 찼다"[102]고 말했다.

그 돈이 잇따른 나쁜 소식들의 충격을 무디게 하는 데 도움을 주었을 것이다. 베를린의 검찰은 『국민신문』의 편집자에 대한 명예훼손 혐의의 형사고발을 "그 문제로 인해 아무런 공적 중요성이 제기되지 않았다"[103]는 이유로 기각했다. 그 다음 6월 26일 신문 자체에 대한 명예훼손 혐의의 형사고발도 소추할 만한 범법 행위가 없다며 기각되었다.[104] 그리고 7월 말 그의 항소도 베를린 고등법원에서 기각되었다.[105] 마르크스와 엥겔스는 가망이 없다는 것을 알았다. 그렇지만 마르크스는 변호사에게 사건을 대법원으로 가져가서 민사소송을 제기할 수 있는지 알아보자고 말했다[106] — 더 많은 엥겔스의 돈이 사라졌다. 한편 마르크스는 포크트에 대한 반박 팸플릿을 쓰는 작업에 착수했다.

예니와 엥겔스는 한 해가 마르크스 필생의 중요한 작업인 경제학에서 아무런 진보도 없이 흘러가는 것을 지켜보아야 했다. 그는 또한 『뉴욕 데일리 트리뷴』지에 글 쓰는 것도 거의 손을 놓고 있었다. 대신 엥겔스가 글을 썼기 때문에 신문사로부터 돈은 계속 받을 수 있었다. 예니와 엥겔스는 서로 걱정과 실망감을 털어놓았다. 8월 중순에 예니는 엥겔스에게 그 주에 포크트 팸플릿을 정리하는 작업을 시작하게 될 것 같다고 알렸다. "그 물건은 정말 시간이 오래 걸려요. 카를이 너무 철저히 일을 하려는 것 같아 걱정스러워요." 또한 마르크스가 출판업자를 찾는 일을 전혀 하지 않고 있다는 사실도 알렸다.[107]

엥겔스는 마르크스에게 화를 내는 일이 거의 없었다. 그렇지만 포크트에 관한 문제에서는 화를 냈다. 그는 이런 일을 초창기에 『신성가족』을 같이 쓸 때도 한 번 겪은 적이 있었다. 원래 그것은 소책자로 기획되었지만 3백 페이지짜리 책이 되고 말았다. 엥겔스는 마르크스의 저널리스트 일을 대신해주고 포크트 반박문의 출판도 알아보고 있었다. 그렇지만 마르크스는 너무 글쓰기에 열중한 나머지 엥겔스의 편지와 충고도 무시해버렸다. 엥겔스는 화가 나서 예니에게 편지를 써서, 마르크스가 지금 같은 속도로 팸플릿을 쓰다가는 1861년까지 완성하지도 못할 것이고, 그렇게 되면 "무어인 자신 말고는 아무도 탓할 사람이 없을 것입니다…… 우리가 아무리 대단한 것을 만들어낸다고 한들 시기를 맞추지 못하면 결국 실패작이 될 수밖에…… 출판업자에 관한 일도 추진해야 한다는 것 ― 즉각 해야 합니다 ― 그리고 팸플릿도 서둘러 마쳐야 한다는 것을 강력하게 주장하십시오. 그렇지 않다면 모든 기회를 날려버리고 결국 어떤 출판업자도 찾을 수 없게 될 것입니다"[108]라고 말했다.

또 한 달이 지났고 마르크스는 여전히 작업을 마치지 못했다. 그렇지만 런던에서 반反포크트 책자를 출판하는 협상을 추진하고 있었다. 그 출판사는 책을 낸 적이 없는 회사였고, 마르크스에게 선불로 50파운드에서 60파운드를 지불할 것을 요구했다. 마르크스는 친구들로부터 돈을 모을 수 있을 것으로 기대했다.[109] 엥겔스는 선금을 요구하는 출판사를 믿을 수 없다며 극구 반대했다. 그리고 그 책을 런던에서 출판하면 아무도 읽지 않을 것이라고 말했다. "그런 경험은 망명자 작가들이 수백 번도 더 겪었던 일일세. 항상 아무런 효과도 없이 돈과 수고만 헛되이 낭비하는 결과를 가져왔지."[110] 마르크스는 듣지 않았다. 그는 라살레에게 쓴 편지에서 "나는 런던에서 인쇄하는 것만이 유일한 가능성이라는 결론을 내렸습니다"라고 말했다.

마르크스는 라살레에게 포크트 팸플릿은 쉽게 보상받을 것이고 신속하게 출판될 것이라고 말했다. 거의 현실감각을 잃고 미래에 대한 거창한 계획에 들떠 있는 것 같았다. "우리의 '작지만' 어떤 의미에서 '강력한 당'(다른 당들은 자신들이 원하는 것을 알지 못하거나, 자신들이 아는 것을 원하지 않기 때문에)은 이제 조직적 활동을 펼칠 계획을 고안해야 할 때가 오고 있습니다." 그는 경제학 2편이 부활절 전에 나올 것이며, "약간 다른 형식으로 조금 더 대중적인 것이 될 것입니다. 물론 그것은 나 자신의 어떤 내적인 충동의 결과는 아니고, 첫째, 2편은 뚜렷이 혁명적인 기능을 가지고 있으며, 둘째, 내가 서술한 조건들이 더욱 구체적이기 때문입니다"[111]라고 말했다.

이맘때쯤 마르크스는 예니와 아이들을 일주일간 해변으로 보냈다.[112] 그들이 얼마나 포크트의 광기로부터 벗어나고 싶어 했는지는 상상하기 어렵지 않다. 그렇지만 그들은 헤이스팅스에서도 충분한 휴식을 취할 수 없었다. 휴가 내내 비가 내렸기 때문이다. 예니헨은 그들이 온통 진흙을 뒤집어써서 꼭 해초 같아 보였다고 썼다.[113]

9월 25일 그들은 런던으로 돌아왔고, 마르크스는 이제 2백 페이지가 된 책의 제목을 고르는 중이었다. 그는 알제리에서 나폴레옹에게 이용당한 잘 알려지지도 않은 아랍 작가를 떠올리며 포크트도 제네바에서 이용당한 것이므로 '다-다-포크트Da-Da-Vogt'가 어떠냐고 제안했다. 마르크스는 책을 절반 정도 읽으면 제목의 의미가 명확해질 것이고,[114] 엥겔스에게 보낸 편지에서 그것은 "적들을 어리둥절하게 만드는 재미가 있고 내 조롱과 경멸의 체계에도 부합하는 것이네"라고 말하며 그 제목을 옹호했다. 그리고 자신의 "비평적 양심"인 예니와 그것에 대해 논의하겠다고 덧붙였다.[115] 엥겔스가 그 풍성한 수염을 쥐어뜯으며 당혹스러워했을 모습이 눈에 선하다. 마르크스가 꼭 포크트에게 별명을 붙여주어야 한다면, 그 책을 반이나 읽지 않고도 무슨 뜻인지 알 수 있는 것이어야 한다(!)고 엥겔스는 답했다. "자네의 조롱과 경멸의 체계는 어색하고 허세 부리는 듯한 제목밖에 만들어내지 못하는 것 같군."[116] 마르크스가 결국 양보했다. 아마도 그 시점까지 엥겔스의 모든 바람을 묵살해왔기 때문에 약간의 미안한 마음과 아울러, 출판을 위해서는 친구의 재정 지원이 필요하다는 현실적인 고려도 있었기 때문일 것이다. 그렇지만 마르크스는 주장의 핵심만은 쉽게 양보하지 않았다. 그는 그리스 비극조차도 수수께끼 같은 제목을 쓴다는 예니의 가장 수준 높은 지적이 있었음에도 불구하고 엥겔스의 뜻을 좇아 책을 간단히 『포크트 씨_Herr Vogt_』로 부르기로 했다고 말했다.[117]

10월에 『국민신문』 소송에 걸었던 마지막 희망도 사라졌다. 마르크스의 소송이 근거 없다는 이유로 베를린 대법원에서 기각된 것이다.[118] 그 결정 때문에 마르크스는 자신이 "프로이센 사법부와 벌인 소동"을 포함시키기 위해 포크트 책을 개정해야 했다.[119] 원고가 고쳐질 때마다 예니도 힘겹게 정서 작업을 되풀이해야 했다. 그녀는 곧 몸져누웠다. 11월 말에 고열을 동반한 여러 증상이 나타났지만 그녀는 의사를 부르기를 거부했다. 마르크스는 며칠 지켜보다가 그녀의 상태가 악화되자 의사를 불렀다. 의사는 즉시 아이들을 집밖으로 내보냈다. 병명은 아직 몰랐지만 전염성을 의심했기 때문이었다.[120] 딸들은 오후에 짐을 싸서 근처 켄티시_Kentish_ 마을의 리프크네히트의 집으로 대피했다(마르크스는 아이들을 기숙학교로 보내주려 했지만 종교의례 때문에 아이들이 가고 싶지 않아 했다고 엥겔스에게 말했다).[121]

이틀 후 의사는 예니의 병을 천연두로 진단했다.[122] 한 달 후 예니는 한 친구에게 썼다. "그 얘기를 들었을 때 우리 집안의 공포와 고뇌가 어떠했을지 상상이 갈 거예요."[123] 1830년 이후 영국에서는 천연두가 유행한 일이 없었으며 1853년

신생아에 대한 예방접종이 의무화된 후 사망률이 매년 줄어들고 있었다. 그렇지만 바이러스의 발생이 줄었다 하더라도 일단 그것에 노출돼버린 불행한 자들에게는 그런 통계는 별 의미가 없었다. 천연두는 아무리 가볍게 지나가도 농포 때문에 환자를 곰보로 만들었다. 그리고 심각한 경우에는 죽음을 의미했다. 이 질병은 치사율이 높기 때문에 식민주의자들이 아메리카 대륙을 점령할 때 무기로 사용하기도 했었다. 예니가 천연두에 걸렸을 때 영국에서도 여전히 한 해 수천 명씩 그 병으로 사망하고 있었다.[124]

무슈가 아팠을 때와 마찬가지로 마르크스는 모든 작업을 중단하고 아내의 간병에만 매달렸다. 그는 엥겔스에게 썼다. "무서운 병이야. 렌헨이 걸리면 즉시 병원으로 보내야겠지. 지금까지 내가 (대부분) 간병을 하고 있네…… 몇 주간 아내는 우리들의 여러 가지 문제들 때문에 아주 신경이 곤두서 있는 상태였어. 그래서 승합차나 가게 같은 곳에서 쉽게 병에 옮았겠지." 그에게 글 쓰는 일은 안중에 없었다. "마음을 안정시킬 수 있는 유일한 일은 수학이네…… 지난밤은 정말 끔찍했어—정말 한순간 나도 아팠다니까. 우리가 얼마나 큰 불행을 겪고 있는지 아무도 모를 거야." 마르크스는 곧 탈진해서 간병인을 고용했다.[125]

매일 그는 리프크네히트 집으로 음식을 보내고 가족과 식사하기 위해 그곳으로 갔다. 그렇지만 머무는 시간은 짧았다. 예니의 병세는 쉽게 호전되지 않았다. 의식은 있었지만 수족을 놀리지 못하고 신체기능도 저하되어 있었다. 그녀는 고열과 통증에 시달렸고 잠도 자지 못했다. "하루 종일," 그녀는 회상했다. "나는 열린 창가에 누워서 차가운 11월의 공기로 몸을 식혀야 했다. 그리고 가슴에 지옥의 불덩이가 솟구치고 불타는 입술 위에 한기가 느껴질 때 가끔씩 입 안으로 적포도주를 몇 방울씩 흘려 넣었다. 거의 삼킬 수 없었고, 청력도 아련해지다가 결국 눈이 감겼고, 나는 비몽사몽 사경을 헤맸다!"[126]

일주일간 심각한 증세가 지속되다가 좀 누그러졌다. 그렇지만 의사는 예니의 병이 더 오래갈 테니 아직 아이들을 집으로 데려오는 것은 안전하지 않다고 말했다. 병의 진행으로 감염 위험은 더욱 높아졌다. 마르크스와 렌헨은 우두접종을 받았지만 집에서 열흘간은 격리되어 있어야 했다. 마르크스는 11월 28일자 편지에서 엥겔스에게 아이들이 놀랄까봐 걱정이라고 말했다. 아이들은 길에서 열린 창문 너머로 유령처럼 침대에 누워 있는 어머니를 올려다보아야 했다. 한편 마르크스는 심각한 치통에서 마음의 안정을 찾았다. 그는 고통 때문에 아내 걱정을 잊을 수 있었다고 말했다.[127]

집안이 어수선한 가운데 『포크트 씨』가 마침내 출판되었다. 12월 5일 책을 받아본 엥겔스는 마르크스에게는 다행스럽게도 그가 썼던 논쟁적인 글 중에서 최고라고 평가했다.[128] 실로 『포크트 씨』는 마르크스에게 퍼부어진 비난들에 대해 때로는 신랄하게 때로는 유쾌하게 공박하면서, 포크트를 "허무맹랑한 이야기"나 지어내는 허풍쟁이, 돼지, 뚱보 악당, 어릿광대, 스컹크로 만들어버렸다.[129] 또한 그 책은 19세기 상반기의 급진적 반체제운동을 일별한 재미있는 여행기였다. 자기 자신에 관한 이야기라기보다 — 비록 재미있는 일화들이 소개되어 있긴 하지만 — 운동의 중심에 서 있던 사람들의 편지들로 가득한 운동사에 관한 글이었다.

아마 포크트의 책이 매진된 후 마르크스가 즉시 연이어 독일에서 책을 냈더라면 좋은 반응을 불러일으켰을 것이다. 그는 판매부수를 긍정적으로 해석하려 애썼다 — 런던에서 41부가 팔렸고, 그다음 80부가 팔렸다. 심지어 "일이 잘 풀리고 있으니 페시Pesch[출판업자]가 2쇄를 '고려하고' 있겠군"이라고 생각하기도 했다.[130] 그렇지만 2쇄는 없었다. 출판업자는 파산했고, 아울러 초기 출판비용과 제반 수수료가 도합 백 파운드에 달했으며, 마르크스는 인쇄업자로부터 20파운드의 소송을 당했다.[131]

예니는 『포크트 씨』가 마르크스의 최근 다른 저작들이 묻히고 거의 잊혔던 바로 그 묘지로 향하는 처지가 된 것에 대해 "저열하고, 비겁하고, 부패한 언론"을 탓했다. 마르크스는 어쩌면 처음 『포크트 씨』를 쓸 때부터 그런 결과를 예상하고 있었을지도 모른다. 서문에서 그는 말했다. "포크트의 조작이 처음 나왔을 때 그 '폭로'의 중요성에 대해 현명하게 고개를 가로젓던 사려 깊은 사람들은 왜 내가 그런 유치한 주장들을 일일이 반박하기 위해 이렇게 시간을 낭비하고 있는지 이해하지 못할 수도 있다는 것을 나는 이미 알고 있다. 반면 포크트의 따분한 이야기와 허접스러운 거짓말들을 회심의 미소를 지으며 받아들여서 독일, 스위스, 프랑스, 미국의 언론에 뿌리고 다니기에 여념이 없었던 '자유주의적' 작가들은 그들과 그들의 영웅을 다루는 나의 방식이 지나치게 공격적이라고 분통을 터뜨릴 것이다. 하지만 개의치 않는다!"[132]

포크트와 관련된 이야기는 1870년에 다시 한 번 마르크스 서클에서 잠시 떠오른다. 프랑스 정부의 기록보관소에서 발견된 자료들이 소문이 사실이었음을 밝혀준 것이다. 포크트는 정확히 1859년, 바로 마르크스가 소문을 엥겔스에게 전했을 무렵, 나폴레옹 3세로부터 4만 프랑을 받았던 것이다.[133] 그렇지만 그런 사실 입증은 십 년 뒤의 일이었고, 이미 그때는 논란이 대부분 잊힌 상태였다. 마르크스와 예니에게 그것은 먼 과거에 많은 대가를 치렀던 싸움을 상기시켜주는 것에 불과했으며, 그사이에 그보다 더 파괴적이었던 개인적, 직업적 고난들도 많았다.

28

1861년
런던

지금까지 내가 항상 발견해온 사실은,
일단 혁명의 길에 들어서면 진정 믿을
만한 사람은 누구나······ 끊임없이
실패에서 새로운 힘을 얻고, 역사의
강물 속에서 더욱 오래 헤엄칠수록 더욱
결의가 굳어진다는 점이다.

—카를 마르크스[1]

예니는 서서히 건강을 회복했다. 그렇지만 얼굴에 얽은 자국이 남았다. 아름답
던 얼굴이 거칠고 불그죽죽해져버린 것이다.[2] 아이들은 마침내 크리스마스이브
에 집에 돌아올 수 있었다.[3] 런던의 12월답지 않게 날씨는 건조하고 화창해서[4] 마
치 행복한 재회를 위해 일부러 마련된 것 같았다. 아이들은 몇 주 동안 출입 금지
였던 집으로 뛰어들어가 어머니를 보려고 계단을 올랐다. 그렇지만 침대에 앉
아 있는 어머니는 알아보기 힘들 정도였다. 예니는 한 친구에게 정말로 심각하
게 얼굴이 변했다고 말했다. "5주 전만 해도 나는 한창 피어나는 딸들 옆에 서
있어도 그렇게 나빠 보이지 않았어요. 무슨 기적 때문인지는 모르겠지만 아직
흰머리도 없고 빠진 이도 없이 얼굴을 그대로 간직하고 있었거든요. 하나도 안
늙는다는 소리를 많이 들었었지요. 그런데 지금 그 모든 것이 변해버린 거예요!
내 눈에도 이제 나는 코카서스 인종이라기보다 동물원에 있어야 할 코뿔소나
하마처럼 보여요."[5] 예니와 마르크스 둘 모두 그녀의 아름다움을 자랑스럽게 여

졌었다. 이제 그것도 그들이 소중히 여겼던 다른 모든 것들과 마찬가지로 위협받게 되었다. 마르크스는 엥겔스에게 의사가 예니는 결국 완쾌될 것이라고 말했다고 전했다. 그렇지만 괄호를 치고—거의 귓속말을 쓰듯이—"내 아내의 얼굴이 매끈한 것과는 거리가 멀고 앞으로도 상당 기간 그럴 거야"라고 말했다.[6] 예니는 천박한 여인은 아니었지만 외모에는 상당히 신경을 썼다. 허약한 몸 상태에 추해졌다는 좌절감까지 겹치자 그녀는 날카롭고 짜증스러워졌다. 딸들의 귀가도 병으로 인한 그녀의 육체적, 정신적 스트레스에 가려 빛을 잃었다.[7]

마르크스도 결국 스트레스 때문에 쓰러졌다. 그는 몇 주간 걱정으로 잠을 설친 탓이라고 말했다. 포크트 사건과 예니의 천연두 때문에 한 해 동안 빚이 눈덩이처럼 불어나 있었다[8](그는 "머리털이 곤두서게 만든 의사의 청구서"[9]를 받았다고 말했다). 그리고 마르크스는 『뉴욕 데일리 트리뷴』지로부터 그가 실제 쓴 기사보다 열아홉 편 분의 보수를 더 받았다는 통지와 함께 앞으로 6주간 기사를 보내지 말라는 연락을 받았다.[10] 설상가상으로 백과사전 편찬 작업마저 중단되었다. 엥겔스와 마르크스는 아직 알파벳 C까지밖에 쓰지 못하고 있었다.[11]

당시 미국의 신문들이 거의 국내 뉴스만 다루고 있었다는 사실을 참작해보면 그런 결정이 마르크스에게 잘못을 따지기 위한 것은 —적어도 전적으로는—아니었다고 할 수 있다. 에이브러햄 링컨이 대통령으로 당선되자 남부 주들은 연합에서 탈퇴하기 시작했다. 마르크스와 엥겔스는 링컨의 당선과 남부의 혼란에 기뻐했다. 그들은 정치적으로는 두 가지 모두를 긍정적으로 보았다. 그렇지만 그런 미국에서의 사건들은 비록 불충분하기는 했어도 마르크스에게는 유일했던 고정수입을 위협했다. 그는 엥겔스에게 "자네도 보다시피 나는 신을 믿는 사람도 아닌데 직업적으로 욥Job처럼 시련을 당하고 있네"[12]라고 말했다.

1861년 1월 12일, 프리드리히 빌헬름이 죽은 후 프로이센의 섭정, 빌헬름이 빌헬름 1세로 왕좌에 오르며, 일부 망명자들에 대한 사면을 단행했다.[13] 그런데 사면령의 표현이 모호했다. 런던의 일부 독일인 망명자들은 귀국할 수 있었지만 기소당할 위험이 있는 사람들에게는 여전히 문이 닫혀 있었다. 마르크스는 자신이 두 번째 경우에 해당한다고 느꼈다. 그러나 베를린에 있던 라살레는 마르크스가 환영받을 것이라고 믿고, 하츠펠트 백작부인의 자금 지원을 받아 함께 『신 라인 신문』을 부활시키자고 제의했다.[14] 마르크스는 처음에는 그 제의에 부정적이었지만, 경제적 문제가 커질수록 프로이센의 수도에서 훌륭한 자금 지원 하에 회사를 운영한다는 생각에 점점 끌리게 되었다. 마르크스나 엥겔스에게 한 가지 걸리는 문제는 라살레가 개입한다는 것이었으며, 아울러 마르크스가 그 일을 위해 정말로 프로이센으로 돌아갈 수 있을지도 관건이었다.[15] 하지만 라살레의 제안은 마르크스에게 당장 생계를 유지할 수 있는 유일한 대책이었고, 당시 그에게는 그것이 절실했다. 그는 자신이 한 부대의 빚쟁이들과 변제 일정을 조정하는 것으로 가정의 완전한 파탄을 막는 데 "천부적 재능"을 가졌다고 자화자찬해오던 터였다. 하지만 사실 그것이 그가 할 수 있는 전부였다. 빚을 갚지 않고 돌려 막는 것 말이다.

상황이 통제할 수 없게 되면 늘 그랬듯 마르크스는 서재로 물러났다. 그는 엥겔스에게 재미로 아피안의 『로마 내전Civil Wars of Rome』을 그리스어 원어로 읽고 있다며 스파르타쿠스가 "멋진 놈"이고, 폼페이는 "정말 형편없는 놈"이며, 카이사르는 반대파를 당황시키기 위해 "고의적으로 광적인" 군사적 실수를 저지른 것 같다고 말했다.[16] 마르크스는 저녁 산보에 투시를 데리고 다녔다. 투시는 그달에 여섯 살이 되었고, 마르크스는 생일선물로『피터 심플 Peter Simple』이라는 항해소설을 주었다.[17] 놀라운 기억력을 가진 갈색 곱슬머리의 꼬마소녀는 사실 이미 문학에 심취해 있었다. 투시는 셰익스피어의 여러 장면들을 외우고 있었다[18](그녀가 가장 좋아한 대목은 리처드 3세의 독백이었다. 왜냐하면 그 부분을 암송할 때는 손에 칼을 쥐는 것이 허락되었기 때문이다).[19] 독일어는『그림형제 이야기』를 읽고 듣는 것으로 부분적으로 깨쳤다.[20] 투시는 열 살이나 많은 언니들은 말할 것도 없고, 마흔세 살의 아버지도 친구인 것처럼 지적으로 행동했다. 투시와 마르크스는 같은 책을 읽고 서재에 앉아서 토론했다. 예를 들면『피터 심플』을 토론할 때 투시는 아버지에게 자신이 남장을 하고 바다로 달려가 군함에 들어갈 계획을 짜고 있다고 털어놓았다. 마르크스는 좋은 생각이라고 칭찬하고, 그녀의 계획이 "충분히 무르익을 때"까지 아무에게도 말하지 않는 것이 좋겠다고 조언해주었다. 투시는 또한 링컨에게 전쟁에 대해 조언하는 여러 통의 편지를 작성하고 아버지에게 맡겼다(마르크스는 그것을 꼭 백악관에 보내겠다고 약속한 후 실제로는 보물로 간직했다).[21] 예니는 투시가 마르크스를 어린아이처럼 웃음을 터뜨리면서 시름을 잊도록 만들었다고 말했다.[22]

이런 유쾌한 기분전환에도 불구하고 마르크스는 마침내 더 이상 문제를 덮어둘 수만은 없다는 결심을 굳혔다. 수년 동안 피해왔지만 그의 유일한 대안은 증기선을 타고 네덜란드로 가서 숙부에게 자기 몫의 유산을 요구하는 것뿐이었다.[23] 그는 자기 이름으로 여행할 수 없었기 때문에 카를 요한 뷔링이라는 가구장인 이름으로 여권을 만들었다. 마르크스는 떠나면서 예니와 아이들의 생활을 엥겔스에게 의탁했다. 여행은 돌아올 날짜를 정하지 않고 떠나는 것이었다. 먼저 네덜란드로 갔다가 가능하면 베를린에 들러 라살레를 만나 신문 사업에 대해서 논의해볼 작정이었다. 그동안 예니는 매주 청과상, 빵집, 정육점에 돈을 지불해야 했다.[24](마르크스는 엥겔스에게 가족들의 와인도 부탁했다. 그는 예니가 와인을 무척 좋아한다고 말했다. 아이들도 마찬가지였다. 아이들은 "술을 좋아하는 아빠의 취향을 물려받은 것 같다"고 말했다).[25] 그는 엥겔스에게 네덜란드에서도 편지를 하겠다고 약속하고 전에 없이 진솔한 말로 마무리했다. "내가 말하지 않아도, 자네는 자네가 내게 베풀어준 훌륭한 우정의 증거에 대해 내가 얼마나 감사하고 있는지 잘 알고 있을 걸세."[26]

리온 필립스는 예순일곱 살의 고집스러운 노인이었다. 아들과 함께 큰 사업을 벌이면서도 자선 같은 일에는 조금도 관심이 없었다[27](삼십 년 후 회사는 필립스전자가 되었다). 더욱이 정치 때문에 조카 마르크스와도 사이가 좋지 않았다. 하지만 마르크스는 네덜란드에 도착했을 때 잘 보이려고 무진장 노력했다. 그는 숙부가 생각하고 있는 공산주의자에서 보헤미안 — 하지만 부르주아적인 — 작가로 변신했다. 그는 라살레를 동원해 일부러 반^反포크트 팸플릿의 '성공'과 그들의 신문사 동업에 대해 언급하는 편지를 자기에게 보내도록 했다. 그러고는 그 '비밀' 편지를 숙부가 우연히 보도록 놓아두어 속임수가 아닌 것으로 꾸미려 했다.[28] 또한 사촌 앙투아네트를 자기편으로 만들어 그녀의 아버지를 구슬리려 했다. 나네트로 불리는 스물네 살의 앙투아네트는 즉시 마르크스를 사랑하게 되었고, 마르크스는 네덜란드에 머무는 동안 아무런 거리낌 없이 그녀와 사귀었다.[29] 그는 그녀가 매력적이고, 재치 있으며, "위험스럽게 검은 눈을 가졌다."[30] 고 말했다. 정말로 위험스러웠다. 나네트는 그에게 모든 정열을 쏟았고, 포크트 사건과 예니의 병으로 괴로운 한 해를 보냈던 마르크스는 그것에 일절 저항할 수 없었다.

　그는 잘트보멜에 2주간 머물다가 베를린으로 떠났다. 네덜란드에 머무는 동안 마르크스는 예니에게 편지 한 통을 보냈고, 엥겔스에게는 단 한 통도 보내지 않았다. 예니는 가끔 마르크스가 어디 있는지, 그리고 안전한지 궁금했다. 그의 여행증명서는 위조된 것이었고, 프로이센 정부와의 관계는 아무리 좋아봐야 불확실한 정도였기 때문이다. 마르크스에 대해 걱정하고 있던 중 렌헨이 병에 걸렸다. 그녀는 정신이 혼미한 상태에서 광포해지고 노래 부르고 흐느꼈다. 다리가 부어올랐기 때문에 내출혈이나 괴저가 발생한 것이 아닌지 우려되었다. 마르크스에게 연락할 수 없었기 때문에 예니는 의지할 수 있는 단 한 사람에게 도움을 청했다. 엥겔스는 그녀가 요청한 것보다 많은 것을 베풀었다. 렌헨을 위한 의사 진료비를 비롯해서 석탄, 식료품, 와인 등 그녀의 회복에 도움이 될 만한 것들을 보내주었다.[31]

　일부 마르크스 전기 작가들은 예니와 엥겔스가 편지에서 서로 '마르크스 부인', '엥겔스 씨'라는 호칭을 사용한 것을 들어 그들 사이가 가깝지 않았을 것이라고 말했다. 그렇지만 예니는 가장 친한 여자친구에게도 그런 존칭 — 예를 들면 '리프크네히트 부인' 또는 '바이데마이어 부인' — 을 사용했다. 예니가 편지에서 엥겔스를 부른 호칭과 그녀가 그에게 느낀 감사의 깊이 간에는 아무런 연관도 없었다. 어떤 사람은 예니가 마르크스와 엥겔스의 관계를 시기했다고 말하기도 한다. 그것 역시 근거 없는 주장이다. 예니와 엥겔스는 마르크스의 삶에서 각자의 역할이 있었고 그것은 독립적이고 별개로 이루어졌다. 두 사람 중 누구도 나머지 한 사람의 도움이 없을 경우에 카를 마르크스라는 인물의 감당하기 힘든 위력을 단독으로 책임지고 싶지 않았을 것이다. 마지막으로 어떤 사람들은 예니가 엥겔스에게 의지하는 것을 괴롭게 여겼다고 쓰고 있다. 당연히 그것은 진실이다. 그렇지만 그녀가 엥겔스를 탓했던 것은 아니다. 예니는 남편이 친구의 지속적인 개입 없이도 가족을 부양할 수 있기를 바랐을 수는 있다. 그렇지만 맨체스터의 그 남자는 그들의 구원자였으며, 예니는 마르크스와 엥겔스 두 사람이 처음 만난 거의 그 순간부터 엥겔스의 이타심이 마르크스를 개인적, 경제적 재앙으로부터 지켜주었다는 사실을 너무나도 잘 알고 있었다. 이 순간도 다르지 않았다. 예니는 3월 16일 엥겔스에게 편지를 썼다. "당신이 몇 년 동안 계속 사랑과 헌신으로 우리를 슬픔과 고난으로부터 구해준 것에 대해 어떻게 감사를 표해야 할까요? 저는 제가 원한 것보다 다섯 배는 될 만한 것이 온 것을 보고 너무나도 기뻤답니다. 그 사실을 인정하지 않는다면 위선이겠지요. 하지만 제 기쁨은 렌헨의 것에는 비할 바가 아닙니다! 내가 계단을 뛰어올라가 '엥겔스 씨가 네 회복을 위해 5파운드를 보냈어'라고 알려주자 렌헨은 얼마나 기뻤던지 생기 없는 눈에서 갑자기 불빛이 반짝이더군요."[32]

3월 말 마르크스는 예니에게 자기가 베를린에서 라살레와 함께 있다고 알리는 짧은 편지를 보냈다. 전망이 밝고 집에 빈손으로 돌아가지는 않을 것 같다는 말만 하고 구체적인 언급은 하지 않았다. 또한 그녀에게 7파운드 가량을 보냈다.[33] 마르크스는 여전히 엥겔스에게는 한 줄도 쓰지 않았다. 그렇지만 베를린에 도착하자마자 나네트 필립스에게 자기의 활동을 구구절절이 묘사한 여러 장짜리 편지를 보냈다. 그는 그녀의 아버지를 위해 편지를 썼을 수도 있다. 그렇지만 그의 편지는 네덜란드에서 자기 나이의 거의 절반밖에 되지 않는 여인과 나눈 연정을 지속시키는 것이 주목적인 것으로 보였다.

마르크스는 나네트에게 라살레는 베를린의 부촌 중 하나인 벨뷰^{Bellevue} 가에 살고 있으며 매일 밤 하츠펠트 백작부인이 찾아온다고 말했다. 쉰여섯 살의 백작부인은 비록 약간의 화장품으로 결점을 가려야 했지만 강렬한 눈매의 푸른 눈동자와 뒤로 가다듬어 묶은 금발 머리로 여전히 아름다웠다. 마르크스는 그녀를 좋은 말상대로 묘사했다. 활달하고 전혀 따분하지 않았으며, 무엇보다도 혁명에 관심이 많았다.³⁴ 그가 베를린(도시는 가스등으로 밝혀져 있었고³⁵ 그가 학창시절을 보낸 곳과는 완전히 다른 도시가 되어 있었다)에 막 도착한 며칠 동안은 라살레와 백작부인이 칙사 대접을 해주었다. 그들은 그를 위해 사교계 인사들을 초청해 성대한 만찬을 베풀었으며, 그를 극장과 발레 공연장에도 데려가 로열박스 옆자리에서 함께 관람하기도 했다. 라살레는 심지어 직접 경찰청장과 접촉해 마르크스의 시민권 회복을 위해 노력을 기울이기도 했다. 마르크스는 그 문제가 해결될 때까지 체류기간을 늘리는 데 기꺼이 동의했다. 그는 프로이센에서 "잘생긴 빌헬름"으로 알려진 왕이나 그의 공안부대에 대해 조금도 걱정하지 않고 사치스러운 삶에 빠져들어갔다.³⁶

베를린에서 2주가 지났을 무렵 마르크스는 바르멘의 한 친구에게 보낸 편지에서 자신이 사교계의 인기 인물이 되었으며 끊임없이 수다를 떠는 많은 사람들과 만나고 있다고 썼다.³⁷ 그렇지만 서둘러 떠날 생각은 없어 보였다. 예니는 마르크스가 "용건만 간단히" 쓴 안부편지만 보냈다고 엥겔스에게 말했다. 4월이 될 때까지도 마르크스는 맨체스터의 친구에게 편지를 쓰지 않았다. 그런 상황 속에서 엥겔스는 독일 신문에서 마르크스와 그의 가족이 베를린으로 이사할 것 같다는 기사를 읽었기 때문에 더욱 놀랐다. 예니는 마르크스가 엥겔스에게 편지를 쓰지 않은 것을 이해할 수 없으며, 보도는 사실이 아니라고 엥겔스를 안심시켰다. 마르크스가 왜 프로이센 시민권을 원하는지조차도 이해할 수 없었다. 그녀는 결코 독일로 돌아가고 싶은 생각이 없었고, 딸들도 그런 발상에 질색했다. "소중한 셰익스피어의 나라를 떠난다는 생각이 그들을 두렵게 만들었다.

그들은 뼛속까지 영국인이었고 삿갓조개처럼 영국 땅에 단단히 달라붙어 있었다.[38] 어쨌든 예니는 딸들이 백작부인과 그녀가 거느린 서클의 영향력 아래로 떨어지는 것을 원치 않았다.[39]

한편 나네트에게 보낸 마르크스의 편지는 길고 점점 친밀한 것이 되었다. 그는 그녀를 "나의 귀여운 작은 사촌", "나의 작은 매력덩어리", 그리고 "나의 잔인한 작은 마녀"(그녀가 답장하지 않았기 때문에)라고 불렀다. 한 장문의 편지에서는 자기를 베를린에 붙잡아두고 싶어 하는 하츠펠트 백작부인과 나눴다는 낯간지러운 대화 내용을 그대로 옮겨놓았다.

> 그녀: "그럼 용건이 끝나는 대로 바로 베를린을 떠나겠다는 것이 우리가 당신에게 보여준 우의에 대한 감사의 표시란 말인가요?"
>
> 나: "오히려 그 반대지요. 저는 예정보다 오래 이곳에 머물렀던 겁니다. 왜냐하면 당신의 상냥함이 저를 이 사하라에 옭아매두었으니까요."
>
> 그녀: "그렇다면 저는 더욱 상냥해지겠어요."
>
> 나: "그렇다면 저는 도망치는 도리밖에 없겠습니다. 그렇지 않다면 내 의무가 나를 부르는 런던으로 절대로 돌아갈 수 없을 테니까요."
>
> 그녀: "한 여인의 친절이 당신을 도망치게 만든다고 말하다니, 정말 숙녀에 대한 극도의 칭찬이군요!"
>
> 나: "당신은 베를린이 아닙니다. 당신의 상냥함의 진실성을 제게 증명해 보이고 싶으시다면 저랑 함께 도망칩시다."

마르크스는 사촌에게 보낸 편지에 "당신의 편력기사"라고 서명했다.[40] 나네트는 마르크스를 '함장Pacha'이라고 부르며 화답했고, 그에 대한 집착이 완전히 철학적인 것만은 아님을 실토했다.[41]

마르크스의 베를린에서의 생활(그의 공상적인 생활은 말할 것도 없고)과 예니의 런던에서의 생활 간의 대비는 이 이상 극명할 수 없었다. 그녀는 분주히 친구들과 전당포에서 돈을 융통하며 가정을 꾸리려고 분투하고 있었다. 그녀는 자신을 '신발동맹진보당progressive party of the league of boots'의 당원으로 묘사했다. 그 말은 그녀가 살림을 꾸리기 위해 매일 오후 몇 시간 동안 시내를 누벼야 한다는 것을 표현한 것이었다.

예니는 라살레를 싫어했지만, 마르크스가 베를린에 머무는 동안 그에게 편지를 보내 그녀의 "군주이자 주인"인 남편을 환대해준 것에 대해 감사를 표했다. 그리고 마르크스를 너무 오래 붙잡지 말아달라고 청했다. "그것이 제가 소유욕이 강하고 이기적이고 질투심을 갖게 되는 지점입니다." 그녀는 베를린으로 가는 것은 영구적이든 방문이든 싫다고 말했다. 그 이유에 대해 정치적으로 자기 가슴속을 샅샅이 뒤져보았지만 조국을 발견할 수 없었기 때문이라고 설명했다. 개인적으로는 친구들에게 자신의 얽은 얼굴을 보여주고 싶지 않기 때문에 돌아갈 수 없다고 했다. "지금도 제 얼굴은 아주 화려한 심홍색이기 때문에 당신들은 모두 겁을 집어먹게 될 겁니다. 저는 너무 추하고 참혹해졌어요."[42]

마르크스는 그녀가 아무리 농담 투의 말로 감추려 했어도 그 편지에서 아내의 고통을 알아챘을 것이다. 또한 아름다운 여성들—또는 적어도 아름답게 꾸밀 수 있을 정도로 부유한 여성들—에게 둘러싸여 있는 동안에도, 아내는 그가 사랑하지 않을 "싸움터"가 되어버린 그녀의 얼굴을 상상하며 "슬픈 시간"을 보내고 있을 것이라는 사실을 알았을 것이다.[43] 그렇지만 그녀의 입장에 대해 아무런 동정도 보이지 않았다. 그는 베를린에서 거의 한 달간 머물렀고 가족들과는 거의 연락하지 않았다. 아마도 편지가 돌아가면 지긋지긋한 문제들이 기다리고 있을 것이라는 현실을 상기시켜주었기 때문에, 가능한 한 오랫동안 꿈속에 젖어 있고 싶어서 그랬을 것이다. 그렇지만 그의 시민권에 대해 아무 얘기도 없고, 신문사에 대해서도 아무런 결정도 없이 하염없이 시간만 흘러가자, 마르크스도 점점 떠나고 싶어졌다. 그는 베를린에 염증을 느낀 것 같았다. 그는 나네트에게 절대로 독일로 가려고, 특히 프로이센으로 가려고 영국을 떠나는 일은 없을 것이라고 말했다. 독일은 권태가 지배하는 곳이었다.[44] 실제로 잠깐 엘버펠트를 다녀올 때, 마르크스는 너무 따분한 사람이 동행자가 되었기 때문에 목소리를 잃어서 말을 할 수 없다고 거짓말을 했다고 한다.[45]

마르크스는 트리어에 들르라는 어머니의 말에 따라 4월 12일 베를린을 떠나 라인란트의 가족을 방문했다. 그는 십삼 년간 어머니를 만나지 못했다. 어머니는 이제 일흔네 살이고 노환에 시달리고 있었다. 냉랭했던 모자간의 관계가 근본적으로 풀릴 기미는 어디에도 보이지 않았지만, 어머니는 오래전에 마르크스가 써주었던 차용증서를 찢어버리는 것으로 나름대로 방탕한 아들에게 따뜻함을 보여주었다. 그래서 마르크스는 자기 몫의 유산을 담보로 한 부채에서 면제되었다.[46] 마르크스의 다음 목적지는 네덜란드였다. 숙부와의 용무를 마무리 짓고 나중에 라살레에게 얘기했듯이, 나네트를 다시 만나기 위해서였다.[47] 일은 모든 면에서 성공적이었다. 그는 자신이 베를린과 빈, 뉴욕까지 진출할 전망으로 작가 일을 한다고 설득해 리온 필립스로부터 160파운드를 받았다.[48] 나네트의 경우, 마르크스가 네덜란드를 떠나 집으로 향할 때까지도 연모의 정이 꺼지지 않도록 만들어두었다.

마르크스는 4월 28일 로테르담에서 증기선을 타고 4월 29일 런던에 도착했다.[49] 2월 28일 런던을 떠났으니 한 달 만이었다. 마르크스는 가족에게 귀가를 미리 알리지 않았던 것 같다. 그가 그래프턴 테라스의 현관문을 열고 들어섰을 때 가족들은 기쁨에 넘쳐 소리 지르고 껴안고 키스했다고 예니가 말했기 때문이다. 가족 모두가 밤늦게까지 자지 않고 그의 이야기를 들었으며 라살레가 보낸 선물들을 뒤졌다. 여자들은 각각 우아한 망토를 선물로 받았다. 그들은 소녀들이 킥킥대며 훔쳐보는 가운데 거실에서 옷을 입고 자태를 뽐냈다. 예니는 너무나도 화려한 모습으로 퍼레이드를 벌여서 투시가 "공작 같다!"라고 감탄할 정도였다. 예니는 라살레에게 감사를 표하며, 빨리 코트를 입고 산책을 나가서 동네 속물들을 놀라게 해주고 싶다고 말했다.[50]

마르크스가 돌아온 다음 날 리온 필립스의 아들 자크가 런던으로 찾아와 마르크스의 집에 머물렀다.[51] 자크는 로테르담에서 일하는 젊은 변호사로 표면적으로는 마르크스와 정치에 관해 토론하고 싶다는 것이 방문 목적이었지만, 마르크스의 생각에는 딸들에게 더 관심을 보이는 것 같았다.[52] 그가 온 시점은 절묘했다. 5월 1일 수요일은 예니헨의 열일곱 번째 생일이었다. 생일파티의 즐거움은 극에 달했다. 아버지가 돌아왔고, 주머니에는 돈이 있었으며, 아름다운 옷을 걸쳤고, 같이 춤추고 노래 부를 청년까지 있었다.[53] 다시 한 번, 항상 그들의 삶을 짓누르던 먹구름이 말끔히 가신 순간이었다.

그런 휴식은 오래가지 못했다. 6월이 되자 청년은 돌아갔고, 숙부로부터 받은 돈도 바닥났다. 현관문을 두드리는 빚 독촉은 더욱 심해졌다. 가을이 되자 다시 마르크스는 바쁘게 친구들을 찾아다니며 다른 친구가 갚을 것이라는 약속을 하며 돈을 빌려야 하는 처지가 되었다. 그렇지만 그런 방법도 너무 빈번하게 써먹다보니 먼저 필요한 상의를 하지 못하는 경우가 생겼고, 그래서 줄 수 없는 것을 약속하는 일도 벌어졌다. 마르크스는 엥겔스 이름으로 행한 허술한 거래를 사과하면서 다음과 같은 말로 마무리했다. "미리 행복한 새해가 되기를 기원하네. 나의 경우, 만약 새해가 과거의 것과 다를 바 없다면 차라리 악마에게 넘겨버리고 싶어."[54]

29

1862년
런던

내가 어떻게 사업을 시작하는지
알았더라면 좋았을걸! 친구여, 모든
이론은 잿빛이고 오직 사업만이 푸르네.
불행히도, 나는 이 사실을 너무 늦게
알아버렸지.

—카를 마르크스[1]

1861년 말의 어두운 그늘은 마르크스 집안에만 드리워진 것이 아니었다. 리젠트 가, 옥스퍼드 가 등 런던의 모든 상업 중심지, 그리고 전국 모든 읍내의 상점과 황동 문패들에 검은 천이 드리워졌다. 12월에 앨버트 공이 서거했고 영국은 애도의 분위기에 휩싸였다.[2] 런던에서는 아무런 축제도 없이 크리스마스가 지나갔다. 빅토리아 시대의 한 작가는 축제가 반역으로 보였을 것이라고 설명했다.[3] 대중은 슬픔과 함께 빅토리아 여왕에 대한 두려움도 느꼈다. 앨버트의 죽음 이후 여왕은 공식 활동을 삼갔다. 한때 활기차고 계몽적이었던 영국의 권좌는 텅 비어버린 것 같았다.[4]

당시 영국이 미국과 전쟁을 하게 될지도 모른다는 우려가 퍼졌다. 유럽의 승인을 얻기 위해 남부연합국에서 파견된 두 명의 대표가 영국의 우편선인 트렌트Trent 호를 타고 여행하다가 연방군에 체포되었던 것이다. 영국의 해상법은 전시에 중립 선박이 교전 당사자를 태우는 것을 금하고 있었다.[5] 런던의 신문팔이 소년들이 "우리는 뉴욕을 포격해야 한다!"[6]라는 헤드라인을 외치고 다니는 동안, 영국 각료들은 많은 사람들이 영국 선박의 주권이 연방군에 의해 침해된 것으로 바라본 그 사건에 대해 어떻게 대응할지를 놓고 격론을 벌이고 있었다.

영국은 노예제에 강한 반대 입장을 취하고 있었지만, 정치적으로 강력한 영국의 섬유 산업가들은 미국의 노예제 철폐로 값싼 면화 공급지를 잃게 될 것이라고 두려워했다.[7] 비판자들은 내각이 트렌트 호 사건을 핑계로 미국 내전에 개입해 남부의 면화 귀족들을 도우려고 한다고 비난했다.[8] 영국 노동자계급은 연방군을 지지했다(그들은 연방의 승리를 그들과 같은 노동자계급에 의한 민주주의의 승리로 보았다). 그렇기 때문에 만약 영국이 참전한다면 영국 사회가 분열로 치닫게 될 우려가 있었다. 왜냐하면 참전을 위해 동원되어야 할 사람들의 대부분이 바로 가장 전쟁을 반대하는 집단이었기 때문이다.[9]

크리스마스 다음 날, 트렌트 호 사건은 종결되었다. 미국이 한 발 물러서며 두 명의 남부인을 풀어주기로 합의한 것이다 ― 체포가 부당했던 것이 아니라 체포 과정에서 지휘관이 적당한 절차를 밟지 않았기 때문이었다.[10] 그 소식은 1월 8일이 돼서야 런던의 거리에 전해졌고, 곧 삽시간에 퍼져 나갔다. 신문사들은 초과 근무를 하며 석간을 3판이나 찍어냈다. 강추위 속에서도 사람들은 신문사 밖에 몰려들어 새로운 소식이 게재되기를 기다렸고, 헤드라인의 잉크도 채 마르지 않은 신문을 들고 보았다.[11]

마르크스와 엥겔스는 마치 워싱턴에 앉아서 포토맥 강을 사이에 두고 울리는 포성에 귀 기울이듯 미국 남북전쟁을 예의 주시하며 서로 토론했다. 미국으로 건너간 많은 독일인 망명자들이 참전했다. 바이데마이어는 연방군에 있었고, 그들의 오랜 적 빌리히도 마찬가지였다. 그렇지만 예니의 동생 에드가는 남부연합군에 가세했다.[12] 마르크스는 노예제를 자본주의적 착취의 가장 기초적인 형태로 보았다. 그래서 그와 엥겔스는 노예제의 폐지를 혁명을 향한 전 세계적 진로에서 중대한 진보로 여겼다.[13] 그렇지만 전쟁은 그들의 생활에 직접적인 충격을 주었다. 면화 값이 치솟으면서 엥겔스의 회사 수익은 곤두박질쳤다. 『뉴

욕 데일리 트리뷴』지에서 얻는 마르크스의 수입도 전쟁 때문에 반 토막이 났다
가, 다시 그 3분의 2로 줄어들었다.[14] 그리고 3월에 결국 『뉴욕 데일리 트리뷴』지
는 더 이상 런던 특파원의 기사를 원하지 않는다는 편지를 보내왔다.[15]

마르크스 가족의 곤경은 워낙 오랫동안 너무 심각한 것이었기 때문에 이제
더 이상 위기라고 불릴 수도 없었다. 경제적 파탄이 곧 생활방식이었던 것이다.
마르크스는 벌고, 빌리고, 빚을 뒤섞어서 가족들이 간신히 생존할 수 있는 정
도로 몇 년간 근근이 버텨왔다. 그가 십이 년간이나 엥겔스에게 돈을 요청한 것
을 두고 냉소적인 사람들은 거지 근성이라고 비웃을 수도 있을 것이다. 그렇지
만 엥겔스는 그렇게 보지 않았다. 자신이 번 돈에 대해 공산주의적으로 생각했
던 것이다. 즉 그 돈은 자신의 것이듯, 마르크스의 것도 될 수 있고, 그것을 필요
로 하는 '당원' 누구의 것도 될 수 있었다. 그리고 엥겔스의 입장에서 마르크스
는 당의 목표 성취를 위해 경제학 책을 쓰고 있으므로 그 돈에 대한 자격이 있었
다. 그 프로젝트가 반복적으로 연기되거나 마르크스의 작업 결과가 만족스럽
지 못하다면, 그것은 엥겔스가 실망하는 원인이 될 수는 있어도 자금 공급을 끊
을 이유는 아니었다. 그렇지만 미국 내전은 엥겔스가 원치 않는 일을 하도록 강
요했다. 게다가 그 시점이 더 이상 나쁠 수 없었다. 마르크스는 이미 마지막으로
의지할 수 있는 곳인 숙부로부터 돈을 얻어온 상태였고, 금방 다시 손을 벌릴 수
도 없는 입장이었다. 그가 자기 자신을 성공적인 작가이지만 일시적으로 자금
이 달리는 실용주의적 사업가로 포장했기 때문이다.

1862년 엥겔스의 방적공장은 주문을 받지 못했고, 가동시간을 반으로 줄일
수밖에 없었다. 엥겔스는 조만간 미국 내전이 종결되지 않으면 자신의 연수입이
고작 1백 파운드밖에 되지 않을 것이라고 추산했다. 그것은 마르크스 가족에게
보내던 돈에도 못 미치는 액수였다. 그해 봄 엥겔스는 마르크스에게 7월까지는
아무것도 보내주지 못할 것 같다고 말했다.[16] 덧붙여 잔인하지만 간명한 말로
자신들의 상황을 마르크스에게 알렸다. "우리가 황금 똥을 누는 기술을 발견하

지 못하는 한, 자네가 어떤 식으로든 친지들로부터 무엇인가 얻어내는 것 외에는 아무런 방법이 없을 것으로 보이네. 잘 생각해보게."[17]

예니헨은 그해 한창 피어날 열여덟 살이 되었지만 몸은 그렇지 못했다. 몇 년간 삐쩍 말라버린 것이다. 그 원인에는 가난과 좌절감도 한몫했을 것이다. 그녀는 자신을 이제 부모에게 의존해서는 안 될 성인으로 여겼다. 당시 그녀 또래의 여성들에게 그것은 남편감을 찾는 것을 의미했지만, 그녀는 그럴 생각이 없었다. 대신에 부모 몰래 여배우였다가 연기 지도자가 된 미국인에게 접근해 무대에서의 자신의 가능성을 타진했다.[18] 그렇지만 일이 미처 진행되기도 전에 그녀는 몹시 아팠다.[19] 그녀가 배우가 되려 했다는 사실을 알게 된 마르크스는 딸의 부실한 건강과 "부담과…… 곤경"에 따른 딸의 성급한 결심을 그들의 경제적 곤경 탓으로 돌리며 엥겔스에게 탄식했다. "그 모든 것을 고려해봤을 때, 이런 개 같은 삶을 사는 것은 아무런 가치도 없는 일이야."[20]

엥겔스는 돈 대신, 여덟 병의 보르도 와인과 네 병의 1846년산 라인 와인, 그리고 두 병의 셰리를 보냈다. 그리고 두 사람은 지출을 줄이고 새로운 수입을 찾는 작업에 들어갔다. 엥겔스는 비용을 줄이려고 메리, 리지와 생활을 합쳤다. 하지만 시내 아파트는 체면상 그대로 유지했다.[21] 마르크스는 예니가 자기보다 운이 좋을지도 모른다는 생각에 아내를 대부회사에 보내보기도 했다. 마르크스 가족은 모든 것을 전당포에 잡혔다. 아이들의 물건은 물론 렌헨과 마리안네의 물건들, 신발까지 잡혔다.[22]

경제적으로 희망의 빛이 보일 때까지 마르크스는 '잠적'했다. 가스회사(공급을 끊겠다고 위협했다), 피아노 교사("가장 예의 없는 짐승"), 학교 납입금("아이들이 직접 창피를 당하는 일은 없도록 혼신을 다했다"), 그리고 기타 "악마의 자식들"을 피하기 위해서였다.[23] 예니는 돈을 받으러 온 사람들에게 남편이 출타 중이며 언제 돌아올지 모른다고 말했다. 마르크스는 집을 나설 때면 변장을 했다고 엥겔스에게 말했다[24](어떤 변장을 했는지는 설명하지 않았다).

마르크스에게는 불행하게도 1862년 5월 런던은 만국박람회를 개최하게 되었다. 그것은 유럽 전역에서 방문객을 끌어모았던 1851년의 박람회와 같은 성격이었다.[25] 라살레가 7월에 런던을 방문해 그래프턴 테라스에서 묵기를 원했다. 지난해 마르크스가 베를린에 묵을 때 그가 보여주었던 환대에 대한 보답을 바란 것이었다.[26] 마르크스는 가족을 먹일 돈도 충분치 않았기 때문에 사슴고기와 산처럼 쌓인 아이스크림을 즐기는 라살레가 찾아온다니 난감할 수밖에 없었다.[27] 그렇지만 7주간 단 한 푼도 벌지 못했음에도 불구하고 청을 거절하지 못했다. 그는 자신의 곤란한 처지를 주절주절 엥겔스에게 늘어놓았다. "아내는 매일 입버릇처럼 차라리 아이들과 무덤 속에 편안히 누워버리는 것이 낫겠다고 말하는데, 나는 아내를 탓할 수도 없네. 이런 상황에서 그 사람이 겪어야 할 굴욕, 고문, 야단법석은 정말 이루 말할 수조차 없다는 사실을 고려하면…… 그리고 불쌍한 아이들이 박람회 기간에 그 모든 것을 겪어야 한다는 것을 생각하면 가슴이 찢어지는 듯하네. 다른 친구들은 즐겁게 놀러 다니고 있는데, 아이들은 혹시라도 누군가 찾아와서 그들이 어떤 지경에 처해 있는지 알까봐 가슴 졸이며 지내야 하니 말일세."[28]

라살레는 7월 9일 런던에 도착했고 몇 주간 머물 작정이라고 말했다.[29] 마르크스 가족은 라살레를 만나는 순간부터 그 서른일곱 살 변호사의 호사스러움에 놀랐다. 그는 자신을 역사적 사건의 주인공으로 여기는 듯했다. 그의 몸짓은 신파조로 과장되어 있었고, 팔세토(남성 가성가수)의 큰 목소리로 말했으며, 예언자라도 된 듯 선언들을 남발해[30] 이웃들을 놀라게 했다. 예니는 라살레가 이상한 질문으로 사람들을 어리둥절하게 만들었던 장면을 회고했다. "제가 이집트 학자로서 세상을 놀라게 해야 할까요, 아니면 실천가이자, 정치가이자, 투사이자, 군인으로서 제 다재다능함을 보여주어야 할까요?"[31] 라살레는 과대망상증을 품는 것도 모자라 자신을 돈 후안으로 여겼다.[32] 마르크스 가의 여인들은 경악했다. 그들은 라살레를 게걸스러운 호색한으로 보았다.[33]

방문 기간 중 라살레는 돈을 물 쓰듯 썼으며 투자에서 예측이 빗나가는 바람에 750파운드를 잃었다고 대수롭지 않다는 듯 얘기하기도 했다. 그렇지만 마르크스에게는 조금도 돈을 빌려줄 의사가 없는 것 같았다.[34] 대신 그는 마르크스와 예니에게 딸 중 하나를 베를린의 하츠펠트 백작부인의 말동무로 보낼 의향은 없는지 물었다. 화가 난 마르크스는 엥겔스에게 다음과 같이 썼다. "내가 이렇게 비참한 지경에 있지 않고, 돈 자랑하는 이 벼락부자에게 짜증이 난 상태만 아니었다면, 그는 나에게 무진장한 즐거움을 선사했을 것일세. 작년에 마지막으로 본 이후 그는 완전히 실성해버렸어."[35]

몇 주간 라살레의 거드름을 받아주다가 마르크스와 예니는 더 이상 참을 수 없어서 차라리 그의 계획을 조롱하며 즐기기로 했다. 그것은 당연히 라살레를 화나게 만들었다고 마르크스는 말했다. "그는 소리치고 씩씩대며 방 안을 돌아다니는 등 법석을 피우다가 결국 내가 정치를 이해하기에는 너무 '추상적'이라고 마음을 정리하더군."[36] 라살레는 그들이 자기같이 위대한 인물에게 별로 동조하지 않는다는 사실을 발견하고 서둘러 떠났다고 예니는 말했다.[37] 그렇지만 그가 떠나는 날도 사건은 이어졌다. 마르크스는 별로 달갑지 않은 손님에게 자기 집안의 사정을 그대로 다 보여주지 않으려고 조심했었다. 그렇지만 라살레가 머문 마지막 날, 집주인이 찾아와서 더 이상 봐줄 수 없으며, 당장 집세를 지불하지 않으면 중매인을 집 안으로 들여보내 가구들을 처분해버리겠다고 말했다. 같은 날 마르크스는 세금독촉장을 받았으며, 여러 상인들로부터 외상값을 청산하지 않으면 공급을 중단하겠다는 통지도 받았다. 마르크스는 집주인이 최후의 수단을 쓰기로 결심한 것을 상인들도 알고 그에 합세한 것이 아닌가 하고 추측했다. 더 이상 그의 처지가 비밀이 아니었기 때문에 마르크스는 창피를 무릅쓰고 라살레에게 모든 것을 털어놓았다. 라살레는 동정을 표했지만 자기도 쪼들리는 형편이라며 1월이 되면 15파운드 정도는 도울 수 있을 것이라고 말했다. 그리고 자기 이름을 걸고 마르크스가 다른 사람들로부터 돈을 빌려도 좋다고 덧붙였다.[38]

엥겔스는 마르크스가 그런 얘기를 자세히 전하자 마음이 아팠다. 그의 상황도 날이 갈수록 점점 악화되고 있었다. 하지만 그의 분기지출을 보면 신발을 저당 잡혀야 할 정도는 아니었다. 엥겔스는 말을 키우는 데 15파운드, 양복, 구두, 셔츠, 시가에 25파운드나 써야 했다고 불평했다. 하지만 가장 큰 지출은 역시 마르크스였다. 그는 마르크스에게 직접 주거나 청구서를 해결하는 데 60파운드를 썼다.[39] 그리고 마르크스에게 이제 궁지에 빠진 채로 내버려두지 않겠다는 약속을 했다. "대의가 관련되는 한, 어느 순간 우리 중 누가 '쥐어짜는 사람 squeezer'이 되고 누가 '쥐어 짜임을 당하는 사람 squeezed' 역할을 하게 될지는 비물질적인 문제이고 언제든 뒤바뀔 수 있는 것이기 때문에, 내 생각에 우리는 할 수 있는 데까지 계속 서로에게 도움을 주는 사이가 될 걸세."[40]

그렇지만 엥겔스는 마르크스에게 가족으로부터 돈을 얻어 오든, 책을 끝마치든, 어떤 식으로든 "경제적 쿠데타"를 일으켜보라고 호소했다. 엥겔스는 책을 마치는 것으로 70파운드를 벌 수 있을 것으로 추정했다.[41] 한편 엥겔스는 라살레의 이름으로 지급보증을 서고 지난 분기에 준 것 외에 추가로 마르크스에게 60파운드를 애써 주선해주었다.[42] 그런데 그 거래가 라살레를 화나게 만들었다. 그가 작별인사로 마르크스에게 한 말을 잊었거나, 아니면 마르크스가 그의 말을 자의적으로 곡해했거나 둘 중 하나일 것이다. 어쨌든 거래는 끝났기 때문에 마르크스도 엥겔스도 라살레의 기분에 대해서는 개의치 않았다.[43]

그 돈으로 마르크스는 가장 끈덕진 빚쟁이들을 해결하고, 8월 말에 가족들을 램즈게이트 해변으로 보냈다. 마르크스는 예니헨의 건강이 걱정됐다. 예니헨은 체중이 줄고 기침도 계속했기 때문에 감기가 아닌 더 심각한 질병이 의심됐다.[44] "그 아이는 세상에서 가장 완벽하고 재능 있는 아이야." 마르크스는 엥겔스에게 말했다. "그런데 지금 그 아이가 두 가지로 고통받고 있네. 첫 번째는 신체적인 것이지. 두 번째는 우리의 돈 문제 때문이야."[45] 가족이 없는 동안 마르크스는 다시 네덜란드로 가서 숙부에게서 더 많은 돈을 얻어내려 했다. 그렇지만 필립스가 마침 여행 중이라 집에 없었다. 그래서 마르크스는 트리어로 가서 어머니를 만났다. 전과 마찬가지로 어머니는 도와줄 생각이 없었다. 그래서 그

는 나네트를 다시 만나 기운을 얻기는 했지만 여행에서 별 소득 없이 더욱 가난
해져서 돌아왔다.⁴⁶ 마르크스는 나네트를 통해 자신을 가족부양 의무에 짓눌
린 무능한 가난뱅이가 아니라, 그녀가 보는 모습대로 — 우아한 철학자이자 작
가 — 자신을 상상해볼 수 있었을 것이다.

　마르크스는 자신을 "화약통 위에 앉은 사내"로 묘사했고, 런던으로 돌아온
9월, 전에는 한 번도 생각해보지 않았던 행동에 나섰다. 직장을 구하려 한 것이
다. 마르크스는 엥겔스에게 1863년 초부터 영국 철도사무소에서 일하게 될 것
같다고 말했다.⁴⁷ 이제 두 사람 다 '쥐어 짜임을 당하는 사람'이 된 것이다. 그들
이 바랐던 미국 내전의 종식은 요원했다. 미국 들판을 전사자와 부상자로 어지
럽히고 있는 그 싸움은 영국의 면직산업도 거의 고사시키고 있었다. 엥겔스는
1862년 가을에 면화 가격이 다섯 배로 치솟았다고 말했다. 원자재에 그런 터무
니없는 가격을 지불하느니 공장주들은 차라리 더 값싸고 손쉬운 것, 즉 고객이
떨어져 나가는 것을 방관하는 길을 택했다.⁴⁸ 11월 엥겔스는 자신이 '무일푼'이
라고 선언했다.⁴⁹

　마르크스는 이제 라우라를 동반하고⁵⁰ 영국박물관에 가서 신문과 정부 문
서들로 전쟁을 추적했다. 또한 커피하우스에서 미국 신문들(남부와 북부 양측)
도 읽었다. 영국 언론이 전쟁의 진행 상황에 대해 사실을 감추기도 하기 때문이
라고 그는 말했다.⁵¹ 전쟁이 진행됨에 따라 링컨에 대한 마르크스의 존경도 커져
갔다 — 그는 링컨을 "역사 기록에서 독특한 등장인물"이라고 불렀다. 마르크스
는 링컨의 노예해방 선언이 비록 딱딱한 용어들로 표현되어 있기는 하지만 "미
국 역사에서 미합중국의 건국 이래 가장 중요한 문서"라고 말했으며, 링컨의 스
타일이 비록 극적인 면은 없을지 몰라도, 유럽의 지도자들이 별일도 아닌 것에
호들갑을 떠는 것에 비하면 훨씬 신선한 것이라고 평했다. "신대륙은 이 운동으
로 그 어느 때보다도 위대한 승리를 거둔 것이며, 그 정치적, 사회적 조직을 고려
해볼 때, 구대륙에서는 오직 영웅들만이 성취할 수 있는 위업을 선의의 평범한
사람들이 성취할 수 있었던 것이다!"⁵² 마르크스는 당시 미국에 대해 "그곳의

사건들은 세상을 바꾸고 있다"고 말했다.[53]

마르크스는 필체가 너무 엉망이었기 때문에 철도사무소의 일자리를 얻지 못했다. 지난여름 엥겔스가 주선해준 60파운드도 다 사라져버렸기 때문에 새해가 다가온다는 것은 그에게 새로이 돈이 필요하다는 것을 의미했다—가장 급한 것은 1월에 내야 할 집세였다.[54] 선택의 여지가 없었기 때문에 12월에 마르크스는 예니를 파리로 보내 그의 책에 관심이 있을 만한 "문학적 신사"를 찾아보고, 또한 어려울 때 그들이 돈을 빌려주었던 한 은행가 친구를 만나보라고 했다. 그렇지만 그녀의 여행은 시작부터 마르크스의 표현으로는 비극적이지는 않더라도 웃을 수도 없는 불운들로 점철되었다.

예니가 탄 프랑스 행 배는 근처의 다른 배가 침몰돼버렸을 정도로 거친 태풍을 만났다. 그녀는 간신히 파리에 도착해 은행가의 집으로 가려고 기차를 탔지만 기관차가 고장 나 두 시간이나 연발되었다. 그다음은 그녀가 탄 승합마차가 전복되었다.[55] 그리고 천신만고 끝에 은행가의 집에 도착했을 때, 그 전날 은행가가 중증뇌졸중으로 쓰러졌다는 소식을 들었다. 그녀는 한 저널리스트 친구로부터 마르크스의 경제학 책 다음 편이 나오면 프랑스에서도 출판될 수 있을 것이라는 단순한 약속에 지나지 않는 말만 듣고 파리를 떠나야 했다.

그것이 불운의 끝은 아니었다. 런던에서 예니가 탄 마차가 다른 마차와 충돌해 서로 뒤엉켜버려서, 그녀는 두 소년에게 여행 중 마련한 크리스마스 선물과 여행 가방을 들게 하고 진눈깨비와 진흙탕을 헤치며 집까지 걸어와야 했다. 힘겨운 여행을 마치고 가족의 따뜻한 환영을 기대하며 집으로 돌아온 예니는 집안이 너무 괴괴함을 발견했다. 불과 두 시간 전에 렌헨의 동생 마리안네가 류마티스성 열로 사망했던 것이다. 그녀는 한 친구에게 썼다. "예니헨과 라우라가 창백하고 혼란스러운 표정으로 내게 다가왔고, 투시는 온통 눈물범벅…… 헬레네가 얼마나 마음이 아팠을지 상상이 갈 거예요. 그 아이들은 서로 끔찍이 아꼈거든요."[56]

마리안네는 관에 눕혀진 채 마르크스 집에서 크리스마스이브를 보내고 사흘 뒤 매장되었다.[57] 크리스마스트리도, 푸딩도, 꽃도 없었다. 대신 휴일 내내 검은 관이 가족의 거실을 지켰다. 예니는 "집 안 전체가 슬픔에 잠겨 조용했다"[58]고 말했다.

마르크스의 생애에서 그가 심각하게 자기중심적인 사람이라는 것을 보여주는 많은 일화들이 있다. 그가 가장 아끼는 사람들에게조차도 간혹 그들의 감정과 요구에 완전히 무심한 경우도 있었다. 1863년 1월의 일도 그중 한 가지였다. 그달 7일 엥겔스는 이십 년간의 배우자이자 아내라고 불렀던 여인인 메리 번스가 사망했다는 짤막한 편지를 보냈다. "지난밤 그녀는 일찍 잠자리에 들었는데 리지가 자정 직전에 자러 갔을 때는 이미 숨을 거둔 뒤였네. 슬프게도 심장마비나 뇌졸중…… 내 슬픔은 이루 형언할 수 없군. 그 불쌍한 아가씨는 진심으로 나를 사랑했었네."[59] 마르크스는 다음 날 답장을 보냈다. 처음 두 줄로 메리의 죽음에 대한 놀람과 슬픔을 표시한 후, 다음 서른한 줄은 자신의 경제적 문제들로 채웠다―물론 "하나의 재앙은 다른 재앙을 잊게 해줄 것"이기 때문에 마르크스 자신이 마음을 털어놓고 있는 것이 바로 "민간요법"을 시행하고 있는 것일지도 모른다는 그의 말을 엥겔스의 사랑하는 배우자에 대한 조의의 말로 해석하지 않았을 경우다. 또는 엥겔스는 "메리 대신 어쨌든 질환들로 고생하고 계시고 이미 살 만큼 사신 우리 어머니가 돌아가시는 편이 낫지 않았을까?"라는 마르크스의 동정 비슷한 문장 속에서 위안을 찾았어야 했을지도 몰랐다.[60]

엥겔스는 거의 일주일간 답을 하지 않았다. 그리고 마침내 답장을 했을 때, 그 어조는 적을 위협할 때처럼 준엄하게 꾸짖는 것이었다. "이번에 나의 불행과, 그것에 대한 자네의 차가운 시선이 내가 좀 더 빨리 답장하는 것을 절대적으로 불가능하게 만들었다는 사실은 자네에게도 지극히 이치에 닿는 말일 걸세. 속물적인 지인들까지 포함해 나의 모든 친구들이, 나를 깊은 충격으로 몰아넣은 이 사건을 맞아, 내가 기대했던 것보다 훨씬 더 큰 위로와 우정을 표시해주었지. 자네는 이번을 자네의 '냉철한 마음'의 우월성을 주장하는 최적의 기회로 생각했군. 그렇다면 그렇게 하게!"[61]

마르크스가 엥겔스에게 답하기까지는 좀 더 긴 시간이 필요했다. 열하루가 흐른 후에야 후회의 말로 가득한 편지를 보냈다. 가장 존경하고 가장 필요한 사람에게 비친 자신의 모습을 만회해보려는 노력이었다. 그는 자기의 냉정한 태도를 변명하는 대목에서 결국 예니를 탓했다. 부음을 접한 날, 집 안에 마침내 중매인이 들이닥쳤다고 설명했다. 마르크스는 또한 딸들도 학교에 보내지 않았다. 학비를 내지 못했고, 어쨌든 입힐 만한 옷도 없었기 때문이었다. 예니는 그런 엄혹한 상황을 엥겔스에게 알리기를 바랐지만, 마르크스 자신은 편지를 부치자마자 후회했다는 것이다. 엥겔스의 두 번째 편지는 그 자신도 인정했듯이 눈이 휘둥그레질 만한 내용이었다. 그래서 그는 이미 수개월 전에 도달했던 결론을 드디어 행동에 옮기기로 결심했다. 마르크스 가족이 살아남을 수 있는 유일한 길은 마르크스가 파산을 신청하고, 큰딸 둘을 가정교사로 보내고, 렌헨도 다른 집에서 일하도록 해주고, 예니와 투시를 데리고 예전에 레드 볼프가 불운한 시절에 한때 몸을 의탁했던 시영市營 하숙소로 들어가는 것이었다.[62]

하지만 엥겔스는 마르크스를 결국 용서했다. 예니, 렌헨, 기타 수많은 사람들과 마찬가지로 마르크스의 개인적인 결점들을 알았지만, 그들과 마찬가지로 그를 너무 아꼈기 때문에, 그 결점들로 인해 그의 눈부신 재능—그의 정신, 재치, 심지어 사랑과 신의에 대한 그의 능력(그 순간에 그런 것들을 떠올리는 것은 쉽지 않았을 것이다)—에 그늘이 드리워지는 것을 두고 볼 수는 없었던 것이다. 다른 사람들처럼 엥겔스도 대단한 일을 해낼 것으로 기대되는 그 사람을 보호하는 것이 자기 역할이라고 느꼈다. 엥겔스는 마르크스에게 메리의 죽음에 대한 그의 반응을 잊을 수는 없지만, 그 일은 제쳐두기를 원한다고 말했다. "한 여인과 오랫동안 살면서 그 여인의 죽음으로 결국 큰 아픔을 겪는 것은 피할 수 없는 일이지. 나는 그녀와 함께 내 젊음의 마지막 흔적을 묻어버린 느낌이네…… 메리를 잃었지만 나의 가장 오래된 최고의 친구까지 잃지는 않았다는 것이 기쁘네."

엥겔스는 그다음 거의 사기에 가까운 거래에 대해 설명해주고(그는 에르멘앤엥겔스사 앞으로 발행된 어음을 마르크스가 지급받을 수 있도록 만들었다) 1백 파운드를 보내주었다. 그 돈으로 마르크스 가족은 집에 그대로 머물고 아이들도 학교로 돌아갈 수 있게 되었다. 엥겔스 자신은 슬라브어를 공부하는 것으로 슬픔을 달래려고 애쓰고 있다고 말했다. "그렇지만 외로움은 견딜 수 없군."**63**

1863년 겨울은 마르크스 가족에게도 혹독했다. 4월에는 예니헨이 다시 병이 났다. 예니도 병석에 누웠고 귀가 잘 들리지 않았으며(천연두의 후유증인 것 같았다),**64** 마르크스 역시 여태까지 겪은 것 중 가장 심각한 간질환을 앓았다. 그렇지만 꾸준히 경제학 원고를 써내려갔고, 5월 엥겔스에게 보낸 편지에서 "그 망할 책"을 정서한 후 출판업자를 섭외하기 위해 독일로 보낼 것이라고 말했다.**65** 덧붙여 2편은 1편보다 "백퍼센트 더 이해하기 쉬울 것"으로 확신한다고 했다.**66** 마르크스는 낮에는 집에서 일하지 않고 아픈 몸을 이끌고 영국박물관에 간다고 설명했다. 집에 있으면 급격히 쌓여가는 청구서들이 "괴롭히기" 때문이었다.**67** 친구의 넌지리에서 구조 요청을 들은 엥겔스는 마르크스가 외상값을 치르기에 충분한 돈을 장만해주었다. 그리고 독일에서 예니의 한 친구가 보내준 추가적인 도움으로 마르크스 가 여인들은 해변으로 휴가를 떠날 수 있었다.**68**

렌헨이 동생의 병구완을 위해 독일에 가 있는 동안 그들은 집안일로 분주했다. 라우라는 훌륭한 파이, 케이크, 소스를 만들어냄으로써 요리 재능을 과시했다. 예니헨은 청소를 담당했기 때문에 자신을 '부츠잭boot-jack'이라고 불렀다. 예니는 딸들의 손이 망가지는 것을 바라지 않았기 때문에 설거지를 맡았다. 그들은 심지어 예니가 "의류 부서"라고 부른 일에도 주의를 기울였다. 염색, 옷 다시 짓기, 낡은 옷을 새것처럼 보이게 하는 깁기 등이 그것이었다**69**(옷을 재생하는 일은 항상 성공적이지는 않았다. 한 해 전 어린 투시는 괴상한 수제 모자를 썼다가 동네 아이들에게 놀림을 당했었다).**70**

아이들도 이제 사회생활이 많아졌기 때문에 말쑥하게 차려입을 필요가 있었다(예니는 아이들이 허영심이 전혀 없는 것을 보고 은근히 놀랐다고 한 친구에게 말했다. "그 아이들의 엄마는 그 나이에 그렇지 못했기 때문에 더욱 그래요").[71] 집을 방문하는 친구들 중 곧 젊은 청년들도 생길 것이기 때문에, 비록 딸들이 남편감을 찾는 데 별 관심이 없어 보이더라도 손님들에게 좋은 인상을 심어줄 필요는 있다고 예니는 생각했다.

라우라는 아름다운 처녀로 성장했다. 그녀의 어머니가 트리어에서 부러움을 샀던 옅은 갈색 머리에 녹색 눈동자를 그대로 빼닮고 있었다. 그녀는 또한 가난한 환경에서 자랐다는 것을 믿을 수 없게 만드는 기품과 신중함이 있었다. 오만하지 않으면서도 도도한 위엄이 있었고 수개 국어에 능통한 재능 있는 작가였으며 눈은 강렬한 기쁨으로 반짝였다. 그녀는 박물관의 열람실에서나 부엌에서나 편안함을 느꼈으며, 바다에서 능숙하게 수영하는 것처럼 무도회에서도 자연스러웠다. 세 딸 중 라우라가 매사에 가장 적극적이었다.[72] 그녀는 옛날 소설에 나오는 멋쟁이 재단사의 이름을 따서 카카도우Kakadou라는 별명으로 불리기도 했다. 마르크스 가의 여인들 중 가장 세련되게 옷을 입었기 때문이다.[73] 반면, 예니헨은 좀 복잡했다. 어떤 면에서는 동생보다 강했지만, 한편 연약하기도 했다. 마르크스 가의 장녀인 그녀는 언니이자 딸로서의 자기 역할 이상을 하려다보니 고통을 받았다. 지적으로 중간계급의 사내아이처럼 양육되었고, 항상 도전에 목말랐으며, 스스로 뭔가를 해내려 했다. 그녀는 아름다웠지만 라우라처럼 전통적인 미인은 아니었고, 늘씬하고 균형 잡힌 체격이었지만 라우라처럼 조화롭지는 못했다. 그리고 그녀의 어머니는 그녀의 코가 너무 뭉툭하다고 걱정하곤 했다.[74]

그렇지만 신체적 차이에도 불구하고 예니헨과 라우라는 닮은 점이 더 많았고 둘도 없이 가까운 사이였다. 어릴 때는 그들 나름의 이해방식으로 가족의 전망을 공유했고, 이게 커가며 성장해, 그 전망이 자신들을 다른 친구들이 받아들인 사회와 동떨어지게 만들었다는 것을 알아차렸다. 그들은 부모가 놓쳤을지도 모르는 미묘한 방식으로 서로 간에 의지하는 사이가 되었다(예를 들면 예니헨이 아플 때 렌헨, 예니와 마르크스는 음식과 약을 주는 것에만 신경 썼지만, 라우라는 언니의 기운을 북돋기 위해 매일 시를 지어주었다.[75] 언니의 병세는 육체적인 것이지만 그 뿌리는 정신적 고통이라는 것을 알고 있었던 것이다). 두 젊은 아가씨는 가족의 셀 수 없이 많은 어둠의 순간마다 서로 의지했고, 여전히 의지하고 있었다.

렌헨이 돌아오자 마르크스 가의 여인들은 헤이스팅스에 커다란 창문이 세 개 있고 정원까지 딸린 아파트를 얻어 4주간 휴가를 보냈다. 예니는 딸들을 데리고 보트를 타고, 일광욕을 하고, 굴을 먹었으며, 한 국회의원의 정원에서 불꽃놀이를 구경했고, 예니헨의 뺨이 다시 발그스름해질 때까지 언덕길을 산책하기도 했다.[76] 그리고 런던의 집으로 돌아왔을 때, 그들은 마르크스가 그동안 책에 엄청난 진전을 보인 것을 발견했다. 책은 어느덧 7백 페이지 가량으로 커져 있었다. 예니는 친구들에게 그 책이 독일 땅에 "폭탄처럼 떨어질 것"이라고 경고했다.[77]

모든 일이 순조롭게 진행되는 듯 보였다. 하지만 새로운 병으로 마르크스의 작업은 중단되고 말았다. 그에게 두 개의 종기가 생겼는데 하나는 뺨, 다른 하나는 등에 났다. 등에 난 것은 점점 커져서 주먹 크기만 한 옹(癰)으로 발전했다.[78] 의사는 신체가 쇠약해진데다 위생상태도 안 좋기 때문에 발생한 것이라고 진단했다. 그렇지만 예니는 몇 달간 마르크스가 혹사당했기 때문이라고 생각했다. 그는 "보통 때보다 두 배나 담배를 많이 피우고 여러 가지 약들을 세 배나 집어삼켰어요". 그녀는 엥겔스에게 보낸 편지에서 하소연했다. "그 빌어먹을 책은 절대로 안 끝날 것 같아요. 그게 우리 모두를 악몽처럼 짓누르고 있어요. 그 레비아탄Leviathan이 진수되기만 하면 얼마나 좋을까요!"[79] 한편 마르크스는 심한 통증 때문에 침대에 앓아누워버렸다.

의사는 마르크스의 등에 두 시간마다 찜질을 해주고 억지로라도 많이 먹이라고 지시했다. 마르크스는 음식을 별로 즐기지 않았다. 그렇지만 술은 고통을 줄이는 데 도움이 되었기 때문에 2주간 매일 1.5리터의 흑맥주, 서너 잔의 포트 와인, 반 병 정도의 보르도 와인을 마셨다. 예니는 밤새 그의 침대 옆을 지켰고, 그 옆 바닥에서 잤다. 그녀는 기적처럼 멀쩡했지만, 역시 간병을 하던 렌헨은 걱

정과 피로 때문에 몸살로 앓아눕고 말았다.[80]

마르크스가 간신히 삼십 분가량 산책을 할 수 있을 정도로 회복된 11월 말 어느 날 독일로부터 어머니가 별세했다는 편지가 왔다[81](그녀는 오래전부터 자신의 사망 날짜와 시간까지 예언했다고 한다. 11월 30일 오후 4시로 그녀가 결혼한 날짜와 시각이었다).[82] 마르크스는 아직 현기증을 느끼고 쇠약한 상태였지만 트리어로 가야 했다. 그는 두 개의 커다란 약병을 들고, 노상에서 여전히 진물이 흐르는 상처를 싸매줄 "착한 사마리아인"을 만날 수 있기를 기대하며 길을 나섰다.[83]

트리어로 가는 길은 어렵지 않았다. 하지만 어머니와 관련된 일처리는 네덜란드에서 이루어져야 함을 알게 되었다. 어머니의 유언은 그의 말에 따르면 혼란스러운 상태였고, 숙부 리온은 두 사람의 지명집행인 중 하나였다. 트리어에 머무는 동안 마르크스는 어머니의 죽음 때문이었는지, 아니면 자신의 병 때문이었는지, 예니에게 감동적인 사랑의 편지를 보냈다. 그 편지는 마치 그동안 겪은 무수한 슬픔이 전혀 일어난 적 없고 그들이 다시 라인란트의 젊은 시절로 되돌아간 것처럼, 그 전해의 모든 고통을 지워버리려고 애쓰는 것이었다. 1863년 12월 15일 그는 다음과 같이 썼다.

사랑하는 나의 예니……

내가 당신에게 오랫동안 글을 쓰지 않았다면, 그것은 절대로 당신을 잊었기 때문이 아니오. 오히려 그 반대요. 나는 과거의 베스트팔렌 집(노이스트라세에 있는 것)을 매일 순례하고 있소. 그곳은 그 어떤 로마 유적보다도 더 나의 관심을 끄는 곳이오. 왜냐하면 내 어린 시절의 가장 행복했던 나날들을 상기시켜주고, 내 위대한 보물을 간직하고 있는 곳이기 때문이오. 더욱이, 나는 매일 어디를 가나 '트리어 최고의 미인', '무도회의 여왕'에 대한 질문을 받고 있소. 자기 부인이 마을 사람들 모두의 마음속에서 '잠자는 숲속의 미녀'로 살아가고 있다는 사실은 남자에게는 정말로 황홀한 일이오.[84]

마르크스는 일주일 후 트리어를 떠나 네덜란드로 향했다. 그렇지만 네덜란드에 있는 동안 또 다른 옹―그의 표현으로는 "두 번째 프랑켄슈타인"―이 먼젓번 자리 바로 아래에 생겼다. 그는 다시 고통으로 꼼짝도 할 수 없었고, 1월까지 런던으로 돌아갈 수 없을 것 같다고 생각했다. 엥겔스에게는 자기 숙부가 손수 찜질을 해주었고, 매력적이고 재기 넘치는 스물일곱 살의 사촌 나네트가 "모범적인 태도로 나를 간호하고 돌봐주었다"고 말했다.[85]

마르크스는 아팠지만 따뜻한 환대와 후한 대접을 받고 있었던 반면, 런던의 예니와 아이들은 다시 엥겔스에게 기대게 되었다. 창밖에 고드름이 주렁주렁 달리는 날씨 속에서 그래프턴 테라스를 덥히려면 산더미 같은 석탄이 필요했다.[86] 빅토리아식 집의 난방을 위해서 겨울철 지하실에 1톤의 석탄을 쌓아두는 것은 흔한 일이었다. 짐마차에 실려 온 그 생필품은 안 그래도 힘든 가계에 해결해야 할 또 다른 청구서가 있음을 의미했다.

마르크스는 크리스마스에 예니에게 편지를 쓰지 않았다. 그래서 새해 첫날이 지난 후 예니는 팔 일간의 편지 가뭄을 끝내기 위해 "장밋빛 결단"으로 그에게 편지를 썼다. 그녀는 투정 부리듯 연말연시에 그가 네덜란드에서 잘 지내는지, 잘 보살핌을 받고 있는지 알 수 없어서 "아주, 아주 쓸쓸했다"고 썼다. 그리고 런던의 침울한 크리스마스와 새해 분위기를 그렸다. 마르크스는 그것이 정말로 그녀가 무척 쓸쓸하게 느끼고 있음을 암시하고 있다는 것을 모르지 않았을 것이다. 크리스마스트리나 다른 장식도 없는 상태에서 예니헨과 라우라는 스무 개 이상의 인형들에 다른 옷을 입히며 투시를 즐겁게 해주려고 애썼다―그들은 투시의 머리털을 인형의 턱에 풀로 붙여 중국 노인을 만들기도 했다. 집주인은 마르크스가 여행 중이라는 사실을 알았기 때문에 찾아오지 않았다. 그리고 집주인과 "관련 이웃들"은 마르크스가 아팠다는 것도 이해하고 있었다. 그렇지만 휴일이 끝나면 곧 집주인도 나타날 것이었다.

즐거운 일도 있었다. 가족들은 제야를 로리머Lorimers라는 한 프랑스 가족과 집에서 보냈다. 그들은 자정의 종소리를 춤과 노래로 환영했고 손님들은 새벽

2시까지 머물렀다. 휴일의 절정은 루푸스의 호의였다. 그는 아이들에게 3파운드를 선사했다. 그래서 아이들은 가족 모두와 함께 극장에 갔다. 예니는 그날 저녁은 그들의 "비극배우" 예니헨에게 커다란 기쁨이었고, 대절 마차를 타고 집으로 돌아오는 것으로 대미를 장식했다고 말했다. 모두들 매우 만족했다고 그녀는 덧붙였다. 그렇지만 어투로 볼 때 그녀 자신은 만족하지 못했던 것 같다. 보통처럼 천 번의 키스가 아닌 "이제 안녕, 영감! 조만간 답장을 기대하며"라고 마무리했던 것이다.[87] 그리고 1월이 끝나고 2월로 접어들어도 마르크스가 돌아오지 않자 그녀의 절망은 깊어만 갔다. 친구에게 보낸 편지에서 자신의 감정을 솔직히 드러냈다. "그도 멀리 있고, 공포와 불안으로 고통받고, 돈이 많이 드는 장시간의 병치레로 엄청나게 불어나버린 빚더미에 완전히 짓눌려서…… 우리는 아무런 희망도 없이 슬프고 외롭게 주저앉아 있습니다."[88] 예니는 쉰 번째 생일을 딸들과 보내면서 완전히 버림받은 느낌이었고 날씨마저 기록적인 한파로 꽁꽁 얼어붙어서[89] 그녀의 기분을 대변해주는 것 같았다.

예니는 그때를 인생에서 가장 비참한 시기 중 한순간으로 회고했다. 반면 마르크스는—콩알만 한 크기의 종기들과, 골프공 크기의 진물이 흐르는 옹들이 계속 돋아서 고통과 고열에 시달렸음에도 불구하고—네덜란드에서 지낸 두 달이 인생에서 가장 행복한 순간이었다고 숙부에게 말했다.[90] 그는 2월 19일 런던으로 돌아왔다.[91] 떠날 때보다 더 살쪄 있었고, 심신은 집에서 그를 맞아주는 여인들보다 훨씬 건강해져 있었다.

마르크스는 어머니의 재산에서 1천 파운드가량을 상속받았다(하지만 바로 손에 쥘 수 있는 것은 아니었고, 그중 3백 파운드 정도는 빚을 갚는 데 써야 했다).[92] 그래서 그중 일부를 1856년에 예니가 했듯이, 새롭고 좀 더 나은 거처로 가족들의 보금자리를 옮기는 데 사용했다. 그래프턴 테라스는 딘스트리트처럼 죽음이 기어이 스며들어 있는 것은 아니었지만, 거의 지속적으로 가족의 비참한 생활이 이어졌던 곳이었다. 그들이 이사해 들어오던 그 순간부터 생활 전반이 극심한 외로움과 질병, 그리고 빈곤으로 얼룩졌고, 심지어 그것들 때문에 마르크스와 예니의 결혼 생활이 삐걱거리기도 했었다.

마르크스 가족은 새로운 집을 찾아 멀리 가지는 않았다. 그들은 햄스테드 히스 근처에 머물렀다. 메이틀랜드 파크의 모데나 빌라스 1번지 — 볕이 잘 들고, 넓고, 특이하게 성당 옆에 있었다 — 는 몇 단계 더 호화로운 곳이었다.[93] 그 외곽의 3층짜리 저택에는 방마다 벽난로가 있고, 뒷마당이 있으며, 앞에는 넓은 공원이 있었다. 그리고 현관 근처에는 온실도 있었다. 딸들도 각자 자기 방을 갖게 되었고,[94] 투시가 키우는 동물들 — 당시 개 두 마리, 고양이 세 마리, 그리고 새 두 마리가 있었다 — 을 위해서도 충분한 공간이 있었다.[95] 마르크스는 공원이 내다보이는 첫 번째 층의 방을 서재로 골랐고, 여인들은 집의 나머지 방들을 자유롭게 돌아다닐 수 있었다. 그곳에서 예니는 인생을 새롭게 출발할 수 있을 것이라고 느꼈다. 그곳은 딸들이 자랑스럽게 내보일 수 있는 집이었고, 그들의 어머니는 자기가 교육받고 자란 대로 당당하게 가정을 관리할 수 있는 곳이었다 — 외적으로 체면이 서는 곳이었다.

처음에 집을 임차할 돈이 있다고 해서 계속 집세를 낼 수 있는 것은 아니라는, 그래프턴 테라스에서 얻은 교훈을 망각하고, 마르크스는 일 년에 65파운드라는 엄청난 집세로 삼 년간 임대계약을 체결했다.[96] 늘 그랬듯이 가족들은 그를 따라 기쁜 마음으로 사치스러운 새로운 모험에 뛰어들었다.

4월 말 엥겔스는 마르크스에게 루푸스의 건강이 걱정스럽다고 알렸다. 그는 쉰다섯 살이었고 정신을 차릴 수 없을 정도의 두통에 시달렸는데도 의사는 발가락의 통풍만 치료하는 것으로 만족하는 듯 보였다. 엥겔스가 새로운 의사를 데려왔지만 루푸스의 상태는 악화되기만 했다. 그의 병은 뇌출혈이나 뇌염으로 보였다.[97] 마르크스도 놀라서 5월 3일 맨체스터로 갔다. 엿새 후 그는 예니에게 루푸스가 세상을 떠났다는 편지를 썼다. 그들은 1844년 브뤼셀에서 루푸스가 그들의 집을 찾아온 이래로 쭉 가깝게 지내던 사이였다. 그때부터 그는 충성스러운 당원이었고, 마르크스 가족에게도 헌신적이었다. 마르크스는 "그를 잃음으로써 우리는 보기 드문 친구와 투사를 동시에 잃었다. 그는 정말로 남자다운 남자였다"[98]고 말했다.

다음 날 마르크스는 정말로 루푸스가 얼마나 진실한 친구였는지 알게 되었다. 그는 맨체스터에 있는 동안 가정교사로 일했고, 독신이었기 때문에 술 마시는 것 빼고는 돈 쓸 일이 없었다. 그의 유서 내용은 자신이 1천 파운드 가량 저축했으며, 엥겔스, 그의 주치의, 그리고 실러 재단(맨체스터에 있던 독일인 사회문화 클럽)에게 각각 백 파운드씩 남기고, 나머지는 그의 책과 기타 유품들과 함께 모두 마르크스와 예니에게 주겠다는 것이었다.[99]

루푸스의 뜻밖의 선물에 놀란 마르크스는 장례식 때 조사를 맡아 친구를 회상하면서 목이 멨다.[100] 엥겔스에게는 루푸스의 죽음이 특히 견디기 힘든 일이었다. 루푸스는 마르크스와 마찬가지로 젊은 시절부터 친구였으며 "부르주아의 쓰레기장"인 맨체스터에서 가끔 잊기 쉬운 위대한 투쟁을 끊임없이 상기시켜준 존재였기 때문이다. 그는 거의 매일 루푸스를 만났었다. 엥겔스는 "마르크스와 나는 우리의 가장 성실한 친구이자 그 누구로도 대신할 수 없는 한 독일 혁명가를 잃었습니다"[101]라는 말로 슬픔을 표했다.

엥겔스가 너무 슬퍼했기 때문에 마르크스는 그를 혼자 놔둘 수 없어서 런던으로 초대했다. 이십 년 만에 처음으로, 재력도 없고 편안함과도 거리가 멀었던 마르크스 가족이 엥겔스의 보살핌을 받는 대신 이제 그를 보살피게 된 것이다.

5부
『자본론』에서
코뮌으로

30

1864년
런던

> 땅의 지배자들과 자본의 지배자들은
> 그들의 경제적 독점을 지키고 영속화하기
> 위해 항상 정치적 특권을 이용해왔다……
> 그러므로 정치권력을 정복하는 것이
> 노동자계급의 중대한 임무가 되었다……
> 그들이 지닌 한 가지 성공 요소는
> 다수라는 점이다. 그렇지만 다수는
> 단결해 통일되고 지식으로 인도될 때만
> 힘을 지닌다.
>
> —카를 마르크스[1]

    1864년은 마르크스 가족뿐만 아니라 유럽의 노동자계급에게도 변화의 해였다. 엥겔스는 "현대의 국가는 어떤 형태를 취하건 상관없이 본질적으로 자본가들의 도구, 즉 자본가들의 국가이다"[2]라고 썼다. 1860년대 초반 그 점은 노동자들에게도 명백해졌다. 그들은 산업과 금융의 이해 관계자들이 서유럽 전역의 정치를 장악하고 유럽의 강대한 식민지 네트워크 속으로 자본주의를 확장해 나가는 모습을 확인했다. 1860년대 중반 영국만 하더라도 148명의 철도회사 대표들이 하원 의석을 차지했는데 거의 총의석의 4분의 1에 해당하는 숫자였다.[3] 부르주아는 지배적인 귀족들(많은 경우 무너져 내리고 있었다)과 합리적인 정치적, 사회적 논의의 장을 여는 데 실패한 후 결국 돈으로 그들을 자기편으로 끌어들였다. 그런 움직임은 특히 영국과 프랑스에서 두드러졌고, 독일에서도 점점 가시화되기 시작했다.

    지주귀족들로부터 권력이 이탈하는 충격은 서유럽의 외부인 러시아와 미국에서 가장 극적으로 느껴졌다. 1861년 차르 알렉산드르 2세는 농노제를 폐지함으로써 유럽에서 봉건주의의 조종을 울렸다. 이듬해 에이브러햄 링컨은 노예해방 선언서에 서명해 미국에서도 노예제 철폐의 서막을 열었다.[4] 두 개의 조치가 가져온 실제적인 변화는 1860년대 중반부터 유럽과 미국의 모든 사람들이 어떤 식으로든 임금을 받고 일하게 되었음을 뜻했다. 어떤 사람이 다른 사람에게 보수를 지불하지 않고 그의 의지와 상관없이 일할 것을 강요할 수 있는 사회구조는 더 이상 존재하지 않게 되었다.

많은 산업자본가들과 자유주의자들이 과거의 야만적인 관행을 종식시키고 자유노동의 새 시대를 위한 초석을 다진 것을 자축했다. 그렇지만 지식인들과 노동자계급의 지도자들은 그 새로운 자유는 음식도 돈도 없고 교육받지 못하고 건강도 좋지 않은 사람들에게는 아무런 가치도 없다고 주장했다. 그들은 자기 가족들이 "자유롭게 일하기로 선택"한 산업기계 속에서 부서지는 것을 지켜봐야 했기 때문이다. 혁명운동을 하다가 1862년에 체포된 러시아인 니콜라이 체르니셰프스키는 자유와 법적 권리는 사람들이 그것을 이용할 수 있는 물질적 수단을 가지고 있을 때만 의미가 있다고 말했다. 그는 러시아에서 자유방임적 자유주의는 그것이 대체해버린 봉건주의보다 훨씬 나쁜 체제를 만들어낼 것이라고 우려했다. 왜냐하면 그 체제는 사회적 안전망 — 공동체적 생활과 토지 등 — 이 없는 완전한 이기주의에 기초할 것이며, 극빈자나 노약자들도 스스로 알아서 하도록 방치할 것이기 때문이었다.[5] 유럽과 미국의 일부 노동자들도 똑같은 불안을 느꼈다. 러시아에서 그런 변화된 현실은 몇 세대에 걸친 혁명가들의 양산으로 이어졌다. 서유럽과 미국에서는 그것이 노동조합과 노동자들의 정치조직 결성으로 귀결되었다.

유럽에서 초창기 반란기인 1830년과 1848년의 반체제 운동은 대체로 계몽된 상층계급과 지식인들에 의해 주도되었다. 그렇지만 1860년대 초반에 와서는 노동자계급이 양적으로 성장하고 결속력도 강해졌다. 그리고 가장 중요한 점은 그들이 더 나은 교육을 받았다는 것이며, 그것이 의미하는 바는 노동자들의 권리를 위해 어떻게 싸워야 할지에 관해 여러 가지 더 다양한 사상을 지닌 더 많은 지도자들이 탄생했다는 것이다. 선택은 이제 더 이상 혁명이냐 패배냐 두 가지만 있는 것이 아니었다. 이제 실천목록에는 파업, 평화적 시위, 대규모 정치적 산업별 조직화 등도 포함되었다.[6] 분위기는 조용했지만 결연했다. 연대가 중요한 열쇠로 여겨졌다.

영국에서는 런던노동조합협의회의 기치 아래 강력한 상급 노동자단체가 만들어졌다. 1840년대의 차티스트 운동이 소멸해버린 이후 최초의 진정한 광역 조직화 시도였다. 독일에서는 라살레가 『노동자의 강령Workers' Program』이라는 팸플릿을 출판했다. 마르크스는 그것을 『공산당 선언』에 대한 조악한 대체물이라고 혹평했지만,[7] 당시 독일인들은 현대적 노동운동의 첫발로 여겼다. 라살레는 그 강령을 발판 삼아 1863년 독일노동자총연맹을 결성했다. 프랑스에서도 비록 산업 발달의 부진으로 조직화는 더뎠지만 노동운동이 꾸준히 성장하고 있었다. 하지만 덜 조직화되었기 때문에 오히려 더 폭발적일 수 있었다.

그런 배경하에 1863년 7월 유럽 노동자들이 폴란드 봉기를 지지하기 위해 런던에 모였다. 1848년 이후 보기 드문 혁명적 사건 중 하나였다. 러시아의 농노제 폐지가 당시 러시아의 지배를 받고 있던 폴란드에서는 더 큰 자유를 향한 새로운 경향의 출발로 잘못 이해되었다. 바르샤바에서는 폴란드에 헌법을 허락하라고 러시아를 압박하는 평화적 시위가 이 년 동안 벌어지고 있었다. 하지만 아무런 반응이 없는 데 분노한 시위대는 1863년 1월에 결국 폭력적으로 나아가게 되었다. 서유럽의 정부들 — 심지어 스스로를 기본권의 수호자로 선포한 나라들조차 — 은 폴란드에 아무런 도움도 주지 않았다.[8] 그렇지만 런던의 노동자 모임은 도움의 손길을 내밀었다. 대표자들은 또한 국제적 노동자단체의 창설도 합의했다. 그리고 그 창립회의를 1864년 9월에 런던에서 열기로 했다.[9]

마르크스와 엥겔스는 그 모임에 대해 알고 있었다. 마르크스는 독일노동자교육협회 명의로 폴란드를 위한 모금을 호소했다. 그렇지만 1864년 여름 동안은 대체로 정치활동을 멀리했다. 유산 상속으로 자유로워진 그는 시간을 집필, 해부학과 철학 연구(그 방면의 엥겔스의 지식에 자극받았다고 말했다), 그리고 증권시장에 집적거리는 것(역시 엥겔스의 지도를 받았다)으로 보냈다.[10] 마르크스는 숙부에게 자기가 한 번에 4백 파운드를 투자했으며 증권거래가 마음에 든다고 말했다. 그것은 "시간을 조금 뺏기는 하지만 적들의 돈을 줄이기 위해 약간의 위험은 감수할 가치가 있는"[11] 것이었다(이것 역시 엥겔스의 전략이었다. 그는 십 년 넘게 맨체스터에서 지내며 자기가 혐오하는 공장체제에서 돈을 빼내 그것을 파괴시킬 것이라고 기대되는 사람을 지원하는 데 사용했다).

1864년 여름은 실로 마르크스 가족에게 예외적으로 안온한 평화의 시기였다.[12] 예니는 집 안을 꾸밀 가구들을 찾기 위해 경매에 참가했으며 딸들은 침실을 꾸미는 부르주아적 취미를 만끽했다.[13] 예니헨은 음유시인과 유명한 셰익스피어 배우들의 그림을 붙이고 자신이 가장 좋아하는 희곡들로 책꽂이를 채워서 방을 셰익스피어 전시실로 꾸몄다.[14] 또한 그녀는 온실을 책임졌다. 그곳은 빈곤 때문에 건강을 상했고, 한 번도 그렇게 많은 아름다움으로 둘러싸여본 적이 없었던 젊은 아가씨의 휴식처가 되었다.[15] 그렇게 모데나 빌라스가 정리되자 7월 중순에 마르크스는 세 딸을 데리고 해변으로 휴가를 떠났다. 한 해 전 개통된 런던과 램즈게이트를 잇는 철도는 검댕으로 거무튀튀하게 얼룩진 런던에서 승객들을 태우고 남동쪽으로 달리다가 불과 몇 시간 후 해변에 내려주었다. 당연히 램즈게이트 해변은 여름이 되자 크리스마스 때의 옥스퍼드 거리처럼 런던 사람들로 붐비기 시작했다. 백사장에는 하늘거리는 차림의 여인들이 의자 위에 앉아 있고, 우아한 복장의 남성들이 한가롭게 시가를 피우며 거닐었다. 그리고 곡예사나 악극단, 음유시인들이 방문객들을 즐겁게 해주었다. 마르크스의 딸들은 난생처음으로 돈 걱정 없이 그런 사교적 생활에 흠뻑 빠져들었다. 마르크스는 그 시간을 또 다른 종기를 치료하는 데 보냈다. 그는 거의 하루 종일 침대에 누워 있어야 했다.

한편 런던에서 예니는 다시는 돌아갈 수 없을 것이라고 여겼던 삶을 되찾은 기쁨을 누리고 있었다. 휴가를 떠난 가족들에게 그녀는 새집에서는 이 방에서 저 방으로 옮기는 것만으로 간단히 햇볕을 피할 수 있기 때문에 전혀 더위로 고생하지 않는다고 편지에서 말했다. 그녀는 젤리와 잼을 여덟 단지나 만들었고, 친구들을 불러 풍성한 저녁식사를 즐기고 충분한 양의 맥주로 마무리했으며, "최고의 치장"— 모조 다이아몬드와 백색 오페라 망토 — 을 한 채 저녁 외출을 하기도 했다.[16] 마르크스와 딸들이 램즈게이트에서 돌아오자 이번에는 예니가 2주간 브라이튼의 한 가정집에 '민박'하는 것으로 휴가를 떠났다.[17] 그해 여름은 그녀에게는 이십 년 전 마르크스와 결혼한 이래 가장 홀가분한 기간이었다. 그녀가 오직 걱정해야 할 것이라고는 마르크스의 주의대로 브라이튼에서 "마담 예니 마르크스 베스트팔렌 남작부인"이라고 적힌 신분증을 너무 자주 사용하지 않는 것뿐이었다. 왜냐하면 브라이튼에 있을지도 모를 마르크스의 적들이 그 사실을 악용할 수도 있기 때문이었다.[18] 그렇지만 그 정도 일은 그들이 겪어야 했던 상처와 그들이 견뎌야 했던 굴욕에 비하면 아무것도 아니었다. 그 여름 예니는 브라이튼에서 자기 사진을 찍었다.[19] 그녀의 얼굴에는 이제 천연두의 흔적이 보이지 않았다. 그녀는 안도했다. 고생이라고는 모르고 지낸 듯한 우아하고 아름다운의 여인의 모습만 보일 따름이었다. 불과 몇 달 만에 가족의 운이 아주 극적이고 신속하게 바뀌어버렸던 것이다.

엥겔스의 운도 달라졌다. 마흔네 살인 그는 이제 에르멘앤엥겔스 사의 정식 동업자가 되었고 — 혼란스러운 면화시장 사정에도 불구하고 — 그에 따른 모든 부도 소유하게 되었다.[20] 그와 리지는 더 큰 집으로 이사 가는 것으로 그것을 축하했다. 이제 서른일곱이 된 리지는 소녀시절부터 언니 메리, 그리고 엥겔스와 같이 살았다. 그동안 리지는 열성적인 아일랜드 민족주의자로 성장했으며, 페니언단Fenians이라고 알려진 새로운 반反영국 아일랜드 과격파에게 집을 안가로 제공하고 있었다.[21] 그들의 집은 은밀한 모임장소로는 완벽한 곳이었다. 집은 맨체스터의 아일랜드인 거주지 외곽에 자리 잡고 있었다. 그리고 리지는 메리의 사망 이후, 그 도시의 가장 유력한 사업가 중 한 사람인 엥겔스의 '부인'이 되었다.

9월, 마르크스는 프라일리그라트로부터 라살레가 제네바에서 총에 맞아 죽었다는 충격적인 소식을 전해 들었다. 라살레의 친구 말에 따르면 그는 열아홉 살 소녀와 사랑에 빠졌는데, 그녀는 이미 루마니아의 한 귀족과 약혼한 상태였고, 그 귀족이 라살레에게 결투를 신청했다고 한다. 그 귀족은 '가짜 왕자' 또는 '사기꾼'이었다고 전해지기도 한다.[22] 라살레는 그의 적수가 되지 못했다. 그는 하복부에 총상을 입고 천천히 고통스러운 죽음을 맞았다.[23]

마르크스와 엥겔스는 수년 동안 거리낌 없이 라살레를 조롱해왔지만 그 사건은 두 사람에게, 특히 마르크스에게 큰 충격을 주었다. 라살레는 인생에서 최전성기를 구가하고 있었다. 놀랍게도 그는 독일 노동자들과 사회주의 운동의 지도자가 되어 있었던 것이다. 그리고 비록 그가 막후에서 프로이센의 재상 오토 폰 비스마르크와 공모하고 있다는 소문도 있었지만, 독일에서는 그 어느 누구보다도 노동자의 대의를 진보시킨 자임에 틀림없었다.[24] 마르크스는 브라이튼에 있는 예니에게 편지로 라살레의 허무한 죽음을 알리면서 "사람들이 뭐라고 하건 라살레는 그런 식으로 죽기에는 아까운 인물이었다"라고 말했다.[25] 며칠 후에는 엥겔스에게 보낸 편지에서 다음과 같이 썼다. "라살레의 비극이 머릿속에서 떠나지 않네. 그가 어떤 사람이었건, 결국 그 사람도 왕년의 투사였고 우리 적의 적이 아니었나. 그런데 이렇게 사태가 갑작스럽게 예기치 못한 방향으로 흘러서 그렇게 요란하고, 분주하고, 저돌적이던 사람이 이제 죽어서 입을 꽉 다물게 되었다는 사실이 도무지 믿기지 않는군…… 우리 시대 사람들은 하나둘씩 사라져가는데 새로운 증원군은 보이지 않으니 어쩌면 좋겠나."[26]

그렇지만 전에도 그랬듯이 마르크스 주변의 동료들이 줄어드는 것처럼 보일 때, 증원군이 나타났다. 라살레에 대한 편지를 엥겔스에게 보낸 2주 뒤에 마르크스는 프랑스인 망명자 빅토르 르 루베즈로부터 9월 28일 런던에서 개최되는 국제노동자 모임에서 독일을 대표해달라는 부탁을 받았다. 마르크스는 모임 개최를 결정했던 1863년 모임에는 참석하지 않았다. 그렇지만 성마틴 홀에 모일 그 사람들이 무엇인가 중요한 일을 추진 중이라는 생각이 들었다. 그는 기존의 유보적 태도에서 벗어나 참석에 동의했다.[27]

유럽에서 여태까지 노동자들은 오직 지역적, 또는 국가적 조직만 건설해 노동권을 위한 투쟁을 벌여왔으나, 그런 국지적 노력만으로는 더 이상 충분치 않았다. 정부들은 상업에서 거의 모든 국가 간의 장벽을 허물었고, 상업 거래량은 1850년에서 1860년대 말 사이에 260퍼센트나 급증했다.[28] 기업가들도 파업을 파괴할 비조합원 노동자들을 구하는 데 국경 따위는 더 이상 신경 쓰지 않았으며, 공안세력도 반정부 운동과 싸우는 과정에서 국경을 장벽으로 여기지 않았다. 그런 분위기 속에서 런던으로 모여든 노동자들은 이런 새로운 도전에 대응하기 위해서는 자신들도 국제적으로 조직을 확장해야 할 필요가 있다는 데 동의하고 있었다.

모임은 주최 측의 예상을 뛰어넘는 대성공이었다. 거대한 홀이 수용한도까지 꽉 찼다. 그 행사는 런던노동조합협의회의 영국 노동자들, 주세페 마치니와 연대한 이탈리아 민족주의자들, 프랑스의 프루동주의자들과 블랑키주의자들, 아일랜드 민족주의자들, 폴란드 애국자들을 불러 모았고, 마르크스와 그의 재단사 친구 게오르크 에카리우스도 물론 독일을 대표해 참석했다[29](한 작가는 그 모임을 급진적 시민들의 국제연합United Nations이라고 불렀다).[30] 참석자들은 유럽과 미국에서 노동자들의 조직을 만들고 서로 협력하도록 하기 위해 런던에 국제노동자협회International Working Men's Association(인터내셔널)를 창설하기로 합의했다. 인터내셔널의 강령과 규약을 작성하기 위한 위원들이 선정되었다. 마르크스도 위원으로 위촉되었다.

한편 독일에서는 독일노동자총연맹의 멤버들이 라살레의 죽음으로 회장 자리가 공석이 되자 새로운 인물을 물색하고 있었다. 리프크네히트는 마르크스에게 회장이 될 의향이 있는지 물었고, 다른 당원들은 적당한 후보를 추천해줄 것을 요청했다.[31] 독일의 이 사람들이 왜 마르크스에게 지도를 부탁했는지는 의문이다. 그는 거의 십오 년간 독일의 어떤 정치적 운동에도 관여하지 않았고, 『정치경제학 비판 요강』 말고는 아무것도 출판한 적도 없었다. 그리고 『정치경제학 비판 요강』은 현실적 파급효과가 있을 만큼 많이 팔리지도 못했다. 어쨌든 여러 가지 면에서 마르크스는, 이런 중요한 시기에 그를 지속적으로 독일에서 관심인물로 남아 있을 수 있게 만들어준 데 대해, 그를 비난했던 카를 포크트의 책에 감사해야 할 상황이었다.

마르크스는 리프크네히트에게 자기는 주소지가 프로이센이 아니기 때문에 회장직을 맡을 수 없다고 말했다(그의 시민권 신청은 거부되었다). 그렇지만 모데나 빌라스의 서재에서 한 가지 책략의 가능성에 눈을 돌리고, 다시 한 번 정치적 체스 판을 펼쳤다. 그는 다른 당원에게 만약 자신이 회장으로 선출된다면 좋은 선전효과를 기대할 수 있을 것이라고 말했다. 선출된 후 공개적으로 왜 자신이 회장직을 맡을 수 없는지 설명할 수 있을 것이고, 그렇게 되면 그것을 통해 인터내셔널을 선전하는 효과도 거둘 수 있을 것이라는 계산이었다.[32] 어쨌든 마르크스는 선출되지 않았다. 하지만 스스로를 독일 사회주의자들과 노동자들의 지도자이자 주요 이론가로 재정립함과 동시에 인터내셔널에 대한 지지를 이끌어내려는 노력으로 이를테면 정치에 화려하게 복귀한 셈이었다.

10월 말 마르크스는 자신이 참석하지 않았던 인터내셔널 회의에서 작성된 강령과 규약 초안을 건네받았다. 그는 자신의 오랜 라이벌인 마치니의 작품인 그 초안을 보자마자 상투적인 표현들로 가득 차 있고 너무 애매모호해서 실천에는 아무런 도움도 되지 않는다고 판단했다. 하지만 개정을 위해 공개적으로 투쟁을 벌이는 것보다는 오래전 쾰른에서 검열관을 상대할 때 써먹었던 수법을 사용하기로 했다. 위원회 동료들의 진을 빼는 것이었다. 자신의 집에서 가진 모임에서 마르크스는 사소한 문제들로 새벽 1시까지 토론을 끌었다. 지쳐버린 대표자들은 회의를 파하기로 하고 마르크스에게 다음 회의까지 초안을 맡겼다. 그들이 쉬는 동안 마르크스는 일했다. 넓은 서재에 홀로 앉아 「노동자계급에게 드리는 담화Address to the Working Classes」를 작성했다. 마치니식의 강령을 버리고 마흔 개의 규약을 열 개로 줄였다. 다시 회의가 시작되었을 때 위원들은 두 개의 부차적인 문장만 추가하고 만장일치로 (그리고 안도하면서) 마르크스의 개정안을 통과시켰다.[33]

마르크스의 10페이지짜리 「담화」는 절제미가 돋보이는 걸작이었다. 그것은 노동자계급의 '모험'을 연대별로 개관하고 큰 시련 속에서의 진보를 묘사했다. 1848년 이후 유럽의 여러 나라들은 전례 없는 경제적 발전과 성장을 경험했다. "그 모든 것들 중에서도 부와 권력의 증가가 완전히 유산계급에게만 제한되어 이루어졌다는 것은 정말 '참을 수 없는' 일이었다." 그는 바로 이 같은 상업적 진보의 시대에 "기아로 인한 사망자 수는 구호시설의 인원수만큼이나 증가했다"고 말했다. 그렇지만 그런 패배 속에서 노동자계급은 새로운 힘으로 일어서고 있다는 것이다. 그는 열 시간 노동제를 성취한 영국 노동자들에게 찬사를 보내며, "중간계급의 정치경제학이 공개적으로 노동자계급의 정치경제학에 굴복한 것은 처음 있는 일이었다"라고 말했다.

그렇지만 마르크스는 각국의 노동자들이 서로 연대해 해방 — 오직 그들만이 성취할 수 있다 — 을 위한 공동투쟁에 힘을 합쳐야만 성공적으로 지배계급에게 대항할 수 있으며, 노동의 성과를 누릴 권리를 획득할 수 있다고 했다. 그는 이런 믿음이 바로 국제노동자협회의 설립 동기이며, 협회는 노동자들의 권리를 선전할 뿐만 아니라 외교정책에도 관여해야 할 것이라고 말했다. 한 나라의 노동자들은 다른 나라 노동자들을 적대시해서는 안 된다. 전쟁에서 그들과 싸우다 죽는 것은 자본가들의 이득만 채워주는 꼴이 될 것이기 때문이다. 그는 낯익은 구호로 매듭지었다. "만국의 노동자여, 단결하라!"[34]

비록 당시 그 새로운 단체의 인지도는 보잘것없었지만, 인터내셔널과 이 짧은 「담화」가 준 충격은 아무리 강조해도 지나치지 않다. 마르크스의 말이 새로운 노동자계급 운동의 기초가 되었다. 몇 주 내에 그의 글은 유럽 전역과, 멀리 세인트루이스, 미주리의 반체제 신문들에까지 실렸고, 연방군에서 남부연합군에 대한 진격을 준비하고 있던 바이데마이어와 그의 동료들까지도 그것을

읽었다.[35]

인터내셔널 창립대회 이후 마르크스의 집은 엥겔스의 표현에 따르면, "망명자들의 성지"가 되었다.[36] 마르크스를 찾은 방문객들 중에는 십육 년간이나 보지 못했던 미하일 바쿠닌도 끼어 있었다. 러시아의 불곰 같은 그 사나이는 이제 새로운 세대의 혁명가들, 무정부주의자들, 그리고 더욱 극단적인 후예들인 니힐리스트들 사이에서 거의 신화적인 존재가 되어 있었다.[37]

그는 1849년 관공서에 대한 자살공격을 주장한 죄로 드레스덴 외곽에서 체포된 후 반역죄로 사형을 언도받았다. 그러나 육 개월 후 종신형으로 감형되어 오스트리아로 이송되었다. 그곳에서 감방 벽에 쇠사슬로 묶인 채 지내다가 1851년 5월 다시 군사법정에 의해 반역죄로 유죄판결을 받아 교수형에 언도되었다. 하지만 같은 날 감형되어 러시아로 넘겨졌고, 상트페테르부르크의 악명 높은 감옥인 페트로파블롭스크 요새에 수감되었다.[38] 수년간 혹독한 환경에서 수형생활을 했고, 특히 러시아에 갇혀 지낸 것 때문에 바쿠닌은 이가 빠지고 근육질의 몸도 여위고 축 늘어져버렸다. 한때 여인들을 황홀경에 빠뜨리고 남성들은 충성을 맹세하도록 만들었던 그 사나이는 이제 음울한 거인이 되어 있었다.[39] 힘을 잃으면서 신념도 약해졌다. 1858년 바쿠닌 어머니의 노력 덕택에, 차르는 그에게 평생 감옥에 남을지 아니면 여생을 시베리아에서 보낼지 결정할 선택권을 주었다. 조건은 그가 차르에게 석방을 애걸하는 굴욕적인 탄원서에 서명하는 것이었다. 바쿠닌은 문서에 서명하고 병사들의 호송하에 동쪽으로 먼 길을 떠났다.[40] 시베리아에서 이제 사십대 중반이 된 바쿠닌은 열여덟 살인 폴란드 상인의 딸과 혼인했다. 어느 모로 보나 이상한 결혼이었다. 바쿠닌은 성불구로 알려져 있었고, 젊은 아내 안토니아에 대해 심한 의처증을 가지고 있었다.[41] 삼 년 후인 1861년 그는 아내를 두고 홀로 시베리아를 탈출해 여러 번 배를 갈아타며 일본에 도착했다. 곧이어 샌프란시스코로 건너가 뉴욕을 거쳐 마침내 12월 27일 영국의 리버풀에 닿았다. 그리고 런던으로 와서 러시아 작가인 알렉산드르 헤르첸의 집

에 묵었다.[42]

바쿠닌은 1849년 이후 세상과 동떨어져 있었기 때문에 정치적으로 냉동인 간과 같은 존재였다. 그는 왕년의 동지들을 차분해지도록 만든 성숙과정을 겪지 못했다. 그래서 다시 기력을 회복하자 옛날 드레스덴의 바리케이드에서 그가 보여주었던 전투에 대한 열망에 사로잡혔다. 그는 법 같은 것은 안중에 없었고 행동밖에 몰랐다. 헤르첸은 "그는 쉰 살의 나이에도 여전히 방황하는 학생이었고, 내일 따위는 신경 쓰지 않는 [그 옛날 파리 시절의] 보헤미안이었으며, 돈을 경멸해 있는 대로 무턱대고 사방에 뿌리고, 또 없으면 아무 데서나 빌렸다"[43]고 말했다. 마르크스는 그를 127킬로그램의 무게를 간신히 지탱하며 걸어 다니는 "괴물, 살과 지방의 거대한 덩어리"라고 묘사했다.[44]

바쿠닌은 1861년 영국에 도착한 이후 여러 차례 런던을 들락거렸지만, 마르크스는 바쿠닌이 이탈리아 여행을 준비하며 재단사 레스너에게 옷을 부탁하기 전까지는 그가 런던에 있다는 사실을 몰랐던 것 같다.[45] 마르크스는 바쿠닌이 마치니에게 대항할 훌륭한 동맹자가 될 것이라고 생각하고 초청했다.[46] 멋진 모자로 마무리한 바쿠닌의 거대한 몸집이 그와 안토니아(그녀는 런던에서 합류했다)가 피렌체로 떠나기 전날 밤 마르크스 집의 현관문을 채웠다.[47]

1840년대에 파리와 브뤼셀에서의 마르크스와 바쿠닌의 관계는 긴장된 것이었다. 그렇지만 런던에서 다시 만난 후, 마르크스는 엥겔스에게 "나는 그가 무척 마음에 든다는 사실을 인정할 수밖에 없군. 전보다 더욱…… 결국 그는 십육 년이 흐르는 동안 퇴보하기보다 진보했다고 평가할 수 있는 몇 안 되는 사람 중 하나일세"라고 말했다. 바쿠닌은 특유의 모 아니면 도라는 식의 열정으로 사회주의와 인터내셔널에 헌신할 것을 약속했다.[48] 만약 마르크스가 바쿠닌의 헌신적 태도를 지지의 표시가 아닌 위협으로 간파했다면 나중에 그토록 고통당하지는 않았을 것이다. 한 마르크스 전기 작가가 썼듯이, 마르크스는 낡은 사회로부터 더 나은 사회를 건설하는 것을 꿈꿨다. 그렇지만 바쿠닌은 파괴의 달인이었다. 그는 사회의 파괴를 꿈꿨고 연기가 피어오르는 폐허 속에서 모든 것을 새

로 시작하기를 바랐다.[49]

이제 마르크스 가족은 수년간의 칩거에서 벗어났다. 마르크스가 다시 정치 일선에 복귀한 것이다. 또한 경제학 책의 완성을 목전에 두고 있었다. 그 책은 더 이상 둔커를 위한 연재물이 아니었다. 그것은 『자본론』으로 불리게 될 터였다. 마르크스의 딸들까지도 스스로 빠져들었던 고립에서 벗어났다. 1864년 10월 그들은 처음으로 무도회를 열었다[50] (예니는 그렇게 불렀다. 하지만 엥겔스의 기준으로 무도회는 수백 명이 참가하는 것이었지만, 마르크스의 손님은 불과 오십 명 남짓이었다). 행사는 한참 '철'이 지났을 때 열렸지만,[51] 그런 사실이 가족의 흥을 깨는 것은 아니었고, 준비를 소홀하게 하지도 않았다. 초대장은 다음과 같았다.

> 1864년 10월 12일
> NW 런던 하버스톡 힐 메이틀랜드 파크 모데나 빌라스 1번지에서
> 카를 마르크스 박사와 예니 마르크스가 무도회를 개최하오니
> 부디 참석하시어 자리를 빛내주시기 바랍니다.[52]

예니는 에르네스티네 리프크네히트에게 딸들이 종종 그런 모임에 초청되기도 했지만 답례할 형편이 못 되었기 때문에 초대에 응하지 않았었다고 말했다. 친구들이 그들의 '박사' 아버지가 혁명가이고 그들의 삶은 비참한 곤경에 빠져 있다는 사실을 알게 될까봐 두려워 스스로 사교계와 담쌓고 지낸 딸들에게는 그 무도회가 지난 세월의 모든 것을 일거에 보상해줄 수 있을 정도로 장대하고 풍요로운 것이었다. 2층 응접실은 악사들의 자리와 춤출 공간을 위해 깨끗이 비워졌으며, 아래층에는 풍성한 요리 접시로 가득 찬 식탁이 자리 잡았다. 길 가던 행인들은 모데나 빌라스의 커다란 창문을 통해 가스등과 촛불 아래 오십여 명의 젊은 남녀들이 화사한 야회복을 입고 새벽 4시까지 춤추는 광경을 볼 수 있었다. 마르크스도 춤추기를 즐겼으며, 딸의 친구들은 그가 가장 좋아하는 파

트너였다. 그런 행사에 일가견이 있던 예니는 그 무도회가 "우아했으며, 정말 성공적이었다"고 평했다. 남은 음식이 너무 많았기 때문에 가족은 다음 날 투시의 친구들을 위한 파티도 열어주었다.[53]

격동의 한 해의 대미를 장식한 사건은 에이브러햄 링컨이 재선에 성공한 것이었다. 마르크스는 기뻐서 인터내셔널을 대표해 링컨에게 축하편지를 보냈다.

미국의 위대한 투쟁이 시작된 그 순간부터, 유럽의 노동자들은 성조기가 그들 계급의 운명을 담지하고 있음을 본능적으로 깨달았습니다…… 유럽의 노동자들은 미국의 독립전쟁이 중간계급이 부상하는 새 시대를 열었듯, 미국의 노예해방전쟁은 노동계급을 부상시킬 것이라고 확신합니다. 그들은 그것을 쇠사슬에 묶인 인종을 구하고 세상을 재건하는 위대한 투쟁에서, 노동자계급의 진실한 아들, 에이브러햄 링컨이 자신의 조국을 이끄는 막대한 역할을 수행하게 될 위대한 시대가 될 것으로 여기고 있습니다.[54]

마르크스는 링컨이 주 영국 대사 찰스 프랜시스 애덤스를 통해 답하자 몹시 흥분했다[55](마르크스는 이 일에 대해 몇 달간 여러 편지에서 언급했다). 애덤스는 링컨이 국민과 전 세계 사람들이 자신에게 거는 "그런 기대를 저버리지 않기 위해 노심초사하고 있으며 그에 부응하고자 하는 진지한 열망"을 표했다고 전했다.

국가들은 고립적으로 존재하지 않고, 서로 호혜적인 관계를 통해 인류의 복지와 행복을 증진시킵니다. 이런 관계 속에서 미국은 노예제를 존속시키려는 현하의 반란사태에 대한 우리의 대응을 인간본성을 위한 대의로 간주하며, 우리의 태도가 각성된 사람들의 지지와 호응을 받고 있다는 유럽 노동자들의 증언으로부터 시련을 이겨낼 새로운 용기를 얻습니다.[56]

라우라는 영국박물관에서 아버지의 상근 조수가 되었다.[57] 아버지가 그레이트러셀 가를 걸어갈 수 있을 정도로 몸 상태가 좋으면 함께 동행했고, 그렇지 않을 경우 혼자 박물관을 찾았다. 맵시 있는 차림으로 완숙한 여인의 몸매를 더욱 강조하고 긴 갈색 머리를 늘어뜨린 열아홉 살의 라우라는 하루도 빠짐없이 열람실에 갔다. 고리타분한 학자풍의 신사들 사이에서 그녀가 일으켰을 동요를 상상해보는 것은 즐거운 일이다. 사실 그녀는 가는 곳마다 그런 동요를 일으켰다. 그녀에게 빠져 사랑의 포로가 된 한 청년은 라우라에게 말 좀 전해달라고 마르크스 가족의 한 친구에게 부탁했다. "제가 한 해에 350파운드를 벌고, 40에이커의 땅을 소유하고 있고, 일간 그녀를 한번 방문하고 싶어 한다고 전해주십시오. 어젯밤 그녀의 집 앞을 지나쳤지만 그녀의 아버지가 무서워서 들어가지 못했습니다."[58] 베를린에서 에르네스티네 리프크네히트는 한 젊은이가 라우라의 사진만 보고 사랑에 빠져버렸다고 말했다.[59] 라우라는 예니헨보다 어렸지만 먼저 피어났으며 성숙의 시기가 상서롭게도 마르크스의 당 정치로의 복귀와 맞물렸다. 마르크스의 딸들은 아버지의 중늙은이 친구들에게 익숙해져 있었지만, 바야흐로 젊은 세대의 프랑스인들이 무대에 등장하기 시작하는 중이었다.

프랑스의 혁명 전통은 1848년의 패배, 그리고 제국의 부활 이후에도 죽지 않았다. 1860년대 중반에 이십대에 이른 젊은이들은 바리케이드를 치고 투쟁했던 전 세대를 영웅으로 우러러보았다. 그들은 영국 아이들이 기사도를 꿈꾸는 것처럼 반란 이야기를 들으며 성장했다. 실로 자신들에게 반란의 피가 흐름을 자랑스럽게 여겼다. 그 젊은이들이 가장 떠받든 두 사람은 마르크스와 동시대 인물인 프루동과 블랑키였다. 그들의 사상은 모든 급진주의자들 ― 학생, 저널리스트, 예술가, 법률가, 박사 ―이 만나서 술 마시고, 담배 피우고, 밥 먹는 것을 까먹지 않았을 경우에는 식사도 했던 카르티에라탱에서 끊임없이 회자되었다.

샤를 롱게도 이렇게 끼니를 소홀히 하는 사람들 중 하나였다. 키가 크고 마른데다 덥수룩하게 수염을 기른 그는 한 동료로부터 "이 세상에서 가장 완벽한 보헤미안의 표본"[60]이라고 불렸다. 롱게는 노르망디의 오래된 부르주아 집안 출신이며 파리에서 법학 박사학위를 취득할 생각으로 인문학과 법을 공부해왔다.

그러나 막상 프랑스의 수도에 들어서자 급진적 저널리즘, 정치, 그리고 프루동주의에 마음이 끌렸다. 롱게는 카르티에라탱의 브라스리 글라제Brasserie Glaser라는 카페에 자주 드나들었으며, 아나톨 프랑스, 샤를 보들레르, 조르주 클레망소와 교우했다.[61] 클레망소와 처음으로 신문을 만들었다가 사 개월의 징역형을 선고받기도 했다.[62] 롱게는 출소한 후 그에 굴하지 않고 『서안La Rive Gauche』이라는 신문을 창간했는데 그것은 곧 프랑스에서 가장 영향력 있는 사회주의 신문으로 성장했다.[63] 그 신문은 프랑스 최초로 마르크스의 인터내셔널 창립 연설을 게재했다─1847년 이후 프랑스에서 마르크스의 글이 발표된 적은 없었다.[64] 글을 실은 후 그는 곧 런던을 방문했다. 그때가 1865년 2월이었고 그의 나이는 스물여섯 살이었다.

또 다른 장래의 동지가 같은 달(학자들 사이에서 논란이 있지만 그 자신의 기억으로는 같은 달이다)에 찾아왔다.[65] 폴 라파르그라는 스물세 살의 쿠바 태생 프랑스인이었다. 그의 가족은 쿠바에서 농장을 운영했었다. 라파르그의 혈통은 혼혈의 섬 문화를 반영했다. 그는 흑인이자 백인, 유대인, 쿠바인, 프랑스인이었으며 모든 핍박받는 사람들의 피가 자신의 혈관에 흐르고 있다고 즐겨 말하곤 했다. 라파르그 가가 프랑스로 돌아왔을 때는 보르도에 정착해 포도농장을 일구었다. 폴은 1861년 의학 공부를 위해 파리로 갔지만 곧 거세지고 있던 학생운동에 휩쓸렸다. 그와 롱게는 『서안』과 파리 인터내셔널 활동을 통해 이미 알고 있는 사이였고,[66] 둘 다 매우 헌신적이었지만 성정은 판이하게 달랐다. 그래서 두 사람은 전혀 친하지 않았으며, 나중에 카를 마르크스의 사위로 동서지간이 되어서도 마찬가지였다.

롱게는 마르크스에 대한 첫인상을 기록해두지 않았다. 하지만 라파르그는 기록을 남겼다. 그는 파리 인터내셔널로부터의 소식을 가지고 모데나 빌라스에 도착했을 때 마르크스가 『자본론』을 집필 중이었다고 말했다. 불편한 몸이었지만[67](마르크스는 2월에 다시 종기가 재발했다고 엥겔스에게 말했다),[68] 마르크스는 젊은이들에게 늘 그랬듯 그 신참자를 따뜻하게 맞아주었다(라파르그는 마르크스가 "나는 내 뒤를 이어 공산주의를 선전할 사람들을 훈련시켜야 한다네"[69]라고 말했다고 전했다). 라파르그는 자신을 맞이해준 사람은 정치선동가 마르크스가 아니라 서재에 혼자 있던 이론가 마르크스였다고 적었다.

첫 번째 층이었다. 공원이 내다보이는 넓은 창문으로 햇살이 가득 쏟아져 들어왔다. 창문 맞은편, 벽난로 양쪽으로 책꽂이가 있었고 그 위에는 책과 신문, 원고 더미가 잔뜩 쌓여 있었다. 난로 맞은편의 창문 한쪽으로 두 개의 테이블이 있고 그 위에도 종이, 책, 신문 등이 쌓여 있었으며, 방 한가운데 빛이 잘 드는 곳에는 작고 수수한 책상(너비 0.6미터, 길이 0.9미터)과 팔걸이 나무의자가 있었다.[70]

그 작은 책상이 마르크스가 집필하는 곳이었다. 그리고 마르크스가 매일 낮잠을 즐기는 가죽소파도 있었고, 벽난로 위에는 책, 시가, 성냥, 담배상자, 문진, 그리고 예니, 엥겔스, 루푸스와 세 딸의 사진이 있었다.

라파르그는 마르크스와의 첫 만남에 '압도'되었다.[71] 하지만 1865년 그와 롱게의 방문은 짧게 끝났다. 롱게는 『서안』의 일을 위해, 라파르그는 급진적 정치에 더욱 깊이 관여하기 위해 곧 프랑스로 돌아갔다.

2월 마르크스의 딸들은 어머니를 위한 파티를 열었다. 예니의 쉰한 번째 생일은, 지난해 마르크스가 네덜란드에서 나네트의 간병을 받는 동안, 혼자 남겨져 반세기 동안의 불행을 곱씹어야 했던 쉰 번째 생일과 비교할 때 무척 소란스러웠다. 열 살배기 투시는 1865년 2월 13일에 "사랑하는 프리드리히"에게 편지를 써서 라인 와인과 보르도 와인을 몇 병 보내줄 수 있는지 물었다. "우리는 엄마의 도움 없이 스스로 파티를 열 생각이고, 아주 성대하게 했으면 좋겠어요."[72] 엥겔스는 다음 날 한 상자의 와인을 보내는 것으로 답했다.[73]

그렇지만 마르크스 가의 여인들이 아무런 걱정이 없었던 데 반해, 집안의 가장은 자신이 건강 문제와 인터내셔널의 일로 "지독하게 고생"하고 있다고 말했다. 특히 인터내셔널 일에 매일 저녁부터 이른 새벽까지 달라붙어야 했다.[74] 마르크스는 직함 상으로는 인터내셔널 중앙협의회의 한 멤버에 불과했지만, 실제로는 조직의 수장이었다.[75] 그리고 인터내셔널은 조합 단위로 가입되었기 때문에 한 번에 수천 명씩 회원이 불어나며 성장을 거듭하고 있었다.[76]

마르크스에게는 정말 불운한 일이었던 것이, 『자본론』과 『정치경제학 비판 요강』 두 권의 책에 대한 출판 계약을 맺자마자 인터내셔널에서의 할 일이 점점 많아지고 있었다는 것이다. 1월에 마르크스는 한 친구에게 위임해 함부르크의 출판업자인 오토 마이스너와 협상을 시작했다.[77] 책이 준비된 것은 아니었지만, 1861년 이래 자신의 이론을 갈고 닦아왔기 때문에 이제 단순히 문장을 다듬는 일만으로도 충분할 것이라고 생각하고 있었다. 1851년부터─1844년부터는 아니라고 할지라도─그가 붙잡고 씨름해온 작업이 비로소 완성을 볼 시기가 되었던 것이다.[78] 엥겔스도 기쁨에 넘쳐 "어서 서두르게. 책을 낼 시기가 무르익었어. 우리의 이름이 다시 대중의 존경 어린 시선에…… 때를 놓쳐서는 안 돼─출간 시기에 따라 파급효과에 엄청난 차이가 생길 수도 있어"[79]라고 마르크스에게 말했다.

마이스너는 5월 말까지 원고를 달라며 10월까지 출판하겠다고 약속했다.[80] 그렇지만 마르크스는 정치활동에 짓눌려 있었다. 그는 예니헨을 인터내셔널의 비서로 고용했다. 딸들 중에서 예니헨이 가장 많은 언어에 능통했기 때문이었다.[81] 그는 또 라우라를 연구원으로 부렸다. 예니와 렌헨은 가사를 돌봤다. 이런 조력도 마르크스가 기한을 준수하도록 하는 데는 모자랐다. 출판업자에게 원고를 넘겨야 할 5월이 되자, 그는 엥겔스에게 "(여러 가지 장애요소에도 불구하고) 책의 마감이 9월 1일까지는 가능하리라고 보네"[82]라고 말했다.

장애요소는 많았고 종류도 각양각색이었다. 마르크스는 4월 27일 런던의 『더 타임스』에서 에이브러햄 링컨이 암살되었다는 소식을 접하고 무기력해졌다. 미국 대통령이 사망하고 열이틀이 지나서야 그 기사가 보도되었다.[83] 마르크스는 그 암살을 남부가 저지를 수 있는 "가장 멍청한 행동"이라고 불렀다.[84]

링컨의 선거 승리 때 그랬듯이, 마르크스는 다시 한 번 책상 위에서 다른 모든 작업을 걷어치우고 인터내셔널을 대표해 편지를 작성했다. 이번에는 링컨의 후임인 앤드류 존슨에게 보내는 것이었다. 그 편지는 마르크스가 존경했던 한 사람에 대한 열정적이고 아름다운 추모의 글이었다. 그는 다음과 같이 썼다. 겸손한 자세로 어려운 과업을 묵묵히 추진해 나가던 한 사람을 잃은 "슬픔으로 인해 두 세상(유럽과 아메리카)은 비통에 잠겨 있습니다". "그는 어두운 곳을 온화한 미소와 열정으로 밝히고…… 한마디로 선함을 잃지 않으면서도 위대해질 수 있었던 보기 드문 인물이었습니다."[85]

마르크스가 존슨에게 보낼 편지를 마쳤을 때(마르크스는 곧 그를 "노예 소유주들의 더러운 앞잡이"[86]라고 욕하게 된다), 예니헨의 스물한 번째 생일 준비가 시작되었다. 마르크스는 파티를 정치활동의 기회로 활용했다—다섯 명의 인터내셔널 성원을 저녁식사에 초대했으며, 엥겔스에게 그것이 "정치적 생일파티"[87]가 될 것이라고 말했다. 그들은 예니헨의 입장에서 그렇게 중요한 생일 축하연에 원치 않은 손님일 수도 있었다. 마르크스는 딸이 독립하고 싶어 한다는 것을 알고 있었다. 그렇지만 자기 자신, 자기의 일, 가족들로부터 예니헨이 멀어지는 것을 서둘러 도와줄 마음은 없었던 것으로 보인다. 반면 라우라는 그 방면으로 커다란 진보를 보이고 있었다. 예니헨의 생일에 찰스 매닝이라는 청년이 라우라에게 청혼했다. 마르크스는 엥겔스에게 그 일을 설명하며, "그 청년은 부유하고 그런대로 괜찮은 사람이었지만, 라우라가 조금도 관심을 보이지 않았네"라고 말했다. 마르크스는 라우라가 그 청년의 집안과 가까운 사이였고, 젊은 찰스가 "심하게 사랑에 빠져 있었기"[88] 때문에 안타까운 일이라고 말하며, 그 청년에게 어느 정도 동정을 표했다.

5월 중순 엥겔스는 마르크스에게 에드가 폰 베스트팔렌이 맨체스터에 왔고, 다음 날 런던으로 갈 것이라는 뜻밖의 전보를 보냈다.[89] 예니의 동생 에드가는 이제 마흔여섯 살이었는데, 그가 서른 살일 때 이후 만나지 못했었다. 에드가는 1849년 예니의 한 친구와 파혼하고, 법조계 일을 포기하고, 가족도 버린 채

출세를 위해 미국으로 떠났었다. 떠날 당시는 잘생기고 원기왕성하고 자신감이 넘치는 젊은이었었다. 그가 1865년 5월 모데나 빌라스의 현관문을 노크했을 때, 예니는 동생을 다시 만나게 된다는 기대로 부풀었던 흥분이 일순 충격으로 변해버렸다고 말했다. 그녀는 동생을 알아보지 못했다. 그녀 앞에 서 있는 남자는 늙고 반백에 등까지 굽은 추레한 중늙은이였다. 그녀가 그 낯선 얼굴과 생기 없이 죽어버린 눈에서 동생의 흔적을 찾기까지는 며칠이 걸렸다고 한다.[90]

에드가는 런던에 모습을 드러내기 전에 삼 년간 남부군으로 내전에 참여했고, 남부가 군부대에 보급을 할 수 없는 상황이 되었을 때, 다른 남부의 병사들과 마찬가지의 운명을 겪었다. 양식도 옷도 지급받지 못했고, 마침내 무기조차 들 수 없을 정도로 쇠약해졌을 때 징집해제되었던 것이다. 그는 부동산을 구입해두었던 텍사스로 돌아갔다가 빚 때문에 재산이 압류된 사실을 알게 되었다.[91] 그다음 개인교습 자리도 잃게 되자 결국 산안토니오의 한 친구에게 의탁할 수밖에 없었다.[92] 그렇지만 전쟁이 막바지로 치달은 한 해 동안은 가족이 딸린 너무나 많은 남자들이 도움을 찾아 헤매고 있었다. 독신 남성에게는 두 가지 선택밖에 없었다. 싸우느냐, 아니면 떠나느냐였다. 전쟁 전에 에드가는 페르디난트에게 아버지의 유산 중 자기 몫을 달라는 편지를 썼었다. 그렇지만 형은 그가 독일로 돌아와야 주겠다고 답했다.[93] 에드가가 런던에 나타난 것도 그 여정의 일환이었다. 그렇지만 그는 정신적으로나 육체적으로나 즉시 베를린으로 떠날 상태가 못 되었다.

예니는 딸들의 도움을 받아 동생을 돌보기 시작했다. 딸들은 삼촌이 브뤼셀을 떠날 때 너무 어렸기 때문에 기억은 없고 얘기만 들어 알고 있을 뿐이었다. 그들은 삼촌을 '로빈슨'이라고 불렀다. 왜냐하면 전쟁의 상처와 야생의 흔적을 가지고 갑자기 나타난 그 사람이 대니얼 디포의 『로빈슨 크루소』만큼이나 이국적이고 신비롭게 보였기 때문이었다.[94] 마르크스 역시 에드가에게 당황했다. 에드가는 그의 최초의 정치적 추종자 중 한 사람이자, 브뤼셀의 공산주의자동맹의 초기 멤버였는데, 그런 그가 남부 귀족들의 편에 서서 싸웠던 것이다. 마르크스는 엥겔스에게 말했다. "자기 자신 외에는 단 한 번도 다른 사람을 착취해본 적이 없고, 가장 엄격한 의미에서도 항상 **노동자**였던 바로 그 에드가가 노예 소유주들을 위해 전쟁에 나섰고 거의 **굶어 죽**을 뻔하기까지 했다는 것은 정말 기묘한 운명의 장난이라고 말하지 않을 수 없네."[95]

이렇게 주변 일이 분주하게 돌아가는 상황 속에서 마르크스는 다시 종기가 재발했다. 그는 책의 완성을 위해 "말처럼 일하고" 있다고 — 그리고 재미로 미분 계산을 하고 있다고[96] — 엥겔스에게 말했다. 하지만 예니는 남편이 힘들어하고 있으며 5월에 고통 때문에 2주간 연속으로 잠을 제대로 자지 못했다고 알렸다. 그녀는 그 병의 원인으로 여러 가지를 의심해보았다 — 집필, 미국의 상황, 그리고 또다시 찾아온 경제적 고통 등이 그것이었다.[97] 1865년 7월 마르크스는 엥겔스에게 지난해에 어머니와 루푸스로부터 상속받은 돈을 모두 다 써버렸다고 실토했다.

"이 개월간 나는 완전히 전당포에 의지해 생활하고 있네. 그 말은 빚쟁이들이 매일 우리 집 문을 두드리고, 그 성화가 날이 갈수록 심해지고 있다는 것이지." 그가 유산을 상속받았다는 소식은 쾰른 시절의 빚쟁이들까지 몰려오도록 만들었다. 그리고 외상값을 갚고 집 안을 단장하는 데 무려 5백 파운드나 써버렸다.

내가 자네에게 이 편지를 띄우느니 차라리 엄지손가락을 잘라버리겠다는 생각까지 했음을 알아주게. 자기 삶의 반을 남에게 의지한다는 것은 정말로 영혼을 파괴하는 짓이야. 이런 상황에서도 나를 버티게 해주는 힘은 우리 두 사람이 동반자 관계를 맺었고, 그 속에서 나는 이론적인 것과 당적인 일을 맡았다는 생각뿐이지. 우리 집이 분수에 맞지 않고, 게다가 우리가 예전에 비해 풍족한 한 해를 살았다는 것도 사실이야. 그렇지만 아이들이 그동안 겪었던 모든 고생을 잊고, 최소한 잠시라도 그것에 대한 약간의 보상이라도 누리며, 장래에 대비해 스스로를 가다듬을 수 있는 기회를 갖기 위해서는 그 방법이 유일했었네. 자네도 오직 경제적인 관점으로만 보아도 완전히 프롤레타리아트적인 생활을 유지하는 것이 이런 상황에서는 적당하지 않을 것이라는 내 생각에 동의하리라고 믿네. 만약 내 아내와 나 둘뿐이었다면, 아니 아이들이 딸이 아니라 아들이기만 했어도 상관없었겠지만 말일세.

마르크스는 모든 것을 실토하고픈 기분이었던 것 같다. 왜냐하면 같은 편지에서 엥겔스에게 『자본론』 작업의 진정한 상태에 대해서도 언급했기 때문이다. "이론적 부분(첫 세 권)을 완성하기 위해서는 아직 세 장을 더 써야 하네. 그리고 네 번째 책, 역사적-문학적 부분은 아직 쓰지 않았네." 그렇지만 다시 연기의 이유가 따랐다. "나는 내 앞에 전체가 완성될 때까지는 어떤 것도 내보낼 수 없네. 단점도 있겠지만 내 글의 장점은 그것이 예술적 총체라는 점이고, 그것은 내 앞에 완전한 모습을 갖출 때까지 절대로 인쇄에 넘기지 않는 나의 태도를 통해 성취되는 것일세."[98]

혼자 글쓰기에 몰두하기 위해 마르크스는 인터내셔널 멤버들에게 자기가 런던을 떠났다고 거짓말을 했다고 말했다. 그해 여름 런던은 무더웠다. 마르크스는 삼 개월간 거의 매일 토하고 있으며, 더위 때문에 창문을 열어놓고 그 옆에서 작업하고 있지만, 이제 오른팔과 어깻죽지에 류머티즘이 왔다고 엥겔스에게 말했다.[99] 그럼에도 불구하고 『자본론』 완성을 위해 아낌없는 노력을 기울이겠다고 약속했다. "그 물건은 악몽처럼 나를 짓누르고 있네."[100]

엥겔스는 동의했다. "책이 탈고되는 날 나는 왕국의 실현을 자축할 것일세."[101] 그렇지만 책의 기한은 지나갔고, 달이 갈수록 책이 완성될 전망도 흐려졌다. 마르크스는 "언짢은" 병들과 더위 때문에 생각을 제대로 할 수 없었다.[102] 일주일 후 독감에 걸렸고, 그래서 "천문학 같은 관련이 없는 것들"만 뒤적이고 있을 수밖에 없었다.[103] 한편 라우라도 아팠고, 투시는 홍역을 앓았으며, 예니는 아래 앞니 두 개를 잃고 결국 네 개를 갈아야 했고, 예니헨은 디프테리아에 감염되었으며, 에드가는 회복되기 시작하면서 빈한한 그들의 모든 살림을 먹어 치우고 있었다. 마르크스는 에드가가 생각하는 것이라고는 자기 배와 옷밖에 없으며, 심지어 성욕까지도 배로 가버린 것 같다고 불평했다.[104] 그런 와중에 인터내셔널의 동료들이 마르크스가 런던을 떠난 것이 아니라 그들을 피하고 있다는 사실을 알게 되었다. 조직은 다시 그에게 일을 맡아줄 것을 고집했다.[105]

1866년 1월 중순 마르크스는 1천2백 페이지를 완성했고, 하루에 열두 시간씩 일하며 상당 부분씩 써내려가고 있다고 말했다. 마이스너는 자꾸 연기되는 것에 대해 불평하고 있었다. 마르크스는 이제 3월까지는 원고를 넘길 수 있을 것이라고 생각했다.[106] 런던은 발목 깊이로 눈이 소복이 쌓였고,[107] 마르크스는 벽난로 가에 앉아 원고를 정리하며 문체를 다듬고 있었다 — 또는 그의 표현대로 "길고 긴 산통을 겪은 아기를 깨끗이 핥아주고"[108] 있었다. 하지만 그때 다시 종기가 나타났고, "모든 종류의 후손들"이 뒤따랐다. 종기가 생긴 자리 때문에 그는 앉아서 글을 쓸 수 없었고, 고통과 투약 때문에 생각을 모아 이론을 전개할 수도 없었다. 의사들은 과도한 야간작업이 병의 원인이라고 지적했지만, 마르크스는 낮에 해야 할 일이 많기 때문에 어쩔 수 없다고 말했다.[109]

2월 중순이 되자 마르크스는 상황이 너무 많이 변했기 때문에 책을 그대로 출판할 수는 없다고 생각했다. 그는 엥겔스에게 독일과 프랑스에서 농업화학에 새로운 발전이 있었기 때문에 살펴볼 필요가 있고, 임대토지에 부과되는 상속 비용에 대해서도 마지막으로 연구했을 때 이후로 새로운 정보가 생겼으며, 끝으로 일본에 대해서도 여행 책에서 연구해봐야 할 새로운 정보들이 있다고 말했다. 그리고 그 내용 모두를 포함시키지 않고는 원고를 마이스너에게 넘길 수 없다고 덧붙였다.[110]

독일 의사의 처방으로 마르크스는 비소요법을 시작했다. 하루에 세 번씩 소량의 독을 복용하는 것이었다. 예니는 한 친구에게 그가 거의 잠을 자지 못하며 잘 때도 비몽사몽간에 "마음속에 떠도는 책의 여러 장들을 끊임없이 중얼거린다"[111]고 했다. 예니와 엥겔스는 오랜 기간 동안 마르크스의 이런 육체적인 위기들을 지켜봐왔다. 그리고 가장 심각한 상태는 거의 원고마감 기한과 맞물려 발생했다. 그렇지만 1866년 상반기에 그의 몸 상태는 예전보다 훨씬 우려스러웠다. 보통 마르크스에게 가장 먼저 일을 재촉하는 사람은 엥겔스였다. 그렇지만 이번에 그는 『자본론』의 완성이 삼 개월 정도 늦춰지는 한이 있더라도 모든 지적인 작업을 중단하고 건강을 돌보라고 친구에게 조언했다.[112] 그리고 마르크스에게 해변으로 가서 휴식을 취하라고 권했다. "나와 자네 가족들을 위해서라도 제발 건강을 되찾아주게. 만약 자네에게, 그리고 자네가 추구하고 있고, 어차피 결과를 낼 수밖에 없는 그 길에, 만약 무슨 일이라도 생긴다면 전체 운동은 어떻게 되겠는가?"[113]

마르크스는 3월에 해안으로 떠나기로 동의했다. 그렇지만 떠나기 전에 집에서 "작전회의"를 열기 위해 충분히 몸을 추슬러야 했다.[114] 인터내셔널의 프랑스 지부가 혼란에 빠졌고, "부재중인 '독재자' 마르크스에 대항한 반란" 조짐이 보였기 때문이었다.[115]

31

I866년
런던

하지만 여인, 맙소사 여인이라니!
그 얼마나 슬픈 운명인가!

―스탈 부인[1]

마르크스는 아픈 동안 인터내셔널을 등한시했고, 또 책을 완성하느라 여념
이 없었기 때문에 적들에게 허점을 보였다. 이번에도 그에게 문제를 야기한 사
람은 마치니였다. 그는 명목상 '국제적'이어야 할 조직에 '독일인'의 영향력이 너
무 크기 때문에 줄여야 한다는 평계를 댔다. 그렇지만 마르크스에게는 그를 위
해 싸워줄 충성스러운 추종자들이 있었다. 그중 다섯 명이 3월 초 메이틀랜드
파크에 도착했다. 세 명은 가족의 오랜 친구들이었다. 그렇지만 나머지 두 사람
은 프랑스에서 온 젊은 신참자로, 둘 다 영어를 하지 못했다.[2] 샤를 롱게와 폴 라
파르그였다. 그들은 지난해에 이어 다시 런던을 찾았고 이제 마르크스에게 내
부 서클의 일원으로 인정받고 있었다. 두 사람 모두 프랑스에서 나폴레옹의 통
치로 인해 점점 커져가는 사회적 동요 속에서 혁명가로서의 경력을 쌓아왔다.

나폴레옹 3세에 의해 추진되고 있는 프랑스의 변화는 파리에서 가장 두드러
졌다. 그와 조르주-외젠 오스만은 도시정비 계획에 착수했다. 작은 상점들이 늘

어선 거리는 철거되어 대형 백화점들 — 프렝탕, 사마리탱, 봉 마르셰 — 이 들어섰다. 노동자 거주지역의 비좁고 구불구불한 길들은 철거되고 부자들의 아파트와 문화시설과 관공서가 늘어선 대로가 들어섰다. 또 다른 빈민굴들도 철거되어 철로가 놓이고 우아한 역사가 세워졌다. 그 도시 계획은 나폴레옹이 수도 파리에 건축상 영구적인 흔적을 남김과 아울러, 반심을 품은 시민들이 바리케이드를 치는 데 효과적으로 활용할 수 있는 지역을 아예 없애려는 시도였다. 오스만이 계획한 쭉쭉 뻗은 대로들은 반란이 일어났을 때 정부군에게 매우 유리했다. 왜냐하면 그들이 손에 반짝이는 쇠붙이를 쥐고 어깨를 맞댄 채 인의 장벽을 쌓아 반란자들과 맞설 수 있었기 때문이다. 이제 대포 역시 대로에서 군중을 겨냥해 직사하는 것이 가능해졌다.

하지만 모든 변화에는 역효과가 따르기 마련이었다. 도시의 재개발로 집세가 천정부지로 치솟았다. 이미 높은 식료비로 허덕이고 있던 노동자들은 그런 집세를 감당할 수 없었다. 그리고 새로운 교통체계 덕분에 외곽에서 도심으로 출퇴근하는 것이 가능하기는 했지만, 교통비가 너무 비싸 그것도 별로 실용적이지 못했다.[3] 하층계급들 사이에 불만이 광범하게 확산되었으며, 1860년대에는 학생들이 그들의 대의를 떠맡아 반정부 선동을 하기 시작했다. 라파르그와 롱게도 그들 속에 있었다.

1865년 10월 벨기에의 리에주Liège에서 교육개혁을 논의하기 위한 국제학생회의가 열렸다. 라파르그와 일단의 프랑스 학생들은 그 행사를 프랑스 정부에 항의하는 기회로 활용하기로 결정했다.[4] 그들의 도착은 작은 마을에 입성하는 서커스단과 비슷했다. 그들은 보헤미안 복장 — 턱수염, 넓은 챙의 모자, 배낭 — 으로 차려입고 반反나폴레옹 구호를 외치며 도심 한가운데를 행진했다. 프랑스기를 드는 대신, 나라 전체가 황제에 의해 짓밟힌 자유를 애도하고 있다는 것을 표현하기 위해 검은 깃발을 들었다.[5]

라파르그는 경솔하고 허영심이 강했으며 기회가 생기면 과시욕을 억누르지 못했다. 때때로 생각 없이 행동했고, 자기 행동의 의미나 그것이 가져올 결과에 대해 무감각했다. 그는 길가에서 조심스럽게 그들을 관망하고 있던 프랑스 학생들을 가세시키기 위해 외쳤다. "무관심하게 남는 것보다 어떤 방향이든 하나로 뭉쳐 움직이는 것이 좋지 않겠습니까?" 그리고 일부 학생들이 동조해 옷에서 삼색기를 떼어내고 반란의 붉은 리본을 달자,[6] 더욱 대담해져서 연단으로 뛰어올라가 나폴레옹이 아닌 신에 대한 전쟁을 선포하고, 과학이 신을 필요 없게 만들었으며, 신은 악마이고 재산은 약탈물이라고 선언했다.[7]

10월 27일까지는 무명이었던, 풍성한 갈색 머리에 긴 콧수염과 이국적인 아몬드 모양의 눈을 가진 그 미남 청년이 10월 28일부터 성급한 급진주의자로 알려지게 되는 순간이었다. 그는 갑작스럽게 프랑스 정부의 감시대상이 되었다. 그 결과 부적 성장한(적어도 그의 마음속에서는) 그는 역시 리에주에 있던 자신의 우상 블랑키를 만났다. 블랑키는 라파르그가 살아온 세월보다 더 오랜 기간 동안, 위험스럽고 호전적인 불굴의 혁명가로서 명성을 쌓고 있었다. 예순 살인 블랑키는 체구가 작고 백발이 성성했으며, 눈은 푹 꺼져 있었고, 손은 작은 새처럼 항상 떨렸다. 하지만 목소리는 다정하고 온화했다. 그는 혁명에 관해 말하고, 그의 말을 듣기 위해 귀를 쫑긋 세우고 있는 스무 명의 학생들에게 선배들 ─ 자기까지 포함해 ─ 이 그들의 믿음에 반하는 행동이나 이념을 제시할 때는 따를 필요가 없다고 조언했다. 라파르그는 그에게 매료되었다. 그리고 나중에 자신을 혁명으로 이끈 사람은 블랑키라고 말했다.[8]

11월 초 라파르그가 파리로 돌아왔을 때 그의 의학 공부는 끝나고 말았다(비록 꼭 그의 선택이었다고 할 수는 없지만 말이다). 12월에 파리의 교육평의회가 소집되어 라파르그를 포함한 일곱 명의 학생에 대해, 리에주의 행사에서 국기를 모독하고 사회질서의 기본원칙을 공격했다는 이유로 퇴학 처분을 내렸기 때문이다. 파리의 반정부 학생단체는 국외에서 발언한 내용으로 국민을 처벌하는 것에 흥분해 그것을 범죄로 규정하고 있는 법은 없다고 항의했다. 폭동이 일어났다. 학생들은 강의실을 뛰쳐나와 카르티에라탱에서 경찰과 충돌했다. 결국 8백 명이 체포되었다. 2주 후 그런 분노의 표출에도 불구하고 퇴학 처분은 이행되었다. 라파르그는 평생 동안 파리의 대학에 다닐 수 없게 되었고, 이 년간은 프랑스 내의 다른 대학도 갈 수 없었다.[9]

라파르그의 아버지는 아들이 학업을 중단하는 것을 원치 않았기 때문에 한 프랑스 의사와 함께 일하도록 런던의 바르톨로뮤 병원으로 그를 보냈다. 라파르그는 2월 중순에 체사레 오르시니와 함께 영국을 향해 출발했다. 오르시니는 1850년대를 가장 떠들썩하게 했던 범죄 중 하나로 1858년에 처형된 이탈리아인 펠리체 오르시니의 동생이었다. 펠리체는 폭탄으로 나폴레옹 3세를 암살하려 했지만 황제는 해치지 못하고 여덟 명의 무고한 사람들만 희생시킨 인물이었다.[10] 라파르그의 아버지는 물론 아들이 오르시니와 동행하는 것을 원치 않았을 것이고, 아들이 런던에서 급진주의자들과 접촉하는 것을 바라지도 않았을 것이다. 그렇지만 라파르그와 오르시니는 런던에 도착하자마자 인터내셔널의 멤버들과 접촉했고, 라파르그는 곧 조직원으로 추천되었다. 그는 3월 6일 가입 승인을 얻고,[11] 나흘 후에 마르크스 집에서 열린 작전회의에 참석했다.

1865년 2월부터 1866년 봄까지 롱게의 혁명 편력은 점점 짧아졌다. 한 해 전 그가 런던을 떠난 후, 『서안』은 17호까지 발행되다가 검열을 받게 되었다. 롱게는 다시 감옥형을 선고받았지만—이번에는 팔 개월이었다—체포되기 전 프랑스를 탈출했다. 그의 여정은 젊은 시절 마르크스가 했던 것과 다르지 않았다. 그는 벨기에로 가서 다시 신문을 부활시키려 했으나 곧 추방당했다. 그다음 프랑크푸르트로 갔으나 역시 추방되었다. 결국 수많은 선배 망명자들처럼 1865년 말 런던에 도착했다.[12] 그곳에서 1866년 1월 16일 인터내셔널의 중앙협의회 위원이 되었다.[13]

3월 10일 마르크스의 집에서 열린 인터내셔널 조직원들의 모임은 마르크스가 인터내셔널의 대륙 지부에서 확고부동한 수장이라는 사실을 영국 동지들, 그리고 그것에 대해 의구심을 품은 협의회 내의 모든 사람들의 마음에 확실하게 각인시키는 전략을 마련하기 위한 것이었다.[14] 그 모임은 오르시니를 참여시켜, 이탈리아인 동료 마치니가 노동자를 대표하는 데는 무능력하고, '과학' 분야에서는 노골적인 반동이며, "새로운 운동"을 이해할 능력이 없는 자로 묘사하도록 했다.[15] (양쪽 모두 비판을 망설일 이유가 없었다. 마치니는 마르크스를 "파괴적인 영혼", "비상하게 간교한 자", "앙심이 깊은 자", "무자비한 자"로 불렀다).[16] 계획이 수립되자 마르크스는 사흘 후 종기로 힘든 몸을 이끌고 인터내셔널의 중앙협의회에 참석했다. 그는 일단 자신을 방어하려고 마음먹고 덤비면 항상 그랬듯이 그날도 승리했다. 정치적으로 도전하는 사람들과 얼굴을 맞댔을 때, 그는 칼로 찌르듯 정확한 공격으로 상대와 싸웠다. 그와 그의 동료들은 그들의 주된 적들 중 소수만 회의에 참석했고, 영국 회원들도 그날 마침 다른 곳에서 남성 보통선거권에 관한 모임이 진행되고 있었기 때문에 많지 않았다는 사실에 도움을 받았다. 하지만 오직 중요한 것은 결과뿐이었다. 마치니 지지자들은 완전히 진압되었다.[17]

인터내셔널 일을 처리한 후 홀가분한 마음으로 마르크스는 건강 회복을 위해 3월 15일 영국의 해변마을인 마게이트^Margate로 혼자 떠났다. 거기서 작은 여인숙에 들었으나 단 하룻밤만 묵고 다른 곳으로 옮겼다. 왜냐하면 식당에서 꼼짝도 않고 앉아 있는 사람이 있었는데 그가 이상하게도 신경에 거슬렸기 때문이었다. 마르크스는 그자가 맹인일 것으로 여겼으나 귀머거리인 것으로 드러났다.[18] 마르크스는 바다를 바라보는 곳에 숙소를 잡고 몇 킬로미터씩 걷기와 일광욕 같은 것을 포함한 스스로 고안한 정력적인 치료활동을 개시했다. 그는 스스로를 "걷기만 하는 자"로 칭하면서 "하루 종일 길을 오르내리고, 내 마음은 불교에서 열반의 경지로 여기는 무無의 상태를 유지했다"[19]고 썼다 그가 산책한 곳 중에는 26킬로미터 떨어진 캔터베리도 있었는데, 슬프게도 그곳에서 그는 아무런 시詩의 흔적도 발견하지 못했다.[20]

마르크스가 마게이트로 휴양을 떠났다는 것은 집 안에서 으르렁거리는 소리가 사라졌음을 의미했다(투시는 아버지를 "나쁜 철학의 카를 마르크스 박사"[21]라고 부르고 있었다). 그리고 젊은 프랑스인들을 마르크스의 딸들과 떨어뜨려놓는 효과를 가져왔다. 그렇다고 해서 대륙인들이 그 아버지에게 무관심한 것은 아니었다—마르크스는 집을 떠난 지 닷새밖에 되지 않았을 때, 라우라에게 "그 망할 라파르그 자식"이 자기에게 벌써 여러 차례 딸과 교제를 허락해줄 것을 조르는 편지를 보내왔다고 말했다.[22] 사실 마르크스는 그들이 집에 찾아온 이유는 바로 자기 자신을 보기 위해서라고 생각했었다. 그가 첫 번째 동기임은 의심의 여지가 없지만, 그들의 관심은 신속하게 다른 곳으로 옮아갔다. 롱게는 자기보다 다섯 살 아래지만 침착하고 진지한 예니헨에게 즉시 끌렸다. 그렇지만 그의 신중함과 그의 첫사랑—정치—이 당시 그녀에게 관심을 드러내지 못하도록 만들었다.[23] 하지만 자유분방한 라파르그에게는 그런 거리낌이 없었다. 그는 라우라에게 홀딱 빠져서 모든 사람들에게 자신의 감정을 알렸다. 의학도에서 혁명가로 변신한 라파르그는 라우라 앞에서 시인이 되었다. "그녀의 풍성하게 굽이치는 머릿결은 석양빛을 낚아챈 듯 황금빛으로 이글거렸다."[24] 그는 자청해서 마르크스 가의 집안일을 돌봤기 때문에 툴리Tooley●라는 별명을 얻었다.[25]

3월 22일 마르크스의 딸들은 파티를 열었다. 크리스마스 때 리온 필립스 숙부가 그들에게 5파운드를 보내주었는데 예니와 마르크스가 바로 빌려서 살림에 보태 쓴 적이 있었다. 딸들은 봄이 되어서야 돈을 돌려받았다. 세 딸이 합심해 계획을 짰다. 파티는 1864년 어머니가 기획했던 것 같은 무도회는 아니었다. 마르크스는 엥겔스에게 그것을 "연례파티"라고 말했다. 딸들은 마르크스에게 마게이트에서 돌아와 참석해줄 것을 요구했고, 그는 딸들이 원하는 대로 했다.[26]

카를과 예니는 세 딸 모두가 영국인으로 바르게 잘 자라주었다고 생각했다. 자신들이 과거에, 그리고 현재에도 여전히 간직하고 있는 보헤미안적 기질이 딸

● Tooley, 만능 재주꾼이라는 뜻.

들에게는 적다고 여겼다. 그래서 예니는 딸들이 혁명가와 결혼한다는 생각에 대해서 강한 거부감을 갖고 있었음에도 불구하고, 그들이 비슷한 정치적 신념을 가진 젊은이들과 사교활동을 벌이기 시작하는 것을 보면서 일종의 안도감을 느꼈다. 그녀는 에르네스티네 리프크네히트에게 딸들의 교육이 "독특한 방향"으로 흘러가서 그들이 자기 또래 친구들과 충돌하게 되지나 않을까 걱정스럽다고 털어놓았다. 예니는 미래를 생각하며 썼다. "아이들은 앞으로 살아갈 사회 속에서 그들을 완전히 격리시킬 만한 생각과 관점을 갖도록 키워졌습니다…… 그들이 부자라면 '침례교, 교회, 종교' 같은 것 없이도 대충 살 수 있겠지만, 지금 같아서는 둘 다 힘겨운 투쟁을 겪어야 할 것 같고, 그래서 종종 내게 드는 생각은 재산이 충분해서 다른 사람들로부터 완전히 독립해서 살아갈 수 있는 사람이 아니라면, 아이들을 그런 식으로 세상에 대한 격한 반골로 키워서는 안 될 것 같다는 겁니다." 그녀는 딸들이 겪을 곤경이 걱정스러웠다. "아이들은 내가 가끔씩 우울해지고 짜증을 부린다고 생각합니다만, 그것은 내적, 외적 재능에 따라 아이들이 정당히 누려야 할 행복에 대해 그만큼 권리를 주장할 수 없을지도 모른다는 예감이 들기 때문입니다."[27] 오빠 페르디난트에게 보낸 편지에서 그녀는 더욱 솔직했다. 예니는 자신과 마르크스가 운동을 위해서 딸들의 미래를 망치는 것이 아닌지 두렵다고 썼다. "우리가 다른 사람들을 위해 하는 모든 것들은 바로 우리가 아이들에게서 빼앗고 있는 모든 것을 의미합니다."[28]

그렇지만 메이틀랜드의 집에 자주 드나드는 청년들과 딸들이 자유롭게 정치에 관해 토론하고 거리낌 없이 대담하게 행동하는 것을 보면서 예니는 뿌듯한 마음이 들었다. 특히 라파르그가 마음에 들었다. 그가 무심히 던지는 말들이 예니로 하여금 그가 유서 깊고 유복한 집안 출신이라고 생각하도록 이끌었기 때문이다. 그렇지만 라우라는 라파르그의 연정에 대해 반응이 없었고, 심지어 그런 상태를 깨닫지도 못하는 것 같았다. 만난 지 한 달밖에 되지 않는데 자기 심장과 영혼이라도 바칠 것같이 행동하는 구애자에게 라우라는 어떻게 대처해야 할지 몰랐기 때문일 수도 있다. 실제로 마르크스의 딸들은 정치적으로는 탁월했지만 이성 문제에서는 아무런 경험이 없는 숙맥들이었다.

각각 스물두 살과 열한 살이 된 예니헨과 투시는 파티를 마친 후 즉시 아버지를 따라 마게이트로 갔지만, 라우라는 어머니와 함께 남았다. 라우라는 예니헨에게 어느 날 저녁 페러데이 씨가 들러서 마주 앉아 얘기할 기회가 있었다고 썼다. "우리는 서로 화기애애하게 얘기를 나누었고, 나는 너무 즐거워서 그 사람이 마음에 든다는 말을 하기까지 했어." 그렇지만 대화중에(그녀는 그것이 구애가 아니었다고 주장했다) 어머니가 흐트러진 모습으로 방 안에 불쑥 들어왔다. 예니는 신발도 신지 않았으며, 라우라에 따르면 "천 조각을 걸쳤는데 그건 완전히 벗지 않았다는 정도의 효과를 내는 것뿐이었고, 걸친 방식도 가리는 것보다는 드러내 보이는 것이 많을 정도"였다. 그 청년은 얼굴이 새빨개졌다. 라우라는 냉정을 잃지 않은 채 "못 볼 것을 보지 않기 위해" 눈을 감았다. 다음 날 라우라는 집에 혼자 있을 때, 또 다른 방문자를 맞았다. 아버지 친구인 피터 폭스였다.

내가 얼마나 놀랐던지! 평생 나하고 대여섯 마디 말도 해보지 않았던 그 사람은 그 순간 내가 완전히 넋 나간 표정을 짓고 있는 것을 보고…… 그는 가슴속에는 불만이 가득하고, 머릿속의 생각은 너무 강렬해서 도저히 숨길 수 없는 사람이었다. 그는 두서없이 자기 생각을 늘어놓기 시작했어. 폴란드, 아일랜드, 개혁동맹Reform League, '봉건귀족제', '영국 내각' 등등 뒤죽박죽이었고, 그의 거친 말들이 죽어버린 것들을 되살려낸 듯 정말로 방 안이 어두컴컴하게 느껴질 지경이었어. 말은 또 얼마나 더듬던지 나중에 가서는 도무지 무슨 말을 하고 있는지 하나도 못 알아듣겠더라니까.

그런 일방적인 대화는 한 시간 반가량 이어졌고, 그동안 라우라는 "웃음이 터질 것 같아 죽는 줄 알았다."[29]

예니는 라우라가 사랑의 게임에 빠져드는 것을 보면서 조만간 결혼하게 되겠다고 생각했다. 그렇지만 장녀는 연애 분야에서는 좀 더 자극이 필요하다고 생각했을 것이다. 예니헨은 여전히 극장에서의 진로를 계획하고 있었지만, 또한 인터내셔널 일에도 깊이 관여했다. 그녀는 아버지의 친구들, 그리고 아버지의 조언을 구하는 많은 새로운 동료들과 교신했다. 예니헨이 마게이트에 있을 때, 예니는 그녀에게 스탈 부인의 소설 『델핀Delphine』을 보냈다.[30] 한 여성이 반복적으로 사랑보다는 정의와 집안일을 더욱 중시했기 때문에 고통스러운 삶을 살게 되는 이야기를 편지 형식으로 구성한 장편소설이었다. 그렇지만 그런 노력도 예니헨에게는 아무 소용이 없었다. 그녀의 배우자 물망에 오르는 사람이 없었기 때문이다. 롱게조차도 그녀에게는 아버지의 추종자 이상으로 보이지 않았다. 롱게는 파리로 돌아가 감옥형을 받고 있었다.

한편 마르크스와 딸들에게 마게이트로의 여행은 기대한 것만큼 즐겁지 못했다. 날씨가 엉망이었다. "마치 부활절 휴가를 기해 이 지역을 침범한 런던 동부 것들을 겨냥해 특별 주문된 날씨 같았다"[31](노동자들의 수호자가 런던 동부의 노동자들을 깔보는 듯한 표현을 사용했다). 그리고 이미 한 달 가까이 해변에 머문 마르크스는 점점 인터내셔널이 걱정되었다. 인터내셔널이 여러 파업에 성공적으로 개입했고, 노동자들의 찬사를 얻었고, 그 결과 조직도 확장되었지만, 또한 그가 없는 사이에 다시 새로운 분쟁이 발생했다. 『자본론』도 그의 마음을 짓눌렀다. 그는 한 친구에게 말했다. "그건 정말 사람을 미치게 만드는 겁니다."[32]

아버지와 두 딸은 4월 중순 런던으로 돌아왔다. 그때부터 마르크스에게 치통, 토사, 류머티즘이 덮쳤고, 그는 아편에 의지해 고통을 잊고 마취약을 사용하는 치료를 받아야 했다.[33] 마르크스는 집으로 돌아왔지만 곧장 일로 복귀할 수는 없었다.

마르크스와 엥겔스는 독일의 상황을 면밀히 주시하고 있었다. 1863년 여름부터 프로이센에 반동적 질서를 회복시켜놓았던 ─ 정치토론 금지로 비판자들의 입을 틀어막고, 언론을 검열하고, 자유주의적 정치인들을 보복 협박으로 억누르는 등 ─ 비스마르크가 이제 오스트리아와 전쟁을 벌이려 하는 것 같았기 때문이다. 비스마르크는 프로이센 주도의 통일독일을 꿈꾸었으며, 그 길로 나아 가는 데 오스트리아를 가장 큰 걸림돌로 보았다.[34]

파리에서 나폴레옹에 대한 것처럼, 독일에서는 베를린의 학생들 간에 비스 마르크에 대한 불만이 고조되고 있었다. 1866년 5월 비스마르크가 운터덴린덴 Unter den Linden을 지날 때 스물네 살의 학생이 다섯 발의 총을 쏘며 그를 죽이려 했지만 실패했다. 그 학생은 페르디난트 코헨으로, 카를 블린트의 의붓아들이 자, 어린 시절 소호에서 무슈의 친구였다. 코헨은 현장에서 체포되었고, 다음 날 감옥에서 자살한 것으로 알려졌다.[35]

엥겔스는 코헨의 암살 시도가 비스마르크만 유리하게 만들어준 경솔한 행동 이었다고 깎아내렸다. 그렇지만 마르크스는 동정심을 표시했다.[36] "코헨은 훌륭 한 젊은이일세(비록 딱히 출중하다고 할 수는 없지만). 그리고 그 청년이 내 무슈의 옛 친구이기 때문에 특별히 경의를 표하는 바이네."[37] 코헨의 죽음은 틀림없이 마르크스에게 무슈가 스물네 살이 되었다면 무슨 일을 했을까 생각하게 만든 계기가 되었을 것이다. 아버지의 급진적인 사상들을 평생에 걸쳐 받아들인 이 후에도 그렇게 경솔하게 행동했을지에 대해서 말이다. 실제로 엥겔스에게 보낸 같은 편지에서 마르크스는 블린트가 "바보스럽게 국왕 암살에 대한 헛소리"를 늘어놓았기 때문에 그 아이가 "자유를 위한 제단"에 희생양으로 바쳐졌다며 블 린트를 탓했다.[38]

프로이센은 비스마르크가 원한 대로 6월에 오스트리아와 전쟁에 들어갔다. 마르크스는 그 전쟁을 정부들 간에 영토 확장이나 영향력 확대를 둘러싸고 벌 이는 전쟁에 대해서 인터내셔널이 노동자들에게 중립을 지키는 것의 중요성을 강조하는 기회로 삼기로 결심했다. 그는 노동자들이 자본가들을 위해 희생되 는 것을 보고 싶지 않았다. 전쟁에 대한 인터내셔널의 공식 입장을 정하기 위해 6월 중순에 중앙협의회가 소집되었다. 노동자들은 다른 노동자들과 싸우지 않 는다는 마르크스 그룹의 정책은 오래전부터 동의를 얻어왔다. 그렇지만 막상 실제 전쟁이 벌어지자 대표자들 속에서 민족주의적 편견이 표면으로 부상하기 시작했다. 라파르그가 단상에 올라가 어떤 식으로든 민족과 국가를 말하는 것은 반동적이며, 국가는 더 이상 존재해서는 안 되며 해체되어 코뮌과 같은 지역 자치공동체로 대체되어야 한다고 역설했다. 장황한 연설에서 그는 세계는 프랑스가 그런 혁명의 최선두에 서기를 기다리고 있으며, 뒤이어서 혁명은 세계적인 것이 될 수밖에 없다고 말했다. 라파르그가 민족의 철폐를 말하자, 마르크스는 청중 속에서 큰 소리로 웃음을 터뜨리며 그를 은근히 나무랐다. 라파르그가 프랑스어로 연설하고 있었기 때문에 청중 중 열에 아홉은 알아듣지 못했다. 마르크스는 라파르그의 민족에 대한 부정은 민족국가들이 "모델국가 프랑스"[39]에 의해 흡수되는 것을 암시하는 것 같다고 비꼬았다. 결국 중앙협의회는 오스트리아-프로이센 전쟁을 맞아 노동자들은 중립을 지키라는 권고안을 채택했지만,[40] 전쟁은 7월 3일 여덟 시간 동안의 결정적인 전투로 프로이센과 비스마르크가 승세를 굳히면서 신속히 종결되었다.

마르크스가 라파르그에게 무안을 주면서까지 농담을 던졌던 것은 사실 그에 대한 사랑인 것으로 해석할 수 있다. 마르크스는 인터내셔널에 대한 라파르그의 정열을 높이 샀고(비록 그의 사고가 뒤죽박죽이라고 생각했지만), 의사를 옆에 두는 것도 나쁘지 않다고 생각했다(비록 그가 여전히 학생일 뿐이었지만). 그리고 8월이 되자 라파르그는 마침내 라우라의 관심을 끌고 그녀의 저항을 허무는 데 성공한 듯 보였다. 마르크스는 8월 7일 엥겔스에게 보낸 편지에서 "어제 이후로 라우라는 내 크리올● 의사인 라파르그 씨에게 반승낙한 것 같네. 그 아이가 그에게 다른 사람들과 똑같이 대하고 있기는 하지만, 이 크리올이 겪는 갑작스러운 감정 폭발들, 그 젊은이(스물다섯 살일세)가 자살할지도 모른다는 약간의 불안 등등, 그에 대한 약간의 호감, 언제나처럼 라우라에게 조심스러운 것(그는 잘생기고 이지적이고 활력이 넘치는 운동선수 같은 체격의 청년일세) 등 여러 가지를 종합적으로 고려해볼 때 반은 허락한 것으로 보이네"[41]라고 말했다.

● Creole, 중남미 태생의 유럽인.

예니도 라우라가 그전까지 라파르그에게 보여온 무관심을 고려할 때 그런 갑작스러운 전개에 조금 놀라기는 했지만, 어쨌든 반겼던 것으로 보인다.[42] 엥겔스도 축하해야 할 상황인지는 자신이 없었지만 그래도 축하를 전했다.[43] 사실 그일과 관련된 사람 중에서 온전히 열광한 사람은 오직 라파르그 자신뿐이었다. 그는 라우라에 대해 너무나도 절제되지 못한 행동을 보였기 때문에 마르크스로부터 두 번째이자 좀 더 노골적인 질책을 받게 되었다.

> 만약 자네가 내 딸과의 관계를 계속 유지하고 싶다면, 지금 같은 방식의 '구애행위'는 버려야 할 걸세. 자네도 아직 약혼 같은 것은 없었으니 아무것도 결정된바가 없다는 것을 잘 알고 있으리라 믿네. 그리고 그 아이가 자네의 공식적인 약혼자가 되더라도, 결혼까지는 오랜 시간이 걸리는 문제라는 사실을 잊지 말게. 특히 두 연인이 현실적 필요에 의해 오랫동안 한 장소에 살며 시련과 고난을 견뎌내야 하기 때문에 과도한 친밀감은 금물이네. 나는 한 주 동안 자네의 행동이 하루가 다르게 변해가는 모습을 걱정스럽게 지켜보고 있네. 내 견해로는 진정한 사랑이란 삼감과 절제, 심지어 존경의 대상에 대한 수줍음 속에서 스스로를 드러내는 것이지, 열정을 마음껏 발산하고 성급하게 친밀함을 과시하는 것으로 나타나는 것은 분명 아니네. 만약 자네가 크리올의 성품을 변명으로 든다면, 나는 자네의 성품과 내 딸 사이에 나의 건전한 이성을 개입시키는 것이 바로 내 임무라고 말하겠네. 만약 그 아이 앞에서 자네가 런던의 위도緯度에 걸맞은 방식으로 사랑을 표현할 수 없다면, 자네는 그녀를 먼 거리에 두고 사랑해야 할 걸세. 내 말뜻을 충분히 이해했으리라고 믿네.[44]

마르크스의 훈계는 마치 자신과 예니의 오랜 연애기간에 대한 묘사처럼 보인다. 그리고 그것이 그를 추억에 젖게 만들었을 것이다. 왜냐하면 그는 개인적으로 실패를 인정하는 법 없이 줄곧 그렇게 살아왔기 때문이다. 마르크스는 약혼을 승낙하기 전에 먼저 라파르그의 경제 상태를 명확히 알아야겠다고 말한 후, 다음과 같이 덧붙였다. "자네는 내가 혁명운동을 위해 인생의 모든 것을 희생했다는 것을 알 걸세. 나는 후회하지 않아. 오히려 그 반대지. 만약 삶을 다시 살게 된다 하더라도 나는 똑같은 일을 하게 될 걸세. 그렇지만 결혼만은 하지 않을 거야. 내 능력만 닿는다면, 내 딸들만은 그 아이들의 어머니가 좌초했던 풍랑에서 구해주고 싶네."[45]

마르크스는 라파르그에게 그의 성실성에 대해 확신이 없고, 외국으로 쫓겨난 학생으로서 새로운 진로를 모색하고 있는 그의 처지가 그다지 희망적으로 보이지도 않는다고 말했다. 또한 라파르그의 가족이 그를 지지해줄지, 결혼에 대해 어떻게 여길지, 라파르그가 어떤 방식으로든 라우라에게 안정적인 삶을 약속해줄 수 있을지 등에 관해 잘 모르겠다고 말했다. 그리고 다음과 같이 덧붙였다.

나의 직접적인 개입이 없었다면(내 편에서의 약점이지), 그리고 자네에 대한 나의 우정이 내 딸의 행동에 작용하지 않았더라면, 일이 이렇게까지 진행되지는 않았을 걸세. 그렇기 때문에 나는 개인적으로 강한 책임감을 느낀다네.

이 편지에서 어떤 오해의 가능성도 배제하기 위해 다음 얘기를 하고 싶네. 자네가 오늘 당장 결혼할 수 있다고 하더라도 그런 일은 생기지 않을 걸세. 내 딸이 반대할 걸세. 나 또한 반대할 수밖에 없네. 자네는 결혼을 생각하기 전에 먼저 인생에서 무엇인가를 성취해야 하며, 자네와 라우라에게는 긴 시험기간이 필요하네.[46]

며칠 후 라파르그는 한 유명한 프랑스 의사에게 부탁해 자기에 대한 추천장을 마르크스에게 보내도록 했으며, 그의 아버지는 두 사람이 결혼할 경우, 그들에게 큰 액수의 정착금을 주겠다고 약속하는 편지를 마르크스에게 보냈다. 또한 그의 아버지는 아들이 스스로 라우라의 약혼자로 여길 수 있도록 허락해달라고 부탁했다.[47] 마르크스는 엥겔스에게 비밀리에 보낸 편지에서 라파르그는

"순수한 마음을 가졌지만, 철이 없고 유치한 구석이 너무 많다"고 말했다. 그리고 친구에 대한 극진한 경의의 표시로 라우라가 엥겔스의 승낙 없이는 라파르그의 구혼을 받아들이지 않을 것이라고 덧붙였다.[48] 결국 라파르그가 라우라와 너무 가까이 있다가 자제력을 잃을 것에 대비해, 마르크스는 투시와 라우라를 임시로 헤이스팅스의 해변마을에 있는 기숙학교로 보냈다.[49] 그곳은 예니헨과 라우라가 런던에서 다니던 사우스 햄스테드 여학교와 크게 다르지 않았다. 하지만 지리적으로 멀다는 장점이 있었다. 딸을 보낸 후 마르크스는 라파르그에 대해 라우라에게 알려주었다. "그 침울한 표정의 기사는 나를 자기 집의 구석에 놔두었단다. 그의 가슴이 이미 그전에 상당히 흔들렸었기 때문에 나와의 이별쯤은 영웅적 무관심으로 참아내더구나."[50]

라우라를 멀리 보내고 난 후 마르크스는 라파르그를 적극적으로 집안일에 끌어들였고, 9월에 제네바에서 열릴 예정인 첫 번째 인터내셔널 대회에 보낼 대표단을 위한 교육자료 준비로 바쁘게 만들었다. 예니헨은 라파르그가 오전 10시부터 밤 10시까지 종일 마르크스의 지시 내용을 프랑스어로 변역하던 일을 회상했다. "그 불행한 젊은이는 무서울 정도로 비탄에 빠진 모습이에요…… 그는 면도도 하지 않고 머리도 빗지 않았어요." 그녀는 도버에 있는 어머니에게 이렇게 말했다[51] (라파르그는 그렇게 힘들게 일하는 와중에도 라우라에 대한 구애과정에 투시를 동맹자로 삼고 싶었던 때문인지, 투시를 위해 마당에 그네를 만들어주기도 했다).[52] 라파르그가 가족들의 환심을 사기 위해 할 수 있는 모든 일을 했지만, 라우라의 마음속에 완전히 파고들지는 못했던 것으로 보인다. 헤이스팅스에 있는 동안 라우라는 예니헨에게 예전에 그곳에 갔을 때의 일을 꿈결처럼 회상하는 편지를 보냈다. 그때 그녀는 배너Banner라는 이름의 음악선생과 산책하고 대화를 나누고 같은 컵으로 우유를 나눠 마셨던 것이다. "나는 감상적이고 싶지는 않지만, 잊어버리는 것은 내가 배우지 못한 기술이고, 더 이상 현실일 수 없는 그 기억은 내게는 안타까움일 뿐이야."[53]

그녀에게 어떤 망설임이 있었건 어쨌든 결혼을 향한 수레바퀴는 구르고 있었다. 라우라와 라파르그는 9월 26일, 그녀의 스물한 번째 생일에 공식적으로 약혼했다. 라우라의 반응을 설명한 기록은 없지만 그녀의 어머니는 기뻐했고, 여러 가지 면에서 안도했던 것으로 보인다. 예니는 에르네스티네 리프크네히트에게 폴은 친절하고 자상하며, 라우라에게 헌신적이고, 가장 다행스러운 점은 두 젊은이가 종교나 정치에 대해 같은 생각을 가지고 있다는 것이라고 말했다. "그래서 라우라는 모든 아가씨들이 자기 의견 때문에 겪을 수밖에 없는 분쟁과 고통에서 자유로워진 셈이지요. 생각이 같고 게다가 학력과 사회적 지위까지 두루 갖춘 사람을 만난다는 것은 쉬운 일이 아니기 때문입니다." 결혼식은 라파르그가 영국에서 의학 수업을 마칠 때까지 미루기로 했기 때문에 이 년 이상 기다려야 했다. 한편 그는 근방에 방을 얻었지만 거의 마르크스 집에서 살다시피 했다―그리고 마르크스에게는 불행하게도 그에 수반되는 추가적인 비용도 모두 마르크스가 부담해야 했다.[54]

마르크스 인생의 모든 것이 그해 가을에 정점으로 치달았다. 그는 첫 번째 인터내셔널 대회를 준비하기 위해 부지런히 일했다. 대회에 직접 참석하지는 않지만, 그 대회의 운명이 대표단이 제네바를 향해 출발하기 전까지는 그의 손에 달려 있었다. 그렇기 때문에 마르크스에게는 그 행사가 더욱 어려운 것이었다. 그가 아무리 철저하게 무대를 준비해도 일단 배우들이 시야에서 사라져버리면 그들을 통제할 수 없을 것이기 때문이다. 아울러 그는 마침내 『자본론』을 함부르크로 보낼 준비가 되었다. 그는 계획한 책 전체―심지어 마이스너에게 약속했던 두 권마저도―가 완성될 때까지 기다릴 수 없다고 마음을 정했다. 대신 총 네 권 분량의 작품 중 먼저 제1권만 출판업자에게 보내기로 했다.[55] 그 모든 노고와 창조적 고통의 와중에 그는 다시 결국 빈털터리가 됐고, 다시 한 번 집주인과 밀린 외상값 독촉을 위해 현관문 앞에 줄지어 늘어선 상인들에게 몰리는 신세가 되어버렸다. 한번은 빚쟁이가 나타났을 때, 마르크스는 돈이 모자란다 라파르그와 빚쟁이 두 사람에게 그 사실을 숨기기 위해, 그는 돈을 바꿔 올 동안 잠시만 기다려달라고 말했다. 그리고 몰래 뒤로 빠져나가 누군가 자신이 사라진 것을 눈치채기 전에 필요한 돈을 빌리기 위해 재빨리 빵가게로 달려갔다.⁵⁶ 만약 라파르그가—또는 더욱 심각하게 라파르그의 가족들이—모데나 빌라스의 당당한 모습이 사실은 허울뿐임을 알게 된다면 딸의 행복이 위기에 처할지도 모른다고 생각했기 때문이다. 그리고 실제로 그런 위험이 있었다. 마르크스가 빚을 진 한 야멸찬 프랑스인이 돈을 갚지 않으면 라파르그의 부모에게 그 사실을 알리겠다고 협박했던 것이다.⁵⁷ 그런 일이 발생한다면 라우라는 19세기의 많은 젊은 아가씨들이 겪었던 불행, 즉 결혼이라는 제도와 관련된 협상 과정에서 돈이 부족해 사랑이 뒷전으로 밀려나는 슬픔을 겪게 될지도 몰랐다.

마르크스는 네덜란드와 독일의 가족들에게 돈을 부탁해보았지만 헛수고였다고 엥겔스에게 썼다. 예니는 대부분의 소지품을 이미 저당 잡혔기 때문에 집 밖에 나설 수도 없었으며, 마르크스는 도시의 이쪽 끝에서 저쪽 끝까지 돈을 구하러 뛰어다녔다. "가장 심각했던 망명자 시절처럼 여기저기서 푼돈을 구걸하고…… 반면에 나는 일부 상인들로부터 협박당하고 있네. 그들은 자기 채권을 포기하고 나를 법정으로 데리고 가겠다고 협박하지. 일이 이 지경이 되었는데 더 심각한 문제는 항상 우리 집에 와 있는 라파르그(며칠 전 그가 보르도로 떠나기 전까지는)에게 어떻게 해서든 진실을 감춰야 한다는 점일세." 다급해지자 동정도 얻고, 더욱 대담하게 요구하기 위해 다음과 같이 덧붙였다. "내 작업이 이런 일들 때문에 자꾸 방해되고 있을 뿐만 아니라, 또 낮 동안의 그런 시간 손실을 보충하기 위해 밤에 일하다보니 성기 근처에 작은 종기가 생겨버렸네."⁵⁸

엥겔스는 이미 익숙해진 도움을 구하는 소리를 듣고 바로 응답했다. 마르크스의 장황한 한탄을 보며 또 마르크스가 탈고가 늦어지는 이유에 대해 설명할 것이라고 생각했을 것이다. 그렇지만 마르크스는 1866년 11월 둘째 주에 책의 일부인『자본론』제1권을 함부르크로 보내서 그를 놀라게 했다.⁵⁹ 맨체스터에서는 안도의 한숨 소리가 크게 울렸다. 엥겔스는 썼다. "원고를 보냈다는 소식에 가슴이 후련해졌네…… 자네의 건강을 위해 특별히 큰 잔으로 건배해야겠군.

그 책이 자네 건강을 해치는 데 크게 기여했지. 이제 그 부담을 내려놓았으니, 자네는 완전히 다른 사람이 될 수 있을 거야."[60]

예니도 역시 안도감을 표했다. 그렇지만 마르크스와 함께하는 평생 동안 희망이 꺾이고 꿈이 산산조각 나기만 했던 그 여인은 불길한 예감을 표했다. 엥겔스에게 보낸 크리스마스 편지에서 그녀는 말했다.

　　함부르크의 출판업자가 공언한 대로 책을 정말 그렇게 빨리 찍어낸다면, 어쨌든 부활절까지는 책이 나오겠군요. 원고가 깨끗이 정서되어서 높다랗게 쌓인 모습을 보는 게 즐거웠어요. 이제 한시름 덜었어요. 우리는 그것 말고도 충분히 많은 문제와 걱정거리가 있는데…… 나도 다른 사람들처럼 모든 것을 장밋빛으로 보고 싶지만, 오랜 세월 동안 걱정만 하다보니 신경이 예민해졌나봐요. 긍정적인 생각을 가진 사람들에게는 미래가 온통 장밋빛으로 보일 때도, 저한테는 종종 캄캄해요. 이건 우리끼리만 하는 얘기예요.[61]

곧 여러 가지로 일이 꼬이고 망설임과 지체로 몇 달이 그냥 흘러가버리면서 예니의 우려는 현실화되었다. 마이스너는 제1권만 인쇄하기를 거부하고 마르크스가 제2권도 보내줄 때까지 기다리겠다고 말했다. 그리고 마르크스는 불면증과 엉덩이에 난 종기 때문에 아무 일도 할 수 없었다. 마르크스도 인정했듯이 종기의 발생은 그의 심리상태와 직접적으로 연관된 것이었다[62](그는 나중에 장난스럽게 "나는 부르주아들이 그들이 죽는 날까지 내 종기를 기억해주기를 바라네"라고 엥겔스에게 말했다).[63] 마지막으로 오래된 공포, 돈 문제가 있었다. 마르크스는 1867년 4월 초에 엥겔스에게 옷과 시계가 전당포에 있기 때문에 원고의 나머지 부분을 예정대로 함부르크로 가져갈 수 없다고 말했다.[64] 엥겔스는, 예니헨의 묘사에 따르면, 책의 완성에 "기뻐 미친 듯이 날뛰면서"[65] 전당포에서 물건을 찾을 돈을 제공해주었다.

몇 해 전 엥겔스는 자기 누이동생에게 자신은 소원을 품지 않는다고 말했다.

왜냐하면 소원을 품을 정도로 스스로가 약해지도록 허락하면, 소원했던 것은 항상 그가 가질 수 없는 것으로 변해버리기 때문이라는 것이었다.[66] 그렇지만 그해 4월 『자본론』이 비록 이 년 가까이 지체되기는 했지만 마침내 출판될 것이 확실시되자, 그는 마르크스에게 이제 더 상서로운 미래를 상상하자며 스스로에게도 드디어 소원을 품고 꿈을 갖는 것을 허락했다.

32

I867년
런던

"뭐 보이는 게 있어?"
푸생이 포르부스에게 속삭였다.
"아니. 너는?"
"아무것도 없어."
"늙은 사기꾼이 우리 다리를 잡아당기고
있어."

—오노레 드 발자크[1]

하노버에 도착한 마르크스가 함부르크로부터 교정지가 오기를 기다리고 있을 때, 엥겔스로부터 장문의 편지를 받았다. 편지에서 엥겔스는 카를이 대작을 완성하기를 기다리며 그의 가족들을 부양했던 거의 이십 년에 가까운 세월 동안 아껴두었던 얘기를 기술했다.

나는 항상 자네가 그렇게 애면글면하며 오랫동안 끌어오던 그 망할 책이 자네 불행의 근간이고, 그 짐을 내려놓기 전까지 자네는 절대로 자유로워질 수 없으리라고 생각했었네. 완성되기까지 정말 오랜 세월 동안 그게 자네를 신체적, 정신적, 그리고 경제적으로 힘들게 만들었지. 이제 그 악몽을 털어내버렸으니 자네는 완전히 새로운 사람이 되었다고 생각하네…… 나는 이렇게 새로운 전기가 마련된 것에 대해 정말 더없이 감사한 마음이네. 그 이유는 첫째, 『자본론』 그 자체를 위해서고, 둘째, 자네, 그리고 특히 자네의 부인을 위해서고, 마지막으로 이제 정말로 희망이 비치는 시간이 되었기 때문이야.

엥겔스는 이 년 내에 에르멘앤엥겔스 사와 계약이 끝날 것이고 그러면 자신도 사업계를 떠날 수 있을 것이라고 말했다. "내가 이 사악한 상거래에서 놓여나는 것만큼 간절히 바라는 것도 없네. 이건 시간을 허비하게 하고 내 사기를 완전히 꺾어버리지. 여기 몸담고 있는 동안은, 나는 아무짝에도 쓸모없는 존재야." 그것은 물론 급격한 수입 감소를 의미할 수 있었다. 그렇지만 엥겔스는 "만약 지금 시작처럼 일이 잘 흘러간다면, 우리는 그것에 대해서도 충분히 대비할 수 있을 거야. 심지어 혁명이 일어나지 않고 모든 자금줄이 막힌다고 해도 말일세. 그리고 그것도 안 되었을 경우, 나는 『영국 부르주아들의 희비』*Woes and Joys of the English Bourgeoisie*와 같은 가벼운 책이나 쓰며 내 해방을 즐길 수 있는 나름의 비책을 가지고 있네"[2]라고 말했다.

마르크스도 꿈에 부풀었다. 함부르크에서 마이스너도 책 출간 의지를 다지며 열정적으로 화답했다.[3] 기대감에 들떠서 마르크스는 제네바의 한 친구에게 『자본론』은 "의심할 여지없이 지금까지 부르주아의 머리에 던져진 것들 중 가장 가공할 만한 미사일입니다"[4]라고 말했다. 뉴욕의 또 다른 친구에게도 편지를 보내 (비록 아직 한 권밖에 완성되지 않았지만) 일 년 안에 세 권이 출판될 것이며, 자신은 그 완성을 위해 모든 시간을 투자하고 있다고 말했다. "그것을 위해 나는 건강, 행복, 내 가족까지도 희생했습니다…… 나는 소위 '실용적인' 사람들과 그들의 지혜라는 것을 비웃지요. 만약 누군가 황소가 되기를 원한다면, 그 사람은 당연히 인간의 고통을 무시하고 자신만의 은신처를 찾아야 하지 않겠습니까."[5] 마지막으로 엥겔스에게도 썼다. "일 년 안에 나는 성공하게 될 것으로 희망하고 또 확신하고 있네. 내 경제적 문제들을 근본적으로 뜯어고칠 수 있을 것이고 마침내 자립하게 될 거란 말일세."[6]

마르크스는 자신의 마흔아홉 번째 생일에 『자본론』의 첫 번째 교정지를 받았다. 그리고 출판업자는 이미 신문에 책이 곧 출판될 것이라는 공지도 실었다. 모든 일이 순조롭게 진행되는 듯했고, 마르크스도 자신감이 넘쳤다.[7] 사실 안 그러기도 어려웠으리라. 하노버에서 그는 열혈 팬(마르크스는 그를 열광적 지지자라고 말했다)의 집에 머물렀다. 루트비히 쿠겔만 박사는 산부인과 의사였으며 마르크스와 엥겔스의 공동 저작인 『신성가족』 때부터 그들의 진가를 발견하고 그들의 모든 작품을 모으고 있었다. 쿠겔만이 사회주의, 공산주의, 또는 마르크스에게서 어떤 것에 끌렸는지는 명확하지 않다─그는 뼛속까지 부르주아였다. 어쨌든 마르크스는 쿠겔만의 서재에서 자기들이 가진 것보다 훨씬 더 많은 자신과 엥겔스의 저작들이 소장되어 있는 것을 발견하고 무척 놀랐다.[8] 『자본론』의 짐을 덜고 쿠겔만이 성심껏 시중을 들어주자, 마르크스는 자기 건강이 놀랍도록 좋아졌다고 말했다.

또 하나 마르크스의 사기를 고양시켜준 것은 마담 텡게Tenge(결혼 전 성은 볼롱가로-크레베나Bolongaro-Crevenna)라는 이름의 서른세 살 여성의 관심이었다. 독일의 부유한 지주와 결혼한 그녀는 마침 마르크스가 방문했을 때 쿠겔만의 집에 머물고 있었다.[9] 그는 예니헨에게 그녀를 다음과 같이 묘사했다. "유별나게 상냥하고, 진솔하고, 천진난만한, 정말 고귀한 성격을 가진 사람이란다. 잘난 체하는 속물근성도 없고 말이야. 영어, 프랑스어, 이탈리아어(그녀는 이탈리아 억양으로 말한단다)를 완벽하게 구사하고…… 그녀는 무신론자이고, 비록 그다지 아는 바는 없지만 사회주의 쪽으로 기울었단다. 무엇보다도 그녀를 가장 특별하게 만드는 것은 자연스러운 친절과 가식이 없다는 점이야." 마르크스는 예니헨에게 마담 텡게의 사진을 보냈다. 그렇지만 예니헨은 그것을 어머니나 동생들에게 보여주지 않았던 것 같다[10](라우라에게 보낸 편지에서 마르크스는 라우라가 왜 마담 텡게가 어떻게 생겼느냐고 묻는지 의아해했다. 라우라는 사진을 보지 못했던 것이다).[11] 예니헨은 마르크스가 그전 여행에서 다른 젊은 여성들과 사귀었던 것이 어머니에게 어떤 영향을 미쳤는지 잘 알고 있었기 때문에 그 사진을 혼자만 간직했던 것 같다. 그렇지만 마르크스는 아무런 거리낌 없이 마담 텡게에 대한 칭찬을 늘어놓았고, 그런 관계가 상호적임을 암시했다. 그는 딸들이 그런 내밀한 얘기를 털어놓는 친구인 것마냥 그 "탁월한 여성"에 대해 설명해주었다.[12]

그런 수다스러운 정보들은 마담 텡게가 하노버를 떠난 이후에 쏟아져 나왔다. 그녀가 그 집에 같이 머물 때, 마르크스 가의 여인들은 마르크스로부터 한 달간 거의 아무런 소식도 듣지 못했다고 불평했다. 예니헨은 아버지가 비스마르크에게 체포된 것은 아닌지 두려웠다고 말했다.[13] 라우라는 아버지에게 자기는 "아버지가 프랑스로 가서 영영 우리를 떠났다는 생각이 들기 시작하던 참이었어요"라고 말했다. 아마도 라우라가 그의 침묵의 의미를 가장 잘 이해했던 것 같다.

'지긋지긋한 가족'으로부터 단지 일시적으로 '탈출'하는 것만으로도 어떤 즐거움을 느끼게 되는 것이 틀림없다고 저는 생각합니다…… 아버지가 속한 사회는 말할 것도 없고요. 아버지의 편지에서 상당 부분은 어떤 여인에 대한 것으로 보이는군요. 젊은 여자인가요? 재치 있어요? 예뻐요? 아버지가 그 여자를 유혹한 건가요, 아니면 그 여자가 아버지에게 꼬리치고 있는 건가요? 아버지는 그 여자에게 무척 빠져 있는 것으로 보이는데, 그게 단지 일방적인 것이라고 여긴다면 제가 **지나치게 순진한** 것이겠지요? 제가 엄마라면 무척 질투가 났을 거예요.[14]

매번 마르크스에게 보내는 편지마다 가족들은 그가 언제 돌아올 계획인지 물었다. 마르크스는 마담 텡게가 하노버를 떠난 이후, 곧 돌아왔다. 그녀가 사라지자 쿠겔만에게 금방 싫증을 느낀 것이다. 그전에는 모든 교정지를 다 읽어볼 때까지 하노버에 머물 생각이라고 엥겔스에게 말했었다. 그렇지만 마담 텡게가 떠나버리자 책이 완성될 때까지 그곳에서 기다리는 것은 불가능하고, 또 어차피 집에 돌아가서 제2권을 작업해야 한다고 말했다. 그는 런던으로 돌아가면 무엇이 기다리고 있는지 알지만 — 홀가분하고 상쾌한 마음으로 일에 몰입하는 대신, 고통스러운 가족생활, 가정불화, 끊임없는 시달림 — 그래도 집으로 돌아

가기로 마음을 다잡았다.[15]

4월 10일 런던을 떠났던 마르크스는 5월 19일 영국으로 되돌아왔다. 돌아오기 전에 함부르크에 잠시 들러 마이스너를 만나고 교정지의 일부도 받아왔다. 빨리 일로 복귀하고 싶었을 텐데, 서둘러 모데나 빌라스로 돌아가고 싶은 생각은 없는 것으로 보였다. 함부르크에서 런던으로 향하는 증기선에서 그는 한 젊은 독일 여성을 만났는데 그녀의 군인 같은 태도가 그의 주의를 끌었다. 그녀는 런던에 처음 가는 길이었고, 그곳에서 기차를 타고 시골의 친구를 방문할 예정이었다. 마르크스는 용감하게 그녀를 기차역까지 안내해주겠다고 제의했다. 그들은 오후 2시에 런던에 도착했지만 기차는 저녁 8시나 돼야 출발할 예정이었다. 그래서 마르크스는 가족들이 기다리는 집으로 가기보다는, 그 이방인과 하이드파크를 거닐기도 하고 아이스크림 가게에 죽치고 앉아 있기도 하면서 또 다른 즐거움으로 여섯 시간을 보냈다. 그는 쿠겔만에게 그녀는 명랑하고 지적이지만, 다소 오만하고 전형적인 프로이센인이었다고 말했다. 그런데 알고 보니 그녀는 비스마르크의 질녀인 엘리자베트 폰 푸트카머였으며, 그녀도 자기가 "붉은 손"의 수중에 떨어진 것을 알아채고 적잖이 놀랐다고 마르크스는 얘기했다.[16] (비스마르크는 사실 마르크스가 하노버에 있을 때 부하를 보내 그의 재능을 독일 국민들의 이익을 위해 활용하고 싶다고 제안하기도 했었다. 마르크스는 그 엉뚱한 제안에 대해 엥겔스 말고 다른 사람들에게는 말하지 않았다.)[17] 두 사람은 각각 마르크스와 비스마르크의 질녀로서, 그리고 친구로서 기차 앞에서 헤어졌다. 그리고 더 이상 그를 지체시킬 다른 젊은 여성이 없었기 때문에 마르크스는 마침내 아내와 딸들, 그리고 아마도 가장 애타게 그를 기다렸을 라파르그에게로 돌아갔다.

그는 런던에 사흘만 머물다가 엥겔스에게 교정지를 보여주기 위해 맨체스터로 출발했다. 엥겔스가 아직 『자본론』을 전혀 읽지 않은 상태였기 때문에 마르크스는 그의 반응이 궁금했다. 그는 엥겔스를 가장 중요하고도 가장 어려운 비평가로 생각하고 있었다. 무엇보다도 엥겔스야말로 그 주제에 대해 마르크스 자신만큼이나 정통한 사람이기 때문이었다. 마르크스는 함부르크로 떠나기 전에 엥겔스에게 "유쾌한 역설로 가득한" 발자크의 짧은 소설 『알려지지 않은 걸작The Unknown Masterpiece』을 읽어보라는 매우 의미심장한 권유를 한 적이 있었다.[18] 그 책은 한 화가에 관한 것으로, 주변의 크나큰 기대 속에 다년간의 노력을 거쳐 마침내 걸작을 그려냈지만, 정작 그 그림은 자신 말고는 아무도 볼 수도 이해할 수도 없었다는 이야기였다.

마르크스의 작품에 대한 엥겔스의 첫 반응은 복합적이었다. 그는 책을 16페이지씩의 묶음으로 받았는데, 부드러운 비판의 방법으로 두 번째 부분이 어렵다며 "아마도 그 위에 자네의 종기가 더 강한 인상을 남긴 것 같군"이라고 말했다. '변증법'이 마르크스의 『정치경제학 비판 요강』에 비해 더 날카로워졌다고도 했다. 하지만 그것은 엥겔스가 『자본론』보다는 『요강』에서 더 좋아하는 부분이 있다는 얘기였다. 그렇지 않았다면 그냥 읽은 것이 좋다고 말해버리면 그만이었다.[19] 마르크스는 엥겔스의 마음에 든다니 다행이라며 친구의 부분적인 우려는 무시하기로 했다. 그리고 『자본론』을 출판해줄 고마운 영국 출판업자를 찾게 되면, 리지 번스에게 런던에서 옷을 사주는 것으로 한턱내겠다고 말했다―그는 그런 일이 조만간 일어나리라고 믿었다.[20]

라우라와 라파르그가 약혼한 이후부터 마르크스 가족은 그들에게 많은 관심을 기울였다. 1867년 봄, 그 젊은 커플은 히스에서 승마를 배울 때 하버스톡 힐에서 소동을 일으키기도 했다. 라우라가 안장 위에서 편안하고 우아해 보인 반면, 폴은 자신 없이 고삐 대신 말갈기를 붙잡았기 때문이었다(그가 말을 타고 나면 몸에 멍이 들었기 때문에 투시가 쿠션을 만들어주었다).[21] 그렇지만 마르크스는 예니헨에게만 신경 썼다. 동생이 시집갈 준비를 하고 있는데 아직 구혼자도 없는 예니헨이 안쓰러웠던 것이다. 그는 심지어 자신이 독일에 있을 때 기분전환을 위해 예니헨에게 독일로 오라고 권해보기도 했다. 그렇지만 예니헨은 "오히려 저는 지금 있는 곳이 훨씬 편해요…… 정말 연민 때문에 억지로 웃어줄 필요는 전혀 없어요…… 비록 그럴 일이 엄청나게 많기는 하지만 말예요"라고 말하

며 거절했다.[22]

예니헨은 오랫동안 지적인 것에 비해 정서적인 것에 관심이 적었고, 이 기간
동안은 더욱 그랬다. 배우로서의 전망이 불투명해지면서—한편으로는 건강 때
문이었고 다른 한편으로는 마르크스의 딸이라는 것이 그런 진로를 더욱 어렵
게 만들었다—그녀는 극작가로서의 길을 모색하고 있었다. 이 당시 그녀가 쓴
희곡은 한편으로는 개인적이면서도 다른 한편으로는 정치적인 내용의 비극으
로, 셰익스피어와 자신의 가족에게서 많은 영감을 얻은 작품이었다(한 대목을
보자. "사랑하는 아빠, 당신의 말이 제 심장을 가져갔어요, 당신의 인민들이 울고 있어
요, 당신이 물러난다면 누가 그들의 대의를 수호하나요?").[23] 그녀는 또한 영어, 프랑
스어, 독일어로 된 시와 1848년 반란에 대한 프랑스어 논문을 베끼고, 동시에
영국과 프랑스에서 인터내셔널이 지원하는 파업들을 지켜보는 것으로 눈코 뜰
새 없이 바쁘게 지내고 있었다.[24] 그녀는 나름의 조용한 방법으로 매일 정치적,
문학적으로 성장해나가고 있었다.

1867년 여름 라파르그의 가족은 마르크스의 세 딸을 폴과 동행해 보르도
로 오라고 초청했다. 예니와 마르크스는 딸들의 여행을 준비하는 데 비용을 아
끼고 싶지 않았다. 라파르그는 자기가 부담하겠다고 했지만 마르크스는 받아
들이지 않았다—자기 가족을 충분히 건사할 능력이 있는 사람으로 보여야 했
기 때문이다. 그는 집세로 따로 떼어두었던 돈을 털어서 딸들의 뱃삯을 지불한
후, 집에서 쫓겨나는 재난을 피하기 위해 엥겔스에게 부족한 집세를 보충해줄
것을 요청했다.[25]

예니와 카를은 라파르그의 부친이 포도주 사업을 하고 있으며(대규모일 것
이라고 믿었다) 쿠바, 뉴올리언스, 프랑스에 각각 집과 농장을 소유하고 있다는
것을 알고 있었다. 라파르그의 아버지는 결혼선물로 10만 프랑[26]—4천 파운
드—을 주겠다고 약속했는데, 예니에게 그것은 단지 둘째 딸이 편안하고 유복
한 삶을 시작하는 데 필요한 착수금 정도로 보였으며, 그 결혼으로 인해 다른
딸들도 훌륭한 배우자를 만나는 데 도움을 받을 수 있을 것으로 기대했다. 딸들

이 눈에 띄게 총명했음에도 불구하고 그들이 남편의 도움 없이도 세상에서 훌륭하게 자기 길을 열어갈 수 있으리라고는 생각하지 않았던 것 같다. 예니와 마르크스는 딸들의 인생에 관해서는 지나치게 보수적이었기 때문에 그런 종류의 성공을 기대하지는 못했다.

세 아가씨는 가장 멋진 옷을 차려입고 폴의 호위를 받으며 프랑스로 출발했다. 그렇지만 떠나자마자 집에서 입던 편안한 옷을 입고 나서는 것이 훨씬 나았을 것이라는 사실을 알게 되었다. 그들은 여러 번 기차를 갈아탔고, 사나운 날씨 속에서 마차를 타고 이동했으며, 짐들도 성가시기 이를 데 없는 길고 힘든 여정을 밟았다. 항해가 끝날 때쯤 부르주아적인 옷들은 꼬깃꼬깃해져 있었고, 머리 스타일도 엉망이었으며, 말끔하던 얼굴에는 땟국이 흘렀다. 그렇지만 항해는 멋졌다. 예니헨은 그들 모두 기분이 들떠 있었으며, 라파르그의 양친은 "우아하고 세련된 분들"이었다고 말했다. 그녀는 어머니에게 보낸 편지에서, 폴이 무신론atheism을 주장하는 것에 대해 자기가 어떤 식으로든 주의(-ism)를 맹신하는 것은 바보스러운 일이라고 논박해 폴 부모의 호감을 얻었다고 말했다. 그러나 그녀는 라파르그가 자신이 혼혈이라고 불리는 데 대해 강한 반감을 갖고 있는 것을 알고 매우 놀랐다. 그녀는 잘 언급하지 않던 마르크스의 유대 뿌리까지 말하며 "우리의 유래를 부끄럽게 여기는 선민들은 그런 점에서는 그들과 공감할 수 있겠네요"라고 썼다.

그들은 보르도에 잠시 머물다가 라파르그 가족들과 함께 태양이 작열하는 프랑스의 비스케이 만 해변으로 갔다. 예니헨은 스물세 살이었고, 라우라는 아직 스물두 살이 안 됐으며, 투시는 열두 살이었다. 그들 셋이 함께 영국 바깥에 머문 것은 그때가 처음이었다. 세 딸 중 가장 검소하고, 그런 점에서 가장 신뢰할 만한 예니헨은 그들의 옷과 화장이 프랑스에 '파란'을 일으켰다고 썼다. 셋이 뭉쳐 있을 때 그들은 당당했고 ─ 신체적, 정신적으로 모두 ─ 또한 장난스럽기도 했다. 폴은 쉽게 그들의 장난에 말려들었고, 예니헨과 투시는 곧 그를 가족으로 받아들이게 되었다.[27]

마르크스의 딸들은 8월 한 달 내내 해변에서 지내다가 9월 10일 런던으로 돌아왔다. 프랑스에서의 모험은 그들의 일상의 걱정들로부터 까마득히 멀리 떨어져 있는 것이었지만, 그들은 그 기간 중에도 아버지 책의 진척 정도에 대해 듣고 있었다. 마르크스나 예니나 모두 긍정적으로 얘기했다. 집에 돌아오기 전날 밤, 예니헨은 "이제야 그 독일 멍청이들이 우리 무어인을 어느 정도 대접해주겠군요 — 그들은 아버지가 그들을 위해 해준 일에 대해 백분의 일도 보답하지 못할 거예요"[28]라고 말했다.

교정지가 런던과 맨체스터 사이를 분주히 오갔다. 8월에 우체부가 문을 두 번 두드리면 그것은 거의 대부분 『자본론』에 대한 엥겔스의 비평이 도착했음을 의미했고, 붉은 프록코트에 높다란 모자를 쓴 그 우체부는 거의 언제나 맨체스터로 가는 더 많은 우편물을 들고 사라졌다. 마르크스는 엥겔스에게서 온 편지에다 대고 페이지를 짚어가며 말을 하곤 했다(투시는 그가 마치 엥겔스가 옆에 있는 것처럼 서재에서 떠들던 일을 회상했다. "아니, 그런 게 아니야" 또는 "바로 그렇지"라고 연신 중얼거렸으며, 때로는 친구의 날카로운 재치에 방 안이 떠나가도록 웃어댔다고 한다).[29] 한 달간 라파르그와 딸들을 집 안에서 몰아냈던 것이 작업을 급진전시키는 데 도움이 된 것 같았다. 8월 14일에 48번째 교정지의 수정을 마치고 그는 "그 진절머리 나는 작업 전체"를 그 주에 끝낼 수 있을 것이라고 예견했다.[30] 그리고 이번에는 오히려 예상보다 빨랐다. 이틀 후 새벽 2시에 마르크스는 49번째이자 『자본론』 제1권의 마지막 교정지를 마무리했던 것이다.

지치고, 안도하고, 깊이 감사하며, 그는 엥겔스에게 짧막한 편지를 썼다. "이제, 제1권이 끝났네. 이 일이 가능했던 것은 온전히 자네 덕분일세. 나를 위한 자네의 희생이 없었다면, 나는 세 권의 책에 필요한 엄청난 작업을 해낼 수 없었을 거야. 감사의 마음으로 자네를 안아주고 싶네!⋯⋯ 나의 소중한 친구에게 경의를 표하며." 마르크스는 책을 충성스럽고 끝까지 관대했던 또 다른 친구 루푸스에게 헌정했다.[31]

전체적으로 엥겔스는 마르크스가 복잡한 경제이론을 그렇게 쉽고 간단한 언어로 설명할 수 있다는 것에 탄복했다. 그는 자본과 노동 간의 관계가 최초로 완벽하게 규명되었다고 말했다.[32] "마르크스는 자본가들이 봉건제나 노예 소유주와 마찬가지로 대다수의 인민을 착취하는 것을 통해 번영한다는 사실을 발견했다"라고 엥겔스는 나중에 말하곤 했다.[33] 그렇지만 엥겔스가 무비판적인 것은 아니었다. 그의 비판은 그 책이 일반 독자들의 손에 들어갔을 때 만나게 될 문제들을 예감한 것이었다.

그렇지만 자네는 어떻게 책의 **외적** 구성을 그런 식으로 놔두었단 말인가! 4장은 거의 2백 페이지에 육박하고 하위 제목도 고작 네 개뿐이지 않은가…… 더욱이 생각의 흐름이 예시들 때문에 계속 끊기고, 예시된 것들도 요약되지 **않고** 그냥 넘어가고 있군. 그래서 **하나의** 예에서 바로 다음 예로 계속 끌려다니기만 하게 돼. 이건 독자가 완전히 집중하지 않았을 경우, 아주 피곤한 일이고, 또 혼란스럽기도 한 거야.[34]

하지만 엥겔스가 이런 지적을 했을 때, 독일어 첫 판의 경우 이미 때가 늦었다—교정지들이 이미 마이스너의 손에 있었고 식자공들이 활판을 짜고 있었다. 9월 중순 마르크스와 라파르그가 잠시 엥겔스를 방문했고, 그래서 엥겔스도 그 젊은이를 만나게 되었다. 그리고 그들이 런던으로 돌아왔을 때『자본론』이 그들을 기다리고 있었다. 1천 부가 인쇄되었다.[35]

마르크스의 서클은 일부러 축하연을 간소하게 열었다. 마르크스와 예니, 엥겔스는 그간 쓰라린 경험을 통해 책이 신속히 관심을 끌지 못하면 실패하게 되리라는 것을 알았다. 그들은 이번엔 그렇게 되지 않도록 하기 위한 작업에 착수했다. 라파르그와 라우라는 프랑스 신문에 발표하기 위해『자본론』의 서문을 프랑스어로 번역하기 시작했다.[36] 마르크스와 예니, 예니헨은 독일, 스위스, 벨기에, 그리고 미국에 있는 모든 지인들에게『자본론』의 출간을 알리고 홍보와

서평을 부탁하는 편지를 썼다. 엥겔스는 유럽과 미국의 독일어와 영어 신문들에 그 책에 대해 익명으로 최소한 일곱 편의 서평을 실었다. 각기 다른 관점—일부는 호의적이었고, 일부는 비판적이었으며, 어떤 것은 경제학적인 관점에서, 그리고 다른 것은 사회적인 관점에서 바라본 것들이었다 — 과 여러 가지 문체와 성격을 가장한 것이었다[37](순전히 극적 재능이라는 면에서 예니헨은 그렇게 많은 "관점과 위장된 태도"를 취할 수 있는 그의 능력에 경탄했다).[38]

엥겔스는『자본론』의 성공을 보장하기 위해 다른 동료들도 똑같이 할 것을 촉구했다. 쿠겔만에게는 언론에서 책의 출간을 알리는 긴 글과 짧은 글의 보도가 동시에 요구되며 그것도 "빨리 그리고 많이" 있어야 한다고 말했다. "우리는 이 신사 분들이 완벽한 침묵정책을 추구하는 것이 불가능하도록 만들어야 합니다. 그들은 기꺼이 그렇게 시도할 겁니다." 엥겔스는 가장 좋은 방법은『자본론』이 고발당하도록 하는 것이라고 제안했다. "중요한 것은 책이 자꾸 언급되어야 한다는 것입니다…… 그리고 마르크스는 이해 당사자이기 때문에, 더욱이 계집애처럼 수줍어하기 때문에, 그 일은 나머지 우리에게 달려…… 우리의 오랜 친구 예수그리스도의 세상에서, 우리는 비둘기처럼 순수하면서도 뱀처럼 지혜로워야 합니다."[39]

한편 마르크스는 비참한 기분이었다.『자본론』을 받은 동료들 중 일부가 그 책에 당혹스러워했기 때문이었다. 그는 쿠겔만의 부인인 게르트루다가 그 책으로 무엇을 해야 할지 모르겠다고 말하자 그것을 읽을 '처방'을 보내주겠다고 말했다.[40] 나중에는 다른 장에 비해 읽기 쉬운 장들을 말해주고, 쿠겔만에게 아내한테 복잡한 용어들을 설명해주라고 일렀다.[41] 인터내셔널의 영국 대표이자, 혼란스러운 대화로 라우라를 정신없게 만들었던 피터 폭스는 책을 받은 후 자기가 "코끼리를 받았는데 어찌해야 할지 모르는 사람 같았다"[42]고 말했다. 독일의 한 젊은 제조업자는 책을 읽은 후, 마르크스가 한때 재봉틀 제조업에 몸담았음이 틀림없다고 생각했다.[43]

『자본론』을 출간하고 한 달 후, 마르크스는 불면증에 시달리고 종기가 계속

Das Kapital.

Kritik der politischen Oekonomie.

Von

Karl Marx.

Erster Band.
Buch I: Der Produktionsprocess des Kapitals.

Das Recht der Uebersetzung wird vorbehalten.

Hamburg
Verlag von Otto Meissner.
1867.
New-York: L. W. Schmidt. 24 Barclay-Street.

Titelblatt der Erstausgabe

가족의 희생 속에 최소한 십육 년간의 작업을 거쳐 마르크스는 1867년 함부르크에서 대작 『자본론』을 출간했지만 별다른 반향을 불러일으키지 못했다.(국제사회연구소, 암스테르담)

발생해서 어떤 경우에는 옆으로만 누워 있어야 했다. 그는 건강상의 이유로, 그리고 이제 라파르그가 사실상 함께 살고 있었기 때문에 경제적 근심에 사로잡혀서, 제2권 작업을 할 수 없다고 말했다.[44] 물론 그의 창의성이 마비된 진짜 이유는 제1권에 대한 반응을 기다리며 조바심을 느꼈기 때문임은 말할 필요도 없었다. 이런 고통스러운 기간 동안 도피처를 찾다가 마르크스는 16세기 프랑스의 도색적인 시에서 안식을 발견했다. 그리고 그것을 충실히 베껴서 엥겔스에게 보내주었다.[45]

11월에는 『자본론』에 대한 아무런 서평도 나오지 않았다. 부르주아의 머리 위에서 폭발하기는커녕 아무런 인상도 남기지 못했다. "책에 대한 침묵이 나를 미치게 만드는군." 마르크스는 엥겔스에게 말했다. "일단은 러시아 사람들처럼 해볼 도리밖에 없지. 기다리는 것 말이야. 인내심이 러시아 외교의 핵심이자 러시아인들의 성공비결이지. 그렇지만 우리같이 유한한 존재들은 그런 날을 보지 못할 것 같군."[46] 11월이 지나고 12월이 와도 침묵은 여전했다. 마르크스는 자신이 누워서만 지낸다고 말했다. 엥겔스에게 보낸 신년편지에서 "그렇게 오랫동안 누워만 있다가 겨우 사흘 전부터 '앉아 있기' 시작했네. 병이 아주 심했어. 내가 3주간이나 금연을 했다는 것으로도 어느 정도였는지 충분히 짐작할 수 있을 거야! 아직도 머리가 어질어질하네."[47]

비록 마르크스가 러시아인들의 인내심에 대해 말하기는 했지만, 그는 참을성과는 거리가 먼 사람이었다. 인민들의 변화에 대한 수용성 — 새로운 사상을 받아들일 능력이든, 혁명으로 나설 가능성이든 — 을 예측하는 경우에는 더욱 그랬다. 그는 노동자들을 교육시키고 그들이 권력을 잡을 수 있도록 준비시키는 일은 수년 또는 수십 년이 걸릴 수도 있다고 여러 차례 말해왔음에도 불구하고, 바로 그 노동자들이 『자본론』에 몰입하고 이해하기를, 그것도 단시일 내에 그렇게 하기를 바라고 있었던 것이다. 그렇지만 그 책은 수학적 공식, 다양한 언어, 현학적 수사와 철학적 내용은 차치하고라도, 두께만으로도 접근이 거의 불가능한 수준이었다. 마르크스가 제시한 개념들은 자신과 엥겔스에게는 명약관화한 것들이었다. 왜냐하면 그들은 1844년부터 줄곧 그것들을 토론해왔기 때문이다. 두 친구는 마르크스의 사상이 (비록 완전히 새로운 것은 아닐지라도)[48] 이론적 지진을 일으키기 위한 것이라는 사실을 잊은 듯했다. 그것은 1867년에 정점에 이른 신흥 자본주의 사회의 근간을 뒤흔드는 사상의 혁명이었다.[49] 마르크스는 자신의 책에서 그 사회에 거울을 들이댔고, 착취자나 피착취자나 공히 자기들 관계의 무서운 진실을 있는 그대로 대면하도록 만들어주었던 것이다.

그리고 또한 『자본론』은 사실상 두 권의 책이라는 느낌을 주었다. 마르크스가 워낙 많은 주석을 달아놓았기 때문에 ─ 어떤 것은 거의 한 페이지에 이르기도 했다 ─ 독자들은 본문과 함께 실시간 해설도 같이 받아들여야 하는 부담을 느꼈다. 어떤 사람은 한 피아노 연주자가 두 가지 화성을 동시에 연주하기 때문에 어느 쪽에도 온전히 집중하기 어려운 청중이 된 듯한 느낌을 받았다. 어떤 의미에서 그런 문체는 마르크스 가문의 랍비 전통으로까지 거슬러 올라가는 것이라고 볼 수 있다. 그것은 유대인들의 교훈적 이야기인 전통적인 아가다Aggadah와 흡사했다. 아가다는 고전적 이야기에 대한 이중적 접근, 즉 명백한 것과 은밀한 것, 외침과 속삭임이라는 방법으로 진리를 설명한다.

마르크스의 책은 형식으로 인해 주의를 뺏기지 않고 그 골자를 이해할 수 있는 지식인들조차도 소화하기 쉽지 않았다. 어떤 사람들은 그것을 8백 페이지짜리의 도발적인 문건으로 치부해버렸다. 영국의 사회주의자인 헨리 하인드먼은 19세기 지식인 동료들 내부에서 『자본론』에 대한 초기 반응을 다음과 같이 묘사했다. "오늘날 특히 영국에서 우리는 가느다란 칼끝에 부드럽고 커다란 단추를 단 펜싱에만 익숙해져 있기 때문에, 진짜 칼을 들고 적들을 향해 무지막지하게 달려드는 마르크스의 무서운 공격은 너무나 얼토당토않은 것이어서, 우리의 신사적인 가짜 싸움꾼들과 정신만 운동선수인 사람들은 자본과 자본주의에 대해 무자비하고 분노에 찬 공격을 퍼붓는 그 논쟁가를 우리 시대의 정말로 심오한 사상가로 받아들이기가 불가능했다."[50]

책에서 마르크스는 자본주의 체제의 기원, 작동, 그리고 최종적인 전복에 대해 설명하려고 했다. 『공산당 선언』을 알고 있는 독자들은 『자본론』에서 또 다른 신속하고 과감한 혁명의 촉구를 기대했을 것이다. 그렇지만 『자본론』은 느긋했다—투사라기보다 교사의 작품이었다. 마르크스가 묘사한 혁명은 길고 느린 과정의 결과였다. 그것은 노동시간 단축과 같이 온건한 것이기도 하면서, 16세기에 태어난 이후 이윤에 대한 무절제한 탐욕을 충족시키기 위해 사람과 환경을 잡아먹는 산업적, 군사적 괴물로 성장해버린 사회경제 체제를 제거하는 것과 같은 대담한 일이기도 했다.

아메리카에서 금과 은의 발견, 원주민 학살, 노예화, 광산에서의 매몰, 동인도의 정복과 약탈의 개시, 아프리카를 흑인들에 대한 상업적 사냥터로 바꾼 것이 바로 자본주의적 생산의 장밋빛 새벽을 알리는 신호였다.[51] ……자본은 머리부터 발끝까지 모든 땀구멍에서 피와 오물을 흘리며 나타났다.[52]

혁명에 이르기 위해 마르크스는 독자들을 먼저 자본주의 체제의 내부 작동 원리로 인도했는데, 이 부분이 그와 가까운 독자들을 혼란스럽고 실망스럽게 만들었을 수도 있었다. 『자본론』의 초반 250페이지까지에서 그는 경제적 관계, 그리고 연이어 사회적 관계를 기저부분까지 해체시켜놓았다. 예를 들면 책의 도입부가 상품에 관한 세밀한 관찰에 바쳐졌기 때문에 독자들이 더 크고 극적인 그림을 파악하는 데 어려움이 있었다.

두 개의 상품, 이를테면 옥수수와 철의 예를 들어보자. 그것들이 교환되는 비율은, 그 비율이 무엇이든 간에, 옥수수의 일정량이 철의 일정량과 동등하다는 하나의 등식으로 항상 표현될 수 있다. 즉 옥수수 1쿼터＝철 x cwt이다. 이 등식이 말해주는 것은 무엇인가? 그것은 두 개의 다른 물건—1쿼터의 옥수수와 x cwt의 철 안에는, 양자에 공통적인 무엇인가가 동일한 양으로 들어 있다는 것을 의미한다. 그러므로 두 개의 상품은 옥수수도 철도 아닌 제3의 상품과도 동등할 수 있음이 틀림없다.[53]

그렇지만 마르크스가 "양자에 공통적인 무엇"이 바로 상품 속의 인간 노동임을 밝히자마자 『자본론』은 엄청난 것이 되어버린다. 변증법적 유물론자인 마르크스는 초기 저작부터 줄곧 경제학은 소수의 선택된 사람들만이 그 법칙을 이해할 수 있는 죽은 공식의 영역에 존재하는 것이 아니라고 강조해왔다. 그런 식의 믿음은 시장에 장막을 드리워 수수께끼로 만들어버리고 그 작동원리를 감추며, 비밀의 열쇠를 쥐고 있다고 자처하는 그런 금융의 주술사들을 대중이 노예처럼 추종하도록 만들 뿐이다. 인류는 그런 경이로움 앞에서 벌벌 떨며 그 속박으로부터 스스로를 해방시킬 힘을 잃게 된다. 자본가들은 자신들의 힘이 (예전의 왕들과 마찬가지로) 신성한 것이 아니라는 사실을 프롤레타리아트가 발견하지 못하기를 바랐지만, 마르크스는 거기에 아무런 신비도 없다는 사실을 보여줄 준비가 되었던 것이다.

19세기 영국의 대규모 공업을 모델로 사용해 마르크스는 노예는 아니지만 여전히 사람이 팔리고 있는 체제를 설명했다. 노동자는 한 가지 상품, 즉 자기 자신의 소유주다. 그는 일정한 시간 동안 구매자, 또는 고용주에게 자신의 노동력을 판매한다. 그 대가로 고용주는 그에게 설비(생산수단)를 제공하고 임금을 지불한다[54](뒤에서 마르크스는 그것을 "숨겨진 관계의 비이성적 외형"[55]이라고 말했다). 그렇지만 한 가지 의문이 떠오른다. 임금은 어떻게 결정되는가? 시장에서 노동의 가치는 소위 최저임금, 즉 노동자가 단순히 살아서 일하는 데 필요한 액수에 의해 결정된다고 마르크스는 설명한다. 마르크스는 그다음 그 임금 계산에 또 다른 요소를 추가한다. 그는 냉정하게 사람을 기계로 평가한 후—자본가들이 노동자들을 보는 방식과 동일하게—노동자가 영구적으로 일할 수는 없다는 결론을 내린다. 설비들과 마찬가지로 노동자도 낡고 망가지고 결국 사망하게 될 것이기 때문이다. 노동자에게는 그러므로 먹고 잠자는 것뿐만 아니라 재생산─다음 세대의 노동력, 새로운 기계가 될 아이들을 갖는 것─도 할 수 있을 만큼의 돈이 지불되어야 한다.

마르크스는 자본주의 체제의 노동관계에는 두 가지 특징이 있다고 전제했다. 첫째, 노동자는 합의된 시간 동안 노동력을 구매한 자본가의 통제하에서 노동한다. 둘째, 노동의 생산물은 고용주의 것이므로 생산품이 판매되면 그 이익은 고용주에게 귀속된다.[56]

> 자본가가 노동력의 하루치를 그 가치대로 지불했다고 가정해보자. 그렇다면 다른 모든 상품들과 마찬가지로 그 노동력의 하루 동안의 사용권은 자본가의 것이 되는 것이다. 그것은 하루 동안 말을 임차한 것과 동일하다…… 노동과정은 자본가가 구매한 것과 그의 재산 사이에서 발생하는 과정이다. 그러므로 그 과정의 생산물도 당연히 그의 소유가 되며, 그것은 마치 그의 지하실에서 발효과정이 완성된 포도주가 그의 것인 것과 같은 이치다.[57]

그렇지만 이윤을 창출하기 위해서 고용주는 자신이 사용하는 상품들에서 더 많은 가치를 쥐어짤 방법을 찾아야 한다. 그리고 그런 추가적 가치를 발견할 가장 쉬운 곳은 가변적인 상품, 즉 노동력이라고 마르크스는 설명한다. 마르크스는 이 지점에서 "자본주의 체제의 일반적인 기본원리"라고 불렀던 것, 즉 잉여노동과 잉여가치라는 개념을 도입했다.[58]

노동자를 고용할 때 고용주는 그 사람의 생존비용과 그의 기술수준에 따라 결정된 임금을 지불하기로 약속한다. 그 대신 노동자는 매일 또는 매주 정해진 시간만큼 노동할 것에 동의한다. 그렇지만 예를 들어 12시간의 노동시간 중 노동자가 6시간 만에 고용주가 지불한 임금을 보상해줄 만큼 생산물을 만들어냈다고 하더라도 그는 멈추지 않고 멈춰서도 안 된다. 그는 나머지 6시간 동안 노동을 계속할 의무가 있는 것이다. 그 시간 동안 그가 생산한 가치는 그의 주머니로 들어가지 않는다. 그것은 완전히 고용주, 또는 자본가에게로 돌아가는 것이다. 노동자는 그렇게 보수 없이 6시간 동안 일하는 것이며, 그 초과분은 나중에 자본가가 상품을 판매했을 때 자본가의 수입, 즉 이윤이 된다. 자본가는 노동일을 늘리거나, 피고용인을 줄이거나, 적은 보수로 일하는 부녀와 어린이를 고용하거나, 새로운 기계의 도입으로 생산을 가속화시켜 노동자가 4시간 만에 임금을 보상하고 나머지 8시간은 고용주가 무료노동으로 사용할 수 있도록 하는 방법으로 이윤을 더 늘릴 수 있다. "그러므로 노동력의 활동은 자신의 가치를 재생산할 뿐만 아니라 그 이상의 가치를 생산하게 된다. 이 잉여가치는 생산물과 그 생산물의 형성에 소모된 요소들 — 생산수단과 노동력 — 사이에서 발생한 차이다."[59] 마르크스에 따르면 자본가의 성공비결은 단순한 노동이 아닌 부불不拂노동을 착취할 수 있는 능력이다.

전前자본주의적 체제에서는 장인, 소규모 공장 소유주, 또는 농장주가 다른 상품을 구입할 돈을 마련하기 위해서 먼저 자기 상품을 팔아야 했지만(마르크스는 이를 C-M-C*로 설명했다), 자본가들은 돈벌이를 위한 물건을 생산하기 위해 상품들을 구입한다(M-C-M)고 마르크스는 설명했다.[60]

상품들의 단순한 유통 — 사기 위해 파는 것 — 은 유통과는 관련 없는 목적, 즉 사용가치의 전유, 필요의 충족을 실현하는 수단이다. 반면에 돈이 자본으로 유통되는 것은 그 자체가 목적이 된다. 왜냐하면 가치의 증가는 이런 운동의 지속적인 갱신을 통해서만 발생하기 때문이다. 그러므로 자본의 유통에는 한계가 없다.

돈의 소유자는 이런 운동의 의식적 대리인으로서 자본가가 된다. 그의 인격, 더 정확히는 그의 주머니가 돈이 출발해서 다시 돌아오는 지점이다…… 관념상 더 많은 부를 얻는 것이 그의 활동의 유일한 동기가 되는 한 자본가로서의 그의

● C는 상품(commodity), M은 돈(money)을 나타낸다.

기능은…… 무절제하고, 끝없는 이윤 추구만이 그가 목표하는 것이다.[61]

매 거래마다 자본가의 돈은 그 원천인 노동자로부터 더욱 멀어지지만, 그 거리가 그 연결을 약하게 만들지는 않는다고 마르크스는 지적했다. 자본가에 의해 전유된 잉여가치가 그를 사치로 둘러싸게 만들건, 부동산이나 증권에 투자되건, 신용이나 이자와 같은 금융제도를 통해 자본가들 사이에 공유되건(오직 자본가들 내부로만 한정된 것이다. 마르크스는 그것이 누출되는 경우는 극히 드물다고 말했다), 그 모든 종이와 물건들은 근본적으로 "부불노동이 물질화된 것"일 뿐이다.[62]

한편에서, 생산과정은 끊임없이 물질적 부를 자본으로, 즉 더 많은 부를 생산해 자본가를 기쁘게 해줄 수단으로 전환된다. 다른 한편에서는, 노동자는 생산과정이 끝나면, 그 과정에 참여하기 전 원래의 모습, 즉 부의 원천이지만 그 부를 자신의 것으로 만들 수 있는 모든 수단을 박탈당한 존재로 되돌아가게 된다…… 노동자는 그러므로 끝없이 물질, 즉 객관적 부를 생산하지만 자본의 형태로, 즉 자신을 지배하고 착취할 외적 힘을 만들어내고 있는 것이다.[63]

마르크스의 설명처럼 "자본주의 사회에서 한 계급의 여가시간은 대중의 평생을 노동시간으로 바꿔놓음으로써 얻어지는 것이다".[64]

마르크스는 고용주의 보상에 대한 권리 주장도 인정했다. 고용주는 공장과 설비를 제공해 노동자들이 상품생산을 할 수 있도록 해주었다. 『자본론』에서 가상의 공장주가 항의한다. "그리고 사회의 상당부분이 이런 게으름뱅이들로 구성되어 있기 때문에 내가 생산도구, 면, 방적기로 막대한 봉사를…… 이런 봉사에 대해 나는 아무런 보상도 받아서는 안 된다 말인가?"[65] 마르크스는 어떤 사람이 노동이나 경제적 지출에 대해 보상받는 것을 시기하지 않았고, 오히려 사업의 성공을 기원했을 것이다. 그렇지만 그것이 다른 사람의 손실에서 나와서는 안 된다는 입장을 견지했다. 그리고 사실 불공평은 그가 본 대로 자본주의 체제 자체에 내재한 것이었다. 자본주의는 사적 소유에 기초해 있고 탐욕으로 추동되기 때문이다. 이윤은 그것을 생산한 노동자들과 공유되지 않는다. 오히려 반대로 자본가들은 더 많은 돈을 벌기 위해 지속적으로 비용을 줄이려고만 한다―비용절감에서 가장 큰 성과를 낼 수 있는 곳은 인건비다.

자본주의하에서 기술의 진보, 하루는 흥하다가 다음 날에는 붕괴되는 시장의 동요, 또는 작은 기업이 큰 기업에게 희생되는 자본가들 내부의 경쟁, 이 모든 것은 하나의 결과―사람들을 일터에서 내쫓는다―와 두 가지 유리한 점―살아남은 자본가들은 높은 이윤과 새로운 광범한 실업자군을 활용할 수 있다―을 낳는다. 그리고 마르크스가 '산업예비군'이라고 부른 사람들은 약속이자 위협으로서 대기하게 된다. 약속이라는 것은, 고용주가 일하다가 죽은 노동자의 자리를 대체하거나 경기가 상승하는 동안 필요한 인력을 충원하는 데 필요한 안정적인 노동공급원을 갖게 된다는 점을 말한다. 위협이라는 것은, 노동자들이 말하지는 않지만 잘 알고 있는 사실로서, 그 실업자들이 절망적인 상황에서 더 낮은 임금으로 일하려 하면서 자신들의 자리를 뺏어갈 것이라는 두려움이다. 요컨대 산업예비군이란 고용주들이 노동비용을 줄이는 데 사용하는 존재라는 것이다.[66]

이사야 벌린은 『자본론』을 읽은 노동자가 다른 것은 모두 이해하지 못해도, 다음의 마르크스 말은 이해했을 것이라고 말했다. "자신이 소비하는 것보다 더 많은 부를 생산하는 유일한 사회계급이 있다. 그리고 그 잔여 재산은 자연자원, 기계, 운송수단, 금융적 신용 등등의 생산수단을 독점적으로 소유했다는 단지 전략적 지위로 인해 다른 사람들이 가져가게 된다. 노동자들은 생산수단이 없으면 창조할 수 없지만, 생산수단을 가진 사람들은 그것에 대한 통제력으로 인해 인류의 나머지가 굶어 죽거나 아니면 자신의 조건에 굴복하도록 만들 수 있는 힘까지 얻게 된다."[67]

마르크스는 경제학 책에서 성인 노동자들뿐만 아니라 수만 명의 어린이들,

심지어 두 살짜리 아이에게까지 자행되는 학대를 생생히 그리면서, 영국 공장 제도에서 벌어지는 야만적인 착취의 실례를 보여주었다. 또한 논지를 명확히 하기 위해 문학적 비유도 마다하지 않았다. 그는 로빈슨 크루소가 비록 혼자 표류하기는 했지만 시계, 장부, 펜을 사용해 자신의 섬을 부유하게 가꾸는 "진정한 영국인처럼" 행동하는 것으로 묘사했다. 마르크스는 자신이 창조한 모든 자본가들을 디킨스식 표현으로 "돈주머니Moneybags"라고 불렀다.[68] 그리고 책에 고딕소설적인 비유도 풍부하게 사용했다. 그는 "자본은 죽은 노동이다. 그것은 뱀파이어처럼 살아 있는 노동을 빨아들이는 것으로 살아가고, 더 많이 살수록 더 많은 노동을 빨아들인다"[69]라고 썼다.

> 자본은 맹목적이고 주체할 수 없는 열정으로, 잉여노동에 대한 늑대인간과 같은 게걸스러움으로, 도덕뿐만 아니라 심지어 노동시간의 순육체적 한계까지 뛰어넘어버린다. 그것은 신체의 성장, 발전, 그리고 건강한 유지를 위해 필요한 시간을 앗아간다. 그것은 신선한 공기를 마시고 햇볕을 쬘 시간도 훔쳐가며…… 그것은 원기 회복과 휴식을 위해 필요한 달콤한 수면도 절대적으로 소모된 체력과 장기를 재생하는 데 필수적인 단 몇 시간 동안만의 마비상태로 단축시켜버린다.[70]

마르크스의 『자본론』—모든 면에서 정복자와 정복당한 자의 서사시이다—은 노동자들이 학대당하고 있지만 그들이 힘이 없는 것은 아니라고 설명한다. 자본주의적 생산의 본성 그 자체가 저항의 온상을 창조한다. 자본주의 속에서 노동자들은 한데 내던져져서 하나의 불만집단을 형성하게 되기 때문이다. 노동자들은 자신들의 단합된 힘, 그리고 자본과의 관계의 적대성을 깨닫게 된다.[71] 일정 시점에서 이 노동자들은 노동시간의 단축과 노동의 진정한 가치를 반영한 보수를 요구하게 된다. "허울뿐이던 '인간의 불가분의 권리'에 대한 목록에 법적으로 노동시간을 제한하는 온건한 대헌장Magna Carta이 나타난다. 그것은 '노동자들이 판매한 시간이 언제 끝나고 언제 그 자신의 시간이 시작되는

지'를 명시할 것이다."[72] 노동자들은 당연히 판매자로서, 자신들의 인간성에는 아무런 관심이 없는 구매자들에게 그런 요구를 하게 될 것이고, 그런 대립은 불가피하게 자본가계급과 노동자계급 간의 대규모 투쟁을 촉발시키게 될 것이다.

마르크스는 또한 자본가들 간의 적대성에 대해서도 예견했다. 자본가들은 부를 추구하는 과정에서 경쟁자들을 게걸스럽게 흡수해 독점을 이루고, 그 기업제국은 국경과 대륙을 넘나들게 될 것이다. 그렇지만 마르크스에 따르면 그 역시 결국 노동자들을 돕는 것이 될 것이다. 돈의 피라미드 정점에 더 소수가 군림하는 것은 기단을 확장하는 것이며, 그렇게 커진 기단에는 더 많은 비참한 자들이 자리 잡을 것이고, 그렇게 전락한 불운한 자들은 더욱 단단히 결속할 것이기 때문이다. 그들은 자신들만의 사회를 만들 것이다. 그 사회는 생산수단을 올바르게 이해하게 될 것이다. 왜냐하면 그들 자신이 생산수단이었기 때문이다. 그 계급은 점차 자본가의 굴레로는 제어할 수 없는 강력한 존재가 될 것이다.[73] 그 결과 협동적 기업들이 생기고, 천연자원, 그리고 상업의 바퀴가 돌아가도록 만들 시설과 장비들은 공동 소유가 될 것이다. 마르크스는 이 사회경제적 혁명은 자본주의의 탄생보다 훨씬 적은 유혈을 수반하며 일어날 것이라고 예견했다.

> 개별적 노동에서 발생하는 산개한 사적 소유가 자본주의적 사적 소유로 전화되는 과정은, 이미 사실상 사회화된 생산에 의존하고 있는 자본주의적 사적 소유가 사회화된 소유로 넘어가는 과정보다 당연히 훨씬 오래 걸리고, 폭력적이고, 어려운 과정이었다. 전자의 경우에는 다수가 소수의 찬탈자들에 의해 재산을 박탈당했다. 그러나 후자의 경우, 소수의 찬탈자들이 다수의 인민들에 의해 재산을 박탈당하는 것을 경험하게 될 것이다.[74]

이 한 책에 마르크스는 평생의 노력과 사상 — 그 자신의 것, 그리고 그에 앞선 경제학자와 철학자들의 것 — 을 담아냈다. 그것은 한편으로는 고도의 기술적이고 학문적인 글이면서도 다른 한편으로는 — 종종 바로 다음 문단에서—가장 괴팍스러운 반박문에서 보일 법한 냉소적인 문체로 자유롭게 써내려 간 글이기도 했다. 엥겔스가 책에서 마르크스의 종기의 흔적을 발견했던 것처럼, 그 속에는 가족들이 겪었던 고난과 런던과 맨체스터에서 보았던 비참한 광경들도 역시 뚜렷이 흔적을 남겼다. 『자본론』을 쓴 사람은 탁월한 철학자, 경제학자, 고전주의자, 사회학자, 작가이지만 또한 부유한 세상에 둘러싸인 빈곤의 나락에서 고통당하는 정신의 점진적인 죽음에도 익숙한 사람이었다.

마르크스의 가족들이 누군가 카를의 작품을 알아봐주기를 기다리던 중에, 12월 23일 쿠겔만이 자신의 우상에게 괴상한 헌정을 했다. 예니는 그 장면을 다음과 같이 그렸다.

어젯밤 우리는 모두 아래층에 앉아 있었어요. 영국의 집에서 아래층은 부엌을 의미하고, 그곳에서 모든 '육체적 안락을 주는 것들CREATURE COMFORTS'이 높은 지역으로 길을 찾아 나서지요. 우리는 아주 진지하게 크리스마스 푸딩을 준비하느라 바빴어요. 우리는 건포도를 심고(가장 끈적거리고 하기 싫은 일이지요), 아몬드와 오렌지와 레몬 껍질을 자르고, 쇠기름을 다지고, 달걀과 밀가루를 반죽하고 이것저것 한데 뒤섞어 잡탕을 만들고 있었지요. 그때 현관에서 벨이 울리고, 마차가 밖에 서고, 수상한 발소리가 오르내리는 것이 들리고, 속삭임과 인기척이 집 안을 채우더니 마침내 위에서 한 목소리가 들려왔어요. "거대한 동상이 도착했다."

쿠겔만이 『자본론』의 저자에 대한 경의의 표시로 마르크스에게 거대한 제우스 흉상을 보냈던 것이다.

예니는 그에게 서평과 박췌문이 독일 신문에 실리도록 애써준 노고에 대해 감사의 편지를 보냈다. "독일인들이 좋아하는 찬사의 형태는 완전한 침묵인 것으로 보이는군요…… 쿠겔만 박사님, 저는 이보다 더 어려운 환경에서 쓰인 책은 없을 것이며, 그 감춰진 얘기들에 대해 제가 책을 쓴다면 무수히 많은 극한의 어려움과 불안과 고통에 관한 것이 될 것이라고 단언할 수 있습니다. 만약 노동 자들이 그 작품을 위해 필요했던 희생들을 조금이라도 안다면, 그 책이 오직 그들만을 위해 씌어졌고, 그들의 이익을 위해 완성되었다는 사실을 안다면, 그들은 조금 더 많은 관심을 보일 텐데 말이지요." 그녀는 장문의 편지를 항상 쿠겔만에게 하고 싶었던 말로 끝냈다. "당신은 왜 저를 그렇게 깍듯한 호칭으로 부르시는 거지요? 심지어 저한테 '우아한'이라는 수식어까지 붙이시다니요. 저는 단지 늙은 운동가이고, 운동에서 머리가 허옇게 센 동료일 뿐인데 말입니다."

그녀는 "우아하지도 않고 하나님의 은총도 받지 않은 당신의 예니 마르크스가"라고 편지에 서명했다.[75]

33

1868년
런던

『자본론』은 내가 그 책을 쓰면서 피웠던
담배 값도 벌어주지 못할 것이다.

—카를 마르크스[1]

"나는 지금 벌거벗은 채 알코올 습포를 붙이고 자네에게 편지를 쓰고 있네.
그저께 처음으로 다시 영국박물관에 나갔고, 글쓰기는 당연히 아직 못하고 있
네. 그런데 어제 왼쪽 가슴에 또 종기가 생겼어."[2] 마르크스는 1868년 엥겔스에
게 보낸 첫 편지를 이렇게 시작했다. 그는 인쇄된 『자본론』을 받았을 무렵부터
시작해 사 개월간 아팠다. 사타구니에 종기가 났고, 팔 밑에 "시든 싹",[3] 그리고
왼쪽 어깻죽지에 "괴물"이 생겼다고 보고했다. "이 망할 것들이 끝이 없는 것 같
군."[4] 이런 종기들에 아울러 두 가지 새로운 고통이 추가되었다. 격심한 두통과
"내 몸속에서 찌르는 듯한 통증이 느껴져, 피가 문제야". 그는 건강하려면, "나
처럼 교회의 생쥐마냥 가난에 찌들어서는 안 되고[5] 돈이 있어야 한다고 결론
내렸다. 편지 말미에서는 "어머니 말씀이 정말 옳았어, '카를이 다른 것보다 자
본을 만드는 일을 했어야 했는데'라고 말하셨거든"이라고 말했다.[6]

마르크스가 자신의 책에 대한 대중의 무관심에 대해 그런 몸 상태로 반응을

드러냈다면, 예니의 경우는 완전히 의기소침해 있었다. 예니는 『자본론』의 약속에 목매고 살아왔으며, 그것이 소망해온 결과—독일과 세상을 바꾸고, 그들의 삶도 더 낫게 바꿔주는 것—를 가져오리라 믿고 있었다. 이제 책이 출판되었는데 거의 아무런 반응도 얻지 못하자, 자신의 인생을 돌이켜보며 그동안 감내한 희생이 과연 무슨 의미가 있는지 회의하게 되었을 것이다. 무슈를 잃은 것, 가난과 병마와 싸우며 지낸 비참한 세월, 부모의 과거 때문에 딸들의 미래가 위험에 처할 우려 등등. 예니가 남편의 머릿속에 휘몰아치는 사상을 포기했음을 보여주는 글은 어디에도 없다. 그렇지만 『자본론』에 대한 세상의 침묵이 지속되자, 쿠겔만에게 "최근 저는 인생을 헤쳐 나가는 데서 신념과 용기를 많이 잃었어요."[7]라고 말했다. 그녀는 다음 생일이면 쉰네 살이 된다. 인생의 반을 마르크스의 부인으로 살아오면서 무척 지쳐 있었다. 에르네스티네 리프크네히트의 남편이 프로이센에서 체포되었다는 소식을 듣고도 오히려 친구의 삶이 자신의 삶보다 더 낫다고 말할 정도였다. "솔직히, 그런 놀라운 사건들보다 일상생활 속에 더 많은 괴로운 투쟁과 고통들이 있어요." 예니는 에르네스티네에게 썼다. "게다가 제 경험으로 비춰볼 때 그런 극한 상황이 되면 친구들이나 당의 동지들이 찾아와서 아내와 아이들에게 남편이 멀쩡할 때는 기대할 수 없었던 도움을 주게 되지요."[8]

예니는 우울한 기분이었고 때로는 비관에 빠지기도 했기 때문에 딸들과 남편에게 공연히 짜증을 부렸다. 마르크스의 인터내셔널 친구들에게 여전히 안주인 역할을 했지만, 더 독립적이 되어 혼자 여행하기도 하고 '속물적' 친구들과 더 자유롭게 어울리기 시작했다. 그녀는 남편을 사랑했고, 쿠겔만에게도 얘기했듯이 스스로를 당의 고참 운동가로 여기기는 했지만, 드디어 남편의 부담스러운 그늘에서 벗어나 자신의 자유를 찾아 나서기 시작한 듯했다.

마르크스는 마이스너에게 약속한 것처럼 『자본론』 제2권 작업에 매진하려 했으나, 병치레와 더불어 제1권에 대한 걱정 때문에 별다른 진전을 이루지 못했다. 그 대신 각국의 신문을 샅샅이 뒤지며 자기 책에 대한 언급이 있는지 살

폈고, 1월 중순 런던의 『토요평론*Saturday Review*』에서 작은 기사를 발견하자 몹시 기뻐했다. "저자의 견해는 우리가 예상한 것처럼 매우 해로운 것일 수도 있다. 그렇지만 설득력 있는 논리, 활기찬 표현, 정치경제학이라는 딱딱한 주제에 그가 부여해놓은 매력은 부인할 수 없는 장점이다."[9] 그렇지만 이 정도로는 『자본론』에 대한 철저한 무관심을 보상해주기에는 턱없이 부족했다. 마르크스와 그의 가족들에게는 다행스럽게도 개인적, 정치적 사건들이 꼬리를 물고 일어나 '그 책'에 대한 실망감으로부터 다른 곳으로 주의를 돌릴 수 있도록 해주었다.[10] 그중 하나가 아일랜드 문제였다. 그것은 마르크스 집안, 특히 딸들의 삶을 몇 년간 지배하게 된다.

아일랜드의 비극은 수백 년간 지속되어왔지만, 그중 가장 어두운 대목은 1801년 아일랜드가 미국과 프랑스의 혁명에 자극받아 봉기를 일으켰다가 패배하면서 승리자인 영국에 연방의 일부로 합병되었을 때였다. 5백 년의 역사를 지닌 아일랜드 의회는 해산되었고, 의원들은 인원수가 줄어 웨스트민스터의 의회로 흡수되었다. 심지어 아일랜드 교회도 영국 국교회로 흡수되었다. 정치적 합병이 이루어진 순간 종교적으로도 합병되었던 것이다. 다음 전환점은 수백만의 아일랜드인들이 아사하거나 고향을 떠나게 된 1840년대의 감자 기근이었다. 그 위기는 부분적으로 영국의 지주들이 시작한 농업개혁 때문이었다. 소규모 경지로 밀려난 농부들이 감자에만 의존하게 되었던 것이다. 아울러 영국 정부의 정책도 문제였다. 기근이 시작되었는데도 정부의 정책은 굶어 죽는 농부들을 지주의 처분에만 맡겨놓았던 것이다. 그리고 지주들은 주변에서 죽어가는 사람들은 아랑곳하지 않은 채, 아일랜드의 농장에서 수확한 고기와 곡물을 비싼 값을 받을 수 있는 외국 시장에 수출하기에 바빴다. 이런 범죄적 행위는 아일랜드 사람들의 기어 속에 깊이 각인되었다. 그들은 아일랜드에 경제적 이해가 걸린 많은 영국의 의원들이 자신들의 불행으로 이득을 취한다는 사실을 뼈저리게 느꼈다.

기근은 아일랜드를 영구적으로 뒤바꿔놓았다. 헛간에서 풀로만 연명하는 빈 농들의 마을에서 멀지 않은 곳에 중간 규모의 농장들이 들어섰다. 그렇지만 활기차던 마을들은 사라졌고, 작물들로 물결치던 풍요로운 전원풍경은 황량한 휴경지로 변해버렸다. 영국 정부는 팽창하는 인구로 인한 육류 소비 증가 때문에 그런 초지를 목초지로 바꾸기 위해, 토지 소유주가 파산하거나 더 이상 관리 능력이 없을 때 그 토지가 인수되거나 합병되는 것을 허용하는 법률을 1849년에 통과시켰다. 그 조치로 인해 더 많은 아일랜드인들이 토지에서 축출되었고, 경작지가 목초지로 바뀌면서 많은 사람들이 일자리를 잃었다.[11] 마르크스는 1855년부터 1866년까지 1백만 명 이상의 아일랜드인들이 돼지와 양 등 1천만 마리의 가축들에 의해 자리에서 밀려났다고 말했다. 그는 영국 정부의 목표는 아일랜드에서 아일랜드인들을 완전히 몰아내고 그곳을 영국의 농업구역으로 바꾸는 것이라고 생각했다.[12]

1850년대에 미국의 아일랜드 이민자들은 '아일랜드공화주의 형제단Irish Republican Brotherhood'을 결성했다. 페니언Fenians으로 더 잘 알려진 그 조직은 아일랜드에서 영국을 몰아내기 위한 무장봉기를 계획했다. 그중 많은 사람들은 1860년대의 미국 내전에 참전해 노련한 군인들이 되어 있었다. 그들은 다시 아일랜드로 귀국해 주민들을 손쉽게 급진화시킬 수 있었다. 아일랜드인들은 이미 무기와 조직만 있으면 스스로 저항군이 될 준비가 갖춰져 있었던 것이다. 불과 수년 만에 페니언은 아일랜드 내에서 수십만 명의 열성 당원을 확보했다.[13] 한편 아일랜드인들이 많이 거주한 맨체스터 주변은 여섯 명 중 한 명이 페니언이거나 그 동조자일 것으로 추정되었다.[14]

1867년 9월, 맨체스터에서 미국 내전의 퇴역군인인 두 명의 아일랜드인이 배회했다는 이유로 체포되었다. 경찰은 곧 별로 중요해 보이지 않은 두 사람을 방면하려다가 그들이 페니언의 요인이라는 사실을 알아챘다. 한 사람은 토머스 켈리 대령으로 그해 초 실패로 돌아간 아일랜드 봉기의 지도자였으며 영국 페니언의 지휘를 맡을 예정이었다. 다른 한 사람은 그의 부관인 마이클 디지 대위였다. 악명 높은 두 사람을 손에 넣은 것이 영국 공안조직에게는 놀랍고 무척 기쁜 일이었다. 그렇지만 맨체스터의 아일랜드인들 사이에서는 경악스러운 사건이었다. 그들은 즉각적으로 두 사람을 빼낼 방법을 연구하기 시작했다.[15]

엥겔스의 '아내' 리지도 그 작전에 관련되었다.[16] 작전은 9월 18일에 개시되었다. 그날 아침 켈리와 디지를 호송하던 경찰 마차가 철교 밑을 지날 때 습격을 감행한 것이다. 호송경관은 일곱 명이었는데, 삼사십 명가량의 아일랜드인들이 연장을 휘두르며 달려들었고, 몇몇은 권총도 지니고 있었다. 무리 중에서 발사된 총탄이 마차를 끌던 말을 쓰러뜨렸고, 아일랜드인들은 멈춰 선 마차에 달려들어 그 안의 죄수들을 탈출시키려 했다. 혼란 중에 더 많은 총격이 벌어졌고, 그 결과 한 경관과 한 명의 행인이 피살됐다. 곧 경찰의 지원대가 현장으로 달려와서 주변에 있던 이십 명 이상의 아일랜드인들을 체포했지만 디지와 켈리는 지하 조직망의 도움으로 그곳을 벗어났다.[17] 그동안 많은 페니언 도망자들을 도와주었던 리지 번스는 엥겔스와 같이 지내던 집에 그들을 피신시켜준 것으로 전해진다.[18] 사회를 떠들썩하게 만든 그 도망자들은 결국 미국으로 도피했다.[19]

마르크스와 엥겔스는 페니언이 폭력과 음모에 의존하는 것은 반대했지만, 영국에 대한 아일랜드인들의 투쟁에 대해서는 확고한 지지 입장을 보였다.[20] 그렇지만 혹시 마르크스가 그 당시 아일랜드인들에 대한 지지 성명을 발표하면 리지의 관련 사실이 드러나게 될지도 모른다는 우려감에, 엥겔스는 그에게 어떤 상황에서도 페니언이 저지른 행동에 대해 그들이 책임이 있는 것으로 보일 만한 행동은 자제하라고 당부했다. 엥겔스는 그 사건이 "멍청이들"과 "착취자들"에 의해 지휘된 것이라고 말했다.[21] 그렇지만 개인적으로는 엥겔스도 그 구출작전을 칭찬했고, 나흘 후 라파르그를 데리고 철교 밑의 난투극 현장에 가보기도 했다.[22] 그는 쿠겔만에게 보낸 편지에서 "여기서 일어난 페니언의 작은 기습사건에 대해 이미 들어보셨을 겁니다. 거사는 아주 치밀하게 계획되고 실행되었습니다. 그렇지만 애석하게도 주모자들이 체포되고 말았습니다"[23]라고 썼다.

한편 마르크스의 친구 어니스트 존스는 호송차 습격사건의 재판에서 피고

측 변호인이 되었다. 스물여섯 명 중 다섯 명이 주범으로 분류되어 살인죄로 기소되었다. 재판 결과는 예상대로였다. 다섯 명 전원이 유죄평결을 받았으며, 모두 사형을 언도받았다. 각자 피고인석에서 당당히 "신이 당신의 영혼에 자비를 베푸시기를!", "신이여, 아일랜드를 구하소서!"[24]라고 외쳤다. 그러나 곧 그중 한 사람은 증거 조작으로 사면되었고, 나머지 네 사람 — 그들도 엉터리 수사의 피해자라는 주장이 끊이지 않았다 — 의 처리 문제도 아일랜드의 반체제 단체들 사이에서, 그리고 심지어 일부 주요 언론에서까지 관심사로 떠올랐다.[25] 마르크스는 "현재의 강제적 연방, 즉 아일랜드의 노예화를 가능하면 동등하고 자유로운 동맹으로 바꾸는 것, 또는 필요하다면 완전한 분리까지 추진하는 것은, 국제 정의를 떠나서 영국의 노동자계급 해방을 위해서도 필수적인 전제조건이다"[26]라고 말하며, 영국 인터내셔널의 조직원들이 페니언을 위한 항의시위에 참여하도록 독려했다.

11월 21일, 런던에 2만 5천 명의 군중이 모여 여왕에게 사면을 청원했다. 그러나 이틀 후 세 명의 페니언이 교수형에 처해졌다.[27] 그 결과에 사람들은 예상이라도 한 듯 전혀 놀라지 않았다. 처형 시간에 맨체스터의 아일랜드인 거주지는 텅 비었다. 하지만 교회는 가득 찼다. 아일랜드 가톨릭 신부가 교수대에 오른 사람들의 장례식을 집전하고 있었던 것이다.[28]

영국 의회에서 아일랜드의 위클로Wicklow 주를 대표하는 의원 찰스 스튜어트 파넬은 하원에서 자신은 처형된 사람들이 살인자라고 믿지 않는다고 선언해 소란을 일으켰다. 영국 의원들에게 그의 주장은 이단과 같았다. 그렇지만 소호 광장에서부터 보스턴까지 아일랜드인들은 적들의 안방에서 그가 보여준 용기에 찬사를 보냈다.[29] 엥겔스는 영국인들이 아일랜드인들의 분노를 촉발시키는 데 부족했던 마지막 한 가지를 마침내 주었다고 말했다. 그것은 순교자였다. 그리고 맨체스터 사건은 "이제 아일랜드, 영국, 미국의 모든 아일랜드 아기들의 요람에서 노래될 것이다. 아일랜드 여성들이 반드시 그렇게 할 것이다"[30]라고 덧붙였다. 그 노래는 비가이자 전투구호가 될 것이다.

12월에 페니언의 폭력은 런던에도 찾아왔다. 또 다른 아일랜드인 죄수 구출 시도였다. 이번에는 클럭큰웰 구치소 외벽을 따라 폭발물을 설치했다. 폭발로 감옥은 파괴되지 않았지만 주변의 집들이 무너지면서 열두 명의 사망자와 백여 명의 부상자가 발생했다. 그 공격은 런던을 충격에 빠뜨렸고, 급기야 15만 명이 도시를 지키기 위해 자경단에 자원하는 일이 벌어졌다. 맨체스터에서 아일랜드 인들이 영국인들에게서 얻었던 동정同情은 이제 수도 런던에서 사라져버렸다.[31] 엥겔스는 그 폭탄공격이 런던 상점에 불을 지름으로써 아일랜드를 구할 수 있다고 믿는 일부 미치광이들의 짓이라고 비난했다.[32]

그렇지만 예니헨은 그들의 대의와 방법을 지지했다. 그녀는 맨체스터의 순교자들을 기리는 의미에서 검은 옷을 입고 목에 두른 녹색 리본 위에 지난해 추첨에서 받은 폴란드 십자가를 매달았다.[33] 그리고 "그리스 화약●과 몇 발의 총탄은 적재적소에 사용되기만 한다면 매우 효과적이다!"[34]라며 폭력 사용도 지지했다. 아일랜드인들의 대의에 대한 예니헨의 몰입은 매우 강렬했다. 그녀는 곧 영국에 수감된 아일랜드인들의 자유를 위한 활동에 관심을 집중했다. 그들은 정치범이었음에도 불구하고 비판자들의 말에 따르면 살인범이나 강도보다도 못한 대우를 받고 있었다. 엥겔스는 예니헨에게 페니언의 재판에서 증인을 보호하던 경찰에게 총을 발사해 오 년형을 선고받은 한 젊은 여성에 관한 기사를 보내주었다.[35] 엥겔스가 그 기사를 보낸 이유가 그녀가 관심이 있을 것이라고 생각했기 때문인지, 아니면 그녀가 할지도 모를 일들이 걱정스러웠기 때문인지는 분명치 않다.

마르크스의 가정에서는 그런 정치적 활동이 활발한데 마르크스 자신은 글을 쓰지 못하는 무기력한 상황에 빠진 가운데, 라우라와 라파르그가 결혼날짜를 정하기로 결심했다. 마르크스가 절학 이 녀이라는 기간을 굳이 기다릴 필요

● 비잔틴 제국 시대에 그리스인들이 사용한 해전용 액체 화약. 병에 담아 화염병같이 쓸 수 있었다.

가 없어 보였기 때문이다. 라파르그는 이미 거의 가족의 일원으로 받아들여진 상태였고, 가족의 비밀들 —물론 경제형편만 제외하고— 도 잘 알고 있었다. 그래서 두 사람은 1868년 4월에 결혼식을 올리기로 결정했다. 그들에게는 그다지 어려운 결정이 아니었으나, 마르크스와 예니에게는 커다란 문제가 생겼음을 의미했다. 마르크스는 이제 막 페니언 재판을 마친 어니스트 존스에게 라우라와 라파르그가 런던에서 합법적으로 결혼할 수 있는 방법에 대해 자문을 구했다. 결혼식은 당연히 파리에서 열려야 하겠지만, 그럴 경우 마르크스가 그곳에서 자신의 신분을 밝혀야 할 것이고 "그렇게 함으로써 경찰들과 너무 가깝게 될 수도 있다"는 염려에서였다(프랑스에서의 마지막 추방명령은 철회된 적이 없고, 프랑스 정부는 인터내셔널이 페니언을 지지한 것 때문에 그 조직원들에 대한 탄압을 개시하고 있었다). 예니의 경우 만약 런던에서 결혼식을 하게 된다면 조용히 치르고 싶었다. 왜냐하면 영국인 친구들이 왜 그들이 교회에서 결혼하지 않는지를 두고 입방아 찧는 것이 싫었기 때문이었다.[36]

존스는 질문 내용이 평범하고 유쾌한 일에 관한 것이라 안도했을 것이다. 이틀 후 마르크스는 답을 얻었다. 결혼식은 지역 호적등기소 사무실에서 두세 명의 증인을 대동하고 치르면 되고, 열나흘 전에 공개적인 결혼 공고를 붙여놓아야 한다는 것이었다. 예니의 고민에 대해서 엥겔스는 "그녀의 속물적인 이웃들에게 라우라는 프로테스탄트이고 폴은 가톨릭이어서 그런 방법을 택했다고 말해주라"[37]고 제안했다.

프랑스에서는 폴의 아버지 프랑수아가 4월 1일에 결혼식이 열린다는 결혼 공고를 게시하기 위해 필요한 수속을 밟았다. 라파르그의 아버지가 이해한 신혼부부의 계획은 파리로 신혼여행을 갔다가, 런던으로 돌아가서 아들이 마지막 의사시험을 치고, 다시 프랑스로 가서 프랑스의 시험을 친 후, 뉴올리언스의 라파르그 집으로 이사하는 것이었다.[38] 그렇지만 마르크스와 예니는 공식적인 언급을 회피했다. 늘 그랬던 것처럼 돈 문제 때문이었다. 그들은 라우라의 혼수를 마련할 돈도 모자랐다. 보통 20파운드 정도 필요했다.[39] 그리고 결혼식장 비용도 낼 수 없었다. 마르크스는 엥겔스에게 "그 아이를 거지처럼 세상에 내보낼 수는 없네"[40]라고 말했다. 그는 급한 마음에 네덜란드의 친척에게 편지를 띄웠다. 그렇지만 그의 숙부는 세상을 떠났고, 사촌들은 자기 아버지만큼 돈을 내는 데 후하지 않았다. 그들은 마르크스의 요청을 침묵으로 맞았다.[41]

주머니가 텅 비어 있었기 때문에 마르크스는 라우라와 라파르그를 설득해 결혼식을 4월 8일로 연기시킨 후, 돈을 구하기 위해 동분서주했다. 그는 쿠겔만에게 지난 사 개월 동안 의사, 정부의 서류, 『자본론』 제2권의 자료 수집을 위해 미국의 신문을 구입하는 것 등으로 너무 많은 돈을 써버렸기 때문에 라우라를 위한 돈이 남아 있지 않다고 말했다. 쿠겔만은 마르크스의 그다지 섬세하지 못한 탄원을 들은 후 15파운드를 보내주었다.[42] 그리고 엥겔스가 40파운드를 대주었다. 그래서 마르크스는 이제 딸을 적합한 방식으로 아내라는 새로운 역할로 내보낼 수 있게 되었다. 그런데 새로운 문제가 생겼다. 엥겔스가 결혼식이 4월 8일, 평일에 열린다면 자기는 참석할 수 없다고 말한 것이다.[43] 그의 불참은 모든 사람들에게 상상도 할 수 없는 일이었다. 라파르그는 마르크스와 함께 엥겔스도 결혼식의 증인이 돼주기를 바랐다. "저도 이유는 잘 모르겠지만 이 행사에 모든 사회적 가치를 부여하기 위해서는 두 명의 증인이 출석하는 것이 필수적이라는군요." 라파르그는 엥겔스에게 편지를 써서 자기가 하게 될 결혼식을 낮잡아 말하며 다음과 같이 말했다. "비록 당신은 이런 고상한 부르주아의 역할을 우아한 방식으로 완수하는 데 필요한 모든 도덕적 자질들과는 거리가 멀지만, 그래도 그 끔찍한 예식 중에 제 옆을 지켜주셨으면 하고 제가 바라는 사람은 당신 말고는 아무도 없습니다."[44] 라우라도 자기는 '가시방석'에 앉게 될 것이라며 그에게 꼭 와줄 것을 간청했다.[45] 결국 마르크스는 엥겔스의 참석을 위해 날짜를 변경할 것을 주장했다. 라우라와 라파르그는 4월 2일에 결혼하기로 했다.

결혼식이 다가왔기 때문이었는지(마르크스는 자기 딸을 빼앗아가는 라파르그에게 시기심을 느낀다고 말했다)[46], 『자본론』 제2권을 써야 한다는 압박감 때문이었는지, 아니면 돈 문제 때문이었는지, 혹은 셋 모두일 수도 있는 이유로 마르크스는 3월 말 여러 가지 질병에 시달렸다. 출혈성 대상포진, 걸음걸이까지 어렵게 만든 허벅지의 종기, 그리고 가끔씩 "내 눈앞에 검은 장막 같은 것이 드리워진 듯한…… 끔찍한 두통과 가슴압박감"이 그것이었다.[47] 그럼에도 불구하고 결혼식 날 마르크스는 종기에 붕대를 싸매고 비소를 삼킨 후, 취한 듯한 몸에 검은 프록코트 정장을 걸쳤다. 그리고 라파르그와 딸의 결혼식에 증인으로 서기 위해 엥겔스와 함께 세인트팽크라스 등기소로 향했다.[48] 마르크스는 시종일관 고통과 씨름했지만, 엥겔스는 자기는 절대로 할 리 없는 결혼이라는 의식에 참석하기 위해 최고의 예복을 빼입고 있었다(결혼식 후 모데나 빌라스에서 가진 점심 피로연에서 그의 농담과 놀림이 도가 지나쳐서, 신부는 울음을 터뜨리며 식탁을 떠났다).[49]

신혼여행 기간 동안 라우라는 어렸을 때 잠시 들렀던 파리라는 도시의 경이로움에 흠뻑 취했다. 그럼에도 불구하고 가족이 그리워서 매일 여러 장의 편지를 런던으로 보냈다.[50] 런던에 있는 가족들도 그녀가 그립기는 마찬가지였다. 예니헨은 라우라와 폴이 프랑스로 떠나던 날이 "여태까지 살아온 날들 중 가장 길고 쓸쓸한 날이었다"고 말했다.

아빠는 계곡에서 차나 마시게 히스Heath로 산책을 나가자고 말했어. 아빠 말씀대로 했지. 그렇지만 차는 아무 맛도 없더라. 버터 빵을 먹을 사람이 없고, 그걸 먹으면서 즐길 사람이 없으니…… 히스에서 돌아와 응접실에 앉아서 억지로 즐거워지려고 애써보았지만, 팬터마임 하는 광대처럼 왠지 어색하고 쓸쓸하더라. 결국 엄마와 헬렌은 쓰러지더니 늘어지게 주무셨어. 아빠와 엥겔스 아저씨는 몇 시간 동안 두 분만의 시간을 가졌어. 나는 분위기 때문에 리나[리나 쉴러]에게 궁금하지도 않은 것들을 끊임없이 물어보며 대화를 유지하려고 애썼지.[51]

신혼부부가 파리에 도착한 지 2주가 채 지나지 않은 4월 11일, 마르크스는 라우라에게 최소한 다섯 명을 만나 『자본론』에 대해 토론하고 파리 근방의 도서관들을 방문해 카탈로그를 수집해줄 것을 요청해 그들의 신혼여행을 훼방놓음으로써 자기가 자신의 선임연구원을 얼마나 그리워하고 있는지 표현했다. 그도 미안하기는 했던지 다음과 같이 덧붙였다. "내가 이렇게 부적절한 시기에 너를 성가시게 하는 것을 보고 너는 내가 정말로 책을 좋아하는구나 하고 상상할 것이 틀림없다. 그렇지만 네가 틀렸다. 나는 그것들을 집어삼켜 변화된 형태로 역사의 거름더미에 집어던져야 하는 저주받은 기계일 따름이다."[52]

라우라와 폴은, 마르크스의 표현을 빌리자면 "사랑에 취한 상태로" 4월 말 런던으로 돌아와 모데나 빌라스에서 도보로 닿을 거리에 있는 프림로즈 힐의 한 아파트에 정착했다.[53] 5월 5일 마르크스의 쉰 번째 생일에 맞춰 돌아온 것이다. 엥겔스는 맨체스터에 머물며 멀리서 친구에게 축배를 들었다. "어쨌든 반세기를 산 것을 축하하네. 어쩌다보니 나도 이제 그날이 멀지 않았군. 이십오 년 전 우리는 패기만만한 청년으로 이때쯤이면 벌써 목이 달아나 있을 거라고 생각했는데 말이야."[54]

마르크스의 일생에서 중요한 순간이었던 라우라의 결혼도 이제 과거사가 되었다. 그렇지만 그는 차분히 앉아 『자본론』 제2권을 집필하기에는 여전히 너무 흥분해 있었다. 그래서 기분 전환을 할 겸 열세 살의 딸을 동반하고 맨체스터로 갔다. 지적인 침체에 빠진 천재에게는 활기찬 투시를 데리고 여행하는 것이 완벽한 자극제가 되었을 것이다. 투시는 꼬마였을 때부터 눈에 띄게 명석했다. 그녀의 전문분야 — 어린 나이에도 불구하고 이렇게 표현할 만했다 — 는 문학에서 연극, 그리고 정치까지 다방면에 걸쳐 있었다. 그녀의 학교 공책에는 손으로 쓴 '투티 프루티Tutti Frutti '●라는 제목이 달려 있었지만, 그 안에는 농업노동자들과 마을 하수도에 관해 스크랩된 신문기사들이 붙어 있었고, 프랑스 역사에 관한 메모, 그리고 웨딩드레스 디자인 그림 등이 있었다.[55] 그녀는 여덟 살 때, 자

● 이탈리아어로 '모든 과일all fruits'을 뜻하는데, 흔히 과일이 들어간 아이스크림을 말한다.

신을 프랑스 정부를 벌벌 떨게 만들었던 급진주의자 블랑키의 친구로 여겼고, 1863년 러시아에 대항한 폴란드에 대해 확고한 지지 입장을 표명했다. 네덜란드의 리온 필립스 할아버지에게 보낸 편지에서 "폴란드가 어떻게 될 것 같아요? 저는 폴란드의 그 용감한 사람들을 지지해요"[56]라고 말했던 것이다.

투시는 핍박받는 사람들을 위한 가족들의 투쟁에 푹 빠져 있었지만, 또한 풍부한 공상 생활도 즐겼다. 마르크스의 집에는 공상의 제국이 있었다. 그 안에서 예니헨은 중국의 황제였으며, 투시는 그 후계자로서 자신이 편지를 쓸 때 사용할 언어를 발명해야 했다(편지 수취인은 그 의미를 전혀 짐작할 수 없었을 테지만). 그녀가 즐긴 또 다른 역할은 강하지만 가끔 무자비해지기도 하는 난장이 '알베리히Alberich'●였다.[57] 가족들은 그녀의 역할 연기에 적극 호응해주었다. 투시를 칭할 때는 '그녀'라고 부르는 만큼 '그'라고 할 때도 많았다. 그 이유는 투시가 가족극장에서 남성의 역할을 맡는 경우가 많았기 때문이기도 하지만, 그녀의 성격이 대범했기 때문이기도 했다.[58] 그녀의 부모는 무슈가 죽기 불과 몇 개월 전에 태어난 그 딸에게서 무슈의 활발했던 모습을 볼 수밖에 없었을 것이다. '그'라는 호칭은 무의식중에 나온 그런 그리움의 표현이었을지도 모른다. 그렇지만 검은 머리가 허리까지 굽이치는 그 귀여운 소녀는 '그'가 아니었다. 그녀는 당차고 야무진 여걸이었다.

엥겔스를 만나러 아버지와 함께 여행한 일은 투시에게는 일종의 전환점 같은 것이었다. 그들은 엥겔스와 리지, 그리고 리지의 일곱 살짜리 질녀 메리 엘렌과 함께 묵었다. 투시는 즉각 맨체스터의 열성팬이 되었고 스스로 페니언의 자매라고 선언했다. 그달 마이클 배럿이라는 아일랜드인이 클럭큰웰 폭파사건으로 런던의 뉴게이트 감옥에서 교수형을 당하자 다시 아일랜드인들이 동요하기 시작했다(배럿은 영국에서 마지막으로 교수형 당한 사람이 되었다).[59] 아일랜드인들은 그의 처형에 대해 분노했고 투시는 영국의 국가인 〈신이여 여왕을 보우하소

● 요술 도롱이와 니벨룽겐 족의 보물을 소유하고 있는 소인국의 왕.

서)를 개사했다. "신이여 우리의 녹색 깃발을 지켜주소서 / 곧 그 광휘가 드러날 지니 / 신이여 녹색기를 지켜주소서 / 승리와 평화와 영광을 주소서 / 신이여 우리의 녹색 깃발을 지켜주소서 / 신이여 녹색기를 지켜주소서." 그녀는 또한 『아일랜드인Irishman』을 구독하기 시작했다. 신문 판매인은 투시를 "진정한 아일랜드인"이라며 칭찬했다.[60] 우쭐해진 투시는 예니헨에게 자신의 활동을 보고했고, 예니헨은 그녀가 호송차 습격 장소를 찾아가보고 페니언의 선술집 주변을 어슬렁거린 일을 부드럽게 나무랐다. "요 조그만 반역자야, 조만간 경찰이 너를 붙잡아가고 엥겔스 아저씨가 방문하게 될 거다."[61]

마르크스와 투시는 2주간 맨체스터에 머물렀다. 그리고 돌아와서 마르크스는 엥겔스에게 "투시가 집에 돌아온 후 맨체스터의 집을 열광적으로 칭찬하는 이상한 행동을 보이고, 가능한 한 빨리 되돌아가고 싶다고 공공연히 말하고 있네"라고 말했다.[62] 예니헨이 그녀에게 아일랜드인들에게 홀딱 빠져서 자신을 중국 황제로 제대로 대접해주지 않는다고 책망하자, 투시는 "예전에 나는 한 사람에게 **충성했지만, 이제는 한 나라에 충성한다**"[63]고 대답했다. 그렇지만 투시로 하여금 북쪽을 동경하게 만들었던 것은 단지 아일랜드인들뿐만이 아니었다. 그녀는 엥겔스의 지적인 면과 인물됨을 보고 오래전 아버지가 그랬던 것처럼 그를 깊이 사랑하게 되었던 것이다. 엥겔스는 투시에게 여섯 통의 편지를 썼는데, 마르크스는 투시가 그 모두를 줄줄이 암기하고 있다고 엥겔스에게 전해주었다.[64]

모데나 빌라스를 떠나고 싶어 한 투시의 유치한 갈망으로 인해 마르크스와 예니는 투시가 이해하지 못할 허전함을 느꼈다. 아이들이 품안을 떠나고 있었던 것이다. 폴은 의학시험을 통과해 이제 왕립외과학회의 회원(마르크스는 그것을 "짐승과 사람에 대한 살해 특허"라고 불렀다)[65]이 되어 라우라와 함께 파리로 이사될 예정이었다. 예니헨 역시 이미 독립하겠다고 선언한 상태였다. 예니헨은 라우라와 렌헨에게만 알리고, 부모 몰래 런던의 스코틀랜드 가정의 가정교사 자리를 얻어두었던 것이다.[66] 예니헨은 라우라의 결혼 이후 자신도 더 이상 부모에게 의지해 살 수는 없다고 느꼈다. 동생이 떠난 자리가 예니헨에게는 자신이 모든 것을 하려는 야심을 가졌음에도 불구하고 아무것도 이루지 못했다는 사실을 끊임없이 상기시켜주었을 것이다. 마르크스는 딸들을 문학, 정치, 역사, 과학 등의 모든 세계로 인도해주었음에도 불구하고 현실 속에서는 딸들이 집 안의 자기 옆자리에 얌전히 앉아 있는 것으로 만족하기를 바랐다. 남편감이 와서 별반 다를 것도 없는 또 다른 그런 세상으로 그녀들을 데려가기를 기다리면서 말이다. 놀랍게도 그는 딸들이 스스로 무엇인가 이룩해보고 싶다는 갈망을 이해하지 못했던 것이다.

예니헨의 경우, 마르크스는 어머니의 뜻을 거역하면서까지 직업을 얻으려는 딸의 결정을 나무라며, 그 계약이 구속력이 없음을 확인하는 등 막아보려고 최선을 다했다. 마르크스는 딸이 노동으로 손을 더럽히려는 결심을 한 데 대해 상처 입은 부르주아적 자존심을 내비치며 엥겔스에게 썼다. "비록 그 문제가 나를 극단적으로 당혹스럽게 만들기는 하지만(그 어린아이가 작은 꼬마들을 거의 하루 종일 가르쳐야 하네) — 이걸 굳이 강조할 필요는 없겠지 — 나는 그 조건에 동의했네. 예니헨이 어떤 직업을 갖고 특히 이 답답한 집을 빠져나가 새 출발할 수만 있다면 그 또한 나쁘지 않을 것이라고 판단했기 때문이지. 최근 몇 년간 아내는 평정을 잃고 있고 — 상황을 고려하면 이해하지 못할 것도 아니지만 그렇다고 기분이 나아지지는 않네 — 그녀의 끝없는 불평과 잔소리, 비꼬는 말 때문에 아이들은 시달리고 있네. 물론 우리 아이들처럼 그것을 싫은 내색도 없이 기꺼이 받아넘길 만한 아이들은 이 세상에 또 없겠지만 말일세. 그렇지만 그것도 한계가 있는 법이거든."[67]

예니헨은 1월에 집을 떠났다. 라우라를 보낸 지 얼마 되지도 않았는데 또 가장 아끼는 딸을 잃은 것은 마르크스에게 심각한 타격이었다. 그의 옆에는 투시와 그녀의 애완동물들이 있었고, 발밑에는 항상 개나 고양이가 달라붙어 있었지만, 여전히 품안의 자식이라고 생각했던 두 딸이 떠나버리자 활기를 잃은 넓은 집 안이 더욱 고적하게 느껴졌다. 그는 아이들을 데리고 이 나라에서 저 나라로 전전하는 동안 그들을 믿음직한 동지로 여기게 되었다. 그들과 함께했기 때문에 모험이 더욱 스릴 넘치는 것이었다. 마르크스는 아이들에게 둘러싸여 있을 때는 아이처럼 장난스러워졌고(아이들이 가장 좋은 반려자라고 자주 말하곤 했다) 그들이 없을 때는 침울했다. 날씨도 그의 기분을 반영하는 것 같았다. 짙은 안개가 런던을 집어삼켜버렸고, 마르크스는 추억과 독감에 굴복한 채 집 안에 처박혀 있었다.[68] 그런 상황에서 라파르그가 1월 1일 파리에서 편지를 부쳐 라우라가 아들을 출산했다는 소식을 전했으니 그 기쁨이 얼마나 컸겠는가! 마르크스는 즉시 엥겔스에게 편지를 띄웠다. "새해 복 많이 받게! 동봉한 라파르그의 편지를 보면 내가 기막힌 새해 선물을 받았다는 것을 알게 될 걸세 — 할아버지가 된 거지."[69]

마르크스 집안은 샤를 에티엔 라파르그라는 멋진 이름을 가진 작은 아기의 탄생으로 시끌벅적한 분위기로 일변했다. 투시는 고양이에게 옷을 입혀 데리고 다니며 "작은 사람"을 안고 있는 척했으며, 페니언의 음모는 밀쳐두고 부모로부터 아이를 뺏어올 궁리를 하기 시작했다. 예니헨은 농담으로 라우라에게 투시의 음모를 일러바쳤다. 그녀가 전한 투시의 말은 "내가 라파르그 주인님을 그 노친네들[폴과 라우라]에게서 빼내 와서 나 혼자 독차지할 수 있다면……"[70]이라는 것이었다. 예니는 파리로 초청되어 첫 손자의 출생 순간을 보지 못한 것이 속상했는데, 친구들이 계속 왜 아직 그곳에 가지 않느냐고 물었기 때문에 더욱 마음이 좋지 좋았다(손자의 세례에 관한 질문은 말할 나위도 없었다).[71]

행복에 젖은 부모는 아기에게 푸쉬트라Fouchtra(프랑스의 오베르뉴 주 사투리로 저런, 제기랄 같은 감탄사다)라는 별명을 붙여주었다. 라우라는 아기가 마르크스를 닮았지만 사상은 "피히테, 칸트, 또는 헤겔"을 닮게 될지도 모를 일이라고 말했다. 어쨌든 마르크스는 새로운 가족이 생긴 것에 대해 기뻐 날뛰었고, 그 아이가 사내라서 더욱 그랬다.

1869년 1월에 집안은 그 어느 때보다도 쓸쓸했다. 그렇지만 푸쉬트라의 출생은 새해에 좋은 일이 깃들리라는 상서로운 징조와 같은 것이었다. 한 해 전 가을 마르크스는 "귀하의 최근 저작 ─『자본론』제1권 ─ 이 지닌 중요성에 주목해 한 현지 출판업자(N. 폴랴코프N. Polyakov)가 그것을 러시아어로 번역하기로 했습니다"라고 씌어진 편지를 받았다. 책이 상트페테르부르크까지 흘러들어갔고, 경제학자이자 작가인 니콜라이 다니엘손이 두 동료와 함께 번역하기를 희망했던 것이다.[72] "내가 독일뿐만 아니라 프랑스와 영국에서도 지난 이십오 년 동안 줄기차게 싸워왔던 러시아가 늘 나의 '지지자'였다는 사실은 운명의 장난입니다"라고 쿠겔만에게 마르크스는 썼다. "1843년에서 1844년까지 파리에 있을 때 그곳의 러시아 귀족들이 나를 극진히 대해주었습니다. 제가 프루동을 반박한 책(1847년), 그리고 둔커에 의해 출판된 같은 책(1859년)도 러시아에서 가장 많이 팔렸습니다. 그런데『자본론』을 처음 번역하는 나라도 러시아로군요." 그러고는 덧붙였다. "그렇지만 이것을 너무 크게 해석할 필요는 없을 듯합니다. 러시아 귀족들은 젊을 때 독일과 파리의 대학에서 교육을 받지요. 그들은 항상 서방세계의 가장 급진적인 것에 목말라합니다…… 바로 그런 러시아인들이 정부에 들어가기만 하면 즉시 악당들로 변해버리지요."[73]

그런 좋은 소식들과 함께 엥겔스로부터 폭탄선언이 전해졌다. 엥겔스는 동업자인 고트프리트 에르멘이 1869년 자신의 지분을 완전히 사들여 자기를 사업에서 벗어나게 해줄 것으로 기대했다. 그리고 자신과 마르크스가 앞으로 살아가기에 충분한 돈을 거머쥘 수 있도록 그 거래를 확실히 매듭짓고 싶어 했다. 그는 1868년 11월에 마르크스에게 아무런 언질도 주지 않은 채 다음과 같은 편지를 쓴 적이 있었다. "친애하는 무어인, 아래 질문들에 대해 아주 정확한 답변을 고민해보고, 내가 화요일 아침까지 받을 수 있도록 답을 보내주게. 1) 자네의 빚을 모두 청산하고 새 출발하는 데 얼마나 필요한가? 2)일 년에 350파운드면 고정적인 지출을 충당할 수 있겠나?(병이라든가 돌발적인 사건과 같은 추가적인 비용은 배제하네)…… 그렇지 않다면, 그것을 위해 필요한 총액을 알려주게." 엥겔스는 마르크스가 살아가기 위해 얼마나 필요한지 계산해보려는 것이라고 말했다.

왜냐하면 마르크스 가족이 5~6년간 필요한 돈을 에르멘과 협의해 얻어낼 수도 있을 것 같기 때문이라는 것이었다. "위에서 언급한 5~6년이라는 세월 동안 무슨 일이 일어날 수 있을지는 나도 잘 모르네…… 그렇지만 그때쯤이면 아마 많은 것이 달라져 있을 테고, 자네의 저작들도 자네를 위해 뭔가를 벌어줄 것이라 믿네"[74](『자본론』이 출간된 지 일 년 반이 지났지만 제작비도 못 건지고 있었다).[75]

1867년 당시 연수입 350파운드는 영국의 중간계급 중 하층에 속하는 수준이었다.[76] 그렇지만 마르크스는 그 제안에 감지덕지했고 "놀라 자빠질 지경"이라고 말했다. 마르크스와 예니는 빚을 계산해서 의사의 진료비를 제외하면 210파운드라는 결과를 얻었다. 마르크스는 연지출에 대해 "지난 몇 년간 우리는 350파운드보다 조금 더 지출해왔네. 그렇지만 그 금액이면 충분할 것 같군. 왜냐하면 1)지난 몇 년간 라파르그가 우리와 같이 생활했고 그 때문에 생활비가 더 많이 들었어. 그리고 2)빚 때문에 모든 것에 더 많은 비용이 들었었지. 빚을 완전히 청산하고 나면, 처음으로 엄격한 가계를 꾸릴 수 있을 것 같네."[77] 엥겔스는 경제에 대해서는 책을 쓸 때를 제외하고는 전혀 아는 바가 없는 자신의 방탕한 친구가 엄격한 가계를 언급하는 대목에서 웃음을 터뜨렸을지도 모른다. 하지만 적어도 마르크스의 각오를 읽을 수 있는 대목이기는 했다.

34

1869년
런던

사람들은 적고, 당들은 눈이 멀었으며,
그들의 방법은 폭력적이거나 서툴지만,
그런 비참함 아래로 정치적 혁명, 사회적
혁명은 자신의 불가피한 진로를 따라
전진하고 있다.

—샤를 프롤레스[1]

1869년 인터내셔널은 출범 사 년째가 되었고 처음에 비해 힘과 조직이 놀랍도록 성장해 있었다. 9개국에 지부를 두었고, 수많은 신문들을 영향력하에 거느리고 있었으며, 매년 네 차례씩 대회도 개최했다. 그렇지만 인터내셔널의 중앙협의회는 출범 초기부터 내분에 휩싸여 있었다. 협의회에 파견된 각 대표자들도 내부 분란에 휘말려 있었으며, 여러 국제 회원들 간에는 민족적 편견에 기초한 비난들이 난무했다 — 독일인들이 너무 많은 권력을 쥐고 있다, 이탈리아인들이 조직을 장악하려 시도하고 있다, 프랑스인들은 동족 살해의 경향을 띠고 극적인 것에 중독되어 있다, 영국인들은 주류 정치와 선거구에서의 승리를 위해 노동자를 희생시키는 것도 마다하지 않는다, 등등. 마르크스의 공식적인 지위는 독일의 연락비서일 뿐이었지만 인터내셔널의 두뇌이자, 심장이자, 지도정신으로 인정받고 있었다. 그는 그 모든 것들을 사소한 다툼이라 말하고 가능하면 배후에서 조종해 해결하거나, 조용한 외교적 해결이 불가능할 경우 공개적으로 일장 연설을 늘어놓았다. 그의 의도는 항상 당이 분쟁을 해소해 통합력을 높이고 조직이 생존할 수 있도록 하는 것이었다―그 과정에서 개인적인 희생이 발생하더라도 말이다.

인터내셔널에서 마르크스의 주도권이 비판자들의 눈에는 독재로 비춰졌고, 그래서 일부는 경쟁조직을 만들기도 했다. 빅토르 위고, 루이 블랑, 존 스튜어트 밀, 주세페 가리발디 등을 포함한 저명한 민주주의자들은 1867년 '평화자유동맹League of Peace and Freedom'을 창립했다. 그것은 프롤레타리아트의 포섭을 원하지만 진정한 노동자의 강령은 제시하지 않는 고상한 귀족들의 부르주아적, 평화주의적 조직이었다.[2] 그 단체의 주변에는 바쿠닌도 있었다. 그는 창립총회에서 연설했는데, 비록 그의 연설이 모순적이고 알맹이가 없기는 했지만 청중을 휘어잡는 힘이 있었다. 한 관찰자는 "만약 그가 청중에게 서로의 목을 베라고 시켰어도 사람들은 기꺼이 따랐을 것이다"[3]라고 말했다. 그렇지만 바쿠닌은 동맹이 너무 유순하다고 보고, 제네바에서 인터내셔널에 가입했다. 그의 목적은 조직을 장악하는 것이었다.[4] 마르크스와 마찬가지로 그도 조직 내에서 단순한 추종자로 남는 것에는 소질이 없었다. 비록 원하지 않는다고 스스로 주장했음에도 불구하고 조직의 지도자가 되어야 했다. 그래서 바쿠닌은 인터내셔널에 충성하는 척하면서, 다른 한편으로 마르크스로부터 주도권을 뺏으려는 자신의 진정한 목적을 달성하기 위해 은밀한 조직을 만드는 작업에 착수했다.

그것은 탐내볼 만한 것이었다. 인터내셔널은 여러 차례 성공적으로 파업에 개입함으로써 조직적으로 크게 성장했다. 이 파업들은 1866년 경제위기 이후 연이어 철도, 제조업, 광산 등 유럽 산업의 핵심부에서 일어났다. 임금이 삭감되고, 공장 생산량이 감축되고, 가동시간이 줄자 사람들은 대책 없이 내몰렸으며 스스로 부양할 방법도 없었다.[5] 이에 대응해 인터내셔널은 파업기금을 모금하고, 선전활동을 벌이고, 아마도 가장 중요한 일로서 경영자들이 파업을 분쇄하기 위해 다른 나라의 노동자들을 고용하는 고전적인 수단에 의존하지 못하도록 노동자들을 조직화했다. 사실 인터내셔널의 기금은 제한적이었고(1869년의 수입이 고작 50파운드였다)[6] 협력사업을 책임질 인원도 많지 않았다. 그렇지만 마르크스는 인터내셔널이 파업에 개입하기 위해 조직을 동원하고 있다는 소문만으로도 경영자들을 협상 테이블로 끌어낼 수 있다고 자랑했으며, 또 그 말이 전혀 허풍만은 아니었다.[7]

유럽의 정부들은 인터내셔널이 못마땅하기는 했지만 노동자들의 대항조직으로서 용인하고 있었다. 그러나 인터내셔널이 맨체스터 페니언들의 처형을 비난하고 아일랜드인들의 대의를 지지하는 시위를 벌여 — 이런 행보는 당연히 영국 정부의 비난을 야기했다 — 자신의 정치적 색깔을 드러내자 상황은 달라졌다.[8] 파리의 인터내셔널 회원들이 페니언 지지집회를 갖자, 프랑스 공안 세력은 그들의 집과 사무실을 습격했고 스물네 명을 불법조직 연루 혐의로 기소하기에 충분한 소위 증거라는 것들을 입수했다.[9] 마르크스는 엥겔스에게 보낸 편지에서 나폴레옹은 사실 인터내셔널이 아일랜드를 지지하는 것에 대해 아무런 관심도 없지만, 영국의 환심을 사려 하는 것이라고 말했다(그는 더 원색적으로 "영국 정부의 엉덩이에 애절하게 기어오르는 것"[10]이라고 표현했다). 그렇지만 1868년 여름, 브뤼셀에 있는 인터내셔널의 한 프랑스 지부(마르크스는 이것이 "뚜쟁이들"과 "오합지졸들"로 구성되었다고 했다)가 모의재판에서 나폴레옹에게 사형을 언도하자 프랑스 정부의 우려감은 고조되었다. 마르크스는 런던의 협의회를 대표해 그 지부의 행위를 공개적으로 비난했다. 그렇지만 그런다고 모욕이 잊히는 것은 아니었기에 인터내셔널에 대한 의심은 점점 커져갔다.[11]

라우라와 폴이 새로 자리 잡은 곳은 물론 프랑스였다. 1868년 가을, 그들은 생제르맹 가의 복잡한 뒷골목에 있는 좁은 아파트로 이사했다. 라파르그는 표면적으로는 프랑스 의학시험 준비를 위해 파리에 있는 것이었지만 학업보다는 정치에 더 관심이 많았다. 그는 즉시 지역 인터내셔널에 가입하고 이 년 전 사귀었던 블랑키주의자들과 교제를 재개했다. 그는 파리로 돌아오는 순간부터 경찰의 감시를 받고 있었다(한 경찰 정보원은 그가 스물여섯 살의 자기 나이보다 네댓 살은 더 들어 보이고, 평균보다 키가 크며, 까무잡잡한 피부에 연한 금발 머리를 가졌다

고 묘사했다. 또한 그가 우아한 분위기의 인물이라고 적었다).[12]

프랑스의 교육부 관리는 아마도 정치적인 이유 때문이었는지, 라파르그의 영국 학위를 인정하지 않고, 라파르그가 두세 개의 시험을 예상한 것과는 달리 프랑스에서 개업하기 위해서는 다섯 가지의 시험을 치르라고 요구했다.[13] 라파르그는 파리에서 시험을 치르고 싶었는데, 예전에 파리의 대학에서 퇴학당한 경험이 있기 때문에 교육부 장관뿐만 아니라 국가학술위원회의 승인도 얻어야 했다. 그렇지만 학술위원회는 12월까지는 열리지 않았다.[14] 그래서 그때까지의 기간은 라파르그가 의학에 대한 관심을 잃고 인터내셔널의 사업에 푹 빠져들기에 충분한 시간이었다. 11월에 롱게가 석방되었고, 라우라에 따르면 그는 카르티에 라탱의 단골집으로 돌아와 담배를 피우고 도미노를 하며 시간을 보내고 있었다.[15] 라우라와 라파르그는 마르크스의 1848년 친구들과 인터내셔널 동료들의 방문을 받았다. 그들은 아파트의 5층까지 가파른 계단을 오르는 내내 불평을 했다고 한다.[16]

12월 말, 폴의 시험에 대한 완전한 무관심을 알리기라도 하듯, 그들은 의학학교와는 멀리 떨어진 서안의 셰르슈미디Cherche-Midi 가의 아파트로 이사했다. 그 거리는 파리의 번잡한 삶으로 고동치는 곳이었다(상점들은 빵, 채소, 치즈들로 넘쳤고, 곳곳에 표백제 냄새가 나는 빨래들이 널려 있었으며, 여인들의 수다 소리가 시끄러웠다. 담배 연기 자욱한 카페에서는 진한 커피향이 흘러나왔다). 작은 아파트들은 사치와는 거리가 멀었지만, 라우라는 그것이 자기가 바라는 보헤미안적 스타일이라고 말하며 그곳에서 행복한 가정의 일상을 꾸릴 준비를 했다.[17] 그런데 이사하는 도중 라파르그 부부는 그들이 감시당하고 있다는 사실을 알아챘다. 그래서 라우라는 예니헨에게 경찰이 그들에게 어느 정도 관심을 갖고 있는지 확실해질 때까지는 모든 편지를 폴의 친척으로서 자신을 도와주고 있는 마담 상티Madame Santi에게 보내고, 자신도 레헤의 이름으로 예니헨에게 편지하겠다고 말했다.[18] 그리고 그들의 우려가 기우가 아니었음이 곧 입증되었다.

마르크스는 라파르그의 집에 가본 인터내셔널 조직원에게서 라우라를 보지 못했다는 소식을 들었다. 그래서 딸이 아픈지 불안해서 직접 파리로 가보기로 결심했다[19](그는 라우라가 출산 몇 주 전에 넘어져서 계속 침대 신세를 지고 있다는 사실을 몰랐다).[20] 마르크스는 나폴레옹 3세의 쿠데타에 관한 자신의 책『루이 보나파르트의 브뤼메르 18일』이 2판까지 출판되었기 때문에 프랑스에서 전보다 더욱 환영받지 못할 것이라는 걱정이 들었다. 그래서 라파르그에게 "편지에서 내 비밀계획에 대한 어떤 암시도 흘리지 말게"[21]라고 당부했다. 그렇지만 일주일도 되지 않아 한 낯선 남자가 라파르그의 아파트에 찾아와 마르크스에게 할 말이 있다며 아직 도착하지 않았는지 물었다. 마르크스와 라파르그는 그 사람이 경찰첩자일 것이며, 그들의 편지가 정말로 중간에서 가로채져 읽히고 있는 것이라고 생각했다.[22] 마르크스는 여행을 포기했다. 그렇지만 라우라에 대한 걱정을 떨칠 수 없었기 때문에 대신 예니헨과 투시를 보내기로 했다.[23]

1869년 2월, 라파르그는 파리에 돌아온 지 사 개월째 접어들고 있었지만 의학시험을 치를 준비는 전혀 하지 않고 있었다. 프랑스 학술위원회는 그에게 단 두 가지의 시험만 치면 의사 면허를 수여하겠다는 관대한 결정을 내렸다. 단 시험은 스트라스부르에서 쳐야 한다는 단서가 붙었다.[24] 폴은 파리에서 시험을 보는 것도 거의 아무런 관심이 없었는데, 이제 시험을 치기 위해 독일 근처까지 가야 하는 상황이 되었다. 그의 시험 거부는 거의 불가피한 것으로 보였다. 게다가 새로운 사업에 관여하고 있었기 때문에 당장 파리를 떠나는 것도 불가능했다. 그는 블랑키주의 친구들과 함께 그달에 『라 르네상스 *La Renaissance*』라는 신문을 창간하겠다고 발표했다. 그렇지만 그들은 신문 발간을 위해 정부에 예치해두어야 할 250파운드의 '보증금'이 없었고, 운영비도 없었다. 그들이 가진 것이라고는 고작 열정과 블랑키의 지지뿐이었다.[25] 라파르그는 마르크스에게 기고해주거나, 발행인에 공동 편집인으로 이름을 올려달라고 부탁했다.[26] 하지만 그의 장인은 시간이 없다며 손사래를 쳤고, 그렇지 않더라도 자신과 엥겔스는 라파르그가 의사가 될 때까지는 일단 정치에서 손을 떼야 한다는 데 의견일치를 보왔다고 말했다.

마르크스는 라우라의 미래와 폴의 안전을 염려함과 동시에 라파르그의 부친 또한 강하게 의식했던 것이다. 그는 사돈이 아들과 멀어져서는 안 된다고 생각했다. 마르크스는 폴에게 썼다.

신문을 발간하면 아마도 자네와 친구들은 정부와 법적 분쟁에 휘말리게 될 것이고, 그러면 자네 부친은 곧 내 이름이 그 신문의 편집진에 들어 있음을 발견하게 되실 터이고, 필경 자네가 의학시험을 치러서 전문직 종사자로 발판을 다지는 데 필요한 일들을 하는 데(나는 늘 자네에게 그렇게 하라고 재촉해왔네) 내가 나서서 훼방 놓고 섣부른 정치활동으로 밀어 넣었다고 여기시게 될 것이 틀림없네.[27]

예니헨에게 따로 보낸 편지에서 마르크스는 블랑키의 신문을 도와주고 싶지만, 사돈인 프랑수아 라파르그의 감정을 고려해서 그럴 수 없다고 말했다. "현재로서, 그는 마르크스 가족과 인척관계라는 것에 대해 별로 기뻐할 이유가 없지."[28]

향후 몇 달간 마르크스는 폴의 위험스럽고 순진한 게임을 점점 더 걱정스러운 시선으로 지켜보게 되었다. 블랑키는 파리로 돌아왔지만 같은 장소에 두 번 이상 자지 않으면서 모습을 드러내지 않고 있었다. 그는 십인조 세포들을 구성했는데 경찰 끄나풀의 침투에 대비해서 조직원들이 다른 세포의 조직원들은 알 수 없도록 했다. 폴은 그런 세포의 일원이었고 생 루이 섬의 라팜상테트La Femme sans Téte(머리 없는 여인) 가에 블랑키가 자주 찾는 집에서 매주 그를 만났다.[29] 블랑키는 인생의 반을 감옥에서 보냈고, 그와 가까이 지내는 자도 결국 감옥으로 가게 되곤 했다. 마르크스는 직접 사태를 파악하고 사위와 대화를 나누기 위해 파리로 가고 싶었다. 그래서 프랑스로 합법적으로 입국하기 위해 영국 국적을 취득해보겠다고 엥겔스에게 말했다. 한편 예니헨과 투시는 그 일과 관계없이 프랑스로 갈 예정이었다.[30] 두 자매는 라파르그의 정치활동보다 라우라의 생활이 걱정되어서 가보고 싶어 했다. 예니헨에게 보낸 라우라의 편지에서 침울한 분위기가 느껴졌기 때문이다.

라우라는 남편이 밤늦게까지 카페나 사람들로 복작이는 은밀한 방 안에서 황제에 대한 음모를 꾸미느라고 여념이 없는 동안, 벌써 삼 개월이나 마담 상티를 제외하고는 아무도 만나지 못한 채 침대에 누워서 지내고 있었다.[31] 1848년과는 달리 새로운 혁명가들 중에는 여성들도 많았다. 루이즈 미셸Louise Michel은 품 안에 단도를 지니고 다니며 때에 따라서는 남장도 했다.[32] 그리고 저널리스트인 폴 민케Paule Mincke도 있었는데 그녀는 라우라와 폴 라파르그를 방문했고, 폴도 그녀의 집을 방문했다.[33] 라우라는 예니헨에게 말했다. "언니도 알다시피, 툴리는 예전에는 부엌과 무도회에서 말고는 여자들에게 귀 기울이지 않았는데, 이제는 열람실에서 여자를 만나기를 좋아하는 것 같아."[34] 이 프랑스 여인들은 스스로 돈을 벌고, 사회에서 자신의 길을 개척하며, 자신을 주변 남성들과 동등하게 여겼다. 그들은 "여성의 열등성은 자연의 사실이 아니다. 그것은 인간의 발명품이고 사회적으로 꾸며낸 말이다"[35]라고 생각했다. 이것은 바로 예니헨이 닮고 싶어 한 여성상이었다. 그렇지만 라우라는 전통적인 현모양처가 되기를 원했기 때문에 그런 시대와 갈등을 겪었다. 그녀는 또한 영국에서의 삶과는 달리 프랑스 가정에서는 배우자의 비중이 크지 않다는 점을 깨닫고 놀랐다. 예니헨에게 보낸 편지에서 그녀는 프랑스 여성들은 남편이 자신들에게 배타적 권리를 가져야 한다고 믿지는 않는다고 말했다. "반대로, 가끔 남편들은 아내에게 전혀 관심을 보이지 말아야 할 세상에서 유일한 사람으로 여겨지기도 해. 프랑스 남성들은 아내를 사랑한다고 말하는 것을 부끄럽게 여겨. 그리고 프랑스 여성들은 여러 남자들로부터 사랑받는다는 것을 실토하는 데 전혀 두려움이 없어. 오히려 자기 남편은 쏙 빼버리고 말이야."[36]

예니헨과 투시는 3월 23일 파리 행 증기선에 올랐다. 파리에 도착해서 마르크스 여인들은 조카가 예쁘고, 할아버지를 닮아 훤한 이마를 지녔으며, 라우라의 아파트는 작지만 깔끔했고, 마담 상티는 "좀 괴팍하기는"[37] 해도 다정한 사람이라는 것을 확인했다. 예니헨은 가정교사 일을 잠시 휴가 내고 왔기 때문에 파리에 4월 14일까지만 머물렀지만,[38] 투시는 두 달간 머물렀다. 투시는 조카에게서 떨어질 수가 없었다. 조카는 슈냅스*라는 새로운 별명을 얻었다. 아기가 (자기 할아버지처럼) 너무 많이 마셨기 때문이다.[39]

런던의 마르크스 집안의 분위기는 눈에 띄게 바뀌었다. 엥겔스는 에르멘앤엥겔스 사에서의 은퇴를 기다리며 마르크스에게 분기별 자금을 지급하기 시작했다. 그리고 마르크스는 프랑스어판『공산당 선언』에서 러시아어판『자본론』까지 과거 저작들의 번역이나 개정판을 내는 작업에 전념했다.『자본론』제1권(엥겔스는 1868년 6월의 서평에서 "우리는 카를 마르크스가 우리에게 가르쳐줄 것이 많다는 사실을 의심하지 않는다"[40]라고 결론지었다)이 별다른 반향을 불러일으키지 못하자, 제2권에 대해서도 (비록 한 해 전에 이미 출판업자에게 제2권과 제3권을 넘겼어야 했음에도 불구하고) 모데나 빌라스에서는 거의 침묵으로 일관했다. 가족들 역시 그에게 마무리를 재촉하고 싶은 생각이 없었다. 예니헨은 쿠겔만에게 다음과 같이 말했다. "우리의 망명생활, 우리의 오랜 고립생활 등등 그런 것들은 프롤레타리아트의 고귀한 대의를 위한 희생이었고, 저는 그런 것에 대해 불만이 없습니다. 그럼에도 불구하고 인간으로서의 나약함을 인정할 수밖에 없고, 또 제게는『자본론』제2권의 완성보다 제 아버지의 건강이 더욱 소중합니다. 말 나온 김에 저는 위대한 독일은『자본론』의 첫 권도 읽을 자격이 없다고 감히 말하고 싶습니다."[41] 마르크스는 그 문제에 관한 엥겔스의 질문에 대해, 다음 권에 포함시키고 싶은 새로운 사회적 관계와 경제학에 관한 책들을 읽기 위해서 먼저 러시아어를 공부해야겠다는 말로 대답을 대신했다.[42]

마르크스는 저술과 인터내셔널 활동을 통해 여전히 혁명운동에 전면적으로 관여하고 있었지만, 모데나 빌라스의 분위기는 거의 부르주아적인 평정 상태였다. 그들 가족이 런던에 도착했을 때부터 지긋지긋하게 따라다닌 고통들두 무

---

* Schnapps, 독한 술의 일종.

두 사라졌다. 마르크스 집안은 한때는 불가능한 것으로 여겨졌던 것을 이제 가지게 되었다. 바로 여유로움과 편안함이었다. 그해 봄 예니헨은 라파르그에게 보낸 편지에서 그날 가장 중요했던 일은 마르크스가 저녁식사로 신선한 양다리 고기를 먹자고 제안한 것이었다고 전했다.[43] 실제로 마르크스가 파리에 있는 투시에게 보낸 편지는 그가 얼마나 차분하고 가정적이 되었는지 보여주고 있다. 투시의 애완동물들에 대해 세세하게 보고한 후, 그는 자기가 투시의 새, 디키와 개발한 특수한 음악적 유대관계에 대해 설명했다.[44] 5월 초 예니는 마르크스를 애완동물들에게 버려두고, 손자를 만나고 투시를 데려오기 위해 파리로 떠났다. 엥겔스는 마르크스를 맨체스터로 초청했다. 그렇지만 마르크스는 선약이 있다며 거절했다. "예니헨이 내 아내가 파리로 떠나기만을 고대하고 있었네. 나를 완전히 독점한 후, 홀가분하게 떠나려는 거지."[45]

그해 봄 카를 마르크스 박사와 그의 장녀는 런던의 공식석상에 함께 모습을 드러냈다. 그들은 인터내셔널의 중앙위원회 모임에 참석했고, 그곳에서 그녀는 마르크스가 벨기에 코커릴Cockerill 제철소의 비무장 파업에 대해 자행된 4월의 학살에 격렬히 항의하는 연설로 모든 사람들로부터 큰 소리로 칭찬받는 것을 보았다.[46] 아버지와 딸은 야회복을 입고 켄싱턴 박물관에서 개최된 '상층 만인들upper ten-thousand'의 모임인 예술가 및 상공인 왕립협회의 연례무도회에 나타났다.[47] 마르크스는 학위와 저술활동을 인정받아 회원으로 발탁되었다(그는 협회의 도서관을 이용하고 싶다고 엥겔스에게 말했다). 그 결과로 많은 사람들이 선망하는 "왕족과 기타 저명인사들"이 참석하는 간담회에 초청장을 받았다. 마르크스와 예니헨은 초청장을 보고 크게 웃었다. 초청장에는 참석자들에게 "소요사태 방지에 협력하고" 저명한 초대 손님들을 따를 것을 권고하고 있었기 때문이다.[48] 행사는 예니헨에 따르면 따분했다. "멋진 야회복으로 한껏 멋을 낸 7천 명 가량의 벙어리들이 옴짝달싹할 수도 없을 만큼 비좁은 곳에서 복작댔고, 의자는 거의 없는 것이나 마찬가지였으며, 그나마 있는 것들도 모두 뻔뻔스러운 귀족 미망인들의 차지였다."[49]

그해 말 마르크스와 예니헨은 옛 동지들을 방문하고, 성장하는 노동자들의 정치운동에서 새로운 동지들을 만나기 위해 독일로 여행했다.[50] 그보다 훨씬 전에 마르크스는 막내딸을 엥겔스에게 보냈다. 파리에서 오래 머물렀던 투시는 다시 맨체스터에서 엥겔스와 사 개월간 지내게 되었다. 투시는 그해 여름 크게 성숙했다. 열네 살의 소녀는 아버지와 함께 북쪽으로 가는 기차에 올랐다. 그리고 가을에 아가씨가 되어 집으로 돌아왔다.

리지 번스의 교습으로 투시는 영국의 부정의에 대한 상급 코스를 밟았다. 수업은 책을 통해서가 아니었다. 리지는 문맹이었다. 그렇지만 투시를 시내 거리로 데리고 다니며 다양한 얘기들을 들려주었다. 리지는 맨체스터에서 아일랜드인들의 순례지가 된 곳들로 투시를 데리고 다녔다. 철교(현지에서는 페니언 다리로 알려졌다), 이제는 도망자가 된 토머스 켈리가 항아리를 팔던 시장, 그가 살던 집, 리지가 또 다른 도망자 마이클 디지를 접선했던 곳 등등이었다. 투시는 예니헨에게 보낸 편지에서 다음과 같이 말했다. "아주 재미있었고, 번스 부인이 '켈리와 디지'에 대해 많은 재미있는 얘기들을 해주셨어. 번스 부인은 그들을 잘 알고, 일주일에 서너 번씩 그들의 집에 찾아가서 그들을 만났대."[51] 엥겔스는 투시에게 독일문학을 소개해주었다. 6월에는 괴테의 작품, 서사시, 민담들을 독일어로 혼자 읽도록 시켰다. 그들은 함께 덴마크어 이야기들도 독파했다.[52]

그렇지만 맨체스터에서 경험한 일들 중 투시가 가장 생생하게 기억한 것은, 마르크스의 표현에 따르면 "이집트인의 구속"에서 탈출하던 날 엥겔스가 기뻐하던 모습이었다.[53] 1869년 7월 1일, 엥겔스는 사업에서 물러났다. 나중에 투시는 다음과 같이 썼다. "나는 아저씨가 마지막 출근을 위해 아침에 승마화를 신으면서 기분 좋게 외쳤던 '마지막이야!'라는 말을 절대로 잊을 수 없다. 몇 시간 후 우리는 집 앞에서 기다리다가 공터를 가로질러 오는 아저씨를 보았다, 그분은 허공에 지팡이를 흔들며 노래 부르고 있었고, 얼굴은 잔뜩 상기되어 있었다. 우리는 식탁을 차리고 샴페인을 마시며 축하했다. 모두 행복했다."[54] 엥겔스는 마르크스에게 "만세! 오늘로 사업은 끝났고, 나는 이제 자유인이야…… 오늘 아침 투시와 나는 내 첫 번째 해방의 날을 축하하기 위해 오랜 산책을 즐겼지"[55]라고 말했다.

엥겔스는 12,500파운드(오늘날 금액으로 2백만 달러 정도)를 받고 에르멘앤엥겔스 사를 떠났다.[56] 그는 어머니에게 자신이 새사람이 되었다고 말했다.

> 오늘 아침 저는 우울한 도시로 들어가는 대신 화창한 날씨를 즐기며 몇 시간 동안 산책을 했습니다. 안락하게 꾸며진 제 방에서 연기가 날아들어와 사방을 온통 새까맣게 만들어놓지 않을까 걱정할 필요도 없이 창문을 활짝 열어놓고 창턱 너머 집 앞의 꽃과 나무들을 보며 책상에서 일을 할 수도 있습니다. 맥주 집 안 마당밖에 보이지 않는 창고 안의 어두컴컴한 사무실과는 아주 다르지요.[57]

축하는 몇 주간 이어졌다. 직업을 가진 사람은 집안에서 엥겔스 혼자뿐이었지만, 다른 사람들도 모두 그의 일과에 맞춰 생활했기 때문에 사실상 이제 모두가 해방된 것이나 다름없었다. 그는 집안의 여성들—리지, 투시, 리지의 질녀 메리 엘렌, 그리고 그의 개 디도—을 데리고 약 10킬로미터를 걸어서 한 선술집에 갔다. 그곳에서 리지와 투시는 마음껏 맥주를 마셨고 돌아올 때는 기차를 탔다.[58] 또 어떤 날 밤은 밖에서 엥겔스가 회사 친구들과 축하파티를 벌이고 "곤드레만드레"가 되어 돌아오기도 했다고 투시는 묘사했다. 엥겔스의 은퇴가 몇 주 지난 후에도 그들은 여전히 들뜬 분위기 속에 있었다. 투시는 7월의 유난히 무더운 어느 날, 엥겔스가 "잡지 아가씨들Periodical ladies", "창조의 주인들Lords of the Creation"과 함께 지역사회 야유회를 떠난 동안, 그녀와 리지, 그리고 그들의 하녀 사라는 맥주와 포도주를 마시며 그날 오후와 저녁을 보냈다고 기록했다. 엥겔스가 집에 돌아왔을 때 "모두가 코르셋도 없이, 부츠도 없이 속옷 바람으로 마룻바닥에 큰대자로 뻗어 있는 것"을 발견했다. 다음 날 그들은 웨일스의 왕자 부처가 맨체스터를 지나는 것을 구경했다. 그전에 투시는 예니헨에게 "많은 아이들이 '웨일스의 왕자가 벨뷰 감옥에 갇혔다네 / 어떤 사람에게서 에일 맥주 한 파인트를 훔쳤기 때문이라네'라고 노래하면 얼마나 재미있을까!"[59]라고 말했다. 그해 여름 엘레아노르 마르크스가 받은 교육은 이런 것이었다.

하지만 교육은 맨체스터에서 끝난 것이 아니었다. 가을이 되자 엥겔스는 리지와 투시를 아일랜드로 데려갈 생각을 했다. 투시는 아일랜드에 관한 모든 것에 푹 빠져 있었다. 아일랜드 소설을 읽고, 노래를 불렀으며, 시를 암송할 수 있었다. 이제 그녀는 인적이 사라진 언덕들, 폐허가 된 마을들, 위로 연기가 피어오르는 것을 보고 간신히 그 안에 사람이 살고 있음을 알 수 있는 흙더미에 불과한 집들, 더블린, 킬라니Killarney, 코크Cork에서 외투도 없이 세차고 습한 바람을 맞으며 맨발로 다니는 땟국이 줄줄 흐르는 아이들을 보았다. 그리고 또한 빳빳한 제복에 긴 장화를 신고 무기를 든 채 마상에 앉아 거리를 누비는 군인들도 보았다. 엥겔스는 아일랜드를 "전시상황"이라고 말했다. "왕실 쪽 아일랜드인들이 검을 차거나 가끔 허리에 권총을 차기도 하고, 손에는 경찰 곤봉을 빼든 채 무리를 지어 거리를 누비고 있다. 더블린에서는 말이 끄는 이동식 대포가 마을 한가운데를 지나기도 한다. 영국에서는 보지 못한 광경들이다." 영국에 빌붙은 아일랜드의 지배계급들은 인민들을 두려워하고 있었다. 인민들은 비록 교육받지 못했고 조직화되지도 않았지만, 그들이 경멸하는 지주들을 수적으로 압도했다.

맨체스터로 돌아왔을 때, 엥겔스는 투시가 훨씬 더 아일랜드인다워졌다는 농담을 했다.[60] 실로 그 여행은 그녀에게 지울 수 없는 흔적을 남겨놓았다. 마치 이십사 년 전 마르크스가 엥겔스와 함께 맨체스터를 방문했을 때 그랬듯이. 투시는 원래 이런 비참한 이야기들을 들으며 자랐다. 그녀의 세상 속에서는, 정부는 압제를 행하는 존재였고 인민들은 권리를 박탈당할 수밖에 없었다. 그런데 사람들이 굶어 죽는 것을 직접 목격하고, 정부로부터 사람들을 살해할 권한을 부여받은 무장한 사람들의 가공할 힘을 대면하고 나자, 그녀는 변했다. 여전히 순진무구하고 명랑하기는 했지만, 정치적 대의에 대한 소녀의 막연한 헌신은 이제 더 구체적인 것으로 성숙했다. 그녀의 편지에는 더 깊은 사색이 배어들었다.

그녀의 말 속에는 장차 그녀가 될 여인의 모습이 어렴풋이 보였다. 가난한 사람들을 위해 생의 모든 것을 바치는 여인의 모습이었다. 마르크스는 딸들 중 예니헨이 자신과 가장 닮았다고 말한 적이 있었다. 그렇지만 엘레아노르야말로 바로 자기 자신이라는 선언으로 그 말을 맺었다.

투시가 아일랜드를 방문했을 때 경비가 삼엄하게 펼쳐졌던 이유는 영국 간수들이 아일랜드 정치범들을 학대한 것에 대해 분노가 들끓고 있었기 때문이었다. 사건은 1865년 언론에 대한 탄압으로 거슬러 올라간다. 그때 『아일랜드 인민*The Irish People*』의 직원들이 체포되었고, 그중에는 경영자인 제레미어 오도노반 로사도 포함되어 있었다. 검찰은 그 신문이 토지를 빈자들에게 재분배할 것과 가톨릭 성직자를 포함한 지배계급에 대한 암살을 부추겼다는 이유로 그들을 기소했다. 그 일로 서른 명이 체포되었는데,[61] 보통 육 개월 이하의 징역에 처해지는 사건임에도 불구하고 이십 년의 중노동형을 선고받았다.[62] 이듬해 더 많은 아일랜드인들이 소위 정치적 범죄로 체포되었고, 비슷한 형을 언도받았다.

1869년 10월 24일, 아일랜드 수감자들의 사면을 촉구하는 시위가 하이드파크에서 열렸다. 투시의 고집으로 마르크스, 예니, 그리고 예니헨이 그 집회에 참석했다.[63] 런던 중심가 근처에 있는 넓은 공원이 검은 상복을 입은 수만 명의 인파로 까맣게 물들었다. 그렇지만 하늘은 다채로운 색깔로 펄럭였다. "독재에 거역하는 것이 신에 대한 의무다", "화약을 말려두어라!"와 같은 문구들이 적힌, 손으로 만든 녹색, 흰색, 빨간색의 깃발들이 하이드파크의 한쪽 끝에서 반대쪽 끝까지 물결쳤고, 막대 위에 걸린 붉은 자코뱅 모자들이 머리 위에서 흔들거렸다. 공원은 발 디딜 틈도 없이 붐볐기 때문에 아이들은 나뭇가지에 올라 어른들이 아일랜드 민요와 〈라 마르세예즈〉를 부르며 왕권에 도전하는 시끌벅적한 광경을 구경했다.[64] 이런 집회의 규모를 축소하는 것으로 악명 높은 신문들은 그 행사를 7만 명 정도가 참가한 "초라한 실패"[65]였다고 보도했다. 마르크스는 그것을 대성공이라고 말했다.[66]

윌리엄 글래드스턴 수상은 긴장을 완화하기 위해 그 전달에 아일랜드인들을 달랠 조치들을 취했다. 그렇지만 단순히 정의만이 아닌 독립을 원하는 사람들에게 그의 제스처는 형편없이 부족한 것이었다.[67] 하이드파크 집회가 있은 후 한 달이 지나지 않았을 때, 아일랜드 유권자들은 오도노반 로사를 영국 하원의 티퍼레리 지역구 의원으로 선출함으로써 영국의 정치·사법 제도를 비웃었다.[68] 당시 그는 영국 감옥에 갇혀 있는 상태였다. 마르크스와 엥겔스는 그의 당선에 환호했다. 엥겔스는 그것이 페니언이 음모적 방법을 버리고 더 효과적이고 혁명적이며 합법적이기까지 한 방법—투표—으로 전향한 것이라고 평했다.[69] 예니헨은 쿠겔만에게 보낸 편지에서 "오도노반 로사의 당선 소식을 들었을 때 우리 모두 기뻐서 춤을 추었어요. 투시는 엄청나게 흥분했지요"라고 말했다. 그리고 당시 영국이 "공포의 도가니입니다. 런던의 이스트엔드에 기아열이 발생했어요"라고 덧붙였다.[70]

마르크스와 엥겔스는 노동자계급의 해방을 향한 길이 아일랜드에서 시작된다고 믿었다. "유럽의 사회발전을 가속화하기 위해서는 공식적인 영국의 파국을 밀어붙여야 한다. 그러기 위해서는 아일랜드에서 영국을 공격해야 한다. 그곳이 영국의 가장 약한 부분이다. 아일랜드를 잃으면 '대영제국'도 사라지는 것이고, 지금은 만성적 휴면 상태인 영국의 계급전쟁도 치열한 양상을 띠게 될 것이다." 세계에서 가장 산업화된 나라의 노동자들이 자유로워진다면, 나머지 유럽도 곧 뒤를 따르리라고 마르크스는 확신했다.[71]

마르크스와 엥겔스가 아일랜드에 관심을 기울이고 있는 동안, 다음 세대까지 노동자들에게 영향을 미치게 될 사건이 대륙에서 싹트고 있었다. 1789년 이후 유럽의 주요 반란의 기폭제 역할을 해왔던 나라가 다시 한 번 폭발하려 하고 있었다. 그 진앙지는 당연히 파리였다.

1870년 1월 10일, 나폴레옹 3세의 사촌인 피에르 나폴레옹 보나파르트 대공이 대중적인 공화주의 신문인 『라 마르세예즈』의 한 저널리스트를 총으로 쏴

죽인 사건이 발생했다. 그 기자는 대공에게 결투를 신청한 한 블랑키주의자의 입회인으로 보나파르트의 집에 갔었다. 하지만 빅토르 누아르를 맞힌 총탄은 점점 위세를 더해가는 프랑스 좌파의 심장을 겨냥한 것으로 받아들여졌다.[72] 일 년 전 5월 선거에서 야권이 45퍼센트의 지지를 획득했고, 서른 명의 '붉은' 후보들이 입법원Corps Législatif 의원으로 당선되었던 것이다. 그런 변화는 나폴레옹에게 자유주의적 개혁안을 받아들이도록 만들었고, 그것은 거의 이십 년이라는 믿기 어려울 정도로 긴 세월 동안 권좌를 지켜온 그의 옆에서 충실히 그를 보필해온 가장 열렬한 추종자들 사이에서 우려감을 불러일으켰다. 그들은 이제 노쇠한 군주가 좌파와 그 군대인 노동자들로부터 가해지는 새로운 위협에 제대로 대응할 수 있을지 회의하기 시작했다.[73]

나폴레옹은 튈르리 궁에서 조신들과 그의 호의에 기생하는 아첨꾼들로부터 "황제폐하 만세!"라는 소리를 들으며 안심했고, 황권에 자금을 지원하는 대가로 자신들의 제국을 건설하도록 허락받은 프랑스의 새로운 권력, 즉 자본가들의 지지도 누리고 있었다. 파리는 나폴레옹 3세의 치하에서 도입된 여러 가지 정책 덕분에 누구도 부정할 수 없을 정도로 성장했고, 프랑스도 눈에 띄게 부유해졌다. 그렇지만 그의 집권 전부터 내재하던 문제들은 온존하고 있었고, 어떤 경우는 오히려 그에 의해 더욱 악화되기도 했다. 황제의 측근들 바깥에서는 불만이 커지고 있었던 것이다.[74] 제2제정기 동안 임금은 30퍼센트가 오른 반면, 물가는 50퍼센트나 폭등했다.[75] 대담하고 조직화된 노동자들은 가족의 기초생활에도 모자라는 임금과, 남자들은 물론 여자와 어린아이들까지도 건강, 심지어 생명까지 해치는 장시간 노동에 항의하며 일터 밖으로 나왔다. 파업은 파리에 국한되지 않았다. 그렇지만 수도의 인구가 가장 많았기 때문에 파리는 다시 한 번 반란의 중심지가 되었다. 1869년 자발적인 항의가 도시 곳곳에서 발생하기 시작했다. 사람들이 모여들어 광장이나 대로를 막았다. 경찰이 개입해 체포했지만 다음 날이면 또다시 모여들어 항의시위를 벌였다.[76]

1월 12일, 빅토르 누아르의 장례식은 더 조직적이고 대규모화된 반정부 시위를 여는 계기가 되었다. 이십여만 명의 군중이 샹젤리제에 모여 누아르를 애도했다. 그것은 나폴레옹에 대한 도전이기도 했다.[77] 라파르그가 파리로 돌아오자마자 사귄 혁명가 루이즈 미셸은 "장례식에 참석한 거의 모든 사람들이 집에 돌아갈 때는 공화주의자가 되어 있었고, 또 일부는 아예 집에 돌아가지 않았다"고 기록했다. 정부도 말썽을 예상했다. 군중을 통제하기 위해 6만 명의 군인이 동원되었다.[78] 그러나 많은 사람들이 원했음에도 불구하고 반란은 일어나지 않았다. 냉철한 사고력을 가진 사람들이 반란은 곧 학살로 이어질 것임을 알았기 때문이다. 프랑스 급진주의자들의 새로운 세대는 1848년의 교훈을 잊지 않던 것이다.

라파르그가 누아르의 장례식에 참석했는지는 확실치 않다. 그는 개인적인 문제로 바빴다. 1월 1일에 라우라가 아기를 조산했던 것이다. 아기는 딸이었고 제니라고 이름 지었다. 렌헨은 아기에 대한 소식을 듣고 너무나도 걱정이 된 나머지 의료비로 쓰라며 돈을 부쳤다. 그렇지만 라파르그는 아기가 건강하다며 유모를 두는 것도 거절했다. 그는 만약 작은 제니가 우유(모유의 대안으로 추천되고 있었다)에 반응하지 않으면 런던 출신의 유모를 고용하겠다고 설명했다.[79]

라파르그가 가장으로서의 임무 때문에 그 순간 정치에 신경 쓸 수 없었던 것에 대해 마르크스는 안도했을지도 모른다. 한 해 전 여름 마르크스는 라파르그의 부친으로부터 아들이 학업을 포기하려는 것 같다는 놀라운 편지를 받고 며칠 후 몰래 파리에 잠입한 적이 있었다. 그때 폴은 자기가 시험을 치지 못한 것은 정치 때문이 아니라 라우라의 건강 때문이라고 말하며 가을에는 꼭 응시하겠다고 약속했었다.[80] 2월이 돼도 그는 시험을 치지 않았지만, 라우라의 건강에 대한 걱정을 여전히 핑계 삼을 수 있었다. 라파르그가 라우라 때문에 걱정했다는 것은 의심할 여지가 없다. 그렇지만 그가 마르크스에게 둘러댄 얘기들에도 불구하고, 정치가 그의 정부情婦가 되었다는 것 역시 의심할 여지가 없었다.

누아르의 장례식이 있고 나서 몇 주 뒤, 『라 마르세예즈』의 편집자인 앙리 드 로슈포르가 누아르 살해사건에 대한 기사에서 제국에 대한 봉기를 선동한 혐의로 체포되었다.[81] 로슈포르를 지키는 사람들 중에는 유명한 공화주의자인 귀스타브 플루랑스도 끼어 있었다. 플루랑스는 부당한 대우를 받는다고 여겨지는 사람들을 위해서 정열적으로 활동하는 사람이었기 때문에 ― 어떤 사람들은 그를 무모하다고 평했다 ― 그 체포에 대해 혁명을 선언하는 것으로 즉각 대응했다. 플루랑스가 로슈포르를 만나고 있던 중에 경찰이 그 편집자를 체포하려 하자, 그는 현장에 있던 경찰관들을 억류하고 예순 명가량의 즉석 시민군을 조직했다. 그들은 노동자계급의 주거지역이자 파리 급진주의자들의 온상인 벨빌로 행진했고, 그곳에서 정부의 무기를 탈취하고 반란을 조직할 계획이었다. 그렇지만 폭동은 참담한 실패로 막을 내렸다. 다음 날 아침까지 플루랑스의 무장 호소에 응한 사람은 단 한 명의 열성적인 청년뿐이었다.[82] 플루랑스는 한 달 이상 파리 시내에서 잠적해 있다가 결국 네덜란드를 거쳐 런던으로 도망쳤다. 런던에서 그는 인터내셔널에 가입하고 마르크스의 집을 찾았다[83](한편 배심원은 보나파르트의 누아르 살인죄에 대해 무죄평결을 내렸다).

로슈포르는 롱게와 친구 사이였다. 두 사람은 몇 년 전 한쪽 건물이 통째로 정치범을 위한 감옥으로 사용되고 있는 생트-펠라지Sainte-Pélagie 감옥에서 만났으며, 롱게도 역시 『라 마르세예즈』에 글을 썼다. 반면 라파르그는 다시 투옥된 그 편집자와 사적, 직업적으로 아무런 관계가 없었다. 그럼에도 불구하고 로슈포르가 갇힌 동안 신문을 맡으려 했다. 라파르그는 자신의 생각을 널리 펼치기 위해서 필요한 것은 오직 신문뿐이라고 믿었던 점에서 젊은 시절의 마르크스와 크게 다르지 않았다. 그렇지만 폴의 시도는 신문사 직원들에게는 우스워 보였을 것이다. 그는 저널리스트 경력도 없었기 때문이다. 그들은 그의 제안을 정중하게 접수하기는 했지만 대체로 그를 무시했다. 결국 라파르그는 『라 마르세예즈』에 기사 한 편 싣는 일조차 할 수 없었다.[84] 그렇지만 가족 중 다른 사람은 그런 면에서 더 운이 좋았다.

2월 말에 마르크스는 영국의 신문들은 영국 감옥에 갇힌 아일랜드의 정치범에 관해 공정하게 보도할 수 없다는 결론을 내리고, 브뤼셀의 젊은 인터내셔널 동료인 세자르 드페페에게 편지를 써서 그의 신문에 정치범에 대한 기사를 다뤄달라는 제안과 함께 그 요지를 보냈다.[85] 드페페는 마르크스의 편지를 2회에 걸쳐서 신문에 그대로 실었다.[86] 그 글에서 마르크스는 "부르주아적 자유의 나라"를 고문 혐의로 고발했다. 자신의 편지가 전재될 것을 예상치 못한 탓인지 보통 즐겨 사용하던 정교한 문학적 표현 대신 나열식 문체로 글을 작성했다. 그런데 그것이 더 효과적이었다. 그는 아일랜드 정치범들에 대해 행해진 가혹행위들을 상세히 기술했다. 의사이자 『아일랜드 인민』의 편집보조원인 데니스 다울링 멀케이는 "목에 쇠테를 두르고 돌덩이가 실린 수레를 끌고 있다", 『아일랜드 인민』의 소유주 오도노반 로사는 "등 뒤로 손이 묶인 채 삼십오 일간 암실에 갇혀 있다", 『아일랜드 인민』의 편집자 찰스 키크햄은 종양으로 오른팔을 쓸 수 없는데 왼손으로 돌과 벽돌을 깨는 작업을 강요당하며 6온스의 빵과 뜨거운 물로만 연명하고 있다, 육십 세 아니면 칠십 세의 노인인 올리어리(진짜 이름은 머피지만 성은 알려지지 않았다)는 자신이 무신론자라고 선언했고 강압 속에서도 종교를 거부하고 있다는 이유로 3주간 빵과 물만 배급받고 있다 등 학대의 예는 길게 이어졌고, 그중에는 고문으로 사망한 아일랜드인 수감자의 예도 있었다. 마르크스는 또한 죄수의 처우에 대한 조사가 있었지만 조사활동의 일환으로 교도소를 방문하겠다는 요청은 거부당했다고 지적했다.[87]

이런 지면상의 호소에 또 다른 마르크스가 가세했다. 예니헨은 『라 마르세예즈』가 아일랜드인 수감자들을 정치적 순교자로 보는 시선을 경계한 영국 신문들을 지지하자 격분했다. 그녀는 2월 27일 반박문을 썼고('J. 윌리엄스'라는 필명이었다) 그 글은 3월 1일 프랑스 신문에 게재되었다.[88] 그러자 『라 마르세예즈』로부터 더 많은 기사를 써달라는 요청이 들어왔다.[89] 이렇게 해서 주간에는 가정교사로, 야간에는 아일랜드 수감자들의 방어자로 활동하는 예니헨의 이중생활이 시작되었다. 그녀는 자신의 글이 신문에 실린다는 것뿐만 아니라 글로써 부정을 고발할 수 있다는 사실에 무척 흥분했다. 그녀의 삶은 여태까지 아버지의 글이 가져올 효과를 기대하는 것이었는데 이제 자기 자신의 힘을 시험해볼 기회를 잡은 것이다.

예니헨의 첫 번째 기고문은 "인도주의적인 영국의 감옥에서 이십 명의 페니언이 죽거나 미쳐버렸다"라는 말로 끝맺었다.[90] 다음 기고문은 더욱 대담했는데, 글래드스턴 수상이 정부의 범죄행위를 감추기 위해 거짓말을 하고 있다고 비난했으며, 오도노반 로사가 화장지에 연필로 써서 몰래 감옥 바깥으로 내보낸 편지를 증거로 사용했다.[91] (이제 마르크스의 집에 자주 들르고 있는 플루랑스가 그 편지를 프랑스어로 번역했으며 예니헨은 편지의 전문을 기사에 포함시켰다.)[92] 그 아일랜드인은 자신이 짐승처럼 네 발로 기면서 식사를 하고 목에 밧줄을 건 채 수레를 끌도록 강요받고 있다고 말했다. 그리고 구타와 굶주림 속에서 죽어가는 동료 수감자들의 상태에 대해 상세하게 설명했다. "나는 가해자들의 행위에 불평하는 것이 아니다. 고통받는 것에는 이골이 났다. 그렇지만 나는 내가 당하는 대우를 세상에 알릴 권리가 있다…… 내가 감옥에서 죽어야 한다면, 내 가족과 친구들이 그자들이 하는 말에 속아 넘어가지 않기를 바랄 뿐이다." 그 편지는 "중노동형을 받은 정치범, 오도노반 로사"로 서명되어 있었다.[93]

편지는 커다란 파장을 불러일으켰다. 마치 셰익스피어의 작품처럼 오도노반 로사가 무덤에서 일어나 살인자들을 고발하는 듯했다. 『라 마르세예즈』는 정치범에 대한 특별호를 제작했고, 예니헨의 기사는 들불처럼 브뤼셀, 베를린, 더블린, 그리고 미국까지 번져 나갔다. 며칠 안에 맨체스터부터 런던까지 『더 타임스』, 『데일리 텔레그래프』, 『스탠더드』지 등 영국의 신문들도 그 기사를 실었다.[94] 3월 16일에 영국의 내무장관은 런던의 『데일리 뉴스』에 오도노반 로사의 주장을 부인하는 기사를 실었다. 그렇지만 그에게 계구가 채워져 있음은 인정했다.[95] 그것은 'J. 윌리엄스'에게 『라 마르세예즈』에 기고할 또 다른 글의 소재를 제공할 뿐이었다. 이제 그 글은 마르크스와 예니헨이 같이 쓰고 있었다.[96]

마르크스는 딸의 성취에 뛸 듯이 기뻤다. 그녀의 기사는 의회가 아일랜드인 수감자들의 처우에 대한 전면적인 조사를 요구하도록 만들었고, 글래드스턴은 그 요구를 수용할 수밖에 없었다. 예니헨은 수감자들의 궁극적인 자유를 위해 노력할 뿐만 아니라 그동안 그들의 처우를 개선하기 위해 계속 기사를 쓰면서 언론이 그 문제에 지속적으로 관심을 갖도록 만들었다. 마르크스는 또한 딸의 활동으로 인해 자유주의적 정부가 반동적 체제보다 기본권에 더 관심이 많을 것이라는 환상이 깨졌다고 믿었다.[97] 그는 이 기간 동안 상대방이 관심이 있건 없건 모든 편지에서 예니헨의 기사를 언급했다. 엥겔스도 기분이 좋았다. "예니(헨)는 '모든 전선에서 승리를!'이라고 외쳐도 돼." 그는 마르크스에게 썼다. "예니헨이 아니었다면, 그 고상한 글래드스턴이 재조사를 허락했을 리가 없지."[98]

그해 봄 예니헨의 세상은 찬란하게 확장되었다 그녀의 기사가 익명으로 게재되었지만, 그녀 아버지의 서클에서는 그녀가 필자라는 사실을 모두 알고 있었다(그렇지만 오도노반 로사의 부인 메리는 J. 윌리엄스가 남자라고 생각했다. 그녀는 J가 Jenny를 의미한다는 것을 알기 전까지는 우호적인 태도를 보였다. 그러나 그 후로는 질투가 감사보다 강한 감정이라는 것을 증명했다).[99] 예니헨은 마르크스의 딸로서가 아니라 작가 예니 마르크스로서 초청을 받게 되었다. 한 이탈리아 상인의 부인이 3월 말 런던에서 그녀를 영국 귀족들로 가득한 야회에 초대했다. 예니헨은 그곳에서 셰익스피어를 낭송했는데, 편견에 가득 찬 그녀의 아버지에 따르면 "엄청난 성공"을 거두었다고 한다. 그녀는 다시 한 번 무대로 눈을 돌리며 다시 노래 수업을 받기도 했다.[100]

예니헨은 플루랑스에게 관심을 가지게 되었다. 넓은 어깨와 금발, 맑고 푸른 눈과 턱수염을 지닌 서른두 살의 그는 여러 면에서 1848년의 사나이들을 연상시켰다. 지배계급에서 이탈해 나온 열정적인 낭만주의자였던 것이다. 또한 프랑스 귀족 집안 출신이자 파리 과학학술원 회원인 그는 과학 훈련을 받아서 민족학에 관한 책을 쓰기도 했지만, 더 큰 모험을 찾아 자유로운 군인이 되었고, 어떤 나라, 어떤 대의든 가치가 있다고 믿는 일에 자신의 특출한 재능을 바쳤다. 마르크스의 응접실에서는 신사적이고 예의바른 사람이었지만, 육체적으로 강인한 인상을 풍겼고, 또한 재미있기도 했다.[101] 마르크스 가의 여인들은 점차 그에게 빨려들어 갔다. 특히 예니헨은 완전히 얼이 나갔다. 그녀는 플루랑스를 "학자와 실천가의 가장 이상적인 조합"[102]이라고 평했다. 두 사람은 아일랜드 죄수들을 위해 같이 일했고, 프랑스에도 관심을 떼지 않고 있었다. 프랑스에서는 권위를 회복하려는 나폴레옹의 시도가 점점 역효과만 내고 있는 상황이었다.

1870년 5월 8일, 프랑스에서는 국민투표가 실시될 예정이었다. 의회를 거치지 않고 국민과 직접 상대해 법률을 개정할 수 있도록 나폴레옹에게 권한을 부여하는 헌법개정안에 대한 찬반투표였다. 나폴레옹 입장에서는 국민투표의 문구가 기가 막히게 유리하게 씌어졌다. 표현이 워낙 애매해서 어떤 결과가 나오건 그는 승리를 주장할 수 있었다. 그렇지만 나폴레옹이 그렇게 절묘한 수라고 생각했던 것이 비판자들에게는 국민의 지지를 얻기 위해 속임수에 의지할 수밖에 없을 정도로 기울어버린 권력자의 절망적 몸부림으로 비춰졌다.[103] 인터내셔널은 4월 말 모임에서 황제의 술책을 폭로하고 투표자들에게 엉터리 국민투표에 참여하지 말 것을 촉구했다. 그에 대한 정부의 대응은 파리, 리옹, 루앙, 마르세유, 브레스트의 인터내셔널 사무실을 습격하는 것이었다.[104] 그들은 인터내셔널이 불법이고 비밀조직이며 조직원들이 나폴레옹을 암살할 계획을 모의했다고 주장했다. 사실 그런 계획에 대한 소문이 떠돌기는 했지만 인터내셔널과는 무관했다. 경찰이 반체제 세력에 대한 탄압을 정당화하기 위해 거짓된 황제 시해 음모를 꾸며냈던 것이다.[105]

이렇게 사태가 급박하게 전개되고 있는데, 평상시 마르크스에게 프랑스의 정황에 대해 정기적으로 보고하던 라파르그와 라우라가 침묵했다. 그리고 2월 말 라파르그가 건강하다고 주장했던 딸 제니가 죽었다.[106] 라우라는 너무나 슬픈 나머지 편지 쓸 생각도 하지 못했다고 말했다.[107] 무슨 일이 있었던 것인지 알게 된 마르크스는 그들을 위로하고 싶었다. 그렇지만 그 상황에서 자신의 말이 별 도움이 되지 않으리라는 것을 잘 알고 있었다. "나도 그런 슬픔을 겪어봤기 때문에 네가 어떤 심정인지 잘 안다. 위로랍시고 하는 진부한 말들이 그런 상황에서는 도움이 되기보다 오히려 슬픔을 더욱 부채질할 뿐이라는 사실도 나 역시 경험해봐서 잘 알고 있다."[108]

라우라의 슬픔은 가족들이 예니헨의 성공을 축하하던 때와 시기가 겹친다. 그리고 예니헨의 기사가 폴에게는 기회를 주기를 거절했던 바로 그 신문에 실렸기 때문에 라파르그 가족의 고통이 더욱 컸을 것임에 틀림없다. 그러나 라파르그는 아무런 내색도 없이, 그와 마르크스가 공상적 민주주의자이자 명성에 목마른 부르주아로 여기게 된 빅토르 위고를 공격하는 일련의 기사들을 작성하는 작업을 개시했다.[109] 이맘때쯤 마르크스는 라파르그가 의학 공부를 마칠 의향이 없으며 그것이 라우라의 건강과 아무런 관계가 없다는 사실을 깨달았다. 그는 편지로 사위를 부드럽게 책망했으며, 폴이 자기 아버지를 설득할 수 있다고 주장하는 말도 곧이곧대로 믿으려 하지 않았다.[110] 라파르그는 그런 식의 편지 교환이 별로 득이 될 것이 없다고 생각했는지 한 발 물러서서, 마르크스가 그 사실을 자기 아버지에게 알리는 것이 좋을 것 같다고 제안했다.[111]

라파르그가 학업을 포기한 것을 모데나 빌라스에서 달갑게 여겼을 리는 없다. 예니와 마르크스가 결혼 승락을 한 가장 큰 이유는 라파르그가 훌륭한 직업을 갖고 경제적으로 자립할 수 있을 것이라는 기대 때문이었다. 그런데 이제 그가 그런 전망을 내던져버리고, 별로 재능을 보여주지 못한 정치인과 작가의 길을 걷겠다고 나선 것이다. 라우라 역시 그런 상황에 마음이 무거웠을 것이다. 그녀는 훌륭한 혁명사상가의 부인이 된다는 것이 무엇을 의미하는지 잘 알고 있었다. 어머니의 고통을 통해 줄곧 봐왔던 것이다. 그리고 의도는 좋지만 별로 밝지는 못할 미래에 대한 공포에 사로잡히지 않을 수 없었을 것이다. 예니헨에게 보낸 편지에서 그녀는 자신이 "새로운 감옥에 갇혀버렸다"[112]고 고백했다.

예니헨은 5월 1일 스물여섯 번째 생일을 맞아 자기 생의 가장 성공적이고 화려한 한 해를 파티로 마무리했다. 초대된 사람들 중에는 플루랑스도 있었다. 그는 마르크스 가의 여인들의 마음을 손쉽게 사로잡았을 뿐만 아니라 이제 가장의 신뢰도 얻고 있었다. "성급하고 공상에 사로잡힌 혁명가지만, 그럼에도 불구하고 아주 유쾌한 친구야. '괜히 심각한' 작자들과는 다르지"라고 마르크스는 엥겔스에게 말했다. 플루랑스의 가장 두드러진 성격은 대담함이었지만, 그는 또한 훌륭한 교육을 받았고, 파리 대학에서 강의도 할 정도로 지적이었으며, 세계 구석구석을 여행하기도 했다. 마르크스는 플루랑스에게 인터내셔널의 중앙 협의회에 참여하라고 제안하고, 그가 런던에 좀 더 머물렀으면 좋겠다고 말했다.[113] 아마 정치뿐만 아니라 예니헨에 대한 고려 때문이었을 것이다.

플루랑스는 예니헨의 생일파티 석상에서 자신이 소위 나폴레옹에 대한 음모로 고발되었다는 소식을 접했다. 프랑스 정부가 그의 송환을 요청할지도 모른다는 두려움 때문에 파티 분위기가 싸늘하게 식어버렸다. 예니헨은 비록 그의 죄를 입증할 증거가 아무것도 없지만 "우리는 그를 즉시 체포할 구실이 무수히 많다는 사실을 알고 있었다"라고 썼다. 이 말은 1848년 마르크스가 노동자들을 무장시키기 위해 무기를 사들였을 때 벨기에 정부가 그를 체포하지 않을까 두려움에 떨었던 그녀의 어머니를 떠올리게 만든다. 예니헨은 플루랑스가 "인민을 폭탄으로 무장시키기 위해 파리로 돈을 보낸 것은 사실이지만…… 그것이 황제 암살에 연루되었다는 것을 의미하지는 않는다"고 적었다. 생일파티는 잊은 채, 예니헨과 플루랑스, 그리고 그 외 파티에 참석했던 사람들은 마르크스의 집을 떠나 바람 부는 히스로 나가서 산책을 하며 사태 전개에 대해 의견을 교환했다.[114]

고발 소식이 전해지자 영국의 인터내셔널 내부에서는 플루랑스가 구금될 것이고, 다음 모임 때 인터내셔널의 회원들도 체포될 것이라는 소문이 돌기 시작했다. 마르크스는 외국에서의 범법행위로 수배된 외국인에 관한 판례들을 살펴본 후, 일반적인 상황에서 플루랑스는 영국의 사법 당국을 두려워할 필요가 없다는 결론을 내렸다. 그렇지만 정세는 일반적인 상황과는 거리가 멀었다. 그리고 영국 정부는 아일랜드인 죄수들에 대한 처우 문제로 자신들을 괴롭혔던 프랑스의 반체제 언론들에 대해 여전히 반감을 품고 있었다. 그렇기 때문에 공화주의자 악당 하나를 프랑스로 송환시켜 심판대에 오르도록 하고 싶은 유혹을 느꼈을 수도 있었다. 소문이 워낙 무성했기 때문에 언론들은 경찰이 인터내셔널 회의를 습격하는 것을 취재하기 위해 몰려들었다. 하지만 그들에게는 실망스럽게도 경찰의 습격은 없었다.[115]

도전 앞에서 움츠러드는 것은 플루랑스의 성격과 맞지 않았다. 그래서 그는 공식적으로 음모 용의자로 지목된 날로부터 사흘 후에 파리로 돌아가서 반체제 지하조직 속으로 잠적했다.[116] 때맞춰 예니헨은 아일랜드에 기울이던 열정을 즉시 포기해버렸다. 그녀의 어머니는 그 순간부터 예니헨이 "완전히 프랑스인"[117]이 되어버렸다고 말했다.

운동에 젊은 피(마르크스의 딸들을 포함해)가 유입되기 시작하면서 마르크스와 엥겔스는 서로를 당의 원로로서 대하게 되었다. 마르크스는 검은 수염이 하얗게 변했기 때문에 스스로 '악마Old Nick'라고 칭하기 시작했다. 그들 세대는 사멸해가고 있었고, 고인이 된 동지들의 명단은 길어져만 갔다―베르트, 바이데마이어, 라살레, 루푸스 등등. 가장 최근에는 공산주의자동맹 시절에 혁명의 시기를 두고 마르크스와 갈라섰던 샤퍼가 세상을 떠났다(샤퍼는 혁명이 임박했다고 믿었고 마르크스는 그렇지 않았다). 마르크스가 그의 병상을 방문했을 때 두 사람은 서로 알고 지낸 많은 사람들의 기억을 떠올리고, 그들이 같이 모면했던 아슬아슬한 상황들을 회상했다. 그렇지만 마지막 위기는 빠져나올 수 없었다. 샤퍼는 아내의 마음을 어지럽히지 않기 위해 마르크스에게 프랑스어로 얘기했다. "나는 곧 눈을 감을 겁니다." 그는 다음 날 세상을 떠났다.[118]

마르크스와 엥겔스는 1844년 이후 가장 친한 친구 사이였다. 그렇지만 1850년 이래로 그들의 교제는 주로 서신 교환에 의한 것이었다. 그런데 1870년 엥겔스가 런던으로 다시 이사하겠다고 발표했다.[119] 그 뉴스에 기뻐한 이는 마르크스만이 아니었다. 그동안 예니는 엥겔스가 그렇게 멀리 살고 있다는 사실이 얼마나 안타까운지 모르겠다는 얘기를 종종 했었다. 그녀 혼자 마르크스를 제어하기가 너무 벅찼던 것이다. 또한 '엥겔스 부인'에 대해서도 전향적인 태도를 가지게 된 것 같았다. 엥겔스에게 보낸 편지에서 단 한 번도 메리 번스에 대해 언급한 적이 없지만(적어도 현재 발견된 것만으로는 그렇다) 리지에 대해서는 다른 태도를 취했던 것으로 보인다. 7월에 예니는 모데나 빌라스에서 십 분 거리인 리젠트 파크 가 122번지에서 그들에게 적당한 집을 발견했다고 알렸다. 그리고 "우리가 그녀와 함께하게 돼서 기뻐한다는 것을 알고 있겠지요"[120]라고 덧붙였다.

35

1870년 가을
파리

역사는 무수히 많은 개별적 의지들의
충돌을 통해 불가피하게 궁극적 결과를
산출해내는 방식으로 만들어진다……
각 개인이 원하는 것은 다른 개인에
의해 방해되고 그 결과물은 아무도 원치
않았던 그 어떤 것이 되기 때문이다.

—프리드리히 엥겔스[1]

　프랑스와 프로이센 간의 긴장은 1815년부터 꾸준히 고조되었고, 1860년대에 이르러 양자가 유럽에서 새로운 전쟁이 발발할 경우를 대비해 각각의 동맹을 추진하면서 더욱 가속화되었다. 1870년 7월, 양국 군대가 조우했을 때 전쟁 이외에는 다른 해결책이 없는 것으로 보였다. 나폴레옹 3세는 병들었고, 국내에서 지지 기반도 약해졌기 때문에 위대한 군사적 승리로 자신의 힘을 입증해 보일 필요가 있었으며, 비스마르크는 프로이센을 대륙의 강자로 부상시킴과 동시에 베를린을 중심으로 독일을 통일한다는 장기적인 목표를 가지고 있었다.

　그러나 두 나라를 전쟁으로 이끈 분쟁은 의외로 스페인에서 시작되었다. 1868년 이사벨라 2세 여왕의 정부가 군대에 의해 전복되고, 여왕은 프랑스로 도피해, 스페인에 왕권 공백상태가 발생했다. 마드리드의 친親프로이센적인 군사령관은 비스마르크에게 서찰을 보내 빌헬름 왕의 호엔촐레른 혈통을 지닌 사람을 왕으로 옹립하고 싶다는 뜻을 밝혔다. 양쪽으로 프로이센의 힘에 샌드위치 신세가 될 가능성에 경악한 프랑스는 즉각 전쟁을 선포했다.

나폴레옹으로서는 도박이었다. 투표에서조차 기댈 수 없는 국민들에게 싸울 것을 요구해야 했기 때문이다. 하지만 이번 경우 그의 도박은 보기 좋게 성공했다. 프랑스인들은 황제 휘하에 결집했다. 가스등이 켜진 파리의 대로상에는 "여드레 안에 베를린으로 가자!"고 외치고 〈라 마르세예즈〉를 합창하는 군중으로 가득했다.[2] 나폴레옹의 궁정에서도 환희가 느껴졌다. 십여 년간 상대적인 평화로 따분해진 궁전에서 대신들은 전쟁을 혈액순환을 촉진할 흥분제 정도로 여겼다.[3] 그리고 예순두 살의 늙은 황제에게는 정말로 그랬다. 군 통수권을 쥔 나폴레옹은 선포했다. "프랑스인들이여! 사람들의 삶에는 엄숙한 순간들이 있다. 국가의 명예가 격렬한 흥분과 거부할 수 없는 힘으로 다가와 모든 이해관계를 지배하고 조국의 운명을 결정짓게 되는 때다. 이런 결정적인 순간이 지금 막 프랑스에 닥쳤다." 이 말과 함께 나폴레옹 3세는 생 클루의 궁전으로 떠나 대규모 수행단(거의 이동하는 마을 수준이었다)에 둘러싸인 채 프로이센과의 전쟁을 위해 동쪽으로 출발했다.[4]

마르크스 집안은 그런 사태 전개에 어리둥절한 분위기였다. "프랑스 국민들이 제국의 파괴를 위해 싸우기보다 그 번영을 위해 스스로를 희생하고, 보나파르트를 목매달기보다 그의 기치 아래 뭉치는 사태는 이해하기 쉽지 않았습니다." 예니헨은 쿠겔만에게 썼다. "파리에서의 혁명이 기정사실로 보였던 몇 달 전만 해도 누가 이런 일을 꿈인들 꿀 수 있었겠습니까?"[5]

전쟁이 발발하자 프랑스의 반체제 진영은 혼란에 빠졌다. 분파들이 너무 많았고 추구하는 바가 사뭇 달랐다. 설상가상으로 그 단체들은 대의를 위해 모든 것을 희생하겠다고 떠벌렸지만, 결국 나폴레옹이 무너졌을 때 새로운 공화국을 이끌고 싶은 자신의 야심만 채우려는 자들을 지도자로 모시고 있었다. 좌파도 자유주의자들부터 인터내셔널까지 정부의 탄압으로 크게 위축되어 있었다. 그해 여름 나폴레옹 암살 시도로 기소된 사람들에 대한 재판이 열렸던 것이다. 날조된 사건으로 기소된 칠십두 명의 피고인들 중 대부분이 오 년에서 이십 년까지의 징역형과 추방형을 선고받았다. 플루랑스도 그중에 끼어 있었다.[6]

런던에서 마르크스는 대륙 노동운동의 관점에서 프랑스-프로이센 전쟁을 살펴보고 프로이센의 승리가 유리할 것이라는 결론을 내렸다. 독일에는 라살레주의자들의 독일노동자총연맹과 사회민주주의노동자당이라는 양대 노동자 정치세력이 있었다. 후자는 아우구스트 베벨과 마르크스의 친구인 빌헬름 리프크네히트가 지도자로 15만 명의 회원을 대표했으며 인터내셔널의 강령을 그대로 수용하고 있었다.[7] 마르크스는 "독일 노동자들이 이론적으로나 조직적으로나 프랑스 쪽보다 우월하다는 것은 1866년부터 오늘날까지 두 나라를 비교해보는 것만으로도 알 수 있다"[8]고 말했다. 그렇지만 이것은 단순히 정치적 평가만은 아니었다. 마르크스는 프로이센의 승리가 여전히 프루동주의가 판치는 프랑스에 자신의 사회주의가 주도권을 잡는 계기가 되리라고 기대했다.

한편 그가 개인적으로 어떤 결과를 선호하는 것과는 관계없이 마르크스와 인터내셔널은 조직원들에게 전쟁의 어떤 편에도 서지 말라고 지시했다. 노동자들은 왕들의 전쟁에서는 싸우지 않는다는 것이 인터내셔널의 기본 신조였다. 프랑스 노동자들이 먼저 평화의 손을 내밀었다. 전쟁이 불가피해 보이자 그들은 7월 12일 공화주의 주간지 『부흥Le Réveil』에 "주도권이나 왕조와 관련된 전쟁은 노동자들의 눈에는 범죄적 부조리 이상이 아니며…… 독일의 형제들이여! 우리의 분열은 라인 강 양안兩岸에서 전제주의의 완전한 승리만 가져올 것이니…… 국경이라는 것을 알지 못하는 국제노동자협회(인터내셔널)의 회원인 우리는 그대들에게 변함없는 연대의 맹세로서 프랑스 노동자들의 선의와 경의를 보내는 바이다"[9]라는 글을 실었다. 독일 노동자들은 즉시 세 가지 인쇄물로 화답했다―하나는 독일 신문이었고 둘은 프랑스 반체제 신문이었다. 베를린 인터내셔널은 "진군 나팔소리나 포성도, 승리나 패배도 모든 나라 노동자들의 단결을 향한 공동 작업에서 우리를 떼어놓지 못할 것이라는 것을 엄숙히 밝힌다"[10]라고 선언했다.

전투가 시작되자, 마르크스는 런던의 인터내셔널을 대표해 「프랑스-프로이센 전쟁에 대한 첫 번째 연설」을 썼다. 그는 "모든 나라의 노동자계급이 단결하면 궁극적으로 전쟁을 종식시킬 수 있다"[11]고 선언했다. 인터내셔널에 의해 전단지로 인쇄된 그 글은 영국 언론에 다시 게재되었고, 그 평화주의적 입장으로 인해 영국의 철학자들과 경제학자 존 스튜어트 밀 등으로부터 갈채를 받았다. 그리고 런던 소재의 퀘이커 평화주의자들 모임은 전단지를 더 광범히 배포할 수 있도록 기부금을 내기도 했다. 그 기금으로 프랑스와 독일에서 3만 부를 더 찍어 배포했으며,[12] 그래서 그 반전 선언문은 그때까지 마르크스의 글 중 가장 널리 배포된 문서가 되었다.

한편 엥겔스는 편안하게 책상에 앉아 철저히 분석가적 관점에서 전쟁을 즐기고 있었다. 그는 런던에 널리 보급된 『팔 말 가제트*Pall Mall Gazette*』에 전쟁의 전개에 관한 연재기사를 쓰고 있었다. 원래는 일주일에 두 편의 글을 쓰기로 계약했었다. 그렇지만 그의 「전쟁에 관한 논평」이 식견이 높고 예측 또한 정확했기 때문에, 편집자는 엥겔스에게 원하는 만큼 많은 글을 써서 보내달라고 부탁했다. 엥겔스는 총 59편의 글을 쓰게 되며, 처음 세 편까지는 'Z'를 필명으로 쓰다가 그 후로는 무기명으로 내보냈다.[13] 그는 (약간 우쭐한 기분도 내비치며) 자기 기사가 영국의 다른 모든 신문들에 의해 표절되고 있다고 항의했다.[14]

엥겔스는 정서적으로나 경험상으로나 일개 포병이었지만 『팔 말 가제트』에서 성공을 거두자, 예니는 그를 여러 단계 진급시켜 장군이라고 불렀다. 그때부터 마르크스 가족과 주변의 지인들은 모두 엥겔스를 그렇게 부르게 되었다.[15]

프랑스군은 8월 2일 파리 동쪽의 독일 접경지대인 자르브뤼켄*Saarbrücken*에서 벌어진 소규모 접전에서 최초의 피를 흘렸다. 이틀 뒤 비상부르*Wissembourg*(독일어로 바이센부르크*Weissenburg*)의 알자스 마을에서 참패하고 최고의 장군 중 한 명을 잃게 되었다.[16] 그렇지만 어이없게도 파리에는 프랑스군이 연전연승하고 있으며 프로이센의 왕자를 포로로 잡았다는 거짓 보고를 올렸다. 많은 투자자

들이 꾸며낸 그 말을 믿고 투자해 증시는 4퍼센트나 폭등했다. 그렇지만 8월 9일
이 되자 프랑스군은 엿새 동안 세 번이나 패했고, 프랑스 국민들은 황제의 몰락
이후 닥쳐올 조국의 정치적 미래에 대해 심각하게 고민하게 되었다.[17]

마르크스는 반체제 진영이 그 순간을 혁명을 선언할 절호의 기회로 여길까
봐 두려웠다. 상황이 좋을 때도 그런 시도는 위험한 법인데, 통일된 조직도 없는
데다 전쟁 상황에서는 재앙을 불러올 수 있었다.[18] 실제로 8월 9일 콩코르드 광
장에는 공화국이 선포되기를 기대하며 사람들이 모여들었다. 그렇지만 좌파 간
의 불일치 때문에 그런 일은 일어나지 않았다. 사람들은 파리가 프로이센 군대
에게 짓밟힐 것이며 자신들을 지켜줄 정부는 없을 것이라고 생각하며 뿔뿔이
흩어졌다.[19]

8월 11일 수도에 비상사태가 선포되었다. 프로이센군이 프랑스 땅으로 진격
해오고 있었다.[20] 라우라와 라파르그는 6월에 파리 외곽마을인 르발로아-페레
Levallois-Perret 로 이사했었다. 그런데 이사 간 후 몇 주 되지 않아 떠나라는 말을
들었다. 집 근처에 군부대가 있는데 방어력 증강을 위해 확장하면서 그곳을 철
거할 예정이었기 때문이다. 그들은 런던에 있는 가족들에게 곧 전쟁과는 멀리 떨
어져 있는 보르도에 가서 폴의 부친과 합류할 것이라고 약속했다. 그렇지만 8월
말이 돼도 이사하지 않았다. 라파르그는 사실 파리로 되돌아갈 것을 고려하고
있었다.[21] 파리를 자주 드나들었기 때문에 혼란스러운 상황을 잘 알고 있었지
만, 가능한 한 오래 라우라와 슈냅스를 그곳에 붙잡아두려 했다. 마르크스는 엥
겔스에게 보낸 편지에서 "그 바보 자식이 뭉그적거리며 보르도 행을 미루는 것
은 도저히 용서할 수 없어"[22]라며 라파르그의 우유부단함에 분통을 터뜨렸다.
그러나 9월 2일 결국 그들은 르발로아를 떠나 파리와 전선에서 멀리 떨어진 남
쪽으로 향하는 피난민 대열에 합류했다. 그때까지 그들은 도망칠 수 있을 때 떠
난 것이 얼마나 다행스러운 일이었는지 알지 못했다. 같은 날 프랑스군은 패배
했다. 십만 명 이상의 프랑스군이 포로가 되었으며 황제도 그들 중에 있었다. 나
폴레옹은 항복했다.[23]

그 소식은 9월 3일 자정이 되어서야 파리에 전해졌다. 소문이 번지면서 사람들은 거리로 뛰쳐나와 공포와 절망으로 절규했다.[24] 일요일인 다음 날 정치지도자들이 모여 공식적으로 나폴레옹 3세의 통치를 마감하고, 프로이센에 대한 전쟁을 계속하며, 국가 방위를 위한 임시정부의 수립을 선포할지에 관해 논의했다. 군대가 그런 조치를 지지할지가 관건이었다. 그 대답은 즉각적으로 그리고 지극히 인상적인 방법으로 제출되었다. 무장한 국민방위군과 기동수비대가 의회가 열린 곳에서 가까운 콩코르드 다리 근처의 센 강 왼편에서 부르봉 궁으로 대오를 맞춰 행진한 것이다. 군대가 건물 근처에 도착했을 때, 개머리판이 하늘로 향하고 일부 군인은 나뭇가지를 총에 꽂아놓기도 한 것이 목격되었다. 새로운 정부를 반대하지 않는다는 뜻이었다. 1848년의 함성이 다시 메아리치는 순간이었다. 의회에서 어떤 사람이 "시청으로 가자!"라고 외쳤다.[25] 군중은 시청으로 몰려갔다. 그곳에서 노련한 선동가 레옹 강베타가 커다란 창문 위에 올라가서 프랑스공화국을 선포했다. 그 아래 운집한 30만 명의 시민들이 열렬한 환호로 찬동을 표했다. 다음 목적지는 튈르리에 있는 나폴레옹의 기지였다. 6만여 명의 시민이 궁으로 행진해 제국기를 내렸다.[26] 유제니Eugénie 황비는 이미 탈출해 요트를 타고 영국으로 향하는 중이었다.[27] 파리에 거주하는 수만 명의 독일인들도 이미 도망쳤거나 탈출할 준비를 하고 있었다. 파리 북역은 적성분자로 몰리기 전에 기차를 타고 떠나려는 사람들로 발 디딜 틈이 없었다.[28]

그런 두려움이 근거 없지는 않았지만 사실 파리에서는 어떤 폭력사태도 일어나지 않았다. 도시 안에는 30만 명의 프랑스 군인이 있었지만, 카페에 있거나 여성들의 관심을 끌기에 바빴다. 제복을 입은 사람들은 총을 겨누는 대신, 거리를 활보하며 와인을 마시고 담배를 피웠다.[29] 프랑스 주재 미국 대사 E. B. 위시번은 "안식일Sabbath day의 단 몇 시간 동안 왕국이 몰락하고 공화국이 선포되는 것을 목격했다. 그 모든 일은 단 한 방울의 피도 흘리지 않고 일어났다"고 말했다.[30]

일요일에도 『프랑스제국 관보』는 정상적으로 발간되었다. 월요일에는 제호가 『프랑스공화국 관보』로 바뀌었다.[31] 그것이 아마 질서정연한 이행의 마지막 순간이었을 것이다. 정적이 있었다. 그리고 폭풍이 몰려왔다.

마르크스는 9월 5일 새벽 4시에 롱게로부터 전보를 받고 프랑스공화국에 대해 알게 되었다. "공화국이 선포되었음. 독일에서의 공화국 운동에 대해 조언 바람."[32] 마르크스는 그렇게 했다. 그리고 영국의 인터내셔널 조직원들을 동원해 영국 정부에게 공화국을 승인할 것을 압박했다. 9월 6일 런던에 머물던 프랑스인 인터내셔널 조직원들이 속속 파리로 길을 떠났다. 새로 수립된 국가방위 임시정부에 침투해 자기편 사람들을 지도부로 추대하기 위해서였다. 마르크스는 그런 행동은 어리석은 짓이라고 말했다. 그리고 라파르그가 보르도에 있다는 소식에 한시름 놓았다. 만약 파리에 있었다면 그는 틀림없이 현장의 한복판에 있었을 것이기 때문이다.[33] 라파르그는 사실 파리로 돌아가고 싶어 죽을 지경이었다. 친구들 모두 그곳에 있었고 그도 간절히 실천에 몸을 던지고 싶었기 때문이다. 그렇지만 두 가지 사정이 발목을 잡았다. 라우라가 임신 중이었기 때문에 혼자 둘 수 없다는 것이 그 하나였고, 그의 아버지가 아들이 의사로서의 삶을 버리고 급진주의적 정치와 저널리즘의 길을 걷겠다고 결심한 데 대해 불같이 화를 낸 것이 다른 하나였다. 라우라는 예니헨에게 자기들이 극히 곤란한 처지에 놓였다고 말했다. "폴은 인터내셔널 활동을 포함한 모든 행동에 대해 아버지로부터 사사건건 꾸중을 듣고 있는데, 또 파리의 친구들은 파리에 없다는 이유로 그를 탓하고 있을 게 틀림없어." 폴은 보르도에서 『국가 방위*La Défense Nationale*』라는 신문을 만들려고 했지만 뜻대로 되지 않았다. "나는 그 사람이 그런 일을 하는 데 무척 화가 났어." 라우라가 말했다. "그런 사업으로는 아버지의 화를 돋우는 것 말고는 아무것도 기대할 게 없어." 그러면서도 이렇게 덧붙였다. "언니도 알다시피 그 사람이 이런 시기에 팔짱 끼고 구경만 하고 있을 수는 없잖아."[34]

나폴레옹은 항복했지만, 그의 신하들은 그렇지 않았다. 1870년 9월 19일, 프랑스공화국군과 프로이센군 간의 첫 번째 전투가 파리의 성벽에서 치러졌다. 프랑스 입장에서는 참담한 전투였다. 프랑스 군대는 후퇴해 도시 안으로 도망쳤다. 그리고 스스로 운명을 재촉할 이유가 없었기 때문에 재빨리 성문을 닫아걸어버렸다. 프로이센 군인들이 지휘자로부터 돌격명령을 받았다면 쉽게 돌파될 수도 있었던 진입로를 봉쇄해버린 것이다.

파리에는 수도가 외국군에게 포위당해 고립되었다는 현실인식에서 비롯된 기묘한 정적이 흘렀다. 성벽 안에는 2백만 명의 시민과 수천 명의 군인이 있었지만 그들이 느낀 것은 고립감이었다. "위락용 마차는 모두 자취를 감추었다. 거리도 더 이상 물이 뿌려지거나 청소되지 않았다. 최근에 비가 오기 전까지는 샹젤리제에 먼지가 너무 심해서 바로 앞에 있는 막대기도 보이지 않을 정도였다." 워시번 대사는 계속해서 적었다. "도시는 거대한 병영…… 어디든 군인들이 보였고 무기와 제복의 종류도 각양각색이었으며…… 튈르리 궁의 정원은 대포로 가득 찼다."[35] 워시번은 농성이 오래갈 것으로 생각하는 사람은 아무도 없었다고 덧붙였다. "누군가 포위된 도시의 성문이 2월 말일까지도 열릴 수 없을 것이라고 예견했다면, 아마 그는 미친 사람으로 취급받았을 것이다."[36]

공화국의 선포는 나폴레옹에 의해 투옥된 반체제 지도자들의 석방을 의미했다. 플루랑스—예니 마르크스는 그를 "셰르cher(친애하는) 귀스타브"라고 불렀다[37]—도 그들 중 하나였다. 그는 프로이센군이 성벽을 넘어올 것에 대비해 신속히 수비대를 조직했다. 사실 시내 20개 구의 모든 지역에서 무기를 준비하지 않은 사람이 없었다. 일부는 프로이센군과 싸우기 위해서였던 반면, 임시정부에 대항한 전투를 위해 군수품을 비축해두는 이들도 있었다. 좌파와 노동자들은 정부를 믿지 않았다. 임시정부는 나폴레옹에 의해 임명된 파리의 전직 군정장관 루이 쥘 트로쉬가 이끌고 있었기 때문이다.[38]

10월 31일, 놀라운 뉴스가 파리의 집집마다, 그리고 프랑스의 외딴 시골까지 타전되었다. 프랑스의 마지막 남은 군대가 메스 근처의 국경지역에서 분쇄되었으며, 파리 바깥에서 항거 중이던 르부르제 시도 함락되었고, 가장 충격적인 것은 국가방위 임시정부가 프로이센과 휴전교섭을 하고 있다는 것이었다.[39] 항복하려는 움직임에 대한 분노가 파리에서 마르세유까지 들끓었다.[40] 파리에서는 폭우 속에서도 시청 앞에 사람들이 모여들어 "휴전 반대!"를 외쳤다. 그리고 오직 두 개의 기름등잔만 밝혀진 시청사로 난입해 트로쉬의 축출과 파리 코뮌의 선포를 요구했다. 그들은 루이 블랑, 르드뤼-롤랭, 빅토르 위고, 블랑키, 프랑수아 라스파유 등에게 48시간 내에 선거를 치를 것을 지시했다.[41]

그 순간 플루랑스와 무장한 동료들이 어두운 방 안으로 들이닥쳤다. 플루랑스는 탁자 위에 올라가 공안위원회의 구성을 요구하며 임시정부의 인사들을 구금하라고 명령했다. 성난 군중이 그들을 총살시켜야 한다고 외쳤지만 그는 그들의 안전을 보장하겠다고 약속했다. 곧 시청은 여러 집단이 각자의 요구를 내세우며 아수라장이 되었다.[42] 그렇지만 군사적 패배에 직면해 터져 나온 시민들의 열기는 오래가지 못했다. 정부군은 비상터널을 이용해 건물로 진입한 다음 플루랑스 일행을 체포했다(플루랑스는 탈출했다). 트로쉬 정부는 건재했다.[43]

사실 시청에 난입해 정부를 전복하려고 소란을 피운 사람들은 트로쉬에게는 아무런 문제도 되지 않았다. 진정한 위협은 거리에서 왔다. 그곳에서 화난 시민들이 절망을 먹고 있었다. 공급이 끊긴 파리에는 고기가 귀해졌다. 말고기는 당연히 먹어야 할 것이었다. 그다음 사람들은 노새를 먹기 시작했다. 식량 부족만큼이나 심각한 것은 땔감 부족이었다. 파리의 거리에는 나무들이 사라졌다.[44] 변화는 점진적이었지만 우려스러웠고, 마치 불치병처럼 시간이 지날수록 심각해지기만 했다. 10월 말 외국 정부들은 프랑스 수도의 심각한 상황을 인식하고 비스마르크와 협상해 자국 시민들이 떠날 수 있도록 길을 열었다. 절망적인 파리 시민들은 군대의 호위하에 스물여섯 대의 마차를 타고 피신하는 소수의 행운아들을 침묵 속에서 지켜보았다.[45]

런던의 마르크스 집은 프랑스에서 도망쳐 나온 사람들의 피신처가 되었다. 11월 모데나 빌라스의 문은 가끔씩 찾는 망명자들, 인터내셔널을 통해 조직의 대부를 찾는 탈출자들에게 활짝 열려 있었다. 그리고 방문자들은 곧 홍수를 이루었다. 투시는 모데나 빌라스가 가정집이라기보다 호텔 같았다고 말했다.⁴⁶ 첫 망명자들은 프로이센인들이었다. 그렇지만 곧 러시아인들이 찾아왔다. 조국에서 탄압을 피해 프랑스로 도망쳤지만 또다시 내쫓기기 전에 영국으로 길을 찾아 나섰던 것이다.⁴⁷ 언어는 "삶의 전장에서 필요한 무기"⁴⁸라고 믿었던 마르크스는 자료들을 읽기 위해 러시아어를 계속 공부해왔으며, 이제 자신 있게 대화를 나눌 수 있을 정도였다. 그는 한 친구에게 그런 노력이 가치가 있었다고 말했다. 쉰두 살이 다 된 사람에게도 말이다. "지금 러시아에서 일어나고 있는 지식인들의 운동은 수면 아래서 여러 가지 것들이 들끓고 있음을 증명해주는 것입니다. 정신은 항상 보이지 않는 끈을 통해 인민이라는 몸통과 연결되어 있습니다."⁴⁹

마르크스 집에는 무수히 많은 편지와 각종 인쇄물이 들고 났다. 예니헨은 아버지에게 최신 소식을 전하고 프랑스의 사건들이 외국에서 어떻게 해석되고 있는지 알리기 위해 어떤 때는 백여 종의 신문 ─ 영국, 프랑스, 독일, 스위스, 미국의 신문 ─을 읽기도 했다고 말했다.⁵⁰ 마르크스는 새벽 3시 전까지는 잠을 자지 않았다. 건강이 안 좋긴 하지만 "이런 중요한 역사적 사건이 벌어지고 있는 시기에 그런 사소한 문제에 신경 쓸 겨를이 없다!"⁵¹고 말했다. 런던에 남아 있는 인터내셔널 조직원들은 마르크스의 서재에서 프랑스의 격변에 관해 거의 끝없이 벌어지는 토론에 참석하기 위해 매일 마르크스의 집을 방문했다. 조직원들이 두려워한 것은 나폴레옹의 궁정이 전쟁에 목말라했던 것만큼이나 극단적 과격파들이 혁명을 갈구할 것이라는 점이었다. 그들은 1849년 이후로 역사에서 밀려나 있었다. 그렇기 때문에 다시 중심으로 복귀할 수 있다는 유혹에 오랫동안 저항하지는 못할 터였다.

엥겔스도 런던으로 이주해 그런 활동에 동참하고 있었다. 그는 매일 오후 마르크스를 찾아가 서재, 또는 히스에서 산책을 했다. 서재는 두 사람이 끝없이 한쪽 구석에서 반대편 구석으로 서성이는 바람에 카펫에 X 자 모양의 길이 날 정도였다. 저녁때는 엥겔스와 리지 두 사람이 같이 마르크스의 집으로 갔다.⁵² 예니헨은 엥겔스가 지척에 살았기 때문에 마르크스의 건강이 지난 몇 년에 비해 훨씬 좋아졌고, 모데나 빌라스의 분위기도 종종 축제 분위기가 되곤 했다고 말했다. 예니헨은 쿠겔만에게 "하루 저녁은 우리 집에서 장엄한 애국적 공연이 펼쳐졌지요"라고 썼다. 마르크스와 엥겔스가 듀엣으로 노래를 불렀던 것이다.[53]

반면 라우라는 보르도에서 외롭고 우울한 날들을 보내고 있었다. 폴의 아버지가 병이 나서 몇 달간 방 안에서만 지내면서 누구든 보이기만 하면 짜증을 내며 괴롭혔던 것이다. 그는 11월 18일 세상을 떠났다. 그렇지만 집 안에는 평화가 찾아오지 않았다.[54] 라파르그 부인이 남편의 죽음을 자식 내외의 탓으로 돌리며 앙심을 품었기 때문이다. 라우라는 예니헨에게 차마 편지로 쓸 수 없을 정도로 고통스러운 일들을 겪었다고 말하며, "내 인생에서 시아버지가 돌아가신 후 시어머니에게 당한 것만큼 학대받았던 적은 없어"라고 말했다. 그녀는 한번은 시어머니의 비난으로부터 폴을 감싸려다가 "별로 점잖지 못하게" 입 다물라는 소리를 들었다고 하소연했다. 그 순간부터 상황은 더욱 악화되었다. 라우라가 남편과 시어머니가 벌이는 신경전의 틈바구니에 끼어버린 것이다.

그것은 단순히 언쟁의 수준이 아니었다. 한겨울의 추위 속에서도 라파르그 부인은 임신 칠 개월 차인 라우라와 손자 슈냅스가 기거하는 방에 불을 때지 못하게 했다. 시어머니는 또한 하인들에게 라우라와 슈냅스를 위한 잠자리를 펴는 일을 하지 말라고 지시했고, 폴은 라우라가 손수 그 일을 하겠다는 것을 고집스럽게 말려서, 결국 하인이 몰래 방에 들어와 일을 할 때까지 기다려야 했던 일도 있었다. 라우라는 시어머니가 그들이 먹는 음식, 마시는 와인, 불을 밝히는 기름 등 모든 것을 아까워했다고 말했다. 결국 라파르그 부인은 12월에 모든 가구, 모든 리넨, 그리고 모든 식기들을 가지고 집을 나가버렸다. 라우라는 빈 집에 남았지만 최소한 마음의 평화는 얻었다고 말했다.[55] 폴은 특히 이 새로운 자유를 고맙게 여겼을 것이다. 이제 더 이상 부모의 눈치 때문에 쉬쉬하며 정치 활동을 할 필요가 없기 때문이었다. 그의 입장에서는 시기가 그 이상 더 잘 맞아떨어질 수는 없었다.

수도가 봉쇄되었기 때문에 프랑스의 임시정부는 투르에서 활동하다가 나중에 보르도로 근거지를 옮겼다. 라파르그는 이제 강베타 같은 정부의 공화주의자들과 자주 만나게 되었다. 강베타는 열기구를 타고 극적으로 파리를 탈출해 동료들과 합류하고 수도의 상황을 알렸다.[56] 라파르그는 여러 모임들을 분주히 돌아다니며 그가 꿈꾸는 신문의 지원자를 물색하거나, 인터내셔널 조직원이나 정부 관리들과 협의하는 일로 시간을 보냈다. 라우라에 따르면 그는 여전히 프랑스가 프로이센을 물리치고 파리를 구할 것으로 낙관했다고 한다.[57]

오직 라파르그만이 그렇게 승리에 대해 확신할 수 있었을 것이다. 그는 원래 뻔한 패배를 눈앞에 두고도 긍정적으로 생각하는 사람이었기 때문이다. 파리에는 눈이 반 인치가량 쌓였고 성문 밖에서는 밤낮을 가리지 않고 매일 포성이 울렸다. 곧 빵이 배급제로 바뀔 것이라는 소문이 돌았다. 승합마차는 말들이 식용으로 도살되었기 때문에 멈춰 섰고, 연료는 부족했다. 도시 안에 주둔하던 병사들이 많이 얼어 죽었다. 아름답던 파리의 시장 상점들에는 "보통 고양이 8프랑…… 보통 쥐 2프랑, 긴꼬리쥐 2프랑 반"이라는 광고판이 붙었다. 그리고 사가는 사람들도 많았다.[58]

성문 밖에서 전해오는 소식은 늘 실망스러웠다. 프랑스군이 빠르게 무너지고 있었다. 12월 초에는 단 한 번의 전투에서 2만 3천 명의 전사자가 발생했다는 소식이 전해졌다.[59] 워시번 대사는 라파르그와 같이 장밋빛 전망을 가진 사람들에게 현실적인 비관론을 제시했다. "먹을 것도 없고, 교통도 마비되고 불마저 꺼져버린 거리에는 즐거운 공상 말고는 아무것도 없었다." 그는 파리가 포위된지 96일째인 12월 23일에 이 글을 적었다.[60]

프랑스와 독일에서 인터내셔널 회원들은 더욱 심한 감시하에 놓였다. 연대를 선언하고 지면상으로 널리 알린 것이 부분적인 이유였다. 어떤 경우엔 적국과 싸우지 않겠다는 맹세가 반역으로 여겨졌다. 실제로 10월 31일 시청에서의 난투극 이후 임시정부는 프로이센보다 "빨갱이들"과 싸우는 데 더욱 열을 올렸다고 마르크스는 말했다.[61] 플루랑스는 다시 파리에서 체포되었다.[62] 한편 독일에서는 리프크네히트와 베벨이 체포되었다. 그들은 프랑스에 대한 비스마르크의 전쟁에 전비를 지원하기 위한 7월의 의회투표에서 공개적으로 기권했다. 11월에 다시 추가적인 전비 문제가 떠올랐을 때는 반대를 천명하며 평화를 지지했다. 12월 중순에 국회의 회기가 끝나자 그들은 체포되었다. 죄목은 대역죄였다.[63]

마르크스는 리프크네히트의 아내에게 당이 그녀와 "박해받는" 독일의 모든 애국자들을 경제적으로 지원할 것이라고 말하며 안심시켰다.[64] 엥겔스도 동지들의 체포 소식은 항상 마음이 아프다며 지원을 약속했다. 그러나 같은 날, 엥겔스와 마르크스의 집에는 축하할 일이 생겼다. 예니헨의 기사 때문에 시작된 아일랜드인 죄수들의 처우에 관한 의회의 조사가 팔 개월간의 청문회와 심의과정을 거친 후 결국 사면으로 매듭지어진 것이다.[65] 글래드스턴은 아일랜드인들이 영국으로 되돌아오지 않는다는 조건하에 감옥을 떠날 수 있다고 발표했다. 오도노반 로사도 석방되었다.[66]

예니헨의 노력은 자기도 예상치 못한 대성공을 거두었다. 그녀의 말이 사람들에게 자유를 찾아주었던 것이다. 그렇지만 안타깝게도 오도노반 로사는 예니헨에게 공적을 돌리지 않았고, 그녀의 기여는 아일랜드 죄수들의 투쟁이라는 더 거창한 역사적 설명 속에 묻혀버렸다. 오도노반 로사는 자서전에서 다음과 같이 썼다. "영국 감옥에 있을 때 내가 받은 학대를 세상에 알리는 것이 택할 수 있는 유일한 방어수단이었다. 런던에 귀스타브 플루랑스라는 프랑스 망명자가 있었다. 그는 나의 일에 관심을 갖게 되었고…… 어떤 아일랜드인보다도 커다란 관심을…… 그는 내 학대에 관한 글을 프랑스어와 독일어로 번역해 대륙의 신문에 실었다. 이것이 영국을 괴롭혔고…… 영국은 어쩔 수 없이 조사위원회를 수용할 수밖에 없었다."[67] 예니헨이 아버지 말고 다른 누구에게 기사의 공을 돌리고 싶은 사람이 있다면 그것은 다름 아닌 플루랑스였을 것이다. 그런데 이제 그가 감옥에 갇혔고, 어떤 기사도 그를 구해내지 못할 터였다. 사실 그 당시 파리에서 한 사람의 곤경에 관심을 기울여줄 사람은 아무도 없었다. 도시 전체가 공격당하고 있었기 때문이다.

1871년 1월 5일, 프로이센의 포탄이 카르티에라탱에 떨어졌다.[68] 1월 7일부터는 매일 4백 발의 포탄이 파리 시내에 떨어졌다.[69] 눈발이 휘날리는 수도의 성벽에 "인민을 위해 길을 비켜라, 코뮌을 위해 길을 비켜라"라고 적힌 벽보가 나붙었다. 트로쉬는 "파리 정부는 항복하지 않는다"[70]는 선언으로 대응했다.

그렇지만 트로쉬의 장담에도 불구하고 프랑스 관료들은 항복을 염두에 두고 있었다. 국가방위 정부는 이미 지치고 허약해진 프랑스가 프로이센에 대항해 승리는 고사하고 더 이상 버틸 여력도 없는 현실을 직시하고 있었다. 1월 18일, 프랑스의 임시정부 지도자들이 국민들에게 항복을 설득하기 쉽게 만들어줄 것이라고 여길 만한 두 가지 극적인 사건이 일어났다. 베르사유 궁의 거울의 방Hall of Mirrors에서 프로이센의 빌헬름 왕이 독일 황제로 등극한 것이 그 하나였다(비스마르크는 곧 독일제국의 재상으로 임명되었다).[71] 모든 프랑스인들은 그 대관식이 지니는 의미를 알고 있었다. 독일이 이미 프랑스를 무찌른 것이다.

그 운명의 날에 발생한 또 다른 사건은 파리 바깥의 들판에서 일어났다. 트로쉬는 도시를 포위하고 있는 프로이센군에 대해 더 공세적으로 나가야 한다는 압력을 받고 있었다. 도시 안에 갇힌 채 굶주린 시민들의 불만을 달래기 위해서라도 필요한 일이었다. 포위망을 뚫기 위해 무엇인가 하고 있다는 것을 보여주어야 했기 때문에 그는 국민방위군을 이끌고 베르사유 근처의 뷔장발Buzenval이라는 지역에 선제공격을 감행했다. 하지만 그곳에는 다수의 강력한 프로이센군이 진을 치고 있었다.[72] 남자 대신 낫과 총을 든 노인, 어린이, 여성들이 프로이센 진지를 향한 대열에 합류했다. 그들은 부족한 경험을 열정과 인원수로 메우려 했다. 프랑스군은 막대한 손실을 입었다—거의 1만 명에 가까운 전사자가 발생했다. 그렇지만 놀랍게도 프로이센군을 퇴각시키고 그 지역을 차지하는 데 성공했다. 그후 프랑스군은 오랜만에 얻어낸 작은 승리에 한껏 들떠서 무력하게 기다리며 방어에만 급급했다. 그렇지만 그다음 날 트로쉬는 뚜렷한 이유도 없이

철수를 명령하며 방위군에게 전과를 포기하도록 강요했다.[73]

저널리스트 프로스퍼 리사가레(모든 지도자들을 동등하게 경멸했던, 대체로 편견 없는 목격자였다)는 프랑스인 부대가 울분을 삼키며 파리로 돌아왔다고 적었다. 정부가 원한 것은 사실 패배를 선언하고 항복할 구실을 만들기 위해 사람들이 완벽하게 학살당하는 것이었다는 소문이 퍼지기 시작했다. 이런 의심은 트로쉬가 모든 것을 잃었다고 선포했을 때 확증되었다.[74] "그런 치명적인 말이 언급되었을 때, 도시는 처음에는 경악했다. 도저히 있을 수 없는 범죄, 어떤 괴물을 눈앞에 둔 것 같았다." 리사가레는 썼다. "사 개월간의 상처가 벌어지며 복수를 부르짖었다. 추위, 굶주림, 포탄 세례, 참호 속에서 보낸 긴 밤들, 죽어간 수천 명의 어린아이들, 돌격작전에서 시신으로 흩어져버린 사람들, 그 모든 대가를 치른 후에 결국 치욕을 당하라는 것이었다."[75]

군중은 시청 앞에 몰려들어 자치를 요구했다. 그리고 코뮌을 원했다. 시민들은 뷔장발의 실패, 그리고 너무 오랫동안 파리만 방어하며 기다린 것에 대해 트로쉬를 비난했다. 그렇지만 임시정부의 수반은 트로쉬에서 강경파인 조제프 비누아로 바뀌어 있었다. 파리의 반체제 지도자들은 한데 모여 다음 행동을 상의했다. 그렇지만 이미 상황은 그들의 통제를 벗어나 있었다.[76] 플루랑스가 지휘했던 벨빌 부대가 행진을 시작했고 군중은 그들에게 가세해 도심을 향했다. 1월 23일 새벽 3시에 군중은 마자스 감옥을 습격해 플루랑스와 다른 공화주의자 및 급진주의자들을 꺼내주었다.[77] 비누아의 대응도 신속했다. 정부는 모든 반체제 클럽의 폐쇄를 명했고, 반체제 신문을 탄압했으며, 새로운 체포영장을 발부했다.[78] 봉쇄 127일째 되던 날 시청 앞에 굶주린 파리 시민들이 모여 "빵을 달라"고 소리치자, 비누아의 군대는 광장이 내려다보이는 모든 창문에서 발포해 다섯 명이 죽고 열여덟 명이 부상을 입었다.[79]

같은 날 외무장관 쥘 파브르는 소모적인 전쟁을 끝내고 사회불안을 잠재우기 위해 프로이센과 휴전 협상을 시작했다. 나흘간의 대화 끝에 합의안에 이르렀고, 1월 27일 프로이센의 포성이 멎었다. 파리 봉쇄는 끝났다. 파브르와 비스

마르크는 예비 휴전협정을 맺었고, 임시정부는 그것이 추후 구성될 프랑스 국회에서 비준되기를 원했다.[80] 그 거래에 파리는 불길한 침묵으로 대응했다. 휴전은 평화를 의미하는 것이 아니었다. 그것은 항복이었다. 그 사실에 의문을 품는 사람이 있다면 도시의 성벽에 눈길 한번 주는 것만으로도 충분했다. 그 위에는 독일기가 펄럭이고 있었다.[81]

2월 8일 총선거가 실시되었고, 파리 시민과 다른 프랑스인들의 차이가 분명해졌다. 지방은 봉쇄를 겪지 않았고, 그들이 원한 것은 무엇보다도 안정이었다—이미 과거에도 무수히 그런 선택을 했었다. 총 750개의 의석 중 450석이 왕정주의자에게 돌아갔고, 공화주의자는 150석을 얻었다. 극좌파로 간주된 당선자는 고작 20석에 그쳤고 대부분이 파리에서 선출되었다. "파리는 자신들만의 나라가 되었다." 리사가레는 말했다. "적대적인 지방과 적대적인 정부로부터 분리된 나라."[82]

새 국회는 그 혐오스러운 조건의 휴전협정을 압도적인 찬성으로 승인했다. 알자스와 대부분의 로렌 지방이 독일에 병합되었고, 프랑스는 독일에게 사 년 내에 50억 프랑—약 10억 달러—의 배상금을 물어야 했다. 배상금이 완불될 때까지 독일군은 프랑스의 동부지역에 주둔하게 될 것이다. 전쟁이 마무리되자 프랑스와 독일 양국 정부는 파리를 안정화시키는 작업에 착수했다.

36

1871년
파리

현재 혁명의 군인은 인민이다. 바로 어제
그는 작은 상점에 앉아 무릎에 가슴을
맞대고 송곳과 바늘을 다루거나 철을
두드렸었다. 얼마나 많은 사람들이
그곳에 한 사람이 있다는 사실을
모르고, 믿지 않고, 그냥 지나쳤던가.

―앙드레 레오[1]

3월 1일, 프로이센군은 파리로 입성해 샹젤리제를 행진하며 빛의 도시가 어두컴컴해진 것을 보았다. 건물들 앞에는 검은 깃발이 늘어져 있었고, 상점들은 폐점했으며, 가스등은 꺼졌다. 푼돈을 벌 요량으로 프로이센인들에게 봉사한 매춘부들은 들키면 조리돌림을 당했다. 감히 침략자들에게 음식을 제공한 카페는 약탈의 대상이 되었다. 지방의 신문들은 파리에 흉포한 범죄와 방화가 만연하고 있다고 묘사했다. 그렇지만 사실 아무런 범죄도 없었다. 파리에는 생기가 없었다. 파리는 지하로 잠적해 전쟁을 준비하고 있었다.[2] 국가방위군은 1월의 뷔장발 학살로 여전히 분통을 터뜨리며 은밀히 무기들을 수집했다. 그중에는 도시 주변에 배치해둔 250문의 대포도 있었다.[3] 시민들도 무장했다. 탄환을 만들고 건물 높이로 바리케이드를 쌓아올렸다. 남녀노소가 조용히 재빠르게 작업했다. 자신들의 방어를 위한 일이었다.[4]

정부는 파리의 남서쪽인 보르도에 머물고 있었다. 복귀하기에는 너무 위험했

567

기 때문이고, 멀리 있으면서 프로이센군의 파리 입성을 허용한 휴전보다 더 치욕적인 일련의 포고령을 내릴 수 있었기 때문이다. 3월 13일 정부는 11월 이후부터 불가피한 사태로 징수가 연기되어 연체된 모든 채무를 당장 변제하라는 포고령을 내렸다. 그것은 봉쇄 때문에 일할 수 없었고, 마지막 한 푼까지 고양이나 쥐 고기에 다 써버린 파리 시민들이 지난 집세와 세금, 그리고 셀 수 없이 많은 청구서를 해결하기 위해 돈을 마련해야 한다는 것을 의미했다. 게다가 국가방위군의 월급이 없어질 것이라는 소문도 돌았다.[5] 채무변제령이 내려진 날, 정부는 여섯 개의 신문을 폐간시키고 플루랑스와 블랑키를 포함해 10월의 시청 점거에 연루된 사람들에게 사형을 선고했다.[6]

시민들은 반항의 표시로 파리를 다채로운 색으로 물들였다. 신문을 거부하고 도시 벽에 다양한 색깔의 벽보를 내걸었으며, 새로운 소식이 나올 때마다 그곳에 적힌 글을 앞다투어 읽었다.[7] 그중에는 자신에게 내려진 사형선고에 대한 플루랑스의 글도 있었다.

내게 내려진 심판에 대해 나는 그것이 헌법에 명시된 모든 기본권을 유린하는 것이기 때문에 강력히 항의할 권리가 있다…… 반면 나는 자유란 순교자의 피로 강력해진다는 것을 오래전부터 알고 있었다. 만약 나의 피가 프랑스의 오점을 씻어내고 인민의 단합과 자유를 공고히 할 수 있다면, 나는 기꺼이 나 자신을 조국의 암살자들과 1월의 살인자들에게 바치련다.[8]

파리에는 그런 의지를 지닌 사람들이 넘쳐났다. 민병대에 가담한 사람들만 30만 명이었고, 250개 대대의 국가방위군까지 합치면 그 수는 더욱 많았다.[9] 그리고 칼과 장대와 곤봉으로 무장한 시민들도 마치 왕궁을 지키는 보초병처럼 진입로에서 삼엄한 경비를 펼치고 있었다. 파리의 방어력이 시험대에 오를 때 그들도 중요한 역할을 하게 될 터였다.

3월 18일 새벽 3시에 프랑스 정부는 2만 5천 명의 부대를 파리로 보냈다. 시민들이 자고 있을 때 군대는 파리 외곽에 있는 국가방위군의 대포를 접수하기 시작했다. 6시경 정부군은 반란군의 대포들을 완전 장악했지만 불운했든지, 운명이었든지, 아니면 무능력 때문이었든지 대포를 안전한 장소로 옮길 말을 미처 준비하지 못했다. 말이 오기를 기다리는 동안 파리의 여인들이 깨어났다. 새벽에 집집마다 돌아다니며 도시를 순회하는 우유배달부들을 통해 군인들이 대포를 가지고 달아나려 한다는 소문이 퍼져 나갔다. 곧 비상사태를 알리는 북소리가 곳곳에 울려 퍼졌다.[10]

몽마르트에서 클로드 르콩트 장군은 부하들이 하는 행동을 따지고 드는 부녀자들과 아이들에게 시달렸다. 군중을 깔보았던 장군은 부대원들에게 발포하라고 명령했다.[11] 그렇지만 여성들은 총을 든 젊은이들에게 "우리를 쏠 거냐?"며 오히려 대들었다. 군인들은 쏘지 않았다. 동족, 더군다나 부녀자를 상대로 싸우고 싶지는 않았던 것이다. 그들 중 일부는 지난 7월부터 프로이센과의 전쟁에 참전했었고, 또 다른 일부는 파리 사람들만큼이나 정부를 혐오했다. 장군은 통솔력을 잃었고, 부하들은 부녀자들과 한편이 되어버렸다. 르콩트 장군은 곧이어 국가방위군에게 포로로 잡혀서 부하들에게 대포를 놔두고 물러나라는 명령에 서명해야 했다.[12]

그렇지만 정오까지 10문의 대포만 파리 시민들에게 되돌아왔다.[13] 그때까지 자제하고 있던 군중은 안타깝게도 흉포해졌다. 르콩트와 또 다른 장군 클레망 토마는 군중의 요구로 처형되었다.[14] 하지만 심각한 실수였다. 정부의 무자비하고 전면적인 공격을 정당화해주는 구실이 되었기 때문이다.

피할 수 없는 보복을 앞둔 3월 26일, 파리 시민들은 선거를 통해 자체적인 정부를 구성했다. 다음 날 시청 앞에 20만 명의 군중이 운집해 새로운 지도자들을 맞이했다. 열광적이던 군중은 지도자들의 이름이 하나하나 호명되자 숨죽였다. 어깨에 붉은 스카프를 드리운 당선자들이 연단에 올랐다. 파리 정부가 구성되자 한 당선자가 외쳤다. "인민의 이름으로 코뮌을 선포한다!" 그리고 환희에 찬 군중이 우렁찬 소리로 연호했다. "코뮌 만세!" 수많은 모자가 하늘로 날아 올랐다. 축포가 터지고 창문과 지붕마다 깃발이 나부꼈으며, 수천 명의 손에서 손수건이 물결쳤다.[15]

한편 이제 수도에서 가까운 베르사유로 자리를 옮긴 프랑스 정부는 4월 1일 무력으로 도시를 탈환하기로 결정했다. 정부는 주저하는 군인들을 파리 시민들이 외국의 선동가들에게 놀아나고 있다는 말로 설득했다. 군대가 동포들을 상대로 싸우는 것이 아니라 외국의 간첩들을 무찌르는 임무를 맡은 것이라고 꼬드긴 것이다.[16] 그리고 그 주모자로 한 외국인이 지목되었다. 3월부터 프랑스, 영국, 독일의 언론들은 마르크스가 국제적으로 배후에서 사태를 조종하고 있다고 비난하기 시작했다. 한 기사는 '인터내셔널의 위대한 수장Le Grand Chef de l'Internationale'이라는 제하에 "모든 사람이 알다시피 그는 독일인이다. 더욱이 프로이센인이다"라고 보도했다. 그 기사(마르크스가 베를린에 살고 있다고 말했다)는 마르크스가 인터내셔널 조직원에게 보낸 파리에서의 행동지령을 경찰이 가로 챘다고 보도했다.[17]

마르크스는 그런 기사들이 파리의 상황을 더욱 악화시키는 것도 아니고 여태까지 동맹을 유지하고 있는 독일과 프랑스의 노동자들을 갈라놓는 것도 아닌 한, 크게 우려할 것은 못 된다고 생각했다. 그는 자신의 편지라고 주장된 편지는 인터내셔널을 폭력과 연결 지으려는 명백한 의도하에 경찰이 조작한 것이라고 밝혔다.[18] 하지만 그의 반박에도 불구하고 비슷한 보도가 언론에서 계속 다루어졌다. 4월에 라우라는 한 프랑스 신문의 기사를 마르크스에게 보내주었다. 그 내용은 다음과 같았다. "금방 독일로부터 들어온 소식이 이곳에서 커다란 파문을 일으키고 있다. 인터내셔널의 가장 영향력 있는 지도자인 카를 마르크스가 1857년에 비스마르크 백작의 개인비서로 일했으며, 그 이후로도 줄곧 그의 상관과 관계를 맺어왔음을 보여주는 공식적인 증거가 입수되었다."[19] 이렇게 마르크스는 공산주의자들의 두목이자 동시에 서유럽에서 가장 강력한 반동 세력의 측근이 되어버렸다. 즉 어쨌든 위험한 사람이라는 것이었다.

4월 2일 새벽 1시, 프랑스 정부군은 파리에 포문을 열었다. 잠에 빠져들었던 시민들은 포성에 깼다. 국민군federés으로 불린 민병대는 서둘러 자기 위치로 달려갔고, 시민들도 바리케이드로 달려갔다. 무장을 알리는 북소리가 요란했다. 오전 8시에 강의 우안에 2만 명, 좌안에 1만 7천 명이 모여서 정부군을 향해 행진할 준비를 마쳤다. 주민들은 무장하고 모였지만 지휘부가 없었다. 작전을 마련해야 할 파리 시 관리들은 아무런 대책도 갖고 있지 않았다.[20]

플루랑스는 굴하지 않고 1천 명의 무리를 이끌고 과감히 돌진했으나 쉽게 격퇴당하고 말았다. 국민군은 공격당하자마자 전열이 흐트러지며 도망치기에 급급했다. 플루랑스는 전투로 기진맥진했고, 동료들의 겁쟁이 같은 행동에 실망했다.[21] 그는 부관의 설득에 따라 잠시 휴식을 취하려고 호텔에 들어갔다. 그러나 호텔 주인이 배신해 반란군 지도자가 안에 있다고 신고했다. 경찰과 정부군이 호텔에 들이닥쳐 부관을 현장에서 사살했다. 그리고 플루랑스를 붙잡고 주머니를 뒤져 어머니의 편지를 보고 그의 신분을 확인했다. 현장에서 그 광경을 목격한 영국인 관광객에 따르면 한 경찰이 "이 자가 플루랑스다!"라고 외쳤다고 한다. "이번에는 잘 잡아. 절대로 탈출하지 못하게 말이야." 정말로 플루랑스는 호텔 마당도 벗어나지 못했다. 목격자에 따르면 이십 명의 무장한 적을 앞에 두고도 그가 너무나도 태연한 모습을 보이자 화가 치민 경찰이 칼을 들어 올려 그의 목을 내리쳤다고 한다. 그리고 그의 몸이 흙바닥에 쓰러졌을 때 다른 경찰이 총구를 플루랑스의 눈에 들이대고 방아쇠를 당겼다는 것이다.[22]

플루랑스의 주검은 파리에 대한 프랑스 정부의 전쟁에서 때 이른 성과물이었다. 그의 시신은 부관과 함께 수레에 실려 베르사유로 옮겨졌고, 그곳에 전시되어 우아한 신사와 숙녀들 — 황제의 조신들이었다가 정부의 관리가 된 사람들 — 을 즐겁게 해주었다.[23] 파리의 벽보는 그의 죽음을 발표하지 않았다. 단지 플루랑스가 베르사유에 도착했다고만 언급했다. 모든 사람들이 그것을 승전보로 여겼다. 기쁨에 찬 3백여 명의 아낙들은 샹젤리제를 행진하며 자신들도 베르사유로 가겠다고 다짐했다. 다음 날 소위 승리라는 것의 진실이 알려졌다. 플루 랑스는 죽었고 다른 아홉 명의 군인이 포로로 잡혀 처형되었다는 것이었다.[24]

리사가레는 4월 3일 이후 파리가 변했다고 진단했다. 파리 시민들은 더 이상 그들의 장군들이 공격을 이끌기를 기대하지 않았다. 스스로 방어해야 한다고 자각하기 시작했다.[25] 4월 5일 한 벽보가 붙었다. "당신이 무관심으로 일관하며 비참한 삶 속에서 뒹구는 데 질려버렸다면, 당신의 아이들이 어른이 되었을 때 그들이 노동의 과실을 누리기를 원하지, 작업장과 전쟁터에 길들여진 단순한 동물이 되기를 바라는 것이 아니라면, 제대로 교육시켜줄 수도 없었고 원하는 만큼 돌봐줄 수도 없었던 당신의 딸들이, 돈 많은 귀족들의 품에서 노리개로 전 락하는 것을 원하지 않는다면, 그리고 마침내 정의가 실현되는 것을 보고 싶다 면, 노동자들이여, 현명해지라, 궐기하라!"[26]

다음 날 장례식이 거행되었다. 그것은 전사자들을 묻는 것뿐만 아니라 파리 시민들의 짓뭉개진 희망을 묻어버리는 것이었다. 리사가레는 붉은 깃발로 장식 되고 각각 35개의 관을 실은 세 대의 상여와 함께 페르라세즈$^{Père-Lachaise}$ 공동 묘지로 향하는 운구 행렬을 묘사했다. "오늘의 미망인들이 내일의 미망인들의 부축을 받으며" 나란히 쓰러진 자들을 위해 마련된 거대한 무덤으로 향했다. "대로는 20만 명의 사람들로 가득 찼고, 10만 명의 창백한 얼굴들이 창가에서 우리를 내려다보았다."[27]

플루랑스는 다음 날 페르라세즈에 안장되었다.[28]

플루랑스의 사망 소식은 4월 5일 런던에 전달되었다. 『데일리 텔레그래프』는 "월요일의 성공은 반란수괴 중 가장 비타협적이고 가장 무모했던 자인 M. 플루 랑스의 죽음으로 절정에 달했다. M. 플루랑스의 시체는 베르사유에 있다"[29]라 고 보도했다. 마르크스 집안은 슬픔에 휩싸였다. 특히 그를 "용감한 자들 중 가 장 용감한 자"로 불렀던 여성들의 슬픔은 이루 말할 수 없었다.[30] 예니헨은 그런 사람이 프티부르주아 호텔 주인에게 배신을 당해서 동포에게 도륙당했다는 사

실에 치를 떨었다.[31]

다음 날 마르크스는 리프크네히트에게 투시와 예니헨이 프랑스로 가기로 결심했다고 말했다.[32] 몇 주 동안 계속 악화되고 있는 파리의 상황에 대한 보도를 보고 있다가 플루랑스의 사망 소식이 날아들자 가만히 앉아만 있을 수 없었던 것이다. 젊은 날 카를과 예니가 그랬듯이 마르크스의 딸들도 반란의 와중에 뒷짐 지고 있지 못하는 성격이었다. 직접 참전하지는 못하더라도 현장에 가까이 있고 싶어 했다. 또한 급한 개인적 용무도 있었다. 라우라가 다시 아들을 낳았는데, 상태가 좋지 않았다. 폴은 라우라가 아기에게 젖을 먹이려고 노력하고 있다고 별일 아닌 듯 썼지만,[33] 가족들은 그 소식을 두려움으로 받아들였다. 그들은 라우라가 아프다는 것을 알았다. 특히 예니는 헛되이 포크시에게 젖을 먹여 건강을 회복시키려 했던 자신의 과거사를 떠올리지 않을 수 없었을 것이다.

프랑수아 라파르그가 죽은 후, 폴은 결혼하면서 받기로 약속된 10만 프랑을 받아야 했지만 그 대부분이 부동산, 증권, 채권에 묶여 있었다.[34] 그 결과로 가족들은 라우라가 마지막 고비를 넘기는 데 어떤 물질적, 인적 지원도 받지 못할까봐 걱정했던 것이다. 폴의 편지는 정치적 이야기와 선언들로 가득했고, 정부가 베르사유로 가버렸고 파리에 코뮌도 수립되었기 때문에 그는 보르도를 떠나고 싶어 안달이 난 것 같았다. 라우라는 담담하게 "나는 혼자 있는 데 익숙해졌어. 폴은 여러 달 전부터 거의 집에 들어오지 않았고 나도 지난 6~8개월간 바깥일에는 거의 신경 쓰지 않았어"[35]라고 말했다.

예니와 마르크스가 예니헨과 투시의 여행을 허락하는 데 혹시 주저했을 수도 있지만, 폴이 파리에 있다는 소식을 예니헨이 듣게 되자 그런 망설임은 순식간에 사라졌다. 폴은 비스마르크가 파리를 평정하는 것을 돕기 위해 프랑스군 포로 6만 명을 풀어주자, 곧바로 파리로 돌아가기로 결심했다. 라우라는 4월 초에 쓴 편지에서 그가 떠난 후 아직 소식을 듣지 못했다며 다음과 같이 말했다.

설상가상으로 지난 8~10일간 나는 아기가 죽을까봐 조마조마했어. 아기는 엊

그제부터 좋아지기 시작했고, 앞으로도 계속 나아지리라고 봐. 지난주에는 하루 종일 아기를 안고 방 안을 서성였고, 밤새도록 토닥거려주었…… 폴에 관해서는 어떻게 생각해야 할지 모르겠어. 오래 머물 작정으로 떠난 게 아닌 것은 확실해. 그렇지만 오고 싶어도 돌아오지 못할 사정이 생겼거나, 아니면 바리케이드를 보고 참전하고픈 유혹을 떨치지 못했을지도 모르지. 그 사람과 함께 있었다면 이렇게 번민할 필요도 없었을 텐데. 왜냐하면 나도 함께 싸웠을 테니까 말이야.[36]

예니헨은 즉시 프랑스로 떠나기로 결심했다. 쿠겔만에게 만약 부모님이 허락하지 않으면 몰래 도망칠 각오였다고 말했다.[37]

출발을 준비하면서 예니헨과 투시는 사방에서 장애물을 만났다. 런던의 증기선은 화물로 가득했기 때문에 선장이 승객을 받지 않았다. 유일한 대안은 리버풀에서 4월 29일 떠나는 배를 타는 것이었다. 다급한 상황을 고려할 때 예니헨에게는 그 시간이 고통스럽도록 길게 느껴졌을 것이다. 그리고 그녀는 프랑스에서도 문제가 있을 것이라는 점을 알게 되었다. 항구에서 출발하는 철도는 끊겼거나 군대에 의해 징발되었다. 더욱이 그녀와 투시는 여권이 필요했다. 여권 없이는 아무도 프랑스에 들어갈 수 없었다.[38] 그렇지만 그들은 예니와 엘레아노르 마르크스라는 이름으로 여행할 엄두는 내지 못했다. 라우라를 끔찍한 외로움에서 구해내기 위해서 그들은 위조신분증이 필요했다.

라파르그가 왜 파리로 갔는지는 분명치 않다. 어떤 사람은 그가 책을 쓰기 위해 자료를 수집하려 했다고 하고, 다른 사람들은 그가 보르도에서 봉기하기 위해 코뮌의 승인을 얻으려 했다고 말하기도 한다.[39] 이유가 무엇이었건 그는 4월 18일 보르도로 돌아왔다. 그리고 우연히도 그때부터 여러 가지 소동이 일어나기 시작했다. 경찰첩자가 억류당하고, 군대 막사에 돌이 투척되었으며, "파리 만세!"라는 구호가 들렸다.[40] 이것이 폴의 봉기였을까? 그렇게 생각했던지 지역 경찰 당국은 인터내셔널 첩자의 선동을 비난했다. 라파르그는 자신의 정치색을 숨기지 않고 코뮌을 지지하는 벽보를 붙였으며 심지어 인터내셔널 회원으로서 시의원 선거에 출마하기도 했다(낙선했다). 경찰은 당연히 그 광적인 자를 즉시 체포해야 할지 결정하기 위해 수사를 펼쳤다. 라파르그에 대한 불리한 정보를 제공한 사람들 중에서 라파르그가 인터내셔널의 조직책이며 매일 밤 모임을 갖는다고 말한 자가 있었다. 보르도 경찰은 그 말이 체포의 근거가 될 수 있는지 확실치 않았기 때문에 이웃 지역의 상관인 에밀 드 케라트리에게 문의했다.[41]

예니헨과 투시는 난관 속에서도 윌리엄스라는 성으로 여행해 1871년 5월 1일 보르도에 도착했다. 거친 바다에서 나흘간 고생한 뒤였다. 예니헨은 여행 내내 아팠지만, 이제 열여섯 살 소녀가 된 투시는 가명으로 하는 모험을 즐겼다. 예니헨은 부모에게 투시는 아침부터 밤늦게까지 갑판에서 선원들과 떠들고 선장과 담배를 피우며 보냈다고 말했다. 엥겔스는 그들에게 배 위에서는 영국의 부르주아 소녀들처럼 행동하라고 권고했는데, 그들이 그 역할을 제대로 해냈던 것이다. "우리는 선상에서 공주님처럼 대우받았어요." 예니헨은 웃었다. "선원들이 우리에게 깔개, 의자, 쿠션을 가져다주려고 뛰어다녔고, 선장은 무언가 보일 때마다 우리에게 망원경을 내밀었지요. 그리고 저를 위해 자기의 커다란 안락의자를 갑판에 옮겨놓기까지 했어요." 일단 프랑스에 도착하자 그들은 파리인처럼 행세했고 여권을 보이거나 부르주아처럼 꾸미지도 않았다.[42]

그들이 처음 보르도에 도착했을 때 일견 모든 것이 조용하고 지극히 정상적으로 보였다. 카페는 손님들로 가득했고, 사람들은 여느 때와 다름없이 도미노와 당구를 즐기고, 식당에서 맛난 음식을 음미하고 있었다. 하지만 두려움이 느껴졌다. 선동가들이 활발한 활동을 벌이는 다른 모든 곳들과 마찬가지로, 반골 기질을 지닌 사람들은 누구나 감시당하고 있었으며, 그들의 이름은 요주의 인물 명단에 올랐다.[43] 지역 당국은 베르사유의 지휘를 받고 있었다. 당국은 봉기에 대한 최후의 일격이 있은 후 반란 지도자들을 체포하거나 처형하기 위해 색출에 혈안이 되어 있었다.

파리 봉쇄가 시작된 시점부터 마르크스와 엥겔스는 봉기에 반대하며 봉기가 무익할 것이라고 말했다. 그렇지만 4월이 되자 코뮌의 진정한 영웅성을 보고, 파리 시민들이 패배할 것이라고 예상했음에도 불구하고 그들을 응원했다. "이 얼마나 끈질긴 생명력이고, 대담한 역사적 행위이며, 숭고한 희생인가!" 마르크스는 선언했다. "외부의 적이 아닌 내부의 배신으로 인한 육 개월간의 굶주림과 피폐함을 딛고 마침내 그들은 일어섰다. 프로이센의 총검 아래서, 마치 프랑스와 독일의 전쟁은 원래부터 없었던 것처럼, 그리고 적은 여전히 파리의 성문 밖에 버티고 있다는 듯! 역사 속에서 이보다 위대한 예는 일찍이 없었다."[44]

5월 초 파리는 날씨가 화창해서 축제를 벌이기에 딱 좋았다. 시도 때도 없이 울리는 포성과 포탄이 떨어지는 둔중한 소리는 파리가 공격당하고 있다는 사실을 끊임없이 일깨워주었지만, 바스티유 광장에서 벌어진 진저브레드 축제는 너무나도 성황리에 진행되었기 때문에 일주일이나 더 연장되었다. 아이들은 깔깔대며 그네를 타고 하늘 높이 솟구쳤고, 어른들은 불안한 미래에 대한 걱정을 잠시 잊고, 뺑뺑이wheels of fortune를 돌렸으며, 상인들은 냄비를 탄환 만드는 데 모두 기부해버린 여인들에게 싸구려 식기를 파느라고 바빴다.[45] 코뮌 정부의 문화부 일을 맡고 있던 예술가 귀스타브 쿠르베는 5월 16일에 센 강 우안의 튈르리 궁 북쪽인 방돔 광장에서 또 다른 유쾌한 행사를 마련했다. 밴드가 음악을 연주하고 사람들이 꾸역꾸역 몰려드는 중에, 인부들은 여러 시간 동안 그곳에 세워진 거대한 기둥에 톱질을 해대고 있었다. 그것은 1805년 아우스테를리츠에서의 승리를 기리며 나폴레옹 1세가 세운 것이었다. 마침내 기둥이 쓰러지자, 보나파르트의 머리가 마치 기요틴에서 떨어져 나온 것처럼 바닥에 데굴데굴 굴렀고, 그 모습을 본 군중은 환호했다.[46]

마지막으로 5월 21일 일요일 오후에 튈르리 궁의 정원에서 대형 음악회가 열렸다. 여인들은 눈부신 봄옷 차림으로 나왔다ㅡ리사가레는 그들이 궁전의 푸른 골목길을 아름답게 수놓았다고 말했다. 궁전 근처의 콩코르드 광장에서 정부의 포탄이 떨어지며 예기치 않은(원치도 않았던) 장단을 넣어주었다. 하지만 수천 명의 청중은 흩어질 줄 몰랐다.[47] 파리 시민들은 그것이 당분간 그들이 참가할 수 있는 마지막 축제가 될 것임을 직감하고 있었을 것이다. 정말로 콘서트에 참석한 사람들은 몰랐지만 베르사유군이 대규모 공격을 위해 파리로 진군하고 있었다. 그 화창한 날 오후 3시에 베르사유군은 다섯 개의 성문을 통과했다. 7만 명의 정부군이 도시로 몰려들기 시작했고 중화기로 무장한 군함도 발포 태세를 갖추고 센 강에 도착했다.[48]

코뮌의 언론 부서에서 일하던 폴 베를렌은 군대가 파리에 진입한 꿈을 꾼 아내로부터 처음으로 그 소식을 들었다고 말했다(베를렌은 어쨌든 시인이었다).[49] 소식이 전해지자 남자, 여자, 아이들은 바리케이드로 달려가서 오스만이 뚫어놓은 대로상에서 총과 포를 겨누며 베르사유군을 기다렸다. 후에 '피의 일주일'로 알려질 사건은 이렇게 시작되었다.

닷새 동안 파리에는 전쟁 이외에는 아무것도 없었다. 전선도 후방도 없었다. 전투는 어디에서나 벌어졌다. 화약으로 온통 시커멓게 변한 남자들이 웃통을 벗어던지고, 땀을 뻘뻘 흘리며 양손에 도화선을 움켜쥐고 있었고, 옆에서 다른 동료는 다음 발사를 위해 열심히 총을 장전했다.[50] 한쪽에서는 1천5백여 명의 여인들이 모여서 무너진 바리케이드를 보강할 모래주머니를 만들었다. 다른 사람들은 화약으로 검어진 손과 총의 반동으로 퍼렇게 멍든 어깨로 바리케이드를 쌓고 있었다. 아이들은 죽은 아버지의 총을 대신 들고 계속 발사했다.[51] 누구도 예외는 없었고, 누구도 싸움을 피할 수 없었다.

몽마르트에서 베르사유군은 3월에 르콩트와 토마 장군을 살해한 것에 대한 보복으로 마흔두 명의 남자, 세 명의 여자, 네 명의 어린이를 처형했다. 로지에 거리는 정부가 허가한 살인을 위한 최고의 장소가 되었다. 포로가 된 코뮌 가담자들은 매일 파리가 내려다보이는 언덕으로 끌려가서 무수한 탄흔이 박힌 벽에 세워진 다음, 총살당하고 생 드니 거리가 내려다보이는 비탈에 버려졌다.[52] 잔학 행위는 코뮌 가담자들에 의해서도 벌어졌다. 5월 25일, 파리의 대주교와 다섯 명의 사제가 국가방위군에 의해 처형되었다. 국가방위군은 워낙 서툴러서 다섯 번이나 다시 발포한 후에야 대주교를 사살할 수 있었다. 그리고 나중에 총검으로 그의 시신을 갈가리 찢어놓았다[53] (인터내셔널이 런던에서 살해를 지령했다고 비난받았다).[54]

일주일의 중간쯤 되었을 때 파리는 불타올랐다. 튈르리 궁, 팔레루아얄, 최고재판소Palais de Justice 와 루브르의 일부가 불탔다. 가스등은 꺼졌지만 밤에도 도시는 대낮처럼 밝았다. 오스만의 웅대한 도시계획이 기괴한 진홍색 불길 속에 잿더미로 변해버렸다[55] (8천 명의 여인들이 화염병부터 기름을 채운 달걀까지 모든 것을 동원해 불을 질렀다는 소문이 있었다. 여성 방화자들에 대한 이런 소문은 당시 광란 속에 빠져든 도시에서 입에서 입으로 전해진 수백 가지 이야기들 중 하나였다).[56] 수 주간 계속된 가뭄으로 불길은 걷잡을 수 없이 번졌다. 그러나 전투가 시작된 후 닷새째 되던 날 갑자기 하늘이 어두워지면서 비가 내리기 시작했다. 그리고 싸움도 곧 그쳤다. 끝난 것이다. 너무 많은 사람들이 죽었고, 파리의 너무 많은 부분이 파괴되었다.[57] 베르사유군의 사령관 마크마옹은 5월 28일에 "파리 주민들이여, 파리가 해방되었습니다"라고 발표했다.[58]

그동안 마르크스는 코뮌 관련 일에 파묻혀 지냈다. 쿠겔만은 엥겔스에게 마르크스의 건강이 걱정된다고 편지했다. 그렇지만 엥겔스는 걱정 말라며 "마르크스의 생활방식은 절대로 사람들이 상상하는 것처럼 광적이지 않습니다. 전쟁과 함께 시작된 흥분은 아직 계속되고 있지만, 그는 무거운 이론적 문제에 대한 작업은 포기하고 그런대로 이성적으로 잘 지내고 있습니다"[59]라고 말했다. 사실 엥겔스가 가까이 살고 있다는 것은 이제 마르크스가 자신의 부담을 누군가와 나눌 수 있다는 것을 의미했다. 그들 두 사람은 유럽과 미국의 인터내셔널 회원들과 교신했고, 런던에서의 인터내셔널 관련 문제에 대한 자문도 두 사람이 나누어서 처리할 수 있었다. 마르크스가 도맡아서 하던 일이 이제 마르크스와 엥겔스의 공동 사업이 된 것이다.

두 사람은 파리에 관한 소식을 런던과 프랑스를 자주 드나드는 한 독일 상인으로부터 계속 전해 들었다.[60] 또한 마르크스는 아름다운 러시아 아가씨인 엘리자베스 드미트리예프 토마노프스카야를 자주 파리로 보냈다. 그녀는 마지막에는 파리에 남아서 싸움에 참가했다.[61] 마르크스에게는 비스마르크와 가까운 정보원도 있었다. 과거에 공산주의자동맹의 조직원이었던 그 사람은 독일 측의 움직임을 알려주었다.[62] 예니헨도 보르도에서 런던으로 편지를 보냈다. 편지는 딸 J. 윌리엄스가 아버지 A. 윌리엄스에게 보내는 것이었다(마르크스는 한 통신원에게 A. 윌리엄스가 자기 집에 사는 친구라고 설명했다).[63] 예니헨은 아버지에게 자기는 보르도를 속히 떠나고 싶으며, 계속 머물 경우 폴이 체포될까봐 두렵다고 말했다. 어떤 수상한 사람이 그에 관해 꼬치꼬치 캐물었다고 한 이웃이 알려주었다고 한다. "만약 마르크스의 사위라는 사실이 알려졌다면 그는 벌써 감방에 처박혔을 거예요. 사랑하는 무어인, 아버지 당신은 프랑스의 부르주아들에게는 무시무시한 존재예요!"[64]

비록 마르크스 — 그리고 마르크스의 이름으로 행해진 일들 — 가 혁명적 분출이나 폭력사태와 연관 지어지기는 했지만, 그는 그런 행동은 우매한 것이고 스스로 파괴하는 짓일 뿐이라는 믿음을 견지해왔다. 예니헨도 그렇게 알고 있었기 때문에 다음과 같이 썼다. "아버지는 너무 많은 고통을 겪는군요. 6월의 나날들[1848년]을 보았는데 이십 년도 더 지난 후에 또 이런…… 이번 학살이 혁명운동의 생명력을 장기간 괴멸시켜버릴 것이라고 생각하시나요?"[65] 예니헨은 편지에서 마치 최악의 순간은 지나간 것처럼 썼다. 하지만 사실 이제부터 시작이었다.

5월 28일, 마크마옹이 코뮌의 종식을 선언한 것은 학살의 중지와는 아무 상관이 없었다. 바로 그날 페르라세즈 공동묘지에서 대주교의 시신이 발견되었다. 베르사유의 대응은 신속하고 잔인했다. 그들은 페르라세즈 근방에서 5천 명 이상의 포로를 잡아들여 죽을 자와 살 자로 무리를 나누었다. 일요일과 월요일 사이에 로케트 감옥, 군사학교 등지에서 수천 명이 살해되었다. 목격자들은 총성이 끊이지 않았다고 말했다.[66] 지난 10월에 시청에서 체포되었던 장-바티스트 밀리에르는 팡테옹의 처형장으로 끌려갔다. 군대가 사선에 도열하자 그는 "인민 만세! 인류애 만세!"를 외쳤고, 군인은 "인류애는 개나 쥐버려!"라고 소리쳤다. 밀리에르는 벌집이 되어 쓰러졌다.[67]

전쟁과 공포로 미쳐버린 많은 파리 시민들이 체포되기보다는 스스로 목숨을 끊는 길을 택했다. 실크드레스를 입은 젊은 아가씨들이 거리에서 권총을 난사하며 그들의 처형인이 될 군인들에게 "빨리 쏴!"라고 외쳤다.[68] 런던의 『이브닝 스탠더드』지 기자는 "코뮌의 태양은 말 그대로 피바다 속에 졌다. 우리가 알지 못하고 결국 알 수 없게 될 희생자 수가 실제로 얼마나 되는지. 경악을 금할 수 없는 수준일 것이라고 말하는 것만으로도 충분할 것이다"[69]라고 말했다. 그 신문은 정부군에 대해 알고 있는 한 관리의 말을 인용해 두 번의 군사재판으로만 하루에 5백 명이 처형되었다고 전했다. 정부군은 주민들이 패배를 절감하도록 만들기 위해 무개마차로 시신을 날라 광장에 내다버렸다.[70] 리사가레는 다음과 같이 썼다. "결국 송장 냄새가 가장 광적인 자도 숨을 쉴 수 없을 정도로…… 온갖 종류의 파리가 부패한 시신에서 날아올라…… 표백분을 뒤집어써서 반쯤 허연 시신들이 여기저기 무더기로 쌓였다. 기술전문학교에는 시신이 2.7미터 높이로 92미터 길이나 쌓였다…… 토로카데로Trocadéro의 집단무덤에 얇게 덮인 흙 위로 손과 팔들이 삐죽삐죽 솟아 있었다."[71] 코뮌 가담자들을 격렬히 비난했던 신문들조차도 정부의 만행에 혐오감을 표시했다. 몇 주 동안 반란자들에게 비난을 퍼부어왔던 런던의 『이브닝 스탠더드』지는 6월 2일 파리 특파원의 다음 기사를 실었다.

멀리서 유탄이 날아다니는 소리가 들리고, 상처 입고 방치되어 페르라셰즈의 묘비들 사이에서 죽어가는 불쌍한 자가 있는데, 6천여 명의 공포에 질린 반란자들이 절망의 고통 속에서 지하묘지의 미로를 헤매고, 거리를 내달리다가 집단으로 기관총에 거꾸러지는 사람들이 있는데, 카페가 압생트주, 당구, 도미노를 즐기는 사람들로 북적이는 것을 보는 것은 역겨운 일이다. 버려진 여인이 대로를 배회하고 있을 때, 고급 요리집의 특실에서는 흥청망청 즐기는 소리가 밤의 적막을 깨뜨린다. 누구든…… 파리가 어떤 경사를 즐기고 있다고 생각할 것이다. 대부분의 관공서 건물, 2천 채의 개인 집들, 그리고 2만 명 이상의 프랑스인들의 삶이 파괴된 것이 이런 꼴사나운 공식적 축하행사와 아무런 모순이 없는 것으로 여겨지고 있다는 것은 상상할 수 없을 정도다.[72]

2백만 명의 주민 중 4만 명이 피의 일주일과 뒤이은 공포의 날들에 체포되었다. 남녀노소, 파리 시민, 지방사람, 외국인 가릴 것 없이 모두 사슬에 묶여 감옥으로 호송되거나 추방당하느라 항구로 보내졌다. 부르주아들 그리고 지난 구개월간 파리에 가해진 불행이 코뮌 가담자들 탓이라고 여기는 사람들은 행렬에 욕설을 퍼붓고, 죄수들을 즉시 총살시키고 여자들에게는 창녀라고 낙인을 찍으라고 요구하기도 했다[73](한 프랑스 신문은 우아하게 차려입은 여인이 사슬에 묶인 여자를 양산으로 찌르는 장면을 묘사했다).[74] 사망자 수는 당시 기록자들 사이에서 대체로 동의된(그리고 오늘날 역사가들이 받아들이고 있는) 것이 그 짧은 기간 동안 2만 5천 명이 살해되었다는 것이다. 그리고 감옥에서 3천 명이 더 사망했으며, 거의 1만 4천 명이 종신형을 받았고, 7만 명의 아이들이 가족이나 보호자가 죽거나 투옥되었기 때문에 스스로 알아서 살도록 남겨졌다.[75]

코뮌 가담자와 동조자들에 대한 사냥은 파리에만 국한된 것이 아니었다. 프랑스 전역과 심지어 국경 너머까지 폭력행위에 책임 있는 자들에 대한 색출 작업이 펼쳐졌다. 점점 비난의 화살이 인터내셔널과 마르크스에게로 모아졌다. 이상하게도 마르크스가 했던 일은 그가 하지 않았던 일에 대한 과장된 이야기들에 의해 철저히 가려져버렸고, 그 상황은 그의 사후에도 변하지 않았다. 이 경우 그는 파리의 반란을 배후조종한 악마적인 인물로 그려졌다.

마르크스에 대한 관심은 나중에 『프랑스 내전*The Civil War in France*』이라는 제목의 35페이지짜리 팸플릿으로 출판된, 그가 했던 한 연설에서 비롯되었다. 그 팸플릿도 그의 많은 다른 저작들처럼 늦게 출판되었다. 그는 4월 말까지 완성하고 싶어 했지만, 5월 30일이 돼서야 그것을 런던의 인터내셔널 중앙협의회에 제출할 수 있었다. 그때는 이미 공식적으로 코뮌이 끝났다고 선언된 뒤였다.[76] 그렇지만 지연되었다고 해서 팸플릿이 던진 충격이나 파장에는 아무런 영향도 없었다. 팸플릿에서 마르크스는 파리 시민들의 방법에 대해서는 비판했지만 그들의 노력에 대해서는 아낌없는 찬사를 보냈다. "평범한 노동자들이 최초로 감히 '자연적 우월자'인 정부의 특권을 침해하려 들었을 때…… 낡은 세상은 시청 위에 나부끼는 공화국의 상징인 붉은 깃발을 보면서 분노에 치를 떨며 괴로워했다."[77] 그리고 인터내셔널에 대해서 다음과 같이 썼다.

어디서, 어떤 형태로, 어떤 조건하에서든 계급투쟁이 발생하면 우리 협회의 회원들은 그 일선에 서는 것이 당연하다. 계급투쟁이 자라나는 토양은 바로 현대사회 그 자체이다. 그것은 어떤 학살로도 짓밟을 수 없다. 그것을 없애기 위해서는 정부는 노동에 대한 자본의 전제專制—그들의 기생적인 존재를 가능하게 하는 조건—를 없애야 할 것이다.

노동자의 파리는 코뮌과 함께 새로운 사회의 영광스러운 선구자로서 영원히 기억될 것이다. 그 순교자들은 노동계급의 위대한 가슴속에 소중히 간직될 것이다. 그 탄압자들의 역사는 이미 그들의 사제들이 어떤 기도를 해도 구원해줄 수 없는 영원의 형틀에 못 박혀버렸다.[78]

『프랑스 내전』은 두 달 만에 3판이 인쇄되어 수천 부가 팔렸으며 유럽의 모든 언어로 번역되었다.[79] 그것은 「프랑스-프로이센 전쟁에 대한 첫 번째 연설」을 누르고 마르크스의 가장 성공적인 저작이 되었다. 한 초기 마르크스 전기 작가는 코뮌 이전에는 프랑스에서 일반 대중은 고사하고 인터내셔널 회원 1백 명 중 한 명도 마르크스의 이름을 잘 몰랐다고 지적했다. 런던에서 그는 거의 알려지지 않은 인물이었다.[80] 그렇지만 코뮌 이후 그의 무명시절은 끝났다. 카를 마르크스는 전 세계에 알려졌다. 그는 코뮌의 사악한 설계자이고, 혁명의 아버지였다. 팸플릿으로 인해 그는 살해협박 편지들을 받게 되었고, 멀리 시카고에서도 신문들이 그를 비난하기 시작했다.

『팔 말 가제트』, 런던, 1871년 5월

"지금 내 앞에는 그 조직에 대한 상세한 설명이 있다. 설립된 지 구 년밖에 되지 않았는데 250만 명에 육박하는 회원을 거느린…… 이 협회의 중앙위원회는…… 런던에 있고 그 지도적 인물은 독일인이다."[81]

『뉴욕 월드』, 6월 3일

"코뮌의 진정한 지도자는 카를 마르크스인 것으로 밝혀졌다…… 런던의 이 사람들이 현재 리옹, 마르세유, 마드리드, 토리노, 로마, 나폴리, 빈, 모스크바, 그리고 베를린을 대혼란으로 몰아넣으려고 계획을 꾸미고 있음을 보여주는 문서들이 입수되었다."[82]

『시카고 트리뷴』, 6월 5일

"파리가 불타버린 것을 시시하게 만들어버릴 또 다른 대형 폭동이 일어날 것이다. 런던의 부두들이 그 모든 부와 함께 잿더미가 돼버리면 유럽의 중간계급들은 커다란 교훈을 얻게 될 것…… 공산주의자들은 런던의 지령에 따라 움직인다는 것을 보여주는 문서들이 발견되었다."[83]

『이브닝 스탠더드』, 런던, 6월 23일

"유럽에는 불행하게도 기존의 어떤 것보다도 더 무시무시한 새로운 혁명정당이 만들어졌다…… 파리가 그 첫 번째 전장이 된 안타까운 사태가 발생했다. 하지만 그들은 어느 나라의 수도에서든 그와 비슷한 사태를 손쉽게 만들어낼 능력이 있는 것 같다."[84]

그리고 의심의 여지를 없애기 위해 반체제 인사인 루이 블랑의 증언도 제시되었다. "코뮌은 인터내셔널의 첩자들로 구성되었다", "인터내셔널의 중앙협의회가 대포와 탄약을 배급하고 혁명의 모든 물리력을 통제했다."[85]

사실 코뮌 지도부에 인터내셔널 회원들은 많지 않았다—92명의 코뮌 위원 중 인터내셔널 회원은 17명이었다.[86] 그렇지만 심각한 타격을 입은 프랑스 사회의 치유를 위해서는 사태의 책임을 외부 세력에게 돌리는 것이 편리한 방법이었다. 6월 6일, 프랑스 외무부장관은 인터내셔널을 "가족, 종교, 질서와 사유재산의 적"이라고 규정하고 모든 유럽 정부들에게 그 조직을 파괴하고 조직원들을 발본색원하는 일에 힘을 한데 합치자고 제안했다.[87] 마르크스는 서재에서 느긋하게 관료들의 광기를 즐겼다. 그는 쿠겔만에게 보낸 편지에서 "저는 이 순간 런던에서 가장 무섭고 가장 욕을 많이 먹는 사람이라는 영광을 누리고 있습니다. 이십 년간 뒷전에 밀려나 지루한 시간을 보낸 뒤인지라 이것도 그다지 나쁘지는 않군요"[88]라고 말하며 가볍게 받아넘겼다.

'빨갱이'에 대한 박해가 심해졌기 때문에 마르크스의 딸들과 사위, 손자들은 보르도를 급히 떠나야 했다. 폴은 스페인 여권을 신청했다(쿠바 출생이기 때문에 자격이 있었다). 여권이 나오자, 그들은 남서쪽으로 향해 온천욕으로 유명한 피레네 산맥의 휴양마을인 바네르-드-뤼숑Bagnères-de-Luchon에 도착했다. 그리고 가명—라파르그 부부는 '모라', 예니헨과 투시는 '윌리엄스'—을 사용하며 사람들과의 접촉을 피했다. 그들은 하녀, 집주인, 의사를 제외하고는 아무도 집에 들이지 않았다. 생후 사 개월밖에 되지 않은, 라우라의 어린 아이 마르크-로랑은 매우 아픈 상태였다.[89]

이런 예방조치에도 불구하고, 6월에 마르크스는 폴이 발각되어 체포될 위험에 처했다는 소식을 들었다. 그는 딸들에게 암호화된 편지를 보내 뤼숑을 떠나라고 말했다.

이제 일반적으로 말하자면 현명하기로 유명하고 **모든 직업적 전문지식**을 갖춘 의사들에게 자문해본 결과, 너희들 모두 프랑스를 떠나 피레네 산맥의 스페인 쪽으로 가는 것이 낫겠다는 생각이 든다. 그곳이 기후도 훨씬 좋고 너희들에게 필요한 변화도 훨씬 뚜렷할 것이다. 특히 툴리의 경우, 조언을 따르는 것을 더 이상 주저한다면 건강이 악화되어 심각한 위험에 노출될 수도 있다. 그 의사들은 그의 몸 상태에 대해 모든 것을 알고 있고, 더군다나 보르도의 예전 그의 의사들과도 상의를 마친 상태다.[90]

그렇지만 예니헨은 그들이 금방 떠나지는 않을 것임을 엥겔스에게 편지로 알렸다. 마르크스의 암호를 사용해 그녀는 "조심스럽게 잘 살핀 덕에 툴리의 건강이 좋아져서 공기를 바꿀 필요는 없습니다"라고 말했다. 어쨌든 마르크-로랑이 너무 아팠기 때문에 여행을 떠날 수 없었다. 아기가 나아질 때까지는 그대로 머물러야 했다.[91] 그렇지만 아기는 낫지 않았다. 7월 26일 아기는 죽었다. 라우라는 이 년 만에 두 번째 아기를 잃은 것이다.[92] 뤼숑에서 치러진 장례식은 유독 슬픔으로 가득했다. 그들 모두 아기가 낯선 장소에 영원히 혼자 남아야 할 것이라는 것을 알았기 때문이다.

라파르그는 최대한 조심스럽게 행동하고 있다고 생각했을 것이다. 그렇지만 엥겔스에 따르면 8월 4일 한 남자가 라파르그의 집 문을 노크한 후 다음과 같이 말했다고 한다. "저는 경찰이지만 공화주의자입니다. 당신의 체포명령이 내려왔습니다. 당신은 보르도와 파리 코뮌 간의 연락을 담당했다는 혐의를 받고 있습니다. 한 시간 안에 국경을 넘으십시오."[93] 라파르그는 경찰의 충고를 받아들여 뤼숑을 떠나 오솔길로 40킬로미터 떨어진 스페인 마을인 보소스트Bosost로 갔다.[94] 그가 떠나고 한 시간이 지난 후, 경찰들이 오두막에 들이닥쳤다. 그곳에는 라우라, 세 살짜리 아들 슈냅스, 예니헨, 그리고 투시가 있었다. 경찰들은 집 안을 수색해 인터내셔널 가입에 관한 라파르그의 서류와 편지들을 찾아냈다. 하지만 여성들에게 직접적으로 혐의를 씌울 만한 것은 없었다. 경찰은 오두막 을 감시하기 시작했다.[95]

37

1871년 여름
프랑스 바네르-드-뤼숑

> 미쳐 날뛰는 정부에 대해서는 조용한
> 경멸로, 그 정부에 의해 고용된 정신없는
> 광대들이 이리저리 설쳐대며 빚어내는
> 소극에 대해서는 비웃음으로 넘길 수도
> 있었을 것이다.
> 만약 그 소극이 수천 명의 남자와 여자,
> 아이들의 비극으로 드러나지만 않았다면
> 말이다.
>
> —예니헨 마르크스[1]

라파르그가 뤼숑으로 도피하고 이틀 후, 마르크스 가의 여인들과 슈냅스는 그가 스페인에 안전하게 도착했는지 확인하기 위해 마차로 여행을 떠났다. 라우라는 아기를 잃은 슬픔과 남편 걱정 때문에 이미 심신이 피폐한 상태였는데 남아 있는 아이도 병의 징후를 보였다.[2] 그런 중에도 예니헨은 경치에 마음을 빼앗겼다. "비교할 수 없이 아름다운 경치…… 우리는 눈 덮인 순백의 산과 밤처럼 까만 산, 연녹색의 초지와 어두컴컴한 숲, 때로는 급하게 때로는 게으르게 흐르는 시냇물을 보았다. 스페인 쪽에 가까워질수록 산세는 더욱 험해졌다." 그들은 스페인 피레네 산맥의 가난한 농촌인 지저분하고 메마른 보소스트에 도착했다. 공터는 돼지들과 뛰노는 아이들로 가득했다. 장터도 열리고 있었다.[3] 이런 평화로운 분위기 속에서 폴이 잘 지내고 있다는 사실을 알고는 침울했던 라우라까지도 한결 기분이 나아졌다.

그렇지만 그날 밤 슈냅스의 병세가 누가 봐도 분명해졌고, 나중에 이질로 밝혔다. 길을 나섰다가 슈넵스마저 잃게 될까봐 걱정이 된 라우라는 폴과 함께 스페인에 남기로 결정하고 예니헨과 투시만 프랑스로 향했다.[4] 마부는 친절했다. 그는 마차를 좁은 산길로 조심스럽게 몰아 국경 마을인 포스Fos에 도착했다. 그들은 마차에서 내려 세관 검사를 받았다. 두 여인은 당일 여행에 알맞은 망토만 걸치고 아무것도 지닌 것이 없었으므로 세관원은 한번 흘낏 본 후 마부에게 출발하라고 지시했다. 그러나 막 떠나려는 찰나에 한 검사가 나타나 명령했다. "공화국의 이름으로 명하는 것이니 따라오시오." 두 사람은 마차에서 내려 작은 방 안으로 안내되었고, 그곳에는 몸수색을 위해 한 여인이 기다리고 있었다. 예니헨과 투시는 그 우락부락하게 생긴 여성에게 복종해 옷을 벗을 마음이 없었다. 그래서 거부 의사를 표하고 방을 나와 검사를 찾아갔다.[5] 그사이에 예니헨은 주머니에 지니고 있던 플루랑스의 옛 편지를 꺼내 사무실의 먼지 낀 장부사이에 밀어 넣었다. 엥겔스는 나중에 "만약 그 편지가 발견되었다면, 두 사람의 뉴칼레도니아[태평양에 있는 프랑스 유형지] 행 여행은 떼놓은 당상이었을 것이다"[6]라고 말했다.

세관원 여인도 검사에게로 왔다. 검사는 투시에게 "만약 이 여인의 몸수색을 거절하면, 내가 하게 될 것이오"라고 말했다. 그는 어린 소녀에게 겁을 줘서 협조하도록 만들 수 있다고 생각했을 것이다. 그렇지만 투시는 "당신은 영국인을 그렇게 다룰 권한이 없어요. 나는 영국 여권을 가지고 있습니다"라고 쏘아붙였다. 검사는 그 말에 아랑곳없이 자신의 협박대로 실행하려 했다. 그래서 그들은 어쩔 수 없이 여성 세관원의 몸수색을 받아들였다. 검사는 철저했다. 그들은 옷을 벗고 스타킹 차림이 되었으며, 세관원은 옷의 솔기까지 검사하고 머리도 풀어헤치라고 명령했다. 예니헨에게서 신문 하나와 투시에게서 찢어진 편지(그녀는 편지를 삼키려 했지만 성공하지 못했다) 말고는 아무것도 발견되지 않았다.[7] 검사는 만족하지 못했다. 그래서 두 여인이 타고 온 마차를 돌려보내고 그들을 호송차에 태웠다. 양옆에는 두 명의 경찰이 앉아 지켰다. 그리고 그들은 뤼숑으로 향했다. 마을을 지날 때 사람들은 두 여인이 유명한 도둑이거나 밀수업자일 것으로 여기며 구경했다. 그들은 밤 8시에 뤼숑에 도착했고 호송차는 에밀 케라트리의 집 앞에 멈췄다. 에밀은 보르도에서 몇 달 전 라파르그의 수상쩍은 행적들에 대해 통보받은 관리였다. 그런데 그가 일요일 음악회에 참석하면서 자신을 방해하지 말라는 지시를 해두었기 때문에 예니헨과 투시는 다시 그들의 오두막으로 옮겨진 후 에밀이 오기를 기다려야 했다.

예니헨은 자기와 투시가 그날 밤 음악회와 함께 그 마을의 주요한 관심사가 되었다고 말했다. 그들의 방은 위험한 두 여인을 한번 보려는 경찰과 첩자들로 가득했다. 그들은 두 사람이 파리를 불태워버린 방화범이 아닌지 방 안을 철저히 수색했다. 심지어 아기의 우유를 데우는 램프도 검사했다. 예니헨은 그들이 "그것을 마치 사악한 기계 보듯 했다"고 말했다. 그 사람들은 마치 자기 집인 것처럼 의자와 소파에 걸터앉아서 예니헨과 투시에게 말을 붙였지만, 두 사람은 대화를 거부했다. 그러자 경찰들은 험악하게 노려보았고, 10시 30분이 돼서야 부장검사, 두 명의 판사, 그리고 툴루즈와 뤼숑의 경찰감독관이 나타났다.

예니헨이 응접실에서 여러 심문자들에게 둘러싸여 있는 동안 투시는 별실에 격리되어 있었다. 두 시간에 걸쳐서 케라트리는 예니헨에게 라파르그와 그녀의 친구들, 가족들에 대해 캐묻고 뤼숑에서의 체류 목적에 대해 물었다. 그녀는 늑막염을 앓고 있기 때문에 온천을 하러 왔다는 말만 하고 다른 질문에는 대답을 거부했다. 케라트리는 계속 대답을 거부하면 공범으로 간주될 것이라고 경고했다. 그리고 "내일 당신은 법에 따라 선서를 해야 할 것이오. 당신에게 말해주겠는데 라파르그 씨와 그의 부인은 이미 체포되었소"라고 덧붙였다.

그들은 투시를 응접실로 데려온 후, 예니헨에게는 동생의 대답에 영향을 주지 못하도록 돌아앉아 있으라고 말했다. 그리고 한 경찰관이 그녀 앞에 서서 신호를 보내지 못하도록 감시했다. 그들은 예니헨의 진술서라고 주장하는 종이를 읽는 동안 투시에게 "예", "아니오"로만 대답하라고 요구했다. 그러나 그것은 사실 그들이 입증하고 싶어 하는 혐의 내용일 뿐이었다. 예니헨의 말과 어긋날까 봐 투시는 일부 진술에 대해 그렇다고 대답했다. 나중에 투시는 그 조사에 대해

"더러운 속임수였어요. 아무리 그런 짓으로 뭔가 소중한 것을 건질 수 있었다고 해도 말이에요"[8]라고 말했다. 예니헨은 미국 신문에 그때의 경험을 설명하면서 흥분했다. "고작 열여섯 살짜리 소녀가, 8월의 무더위 속에서 새벽 5시부터 아홉 시간 동안이나 여행했고, 먹은 것도 보소스트에서 일찍 아침을 먹은 게 전부였는데, 새벽 2시 반까지 대질 심문을 받아야 했다!" 그날 밤의 조사는 끝났다. 그러나 툴루즈의 감독관과 몇 명의 경찰은 집 안에 남았다.

두 자매는 녹초가 되었지만 잠들지 않았다. 그들은 라파르그가 사실은 체포된 것이 아니라고 여기며 그에게 연락을 취할 방법을 궁리했다. 예니헨은 "창밖을 내다봤다. 정원에는 헌병이 어슬렁거리고 있었다. 집 밖으로 나갈 수 없었다. 우리는 집중감시를 받는 죄수들이었다. 하녀와 집주인을 만나는 것도 허락되지 않았다"고 회상했다.

다음 날은 선서에 의한 심문이 시작되었다. 그것은 거짓말이 탄로 날 경우 처벌당할 수도 있음을 의미했다. 그렇지만 예니헨의 분노는 하룻밤을 지새우면서 더욱 깊어졌기 때문에 그녀는 대답을 거부했다. 투시 역시 선서를 하거나 질문에 답하기를 거부했다.[9] 케라트리는, 엥겔스의 표현에 따르면 "이 가족의 기질로 보이는 완고함"에 화가 나 어쩔 줄 몰랐다.[10] 예니헨과 투시는 부모가 그들의 체포 소식을 들을까봐 걱정이 되어, 경찰 입회하에 프랑스어로 그들이 잘 있다고 알리는 편지를 쓰게 해달라고 요구했다. 경찰은 그들이 암호로 위험한 소식을 전할 수 있다는 이유로 거절했다. 폴의 소지품 중에서 양과 소를 언급하는 서류를 발견하고는 양은 공산주의자, 소는 인터내셔널 조직원을 일컫는 것이라고 확신했던 것이다.

월요일에 두 여인은 하루 종일 연금 상태였다. 화요일에 케라트리가 다시 찾아왔다. 그는 경찰이 오해했으며 라파르그에 대한 혐의는 근거가 없으므로 프랑스로 돌아가도 좋다고 말했다. 그렇지만 "라파르그 씨보다 당신들에 대한 혐의가 더욱 짙소"라고 덧붙였다. 라파르그는 마르크스의 사위지만, 그들은 바로 그의 딸이기 때문이었다! "당신들은 프랑스에서 추방될 가능성이 매우 높소.

하지만 어쨌든 당신들을 풀어주라는 정부의 명령이 곧 내려올 것이오"라고 설명해주었다. 예니헨과 투시는 이런 돌연한 변화와 모순적인 정보를 수상쩍게 여겼다. 그래서 한 친구를 통해 라파르그에게 돈과 함께 편지를 보내며 스페인의 더 깊숙한 곳으로 들어가라고 충고했다.

하루 종일 자매는 '풀려나기'를 기다렸다. 그렇지만 밤 11시에 검사는 여러 명의 경찰을 대동하고 나타나 짐을 꾸려 자신을 따라 감옥에 가야 한다고 말했다. 예니헨은 후에 그 광경을 다음과 같이 묘사했다. "우리는 캄캄한 한밤중에 낯선 나라에서 어딘지도 모를 곳으로 가기 위해 두 명의 헌병이 버티고 있는 마차에 올라야 했다. 우리의 목적지는 헌병대 막사로 드러났다. 우리는 한 침실로 인도되었다. 방문은 바깥에서 잠겼고 방 안에는 우리 둘만 남겨졌다." 다시 그들은 하루 종일 기다렸다. 결국 저녁 5시에 예니헨은 케라트리에게 대화를 요구하고 풀어주겠다고 하더니 왜 경찰서에 앉혀놓느냐고 따졌다. 케라트리는 "내가 힘써준 덕분에 당신들은 헌병대에서 밤을 보낼 수 있었소. 정부는 당신들을 툴루즈 근처의 생 고댕St. Godins 감옥으로 보내려 했소"라고 대답했다. 그는 라파르그의 은행원이 보르도에서 그에게 보낸 2천 프랑이 담긴 봉투를 예니헨에게 건네주었다. 경찰이 그것을 가로챘던 것인데 이제 케라트리가 그 돈을 예니헨에게 내주면서 그녀와 투시에게 가고 싶은 곳으로 가라고 말했다. 그렇지만 여권은 돌려주지 않았다. "우리는 아직 죄수였다"라고 그녀는 말했다. "여권 없이는 프랑스를 떠날 수 없었다. 그 나라는 어떤 다른 일이나 구실로 우리를 다시 체포할 수 있을 때까지 우리를 붙잡아두려는 것이었다." 며칠간 경찰과 실랑이를 벌이고 감금으로 불안한 시간을 보낸 탓인지 마르크스 가의 여인들은 조심성을 잃었다. 그들은 그동안 있었던 모든 일과 폴에 관해 들었던 얘기들을 라우라에게 편지로 적어 보냈다. 그들은 편지가 라우라에게 도착하게 될지, 라파르그 가족에게는 무슨 일이 발생했는지 전혀 몰랐다.[11]

예니헨과 투시를 태웠던 마부는 포스에서 프랑스 경찰에 의해 돌려보내지면서, 보소스트로 돌아가 라파르그를 데려오라는 부탁을 받았다. 경찰은 별일 아닌 듯 가볍게 부탁했지만, 마부는 수상하다는 생각이 들어서 청을 거절했다. 그러자 검사와 여러 명의 경찰들은 직접 행동하기로 했다. 보소스트에 도착했을 때 라파르그의 거처를 쉽게 찾을 수 있었다. 왜냐하면 그 마을에는 여관이 단 두 군데밖에 없었기 때문이다. 그런데 프랑스인들은 일처리를 조용히 할 생각은 하지 않고, 떠들썩하게 구는 것이 권위를 세우는 데 도움이 된다고 생각했던지 보소스트의 작은 공터에서 소란스럽게 자신들의 도착을 알렸다. 때문에 주민들이 폴에게 체포의 위험을 알릴 시간이 있었고, 폴은 여관 뒷문을 빠져나와 "가이드, 염소, 그리고 영국인 관광객들"에게만 알려진 길로 피신했다.

프랑스 경찰들은 새벽 3시에 네 명의 스페인 경찰을 대동하고 여관을 덮쳤다. 침대를 향해 총을 겨눴지만 그곳에는 남자 대신 그의 아내와 아들만이 잠들어 있었다. 슈냅스는 비명을 질렀고 화가 난 라우라도 고함을 질러 여관 안을 발칵 뒤집어놓았다. 경찰은 폴이 이미 도망친 것을 알고 라우라를 체포하려 들었다. 그러나 여관 주인이 스페인 법에 따라 그럴 수 없다며 맞섰다. 여관 주위와 복도까지 몰려든 구경꾼들의 적대적인 분위기에 눌려 경찰은 어쩔 수 없이 철수했다. 그렇지만 멀리 가지는 않았다. 그 여관에 본부를 차리고 라우라를 감시하기 시작했다. 농부들은 ― 스페인 경찰과도 친하지 않았다 ― 프랑스 경찰이 그들 땅에 들어와 설치는 것에 분개했다. 그들은 중재자이자 정보원 역할을 하면서 라우라에게 케라트리가 직접 그녀를 심문하기 위해 올 것이라는 소식을 알리고 그가 오기 전에 탈출을 돕겠다고 제안했다. 농부들은 뤼숑에 있는 마르크스의 딸들에게 사건 소식을 알리기 위해 먼 피레네의 산길을 따라 여행하기도 했다.

예니헨과 투시가 라우라가 안전하다는 것과, 폴이 결국 붙잡혔다는 소식을 전해 들은 것도 그 농부들로부터였다. 라파르그는 보소스트를 떠나 내륙 깊숙한 곳인 피레네의 아라곤 지역으로 들어갔다가 우에스카Huesca에서 체포되었다.[12] 스페인 정부 ― 유럽에서 프랑스의 인터내셔널 조직원의 송환 요청에 합의한 유일한 나라였다 ― 는 즉시 그를 프랑스로 넘겨줄 것에 동의했다.[13]

스페인이 프랑스의 요청에 동의한 바로 그날, 예니헨과 투시는 여권을 돌려받았다. 그들에게 처음 든 생각은 즉시 우에스카로 가서 폴의 상황을 살피고 난 후, 라우라를 찾아 구해내야겠다는 것이었다. 그들은 스페인의 해변마을인 산 세바스티안San Sebastián까지 가서 이미 라우라가 그곳에 당도해 있는 것을 발견했고, 라파르그도 그의 억세게 좋은 운과 불굴의 정신 덕분에 자유의 몸이 되었다는 사실을 알게 되었다.[14] 라파르그는 노새 등에 태워져 양옆에 장전된 총을 든 두 명의 민병대원들과 함께 여행했다고 말했다. 그들이 마을들을 지날 때 사람들은 라파르그를 경찰의 호위를 받는 중요 인물로 여겼다.[15] 라파르그는 "경찰들도 그런 죄수에게 불만이 없었다…… 스페인의 피레네 지역은 모든 것이 원시적이었다. 와인과 음식은 풍부했다. 일인당 25수*로 배 터지게 먹을 수 있었다"고 말했다. 그는 지역행정관으로부터 와인과 담배를 접대받고 그 관리가 정치적으로 자신에게 공감한다고 판단했다. 케라트리는 대경실색할 일이지만, 지방의 스페인 관리들은 라파르그의 혐의가 근거 없는 것이라고 판단하고 그를 풀어주었다. 라파르그는 산 세바스티안으로 가서 가족과 상봉한 다음 스페인에 머물기로 결심했다.[16] 그렇지만 마르크스의 딸들은 이미 대륙에 신물이 난 상태였다. 그들은 곧바로 영국으로 돌아왔다.

북쪽으로 길을 떠난 사람들은 예니헨과 투시만이 아니었다. 다시 한 번 영국은 망명하거나 쫓기는 신세가 된 왕들과 혁명가들의 목적지가 되었다. 나폴레옹 3세는 1870년 9월부터 이듬해 3월까지 프로이센의 포로로 잡혀 있다가 풀려나 아내와 아들이 기다리고 있는 켄트의 치슬허스트Chislehurst에 정착하기 위해 영국 남동부로 길을 떠났다.[17] 그렇지만 영국에 도착한 대부분의 망명자들은 런던으로 향했다. 마르크스는 그들을 "대륙에서 온 사촌들…… 당황한 듯한 인상, 보이는 모든 것에 놀라는 표정, 말, 전세마차, 승합차, 사람들, 아기들, 개들이

● 1수는 20분의 1프랑의 동전.

뒤엉켜 돌아가는 것을 보고 안절부절못하는 모습만 봐도 알아볼 수 있다"[18] 고 말했다. 대부분의 이민자들은 영어를 몰랐고 친구나 지인도 없었다. 1848년에 그랬던 것처럼 그 신참자들은 돈도, 음식도, 희망도 없이 소호로 꾸역꾸역 몰려들었다.

과거에 영국인들은 이민자들에 대해 무관심했었다. 그렇지만 코뮌 때문에 쫓겨 온 사람들에 대해서는 위험할 것이라고 의심하면서 받아들여도 괜찮을지 걱정했다. 신문은 연일 런던을 잿더미로 만들어버릴지도 모를 인터내셔널의 음모에 대해 떠들어대고 있었다.[19] 사실 런던으로 밀려든 사람들 중에 프랑스 정부가 코뮌 가담자로 송환을 요구한 사람들이 있었음에도 불구하고 (일부 극소수를 제외하면) 그들은 도시를 불태워버리는 일에는 아무런 관심도 없었다. 영국 정부가 조금만 주의를 기울였더라면 그들을 쉽게 찾아낼 수 있었을 것이다. 그들이 거의 매일 밤 급진주의자들이 자신들의 본부이자 순례지로 삼은 곳—모데나 빌라스의 마르크스 집—에 모여들었기 때문이다.

6부

붉은
테러리스트 박사

38

1871년
런던

파리에서 울려 퍼진 포성은
가장 궁벽한 곳의 프롤레타리아트까지
긴 잠에서 깨어나도록 만들었고,
모든 곳에서 혁명적 사회주의의 선전이
성장할 계기를 마련해주었다.

—블라디미르 레닌[1]

마르크스와 엥겔스 집안은 1871년 여름 내내 코뮌 망명자들을 위해 기금을
모으고 숙소, 학교, 일자리를 주선해주느라 바빴다. 여전히 프랑스에 발이 묶여
있는 사람들을 위해서 마르크스는 영국과 대륙의 인맥을 동원해 여권을 만들
어주고 안전하게 프랑스를 벗어날 수 있도록 도와주었다. 시간이 절대적으로 중
요했다. 프랑스 관리들은 과거 육 개월간의 역사를 완전히 새로 쓰고, 코뮌을 범
죄자들의 폭동으로, 코뮌 가담자들을 도둑과 악당들로 몰아가며, 그들을 좌시
할 경우, 프랑스의 모든 마을, 나아가 다른 나라까지 위험에 처할 수 있다고 목청
을 높였다. 그것은 프랑스인들이 진심으로 믿고 싶어 하는 종류의 이야기였다.
프랑스에서 그해 가장 인기 있었던 행사는 코뮌 가담자들에 대한 군사재판이었
다. 8월에 개정된 법정에 부채, 코안경, 오페라 망원경 등을 갖춘 2천여 명의 시
민이 몰려들었다. 그 같은 재판 구경은 삼 년 이상 지속되었고, 수천 명의 남녀들
이 아무리 사소한 역할이라도 1871년 파리 봉기에 가담했다는 이유로 사형이

나 추방선고를 받았다.[2]

리사가레는 5월 28일 페르라세즈에서 코뮌 가담자들에 대한 집단처형을 목격한 후 영국으로 건너왔다. 8월 중순에는 롱게도 영국으로 왔다. 롱게가 탈출할 수 있었던 것은 엄청난 행운 덕분이었다.[3] 그는 국민군 연대를 지휘했을 뿐만 아니라, 코뮌 중앙위원회 위원이었고 인터내셔널 회원이기도 했다. 더욱이 노동자들에게 부르주아의 지배에 대항해 궐기할 것을 촉구하며 코뮌에 최초로 실질적인 공산주의적 입김을 불어넣었던 3월 21일 글의 공동 작성자이기까지 했다.[4] 그런데도 한 군의관이 엄청난 위험을 무릅쓰고 그를 집 안에 숨겨주었던 것이다. 나중에 그는 간신히 벨기에 국경을 넘어 영국으로 건너올 수 있었다.[5]

다른 많은 사람들과 마찬가지로 리사가레와 롱게도 영국에 도착한 즉시 모데나 빌라스로 향했다. 리프크네히트는 코뮌 이후 마르크스의 집 안에 항상 최소한 한 명 이상의 프랑스 망명자들이 묵고 있었으며,[6] 그 기간 중 마르크스와 엥겔스로부터 받은 거의 모든 편지에는 친구가 없는 망명자들이 그들의 집 문을 두드리며 서 있는 장면에 대한 묘사가 포함되어 있었다고 회상했다. 예니헨과 투시가 아직 프랑스에서 돌아오지 않은 상태였기 때문에 마르크스 집에서는 예니와 렌헨이, 엥겔스의 집에서는 리지가 그 절망에 찬 손님들을 맞는 역할을 맡았다. 예니는 자신의 집 앞에 몰려든 궁지에 몰린 가족들의 눈빛에서, 번쩍이는 유리창 너머로 보이는 내부의 화려한 가구들을 응시하는 시선에서, 1849년 레스터 스퀘어에 처음 도착했을 때 그녀와 아이들이 느꼈던 전율을 보았을 것이다. 망명자들에게 그녀는 마치 꿈속에서 튀어나온 것처럼 우정의 손길을 내미는 다정하고, 또한 부유하기도 한 천사와 같이 보였을 것임에 틀림없다. 그런 자비에는 오만이나 멸시는 스며들 여지가 없었다. 라파르그는 예니에게는 그런 신분적 거리감이 느껴지지 않았다고 말했다. 그녀가 노동자들을 집 안과 식탁에서 마치 백작이나 왕자처럼 대접했던 것이다. "나는 노동자들 중 누구도 자기들을 그토록 다정하게 맞아주는 여인이 아가일 공작의 후손이라고 감히 상상할 수 없었을 것이라고 확신한다. 그리고 그분의 오빠가 프로이센 왕의 장관이었다는 사실도 마찬가지다."[7]라고 그는 말했다.

반면에 렌헨은 그렇게 친절하지 않았다. 그녀는 불청객들로부터 마르크스 집 안을 지키는 것을 자신의 임무로 여겼는데, 이제 그런 불청객들이 무척 많아졌 다. 마르크스가 코뮌의 브레인으로 알려졌기 때문에, 멀리 뉴욕에서까지 국제 언론들이 "혁명의 화신"과 인터뷰를 원했다.[8] 런던의 『배니티 페어Vanity Fair』는 그의 사진을 싣고 싶어 했다.[9] 어떤 사람은 대부분의 기자들이 부르주아의 집에 사는 반백의 신사가 머리에 뿔이 달리지 않은 것을 보고 실망했을 것이라고 말 했다. 『뉴욕 월드』의 특파원은 장미 화병과 라인란트 풍경에 관한 호화판 책으 로 장식된 마르크스의 서재가 증권 브로커에게 더욱 어울릴 만한 것이라고 생 각했다.[10] 또 다른 사람은 마르크스가 대화할 때 진술하고 호감을 주는 사람이 며, 매우 지적이고 박식하지만 공상적 사상에 빠져 있는 사람이라고 평했다.[11] 하지만 어떤 사람은 마르크스보다 렌헨에게 더욱 놀란 것처럼 보였다.[12]

그런 많은 손님들을 겪고 많은 대화를 나눈 후, 곧 마르크스는 지쳐 그런 침 입을 성가시게 여기게 되었다. 그는 인터내셔널의 미스터리에 대해 확실한 해명 을 요구하는 한 기자에게 쏘아붙였다. "해명할 미스터리라고는 아무것도 없소. 혹 있다면 우리 협회가 공개적인 조직이고 그 운영에 관한 상세한 보고서가 관 심 있는 사람들을 위해 출판되고 있는데, 그 사실을 계속 외면하는 그런 인간들 의 명청함이 바로 미스터리일 뿐이오."[13] 그럼에도 불구하고 마르크스의 협조하 에 또는 협조 없이도 그에 대한 보도가 끊이지 않았다. 어떤 기사들은 마르크스 가 벨기에에서 체포되었다거나 사망했다는 주장을 펼치기도 했다.[14] 프랑스 언 론에는 예니헨과 투시에 관한 기사가 실렸는데, 우습게도 두 사람이 마르크스 의 남동생으로 소개됐다.[15] 마지막으로 베를린의 『국민신문』은 마르크스가 노 동자들에 의지해서 살고 있으며 인터내셔널은 뻔뻔스럽게도 노동자들을 학대 하고 있다는 상투적인 비난을 되살려냈다. "열성 추종자가 된 노동자들은 어렵 사리 번 돈을 협회의 임원들이 런던에서 풍족한 삶을 누리도록 갖다 바치고 있 다."[16] 그 기사는 여러 신문에 다시 게재되었고, 그 때문에 마르크스와 엥겔스는 몰려드는 망명자들을 처리함과 동시에 그런 비난에 대해 적극적인 방어태세를 취해야 했다. 마르크스는 쿠겔만에게 다음과 같이 썼다.

하루가 48시간이어도 나는 아직 몇 달간의 일과를 끝내지 못했을 겁니다. 인터 내셔널의 일이 산적해 있고, 런던은 지금 우리 도움의 손길을 기다리는 **망명자들**로 넘쳐나고 있습니다. 더욱이 나는 또 다른 사람들에게 치이고 있지요─신문기자들과, '**괴물**'을 직접 자기 눈으로 확인하고 싶어 하는 기타 등등의 사람들. 여태까지는 로마제국 시기에 아직 인쇄술이 개발되지 않았기 때문에 그리스도의 신화가 탄생할 수 있었다고 여겨졌습니다. 하지만 정반대입니다. 순식간에 자신의 창작을 전 세계에 퍼뜨릴 수 있는 일간지와 전신電信들은 과거에 한 세기에 걸쳐 만들어진 것보다 더 많은 신화를 단 하루 만에 꾸며내고 있습니다(그리고 부르주아 축생들이 그것을 믿어주고 더 멀리 선전해주고 있지요).[17]

8월 중순 마르크스는 휴식을 찾아 브라이튼 해변으로 탈출했지만, 그곳에서도 추적을 피할 수 없었다. "여기 도착한 후 이틀날 거리의 모퉁이에서 기다리는 자세로 서 있는 녀석을 보았지." 마르크스는 예니에게 그 사람이 벌써 여러 번 마르크스와 엥겔스가 집에 돌아올 때 쫓아왔던 자라고 말했다. "당신도 알다시피 나는 스파이를 발견하는 데 별로 소질이 없잖소. 그렇지만 이자는 여기서 내가 가는 곳마다 따라다니고 있소. 어제, 나는 하도 짜증이 나서 멈춰 선 다음 돌아서서 내 악명 높은 외눈안경으로 째려봐주었지. 그랬더니 그가 어떻게 했는지 아오? 모자를 벗더니 아주 겸손하게 인사하지 뭐요. 그러자 오늘은 내게 동행의 즐거움을 주지 않더군."[18]

소호를 떠난 이후 마르크스와 예니는 외부세계로부터, 그리고 서로 간에도 대체로 고립된 생활을 해왔다. 그들은 많은 불행을 함께했지만 같이 나눈 기쁨은 많지 않았다. 같이 살았지만 둘의 관계에서 열정적인 사랑보다 일이 차지하는 비중이 더 높았다. 그들에게 가장 행복한 순간은 런던을 떠났을 때였던 것 같다—각기 따로 말이다. 힘겨운 삶이 결혼생활을 파국으로 치닫게 하지 않은 것만으로도 참으로 놀라운 일일 것이다. 그러나 1871년 초 그들의 관계는 다시 변하기 시작했다. 자상한 배려가 새로이 싹텄고 상대방과 함께하면서 신선한 즐거움을 느끼게 된 것이다. 그것은 엥겔스가 영혼을 파괴하는 가난에서 그들을 구해준 덕분일 것이다. 그리고 엥겔스가 런던에 있다는 것과 그들이 다시 거대한 사회관계의 중심에 서게 되었다는 사정 변화도 한몫했을 것이다. 아니면 마르크스가 마침내 『자본론』 제1권을 출판함으로써 부담감을 떨쳐버렸기 때문일 수도 있다. 이유가 무엇이었건, 그해 마르크스와 예니는 서로의 사랑을 재발견한 것 같았다. 마르크스는 브라이튼에서 예니에게 "여태까지 내가 겪은 많은 애석한 일 중에서 당신이 여기 없다는 것만큼 아쉬운 것도 없구려"[19]라고 말했다.

예니헨과 투시는 프랑스에서 오랜 고초를 겪은 후 9월 초 런던으로 돌아왔다. 아버지는 런던에서 비공개 인터내셔널 대회를 준비 중이었다(원래 연례대회가 파리에서 열릴 예정이었지만 사정상 불가능해졌다. 게다가 인터내셔널에 대한 부정적인 인식이 고조된 상황이었기 때문에 대회를 공개적으로 치르기도 어려웠다). 인터내셔널은 코뮌 이후 조성된 환경에서 조직의 미래를 결정해야 했다. 그리고 마르크스와 엥겔스는 최근 노골화되고 있는 바쿠닌의 조직 장악 시도에 대한 대응책도 마련하고 싶었다.

바쿠닌은 1864년 마르크스의 집을 방문한 이후 그동안 인터내셔널에서 마르크스의 주도권을 배제하려고 여러 가지 음모를 꾸며왔었다. 그는 1868년 무정부주의자 단체를 결성하고 인터내셔널과 연합하려 했지만 거부당했다. 이후 인터내셔널의 규칙에 따라 그 단체를 해산했다고 주장했지만, 사실은 비밀스러운 조직으로 유지하고 있었다.[20] 그리고 실천이 그를 불렀다. 그는 원래 싸움을 거부하지 못하는 사람이었고, 또한 무정부주의를 확산시킬 기회라고 여겨 프랑스의 격동 속으로 몸을 던졌다. 그렇지만 이가 빠지고 털북숭이인 거대한 체구의 러시아인이 무장하라고 소리치자 사람들은 경계심을 품고 의심했다. 그는 체포되어 리옹의 감옥에 갇혔다가 마르세유로 탈출했다. 그곳에서 마지막 재산―권총―을 처분하고 머리카락과 수염을 면도한 후 스위스로 도망쳤다.[21]

바쿠닌을 충동적인 광대로 치부해버리는 것은 쉬운 일일 것이다. 그렇지만 그의 전설이 지닌 힘은 무시할 수 없었고, 그것이 여러 가지 실패를 덮어준 것도 사실이었다. 마르크스는 라이벌이 지닌 호소력을 알고 있었기 때문에 그가 인터내셔널과 자신의 지도력에 현실적인 위협이 된다고 판단했다. 자신의 트레이드마크인 캡cap을 챙이 넓고 붉은 리본이 달린 밀짚모자로 바꾸어 쓴[22] 바쿠닌은 이탈리아와 스페인에서 특히 성공을 거두었고, 스위스에서도 핵심적인 추종자들을 거느리고 있었다. 런던 대회는 바쿠닌을 견제함과 아울러 코뮌에 대한 마르크스의 지지를 두고 영국 대표들 사이에서 벌어진 논란을 잠재워야 할 중요한 행사였다. 세상이 인터내셔널을 가장 강성한 반란 세력으로 보고 있을 때, 기실 그 조직은 쪼개져버릴지도 모를 커다란 위험에 직면해 있었던 것이다.[23]

대회 참석을 위해 런던에 도착한 대표단은 먼저 마르크스의 집을 방문했다. 대부분의 사람들은 마르크스를 만나본 적이 없었다. 마르크스는 그들에게는 서류나 신문지상의 이름으로만 존재했었다. 스페인 사람 안셀모 로렌소에게도 인상적인 첫 만남이 있기 전까지는 그랬다.

> 우리는 집 앞에 멈춰 섰다. 문가에 자상해 보이는 노인이 모습을 드러냈다. 나는 공손히 그 사람에게 다가가서 인터내셔널의 스페인 동맹 대표라고 내 소개를 했다. 그는 나를 품에 안고 이마에 키스하더니 다정하게 스페인어로 집 안으로 들어오라고 말했다. 그 사람이 바로 카를 마르크스였다. 가족들이 모두 잠자리에 들었기 때문에 그가 친절하게 수수 간식을 내왔다.

로렌소는 그날 밤 마르크스 집에서 묵은 후, 다음 날 예니헨과 투시를 만나고 한층 더 즐거워졌다. 그는 예니헨에 대해 "내가 여태까지 만나본 아름다운 여성들과는 전혀 다른 타입의 이상적인 아름다움을 지닌 아가씨였다. 그녀는 자기 발음을 교정하고 싶으니 내게 뭔가 읽어보라고 부탁했다"라고 말했다. 그다음은 열여섯 살의 투시를 만났다. 투시는 로렌소가 스페인으로 전보를 보내는 일을 도왔다. "그 젊은 여성이 전혀 모르는 외국인을 그토록 능숙하게 돕는 데 놀랐고 감동받았다. 스페인 부르주아의 관습에서는 있을 수 없는 일이었다. 그 젊은 아가씨, 아니 소녀는 아름답고 명랑하고 젊음과 행복의 화신처럼 항상 미소를 지었다." 투시는 아버지나 언니와는 달리 스페인어를 할 줄 몰랐다. 그래서 두 사람은 의사소통에 애를 먹었다. "우리 중 누군가 실수를 저지를 때마다 우리는 마치 평생의 친구인 것처럼 크게 웃었다."[24]

인터내셔널 대회는 닷새 동안 열렸다. 프리드리히 레스너는 혼란스러운 언어와 심대한 기질적 차이, 그리고 다양한 관점이 난무했다고 회상했다. 회의는 열띤 분위기 속에서 진행되었고 격렬한 설전 때문에 모든 사람들이 서로 싸우는 듯 보였지만 결론은 쉽게 나지 않았다.[25] 그렇지만 대회가 끝날 때 열일곱 개의 결의안을 만들 수 있었으며, 그 속에는 바쿠닌의 위협에 대한 대응 방안과 인터내셔널 회원들의 다음 실천에 관한 중요한 성명도 포함되어 있었다.[26] 인터내셔널이 세상의 자본을 파괴하기 원한다는 떠들썩한 보도에도 불구하고, 코뮌 사태 이후 최초로 열린 회의에서 인터내셔널은 훨씬 합법적인 반란의 방법을 주장했다. "노동자계급은 스스로 정치적 정당을 구성하지 않고는 계급으로서 행동할 수 없다." 그것은 "사회적 혁명의 승리와 그 최종적 목표, 즉 계급의 철폐를 보증하기 위해 필수불가결한 단계"[27]인 것이다.

9월 24일, 인터내셔널은 회의를 마치고 창립 칠 주년 기념 만찬을 가졌다[28](엥겔스는 조직이 뜻밖에 장수할 수 있었던 것을 마르크스 덕으로 돌렸다. 비난을 자초하는 마르크스의 바로 그 성격―"집요한 주도력과 세심한 성격"―이 인터내셔널 단합의 숨은 비결이었다고. 마르크스는 조직이 경로를 이탈하거나 실패하는 꼴을 좌시할 수 없었던 것이다).[29] 만찬 테이블에는 음식, 와인, 맥주가 가득했고, 밤새도록 연설이 이어졌다. 마르크스도 연설했다. 그는 인터내셔널에 대한 박해를 초기 기독교인들에 대한 박해와 비교했다. 그리고 그런 탄압이 로마를 구할 수 없었듯이, 노동운동에 대한 현대의 탄압도 자본주의 국가를 구하지 못할 것이라고 단언했다. 인터내셔널의 결의안 4조는 노동자들의 정당 결성에 관한 것이었는데, 마르크스는 노동자들의 참여를 막으려 할지도 모를 각국의 정부를 향해 다음과 같이 경고했다. "우리는 모든 수단을 동원해 그들에게 대답해야 합니다…… 우리는 정부에게 선언해야 합니다. 우리는 평화적인 반대가 가능한 곳에서는 당신들에게 평화적으로 반대할 것이다, 그렇지만 필요할 때는 군대의 힘도 불사할 것이다, 라고 말입니다."[30]

엥겔스와 마르크스는 대회가 과거에 비해 더 성공적이었다고 말했다. 그 이유는 대회가 소규모 비공개로 진행되었기 때문에 대표단이 관중의 눈을 덜 의식했기 때문이었다.[31] 일을 마치고 두 사람은 전에는 하지 않았던 일을 했다. 부인을 대동하고 해변에 가서 닷새 동안 함께 시간을 보낸 것이다.[32] 두 사람이 정치활동을 하고 있는 동안 부인들은 먼저 램즈게이트에 가 있었다.[33] 예니는 에르네스티네 리프크네히크가 1862년 런던을 떠나 베를린으로 가버린 후 운동진영에서 여성 친구가 없었다. 그리고 1867년 에르네스티네가 사망한 후에는 그나마 서신교환마저 끊겨버렸다. 그런데 예니와 리지는 빠르게 친구가 되었다. 리지는 마흔네 살로 예니(57세)보다 많이 젊었지만, 모든 여성 노동자들이 그러했듯 일찍 어른이 되었기 때문에 나이보다 더 들어 보였다. 예니의 경우 너무나도 오랫동안 인생을 즐길 기회를 박탈당했기 때문에 나이에 걸맞지 않은 활기를 보이고 있었다.

마르크스와 엥겔스는 정부의 정보원들이 새롭고 한층 사악한 음모를 꾸미고 있다고 보고했음에 틀림없을 혁명적인 활동을 무사히 마치고 홀가분한 기분으로 예니와 리지와 함께 관광에 나섰다. 그들은 절벽을 산책하고, 해수욕을 하고, 해변에서 일광욕을 했으며, 불춤과 인형극을 관람하고, 풍성한 식사와 음주를 즐겼다. 엥겔스는 하루에 열 시간씩 잤다고 말했다.[34] 예니는 딸들에게 마르

크스가 여행으로 눈에 띄게 활기를 되찾았다고 말했다.[35]

네 사람은 한 가족처럼 지냈지만, 그 때문에 그들과 다른 사람들의 관계는 원만치 못했다. 엥겔스는 마르크스의 『프랑스 내전』을 독일어로 번역했다. 그 책이 독일 신문에 발췌 소개되었을 때[36] 일흔네 살의 노모는 아들이 여전히 급진주의적 정치에 관여하고 더군다나 마르크스와 교유한다는 사실에 깜짝 놀랐다. 그녀는 해명을 요구했다. 엥겔스는 아버지와는 가깝지 않았지만 어머니를 사랑했고, 어머니는 자신을 이해해줄 것이라고 여겼다. 그는 어머니에게 파리의 사건에 대한 기사들을 믿지 말라며 자신에 대해서 다음과 같이 말했다.

어머니는 제가 정견을 바꾸지 않았다는 사실을 알고 계십니다. 제 정견은 삼십 년이 다 돼가고 있으며, 상황이 요구할 때 제가 그것을 위해 목소리를 높일 뿐만 아니라 제 의무를 다하기 위해 다른 활동을 한다고 해도 어머니에게 별로 놀랄 만한 일은 아닐 것입니다…… 마르크스가 여기 없다고 해도, 아니 그런 사람이 아예 존재하지 않는다고 해도 조금도 달라질 것은 없습니다. 그러니까 그를 탓하는 것은 옳지 않습니다. 말 나온 김에 말씀드리자면, **제가** 마르크스를 망쳐놓았는데 그가 관계를 계속 유지했던 때도 많았으니까요.[37]

마르크스의 형제들은 마르크스가 그렇게 무모한 길을 택한 것에 놀랐다. 케이프타운에서 마르크스를 방문한 여동생은 저녁식사 테이블에서 오빠는 존경받는 가문 출신이고 아버지가 유명한 법조인이었는데, 사회주의자들의 우두머리 노릇이나 하고 있는 것을 용납할 수 없다며 오빠를 힐난했다. 그보다 훨씬 신랄한 비난에도 이미 익숙해져 있던 마르크스는 묵묵히 동생의 말을 듣고만 있다가 한바탕 크게 웃음을 터트렸다.[38] 그러나 엥겔스나 후회 따위는 없었다. 사실 그들은 이제 막 새로운 활력을 얻고 있는 중이었다. 『자본론』 제1권에 대해서도 좋은 소식이 들려왔다. 사 년 만에 독일어본 초판이 모두 판매되어 출판업자가

2판을 찍고 있다는 것이었다.[39]

예니헨은 일자리를 잃었다. 삼 년간 그녀를 가정교사로 고용했던 가족이 "내가 사악한 코뮌 운동을 변호한 선동가의 딸이라는 끔찍한 사실을 알아채고" 해고해버린 것이다.[40] 아무튼 그녀가 가정교사의 역할에만 만족했을지는 의문이다. 망명자들의 곤란이나, 마르크스 서클에 쇄도한 도와달라는 편지를 외면하지 못했을 것이기 때문이다. 실제로 이탈리아, 스웨덴, 프랑스, 러시아, 홍콩 등지에서 온 편지들이 산더미처럼 쌓였고, 코뮌이 끝난 지 여러 달이 흘렀지만 망명자 대열은 줄어들 기미가 보이지 않았다. 그리고 가을에 도착한 망명자들은 더욱 형편이 어려운 사람들이었다. 만약 돈이 있었다면 진즉에 프랑스를 빠져나왔을 사람들이었기 때문이다. 예니헨은 그들을 위해 하루 종일 런던 시내를 누비고, 밤에는 — 보통 이른 아침까지 — 망명자들의 어려움을 덜어줄 기금을 호소하는 편지를 작성했다. 체력 소모가 많은 일이었으나, 마르크스의 스물일곱 살짜리 딸은 지난 이 년간 건강과는 거리가 멀었었다. 의사는 그녀의 호흡기 질환을 늑막염 때문으로 진단했다. 때로는 심각했고 때로는 조금 불편한 정도일 뿐이었지만 어쨌든 그녀는 대체로 숨을 쉽게 쉬지 못했다. 그래서 가장 필요한 것은 휴식이었지만, 그녀는 일에 몰입했다. 1871년 12월 쿠겔만에게 보낸 편지에서 그녀는 많은 노력을 기울였음에도 불구하고 망명자들을 위한 도움을 얻어내는 데 그다지 성공하지 못했음을 시인했다. "고용주들은 그들과 관련되기를 싫어합니다. 가명으로 일자리를 얻은 사람들도 정체가 탄로 나면 곧 해고되고 말지요…… 그들의 고통은 형언할 수 없을 정도입니다. 그들은 이 위대한 도시의 거리에서 정말 말 그대로 굶어 죽어가고 있습니다. 스스로 알아서 하라고 모든 사람들을 가장 완벽하게 방치하는 이 도시에서 말이지요."[41]

11월에는 가장 절망적인 상황의 망명자 460명이 도착했다. 그들은 프랑스 북부 연안의 해상감옥에서 오 개월간 감금되어 있었다. 프랑스 정부는 그들을 처형할 수 없다고 결정했다. 그들은 음식이나 돈, 비바람을 막아줄 따뜻한 옷도 없이 영국 해안에 버려졌고, 각자 알아서 자기들 영사관을 찾아가 도움을 구하라는 소리를 들었다.[42] 무일푼인 수백 명의 사람들이 걸어서 런던으로 향했다. 그중 일부는 인터내셔널을 찾아갔다. 인터내셔널의 기금은 그들을 돕느라 순식간에 고갈되어버렸다.[43]

예니헨은 힘겨운 환경 속에서 때로는 좌절을 느끼기도 했지만 다시 노래를 불렀다. 라파르그에게 보낸 편지에서 엥겔스는 그녀의 목소리가 예전보다 더욱 강하고 맑아졌다고 말했다. 그는 그것을 예니헨의 건강이 좋아진 것으로 해석했지만,[44] 사실 그녀는 사랑에 빠진 것이었다.

샤를 롱게는 런던으로 돌아오자마자, 인터내셔널의 중앙협의회에 합류하고 마르크스와의 관계를 재개했다. 그는 과거에 마르크스 가족과 교류할 당시 예니헨에게 끌렸지만 감정을 드러내지는 않았었다. 이제 솔직히 감정을 표현하자 예니헨은 그의 구애에 저항하지 못했다. 이유는 간단했다. 첫째, 롱게는 도움이 필요한 사람이었다. 롱게는 코뮌에서 이제 막 탈출한 사람으로 파리에서의 끔찍했던 몇 주와 탈출 과정에서의 공포로 정서적 상처를 지니고 있었다. 둘째, 그는 플루랑스는 아니었지만, 나름의 고상함을 지니고 있었다. 사실 롱게는 그녀의 예전 연인보다는 아버지를 닮은 사람이었다. 서른두 살의 롱게는 상황이 요구할 때만 행동에 나서는 사람으로서 작가와 사상가에 더 어울렸다. 그의 경력조차도 마르크스를 떠올리게 했다. 그는 노르망디의 부르주아 출신으로서 법학을 전공했고, 자기 계급에 반역했으며, 프랑스에서 가장 유명한 사회주의 신문의 편집인이었고, 격렬한 논객이었으며, 정견 때문에 조국에서 추방당했다. 그리고 예니헨의 관점에서 아마도 가장 중요한 것은 롱게가 그녀의 아버지를 존경한다는 사실이었다. 그녀의 가슴과 마음속에서 마르크스를 대신할 수 있는 사람은 없었다. 배우자는 그 사실을 이해해야 하고, 왜 그런지도 이해해야 했다. 롱게는 그 두 가지를 모두 할 수 있었다.

마르크스 가족은 두 사람의 관계가 가까워진 것을 1872년 초 예니헨이 무심코 말을 흘릴 때까지 전혀 몰랐다. 마르크스는 한 신문기사에 대해 토론하기 위해 롱게의 아파트에 가봐야겠다고 말했다. 그때 예니헨이 "가보셔야 집에 없을 거예요. 그 사람은 사업차 용의 집에 갔거든요"라고 불쑥 말했다. 예니헨의 말에 그녀의 아버지와 어머니, 그리고 엥겔스는 우뚝 멈춰 서서 그녀를 빤히 쳐다보았다. "제가 당신이 어디에 있는지 그렇게 잘 알고 있었던 것에 적잖이 놀라셨나봐요."[45] 더 이상 자신들의 감정을 감출 수 없다고 생각한 두 사람은 롱게가 나서서 2월 19일 마르크스와 '회의'를 갖고 결혼 승낙을 얻는 것이 좋겠다고 결심했다. 그녀가 그전까지는 서로 만나지 않는 것이 좋겠다고 말하자 롱게는 몸이 달았다—"이틀이 한 세기 같았다." 그는 그 주 일요일 밤에 자기가 엥겔스의 집에 가 있을 테니 그녀도 우연인 듯 가장해 그곳으로 와달라고 부탁했다. 예니헨은 주말에 노래 약속이 있었지만, 롱게는 그 일이 더 중요하다고 고집을 피웠다. "사랑하는 이여, 당신이 말한 적 없는 것을 내게 노래로 들려주고 싶어 한다는 것을 잘 알고 있소. 그러나 당신의 눈빛에서 나는 이미 읽었으며, 나의 입술은 말 없이도 당신의 입술에서 모든 것을 들었소." 그는 그런 밀회가 별로 위험하지 않다고 보았다. 그들이 직접 말하지 않는 한, 그녀의 아버지는 물론이고 그 밖의 다른 사람들도 그들의 감정을 눈치채지 못하리라고 생각했다. "누군가 내가 당신을 사랑한다는 것을 눈치채기 위해서는, 그 사람도 내가 당신을 사랑하는 방식으로 사랑할 수 있는 사람이어야 하오. 그런데 나는 그런 일은 불가능하다고 믿소." 그는 괴테의 말을 변용해서 썼다. "어쨌든 나는 당신을 꿈꿀 것이며…… 당신의 키스를 간절히 원하오."[46]

롱게가 자신의 아버지를 만나는 것에 대한 두려움, 그리고 결혼으로 인해 운동가이자 작가로서의 독립적인 삶을 포기해야 할 것이라는 자각에 따른 심란한 마음이, 연인의 열정에 사뭇 사무적으로 대하는 그녀의 편지에 잘 드러나 있다. "월요일 회의에 당신이 검은색이나, 적어도 어두운 색깔의 넥타이를 맸으면 좋겠어요. 평소에 매던 붉은색은 당신의 얼굴에 어울리지 않아요." 예니헨은 그런 편지를 쓰면서 만약 러시아 혁명가 친구인 엘리자베스 드미트리예프 토마노프스카야가 그 편지를 읽는다면 무슨 말을 했을까 상상하며 얼굴을 붉혔다고 고백했다. "얼마나 한심하게 여기고 실망할지! 그녀는 저를 영웅, 제2의 롤랑 부인으로 만들기 위해 최선을 다했어요…… 세상에서 여자 영웅 한 명을 없애는 것이 바로 당신이라는 사실을 잊지 마세요."[47]

안타깝게도 마르크스와 롱게의 회의에 대해 묘사한 자료는 남아 있지 않다. 그러나 결과는 희망한 대로 되었다. 마르크스는 결혼을 허락했다. 하지만 마르크스 부인은 그들의 앞날에 대해서 별로 기대하지 않았다. 그녀는 리프크네히트에게 썼다.

> 롱게는 재능 있고 성실하고 품위 있는 사람이고, 두 젊은이는 신념이나 의견도 서로 일치하기 때문에 분명히 행복하게 잘 살 수 있을 겁니다. 그렇지만 이 결합이 걱정스럽기도 합니다. 저는 예니가 프랑스인보다는 영국인이나 독일인을 고르기를 바랐어요. 프랑스인들은 사교적인 기질을 보여주지만 또한 약점들도 있으니까…… 저는 정치적인 여성으로서 예니의 운명이 그 아이를 어쩔 수 없이 가시밭길로 끌고 갈까봐 두렵기만 합니다.[48]

그 결정은 마르크스에게도 쉽지 않은 것이었다. 부인이 달가워하지 않는 것도 이유였고, 또한 가장 아끼는 딸과 헤어지고 싶지 않았기 때문이기도 했다. 그렇지만 롱게의 구혼은 그가 마르크스를 위해 파리에서 했던 거래를 알림으로써 많은 힘을 얻었다. 지난 12월 스페인에 있던 라파르그는 『자본론』을 출간하겠다는 프랑스 출판업자 모리스 라샤트르를 찾아내고, 착수금으로 2천 프랑을 지불하라고 제의했다.[49] 1월에 롱게는 파리에서 그 책을 번역할 사람을 찾아냈다. 조제프 로이는 고난도의 독일 작품 번역에 경험이 있었다 — 예전에 포이어바흐의 책을 번역하기도 했다[50] (마침 로이는 『자본론』의 일부를 번역해 출판하려고 마르크스의 허락을 얻으려는 참이었다). 그는 하루 6~7시간을 새로운 프로젝트에 투자하겠다고 약속했다.[51] 롱게는 이 희소식을 영리하게 자신의 사적인 회의 직전에 마르크스에게 전했다.

비록 처음에는 다소 석연치 않은 반응을 보였지만, 3월이 되고 약혼이 공식화되자 마르크스 부부는 진심으로 축하해주었다. 엥겔스는 라우라에게 자신이 예전에 그녀를 놀려먹은 만큼 예니헨도 인정사정없이 놀려주고 있다고 말했다. 렌헨은 롱게가 프랑스 요리의 마술을 뽐낼 수 있도록 부엌에 들이기도 했다. 하지만 롱게의 요리는 별로 성공적이지 못했다.[52]

한편 예니헨의 연애가 한창일 때 투시도 몰래 사랑을 키워가고 있었다.

엘레아노르 마르크스는 이미 아름다운 아가씨로 성장해 있었다. 칠흑 같은 머리칼은 풍성하게 늘어져 허리까지 닿았다. 쿠겔만의 딸 프란치스카는 투시의 머리가 "화려하고 매혹적"[53]이라고 말했다. 투시의 피부는 아버지를 닮아 까무잡잡했고 검고 짙은 눈썹이 인상적이었다. 그렇지만 마르크스의 인상은 엄격한 데 반해 그녀는 관능적인 느낌을 주었다. 한 러시아인은 투시가 늘씬하고 매혹적인 독일의 낭만적인 여걸 같다고 말했다.[54] 그렇지만 그녀의 아름다움은 전통적인 것과는 달랐다. 그녀의 성격과 마찬가지로, 그녀의 아름다움도 원초적이고, 정제되고, 근원적인 것이었다. 그녀는 활기차고 대담했으며, 눈은 항상 놀라운 사건이나 재치 있는 대화를 기대하며 초롱초롱 빛났다. 그녀는 잔잔한 미소에서 태풍 같은 격렬함 사이를 순식간에 오갈 수 있었다. 그렇지만 그녀의 성격을 가장 잘 드러내준 것은 그녀의 웃음이었다.

투시는 프랑스에서 돌아온 후, 아버지의 통신원으로 일했다. 상트페테르부르크에서 파리까지의 급진주의자들에게 '사업' 편지들을 보냈고, 그 과정에서 어머니의 표현으로 "정치소식통"이 되었다.[55] 그녀의 편지들은 능숙한 언어 구사(프랑스어, 영어, 독일어)와 다방면의 사회적 갈등에 대한 이해를 보여주었다. 또한 편지에서 매력적인 충동과 뒤섞인 조숙함도 엿볼 수 있었다. 마르크스는 그것을 모든 페이지에서 튀어나오는 "포악한" 성격이라고 칭했다.[56] 그녀의 흡인력은 그녀가 꾸밈이 없다는 점이었다. 아버지의 열여섯 살짜리 특사로서, 그녀는 교양 있는 한편 유쾌했고, 헌신적인 사회주의자이면서도 동시에 천진난만한 소녀였던 것이다. 당시의 반동적인 유럽의 정세하에서 마르크스의 편지는 최소한 정부의 감시를 불렀고, 최악의 경우에는 체포의 이유가 될 수 있었다.[57] 투시의 편지는 혁명 사업을 훨씬 덜 위험하고 덜 음산한 것으로 보이도록 만들었다. 그것은 가족의 사업이었다.

그녀는 변명에도 소질이 있었다. 『자본론』의 러시아어 번역가에게 "안녕하세요. 아빠가 너무 과로해서…… 저한테 말 좀 전해달래요…… 야간작업을 많이 하고 하루 종일 방을 떠나지 않아요"[58]라고 써 보냈다. 그리고 그녀는 대단히 다정하기도 했다. 리프크네히트를 "나의 친애하는 도서실"이라고 부르며 망명자들과 자신의 투쟁에 대해 썼다("나는 그들이 훔쳤다고 비난받고 있는 그 수백만에서 차라리 조금이라도 챙겼었더라면 좋았을 것이라고 생각해요"라고 덧붙였다). "당신과 저는 어디선가 만날 거예요. 비록 당신이 저를 알아보지 못할 거라고 확신하지만 말이에요. 고작 이삼 년 전에 봤던 사람들도 저를 거의 기억하지 못해요…… 그곳의 모든 사람들에게 저를 대신해서 키스해줘요…… 글씨가 엉망이라 미안해요. 그렇지만 펜이 엉망이고 잉크도 거의 없어서 저도 어쩔 수 없어요."[59] 투시는 유럽의 혁명가들에게 마치 십대 소녀들을 대하듯 편지를 썼다.

그녀의 가장 가까운 친구는 세계에서 가장 위대한 정신 중 하나인 바로 그녀의 아버지였다.[60] 그렇기 때문에 그녀는 평범한 사람에게는 전혀 마음이 끌리지 않았을 것이다. 수많은 망명자들이 그녀에게 구애했고,[61] 많은 코뮌 출신자들이 필사적으로 그녀에게 매달렸지만, 그녀는 거들떠보지도 않았다. 그렇지만 그 서클 내에서 두드러진 한 사람이 있었다. 이폴리트-프로스퍼-올리비에 리사가레였다.

리사가레는 분명 투시에게 충분한 남자였다. 그는 월터 스콧의 소설에서 막 걸어 나온 주인공 같았다. 그는 프랑스 바스크 지방의 유서 깊은 가문에서 백작으로 태어났으나 급진주의적 사상 때문에 가문에서 쫓겨났다. 이후 정치적 이유로 임용이 거부된 교수들이 세운 대안대학에서 강의를 했고, 저널리스트로서 신문에 쓴 과격한 내용 때문에 감방을 들락거리며 글을 썼으며, 1870년 강베타의 군대가 프로이센에 대항할 새로운 프랑스공화국의 부대가 되었을 때 군인으로 참전했다. 휴전협정—그는 그것을 패배로 보았다—이후에는 새로운 신문을 창간하기 위해 파리로 갔고, 그것이 불가능하자 펜 대신 총을 들고 벨빌의 바리케이드에 올랐다.[62] 명사수에 뛰어난 검객이던 그는 결투를 두려워하지 않았고, 그래서 두 번에 걸쳐 심각한 부상을 입었다.[63] 런던에서는 항상 체포 위험 속에 살고 있었다. 프랑스 정부가 영국 정부에게 그를 송환하라고 압박하고 있었던 것이다.

리사가레는 모데나 빌라스를 자주 방문했고, 마르크스의 가족 모두로부터 환영받았다. 예니헨은 쿠겔만에게 보낸 편지에서 그해 가을 리사가레가 출판한 소책자 『5월 바리케이드 뒤에서 보낸 8일*Eight Days of May Behind the Barricades*』에 대해 코뮌에 관해 유일하게 읽을 가치가 있는 책이라는 아버지의 평가를 되풀이했다.[64] 그렇지만 가족들은 그 망명귀족과 막내딸이 서로 끌리고 있다는 사실을 전혀 눈치채지 못했다. 1872년 3월, 리사가레와 투시는 비밀스럽게 약혼했다. 그는 서른네 살이었고 그녀는 열일곱 살이었다.

투시를 잘 알았던 엥겔스는 두 사람의 관계가 심상치 않다는 것을 눈치챘을 수도 있다(그는 라우라에게 투시가 예니헨의 일로 얼마나 기뻐하는지 말하며 "그 아이도 서슴없이 전례를 따를 것 같다는 인상을 주었다"고 말했다).[65] 그렇지만 마르크스와 예니는 그런 일을 용납할 수 없었을 것이다. 또 다른 프랑스인 망명자를 사위로 들이는 것도, 발랄한 아이가 두 배나 나이가 많은 남자와 결합하는 것도 결코 그들이 원하는 바가 아니었다. 어쨌든 그 당시에는 걱정거리가 너무 많았다. 모든 가족이 라우라 때문에 근심에 빠져 있었다.

라우라와 라파르그는 스페인의 항구도시인 산 세바스티안에 은거하고 있었는데, 1871년 9월 지방관리가 찾아와 폭이 여섯 시간 내에 떠나지 않으면 체포될 것이라고 통고했다.[66] 스페인의 정치적 기류가 다시 바뀐 것이다. 라파르그는 도망쳤지만 라우라와 슈냅스는 동행할 수 없었다.[67] 아이가 지난여름부터 계속 아팠고 이제 콜레라 증세까지 보였기 때문이다. 마르크스의 자식들은 모두 언어에 재능이 있었지만, 라우라가 스페인어를 얼마나 구사할 수 있었는지, 그리고 주변에 도움을 청할 친구들이 있었는지는 분명치 않다. 그녀에게는 두 가지 모두 필요했을 것이다. 그녀는 구 개월간 슈냅스의 옆을 지키며 유일하게 남은 자식의 건강을 되돌리려 안간힘을 썼다. 12월이 되자 아이는 여전히 아팠지만 여행을 견딜 수 있을 정도가 되었다. 그래서 라우라는 아이를 데리고 라파르그가 있는 마드리드로 향했다.[68]

마르크스와 엥겔스는 라파르그가 스페인의 수도에서 바쿠닌의 영향력 확장을 막아주었기 때문에 기뻤다. 그렇지만 예니는 손자가 걱정되었다. 폴의 편지는 스페인에서 인터내셔널의 성공에 관한 낙관적인 전망들로 가득했지만 정작 슈냅스에 관한 소식은 거의 없었다. 마르크스는 라파르그가 운동에 관해서는 상세하게 흥미진진한 얘기들을 하면서도 "작은 환자에 대해서는 빈칸인 채 놔두고 있다"[69]며 그를 책망했다. 3월에 마르크스는 다시 손자에 관한 소식을 물었다.[70] 5월에서야 소식이 도착했다. 슈냅스가 아프고 점점 약해지고 있다는 것이었다.[71]

예니헨과 롱게는 7월 중순에 결혼날짜를 잡았다. 파리의 신문들(또는 예니헨의 말처럼 파리의 경찰 신문들)은 예니헨을 악명 높은 국제적인 반란수괴의 자식으로 여겼기 때문에, 구체적인 사실에 대한 적시 없이 가십난을 그녀에 관한 험담으로 채웠다. 그녀의 말에 따르면 우익 신문 『르 골루아 Le Gaulois』는 그녀를 스무 번은 결혼시켰다. "제가 진짜 결혼하고 나면, 그 멍청한 글쟁이들이 저를 가만 놔두겠지요"라고 쿠겔만에게 보낸 편지에서 예니헨은 말했다.[72] 그렇지만 예니헨의 결혼식은 7월에 열리지 못했다. 그녀와 롱게는 라우라와 라파르그를 배려해서 결혼식을 연기했다.[73] 1872년 7월 1일, 라파르그는 엥겔스에게 "우리 가여운 작은 슈냅스가 열한 달 동안 고생하다가 지쳐서 죽어가고 있습니다"라고 썼다.[74] 7월 말 그 아이는 죽었다. 네 살의 슈냅스는 사 년 동안 라우라가 잃은 세 번째 아이가 되었다.

라우라는 항상 멀리 떨어져 있었고, 아이들의 죽음은 그런 사실을 더욱 비극적으로 만들었다. 그 기간에 찍은 한 사진은 그런 사정을 단적으로 보여준다. 매력적인 젊은 아가씨의 모습은 온데간데없고 퀭한 눈에 수척하고 굳은 얼굴의 공허한 모습만 보일 뿐이다. 그들 부부는 남편 라파르그의 정치적 불장난 때문에 스페인까지 흘러들게 되었고, '당'(엥겔스와 그녀의 아버지)의 명령 때문에 그곳에 남았으며, 라파르그는 스페인 인터내셔널을 건설했다. 라우라가 인생의 슬픔을 세 남자 탓으로 돌렸으리라는 것은 어렵지 않게 상상할 수 있다. 정치에 대한, 노동자들에 대한 그들의 헌신은 마르크스 집안에서 또 다른 어린 생명을 대가로 거두어갔다. 그녀는 과부가 아니었다. 그보다 나빴다. 그녀는 일 년 전 두 아이의 어머니로 피레네를 여행했지만 이제 어머니가 아니었다. 그녀의 고통을 더욱 가중시킨 것은 그런 희생이 전혀 무의미해 보였다는 것이다.

스페인에서의 정치활동에 대한 라파르그의 희망찬 보고에도 불구하고 그곳의 사회주의자들은 심각하게 분열되어 있었으며, 바쿠닌의 영향력은 날이 갈수록 커져만 갔다(바쿠닌은 라파르그를 "쓰레기더미mound of refuse"라고 비아냥거렸다).[75] 라파르그의 보고에 의거해 엥겔스는 동료들에게 인터내셔널이 스페인 노동자들의 정당이 되었다고 자랑했지만,[76] 사실 라파르그는 노동자들 속으로 이렇다 할 접근로를 개척하지 못하고 있었다. 그것은 문화의 차이였기 때문에 꼭 라파르그의 잘못이라고만은 할 수 없었다. 스페인 사회주의자들은 마르크스의 조직에 대한 강조와 프로이센적인 '권위주의'에 경계심을 품었으며, 그 대안으로 바쿠닌의 무정부주의를 선호했다.[77]

라파르그 부부는 정치적으로 패배하고 개인적으로도 상실감에 젖어 슈냅스의 장례를 치른 후 곧 스페인을 떠나 포르투갈로 향했다. 그것은 런던으로 돌아가는 여정의 시작이었다. 폴은 그 여행을 다음과 같이 묘사했다. "약간 길고, 약간 덥고, 약간 힘들었다. 찜통 같은 무더위 속에서 서른 시간 동안 기차를 탔다. 다행히도 우리는 무게가 8킬로그램이나 되는 다량의 수박이 있었기 때문에 라만차 사막에서 갈증을 달랠 수 있었다."[78]

항상 꿋꿋했던 라파르그는 금방 불행을 이겨냈으나 라우라는 그러지 못했다. 아직 스물여섯 살의 젊은 나이였기 때문에 그녀는 다시 아이를 가질 수 있었지만, 그러지 않았다. 마치 파리, 뤼숑, 마드리드에 두고 온 세 개의 작은 무덤 속에 조금씩 자기 자신도 묻어버린 것 같았다. 그리고 잃은 것은 사랑만이 아니었다. 신념도 사라졌다. 마르크스 가의 여인들 중 라우라가 유일하게 아버지가 약속한 미래에 대해 근본적으로 의문을 품은 사람이었을 것이다. 그녀에게는 그것을 성취하기 위해 가족들이 지불해야 할 대가가 너무 컸다. 장래에도 그녀는 마르크스의 목표를 추구하는 일을 계속 했다. 그렇지만 어머니나 자매들과는 달리 대의에 대한 헌신으로 그 일을 했던 것이 아니었다. 아이들, 행복, 삶까지 빼앗긴 그녀는 자신의 종교를 잃었다. 오직 남은 것은 가족의 사업뿐이었다.

39

1872년 가을
헤이그

> 아니, 저는 인터내셔널에서 물러나는
> 것이 아닙니다. 제 평생은, 과거에
> 제가 기울였던 노력처럼, 언젠가
> 프롤레타리아트의 세계적 지배가 실현될
> 수밖에 없다는 사회적 이상의 승리를
> 위해 바쳐질 것입니다.
>
> ―카를 마르크스[1]

5월부터 마르크스는 그해 가을 인터내셔널의 연례대회를 마친 후 지도자 직을 내놓겠다고 말하기 시작했다.[2] 그는 팔 년간 조직을 지키고 있었다. 내부의 분파투쟁을 고려해보면 상당히 긴 시간이었다. 많은 인터내셔널 회원들이 마르크스와 의견을 달리하고 조직을 떠났다. 특히 그는 아일랜드에 지지를 표명해 영국인들을 자극했고, 코뮌의 변덕스러운 급진주의자들을 진심으로 포용하면서 그들과 더욱 멀어졌다. 마르크스의 철학적, 정치적 입장에 동의하는 사람들도 그의 독선적 스타일 때문에 화를 내며, 그의 진정한 목표는 단순히 자기과시일 뿐일지 모른다고 의심하기도 했다.

마르크스는 인터내셔널 회원들과 함께 정부에 대항해 싸웠다. 프롤레타리아트에게 권력에 대한 의지를 심어주고 자본주의 지배계급에게 정치적으로 도전할 초석이 될 조직을 만들기 위해서였다. 그렇지만 이제는 그 횃불을 새로운 지도자―더 정확히는 지도자들―에게 넘겨줄 준비가 되었다. 코뮌이 있은 후 몇 달 사이에, 인터내셔널이라는 사악한 조직에 대한 정부들의 험악한 경고에도 불구하고 덴마크, 뉴질랜드, 포르투갈, 헝가리, 아일랜드, 네덜란드, 오스트리아, 그리고 미국에서 새로 인터내셔널 지부들이 만들어졌다.[3] 조직은 자생력이 생겼고, 그 수장은 조용히 이선으로 물러나 조직이 번성하는 것을 지켜볼 수 있게 된 것이다. 마르크스는 벨기에 대표에게 다음과 같이 말했다. "다음 대회가 정말로 기다려지는군요. 그 대회는 내 노예생활의 마지막이 될 것입니다. 그 이후 나는 다시 자유인이 될 것입니다. 더 이상 관리직을 맡지 않을 테니까요."[4]

마르크스가 지친 것은 분명한 사실이었지만, 현실정치에서 물러나려는 이유가 단지 피로감 때문만은 아니었다. 코뮌은 마르크스를 혁명적 전략가이자 더 중요하게는 이론가로 세상에 소개했다. 그의 저작들에 대한 수요가 갑작스럽게 늘었다. 완벽하게 무시되어왔던 것들이 적게나마 관심을 끌기 시작한 것이다. 마이스너는 『자본론』 제1권의 재판을 발행하고 싶어 했다. 그렇지만 마르크스는 일부 대목을 다시 써야 한다고 고집했으며, 그 작업은 일 년 이상 소요될 터였다.[5] 파리에서는 로이가 제1권을 프랑스어로 번역하고 있었다. 처음에 마르크스는 그의 작업에 만족했으나, 곧 많은 부분을 고칠 필요가 있음을 깨달았다.[6] 마르크스와 엥겔스는 또한 인터내셔널 내부의 분열에 대한 회람을 만들었다. 바쿠닌을 비난하는 내용이었다. 그리고 『공산당 선언』을 새로운 독일어 서문과 함께 출판하고, 프랑스어와 영어로 번역해야 할 필요성도 제기되었다.[7] 또한 마르크스는 능력이 닿는 범위 내에서 『자본론』의 러시아어 번역도 감독했다.

마르크스는 과거에 종종 러시아 동료들의 사회주의에 대한 헌신성에 의심을 표하곤 했었다. 왜냐하면 그들 대부분이 귀족이나 사회적 엘리트 출신이었기 때문이다. 그렇지만 상트페테르부르크에서, 또는 제네바 망명 중에 그에게 편지를 보내거나 그의 집 앞에 나타난 새로운 세대들은, 엥겔스의 말에 따르면 "인민적이었다…… 그들은 냉철하고 성정이 강하면서도 이론에도 뛰어나 정말로 존경할 만했다".[8] 상트페테르부르크에서 추방당한 후 파리에 살고 있는 수학 교수로 마르크스의 친구이자 인터내셔널의 회원인 표트르 라브로프는 일련의 편지들을 출판했는데, 그 속에서 러시아의 인텔리겐치아들이 자유롭게 생각하고 자기를 계발할 수 있는 특권을 누릴 수 있는 것은 노동하는 대중에게 엄청난 빚을 진 덕분이라고 말했다.[9] 많은 지식인들이 이 빚을 의식해 농노제에서 갓 해방된 농부의 편에 서면서, 러시아 전역의 공장과 마을에서 "인민들 속으로" 가기 위한 노력의 일환으로 선전활동을 벌이고 있었다.[10] 이 교육받은 젊은 러시아인들은 조국이 자본주의 체제를 받아들이지 않으면서도 서구 사회의 과실을 모든 시민들에게 제공하기를 바랐다. 또 러시아의 공동체 전통과 일맥상통하기 때문에 사회주의가 러시아에게는 자연스러운 선택이 될 것이라고 주장했다. 그렇지만 그 사회의 최종적인 모습에는 서로 공감할지라도 어떻게 그곳까지 도달할 수 있는가에 대해서는 논란이 있었다.[11] 바쿠닌 추종자들―무정부주의자와 니힐리스트들―은 폭력을 권장했다. 마르크스의 사상을 수용한 사람들을 포함한 다른 측은 러시아의 변혁을 위해서 정치교육이 필수 단계라고 주장했다.[12]

마르크스의 『자본론』은 러시아의 검열을 통과했다. 검열관들은 그 책을 이해하기가―만약 이해할 만한 것이 있다면―너무 어렵기 때문에 아무도 사지 않을 것이며, 또한 그 책이 수학적이고 과학적이기 때문에 어쨌든 법정에서 시시비비를 가리기도 불가능할 것이라고 말했다.[13] 검열관들이 유일하게 금한 것은 책에 마르크스의 사진을 싣는 것이었다(마르크스 전기 작가인 데이비드 맥렐란은 러시아 당국이 사진 게재를 "마르크스 개인에 대해 과도한 존경을 표하는 것"으로 생각했기 때문이라고 말했다).[14] 그런 사소한 문제는 쉽게 합의되었고, 1872년 3월 말 3천 부가 인쇄되었다.[15] 책은 이 개월도 안 돼 금방 매진되었다. 그리고 책을 읽은 독자들은 그 판매량보다 훨씬 많았을 것으로 추정된다.[16] 『자본론』은 러시아 독자들 사이에서 돌려 읽혀졌으며, 『신약성서』의 표지로 위장되기도 했다.[17] 프랑스어 번역과 달리 이 러시아판은 마르크스를 흥분시켰다. 그는 그것을 '걸작'이라고 불렀다. 그는 5월에 양장본 한 권을 받고 니콜라이 다니엘손에게 한 권 더 보내줄 것을 요청했다. 책을 영국박물관에 기증하고 싶어서였다.[18]

많은 작업을 했고 지켜야 할 기한도 많았지만, 마르크스는 놀랍게도 특별히 아픈 곳이 없었다. 반면 예니는 남편의 모든 걱정을 대신 흡수해버린 것 같았다. 이제 남편은 어느 정도 주목받게 되었다. 그녀가 오랫동안 갈망해왔고, 또 충분히 남편이 자격을 갖추었다고 믿었던 지위에 오른 것이다. 그런데도 그녀는 남편이 무명의 학자로 일했던 시기를 다시 그리워하게 되었다. 그녀는 리프크네히트에게 다음과 같이 말했다. 카를이 스스로 공적을 자랑하지 않았고 인터내셔널 외부에서는 상대적으로 덜 알려졌던 시기에는, "속물들이 조용했어요. 그렇지만 이제 적들이 그를 밝은 곳으로 끌어내고 그의 이름을 전면에 부각시키자, 대중이 수군거리고, 경찰과 민주주의자들이 한목소리로 '독재, 권위 중독, 야심!'이라고 떠들어대고 있지요. 그가 조용히 일하면서 투쟁하는 사람들을 위한 이론을 발전시킬 수 있었다면, 얼마나 좋았을까요".

리프크네히트는 독일에서 대역죄로 판결을 기다리고 있었다. 예니는 그의 새 아내 나탈리가 가끔씩 생각난다고 적었다.

이 모든 투쟁에서 우리 여성들은 더욱 힘든 일을 견뎌야 하는 것 같습니다. 왜냐하면 여성이 더 약하니까요. 남자들은 바깥세상과의 투쟁에서 힘을 끌어내고, 대규모의 적을 직접 눈으로 보면서 더욱 힘을 냅니다. 우리는 집 안에 앉아 양말을 깁지요. 그런 일은 인생에 맞설 용기를 조금씩 그러나 꾸준히 갉아먹는 걱정과 일상의 작은 불행을 없애주지 못합니다. 지난 삼십 년의 경험으로 보건대 저는 쉽게 용기를 잃는 사람이 아니라고 말할 수 있을 것 같군요. 그런데 이제 희망을 갖기에는 너무 늙어버렸고, 그 마지막 불행한 사건[코뮌]이 저를 완전히 흔들어놓았습니다. 저는 우리가…… 더 나아진 세상을 볼 수 없을 것 같다는 느낌이 들고, 우리 아이들이나 좀 더 나은 세상에서 살게 되기를 희망해봅니다.[19]

그해 봄 마르크스 작업의 상당 부분은(그리고 예니에 따르면 울화의 원천이 되기도 했던 것은) 노동계급운동의 향방을 둘러싸고 그와 바쿠닌 사이에 벌어질 대회전의 준비와 관련된 일들이었다. 바쿠닌은 이탈리아와 스위스에 머무는 동안 선동가로서의 역할을 훌륭히 수행했고, 저명한 혁명가들과 교제했으며, 팸플릿을 만들고 추종자들을 배출해냈다. 그리고 그 추종자들은 그들의 싸움을 지휘할 전능한 러시아 전사의 신화를 널리 퍼뜨려놓았다. 1869년 바쿠닌은 제네바에서 세르게이 네차예프라는 스물두 살의 러시아인 니힐리스트를 만났다. 그 청년은 사이코패스까지는 아니라고 할지라도 위험스러울 정도로 정서가 불안정한 자였다. 네차예프는 자신의 혁명적인 활동의 여러 가지 경력들을 꾸며냈는데, 그중에는 바쿠닌도 투옥된 바 있는 페트로파블롭스크 요새에서의 탈출도 있었다. 그는 자신이 러시아에 수천 명의 조직원을 거느린 지하조직의 지도자라고 주장했다.[20] 바쿠닌이 그의 말을 곧이곧대로 믿었는지는 의문이지만, 어쨌든 그는 음모에 대한 동경을 일깨우고, 다시는 돌아갈 수 없는 러시아에 대한 향수를 자극한 그 젊은이의 영향력하에 빨려 들어갔다.

네차예프와 교류하는 동안 바쿠닌은 『혁명가의 교리문답*Revolutionary Catechism*』을 썼다. 그 책자는 두 가지 원칙을 강조했다. "목적이 수단을 정당화한다"와 "나빠질수록 좋은 것이다"가 그것이었다. 한 역사가가 지적했듯이 바쿠닌은 "혁명을 촉진하는 모든 것은 용인될 수 있으며 혁명을 방해하는 모든 것은 범죄"라는 신념을 가지고 있었다. 그뿐만이 아니었다. 바쿠닌의 사고 속에서는 밤을 가스등으로 밝히는 것은 충분치 않았다─도시 전체가 불타올라야 했다. "혁명에는 오직 하나의 과학밖에 없다." 그는 썼다. "바로 파괴의 과학이다."[21]

바쿠닌은 아마도 숙적 마르크스의 작품을 번역하는 데는 가장 부적합한 사람이었을 것이다. 그런데 1869년 한 출판업자로부터 『자본론』의 러시아어판 출판을 돕는 조건으로 선금을 받았다(마르크스가 자기 책으로 번 돈보다 더 많았다). 그는 번역 작업을 32페이지까지 진행하다가 네차예프가 다른 중요한 일이 있다고 설득하자 그만두어버렸다.[22] 다니엘손과 함께 번역 작업에 참여한 러시아 청년 니콜라이 류바빈이 바쿠닌에게 번역 계약을 주선해주었었다. 그랬기 때문에 네차예프는 류바빈을 겨냥해 자신의 늙은 친구 바쿠닌을 계약에서 해방시켜줄 활동을 벌였다. 네차예프는 자신의 방대한 니힐리스트 조직의 이름으로 류바빈에게 편지를 보내, 그가 바쿠닌을 착취하고 있다고 비난하고, 만약 바쿠닌을 계약에서 풀어주지 않을 시에는 편지보다 "덜 문명화된 방법"을 동원하게 될 것이라고 협박했다.[23] 그런 폭력 위협은 허풍이 아니었다. 네차예프는 모스크바에서 한 학생이 단순히 지하조직의 존재에 대해 의문을 표했다는 이유만으로 그를 구타하고, 목 조르고, 사살한 적이 있었다.[24]

이런 내용을 알게 된 마르크스는 중앙협의회에 그 추잡한 이야기를 전했다. 1872년 9월 2일 헤이그에서 열릴 인터내셔널 연례대회에서 폭로하기 위해 그는 바쿠닌과 네차예프의 관계에 대한 것과, 바쿠닌이 인터내셔널의 규정을 어기고 자신의 무정부주의 조직을 계속 유지하고 있었다는 것에 대한 증거들을 수집하기 시작했다. 그 증거들이 바쿠닌과 그 추종자들을 인터내셔널에서 축출하는 데 이용될 수 있기를 바랐다. 사실 그런 것들은 마르크스에게는 사소한 도의적 문제에 불과했다. 그가 바쿠닌을 내쫓고 싶었던 진짜 이유는 근본적인 사상의 차이 때문이었다.[25] 그 러시아인은 노동자들이 정치투쟁을 벌여야 한다거나 노동자들의 정당이 있어야 한다고 생각하지 않았다. 오히려 노동자들이 권리를 얻기 위해서는 폭력으로 힘을 과시해야 한다고 믿었다.[26] 마르크스는 1849년부터 그런 사고방식과 싸워왔지만, 이제 그런 사고가 더욱 신속하게 확산되고 있었기 때문에 그 어느 때보다도 위험한 상황이었다. 그는 혁명이란 항상 유혈을 부를 수밖에 없지만, 그렇다고 폭력이 최우선적인 방법이 되어야 하는 것은 아니라고 믿었다. 절대로 인터내셔널이 반란군이 되는 사태를 보고 싶지 않았던 것이다.

마르크스는 런던 이외의 지역에서 열린 인터내셔널 대회에 참석한 적이 없었다. 그렇지만 1872년 대회는 너무 중요했기 때문에, 그는 가족 모두 — 가족이 되고 싶어 한 두 사람의 프랑스인인 롱게와 리사가레까지 포함해 — 를 데리고 네덜란드로 여행을 떠났다. 물론 엥겔스도 함께 갔다. 대회는 코뮌 이후 처음으로 열리는 공개적 행사였고, 언론에서는 인터내셔널이 다음 테러 행위를 결의할 것이라는 소문이 무성했다. 전 세계 언론의 저널리스트들이 폭력적 급진주의자들이 벌이는 마녀집회를 취재하기 위해 헤이그로 몰려들었다. 마르크스는 기자들에게 둘러싸였다. 단순히 그를 두 눈으로 보고 싶어 찾아온 자도 있었고, 그의 비열한 계획을 처음으로 폭로하는 특종을 잡고 싶어 온 사람도 있었다.[27] 긴장이 감돌았다. 한 지역신문은 시민들에게 인터내셔널 대회가 열리는 동안 부인과 딸들의 거리 출입을 단속하고, 보석상들은 상점 문을 닫으라고 권고했다.[28] 그렇지만 언론과 경찰은 실망하지 않을 수 없었다. 대표자들이 상업적 회의에 참석한 사람들처럼 질서정연한데다 파란 완장을 착용해서 쉽게 분간할 수 있었기 때문이었다.[29]

15개국에서 65명의 대표자들이 대회에 참석하기 위해 왔으며, 처음 사흘간은 참가 자격에 대한 토론에 집중되었다.[30] 마침내 9월 5일 국제노동자협회의 제5차 연례대회가 헤이그의 노동자계급 지구에 있는 한 감옥 옆의 무도장에서 개최되었다. 테이블은 말굽 모양으로 배치되었으며, 무도장에 발코니가 있었기 때문에 방청객들은 그곳에서 혁명의 행정조직이 일하는 모습을 구경할 수 있었다.[31] 마르크스 가의 여인들도 발코니의 구경꾼들 틈에 끼어 있었다.

라우라도 프랑스와 스페인에서 간난신고를 겪은 후 수척한 모습으로 헤이그에 도착했다. 가족들은 그녀의 변한 모습에 깜짝 놀랐다. 그녀는 허약해지기는 했지만 세상이 자신의 슬픔을 눈치채지 못하도록 외모에 많은 주의를 기울였다. 아버지의 자존심을 물려받은 탓에 '속물들'에게 자신의 고통을 확인하는 만족감을 허락하고 싶지 않았던 것이다.[32] 그녀를 한 번도 만나본 적이 없는 쿠겔만은 그녀가 아름답고 우아하며 다정하다고 느꼈다. 그는 예니 또한 처음으로 만났다. 수년간 그녀와 서신교환을 하면서 가족들의 어려움에 대한 하소연을 들어왔기 때문에 그는 걱정으로 주름진 얼굴의 근엄한 여인을 상상했을 것이다. 그렇지만 예니는 늘씬했고 쉰여덟 살의 나이에 걸맞지 않은 젊음을 간직하고 있었다. 그녀가 대회에 너무 몰입하고 있었기 때문에 쿠겔만은 애초에 마르크스를 급진주의적 정치로 이끈 것은 예니였을 것이라는 생각을 갖게 되었다.[33]

'리사'와 함께 있는 투시는 완연한 아가씨의 모습이었다.[34] 이제는 머리를 위로 말아 올렸고, 몇 가닥이 이마로 흘러내려와 있었다. 목에는 벨벳 리본을 맸고 목선은 깊이 파여 있었다. 야한 것은 아니었지만 마르크스 가의 여인으로서 알려진 것보다는 노출이 과감했다. 그리고 마지막으로 예니헨이 있었다. 동생들과는 달리 그녀는 거의 변한 것이 없었다. 단 그녀의 조용한 내적 행복이 롱게와의 약혼으로 더 공개적으로 드러나게 된 것뿐이었다.

아래층 테이블에서 마르크스는 엥겔스 뒤에 앉아 있었다. 하지만 만약 눈에 잘 띄지 않으려고 한 것이라면 완전히 실패였다. 방청객들의 모든 눈은 골똘히 생각에 잠긴 듯한 성성한 머리와 수염의 거인, 담배를 피우며 무엇인가를 열심히 끼적이는 반란의 화신에게 고정되어 있었다.[35] 참석한 대표자 수는 적었지만, 방청객 수는 많았다— 한 신문은 적정 수용인원의 열 배 정도가 모였다고 전했다.[36] 그리고 모든 사람들이 뭔가 할 말이 있는 것 같았다. 소음이 엄청났다. 질서 명령은 무시되었고, 외침은 언쟁이 되었으며, 언쟁은 거의 몸싸움으로 변했다.

시작부터 마르크스 측이 우세를 점했다. 수적으로 바쿠닌 측을 압도했고, 바쿠닌은 아예 참석하지 않았기 때문이었다. 첫 번째 투표는 중앙협의회를 조직의 브레인으로 남길 것인가에 관한 것이었다. 바쿠닌의 추종자들은 중앙협의회를 단순히 연락사무소로 축소하기를 바랐다. 마르크스 측이 이겼고, 협의회의 권한은 유지되었다. 다음 안건은 한 대표자가 '쿠데타'나 다름없다고 말한 것에 관한 사항이었다. 마르크스와 엥겔스는 사전에 역할을 조율했다. 엥겔스가 일어서서 손에 시가를 들고, 일상적인 대화 투로 가끔 이마에 흘러내린 머리카락을 쓸어 올리며 중앙협의회를 런던에서 뉴욕으로 옮기자고 제안했다. 그가 말하지 않은 것은, 그런 이전이 마르크스가 인터내셔널 지도부에서 발을 빼는 것을 용이하게 해줄 것이며, 바쿠닌이 조직을 장악하지 못하도록 보장해줄 것이라는 사실이었다. 미국에도 무정부주의자들이 없지는 않았지만 그 수는 미미했고, 미국인들의 정치폭력에 대한 공포심이 무정부주의자들의 발흥을 막아줄 훌륭한 방벽 역할을 할 것이었다. 엥겔스가 발언을 마치자 방 안은 아수라장이 되었다. 비판자들은 차라리 협의회를 달나라로 옮기라고 소리쳤다. 모든 노련한 정치가들이 그러하듯 마르크스는 엥겔스가 발언하기 전에 이미 표를 계산해 보고 제안이 통과되리라는 것을 확인했다. 그리고 실제로 그렇게 되었다. 재미 있는 것은 제안 통과가 바쿠닌 추종자들의 도움으로 가능했다는 사실이다. 그 들은 인터내셔널을 뉴욕으로 옮기는 것은 그 조직의 모든 권위를 박탈하는 것 과 마찬가지라고 여겼고, 어쨌든 그것은 그들도 원하던 바였기 때문이다.[37]

대회의 마지막 날은 마르크스가 나서서 바쿠닌과의 길고 긴 싸움에 폭탄을 투하할 차례였다. 헤이그에 도착한 이후로 그는 너무 긴장한 탓에 거의 잠을 이루지 못했었다. 다른 모든 사람들이 홀에 서 있을 때도 기진맥진한 상태로 조용 히 의자에 앉아 있기만 하던 마르크스가 드디어 의자를 뒤로 밀었다. 방은 일순 조용해졌다. 이제 그가 나서서 바쿠닌과 그 추종자들이 어떻게 인터내셔널을 약화시키려고 은밀하게 활동해왔으며, 조사위원회에서 논의되기는 했지만 대 중적으로 공개되지 않았던 "사적인 문제"(네차예프의 협박과 살인)가 바쿠닌 측 무정부주의자들의 무모한 성격을 얼마나 잘 입증해주고 있는지 설명할 차례였 다. 사실 마르크스는 네차예프 이야기를 폭로할 필요도 없었다 — 이미 홀 안에 파다하게 퍼져 있었다. 모든 사람들이 그가 의도하는 바를 알고 있었다.[38]

마르크스는 소규모 청중 앞에서는 강력한 연설가였지만 많은 청중 앞에서 는 연설의 힘이 줄어들었다. 나이가 들면서 점점 현학적이고 좀 괴팍한 교수의 모습을 닮아갔던 것이다. 연설 중에 오른쪽 눈의 외눈안경이 자주 떨어져서 그 는 다시 안경을 끼기 위해 연설을 멈춰야 했다.[39] 극적인 연설은 아니었지만 청 중은 한마디라도 놓칠세라 경청했다. 가장 중요한 것은 청중이 그의 뜻에 공감 했다는 점이었다. 결국 바쿠닌과 그의 동료 하나가 축출되었다.[40] 투표 결과가 발표되었을 때, 허리에 붉은 깃발을 두른 스페인의 바쿠닌주의자가 권총을 뽑 아 들고 발표자를 겨누며 외쳤다. "저런 자는 쏴 죽여야 한다!"[41] 그는 곧 제압당 해 무장해제되었다. 바쿠닌에 대한 마르크스 주장의 타당성을 이보다 극명하 게 보여준 예는 없었을 것이다.

그것으로 인터내셔널에서 마르크스의 활동은 공식적으로 끝났다. 그날 밤

그는 가족들과 새로운 몇몇 친구들과 함께 스헤베닝언Scheveningen 근처의 그랜드 호텔로 갔다. 그 우아한 호텔은 마르크스와 예니가 트리어로 돌아온 것만 같은 느낌을 받을 만한 장소였다. 가스등이 북해의 물결 위에 반짝였고, 현악단의 음악이 은은하게 흘렀다. 이제 인터내셔널의 '구속'에서 벗어난 마르크스는 다시 남편, 아버지, 이론가로서의 사생활로 돌아올 수 있었다. 그날 밤 그는 딸과 가까운 친구들에게 둘러싸여 새 인생을 시작했다. 파티는 식사와 춤으로 이어졌고, 나중에 그들은 수영하러 나갔다. 하지만 역시 마르크스의 모임이었기 때문에 사건이 없을 수는 없었다. 한 사람이 바다로 너무 멀리 헤엄쳐 나가는 바람에 훌륭한 군인이었던 엥겔스가 그를 구조해 와야만 했다.[42]

다음 날인 1872년 9월 8일, 마르크스는 마지막 공개연설을 했다. 논란의 여지가 있지만 그것은 대회 중에 했던 어떤 연설보다 더 중요한 연설이었다. 이 연설로 말미암아 추종자들 사이에서 다음 세기까지 논쟁이 벌어졌고, 마르크스를 진정한 평화주의자로 여기는 쪽과 폭력혁명의 주창자로 믿는 쪽으로 갈라지게 되었다. 사실 암스테르담의 지역 인터내셔널에서 한 그의 연설은 두 가지 측면 모두를 가지고 있었다. 마르크스는 각 세기마다 역사적 선례들이 혁명이 어떻게 성취될 수 있는지 지시할 것이며, 그 답은 항상 똑같지 않다고 강조했다.

언젠가 노동자들은 새로운 노동조직을 설립하기 위해 정치적 지배권을 잡아야 할 것입니다. 정치를 무시하고 경멸했던, 그래서 자신들의 지상의 왕국이 실현되는 것을 보지 못했던 초기 기독교인들의 운명을 벗어나고 싶어 하는 사람이라면, 낡은 제도를 지탱하고 있는 낡은 정치를 전복시켜야 할 것입니다.
그렇지만 우리는 그 목적을 이루는 수단이 모든 곳에서 동일하다고 주장하는 것은 아닙니다. 우리는 각기 다른 나라들의 제도, 관습, 전통을 고려해야 합니다. 우리는 미국, 영국, 그리고 만약 제가 당신들의 제도를 좀 더 잘 안다면 포함시킬지도 모를 네덜란드와 같이, 노동자들이 평화적인 수단으로 목적을 달성할 수 있

624

는 나라들도 있다는 사실을 부정하지 않습니다. 또한 대륙의 대부분의 나라에서는 폭력이 우리 혁명의 지렛대가 되어야 함을 인정할 수밖에 없는 것도 사실입니다. 노동자들의 지배를 달성하기 위해 당분간 의지해야 할 것은 바로 폭력입니다.

마르크스는 일상적인 개입은 줄어들겠지만 충심은 변함없을 것임을 다짐했다. "저는 인터내셔널에서 물러나는 것이 아닙니다." 두 신문이 그의 발언을 그대로 실었다. "제 평생은, 과거에 제가 기울였던 노력처럼, 언젠가 프롤레타리아트의 세계적 지배가 실현될 수밖에 없다는 사회적 이상의 승리를 위해 바쳐질 것입니다."[43]

마르크스가 인터내셔널에서 물러나는 것, 그리고 바쿠닌을 상대로 싸우는 것, 둘 다 결국 상대적으로 쉬운 일이었던 것으로 드러났다. 마르크스는 준비에 철저했고, 대표자들의 수가 자신에게 유리하게 되도록 용의주도하게 작업했다. 그렇지만 그의 승리는 바쿠닌이 현장에 없었다는 점에 힘입은 바 컸다. 그 러시아인은 돈이 없었기 때문에 헤이그 대회에 참석할 수 없었다고 말했다.[44] 그렇지만 그는 그간의 경험으로 굳이 애쓸 필요가 없다는 사실도 이미 알고 있었을 것이다. 왜냐하면 그의 라이벌을 물리칠 수 없었기 때문이다 ─ 결국 인터내셔널은 마르크스의 후예들이기 때문이다. 어쨌든 바쿠닌은 그해 악운이 잇달았고, 저항할 힘을 잃은 듯이 보였다.[45] 그의 친구 네차예프는 스위스에서 체포되어 결국 페트로파블롭스크 요새로 보내질 운명이 되었다.[46] 바쿠닌의 젊은 아내 안토니아는 이탈리아 남자를 사귀고 그와 아이 둘을 낳았다. 그렇지만 그들은 결국 바쿠닌에게 용서를 받았다. 바쿠닌은 아내가 필요로 하고, 당연한 권리로 주장할 수 있는 것들을 해주지 않고 해줄 수도 없었기 때문이었을 것이다.[47] 결국 거구의 러시아인은 더욱 살이 쪘다(친구들은 그를 코끼리 같다고 말했다), 조금만 움직여도 숨을 헉떡거렸고, 장화를 신으려고 애쓸 때는 얼굴이 새파래졌다.[48] 대회가 있고 이 년이 지난 후 바쿠닌은 "이제부터 나는 누구의 휴식도 방해하지 않을 작정이니 부디 나를 평화롭게 놔두기 바란다"[49]고 말하며, 공식

활동에서 물러나겠다고 선언했다. 그는 옷차림새를 확 바꿔서 스위스 부르주아 차림을 하고 다녔다. 그러고는 자신을 "마지막 모히칸"[50]이라고 불렀다. 그리고 만약 세상에 사람이 세 명만 있다면, 그중 둘이 세 번째 사람을 억압하고 싶어 할 것이라고 말했다.[51] 독일인 라이벌과 마찬가지로 바쿠닌도 이제 물러날 때가 되었다는 것을 깨달은 것이다.

1872년 10월 9일, 대회가 끝나고 한 달이 지난 후 예니헨과 롱게는 사 년 전 라파르그와 라우라가 결혼했던 세인트팽크라스 등기소에서 드디어 결혼식을 올렸다.[52] 라파르그의 결혼식 때보다 더 사무적인 분위기였다. 예니헨과 롱게가 이미 각각 스물여덟 살과 서른세 살이었고, 원래의 결혼 계획이 연기된 탓도 있었다. 마르크스 가족들은 이미 두 사람을 부부로 여기고 있었기 때문에 결혼식은 그 결합을 공식화하는 것에 지나지 않았다.

롱게 부부는 즉시 런던을 떠나 옥스퍼드로 향했다. 샤를이 그곳에서 프랑스어를 강의하는 일자리를 얻었기 때문이다. 그렇지만 그들의 미래는 밝지 않았다. 롱게의 이름이 헤이그 대회에 참석한 인터내셔널 조직원 명단에 올랐기 때문에 학생들이 하나둘씩 미안하다고 말하며 수강을 거절한 것이다.[53] 그들은 신혼의 단꿈에 젖어보기도 전에 이미 익숙한 생존투쟁에 말려들었다. 예니헨은 가족에게 자기 처지를 알리지 않았다. 부모의 자비에 자신을 맡기기에는 너무 독립심이 강한 탓이었다. 그렇지만 마르크스에게 보낸 편지를 보면 갓 결혼한 신부에게는 어울리지 않는 걱정이 깔려 있음을 확인할 수 있다. 10월 30일 그녀는 "제가 얼마나 아버지를 그리워하는지 모르실 거예요. 마치 수백 년간 떨어져 있는 것 같은 기분이에요. 오늘 아침 아버지의 글씨를 다시 보고 한참을 울었어요"[54]라고 썼다. 또 다른 편지에서는 "지난 일요일 햄스테드에 가고 싶어 미칠 지경이었어요. 악마가 무슨 일이 있어도 가라고 속삭였지요. 그렇지만 우리를 겁쟁이로 만드는 분별력이 저에게 신중하라고 무던히 설득했고, 햄스테드로 가는 데 20실링이 들 것이라는 사실을 일깨워주며 그냥 있으라고 말했지요"[55]

라고 고백했다. 마르크스는 뭔가 잘못되었음을 느꼈던 것 같다. 왜냐하면 11월에 옥스퍼드를 방문했기 때문이다. 롱게가 『자본론』의 프랑스어 번역을 검토하고 있었으므로, 그의 방문이 딸의 결혼생활을 살피러 온 것이라는 의심을 불러일으킬 걱정은 하지 않아도 되었다.[56] 그리고 곧 그것이 마르크스의 설득 때문이었는지, 아니면 일자리 없이 옥스퍼드에 주저앉아 있을 수 없다는 현실인식 때문이었는지 롱게와 예니헨은 런던으로 돌아가기로 결정했다.

한편 10월 말부터 라파르그 부부가 런던에 머물고 있었다. 대회 이후 네덜란드에서 휴가를 보내다가 모데나 빌라스로 온 것이다. 라우라의 부모는 그녀가 헤이그에 처음 도착했을 때보다 훨씬 나아 보인다고 말했지만, 그녀는 전혀 좋아지지 않았다. 라파르그 부부는 마르크스의 집으로 들어갔다. 그곳에서 렌헨과 예니는 자식을 잃은 젊은 여인이 다시 활기를 찾도록 하기 위해 라우라를 돌보는 일에 전심전력했다. 11월 중순이 되자 그녀는 충분히 회복되었고, 그래서 부부는 근처의 아파트로 이사하기로 결정했다. 그리고 두 사람을 떠나보내려고 열어놓은 마르크스 집의 문으로 롱게 부부가 들어왔다.

예니헨은 옥스퍼드에서의 시도가 실패로 돌아간 것이 허탈했지만, 곧 런던을 떠나서는 행복할 수 없다는 사실을 인정할 수밖에 없었다. 그녀는 쿠겔만에게 다음과 같이 썼다. "런던에는 모데나 빌라스가 있고, 저는 모데나 빌라스의 첫 번째 층 앞방에서 항상 무어인을 만날 수 있습니다. 그분과 떨어져 있을 때 제가 얼마나 외로웠는지 이루 말로 다 설명할 수가 없군요 ― 그리고 그분도 제가 없을 때 저를 무척 그리워했고, 그래서 그동안 방에서 두문불출했었노라고 말씀하시더군요."[57]

12월 7일 엥겔스는 기분이 좋아서 뉴욕의 동료에게 보낸 편지에서 아버지 마르크스가 사 년 만에 다시 전 가족에게 둘러싸이게 됐다고 알렸다.[58] 이 말 자체는 진심이었지만, 화목한 가정은 암시할 만한 어떤 말이라도 있었다면 그것은 사실과는 조금 거리가 있는 것이었으리라. 예니헨이 옥스퍼드에서 돌아오기 전에 투시는 마르크스의 집에서 라파르그와 라우라도 개입된 리사가레와의 만남에 대해 매우 격앙된 편지를 보냈다. 리사가레는 한 친구와 집에 와 있었다. 라파르그 부부는 그의 친구와 악수를 나누고 나서 리사가레를 돌아보고는 단지 고개만 까딱하고 말았다. 그런 냉담한 태도는 다음 날 저녁에도 이어졌다. 그들의 무례함에 놀란 투시는 큰언니에게 편지를 썼다. "리사가레가 폴이 편지에서 말했던 것처럼, 그리고 그의 행동에서 드러나는 것처럼, 워낙 완벽한 신사였기 때문에 그런 대접을 받았거나, 아니면 그가 전혀 신사가 아니어서 우리한테 대접받을 가치가 없었거나 둘 중 하나겠지. 하지만 라우라의 그런 숙녀답지 못한 행동은 정말 불쾌해."⁵⁹

이 일화는, 리사가레를 꺼려한 라파르그 부부의 태도가 향후 몇 년간 라우라와 투시의 관계에 영향을 미치지 않았다면 거의 언급할 가치도 없을 것이다. 사실 두 사람의 관계는 이후로 예전처럼 완전히 다정하게 회복되지 못했다. 라파르그 부부가 왜 그렇게 행동했는지는 분명치 않다. 그와 관련된 얘기는 전해지는 것이 없고, 어떤 단서를 제공해주는 편지도 찾아볼 수 없다. 아마도 프랑스 언론계에서 두 사람의 길이 서로 엇갈리며 리사가레가 폴을 자극할 만한 행동을 했는데, 폴이 그것을 마음속에 품고 있었던 것일지도 모른다. 그렇지 않다면 라우라가 리사가레에 대해 반대했을 수도 있다. 정서가 불안정한 상태에서 또 다른 마르크스 가의 딸을 유혹하는 또 다른 (내세울 것이라고는 혁명가로서의 경력밖에 없는) 프랑스인을 용납할 수 없었던 것일지도 모른다. 그녀의 눈에는 자기 자신이나 예니헨의 삶이 어머니와 같은 운명에서 벗어나기는커녕 오히려 그런 삶을 향해 돌진하는 것으로밖에 보이지 않았을 것이다(예니헨은 심지어 롱게에게 자기가 어머니처럼 천연두를 앓았는데 너무 흉측해져서 그가 자기를 거들떠보지도 않는 꿈을 꾸었다고 말했다).⁶⁰

두 젊은 부부 모두 경제적 어려움을 겪고 있었다. 라파르그는 아버지로부터 물려받은 유산의 대부분을 스페인에서 탕진해버렸다.⁶¹ 그는 영국의 의사 자격증이 있었지만 개업을 거부했다. 자기 세 아이의 목숨도 구하지 못한 의료 분야에는 뛰어들고 싶지 않다는 것이 이유였다. 그래서 라우라와 그는 일자리를 찾아 헤매야 했다. 마르크스는 라파르그를 위해 멀리 러시아까지 글 쓰는 일자리를 얻어주려고 노력했다. 그렇지만 그런 자리는 얻기가 쉽지 않았고, 보수도 쥐꼬리만 했다.[62] 2월에 라파르그는 사업에 손을 댔다. 1848년부터 마르크스의 친구였던 외젠 뒤퐁과 함께 뒤퐁의 특허를 이용해 금관악기를 만드는 작업장을 차렸다. 하지만 자본이 부족했고, 사업은 곧 실패로 돌아갔다.[63] 제판술製版術 특허와 관련된 또 다른 사업 기회가 찾아왔다. 사회주의자 조지 무어와 뱅자맹 르무쉬가 동업을 제의했다.[64] 이때 마르크스가 라파르그를 대신해 잠시 개입하며 그의 재정 책임까지 떠맡았으나, 결국 연말에 빠져나오면서 엥겔스가 약 150파운드의 빚까지 갚아주어야 했다.[65] 라파르그는 스스로 사업가적 재능이 없다는 사실을 깨달을 만도 했다. 그렇지만 항상 낙천적이었던 그는 포기하지 않고 이번에는 부엌에 석판 사진과 에칭 작업장을 꾸미고 경제적 독립을 꿈꾸었다.[66] 한편 남편이 되지도 않는 사업에 몰두하는 동안, 라우라는 외국어 개인교습을 하며 살림에 보탰다.[67]

롱게 역시 일자리를 찾지 못했다. 코뮌 이후 이 년 동안 안정적인 직업을 갖지 못했다. 게다가 런던에는 교습과 집필 자리를 다투는 프랑스 망명자들이 넘쳐나는 형편이었다.[68] 라우라와 마찬가지로 예니헨도 부족한 수입을 개인교습으로 메우고 있었다. 주변의 거의 모든 상점 창문에 외국어나 음악 교습 자리를 구한다는 전단을 붙이고, 자조적으로 "생존을 위한 투쟁이라고 알려진 유쾌한 전투"라고 부른 일에 전력을 기울였다. 롱게가 일자리를 얻지 못한 것이 자신에게도 일부 책임이 있다고 생각한 예니헨은 더욱 열심히 일했다. 그녀는 쿠겔만에게 만약 소읍에 살았더라면 일자리를 찾기가 한층 수월했을 것이라고 말했다. "결혼했음에도 불구하고 내 심장은 아버지가 있는 곳에 붙박여 있으며, 다른 곳에서의 삶은 내 삶이 아닐 것입니다. 그래도 하다하다 안 되면 결국 아버지를 떠날 수밖에 없겠지요……그렇지만 나중 일까지 걱정할 필요는 없겠지요. 미리 그런 생각을 하지는 않겠습니다."[69]

그러나 마르크스 부인은 롱게의 실업을 근면성의 부족 때문으로 보았다. 리프크네히트에게 한바탕 한탄을 늘어놓은 후 그녀는 "우리는 어느 모로 보나 지금 파리 코뮌과 그 망명자들(아주 뛰어난 정치적 게으름뱅이들)에 대한 유치한 열정에 대해 대가를 치르고 있는 것입니다. 편지에는 어울리지 않으니 자세한 것은 생략하겠습니다"[70]라고 썼다. 그녀는 이 말을 할 때 리사가레도 염두에 두고 있었을 것이다.

3월에 마르크스와 투시는 브라이튼으로 갔다. 마르크스는 『자본론』의 프랑스어 번역과 마이스너에게 넘길 『자본론』 제1권 개정판 작업으로 지친 상태였다. 프랑스어판은 44편으로 분권되어 출판될 예정이었는데 어려운 번역 작업 때문에 이미 삼 년이나 지체되고 있었다. 개정 독일어판도 분책으로 출판될 예정이었다 ─ 단지 9편으로 나뉘어 1872년 7월부터 1873년 4월까지 출판될 것이며, 그 이후에는 통권으로 출판할 계획이었다.[71] 마르크스에게 그 작업의 강도는 『자본론』을 처음부터 새로 쓰는 것과 다르지 않았다. 그는 집 안에서 유령처럼 지냈다. 아침 7시에 일어나 여러 잔의 블랙커피를 마신 후 서재로 들어갔다가 오후가 돼서야 나왔고, 그때 장군이 오면[72] 예니헨이 의무적 행진이라고 부른 것을 하기 위해 히스로 나섰다.[73] 그다음 5시에 저녁식사를 하고(마르크스는 보통 식사 때 세 번은 불러야 나왔다), 서재로 돌아갔다. 그곳에서 그는 새벽 2~3시까지 머물렀다.[74]

투시도 휴식이 필요했다. 그녀는 과로한 것이 아니라 과민해졌다. 그녀는 이제 열여덟 살이었고, 금지된 사랑에 푹 빠져 있었다. 가족들은 리사가레에 대해 알고 있었지만, 아버지는 그녀의 사춘기적 행복을 망칠 거부권을 거의 행사하지 않았다. 마르크스는 런던에서 멀어지면 투시에게 그 결혼이 가당치 않음을 부드럽게 설득할 수 있는 기회가 마련될 것이라고 여겼을지도 모른다. 그렇지만 마르크스의 설득력은 이 경우 별로 빛을 발하지 못했다. 배신감을 느낀 투시는 아버지에게 자기는 브라이튼에 남아서 개인교습 자리를 찾아보겠다고 선언했다. 마르크스는 그런 사태 전개에 당혹감을 느꼈을 테지만, 멀리 떨어져 있으면 투시가 리사가레를 쉽게 잊을 수 있을 것이라고 기대하며 허락했다. 그렇지만 예니는 막내딸의 결심을 무모하고 위험스러운 것으로 보았다. 5월과 6월에 걸쳐 그녀는 투시에게 자질구레한 걱정이 잔뜩 들어 있는 편지를 무수히 보냈다.[75] 투시에게 "현 상황에서의 고통과 걱정을 극복하기 위해 네가 얼마나 일과 독립을 원했는지"[76] 자기가 충분히 이해하고 있다고 납득시키려고 애썼다. 그리고 자기가 소녀였을 때 역시 마르크스를 향한 금지된 사랑을 했던 것을 떠올리며 "힘내거라, 용기를 가져라. 이런 무서운 위기가 너를 압도하도록 놔두지 말거라. 나를 믿거라. 보이는 것과는 반대로 나만큼 네 처지, 네 갈등, 네 괴로움을 잘 이해해줄 수 있는 사람도 없단다"[77]라고 말했다. 예니는 많은 말을 아꼈다. 그렇지만 그렇게 다급하고 빈번하게 편지를 보낸 것만으로도 투시에 대해 얼마나 걱정하고 있는지 잘 보여주었다. 그녀는 투시의 혼란스러운 마음상태 때문에 건강이 상할까봐 걱정했다(종기를 일으키는 마르크스의 창조적인 불안은 말할 것도 없고, 예니의 우울증도 육체적인 병으로 나타나기도 했다). 또한 투시가 사랑받지 못한다거나 오해받는다고 여겨 저지를지도 모를 경솔한 행동도 걱정스러워했다.

5월에 투시는 한 세미나에서 젊은 여성들에게 파트타임으로 독일어와 프랑스어를 가르치기 시작했다.[78] 그렇지만 한 달도 되지 않아 그녀가 각혈을 시작하자, 예니는 황급히 브라이튼으로 달려갔다. 그녀는 딸이 정말로 아프다는 것을 알았다. 그렇지만 런던으로 돌아가자는 간청은 거절당했다.[79] 예니는 또한 그 학교를 운영하는 여성으로부터 "투시의 약혼자"라고 불리는 남자가 여러 차례 딸을 찾아왔었고, 두 사람은 약혼한 사이였으므로 아무런 제지도 받지 않았다는 얘기를 들었다. 딸의 체면을 위해 예니는 그 관계를 해명하지 않았고, 마르크스에게도 자기가 들은 얘기를 전하지 않았다. 마르크스가 투시에게 리사가레에 관한 편지를 쓸 계획인 것을 알고 있었기 때문에 그 새로운 소식이 상황을 악화시킬 뿐이라고 판단했던 것이다.[80]

마르크스는 사실 두 장의 편지를 썼다. 하나는 투시에게, 다른 하나는 리사가레에게 보내는 것이었지만, 둘 다 남아 있지 않기 때문에 무슨 내용이 들어 있었는지는 알 수 없다.[81] 유일한 단서는 마르크스가 엥겔스에게 보낸 편지에서 투시의 반응을 언급한 내용뿐이다. 투시는 마르크스에게 공정치 못하다고 항변했고, 그는 투시에게 "나는 [리사가레에게] 말로만이 아니라 그가 자신의 평판보다 낫고, 의지할 만한 사람이라는 증거를 보여달라고 요구했을 뿐이다"라고 말했다. 그리고 엥겔스에게는 "성가신 것은 내가 그 아이 때문에 아주 조심스럽고 관대해야 한다는 것일세. 돌아오는 길에 자네와 상의하기 전까지는 대답을 해줄 수 없네. 편지는 자네가 가지고 있게"[82]라고 말했다.

한편 예니는 투시를 브라이튼으로부터 불러내고, 마르크스와 엥겔스, 그리고 리사가레로부터 멀리 떨어뜨려놓으려 애썼다. 그녀는 투시에게 6월에 렌헨과 동행해 독일에 다녀오라고 권했다. 투시는 수업에 방해가 될 것임에도 불구하고 그 제안에 솔깃했다.[83] 실제로 여교장은 투시가 학기 중에 휴가를 요구하는 것에 대해 흥분해, 예니에게 그 소식을 듣고 "매우 놀랐고 화가 났다"는 힐난의 편지를 보냈다. 예니는 학사 일정과 같은 관습에 거의 경험이 없었고 별로 중요하게 여기지도 않았기 때문에 "당신이 내 딸에게 배려해줄 수 없다는 소식에 무척 화가 나는군요"라고 되받았다.[84]

결국 투시는 렌헨과 함께 가지 않았다. 대신 최초의 독립 시도가 실패한 것에 풀이 죽은 채 집으로 돌아왔다. 언론 보도를 통해 아버지가 많이 아프다는 것을 알게 되었고, 언니 예니헨이 스스로 감추려고 애썼지만 임신한 것이 확실했기 때문이었다.

1844년 이후 마르크스의 자식은 누구도 안락하고 유복한 환경에서 태어난 사람이 없었다. 1873년 9월 3일, 샤를 펠리시앵 마르크스 롱게가 태어날 때도 예외는 없었다. 모데나 빌라스에 팔 개월간 신세를 지고 있었지만 롱게는 여전히 일자리를 찾지 못했다. "외국어 강습도 문학 강의도, 번역도 특파원 자리도 없었다." 마르크스 부인은 리프크네히트에게 노골적인 불평을 늘어놓았다. "반면에 예니는 비가 오나 눈이 오나 바람이 부나 억척스럽게 몇 시간씩 쏘다니며 아무리 사소한 것이라도 교습 자리를 찾아내는데…… 이 잘난 양반은 더 좋은 일을 해야 하나보군요. 무어인은 허황된 사랑으로 수수방관만 하고 있습니다. 그런데 불행히도 저는 그렇게 유순하지 못하니 어쩌겠습니까. 제가 악덕 장모가 돼야 할 것 같군요."[85] 예니가 롱게에게 완전히 공정했다고 할 수는 없지만, 딸에 대한 걱정만큼은 이해해줄 만했다. 롱게는 열심히 일자리를 찾고 있었다. 맨체스터까지 알아보았지만 그는 가난한 프랑스인일 뿐이었고, 더군다나 코뮌 가담자이자 마르크스의 인터내셔널 회원이라는 멍에까지 쓰고 있었다.[86]

한 영국 신문이 1873년 6월에 마르크스가 중병에 걸렸다는 기사를 실었다. 그 이야기는 중앙협의회의 한 영국 위원 입에서 나왔고 곧 유럽 전역의 신문을 통해 퍼져 나갔다. 이미 마르크스의 죽음이나 체포에 관한 기사라면 익숙했기 때문에 마르크스의 가까운 친구들이나 가족들은 별로 개의치 않았다. 그렇지만 한 해 전 그가 아무런 설명도 없이 너무나도 갑작스럽게 인터내셔널에서 물러난 뒤였기 때문에 이번 보도는 그럴듯해 보였고, 그래서 걱정이 된 친구들로부터 안부를 묻는 편지가 쇄도했다. 직접 알아보기 위해 마르크스의 집을 찾는 사람들도 있었다.[87] 예니는 독일 신문에서 소식을 접한 리프크네히트에게 대수롭지 않게 "신문이 과장한 것이고, 제 남편의 상태가 실제로 위험한 것은 아니기를 바랍니다"[88]라고 답했다. 가벼운 말로 애써 불안감을 감추려 한 것이다. 마르크스 가족은 카를이 정말로 아프다는 사실을 세상에 알리고 싶지 않았다. 실제로는 예전에 걱정 때문에 몸살을 앓았던 것보다 더 많이 아픈 상태였다. 몇 달간 마르크스는 불면증과 심한 두통에 시달렸다. 수면제를 먹어보기도 했지만 효과가 없었다. 그럼에도 불구하고 『자본론』의 번역 작업을 멈추지 않았다. 그리고 그런 일에서 오는 걱정들 뒤에는 딸들이 겪고 있는 삶의 고비에 대한 걱정이 도사리고 있었다[89](예니가 "형언할 수 없이 중대한 가족사"[90]라고 불렀던 것들). 마르크스의 혈압이 위험한 수준까지 오르자, 엥겔스는 맨체스터에 가서 두 사람이 공히 믿을 수 있는 유일한 의사인 여든 살의 독일인 에두아르트 굼퍼트를 만나보자고 제의했다. 굼퍼트는 마르크스에게 생활습관을 고치라고 조언했다. 일을 줄이고, 음식을 조절하고, 와인을 탄 소다수를 마시라는 것이었다. 그리고 가장 중요한 것은 밤늦게 글 쓰는 일을 그만두라는 것이었다. 만약 그러지 않으면 마르크스는 죽을 수도 있다고 말했다.

마르크스는 맨체스터에서 훨씬 좋아져서 돌아왔다. 예니와 렌헨, 엥겔스는 그가 굼퍼트의 처방을 잘 따르는지 감시했다. 또한 그가 예전의 생활습관으로 되돌아가지 않도록 하는 방법은 런던을 떠나 스파에서 오랫동안 머물도록 하는 것이라는 데 의견일치를 보았다.[91] 그해 가을 마르크스는 투시를 데리고 앞으로 자주 하게 될 건강회복 여행의 첫 번째 길에 올랐다. 이번 목적지는 영국의 해러게이트Harrogate라는 마을이었다.[92] 그들은 '성수기'가 지나서 갔기 때문에 호텔을 거의 독차지하다시피 했다. 다른 손님으로는 마르크스가 보기에 사는 게 시들해져서 먹는 것 말고는 아무것도 관심이 없는—이념적 편견이었는지 정확한 관찰이었는지는 알 수 없다—성공회 목사가 한 명 있을 뿐이었다.[93]

노년에 마르크스는 거시적 세상과 비교해 미시적 세상의 중요성을 강조했다—미시적이라는 것은 가족을 말함이고 거시적인 것은 그 밖의 모든 것, 그렇지만 대부분 정치적인 것들을 일컫는다. 헤이그 대회 이후 그는 주변 친인척들의 작은 세상으로 물러나기 시작했다. 그러나 일을 멈추지는 않았다. 그리고 비록 인터내셔널과 공식적인 관계를 끊기는 했지만, 그는 여전히 그를 그 설립자로 받드는 전 세계 방문자들의 순례의 대상이었다. 그렇지만 이런 성가신 방문객들도 점차 유쾌한 사회활동으로 느껴지게 되었다. 그들이 예전만큼 그를 피곤하게 만들지 않았던 것이다. 마르크스가 런던에 살고 있는 '테러리스트'로 기억되고 있을 때 주기적으로 그를 찾아와서 인터뷰를 요구하며 성가시게 굴던 기자들조차도 이제 적대적인 관계가 아니라 환대해주어야 할 어느 정도 즐거움을 주는 상대가 되었다. 그는 이 작은 생쥐들을 짓눌러버릴 수도 있지만 툭툭 건드리며 노는 것이 더 즐겁다는 사실을 발견한 커다란 발톱을 지닌 고양이었다. 그는 쿠겔만에게 자신은 "대중에 대해서는 눈곱만치도 신경 쓰지 않는다"고 말

했다. 이제 그에게 훨씬 중요한 것은 주변 사람들이었다.[94]

그다음 중요한 것은 건강이었다. 수년간 굼퍼트는 마르크스에게 칼스바트 Karlsbad에 가서 온천욕 치료를 하라고 권했지만, 그는 말을 듣지 않았다(그는 오스트리아의 스파는 따분하고 비쌀 것이라고 말했다).[95] 그렇지만 해러게이트에서 즐거운 시간을 보낸 후, 그 제안도 진지하게 고려해보기 시작했다. 해러게이트에서는 즐겁기는 했지만 일시적인 호전 효과밖에 얻지 못했다. 굼퍼트는 칼스바트에 가면 완치될 수 있을 것이라고 말했다. 마르크스는 5월에 여행에 대해 생각해보기 시작했다. 그렇지만 여행에 앞서 먼저 해결해야 할 문제가 몇 가지 있었다. 그중 하나는 해묵은 여권 문제였다. 라우라가 신혼부부로 파리에 가던 해, 그는 영국 시민권을 신청하는 것을 고려해보았지만 단지 생각에 머물렀다. 그렇지만 오스트리아로 여행하기 위해서는 이제 절차를 밟아야 했다.

유럽 정부들은 여전히 인터내셔널을 사회 소요의 배후 세력으로 보고 있었다. 1872년과 1873년에 세 개의 제국―오스트리아-헝가리, 러시아, 독일―이 서로 만나서 인터내셔널과 그 예하 세력들에 대한 방어 전략을 수립하고 단일한 전선을 구축하는 방안을 논의했다.[96] 그리고 즉시 탄압이 이어졌다.[97] 그렇지만 1873년 경제파탄이 정부의 보복보다 더 무서운 위협으로 대두되었다. 사람들은 다시 자본주의 시장의 변동성으로부터 보호막을 찾으며 노동자 조직으로 모이기 시작했다.[98] 이런 불안한 상황의 결과로 독일에서 노동자 정당들은 선거에서 획기적인 성과를 거두었다. 한편 러시아는 1873년과 1874년에 학생들의 반란을 경험했고, 같은 시기에 사회주의자, 자유주의자, 민주주의자들에 대한 광범한 탄압을 실시했다. 1874년 여러 도시에서 동시에 진행된 단 한 번의 단속으로 노동자들 속에서 선전활동을 벌이던 1천6백 명의 러시아 사회주의자들이 검거되어 재판에 회부되었다. 그들이 노동자들을 교육하는 데 사용한 교재 중 하나는 『자본론』이었다.[99] 마르크스가 칼스바트로 가려 할 때, 빈 근처에서는 사회주의 운동가들에 대한 재판이 시작되었다. 한 사람은 단지 "사회적 공산주의자 K. M."[100]의 사진을 우송했다는 것만으로 기소되었다. 이런 정세 속에서 마르크스는 영국 황실의 보호가 필요했다. 그래서 8월 1일 그는 귀화해 영국 시민이 되기 위한 서류를 접수했다. 예상된 일이지만 신청은 거부되었다. 런던 경찰청의 보고서에는 이렇게 적혀 있었다. "상기인에 대해서 보고하자면, 그는 악명 높은 독일인 선동가이고, 인터내셔널의 수괴이자, 공산주의적 원리의 주창자라는 것입니다. 이 사람은 자기 조국과 자기 왕에게도 충성한 적이 없습니다."[101]

1874년 라파르그는 생활이 너무 쪼들려 유일하게 남은 유산인 뉴올리언스의 집을 팔려고 했다. 급전이 필요했던 것이다. 그래서 엥겔스가 부동산 처분을 조건으로 6백 파운드를 빌려주었다.[102] 그렇지만 롱게는 그런 재산도 없었고 여전히 일도 구하지 못하고 있었다. 그의 어머니가 약간의 돈을 보태주었고, 예니헨이 가정교사와 강사일로 돈을 벌고 있었지만 항상 돈이 모자랐다. 그런데 4월에 그들은 마르크스의 집을 나와 근처 아파트에 거처를 정했다. 예니는 나중에 자신과 카를이 그들의 이사를 부추겼음을 암시하는 말을 했지만, 결국 그 일을 후회하게 됐다. 예니헨의 건강이 좋지 않았다. 숨 쉬는 것이 힘들었고 잠도 잘 자지 못했다. 게다가 여름이 되자 카로Caro라는 별명으로 불린 그들의 아기가 아프기 시작했다.

이맘때쯤 마르크스와 예니는 이따금씩 같이 여행길에 올랐다. 이제 쉰여섯 살과 예순이 된 부부는 영국의 남쪽 해변에서 8킬로미터 떨어진 해상에 있는 와이트 섬Isle of Wight으로 가서, 라이드Ryde 마을의 언덕에 자리 잡은 거대한 창문이 있고 빛이 잘 드는 집에 방을 얻었다. 날씨는 거의 이탈리아 같았다. 마르크스는 엥겔스에게 "이 섬은 작은 파라다이스야"라고 말했다. 그는 편지를 쓰지 않았을 때면 보통 너무 바빠서 편지 쓸 시간이 없었다는 변명을 하곤 했다. 그러나 이번 경우는 너무 한가했기 때문에 편지를 쓰지 못했다고 말했다. 그와 예니는 배를 타고 섬을 일주했고, 걸어서 언덕을 산책했다. 그들은 몇 년간, 아니 수십 년간 할 수 없었던 서로의 동행을 즐겼다. 지역 선거벽보의 "부자 스탠리에게 투표하시오"라는 문구를 보고 웃었고, 금주협회 회원들의 유람선에 탑승자 반이 취해 있는 것을 보고 실소를 금치 못했다(마르크스는 엥겔스에게 "여태껏 이렇게 많은 철없고 무례하고 음흉한 바보들과 이렇게 못생긴 여자들이 한데 모인 것을 본 적은 없었네"라고 말했다). 어쨌든 마르크스는 건강이 좋아졌다고 말했다. "무엇보다도 이제 약이 필요 없어."[103]

가족과 친구들이 마르크스와 예니가 서로 깊은 사랑을 느꼈다고 종종 언급한 시기가 바로 이 십 년간이었다. 두 사람의 관계에 항상 사랑만 있었던 것은 아니었다. 1860년대에는 예니의 가슴이 꽁꽁 얼어붙었었다. 그 시기는, 그녀가 석탄을 사려고 발버둥치고 있는 동안 마르크스는 라살레와 백작부인과 함께 베를린의 오페라극장에서 즐기고 있던 때였다. 또한 그녀와 딸들이 마르크스로부터 편지 한 장 받지 못하고 거지처럼 크리스마스를 보내고 있을 때, 마르크스는 네덜란드에서 리온 숙부와 나네트로부터 호사스러운 대접을 받고 있던 때였다. 그렇지만 그 이후로 마르크스 가족은 다시 모든 면에서 진정한 동반자로 살아왔다. 투시는 그들이 어린아이 같았다고 말했다. "정말 자주, 특히 차분하게 격식을 갖춰야 할 환경에서, 그분들이 뺨에 눈물이 흐를 정도로 배꼽을 잡고 웃는 모습을 보았다. 이런 경박함에 충격을 받을 만한 사람들도 그분들과 함께 있으면 웃을 수밖에 없었다. 두 분은 감히 서로를 쳐다보지도 못했다. 단 한 번이라도 눈길이 마주치면 주체할 수 없는 웃음이 터져버릴 것을 알고 있었기 때문이다."[104] 러시아 친구인 막심 코발렙스키는 "투르게네프까지 포함해 내가 만난 모든 사람들 중 마르크스야말로 자신은 한 여인만 사랑한 남자였노라고 말할 권리가 있는 사람이다"[105]라고 말했다.

그들은 둘만이 함께할 소중한 시간이 오래 지속되지 못할 것이라고 생각했을지도 모른다. 그리고 실제로 그랬다. 마르크스와 예니는 7월 말 런던으로 불려갔다. 예니헨의 십일 개월 된 아기가 마르크스가 "돌발적이고 무서운 위장염"이라고 부른 병으로 사망한 것이다.[106] 다시 마르크스의 집안은 슬픔에 빠졌다. 마르크스의 딸들이 아기 넷을 낳았지만 넷 모두 사망한 것이다. 마르크스는 엥겔스에게 자기는 잠을 이루지 못한다고 말했다. "나는 그 어린 것을 가슴속에 간직하고 있네."[107] 그렇지만 그는 슬픔으로 넋이 나간 예니헨을 더 걱정스러워했다. 엥겔스는 그녀에게 즉시 런던을 떠나 리지와 함께 램즈게이트로 가자고 말했다. 그녀는 그 말을 따랐다.[108]

마르크스도 제때 런던에 돌아와, 8월 6일 슬픔에 빠진 딸과 함께 해변으로의 여행에 동행했다. 그들은 기차를 타고 조용히 켄트의 전원을 가로질렀다. 땅은 비옥하고 푸르렀지만 그 위를 지나는 여행자들은 생기 없고 공허하기만 했다.[109] 여행이 그녀의 고통을 더욱 가중시키기 위해 마련된 것이기라도 한 듯, 그들의 차 칸에는 생후 구 개월 된 건강한 아기와 젊은 엄마가 같이 타고 있었다.[110] 그들의 존재 자체가 예니헨에게는 고문이었다.

마르크스는 손자의 죽음과 딸의 고통 때문에 계속 수심에 잠겨 있었다. 런던은 여름이 절정이었기 때문에, 자정에도 하늘이 겨우 어둑어둑한 정도였다. 그는 모데나 빌라스로 돌아온 후 예니헨에게 편지를 썼다. "내 사랑하는 딸……우리의 작은 천사가 떠나버린 후 집 안은 무덤처럼 적막하기만 하구나. 매순간 아이가 생각난단다. 그 아이를 생각할 때마다 내 가슴은 피를 흘리는구나. 그렇게 사랑스러운 아이를 어떻게 마음속에서 지울 수 있겠니! 그렇지만 얘야, 이 늙은이를 위해서라도 기운을 차려다오."[111] 그는 칼스바트로의 여행을 미룰 생각이었다. 그렇지만 엥겔스가 예니헨을 잘 보살펴주는 것에 안심이 되었다. 엥겔스는 램즈게이트에서 예니헨과 리지를 데리고 저지Jersey로 여행할 계획이었다. 게다가 투시도 방치할 수 없었다. 투시는 몇 달째 아팠다. 먹는 것도 거부했고, 다시 각혈을 했다. 그녀는 침울했다. 한때 만나는 모든 사람들을 매혹시켰던 발랄한 아가씨와는 완전히 반대의 모습이 되어 있었다. 그녀가 겪는 심적 고통의 원인은 리사가레와의 관계를 금한 아버지의 명령이었다. 3월에 투시는 마르크스에게 연인을 만날 수 있게 허락해달라고 애원하는 편지를 썼다.

나의 사랑하는 무어인,

아버지에게 부탁할 게 있습니다. 그렇지만 먼저 화내지 않겠다고 약속해주세요. 제가 언제 다시 L.을 만날 수 있을지 알고 싶어요. 그 사람을 만나지 못하는 것이 견디기 힘들어요. 인내심을 가져보려고 애쓰지만 너무 힘들어요. 그리고 오래 견디지도 못할 것 같아요…… 가끔씩 찾아가서 같이 산책이라도 하면 안 될까요?…… 우리 둘이 사귄다는 것을 모두 알고 있는 마당에, 우리가 같이 있는 것을 보았다고 해서 놀랄 사람도 없잖아요.

그녀는 브라이튼에서 아팠을 때, 리사가레가 찾아올 때마다 자신이 강해지고 행복해졌었다고 아버지에게 말했다. "그 사람을 본 지 너무 오래됐어요. 제가 아무리 기운을 차리고 즐거워지려고 애써보아도 저는 더욱 비참하게만 느껴질 뿐이에요…… 저는 더 이상은…… 사랑하는 무어인, 제가 이런 편지를 쓴다고 화내지 말아주세요. 아버지를 다시 걱정시키는 저의 이기심을 용서해주세요…… 이건 우리 둘만 알기로 해요."[112]

카로의 죽음으로 가족은 이미 심신이 지쳐 있었기 때문에 또 다른 문제를 원치 않았다. 그래서 금지는 해제되었다.[113] 8월 중순 마르크스는 엥겔스에게 썼다. "투시가 훨씬 좋아졌어. 그 아이의 식욕도 등비 비례로 커지고 있지. 그렇지만 그것은 히스테리에 의한 여자들 병의 특징이야. 환자가 다시 세속적인 음식을 입에 대기 시작했다는 것을 모른 척해줘야 해. 이것도 회복이 끝나면 불필요해지지만 말일세."[114] 그렇지만 마르크스는 투시의 회복을 확실히 하기 위해 칼스바트로 데리고 가기로 결심했다. 여권 없이 여행하기로 마음먹고, 만약 문제가 생기면 덜 반동적인 함부르크로 피신할 생각이었다. 그는 예니헨에게 당시의 여러 가지 정치적 음모가 짜증스럽다고 말했다. "'인터내셔널'이나 나 자신이나 관심을 끌 만한 행동을 하지 않은 지 오랜 시간이 지났는데, 내가 페테르스부르크와 빈의 재판에서 다시 거명되었다면, 그리고 이탈리아의 우스꽝스러운 폭동이 '인터내셔널'뿐만 아니라…… 직접적으로 내게 관련지어졌다면 그건 매우 이상한 일일 게다."[115]

칼스바트는 부르주아의 휴양지였다. 다녀간 인물들 중에는 바흐, 괴테, 실러, 베토벤, 쇼팽과 같은 전설적인 사람들도 포함되어 있었다.[116] 마르크스가 머문 하우스 게르마니아Haus Germania의 이웃 중에는 러시아 소설가 이반 투르게네프도 있었다. 두 사람 모두 편지에서 서로에 대해 언급하지는 않았지만,[117] 투르게네프는 러시아에서 급진주의자들과 보수주의자들 양편으로부터 비판을 도맡아 받는 사람이었고 베를린에서 바쿠닌의 절친한 친구 중 하나였기 때문에, 서로 아는 사이는 아니었다고 할지라도 상대방의 존재만큼은 알고 있었을 것이 거의 확실하다.

쿠겔만이 마르크스와 투시의 체류를 도왔다. 그도 아내와 딸을 데리고 그곳에 와 있었다. 그의 편지를 보건대 그는 현재 체코 땅이 된 이 온천지를 매년 찾았었던 것으로 보인다. 마르크스는 체크인할 때 의심을 피하기 위해 은퇴한 재력가 행세를 했으며 찰스 마르크스Herr Charles Marx라는 이름을 사용했다.[118] 마르크스가 칼스바트에 있을 때 폴란드의 귀족 플래터 백작도 그곳에 있었다. 마르크스의 의상이 워낙 흠잡을 데가 없었기 때문에 사람들에게 두 사람 중 누가 백작이냐고 물으면 대부분 마르크스를 지목했을 것이라고 했다.[119] 두 사람은 곧 친구가 되었다. 그런데 그 관계가 지역신문 기자의 상상력을 자극했다. 기자는 플래터 백작이 "니힐리스트의 우두머리"로서(투시는 "그 노인이 얼마나 놀랐을지 상상이 갈 거야"[120]라고 썼다) "인터내셔널의 우두머리" 마르크스와 접촉한 것이라고 보도했다.[121] 경찰은 사실 마르크스의 존재를 알고 있었지만, 그가 간질환의 신속한 회복 말고는 다른 음모를 꾸미지 않는 듯했기 때문에 성가시게 하지 않았다. 의사들은 그가 모범적인 손님이라고 말했다.

프란치스카 쿠겔만은 투시보다 여러 살 어렸다. 그녀나 그녀의 어머니 게르트루다는 투시의 아버지에 대한 행동이나 마르크스의 딸에 대한 관대함을 못마땅하게 여겼던 것 같다. 프란치스카는 투시의 의상이 우아하기는 하지만 너무 화려하다고 말했다(그녀는 마르크스가 "젊은 아가씨는 돋보여야 하는 법이야"라며 딸을 두둔했다고 말했다). 쿠겔만 가의 여성들은 투시가 너무 직설적이라고 느껐다("그녀는 누구에게든 자기 생각을 대놓고 말한다. 그것이 그 사람에게서 마음에 들지 않는 것에 관한 경우일 때도 말이다"). 그리고 그들은 그녀의 예의 없음에 놀랐다("그녀는 식당에서 담배를 피며 앉아서 신문에 고개를 처박고 있었다"). 투시는 또한 게르트루다에게 리사가레가 자신을 "나의 작은 부인"이라고 칭한 편지를 보여주어 구설수에 오르기를 자초했다.[122]

쿠겔만 가의 여인들이 투시의 자유분방함을 못마땅하게 여긴 것은 게르트루다 자신의 옥쥔 삶과도 관련이 있을 것이다. 사실 칼스바트에 머무는 동안, 마르크스는 아내에 대한 쿠겔만의 태도를 경멸하게 되었다. 마르크스의 방은 쿠겔만의 방과 이웃해 있었고, 그래서 투시가 "혐오스러운 장면"이라고 부른 남편과 아내 간의 언쟁을 본의 아니게 엿듣게 되었다. 쿠겔만은 게르트루다가 그의 물질적 호의에 대해 감사할 줄 모른다고 오랫동안 불만을 토해냈다. 그 싸움을 촉발시킨 사건은 먼지가 많은 날 게르트루다가 제때 치마를 들어 올려 치맛단을 보호하지 않은 일 때문이었다. 마르크스는 흥분해 그 충성스러운 추종자이자 때로는 후원자이도 했던 사람과 절연해버렸다.[123]

쿠겔만과의 씁쓸한 기억을 뒤로하고 마르크스는 투시를 데리고 칼스바트를 떠나 예니와 신혼여행을 갔던 곳을 포함해 여러 곳을 여행했다. 또한 오랜 친구들과 새로운 당원들을 만나보고 싶어 했다.[124] 리프크네히트를 만나려고 라이프치히에 들른 마르크스는 빌헬름 블로스라는 스물다섯 살의 사회민주주의자가 곧 출소할 것이라는 소식을 들었다. 그는 정치적 입장 때문에 투옥되었었다. 자유인이 되어 감옥문 밖으로 성큼성큼 걸어 나오던 블로스는 리프크네히트와 그의 아들, 그리고 놀랍게도 젊은 아가씨가 한 백발의 신사와 손을 잡고 있는 모습을 발견했다. "그가 누군지 즉시 알 수 있었다. 바로 사진으로만 보아왔던 카를 마르크스였다."[125]

부녀는 두 군데를 더 들렀다. 한 군데는 출판업자 마이스너가 있는 함부르크였고, 다른 한 군데는 에드가 폰 베스트팔렌이 있는 베를린이었다. 에드가는 미국 내전의 상처를 치유하기 위해 모데나 빌라스에 육 개월간 머물다가 독일의 가족들 곁에 정착했다. 여전히 마르크스의 추종자였지만, 생계는 가족들 중 반동적인 쪽의 자비에 의지하고 있었다. 마르크스와 투시는 공안원들의 눈을 피하며 사흘간 베를린에 머물면서 에드가를 방문하고 마르크스의 추억의 장소들을 돌아보았다. 에드가는 나중에 마르크스와 투시가 호텔에서 체크아웃하고 한 시간 후 경찰들이 그들을 찾아왔었다고 말했다.[126]

두 사람은 떠날 때보다 모든 면에서 훨씬 심신이 안정된 상태로 런던에 돌아왔다. 칼스바트가 그들의 아픈 몸을 완전히 낫게 해주지는 못했지만, 다시 일로 돌아가고 싶다는 마음을 갖게 하기에는 충분할 만큼 진통제 역할을 해주었던 것이다. 그리고 더욱 중요한 것은 그들이 리사가레로 인해 불화를 겪은 후 다시 가까워졌다는 점이었다. 마르크스는 (최소한 잠정적으로는) 열여덟 살의 딸이 어떤 정적이나 라이벌 혁명가들도 해내지 못한 일, 즉 의지력 싸움에서 자신을 꺾는 일을 해냈다는 사실을 수용한 것으로 보였다. 그는 여전히 딸의 교제에는 반대했다. 그렇지만 그가 의지하는 방편은 상황이 흘러가도록 관망하면서 딸이 그 관계를 끝낼 지혜를 터득하기를 바라는 것뿐이었다. 다른 딸들의 불행에 대해서도 마찬가지로 그들이 그런 지혜를 갖게 되기를 바랐다.

40

1875년
런던

나는 다른 것들에 비해 이런 면에서는
태연할 수 없었고, 가족의 고통은 항상
나를 심하게 괴롭혔다. 나처럼 거의
외부세계와 단절되어 사는 사람의 경우,
주변 사람들의 감정에 더욱 깊이
휘말려들 수밖에 없다.

—카를 마르크스[1]

아이를 잃은 예니헨의 슬픔은 매우 깊었다. 그녀의 침실 창밖으로는 아이를 묻은 하이게이트 공동묘지가 보였다. 카로의 휴식처가 가까이 있다는 사실은 아들이 아직 완전히 그녀를 떠나지 않았다는 위안을 주었지만, 죄책감과 슬픔을 덜어주는 데는 아무런 도움도 되지 않았다. 그녀는 롱게에게 "사랑스러운 아이가 차고 축축한 땅속에 있는" 상상을 하게 되고, 차라리 "우리도 아이와 함께 그곳에 있었으면 좋겠다"고 말했다.[2] 거리와 가게에서는 가는 곳마다 아이의 모습이 어른거렸고, 모든 아이들의 울음과 웃음, 그리고 모든 갈색 머리카락의 소년의 모습에서 그녀는 아이가 컸을 때의 모습을 상상하게 되었다. 그녀는 육체적으로 회복돼가고 있었지만, 그런 사실이 오히려 그녀를 더욱 가슴 아프게 만들었다.[3] 시버지와 마찬가지로 그녀도 차라리 육체적 고통을 통해 정서적 상처를 잊을 수 있었던 것이다. 그녀는 거의 참을 수 없는 두통을 느꼈다.

엥겔스와 리지는 카로의 죽음 이후 몇 주간 그녀를 위로하기 위해 최선을 다했다. 엥겔스는 그녀가 아이를 그리워하며 잠 못 이룬다는 사실을 알고 있었지만, 휴식을 취하면 곧 나아질 것이라고 마르크스를 안심시켰다.[4] 그렇지만 예니헨은 자기는 감정을 숨기기 위해 최선을 다하고 있다고 롱게에게 말했다. "저는 슬픈 얼굴로 친구들의 여행을 망치지 않으려고 애써 태연한 표정을 짓고 있어요." 그녀는 런던으로 돌아갈 날만 손꼽아 기다리고 있었다. 그날은 너무나도 멀고 아득하게만 느껴졌다.[5] 저지에서 그녀는 남편에게 편지를 썼다.

> 이 여름 섬의 고즈넉한 아름다움은 이상하게도 더욱 불안하고 하염없는 슬픔에 젖게 만들어요. 어제 우리는 정말로 멋진 전원을 마차로 가로질렀어요. 우람한 떡갈나무의 척척 늘어진 나뭇가지들이 거대한 차양처럼 하늘을 덮었고, 호두나무와 느릅나무가 우거진 길도 달렸고, 제가 본 것 중 가장 화려한 상록수 울타리도 보았지만…… 사랑하는 샤를, 그 모든 아름다운 형상과 색채가 제게는 아무런 기쁨도 주지 못하는군요…… 저는 아주 여러 번 눈을 질끈 감아버렸고, 그때마다 하이게이트의 조용한 들녘이 눈앞에 떠올랐어요.[6]

그녀는 "내 모든 희망과 기쁨은 차가운 공동묘지에 누워 있어요"[7]라고 덧붙였다. 몇 주 뒤에는 더욱 절망적인 상태에서 "매일, 매시간 우리가 얼마나 형언할 수 없을 정도로 불행한지 절감하고 있어요"[8]라고 고백했다.

롱게의 홀어머니 펠리시타는 카로가 태어났을 때 런던에 왔고, 그 이후 정기적으로 샤를, 예니헨, 그리고 예니와 서신을 주고받고 있었다. 그녀는 자식 내외를 경제적으로 돕기 위해 자신이 할 수 있는 바를 다했다. 그리고 카로가 죽자 예니에게 그녀와 마르크스가 제대로 처신하지 못한 탓이라고 힐난하는 편지를 보냈다. 예니는 솔직한 답장을 보냈다. "사돈께서는 우리 딸이 집을 나가지 말았어야 했으며, 그랬다면 따로 사는 것보다 더 경제적이었을 것이라고 믿고 계십니다. 경제적 문제로만 보자면 저 역시 사돈의 의견에 전적으로 동의합니다. 한 지

붕 밑에 두 가족이 산다면 돈이 적게 들 것이라는 점은 누가 보아도 자명한 사실
이니까요." 그렇지만 "돈 문제" 외에도 고려할 사항들이 있었다고 덧붙였다.

솔직히 말씀드리면 제 남편과 저는 (항상 걱정과 실망으로 가득 찬 굴곡 많은 삶을
살고 난 후에) 이제 좀 휴식과 평안이 필요했고—그리고 감히 말씀드린다면—누
릴 자격이 있다고 생각했습니다. 특히 제 남편은 많은 고생을 했지요. 우리는 제
약과 구속 없이 지내고 싶었습니다. 우리는 우리의 오랜 습관에 따른 집안의 안락
함, 생활의 작은 일들, 식사 시간, 잠자리 등을 소중히 여깁니다. 그리고 제가 노인
들을 위한 것이라고 주장한 이런 것들은 젊은이들에게도 역시 해당되는 것입니
다. 누구나 자기 자신의 방식대로 살고 싶어 하지요.

아무것도 기댈 것이 없는 상황이 되지 않고는, 자신의 능력, 재능, 활력을 활용
하지 않는 사람들도 있습니다. 그렇기 때문에 저는 독일이나 프랑스에 비해 영국
의 관습을 더 좋아하는 것입니다. 영국에서는 부모들이 자신의 능력과 지위에 따
라 자식들을 교육시킵니다. 그리고 열여섯 살에서 스무 살 정도가 되면 젊은이들
은 보통 돈을 벌도록 요구받게 되지요. 대부분의 경우 부모들은 (부자들의 경우도)
자식들이 알아서 하도록 내버려둡니다. 이런 식으로 젊은이들의 독립심을 일깨
우고 함양시키는 것이지요.

그다음 예니는 다른 딸들도 고려해야 했다고 말했다. 또 롱게 부인에게 가족
적 정의를 위해 세 딸을 똑같이 대할 필요가 있었다고 덧붙였다. 한 사람을 위한
희생은 다른 사람들에게도 주어져야 했다. "제 딸들은 물론 이런 생각을 하지
않았을 것이라고 확신합니다. 그렇지만 투시가 지금 리사가레 씨와 사귀고 있
습니다. 우리는 예니에게 해주었던 것처럼 투시에게도 해주어야 합니다. 그들을
집에 들이고 두와주는 것 말이지요. 불행히도 라파르그도 불운한 투자로 돈을
잃었습니다. 그는 친구들을 너무 믿었고, 너무 관대했었지요. 그는 배신당하고
도둑맞아 죄인이 되어버렸습니다"[9] (예니와 마르크스가 롱게 부부를 내보낸 또 다른

이유 한 가지는 이 편지에서 언급되지 않았다. 그 이유란 마르크스가 샤를이 너무 논쟁을 좋아하는 것을 알게 되어 롱게와는 같은 식탁에서 함께 식사도 하지 않으려 했기 때문이었다).[10]

그해 초 예니는 리프크네히트에게 가족의 소식을 전하면서 삼십 년간 정치적 부인과 어머니 역할을 하다보니 어쩔 수 없이 신경이 무뎌졌노라고 말했다.[11] 그녀 자신도 네 아이를 잃은 경험이 있기 때문에 예니헨의 슬픔이나 손자의 죽음에 대한 롱게 부인의 분노를 모르는 바 아니었다. 그렇지만 그녀는 삶은 계속되고, 아무리 더 이상 지속 불가능한 상황으로 보일지라도 계속되고 또 계속될 수밖에 없다는 사실을 알고 있었다. 슬픈 순간이 닥치는 만큼 행복한 순간도 찾아오리라는 것은 자명한 이치였다. 자식들을 키우면서 예니는 그들에게 해주고 싶은 것들을 마음껏 해줄 수 없었다. 그렇지만 이제는 그들에게 지혜와 강인함을 가르쳐줄 수 있었다.

이런 슬픈 일을 당한 후, 그것이 얼마나 견디기 어렵고, 회복하는 데 얼마나 오랜 시간이 필요한지 너무나도 잘 알고 있다. 하지만 그때 삶은 작은 기쁨과 커다란 걱정들, 자잘한 일상의 고역들과 작은 성가심들로 우리를 도와준다. 커다란 슬픔은 작고 시도 때도 없는 불운들로 인해 약해지고, 우리가 알지 못하는 사이에 난폭한 고통은 사그라진다. 그렇다고 상처가 아무는 것은 아니다. 특히 어머니의 가슴일 경우는 더욱 그렇다. 하지만 가슴속에서 새로운 슬픔과 새로운 기쁨을 느낄 새로운 감각과 새로운 감수성이 조금씩 깨어나고, 그렇게 상처를 보듬고 그래도 희망을 품은 채 마침내 그 심장이 고동을 멈추고 영원한 안식에 길을 내줄 때까지 그렇게 살아가게 되는 것이다.[12]

1874년 12월, 정말로 예니헨과 롱게의 삶이 밝아졌다. 롱게가 런던의 킹스칼리지 불문학 교수로 임명되어 연 180파운드를 벌게 된 것이다. 그는 대학에 임시직으로 일하다가 영구직에 공석이 나자 바로 지원했었다.[13] 빅토르 위고와 프랑스 국회의원이자 역사학자인 에드가 키네가 추천장을 써주었다. 백오십 명의 지원자 중 롱게가 최고점을 얻었다.[14] 예니헨도 스트랜드 가 근처의 클레멘트 데인스 여학교에 일자리를 얻었다.[15] 이렇게 직업을 얻고, 엥겔스로부터 1백 파운드를 보조받아 그들은 카로가 죽은 아파트를 나와 작은 집으로 이사할 수 있었다. 그들은 1875년 초를 경매장을 돌며 가구를 구입하며 보냈다[16](롱게는 집을 프랑스 가구들로 채웠다. 마르크스는 그것을 쓰레기라고 불렀다).[17]

마르크스와 예니도 이사했다. 투시를 제외하고는 자식들이 다 출가한 마당에 더 이상 모데나 빌라스 같은 큰 집이 필요치 않았다. 1875년 초 그들은 근처의 메이틀랜드 파크 크레센트로 이사했다.[18] 그래프턴 테라스에 비해서는 여전히 컸지만, 양옆으로 다른 집과 붙어 있는 집이었다. 하지만 변화는 외형적인 것뿐이었다. 새로운 집 안에서도 일상의 모습은 전과 다름없었다. 마르크스의 서재는 여전히 첫 번째 층에 있었고, 그 방 안에서 쏟아져 나오는 말소리는 집 전체를 떠들썩하게 채웠다.

한편 리사가레는 『1871년 코뮌의 역사 *The History of the Commune of 1871*』를 쓰기 시작했다. 그리고 리사가레와 투시는 리사가레가 만든 『루주에누아르 *Rouge et Noir*』라는 제하의 잡지 일에도 바빴다. 투시는 그것을 혁명적 관점에 입각한 주간 정치평론지라고 말했다. 그들은 유럽과 미국에서 들어오는 기고문에 의지했다.[19] 투시는 이제 오래전 마르크스가 브뤼셀에서 통신원 조직망을 구축했을 때 예니가 남편을 위해 했던 역할을 리사가레를 위해 하고 있었다. 그녀는 여러 곳의 사회주의자들과 공산주의자들에게 편지를 보내 리사가레의 잡지에 글을 실어줄 것을 호소했다. 그렇지만 안타깝게도 1874년 가을에 화려하게 시작했던 『루주에누아르』는 1875년 1월에 사라지고 만다.[20] 국제 사회주의 운동이 다시 내향적으로 바뀌어버린 것이다. 사람들은 자국에서 정치정당을 만드는 일에 매달리면서 (당분간) 외국과의 교류를 등한시했다.[21]

프랑스는 코뮌 이후 정치적인 혼돈기를 보내다가 1875년 새로운 헌법을 만들었다. 그 헌법은 국민회의chamber of deputies와 상원이 공동으로 공화국의 대통령을 선출하도록 규정했다(파리의 반란을 진압한 마크마옹이 초대 대통령으로 선출되었다). 이런 새로운 정체政體는 더 광범한 방식으로 선출된 정부에서 노동자들의 이해가 반영될 가능성이 조금 커졌다는 것을 의미했다.[22] 프랑스에서 그런 변화들이 환영받는 사이에 가장 극적인 사건은 독일에서 일어났다.

3월 독일에서는 노동자들을 대표하는 두 개의 정당인 독일노동자총연맹과 사회민주주의노동자당의 통합안이 발표되었다. 양 정당은 노동자계급의 지지를 양분하고 있었기 때문에 그 힘과 파급력도 약할 수밖에 없었다. 이제 그 지도자들이 충분히 서로의 공통점을 발견하고 새로운 정당인 독일사회주의노동자당(SAPD)의 창립을 결의한 것이다. 엥겔스와 마르크스는 사전에 그런 움직임을 전혀 몰랐었기 때문에 놀라기는 했지만, 그런 발상 자체에 반대하지는 않았다. 하지만 리프크네히트(베벨과 함께 사회민주주의노동자당을 이끌고 있었다)가 상대 당의 원칙(이미 세상을 떠난 라이벌 라살레에 의해 정식화되었다)에 너무 많은 양보를 한 것은 아닌지 걱정했다. 그 원칙은 역사를 부정확하게 해석해 노동자들의 국제적 연대의 중요성을 충분히 강조하지 않았으며, 시대에 뒤처진 경제학 이론에 기반했고, 단 하나의 사회적 목표, 즉 국가의 보조만을 요구하고 있었다.[23] 더욱 심각한 것은 강령에 노동조합에 대한 언급이 전혀 없었다는 점이었다. 엥겔스는 베벨에게 "그것은 가장 중요한 것입니다. 그것은 노동자들이 그 속에서 자본에 대한 일상적 투쟁을 전개하고, 스스로를 훈련시키며, 아무리 반동이 거세도 쉽게 격파되지 않는 프롤레타리아트의 진정한 계급적 조직입니다"[24]라고 말했다. 런던에서 유보적인 입장을 표명한 가운데, 5월에 중부 독일의 고타Gotha에서 열린 통합대회에서 양자가 합병해 새로운 노동자당의 창립을 승인했다(이 당은 1890년에 현재까지도 존재하는 독일사회민주주의당으로 바뀐다).

마르크스와 엥겔스는 새로운 당 강령에 대해 침묵하며 거리를 유지할 계획이었다.[25] 그렇지만 결국 마르크스는 대응하지 않을 수 없다는 결론을 내렸다. 그는 『독일노동자당의 강령에 관한 주해Marginal Notes on the Program of the German Workers'

Party』라는 팸플릿을 발표했다. 그 속에서 당 강령을 거의 한 글자 한 글자 가차 없이 분석, 비판했다.[26] "노동자 계급이 투쟁하기 위해서는, 자국 내에서 계급으로 스스로를 조직해야 하며, 그들의 즉각적인 투쟁의 장소는 바로 자신들의 나라임은 너무나도 자명한 사실이다." 마르크스는 새로운 당이 해방은 주로 한 국가 내에서의 투쟁이라고 주장한 것에 대해 썼다. 그렇지만 상거래가 세계화되고 있는 시대에 한 국가가 자신의 경제를 고립시킬 수 있다거나 노동자 계급의 국제적 통일이 부차적 문제라고 단언하는 것은 순진한 발상이라고 주장했다.[27]

마르크스는 고타 강령이 애매하게 노동의 공평한 분배를 주장하며, 그것이 어떻게 가능한지 설명하지 못한 것에 대해 "각자의 능력에 따라 일하고, 각자의 필요에 따라 분배한다!"는 유명한 슬로건(글로 표현한 것은 처음이었다)으로 반박했다.[28] 또 국가와 국민의 관계에 대한 고타의 관점을 부정하며, "자유란 국가를 사회에 군림하는 조직에서 복종하는 조직으로 바꾸는 데 있다"고 언급했다.[29]

마지막으로 마르크스는 계급 없는 사회로 가는 먼 길을 묘사했다. "자본주의와 공산주의 사회 사이에는 혁명적 전환기가 존재한다. 이 시기에 조응하는 정치적 전환기도 있을 것이며 그때의 국가는 다름 아닌 **프롤레타리아트**의 혁명적 독재가 될 것이다."[30] 그는 18페이지짜리 반박문을 "나는 말했고 내 영혼을 구했다"라는 「에스겔서」의 인용문구로 끝마쳤다.[31]

마르크스가 『주해』를 쓰면서 홀가분한 논쟁자로 되돌아온 것을 즐겼으리라 짐작할 수 있다. 그는 오 년간 자신의 작품을 고치고 번역하는 작업에 매달렸다. 그리고 1875년 『자본론』 제1권의 개정판 번역본의 마지막 교정 원고를 프랑스 출판업자에게 보냈다(이 책은 예니헨에게 헌정되었다). 프랑스어판 1만 부는 순식간에 팔려나가면서 프랑스와 영국에 새로운 독자층을 형성했다.[32] 3월 런던의 『포트나이틀리 리뷰*Fortnightly Review*』에 「카를 마르크스와 독일 사회주의」라는 게 무이 짤막한 논평이 실렸다. 그 논평은 『자본론』을 거리의 상스러운 언어로 씌어진 권위에 대한 비난이라고 평가했다. 필자는 마르크스가 말한 내용보다 그 어투에 더욱 자극받았던 것으로 보인다. 만약 그런 기사가 『자본론』이 처음 출판되었던 팔 년 전에 나왔더라면 마르크스와 엥겔스는 매우 기뻐했을 것이다. 하지만 이제 그런 것은 마르크스의 책이 비난을 불러일으킬 정도로 주목받고 있다는 사실을 확인시켜주는 정도에 지나지 않았다. 그렇더라도 그 평론에서 한마디만은 매우 예언적이었다. "사람들은 그에 대해 남용의 명예를 안겨줄지도 모른다. 그의 책을 읽지도 않고서 말이다……"[33]

그해 여름 마르크스 가족은 런던을 떠나 흩어졌다. 마르크스는 다시 칼스바트로 가기로 했다. 이번에는 혼자였다. 예니는 마르크스가 없는 동안 혼자 제네바로 가서 당의 친구들과 (정치적인 의미에서) 사귀고, 그 후 쾰른으로 건너가 개인적인 친구들을 만나볼 생각이었다.[34] 예니헨과 롱게는 8월의 며칠을 독일에서 보내기로 했다. 아들의 일주기가 다가오자 고통스러운 기억으로부터 떠나고 싶었을 것이다. 마르크스 가 여인들의 여행은 찌는 듯한 무더위 속에서의 불편함(예니헨은 속옷 세 개 중 하나를 벗어야 했다)[35]이나 몇 명의 친구를 만나지 못한 것을 빼고는 별다른 일 없이 순조로웠다. 마르크스의 여행 역시 아무런 사건 없이 지나갔다. 대륙으로 향하는 배에서 마르크스는 마인츠로 향하는 시신 한 구와 가톨릭 신부 한 명과 동행했다. 신부는 그에게 빈 술병을 내보이며 배고프고 목마르다고 하소연했다. 마르크스가 브랜디 병을 내밀자 신부는 꿀꺽꿀꺽 마신 다음 시시한 농담을 늘어놓아 다른 승객들에게 폐를 끼쳤다.[36] 칼스바트에서 마르크스는 일 년 전과 비슷한 사람들을 만났다—"술통처럼 둥글거나" "쇠꼬챙이처럼 마른" 사람들이었다. 그는 이번에는 재력가로 행세하지 않았다. "런던의 철학박사 찰스 마르크스"라고 서명해 세금도 적게 낼 수 있었다.[37]
마르크스를 예의 주시하라는 지시를 받은 칼스바트의 경찰서장은 그가 "온천의 다른 손님들과 별로 접촉하지도 않고 조용히 지내고 있으며, 이따금씩 혼자 멀리 산책에 나선다"[38]고 했다. 이런 관찰은 이 매력적인 남자에 대한 찬사로 가득했던 빈의 한 신문에 실린 가십기사와는 대조를 이룬다. "이 탁월하게 박학다식한 사람은…… 언제나 즉석에서 적당한 말을 했고, 매혹적인 미소를 지으며 갑자기 번뜩이는 농담을 던지기도 했다." 여성이나 아이들과 말할 때, 그는 "매력적인 재담가가 되었고…… 활동가라기보다 의심할 여지없이 철학적인 사람이었으며, 노련한 투사라기보다 역사가, 또는 운동의 전략가로서의 면모를 더욱 많이 지닌 사람이었다". 물론 이런 찬양 기사를 쓴 사람이 마르크스의 의사 페르디난트 플레클스이기는 했지만,[39] 누가 썼건 중요한 것은 불과 일 년 전까지만 해도 위험인물로 여겨지던 사람에 대해 신문이 이런 기사를 냈다는 점이었다.

쉰일곱 살의 마르크스는 더 이상 가공스러운 혁명가로 보이지 않았음에 틀림없다. 그는 살집 좋고 머리와 수염에 백발이 내려앉은, 즐거운 눈빛에 만면의 미소를 띤 풍요로운 인생을 즐기는 남자였다. 그를 칼스바트에서 만났고 런던에서도 우정을 이어간 막심 코발렙스키는 말했다. "사람들은 여전히 마르크스를 부르주아 과학과 부르주아 문화에 대해 비관적이고 오만한 반란자라고 여긴다. 그렇지만 사실 그는 아주 교양 있는 앵글로-게르만적 신사이다. 개인적인 생활 조건이 더할 나위 없이 좋다는 사정 때문에 그는 행복한 사람이었다."[40]

예니 역시 행복한 여인이었다. 그해 가을 한 독일 신문은 그녀가 영국의 한 배우에 대해 쓴 기사를 실었다. 『프랑크푸르트 차이퉁 운트 한델스블라트*Frankfurter Zeitung und Handelsblatt*』는 그 기사가 너무 마음에 들었기 때문에 예니에게 영국의 극장과 문화생활에 대한 연재를 맡아줄 것을 요청했다. 그 계약은 그녀나 마르크스가 그렇게 좋아했던 문화생활인 극장 관람에 더 많은 시간을 보낼 수 있는 기회를 제공하고, 또한 그녀의 재능이 당당히 인정받은 계기이기도 했다. 그녀의 글이 실리는 것은 그녀가 마르크스의 부인이기 때문이 아니라 그녀의 문체와 재치 때문이었다. 기쁨에 들뜨기는 했지만, 평생을 남편의 그늘에서 지내왔던 예니는 기사를 익명으로 실어줄 것을 요구했다.[41]

1875년 12월 31일, 마르크스는 최고의 의상으로 차려입고 한 손에는 부인의 손을, 다른 한 손에는 리지 번스의 손을 잡고 메이틀랜드 파크 크레센트의 임시 무대로 "엄숙한 행진"[42]을 벌인 후, 빙글빙글 돌며 춤추면서 이슥한 밤까지 신년 축하연을 벌였다. 마르크스와 엥겔스, 그리고 그들의 부인들, 렌헨, 마르크스의 자식들, 기타 여러 부부들은 축하할 일이 많았다. 예니헨은 다시 임신했고,[43] 이 번에는 아기가 가난 속에서 태어나지 않을 터였다. 5월에 출산 예정이었고, 예니 헨은 3월에 가르치는 일을 그만두기로 했다. 이제 롱게의 벌이만으로도 충분히 가정을 꾸릴 수 있었기 때문이다. 그녀는 유모를 고용할 생각도 했다(유모가 투 시의 생명을 구한 것을 기억하면서. 1855년에 태어난 투시는 어린 시절을 견뎌낸 마르 크스 가족의 마지막 자식이었다).[44] 롱게는 아기를 지키기 위해 모든 배려를 했다. 또다시 아기를 잃을 수는 없었다.

마르크스는 활력이 넘쳤다. 심지어 엥겔스는 그가 칼스바트에서 완전히 다 른 사람이 되어 돌아왔다고 말했다. "강하고, 활기차고, 밝고, 건강했다."[45] 온천 에서 마르크스는 담배필터를 발견하고 수백 개를 주문했다.[46] 몇 년간 의사는 그에게 담배를 끊으라고 말했지만, 그렇게 쌓아둔 필터가 그에게 계속 담배를 피워야 하는 핑계가 돼주었다. 마르크스는 과음으로 인한 여러 증세에 시달리 고 있었지만, 그나 엥겔스나 술을 줄이지 않았다. 일요일이면 자식들과 친구들 까지 다 함께 엥겔스의 집에 모여 저녁식사를 했다. 약속은 보통 3시에 잡혔지 만 식사는 7시까지 시작되지 않았고, 그때까지 손님들은 맥주, 보르도 와인, 샴 페인 등을 마셨다. 그리고 식사 중에도 술자리는 계속되어 월요일 새벽까지 이 어졌다(예니헨은 시베리아에서 갓 탈출해온 비쩍 마른 러시아인이 엥겔스의 후한 인 심에 그야말로 빠져죽지 않을까 걱정했다).[47] 그리고 그런 만찬을 가장 즐긴 사람은 다름 아닌 집주인과 그의 친구 카를이었다.

예니헨이 출산하기 몇 주 전 롱게는 그의 어머니를 모시고 와이트 섬으로 갔 고, 예니와 렌헨은 롱게의 집에 가서 신생아를 위해 집 안 구석구석을 소독했다. 그들이 벽, 바닥, 가구, 커튼 등을 청소하는 동안 예니헨은 방에 갇혀 있었다. 청 소를 끝낸 후 그들은 바삐 아기 옷을 짓기 시작했다. 예니헨은 롱게에게 자기는 그렇게 부산 떨고 싶지 않다고 말했지만 노부인들이 천사를 지키기 위해 열심히 일하는 것을 말리지는 않았다.[48] 그런 분주함은 예니헨이 아들을 낳은 5월 10일까지 이어졌다. 둘째아들의 이름은 장 로랑 프레데릭 롱게였다. 가족은 그 아이를 조니라고 불렀다. 마르크스는 엥겔스에게 아이 이름의 장은 롱게의 아버지, 로랑은 라우라, 프레데릭은 장군 엥겔스의 이름에서 땄다고 알려주었다.[49]

투시는 1월에 스물한 번째 생일을 맞았다. 이제 원한다면 리사가레와의 관계를 마음대로 할 수 있는 나이가 된 것이다―물론 아버지와의 관계가 틀어지는 것을 감수한다면 말이다. 그렇지만 마르크스의 딸에게 그것은 불가능했다. 연인에 대한 사랑이 아무리 강해도 무어인을 버리도록 만들 수는 없었다. 그럼에도 불구하고 다시 그녀의 머리 위로 먹구름이 끼기 시작했다. 리사가레가 안정된 자리를 얻을 때까지 두 사람은 결혼할 수 없다고 마르크스가 말했던 것이 분명하다. 그리고 리사가레가 그런 자리를 얻을 수 없었기 때문에 투시의 젊음은 그대로 멈춰 있었다. 그녀는 상황이 나아지기를 고대하며 매일 힘겹게 가정교사 일로 버텨내고 있었다.[50] 그러나 리사가레는 일자리를 찾지 못했을 뿐만 아니라 영국에 머무는 것도 싫증이 난 듯 보였다(오 년이 지났음에도 불구하고 그는 영어를 하지 못했다).[51] 그는 자신의 코뮌에 관한 책, 그리고 프랑스 정부에 로비해 망명 중인 코뮌 가담자들이 고국으로 돌아갈 수 있도록 하는 일에만 매달렸다. 예니는 한 친구에게 "그 가여운 아이는 우리처럼 좀 더 인생의 쓴맛을 볼 필요가 있습니다"[52]라고 말했다.

투시의 몸은 그녀의 마음상태를 나타내주는 지표였다. 그리고 여름에는 그 둘 다 건강하지 못했다. 런던이 가마솥처럼 뜨거웠기 때문에 엥겔스와 마르크스의 가족 모두 견딜 수 없을 지경이었다. 모두들 서둘러 도시를 떠났다. 8월에 투시는 안정을 찾기 위해 아버지와 함께 칼스바트로 여행을 떠났지만, 그 여행은 시작부터 재난이었다. 그들은 여행 도중 호텔을 찾지 못해 기차역에서 밤을 세워야 했으며, 칼스바트에 도착했을 때는 더위가 너무 심해서 물이 부족할 지경이었다.[53] 마르크스가 즐길 수 있는 유일한 것은 미래의 국가 기능에 관한 책을 읽는 것뿐이었다. 그에게는 그런 학술서적도 오락거리에 불과했지만, 더위가

너무 심해서 몸이 축 늘어지자, 그는 독서마저 포기하고 주변의 다른 게으른 부
자들이 즐기는 것처럼 바그너의 사생활에 관한 가십에 귀를 기울였다.[54]

마르크스와 투시는 9월 중순까지 칼스바트에 머물렀다. 그들이 런던으로 돌
아왔을 때, 마르크스는 리사가레의 『코뮌』을 독일에서 출판할 업자를 물색하
기 시작했다. 한 벨기에 회사가 프랑스에서 그 책을 출판하기로 합의했다. 마르
크스는 그 책을 1871년의 투쟁에 대한 최초의 신뢰할 만한 역사 기록이라고 평
하고, 리사가레에 대한 지원을 호소하기 위해 저자는 런던에 체류 중인 망명자
로 그의 삶이 "장미 화단에 있다고 말할 수는 없다"[55]고 설명했다. 마르크스는
감수자로 참여할 만큼 관심을 보였으며, 리사가레는 마르크스에게 자신의 이
름으로 협상할 수 있는 전권을 위임할 만큼 그를 믿었다. 다시 한 번 마르크스
가의 한 여인이 자신의 미래를 하나의 책에 걸게 되었다. 투시는 그 책이 리사가
레에게 그들이 결혼하기에 충분한 돈을 벌어줄 것이라고 믿었을 수도 있다. 그
렇지만 그런 가능성이 떠오르자마자 그녀는 생각을 달리하게 되었다.

1876년까지 투시는 리사가레와 사 년간 관계를 유지해왔다. 코뮌 직후 런던
으로 밀려오던 망명자들이 마르크스의 가족들에게 모두 낭만주의적 영웅처럼
보이던 때, 그녀가 가졌던 초기의 소녀적인 열정은 이제 더 성숙해 있었다. 아마
마르크스와 예니는 이렇게 될 줄 미리 알았을 것이다. 그랬기 때문에 어린 딸과
훨씬 나이가 많은 남자 간의 결혼을 고집스럽게 미뤄왔던 것인지도 모른다. 이
제 투시는 반란자 백작에게 자신의 미래를 걸려던 열일곱 살 소녀가 아니었다.
그녀의 관심은 다른 곳으로 이동했다. 한쪽 발은 여전히 정치에 걸쳐두었다. 그
녀는 지역학교 이사회 선출에 여성 후보로 자원하고,[56] 리사가레의 『코뮌』을 영
어로 번역하기 시작했다. 하지만 극장 쪽에도 다른 한쪽 발을 단단히 딛고 있었
으며, 그것은 리사가레의 관심사와는 상당히 동떨어진 것이었다.

투시는 기독교사회주의자이자 열렬한 페미니스트인 프레데릭 제임스 퍼니
벌이 운영하는 '신新셰익스피어 연구회'에 가입했다. 퍼니벌은 또한 런던 기반의
언어학 단체의 비서이자, 브라우닝 연구회와 초서 연구회의 설립자이기도 했으

며, 나중에 『옥스퍼드 영어사전』으로 성장하게 되는 자료수집 작업을 주도하기도 했다. 영국 엘리트들과 교제했지만 계급적 편견은 거의 없었다(그의 아내는 귀족부인의 시녀였다).[57] 그는 투시의 지적인 갈망을 이해하고, 셰익스피어에 대한 그녀의 관심을 부추겼다. 투시는 연구회에 가입한 직후 바드Bard에 대한 독일어 글을 번역해 회지에 실었다[58](원저자가 그녀에게 축하편지를 보냈다. 예니는 그 일로 딸이 문학잡지와 관련을 맺고 나중에 보수를 받는 일을 얻는 데 도움이 되기를 희망했다).[59] 셰익스피어 연구회는 격주에 한 번씩 돌아가면서 회원들의 집에서 모임을 가졌다. 그렇지만 마르크스가 그 모임을 워낙 좋아했기 때문에 모임은 메이틀랜드 파크에서 가장 자주 열렸다. 투시가 교제하는 사람들은 점점 많아졌고, 대부분은 그녀와 같은 또래의 영국인들이었다. 비록 독일인 가정에서 자라기는 했지만, 그녀는 어느 모로 보나 영국 젊은이였으며, 셰익스피어에 대한 사랑을 통해 곧 동류의 사람들 속에서 편안함을 느끼게 되었다.

마르크스와 엥겔스는 브뤼셀에서 공상적 사회주의자들을 향해 맹공을 퍼부은 지 삼십 년 만인 1876년에 다시 새로운 세대의 그런 몽상가들과 과거와 똑같은 싸움을 치르게 되었다. 맹인인 오이겐 뒤링이라는 독일의 사회주의자, 철학자, 대학 강사인 자가 마르크스의 사상을 좌익적 시각에서 비판한 책을 출판하고(그는 정중히 마르크스를 "늙은 청년헤겔파"의 한 사람이라고 말했다)[60], 고타에서 창립된 독일노동자당의 지도부 내에서 무시할 수 없는 세력을 형성했다. 엥겔스와 마르크스는 코뮌을 겪은 후, 유럽에서 이제 막 노동자계급의 정치적 운동이 시작되고 있는 중이었기 때문에, 뒤링의 철학이 뿌리를 두고 있는 공상주의가 다시 발흥할 위험을 좌시할 수 없다고 보고 대응이 시급하다고 판단했다.[61] 엥겔스가 『반뒤링론』이라는 반박문으로 공격에 나섰다(그는 그것을 "장황한 뒤링과 시합"하는 일이라고 말했다). 하지만 그 책에는 단순히 독설만 들어 있는 것이 아니었다. 그 책에서 엥겔스는 마르크스의 사상—특히 『자본론』—을 이해하려고 애쓰는 사람들을 위해 훌륭한 배려를 해놓았다. 엥겔스는 유창하고 선명한 필치로 마르크스의 이론과 그의 과학적 사회주의라는 창조물을 두 가지 위대한 발견으로 서술했다. "역사에 대한 유물론적 개념과 잉여가치를 통한 자본주의적 생산의 원천을 폭로한 것"[62]이 그것이다. 『반뒤링론』은 마르크스주의 연구의 입문서이자 마르크스주의 저작의 고전이 되었다. 그것은 단지 마르크스 사상의 개설서가 아니었다. 그것은 또한 엥겔스의 전문 분야를 반영하고 있었다. 마르크스가 대중을 억압하는 자본주의적 도구로서 돈, 사유재산, 독점을 언급한 대목에서, 엥겔스는 그 체제하에서의 군대의 역할에 대해 설명했다.

오랫동안 마르크스와 엥겔스는 투표할 권리는 무장할 권리로 지지―보장―되어야 한다고 강조해왔다. 무기와 군대가 지배계급의 수중에 장악되어 있는 한, 그 사회가 군주제로 불리건, 민주제로 불리건 간에 대중은 지배계급에게 예속될 수밖에 없다는 것이었다.[63] 『반뒤링론』에서 엥겔스는 무기 문제를 경제적 관점에서 다루었다. 사람들이 더 이상 자신의 무기를 돌이나 금속, 또는 나무를 다듬어서 만들 수 없게 되었을 때, 그들은 더 정교한 무기를 만들어낼 수 있는 수단을 장악한 자들에게 예속된다는 것이다. 다른 말로 표현하자면, 어떤 계급이든 사회의 경제적 권력을 대표하는 계급은 군사적 권력 또한 지니게 될 수밖에 없다는 것이다. 엥겔스는 19세기에 접어들면서 개인은 게릴라전 말고는 할 수 있는 것이 없다고 말했다. 왜냐하면 첨단 무기는 지배계급만이 가질 수 있고 "무진장 비싸기 때문이다."[64]

마르크스는 『반뒤링론』의 초고와 교정쇄를 꼼꼼히 읽고, 두 사람의 마지막 공동 작업이 될 장章을 작성했다. 그 이후로 두 사람은 개인적인 문제로 여념이 없게 된다. 마르크스와 엥겔스, 그리고 예니는 모두 자신들의 젊음이 완전히 끝났다는 것을 느끼고 있었다. 예니는 그 기분에 대해 제네바에 있는 친구에게 말했다. "늙을수록 시간이 더욱 가혹해지는 것 같습니다. 시간이 더욱 빨리 지나가버리지요…… 더 이상 젊지 않고 활력도 없고 건강하지 못하다는 것은 정말 비참한 일입니다."[65] 여전히 할 일은 남아 있었다. 그렇지만 세 사람은 이제 그들의 위대한 드라마가 종장을 향해 치닫고 있다는 것을 알고 있었다.

▲ 본에서 대학교를 다니던 첫해에 열여덟 살이 된 카를
　마르크스의 드로잉을 기초로 한 초상화.

▶ 1836년경 트리어에서의 예니 폰 베스트팔렌. 그해
　그녀는 카를 마르크스와 비밀리에 결혼에 합의했다.

▲ 예니의 큰오빠 페르디난트 폰 베스트팔렌.
그는 마르크스와 예니가 런던에서
첫 십 년을 보내는 동안 프로이센의
내무장관이었다. 그의 반동적인 정책은
마르크스의 친구들을 감금시키는 결과를
낳았다.
(Friedrich-Elbert-Stiftung Museum/
Studienzentrum, Trier)

◀ 에드가 폰 베스트팔렌. 예니의 남동생이자
가장 친했던 형제로, 카를 마르크스의
초기 추종자 중 하나였다. 그는 1840년대
중반 유럽을 떠나 미국으로 갔다. 미국
내전이 발발했을 때 남부연합군에 가담해
마르크스와 예니를 깜짝 놀라게 했다.
(Friedrich-Elbert-Stiftung Museum/
Studienzentrum, Trier)

▲ 스물다섯 살의 프리드리히 엥겔스. 그와 카를
마르크스는 1844년에 만난 직후부터 평생 동안
동지관계를 이어갔다.
(IISG, Amsterdam)

◀ 헬레네 데무트. 마르크스 가족과 거의 사십 년을
함께 살며, 그들 곁에서 극심한 가난을 함께 겪었다.
(David King Collection, London)

▶ 마르크스 가족이 1845년부터 살기 시작한
브뤼셀의 알리앙스 거리. 장인과 상인들이
사는 누동자계급 구역이었다 마르크스의 많은
친구들이 처음으로 모였던 곳이며, '마르크스
당'이 탄생한 곳이었다.
(David King Collection, London)

▲ 루푸스로 알려진 빌헬름 볼프. 브뤼셀에서
마르크스 서클에 가담했다. 1864년 사망했을 때,
이 독신남 교사는 마르크스와 예니에게 거의 1천
파운드의 유산을 남겼다. 마르크스는『자본론』
제1권을 그에게 헌정했다.
(Friedrich-Elbert-Stiftung Museum/
Studienzentrum, Trier)

▲ 1848년부터 마르크스 가족의 친구가 된
롤란트 다니엘스가 그린 에드가 마르크스. 당시
마르크스와 그의 가족들은 격동의 반란 한가운데
있던 쾰른에 있었다. 결국 그들은 마르크스의
활동 때문에 세 나라로부터 몰려든 많은 사람들을
만나게 된다.
(IISG, Amsterdam)

◀ 마르크스 가족의 가장 비극적인 일들이 벌어졌던
런던의 소호에 위치한 딘스트리트 28번지
아파트의 다락방.
마르크스의 아파트는 각국에서 몰려든
혁명주의자와 보헤미안들의 피난처였다.
이 연대를 알 수 없는 사진은 마르크스 가족이
떠난 뒤 몇 십 년 뒤에 찍힌 것이다.
(IISG, Amsterdam)

▲ 1851년에 카를 마르크스와 헬레네 데무트 사이에서
태어난 아들, 프레데릭 데무트. 그는 이스트런던의
한 위탁가정에서 마르크스 가족과는 떨어져서
양육되었다. 그러나 세월이 흐른 후 엘레아노르
마르크스의 가장 친한 친구 중 하나가 되었다.
(David Heisler, London)

▶ 1856년 서른여섯 살의 프리드리히 엥겔스.
맨체스터에 있는 아버지의 면직공장에서 일했고,
회사에서 나온 기금을 마르크스와 그의 가족을
부양하는 데 사용했다. 그는 이중생활을 했는데,
하나는 사업가로서, 또 하나는 혁명주의자로서
살았다.
(IISG, Amsterdam)

◀ 1857년 마르크스는 경제학 책을 출간할 독일 출판사를 찾기 위해 페르디난트 라살레에게 의지했다. 그러나 그와 라살레의 관계는 라살레가 독일의 사회주의자와 노동자들의 운동에서 정상의 지위에 오르자 험악하고 경쟁적으로 바뀌었다. 그는 1864년 열아홉 살의 여인을 두고 벌인 결투에서 사망했다.
(IISG, Amsterdam)

▼ 1861년의 카를 마르크스. 페르디난트 라살레와 하츠펠트 백작부인의 베를린 집에서 기거하고 네덜란드에서 앙투아네트 필립스의 보살핌을 받고 난 직후이다.
(David King Collection, London)

▶ 1862년 열여섯 살 무렵의 라우라 마르크스. 이때 그녀는 영국박물관 열람실의 열람증을 받았다. 그곳에서 아버지의 연구를 도왔다.
(IISG, Amsterdam)

▼ 1864년 마르크스, 프리드리히 엥겔스 그리고 마르크스의 딸들(왼쪽에서 오른쪽으로 예니헨, 엘레아노르, 라우라). 마르크스 가족이 런던 모데나 빌라스 1번지에 위치한 그들의 웅장한 새 보금자리로 이사한 직후이다.
(David King Collection, London)

▲ 러시아 무정부주의자 미하일 바쿠닌은 파리
  초창기 시절부터 마르크스의 정적이었다.
  1869년 바쿠닌은 인터내셔널의 통제권을 빼앗기
  위해 음모를 꾸몄다.
  (IISG, Amsterdam)

▶ 이 사진은 여러 차례 마르크스의 아내 예니의
  초상화로 알려졌지만, 러시아의 한 역사학자가
  이 사진이 실제로는 마르크스 가족의 친구인
  게르트루다 쿠겔만이라는 것을 밝혀냈다.
  이 사진은 쿠겔만이 살았던 하노버에서 찍혔다.
  (IISG, Amsterdam)

◀ 1864년 영국 브라이튼에서의 예니 마르크스.
그곳에서 그녀는 그들 가족이 여태껏 가져본 것보다
더 많은 돈을 유산으로 받은 뒤 가족의 안락한
새 삶을 축복했다.
(IISG, Amsterdam)

▼ 열다섯 살 무렵의 엘레아노르 마르크스. 당시
그녀와 그녀 가족들의 관심은 1870년 프랑스-
프로이센 전쟁과 1871년 파리 코뮌에 쏠려 있었다.
(IISG, Amsterdam)

▲ 1865년의 마르크스의 딸 예니헨(서 있는 이)과
라우라. 당시 그들의 아버지와 인터내셔널은
더 젊은 세대의 추종자들을 그들의 집으로
끌어들이기 시작했다.
(IISG, Amsterdam)

▶ 1871년경의 프랑스 저널리스트 샤를 롱게. 그해에
그는 파리 코뮌에 가담했다는 이유로 프랑스에서의
처형을 피해 런던에 도착했다.
(IISG, Amsterdam)

▲ 1866년경의 폴 라파르그. 당시 그는 런던에 도착해
  인터내셔널의 회원이 되었고, 마르크스의 딸
  라우라를 만났다.
  (IISG, Amsterdam)

▶ 이폴리트-프로스퍼-올리비에 리사가레(연대 불명).
  프랑스의 저널리스트이자 바스크 지방의 유서 깊은
  가문의 백작으로 태어났으나, 급진적인 사상 때문에
  가문에서 쫓겨났다. 그는 엘레아노르 마르크스와
  비밀리에 약혼했는데, 당시 그녀는 막 열일곱 살이
  되었고, 그는 서른네 살이었다.
  (David King Collection, London)

▼ 귀스타브 플루랑스(연대 불명)는 1870년 파리를
  탈출한 뒤 마르크스의 집을 찾았다. 그는 군인이자
  학자였으며 마르크스 가 여인들의 총애를 받았다.
  특히 마르크스의 장녀 예니에게.
  (IISG, Amsterdam)

▲ 이제 은퇴한 프리드리히 엥겔스는 마르크스와 함께 인터내셔널을 운영하기 위해 1870년 런던으로 돌아왔다. 그곳에서 파리 코뮌 이후 홍수처럼 몰려든 난민들을 응대하는 일을 도왔다.
(David King Collection, London)

▲ 리지 번스. 그녀는 맨체스터 공장에서 일했던 열다섯 살 때부터 엥겔스와 함께 살았다. 급진적인 아일랜드 민족주의자였고, 페니언이었다. 그녀와 엥겔스는 1878년 그녀가 사망하기 바로 전날 마침내 결혼했다.
(IISG, Amsterdam)

◀ 이 사진은 여러 책에서 헬레네 데무트로 잘못 알려져왔다. 러시아의 한 연구자가 이 사진이 리지 번스의 조카인 메리 앨런 번스이며, 1875년 하이델베르크에서 찍힌 것임을 밝혀냈다. 이 사진이 헬레네일 수 없는 이유는 무엇보다 사진이 찍힌 해에 헬레네는 마흔다섯 살이었는데, 이 사진은 확실히 더 젊은 여인의 모습을 보여주기 때문이다.
(IISG, Amsterdam)

▲ 1880년 램즈게이트에서 샤를 롱게와 예니
마르크스 롱게. 당시 롱게는 새로운 프랑스 정부에
의해 예전 코뮌 가담자에 대한 사면이 단행되자,
프랑스로 돌아가 그곳에서 새로운 삶을 시작할
준비를 하고 있었다.
(David King Collection, London)

▶ 예니 마르크스의 마지막 사진. 1881년 암으로
사망하기 그 전해 어느 날 찍은 것이다.
(IISG, Amsterdam)

◀ 1881년경의 마르크스. 당시는 건강과 가족 문제가
그의 삶을 지배하고 있었다.
(IISG, Amsterdam)

▼ 1882년 알제리에서 찍은 마르크스의 마지막
사진. 당시 마르크스는 건강을 회복하고 아내
예니의 죽음으로 인한 마음의 고통을 달래기 위해
일 년 동안 여행하며 시간을 보냈다.
(IISG, Amsterdam)

▲ 1886년 미국 순회연설 여행 기간에 찍은 빌헬름
  리프크네히트(왼쪽에 서 있는 이), 에드워드
  에이블링 그리고 엘레아노르 마르크스
  에이블링. 이 여행은 에이블링이 노동자들에게
  자신의 사치스러운 여행 경비를 대게 했다고
  비난받으면서 스캔들로 끝났다.
  (IISG, Amsterdam)

▶ 1882년부터 1911년 사망하기까지, 라우라
  라파르그는 그녀의 아버지와 엥겔스의 저작물을
  번역하면서 프랑스에서 남편과 함께 조용히
  살았다. 평생 동안 그녀는 죽은 세 자녀의 망령에
  시달렸다.
  (David King Collection, London)

◀ 마르크스, 그의 아내 예니, 그들의 손자 해리, 그리고 헬레네 데무트가 런던 하이게이트 공동묘지의 가족 묘비 아래 묻혔다. 가족들은 단순한 묘비(유골 단지와 꽃이 놓인 전면에서 네 번째 무덤)가 마르크스를 기념하는 데 필요한 전부라고 생각했다.
(IISG, Amsterdam)

▼ 1956년 공산당은 오늘날 런던 하이게이트 공동묘지에 서 있는 마르크스 동상의 제막식을 거행했다. 마르크스, 그의 아내 예니, 그들의 딸 엘레아노르 그리고 손자 해리와 헬레네 데무트의 유물이 담겨 있다.
(IISG, Amsterdam)

41

1880년
런던

인물의 대체 가능성이 으뜸가는 숙명이
된 것은 이런 시대 때문이 아니다.
그것은 인생이라는 무대가 원래 각자
다른 사람들의 가슴속에서 우리를
뒤쫓는 시간과 우리를 저버린 사람들에
대한 망각을 얻으려 하기 때문이다.

ㅡ스탈 부인[1]

리지 번스는 언니 메리가 죽은 후 십오 년간 엥겔스의 부인으로 알려져왔고, 그녀의 질녀 메리 엘렌('펌프스Pumps'로 불리기도 했다)은 그 세월의 반 이상 동안 그들의 '아이'로 여겨졌었다. 엥겔스는 실제로 자신을 유부남이자 아버지로 여겼고, 런던으로 이사했을 때 성공한 부르주아 가족에게 필요한 모든 것을 갖추고 있었다(리지는 푸들 애완견까지 구입했다).[2] 엥겔스와 리지는 서로 잘 안 어울리는 부부였다. 엥겔스는 183센티미터의 후리후리한 체격에 군인처럼 절도 있게 행동했고, 낯선 사람과 있을 때는 말수가 적은 편이었다. 리지는 키가 작고 만두처럼 펑퍼짐했으며, 아일랜드인답게 낯선 사람이라도 누구든 따뜻하게 맞아주었다. 엥겔스는 책을 좋아했고, 조용한 성격이었다. 리지는 책을 읽지 못했고, 말을 멈추는 법이 없었다. 그런 차이에도 불구하고 엥겔스는 리지를 사랑했으며, 그녀에 대해 쓸 때 자랑스럽게 아일랜드 혁명가 부인이라고 표현했다. 리지와 예니 마르크스 역시 그다지 어울리는 사람은 아니었으나 절친한 친구가 되었다.

1870년대 중반에 접어들면서 리지는 자주 아팠다. 그 나이에는 누구나 건강과 병 사이를 수시로 오갔기 때문에 누구도 심각하게 여기지 않았다. 그러나 1877년 여름 그녀는 빨리 낫지 못했고 완쾌되지도 못했다. 엥겔스는 7월 램즈게이트에서 마르크스에게 "어제부터 별다른 이유 없이 리지가 맥을 못 추고 있네. 해수욕의 마술적 힘이 그녀에게 효과를 발휘하지 못한 것은 이번이 처음이기 때문에 무척 걱정이 된다네"[3]라고 편지했다. 엥겔스는 그녀의 회복을 도울 길은 런던을 떠나는 것뿐이라고 생각했던 것 같다. 그들은 9월에 집에 돌아오자마자 다시 스코틀랜드로 향했다.[4]

마르크스와 예니, 렌헨, 그리고 투시도 몸이 좋지 않아서 칼스바트 행을 고려하고 있었다. 그렇지만 마르크스의 의료비를 생활비의 최우선으로 두고 있는 엥겔스에게도 그 비용은 너무 컸다. 마르크스의 의사는 서부 독일의 바트 노이에나르Bad Neuenahr에 있는 덜 비싼 온천을 권했다.[5] 마르크스는 렌헨을 근처의 가족에게 보내고 그와 예니, 그리고 투시는 아르 밸리Ahr Valley의 휴양지로 갔다가, 더 멀리 흑림지대(독일 서남부의 삼림지대 — 옮긴이)로 들어갔다.[6] 가족은 두 달 동안 런던을 떠나 있었지만, 예니와 마르크스는 떠날 때보다 별로 호전되지 않은 채 돌아왔다. 카를은 만성적인 기침에 시달렸다. 기침이 너무 심했기 때문에 한 친구는 그의 강력한 가슴이 터질 것만 같았다고 말했다.[7] 예니는 더욱 안 좋았다. 몇 달간 줄곧 두통에 시달렸지만, 더욱 심각한 고통은 복부에 있었다. 11월 그녀는 맨체스터로 가서 굼퍼트의 치료를 받았다. 굼퍼트는 테레빈유와 벨라도나 알약을 처방해주었다.[8]

그렇게 힘든 시기에도 조니 롱게는 조부모들에게 끊임없는 즐거움을 선사했다. 마르크스는 아이를 "내 눈의 사과"[9]라고 불렀고, 예니는 아이가 유모차를 타고 오면 "모든 사람들이 서로 아이를 안으려고 반색을 하고 뛰쳐나갔는데, 늙은 할머니가 항상 가장 앞에 서 있었다"[10]고 말했다. 이제 막 걸음마를 떼기 시작한 그 아이는 그들에게 새롭고 순진무구한 새로운 세상을 의미했다. 그리고 1878년 7월 예니헨은 마르크스와 예니를 더욱 기쁘게 만들었다. 또 다른 아기

를 가진 것이다. 그녀는 아기 이름을 앙리Henry라고 붙였다—나중에 해리Harry
로 알려진다. 마르크스의 서재는 여전히 유럽 전역에서 온 급진주의자들의 가
장 중요한 방문지였다. 그리고 오랜 친구들도 런던에 올 때마다 그를 찾았다. 그
렇지만 이제 망명자와 반란자들과 함께 그들에게는 아장아장 걷는 손자가 있
었고, 세 마리의 개—위스키, 토디, 그리고 이름은 전해지지 않지만 한 방문자
에 따르면 역시 술 이름이었던 또 한 마리[11]—와 빽빽 울다가 방긋거리는 갓난
아기도 있었다. 그 모든 것들 한가운데서 채신없는 가장, 유럽의 재앙덩어리는
할아버지 역할로 행복을 만끽했다.

해리의 출산 이후 마르크스와 예니는 많은 비용에도 불구하고 연례적인 치
료 목적으로 칼스바트로 가려고 했으나 여행이 불가능하게 되었다. 그해 빌헬
름 황제에 대한 두 번의 암살 시도가 있었다. 한 번은 실직한 함석공에 의해서였
고, 다른 한 번은 무정부주의자에 의해서였다. 비스마르크는 그 사건을 독일사
회주의노동자당을 불법화하고, 사회주의자나 공산주의자에 의한 모든 노조,
집회, 출판, 연설을 금하는 법을 정당화할 기회로 이용했다. 따라서 암살 시도는
결과적으로 점점 강해지는 노동운동에 대항하기 위해 비스마르크가 항상 바
라던 무기를 그의 손에 쥐어준 것이나 다름없었다.[12] 1877년 초, 총선에서 사회
주의노동자당이 20퍼센트의 표를 얻고 12석의 의석을 차지해 국회가 더 좌경
화되었다.[13] 이런 정세 속에서 마르크스는 칼스바트로 가는 위험을 감수할 수
없었다. 그는 "베스트팔렌 남작 가족이라는 아내의 귀족 지위까지 금수품이 될
것 같지는 않다"[14]라며 예니 혼자만 보내는 것을 고려해보았다. 그렇지만 그녀
는 혼자 가고 싶어 하지 않았기 때문에 대신 영국 몰번Malvern의 온천으로 갔고,
나중에 예니헨과 조니가 합류했다.[15] 롱게와 리사가레는 저지에서 다른 프랑스
망명자들과 만나 고국으로 돌아가기 위한 로비활동에 대해 의논하고 있었다.[16]
예니는 롱게가 점점 영국에 싫증을 내고 있는 것을 감지했던 것 같다. 그녀는 한
친구에게 "곧잘 흥분하고 시끄러우며 논쟁적이던" 사위가 더욱 까다롭고 예민

해졌다고 말했다.[17]

마르크스는 연례 온천 행을 고대하다가 9월 초에 몰번에 있는 아내와 딸, 그리고 손자와 합류했다. 그렇지만 그가 도착하자마자 엥겔스는 그를 다시 런던으로 불러들였다. 리지가 9월 12일 새벽 1시 30분에 사망한 것이다.[18] 사망하기 전날 쉰한 살의 리지는 집으로 찾아온 성공회 목사의 집전하에 쉰일곱 살의 엥겔스와 결혼식을 올렸다. 그래서 그녀는 켈트 십자가 아래 로마가톨릭 공동묘지에 묻힐 수 있었다.[19] 런던에서 거행된 장례식에는 투시와 마르크스, 라파르그 부부, 그리고 몇몇 가족들과 정치활동의 친구들이 참석했다. 엥겔스는 장례식 후 펌프스와 한 친구를 데리고 사우샘프턴의 해변으로 갔다.[20] 그의 슬픔은 깊었다. 예니헨은 그에게서 편지를 받고 롱게에게 "그분은 완전히 절망한 것 같고, 다시는 행복해질 수 없을 것이라고 믿고 계세요"[21]라고 말했다.

과거에 엥겔스는 당의 일에 등을 돌린 일이 거의 없었다. 그렇지만 리지의 죽음 이후, 이제 더 이상 끝이 없을 듯이 밀려드는 편지들에 일일이 답하거나, 기사를 써달라는 무수한 청탁들을 수행하기 위해 자신의 프로젝트를 미룰 수 없다는 자각에 이르렀던 것 같다. 마침내 집으로 돌아온 그는 에두아르트 베른슈타인이라는 취리히의 젊은 편집인의 간청을 거절하며 "런던에 머문 지난 구 년 동안 나는 정치선동 활동에 관여하면서 중요한 작품을 완성하려고 애쓰는 것이 별로 효과적이지 못함을 깨달았습니다. 시간이 지날수록 내 젊음도 사라지니, 내가 무엇인가를 이루기 위해서는 이제 할 일을 제한할 필요가 있습니다"[22]라고 말했다.

그렇다면 마르크스의 저술활동은 어떻게 되었을까? 무수한 가정사와 끝없는 병치레에도 불구하고 마르크스는 일하고 있었다. 늘 그랬듯이 연구는 그를 아직 불명료한 영역으로 이끌었고 여러 가지 언어를 익힐 것을 요구했다(한 친구는 그가 루마니아어 신문을 읽고 있던 모습을 회상했다).[23] 평생을 연구로 보낸 이 사람은 노년에 이르러서도 쾰른에서 젊은 저널리스트로 일할 당시에 떨어진 나뭇가지 이야기에서 사회적 관계의 경제적 기초를 발견했을 때와 마찬가지로 여전히 세상에 호기심을 느끼고 있었다. 그에게는 세상의 어느 구석에서 일어나는 일이건 모든 사건들 — 경제적이든, 정치적이든, 사회적이든 — 은 서로 연결되어 있으며, 그래서 인류(그가 트리어의 소년일 때 스스로 선택한 봉사집단)에 대한 자신의 의무를 다하고자 한다면, 그런 사건들은 그에게 결정적인 중요성을 갖는 것이었다. 왜냐하면 그것들이 실제로 그의 책에 세상에 대한 깊은 이해를 전해주기 때문이었다. 그는 지식이야말로 가장 혁명적인 무기라고 믿었다.

1878년 가을에 이르러 마르크스는 니콜라이 다니엘손에게 『자본론』 제2권이 1879년 말까지는 출판이 불가능할 것 같다고 말했다. 그가 함부르크의 마이스너에게 약속한 후로 이미 십 년이 흐른 때였다.[24] 그리고 1879년 봄에는 다니엘손에게 은밀히 편지를 써서, 독일 정부의 반사회주의자법이 유효한 한 제2권이 출판될 수 없을 것이라는 사실을 전해 들었다고 말했다. 마르크스는 자신은 상관없다고 했다. 왜냐하면 당시 영국에서 진행되고 있던 산업의 위기가 어떻게 해결될지 알게 되기 전에는 어차피 책을 완성할 수 없었기 때문이었다. 게다가 그는 미국과 러시아에서 받은 자료들을 더욱 연구해볼 '핑계'가 생겨서 흡족해했다. 어쨌든 그의 건강도 장시간 작업을 허락하지 않았다.[25]

마르크스는 런던에 있을 때를 빼고는 늘 체질을 개선하기 위해 이곳저곳 휴양지를 돌아다녔다. 그러나 그런 노력은 거의 항상 여러 가지 위기들로 방해받았다. 1879년 8월에 그는 투시와 함께 저지로 긴 여행을 떠났다. 그렇지만 그달 18일에 예니헨이 롱게와 함께 램즈게이트에 머물던 중 조산했다는 소식을 들었다.[26] 아기는 사내아이였다. 무슈의 이름을 따서 에드가라고 명명했다. 마르크스는 서둘러 예니헨에게 편지를 썼다. "나의 사랑하는 예니헨, 세상의 작은 시민 만세!"[27] 예니가 이미 램즈게이트에 가 있었다. 그렇지만 마르크스는 직접 딸을 보고 위로해야만 안심이 되겠다며 자신도 가겠다고 고집을 부렸다. 그는 심한 번개가 치는 폭풍 속을 뚫고 도착했다. 그리고 엥겔스에게 예니헨은 건강하지만, 자기가 몸이 좋지 않고 정신도 혼미하다고 알렸다(자신의 정신 상태를 테스트해보기 위해 수학 노트를 바라보았지만 도무지 이해할 수 없었다고 한다).[28] 마르크스가 편지했을 때 라우라와 라파르그는 근처 이스트번의 휴양지에 엥겔스와 같이 있었다.[29] 아버지의 걱정을 전해 듣고 라우라는 어머니가 언니를 돌보는 동안 아버지를 안심시키기 위해 램즈게이트로 향했다. 라우라의 보살핌으로 마르크스는 훨씬 나아졌고, 예니헨도 회복되었다. 그래서 9월 15일 예니헨과 그녀의 남편, 세 아이들, 아이들의 조부모와 숙모는 런던 행 기차에 몸을 실었다. 대가족이 다시 한 번 해변의 휴가를 중도 포기하고 집으로 향하는 순간이었다.[30]

마르크스는 자신이 그저 평범한 가장으로 보이기를 바랐다. 그렇지만 유럽 정부들에게는 여전히 가장 주의해야 할 인물로 남아 있었다. 빅토리아 여왕의 딸 빅토리아 공주는 장차 독일의 황제가 될 사람의 아내였다. 그녀는 영국의 한 국회의원에게 마르크스에 대해 무엇을 알고 있는지 물었다.[31] 마운트스튜어트 엘핀스톤 그랜트 듀프는 마르크스에 대해 아무것도 아는 바가 없었다. 그렇지만 가능한 한 가장 품위 있는 방법으로 할 수 있는 일을 찾아내는 것이 자신의 의무라고 여겼다. 그는 마르크스에게 자신의 클럽에서 만나자고 청했다. 마르크스는 승낙했고, 두 사람은 데번셔에서 점심식사를 하며 세 시간 동안 대화를 나누었다. 듀프는 만족해 공주에게 마르크스는 "경찰이 생각하는 것처럼 요람에서 아기를 꺼내서 먹는 습관이 있는 신사"로 보이지는 않았다고 보고했다. 그는 과거, 그리고 현재에 대한 마르크스의 통찰에 감명을 받았다. 그러나 미래에 대한 예측에 대해서는, 이를테면 마르크스가 러시아에서 대격변이 일어나고 그 다음 독일에서 혁명이 뒤따를 것이라고 말했다고 지적하면서, 별로 공감을 표시하지 않았다. 듀프가 마르크스에게 어떻게 독일 군대가 정부에 대항해 봉기할 것이라고 기대하느냐고 묻자, 마르크스는 군대 내의 높은 자살률을 지적하며 자살이 장교를 사살하는 단계와 그다지 멀리 떨어져 있지 않음을 지적했다고 한다. 듀프가 유럽의 정부들이 어느 순간 군비를 줄이기로 합의하고, 그래서 전쟁의 위협을 줄일 수도 있지 않겠느냐고 묻자, 마르크스는 불가능한 일이라고 대답했다. 오히려 경쟁과 무기과학의 진보는 상황을 더욱 악화시킬 것이라고 덧붙였다. 매년 점점 더 많은 돈과 자원이 전쟁의 동력에 쏟아부어지고 있으며, 그것은 탈출 불가능한 악순환의 고리라는 것이었다.

듀프는 공주에게 대체로 마르크스의 생각은 "위험스럽다고 보기에는 너무나도 공상적입니다…… 전체적으로 제가 받은 마르크스의 인상은, 서로의 의견이 반대쪽에 있다는 사실을 인정한다면 그다지 나쁘지 않았으며, 기꺼이 다시 만날 의향이 있습니다. 원하건 원하지 않건, 그 사람은 세상을 뒤집어엎을 사람이 못 됩니다"[32]라고 말했다.

하지만 어떤 의미에서 마르크스는 이미 세상을 뒤집어엎은 상태였다.

1879년 프랑스의 공화주의자들이 마침내 정부를 중앙에서 지방까지 완전히 장악했다. 1871년 파리 코뮌에 대한 반동이었던 마크마옹은 대통령직을 사임했고, 그 자리는 일흔한 살의 공화주의자 쥘 그레비에게 넘어갔다. 런던의 프랑스 망명자들은 본국의 모든 정치적 움직임에 촉각을 곤두세웠다. 그들은 도망 중이거나 추방당한 망명자들의 귀국을 허용하는 일반사면이 발표되기만을 기다리고 있었다. 마르크스 가족과 깊은 연관을 맺고 있는 세 명의 프랑스인들—라파르그, 롱게, 리사가레—도 그런 사람들이었다.

마르크스와 예니는 동시에 아팠다. 그렇지만 신체적 고통 못지않게 심적 고통도 컸다. 롱게가 프랑스로 돌아가게 되면 가족들도 함께 떠날 것이기 때문이었다. 예니헨의 아이들은 마르크스 집안의 빛이었고, 예니에게 진정한 기쁨을 주는 유일한 존재였다. 마르크스에게도 마찬가지였다. 아이들을 향한 그의 보편적인 사랑은 친구와 가족들도 자주 언급할 정도였다. 리프크네히트는 소호에서 마르크스가 아직 자식이 없던 시절에도 길에 방치된 아이를 목격하면 말을 멈추었다고 회상했다. 그리고 자신도 가난했지만 1페니, 또는 반 페니라도 있으면 아이의 손에 꼭 쥐어주었다는 것이다. 주머니가 비었을 때는 아이에게 부드럽게 말을 걸거나 머리를 쓰다듬으며 위로해주었다고 한다. 말년에는 히스에서 그가 재잘거리는 아이들을 달고 다니는 모습이 종종 목격되었다. 아이들이 그

무시무시한 혁명가에게서 산타클로스의 모습을 발견했던 것이 분명하다.[33]

하지만 아이들에 대한 그런 배려에도 불구하고 마르크스는 자기 자식들에게는 별로 해준 것이 없었다. 세상을 떠난 네 명의 아이들에 대해서는 말할 필요도 없었다. 그리고 렌헨의 아들 프레디도 있었다. 그는 이제 스물아홉 살로 기혼이었다. 출생했을 때부터 1880년까지 현존하는 어떤 가족편지에도 언급되지 않았는데, 그해 예니헨이 롱게에게 보낸 편지에서 다시 나타난다. 프레디는 늘 가족 주변에 있었으며 어머니와 계속 연락을 유지해왔음이 분명했다. 사실 예니헨은 돈을 빌릴 필요가 있을 때 프레디와 렌헨을 그녀의 "일상적인 은행"으로 여길 만큼 그를 잘 알고 있었다(그녀는 롱게에게 자신이 그들을 "여름날의 엥겔스의 목구멍만큼이나 메마르게" 쥐어짰다고 말했다). 그리고 특별한 날 프레디의 부인으로부터 모자를 빌릴 만큼 가까운 사이였다.[34] 마르크스가 얼굴도 모르는 사람에게 맡겨버렸지만 이제 성인이 된 아들에 대해 어떤 생각이나 했을지 궁금해하는 사람들도 있다. 그의 직접적인 가족사만 보더라도, 그가 그동안 해왔던, 자식들에게 파괴적인 충격을 주었던 숱한 결정들과 아이들에 대한 그의 사랑을 양립시키는 것은 어렵다. 어떤 사람들은 그를 이기주의자라고 비난할 것이다. 하지만 그는 그것을 희생이라고 불렀을지도 모른다. 변혁의 기초를 다지는 고통스러운 노력과 언제 닥칠지 모를 혁명에 대한 불안감 속에, 마르크스는 자기 세대, 또는 자식 세대보다는 미래의 세대를 위한 일관된 동기를 지닌 채 살아왔다. 마르크스에게 가족의 희생은 정치적으로 필요한 일이었다. 그렇지만 이제 더 이상 필요하지 않게 되었다. 그가 부화를 돕고자 했던 운동은 이제 그 자체의 생명력을 지니게 되었기 때문에 그 자신도 독립된 삶을 누릴 수 있게 된 것이다. 그와 예니는 자식들에게는 베풀어줄 수 없었지만 이제 손자들에게는 시간과 돈을 바칠 수 있게 되었다. 이런 경우는 많은 가족들에게서 흔한 것이었으며 마르크스 가족도 예외는 아니었다.

그렇기 때문에 비록 그해 마르크스 가를 부산하게 만들었던 여러 가지 일 때문에 기다림이 한층 쉬워지기는 했지만, 사면赦免에 대한 전망은 조부모들의 입장에서는 머리 위에 매달린 칼날과도 같은 것이었다. 투시의 서클은 정치활동가, 배우, 무명작가들을 아우를 정도로 성장했다. 그녀는 영국박물관 열람실 출입증을 얻었다.[35] 그리고 예전에 마르크스와 라우라가 그랬던 것처럼 거의 매일 열람실에 나갔다. 열람실 내에서는 흡연이 금지되어 있었다. 그래서 담배를 피우는 사람들—투시도 그중 하나였다—은 지정된 장소에 모여 휴식을 취했다. 그곳에 앉아 시가나 파이프를 피우던 지긋한 나이의 신사들은 젊은 보헤미안들이 모여들어 극장, 정치, 종교 등에 관해 사회주의적이지는 않다 하더라도 놀랍도록 좌파적인 관점에서 수다 떠는 것을 경멸의 시선으로 바라보았을 것이다.

마르크스는 투시에게 집에서 친구들과 모임을 가져도 좋다고 허락했다. 투시의 친구들은 그녀를 따라 메이틀랜드로 가서 서재 옆의 응접실에서 셰익스피어 독서 모임인 도그베리 클럽 모임을 가졌다. 엥겔스와 마르크스는 자신들을 (가끔은 파괴적인 영향을 주는) 명예회원으로 생각했다. 투시의 친구들 중 한 사람인 마리안 스키너는 『존 왕』 중 젊은 아서 왕자의 감동적인 부분을 읽어달라는 청을 받았지만 마르크스와 예니에게 온통 정신이 팔려 있어서 도무지 글자에 집중할 수 없었던 순간을 회상했다. 그녀는 마르크스가 약간 거칠지만 힘차고 위압적인 모습이었다고 말했다. 반면 그의 옆에 앉은 예니는 나이가 들기는 했지만 여전히 매력적이었다고 했다. 스키너를 비롯한 모임의 모든 사람들은 예니가 아프다는 것을 눈치챘다. 그녀의 피부는 창백했고 눈 밑은 보랏빛으로 물들어 있었다. "그렇지만 그분에게서는 교양과 완연한 기품이 느껴졌다." 그리고 부부간의 사랑이 눈에 보였다. 수십 년간의 결혼생활 후에도 예니는 마르크스에게 헌신적이었던 것이다.

도그베리의 밤은 게임으로 마무리되었고, 스키너가 보기에는 마르크스가 가장 즐거워했던 것 같았다. 엥겔스도 자주 그런 즐거움에 동참했고, 투시의 친구들을 자기 친구들과 어울리도록 초대하기까지 했다(그는 도그베리의 여인들도 참석한 펌프스를 위한 파티에 마르크스도 초대했지만, 마르크스는 손자들보다 나이 든 사람들과는 사귀기 싫다며 사양하곤 했다).[36]

당시 또 다른 잦은 방문객으로는 마르크스의 초기 영국인 지원자인 헨리 하인드먼이 있었다.[37] 하인드먼은 실크 중절모를 쓰고 은제 손잡이가 달린 지팡이를 들고 다니는 전형적인 상층계급 신사였지만, 스스로는 노동자계급을 이끌기에 손색이 없는 사람으로 여겼다. 그는 노동자계급 친구들을 '동지'라는 호칭으로 불렀으며,[38] 마르크스를 19세기의 아리스토텔레스라고 추켜세웠다.[39] 어쨌든 하인드먼은 『자본론』을 읽었기 때문에 그것만으로도 마르크스의 서재에 입장하기에 충분한 자격을 갖추었을 것이다. 하인드먼은 마르크스와 자신의 우정 때문에 엥겔스가 질투를 느낀다고 생각했다. 만약 그것을 입 밖으로 낼 만큼 그가 경솔한 사람이었다면, 아마도 마르크스와 엥겔스가 배꼽을 쥐고 웃었을 만한 착각이었다. 어쨌든 일 년도 채 되지 않아 관계는 틀어졌다. 하인드먼은 『모든 이를 위한 영국England for All』이라는 책을 출판했는데, 그 속에서 마르크스에게 공을 돌리거나 심지어 그의 이름을 언급하지도 않은 채 『자본론』의 내용을 그대로 — 가끔은 표현도 그대로 — 차용했다.[40] 마르크스를 더욱 화나게 만든 것은, 자신의 아이디어가, 엥겔스의 표현에 따르면, 하인드먼의 "국제주의자적 어투와 주전론적 열망"[41]과 뒤섞여버렸다는 것이었다.

그렇지만 이 모든 일들은 파리에서의 결정을 초조하게 기다리는 가족들에게는 지엽적인 문제에 불과했다. 결정은 1880년 7월에 내려졌다. 사면이 단행된 것이다. 망명자들에게 프랑스의 문이 열렸다.

리사가레는 프랑스 언론에 투신하기 위해 즉시 런던을 떠났다. 예니와 마르크스가 얼마나 안도했는지 상상할 수 있을 것이다. 그렇지만 두려움도 있었다. 투시의 결혼 계획은 기껏해야 보류된 것뿐이었다. 그녀는 리사가레와 팔 년간 사귀었지만, 둘 중 누구도 다음 단계로 나아가려는 생각이 없는 것 같았다. 예니는 한 해 전 딸에게 그것에 대해 놀라움을 표시하기도 했다. 어머니가 되는 기쁨에 대해 찬사를 늘어놓은 후, "너희 두 사람은 아직 마음을 정하지 않았니?"[42]라고 물었다. 그렇지만 투시를 너무 세게 밀어붙이면 그녀를 아프게 만들거나 집

안이 시끄러워지는 위험을 감수해야 했다. 예니헨은 그 문제에 관해서는 투시와 대화를 포기하는 것이 좋을 것이라고 말했다.[43]

라파르그의 경우 서둘러 고국으로 돌아갈 생각이 없는 듯했다. 사실 경제 형편이 좋지 않았기 때문에 그럴 능력도 되지 않았다. 그와 라우라는 개인교습과 석판사진 사업으로 번 보잘것없는 수입에 의존했다. 하지만 대개는 뉴올리언스의 집을 매각한 돈으로 생활하고 있었다. 그 돈마저 다 떨어지면 파산하는 것이나 진배없었다.[44] 라파르그 가족의 생존은 엥겔스에게 달려 있었다. 그러나 라파르그는 장차 사업이 번창할 것이라는 막연한 기대로 엥겔스에게 돈을 요구하는 데 전혀 거리낌이 없었다. 여전히 사업이 잘 될 것으로 여겼기 때문에 사업을 포기하고 프랑스에 돌아가려면 더 확고한 전망이 있어야 한다고 생각했다. 그는 파리에서 가이드북을 출판하는 사업을 엥겔스에게 제안했다. 그렇지만 엥겔스는 라파르그가 자신의 투자금을 보호해줄 방법이 없으며, 어떤 수익도 보장해주지 못한다는 사실을 간파했다. 라파르그의 잠재적 동업자에 대한 어리석은 신뢰를 보면서 엥겔스는 "사람들이 자네를 보면 제발 돈을 뺏어가달라고 애원하는 것으로 여길 거야"[45]라고 말했다. 라파르그는 사업 계획을 곧 포기했다.

그러나 사람들의 촉각을 더 곤두세우게 한 것은 롱게의 결심이었다. 그리고 그것은 사면이 발표되고 얼마 지나지 않아 곧 분명해졌다. 급진주의 지도자이자 그의 오랜 친구인 조르주 클레망소가 롱게에게 파리로 돌아와서 자기의 신문 『정의Justice』의 외국정치 영역 편집을 담당해달라고 제안한 것이다. 롱게가 진정 하고 싶었던 일은 저널리스트였지 외국어 교수가 아니었다. 그리고 어쨌든 그는 공화국 프랑스의 매력에 저항하지 못했을 것이다. 공화국에서는 급진주의자, 사회주의자, 그리고 노동자들이 힘을 합친다면 원하는 것을 충분히 얻을 수 있었다. 롱게는 그 제의를 수락하고 즉시 클레망소를 만나기 위해 떠났다. 단 8월 중순에 해변에서 가족휴가를 함께 보내기 위해 런던으로 돌아올 것을 약속했다.[46] 그해 여름 마르크스와 예니는 온천으로 휴가여행을 떠나지 않았다. 그들은 램즈게이트에 오두막을 얻고 자식들을 불러들였다. 엥겔스도 그곳에 함께 있었다. 이별 분위기가 감돌았다. 예니헨이 아이들을 데리고 프랑스로 갈 세부적인 계획은 아직 잡히지 않았지만, 그것은 단지 시간문제로 보였다. 그리고 예니의 건강도 문제였다. 그해부터 마르크스는 그녀의 병에 관해 말할 때 '불치'라는 단어를 사용하기 시작했다. 아직 정확히 진단되지는 않았지만 암일 가능성이 점차 농후해졌던 것이다.[47]

투시는 8월에 램즈게이트에 합류하지 않은 유일한 가족 성원이었다. 라파르그 부부와 투시의 관계가 리사가레가 프랑스로 돌아가버린 후 더욱 악화되었기 때문에, 엥겔스는 두 자매를 한 집에 머물도록 할 수 없었던 것이다.[48] 투시는 자기가 그렇게 강력하게 변호했던 남자로부터 일견 버림받은 상황에 라우라가 흡족해하는 모습을 보기가 두려웠을 것이다. 가족들은 자매간의 불화를 현실로 받아들이고 있었지만 드러내놓고 언급하지는 않았다. 투시는 그달 발목을 삐었고, 그것만으로도 다른 구차한 변명을 늘어놓지 않아도 될 만한 충분한 불참의 이유가 되었다.[49]

놀랍게도 마르크스는 휴가기간 중 뉴욕의 기자를 초대했다. 자유주의적 개혁주의자인 존 스윈턴은, 그의 표현에 따르면 유럽의 정치적 격변에 어느 누구보다도 배후에서 많은 역할을 했던 사람을 만나보기 위해 남쪽으로 여행길에 올랐다. 그는 마르크스와는 전혀 어울릴 것 같지 않은 성수기 해변 휴양지의 시끌벅적한 분위기 속에서 절벽 위에 우뚝 솟은 화사한 색상의 목조주택에 그가 머물고 있는 것을 발견했다. 스윈턴은 마르크스와 사담을 나눈 후 그를 소크라테스라고 선언했다. 대화중에 마르크스가 자신의 관점에서 본 세상으로의 여행에 그를 끌어들였던 것이다. 스윈턴은 마르크스에게 "당신은 왜 지금은 아무것도 하지 않는 겁니까?"라고 물었다. 마르크스는 즉답 대신 해변까지 산책하기를 제안했다. 모래사장 위에서 두 사람은 마르크스 가족을 만났다. 예니, 예니헨, 라우라, 아이들, 그리고 마르크스의 사위 두 사람이었다. 스윈턴은 두 명의 사위 가운데 한 사람은 킹스칼리지의 교수이고 다른 한 사람은 문인이라고 묘사했다[50] (라파르그는 짧은 책의 저술을 마친 상태였다. 그는 책의 제목을 『게으를 권리

The Right to Be Lazy』라고 지었는데 별다른 반어법적 의미가 내포된 것은 아닌 듯 보였다. 이듬해 책이 출판되었을 때, 표절이라는 비난이 쏟아졌다).[51] 스윈턴은 "즐거운 가족이었다—모두 열 명이었다. 아이들로 인해 행복한 두 젊은 주부의 아버지, 그리고 손자들의 할머니, 그녀는 즐겁고 현모양처다운 차분함을 보였다"라고 보도했다. 마르크스와 스윈턴, 그리고 두 젊은 남자는 여자들을 떠나 술자리를 가졌다. 스윈턴은 마르크스에게 한 가지 질문을 던지기 위해 오후 내내 기다리며 기회를 엿보았다. 그의 표현으로 "존재의 최후의 법칙"에 관한 것이었다. 그가 마침내 "그것이 무엇입니까?"라고 물었다. 마르크스는 울부짖는 바다와 해변에서 불안한 듯 서성이는 군중을 잠시 바라보다가 답했다. "투쟁!"[52]

8월 중순 롱게는 램즈게이트의 예니헨과 아이들을 떠나 파리에 정착했다. 누가 보아도 프랑스로 가고 싶어 조바심을 내고 있었지만, 가족들을 쉽게 떠난 것은 아니었다. 그는 8월 24일 파리에 도착하자마자 예니헨에게 편지를 썼다. "나는 희망적이라거나 행복할 거라고 생각하지는 않았소. 내 여행은 너무나도 슬펐소. 처음에는 울분에 그다음에는 슬픔에 나는 울었소…… 나는 뒤돌아가 당신을 찾아보았지만 그때 뱃고동이 울렸소. 이런 혼란이 항해를 더욱 슬프게 만들었소. 나는 충분히 키스를 해주지 못했던 것 같았고, 당신이 나의 무정함을 탓할 것만 같았소. 그리고 그 가엾고 어린 것[장]과 착한 해리를 잊을 수 없었…… 당신과 떨어져 있으니 너무 불행하구려. 도무지 적응이 되지 않소."[53]

예니헨은 에드가를 돌보는 유모의 도움만 받으면서 세 아이를 보살피다가 9월이 되자 교습일로 돌아가야 했다. 그런 삶도 힘들기는 했지만 프랑스에서의 전망은 더욱 어두웠다. 저널리스트가 된 롱게는 킹스칼리지에서보다 훨씬 적은 보수를 받았으며, 직업의 안정성 면에서도 신문사 일은 교수직에 비할 바가 못 되었다. 롱게가 다시 킹스칼리지로 돌아올 것이라는 말도 있었다. 그렇지만 그는 9월 중순 잠시 영국을 방문한 후 클레망소와 함께하는 사업에 뜻을 굳히고 다시 떠났다. 영국에서의 안정된 삶보다 파리를 좋아하는 남편을 보고, 예니헨은 그의 감정에 의문을 느끼기 시작했다. 롱게를 배웅한 후 그녀는 차가운 슬픔의 편지를 썼다.

> 플랫폼에서 당신을 떠나보낼 때, 저는 참담한 외로움을 느꼈어요. 그것은 내 평생에서 가장 외로운 순간이었고, 처량하게 집으로 돌아오는 길에 저는 승합차에서 계속 내 눈에 뭔가 들어간 시늉을 해야 했지요. 당신은 그렇게 오래 떠나 있게 되면서도 아무렇지도 않은 듯 보였고, 도시에서 당신 혼자 생활한 그 많은 날들이 시시한 문제인 것처럼…… 당신이 처음 런던에서 떠날 때와 램즈게이트에서 떠날 때가 그렇게 다를 수 있다니. 파리가 다시 당신을 완전히 사로잡았고 당신이 다른 모든 것을 배제하고 그 일부가 되도록 만들어버렸군요! 어쩌면 잘된 일일지도 몰라요. 당신의 [태도가] 결국 제게 긍정적인 효과를 끼쳤으니까요…… 제가 고독 속에 눈물짓고 있을 것이라고 자만하지 말기 바라요. 저도 세상을 되는대로 즐기고 있을 테니까요.[54]

리프크네히트가 감옥을 들락거리는 중에 어렵게 런던을 방문했고, 예니헨은 그를 만나기 위해 아이들을 데리고 메이틀랜드 파크로 갔다. 조니―마르크스가 가장 예뻐했다―가 할아버지의 품에 뛰어들며, 목말을 태워달라고 졸랐다. 즉각 배역이 정해졌다. 마르크스는 승합마차가 되고 리프크네히트와 엥겔스는 마차를 끄는 말이 되었다. 각국의 정부를 전율케 했던 세 명의 노혁명가들은 마르크스의 어깨에 올라탄 아이의 "이랴, 이랴!" 하는 소리에 맞춰 정원을 뛰어다녔다. 리프크네히트는 마르크스가 땀을 뻘뻘 흘렸다고 회상했다. 그와 엥겔스는 조금 천천히 달리고 싶었지만 조니가 상상의 채찍을 휘두르며 "이 못된 말들!"이라고 소리쳐서, 마르크스가 웃음과 탈진으로 숨이 가빠 도저히 자기 역할을 계속하지 못하게 될 때까지 달릴 수밖에 없었다.[55]

마르크스의 아이들은 엥겔스의 아이들이기도 했다. 그는 매일 오후 마르크스의 집에 들러서 정치적 문제들, 그들의 광대한 네트워크상의 논란들, 가족문제들을 논의했다(결국 그가 집안의 생계를 책임지는 사람이었다). 1880년 마르크스와 엥겔스의 삶은 워낙 긴밀히 연관되어 — 그리고 워낙 정형화되어 — 서재의 카펫에 각자의 길이 나 있을 정도였다. 대각선으로 가로지른 길은 그들의 무의식중의 안무가 되었다. 마르크스는 아이들에 관한 모든 문제에 대해 엥겔스에게 자문을 구했다. 예니가 아플수록 마르크스는 가족문제를 그녀에게 숨기고 엥겔스하고만 논의했다. 재미있게도 현존하는 유일한 가족사진에는 마르크스와 예니, 세 딸이 아니라 마르크스와 엥겔스, 세 딸이 있다.

두 사람은 또한 새로운 세대의 사회주의자 및 공산주의자들에게 운동의 "정신적 아버지"로 추앙받았다[56](한 젊은 추종자는 그들이 "최종항소심 법정"으로 여겨졌다고 말했다).[57] 대부분 자식 또래의 사람들이 보호나 조언, 또는 새롭게 시작하는 정당이나 신문에 대한 축복을 구해 그들을 찾아왔다. 레오 하르트만도 그런 사람들 중 하나였다. 그는 차르 알렉산드르 2세의 암살을 시도한 후 1879년 러시아를 탈출했다(그와 소피아 페로프스카야는 부부로 가장해 아파트를 얻고 그곳에서 철로 아래로 터널을 파서 차르를 태우고 가는 기차를 폭파시키려 했다. 그 계획은 마지막 순간에 중단되었다).[58] 하르트만은 런던에 도착한 당일 마르크스의 집을 찾아갔으며 마르크스는 그를 즉시 받아들였다.[59]

또한 11월에는 마르크스와 엥겔스가 시작한 운동의 미래에 결정적인 역할을 하게 될 두 사람이 찾아왔다. 에드라고 알려진 취리히의 신문편집인 에두아르트 베른슈타인과 독일사회주의노동자당에서 리프크네히트의 절친한 동료인 아우구스트 베벨이 그들이었다. 이제 많은 사람들이 사회주의 언론과 정치활동에 관여하고 있었지만 마르크스와 엥겔스는 그 두 사람을 가장 뛰어난 인물로 평가했다.

그들은 먼저 엥겔스와 만났다. 엥겔스는 연거푸 보르도 와인을 가득 부어주고 "건배! 젊은 친구들"을 외치며 술을 권했고, 시종일관 그들과 격렬한 정치논쟁을 벌였다. 한 시간 후 그는 갑자기 "이제 마르크스를 만나러 가야 할 시간"이라고 선언하며 벌떡 일어나 성큼성큼 걸어갔고, 베른슈타인과 베벨은 그를 쫓아가기에 바빴다. 베른슈타인은 이미 엥겔스에게 기가 질린 상태였기 때문에 마르크스를 만나면 더 심한 일을 당할 것이라고 생각했다. "나는 까다롭고 괴팍한 노인을 만나게 될 것이라고 상상했었다. 그런데 내 앞에는 검은 눈에 불꽃과 미소를 동시에 품고, 인자하게 말을 건네는 백발의 남자가 서 있었다."[60]

마르크스가 베른슈타인과 베벨을 처음 만났을 때 자상했다면, 그것은 그들을 자신의 정치적 후예, 즉 새로운 정치적 자유에 의해 정부와 거리에서 다양한 사상이 범람하고 운동의 여러 가지 방향이 모색되던 시점에서 새롭게 운동에 뛰어든 청소년쯤으로 여겨졌기 때문일 것이다. 마르크스는 이 젊은 세대들을 자기가 없을 때도 올바른 길로 인도하고 싶어 했다. 계급 없는 사회의 꿈을 실현시킬 임무는 자신이 아니라 그들의 몫임이 점점 더 뚜렷해지고 있었기 때문이었다.

42

1881년
런던

그래서 나는 지푸라기라도 잡고픈
심정이었다. 조금만 더 살고 싶어요,
의사 선생님. 이야기의 끝이
가까워질수록 이 세속의 눈물 골짜기에
더욱 매달리게 되는 것은 참으로 이상한
일이다.

—예니 마르크스[1]

1880년 11월, 예니헨과 롱게는 그녀와 아이들이 파리로 건너가 새해를 함께 맞는 것이 좋겠다고 결심했다. 그렇지만 마지막 순간 예니헨의 편지는 남편에 대한 그리움의 표현에서 개인적, 정치적 짜증의 나열로 어투가 바뀌었다. 그녀는 『정의』에 실린 남편의 글이 부르주아의 세심함에 대해 그토록 조심스럽게 다루고 있는 것에 놀랐다고 썼다. 그리고 그의 가장 최근 기사를 읽고 "평생 그 어느 때보다도 더 실망했고 씁쓸한 기분이었어요"[2]라고 덧붙였다. 그녀는 런던에서 자기가 알고 사랑했던 인물이 이제 파리에서 친구들 틈에 섞이면서 변해버린 것이 아닌지 두려웠다. 그래서 롱게에게 쌀쌀맞게 말했다.

당신에게 말할 때면 마치 허공에 대고 소리치는 기분이에요—당신에게 아무런 영향도 줄 수 없어요. 우리가 같이 있을 때도 마찬가지예요—내가 파리에 가 있어도, 그동안의 경험으로 보건대 당신은 지금처럼 행동할 거예요…… 당신은 내가 당신 없이 어떻게 견디느냐고 묻지요. 내가 파리에 있어도 여기에 있을 때보다도 당신을 더 보지는 못할 테고, 그런 환경에서 우리의 집은 집이 아닐 테니, 나는 이런 것들을 초연하게 받아들이고 현 상태에서 완벽한 휴식과 평화를 누리고 있는 거지요.[3]

예니헨은 이사하는 것이 두려웠다. 시어머니의 간섭이 걱정스러웠던 것이다. 예니헨이 롱게가 가족들과 가까이 있을 수 있도록 도시 근처에 거처를 정해야 한다고 분명히 의사표시를 했음에도 불구하고, 롱게의 어머니는 파리에서 기차로 이십 분이나 걸리는 아르장퇴유에 집을 얻어놓았다.[4] 예니헨은 또한 롱게가 프랑스로 돌아가버리자마자 돈이 그 어느 때보다도 더 필요한 상황이었음에도 불구하고 시어머니가 생활비 지원을 끊어버린 것에 화가 나 있었다. "제 불쌍하고 아프신 어머니를 떠나 저를 그렇게 대우하는 새로운 가족들에게로 들어가려니 너무나도 슬프군요." 그녀는 거침없이 쏟아냈다. 그리고 이사를 위해 그녀가 해야 할 많은 일들에 대해 롱게가 무관심으로 일관하는 것에 대해서도 비난의 말을 퍼부었다. "당신은 항상 모든 것을 환상적 시각에서 봐요. 당신은 그런 것을 낙천주의라고 부르지요. 당신은 혹시 날씨에도 대항해서 내가 눈이 올 거라고 말해도 겨울은 없을 거라고 주장하지 않나요?"[5] 이런 폭발은 이상하게 보일 수도 있다. 그러나 예니헨은 심신이 지친 상태였다. 그녀는 부모님도 걱정되었다. 어머니는 날로 쇠약해져만 갔고, 마르크스도 각혈을 했다. 그녀는 또한 자신의 건강도 염려스러웠다. 서른여섯 살에 그녀는 다시 임신했다. 오 년 동안 네 번째 임신이었다.[6]

롱게는 크리스마스에 런던으로 돌아올 계획이었다. 8월에 떠날 때부터 가족은 휴가 때 다시 만나기를 기약했었다. 그러나 12월 초 롱게는 예니헨에게 런던으로 돌아갈 수 없다고 말했다. 시의 공직에 출마하고 싶은데, 리사가레에게 자문을 구한 결과, 파리에 남아 선거운동을 하지 않으면 당선될 가능성이 없다는 결론에 이르렀기 때문이었다.[7] 예니헨은 그렇게 중요한 결정에 그가 자신이 아닝 리사가레를 조언자로 삼았다는 사실에 격분했다. 그녀는 며칠간 마음이 가라앉기를 기다렸다가 답장하기 전에 먼저 아버지와 의논했다.

사실 마르크스가 먼저 답장을 보냈다. 마르크스는 그의 결정에 영향을 미치려 하지 않고, 롱게에게 문제는 아주 간단하면서도, 심각한 선택에 관한 것이라는 사실을 알렸다—아이들이냐, 아니면 정치적 지위냐. 그렇지만 예니헨은 그에게 선택을 강요하지 않았다. 그녀의 어머니가 했을 법한 방식으로 행동했다. 그녀는 다음과 같이 썼다.

당신이 시 선거에 나갈 작정이면 결정적인 순간에 전장을 비울 수는 없겠지요—지금은 행동이 필요한 시기이고, 우리의 즐거움은 선거 뒤로 미뤄두기로 해요. 그게 그런 유치한 이유로 실패하는 것보다는 낫잖아요. 내가 개인적 즐거움을 위해 당신이 정치적 전도를 망치도록 유도한다면, 나는 나 자신을 용서하지 못할 거예요…… 나는 군말 없이 불가피한 상황에 복종하고 최고의 결과를 만들어내며, 무엇보다도 당신과 당신의 공적인 의무 사이에 끼어들지 않을 수 있는 사람이 되기를 바라요.[8]

롱게는 파리에 남았지만 선거에 패배했다.

1881년 2월이 되자 메이틀랜드 파크는 시끌벅적해졌다. 롱게의 물품들을 먼저 프랑스로 보낸 후, 예니헨과 아이들이 들이닥친 것이다. 예니헨과 아이들도 프랑스로 따라가야 했지만 그들의 각오는 말할 것도 없고, 아직 준비된 것이 아무것도 없었다. 예니는 전혀 아프지 않은 사람처럼 여러 주 동안 열심히 속옷부터 외투까지 아이들의 옷을 지었다. 예니헨은 롱게에게 어머니가 아이들에 대한 극진한 사랑 때문에 병마를 이겨내고 활기를 되찾은 것 같다고 말했다. 그녀는 암에 걸렸다고 이미 의사의 확진을 받은 상태였다.[9] 그렇지만 그런 예니를 지켜보는 주위 사람들은 아이들이 런던을 떠나게 될 때 그녀의 상태에 대해 걱정했다. 마르크스는 이별이 매우 고통스러울 것이라고 말했다. 그는 니콜라이 다니엘손에게 "아내와 제게 손자들은, 세 어린 녀석들은 기쁨과 생명의 마르지 않는 원천입니다"[10]라고 말했다.

하지만 예니는 딸이 곧 하려는 여행에 대해 걱정하고 있었다. 예니헨의 파리행은 그녀가 1849년에 했던 여행을 떠올리게 했다. 그녀도 삼십대 중반일 때 임신 육 개월째인 상태에서 세 아이를 이끌고 남편을 만나려고 바다를 건넌 일이 있었다. 렌헨이 곁에서 도와주었어도 항해는 끔찍한 경험이었다. 그런 상황을 고려해 마르크스와 예니는 딸에게 해리를 남겨두고 가라고 설득했다. 해리가 이해력이 떨어지고 병약해서 갓난아기처럼 보살펴야 했기 때문에 부담이 될 것을 염려했던 것이다.[11] 그렇지만 롱게가 동의할 리 없었고, 3월 중순 파리로 출발할 때 예니헨도 무거운 몸이었음에도 불구하고 마찬가지였다.[12] 부모는 걱정했지만 그녀는 그렇지 않았다. 그 당시 그녀는 운명을 받아들이기로 하고, 조심스럽게 그녀와 아이들이 프랑스에서 행복할 수 있을 것이며, 남편도 가정으로 돌아올 준비가 되었을 것이라는 기대를 품어보기까지 했다.[13]

정말로 롱게는 가족을 보고 싶어 안달했다. 그녀가 도착하기 몇 주 전부터 그는 예니헨에게 그가 코뮌을 탈출할 때 도와주었던 귀스타브 두를랑이라는 의사가 가까운 곳에 살고 있는데 그 집에 아이들의 친구가 될 또래 아이들이 있을 것이며, 어머니의 간섭에 대해서도 걱정할 필요가 없다고 안심시켰다.[14] 그렇지만 그녀가 아르장퇴유에 도착했을 때 집은 가구도 없이 잠겨 있었으며, 보수공사가 진행 중이어서 거의 사람이 살 수 없는 수준이었다. 그리고 그곳에서 첫 주를 보내는 동안 롱게가 파리에서 일하는 것에 대해 걱정했던 것이 괜한 우려가 아니었음이 드러났다. 하루는 그가 출근한 후 돌아오는 기차를 놓쳐서 다음 날 아침까지 아르장퇴유에 돌아오지 못했던 것이다.[15] 그런 일은 반복될 것이고, 그러면 예니헨은 어린아이들과 함께 낯선 땅에서 엉성하고 삭막한 집 안에 고립될 것이 뻔했다.

2주가 지난 후 그녀는 마치 프랑스에 백 년은 산 것처럼 느껴진다고 말했다.

하루하루는 단지 더욱 불어난 고통의 양에 의해서만 구분될 뿐이었다. 그녀는 라우라에게 자신이 "비참하고 절망적일 정도로 신경쇠약에 시달려 — 몸도 마음도 불편한 거야"라고 말했다. 거의 매일 밤 한 아이가 보채 잠을 설치게 만들었고, 적어도 한 아이 이상은 늘 아팠다. "런던에서 비록 단조롭기는 했지만 몇 개월 동안 독립적이고 자유롭게 살았던 것이 나를 망쳐놓았나봐. 하인들과 아이들, 기타 등등의 것들과 씨름하는 것이 나를 부적격자로 만들어놓았어. 그 모든 것이 내게는 너무나도 견디기 힘든 일이기 때문에 이 외국에서 이방인들 사이에 끼어 몇 년, 아니 몇 달이라도 지내다보면, 나는 구제불능의 바보가 되어버릴 것만 같아." 그러고는 덧붙였다. "네게 샤를의 인사를 전할 수는 없겠구나. 왜냐하면 그 사람은 여기 없거든."[16]

예니헨도 외로웠지만 메이틀랜드 파크는 한층 더 쓸쓸했다. 길거리에서 아이들의 목소리가 들릴 때면 마르크스는 손자들인가 싶어 허겁지겁 창가로 달려가보곤 했다. 하지만 그들이 있는 곳은 영국해협 건너편이기 때문에 그런 일은 불가능하다는 것을 떠올리게 될 뿐이었다. 그는 예니헨에게 그들이 떠나버린 후 집안이 너무 심심하다고 말했다. 유일한 변화라고는 예니에게 새로운 의사가 왔다는 것뿐이었다. 그는 새 의사도 예니에게 아무런 희망도 줄 수 없기는 그전 의사나 다를 바 없었지만 그래도 변화가 있었다는 사실만으로도 그녀의 기분이 조금 나아진 것 같다고 말했다.[17] 마르크스의 집에는 카를 카우츠키라는 스물여섯 살의 젊은이가 드나들기 시작했다. 엥겔스는 대단한 주량 때문에 그 젊은이를 좋아했다. 그렇지만 마르크스는 그를 "평범하고 시야가 좁다"고 평했다. 그는 둔하고 속물적이었지만 "그밖에는 그 나름대로 괜찮은 친구"라는 것이었다. 마르크스는 가급적이면 엥겔스에게 그를 "상대"하도록 했다.[18] 당시 카우츠키는 그저 전도유망한 사회주의 저널리스트이자 경제학자였지만, 나중에는 독일의 지도적인 마르크스주의 이론가가 되며 『자본론』의 '네 번째 권'을 편집하게 된다.[19] 카우츠키는 잘 다듬은 수염과 철테 안경으로 꼼꼼한 인상을 풍겼다. 그가 서재에 있는 마르크스에게 다가갈 때는 사회주의 선동가라기보다 회계사 같은 모습이었다. 그는 그때 긴장해 심장이 두근거렸다고 회상했다. 하지만 마르크스는 그에게 이론을 심사하는 것 대신 그의 어머니에 관해 물었다.

카우츠키는 마르크스의 따뜻함에 놀랐다. 그렇지만 집안은 병에 짓눌린 듯 우울한 분위기였다. 그는 자신이 들었던 유일한 웃음소리는 가장 어울리지 않는 곳에서 나왔다고 회상했다. 예니였다.[20] 예니헨의 말에 따르면, 어머니는 아팠음에도 불구하고 젊은 당원들을 맞이할 때면 "항상 변치 않는 열정적인 활력, 인류의 고통에 대한 민감함"을 보여주려고 마지막 힘까지 쥐어짜내며 노력했다는 것이다. 그런 점에서 "그녀는 항상 특별했다".[21]

아이들이 떠나버리면서 활기를 잃은 마르크스 집안에 기운을 북돋기 위해 투시의 도그베리 친구들은 거실에 말 그대로 극장을 가지고 들어왔고, 그것은 예니를 무척 기쁘게 해주었다. 그녀는 아마추어들의 공연보다는 서클 내부에서 벌어지는 로맨스에 더 관심이 많았고, 투시를 위해 어니스트 래드포드라는 영국 변호사에게 눈독을 들이기도 했다 — 물론 투시가 리사가레와의 관계를 청산할 결심을 할 경우에만 유효한 얘기였다.[22] 그렇지만 그 손님들이 아무리 유쾌해도 외로운 노부부에게 충분한 위안이 될 수는 없었다. 마르크스는 큰딸에게 "사람이란 동반자 없이는 잘 못 지내면서도 일단 그것이 생기면 없애지 못해 안달하니 참 이상한 일이다"라고 말했다. 마르크스는 장문의 편지에서 여러 가지 실망스러운 일들과 불평들을 늘어놓았다. 마르크스에게 단 하나 긍정적이었던 일은 3월에 있었던 차르 알렉산드르 2세의 암살이었다. 하르트만의 옛 동료 소피아 페로프스카야도 포함된 암살범에 대한 재판에서 기소된 여섯 명 중 한 명만 빼고 모두 사형을 언도받았다. 페로프스카야도 교수형에 처해졌다. 마르크스는 피고인들이 "정말, 정말 뛰어난 사람들이고, 어떤 신파적 수사 없이도 단순명쾌하게 있는 그대로 영웅"[23]이라고 말했다.

4월 말 예니헨은 또 아들을 낳았다. 마르크스는 마르셀의 출산을 축하하며 "내 '여성'이 '신참'을 출산해 인구의 '더 나은 반쪽'을 증가시켰다. 개인적으로 나는 이런 역사의 전환기에 '남성적' 성의 아이가 태어나는 것을 선호한다. 그들은 인류가 겪은 것 중 가장 혁명적인 기간을 앞두고 있다. 안타까운 것은, '늙은 이'는 직접 보기보다 예견밖에 할 수 없다는 사실이다"[24]라고 말했다.

엥겔스는 마르크스와 예니가 프랑스로 가서 새 손자를 볼 수 있도록 즉시 계획을 짜기 시작했다[25](마르크스는 손자를 "위대한 미지의 존재"[26]라고 불렀다). 의사는 예니가 여행을 해도 괜찮을 거라고 말했지만 그녀의 몸 상태는 수시로 변했다. 어떤 때는 꼼짝 못하고 침대에 누워 있기만 하다가도 또 어떤 때는 펄펄 힘이 넘쳐 극장에 가기도 했다. 그렇지만 6월이 되자 혼자 옷을 꿰기도 힘겨울 만큼 건강이 악화되었다. 의사는 그녀가 얼마나 먼 거리를 견딜 수 있는지 알아보기 위해 마르크스와 예니에게 해변으로 가보라고 권했다. 라우라가 양친을 돌보기 위해 이스트번까지 동행했다. 마르크스의 병도 아내 걱정 때문에 악화된 상태였다.[27] 마르크스와 예니 두 사람 모두 놀랍도록 여행을 잘 견뎠다. 의사는 예니의 회복 속도에 감탄하고 프랑스로 여행해도 좋다고 허락했다.[28] 마르크스는 또한 프랑스 정부로부터 입국에 아무런 문제가 없다는 확답을 받았다. 클레망소는 롱게에게 그의 장인이 전혀 경찰을 두려워할 필요가 없다고 확인해주었다.[29]

예니헨은 부모님과 렌헨이 올 것이라는 소식에 기뻐 날뛰었다. 그들이 여행을 할 수 없다고 알리는 전보가 오지 않을까 조마조마했지만, 좋은 소식이 날아든 것이다. 그들은 결국 오기로 했다. 그녀는 답장을 썼다. "화요일까지 어떻게 기다려야 할지 모르겠어요…… 손이 너무 떨려서 펜을 잡을 수가 없군요."[30]

7월 말 마르크스, 예니, 그리고 렌헨은 길을 나섰다. 처음으로 영국해협을 오가는 여행에 대자연도 협조해주었다. 마르크스는 바다는 잔잔하고 날씨도 더 이상 좋을 수 없다고 말했다. 그렇지만 칼레에서 파리로 가는 기차 여행은 힘들었다. 예니는 경련과 설사를 일으켰다. 그리고 파리에 도착하자 교통 연결도 복잡했다. 그들은 한 역에서 롱게의 마중을 받았지만 아르장퇴유로 가기 위해서는 다른 역으로 이동해야 했고, 갈아타는 중에 장시간 대기해야 했다. 결국 밤 10시가 되어서야 예니헨의 집에 도착했다.[31] 항상 자상했던 엥겔스는 그들이 도착하자마자 편지를 써서 예니가 "절대로 아무것도 모자란 것이 없도록" 잘 돌봐주라고 당부했다. 필요한 만큼 돈은 얼마든지 써도 좋다는 얘기였다.[32] 마르크스는 가능한 한 오래 예니를 아르장퇴유에 머물도록 하고 싶었다. 그녀의 격심하던 위경련이 프랑스에서 며칠 보내는 동안 런던에 있을 때보다 많이 가라앉았던 것이다. 아이들을 만나서 기분이 좋아진 것 외에는 달리 이유를 찾을 수 없었다. 비록 마르크스가 보기에는 아내의 상태가 좋아지지 않았지만, 그녀는 좋아졌다고 믿었고 중요한 것은 바로 그것이었다.[33]

오래전 예니와 마르크스가 쫓기듯 파리를 떠난 후 벌써 삼십이 년이 흘렀다. 파리는 예니가 알고 사랑했던 모습과는 많이 변해 있었다. 오스만이 예니가 알던 파리를 파괴하고서 그 자리에 확실히 더 장대한 것을 세워놓았던 것이다. 8월 초 어느 날 예니는 마르크스에게 오스만이 이루어놓은 일을 직접 보고 싶다고 말했다. 그녀는 날이 갈수록 야위어갔다. 그리고 가끔씩 피부의 작게 갈라진 틈에서 피를 흘리기도 했다. 마르크스는 즉시 그녀를 런던으로 데려가고 싶어 했지만, 예니는 얕은 꾀를 냈다. 옷을 세탁소에 맡겨버려서 주말까지 입을 옷이 없게 만들어버린 것이다. 그것을 보고 아내가 무기력한 중에도 고집을 꺾기에는 의지가 너무 강하다는 것을 알아챈 마르크스는 결국 체념하고 말았다.

프랑스 의사가 예니에게 진통제로 다량의 아편을 주었고, 마르크스와 예니헨은 그녀가 한때 그렇게 행복해했던 거대도시로 그녀를 데리고 관광에 나섰다. 그들은 무개차를 타고 1849년에는 없었던 대로들을 누볐다. 마르크스는 다채로운 색상의 화사한 거리는 마치 영원한 박람회가 열리는 듯했다고 말했다. 온통 잿빛인 런던에 비하면 파리는 항상 축제 분위기였다. 아편에 취해 꿈결 같은 최면상태로 떠다니며 예니는 다시 돌아오게 된 것에 기뻐했고, 카페에서 커피를 마시고 싶어 했다. 그래서 그들은 그렇게 노천의 작은 테이블을 앞에 두고 앉아 다시 한 번 파리 거리문화의 일부가 되었다.[34] 잠시 동안 마르크스와 예니는 다시 젊어진 기분이었으리라. 검은 머리의 정열적인 철학자에서 혁명가로 돌아선 그와 트리어의 미인인 그녀는 과감히 세상에 도전했었다. 이제 그들은 수천의 사람들 속에서 눈에 띄지 않는 두 노인일 뿐이었다. 그는 퉁퉁한 백발이었고, 그녀는 연약하게 쪼그라들어 있었다. 그렇지만 그들의 젊은 시절의 열정은 변치 않았다. 아주 오래전 그들은 서로 인사를 나눈 뒤 줄곧 서로만을 보아왔다. 이제 곧 영원한 작별인사를 나누게 되리라는 것을 두 사람 모두 알고 있었다. 하지만 지금은, 바로 지금만큼은 예전 모습 그대로이고 싶었다.

예니는 기차역으로 돌아가는 길에 아팠다. 무리한 여행이었던 것이다. 그럼에도 불구하고 너무 즐거웠기 때문에 마르크스에게 다시 파리로 데려와달라고 청했다. 그렇지만 그것은 불가능했다. 8월 중순 마르크스는 투시의 친구 돌리 메이틀랜드에게서 막내딸이 심하게 아프고 의사의 도움도 거절하고 있다는 편지를 받았다.[35] 그는 투시를 돌보기 위해 8월 17일 혼자서 프랑스를 떠났다.[36]

롱게 가족은 프랑스로 돌아갔고, 다른 가족들은 예니와 마르크스의 건강에 온통 신경을 기울이고 있었던 시기에, 투시는 런던에서 새로운 서클 친구들에게 둘러싸여 즐겁게 생활하고 있었다. 퍼니벌이 그녀에게 나중에 옥스퍼드 사전으로 발전하게 되는 연구 작업에 유급 일자리를 마련해주었고,[37] 그녀도 인권운동가로서의 경력을 시작하고 있었다. 토지동맹Land League이라고 불린 한 단체가 영국 정부에게 아일랜드의 대지주에게 유리한 법을 개정하라고 압력을 넣고 있었다. 특히 임차농민들에 대한 무단퇴거 행위를 중지하라고 요구했다. 토지동맹의 궁극적인 목표는 아일랜드의 독립이었다. 그렇지만 아일랜드가 대영제국의 일부로 남으면서 자치를 행사하는 중간 단계를 주장하는 사람들도 있었다. 그 투쟁을 이끌고 있던 아일랜드의 국회의원 찰스 스튜어트 파넬은 미국에서 20만 달러의 기금을 모금했다.[38] 예니헨은 영국에 있을 때, 아일랜드의 발전에 관한 아버지의 기사를 그의 신문에 보내주기도 했었다. 그렇지만 마르크스의 막내딸은 자신을 글로 제한하지 않았다. 투시는 투옥된 페니언이자 토지동맹의 설립자를 지지하기 위해 거리로 뛰쳐나가 경찰법정 앞의 시위대에 가담했다. 그렇지만 시위대는 경찰에게 기만당했다. 경찰이 이미 그 아일랜드 죄수를 몰래 다른 곳으로 빼돌린 뒤였던 것이다. 투시는 키가 크지도 체구가 좋지도 않았지만 잔뜩 화가 나서 런던 경찰로 일하는 거구의 아일랜드인과 맞서며 (군중의 환호를 받으며) 그가 영국인의 더러운 일을 대신해주고 있다고 비난했다.[39]

1881년 봄에 헨리 하인드먼은 민주주의연맹Democratic Federation이라는 단체를 설립했다. 그는 그것이 노동자들의 대표조직이 될 것으로 생각했다. 마르크스가 그를 별로 좋아하지 않았음에도 불구하고 투시는 그의 조직에 가입했다.[40] 영국과 아일랜드의 핍박받는 자들을 위한 활동가가 되고자 한다면 그녀 스스로 자신의 정치적 관계를 넓혀나가야 했다. 그것은 그녀의 성격과도 무관하지 않았다. 예니헨과 라우라는 아버지와의 관계에서 그의 일부가 되어 배후에서 일하는 것에 늘 만족했다. 그렇지만 투시는 자신의 대의를 가지고 전면에 서고 싶어 했다. 열람실에서 그녀 주위의 젊은이들은 부분적으로 영국에서의 새로운 정치적 조류를 대변했으며, 예전의 사회주의자 선배들과는 달랐다. 그들은 사회적 문제를 예술, 문화, 음악과 연결시켰다(그녀의 친구 중에 아일랜드에서 갓 넘어온 조지 버나드 쇼라는 사람이 있었다. 그는 프랑스어로 『자본론』을 읽고 사회주의로 경도되고 있었다).[41] 이런 환경은 투시에게는 더없이 좋은 것이었다. 그녀는 극장과 정치 중에서 양자택일할 필요가 없었다—둘 다 가질 수 있었던 것이다.

3월에 투시는 세인트팽크라스에서 코뮌 기념공연을 벌였다. 홀은 유명한 급진주의자들로 3분의 2가량 채워졌다. 그중에는 그녀의 아버지, 엥겔스, 레오 하르트만, 아우구스트 베벨도 있었다. 투시는 무대에 나와 『피리 부는 사나이』를 암송했다. 베른슈타인은 그녀의 목소리가 음악 같았고 연기는 생동감이 넘쳤다고 회고했다. "내 영어가 너무 짧았기 때문에 모든 말을 다 알아들을 수는 없었다. 그래도 엘레아노르의 암송이 생명력으로 가득한 것을 알 수 있었으며, 풍부한 성조로 이야기했기 때문에 박수갈채를 많이 받는 것을 보았다."[42]

7월에 그녀의 부모들이 아르장퇴유로 여행할 수 있을지를 가늠하기 위해 이스트번에서 건강을 테스트하고 있는 동안 엥겔스는 다시 투시의 공연을 관람했다. 이번에는 딜레탕트 클럽 극장에 올린 두 개의 단막극이었다. 엥겔스는 마르크스에게 그녀가 "대단한 침착성을 보여주었고 무대에 선 모습이 아주 매력적이었다"고 보고했다. 그의 총평은 그녀가 연기를 썩 잘한다는 것이었다.[43] 하지만 마르크스와 엥겔스가 투시의 연기를 취미 이상으로 여기지 않았다는 것도 확실하다. 그러나 투시는 그렇지 않았던 것 같다. 그녀는 한 달 전 예니헨에게 자기는 직업적으로 무대 활동을 추구하고 싶다고 털어놓았다. 그리고 오래 전 예니헨이 상담했던 바로 그 연기지도자를 찾아갔다. 투시는 마르크스가 반대하리라는 것을 알고 있었으며, 반대의 이유 중 하나가 경제적인 문제 때문이라는 것도 알고 있었다(당시 마르크스는 예니의 건강과 예니헨의 이사로 빚이 늘어났다). 그렇지만 투시는 아버지가 자기에게 교육비로 보통보다 훨씬 적은 돈만 썼기 때문에 자기는 충분히 요구할 권리가 있고, 또 자기도 비용의 일부를 부담하기 위해 할 수 있는 모든 일을 다 하겠다고 언니에게 말했다.[44] "내가 그것을 할 수 있었으면 좋겠어 ― 그러면 얼마나 좋을까. 어쨌든 해볼 거야. 실패하면, 그냥 실패하는 거지, 뭐. 내가 너무 많은 일에 손대고 있는 것도 알아. 하지만 나는 인생에서 많은 시간을 허비했다는 생각이 들어. 이제 뭔가를 제대로 해볼 때야."[45]

투시에게는 불행하게도, 그해 여름은 누구도 투시를 돌아볼 겨를이 없었다. 그녀는 런던에 혼자 남았다. 부모님과 렌헨은 프랑스에 가 있었고, 엥겔스마저 멀리 요크셔로 떠났다. 그리고 그녀는 리사가레를 홀대했다는 이유로 여전히 라우라와는 말도 하지 않고 있었다. 투시는 우울증에 빠졌고 곧 거식증으로 발전했다. 돌리 메이틀랜드의 요청으로 마르크스가 8월 중순 런던에 도착했을 무렵에 투시는 몇 주 동안 잠도 못 자고 거의 먹지도 못한 상태였다. 그녀는 손이 떨리고 얼굴에도 경련이 일어났다. 투시는 "완전한 신경쇠약 상태"였다고 마르크스는 엥겔스에게 말했다. 의사는 투시의 몸 상태에 별다른 이상은 없다고 말했다. 단 식사량 부족과 "위험스럽게 예민해진 신경시스템"에 의한 "위장운동의 완전한 이상증세"가 보일 뿐이라고 했다.[46]

예니와 렌헨은 이틀 뒤에 런던으로 돌아왔다. 그리고 응접실에서 마르크스와 투시가 함께 있는 것을 발견했다. 투시는 소파에 쿠션을 놓고 몸을 기대고 있었다. "그 아이의 미친 생활방식이 몸을 그렇게 약하고 열에 들뜬 상태로 만들어버렸어. 걸음걸이가 나보다 나을 게 없었어"라고 예니는 예니헨에게 전했다. 예니는 아르장퇴유를 떠나면서 장녀에게 말했었다. "너와 네 사랑과 친절에 대한 기억은 내 가슴속에 가장 소중한 보물로 남을 게다. 오랫동안 잊지 않으마."[47]

10월에 투시는 회복되었다. 그렇지만 예니의 죽음은 시시각각 다가오고 있었다. 그녀는 거의 침대를 떠나지 못했고, 고작 옆에 있는 의자로 몸을 옮기는 것이 전부였다. 몇 달 동안 아내, 딸들, 손자들을 걱정하다보니 마르크스의 고질병도 도졌다. 당시 그의 문제는 거의 호흡기 쪽에서 발생했다. 처음은 기관지염이었고, 그다음은 늑막염이었다. 그의 폐가 젊은 시절의 흡연으로 많이 망가진 것이 분명했다. 그 당시 돈이 없었기 때문에 가장 싸구려 담배만 골라 피울 수밖에 없었던 것이다. 그렇지만 마르크스의 신체적 질병은 근심 때문에 더욱 악화될 수밖에 없다는 것에 모든 사람들이 동의했다. 그해 가을이 바로 그런 경우였다. 그의 어린 시절 친구, 그의 동지, 그의 "잊을 수 없는 사랑하는 파트너"가 죽어가고 있었다. 그는 아내의 침실 옆방에 있었지만, 아내를 보려고 침대를 떠나서는 안 된다는 의사의 지시 때문에 꼼짝할 수 없었다.[48] 예니헨은 어머니의 기운을 북돋기 위해 아이들을 데리고 런던으로 오고 싶어 했다. 그러나 라우라는 어머니가 그들의 방문으로 차도를 보이기에는 너무 상태가 악화되었다고 전했다. 게다가 그들이 어머니의 생각 속에 살아 있고, 어머니는 예니헨의 편지를 끼고 살다시피 하고 있다고 전했다.[49]

예니는 10월에 마지막 힘을 모아 예니헨에게 편지를 썼다. 그리고 편지를 투시에게 부치라고 맡겼는데 알 수 없는 이유로 그 편지는 프랑스에 도달하지 못했다. "마지막이 될지도 모를 어머니의 편지가 언니에게 전달되지 않았다는 얘기를 듣고 이루 말할 수 없이 슬펐어." 라우라가 예니헨에게 썼다. "어머니가 이 사실을 알면 너무나도 상심이 크실 거야. 그렇게 힘들여 쓰셨고 언니로부터 답장을 고대하고 계신데 편지가 없어졌다는 얘기를 들으면 충격을 받으실 거야."

그런데 라우라는 투시가 편지를 부치지 않았을 가능성을 암시했다. 어머니와 언니 사이의 애정을 시샘하는 버르장머리 없는 아이의 극단적 이기심과 투정에 의한 일탈행동의 가능성 말이다.[50] 이런 암시는 단순히 라우라와 투시 간의 반목 때문일 가능성도 있다. 투시는 예니헨에게 보낸 편지에서 어머니가 편지가 사라져버린 사실을 알게 되면 얼마나 고통스러워할지 설명하면서 예니헨에게 편지를 받은 척해달라고 말했다.[51]

10월 말 마침내 의사는 마르크스에게 아내를 봐도 좋다고 허락했다. 나중에 투시는 다음과 같이 썼다. "아버지가 어머니 방에 갈 수 있을 만큼 건강해졌다고 느꼈던 그날 아침을 나는 절대로 잊지 못할 것이다. 두 분은 다시 한 번 젊어지신 것 같았다. 어머니는 한창 피어나는 소녀고 아버지는 늠름한 청년…… 병에 찌든 노인과 죽음을 앞둔 늙은 여인이 아니었다."[52] 마르크스는 예니와 결혼하기 위해 칠 년을 기다렸지만 그녀를 워낙 사랑했기 때문에 칠 일 정도로밖에 느껴지지 않았다는 말을 하곤 했다. 투시는 아버지가 아내를 사랑했던 것이 아니라 평생 동안 예니와 사랑에 빠져 있었다고 썼다.[53]

그달 독일사회민주주의당이 국회에서 세 석을 추가했다. 비스마르크의 반사회주의자법이 노동운동을 무력화시키거나 없애는 것이 목적이었다면, 그것은 실패로 끝났다. 운동은 단지 지하로 들어갔을 뿐, 더욱 강해졌다.[54] 모르핀에 절어 있는 상태였지만 예니도 이런 결과의 중요성을 알고 마르크스, 엥겔스와 함께 기뻐했다.[55] 노투사들이 그녀 주변에 모여서 그들이 얼마나 먼 길을 헤쳐왔는지 회상했다. 거의 반세기에 걸친 기간이었지만, 이제 왕은 신성을 잃었고, 자신들의 힘을 알지 못하고 착취를 그저 숙명처럼 받아들였던 노동자들은 이제 정부의 한 부분을 차지하고 있었다. 그렇지만 그런 주목할 만한 진보에도 불구하고 예니는 남편이 위대한 사상가의 신전에 당당히 자기 자리를 차지하는 모습을 아직 보지 못했다. 그들이 젊을 때는 당연히 그렇게 되리라고 믿었었다. 그리고 그의 대작 『자본론』이 남편이 약속한 대로 세상을 변화시키는 것도 보지 못했다. 그녀는 남편에게 활력을 주었던 이상을 위해 자신과 아이들의 삶을 희생했다. 그렇지만 살아서 그것이 현실화되는 것을 보게 될 가능성은 없어졌다.

11월 말 런던의 웨스트엔드에 『현대 사상의 지도자들 *Leaders of Modern Thought*』이라는 월간평론지를 선전하는 벽보가 나붙었다. 그 월간지에는 영어로 쓰인 것 중에 처음으로 마르크스의 작품을 칭찬하는 독립기사가 실렸다. 11월 30일, 마르크스는 예니의 옆에 앉아서 벨포트 백스라는 젊은이가 쓴 기사를 흥분된 목소리로 읽어주었다.[56] "『자본론』은 경제학에서 교조적인 이론의 틀을 깬 작품으로서, 그 혁명적 성격과 파급효과의 중요성은 천문학에서 코페르니쿠스의 이론, 또는 중력과 물리학의 법칙에 견줄 만하다."[57] 엥겔스도 이보다 더 멋지게 표현하지는 못했을 것이다. 예니는 흥분했다. 비록 속물들이 알아봐주지는 않았지만 그녀는 남편이 천재라는 사실을 알고 있었다. 마르크스는 그때 아내의 눈이 "크고, 사랑스럽고, 그 어느 때보다도 반짝였다"[58]고 말했다.

예니는 이틀 후 숨을 거두었다. 12월 2일이었고, 그녀의 나이 예순일곱 살이었다.

예니는 하이게이트 묘지의 손자 카로의 묘 근처에 묻혔다. 마르크스는 장례식에 참석하지 않았다. 가족 누구도 그가 아픈 몸을 이끌고 추위 속에 나서기를 원치 않았다. 심지어 예니는 장례와 관련해 간호사에게 "우리는 그렇게 남의 눈을 의식하는 사람들이 아니에요"[59]라고 말하기도 했었다. 엥겔스가 남편의 자리를 대신했고, 조사를 읽었다.

이 여인이 그토록 날카롭고 비판적인 지성으로, 정치적 감각으로, 활력과 열정으로, 투쟁중인 동지들에 대한 헌신으로 거의 사십 년간 해왔던 운동에 대한 기여는 널리 알려지지 않았습니다. 현대 언론의 연보에 기록되지도 않았습니다. 그것은 직접 겪지 않고서는 알 수 없는 것입니다. 그렇지만 저는 한 가지 확신합니다. 코뮌 망명자들의 부인들은 그녀를 자주 기억하게 될 것입니다. 우리들도 그녀의 용감하고 현명한 조언, 용감하지만 뽐내지 않으며 현명하지만 자신의 명예를 추호도 양보하지 않았던 그 조언들을 그리워하는 순간을 맞게 될 것입니다. 제가 그녀의 인품에 대해 말할 필요는 없습니다. 그녀의 친구들이 그것을 더 잘 알고 있고 잊지 않을 것이기 때문입니다. 다른 사람을 행복하게 해주는 것을 자신의 가장 커다란 행복으로 여긴 여인이 있다면 그 사람은 바로 여기 이 여인입니다.[60]

예니의 사망 소식이 알려지면서 전 세계의 친구들과 당원들의 조사가 쇄도했다. 브뤼셀 시절 이후 예니와 만난 적이 없었던 지빌레 헤스는 "자연은 자신의 걸작을 파괴했다. 내 평생 그렇게 재치 있고 사랑스러운 여인은 만나본 적이 없기 때문이다"[61]라고 썼다. 그렇지만 마르크스는 아무리 많은 위안의 말을 들어도 상실의 고통은 조금도 줄어들지 않는다고 말했다. 마르크스의 친구들은 아내를 잃은 마르크스의 앞날을 걱정했다. 엥겔스가 가장 간명하게 표현했다. "무어인도 죽었다."[62]

43

I882년
런던

리어: 여기 누구 나를 아는 사람이
있느냐? 이건 리어가 아니다. 리어가
이렇게 걷고, 이렇게 말하더냐? 그의
눈은 어디 있느냐?
그의 생각이 약해졌거나, 분별력이
흐려졌거나― 하! 생시인가? 그럴 리
없다! 거기 누구 내가 누구인지 말해줄
수 있는 사람은 없느냐?
광대: 리어의 그림자지요.

―윌리엄 셰익스피어[1]

물론 마르크스는 죽지 않았다. 그렇지만 삼십팔 년간이나 곁을 지켜주던 여인의 위안을 잃고 유령처럼 넓은 집을 떠도는 슬픈 존재가 되었다. 가끔은 무거운 검은 코트와 펠트 중절모를 쓰고 집을 나서 히스의 공원을 배회하기도 했다.[2] 정처 없는 배회였다. 마르크스가 오랫동안 의지해왔던 지도가 사라졌다. 그는 이제 근시가 워낙 심해져서 돌아오는 길에는 항상 이웃집과 자기 집이 헷갈렸다. 열쇠를 꽂아보고서야 집을 확인할 수 있었다.[3] 딸들과 엥겔스, 렌헨은 그를 런던 밖으로 이사시켜야 한다는 데 의견을 모았다. 메이틀랜드 파크는 무슈가 죽었을 때의 딘스트리트처럼 슬픔으로 가득 차 있었다. 그곳에서 마르크스는 절대로 건강을 회복할 수 없었다.

그렇지만 마르크스는 자신의 허약해진 상태에 대해 걱정하기보다 오히려 편안함을 느끼고 있었다. 의사의 지시에 따라 온몸에 요오드팅크를 발랐고, 그 때문에 피부에 염증이 생겼다. "그런 치료는……그러니까 이 순간 내게 확실한 효

688

과를 가져다주었어." 그는 예니헨에게 말했다. "정신적 고통에는 단 한 가지 약밖에 없고, 그건 육체적 고통이지. 세상의 종말도 극심한 치통에 시달리는 사람에게는 별로 중요하지 않아."[4] 분노도 그의 슬픔을 묻어버리는 데 도움이 되었다. 마르크스는 롱게가 예니헨과 아이들을 프랑스로 데려가버린 것에 대해 원망하는 마음을 품고 있었을 것이다. 그런 감정이 롱게의 신문에 실린 아내의 부고를 읽었을 때 분노로 폭발해버렸다. 부고에서 롱게는 마르크스가 유대인이기 때문에 예니와 마르크스가 결혼을 위해 극복해야 했던 편견들에 대해 언급했다. 마르크스는 그런 편견은 없었다며 롱게가 제멋대로 이야기를 지어냈다고 비난했다(마르크스야말로 이야기를 꾸며냈다는 비난을 받을 만했다. 왜냐하면 분명히 그런 편견이 존재했었기 때문이다). 그밖에 부고에서 여러 가지 자잘한 세부사항들이 그를 화나게 만들었다. 왜냐하면 유럽의 다른 신문들이 그것을 인용하게될 것이기 때문이었다. 그는 사위가 예니의 기억을 더럽히고 있다고 강하게 비난하며 예니헨에게 "롱게가 그의 글에서 내 이름을 다시는 언급하지 않는다면 나는 무척 감사히 여길 것이다"[5]라고 말했다.

마르크스는 니콜라이 다니엘손에게 진심으로 『자본론』 제2권을 작업하고 싶다고 말했다. 예니에게 헌정하고 싶어서였다.[6] 그렇지만 바로 그 순간, 마이스너는 독일어판 제1권의 3판을 낼 계획이라고 알려왔다. 그것은 마르크스가 서문을 다시 쓰고 기타 여러 가지를 수정해야 한다는 것을 의미했다.[7] 마르크스는 그 소식에 맥이 풀렸다. 제1권으로 되돌아가는 일에 아무런 흥미도 느끼지 못했기 때문이다. 그는 그답지 않게 최소한의 수정만 해놓고 나머지는 마이스너에게 일임해버렸다.[8] 이것은 가족과 친구들에게는 그 어떤 것보다도 마르크스가 예니를 잃은 슬픔에서 얼마나 헤어나지 못하고 있는지를 보여주는 일이었다. 과거에 그는 정말로 모든 줄을 세밀히 읽어보지 않고는 작품의 재간을 허락하지 않았다. 그런데 이게 거의 그런 것을 따지지 않는 듯했다.

의사는 마르크스가 회복을 위해 남쪽으로, 가능하면 알제리까지 가기를 바랐다. 그렇지만 마르크스는 그렇게 먼 길을 갈 준비가 되어 있지 않았기 때문에 와이트 섬에 가는 선에서 타협했다. 그곳은 칠 년 전에 예니와 갔을 때 그가 낙원이라고 부른 곳이었다.[9] 빅토리아 시대의 가족관계에서는 딸 ― 보통 막내 딸 ― 이 집에 남아 노부모를 봉양하는 것이 관습이었다.[10] 마르크스, 렌헨, 그리고 엥겔스도 그것이 자연스러운 일이라고 생각했기 때문에 투시가 아버지를 위해 헌신해야 했다. 그렇지만 투시에게 그런 의무가 부과된 시점은 마침 그녀가 스스로를 위해 무엇인가 하려고 계획하던 때였다. 그녀는 아버지를 사랑했지만 간병인 노릇으로 주저앉기는 죽기보다 싫었다. 그래서 아버지가 또 한 명의 마르크스 가 여인에게 그 자신을 위해 인생을 바칠 것을 요구하는 것이라 생각하고, 거절했다. 투시는 예니헨에게 자기가 이기적으로 느껴진다고 말했다. 자기는 아버지를 정말로 사랑하지만, 그럼에도 불구하고 "우리 모두는 결국 우리 자신의 삶을 살아야 하고…… 아무리 노력해도 뭔가를 이루고 싶은 욕망을 억누를 수 없어. 독립의 기회는 너무 달콤하거든"[11]이라고 말했다. 그녀의 반항은 커다란 대가를 치르게 된다.

한때 짧고 슬프게 마감돼버린 독립 시도를 해보았던 예니헨은 누구보다도 투시의 기질을 잘 이해했다. 그래서 아버지에게 투시보다는 렌헨이 그를 더 잘 보살펴줄 것이라고 설득하려 했다.[12] 그렇지만 마르크스는 막내딸이 자신과 동행해야 한다고 고집을 부렸고, 결국 아버지와 막내딸은 둘 다에게 두려운 새해를 맞이하기 위해 12월 29일 함께 런던을 떠났다. 날씨도 그들의 기분을 반영하는 것 같았다. 섬에는 강풍이 몰아쳐 밤새도록 울부짖었다. 날은 쌀쌀했고, 하늘은 우중충했으며, 비도 억수처럼 퍼부었다. 마르크스의 기침은 낫기는커녕 악화되기만 했다. 그리고 마르크스는 라우라에게 보낸 편지에서 투시가 거의 먹지도 않고 신경발작과 불면증으로 고생하고 있다고 말했다. 덧붙여 그녀는 하루 종일 읽거나 쓰면서 시간을 보냈고, "단지 의무감으로 나와 함께 있는 것을 견디는 것 같다. 마치 자기희생적 순교자처럼 말이다"[13]라고 썼다.

마르크스는 딸이 무엇에 왜 괴로워하는지 몰랐다. 투시는 예니헨에게 쓴 편지에서 지난 2주간 여섯 시간밖에 자지 못했다고 말하며, 자기가 완전히 신경쇠약에 빠진 것은 아닌지 두렵다고 했다. 그녀는 친구 클레멘티나 블랙에게 보낸 편지에서도 똑같은 공포를 털어놓았고, 그 친구는 돌리 메이틀랜드와 어니스트 래드포드에게 그 말을 전했다. 투시가 쓰러질지도 모른다는 걱정으로 도그베리 클럽은 렌헨에게 투시를 데려오라고 부탁했다. 그렇지만 렌헨은 런던을 떠날 수 없었기 때문에 대신 돌리가 와이트 섬을 찾아갔다. 마르크스는 돌리가 나타난 것을 보고 처음으로 투시가 아프다는 사실을 알았다. 그리고 투시가 자기 말고 친구들에게만 말했다는 사실에 화가 났다. 그녀는 자기가 몸 관리를 잘못해서 가족들에게 폐를 끼쳤다고 아버지가 화를 내거나, 자기 건강 때문에 지나치게 걱정하게 될 수도 있다고 생각했고, 어쨌든 그것은 둘 다 자기가 바라는 바가 아니었기 때문에 알리지 않았다고 말했다.

아빠나 의사나 기타 그 누구도 이해하지 못하는 것은 나를 괴롭힌 것이 주로 **정신적 근심**이었다는 점이다. 아빠는 내가 뭔가를 하기 전에 먼저 '휴식'을 취하고 '강해져야' 한다고 말했지만 그 '휴식'이라는 것이 내가 정말 원치 않는 것이라는 사실을 몰랐다— 내가 마냥 기다리기만 하는 것보다 뭔가 확실한 계획과 일을 가지고 있었다면 나는 더욱 '강해질' 수 있었을 것이다…… 내가 뭔가를 할 수 있는 **마지막** 기회가 사라지고 있을지도 모르는데 죽치고 앉아 있는 것은 나를 거의 반실성 상태로 몰아넣었다.

투시는 여전히 연극 쪽에 발을 들여놓고 싶은 마음을 품고 있었고, 그래서 허무하게 시간이 흘러간다고 느꼈던 것이다. 그녀는 그달 스물일곱 살에 접어들었다. "나도 이제 기다리면서 시간을 허비해도 좋을 만큼 젊지는 않아—그리고 지금 당장 하지 않으면 결국 영영 못하게 되고 말 거야."[14] 그녀는 스스로에 대해 "순수하게 지적인 삶을 살 만큼 똑똑하지는 못하지만" 그렇다고 "주저앉아 아무것도 하지 않을 정도로 멍청하지도 않다"고 말했다.[15]

투시는 예니헨이 자기를 구해주기를 바랐다. 예니헨은 그렇게 했다. 이제 가족의 어머니 역할을 떠맡게 된 예니헨은 칭얼대는 네 아이에 둘러싸여 있으면서도 힘과 지혜를 발휘해, 불화를 겪고 있는 영국의 친정에 개입했다. 먼저 라우라에게 투시의 상황을 알리는 편지를 썼다. 라우라와 투시는 어머니의 임종을 맞이한 자리에서 둘이 화해했다는 것을 보여주기 위해 같이 섰었다.[16] 그렇지만 여전히 앙금이 남아 있었기 때문에 겨우 십 분 거리를 두고 살고 있는 두 자매의 중재를 위해 아르장퇴유의 예니헨이 끼어들어야 했다. 그녀는 라우라에게 투시가 몹시 아파서 걱정이라고 말하고, 그 이유가 부분적으로는 오랫동안 끌어왔으면서도 아직 해결되지 않은 리사가레와의 관계에 있을 것이라고 말했다. "여러 가지 면에서 그 애는 상처를 주기보다 더 많이 상처를 받아왔기 때문에 참 애처롭구나. 그 애의 건강이 커다란 장애가 되겠지만, 그래도 나는 그 애를 일으켜 세우고 위로해주기 위해서는 극장 쪽에 자기의 운을 시험해볼 수 있도록 해주는 것이 최선의 길이라고 확신해. 오직 일, 그것도 힘든 일만이 그 아이에게 불행한 의무 때문에 박탈당한 휴식과 위안을 되돌려줄 수 있을 거야."[17]

그다음 그녀는 아버지에게 편지를 썼다. 그 편지는 현재 남아 있지 않다. 그렇지만 마르크스가 그 즉시 엥겔스에게 편지를 썼기 때문에 그것을 통해 예니헨이 무슨 말을 했는지 추측해볼 수 있다. 마르크스는 자기를 돌보는 역할에서 투시를 놓아주고 싶다고 말했다. "그 아이는 독립된 예술가로서 자기 삶을 스스로 개척해나가고 싶은 강렬한 욕망을 가지고 있거나, 또는 자신이 그렇다고 믿고 있어. 일단 그것을 인정한다면 자기 나이에 더 이상 허비할 시간이 없다는 그 아이의 주장은 의심할 여지없이 옳은 소리지. 그 아이가 자신은 가족이라는 제단에 늙은이의 '간병인'으로서 희생될 수밖에 없다고 생각하는 것은 절대로 내가 원하는 바가 아닐세."[18] 투시는 아버지의 변화된 입장에서 언니의 손길을 느꼈고 진심으로 언니의 개입에 감사했다. 그리고 새로운 인생을 시작하는 데 결의를 다지는 뜻에서 리사가레에 대한 구 년간의 집착도 끝낼 것임을 선언했다. "오랫동안 나는 관계를 청산할 결심을 해보려고 노력해왔어. 그렇지만 쉽지 않았지. 그분은 훌륭하고, 신사적이고 나를 잘 참아줘—그렇지만 나는 이제…… 마침내 용기를 냈어." 그녀는 편지로 설명할 수 없는 동기가 있다는 암시를 던졌다. 마르크스 가족의 표현법으로 볼 때 그것은 누군가 새로운 사람을 만났음을 의미할 수도 있었다. "그렇지만 이제 끝났어. 나는 내 인생을 더 가치 있는 것으로 만들기 위해 최선을 다할 거야…… 내일은 내 생일이야— 앞으로 지금 결심의 반만이라도 지킨다면 나는 분명 잘 해낼 거야."[19]

투시의 위기는 예니헨이 어머니의 후계자로서 가정의 미묘한 문제를 어떻게 다루어야 할지를 알아보는 최초의 테스트였고, 그녀는 그 역할을 훌륭하게 수행해냈다. 1월 말 그녀는 막내동생에게 편지를 띄웠다.

나는 네가 오랜 세월 동안 약혼으로 고통받아왔던 것을 생각하면 가슴이 아프다. 그리고 지금 네가 보여준 용기에 축하를 보낸다…… 나도 너와 같은 성격이기 때문에 네 입장을 충분히 이해할 수 있다. 무기력은 너에게와 마찬가지로 내게도 죽음이다. 내가 이따금씩 학교에서 일하던 때의 잡무가 그리워진다고 말하면 너는 웃을 게다. 그런 고단한 일, 생기 넘치고 흥미롭던 기찻길과 거리는 미치도록 따분하고 끝없이 반복되는 가사일과 의무로부터 나를 구해주는 것들이었다.[20]

예니헨은 투시가 해방된 것, 그리고 그녀가 "여성에게 유일하게 자유로운 삶— 예술가로서의 삶을 살게 된 것"이 기쁘다고 말했다. 마지막으로 동생에게 선배 배우에게 도움을 청하는 것을 두려워하지 말라고 충고했다. "항상 이름에는 중요한 뭔가가 있고, 네 이름은 마르크스다."[21]

마르크스의 의사는 그가 런던에서 겨울을 견디지 못할 것이라고 생각했다. 그렇지만 마르크스가 남쪽으로 갈 수 있는 곳은 제한적이었다. 체포의 우려 때문에 이탈리아에는 갈 수 없었다. 그리고 여권 없이는 증기선으로 지브롤터로도 갈 수 없었다. 의사는 알제리로 가라고 권했다. 그렇지만 그곳에 갈 수 있는 길은 프랑스 내륙을 통해 장시간 이동하는 것이 유일한 방법이었다. 그럼에도 불구하고 마르크스는 중간에 멈춰서 예니헨을 만날 수 있기 때문에 그 길을 택했다. 투시가 아르장퇴유까지 동행했다가 런던으로 돌아갔다.[22] 아르장퇴유에서 손자들과 지내도 마르크스의 건강은 좋아지지 않았다. 그래서 즉시 프랑스 남쪽으로 길을 나섰다. 와이트 섬에서 그의 머리 위에 맴돌던 먹구름은 런던에서도 떠나는 법이 없더니 믿을 수 없게도 마르세유에서도 그를 기다리고 있었다. 새벽 2시에 그곳에 도착해 바람이 들이치고 추운 역사에서 외투를 여민 채 웅크린 처량한 노인네 신세로 밤을 지새울 수밖에 없었다.[23] 그는 엥겔스에게 "나는 거의 꽁꽁 얼어붙어버렸지…… 유일한 처방은 술밖에 없었어. 그래서 계속 술에 의존해야만 했어." 그는 마르세유에서 하룻밤을 머문 후 알제리로 항해했다. 알제리에서는 나폴레옹 3세 치하에서 그곳으로 추방되었다가 고등법원 판사 자리에 오른 롱게의 친구가 그를 마중할 예정이었다.

그곳 사람들은 마르크스를 따뜻하게 맞아주었다. 그렇지만 심술궂은 날씨는 그곳까지 그를 쫓아왔다. 증기선 위에서 이틀간 시끄러운 엔진과 바람소리 때문에 한숨도 자지 못했는데, 알제리에 도착하자마자 추운 우기가 시작된 것이다. 그때 그는 "뼛속까지 얼어붙어" 있었다. 그는 자신의 고난에 대해 엥겔스에게 "한숨도 못 자고, 입맛도 없고, 기침은 심하고, 가끔씩 발작적으로 심각한 우울증까지 겹쳤어. 마치 위대한 돈키호테처럼 말이야"라고 하소연했다. 그래서 즉시 유럽으로 돌아가버릴까도 생각해보았지만 다시 배를 탈 엄두가 나지 않았다. 또한 비스크라Biskra까지 내륙으로 들어갈 생각도 해보았지만 그것은 칠팔 일이 소요되는 긴 여정이었다. 마침내 구름을 뚫고 햇살이 비치고, 알제리 외곽의 지중해가 내려다보이는 언덕 위에 있는 호텔을 발견하자 그는 그곳에 머무르기로 마음을 정했다. "아침 8시면 상쾌한 공기와 수풀, 그리고 유럽과 아프리카의 경이로운 조화로 마법같이 멋진 풍광이 펼쳐진다네." 그것은 일시적인 위안일 뿐이었다. 또다시 아흐레 동안 폭풍우가 몰아치기 시작했다. 마르크스는 두툼한 런던의 외투를 더 가벼운 것으로 갈아입고 사정없이 몰아치는 바람을 피하려고 몸을 잔뜩 웅크렸다.[24]

지역 의사가 마르크스를 검진하고는 그의 몸상태에 깜짝 놀랐다. 의사는 마르크스에게 산책이나 대화를 금했고, 매일 몸에 연고를 바르라고 지시했으며, 물집을 터뜨려주었다. 그래서 그는 꼼짝하지 않고 누워 있었다. 마르크스는 이리저리 찔리면서 완전히 환자 취급을 받았다. 그런 상태에서 그가 할 수 있는 일은 추억을 되새기는 것밖에 없었다. "그나저나 자네는 대부분의 사람들이 자기 감정을 과장하는 경향이 [있다는 것을] 알 거야. 내 생각의 대부분이 내 아내, 내 인생의 가장 좋았던 시절에 빠져 [있다는 것을] 인정하지 [않는다면] 그것은 거짓 말이겠지!"[25]

모든 사람들이 그의 몸에 신경을 쓰고 있는 사이에, 세계에서 가장 위대한 정신 중 하나가 쇠락의 기미를 보이기 시작했다. 그것을 가장 잘 알고 있는 사람은 바로 마르크스 자신이었다. 그는 엥겔스에게 보낸 편지에서 거의 주석을 다는 듯한 방식으로 다음과 같이 말했다. "이보게, 자네도 다른 식구들처럼 내 철자법과 구문상의 실수, 틀린 문법에 놀랐을 거야. 그 일이 있기 전까지는 나는 그랬던 적이 없는 것 같은데 말이야―아직도 나는 얼이 빠져 있는 것 같네."[26]

4월 중순까지 바람은 그치지 않았다. 그렇지만 비는 이제 먼지로 바뀌었고, 태양은 작열했다. 마르크스는 과감하게 머리를 짧게 자르고 수염도 면도했다. 그렇지만 세상이 그의 온전하고 포악한 모습을 잊지 않도록 하기 위해, 머리카락을 "알제리 이발사의 제단에 바치기" 전에 먼저 사진을 찍어두었다.[27] 마르크스의 마지막 사진이 된 그 사진 속에서 한때 엄했던 사나이는 더 유순해 보였다. 예순네 번째 생일 하루 전날 마르크스에게 노망기가 나타났다.

무더위와 먼지 때문에 마르크스는 다시 기침을 하기 시작했다. 그리고 더 머물다가는 또 다른 태풍에 발이 묶일 것이라는 걱정이 들었다. 그는 아프리카가 지겨워졌기 때문에 5월 2일 유럽으로 돌아와 몬테카를로에 발을 디뎠다. 그곳은 몇 달째 비가 오지 않았지만 마르크스가 도착하던 당일 비가 내렸다. 그렇지만 그는 행복했다. 무엇보다도 카지노에 도서실이 있었고 독일어, 프랑스어, 영어 신문이 즐비했다.[28]

마르크스는 독서를 하지 않을 때는 게임테이블에 돈을 던지는 호텔의 손님들을 관찰하며 즐겼다. 그렇지만 그의 즐거움은 곧 그들이 룰렛을 정복할 '과학'을 배우기 위해 전문가들에게 돈을 지불하는 것을 보고 역겨움으로 변했다. 그무리들은 승리에 목말라서 잔뜩 웅크리고 앉은 채 손에 연필을 들고 그들이 매일 도전하지만 매일 그들을 패배시키고야 마는 기계에서 나오는 숫자를 받아적기에 여념이 없었다. "한 무리의 미치광이들을 보는 것 같았어"라고 그는 말했다.[29] 그는 또한 마르크스의 '닥터'라는 칭호 때문에 그를 의사라고 여기는 알자스 출신의 내과의를 만났다. 그 알자스 의사는 마르크스에게 거리낌 없이 늑막염이 재발했고, 기관지염은 만성적이라고 말해주었다.[30]

마르크스는 몬테카를로에 의료적인 목적으로 머물 이유가 없음을 깨닫고(어차피 그가 여행한 곳 어디에서도 요양에 좋은 날씨를 찾을 수 없었다) 아르장퇴유로 출발했다. 그리고 예니헨에게 자기가 가고 있다는 것을 아무에게도 알리지 말라고 당부했다. 그는 조용한 것을 원했다. "내가 말하는 '조용한 것'이란 '가족생활', '아이들의 소음', '거시적인 것'보다는 '미시적 세상'이 더 재미있다는 것을 의미한단다."[31] 마르크스는 존재하지 않았던 소박한 삶, 더욱이 아르장퇴유에는 없을 것이 확실한 그런 삶을 그리워했던 것이다.

투시가 프랑스에서 런던으로 돌아가기 전에 리사가레가 그녀에게 파리에서 만나자고 청했다. 예니헨이 동생을 데리고 생라자르 역으로 나갔고, 두 사람은 좋은 친구로 남기로 했으며 어떤 악감이나 시끄러운 일도 없었다고 마르크스에게 보고했다. 예니헨은 크게 안도했다. "대체로 리사가레의 우정이나 애정 문제는 소동이나 비극으로 끝났었기 때문이지요." 그녀는 보통 때보다 리사가레에게 더 다정하게 굴 수 있었다고 말했다. "왜냐하면 그 사람이 내 동생의 남편이되려는 계획을 실행에 옮기지 않은 것에 감사했기 때문입니다. 프랑스 남편들이란 좋아봐야 별로 쓸모가 없고, 나쁠 때는 아예 언급할 가치조차 없으니까요."[32] 예니헨의 평가는 그녀의 가정적 불행을 반영한 것이다. 롱게가 거의 집에 들어오지 않았기 때문에 그녀는 아이들을 보살피기 위해 영국에서 한 아가씨를 데려와야 했다. 그 아가씨의 이름은 에밀리였는데 시간이 갈수록 점점 사납고 적대적이고 제멋대로 행동했다. 그녀는 역 주위를 돌아다니며 철도원들을 유혹했고, 예니헨이 말리자 롱게 부부에 대한 악소문을 퍼뜨려서 자기가 쫓겨나도 아무도 그 집에서 일하려 하지 않도록 만들었다. 예니헨은 투시에게 에밀리가 "완전히 제정신이 아닌데다" 그녀를 미치게 만들고 있다고 말했다.[33]

예니헨은 자신은 도움도 없이 밤이나 낮이나 집안일과 네 아이를 돌보는 일에 눈코 뜰 새가 없는데, 롱게는 집에 있을 때 그녀에게 소리 지르고 매순간 불평을 늘어놓는 것 말고는 하는 일이 없다고 말했다. 그녀는 남편이 자기 일을 열심히 하고, 그래서 두 사람 모두 자랑스럽게 여길 수 있도록 하기 위해 프랑스로 이사했었다. 처음에는 클레망소의 신문이 온통 롱게의 글로 도배되었다. 그러나 1882년 초부터 글이 점차 줄어들기 시작했고, 예니헨은 그것이 클레망소가 더이상 롱게를 필요로 하지 않거나, 예전처럼 롱게의 글을 높이 평가하지 않는 증거라고 말했다.[34] 신문사로부터 돈은 간헐적으로만 들어왔고, 그들은 항상 빚에 허덕였다. 그렇지만 롱게의 어머니는 그 모든 것을 예니헨의 탓으로 돌렸다. 그녀는 며느리가 게으름을 피운다며 일자리를 얻으라고 말했다. 롱게가 경제적 어려움을 타개하기 위해 서두르는 기색이 전혀 보이지 않았기 때문에, 예니헨은 투시에게 유일한 선택은 동네에서 가르칠 만한 아이들을 찾거나 런던에서 하숙생을 데려오는 것뿐이라고 말했다[35](예니헨이 돈을 빌린 사람들 중에는 렌헨과 프레디도 있었는데, 그녀는 그것 때문에 마치 범죄를 저지른 것처럼 마음이 괴롭다고 말했다).[36]

롱게가 해변에서 병을 치료하고 있을 때 그에게 보낸 날짜가 없는 편지에서 그녀는 걱정을 털어놓았다.

당신의 고통을 덜어주기 위해서라면 제가 심장의 피도 내놓을 수 있다는 것을 알 거예요. 그렇지만 당신을 위한 것이라 할지라도 내가 당당히 맞설 수 없는 것은…… 당신의 불규칙한 삶이 당신에게 많은 고통을 가져다주었지만, 그렇다고 해서 그것이 당신에게 신문사에서 좋은 자리를 보장해주는 수단이 되지는 못했지요! 저에게 위안을 주지도 못했고요! 이제 다시 한 번 제가 당신에게 현실을 직시하고, 당신이 저널리스트로서의 삶을 사는 것이 가능한 일인지 숙고해보라고 말할 때가 되었군요…… 만약 당신이 지금 저와 함께 있다면 저는 감히 이런 말을 꺼내지 못했을 거예요. 당신은 너무 난폭해요. 대부분 당신이 틀렸을 때는요.[37]

예니헨은 좌절과 실의에 빠져서 라우라에게 "무엇이 되었든 탈출구"가 있기를 간절히 바란다고 썼다. 아르장퇴유의 허름한 3층짜리 집 안에 갇힌 그녀는 남편으로부터 점점 멀어지면서 런던의 삶, 지하철, 패링던 스트리트, 화려한 연극과 음악회 선전물들이 나붙은 스트랜드 가의 진흙길을 달려가는 것을 꿈꿨다.[38] "나는 이루 말할 수 없을 만큼 삶에 지쳤다." 그녀는 투시에게 썼다. "불쌍한 아이들만 아니었다면, 이런 삶을 벌써 때려치웠을 것이다."[39]

그런데 설상가상으로 예니헨은 다시 임신하는 "말문 막혀버릴 불운"을 당했다. 또한 중병에 걸린 것 같다는 두려움을 느끼기 시작했다. "언제부턴가 종양이 생긴 것처럼 몸속에서 이상한 통증이 느껴졌어. 아직 의사의 진찰을 받을지 말지 결심을 못한 상태야." 그녀는 아이들을 안아 올리거나 계단을 오르내릴 때 극심한 통증이 몰려와서 그 자리에 주저앉아버리곤 했다. "그나저나 아빠는 이 사실을 모르고 계시고 말씀드려서도 안 돼. 괜히 걱정만 끼쳐드릴 뿐이야."[40] 정말로 마르크스는 6월에 아르장퇴유에 도착했을 때, 그곳에서 무슨 일이 벌어지고 있는지 꿈에도 모르고 있었다. 그는 일찍 잠자리에 들어 늦게까지 잤고, 근처의 숲이나 포도농장을 아이들과 산책하는 것으로 하루의 대부분을 보냈다.[41] 라파르그는 그가 항상 졸졸 쫓아다니는 그 자신의 젊은 군대와 함께 그지없이 행복한 순간을 누렸다고 말했다.[42] 그렇지만 마르크스는 곧 뭔가 잘못돼가고 있음을 느꼈다. 아이들이 프랑스로 온 이후로 거칠어진 모습을 보였던 것이다. 예니헨이 아이들을 제대로 길들이지 못한 탓이었다. 롱게는 자주 파리에서 외박을 하곤 했고, 집에 돌아오면 바로 침대로 직행해버렸다.[43] 아기 마르셀은 끈질긴 울음 때문에 아일랜드의 민중선동가 국회의원의 이름을 따서 파Par 또는 파넬Parnell이라고 별명을 지어주었다.[44] 에드가는 십팔 개월 때 생간을 초콜릿인 줄 알고 먹다가 들켜서 울프Wolf라고 불렀다.[45] 그리고 조니는 그들의 우두머리로서 총명한 아이였으며, 마르크스는 아이가 무료함 때문에 악동으로 자랐다고 말했다.[46] 해리는 여전히 정상적인 성장의 기미가 보이지 않았다.

7월에 투시와 렌헨이 아르장퇴유에 도착했다. 한편으로 마르크스를 돌보고 다른 한편으로 예니헨을 돕기 위해 소환된 충심의 기사단이었다. 투시는 지적으로 한껏 물이 올랐다. 그달 그녀는 유니버시티 칼리지에서 '로버트 브라우닝 연구회'를 위한 시낭송을 했는데, 너무 반응이 좋아서 모임의 대표가 그녀를 브라우닝에게 소개시켜주고 싶어 했고, 그래서 그녀는 브라우닝 앞에서 그의 시를 낭독할 수 있었다. 투시는 또한 와일드 부인 집의 야회에도 초대되었다. 투시는 예니헨에게 "그분이 바로 미국에서 스스로를 바보로 만들었던 그 약해빠지고 고약한 청년, 오스카 와일드의 어머니이셔"[47]라고 알려주었다. 예니헨은 고단한 삶 속에서도 막내동생의 활동 얘기를 듣기를 좋아했다. "진심으로 축하해. 그리고 적어도 우리들 중 한 명은 부엌데기로 인생을 보내지 않게 되었다는 것이 기쁘구나."[48] 투시는 이제 자유로운 여성으로서 몸도 건강해졌다. 더 이상 병도 없었다. 그녀의 신경은 차분해졌다. 어렸을 때의 행복을 되찾은 그녀는 아르장퇴유에 와서도 씩씩하게 언니를 거들었다.

예니헨이 또 임신한 것은 이제 마르크스에게도 분명하게 보였다. 그는 딸이 고생하는 것에 마음이 쓰였다. 딸이 집세 때문에 집주인에게 괴롭힘을 당하고 있다는 사실을 눈치챘으며 건강도 좋지 않다는 것을 느낄 수 있었다. 마르크스는 투시가 조니를 런던으로 데려가서 예니헨의 부담을 덜어주기를 원했지만, 롱게는 노르망디에서 부벽 여름휴가에 아들도 같이 데려가고 싶어 했다. "그렇게 하면 예니헨에게 휴식이 되고 조니에게도 좋은 일이겠지만, 롱게는 그런 것은 도무지 신경도 쓰지 않네." 마르크스는 엥겔스에게 말했다. "롱게 씨는 아이를 위해 '아무것'도 하지 않지만, 그의 '사랑'이란 것은 자기가 집에 있는 짧은 시간 동안 아이가 눈밖에 벗어나지 못하도록 하는 걸세. 그는 보통 아침은 침대에서 빈둥대다가 오후 5시에 파리로 가버리지."[49]

롱게는 반대했지만 마르크스가 이겼다. 8월에 렌헨과 투시는 조니를 데리고 런던으로 출발했다.[50] 곧 마르크스도 라우라와 잠시 스위스로 요양을 다녀오기 위해 떠났다. 그해 라파르그가 파리의 보험회사에 일자리를 얻은 후 라우라와 라파르그는 프랑스로 돌아와 있었다. 그는 또한 정치에도 관여하며, 자신과 절친한 동료인 쥘 게드가 '마르크스주의'라고 부른, 주장과 분석이 뭉뚱그려진 것을 자신의 정치적 입장으로 내세우고 있었다. 그렇지만 마르크스는 그것에 관련되기를 거부하며 라파르그에게 "한 가지 확실한 것이 있다면 나는 '마르크스주의자'가 아니라는 것이다"[51]라고 분명한 선을 그었다.

라파르그는 프랑스에 돌아오자마자 오만함 때문에 정치적으로 양측으로부터 적을 만들었다. 비판자들 중 일부는 그의 능력을 무시하며 라우라가 그의 신문기사를 대신 써준다는 식의 비방을 퍼뜨렸다. 라파르그는 그런 비판에 코웃음을 흘리며 계속 거만하게 굴었다.[52] 마음속으로 자신이 마르크스의 사도(또는 마르크스가 농담 삼아 부른 "큰 예언자 big oracle")[53]라고 여겼으며, 그것만으로도 사회주의자들 속에서 높은 지위를 차지하기에 충분하다고 생각했다. 그렇지만 문제는 마르크스의 이름이 코뮌과 연결되어 유명하기는 했지만, 그의 사상이 프랑스에서 아직 거의 알려지지 않았다는 점이었다. 마르크스주의 그 자체는 라파르그의 단어 말고는 존재하지 않았다.

당연한 얘기지만 라파르그의 경제활동과 정치적 삶은 서로 양립할 수 없었다. 마르크스와 라우라가 스위스로 떠나던 그달에 그는 직장을 잃었다.[54] 공식적인 이유는 회사가 다른 회사와 합병했기 때문이지만, 고용주가 그의 성과에 불만을 품은 것도 이유였을 것이다. 일자리를 잃고 돈도 없어지자 라파르그는 마르크스 가의 전통에 따라 엥겔스에게 기댔다. 장군에게 보낸 그의 편지에는 거의 항상 거리낌 없이 돈을 부탁하는 말들이 들어 있었다. 왜냐하면 그는 "심히 쪼들렸기"⁵⁵ 때문이었다.

9월 5일 롱게는 울프와 해리를 데리고 아르장퇴유를 떠나 노르망디로 향했다. 예니헨은 어린 파만 데리고 집에 남았다. 그녀는 안도감을 느꼈다. 집 안에 아이가 한 명만 남게 되자 마침내 집이 조용해졌다. 더욱이 롱게가 없으니 싸울 일도 없었다.⁵⁶ 그런 평온은 열하루 동안 지속되었다. 그리고 9월 16일, 그녀는 딸을 낳았다(롱게의 코뮌 보호자 두틀랑이 아이를 받았다). 아기의 이름은 예니라고 지었다.⁵⁷ 아기는 마르크스를 빼닮았다. 까무잡잡한 피부에 머리도 검정색이었다.

마르크스와 라우라는 스위스에서 출산 소식을 들었다. 그들은 즉시 파리로 돌아왔다. 그리고 라파르그의 아파트가 난장판이 되어 있는 것을 발견했다. 라우라는 엥겔스에게 "그런 쓰레기와 무질서 상태를 묘사하는 데 언어란 참으로 무용지물에 불과합니다…… 우리는 아침에 아르장퇴유에 갔어요. 폴은 도대체 어디 갔는지도 모르겠고요"⁵⁸라고 썼다. 마르크스가 조롱하듯 사도 바울이라고 불렀던 폴 라파르그는 그때 게드와 함께 순회연설 여행을 떠난 참이었다.⁵⁹ 그리고 그로 인해 그들에게는 즉각 살인, 약탈, 방화 선동혐의로 체포영장이 발부되었다.⁶⁰ 마르크스와 라우라는 폴에게 발부된 영장에 대해 몰랐고 그가 돌아오기를 기다리지도 않았다. 아르장퇴유에 도착해보니 예니헨이 여전히 혼자 있었다. 아기 아빠 롱게는 10월까지는 돌아오지 않을 예정이었다.

마르크스는 두 사위에게 질려버렸다. 롱게를 인간적으로 혐오했고, 라파르그는 정치적으로 철면피라고 생각했다. 특히 라파르그가 자신의 말을 인용하기를 좋아하는 것에 발끈했다. 그의 사상은 어쨌든 선대 사상가들의 사상을 재활용한 것일 뿐인데 그것을 단순히 반복하기만 하면 되는 식으로 여기는 것이 마음에 들지 않았다. 마르크스는 엥겔스에게 보낸 편지에서 "롱게 그 프루동주의자 떨거지와 라파르그 그 바쿠닌주의자 떨거지 같으니라고! 귀신은 그것들을 안 잡아가고 뭐 하나!"라고 분통을 터뜨렸다.⁶¹

예니의 첫 번째 기일에 마르크스는 여전히 건강을 회복하기 위한 노력의 일환으로 와이트 섬에 가 있었다. 그는 가족 문제는 물론 거의 모든 서신교환을 엥겔스에게 일임해놓았다. 엥겔스가 사실상 혁명 사업을 인수한 셈이었다. 그렇게 부담을 털어버렸지만 마르크스는 평온을 찾지 못했다. 더 많은 비가 내리고 바람이 불었으며 마음은 더욱 울적해질 뿐이었다. 12월 중순에 현지 의사는 마르크스에게 집 안에만 머물라고 권고했다. 마르크스는 가족으로부터 가족과 관련된 소식 외에는 거의 받지 못했다.[62] 그렇지만 그런 고립된 생활에도 불구하고 그가 아직 영감을 주는 존재로 남아 있다는 소식을 듣고 무척 기뻤다. 러시아의 저명한 경제학자가 최근 한 책에서 "마르크스학파의 사회주의자들"을 언급했던 것이다.[63] 마르크스는 라우라에게 "내 성공이 이보다 기뻤던 적은 없다. 내가 영국을 포함해 구체제의 진정한 보루인 세력들에게 피해를 입혔다는 것에 보람을 느낀다."[64]라고 말했다.

한편 라우라는 엥겔스에게 예니헨의 건강이 점점 더 걱정스럽다는 편지를 썼다.[65] 예니헨은 그저 방광염일 뿐이라고 대수롭지 않다는 듯 말했지만, 라우라는 언니가 가족을 안심시키려고 그러는 것이 아닌지 두려웠다.[66] 예니헨의 사생활에 대해 라우라는 "언니와 내가 만나면 프랑스 여자들 험담만 했다"[67]고 말했다. 그달 초에 하루는 라우라가 폴이 저녁식사에서 먹을 샐러드를 가지고 집으로 돌아오기를 기다리고 있었다. 그녀는 요리를 하며 하루를 보냈고 훌륭한 저녁식사가 되기를 기대했다. 그렇지만 한 젊은이가 대신 샐러드를 가져오면서 폴이 체포되었다는 소식을 전했다. "여기는 끔찍한 곳이고 사는 것도 지긋지긋해요. 도대체 다음에는 무슨 일이 생길지 모르겠다니까요."라고 그녀는 엥겔스에게 말했다.[68]

11월 중순, 예니헨은 침대에 앓아누워 일어나지 못했다. 그녀는 아기를 직접 돌보기로 결심했으나 "그것이 사는 것을 너무 힘들게 만든다"[69]고 털어놓았다. 롱게가 집안일을 돕기 위해 하루 종일 집에 있었지만 오히려 혼란을 빚을 뿐이었다. 그는 난방을 위해 집 안 곳곳에 난로를 들여놓고 12월 말까지 세 명의 하인을 고용했다. 예니헨은 돈 걱정을 하지 않을 수 없었다. 쇠약해질 대로 쇠약해진 그녀에게 그런 일은 스트레스만 가중시킬 뿐이었다.[70]

마르크스에게 전해진 예니헨의 소식은 긍정적인 것들뿐이었다. 걱정 때문에 그의 건강을 해치게 될 것을 염려했기 때문이다. 엥겔스, 투시, 라우라, 라파르그는 그에게 예니헨이 단지 휴식이 필요할 뿐이고 치료를 받고 있으니 곧 완쾌될 것이라고 말했다. 그렇지만 행간의 뜻을 놓칠 정도로 마르크스의 정신이 혼미하지는 않았다. 1월 초 그에게 발작적 기침과 함께 질식할 것 같은 느낌을 주는 증세가 나타났고, 마르크스는 그것을 예니헨에 대한 걱정 탓으로 돌렸다.[71] 그는 엥겔스에게 "요즘 어떤 종류건 간에 신경과민이 내 숨통을 직접 죄는 것을 보면 참 신기하다는 생각이 드네"[72]라고 말했다.

결국 가족들은 그녀가 위독한 국면에 접어들었다는 것을 인정했다. 라파르그와 라우라는 아르장퇴유로 가서 예니헨의 상태를 보고 깜짝 놀랐다. 예니헨이 거의 움직이지도 말하지도 못하는 마비상태에 빠져 있었던 것이다. 출혈이 있었지만 의사는 원인을 알지 못했다.[73] 마르크스는 본능적으로 프랑스로 가고 싶었지만 자기가 부담만 줄까봐 걱정했다.[74] 어쨌든 라우라가 예니헨 곁으로 갔으므로 마르크스는 "곧 좋아질 것"이라는 라파르그의 말을 믿어볼 도리밖에 없었다. 그는 비록 라파르그를 오래전부터 돌팔이 의사라고 여겨왔지만 그런 진단을 들으니 안심이 된다고 엥겔스에게 편지를 썼다. 아마도 다른 가능성을 떠올려볼 엄두가 나지 않았기 때문이었을 것이다.[75] 그가 그 편지를 엥겔스에게 보낸 것은 1883년 1월 10일이었는데, 다음 날인 1월 11일에 예니헨은 사망했다.

44

I883년
런던

예니헨의 죽음을 알리는 전보가 메이틀랜드 파크로 타전되었다. 와이트 섬에 머물고 있던 마르크스는 아직 그 비보를 모르고 있었기 때문에 그에게 알리는 일은 투시의 몫이 되었다. 그녀는 즉시 런던을 출발해 섬의 남쪽 해변인 벤트너Ventnor로 향했다. 추운 겨울 날씨에 기차와 배로 이동하는 여행 내내 그녀는 어떻게 소식을 알릴지 고심했다. 그 소식이 바로 아버지에게 사형선고를 내리는 것이나 진배없다고 느꼈기 때문이다. 그렇지만 막상 그녀가 도착했을 때 단 한 마디도 할 필요가 없었다. 마르크스는 한눈에 그녀가 왜 왔는지 알아챘던 것이다. "우리 예니헨이 죽었구나." 그는 말했다. 그리고 투시에게 즉시 프랑스로 가서 아이들을 보살피라고 일렀다. 그녀는 아버지 곁에 남겠다고 우겼지만 그는 듣지 않았다. 투시는 벤트너에 삼십 분도 채 머물지 못하고 다시 런던으로 돌아와서 아르장퇴유로 향했다.[2]

마르크스는 예니헨의 장례식에 참석하지 않았다. 프랑스에서 서른여덟 살인 딸이 무덤에 뉘어지는 동안 그와 렌헨, 엥겔스는 런던에서 함께 애도했다. 엥겔스는 이토록 빨리 또 다른 예니 마르크스의 부고를 쓰게 될 줄은 상상도 못했다. 그렇지만 파리에서 태어난 때부터 그들의 운동 속에서 자랐고, 가장 어두운 시기에 고통을 함께했던 그 딸에 대한 조사를 쓰는 일은 그의 몫이 되었다. 그는 예니헨이 숫기가 없어서 잘 나서지 않았지만, "필요할 때는 남성들조차 부러워할 정도의 대범함과 열정을 보여주었다"고 말했다. 그리고 그녀가 영국에 투옥된 아일랜드인들을 구해낸 일과, 뤼숑에서 체포되었을 때 플루랑스의 편지를 책갈피 속에 숨기는 침착성을 보여준 일을 회고했다. "아마 그 편지는 아직 그곳에 있을 것입니다…… 프롤레타리아트는 그녀를 잃음으로써 한 명의 용감한 투사도 잃었습니다. 그렇지만 그녀의 죽음으로 슬픔에 젖은 아버지는 적어도 유럽과 미국에서 수십만의 노동자들이 그 슬픔을 함께하고 있다는 사실에 위안을 얻을 것입니다."[3]

마르크스는 아내의 죽음 이후 몰려든 조문에 감사를 표했었다. 그렇지만 딸의 죽음을 맞아서는 그럴 수 없었다. 아직도 아물지 않은 예니를 잃은 상처 위에 딸의 죽음은 너무나도 가혹한 고통이었다. 전 세계에서 친구들로부터 조문 편지가 쇄도했다. 엥겔스는 마르크스가 답장을 쓰기에는 너무 아프고 목이 쉬어서 거의 말조차 할 수 없다고 대신 답했다. 마르크스가 겨울을 나기에 런던은 최악의 장소였지만, 몸 상태 때문에 런던을 떠날 수도 없었다. 엥겔스와 렌헨은 항시 그의 주위에 머물렀지만 두 사람 중 누구도 마르크스를 다시 삶에 관심을 갖도록 만들 수 없었다.[4]

엥겔스는 라우라에게 그녀의 아버지가 불면의 밤으로 지적으로 황폐화되어 카탈로그나 소설만 읽고 있다고 전했다. 그리고 렌헨의 탁월한 요리 솜씨에도 불구하고 마르크스는 식욕을 보이지 않았다. 5백 밀리리터의 우유, 때로는 약간의 럼주나 브랜디를 섞어 마시는 것으로 끼니를 대신했다.[5] 예니헨의 죽음 이후 마르크스는 폐에 종양이 생겼고 그것 때문에 만성적인 호흡곤란이 더욱 심해졌다고 엥겔스는 미국의 친구에게 말했다.[6]

3월 14일은 날씨가 쌀쌀했다. 엥겔스는 십 년 이상 해온 의식대로 오후 일찍 마르크스의 집으로 향했다. 예니헨의 죽음 이후로 마르크스의 집에서 커튼이 쳐진 상갓집의 모습을 보게 될까봐 두려워 항상 길모퉁이를 돌기를 주저했다.[7] 커튼은 쳐져 있지 않았다. 그렇지만 렌헨은 엥겔스에게 문을 열어주면서 눈물을 흘리며 마르크스가 몹시 약해졌다고 말했다. "따라오세요." 그녀는 말했다. "반쯤 잠들었어요." 엥겔스는 그녀를 따라 마르크스의 침실로 들어갔다. 마르크스는 불가의 의자에 앉아 자고 있었다. 그의 평생에서 그것은 대단한 호사였을 것이다. 그렇지만 마르크스는 자고 있는 것이 아니었다. 그는 죽었다.[8]

"인류는 이 지성을 잃어서 더욱 불행해졌습니다 — 그는 실로 오늘날 인류가 자랑스럽게 여길 만한 최고의 지성이었습니다." 엥겔스는 뉴저지의 오랜 인터내셔널 동료에게 썼다. "프롤레타리아트 운동은 자신의 경로를 계속 갈 것이나 그 구심점을 잃었습니다…… 궁극적인 승리는 여전히 변함없는 사실이지만, 일시적인 후퇴나 지역적 탈선은…… 그 어느 때보다도 심각한 상황입니다. 우리가 그 일을 맡아야지요 — 우리의 존재 이유가 무엇이겠습니까?"[9]

카를 마르크스는 향년 64세였다.

1883년 3월 17일, 하이게이트 공동묘지에서 열린 마르크스의 장례식에는 열한 명이 참석해 그가 예니 옆에 묻히는 것을 지켜보다.[10] 그가 눈을 감았을 때 유족들은 그의 가슴주머니에서 세 장의 사진을 발견했다. 그의 아버지, 예니, 그리고 예니헨의 사진이었다. 엥겔스는 그 사진들을 마르크스의 관에 넣어주었다.[11] 그리고 이 년도 채 안 돼서 마르크스 가족을 위한 세 번째 조사를 작성했다. 초안에서 그는 다음과 같이 썼다. "십오 개월 전 우리는 이 무덤에 모였었습니다. 그때 이곳은 고귀한 가슴을 지닌 한 위대한 여인의 마지막 안식처가 되었습니다. 오늘 우리는 이 무덤을 다시 열고 그녀의 남편을 떠나보내려 합니다."[12] 마르크스의 관에는 두 개의 붉은 화환이 걸려 있었다.[13] 그리고 소규모 인원이 관을 둘러싸고 서 있는 동안 엥겔스는 친구의 긴 경력과 역사 속에서 그의 위치를 되새겼다.

"그는 스스로에게 부끄럼 없는 진정한 혁명가였습니다." 엥겔스는 말했다. "현재 자본주의적 경제체제하에서 굴레에 속박된 임금노동자계급의 해방을 위한 투쟁은 그의 존재 이유였습니다. 그리고 그만큼 열성적인 투사도 없었습니다." 그가 이룬 업적의 탁월성은 이미 누구에게나 자명한 것이었다. "그가 이루어놓은 일 중 최고의 업적은 국제노동자협회를 창설한 것이었습니다. 그는 1864년부터 1872년까지 그 조직을 지도했습니다. 협회는 이제 외형상으로는 더 이상 존재하지 않습니다. 그렇지만 유럽과 미국의 모든 문명화된 나라들에서 일단 형성된 노동조합의 우애는 앞으로도 결코 사라지지 않을 것입니다."[14]

마르크스는 단순한 활동가 이상이었다. 엥겔스는 계속해서 그가 획기적인 이론가였음을 말했다.

다윈이 생물의 발전법칙을 발견한 것처럼, 마르크스는 인류 역사의 발전법칙을 발견했습니다. 이념의 과잉으로 가려졌던 단순한 진실, 즉 인류는 먼저 먹고 마시고 주거지와 의복이 있어야만 정치, 과학, 예술, 종교 등을 추구할 수 있다는 것, 따라서 생존에 필수불가결한 물질을 생산하는 것과 그 결과 특정한 사람에 의해, 특정한 기간 중에 이루어진 경제 발전의 정도는 국가제도, 법적 개념, 예술, 심지어 종교 등 관련된 사람들이 진화시켜온 모든 것들을 구축하는 토대가 된다는 것……

하지만 그것이 다가 아닙니다. 마르크스는 또한 현재 자본주의적 생산양식과 그 생산양식이 창조한 부르주아 사회를 다스리는 특수한 운동법칙을 발견했습니다. 잉여가치의 발견은, 그동안 부르주아 경제학자들이나 사회주의 비판자들이 해결하려고 애써왔지만 그들을 어둠 속에서 헤매도록 만들었던 문제에 갑작스런 빛을 던졌습니다[15]

엥겔스는 마르크스를 "당대에 가장 많은 욕을 먹고 가장 많은 미움을 받은 사람"으로 묘사했다. 절대주의와 공화주의 정부들은 공히 그를 추방했다. "보수적이건 초超민주적이건 관계없이 부르주아들은 경쟁적으로 그에 대한 비방을 일삼았습니다. 그는 그 모든 음모들을 그저 성가신 거미줄처럼 걷어내버리고 무시했으며 꼭 필요할 때만 답했습니다." 하지만 그렇게 오랜 세월 동안 말을 아끼며 주변에 머물렀지만 그는 "시베리아의 광산에서 캘리포니아에 이르는, 유럽과 미국 전역에서 수백만의 혁명적 동료 노동자들의 사랑과 존경과 애도 속에 세상을 떠났습니다. 그리고 감히 제가 단언하고픈 것은 그가 비록 많은 반대자를 가졌을지 모르지만 사적인 적은 단 한 명도 없을 것이라는 점입니다."[16] 물론 과장이었다. 마르크스는 많은 개인적인 적을 가지고 있었다. 비록 그 적의가 정견의 차이에서 비롯된 것이라 할지라도 말이다. 그의 장례식에 참석한 보잘것없는 인원은 엥겔스가 말한 '수백만'의 추종자들을 확인시켜주기에는 민망한 숫자였다. 하지만 조사가 끝났을 때 마르크스의 오래된 친우가 예언적인 한마디를 던졌다. "그의 이름은 그의 작품과 함께 세월을 이겨낼 것입니다!"[17]

마르크스의 사망 소식을 가장 먼저 전한 신문은 『로이터』였다. 그렇지만 마르크스에 대한 대부분의 언론보도가 그러했듯이 그것은 부정확한 것이었다. 신문은 마르크스가 아르장퇴유에서 사망했다고 보도했다.[18] 마르크스가 런던에서 사망한 것이 확인된 다음에도 영국 언론들은 『타임스』의 특파원이 파리의 사회주의 신문에서 그 뉴스를 읽고 나서야 그 정보를 받아들였다.[18] 십이 년 전 코뮌 직후에 마르크스는 신문들의 일면을 장식했었다. 그렇지만 1883년 그의 사망 소식은 크게 언급할 가치가 없는 것으로 여겨졌다.

그는 비록 죽었지만 그의 사상마저 그와 함께 사라지지 않도록 할 임무가 이제 엥겔스와 그의 두 딸에게 남겨졌다.

7부
마르크스 사후

45

1883년 봄
런던

죽음은 죽은 사람이 아닌
살아남은 사람의 불행이다.

—에피쿠로스[1]

　3월 25일, 엥겔스는 렌헨이 마르크스의 서류 더미 속에서 5백 페이지짜리 초고를 발견했다고 라우라에게 말했다. 『자본론』 제2권이었다. "이것이 어느 정도 출판에 적합한 상태인지 아직 알 수 없고, 또 무엇을 더 찾아내게 될지도 모르니 당분간은 이 기쁜 소식을 언론에는 알리지 않는 것이 좋겠구나."[2] 2주 후 제3권의 초안도 발견되었다. 마르크스가 살아 있을 때 집필 작업을 얼마나 진척시켜놓았는지 확실히 아는 사람은 아무도 없었다. 그는 매번 거의 완성단계에 있다고 말했지만 그 완성단계라는 것이 계속 뒤로 밀려났기 때문에 완성은 신기루처럼 보였다. "그는 작업이 얼마나 이루어졌는지 우리에게 알리는 것을 삼갔다." 엥겔스는 회상했다. "사람들이 무엇인가 준비되었다는 것을 알면 그 자신이 출판에 동의할 때까지 계속 시달림을 당할 것이라는 사실을 알고 있었던 것이다."[3]

　초안을 살펴본 엥겔스는 그것이 내용상으로는 다듬어졌지만 문체는 아직 거친 상태임을 발견했다. 제2권의 예를 보면 구어체, 조악한 유머, 상호 모순되는 표현들로 가득 차 있었다. "생각들은 작가의 두뇌에서 형성된 정도의 단순한 형태였고…… 그리고 최종적으로 저자 스스로도 가끔 알아볼 수 없을 정도인 그 유명한 악필의 곤란함도 있었다."[4] 그런 어려움에도 불구하고 초안을 먼지만 쌓이게 둘 수는 없었다. 그것은 출판되어야 했다. 마르크스의 죽음으로 운동의 지도부에 진공상태가 초래되었지만, 그의 사후 저작은 엥겔스의 것과 함께 이제 막 성장하고 있는 사회주의자들의 당에 지도와 나침판을 제공해줄 것이었다. 이미 젊은 추종자들이 마르크스의 이론을 오해하고 운동의 역사를 새로 쓰고 있는 상황이었다.

그런 재평가들 중 하나는 '착한' 마르크스가 '악한' 엥겔스에 의해 잘못된 길로 접어들었다는 주장이었다. 또 다른 경우엔 그들의 역할이 전도되어 있었다.[5] 엥겔스와 마르크스의 가족들은, 미국의 한 독일인 망명자가 한 기사에서 마르크스의 별명인 무어인을 언급하는 것은 해당행위가 되기 때문에 그것을 삭제하기를 원한다는 소리를 듣고 배꼽을 잡고 웃었다(운동의 지도자가 그런 애칭을 가졌다는 사실이 알려지면 전설적인 사회주의자에게 필요한 권위가 손상될 것이라고 생각했던 것이다). 엥겔스는 마르크스를 아는 사람이라면 누구나 그를 무어인으로 알고 있었으며 그것은 대학시절부터 변함없는 사실이라고 말했다. "만약 내가 그를 다른 방식으로 불렀다면 그는 뭔가 잘못되었다고 느꼈을 것이다."[6] 엥겔스 자신도 그를 엥겔스 박사로 부르기를 고집하는 사람에게 정중하지만 단호하게 호칭을 교정해주었다. "제가 '박사'가 아니라 은퇴한 면방직업자라는 사실을 밝히고 싶습니다."[7]

마르크스의 장례식 이후 엥겔스가 친구들을 접대하는 동안 런던 경찰이 그의 집 주위를 정기적으로 순찰했다. 엥겔스는 라우라에게 "그 바보들은 우리가 다이너마이트를 만들고 있다고 생각하나봐. 사실 우리는 위스키에 대해 토론하고 있는데 말이야"[8]라고 말했다.

엥겔스와 투시는 마르크스의 저작물에 대한 공동 집행인으로 지명되었다. 그런 자격으로 그들은 렌헨의 도움을 얻어 수첩, 공책, 원고 더미, 편지, 신문 등이 담긴 상자들을 뒤지고, 마르크스가 자신의 생각을 여백에 휘갈겨놓은 책들을 꼼꼼히 살폈다.[9] 마르크스는 이렇다 할 돈은 남기지 않았다. 그의 전 재산은 가치로 따져서 250파운드 정도였다.[10] 그렇지만 평생의 저작들이 서재에 차곡차곡 쌓여 있었고 그것을 정리하는 것은 시간과 노력이 요구되는 일이었다. 투시는 엥겔스나 번스 자매에 대한 비난이 들어 있을지도 모를 가족의 편지들을 엥겔스가 보지 못하도록 하기 위해 애썼다. 그녀는 라우라에게 "우리 장군이 상처받을지도 모를 것들을 보지 못하도록 하기 위해 내가 신경을 곤두세우고 있다는 것은 굳이 말할 필요도 없을 거야. 사실 모든 사적인 편지들을 치워버려야 해. 그것은 오직 우리에게만 중요한 것이니까"[11]라고 말했다. 마르크스는 세상을 떠났지만 그들은 여전히 그를 보전하고 지키기 위해 헌신하고 있었다.

그렇지만 투시는 자신의 헌신이 필요한 또 다른 사람을 발견했다. 1883년 3월에 서른세 살이 된, 예술적 열정을 가진 동물학 박사 에드워드 에이블링을 그녀가 언제 만났는지는 확실치 않다. 두 사람은 어디서든 만났을 가능성이 있었다. 에이블링은 영국박물관 열람실의 회원이었고, 1880년에 투옥된 토지동맹의 아일랜드인 지도자를 위해 투시가 가두시위를 벌일 때 연단에서 연설을 했으며, 투시가 여성 후보를 지지했던 학교 이사회에 출마하기도 했다. 그리고 롱게가 킹스칼리지에 재직할 당시 그곳에서 강의를 하기도 했으며, 런던의 비주류 언론에서 활동하기도 했다.[12] 에이블링은 정치에서 셰익스피어, 그리고 세속주의까지 투시가 관심을 가질 만한 모든 영역에 손을 대고 있었다. 게다가 가장 중요한 것은 조지 버나드 쇼가 언급했듯이 그가 셸리, 다윈, 그리고 마르크스를 우상으로 여기고 있었다는 점이었다.[13]

에이블링은 투시가 부모와 함께 자신의 강의에 참석했을 때 그녀를 처음 보았다고 주장했다.[14] 그렇지만 에드워드 에이블링의 말은 어떤 것도 믿기 어렵다. 그에 관해 한 가지 확실한 것이 있다면 그가 상습적인 거짓말쟁이였다는 것뿐이다. 그는 또한 대단한 여성 편력가였다. 그 때문에 동료들로부터 선망의 대상이 되었다. 쇼는 에이블링이 "도마뱀 같은 얼굴과 눈을 가졌다"[15]고 말했다. 또 "끔찍이도…… 못생기고 혐오스럽다"고 묘사했다. 한 동료가 "에이블링처럼 못생길 수는 없다"[16]고 말할 정도였다. 하지만 또한 그는 런던에서 가장 잘생긴 남자보다 삼십 분만 먼저 시작할 수 있다면 어떤 여인이든 자신이 점찍은 여성을 멋지게 유혹할 수 있는 능력을 갖추고 있다는 평판을 얻고 있었다.[17] 나중에 성 문제 전문가가 되고 투시의 절친한 친구이기도 한 헨리 해브록 엘리스는 에이블링에 대해 "그에게는 강력하고 지적인 에너지, 솔직한 자연스러움이 있었고, 그것이 처음에는 더 불쾌한 성격을 감춰주는 역할을 했다"[18]고 말했다. 그는 매력적인 세속주의자 애니 베전트의 연인이었으나 1883년 투시에게 주목하기 시작했다. 투시 또한 에이블링에게 매료되어 한 친구에게 그가 "내 안의 여성을 일깨웠어. 나는 속수무책으로 그에게 끌려가고 있어"[19]라고 말했다. 다른 여성들 같으면 심각한 장애로 여겼을 유부남이라는 사실에 대해서도 그녀는 눈감아버렸다. 이 남자는 자신이 아일랜드인이자 프랑스인(투시 같은 여성이 구원해주고 싶어 한 이중적인 피해자)이라고 주장하며 마르크스 가의 내부로 파고들었다.[20]

마르크스의 서류를 정리하는 작업에서 발견된 것은 『자본론』 제2권만이 아니었다. 다양한 단계의 완성도를 지닌 수천 장의 글들도 발견되었다. 엥겔스는 그런 방대한 양에 당혹스러워하기는커녕 다시 한 번 오랜 동지와 공동 작업을 하는 기분으로 그 작업을 "사랑의 노동"이라고 불렀다. 그는 1848년의 동료 중 유일하게 남은 사람인 제네바의 요한 베커에게 다음과 같이 썼다. "지난 며칠간 나는 1842년부터 1862년까지의 편지를 정리하는 작업을 했습니다. 과거의 일들이 주마등처럼 눈앞에 펼쳐지면서 다시 생생한 기억으로 떠올랐고 우리가 적들을 문리치며 느꼈던 희열 역시 되살아났습니다. 우리가 과거에 했던 많은 일들 때문에 저는 눈물이 찔끔거릴 정도로 웃었습니다. 결국 그들은 우리의 유머 감각을 없애는 데 성공하지 못했던 것입니다."[21]

엥겔스는 그 작업을 즐기기는 했지만 도움이 필요한 것도 사실이었다. 그는 마르크스의 이론적 작업들을 출판해야 할 책임을 떠맡았을 뿐만 아니라 쇄도하는 서신들도 처리해야 했다. 기존에 출판되었던 것들에 대한 번역 요청, 과거의 작품에 대한 해석, 운동에 대한 조언 등 편지는 끊이지 않았다. 한 영국 출판업자가 『자본론』 제1권의 영어판을 내는 일에 관심을 보이기도 했다. 분명히 반길 일이었지만 부담스러운 것도 사실이었다. 엥겔스는 밤낮없이 쉬지 않고 마르크스의 사소한 원고까지 붙들고 해석에 전념했다. 그런 작업 때문에 눈에 무리가 갔다. 투시가 도와주기는 했지만, 그녀의 시간은 그 작업뿐만 아니라 교습, 그리고 에이블링과 함께 편집하는 두 개의 작은 신문 작업 등으로 쪼개져 있었다.[22] 그리고 점점 그 균형은 에이블링 쪽으로 기울어졌다.

사회학자이자 경제학자인 비어트리스 웹은 그해 봄 영국박물관에서 투시를 만난 후 일기에 다음과 같이 기록해놓았다. "옷은 되는대로 대충 입었지만 멋졌고 곱슬곱슬한 흑발이 사방으로 뻗쳐 있었다. 눈에는 생기와 공감이 넘쳐흘렀다. 하지만 전체적으로 추한 인상이었고 안색은 건전하지 못한 삶의 흔적을 보여주었다. 각성제와 마약을 사용하는 것 같았다." 웹은 투시가 별로 마음에 들지 않았다. 그녀는 투시와 논쟁하는 것은 쓸모없는 짓이라고 말했다. 특히 종교 문제에 관해서는 더욱 그랬다. 투시는 예수가 십자가에 못 박히기 전에 잔을 거두어달라고 기도한 것을 들어 그에게 영웅주의가 결여되어 있다고 주장했다. 웹은 투시에게 사회주의에 대해 설명해달라고 요청했지만 투시는 거절했다. 웹에 따르면, 투시가 말하길 "내가 차라리 그녀에게 기계학의 전체 이론을 짧은 공식으로 설명해달라고 요구하는 것이 나을 것"[23]이라고 했다는 것이다. 투시답지 않은 이런 오만함은 그녀에 대한 에이블링의 영향력이 점점 커지고 있음을 보여주는 증거였다.

엥겔스는 투시에게 더 이상 의존할 수 없게 되자 라우라에게 도움을 청했다. 그는 라우라가 시간이 충분하니 잠시 런던으로 오는 것이 좋겠다고 말했다. 폴은 한 해 전 가을 마르크스와 라우라가 스위스에 있을 때 했던 연설로 인해 투

옥된 상태였다.[24]

라파르그는 감옥으로 가면서도 소동을 피웠다. 그와 게드는 파리 남부의 몽
뤼송Montluçon에서 선동적인 연설을 한 후 지역 법원의 출두명령을 무시했다. 그
래서 체포영장이 발부되자 라파르그는 기차표와 연설을 할 수 있는 넓은 홀이
제공되면 법원에 출두하겠다고 입장을 밝혔다. 그러고는 지역 판사에게 보낸 편
지를 공개해버렸다. 그 속에서 그는 자신의 사회적 풍자를 조너선 스위프트의
것과 견주었다.[25] 그러한 태도는 당시 살아 있던 장인, 마르크스에게서까지 노골
적인 비웃음을 샀다.[26] 그는 12월에 체포되었다가 보석으로 풀려났으나, 3월
에 마르크스의 장례식에 참석한 동안 유죄선고를 받았다.[27] 그 후 프랑스로 돌
아가 항소했지만 기각되었고, 1883년 5월에 육 개월 형기를 살기 위해 파리의
카르티에라탱 동쪽의 유명한 생트-펠라지 감옥에 수감되었다.[28]

생트-펠라지로의 여행은 자존심 있는 모든 프랑스 혁명가들에게 필수 코스
였다. 라파르그와 게드는 정치범 옥사 — 라우라는 그것을 "왕자들의 정자"라고
불렀다 — 에 수감되었고 자신들의 가구를 반입하도록 허락받았다. 라파르그는
책상과 안락의자를 가지고 들어갔고, 매일 아내와 함께 점심을 먹겠다고 요구
했다. 음식은 아내가 요리하거나 근처 카페에서 주문하겠다는 것이었다.[29] 라우
라는 엥겔스에게 수감자들의 식성이 "너무 좋아서 괴로울 정도…… 저는 매일
10시 반까지 바구니 한가득 조리된 것과 날것 — 점심 재료 — 으로 저녁식사까
지 준비해서 가야 해요." 그녀는 브랜디를 한 병 몰래 들여보냈고, "인정 많은 당
원들"이 와인, 시가, 파이프, 담배 등을 제공해주었다.[30]

엥겔스는 이를 라파르그가 잘 지내고 있으며, 그렇기 때문에 라우라가 런던
에서 더 중요한 일을 할 수 있을 것이라고 해석했다. 그렇지만 라우라는 자신이
떠나면 "두 명의 위대한 사람들"이 아주 쪼그라들어버릴지도 모른다는 농담으
로 거절의사를 표했다.[31] 그러나 두 사람에 대한 걱정은 그녀가 런던에 가기 싫
은 진짜 이유를 감추는 핑계에 지나지 않았을 것이다. 그녀는 엥겔스가 투시를
마르크스의 저작물 공동 집행인으로 지명한 데 대해 심히 유감이었다. 더욱이

엥겔스의 변호사 친구인 새뮤얼 무어가 진행 중인 『자본론』의 영어 번역본과 관련해 투시가 영국의 출판업자들을 접촉하고 있다는 사실을 엥겔스로부터 들었을 때는 격분했다.[32] 라우라는 투시가 엥겔스의 묵인하에 아버지의 저작들에 대한 독점적 권리를 차지하려 한다고 의심했다.

라우라에게 그것은 돈 문제가 아니라 정의의 문제였다. 라우라는 아버지의 작업에 자신의 일생을 바쳤기 때문에 — 그리고 아이들을 희생했기 때문에 — 자신이 아버지의 지적 유산에서 배제되는 것은 있을 수 없는 일이라고 생각했다. 그래서 화가 나서 엥겔스에게 편지를 썼다. 스위스에 함께 있을 때, 아버지가 그녀에게 인터내셔널의 역사를 쓰고 『자본론』의 영어 번역을 맡아주면 좋겠다고 말했다는 내용이었다. 그녀와 아버지는 이듬해 그 작업을 위해 와이트 섬에 같이 머물 계획이었다. 그렇지만 여러 사건들 때문에 좌절되었었다. "에니 (언니)가 세상을 떠난 후 제가 아빠를 뵈러 가고 싶다고 말했을 때, 제가 가면 아빠가 놀랄 거라는 말을 들었어요. 투시가 나보고 와달라고 보낸 편지도 아빠가 돌아가신 후에야 도착했고요." 마르크스의 두 딸 중에서 한 명만을 저작물 집행인으로 지명한 데 대한 분노도 편지 곳곳에서 묻어났다. "아빠가 건강하게 살아계셨다면 장녀건 가장 총애하는 딸이건 다른 자식들을 배제하면서까지 배타적 저작물 집행인으로 지명하는 행위는 하지 않으셨을 거예요. 그분은 그런 공정성에 대해서 극히 중요하게 생각하셨으니까…… 하물며 막내딸의 경우는 이루 말할 필요조차 없고요."[33]

엥겔스의 답변은 라우라를 진정시키지 못했다. 그는 저작의 처리에 대한 마르크스의 뜻을 자신에게 알린 것은 투시였고 그 문제가 논의될 때 방안에는 라파르그도 있었다고 변명했다. 또한 투시가 마르크스의 법정대리인으로 선정된 근거로 영국법을 들었다. 그는 자매들 간의 또 다른 분란을 야기할 의도가 전혀 없으며, 자신에게 말하지 말고 두 사람이 직접 대화해보라고 권했다. 그리고 그 문제를 렌헨에게도 의논해보았다.[34] 이렇듯 엥겔스는 마르크스의 정치적, 이론적 저작에 대한 모든 책임을 물려받았을 뿐만 아니라 가족의 불화까지도 물려

받은 셈이었다. 사십 년 동안 거의 앓아본 적이 없던 이 사람은 이런 여러 가지 중압감 때문에 결국 한 달간 병상에 드러눕고 말았다.

마르크스는 평생에 걸쳐서 역사적 사건에서 뒷북치기로 유명했다. 『공산당 선언』은 1848년 반란에 영향을 끼치기에는 너무 늦게 출간되었다. 코뮌에 맞춰 나올 예정이었던 『프랑스 내전』은 코뮌의 몰락 이후에 나왔다. 그중에서도 가장 유명한 것은 그가 1851년에 5주 내로 연구를 마치고 첫 번째 만국박람회로 한껏 승리감에 도취된 자본가들에 대한 반격으로 선보이겠다고 약속한 『자본론』이었다. 그는 기한을 무려 십육 년이나 어겼다. 하지만 또 어떤 의미에서 보자면 마르크스의 작품들은 너무 일찍 세상에 나왔다. 『자본론』의 프랑스어판이 출판되고 1881년에 벨포트 백스의 서평이 발표된 후 마르크스의 저작에 대한 본격적인 관심이 일기 시작했다. 1884년 말 영국에는 세 개의 강력한 사회주의 조직이 출현했고, 적어도 그중 두 개의 조직은 마르크스 사상에 뿌리를 두고 있었다. 투시는 이런 새로운 운동의 중심에 있었다. 그녀와 많은 젊은 활동가들이 파터노스터 로Paternoster Row의 세인트 폴 대성당 옆에 있는 비좁은 사무실에 모였다. 그곳은 마르크스에 대한 백스의 평론이 실렸던 잡지인 『현대사상 Modern Thought』의 사무실이었다. 1884년 1월에 그 모임은 사회주의 잡지 『그날 까지To-Day』를 탄생시켰다. 투시는 그 잡지를 위해 글을 쓰고 기고문을 청탁했으며, 또한 에이블링이 편집하던 잡지 『진보Progress』의 일도 같이 하면서 그것도 사회주의 잡지로 변모시켰다.[35] 하인드먼도 같은 달에 사회주의 신문 『정의』를 창간했다.[36]

이런 간행물들의 탄생은 때마침 영국에서 대중의 불만이 고조되고 있었다는 사정에 힘입은 바도 있다. 마르크스의 사망 사흘 후 영국 의회에 대한 다이너 미이트 공격을 시작으로 런던에서 일련의 폭탄테러가 벌어졌다(테러와 마르크스의 사망은 관련이 없다). 1883년 말에는 두 번의 폭탄공격이 이어졌다. 둘 다 런던 지하철을 표적으로 삼은 것이었다. 1884년도 폭발과 함께 시작되었다. 1월에 유스턴 역에서 폭발물이 발견되었으며 2월에는 빅토리아 역에서 폭발이 일어났다. 폭탄테러는 아일랜드인들의 소행일 것이라는 의심을 받았지만, 또한 빈곤 때문에 수도―그리고 전국―에서 긴장이 고조되고 있음을 드러내는 징후이기도 했다.[37] 의회는 투표권을 5백만 명으로 늘렸다. 그것은 남자 세 명 중 두 명은 투표할 수 있는 수치였지만 하층계급에게는 아무런 변화도 가져올 수 없었다. 아무리 많은 사람들이 투표하더라도 그들의 삶은 물질적으로 개선되지 않았다. 그들은 정부 바깥의 다른 지원에 눈을 돌리기 시작했다. 많은 사람들이 노동조합에 의존했다. 그리고 정부 안팎의 자본가들의 눈에 노동조합은 노동자들이 사회주의로 향하는 길로 보였다.[38]

마르크스가 자본주의에 대한 뒤늦은 공격을 감행한 지 삼십 년이 지났지만, 그의 사상은 투시의 서클에 있는 지식인들에게조차도 여전히 이해되기 어려운 것이었다는 사실은 재미있다. 쉰 살의 건축가이자 예술가, 시인, 소설가, 그리고 개혁주의자인 윌리엄 모리스는 『자본론』과 씨름해보았지만 경제학의 늪에 빠질 뿐이었다.[39] 하지만 비록 자신이 잉여가치를 이해하지는 못했을지 몰라도 썩은 체제는 보기만 해도 알 수 있다고 말했다. "약탈이 잉여가치라고 정의되는 용어로 행해졌건, 아니면 농노제나 공공연한 강탈로 이루어졌건 그것은 내게 조금도 중요하지 않다. 전체 체제가 괴물 같고 견딜 수 없는…… 나한테 필요한 정치경제학이란, 빈둥거리는 계급은 부유하고 노동하는 계급은 가난하다는 사실이며, 부자는 가난한 자들을 강탈했기 때문에 부자일 수 있다는 것을 아는 것만으로 충분하다."[40] 모리스는 하인드먼의 그룹에 가입했고 곧 투시와 함께 일하게 되었다. 『자본론』으로 사회주의에 입문한 조지 버나드 쇼도 마찬가지였다. 그는 "카를 마르크스가 나를 사람으로 만들었다"[41]고 말했다(『그날까지』에서 쇼가 한 일은 아무도 출판하려 하지 않는 자신의 소설로 잡지의 공백을 메우는 것이었다).[42] 엥겔스는 투시의 친구들과 영국의 새로운 사회주의자들을 평가하면서 그들을 "오합지졸"이라고 불렀다. 그리고 덧붙이기를 "괜찮다, 아직 시작일 뿐이니까"[43]라고 말했다.

메이틀랜드 파크에서 마르크스의 문서들에 대한 정리 작업은 여전히 진행 중이었다. 그렇지만 집에 남은 두 명의 거주자는 이사할 생각이었다. 1883년 9월, 투시는 영국박물관과 가까운 블룸즈버리에 아파트를 얻었고, 렌헨은 엥겔스의 집으로 들어갔다. 엥겔스는 그녀가 집안일을 맡아주는 것이 몹시 기뻤다. 리지가 세상을 떠난 후 펌프스가 그의 반공식적 여주인 역할을 해왔다. 그렇지만 그녀도 결혼한 이후 아이가 둘 생기자 독립해버렸다. 엥겔스의 집에는 하인들 말고는 여자가 없었다. 그리고 마르크스의 유품을 정리하는 일을 도와줄 사람으로 렌헨보다 더 나은 사람은 찾을 수 없었다. 그녀는 그만큼이나 그 일을 잘 알고 있는 유일한 사람이었다.

투시는 마침내 오랫동안 갈망하던 독립을 얻었다. 엥겔스에게 경제적으로 기대고 싶지 않기 때문에 교습, 집필, 연구 등 약간이라도 돈이 될 만한 일은 닥치는 대로 했다. 그리고 1883년 가을, 『자본론』이 출판된 이후 십육 년 만에 처음으로 그녀와 라우라는 인세를 받았다. 엥겔스가 그 거래를 관장해 마이스너로부터 받은 12파운드를 세 등분해 투시, 라우라, 그리고 롱게의 아이들에게 나누어주었다.[44] 비록 액수는 보잘것없었지만 수령인들은 기쁜 마음으로 받았다. 그것은 금전적 가치뿐만 아니라 상징적 의미도 지닌 것이었다. 그리고 마르크스의 자식들은 라파르그의 표현으로 "쪼들리고" 있었다. 특히 라파르그 부부가 그랬다. 폴은 사회주의 신문에 글을 쓰는 일과 마르크스주의 사회주의를 위해 선동 작업을 하는 것 외에는 달리 하는 일이 없었다. 그리고 두 일 모두 그에게 땡전 한 푼도 벌어다주지 못했다.

하지만 적어도 그의 좌파적 선언과 항의들에 귀 기울이는 사람들이 늘어나고 있었다. 프랑스에서는 노동자들의 불만이 영국 노동자들의 불만보다 몇 배로 커졌고, 농업 부 문마저 고통받고 있었다. 무역과 교통이 발달하면서 러시아와 미국에서 곡물과 육류가 쏟아져 들어왔고 그 때문에 현지 농산물 가격이 25퍼센트나 급락했다.[45] 제조업도 자유무역에 대한 대가를 치르고 있었다. 독일산 장난감들이 프랑스로 밀려들어왔고, 가구도 독일과 벨기에에서 마구 수입되었다. 파리인들의 전통 산업이었던 조화造花마저도 독일과 영국에서 수입되었다.[46]

동시에 전반적 불황이 프랑스를 강타해 수많은 실업을 유발했고, 1883년 3월, 마르크스가 세상을 떠난 달에는 파리에서 실업자들의 대규모 가두시위가 발생했다. 격앙된 노동계급의 파업이 잇달았다. 그들의 분노는 저임금과 장시간 노동 때문만이 아니었다. 빈자들이 직업을 찾아 몰려드는 광산과 공장의 인간 이하의 열악한 주거환경도 원인이었다. 노동자들을 위해 지어진 가옥은 물도 난방도 위생시설도 없는 판잣집이었다. 동물 우리였지 가족이 살 만한 공간이 아니었다. 여러 세대가 비좁은 단칸방에 살았지만 그들은 달리 더 좋은 곳을 마련할 돈이 없었다. 충분한 영양이란 사치였고 의료에 대해서는 들어본 바도 없었다. 기업가들은 사회주의적 선전이 그런 사택지구에 침투해 들어올 것을 염려했다. 그래서 노동자들에게 노조 설립을 허락하면—최악보다는 차악을 택한다는 의미에서—사회주의의 파급을 차단할 수 있을 것이라고 생각했다. 단 노조는 노동시간과 임금 같은 경제적 문제만 다룰 수 있고, 주거환경 같은 사회적 문제는 관여할 수 없다고 못 박았다.[47]

라파르그와 게드는 프랑스의 노동자와 자본가들 사이에 긴장이 고조되고 있던 5월에서 10월까지 생트-펠라지에 머물렀다. 라파르그는 투옥기간을 유쾌한 놀이였다고 묘사했다. 그는 키프로스 와인에 취했고, 아쉽지만 껍질 없는 랍스터를 먹었으며(왜냐하면 그게 더 프롤레타리아트적이었으므로), 당 동료들로부터 받은 게임을 즐겼다. 그렇지만 심심했다. 그는 엥겔스에게 "벽들이 이상한 신경 자극 효과를 갖고 있군요"[48]라고 말했다. 라우라는 폴이 기분이 안 좋아지기 시작했다고 말했다. 그 이유가 폴이 오리같이 기름진 가금류를 너무 많이 섭취한 때문일 것이라고 생각했다.[49]

폴이 감옥에 있는 동안 라우라의 삶은 별로 재미있지 못했다. 그들은 몽파르나스 근처의 포르루아얄 가로 이사했는데, 그곳은 좋게 봐줘서 자유연애를 직업으로 삼는 사람들, 더 정확히는 창녀로 보이는 사람들이 가득한 곳이었다. 라파르그 가의 아파트는 옆집과 고작 칸막이 하나로 구분되어 있었다. 그래서 조용히 휴식을 취할 만한 공간이 못 되었고 사생활도 없었다. 그리고 돈도 없었다. 라우라는 대박을 꿈꾸며 복권을 사기 시작했다. 생활비는 엥겔스에게 의지했다.[50] 그녀와 폴은 당을 위해 일하고 있었고, 또 달리 선택의 여지가 없었기 때문에 그녀는 그 돈을 받았다.

라우라는 동생과 멀어진 채 외롭게 지내며 자신에게 삶의 의미를 부여해줄 유일한 일, 즉 아버지의 글을 번역하고 편집하는 일과도 담쌓고 지냈다. 어머니처럼 남편의 일에 참여하면서 위안을 얻을 수도 없었다. 그녀는 라파르그의 괴상한 정치활동에는 거의 관여하지 못했다. 라파르그는 감옥에서 풀려나자마자 또 청중을 찾아 프랑스를 한쪽 끝에서 반대쪽 끝까지 누비고 다녔다. 물론 라우라에게 가장 고통스러운 것은 먼저 떠나보낸 아이들에 대한 기억이었다. 그해 가을 혼자 생일을 보낸 후 그녀는 엥겔스에게 편지를 썼다. "며칠 전 저는 서른여덟 살이 됐어요! 정말 끔찍하지 않나요? 제가 이렇게 오래 살다니 믿어지지가 않네요. 저는 인생을 낭비한 것 같아요. 부끄럽지만 제가 이 편지를 쓸모없는 눈물로 적셨다는 사실을 고백해야겠네요. 하지만 그건 당신 잘못이에요!"[51] 십육 년 전 그녀는 라파르그와 결혼하면서 새롭게 펼쳐질 인생에 대해 두려움과 흥분을 함께 느꼈었다. 그러나 이제는 파리의 하층민들 속에서 초라한 아파트에 앉아 인생이 얼마나 잘못되어버렸는지 한탄하고 있는 것이다.

1884년 3월, 마르크스의 사망 일주기를 맞아 하이게이트 묘지에서 추모행사가 열렸다. 그것은 또한 코뮌 13주기 기념행사이기도 했다. 한 해 전 마르크스의 무덤가에는 열한 명이 둘러서 있었다. 그렇지만 그해 봄에는 6천 명가량의 인원이 거의 모두 붉은 띠를 두르고 소호의 토트넘 코트 가에 모여 마르크스의 안식처까지 행진했다. 군중 속에는 독일과 프랑스에서 온 대표단들도 섞여 있었지만 영국인들이 압도적으로 많았다. 그것은 극적인 변화였다. 마르크스가 사귀었던 영국인들은 평생에 걸쳐 손에 꼽을 정도였기 때문이다. 행렬이 런던의 대로를 따라 몇 마일의 오르막길을 오른 후 넓은 공동묘지에 도착했을 때, 묘지의 문이 잠겨 있는 것을 발견했다. 투시는 라우라에게 묘지 안에는 5백 명의 경찰이 입구의 거대한 문을 지키고 있었다고 말했다. 그녀는 한 경찰관에게 다가가 자기와 몇 명의 여자들만 안으로 들어가 아버지의 묘지에 꽃을 놓고 싶다고 말했지만 거절당했다. 군중은 질서를 지키며 기다리다가 주변의 공원으로 물러나 행사를 진행했다. 방해받지는 않았지만 엄중한 감시를 받았다.[52]

영국의 새로운 사회주의 운동에 대한 마르크스의 영향력을 보여준 이 행사는 또한 에이블링의 공식적인 데뷔무대이기도 했다. 그는 마치 자신이 마르크스의 상속자인 것처럼 군중을 향해 연설했다. 그전까지만 해도 정치적으로 미미한 존재였던 그가 단숨에 '마르크스 당'의 전면에 부상하게 된 순간이었다. 엥겔스는 심지어 새뮤얼 무어의 『자본론』 영어 번역 작업에 에이블링도 참가하도록 허락했다. 에이블링은 아무런 경제학적 배경도 없었고, 그의 샘플 번역을 엥겔스 자신이 "완전히 쓸모없는 것"[53]이라고 평가했었음에도 불구하고 말이다. 그 허락은 엥겔스가 투시에 대한 배려 차원에서 한 에이블링에 대한 첫 번째 양보였으며, 그런 양보는 앞으로도 계속 이어졌고, 나중에 심각한 개인적, 정치적 문제를 야기하게 되었다. 후에 어떤 사람들은 엥겔스의 에이블링에 대한 그런 무비판적인 포용이 이제 막 폭발 직전에 달한 영국의 노동운동에 마르크스 사상이 확산되는 데 해악으로 작용했다고 평가하기도 했다.

하이게이트 행사가 있은 지 몇 주 후 마침내 메이틀랜드 파크의 집이 비워졌다. 책, 가구, 문서 등의 물품들은 렌헨과 엥겔스에 의해 모스크바에서 뉴욕까지의 동료들에게 분배되었다. 엥겔스는 가장 소중한 문서들과 마르크스가 앉아서 죽음을 맞이한 의자를 포함한 몇 점의 가구들을 챙겼다. 문서들은 그가 마르크스의 작업을 마무리하는 데 사용될 것이었다. 그리고 의자는 엥겔스 자신의 서재에 비치되었다.[54] 엥겔스의 집은 이제 마르크스 가의 공식적인 본가가 되었으며 엥겔스는 사실상의 가장 역할을 맡게 되었다. 따라서 투시가 에이블링과 '결혼'하기로 결심했을 때도 엥겔스의 축복을 구했다.[55] 물론 에이블링은 이미 부인이 있었기 때문에 그녀가 합법적으로 결혼할 수는 없었다. 그래서 그녀는 격식을 깨고 에이블링과 동거하겠다고 말했다. 아버지에게라면 그런 식으로 제안하지 못했을 것이다. 마르크스라면 절대로 허락하지 않았을 것이기 때문이다. 그렇지만 평생에 걸쳐 두 여인과 사실혼 관계로 살아온 엥겔스는 그런 관계에 아무런 문제도 느끼지 않았다.

그런데 에이블링은 왜 결혼관계를 유지하고 있었던 것일까? 영국에서는 1857년부터 이혼이 합법적으로 인정되고 있었다. 여성들에게는 이혼이 사회적인 따돌림 때문에 위험한 일일 수도 있었지만, 남성들에게는 그런 편견이 없었다. 에이블링은 자기 처지에 대해 이런저런 핑계를 늘어놓았다. 그는 옆집의 이사벨 프랭크라는 여인과 결혼했었다. 그녀의 부자 아버지가 세상을 떠난 직후였다[56] (에이블링의 동생은 그가 돈 때문에 이사벨과 결혼했다고 주장했다. 그리고 돈이 사라지자 그도 사실상 그녀를 떠나버렸다). 에이블링은 주변 사람들에게 이사벨과 자신이 상호 동의하에 헤어졌다고 말하기도 했고, 그녀가 목사와 함께 도망가버렸다고 말하기도 했다. 그리고 그가 퍼뜨린 또 한 가지 얘기는 자신이 그녀의 함정에 빠졌다는 것이었다. 에이블링은 그녀가 자신이 여학생과 정분이 났다고 악의적인 헛소문이나 퍼뜨리는 버르장머리 없는 부잣집 딸이라고 말했다. 또 그녀가 그와 같이 살고 싶어 하지도 않으면서 이혼에 합의해주지도 않는다고 주장했다. 어떤 이야기가 진실이든 결국 에이블링은 관대한 사람이거나 부당하게 고통당하는 쪽이었으며, 그렇기 때문에 투시의 충심을 받아들일 충분한 자격이 있었다. 그렇지만 에이블링이 이사벨과 이혼하지 않는 진정한 이유는 아주 간단했다. 2만 5천 프랑 상당의 장인의 유산이 아직 처리되지 않은 채 남아 있었고, 이사벨이 에이블링 부인으로 남아 있는 한 영국법에 따라 에이블링도—아무리 부부 사이가 멀어졌더라도—그중 일부를 받을 수 있었던 것이다. 그리고 만약 이사벨이 죽는다면 그녀의 몫도 모두 에이블링 자신의 차지가 될 터였다.[57] 이런 얘기는 에이블링이 투시에게 암시조차 하지 않았음이 분명하다.

투시는 솔직하고 싶은 심정에 에이블링과 동거할 결심을 알리고 지원을 호소하는 여러 통의 편지를 작성했다. "내가 에이블링을 좋아하고 그 사람도 나를 좋아하고 있다는 사실을 언니도 꽤 오래전부터 알고 있었을 거야." 그녀는 라우라에게 편지했다. "그래서 우리는 같이 '살림'을 차릴 거야. 언니도 그 사람의 처지가 어떤지는 잘 알고 있을 테고, 나는 이런 결정에 이르는 것이 쉬운 일이었다고 말하지는 않겠어. 하지만 이게 최선이라고 봐. 언니의 답장을 간절히 기다릴거야······ 나를 이상하게 보지 말아줘. 그는 아주 좋은 사람이고 언니는 우리를 나쁘게 생각해서는 안 돼······ 언니가 그 사람의 상황을 제대로 이해한다면 그러지 않으리라고 봐."[58]

투시는 그 결정 때문에 직장을 잃게 될 수도 있다고 생각하면서(실제로 그렇게 되었다) 근무하고 있는 학교의 교장에게도 그 사실을 알렸다.[59] 실로 그녀는 결벽증적으로 솔직하고 싶어 했기 때문에 먼저 자신과 동행하게 될 남자와의 관계를 정확하게 설명해주지 않고는 어떤 초대도 받아들이지 않으려 했다. 그런 초대에 응했을 때 그녀는 다음과 같이 터놓고 말했다.

당신에게 제 현 위치를 분명히 밝혀둘 필요가 있습니다. 저는 에드워드 에이블링과 이곳에 함께 왔습니다. 우리는 앞으로 진정한 부부가 될 것입니다······ 당신도 알고 계실지 모르겠지만 그는 유부남입니다. 제가 그와 그의 아내 사이에 끼어든 것은 아닙니다. 여러 해 전에 저는 에이블링 박사를 만났고, 당시에 그는 혼자 살고 있었습니다. 그리고 제 언니와 제 선친의 가장 오랜 친구분들이 우리 행동에 완전히 동의해주었다는 점을 알려드리고 싶습니다. 그것이 쉬운 결정이 아니었거나 그것이 초래할 어려움을 간과하지 않았다는 점을 제가 굳이 언급할 필요는 없을 것입니다. 그렇지만 이런 질문에 저는 항상 제가 늘 말해왔던 것을 행하는 데 주눅이 들어서는 안 된다는 것을······ 저는 분명히 옳다고 느낍니다.

그녀는 편지에 엘레아노르 에이블링이라고 서명했다.[60]

엥겔스와 렌헨은 투시의 난처한 입장을 재미있게 바라보고 있었다. 엥겔스는 라우라에게 투시와 에이블링이 몇 달 동안 연인이 아닌 척 가장했다고 말했다. "그 불쌍한 바보들이 우리가 눈이 없는 줄 알았나봐."[61] 사실 엥겔스는 그들이 연애 사실을 공개하기로 결심했을 때 안도감을 느꼈다. 왜냐하면 비밀로 할 경우 적들에게 공격무기를 쥐어주는 꼴이 될 수도 있었기 때문이다. 엥겔스는 투시가 비난의 화살을 피할 수 없을 것으로 보았다. 그래서 최소한 시작단계에서는 그녀를 보호해주려고 애썼다. 그는 카를 카우츠키에게 그들의 결합이 공개될 때의 위험에 대해 경고했다. "반동들이 신문에서 그것을 알리는 것은 시간문제일 뿐일세…… 나의 런던은 거의 파리의 축소판이지."[62] 카우츠키는 1883년 11월에 엥겔스의 생일파티에서 에이블링을 만나고는 그가 몹시 혐오스럽다고 느꼈다.[63] 둘의 관계를 인정한 사람은 엥겔스와 렌헨 단 둘뿐인 것 같았다. 그들은 투시가 사랑에 빠진 것을 보는 것이 진정 행복했기 때문에 에이블링의 결점들에 대해서 눈감을 수 있었는지도 모르겠다.

7월에 투시와 에이블링은 더비셔로 신혼여행을 떠났고, 엥겔스는 그들에게 50파운드를 주었다[64](신혼여행 비용으로는 큰돈이었지만 에이블링은 가볍게 그 돈을 모두 다 써버렸다). 당시 투시의 가장 친한 친구는 올리브 슈라이너였다. 그녀는 열성적인 페미니스트이자 작가 지망생이었으며 랠프 아이언이라는 필명을 가지고 있었다. 올리브도 투시만큼이나 머리가 부스스했다. 검은 머리가 어깨와 이마로 아무렇게나 흘러내렸다. 그녀는 작지만 단단한 체구였으며 아름다운 검은 눈동자를 지니고 있었다. 투시는 올리브를 거의 매일 만났다. 그해 여름 투시가 에이블링과 함께 이사해 들어간 그레이트 러셀 가의 아파트 ─ 여전히 영국박물관 근처였다 ─ 가 올리브의 집과 가까웠기 때문이다. 투시는 올리브를 가족처럼 대했으며, 에이블링과 더비셔로 떠날 때 올리브에게 근처의 오두막을 빌으라고 권하기도 했다.

올리브의 가장 가까운 남자친구는 헨리 해브록 엘리스였는데, 그는 외모상으로 모든 면에서 올리브와 반대였다. 후리후리한 금발에 머리를 뒤로 빗어 넘겨 훤한 이마를 드러낸 그는 전형적인 젊은 영국 신사의 모습이었다. 그 역시 대단한 괴짜였다. 그의 턱수염은 한쪽은 단정히 가다듬어져 있었지만 다른 한쪽은 길고 지저분하게 뻗쳐 있었다. 그의 전문분야는 심리학이었으며 관심분야는 성性이었다. 올리브는 투시가 곧 에이블링 부인으로 불리게 되리라는 소식을 듣고 그에게 편지를 썼다. "투시의 얼굴을 봐서 기뻤어요. 저는 그녀를 사랑해요. 그렇지만 그녀는 너무 불행해 보여요. 헨리, 사랑이란 참으로 위대하고 장엄한 것이군요."[65] 올리브가 더비셔에 도착했을 때, 그녀는 왜 투시가 그렇게 침울해 보였는지 이유를 알 것 같다고 생각했다. 그녀는 엘리스에게 썼다. "저는 에이블링 박사가 무서워지기 시작했어요…… 그가 싫다는 것만으로는 표현이 충분치 못해요. 저는 그 사람 곁에 가면 두려움, 공포를 느끼게 돼요…… 그는 정말로 이기적이지만, 그것만으로는 그 공포심이 설명되지 않아요."[66] 엘리스는 투시를 직접 만나보고 싶었다. 그는 투시가 올리브와 친교하기 전부터 알고 있었다. 이즐링턴 홀에서 투시를 처음 만난 일에 대해 그는 "그녀는 여전히 활기차고 대범한 모습으로 내 비서 테이블 한 모퉁이에 앉아 있었고, 내가 들었던 얘기들을 상기시켜줄 만한 모습은 없었다"[67]라고 말했다.

더비셔에서 엘리스는 투시가 "활기차고 유쾌한" 모습이었으며 "신체적, 정신적, 정서적으로 완벽히 성숙한" 상태였다고 보았다. 그리고 올리브와 달리 에이블링이 호감이 가는 인물이라고 생각했다.[68] 그는 에이블링이 떠난 다음에야, 자신이 호텔에서 자유롭게 지내며 아무런 주저함도 없이 술을 마신다고 말했던 바로 그 에이블링이 호텔에 돈도 지불하지 않고 떠났다는 사실을 알게 되었다. 에이블링은 또한 호텔 주변의 한 지주에게 사기를 친 것 같았다. 따라서 엘리스는 에이블링과 투시가 회원으로 있는 사회민주주의연맹 내에서 떠도는 에이블링에 관한 소문에 더 귀 기울이기 시작했다.[69] 사회민주주의연맹은 하인드먼의 민주주의연맹이 그해 여름 이름을 바꾼 것이었다. 엘리스는 올리브에게 에이블링과 사이가 틀어진 한 동료가 그를 상습적으로 돈을 빌린 후 갚지 않는다고 비난하고 있으며, 조직의 이사회는 그를 축출할 것을 고려 중이라고 말했다.[70]

투시도 그 소문을 알고 있었다. 그렇지만 소문의 진원지가 에이블링의 적들이었으므로 별로 마음에 두지 않았다. 그녀는 개인적인 비방전에는 이미 익숙했다. 그녀의 아버지가 바로 평생을 비판자들의 거짓말과 투쟁하는 일에 바쳤기 때문이다. 그렇지만 그런 소문은 수그러들지 않았고, 곧 사회주의자들이 에이블링과는 같이 일할 수 없다고 말하기 시작했다. 투시는 오히려 그것을 오랫동안 부당한 대우를 받아온 사람에 대해 자기가 변호해줄 수 있는 기회로 환영했다. 그녀의 생에서 가장 비극적인 사건 이후 리프크네히트는 다음과 같이 말했다. "평판이 나쁠수록 약간의 장점도 더욱 빛을 발한다. 에이블링 박사의 평판이 너무 나빴기 때문에 그가 엘레아노르의 동정을 얻을 수 있었다고 말해도 지나친 말이 아닐 것이다."[71]

사회민주주의연맹 내부의 불화가 이토록 심했기 때문에 12월에 조직은 분열되었다. 분열의 계기는 비록 하인드먼이 투시와 에이블링을 탓하기는 했지만, 에이블링에 관한 것 때문이 아니라 전술에 관한 문제 때문이었다. 사회민주주의연맹의 일부 회원들은 조직이 너무 독재적이고, 너무 민족주의적이며, 기성 정당들과의 연합에 지나치게 적극적이라고 생각했다. 게다가 하인드먼은 1889년을 혁명이 확실한 해로 못 박아두고 있었다. 혁명은 억지로 만들어지는 것이 아니라 진화하는 것이라고 주장했던 마르크스가 들었다면 기겁을 할 소리였다.[72] 사회민주주의연맹 출신의 일부 회원들은 페이비언 협회의 지식인 사회주의 단체에 가입했다. 한니발을 패퇴시켰던 로마의 장수 파비우스에게서 점진주의적 구호를 따온 단체였다. "파비우스가 그랬듯이, 적당한 시기가 올 때까지 끈질기게 기다려야 한다."[73] 투시, 에이블링, 벨포트 백스, 윌리엄 모리스 등은 조직을 떠나 '사회주의자동맹'을 창설했다. 그 조직은 스스로 천명한 원칙을 통해 조직의 목적이 정치적 모험이 아닌 사회주의의 교육과 전도에 있음을 밝혔다. "영국에서 먼저 해야 할 일은 교육과 조직화이다."[74]

엥겔스는 라우라에게 백스, 에이블링, 모리스가 아마도 영국을 통틀어 정치조직을 운영하기에는 가장 능력이 떨어지는 사람들이지만, 나름대로 열심히 하고 있다고 말했다.[75] 어쨌든 엥겔스는 영국, 프랑스, 독일에서 우후죽순처럼 생겨나서 서로 다투고 있는 사회주의 당파들을 한데 통합해낼 시간도, 그에 필요한 인내심도 없었다. 그는 그런 점에서는 친구보다 훨씬 실용주의적 입장을 취했다. 마르크스 같았으면 이론적 작업을 제쳐두고 당의 기강을 확립하는 작업에 뛰어들었겠지만, 엥겔스는 운동을 올바르게 이끄는 최선의 길은 가능한 한 많이 그리고 빨리 그들의 저작을 출판하는 것이라고 믿었다. 이 행동주의자는 이제 글에 전념했다.

46

I885년
런던

우리는 작은 연극을 하고 있는 겁니다.
코미디, 비극, 소극, 그리고 그 모든 것을
다시 되풀이하는 것이지요.

—엘레아노르 마르크스[1]

1885년 1월, 『자본론』 제2권이 출간되었다. 마르크스가 출판업자에게 약속한 후 십팔 년 만이었다. 그 기간 동안 마르크스는 두 개의 완성된 원고와 여섯 개의 불완전한 글을 써놓았다. 엥겔스가 뒤엉킨 글들을 엮어서 의미가 통하도록 만드는 데 꼬박 일 년 반이 걸렸다.[2] 엥겔스는 작업을 마친 후 몹시 지쳤지만 바로 『자본론』 제3권 작업에 착수하지 않으면 제3권은 영영 나오지 못할 수도 있다는 불안감을 느꼈다. 마르크스의 글을 읽고 그 의미를 이해할 수 있는 사람은 자기밖에 없었기 때문이다. 그는 최소한 깨끗한 원고라도 마련해놓아야만 안심하고 "잠들 수"[3] 있겠다고 말했다. 그는 마르크스의 문서 더미 속에서 『자본론』 제3권을 위한 두 개의 완성된 원고와 계산들이 담긴 한 권의 공책을 찾아냈다[4](그중 일부는 너무 빈틈없기 때문에 "너보다 뛰어난 사람도 겁에 질려버렸을 것"[5]이라고 말했다). 그리고 『자본론』 제4권을 위한 1천 장 정도의 개략적인 글도 발견했다. 제4권은 완성과는 너무나도 거리가 멀었기 때문에, 엥겔스는 일단 다른

729

작업들을 모두 마무리해놓고 그것에 손을 대보기로 했다. 그렇지만 그전에 처리해야 할 것들이 무진장 쌓여 있었다.[6]

엥겔스는 예순네 살이었지만 두뇌는 이십대나 다름없이 명민한 상태였다. 『자본론』 작업, 즉 『자본론』 제1권의 영어 번역, 『자본론』 제2권의 출판을 감독하는 일, 『자본론』 제3권에 대한 작업을 시작하는 것과 아울러, 자신의 것과 마르크스의 초기 저작들에 대한 프랑스어, 이탈리아어, 덴마크어, 영어판의 개정 작업을 하고 있었다. 프랑스어판 『브뤼메르 18일』, 『가족의 기원』, 『공산당 선언』, 이탈리아어판 『임노동과 자본』, 덴마크어판 『가족의 기원』, 『공산당 선언』, 『공상적 사회주의와 과학적 사회주의』, 영어판 『공상적 사회주의와 과학적 사회주의』가 그것이었다.[7] 엥겔스는 한 동료에게 자신이 "연습장을 고치는 학교선생"[8]이 된 기분이라고 말했다.

그렇지만 마르크스의 발표되지 않은 유고로 작업하는 데 기쁨을 느끼기도 했다. 1885년 3월에 그는 라우라에게 『자본론』 제3권에 대해 다음과 같이 말했다. "(『자본론』 제3권은) 내가 파고들수록 점점 거대해지고 더욱 깊어지기만 하는구나…… 이렇게 대단한 발견을 해놓고, 이렇게 총체적이고 완벽하고 과학적인 혁명을 어떻게 이십 년간이나 자기 머릿속에만 간직하고 있을 수 있었는지 도무지 상상이 되지 않아." 마르크스의 기일 직전인 3월 8일에 그는 "토요일이면 벌써 이 년이 되는구나! 그렇지만 이 책을 작업하는 동안 나는 그와 함께 지내왔다고 말할 수 있어"[9]라고 썼다.

엥겔스는 『자본론』 제2권 서문의 날짜를 1885년 5월 5일로 적었다. 그날은 마르크스의 예순일곱 번째 생일이었다. 마르크스의 뜻에 따라 책은 예니에게 헌정되었다. 엥겔스는 마르크스의 저작을 편집하면서 자신이 겪은 문제 하나는 친구가 상거래 계산 경험이 없었다는 점이었다고 지적했다. 마르크스는 미분학을 공부할 정도였지만 대차대조표를 보는 데는 소질이 없었다. 그런데 『자본론』 제2권의 핵심은 바로 이런 상거래에 관한 것이었다. 그 책은 사업 분야와 사회에서 자본의 회전을 다루고 있었기 때문이다.[10] 5백 페이지에 걸쳐서 마르크스는 끊임없이 새로운 시장을 창출하려는 체제에 대해 상세히 설명하려 했다. 시장이 존재하지 않고, 소비자들이 필요로 하지도, 요청하지도 않음에도 불구하고 단순히 상품을 풀어놓는 방식에 관한 것이었다.

이런 시장들 중 하나가 주택건설업이었다. 이 시장에서 건설업자들은 이제 더 이상 주문에 의해서가 아니라(집주인이 건설 단계에 따라 돈을 지불하는 방식이 아니라) 완전히 투기적 방식으로 사업을 운영하게 된다. 이런 투기는 한두 채가 아닌 수백 채 단위로 이루어진다. 건설업의 규모 때문에 건축업자는 자기 부담만으로는 사업을 진행할 수 없다. 그래서 자본을 차입하게 되고, 딱히 누구를 위해 지어진 것이 아닌 집들을 담보로 빌린 그 돈은 집을 팔아야만 갚을 수 있는 것이다. 그렇지만 그 공식을 주택사업에 대입하자마자 한때 사회적 안정성과 발전의 토대였던 것이 다른 자본투자와 마찬가지로 불안정한 상태로 빠져버리게 된다. 건설업도 금융시장과 마찬가지로 이제 도산의 위험에 노출된 것이다. 건설업자가 빌린 돈을 갚지 못하면 회사 전체가 도산하게 되는 것이다. "기껏해야 집들은 경기가 좋아질 때까지 미완인 상태로 남을 것이며, 최악의 경우 반값에 경매로 넘어가게 될 것이다." 이렇게 자본주의의 과잉생산은 또 다른 산업을 경기순환주기 속으로 몰아넣는 것이다.[11]

마르크스에 따르면 시장의 과잉행동은 물건에만 적용되는 것이 아니다. 그는 농업 분야에서도 더 빠르고 더 큰 이익 추구를 위해 대규모 자본주의적 농장주들이 자연을 거스른다고 말했다. 품종개량을 통해 가축의 성장을 촉진하고, 그럼으로써 도축까지의 시간을 단축시키는 것이다. 이런 가속화는 농업의 균형을 무너뜨리고, 농부들은 전통적인 곡물에서 소, 양, 돼지 등 더 높은 가격에 팔릴 수 있는 가축에 집중하게 된다. 그 결과 어떤 부분은 과잉생산되고 다른 부분은 모자라게 된다. 옥수수니 기타 같은 주곡은 가격이 앙등하거나, 이윤이 더 많이 남는 고기 때문에 더 이상 경작되지 않거나, 비육용 사료로 팔리게 되는 것이다.[12]

『자본론』제2권에서 마르크스는 자본주의적 발전과 투자가 사회에 미치는 충격을 설명했다. 제1권에서 미시적으로 산업 분야에 관해서만 다룬 것과는 다른 모습이었다. 제2권에서는 빅토리아 시대 영국의 공장들에서 운영되고 있는 사회적, 정치적, 상업적으로 파괴적인 체제가 각 가정과 토지에까지 어떤 영향을 미치고 있는지 보여주었다.

러시아의 마르크스 친구들은 1867년부터 『자본론』제2권을 열렬히 고대하고 있었다. 엥겔스는 그들에게 빨리 책을 전해주고 싶었기 때문에 독일어판이 출판되기도 전에 교정지의 복사본을 니콜라이 다니엘손에게 보내주었다. 책이 서둘러 배포될 필요가 있다고 보았던 것이다.[13] 1883년에 스위스에서 망명 러시아인들이 '노동해방'이라는 조직을 설립했다. 그들의 목표는 마르크스의 저작을 고국에 퍼뜨리는 것이었다.[14] 힘이 축적되고 있었다.

2월에 에이블링, 투시, 윌리엄 모리스는 옥스퍼드 대학원생들을 상대로 사회주의자동맹을 선전하는 시간을 가졌다. 회합은 악취탄 때문에 중단되었지만 세 사람은 그날 밤을 즐겼고 '마르크스 클럽'이 결성되는 성과를 거두었다.[15] 그런 영국의 엘리트들과 어울리는 것은 투시에게는 드문 경험이었다. 그녀는 런던의 이스트엔드에 더욱 자주 드나들었다. 그곳의 생활환경은 그녀의 부모가 처음 영국에 도착했을 때의 소호와 자일스 가보다도 훨씬 더 열악했다. 반면 에이블링은 웨스트엔드에서 사회주의에 관한 야간 강의를 했다. 그렇지만 사회주의자동맹 내부에서 수강료가 어디로 갔는지 의문을 제기했을 때, 그는 강의 주제를 과학으로 바꾸고 장소도 약간 북쪽인 토트넘 코트 가로 옮겨버렸다. 그렇게해서 복잡하게 얽힐 필요 없이 수강료를 자기 주머니로 챙길 수 있었다.[16]

에이블링이 투시의 영향력으로 갑작스럽고 떠들썩하게 사회주의자로 전향했을 때 과거의 동료들은 무척 놀라면서 의아해했다.[17] 그럼에도 불구하고 그가 사회주의자인 것은 사실일 것이다. 그렇지만 아마도 그것은 그가 사회주의 운동을 자신에게 유리한 새로운 무대로 보았기 때문일 것이다. 사회주의는 런던의 좌파 지식인들을 흡수하고 있었기 때문에 에이블링은 멀리 갈 것도 없이 쉽게 극작가로서 무대에 입성할 연줄을 찾을 수 있었다. 에이블링은 때때로 사회주의에 열의를 보이기도 했다. 그렇지만 동료들은 그의 활동이 기계적이었다고 말했다.[18] 그리고 운동에 몸담은 지 이 년째가 되자 그는 다시 자신의 첫사랑인 극장으로 돌아가고 싶어 ― 그리고 강의실 근처의 거리에서 보았던 젊고 예쁜 여배우들의 관심을 끌고 싶어 ―안달하기 시작했다.

4월에 에이블링은 의사가 신장결석일 수도 있다고 말한 병 때문에 혼자 와이트 섬으로 떠났다. 경제적으로 그와 투시, 두 사람이 모두 함께 갈 형편은 못 되었다.[19] 그런 어려움은 투시에게 익숙한 안도감을 주었다. 그녀의 아버지도 평생의 마지막 십 년을 건강 회복을 위해 보냈기 때문에 투시는 에이블링의 질병을 아버지와 마찬가지로 과로 때문으로 여겼다. 그녀는 라우라에게 다음과 같이 말했다. "생계를 위해 필요한 일 말고도 '사회주의자동맹'을 위한 걱정거리들이 한두 가지가 아니야. 우리는 어렸을 때부터 '프롤레타리아트'에 헌신한다는 것이 무엇을 의미하는지 잘 알고 있어. 그렇기 때문에 언니에게 더 이상 설명할 필요는 없다고 봐."[20] 이것이 에이블링이 혼자 떠난 많은 여행의 첫 시작이었다. 모든 여행이 건강과 관련된 것은 아니었으며, 동료들은 그 여행에 종종 그의 '아내' 엘레아노르가 아닌 다른 여인이 관련되었음을 암시하기도 했다. 투시가 에이블링을 의심했다고 볼 만한 증거는 없다. 그렇지만 그녀는 그런 여행 기간 중에는 평상시와 달리 동요된 모습을 보였다. 6월에 그녀는 쇼에게 자신을 방문해달라는 편지를 보냈다. "만약 당신이 기꺼이 시간을 내서 방문해주고 내가 아침이고 저녁이고 기나긴 시간을 그 누구보다도 가슴 깊이 혐오하는 인간인 바로 나 자신과 수다를 떨어야 하는 고통에서 구해준다면 대단히 고맙겠습니다." 투시와 그녀의 친구들은 막 헨리크 입센을 발견하고 그의 작품세계에 빠져들고 있었다. 투시는 특히 미완未完에 대한 노르웨이인들의 신념에 끌렸다. 쇼에게 보낸 편지에서 그녀는 사람들이 입센의 희곡이 종결되지 않았거나 해결이 없다고 불평하는 것은 바보스러운 짓이라고 생각한다고 썼다. "마치 인생에서 모든 일들이 기분 좋게든 언짢게든 '마무리'되는 것처럼 말이지요. 우리는 작은 연극을 하고 있는 겁니다. 코미디, 비극, 소극, 그리고 그 모든 것을 다시 되풀이하는 거지요. 만약 우리가 우리 인생의 문제들에 대한 해결책을 찾을 수 있었다면 세상은 더욱더 제정신이었겠지요. 이런 지긋지긋한 세상에서 말입니다."[21]

쇼는 그해 일기에 투시와 에이블링이 갈라섰다는 소문이 있다고 언급했다.[22] 비록 그들이 헤어졌다는 증거는 없지만 투시의 편지는 관계에 대한 번뇌로 가득 차 있었다. 그녀는 올리브 슈라이너에게 썼다. "부모님이 돌아가신 이후 나는 진정한, 예를 들면 순수하고 이타적인 사랑을 거의 받아보지 못했어. 네가 한 번만이라도 우리 집에 와봤다면, 내 아버지와 어머니를 단 한 번이라도 만나보았다면, 그분들이 내게 어떤 존재였는지 알 수 있을 것이고, 주고받는 사랑에 대한 나의 갈망과, 공감에 대한 강한 갈구를 모두 이해할 수 있을 거야."[23]

그리고 죄책감의 문제도 있었다. 어머니가 돌아가신 후 사 년이 흘렀지만 투시는 여전히 예니의 마지막 순간에 가족보다 자신의 진로를 앞세웠던 것에 대해 자책하고 있었다. 마르크스의 딸이라면 개인적 성취에서 기쁨을 느낀다는 부르주아적 관념에 매혹되어서는 안 되는 것이었다. 다른 사람들의 필요를 최우선에 놓아야 했었다. 자기 주변의 사람들, 그리고 그녀가 만나보지는 못했지만 아버지가 자신이 책임지겠다고 주장한 수백만의 사람들을 위해서 말이다. 언니들과 달리 그녀는 양쪽 세계 모두에 발을 딛고 싶어 했다. 그렇지만 어머니가 그것을 이해하지 못할까봐 두려웠다. 아버지도 역시 이해하지 못했을 수도 있다. 그렇지만 아버지와 관련된 모든 것을 이상화할 필요가 있었던 그녀는, 아버지는 이해했다고 스스로를 다잡았다. 그녀는 슈라이너에게 쓴 편지에 덧붙였다. "아버지에 대해서 나는 확신해! 오랫동안 불행했던 시기에 우리 둘 사이에 어둠이 드리워지기도 했지만—언젠가 모든 얘기를 해줘야겠다—그래도 우리 사랑은 항상 변함이 없었어. 어떤 일이 있어도 우리는 서로 믿고 신뢰했지." 그렇지만 예니와는 그렇지 않았다. "어머니와 나는 서로 깊이 사랑했지만, 어머니는 아버지처럼 나를 잘 알지 못했어. 내 인생에서 여러 가지 슬픔 중 가장 비통한 것은 우리의 사랑에도 불구하고 어머니가 나를 독하고 잔인한 아이로 여기며 돌아가셨을 거라는 점이야…… 그렇지만 아버지의 경우는, 우리는 성격이 너무나도 똑같았어."[24]

마르크스의 딸들은 평범하지 않은 가정에서 자라났다. 부모는 서로를 — 거의 광적으로 — 사랑했다. 그리고 카를에 대한 예니의 헌신은 고귀한 자기희생의 전범이었다. 딸들은 각자의 결혼에서 그런 관계를 모델로 삼았지만 깊은 사랑도, 서로 고통을 나누는 것도 얻지 못했다. 예니헨, 라우라, 투시 세 사람 모두 혁명의 깃발을 흔드는 남자들에게 마음을 빼앗겨버렸지만, 남자들은 붉은 혜성처럼 궤도를 따라 멀리 사라져버렸고, 그들은 뒤에 남겨진 채 혼자 인생과 씨름해야 했다. "에드워드는 오늘 밤 [한 예술비평가와] 식사를 하고 그곳에 여러 아가씨들이 있을 것이기 때문에 기분이 좋아서 떠났어." 투시는 슈라이너에게 말했다. "나는 혼자이고, 어떤 의미에서 혼자라는 게 안심이 되기도 하지만 또 비참하기도 해. 에드워드 같은 성격(예를 들면 순수하고, 아일랜드인이고, 프랑스인인 것)이라면 얼마나 부러움을 살까. 한 시간이면 무엇이든 잊을 수 있으니 말이야."[25]

당시 투시의 혼란은 그녀의 내적 불안을 반영하는 것이었지만 또한 기존의 남녀관계에 의문을 제기하는 친구들과 그녀가 벌였던 토론을 반영하는 것이기도 했다. 그들의 토론은 보통선거권에 관한 고찰이 아니었다. 남성과 여성의 공적, 사적 본성과 삶에 대한 더 직접적인 관찰이었다. 투시의 그룹이 보기에는 여성이 남성에게 종속되는 것은 단지 여성이라는 것밖에 달리 이유가 없었다. 여성의 삶이 의존적으로 되어야 할 재능, 지력, 힘의 부족은 애초에 존재하지 않았던 것이다. 어떤 사람들은 여성이 법적으로 구속된 마지막 노예라고 주장했다. 그렇지만 그런 역할도 이제 더 이상 당연한 것은 아니었다. 남성 사회주의자들도 오랫동안 간과되어온 여성의 권리에 대해 마침내 주의를 기울이기 시작했다. 1878년에 아우구스트 베벨은 『여성과 사회주의 *Women and Socialism*』라는 책을 펴내 남녀의 평등과 사회적 독립 없이 인류 해방은 있을 수 없다고 주장했다.[26] 그리고 예술 분야에서 여성의 권리에 대한 더 진지한 접근이 이루어지기 시작했다. 1879년에 출판된 입센의 화제작『인형의 집』이 1880년대 초에 런던에서 초연되었다. 나중에 해브록 엘리스의 아내가 된 에디스 리스는 연극이 끝난 후 극장 앞에서 자신과 슈라이너 그리고 투시가 다른 여러 사람들 틈에서 흥분을 감추지 못하고 서 있었다고 말했다. "우리는 흥분하고 들떠서 거의 미친 듯이 떠들어댔다. 그게 무슨 의미였을까? 그것이 여성의 삶이었을까, 죽음이었을까? 그것이 남성의 기쁨이었을까, 슬픔이었을까?"[27]

그맘때쯤『팔 말 가제트』의 편집자 W. T. 스테드, 구세군, 그리고 기타 자선 단체들이 진행한 한 연구는 런던의 성매매에 대해 생생하면서도 충격적인 실상을 폭로해주었다. 스테드의 그룹은 성범죄는 더욱 적극적으로 처벌되어야 하며, 그렇기 때문에 소녀들의 성관계 승낙 가능 연령을 13세에서 16세로 상향 조정해야 한다고 주장했다.[28] 투시는 분개했다. 여성의 나이는 핵심을 벗어난 것이었다. 한 계급(또는 한 성)이 다른 쪽을 구매할 수 있는 수단이 있는 한, 성적 착취는 그 모습 그대로―매춘이든 결혼이든―지속될 것이다. 투시와 에이블링은 스테드의 연구에 대항해 여성의 권리와 성매매에 대한 팸플릿을 발간했다(에이블링의 많은 비난자들이 그가 전문가라고 여겼을 만한 분야였다). 그들의 결론은 여성은 "남성의 조직적 독재의 피조물"이고, 결혼과 윤리는 사업적 거래에 지나지 않는다는 것이었다. 하지만 그들의 대담한 주장은 일부일처제―또는 그들의 표현으로 "한 남성과 한 여성의 결합"[29]―를 옹호하는 작은 속삭임으로 끝나버렸다.

투시는 쇼에게 몇 달간 입센에 대해 떠들었고, 쇼는 그녀에게 다시 한 번 무대의 꿈을 추구해보라고 권했다. 그런 준비의 일환으로 1886년 1월에 그녀는 자신의 아파트에서『인형의 집』낭독회를 가졌다. 그녀는 노라 역을 맡았고, 쇼는 협박자 크로그스타드 역을 맡았다. 투시는 둔한 남편 헬머 역으로 에이블링을 뽑았다.[30] 1885년 말에 그녀는 여성적 불행에 대한 더 침울한 이야기인 플로베르의『보바리 부인』의 번역에 매달리기도 했었다. 그녀는 에마 보바리에 대해 "그녀의 삶은 무기력하고 가치 없는 것이었다. 그래서 이 강한 여성은 세상의 어딘가에 그녀를 위한 자리가 있을 것이라고, 무엇인가 할 일이 있을 것이라고 느꼈던 것이다"[31]라고 평가했다. 이 말은 투시 자신에 대한 묘사일 수도 있었다. 그녀는 자신이 그토록 소중히 여겼던 독립이 자기에게 무엇을 가져다주었는지 평가하고 있었으며, 자신이 갖게 된 것이 자신이 원했던 것인지 회의하고 있었기 때문이다.

사회주의는 1885년 가을에 독일, 영국, 프랑스에서 투표로 시험대에 올랐다. 사회주의자가 후보로 나선다는 것만으로도 지지자들에게는 일종의 승리로 보였지만, 또한 엇갈린 결과는 앞으로 갈 길이 멀다는 것을 일깨워주는 계기가 되기도 했다. 독일에서는 여전히 반사회주의자법이 유효함에도 불구하고 독일사회주의노동자당은 국회에서 의석을 24석으로 늘릴 수 있었다. 반사회주의자법 때문에 당 지도부는 온건한 단체로 위장해 모금활동을 벌이고, 밀반입한 자료들로 선전활동을 하고, 가공의 단체의 깃발 아래 후보를 내는 등 은밀한 방법들을 채용해야만 했다. 그렇지만 의석의 증가로 위원회에 참석하고 법률을 작성할 권리를 확보할 수 있었다.[32] 승리를 거둔 시점은 독일 노동자계급의 운동에 결정적인 의미를 지니는 것이었다. 그때는 독일의 인구 중 농업보다 제조업 인구가 처음으로 더 많아졌고, 독일의 산업이 권력과 돈을 장악한 엘리트 집단인 카르텔에 의해 운영되고 있을 때였다.[33] 독일의 프롤레타리아트는 도저히 혁명을 감행할 준비가 되어 있지 않았기 때문에 그런 새로운 힘에 대항할 유일한 수단은 정부 내에서 활동하는 것이었다.

영국의 선거는 투표권이 5백만 명으로 확대된 이후 처음 치러지는 것이었다. 투표권자가 그전에 비해 거의 두 배 정도 많아진 것이다. 하인드먼의 사회민주주의연맹은 세 명의 후보를 냈지만 모두 낙선했다. 영국의 총선거 무대에 사회주의자들이 처음 도전했다가 실패한 작은 좌절로 끝날 수도 있는 일이었다. 그렇지만 그것은 추문으로 번지고 말았다. 하인드먼이 보수주의자들로부터 돈을 받고 자유주의자들이 선전할 만한 곳에 후보를 내서 그들의 지지를 깎아먹도록 했다는 사실이 드러난 것이다. 그 결과, 처음으로 무대에 나섰던 사회주의자들이 많은 사람들에게 더러운 협잡가라는 인상을 남기고 말았다.[34]

그리고 곧 그들은 폭력사태와도 연관되었다. 1885년에서 1886년 사이의 겨울에 런던에는 혹독한 추위가 몰아닥쳤는데, 감원으로 어려움을 겪던 이스트엔드의 주민들은 난방용 석탄을 살 돈이 없었다. 실업과 생필품 ─ 음식과 연료─부족에 항의하는 시위가 도시 곳곳에서 연일 이어졌다.[35] 2월에 이스트엔드 주민들이 부르주아에 대한 원한을 품은 채 사회주의자와 노동조합이 계획한 행진에 참여해 트라팔가르 광장에서 팔 말을 거쳐 하이드파크로 향하던 중 회원제 클럽에 드나드는 사람들로부터 야유를 받았다. 투명하게 반짝거리는 거대한 유리창이 절망에 가득 찬 잿빛의 하층민들과 아늑한 난로 가에서 쉬고 있는 클럽 회원들을 구분지어주고 있었다. 젊은 깡패들과 범죄자들까지 끼어 있는 군중에게 그 유리창은 거부할 수 없는 유혹이었다. 그들은 팔 말의 거대한 유리창들을 박살내기 시작했다. 옥스퍼드까지의 거리는 박살난 유리 조각들로 뒤덮였다.[36] 난동 중에 경찰의 모습은 코빼기도 찾아볼 수 없었다. 엥겔스는 사회주의자와 노동자들을 무책임한 폭력과 결부시키기 위해 경찰이 일부러 수수방관한 것이라고 믿었다.[37] 혼란에 대한 소식이 퍼져 나가면서 공포감도 확산되었다. 한 신문은 6만여 명의 건달들이 런던 시내를 행진할 계획이라고 보도했다.[38]

하지만 폭력에 대한 두려움이 프랑스만큼 커다란 충격을 준 곳도 없었다. 1885년 가을, 범汎좌파가 승리를 거두었지만 내부 갈등이 심각했기 때문에 선거 후에 권력투쟁이 이어졌다. 엥겔스는 그것을 "국회병parliamentary disease"[39]이라고 불렀다. 화려한 국회 안에서 의원들과 장관들은 몇 달째 서로에 대한 공격에만 열을 올리느라 프랑스를 흔들고 있는 지진을 감지하지 못했다. 전국의 공장과 광산에서 선동가들 ─ 일부는 사회주의자, 일부는 무정부주의자 ─ 이 노동자들에게 자신들을 착취하고 있는 자본주의 체제를 수적으로 무력화시킬 수 있는 충분한 힘이 있음을 알리고 있었다. 1885년에 에밀 졸라는 소설『제르

미날*Germinal*』을 발표했다. 이 소설은 광부 가족들이 견뎌야 하는 인간 이하의 생활환경을 그렸을 뿐만 아니라 빈궁과 학대로 인해 광란으로 치달은 파업자들이 광산 관리인을 살해하는 사건을 묘사하고 있었다. 1886년 1월, 피레네 지역의 데카제빌*Decazeville*에서 파업을 일으킨 광부들은 그 소설을 의식했는지는 알 수 없으나 그와 같은 범죄를 모방했다. 한 관리인을 사무실 창밖으로 내던졌고 밑에 있던 군중이 석탄으로 새까매진 손으로 그를 찢어 죽여버렸던 것이다.[40] 그런 짐승처럼 야만적인 행동은 파리의 가장 소란스러운 의원들도 잠시 할 말을 잃도록 만들었다. 그 사건이 불러일으킨 공포는 유럽 전역에서 입법부와 공장 관리인들이 노동자들의 요구에 더 주의를 기울이도록 만들었다. 평화적인 파업으로는 불가능했을 일이었다. 엥겔스는 그 사건이 또한 프랑스에서 공상적 사회주의의 죽음을 알리는 신호였다고 말했다.[41] 언젠가는 좋아질 것이라는 한가한 소리는 지식인들에게는 그럴듯할지 몰라도 모든 것을, 심지어 인간성마저 박탈당한 노동자들에게는 헛소리에 불과했다.

프랑스의 새로 구성된 국회에 노동자 대표는 단 세 명뿐이었다. 그렇지만 그들은 자신들의 영향력을 최대한 발휘해 국회가 노동문제에 관심을 기울이도록 만들었으며, 마침내 1886년 3월에는 국회가 광산의 노동환경이 개선되어야 한다는 결의안을 통과시키도록 만드는 전례 없는 개가를 올렸다. 프랑스에서의 '혁명'에 대한 엥겔스의 열정은 그 기간 중 현실이 되었다. 프랑스 정부가 최초로 노동권을 승인한 것이다.[42] 라파르그와 게드의 '노동당'(1880년에 프랑스 최초의 마르크스주의 당으로 게드에 의해 창설되었다)은 전국노동조합연맹을 결성해 지방 선거에서 자체 후보를 내고 사회주의 후보를 지지했으며, 데카제빌 탄광에서 얻은 성과를 공고히 하는 데 힘을 기울였다.[43] 엥겔스는 영국의 사회주의 지도자들이 경험이 모자라고 제대로 된 계획도 없었기 때문에 조만간 영국의 상황이 나아지리라고는 기대하지 않았다. 그렇지만 독일의 상황은 긍정적으로 평가했고, 프랑스와 미국을 상당히 중시했다. 1886년에 미국의 여덟 개 도시에서 노동자들이 8시간노동제를 주장하는 시위를 벌였다(평균적인 노동시간은 주당 60시간에 달했다). 그 운동은 5월 1일에 수십만 노동자들의 파업으로 정점에 달했다. 엥겔스는 그런 상황에 고무되기는 했지만 그럼에도 불구하고 미국의 노동운동이 견고한 이론적 기반이 없음을 걱정스럽게 여겼다.[44]

마르크스의 사회주의('공산주의'라는 용어는 이제 미래의 무계급사회를 지칭하는 말로 정착되었다)는 교육, 노조, 정당 활동을 통한 노동자들의 권력 획득에 대한 강조, 그리고 생산수단을 공동으로 소유하는 것으로 자본주의 체제를 궁극적으로 파괴하고자 하는 목표를 지닌 사상으로 널리 알려져 있었지만, 아직 제대로 이해되지는 못하고 있었다. 그런 상황은 영어권 나라들에서 더욱 심각했다. 그렇지만 이제 변하려 하고 있었다. 『자본론』 제1권의 영어 번역 작업이 빠르게 진척되었고(비록 에이블링의 기여는 실망스러운 것이었지만 말이다. 그는 한 장章에서 50페이지를 누락시켰다),[45] 리프크네히트, 투시, 에이블링이 미국의 수많은 청중에게 '마르크스의' 사회주의를 알리기 위해 순회연설을 떠날 준비를 하고 있었다.

투시와 에이블링은 8월 31일에 리버풀에서 시티 오브 시카고City of Chicago 호를 타고 떠나 1886년 9월 10일에 뉴욕에 도착했다. 리프크네히트는 따로 여행했다. 두 사람은 대부분 독일인으로 구성되고 뉴욕에 기반을 둔 북미사회주의 노동당의 초청으로 그곳에 간 것이었다. 투시는 그들의 공식적인 초대연사가 아니었다. 그렇지만 당은 그녀의 존재를 충분히 활용했다. 거의 모든 곳에서 그녀에게 연설 기회가 주어졌다. 그들이 연설회에 나선 시기도 적절했다. 사회주의 운동은 초창기였고 노동문제가 신문의 일면을 장식하던 시기였다. 또한 시카고에서 그해 5월에 노동자들의 집회에서 일어난 소위 헤이마켓Haymarket 사건으로 불리는 폭탄테러의 피의자 일곱 명에 대한 재판과 처형으로 그런 관심은 더욱 고조되어 있었다. 투시는 그 여행에 긴장했다. 그리고 라우라에게 보낸 편지에서 시카고 사건 때문에 어려움이 예상된다고 말했다. 하지만 에이블링은 대서양을 건너면 황금이 기다리고 있을 것으로 기대하며 리버풀에서 라우라와 라파르그에게 "만약 우리가 수백만 달러를 벌게 되면 (라파르그 부부도 미국으로 건너와 합류할 수 있도록) 배표를 사는 데 그 돈을 가장 먼저 쓰겠습니다"라는 짧은 편지를 휘갈겼다.[46]

뉴욕에 도착하자마자 에이블링 부부는 기자들에게 둘러싸였다(투시는 그들이 마치 늑대들처럼 달려들었다고 말했다).[47] 한 기자는 도착 당시 그들의 어색한 옷차림에 대해 지적했다. 에이블링은 잿빛 양복에 챙이 넓은 펠트 중절모를 써서 마치 퀘이커 교도처럼 보였다고 말했다. 에이블링의 팔에 기댄 투시는 하얀 리본이 달린 커다란 하얀색 밀짚모자를 쓰고 있었으며 여행으로 피부가 까무잡잡하게 그을려 있었다고 보도했다.[48] 그녀에게 여행은 힘겨운 것이었다. 하부갑판 승객 중 한 명이 항해 도중 죽었다. 슬픔에 잠긴 유족들이 시신이 수장되는 모습을 지켜보고 서 있는 동안, 다른 한 승객이 킬킬대며 관 뒤로 오렌지껍질을 집어던졌다. 투시는 '상층계급'이 사자가 된 빈자에게까지 경멸을 보이는 데 격분했다. 그렇지만 다행히 그런 여행 동료들 속에 오래 머물지 않아도 되었다.[49] 부두에서 붉은 리본을 단 사람들이 재빨리 투시와 에이블링을 구해주었기 때문이다. 그중에는 테오도르 쿠노도 있었다.[50] 그는 헤이그에서 마지막 인터내셔널 대회를 치른 후 마르크스 가족의 저녁파티에서 바다에 빠져 죽을 뻔했으나 엥겔스에 의해 구조된 인물이었다.

투시, 에이블링, 리프크네히트는 코네티컷 주 브리지포트에서 처음으로 사회주의자들에게 강연을 했다. 그 후 예일대 학생들에게 연설하기 위해 뉴헤이븐으로 향했다.[51] 그들은 12주간 여행하면서 35개 도시와 마을을 방문했으며, 그곳에서 좌파 활동가, 페미니스트, 사회주의자, 노동조합 지도자들을 만났고 거의 모든 방문지에서 연설했다. 어떤 경우는 한 곳에서 네 가지 행사를 벌이기도 했다. 투시는 신문기사를 쓰는 일로 비용을 마련했다. 한편 에이블링은 열 개의 공연을 관람했다. 그는 사회주의 선전 여행기간 동안 부업으로 런던의 신문과 잡지들에 연극 평론을 쓰기도 했다.[52]

11월 초에 그들은 시카고에 도착해 『시카고 트리뷴』지의 일면을 장식했다.[53]

그들이 도착하기 전에 "에이블링과 그의 과격한 배우자"가 일리노이 주에 위험스러운 열정을 자극하기 위해 오고 있다는 경고가 있었다.[54] 그렇지만 그것은 그들에 대한 호기심만 유발한 것 같았다. 수천 명이 그들의 강연회에 참석했다. 투시는 평소의 연설대로 미국의 청중에게 "대중에게 세 개의 폭탄을 투척하십시오. 그것은 선동, 교육, 조직입니다"[55]라고 말했다. 그녀는 사회주의 활동가로서 연설했고, 에이블링은 교수로서 사회주의의 역사에 대해 강연했으며, 리프크네히트는 지난 반세기 운동의 산증인으로서 독일어로 연설했다. 그들의 사회주의 순회연설은 비록 기차와 마차를 타고 서부의 캔자스시티까지 가는 피곤한 여행이었지만 성공적이었다. 여행 도중 그들은 뉴욕에서 노동자들이 거둔 중요한 승리에 대한 소식을 들었다. 노동조합의 지지를 받은 통일노동당의 시장 후보 헨리 조지가 선거에서 공화당의 테오도르 루즈벨트에 이어 2위를 하며 거의 뉴욕 시장에 당선될 뻔한 사건이었다.[56] 비록 마르크스 '당'이 관여한 일은 아니었지만(그리고 그들이 조지를 온전히 지지한 것도 아니었지만) 그것은 정치지형이 바뀌고 있다는 증거였다. 이 선거 결과를 증거로 그들은 미국에서 이룩한 노동자들―그리고 사회주의―의 진보에 환호하며 영국으로 귀환할 수 있었다.

그렇지만 북미사회주의노동당은 그들을 껄끄러운 분위기 속에 배웅했다. 에이블링이 미국 정치에서 성장하고 있는 노동자계급의 힘을 활용할 최선의 방안에 대해 그들에게 묻지도 않은 조언을 해준 것에 화가 나 있었던 것이다. 에이블링은 주로 독일인으로 구성된 북미사회주의노동당(3천 명의 당원이 있다고 주장했다)이 노동기사단Knights of Labor과 같이 육체노동자―흑인과 백인―들로 구성되어 있는 더 강력한 노동자 조직과 연합해야 한다고 말했던 것이다. 그는 그것이 미국에서 운동이 번성할 수 있는 유일한 길이라고 주장했다. 엥겔스는 독일인들이 운동의 이론을 이해하고 있기는 하지만, 지난 이십 년간의 노력 속에서 올바른 지도에 목말라 있는 미국인들 사이로 파고드는 일에는 별다른 성과를 올리지 못했다고 지적했었다.[57] 에이블링의 조언은 그것이 엥겔스의 말을 흉내 낸 것이건 그렇지 않건 매우 불쾌하게 여겨졌다. 왜냐하면 노장 독일인 사회주의자들은 그 말을 한 당사자를 벼락출세한 영국인으로밖에 보지 않았으며, 또 그의 말 중에는 은연중에 북미사회주의노동당을 비판하는 의도가 내포되어 있었기 때문이다. 그 순간부터 에이블링은 그들의 적이 되어버렸다. 실제로 그 자신이 스스로를 손쉬운 표적으로 만들었다. 그와 투시는 아직 모르고 있었지만 그들 앞에는 난데없이 다가올 무자비한 공격이 기다리고 있었다.

1월에 투시는 런던으로 돌아왔다. 『자본론』 제1권의 영역판이 출판되었으며, 독일어판 제1권과 제2권의 매출도 증가하고 있다는 좋은 소식도 들렸다.[58] 물론 책이 날개 돋친 듯이 팔린다는 의미는 아니었다. 단지 마르크스의 저작에 대한 관심이 일기 시작했다는 것을 보여주는 정도의 변화였다. 그렇지만 투시가 미국 여행과 아버지의 저작에서 느꼈을 자부심은 그녀와 에이블링이 집에 도착한 직후 일거에 흩어져버렸다. 에이블링은 『뉴욕 헤럴드』를 한 부 건네받았다. 그 신문기사에는 미국의 사회주의자들이 그가 미국 여행경비로 청구한 과도한 금액에 대해 해명을 요구하고 있다는 내용이 실려 있었다.[59] 신문은 "가난한 노동자들의 사도" 에이블링이 1천6백 달러어치의 불법적 비용을 청구했다고 비아냥거렸다.[60] 기사에 따르면 에이블링은 그 자신이 대변자를 자임하는 기계공이나 목수 같은 노동자들이 하루에 고작 2달러도 벌지 못하는데, 정작 자신은 한 호텔에서만 꽃에 25달러, 담배에 50달러, 와인에 42달러를 썼으며, 극장에도 100달러를 써버렸다고 폭로했다.[61] 『뉴욕 헤럴드』지의 기사는 런던의 신문에도 게재되었으며 그중 『이브닝 스탠더드』는 다음과 같이 빈정댔다. "뉴욕의 사회주의자들은…… 유럽의 쇠락한 군주국에서 다시는 직업적 선동가를 수입하지 않기로 결심했다. 사치에 들어가는 비용이 너무 컸다. 물론 부자들이 물 쓰듯 써버리는 부의 일부가 바로 인민의 것이라는 것을 인민들에게 각인시키는 것은 중요한 일이다. 그렇지만 뉴욕 사회주의자들은 그런 낭비가 어떻게 이루어지는지 보여주기 위해 선동가를 수입하기를 원치는 않는다."[62]

북미사회주의노동당은 에이블링이 뉴욕을 떠나기 전에 있었던 조직 활동 전술을 둘러싼 불화만 없었다면 그 청구서를 공개하지 않았을지도 모른다. 그런 일은 당에 해만 입힐 것이기 때문이다. 그렇지만 일단 사실이 공개되자 엥겔스나 투시의 주변 사람들 중 그런 비난이 어느 정도 그럴 만한 면이 있다는 점을 부정하는 사람은 거의 없었다. 그런 지출은 에이블링의 전형적인 모습이었고, 일부 사람들은 그 많은 꽃과 와인을 투시와 나누었겠느냐는 당연한 의문을 품었다. 런던의 많은 지인들은 에이블링의 느슨한 돈 관리(다른 사람의 돈일 경우)를 이미 경험으로 알고 있는 듯했다. 사회주의 활동가인 헨리 솔트는 투시가 방을 나서자마자 에이블링이 주저 없이 자기 아내에게 돈을 빌렸다고 말했다.[63] 에이블링과 함께 당원으로 활동한 H. W. 리는 에이블링을 "자기 욕망을 채우는 데 아무런 양심의 거리낌도 없는 사람"이라고 말했다. 에이블링은 비용에 상관없이 최고를 원했다. 리는 일례를 소개했다. "언젠가 그는 공산주의노동자교육연합 소속의 한 독일인 재단사에게 벨벳 재킷과 양복조끼를 주문했습니다. 그 재단사는 돈을 받지 못했는데, 하루는 라이시엄 극장에 갔다가 에이블링이 한 여인을 대동한 채 그 옷을 입고 특등실에 앉아 있는 모습을 발견하고는 분개하고 말았지요."[64]

투시와 에이블링은 북미사회주의노동당의 비난에 즉각 대응했다. 에이블링은 당에게 청구서를 떠넘길 의사는 없었다고 해명했다. 단지 모든 비용을 제출해 당이 어떤 것이 적당한지 결정하도록 하려 했던 것이고, 사적 비용은 자신이 부담할 생각이었다는 것이다.[65] 엥겔스도 그를 변호하고 나섰다. 엥겔스는 마르크스가 공식 활동 기간 내내 노동자들 뒤에서 사치스러운 생활을 누린다는 비난에 시달려야 했기 때문에 이 경우도 같은 일이 반복되는 것으로 보았다. 엥겔스는 자신의 『영국 노동자계급의 상태』를 번역하고 있던 미국인의 편지에 대한 답장에서, 에이블링에 대한 비난과 그를 당 활동에서 배제시켜야 한다는 요구를 일축했다. 그는 에이블링을 사 년째 알고 있으며 에이블링이 당을 위해 자신의 사회적, 경제적 지위를 희생한 것도 알고 있다고 말했다. 한 발 더 나아가 에이블링이 노동자들을 사취한 것이 사실이라면 투시가 모를 리 없다고 덧붙였다.

"그것은 내 눈에는 완전히 어불성설이네. 나는 투시를 어린아이 때부터 알았고, 지난 십칠 년간 그 아이는 늘 내 곁에 있었지…… 마르크스의 딸이 노동자계급을 사취했다? 그러기에는 너무 부자야!"[66]

그렇지만 엥겔스를 아는 사람들은 그가 일단 친구로 받아들인 사람에 대해서는 결점을 보지 못한다는 사실을 알고 있었다. 백스는 말했다. "남자로서 신뢰성이라고는 눈곱만치도 없는 에이블링의 대체적인 성격이나, 돈과 관련된 그의 비행에 관해 아무리 많은 증거를 들이댄다 한들 그에 대한 프리드리히 엥겔스의 신뢰를 거두게 할 수는 없었을 것이다. 더욱 심각한 것은 엥겔스가 계속 그 자를 영국 사회주의자와 노동운동에 대한 지도자로 앉히려 했다는 점이다."[67]

투시의 경우, 그녀의 친구들은 에이블링의 결점을 직시하는 데 투시가 보여준 무기력 — 또는 회피 — 에 그저 놀라울 따름이었다. 쇼는 자신의 희곡 『의사의 딜레마 The Doctor's Dilemma』에서 에이블링과 투시에 기초해 두베닷과 두베닷 부인이라는 등장인물을 창조했다. 그는 두베닷을 두 가지 영역, 즉 돈과 여자관계에서 이기적이고 의지박약한 악당으로 그렸다. 작품에서 그의 지인들은 그가 돈을 빌리고 외도한 사실을 존중과 사랑 때문에 두베닷 부인에게 알리지 않는다. 부인은 두베닷이 시시한 문제에 구애되지 않는 천재라고 믿고 있다. 그리고 자신의 존재를 정당화하기 위해서라도 남편이 필요했기 때문에 그의 결점은 무시해버리고자 한다. 자신이 살아가기 위해 그를 구할 필요가 있었던 것이다.[68]

투시는 에이블링과 합친 지 꽤 시간이 흐른 후에 엘리스에게 편지를 쓴 적이 있었다. "즉시 알게 되는 사람이 있는 반면 평생을 함께 살아도 이방인인 사람도 있어."[69] 두베닷 부인은 남편을 알았을까? 투시는?

47

I887년
런던

내 가 할 수 있 는 일 이 라 면 어 떤 일 이 든
기 쁘 겠 어 . 나 는 많 은 일 이 필 요 한 데 일 을
얻 기 가 너 무 어 렵 구 나 .
'잘 난' 사 람 들 은 나 를 고 용 하 지 않 아 .

—엘 레 아 노 르 마 르 크 스[1]

　마르크스와 엥겔스가 활동을 시작한 사회주의 선동의 초창기 시절에는 항
의, 반란, 폭동은 드문 일이었다. 1880년대 중반에는 그런 일이 거의 끊이지 않
고 일어났다. 유럽의 산업화된 모든 나라에서 언제든 파업과 항의시위, 그리고
자본주의 체제와 그것을 가능케 한 정부를 향한 대중적 폭동을 발견할 수 있었
다. 초창기에는 시위가 발생하면 그것은 (마르크스와 엥겔스 그 자신들같이) 노동
자들의 대의를 수용하고 그 지도부가 된 상층계급의 급진주의자나 지식인들,
또는 (인터내셔널 중앙협의회 회원들같이) 노동계급의 상층부인 장인들의 선동이
있었기 때문이었다. 그렇지만 1880년대 중반의 시위는 노동자들의 불만에서
자발적으로 터져 나온 노동자들에 의한 노동자들을 위한 시위인 경우가 많았
다. 파업 역시 그들 내부의 지도자들에 의해 조직되었다. 그들은 빈곤 속에서 태
어나 정식 교육을 받지도 못했지만 타고난 지도자적 자질과 연설 능력으로 어
떤 지식인 선동가도 따라가지 못할 정도로 동료들을 행동으로 단결시킬 수 있

었다. 처음에 정부는, 코뮌에 대해 프랑스 정부가 외국인 탓으로 모함했던 것처럼 노동자들의 파업 행위를 외부인의 소행으로 몰아붙였다. 그렇지만 작업현장에서는 대의원들까지 모든 사람들에게 그런 불만과 그에 대한 대응이 모두 내부에서 발생한 것이라는 사실이 분명했다.

시위와 파업의 결과로 이룩된 진보가 지역적인 한계를 넘지 못하자, 1886년에 프랑스, 독일, 영국의 사회주의 지도자들은 제2인터내셔널의 창설을 논의하기 시작했다.[2] 제1인터내셔널은 몇 년간 뉴욕에서 무력하게 성명만 발표하다가 1876년에 필라델피아에서 해산되었다. 다시 한 번 모든 노동자들을 국제적 조직으로 단합시킬 필요가 있었다. 자본주의가 거대한 괴물이 되어버렸기 때문이다. 식민주의는 절정에 이르고 있었다. 유럽 국가들은 세계지도를 분할하느라 분주했다. 통치할 지역, 물건을 팔 시장, 수탈할 천연자원―사람도 포함―을 얻는 데 혈안이었다.[3] 세계시장의 확장과 아울러, 오일터빈에서부터 내연기관에 이르기까지 새로운 기술과 동력원의 개발은 더 크고 더 빠른 기계가 가능해졌음을 의미했다. 모든 것이 가속화되고 확장되었으며, 거둬들일 수 있는 부도 막대해졌다.[4]

이런 환경에서 개별 노동조합은 개별 고용주로부터 더 높은 임금과 더 나은 작업환경을 얻어낼 수도 있었다. 그렇지만 그런 개선은 옆 공장에서 파업이 발생하지 않는 한 확장될 수 없었으며, 쟁취한 승리도 계속 지속되리라는 보장이 없었다. 개별 노조는 경무장으로 왕의 군대와 맞서려는 게릴라부대와 같았다. 일부 사회주의 지도자들은 그런 적에 맞서 싸울 수 있는 유일한 길은 그와 비등한 규모와 힘을 갖추는 것이며, 그런 힘을 쌓는 유일한 길은 국제적인 연대라고 믿었다.

프랑스 사회주의자들은 제2인터내셔널 창립대회가 1889년에 파리에서 개최되기를 원했다. 그해는 프랑스 혁명 백주년이 되는 해였으며, 아울러 1851년에 영국에서 시작되어 자본가들의 축제가 된 세계산업박람회를 프랑스가 개최하기로 한 해였다.[5] 그러나 회의의 필요성에 대해서는 쉽게 공감했지만 그 이상은 합의된 것이 없었다. 각 나라마다 인터내셔널이 어떠해야 할지에 대해서 모두 자기 나라의 사정을 반영한 제각각의 생각을 하고 있었다. 프랑스는 이론적 분쟁에 휩싸여 있었다. 독일인들은 정치에 집중하기를 원했고, 영국인들은 경제에 집중하기를 원했다. 그렇지만 그 논의를 모을 마르크스는 없었다. 엥겔스는 통렬히 꾸짖는 편지를 보내며 협력을 이끌어내기 위해 최선을 다했지만 첫번째 인터내셔널의 탄생과는 비교가 안 될 정도로 혼란스러운 상황이었다. 라파르그가 행사를 준비하는 데 깊숙이 개입했고, 롱게 역시 엥겔스와 그 문제에 대해, 그리고 프랑스 내부의 사회주의자들 간의 여러 가지 분란에 대해 의논했다. 롱게는 온건주의자들과 연대하면서 다른 한편으로는 그들에게 불리하게 사용될 수도 있는 정보를 엥겔스에게 제공하는 아슬아슬한 정치적 줄타기를 하고 있었다. 엥겔스는 롱게의 정체를 숨기기 위해 민감한 정보를 논의할 때는 그를 단지 'Z'라고만 언급했다.[6]

마르크스 가족과 롱게의 관계는 1883년에 예니헨이 세상을 떠난 이후로 원만하지 못했다. 렌헨과 투시는 예니헨에 대한 그의 처우에 원한을 품고 있었으며, 그가 나쁜 남편이기 때문에 역시 나쁜 아버지일 것이라고 확신한 듯했다. 투시는 예니헨이 죽은 후 아르장퇴유에서 조카 해리를 데리고 런던으로 돌아왔다. 해리는 아팠으며 특별한 보호가 필요한 아이였다. 그렇지만 비극적이게도 그 아이는 마르크스가 죽은 후 사흘 만에 세상을 떠났다(해리는 하이게이트에 조부모와 함께 안장되었다). 그해 봄 투시는 조니를 런던으로 데려오려고 롱게를 설득하려 했다. 그에게 끈질기게 편지를 보내 언제 조니를 데려올 수 있는지 알려달라고 요구했다. 롱게는 답하지 않았다. 그러다 마침내 답했을 때는 단지 생각해보겠다고 말했을 뿐이었다.[7]

롱게의 입장에서는 이미 이모가 보살피던 한 아이가 죽었는데 또다시 장남을 맡기는 것이 마뜩치 않았을 것이다. 물론 그런 생각은 그에 대한 투시의 편견만큼이나 투시에 대해 공정치 못한 평가일 수도 있다. 하지만 예니헨이 롱게에 대해 많은 불평을 늘어놓기는 했어도 그의 편지를 보면 그가 아이들을 깊이 사랑하고 있었음을 알 수 있다. 비록 그 사랑이 가끔은 무관심으로 보이기도 했지만 말이다. 어쨌든 아이들의 미래에 대한 최종 결정은 롱게의 어머니가 내렸다. 그녀는 손자들이 외할아버지의 "광신적 집단"에 희생되기를 바라지 않았고, 투시나 라우라를 좋아하지도 않았다.[8] 그래서 롱게는 아이들을 캉Caen의 할머니에게 맡긴 후 홀아비로서 나름의 삶을 살기 시작했다. 그렇지만 정치와 관련해서는 엥겔스와 계속 연락을 취했고, 1886년 인터내셔널에 관한 논의가 한창일 때 마침내 조니를 데리고 런던으로 와서 투시와 에이블링과 함께 머물렀다.

엥겔스가 롱게의 생계를 도왔다는 기록은 없다. 아이들은 마르크스의 저작에서 인세의 3분의 1을 받았지만 그 돈은 신탁에 들어갔으며, 롱게는 만성적으로 돈 부족에 시달리면서도 그 돈에는 손을 댈 수 없었다. 롱게가 런던에 도착했을 때, 렌헨의 아들 프레디는 그 프랑스인에게 자신이 예니헨에게 빌려준 돈에 대해 상기시켜주었다.[9] 이를 통해 이제 프레디도 가족들과 많은 관련을 맺고 있었음을 알 수 있다. 렌헨이 엥겔스의 집으로 들어간 이후로는 매주 렌헨을 방문했으며 나중에 말했듯이 엥겔스와 함께 마르크스에 대한 얘기를 나누며 저녁을 보내기도 했다.[10] 프레디는 기계공으로서 아내와 아들이 있었으며 임금으로 근근이 먹고사는 런던의 평범한 노동자였다.[11] 사회주의자로서 그는 마르크스와 엥겔스를 자신을 위해 싸우는 사람들로 보았으며, 그의 아들에 따르면 그들의 사진을 집 안에 걸어놓았다고 한다.[12] 그렇지만 그것이 단순히 그들의 활동에 대한 경의의 표시였을까? 혹시 둘 중 한 사람이 자기 출생의 비밀을 쥐고 있기 때문은 아니었을까?

투시와 라우라도 프레디를 잘 알고 있었다. 그들은 그의 얼굴을 보면서 넓은 이마, 눈썹 모양, 눈에 잘 띄는 코 등에서 아버지의 얼굴을, 또는 그의 다부진 체구와 굵고 검은 머리칼에서 마르크스의 모습을 보았을 수도 있다. 그가 자신들의 이복형제일 수도 있다는 생각을 해보지는 않았을까? 투시는 프레디가 엥겔스의 아들이라고 굳게 믿고 있었지만, 라우라는 그렇지 않았던 것 같다. 나중에 프레디의 아버지가 누구인지 밝혀졌을 때 별로 놀라는 기색이 없었기 때문이다. 이미 오래전부터 알고 있던 이야기였기 때문에 그랬을지도 모른다.

그렇지만 그녀는 사적, 정치적 돌발사건에 대해 늘 그런 식으로 대응했다. 다른 가족들—남편도 포함해—이 파란만장한 삶을 살고 있을 때도 늘 침착했다. 평생 동안 기적을 기다리며 살아온 후, 그녀는 그런 것은 없다는 것을 깨달았다. 1887년 봄, 폴의 선거 패배도 그런 식으로 맞았다. 폴은 파리의 지방선거에 후보로 나섰다가 참패했다. 라우라는 남편에 대해 아무런 환상도 품지 않았다. 그의 결점을 너무나도 분명히 꿰뚫고 있었기 때문에 그런 것은 웃음으로 흘려버릴 수 있었다. 그녀는 선거유세에 참석한 후 엥겔스에게 주변의 군중이 라파르그를 "허풍선이", "수다쟁이", "거짓말쟁이"라고 말하는 소리를 들었으며, 그녀가 놀리자 그의 연설이 전보다 조금 나아졌다고 말했다.[13]

라우라는 배후에서 활동했다. 예전에 한때 걱정했던 것처럼 마르크스의 저작물 사업에서 배제된 것은 아니었다. 그녀는 『공산당 선언』을 프랑스어로 번역했고,[14] 그해 봄 미국의 여성권익 운동가 엘리자베스 캐디 스탠턴의 아들인 에드워드 스탠턴으로부터 파리의 사회주의에 대한 글을 써달라는 청탁을 받았다.[15] 가진 돈은 한 푼도 없었지만 라우라는 자신의 운명을 더 이상 바꿀 수 없는 영원한 것으로 체념하고 받아들였던 것 같다. 엥겔스가 『자본론』 인세를 보내주었을 때는—영역판은 이 개월 만에 모두 팔렸다—돈이 "봄의 꽃이나 12월의 난롯불보다 더 좋아요…… 돈은 절대로 계절을 타지 않거든요"[16]라고 말했다.

런던의 마르크스 사단은 평온하지 않았다. 에이블링과 투시는 미국에서 돌아온 이후 미국 노동자 선동에 관한 강의를 자주 했다. 그들은 해외의 소식에 목말라하는 청중을 기대하며 무대에 올랐지만, 결국 에이블링의 정치생명을 지키기 위해 고군분투해야 하는 처지에 놓였다. 영국 사회주의자들이 미국에서 제기된 에이블링에 대한 비난을 횡령 문제로 받아들였던 것이다.[17] 비난이 쏟아지면서 그의 화려한 과거 행적들도 다시 도마 위에 올랐다.

엥겔스는 그런 보고들을 운동에서 늘 있는 가십이나 비방 정도로 치부하며 에이블링을 위해 전면적인 방어태세를 취했다.[18] 이에 당황한 지인들은 다시 한 번 엥겔스가 사람 보는 눈이 별로 좋지 못하다고 투덜거렸으며, 평소에 엥겔스를 자주 찾던 사람들도 에이블링 때문에 발길을 끊기 시작했다. 투시의 '남편'이 비열한이라는 사실을 엥겔스에게 납득시킬 수 있는 방법은 없는 듯 보였다.[19] 그렇지만 엥겔스는 수개월 동안 그를 싸고돌다가 결국 뉴욕의 한 오랜 지인에게 에이블링에 대한 실망감을 털어놓았다. "그 젊은 친구는 세상과 사람과 사업에 대해 너무 모르고 시詩적 꿈에 푹 빠져 있기 때문에 그 모든 화를 자초한 겁니다." 그래도 관대한 평가를 덧붙였다. "아주 재능이 있고 쓸모가 많은 젊은이이고 매우 진솔하기도 하지만, 충동적이고 경솔해서 항상 바보스러운 짓을 하게 됩니다. 글쎄요, 나도 한때 그런 바보였던 시절이 있었다는 것이 아직도 기억에 생생합니다."[20]

투시와 에이블링은 강의로 수입을 얻기는 했지만 많지 않았다. 투시의 친구들은 그녀의 사적, 경제적 고통을 잘 알고 있었다. 그들은 에이블링에 대해서는 도와줄 수 있는 것이 없었지만, 투시에게는 일자리를 마련해주기 위해 노력했다. 해브록 엘리스가 입센의 희곡을 영어로 옮기는 작업을 도와달라고 제의했을 때, 투시는 즉각 수락하고 노르웨이어를 공부하기 시작했다.[21] 1887년 3월, 그들은 졸라의 작품을 영어로 옮기는 일에 관해서도 논의했다. 나폴레옹 3세 치하의 삶에 대한 졸라의 섬뜩한 묘사가 논란을 불러일으켜서 엘리스와 투시는 영국에서도 독자층을 찾을 수 있을 것이라고 확신했다. 투시는 그 일에 열의를 보이며 다음과 같이 말했다. "내가 할 수 있는 일이라면 어떤 일이든 기쁘겠어. 나는 많은 일이 필요한데 일을 얻기가 너무 어렵구나. '잘난' 사람들은 나를 고용하지 않아."[22]

투시는 종종 에이블링이 경제사정이 아무리 곤란해도, 그에 대한 비난이 아무리 극심해도 눈 하나 까딱하지 않는다고 말했다. 하지만 그녀는 그 모든 것을 감수해야 했다. 공격은 가혹했지만 기댈 사람이 아무도 없다고 느꼈다. 에이블링에게서 위안을 얻을 수 없었음은 말할 필요도 없었다. 이맘때쯤 에이블링은 사회주의에도 시들해졌고 투시에게도 싫증을 느낀 것처럼 보였다. 6월에 난봉꾼Lothario이라는 필명으로 시시한 시를 발표했는데, 그 시는 자신이 한 여인으로는 만족하지 못하는 남자라는 메시지로 투시에게 해석될 수 있었다.

> 순수한 사랑이 존재한다고 당신은 말합니다.
> 강한 헌신으로, 아무 목적 없이,
> 희망도 없고, 한계도 없고, 끝도 없이.
> 하지만 우리의 게임에 그런 것은 중요하지 않습니다……
> 이런 달콤함은 내 눈에는 케케묵은 것입니다.
> 비록 한순간 당신의 눈이 나를 사로잡았지만—
> 나는 황제가 아니면 아무것도 아니라는 구호를 취하렵니다.
> 그리고 당신이 저를 탓할 수 있으리라고는 생각지 않습니다![23]

더 많은 구절이 이어졌지만 하고자 하는 말은 동일했다. 우리의 사랑이 좋기는 하지만 영원하지는 않을 것이라는 의미였다. 투시가 에이블링과의 관계에서 아무리 많이 참아주는 편이라고 해도, 이렇듯 대중적으로 자신의 감정을, 그것도 이토록 유치하게 드러낸 것에 대해 모욕감을 느끼지 못할 정도는 아니었다. 투시는 우울증에 빠져 자살을 기도했다. "일부러 아편을 과다 복용하는 방법이었다." 엘리스는 나중에 그 사건에 대해 썼다. "그렇지만 아주 강한 커피를 마시도록 하고, 부축해 방 안을 거닐도록 한 결과 독기가 빠져나갔다…… 친구들은 슬펐지만 놀라지는 않았다."[24]

투시와 에이블링은 관계 회복을 위한 노력의 일환으로 그해 8월에 스트랫퍼드-어폰-에이번에 오두막을 빌렸다. "라우라 언니, 생각해봐. 셰익스피어의 고향이야!" 투시는 언니에게 편지했다. "우리는 일주일에 두세 차례 그의 '생가'를 찾아가…… 에드워드는 뭔가를 계속 쓰고 있어. 그 사람의 희곡 『찌꺼기Dregs』(짧은 단막극)가 유명한 '떠오르는' 여배우 로즈 노레이즈에게 받아들여져 곧 공연될 예정이라는 소리 들었어? 그리고 두 개의 대본도 곧 받아들여질 것이라는

얘기도 들었어? 그중 하나는 『주홍글씨』를 각색한 거야."²⁵

비록 투시가 아름다운 그림을 그려놓았지만, 그녀의 편지는 모든 면에서 허구였다. 일부러 행복하고 다정한 모습을 전하기 위해 활달한 어투로 썼지만 읽기에는 고통스러운 것이었다. 편지에서 느껴지는 것은 기쁨이 아니라 외로움, 공포였다. 그리고 물리적인 거리만큼이나 감정적으로도 멀어져 있는 언니와의 관계를 회복하려는 필사적인 시도였다(라우라는 투시의 편지에 거의 답장을 하지 않았다). 에이블링의 작품 활동에 대한 그녀의 열의에는 미래에 대한 불안감이 묻어 있었다. 에이블링이 연극계에 깊숙이 진출할수록 그들 간의 거리는 더욱 멀어질 것이라는.

1887년은 여러 가지 면에서 런던에 이상한 한 해였다. 한편으로는 빅토리아 여왕의 즉위 오십 주년(여왕이 이스트엔드를 방문했을 때 "끔찍한 소음"이라고 불렀던 "우―" 하는 소리 때문에 빛이 바랬다)이 되는 해였다.²⁶ 또한 런던에서 버펄로 빌의 서부극이 문을 연 해이기도 했다(엥겔스와 에이블링이 구경 갔었고, 엥겔스는 "아주 훌륭하다"고 말했다).²⁷ 그리고 그해는 '피의 일요일'이 있었다. 트라팔가르 광장에서 시민들이 집회와 연설의 자유에 대한 권리를 행사하려 하자, 경찰이 비무장 시민을 상대로 전쟁을 선포했던 것이다.

시위의 이유는 여러 가지였다. 실업―현실에서는 오랫동안 존재했지만 사전에는 새롭게 등재된 단어였다―으로 인해 많은 이스트엔드 주민들이 웨스트엔드로 몰려가 거의 매일같이 가난한 노동자들의 곤경을 알리는 시위를 벌였다. 아직 팔 말 폭동의 기억이 생생했기 때문에 트라팔가르에 모인 이트스엔드 주민들은 잠재적 위험으로 간주되었고, 경찰서장은 무단침입자(즉 시위자이거나 시위를 할 것으로 판단되는 자)의 광장 출입을 금했다. 그러나 노동자들의 집회 권리를 부정하는 그 조치는 새로운 항의만 불러일으킬 뿐이었다.²⁸ 마지막으로 만성적인 아일랜드 문제가 다시 활동가들에게 이슈로 재부상했다. 의회가 아일랜드의 경찰과 사법부에게 단체를 불법화하고 배심원 재판 없이 시민들에게 선고

할 수 있는 권한을 부여하는 '아일랜드 강제법'을 통과시킨 것이다.[29]

　11월 13일 일요일, 실업에 대한 항의와 아일랜드에 대한 지원, 그리고 런던 시민들의 집회의 자유 수호를 위한 시위가 계획되었다. 십만 명 정도의 인원이 트라팔가르 광장 주변의 여러 곳―클러큰웰, 홀번, 버몬지, 뎃퍼드, 새프츠베리 에비뉴, 헤이마켓―에 모여 있다가 광장으로 행진하기로 했다.[30] 그 계획에 놀란 당국은 2천5백 명과 1천5백 명의 경찰을 광장 외곽의 두 군데에 나누어 배치하고 광장에는 4백 명의 군인을 주둔시켰다. 일단 경찰 저지선을 뚫고 들어가자 시위대는 무장병력의 틈새에 끼게 되었다.[31]

　투시와 에이블링은 각기 다른 대열에 끼어 트라팔가르 광장으로 행진했다. 경찰의 공격작전이 확실시되자 에이블링은 동료들과 함께 도망쳤다(또는 엥겔스 말대로 "처음부터 줄행랑을 놓았다").[32] 반면 투시는 대열을 지키며 경찰을 향해 행진했다. 난투극이 벌어지자 그 한가운데서 그녀는 옷과 모자가 찢어졌고, 경찰봉에 팔과 머리를 얻어맞았다. 나중에 그녀는 만약 얼굴에 피를 흘리고 있던 낯선 남자가 자기를 일으켜 세워주지 않았다면 사람들 발에 짓밟혀 죽을 수도 있는 상황이었다고 말했다. 그러나 그녀가 겪은 것은 가벼운 일이었다.[33] 한 목격자는 증언했다. "경찰들이 자의가 아니라 상관의 분명한 명령에 따라 부녀자와 아이들을 계속 때리는 것을 보았다…… 군중으로부터 끌려 나올 때, 한 불쌍한 여인이 경찰관 또는 군인 같아 보이는 사람에게 잃어버린 아이에 대해서 묻는 것을 보았다. 그러나 그자는 더러운 창녀라고 욕하며 그녀를 때려눕혔다."[34] 윌리엄 모리스의 딸 메이는 주변의 집과 호텔의 옥상에서 잘 차려입은 남녀 구경꾼들이 경찰의 행동에 박수를 치고 환호했다고 회상했다.[35]

　투시는 체포되었다가 방면되어 누더기를 걸친 채 엥겔스의 집 현관 앞에 나타났다.[36] 그날 밤 수천 명이 그녀와 사정이 비슷했거나 더 나빴다. 그런데 육십 명이 중상을 입고 병원에 입원하기는 했지만 기적적으로 사망자는 없었다. 화가 나고 오기도 생긴 시위대는 다음 일요일에 다시 시위를 벌였고, 그때는 한 사람의 사망자가 발생했다. 희생자인 법률사무원 앨프레드 리넬은 시위에 참여하지도 않은 사람일 가능성도 있었다.[37] 리넬의 장례식은 12월 18일에 12만 명의 군중이 참여한 가운데 진행되었다. 경찰봉 세례를 맛본 투시는 과격하게 변해 있었다. 일 년 전 미국에서 차분한 어조로 교육과 조직을 강조했던 그녀는 이제 경찰에 대한 전투적 시민저항 운동을 부르짖었다. 그해 11월 시카고에서 헤이마켓 폭탄테러범 네 명이 폭발사건의 배후에 기관의 선동자가 있다는 증거가 나왔음에도 불구하고 교수형에 처해졌는데, 이제 런던에도 그런 탄압이 찾아온 것이었다. 한 기자는 투시가 연설에서 "여러분은 경찰에 대한 사회적 전쟁을 벌여야 합니다. 경찰이 어떤 가게에 들어가는 것을 보면 그 가게에 들어가지 마십시오…… 경찰이 가는 곳이면 어떤 곳이든 문 안에 발을 들여놓아서는 안 됩니다"라고 선언했다고 말했다. 그녀는 크리스마스에도 경찰이 쉬지 못하도록 시민불복종 운동을 주장했다. 그녀는 "뚱뚱한 특별경찰들"과 "살인마 악당들"이 크리스마스 저녁을 망치게 되기를 바란다고 말했다.[38]

투시와 에이블링이 피의 일요일 행사에 참여했고 이후에도 계속 선동활동을 벌였기 때문에 경찰은 그들에 대한 '백지체포영장'을 발부했다. 그것은 경찰이 언제든 아무 이유로나 그들을 체포할 수 있다는 것을 의미했다.[39] 투시는 그것을 거의 자랑삼아 말했다. 투쟁에 대한 그녀의 열정은 활활 불타올랐다. 그렇지만 에이블링은 그렇지 못했다. 11월에 '알렉 넬슨'이라는 이름으로 에이블링의 두 번째 작품이 무대에 올려졌다. 프랑스 연극 『바닷가에서*By the Sea*』를 번안한 것인데, 늙은 남편에 대한 의리와 젊은 선원에 대한 사랑 사이에서 갈등하는 젊은 여성에 관한 이야기였다.[40] 투시는 여주인공 역할을 맡고 에이블링은 남편 역을 맡았다. 엥겔스는 자신의 생일파티의 일부로 그 어느 때보다도 기쁜 마음으로 공연장을 찾았다. 그는 에이블링과 투시가 아주 멋진 연기를 보여주었고 연극은 분명히 흥행에 성공할 것이라고 격려해주었다. 그런데 한 비평가가 에이블링에 대해서는 극찬을 한 반면 투시에게는 신랄한 공격을 퍼부었다. 비판이 너무 심했기 때문에, 투시는 그 평론가가 자신에게 개인적인 앙심이 있는 것은 아닌지 의심할 정도였다. 그리고 만약 그렇다면 왜 그런지도 궁금했다.[41] 투시는 완전히 자신감을 잃었다. 다시는 무대에 서지 못할 것 같았다. 반면 에이블링은 우쭐했다. 그는 순회공연을 위해 12월에 런던을 떠났고, 1888년 새해 아침을 투시 혼자 맞도록 내버려두었다.[42] 1월에 프랜시스 아이버라는 여배우가 『바닷가에서』의 투시의 배역을 대신 연기했다. 이번에는 평론이 격찬이었다. '알렉 넬슨'은 "극작가로서 새로운 명성을 쌓아가고 있는 런던의 저널리스트"[43]로 소개되었다.

엥겔스는 에이블링의 주력 분야가 바뀌고 있는 것을 인정해주었다. 어쩌면 안도감을 느꼈을지도 모른다. 그는 비록 말을 아꼈지만, 에이블링이 자신이 마련해준 무대에 설 가치가 있는 배우라기보다 오히려 운동에 부담만 주는 사람이라는 사실을 마침내 깨달았던 것 같다(그는 한 친구에게 에이블링은 "분명한 현실도 자신의 바람과 맞지 않으면 무시해버릴 수 있는 능력이 있어. 그런 것은 사춘기에나 걸맞은 것이지"라고 말했다).[44] 엥겔스와 투시 두 사람 모두 영국의 사회주의자들로부터 따돌림 당하고 있다는 말이 있었고,[45] 그 원인이 바로 에이블링임을 지적하는 지인들의 편지도 무수히 많았다. 사회주의 페이비언 협회 지도자인 시드니 웹은 자기 단체가 싸우는 대상은 마르크스의 사상이 아니라 그 전달자라고 말했다. "우리가 마르크스주의를 욕할 때는 에이블링을 말하는 것이다."[46] 투시와 엥겔스는 언쟁만 일삼는 영국의 사회주의자들과 절연하는 것에 대해 아무런 아쉬움도 없다고 선언했다. 그렇지만 투시는 그 과정에서 친구 또한 잃게 되는 것이 슬펐다. 그녀는 페이비언의 웹과 해브록 엘리스에게 합류한 조지 버나드 쇼에게 편지를 보내 안부를 물었다. "요즘 우리를 보러 오지 않는구나. 가끔 너도 우리와 인연을 끊어버린 것은 아닌지 의아한 생각이 든다"[47](쇼는 봄에 에이블링과 크게 다투었다. 그렇지만 투시는 그 사실을 몰랐거나 또는 기억하지 못하는 척했다).

어쨌든 에이블링은 극장 쪽으로 진출하면서 당 사업에서는 멀어져갔다. 6월에 에이블링 판 『주홍글씨』가 런던에서 낮 공연으로 무대에 올랐다. 평론은 엇갈렸다. 그렇지만 그달 말, 에이블링이 다섯 번째 공연을 마친 후, 엥겔스는 열렬히 그리고 성급하게 "양키들의 표현으로 '그는 석유를 발견했어'"⁴⁸라고 선언했다. 7월에 투시와 에이블링은 미국으로 건너가 에이블링의 작품을 팔아보기로 결심했다. 엥겔스는 라우라에게 에이블링은 "뉴욕, 시카고, 그리고 또 한 군데는 어딘지 모르겠지만 어쨌든 세 군데에서 동시에 진행될 공연의 무대연출을 감독해야 해"⁴⁹라고 말했다. 그 여행은 에이블링과 투시가 부담할 수 있는 것보다 훨씬 많은 경비가 소요되었고, 이번에는 비용을 떠넘길 사회주의당도 없었다. 아마 엥겔스가 여행경비를 댔을 것이다. 투시는 엥겔스로부터 돈을 받는 것을 몹시 싫어했지만 이 경우엔 자기 원칙과 타협한 것 같았다. 에이블링은 아마도 그 여행이 자신에게 결정적인 기회라고 투시를 설득했을 것이고 엥겔스에게는 좋은 투자라고 말했을 것이다. 엥겔스는 기대감에 부풀어 자신의 오랜 화학자 친구인 칼 쇼를레머(유기화학의 창시자 중 한 사람으로, 마르크스 가족에게는 졸리마이어Jollymeier로 알려졌다)⁵⁰와 함께 미국 여행길에 오를 결심을 했다.

　엥겔스는 사적인 여행이기 때문에 조용히 다녀오고 싶었다. 그래서 라파르그 부부를 포함해 아무에게도 여행에 대해 알리지 않았다. 라우라가 장군의 최측근에서 자신이 배제되었다는 사실을 알았다면 흥분해서 펄펄 뛰었을 것이다. 그렇지만 엥겔스는 라우라의 입장을 돌아볼 겨를이 없었다. 라파르그는 분명히 엥겔스가 뉴욕을 정복하기 위해 출정했다고 발표하고 싶어 할 것이라고 그는 확신했기 때문이다.⁵¹ 시티 오브 베를린City of Berlin 호 선상에서 투시는 라우라에게 비밀리에 일을 추진한 것을 사과하는 편지를 썼다. "내가 이 사실을 알자마자 언니에게 알렸어야 했지만 장군이 워낙 비밀로 해야 한다고 강조해서 감히 엄두를 내지 못했어. 그렇게 되면 만약 이 일이 누설되었을 때 우리한테 책임이 돌아올 거라고 생각했어."⁵²

　네 사람은 에이블링의 성공에 대한 기대감을 품고 뉴욕으로 항해했다. 미국에 도착한 초기에 보낸 편지에서 투시는 에이블링이 리허설을 감독하고 있다고 말했으며,⁵³ 엥겔스는 에이블링이 8월 31일에 작업을 마쳤다고 말했다.⁵⁴ 그렇지만 그 외에는 그의 연극작품에 대한 언급이 전혀 없었다. 하지만 엥겔스는 여행을 충분히 즐기고 있었다. 가장 흥미롭게 구경한 곳 중 하나는 뉴잉글랜드 감옥이었다. 그는 수감자들이 소설책을 읽고, 클럽을 만들고, 간수의 감시 없이 이야기를 나누고, 일주일에 두 번씩 고기와 생선을 먹는 데 충격을 받았다. 수감자들은 심지어 감방에서 수도를 사용하고 벽에 사진을 걸어놓을 수도 있었다. "그 친구들은…… 눈을 똑바로 뜨고 사람을 쳐다보았는데 유럽에서 흔히 볼 수 있는 감옥에 갇힌 죄수들의 처량한 눈빛은 찾아볼 수 없었다." 엥겔스는 파리 생트-펠라지의 "왕자들의 정자"(715쪽 참조—옮긴이)에 대해서는 별로 생각하지 않고 독일과 러시아의 요새감옥들만 염두에 둔 듯 "그곳을 보고 미국인들에게 커다란 존경심을 갖게 되었다"[55]고 말했다.

반대로 뉴욕에서는 자본주의 체제의 가장 야만적인 수도로 여행하고 있다는 느낌을 받았다. 모든 것이 인공적이었으며, 그의 평가에 따르면 끔찍한 것들이었다.

우리는 어두워진 후 뉴욕으로 들어갔다. 단테의 『지옥편』으로 들어가는 느낌이었다…… 머리 위의 고가철로에서 우레와 같은 소리가 들렸고, 수백 개의 딸랑거리는 종을 단 트램카들이 사방에서 시끄러운 소음을 발산했으며, 가장 끔찍한 것은 강에서 서로 신호를 주고받는 무시무시한 무적 소리였다…… 모든 배에는 노출된 전기 아크등이 번쩍거렸는데, 불을 밝히기 위해서가 아니라 광고로 사람들을 끌어들이기 위해서였다. 그래서 사람들의 눈을 멀게 하고 눈앞을 혼란스럽게 만들었다—한마디로 세상에서 가장 사악하게 생긴 군중이 살 만한 동네였다. 그들은 모두 몬테카를로에서 은퇴한 물주들처럼 보였다.

그럼에도 불구하고 엥겔스는 미국인들이 "봉건제는 알지 못하는 사람들 사이에서나 발견될 만한 대단한 국가를 이룩해냈다. 그들은 스스로 만들어낸 것으로 오랜 고통을 당하고 있다…… 그렇지만 뭔가를 할 때는 정말 제대로 일을 해낸다"[56]고 말했다.

그들이 영국으로 다시 돌아왔을 때 에이블링은 미국에서 인정받지 못한 것에 대해 별반 개의치 않는 듯했으며, 곧 런던 웨스트엔드의 사교생활에 빠져들었다. 한편 투시는 도시의 반대쪽, 자본주의의 지옥에 전력을 기울이고 있었다. 19세기 후반기에 런던에 들어선 높은 빌딩들은 도시를 동서로 가르고 있었다. 사무실 건물이라는 것은 빅토리아 시대의 현상이었다. 1851년의 만국박람회 전까지만 하더라도 서류를 처리하는 사람들을 위한 공간이란 우스꽝스러운 개념으로 보였다. 그렇지만 자본주의가 확장됨에 따라 나중에 화이트칼라 노동자라고 알려질 새로운 사회계층이 출현하기 시작했다. 런던 시의 그런 거대한 건축물들—현찰 없이 자금이 오가는 금융의 중심—은 런던의 가진 자들과 가지지 못한 자들 간의 장벽을 더욱 높여놓았다. 가진 자들은 서쪽(심지어 벨그레이비어와 메이페어는 철책으로 보호되었다)을, 가난뱅이들은 동쪽을 차지했다.[57]

이스트엔드는 과거부터 소호보다 훨씬 비참한 곳이었다. 소호에는 부자도 더러 섞여 살았기 때문에 나름대로 삶의 활력과 매력이 있었다. 그렇지만 이스트엔드의 가난한 사람들은 부자들에게 고용되는 것을 제외하고는 부자들과 만날 기회도 없었다. 그곳은 궁기만 흐르는 과밀지역이었다. 움집 수준인 집들은 주변에 우뚝 솟은 공장의 굴뚝들과 공장이 뱉어내는 재와 오물들 때문에 한층 초라해 보였다.[58] 해가 솟았는가? 해가 졌는가? 화이트채플, 베스널 그린, 라임하우스에서는 그것도 분명치 않았다. 그 지옥 같은 곳에서 하늘은 오직 두 가지 색뿐이었다. 석탄 연기와 먼지가 뒤섞인 갈색, 또는 하루가 시작되기 전 새벽의 지저분한 잿빛 하늘이 그것이었다. 지금은 사라졌지만 이렇게 뿌연 상태를 나타내는 단어가 존재했었다. 안개가 너무 짙어서 앞을 볼 수 없는 때를 '낮어둠day darkness'이라고 불렀으며, 더러운 공기가 조금 높은 곳에 걸려서 여전히 햇빛이 들기는 못하지만 조금 나은 상태를 '높은 안개high fog'라고 불렀다.[59] 1888년에 토막살인마 잭Jack the Ripper의 범행이 가능했던 것도 그런 안개 때문이었다. 아울러 그곳에 사는 인간 이하의 존재들의 삶에 대해서는 아무도 신경 쓰는 사람이 없었다는 사정도 한몫했다.

지난 십 년간 그 지역은 이민자들로 인구가 폭발적으로 팽창했다. 새로 밀려들어온 중국인들은 라임하우스에 차이나타운을 형성하며 아편사업으로 번성하고 있었다.[60] 그렇지만 이스트엔드의 모습을 바꾼 이민자들은 러시아, 프로이센, 리투아니아, 폴란드 등지에서 밀려든 유대인들이었다. 일부는 가난을 벗어나려고, 일부는 박해를 피해 그곳으로 몰려들었다. 차르 알렉산드르 2세를 암살한 자들 중에 유대인 여성이 한 명 끼어 있었는데, 그것이 유대인 학살의 평계가 되었다. 러시아 전역에서 전통적인 반유대 감정이 폭발하면서 5천 명의 유대인이 살해당했다. 신체 건강하고 재산과 연줄이 있는 사람들은 탈출했다. 1880년경 런던에는 4만 6천 명의 유대인이 있었으며 반수는 노동자계급이거나 빈민들이었다.[61]

투시는 처음에는 강연을 하려고 이스트엔드를 찾았었다. 그렇지만 곧 어두운 움막으로 이끌려 주민들을 만나고 다니기 시작했다. 그녀는 1888년 6월에 라우라에게 편지했다.

아무리 해도 그 공포를 언니에게 완전히 전달하지는 못할 거야. 내게 그것은 도저히 지울 수 없는 악몽이야. 낮에 보고 밤에 꿈을 꾸게 돼. 가끔 나는 어떻게 사람이 그런 고통 속에서도 살아갈 수 있는지 의문을 갖게 돼. 특히 한 방은 내 뇌리를 떠나지 않아. 방이라니! 그건 그냥 어두운 지하실일 뿐이었어. 그 속에서 거적때기 위에 누워 있는 한 여자는 가슴의 반이 암으로 허물어져 있었어. 가슴에 붉은 손수건과 다리에 낡은 돛의 천 조각을 걸친 것을 제외하고는 완전히 벗은 몸이었어. 그녀 옆에 세 살짜리를 포함해 네 명의 아이가 있었어. 제일 큰 애가 아홉 살이었어. 문제는 그런 경우가 무수히 많다는 거야.[62]

그해 동부의 브라이언트앤메이Bryant & May 성냥공장의 여성들이 노동환경 개선을 요구하는 전례 없는 파업을 벌여 승리를 거두었다.[63] 투시는 그 승리에서 그녀가 목격했던 참상을 개선할 가능성을 발견하고 노동자들에 대한 직접적인 선동활동에 매진했다. 그녀는 비참한 지경으로 전락한 주변 사람들의 공허한 눈빛을 보면서, 아버지의 사회주의가 비록 물질적 현실에 뿌리를 둔 것이기는 하지만 그런 굶주린 사람들에게는 여전히 너무 추상적이라는 사실을 깨달았다. 그들에게는 일과 생존임금 자체가 꿈같은 소리였던 것이다. 투시는 오랫동안 자신만의 싸움을 찾아 헤맸는데, 결국 이스트런던에서 그것을 발견하게되었다.

투시는 나중에 한 친구에게 자신은 이스트엔드의 이민자들 속에서 유대인으로서의 자기 정체성을 발견했고, "우리 가족 중에서 유대인에게 끌린다고 느낀 유일한 사람"[64]이 되었다고 털어놓았다. 그녀는 재발견한 유산을 자랑스럽게여기며 에드 베른슈타인에게 보낸 편지에서 "저는 유대인입니다"라고 썼고, 유대인 사회주의자들에게 연설해달라는 초청장에 대한 답신에서 "동지들, 11월 1일 모임에서 연설하게 돼서 영광입니다. 그리고 제 아버지가 유대인이라는 사실이 기쁩니다"[65]라고 말했다.

점점 더 투시와 에이블링은 다른 세상에서 살게 되었다. 12월 31일에 투시는 라우라에게 "내일 에드워드는 콘월의 친구 집에 가서 머물 거야. 그 친구는 나도 같이 오기를 바라지만 나는 그럴 수 없어. 그리고 나는 부자들은 별로야"라고 편지했다. 그녀는 대신 엘리자베스 여왕 시대의 희곡 『미녀들에 대한 경고 A Warning to Fair Women』를 구하기 위해 옥스퍼드로 갔다. 엘리스가 자신이 편집 중인 시리즈를 위해 그녀에게 그것을 준비해달라고 부탁했기 때문이다. 그녀는 기꺼이 그렇게 했다. 왜냐하면 그것은 사회적 문제에 관한 것이었고, 오직 그것만이 중요하기 때문이라고 그녀는 말했다.[66]

48

1889년
런던

> 가난한 자가 아니면 가난한 자를
> 이해할 수 없다. 부자들은 그들에게
> 금지된 음식과 휴식이 얼마나 절실한
> 것인지 알지 못하기 때문이다.
>
> —키어 하디[1]

마르크스의 가족사를 파고들다보면 불가피하게 큰 그림과 멀어져 현실과 괴리된 왜곡된 상을 얻게 된다. 그들의 세계는—한 치의 예외도 없이—완전히 사회주의적이었지만, 세상의 모습은 대체로 그렇지 않았다. 1889년에 영국을 통틀어 사회주의자는 2천 명을 넘지 않았다. 노동조합 가맹원은 75만 명 정도였지만, 하인드먼 계열의 사회주의자나 페이비언들은 노조와 협력할 생각을 하지 않았고, 노조 역시 그들에 대해 회의적이었다.[2] 노동조합이 자본주의에 대항할 노동자의 가장 직접적이고 효과적인 무기라는 마르크스의 신념을 좇아, 투시와 그녀의 몇몇 동료는 노조의 투쟁에 참여했었다. 한 사회주의자는 그들이 "사회주의 때문이 아니라 사회주의에도 불구하고"[3] 결국 환영을 받았다고 말했다.

첫 번째 커다란 투쟁은 1889년 3월에 일어난 가스노동자들을 위한 투쟁이었다. 그들은 비숙련 노동자로서는 영국에서 최초로 노동조합을 결성했다.[4] 투시와 에이블링이 노조의 규약 작성을 도왔다.[5] 몇 개월 안에 '전국 가스노동자 및 영국-아일랜드 일반노동자조합'의 조합원 수는 수만 명에 달했다. 일 년 안에 조합원 수는 십만 명을 돌파하고 8시간노동제를 위한 파업을 벌여서 승리를 거두었다.[6] 그 투쟁의 지도부 — 윌 손, 톰 맨, 존 번스 — 는 모두 노동자들이었다 (그들 모두 나중에 국회의원이 되었고 그중 한 명은 장관직까지 올랐다).[7] 손은 문맹이어서 투시가 그를 가르치기 시작했다.[8]

이스트엔드는 가스노동자들의 승리에 한껏 고무되었다. 그리고 폭서가 기승을 부리던 8월 13일에 일단의 부두노동자들이 더 이상 고역을 감내하지 않겠다고 결심했다. 손, 맨, 번스, 그리고 스스로를 광인이라고 표현한[9] 스물일곱 살의 벤 틸렛이 파업을 주도하기 위해 모였다.[10] 8월 19일에 그들은 부두노동조합을 결성했고, 8월 20일에 런던 부두가 백 년 만에 처음으로 닫혔다. 노동자들이 모두 일자리를 박차고 나와버린 것이다.[11]

템스 강은 이스트엔드와 한쪽 경계를 맞대고 있었다. 멀리 강 위에 정박한 배들의 꼭대기에서 나부끼는 형형색색의 깃발들은 마치 희망의 상징, 혹은 대담한 기회의 새로운 땅으로 초대하는 희미한 손짓처럼 보였다.[12] 그렇지만 그 아래 부두에서 벌어진 일은 인간을 짐승처럼 취급하는 것이었다. 손은 그것을 한마디로 표현했다. "세계 어디에서도 백인들이 부두노동자들처럼 그런 비참한 환경을 견뎌내야 하는 곳은 없으리라 확신한다."[13]

그들 대부분은 하루 단위가 아닌 한두 시간으로 고용되었으며, '부름'을 받기 위해, 즉 일할 기회를 얻기 위해 하루 종일 대기하고 있어야 했다. 벤 틸렛은 다음과 같이 설명했다.

몸싸움과 고함, 욕설이 난무하는 가운데 짐승 같은 작자가 히죽거리며 불쌍한 녀석들 중 몇몇을 선택한다. 부름 받은 자들을 보호하기 위해 튼튼한 쇠창살로 둘러쳐져 있기 때문에 짐승우리라고 불리는 곳 너머의 굶주린 사람들은 생존의 참다운 보증이라도 되는 양 티켓을 얻기 위해 미친 듯이 아귀다툼을 벌인다. 죽기 살기로 다투다보니 외투, 살점, 때로는 귀도 떨어져 나간다…… 힘센 자는 말 그대로 다른 사람들 머리 위로 몸을 던지고 차고 욕설을 퍼부으며 우리 속으로 들어가려고 난리를 친다. 우리는 미친 사람을 쥐새끼처럼 가두어둔다. 부름은 하루 중 또는 밤에도 언제 있을지 알 수가 없고, 사람을 굶주림과 오지 않을 일과 음식에 대한 기대감으로 일주일간 붙들어둔다.[14]

6만 명의 부두노동자들이 그런 제도를 거부하고 파업에 참여했다. 그들의 요구는 온건했다. 한 시간에 6펜스─1펜스 인상─의 최저임금 보장이 최상위 요구였다.[15] 그렇지만 해운회사들은 말도 안 되는 소리라며 웃어넘겼다. 런던에서 가장 비천한 노동자들이 해운을 장악한 강자들을 감히 어떻게 이기겠다고 나설 수 있는가? 그렇지만 해운회사들은 결집된 절망이 어떤 힘을 발휘할 수 있는지 계산하지 못했다. 파업자들은 일자리로 돌아가기보다 차라리 죽을 각오를 했다. 게다가 회사는 새로운 노동조합 지도자들을 과소평가했다.

파업은 부두 북쪽의 라이덴 가에 있는 웨이드 암스라는 선술집에서 계획되었다. 투시와 존 번스의 부인은 기금을 모으고, 파업을 선전하고, 동정적인 시민들과 박애주의적 정치단체들, 다른 노조 등에서 답지한 구호품을 배분하는 역할을 담당했다.[16] 엥겔스는 투시가 "파업에 혼신의 힘을 다 바쳤다"[17]고 말했다. 9월 초 그녀는 하이드파크에서 파업 노동자들을 위해 연설했다. 런던의 『유권 노동자 *Labour Elector*』지의 기자는 "에이블링 부인이 많은 군중 앞에서 연설하는 것을 보는 것이 흥미롭고, 그녀가 부두노동자 가족들의 비참한 생활에 대해 언급할 때 여성들의 눈이 그녀에게서 떠나지 못하는 것을 보는 것이 흥미롭고, 그녀가 검은 장갑을 낀 손가락으로 압제자들을 가리키는 것을 보는 것이 즐겁고, 그녀의 웅변적인 연설에 진심 어린 갈채가 쏟아지는 것을 듣는 것이 즐겁다"[18]고 썼다.

부두노동자들은 아무것도 없이 시작했기 때문에 파업 2주가 지나자 거의 굶어 죽을 지경이 되었다. 언론이 파업을 보도했고, 일부 대학생들이 지지를 표명했다. 그렇지만 파업 지도부는 항의 시위를 런던 도심으로 옮겨야 한다고 믿었다─그동안 그렇게 쉽게 무시되어왔던 사람들의 진면목을 도시 전체가 똑똑히 지켜보도록 만들어야 했다. 해운회사들을 압박하고, 지원을 얻고, 부두노동자들의 목숨을 부지하기 위해서라도 필요한 일이었다. 파업자들의 런던 시가 항의 행진은 거의 패잔병들의 행렬 같았다. 어려운 형편 때문에 시끄러운 시위를 벌일 만한 기력도 남아 있지 않았다. 그래서 런던 시민들은 그들을 동정했다. "수천 명의 파업자들이 도심을 행진하면서도 소매치기도 없고 유리창 하나 박살나지 않은 것이 알려지자, 영국 시민들은 교외의 빌라로 돌아가 각자의 취미생활을 계속 즐길 수 있는 것에 안도했고, 상대도 안 되는 싸움을 벌이고 있는 불쌍한 악마들을 지지할 마음이 생겼다"고 한 관찰자는 말했다. 그렇지만 그런 지원도 충분치 못했다. 곧 파업구호기금은 바닥났다.[19]

죽느냐 항복하느냐의 갈림길에 선 순간, 멀리 오스트레일리아로부터 상상도 못한 3만 파운드라는 막대한 자금이 흘러들어왔다. 오스트레일리아의 부두노동자들이 자체적으로 모금하고 박애단체들의 도움까지 받아서 런던의 동료들에게 보내준 것이었다.[20] 해운회사들은 이런 연대의 표시를 불길한 징조로 보았다. 성수기에 파업이 터졌기 때문에 이미 막대한 손실을 입고 있는데, 그런 원조가 계속되면 몇 달이나 부두를 닫아놓아야 할지 알 수 없었다. 그리고 파업이 런던 이외의 곳으로 번져 나갈 위험도 있었다. 팽팽하던 균형이 순식간에 기울기 시작했다.[21] 9월 16일, 부도노동자들은 거의 모든 요구를 따냈고 승리감과 함께 자부심에 찬 군대가 되어 다시 일터로 돌아가게 되었다. 그들의 승리는 전 세계의 공장과 농장에서도 환영받았다. 가장 천대받고 무력했던 노동자계급이 지역에서 조직을 만들고, 국제적인 지원에 힘입어 승리를 거둘 수 있었던 것이다.[22]

그들의 승리는 사회주의자들의 승리이기도 했다. 손은 파업 이후 노동자들이 사회주의를 더 이상 허무맹랑한 얘기로 여기지 않고 뭔가 구체적인 것을 산출할 수 있는 체계, 즉 빈곤으로부터 벗어날 수 있는 길로 보기 시작했다고 말했다.[23] 엥겔스는 다음과 같이 선언했다. "그것은 우리가 오랫동안 간직해왔던 위대한 약속의 운동이다. 나는 그것이 자랑스럽고, 살아서 그것을 보게 된 것이 기쁠 따름이다. 마르크스가 살아서 이것을 보았더라면! 이렇게 철저히 짓밟힌 사람들이, 프롤레타리아트 중에서도 최하층인 그들이, 어중이떠중이들의 오합지졸이었던 그들이, 일자리를 위해 부두 입구에서 아침마다 난투극을 벌이던 그들이, 한데 뭉쳐, 그 결의로 저 전능한 부두회사들의 간담을 서늘하게 만들 수 있다면, 우리는 정말 노동계급의 어떤 부분에 대해서도 절망할 이유가 없다."[24]

엥겔스는 그런 대중에게 화답하기 위해 영국에서 노동자당을 만드는 일이 그 어느 때보다도 중요해졌다고 말했다.[25]

사회주의자들은 1889년 여름에 파리에서 대회를 열기 위해 이 년간 준비해 오고 있었다. 그렇지만 그해 마지막 몇 달을 남겨두고 분파주의, 민족주의적 분열, 그리고 개인적 불화까지 불거지면서 제2인터내셔널이 출범할 때가 되었다는 많은 사람들의 기대가 헛되이 될 위기에 놓였다. 프랑스 사회주의자들은 대회를 두 개로 분리해 열기로 결정할 만큼 분열이 심각했다. 5월에 엥겔스는 라파르그에게 편지를 써서, 자신과 투시는 '소위 마르크스 당'을 성공적인 것으로 만들기 위해 애써왔지만 폴(그는 한쪽 분파만 초청해 영국 사회주의자들과 관계가 틀어졌다)과 리프크네히트[26](그는 독일인들이 프랑스의 어느 분파를 지지해야 할지 결정할 능력이 없는 듯 보였다)[27]의 외교적 실책 때문에 번번이 좌절을 겪고 있다고 말했다. 심지어 날짜를 두고도 대립이 있었다. 이미 그전 토론에서 대회는 9월에 개최하기로 결정되어 있었다. 그런데 라파르그가 갑자기 7월 14일이 좋겠다고 결정해버렸다. 7월 14일은 바스티유 감옥 습격 백주년이 되는 날이고, 또한 경쟁 사회주의자들의 대회가 개최되는 날이기 때문이라는 것이었다.[28] 화가 난 엥겔스는 라파르그에게 원래 예정된 날짜를 지키고 철없는 아이처럼 제멋대로 행동하지 말라고 꾸짖었다.[29] 한편 경쟁 사회주의자들은 라파르그가 주도하는 행사를 마르크스 가족들의 행사로 폄하했다.[30]

그러나 결과적으로 라파르그가 논쟁에서 승리를 거두어 대회는 7월 14일에 개최되었으며, 서쪽으로는 미국부터, 동쪽으로는 러시아까지 많은 대표들이 파리로 모여들었다. 라파르그는 숙소와 행사장 수배를 책임졌지만, 치밀하지 못한 성격 탓에 독일 대표단이 묵을 숙소를 미처 예약하지 못했고, 막상 대표단이 파리에 도착했을 때는 세계산업박람회 때문에 파리에 이미 많은 방문객들이 몰려와 있어서 방을 구하기가 더욱 어려웠다.[31] 라파르그는 또한 대표단이 다 들어가기 어려울 정도로 행사장이 비좁으면 대회가 큰 성공으로 보일 것이며, 또한 참석자들이 파리의 여름 더위 속에서 답답할 것이기 때문에 의제를 까다롭게 검토하지도 못할 것이라고 생각하고 자기가 알고 있는 작은 홀을 임차해두었다.[32] 게다가 대회가 성황리에 치러지지 못했을 경우의 언론 반응을 우려하며 대회를 비공개로 진행하고 싶어 했다. 엥겔스는 당황했다. 대회를 여는 이유가 바로 세계의 이목을 집중시키고, "8시간노동제, 여성과 아동 노동에 대한 입법, 상비군의 철폐"에 관심을 모으기 위한 것이라고 여겼기 때문이다. 그는 도대체 라파르그가 왜 대회를 비밀로 하려는 것인지 이해할 수 없었다.[33]

준비과정에서 여러 가지 실수가 있기는 했지만 결과는 역사적인 것이었다. 그해 7월에 파리에서는 세계산업박람회에서 에펠탑이 첫선을 보였으며, 제2차 국제노동자협회의 씨앗이 뿌려졌다. 마르크스주의자들의 모임은 파리 북역과 피갈Pigalle 사이의 뒷길에 있는 페트렐 홀에서 개최되었다. 엥겔스는 참석하지 않기로 했다. 이미 준비과정만으로도 충분히 화가 난 상태였기 때문이다. 그렇지만 투시와 에이블링은 영국 대표단의 일원으로 참석해 역사적인 대회의 직접적인 목격자가 되었다. 홀에는 1848년과 코뮌의 영광스러운 전투를 상기시키는 수많은 붉은 깃발과 현수막이 걸려 있었다. 20개국에서 391명의 대표들이 참석했으며, 비좁은 실내를 가득 채운 사람들 중에는 노동운동과 사회주의 운동에서 국제적으로 명성을 얻고 있는 인사들도 다수 눈에 띄었다. 독일의 베벨, 리프크네히트, 베른슈타인, 클라라 제트킨, 러시아의 게오르기 플레하노프, 벨기에의 세자르 드페페, 영국의 키어 하디 등이 보였다.[34] 그리고 경쟁 사회주의자들의 대회는 6백 명이 참석하기는 했지만 그중 5백 명이 프랑스인이었다. 그 숫자가 보여주는 것은, 경쟁자들은 국내에서 강하지만 마르크스주의자들은 국제적인 세력이라는 점이었다.[35] 다음 날 마르크스주의자들의 대회는 더 넓은 장소

로 옮겨졌다. 이름도 어울리게 '환상의 살롱Salon des Fantaisies'이었다.³⁶

엥겔스는 대회에 거의 기대를 갖지 않았었다. 그렇지만 대회 개최 후 계속 보고를 받다가 사흘째가 되자 대회가 눈부신 성공이라고 선언했다.³⁷ 대회 엿새째 날 대표단은 8시간노동제, 아동 노동의 금지, 그리고 여성과 청소년 노동의 규제에 대한 결의안을 채택했다. 또한 노동자들을 위한 정치조직의 필요성과 상비군의 해산 및 민병대로의 전환 요구를 승인했다. 마지막으로 대회는 이듬해인 1890년에 8시간노동제와 노동입법을 지지하는 전 세계적인 메이데이 행사를 개최하기로 결정했다.³⁸

엥겔스는 파리 대회가 개최되기 전 몇 달간 사회주의자들의 분파투쟁을 중재하느라 『자본론』 제3권에 할애할 시간을 빼앗기고 말았다.³⁹ 곧 일흔 살에 접어드는 그는 자기 혼자서 모든 작업을 마칠 만한 시간이 남아 있지 않을 수도 있다고 생각했다. 투시가 자기가 본 사람들 중 엥겔스가 가장 젊다고 말해주기는 했지만 말이다.⁴⁰ 그는 마르크스의 모든 저작들이 출판되는 것을 감독할 뿐만 아니라 친구의 전기와 인터내셔널의 역사를 쓰고, 수십 년간 묵혀두었던 자신의 여러 가지 글들도 써보고 싶었다. 하지만 그 일을 혼자 할 수 없다는 결론에 이르렀다. 그가 운동에서 가장 신뢰한 젊은이는 에드 베른슈타인과 카를 카우츠키였다. 엥겔스는 그들에게 제안했다. 마르크스의 "상형문자"를 읽는 법을 전수해줄 테니 자신의 작업을 돕다가 때가 되면 편집인으로서의 자신의 지위를 계승하라는 것이었다. 두 사람 모두 제의를 받아들였다.⁴¹

엥겔스는 마르크스보다 훨씬 시간관념이 철저했다. 장군조차도 영원히 살 수 없다는 확실성에 더해서, 그는 운동이 점점 추진력을 얻어가고 있기 때문에 그것에 강한 이론적 기반을 제공하기 위해서라도 마르크스의 저작을 널리 퍼뜨리는 것이 그 어느 때보다 중요해졌다는 사실을 느끼고 있었다. 제2인터내셔널이 성공적이었을 뿐만 아니라, 부두노동자들의 파업이 노동조합과 사회주의 운동의 획기적인 발전을 보여준 사건이라고 엥겔스는 생각했다. 또한 독일에서 중

대한 정치적 변화가 발생하고 있었다. 엥겔스는 "1890년 2월 20일은 독일 혁명의 개막일"이라고 선언했다.[42] 사회주의자들이 삼 년 전 선거보다 두 배나 많은 140만 표를 얻는 약진을 보였던 것이다. 3월에 열린 2차 투표에서는 사회주의자들이 국회에서 35석을 차지했다. 엥겔스는 그 결과에 흥분했다.[43]

독일의 이런 승리 뒤에는 두 황제의 죽음이 있었다. 1888년에 빌헬름 1세가 죽고 그의 아들이자 빅토리아 여왕의 사위인 프리드리히가 등극했다. 그렇지만 프리드리히는 암 때문에 단 99일간만 황제로 살았다. 황위는 그의 스물아홉 살 난 아들 빌헬름에게로 넘어갔다. 그가 빌헬름 2세가 되었다.[44] 젊은 통치자는 일흔세 살의 재상 비스마르크보다 자유주의적이었으며, 적어도 처음에는 노동자들에게 더 동정적이었다. 비스마르크는 '붉은' 봉기가 임박했다고 경고하며 반사회주의자법을 상설법으로 개정하고 사회주의 활동가들을 추방할 수 있는 조항까지 포함시켜야 한다고 주장했다.[45] 사회주의자들에 대한 그의 탄압 시도는 1890년 1월 국회에서 좌절되었다. 그 결과 그가 파괴하고 싶어 했던 사회민주주의당을 오히려 고무해주는 꼴이 되었다. 그다음 달 선거에서 유권자들은 좌파 쪽으로 기울었고, 그래서 엥겔스가 그렇게 환호했던 '혁명적인' 결과가 얻어진 것이다.[46] 3월 17일, 빌헬름 2세는 비스마르크의 사임을 요구했다. 비스마르크는 다음 날 사임했다.[47] 이제 독일에서 노동계급에 대한 선동을 조심스럽게 확장할 수 있는 길이 열린 것이다.

파리 대회는 1890년 5월 1일을 노동자들의 최초의 세계적 시위 날로 정했다. 엥겔스는 독일의 동료들에게 신중하게 일을 진행하라고 경고했다. 왜냐하면 황제의 노동자들에 대한 동정에도 불구하고, 군대는 어떤 시위든 중단시키라는 명령을 받아놓은 상태였고 비밀경찰들은 탄압을 정당화하기 위해 소요사태를 일으키고 싶어 했기 때문이다.[48]

그렇지만 다른 곳에서 메이데이 행사는 축제 분위기로 진행되었다. 엥겔스에게 그것은 노동계급이 급격히 정치화되고 있다는 증거였다. 파리의 거리는 작업복 차림으로 나온 남녀들로 가득 찼고, 그들은 이미 축제 분위기로 들뜬 콩코

르드 광장을 향해 행진했다. 1870년 당시 그곳은 군중이 프랑스가 공화국이 될지, 프로이센군이 시 성문을 깨고 들어올지 궁금해하던 장소였다. 파리의 거리가 노동자들에게 점령당하자 다시 부르주아들은 공포심에 질려 가게 문을 닫고 도망쳤다. 괜한 우려였다. 노동자들은 더 이상 인정을 받기 위해 파괴행위를 벌일 필요가 없었다. 노동자들은 아직 프랑스의 상층계급과 동일한 권리를 누리지는 못했지만, 최소한 조직되어 있었고 자신의 대표자로 정부에 참여하고 있었다. 라파르그와 라우라도 축하행사에 참석했다. 라파르그는 많은 경찰들이 이곳저곳에서 군중을 밀치기도 하고 말을 타고 군중을 가로지르기도 했다고 보고했다. 그렇지만 노동자들은 흥분하지 않고 길을 내주었다. 그것은 위협이라기보다 일종의 쇼였기 때문이다. 라파르그는 10만 명 정도의 인파가 모였다고 추산했다. 정확한 숫자야 어찌되었든, 파리에는 장관이 연출되었다.[49] 그런데 런던의 메이데이 시위에 비하면 초라하게 보일 정도였다. 엥겔스는 런던 시위에 대해 "엄청나다"고 말했다.[50]

런던의 행사는 일요일인 5월 4일에 열렸다. 그래서 더 많은 노동자들이 참가할 수 있었다. 하이드파크 주변 곳곳에 열다섯 개의 연단—대부분 배달 마차의 짐칸이었다—이 마련되었다. 그곳에서 유럽 곳곳에서 온 연사들이 정치가 아닌 노동문제에 대해 연설했다. 특히 주안점은 도처에서 얻은 8시간노동제의 승리와 그것을 초과하는 노동시간에 대한 초과근무 수당에 관한 것이었다. 마르크스주의의 이론에 따르면, 그것도 여전히 노동자들이 자신의 노동력을 포기하는 일이긴 하지만, 어쨌든 근본적인 변화로 가는 도상에 있는 한 단계인 것도 사실이었다.

사람들은 걸어서 또는 마차, 승합버스, 지하철을 타고 사방에서 공원으로 몰려들었다. 30만 명 정도가 참가한 것으로 추산되었다. 한 기자는 공원이 그렇게 가득 찬 광경은 본 적이 없다고 말했다. "세탁부는 한 남자가 든 작은 깃발을 따라 힘겹게 계속 걸어갔다. 어린 소년은 우리가 그에게 8시간노동제를 보장해주기를 바랐다."[51] 연사들은 노동조합—번스, 손, 하디, 틸렛—과 영국의 모든 사회주의 단체에서 나왔다. 라파르그와 에이블링도 한 연단에서 연설했다. 엥겔스도 단상에 올랐지만 그저 참관만 하고 있었는데, 라파르그가 연설을 썩 잘했다고 평했다. 라파르그는 강한 악센트의 영어에도 불구하고 청중으로부터 열화와 같은 갈채를 이끌어냈다. 투시와 에드 베른슈타인은 다른 연단을 차지하고 있었다.[52] 부두 파업 이후 투시는 노동자들 사이에서 가장 인기 있는 연설자 중 한 명이 되었으며, 또한 여자이기 때문에 각별한 관심을 끌었다.[53] 커다란 환호에 답하며 그녀는 자신들이 정당을 위해서가 아니라 노동문제를 다루기 위해 그 자리에 왔다고 말했다. 그녀는 자신을 노동조합 활동가이자 사회주의자로 소개했고, 노동운동의 성장과정에 대해 개관했으며, 소수의 사람들이 노동시간 단축을 요구했던 때로부터 그 수가 수백 명이 되고 다시 수만 명이 될 때까지의 이야기를 했다. 그리고 셸리가 1819년에 학살된 영국 노동자들에게 바친 헌사 「혼돈의 가면극The Mask of Anarchy」을 인용하며 연설을 마쳤다. 투시는 외쳤다. "잠에서 깨어난 사자처럼 일어서라…… 그대들은 다수이고 저들은 한줌에 불과하다." 청중은 환호했다.[54]

나중에 엥겔스는 다음과 같이 썼다. "만약 마르크스가 이런 광경을 볼 수 있다면 내가 무엇인들 아까워하겠는가…… 나는 낡은 짐마차에서 내려올 때 키가 몇 센티미터 더 커진 느낌이었다."[55]

엥겔스는 이렇게 새로이 확장된 힘에 대한 자각이 올바르게 인도되지 못하면 경솔함으로 치달을 수 있다는 점을 너무나도 잘 알고 있었다. "그들 대부분이 단지 선의만을 지니고 있겠지만 지옥으로 가는 길은 그런 선의로 닦여 있는 것으로 유명합니다." 그는 리프크네히트에게 말했다. "그들이 개종한 광신자들처럼 열정으로 불타오르지 않는다면 오히려 기적이겠지요."[56] 그는 네덜란드 동료에게 『자본론』제3권이 그의 마음을 무겁게 짓누르고 있다고 말했다. 마르크스의 이론을 이해하는 데 제3권이 매우 중요하다고 보았지만, 추가되어야 할 작업이 아직 많이 남아 있었던 것이다. "어떤 부분은 먼저 조심스럽게 고치고 어느 정도 재배치하지 않으면 도저히 출판할 수 없는 상태입니다. 당신도 상상하실 수 있겠지만, 이토록 대단한 작품을 다루고 있는 저로서는 철저한 숙고를 거치지 않고서는 어떤 것도 할 수 없습니다." 마르크스의 이름으로 작업하는 것이므로 그는 정확성을 위해 만전을 기해야 했다.[57]

엥겔스는 독일의 2월 선거와 5월의 감동을 뒤로하고 렌헨 덕에 비로소 작업에 집중할 수 있었다. 그는 "나의 지난 칠 년간처럼 마르크스도 오랜 기간 동안 평화롭게 작업할 수 있었다면, 그것은 바로 렌헨 덕분이었을 것이다"라고 말하곤 했다.[58] 렌헨과 엥겔스는 1845년부터 흉금을 터놓는 친구 사이였다. 어쩌면 그 이상이었을 것이다. 그들은 한 가족이나 다름없었다. 그들은 일에 대한 꼼꼼함에서부터 술과 오락에 대한 사랑까지 모든 면에서 똑같았고, 렌헨은 엥겔스가 일을 하기 위해 무엇이 필요한지 정확히 알고 있었다. 1890년경에 렌헨은 자신의 트레이드마크가 된 리넨 모자와 금테 귀걸이를 걸치고 하인들을 부리면서 마르크스 집안의 안주인 역할을 했다. 라우라가 파리의 동쪽 르페루 외곽의 새로운 집으로 이사할 때는 그녀가 도우러 갔다.[59] 투시와 에이블링이 에이블링의 명예를 지키기 위해 분투하고 있을 때도 그녀는 엥겔스가 남자들 사이에서 했던 것처럼 당의 여성들 사이에서 치열한 싸움을 벌였다.[60] 전 세계에서 엥겔스의 리젠트 파크로 몰려든 암살자, 혁명가, 정치인, 저널리스트들에게 문을 열고 우아하게 처음 맞아준 사람도 그녀였다. 대화는 주로 정치에 관한 것이었지만 손님이 노래를 부르고 싶어 하면 분위기를 맞춰주었고, 보르도 와인도 끊임없이 대접해주었다.[61] 베른슈타인은 엥겔스의 손님에게 필요한 유일한 자격은 "지적으로 의미 있는 사람", 이 한 가지뿐이라고 말했다.[62] 렌헨이 주도한 크리스마스 파티는 전설적이었다. 실내는 온통 녹색으로 치장되었고, 겨우살이(크리스마스 장식으로 거는 나무―옮긴이)를 교묘하게 배치해 아무도 키스 세례를 받지 않고는 통과할 수 없도록 만들었으며, 식탁 위에는 음식을 한가득 쌓아놓았다. 렌헨의 플럼 푸딩 솜씨는 유명해서 독일과 프랑스의 친구들에게까지 보내주기도 했는데, 식사는 그 푸딩으로 마무리되었다. 베른슈타인은 실내를 극적으로 어둡게 만들고 럼주에 적신 푸딩에 불을 붙였을 때 사람들이 환호하는 모습을 보고 엥겔스가 즐거워한 일을 회상했다.[63]

1890년 렌헨은 일흔 살이 되었고 엥겔스와 마찬가지로 몸이 둔해졌다. 10월에 그녀는 원인이 뚜렷하지 않은 간질환 증세로 아프기 시작했다.[64] 11월 초에 엥겔스는 놀라서 라파르그에게 렌헨이 다시 월경을 시작한 것 같고, 많은 출혈이 있다고 말했다. 의사는 문제가 무엇인지 알지 못했다. 아마도 렌헨이 자세한 진찰을 거부했던 것 같다. 엥겔스는 다른 의사를 불렀고, 그는 렌헨이 패혈증에 걸렸을 수 있다고 진단했다.[65] 이틀 후인 11월 4일, 렌헨은 세상을 떠났다. 그녀의 침대 곁에는 프레디, 엥겔스, 투시, 에이블링, 그리고 두 명의 하인이 있었다. 나중에 조니 롱게에게 보낸 편지에서 프레디는 "제 어머니의 거의 마지막에 가까운 말씀은 '프레디에게 이름을 설명해줘'였습니다. 말씀하시면서 그분은 한 손으로는 투시의 손을, 다른 한 손으로는 제 손을 잡고 계셨습니다." 어머니의 유언은 프레디의 머릿속을 떠나지 않았다.[66]

엥겔스는 친구와 가족들에게 "마음씨 좋고, 아름답고, 헌신적이었던 렌헨"이 세상을 떠났다고 알리고, 리지 번스가 죽었을 때도 보이지 않았던 깊은 상실감을 공개적으로 표시했다.[67] "우리는 이 집에서 칠 년간 같이 행복한 시간을 보냈습니다." 그는 뉴욕의 친구에게 말했다. "우리는 1848년 이전의 오래된 기억을 지키는 단 두 사람의 생존자였습니다. 이제 나는 여기 다시 혼자 남았습니다…… 이제 어떻게 살아가야 할지 알 수가 없군요."[68]

49

I89I년
런던

그런 운동을 탄압으로 억누를
수 있다고 생각하다니, 이 정부들은
참으로 어리석기 짝이 없구나!

—프리드리히 엥겔스[1]

렌헨은 11월 7일에 하이게이트 묘지의 마르크스, 예니, 그리고 그들의 손자 해리와 같은 무덤에 묻혔다. 엥겔스는 그녀의 삶을 기리는 조사를 읽으며 눈물을 흘렸다.[2] 틀림없이 렌헨이 마르크스와 예니를 위해 했던 개인적 희생들, 예컨대 그들의 가난한 삶을 함께한 것부터 마르크스를 적으로부터 보호하고, 예니가 남편의 외도를 눈치채지 못하도록 하기 위해 자신의 아이까지 포기해야 했던 일까지 머릿속에 떠올렸을 것이다. "우리는 그녀가 마르크스와 그의 가족들에게 어떤 존재였는지 측량할 수도 말로 표현할 수도 없습니다." 엥겔스는 그녀의 죽음을 애도하며 조문객들에게 말했다.[3] "지금까지 제 집에는 햇살이 들었습니다. 하지만 이제는 어둠뿐입니다!"[4]

렌헨은 살아 있을 때 주변 사람들을 보호해주었는데 이제 그녀가 세상을 떠나자 엥겔스가 그 일을 대신했다. 그는 독일에 있는 렌헨의 가장 가까운 친척인 그녀의 조카에게 편지를 보내 그녀의 유언을 설명했다. 그리고 그녀의 모든 재산을 상속할 한 남자에 대해 선의의 거짓말을 했다. 렌헨의 재산은 40파운드 정도였고 모두 프레디에게 돌아갔다. 엥겔스는 렌헨의 조카에게 "프레데릭 루이스"는 "세상을 떠난 친구의 아들"로서 어렸을 때 렌헨에게 입양되었으며, 렌헨의 보살핌 아래 "훌륭하고 성실한 기계공"으로 성장했다고 말했다. 그는 프레디가 감사의 표시로, 그리고 렌헨의 허락을 얻어 데무트의 성을 쓰기로 했다고 설명했다.[5]

프레디는 몇 해 전부터 엥겔스의 집을 드나들고 있었고, 어머니가 세상을 뜬 이후에도 발길을 끊지 않았다. 그렇지만 투시는 엥겔스가 그와 같이 있는 것을 껄끄럽게 여겼다고 말했다. 그녀는 엥겔스가 그의 아버지임에도 불구하고 결코 공개적으로 드러내지 않은 것을 비난했다. 프레디의 존재가 엥겔스에게는 그의 개인적 과오에 대한 살아 있는 증거이자 끊임없는 죄책감의 근원이라고 믿었던 것이다. "우리는 누구든 자신의 과거를 육신으로 대면하고 싶어 할 사람은 없을 것이라는 생각이 들어." 그녀는 라우라에게 썼다. 그리고 아들을 버린 엥겔스가 느껴야 할 감정을 자신도 어렴풋이 공감하는 듯이 말하며 덧붙였다. "나는 프레디를 만날 때마다 일종의 죄책감을 느껴. 그 사람의 인생이 어땠을까! 그 사람의 비참했던 인생을 듣다보면 정말 안타까워."[6]

엥겔스의 젊은 사회주의 동료들은 마르크스-엥겔스의 유업을 지키기 위해 자신들의 사람이 집 안에서 렌헨의 자리를 대신하도록 하고 싶어 했다.[7] 오스트리아의 사회민주주의자 빅토르 아들러는 즉시 엥겔스에게 편지를 보내, 카우츠키의 전처 루이제에게 그 일을 맡기자고 제안했다.[8] 엥겔스는 1885년에 스물다섯 살 된 루이제가 남편과 함께 빈에서 왔을 때 "멋진 작은 몸nice little body"이라고 칭찬한 적이 있었다.[9] 19세기의 표현법으로 "멋진 작은 몸"이란 "멋진 작은 사람nice little somebody"을 뜻했지만, 엥겔스의 경우 아마도 그녀의 아름다운 몸매에 주목했을 것이다. 루이제와 카를 카우츠키는 런던에 살면서 엥겔스의 집에 자주 드나들었다. 그러다가 1888년에 그녀는 빈으로 돌아갔고 남편은 그녀에게 이혼을 요구했다. 이런 멜로드라마는 몇 달간 독일, 프랑스, 영국의 사회주의자들 사이에서 입방아에 올랐다. 카를 카우츠키는 알프스 잘츠부르크 출신의 젊은 여인과 사랑에 빠졌지만 그 여인은 딱 닷새 만에 카우츠키의 동생에게 빠져 그를 차버렸다. 엥겔스는 카우츠키가 루이제와 헤어지기를 원한다는 사실에 한 번 놀랐고, 그런 사건에 대한 루이제의 '영웅적' 대응에 다시 한 번 놀랐다. 그녀는 오히려 카우츠키의 친구들이 그를 너무 심하게 몰아붙인다고 비난했던 것이다! 카우츠키의 연인이 그의 동생과 약혼해버리자 그와 루이제는 다시 관계를 회복해보려고 노력했지만, 1890년에 그들의 화해 시도는 무익한 것으로 결론이 났다.[10]

(엥겔스의 마음에는 특별한) 그 여인이 런던의 집에 자신과 함께 머문다는 생각은 재빨리 엥겔스의 마음에 뿌리를 내렸다. 렌헨이 세상을 떠나고 닷새 후에 엥겔스는 루이제에게 편지를 써서 함께 살자고 말했다.

요 근래 내가 겪은 일들에 대해, 삶이 얼마나 황량하고 쓸쓸했으며 또 여전히 그러한지에 대해 굳이 당신에게 말할 필요는 없을 것이오. 그리고 그때 그 문의가 들어왔소, 이제 어떻게 할 거냐고. 친애하는 루이제 양, 그때 이후로 하나의 이미지가, 생생하고 마음을 편하게 해주는 모습이 밤낮으로 내 눈앞에 아른거리고, 그 모습은 바로 당신……

만약 혹시라도 나의 이런 백일몽이 실현될 수 없는 것이라면, 당신이 관련된 문제인 한, 그 일의 결점과 수고로움이 장점과 기쁨보다 크다고 생각된다면, 부디 말을 돌리지 말고 내게 직접 알려주오. 나는 당신을 정말 좋아하기 때문에 나를 위해 희생하기를 바라지 않소…… 당신은 젊고 화려한 미래가 보장되어 있소. 나는 3주 후 일흔 살이 되고 살 날도 얼마 남지 않았소.

엥겔스는 편지를 "불멸의 사랑으로"[11]라는 말로 끝마쳤다.

엿새 후 서른 살의 루이제 카우츠키는 엥겔스의 집안일을 관리하기 위해 런던으로 출발했다.[12] 에이블링이 빅토르 아들러에게 10파운드의 수표를 보내면, 아들러는 그 돈을 루이제에게 여비로 주기로 약속되어 있었다. 그렇지만 에이블링의 수표는 부도가 났다. 엥겔스가 수표를 막으라고 에이블링에게 돈을 주었지만 에이블링이 그 돈을 착복해버렸던 것 같다.[13] 엥겔스는 아들러에게 사과와 함께 수표로 인해 발생한 경비를 변제해주었다. 에이블링에 대해서는 "에이블링의 대충대충 일처리 하는 문인의 보헤미안적 기질이 일을 그렇게 만든 것 같다"고 썼다. 그리고 "철저히 문책하겠다"고 약속했다.[14]

루이제의 일이 마무리된 후 11월 28일, 엥겔스는 일흔 번째 생일을 맞았다. 비록 엥겔스가 루이제가 와서 "작은 햇살이 돌아왔다"고 말하기는 했지만(그는 뉴욕의 한 친구에게 "그녀는 아주 멋진 여자입니다. 카우츠키가 그녀와 이혼할 때 아마도 정신이 나갔던 게 분명합니다"라고 말했다), 렌헨의 죽음으로 인한 그림자가 여전히 분위기를 무겁게 짓누르고 있었다.[15] 엥겔스는 자기 생일을 떠들썩하게 지내는 것에 반대했다. 그렇지만 전 세계에서 축전이 답지하자 파리의 한 친구에게 다음과 같이 말했다. "살아 있다는 이유만으로 운명은 내게 먼저 떠난 동료들, 특히 마르크스에 의한 명예들을 대신 거두어들일 수 있도록 만들었습니다. 제 말을 믿으십시오. 저는 그것이 무엇이 되었건 그 모든 경의들 중에서 내게 주어지는 아주 사소한 부분에 대해서조차도 어떠한 환상도 품지 않습니다." 엥겔스가 그럴 기분이 아니었다 하더라도, 유럽 전역에서 친구들이 파티를 기대하며 몰려들었기 때문에 그는 그들의 뜻을 따를 수밖에 없었다.[16] 파티는 새벽 3시 30분까지 이어졌다. 보르도 와인과 열여섯 병의 샴페인을 비웠고, 백여 개 이상의 굴을 먹어 치웠다. 그는 "내가 아직 죽지 않았다는 것을 보여주기 위해 최선을 다했다"고 라우라에게 말했다.[17]

파리 대회와 사회주의 운동에서 성장하는 노동자 세력은 회의와 대회의 과잉을 낳았다. 1890년 가을에 프랑스 릴에서 개최된 모임도 그런 것이었다. 라파르그의 노동당—소위 마르크스주의자들—의 모임에는 에이블링과 투시도 참석했다. 그런데 투시는 방 안에 "엘레아노르 마르크스 에이블링의 지도하에"라는 기치가 걸린 것을 보고 깜짝 놀랐다.[18] 단순히 일개 참석자로 간 것이었는데, 유럽 노동자들 사이에서 그녀가 행사의 중심인물로 되어 있었던 것이다. 릴에서 일을 마치고 투시는 세 명의 프랑스인과 함께 독일 정당의 모임에 참석하기 위해 베를린 남서쪽의 할레로 갔다. 그곳에서는 신군과 구군 간의 투쟁이 벌어지고 있었다. 투시는 다시 한 번 행사의 주인공이 되었다. 그녀는 프랑스에 머물고 있는 에이블링에게 "물론 가는 곳마다 모든 사람들이 저에게 물어보지요. 특히 베를린 사람들이 그래요"[19]라고 말했다. 두 모임은 두 번째 메이데이 시위와 1891년 8월에 브뤼셀에서 열릴 또 다른 국제노동자대회 계획을 승인했다. 당연히 예측할 수 있듯이 각 조직들이 서로의 지위를 놓고 다투기 시작했다. 모두들 각자 자기 나라의 노동당이 되고 싶어 했다.[20]

1891년 4월 초에 라파르그(그의 노동당은 롱게가 연합한 더 온건한 사회주의자들을 상대로 싸우고 있었다)와 그의 동지 게드는 프랑스 북부의 릴을 중심으로 산업지역으로 순회연설 여행을 떠났다.[21] 사흘간 세 개 도시 — 위네이스Wignehies, 푸르미Fourmies, 아노르Anor — 를 방문했다. 그들은 가는 곳마다 노동자들에 대한 회사의 끔찍한 착취와 부르주아의 배신에 대해 이야기했다. 이미 뻔한 얘기들을 되풀이한 것이다. 파리에서 온 두 사람이 대중이 어떻게 고통받고 있는지는 굳이 설명할 필요가 없었다. 그렇지만 무시당하고 있던 지방의 노동자들에게 그들의 말이 위안이 되었기 때문에 청중이 늘어나기 시작했다.[22] 라파르그의 연설은 부드러운 것과는 거리가 멀었다. "오늘날 부르주아는 반대로 사형선고를 받았습니다. 그들은 사라져야 합니다. 그들의 무덤이 준비되었습니다. 이제 그들을 굴려서 그 안에 처박는 일만 남았습니다."[23] 한 사회주의 신문은 그들이 휩쓸고 지나간 곳의 혼란에 대해 설명했다. "작업장, 카바레 등 모든 곳에서 사회주의가 회자되었다…… 고용주들은 그 선동에 대해 불안감을 보이기 시작했고, 그것을 막기 위해 무엇을 할 수 있는지 묻기 시작했다."[24] 라파르그는 5월 1일은 노동자들이 자신들의 동료들과 일치단결했음을 세상에 과시하는 날이 될 것이라고 믿었다.

그렇지만 5월 1일이 오자, 푸르미의 1천5백 명의 파업 섬유노동자들의 평화적인 시위가 폭력적으로 돌변했다. 그들은 자신들의 요구를 제출하기 위해 관청을 찾아갔다. 경찰과 함께 두 개 중대의 보병부대가 그들을 지켜보고 있었다. 저녁이 되자 어두운 횃불 아래에서 군중은 점점 흥분했고, 몇몇 시위자가 체포되었다. 투석전이 벌어지자 르벨식Le Lebel 연발총이라는 신무기로 무장한 군대가 경찰을 보호하기 위해 개입했다. 혼란 중에 한 장교가 발포명령을 내렸다. 많은 군인들이 하늘을 향해 발포했지만 모두 다 그런 것은 아니었다. 사 분간 사격이 이어지다가 멎자 결국 열 명이 죽고 육십 명이 부상을 입었다. 사망자들 중에는 네 명의 청소년 혹은 어린아이들이 있었다.[25]

라파르그는 『사회주의자 Le Socialiste』에 그 사건은 프랑스군이 인민이 아닌 자본가들을 위해 일한다는 사실을 명백히 드러낸 것이라고 썼다.[26] 파업은 북부 산업단지로 확산되었고 더 많은 군 병력이 투입되면서 상황은 일촉즉발의 위기로 치달았다. 정부는 사태의 주범으로 노동당을 지목하고 라파르그가 지역당 지도자인 이폴리트 큘린과 공모해 사태를 일으켰다고 비난했다.[27] 조사가 진행된 후 7월에 라파르그는 살인교사 혐의로 기소되었다.[28] 그가 신병들에게 "발포명령을 받거든 어떤 상황이 닥치더라도 돌아서서 뒤로 쏴라"고 말했다는 것이다. 라파르그는 자신은 순수한 이론가이기 때문에 그런 폭력을 옹호하지 않는다고 강변하며 그런 말을 한 적이 없다고 부인했다.[29] 하지만 그가 자기변호를 위해 무슨 말을 하든 아무 상관이 없었다. 그의 재판은 코미디였다. 검찰 측의 네 명의 증인은 모두 푸르미 방적공장의 관리자들이었고, 증언대에서 앵무새처럼 거의 같은 말만 되풀이했다. 한 사람은 모자 속에 감추어둔 메모를 읽기도 했다. 한편 변호인은 연설회에 참석했던 사람들로부터 젊은 군인들에게 하극상을 선동한 사람은 라파르그가 아니라 다른 사람이었다는 증언을 담은 210장의 탄원서를 받아 법정에 제출했다.[30] 그렇지만 고용주, 지주, 사업가로 구성된 배심원은 단 오 분 만에 평결을 내렸다. 라파르그는 일 년간의 감옥형을 받았다.

그는 1891년 7월 30일에 생트-펠라지 감옥에 출두해야 했다.[31]

그사이 몇 주간 라파르그는 순회연설을 계속했고, 그가 누명을 썼다는 것을 알고 몰려든 수많은 청중을 향해 연설했다. "홀은 가득 찼다…… 그런 열정적인 연설회는 일찍이 본 적이 없었다. 만약 당장 선거가 치러진다면 우리는 북부에서 당선될 것이 확실했다."[32] 북부 노동자들을 위한 순교자가 된 라파르그는 파리의 감옥에 출두할 때쯤에는 이미 유명인이 되어 있었다. 그는 즐거운 마음으로 짐 가방, 원고, 그리고 목욕통을 가지고 생트-펠라지로 들어갔다.[33] 그리고 릴의 국회의원이 갑자기 사망했을 때 그의 기분은 한층 더 좋아졌다. 보궐선거가 치러졌고, 폴은 투표지에 자신의 이름을 올렸다. 옥중 출마는 할 수 있었지만 선거유세까지는 할 수 없었다.[34] 라파르그를 감옥에 붙잡아두어야 한다는 결정이 아마도 그의 성공의 열쇠가 된 것 같았다. 그는 직접 유세를 해서 번번이 실패한 경험이 있었다. 그렇지만 이번에는 라파르그를 대신해 게드가 주 연설자로 나섰고, 그는 38일 동안 34차례의 연설회를 개최했다.[35] 투표일인 10월 25일, 라파르그는 다섯 명의 후보 중에서 최다 득표를 했고, 11월 8일의 결선투표에서 최종경쟁자를 물리쳤다[36](엥겔스는 그의 승리를 런던의 『데일리 뉴스』를 보고 알았다. 신문은 그 소식을 부유한 과부가 살해된 채 발견되었다는 기사 하단에 일단기사로 실었다).[37]

라우라는 이제 드물게 남편을 자랑스럽게 여겨야 하는 입장이 되었다. 그녀는 엥겔스에게 신문에 실린 남편의 사진을 설명하면서 그가 "거의 옛날 카카도우Kakadou(라우라의 별명)에게 구애하던 젊고 수줍은 사람처럼 보였어요…… 당신이 신문에서 볼 수 없었던 시끄러운 일들이 있었어요…… 우리 쪽 사람들은 기쁨에 겨워 거의 제정신이 아니에요. 그들은 오랫동안 잔인한 운명에 길들여져 있었기 때문에 이렇게 우호적인 결과는 전혀 기대하지 못했지요"[38]라고 말했다. 라파르그는 11월 10일에 재임기간 동안 석방되었다.[39]

이레 후 라우라와 라파르그는 가는 도시마다 환영을 받았다. 축하연은 파리에서 시작되었다. 노동당 친구들이 축하 무도회를 열었고, 파티는 새벽 2시까지 이어졌다.**40** 다음 날 그들은 라파르그의 새로운 지역구인 릴로 향했다. 그곳에서 유권자들은 환호하며 라파르그를 목말을 태우고 돌아다녔다. 라우라는 엥겔스에게 "저는, 많은 여자들에게 붙잡혔고, 양옆으로 한 사람씩 달라붙어서 저를 끌고 갔어요. 제 뒤에 얼마나 많은 사람들이 따라왔는지도 잘 모르겠고, 저는 거의 발이 들려 있었어요"라고 말했다. 그들은 릴에서 라파르그의 공식적인 주소로 등재되었지만 사실은 한 친구의 소유인 집 앞에 이르렀고, 이어서 수백 명의 열광적인 청중이 근처 홀에서 폴의 연설을 듣기 위해 기다리고 있다는 말을 들었다.

8시에 우리는 연설회가 열릴 라 스칼라로 출발했다. 우리는 옆문으로 간신히 들어갔는데 일단 홀에 들어서자 나는 태어나서 처음으로 그런 광경을 보았다. 홀 전체가 숨이 막힐 정도로 꽉 차 있었고, 복도도 가득 찼으며, 수백 명의 남녀가 안으로 들어오기 위해 초인적인 힘을 쓰고 있었다. 닫혔던 문이 다시 강제로 열렸고, 두 번째 복도(수리를 위해 폐쇄되어 있었다)도 사람들이 들이닥치면서 불과 몇 초 만에 다른 곳과 마찬가지로 가득 차버렸다.

라우라는 사람들의 몸무게를 이기지 못해 벤치들이 부서지고 유리창도 몇 개 박살났다고 말했다. 마침내 폴이 연설을 시작했고, 청중은 계속 더 연설해줄 것을 요구하며 그가 떠날 때까지 자리에서 일어나지 않았다. "폴의 얼굴에 땀이 흘러내렸다. 그는 한쪽 팔에 거대한 꽃다발을 안고 다른 팔은 아내에게 걸치고 있었다. 너무나도 열광적인 유권자들 틈에 옴짝달싹할 수 없게 끼어버리면서 그의 얼굴이 몹시 비참해 보였기 때문에, 폴이 우리가 망했다고 생각하고 있는 건 아닌가 하는 느낌이 들 정도였다." 광기는 거리에서도 이어졌다. 소년, 소녀, 부녀자들이 "라파르그 만세!"를 외쳤다. 부부가 '집'에 이르렀을 때 군중은 또 다른 연설을 요구했고, 라파르그는 그에 응했다. 한 여인이 라우라에게 말했다. "만약 라파르그가 의석을 잃으면 릴에는 혁명이 일어날 겁니다."**41**

오랜 세월 동안 실패와 좌절을 겪고, 남편이 사업, 집필, 심지어 선출제 관직에도 도전했다가 계속 실패만 거듭하는 모습을 지켜보았기 때문에, 라우라같이 현실적인 여성에게는 이렇게 갑작스럽게 닥친 운명의 변화가 사실이라고 믿기에는 너무나도 황홀한 것으로 보였을 것이다. 사실 그랬다. 먼저 라파르그는 쿠바에서 태어났기 때문에 프랑스인이 아니라고 주장하며 당선을 무효화하려는 시도가 있었다.[42] 그는 격렬하게 자신이 프랑스인 태생이며 프랑스 국적을 가지고 있다고 항변했다. 그러나 그 과정에서 엥겔스와 중대한 불화가 발생했다. 라파르그가 자신의 "프랑스인다움"을 입증하려고 연설하는 도중에, 그가 프랑스를 위해 프로이센에 대항해 싸우지 않았던 이유는 인터내셔널에서 프로이센인들로부터 올라온 군사 정보를 포함한 비밀보고들을 프랑스 측에 전달하기 위해서였다는 취지의 발언을 했다고 『로이터』가 보도한 것이다.[43] 만약 그것이 사실이라면 라파르그는 인터내셔널의 프로이센 회원들이 반역을 저질렀다고 말하는 셈이었다. 엥겔스는 그런 진술이 독일에서 사회주의자들에 대한 또 다른 탄압의 근거로 사용될 가능성에 경악했다. 그는 즉시 라우라에게 편지를 써서 해명을 요구했다.[44]

라우라는 몹시 기분이 상했다. 엥겔스가 잠시 그녀가 폴의 드문 성공을 만끽하도록 놔두었다가 금세 준열한 꾸짖음과 엄중한 비난으로 그것을 다시 낚아채 가버린 것이다. 라우라는 즉각 답장을 보냈다.

제가 편지의 내용보다 편지의 진의에 대해 답하고 있다 하더라도 저를 용서해 주셔야 합니다. 그리고 제가 그 편지의 진의가 도저히 정당화될 수 없는 것으로 여긴다고 말하더라도 저를 용서해주세요. 당신이 로이터통신 때문에 폴을 비난하는 것에 대해 저는 부당하다고 생각합니다. 저는 폴과 제가 여기 와서 그런 종류의 비난을 불식시킬 수 있는 국제주의 — 이것은 일차적으로 독일과 프랑스의 단결을 의미합니다 — 의 대의를 계발하고 확산시키기 위해 노력하면서 갖은 고생을 해왔다고 생각합니다. 만약 폴이 공적으로 그리고 정치적으로 모든 부분에서 명예를 소중히 여기는 사람이 아니었다면, 저는 여기 남아서 그와 함께 살고 있지도 않았을 겁니다. 왜냐하면 그는 이미 차고 넘칠 정도로 결점이 많은 사람이 니까요! 제가 폴의 당선으로 누렸던 잠시간의 행복을 당신의 편지가 망쳐버렸다고 말하더라도 용서해주세요.[45]

라파르그는 인터내셔널의 프로이센 회원들이 반역행위를 했음을 암시하는 말을 하지 않았다고 엥겔스에게 해명했고, 엥겔스는 그의 말을 받아들였다. 균열은 봉합되었다.[46] 폴은 직책을 수행하기에 충분한 프랑스인으로 간주되면서 당선도 승인되었다. 그렇지만 더 이상 축하는 없었다. 그리고 국회에서 라파르그의 첫 연설은 그에게 새로운 모욕을 안겨주었다.

12월 8일, 라파르그가 급하게 발언을 요청하자 국회의 모든 눈이 그에게 쏠렸다. 그는 정치범에 대한 완전 사면안을 제출했고, 사회주의의 장점에 대한 고지식하고 진부한 연설을 하면서 부자들이 주도하는 국회에서 국회의원들에게 노동자계급을 보호하는 노력에 동참해줄 것을 호소했다. 그리고 보수적인 가톨릭교회의 '기독교사회주의'를 포용하는 듯한 태도를 취하며 정교 분리에 대한 좌파의 강경한 입장에 대해 그 정당성에 의문을 제기함으로써 자신의 지지자가 되었을 좌파 의원들을 화나게 만들었다.[47]

라파르그가 연설을 시작한 바로 그 순간부터 그의 고상한 동료 의원들은 술렁거리기 시작했다. 그리고 정치색을 달리하는 의원들이 각기 그 벼락출세자를 다루는 상대의 방식을 비난하면서 술렁거림은 야유로 번져갔다. 라파르그가 야유 속에서도 목청을 높여 장황하게 연설을 이어가는 동안 국회는 더욱 소란스러워졌고,[48] 결국 의장인 급진주의 의원 샤를 플로케가 라파르그에게 요점만 간단히 해줄 것을 요청하게 되었다(라파르그에 따르면 의장은 그의 뒤 의장석에 앉아 그에게 계속 비판을 쏟아놓았다고 한다). 라파르그는 다음 날 엥겔스에게 보낸 편지에서 그 연설을 "폭발"을 일으킨 "다이너마이트 폭탄"이었다고 말했다.[49] 그것이 사실이기는 했지만 그가 암시하는 방식은 아니었다. 그의 노동당 당원들조차도 교회에 관한 그의 견해를 부인했다.[50] 굴욕감을 느낀 라파르그는 몇 달 동안 국회를 멀리하는 대신 종횡무진 순회강연을 다니며 파리와 멀리 떨어져 지냈다.

라우라는 라파르그와 동행하지 않았다. 그들에게는 그녀의 여행경비까지 댈 만한 돈이 없었기 때문이다. 파리에 혹독한 겨울이 찾아왔다. 라우라는 만약 아버지의 낡은 외투를 담요처럼 뒤집어쓸 수 없었다면 아마도 침대에서 얼어 죽었을 것이라고 말했다. 라파르그는 지역구 활동에 열중하면서 집세를 지불하지 못했고, 라우라에게 그럴 돈도 주지 못했다.[51] 그는 엥겔스에게 이미 집주인이 여러 번 라우라를 찾아왔다고 전하며 아내에게 수표를 보내줄 수 있는지 물었다.[52] 엥겔스는 일이 그 지경이 되도록 라파르그가 그저 수수방관해온 사실에 격분했다. "자네—또는 라우가—가 단 한마디만 전하면 막을 수 있는 일이라는 것을 알면서, 왜 라우라가 그런 수모를 당하도록 놓아두었는가?"[53]

그해 가을 엥겔스는 에이블링에 대한 새로운 일련의 공격들로부터 그를 보호해주기 위해 몇 주 동안이나 그를 옹호하는 편지들을 쓰며 귀중한 시간을 허비했기 때문에 신경이 매우 날카로워져 있었을 것이다. 엥겔스가 마르크스의 두 딸을 집 안으로 불러들여서 말썽만 일으키는 그들의 남편들과 떼어놓는 것에 대해 진지하게 고려해보았을지도 모를 일이다. 라파르그와 에이블링은 벌써 중년의 나이에 접어들었지만 두 사람 중 누구도 그에 걸맞은 개인적, 정치적 성숙을 보여주지 못하고 있었다.

50

1892년
런던

프랑스에서 보통선거권으로 당신들이
사십 년간 얼마나 훌륭한 무기를 손에
쥐고 있었는지 이제 깨달았는가? 인민이
그것을 어떻게 사용하는지 알았다면
얼마나 좋았겠는가? 그것은 혁명을
부르짖는 것보다 더디고 따분한 일이다.
그렇지만 열 배는 더 확실한 방법이다.

—프리드리히 엥겔스[1]

투시는 노동운동에 전념한 반면 에이블링은 계속 사회주의 정치의 구차한 세상과 극장의 번쩍거리는 세상 사이에 양 다리를 걸치고 있었다. 투시는 라우라에게 그들의 생활을 "형편없는 급료를 위해 많은 땀을 흘리는" 것으로 묘사했다. 에이블링은 여전히 자기 연극이 무대에 올려질 것이라는 꿈을 버리지 못하고 있었다. 그렇지만 투시는 "희망이 청구서를 해결해주지 못한다는 것이 문제"라고 말했다. 청구서 해결을 위해 그녀는 한 잡지에 "엉터리 번역"을 하기도 하고, 새로 구입한 신기한 기계로 "타이핑"을 하기도 했다. 대체로 그들의 삶은 끊임없는 노동의 연속이었다. "에드워드는 이것저것 닥치는 대로 글을 써. 좋은 것도 있고, 나쁜 것도 있고, 시시껄렁한 것도 있지. 우리 둘 다 자투리 시간을 이용해 무엇에두 나가고 그런 종류의 활동을 하고 있어. 그렇기 때문에 인생이 살 만한 가치가 있는 것인지 아니면 완전한 고통 덩어리인지에 대해 따져볼 겨를도 없어."[2] 1891년 8월, 브뤼셀의 국제사회주의노동자대회를 준비하면서 투시의 부담은 더욱 가중되었다. 미국노동자연맹의 사절단도 포함해 유럽과 미국에서 330명 이상의 대표들이 사회주의 운동의 향배를 결정짓기 위해 대회에 참석할 예정이었다.[3] 영국인들은 거의 즉각적으로 시기심을 드러냈다. 에이블링의 적들은 "마르크스 파벌"을 흠집 내기 위해 그의 많은 결점을 이용했다.[4]

사적인 일에 대한 논란에도 불구하고 브뤼셀 대회는 엥겔스가 제2인터내셔널에서 마르크스주의의 주도권이 확립되었다고 평가할 정도로 잘 마무리되었다. 대표자들이 승인한 사상은 프랑스와 영국에서의 경쟁세력인 부르주아 사회주의가 아니라 (노동자들의 요구를 강조한) 마르크스의 과학적 사회주의였다. 엥겔스는 대회가 제2인터내셔널을 "선행자(제1인터내셔널—옮긴이)가 떠난 바로 정확한 그 위치"[5]에 다시 올려놓았다고 말했다. 사람들 사이에는 사회주의 운동, 노동조합, 기타 유럽의 노동자들을 대표하는 여러 정당들이 충분히 성숙했기 때문에, 지난 수십 년간의 노력과 저항으로 이룬 성과는 단순히 왕의 변덕으로 무효화되거나, 심지어 군대에 의해서도 말살되는 일은 없을 것이라는 공감대가 형성되어 있었다. 브뤼셀에서 승인된 결의안은 노동조합의 중요성을 강조했다. 또한 조직화된 노동운동에 대항하려고 연합하기 시작한 자본가 세력에 맞서기 위해서는 노동자들도 국제적으로 단결할 필요가 있음을 강조했다. 또한 대회는 노동자들에게 투표권이 보장된 경우 정부에 그들의 요구를 반영시키는 방법으로 투표를 활용하도록 권했다. 그리고 일부 대표들의 반대 속에, 전쟁은 자본주의 체제의 산물이며 사회주의자는 평화의 편에 서야 한다는 논란이 되는 결의안이 통과되었다.[6]

1892년은 노동자들의 정당이 얼마나 많은 성과를 거두었는지를 증명한 해가 되었다. 라파르그가 사 개월 이상 국회를 비워두고 41개 도시를 돌며 집회를 개최하고 있던 프랑스에서는,[7] 그의 노동당이 지방의회에서 635석을 얻고, 22개의 지방정부를 장악하는 성과를 올렸다.[8] 엥겔스는 독일에서도 일이 순조롭게 진행되고 있다고 말했다. 그렇지만 그해 역사가 만들어진 곳은 영국이었다. 1892년 런던의 메이데이 시위는 그 전해보다 규모가 두 배로 커졌다. 하이드파크에 60만 명의 군중이 몰렸다. 군중을 헤아리며 엥겔스는 "우리가 결정적 전투를 할 만큼 강력해질 시기가 빠르게 다가오고 있다"[9]고 말했다. 노병은 전쟁의 언어를 사용하고 있었지만 그가 추구한 변화는 선거를 통한 것이었다.

7월에 세 명의 노동계급 출신이 국회의원으로 당선되었다. 부두노동자들의 목소리였던 존 번스는 배터시Battersea에서 당선되었다. '영국-아일랜드 선원 및 화부火夫 혼합노조'의 의장인 J. 해브록 윌슨은 요크셔의 미들즈브러에서 당선되었다. 열 살 때부터 광산에서 일을 시작한 서른다섯 살의 스코틀랜드인 키어 하디는 런던 이스트엔드의 사우스웨스트햄에서 당선되었다. 그들은 자유당이나 토리당 소속이 아니었다. 제3당인 신생 '독립노동당Independent Labour Party'으로 선거에 나섰다. 그들의 강령은 노동자계급에 의한 노동자계급을 위한 것이었고, 당명에는 드러나지 않았지만 사회주의가 이론적 기반이었다.[10]

노동자를 대변한다고 주장한 후보들은 과거에도 있었지만 상층계급 출신이었다. 번스는 그들이, 그리고 초기 노동조합의 지도자들이 훌륭한 외투, 긴 시계 체인, 높은 실크 모자를 착용하고 다녔다고 말했다. 또 그들이 노동자가 아닌 것은 한눈에 알 수 있었으며, 그들은 자식들을 먹여 살릴 수 있을지, 가족이 잠잘 곳을 마련할 수 있을지조차 모른 채 하루 벌어 하루 먹고사는 사람들이 무엇을 필요로 하는지 이해할 수 없었을 것이라고 덧붙였다. 새로운 사람들의 옷차림은 노동자들과 마찬가지로 인민들처럼 보였다.[11] 대부분 낮에는 광산이나 공장에서 일하며 밤에 독학으로 공부한 사람들이었다. 마르크스와 엥겔스의 혁명은 키어 하디가 붉은 깃발을 흔드는 것에서가 아니라 노동자들의 납작한 모자를 쓰고 하원에 출석했을 때 그 선명한 모습을 드러냈다.

그 승리에 힘입어 1893년 1월에 120명의 대의원들이 모여 공식적으로 독립노동당을 창당했다. 강령을 작성하기 위해 15인 위원회가 선출되었다. 그 속에는 부두노동자 파업의 에이블링, 하디, 톰 맨 그리고 창당에 열성적이었던 영국의 사회주의자이자 저널리스트인 H. H. 챔피언 등이 포함되었다.[12] 나흘 만에 완성된 독립노동당의 강령은 마치 마르크스가 작성한 것 같았다. "생산, 분배, 교환수단의 공동소유와 통제", 8시간노동제, 아동 노동 철폐, 불로소득에 대한 과세로 병자, 노인, 과부, 고아에 대한 생계보장 등이 주 내용이었다. 그밖에 대학까지 무료교육, 전쟁 대신 중재와 군비축소도 있었다.[13] 하디는 나중에 영국 노동당의 기초가 될 당의 총재가 되었다.[14] 엥겔스는 감탄하며 그런 발전을 지켜보았다. 그는 베를린의 베벨에게 "노동자들이 적어도 자신들이 의지만 있다면 무엇인가 해낼 수 있다는 것을 깨달았네"[15]라고 말했다.

1893년에도 선거에서 승리가 이어졌다. 이번에는 독일이었다. 44명의 사회민주주의당 당원들이 국회의원으로 당선되었고, 당은 170만을 상회하는 표를 얻었다.[16] 선거는 취리히에서 예정된 제2인터내셔널의 세 번째 대회가 열리기 몇 달 전에 치러졌다. 엥겔스는 대회에 처음부터 끝까지 참석하지는 않을 계획이었지만, 명예회장으로서 폐막연설을 해야 했다. 그것은 1872년 이후 그가 참석하는 최초의 인터내셔널 대회가 될 것이었다. 그리고 그는 그것이 자신의 마지막 참석이 되리라는 것도 예감했을 것이다.

제2인터내셔널 대회의 마지막 날, 취리히 홀에 입장한 사람은 이제 평범한 인간이 아니었다. 그는 전설이었다. 현대 사회주의를 창시한 두뇌집단의 반쪽이었던 것이다. 군중 속의 얼굴들은 그에게 대부분 낯설었지만 그의 얼굴은 즉시 사람들이 알아보았다. 대회장에 입장할 때 장군은 턱수염이 하얗게 샜고 허리도 약간 구부정했지만, 18개국에서 온 4백 명의 대표단으로부터 우레와 같은 기립박수를 받았다.[17] 그의 뒤로는 마르크스의 초상화가 걸려 있었다. 엥겔스는 뒤의 친구 초상화를 가리키며 "저 초상화 속의 위대한 사람의 동료"로서만 그 박수를 받아들이겠다고 말하며 연설을 시작했다. 그리고 지나온 긴 시간을 회상했다. "마르크스와 제가 첫 번째 사회주의 글을 발표하며 운동에 들어선 지 이제 딱 오십 년이 흘렀습니다…… 그 이후 사회주의는 작은 서클에서 이제 모든 정부를 떨게 만드는 강력한 당으로 성장했습니다. 마르크스는 세상을 떠났습니다. 그렇지만 유럽과 미국에 단 한 사람이라도 이런 당당한 자부심으로 그의 필생의 작품을 돌아볼 수 있는 한 그는 여전히 살아 있는 것입니다."

그는 인터내셔널의 진화를 돌아보면서 1893년의 인터내셔널은 그 어느 때보다도 더욱 강력해졌다고 선언했다. "이에 발맞추어, 우리는 공통기반을 확장하려는 노력을 쉼 없이 전개해야 합니다. 우리는 분파가 되지 않고 공통의 관점을 견지하기 위해 토론을 허용해야 합니다. 대회를 통해 더 발전된 자발적인 결속과 자유로운 연대는 우리에게 승리를 가져다줄 것이며, 세상의 어떤 권력도 우리로부터 그 승리를 다시 빼앗아가지 못할 것입니다."[18] 엥겔스가 대회 폐막을 선언하자 대표들은 다시 기립박수를 보냈다. 군중 속에서 누군가 〈라 마르세예즈〉를 선창했고 귀에 익은 혁명가가 대회장에 가득 울려 퍼졌다.

사회주의자들과 노동자당들은 정말로 눈부신 성과를 거두었다. 그렇지만 그 속에서 마르크스 가족의 활동가들은 그렇지 못했다. 프랑스에서 사회주의 당들이 커다란 성과를 거두었음에도 불구하고 — 국회에서 30석을 얻고 70만 표를 획득했다 — 라파르그는 선거구가 불리하게 조정되었기 때문에 1893년 가을 선거에서 의석을 잃었다[19](엥겔스는 그런 결과를 예상했었다. 그는 오래전부터 라파르그에게 그의 지역구민들은 그가 국회에서 그들을 위해 일해주기를 바라는 것이지, 전국을 떠돌아다니며 노동당을 위해 연설하기를 바라는 것이 아니라고 말했었다.[20] 라파르그는 그 말에 대해 자신은 "사회주의의 순회 세일즈맨"이라고 대답했다).[21]

런던에서 투시의 정치활동도 침체를 맞았다. 물론 — 항상 그랬듯이 — 그녀 탓이 아니었다. 그녀는 아일랜드에서 스코틀랜드로, 독일에서 프랑스로 국제적 파업 파괴행위에 맞서 노동자들을 조직하기 위해 동분서주했다. 그렇지만 그녀의 왕성한 활동력으로 명성이 높아지는 만큼, 에이블링과의 관계 때문에 명성이 퇴색되기도 했다. 에이블링은 하디가 스스로 노동자들의 '왕'이 되려 한다고 생각했기 때문에 독립노동당 내에서 점점 고립되어갔다. 또한 독립노동당의 강령에 새로운 내용(군주제의 폐지도 포함되어 있었다)을 추가하는 일로 톰 맨과 논쟁을 벌이면서 더욱 사람들과 멀어져갔다.[22] 1894년 봄에 에이블링은 독립노동당에서 축출되었다. 에드 베른슈타인은 비망록에 구체적인 내용은 쓰지 않은 채 그 이유로 "그들이 그를 감옥에 처넣을 수도 있었다"[23]고 기록했다.

투시의 영국박물관 문학 동료들이 에이블링과 멀어졌고, 그다음은 영국 사회주의자들이 떠났으며, 이제 그녀의 노동조합 동료들도 등을 돌렸다. 하지만 그에게는 아직 한 사람이 남아 있었다. 그 사람의 의견은 그에게 길을 열어주기에 충분할 정도로 무게가 있었다. 엥겔스가 아직 에이블링을 버리지 않은 것이다. 1892년부터 그들의 관계가 삐거덕거린 것을 고려하면 이 같은 신뢰는 더욱 놀라운 것이었다. 엥겔스는 에이블링에게 자신의 독일어판 『공상적 사회주의와 과학적 사회주의』를 영어로 번역하도록 허락했다.[24] 선명하고 경쾌한 논조의 그 책은 마르크스의 사상에 대한 탁월한 입문서였다(엥겔스의 『반뒤링론』을 기반으로 한 그 책은 마르크스주의 저작물 가운데 가장 중요한 출판물 중 하나가 된다). 엥겔스는 원래 완벽주의자였지만, 이 번역에서는 더욱 완벽을 기하고자 했다. 에이블링의 『자본론』 번역이 기대에 못 미쳤었기 때문에 충분히 걱정할 만했다. 그럼에도 불구하고 엥겔스는 그 작업을 진행시켰다.

두 사람은 엥겔스가 에이블링의 번역을 편집하고 필요하다고 생각되면 무엇이든 고칠 수 있다는 데 서로 합의했다. 엥겔스는 서문도 새로 쓸 계획이었다. 그런데 당혹스럽게도 그에게 전달된 것은 에이블링의 원고가 아니라 출판업자의 교정쇄였다. 책은 엥겔스가 보지도 못했는데 이미 출판사에 넘어가 있었던 것이다. 그 시점에서의 교정은 비용이 들었다. 에이블링은 출판업자가 일을 뒤죽박죽으로 만들어놓았다고 변명했다. 그렇지만 엥겔스는 에이블링에게 보낸 편지에서 조심스러운 어조로 자신은 에이블링이 자기 뜻을 거스르고 그 책―사실은 조악한 초안―을 서둘러 출판하려 한 것으로 생각한다고 말했다.[25] 엥겔스가 에이블링의 모든 활동을 재정적으로 지원해줄 뿐만 아니라, 그의 보살핌이 있었기 때문에 에이블링이 그나마 그와 관계를 유지하는 소수의 사람들로부터 완벽한 따돌림을 당하지 않고 있다는 것을 고려해보면, 이 같은 행동은 극히 경솔한 것이었다. 엥겔스는 다시 한 번 다른 작업을 제쳐두고 에이블링이 야 기한 피해를 복구하는 데 온 힘을 기울여야 했다.

에이블링은 극장에서의 운도 다하고 있었다. 모든 사람들에게 — 심지어 그 자신에게도 — 그가 희곡에 소질이 없다는 것이 명확해졌다. 1893년에 투시는 라우라에게 에이블링의 코미디 『개구리*The Frog*』가 무대에 올려지자마자 실패로 끝났다고 말했다. "뻔히 눈에 보이는 결과였어. 좋은 대본이 아니었거든. 그 사 람도 그걸 알고 있어. 하지만 어떻게 잘 되겠지라고 생각했던 거지."[26] 그렇지만 그의 직업적 전망은 어두워졌지만 극장은 개인적으로 그에게 더욱 중요한 의미 를 갖게 되었다. 그의 사회생활은 웨스트엔드의 술집과 식당들 주변에서 이루 어졌고, 그가 계속 써대는 무대평론은 그에게 일종의 출입증이 되어주었다. 운 이 좋으면 제작자와 어울리거나 고분고분한 여배우와 사귈 수도 있었다.

투시는 고립에 대해 불평하지 않았다. 그러기에는 너무 바빴다. 그렇지만 에 이블링과의 생활에서 겪게 되는 (개인적, 경제적) 고통은 아버지의 유산에 대한, 그리고 프레디 데무트와 자신의 관계에 대한 과도한 집착으로 발산되었다.

투시는 프레디를 자주 만났다. 프레디가 부당한 대접을 받았다고 느꼈기 때 문일 수도 있고, 그녀가 무척 그리워한 렌헨에 대한 사랑 때문일 수도 있다. 또 는 프레디가 이스트엔드의 노동자였기 때문일 수도 있고, 자기도 모르는 사이 에 이복오빠에게 끌렸기 때문일 수도 있다. 1890년에 렌헨이 사망했을 때, 프레 디는 서른아홉 살이었고 투시는 서른다섯 살이었다. 1892년에 프레디의 아내는 아들 해리를 버리고, 프레디가 관리하던 24파운드의 실업기금을 포함해 프레디 의 모든 돈을 가지고 도망쳐버렸다. 그해 7월에 투시는 다급한 심정으로 라우라 에게 프레디가 그 돈을 책임져야 하는데 부족분을 메울 길이 없다는 편지를 썼 다. 예니헨이 빌려간 돈을 돌려달라는 프레디의 편지에 롱게는 답하지 않았다. 그리고 프레디는 엥겔스에게 도움을 청하기를 거절했다. 투시는 라우라에게 쓴 편지에서 그녀 자신이 프레디의 아버지일 것이라고 믿고 있던 엥겔스를 빈정대는 듯한 어투로 지칭하며 "내가 과도하게 '감상적'인 것일 수도 있어. 그렇지만 나는 프레디가 평생 동안 너무나도 부당한 대우를 받아왔다는 생각을 지울 수 없어. 세상사를 있는 그대로 들여다보면, 우리가 말로 떠들어대는 그 훌륭한 일들을 실제로 다른 사람들에게 하는 데는 얼마나 인색한지, 참으로 놀라울 따름이야"라고 했다. 라우라는 프레디에게 50프랑을 보내주었다.[27]

관계가 발전하면서 투시는 점점 프레디에게 의지하게 되었다. 달리 기댈 사람도 없었다. 그녀는 루이제 카우츠키 때문에 엥겔스와도 멀어졌다고 느꼈다. 그리고 엥겔스가 완전히 루이제의 손아귀에 떨어졌으며, 루이제는 엥겔스가 마르크스의 저작을 지키는 일을 돕기 위해 온 것이 아니라 그것을 훔치려고 왔을지도 모른다는 두려움을 갖기 시작했다.[28] 투시는 베벨과 아들러가 렌헨의 죽음 이후 엥겔스 집에 당원을 보내 마르크스-엥겔스 저작을 지키는—또는 입수하는—일에 대해 논의했었다는 사실을 몰랐다. 만약 자신이나 라우라에게 사전 협의 없이 그런 계획이 진행되고 있다는 사실을 알았더라면 무척 충격을 받았을 것이다. 그녀의 입장에서 마르크스의 모든 문서는 직계 상속인의 몫이었으며, 상속인은 세상에 단 두 명밖에 없었다.

렌헨의 역할 중 하나는 마르크스가 모아놓은 수천 페이지에 달하는 저작과 편지들을 엥겔스가 정리하는 것을 돕는 것이었다. 몇몇 편지는 당 사업과 관련된 것이었지만 대부분은 사적인 것이었다. 투시는 엥겔스가 그 편지들을 렌헨이 했던 것처럼 루이제가 꼼꼼히 살펴보는 것에 대해 아무런 문제도 없다고 생각했다는 소식을 들었을 때 무척 놀랐다. 그리고 루이제가 갑자기 빈의 의사인 루트비히 프라이베르거와 결혼하고 두 사람이 엥겔스의 집에 들어와 살기로 했다는 소식을 들었을 때 투시의 경계심은 더욱 커져갔다.[29] 그 결혼은 사랑의 결실이라기보다 사업계약처럼 보였다(루이제는 자기 입으로 투시에게 자기가 프라이베르거와의 결혼을 승낙하는 날까지, 두 사람은 "최고의 동지이기는 했지만 그 이상은 아니었어요. 양측의 암묵적인 합의로 같이 살기로 한 거지요"라고 말했다).[30] 프라이베르거는 1892년에 런던으로 왔다. 그러나 1893년이 되자 엥겔스는 자신의 유서에 증인으로 세울 정도로 그를 신뢰하게 되었다. 프라이베르거는 엥겔스의 주치의 역할을 맡았고, 투시는 그 부부가 엥겔스를 자신들의 영향력하에 두기 위해 물불을 가리지 않고 무슨 짓이든 하고 있다는 상상을 하게 되었다. 투시는 몇 달째 장군과 단둘이서만 만나서 얘기를 나눌 기회가 없었다고 라우라에게 불만을 털어놓았다.[31]

엥겔스는 십 년간 『자본론』 제3권을 완성하고야 말겠다고 천명해왔다─그것은 거의 그에게 주문이나 다름없었다. 그리고 1894년 5월, 마침내 마지막 원고 다발을 인쇄업자에게 보냈다.[32] 또한 아직 출판도 되지 않은 원고의 사본 전체를 러시아어 번역을 위해 상트페테르부르크의 다니엘손에게 보냈다.[33] 엥겔스는 단순히 끝마쳤다는 것뿐만이 아니라 시간 내에 끝마쳤다는 것에 대해 엄청난 안도감을 표시했다. 그는 그달 뉴욕의 한 동료에게 "얼마 전 나는 감기를 앓았습니다. 그게 결국 나도 이제 한낱 늙은이라는 사실을 깨닫게 해주었지요. 예전 같았으면 가볍게 앓고 넘어갔을 것을 일주일간 꼬박 침대에 누워 지냈고, 그 후로도 보름간은 강도 높은 치료를 받아야 했으니까요"라고 말했다. 덧붙여 프라이베르거의 지시가 성가실 정도로 철저하고, 루이제의 감시 강도도 "두세 배"가 되었다고 말했다.[34]

그렇지만 일흔네 살의 엥겔스가 몸이 쇠약해지고 있다고 느꼈다 하더라도 『자본론』 제3권(그리고 그가 여전히 9개 언어로 신문을 읽고 있다는 사실)은 그의 뇌가 하나도 녹슬지 않았음을 보여주었다. 그는 마르크스로부터 뒤죽박죽인 글과 메모들을 물려받아서 8백 페이지짜리 책을 엮어놓았다. 그 책은 독점자본주의와 세계시장의 창출을 자세하게 분석해놓고 있었다. 증권거래라고 불리는 위대한 "사기"의 성장과정을 기술하고,[35] 그것을 운영하는 "놀라운 힘"을 지닌 "다양한 기생충"들을 설명했다.[36] 『자본론』 제3권은 신용제도를 관찰하고, 그 속에서 노동자는 불가피하게 자신의 능력보다 더 많은 것을 소비할 수밖에 없기 때문에 임금노예는 또한 채권자의 노예가 되기도 한다는 것을 밝혀냈다. 가장 중요한 것은 자본의 고도화에 따라 불가피해지는 이윤의 저하로 인해 체제 전체가 붕괴하는 과정을 그린 것이었다.[37]

『자본론』을 모두 마친 후 엥겔스는 드디어 마르크스의 전기를 쓰려던 계획에 손을 대기 시작했다. 그는 라우라에게 여러 가지 각오와 계획을 설명한 후 다음과 같이 말했다. "그게 나의 위치야. 내가 느끼는 것은 일흔네 살이라는 나이이고, 그 작업은 두 명의 사십대가 달라붙을 만한 일이지. 그래, 만약 내가 나 자신을 마흔 살의 F. E.[프리드리히 엥겔스]와 서른네 살의 F. E.로 나눌 수 있다면, 어쨌든 둘을 합치면 일흔네 살이 되는 거니까 우리는 아무런 문제도 없을 거야. 하지만 현실에서 내가 할 수 있는 것은 내 앞에 있는 것을 되는 데까지 많이 그리고 훌륭하게 해놓는 것뿐이야."[38]

그해 여름 에이블링 부부와 프라이베르거 부부는 파리로 가서 라파르그 부부와 함께 묵었다. 투시의 한 전기 작가는 그 방문으로 인해 루이제와 유부남인 독일의 당지도자 베벨 간의 염문설이 터져 나왔을 것이라고 추측했다.[39] 그 소문은 루이제가 서둘러 프라이베르거와 결합했던 다소 이상하기까지 한 상황을 설명해줄 수 있다. 루이제는 그와 결혼할 때 임신 중이었다.[40] 9월에 루이제는 투시가 "신의를 깨고" 비밀을 리프크네히트에게 누설했고 그래서 리프크네히트가 다른 사람들에게 소문을 퍼뜨려 결국 베벨의 귀에까지 들어가게 되었다며 투시를 비난했다. 베른슈타인은 루이제에게 사실 다른 당원들에게 소문을 퍼뜨린 것은 베벨이라고 말해주었지만, 한 번 퍼진 소문은 꼬리에 꼬리를 물고 이어졌다.[41]

10월에 프라이베르거 부부는 엥겔스를 대동하고 이스트번의 해변으로 여행을 떠났는데 그곳에서 엥겔스가 가벼운 뇌졸중을 일으켰다. 엥겔스는 그 사실을 아무에게도 알리고 싶어 하지 않았다. 그런데 투시는 루이제가 안 그래도 마르크스-엥겔스의 유산에 손을 대고 싶어 안달인 독일 사회주의자들 사이에 악착같이 그 소문을 퍼뜨렸다고 비난했다. 루이제가 11월 6일에 딸을 출산했을 때도 두 여인 사이에는 불화의 골이 깊었다. 출산 몇 주 전 엥겔스와 프라이베르거 부부는 같은 리젠트 파크로드에 있는 새로운 집으로 이사했다. 불어나는 가족 수에 비해 기존의 집이 좁았기 때문이다.[42] 그런데 이 일이 이상하게도 비정상적으로 투시의 심기를 건드렸다. 투시는 엥겔스가 그녀를 그녀의 아버지 및 아버지의 저작과 이어주는 가장 직접적인 연결고리라고 여겼는데, 바로 그 사람으로부터 완전히 버려졌다는 느낌을 받았던 것이다.

투시는 런던에 혼자 있었다. 에드워드의 의사가 그에게 휴가를 떠나야 한다고 말했기 때문이다. 에이블링은 신장병 때문에 요양 차 콘월 해변 근처의 실리 제도에 가 있었다. 하지만 그곳에서 보낸 자신의 생활을 그린 런던의 한 잡지기사를 보면 고통받는 환자의 모습은 없었다. 그는 해변과 절벽에서의 산책과 펜잔스Penzance에서 오는 동안 배에서 만난 "푸른 눈과 금발의 소녀"에 대해 썼다. "나는 그녀를 그 전날 펜잔스 우체국에서 보았다. 그리고 그녀의 손이 닿았던 스탬프를 만져보기 위해 일부러 전보를 보내는 척했다. 그녀는 아름다울 뿐만 아니라 사교적이고 솔직하기도 했다."[43] 불안정한 상태였던 투시에게 남편의 철없는 소리는 다른 것들은 제쳐두고라도 어쨌든 그는 즐거운 인생을 누리고 있는 반면 그녀의 삶은 암울하기만 하다는 현실을 일깨워주는 고통스러운 것이었으리라.

투시는 절망감에 휩싸여 라우라에게 빨리 런던으로 와달라는 편지를 썼다. "그 복잡한 사정은 편지 한 장으로, 아니 열 장을 쓰더라도 모두 설명할 수 없어." 투시는 프라이베르거가 런던의 사회주의자들에게 그녀와 에이블링이 "장군으로부터 버림받았으며 이제 프라이베르거 부부가 상황을 통제하기 때문에 모든 것이 달라질 것"이라는 소문을 퍼뜨리고 있다고 주장했다. 그녀는 루이제가 자신에 대한 사적인 비방과 함께 동일한 내용을 독일에 퍼뜨리고 있다고 말했다. "나는 가여운 늙은 장군이 자기가 어떻게 조종당하고 있는지조차 제대로 깨닫지 못하리라고 봐. 그는 괴물 같은 한 쌍의 손아귀에 놀아나는 어린아이 같은 처지가 돼버렸어." 투시는 그들이 엥겔스를 위협하고 지속적으로 그가 더 이상 할 수 없게 된 일들을 상기시켜주는 방식으로 스스로 늙은이라고 체념하도록 만들고 있다고 말했다. 그녀는 프라이베르거 부부가 마르크스 저작의 유일한 저작물 집행인으로 지명될 가능성에 대해 두려움을 표시했고, 문서가 적당한 사람의 손에 들어가게 될 것이라는 베벨의 말을 기억해냈다. "나는 그게 누구의 손인지 알아야겠어." 투시는 라우라에게 말했다. "그것은 모든 것을 고려해보아도 결국 우리의 일이고 외부인이 왈가왈부할 성질의 것이 아니잖아."[44]

라우라는 답장을 하지 않았고, 그것이 더욱 투시를 미치도록 만들었다. 11월 말에 그녀는 다시 편지를 썼다. 이번에는 에이블링과 함께였다(에이블링이 그녀의 편집증을 더욱 부추겼다). 투시는 설혹 프라이베르거 부부가 마르크스의 문서를 아직 손에 넣지 못했다고 하더라도 곧 그렇게 될 것이며, 『자본론』 제4권이 출판되지 않을 것이라는 독일에서 난 기사를 프라이베르거가 엥겔스에게 그 일을 할 능력이 없다고 꾄 증거라고 말했다. 에이블링은 그의 연극조의 표현을 덧붙였다. "자, 자, 자.(Come, come, COME.) 이게 얼마나 심각한 상황인지 당신은 모르고 있소."[45]

만약 투시가 엥겔스에게 유서를 보여달라고 했다면, 그녀의 공포는 사라졌을 것이다. 유서에는 아버지의 저작과 편지들이 그녀에게 돌아가도록 명시되어 있었기 때문이다.[46] 그렇지만 혹자는 과연 그것이 그녀에게 도움이 되었을지 의문을 제기한다. 그녀는 완전히 이성을 잃은 것 같았기 때문이다. 실로 거친 파업 파괴자들에게 당당히 맞섰고, 어려운 정치적 분쟁을 중재했으며, 지옥 같은 이스트엔드에도 겁 없이 들어갔던 이 강한 여인이, 평생 동안 알아왔고, 항상 그녀를 끔찍이 아껴주었던 한 남자와 의사소통할 능력을 완전히 상실해버렸던 것이다. 엥겔스는 그녀의 공포에 대해 전혀 모르고 있었기 때문에, 그런 얘기를 들었을 때 첫 반응은, 마르크스의 모든 원고와 서신들은 당연히 라우라와 투시의 것이라고 라우라에게 말해주는 것뿐이었다. 달리 누구에게 갈 수 있단 말인가?[47]

에이블링은 라우라가 투시에게 쓴 편지를 엥겔스에게 보여주며 상속 문제를 표면화시켰다. 그가 편지를 내밀 때, 투시는 자리에 없었지만 프라이베르거 부부는 같이 있었다. 에이블링은 프라이베르거 부부가 엥겔스를 옆으로 데려가 그 문제에 관해 서로 의논했다고 말했다. 프라이베르거 부부가 어떤 말을 했는 지는 알 수 없다. 그렇지만 에이블링에 따르면, 엥겔스는 프라이베르거 부부로 부터 무슨 말을 해야 할지 들은 후 돌아서서, 목에 핏대를 세우며 마르크스의 딸들이 음모에 연루되었다고 소리 질렀다고 한다. 그렇지만 그 음모가 무엇인 지는 설명하지 않았다. 엥겔스는 투시와 라우라가 그를 믿지 못한다는 사실 에 격노했다. 에이블링은 물론 자신은 단지 전달자일 뿐이라고 말하며 슬쩍 빠졌다.[48]

그전에 엥겔스는 "내 사랑스런 아가씨들"에게 마르크스와 그의 책에 대해, 그 리고 그들뿐만 아니라 롱게의 아이들까지 자신의 재산의 일부를 받을 수 있도 록 보장하기 위해 자신이 작성할 규정에 대한 생각을 상세히 알리는 편지를 썼 었다. 그 편지는 매우 다정했으며, 평생에 걸쳐 마르크스 가족을 돌봐왔던 사람 이 사후에도 그 일을 계속할 것임을 알리는 것이었다.[49] 투시의 공포에 대한 엥 겔스의 분노는 주변의 모든 사람들이 자신이 죽기만을 기다리고 있다는 나름 의 느낌 때문이었을지도 모른다. 그것은 자존심 강한 사람에게는 분통 터지는 일이었을 것이며, 자기 스스로도 죽음이 가까웠다는 것을 알고 있는 사람에게 는 그 분노가 더욱 배가되었을 것이다. 그에게는 여전히 두 사람—자신과 마르크 스—의 일생에 대해 해야 할 작업이 있었지만, 그중 일부를 완성할 만큼도 살지 못하리라는 것을 충분히 알고 있을 정도로 그는 현실적인 사람이기도 했다.

51

1895년
런던

이 강인한 투사이자 날카로운 이론가의
가슴속에서는 깊은 사랑이 고동쳤다.

—블라디미르 레닌[1]

1895년 런던의 겨울은 기록적으로 추웠다. 1월부터 3월까지 발아래서 서리가 부서졌고, 살을 에는 듯한 북서풍이 휘몰아쳤다.[2] 대형 수도관이 얼어 터졌고, 일부 지역은 교통이 마비되었다. 엥겔스는 쿠겔만에게 도시가 야만시대로 되돌아가버렸다고 말했다. 그렇지만 그런 날씨가 마음에 들었다. 프로이센을 생각나게 했고, 이십 년은 젊어진 듯한 기분을 선사했기 때문이다.[3] 실내의 커다란 난로 옆에 머물면서 그는 원기왕성하게 당원들과 서신을 교환하고 마르크스의 전기에 대한 계획을 작성했다. 그리고 항상 러시아를 주시했다. 그는 상트페테르부르크의 동지들, 스위스에 있는 망명자들과 수시로 편지를 주고받았으며, 젊은 러시아인들—대부분 무정부주의자들—이 끊임없이 그의 집을 찾았다. 그 중 스테프니아크라고만 알려진 사람이 있었다. 1878년에 상트페테르부르크에서 백주 대낮에 부관참모를 암살하고 러시아를 도망친 인물이었다.[4] 스테프니아크는 잘 웃고, 공손히 말하며, 잘 나서지 않는 사람이었지만, 보통 사람들에게

는 공포의 화신이었다. 그는 정치적 행위 때문에 누군가 살해된다면, 그 동지들
이 똑같이 앙갚음해야 한다고 믿었다.[5] 또 다른 빈번한 방문자로는 게오르기 플
레하노프가 있었다. 최초의 러시아 마르크스주의자 조직을 만든 사람으로서
투시가 친구로 여기는 인물이었다. 투시는 플레하노프의 최초의 영문 출판서가
된 『무정부주의와 사회주의*Anarchism and Socialism*』를 번역하기도 했다.[6]

그렇지만 러시아에 관해 엥겔스가 주로 교신한 사람은 니콜라이 다니엘손이
었다. 다니엘손은 가끔 암호화된 편지로 엥겔스에게 러시아의 상황을 알렸다.
주로 시골을 강타한 기근과 도시의 산업화에 관한 것들로 불만이 금방이라도
폭발할 듯 고조되고 있음을 보여주는 내용이었다. 마르크스주의는, 차르 체제
를 종식시키기를 원했지만 그것을 어떻게 성취할지, 그리고 새로운 체제는 무엇
이 되어야 할지 몰랐던 젊은이들 사이에서 열렬히 흡수되고 있었다. 이미 차르
에 대한 많은 암살 시도가 있었는데, 1887년에 알렉산드르 울리아노프의 교수
형으로 귀결된 사건도 그중 하나였다. 그는 나중에 블라디미르 레닌이 되는 블
라디미르 일리치 울리아노프의 형이었다.[7]

1894년에 폭군 알렉산드르 3세가 사망하고 그의 아들 니콜라이 2세가 황위
를 계승했다. 새로운 차르는 경제의 현대화를 시도했지만 폭정을 그치지는 않
았다.[8] 엥겔스는 "작은 니콜라이가 우리에게 혁명을 절대로 피할 수 없는 것으
로 만들어주는 봉사를 해주었다"[9]라고 의견을 피력했다. 그는 다니엘손에게 썼
다. "자본주의적 생산은 자신의 파멸을 만들어내고, 그것은 러시아에서도 마찬
가지라는 사실을 당신도 잘 알고 있을 겁니다…… 아무튼 러시아에 자본주의
를 도입했던 보수주의적 인물들은 언젠가 자기 행동의 결과에 깜짝 놀라게 될
날이 오리라고 저는 확신합니다."[10]

그해 블라디미르 울리아노프(1901년부터 레닌이라는 이름을 사용했다)는 상트
페테르부르크의 마르크스주의 서클에 가입했다. 1895년에는 러시아를 떠나
서유럽에 있던 플레하노프와 그 밖의 동료들을 방문했다(그는 뜻밖에도 엥겔스
의 집을 찾지 않은 몇 안 되는 러시아 청년 중 하나였다).[11] 파리에서 그는 라파르그를

만났다. 라파르그는 러시아인이 마르크스의 책을 읽을 뿐만 아니라 이해하고 있다는 사실에 놀랐다. 그는 울리아노프에게 프랑스에서는 이십 년간 선전활동을 전개했음에도 불구하고 아무도 자기 장인의 저작을 이해하지 못한다고 말했다.[12]

5월에 엥겔스는 라우라에게 목에 통증이 있고 미칠 정도로 고통스럽다는 사실을 털어놓았다. "사실은 이렇다. 얼마 전에 목의 오른쪽이 부어오르더니 시간이 지나면서 여러 개의 덩어리로 깊숙한 곳에 자리 잡았다." 그는 반신반의하면서도 바다 공기의 치유 효과를 기대하며 이스트번으로 가고 싶어 했다. 프라이베르거 부부가 동행할 예정이었다. 그는 라우라와 라파르그, 투시와 에이블링도 와달라고 요구했다.[13] 주목할 만한 것은 『자본론』 제1권의 영역자이자 엥겔스의 변호사인 새뮤얼 무어도 합류할 것이라는 점이었다. 무어는 아프리카의 영국 식민지에서 관리로 일하다가 휴가 차 영국에 돌아와 있었는데, 장군은 아버지의 저작에 대한 투시와 라우라의 걱정을 덜어주기 위해 그가 유서를 개정해주기를 원했던 것이다.[14]

평소 건강한 사람이었기 때문에 엥겔스는 자신의 죽음이 다가오고 있는 징후를 느낄 수 있었다. 말도 간신히 했고, 너무 약해져서 글을 쓸 힘도 없었다. 보통 여러 장에 달하던 그의 편지는 몇 개의 문장으로, 그리고 한 문장으로 줄어들었고 가끔씩 단어 하나에 서명만 있기도 했다. 하지만 라우라가 프랑스로 돌아간 후인 7월 23일에 그는 힘을 모아서 네 개의 문장을 썼다. "내일 우리는 런던으로 돌아간다. 내 목에 있는 감자밭에 마침내 위기가 닥친 것 같다. 그래서 부은 곳을 열고 고통을 덜어야 할 것 같다. 드디어!"[15] 영국에서 선거가 막 치러졌고, 결과는 독립노동당과 사회주의자들의 참패였다. 심지어 키어 하디도 요크의 공작부인의 출산에 대해 여왕에게 축하하는 것을 거부하며 국회에서 소동을 피운 일 때문에 패배하고 말았다. 그의 이유는 간단했다. 광산 사고로 사망한 260명의 노동자 가족들에게도 국회가 조의를 표하지 않았기 때문이라는 것이었다.[16] 엥겔스는 라우라에게 보낸 편지에서 그런 패배에 별로 놀라지 않았다고 말했다. 그와 마르크스는 사회주의의 운도 자본주의의 공황주기와 마찬가지로 부침을 거듭하는 것을 보아왔기 때문이다.[17]

엥겔스는 모든 것을 긍정적으로 얘기했다. 건강도 자신했다. 그렇지만 무어는 투시에게 그의 상태가 심각하다고 털어놓았다. "장군 자신만이 할 수 있는 일들이 아직 많이 남아 있다." 무어는 썼다. "그를 잃는 것은 세상의 입장에서는 만회할 수 없는 손실이며, 친구의 입장에서는 재앙이 될 것이다."[18]

투시에게 프레디가 그녀의 이복형제라는 사실과, 그 진실이 안 그래도 위태로운 그녀의 세상을 산산조각 낼 수도 있다고 알린 사람도 무어였다.

투시와 프라이베르거 부부 사이에는 마르크스의 저작뿐만 아니라 엥겔스의 돈에 대한 권리까지 둘러싸고 새로운 긴장이 일었다. 투시는 오랫동안 한때 렌헨과 엥겔스의 불장난으로 프레디가 부당하게 고통받고 있다고 생각해왔다. 그렇기 때문에 프레디가 엥겔스의 합법적인 상속자가 되어야 한다고 주장했을 수도 있다. 프라이베르거는 엥겔스의 유서를 보았기 때문에 엥겔스가 루이제도 재산상속인에 포함시켜놓은 사실을 알고 있었다. 만약 프레디가 엥겔스의 아들이라면 루이제의 몫은 상당히 줄어들게 될 것이었다.

프레디는 루이제가 프라이베르거와 결혼한 후 자신이 엥겔스를 찾아간 횟수가 줄었고 "장군에게서 큰 변화"가 느껴졌다고 말했다. 엥겔스는 프레디와의 대화를 짧게 끊었고 그에게 전보다 훨씬 냉정한 태도를 보였다. 프레디는 엥겔스가 프라이베르거 부부의 영향력하에 떨어졌으며, 프라이베르거 부부가 두 사람을 떼어놓으려고 노력한 것 같다고 말했다. 그 이유는 돈 문제일 것이라고 추측했다. 투시는 프레디에게 다시 엥겔스가 그의 아버지라고 말했다. 프레디는 그 사실이 프라이베르거를 매우 화나게 만들었다고 말했다. "왜냐하면 투시가 옳다면, 그것이 그들에게 무엇을 의미하는지 누구나 상상할 수 있기 때문이다."[19] 프레디가 어머니에게 아버지가 누군지 알려달라고 압박한 적이 있는지는 분명치 않다. 그러나 설혹 그렇게 했다 하더라도 렌헨이 알려주지 않았을 것이라는 점은 분명하다. 프레디는 마흔네 살이 되었지만 자신의 출생에 관해서는 소문 이상으로 알고 있는 것이 없었다. 렌헨이 임종 시 그의 이름에 대해 남긴 수수께 끼 같은 유언을 떠올리면서 그는 진실을 밝히는 일에 나섰다.

투시는 진실뿐만 아니라 프레디를 위한 정의까지 원했다. 그래서 무어를 찾아가 엥겔스가 프레디의 생부라고 주장했다. 엥겔스가 유서를 다시 쓰도록 무어가 영향력을 발휘해줄 것을 바랐던 것이다. 그렇지만 무어가 엥겔스에게 진실을 물었을 때, 엥겔스는 정색을 하며 부정했다. 프레디의 말에 따르면, 엥겔스는 무어에게 "나 대신 투시에게 그것은 말도 안 되는 거짓말이라고 얘기해주시오. 나도 나중에 그 아이를 만나면 직접 얘기해주겠소"라고 말했다고 한다(프레디 는 나중에 무어가 자신에게 "내가 아는 장군은 자기가 자네 아버지이면서도 그 사실을 부정할 사람이 절대 아니네"라고 말해준 일을 회상했다). 그렇지만 그것이 끝이 아니었다. 엥겔스가 무어에게 프레디의 아버지는 마르크스라고 말해준 것이 분명했으며, 무어는 그 사실을 투시에게 알려주었다.[20]

투시가 그 말을 들었을 때 받았을 충격은 충분히 상상할 수 있을 것이다. 프레디가 오빠라는 사실이 충격이었다기보다 그녀가 우상으로 여겨온 아버지가 아들을 버릴 수 있는 사람이었고 어머니와 렌헨을 배신할 수 있는 사람이었다 는 사실 때문이었다. 그녀가 아버지에 대한 존경으로 마음속, 가슴속에 쌓아온 토대가 일거에 무너져 내렸다. 평생 동안 겪어보지 못한 최악의 실망이었다. 그녀는 엥겔스가 거짓말을 한다고 믿었다.

1895년 8월 4일, 투시는 따지기 위해 엥겔스의 집으로 찾아갔다. 엥겔스가 말을 할 수 없다는 사실이 상황을 더욱 비참하게 만들었다. 엥겔스는 석판 위에 투시가 절대로 보고 싶지 않은 글을 썼다. "마르크스가 프레디의 아버지다." 투시는 방을 뛰쳐나와 루이제에 대한 반감도 잊은 채 그녀의 품에 뛰어들어 펑펑 울었다.[21] 루이제는 물론 이미 그 사실을 알고 있었다. 훗날 루이제는 엥겔스가 그녀에게 자신이 아들을 버렸다는 소문을 부정할 권리를 주었다고 동료들에게 말하곤 했다. 엥겔스는 자기 인격에 대한 그런 오점이 무덤까지 따라오는 것을 원치 않았던 것이다. 루이제는 엥겔스가 오래전에 프레디의 아버지라고 나섰던 것은 마르크스 가족을 재앙으로부터 구해주기 위해서였다고 설명했다.[22]

투시가 엥겔스와 만난 다음 날, 엥겔스는 식도암으로 사망했다.[23]

엥겔스의 유서는 그의 책상 서랍에 있었다. 엥겔스의 말대로 마르크스의 모든 원고와 편지들은 그의 저작물 집행인인 투시에게 주어졌다. 엥겔스의 가구와 집기들은 루이제에게 돌아갔다.[24] 독일의 당원들을 위해서는 1천 파운드와 자신의 모든 책, 그리고 편지와 원고들을 남겼다. 그의 돈은 라우라, 투시, 롱게의 아이들, 그리고 루이제에게 분배되었다.[25] 엥겔스의 재산은 3만 파운드[26](오늘날의 가치로 약 480만 달러)였으며, 수수료와 상속세를 제한 후 마르크스의 딸들은 각각 5천 파운드씩 받았다.[27] 당시 그들은 일 년에 150파운드 정도로 생활하고 있었다.

투시는 이제 무엇을 해야 할지 모를 정도로 많은 돈이 생겼지만, 그 이외의 모든 것을 잃었다. 그녀는 다른 마르크스의 딸들보다도 더욱더 엥겔스를 아버지, 안식처, 친구, 멘토로 여기며 의지했었다. 엥겔스는 그녀의 험난한 삶에서 흔들리지 않는 굳건한 바위처럼 어쩌면 그녀의 부모보다도 더욱 든든한 사람이었고 렌헨만큼이나 가족같이 친근한 인물이었다. 이제 그런 그가 사라져버렸고, 아울러 잔인한 진실이 그녀의 아버지에 대한 모든 환상을 날려버렸다. 프레디 역시 당혹스럽기는 마찬가지였다. 엥겔스가 아버지일 것이라고 굳게 믿어왔는데 유언 한마디로 그 믿음이 산산조각 나버린 것이다. 마르크스가 아버지라는 이야기를 들었지만 마음 한구석에는 여전히 석연치 않은 면이 있었다. 그는 라우라에게 보낸 편지에서 자신과 투시는 자기가 마르크스의 아들이라고 믿을 만한 근거가 있다고 말했다. 프레디는 나중에 조니 롱게에게 "라우라는 내 말에 대해 긍정도 부정도 하지 않았다. 다만 내 어머니와 다른 사람들이 그 오랜 세월 동안 그것에 대해 말하지 않았다면 거기에는 필시 그럴 만한 사정이 있을 것이라는 말만 했다."²⁸고 말했다.

엥겔스의 마지막 소원은 공개적인 장례식을 치르지 말고 자신을 화장해 바다에 수장해달라는 것이었다. 브라이튼 근처의 이스트번은 그가 가장 좋아하는 해변이었다. 하얀 암석으로 돌출된 곳이 183미터나 이어졌고 그 밑 절벽은 파도가 부딪쳐 포말로 부서지는 곳이었다. 그래서 투시와 에이블링은 노사회주의자 레스너와 신세대 베른슈타인과 함께 8월 27일에 이스트번에서 빌린 배에 올라 장군과 작별 길에 나섰다. 거친 파도에도 불구하고 그들은 영국해협으로 10킬로미터를 노 저어 나간 후, 배를 멈추고 그들의 잊을 수 없는 친구가 담긴 유골단지를 잉크빛 바닷물 속으로 내려놓았다.²⁹

후에 레닌은 다음과 같이 말했다. "마르크스와 엥겔스가 노동계급에게 한 봉사는 이렇게 몇 마디로 간추릴 수 있다. 그들은 노동계급에게 스스로를 알라고 가르치고, 꿈을 과학으로 바꾸어놓았다."³⁰

투시는 마르크스 사후에 아버지의 저작을 가급적 많이 출판하려던 엥겔스의 책임을 이어받았다. 그녀는 항상 바쁜 일정을 보내왔는데 이제 무리하게 스스로를 밀어붙이고 있었다. 끊임없이 강의했고, 강의하지 않을 때는 글을 썼으며, 글을 쓰지 않을 때는 모임에 참석했다. 마치 일을 멈추면 어떤 것을 대면하게 될지 두려워 끊임없이 움직이는 것만 같았다. 그녀의 삶은 극단적으로 불안정했다. 그해 가을 그녀는 삶에 약간의 안정을 줄 만한 조치를 취했다. 런던 남부 시드넘Sydenham에 유대인 거리(그녀는 이것을 자랑스럽게 강조했다)라고 불리는 곳에 집을 장만한 것이다.³¹ 시드넘은 메이틀랜드 파크와 별반 다르지 않은 교외였지만 더 외곽에 위치했기 때문에 그녀의 예산 범위를 넘지 않았다. 에이블링은 몰라도 투시는 엥겔스의 돈이 얼마나 빨리 사라질 수 있는지 알고 있었으며, 일단 그렇게 되고 나면 보충할 길이 없다는 사실도 잘 알고 있었다. 그녀는 라우라에게 에이블링이 소유한 부동산이 가치가 올랐음을 암시하며, 자기가 집을 구입했고 에이블링이 가구 값을 지불했다고 말했다.³² 그렇지만 에이블링이 부동산을 소유하고 있었다는 것은 상상하기 어렵다. 그가 투시에게 갑작스러운 돈의 출처를 설명하기 위해 이야기를 꾸며낸 듯하다. 그의 아내 이사벨이 드디어 죽었던 것이다. 수십 년간 별거 중이었음에도 불구하고 그가 바라고 기대했던 것처럼 아내의 재산은 (비록 많이 줄기는 했지만) 그에게 상속되었다.[33]

투시도 이제 재산을 가졌으므로 엥겔스가 세상을 떠난 후 곧 자신의 유서도 써놓았다. 그녀는 자신을 에드워드 에이블링의 아내 엘레아노르 마르크스 에이블링이라고 적고, 자신의 모든 재산과 아버지 저작의 모든 이권을 에이블링에게 물려주었다. 단 인세는 롱게의 아이들에게 가도록 했다. 그런데 일 년 후 그녀는 에이블링이 인세를 수령하다가 그가 죽으면 조카들이 승계하도록 유서를 개정했다.[34] 일부 사람들은 에이블링이 유서를 고치도록 투시를 압박했을 것이라고 추측했다. 그러나 프레디는 그녀가 "그 개자식에게 홀딱 빠져 있었다"[35]고 말했다. 투시가 롱게의 아이들에 대한 수혜를 미룬 것은 참으로 이상한 일이었다. 투시는 라우라와 함께 아이들에 대한 책임감을 느꼈고, 자신을 조니의 제2의 엄마처럼 여겼었기 때문이다.

롱게의 아이들은 도움이 절실한 상황이었다. 롱게가 아이들을 끔찍이 아끼기는 했지만, 혼자서 아이들을 키울 형편이 못 되었다.[36] 그는 여러 면에서 마르크스와 비슷했다. 보헤미안적 기질이나 정치적 성향도 그랬으며 경제적으로 빈곤과 싸워야 했던 것도 마찬가지였다. 그렇지만 아내나 렌헨 같은 사람의 지원을 받을 수 없었고, 엥겔스처럼 길을 닦아줄 사람도 없었다. 그는 1891년 어머니가 돌아가신 후 점차 라우라와 투시에게 기대게 되었다. 라우라는 메메Mémé로 알려진 예니를 자주 돌봐주었으며, 투시도 조니가 런던에 있건, 아버지와 함께 프랑스에 있건 관심을 갖고 보살폈다.[37] 그녀는 조니가 재능이 있지만 게으르다고 걱정했다.[38] 조니는 열일곱 살이 되었을 때, 자기가 직업을 정하지 못했기 때문에 이모가 실망하고 있다는 사실을 알았다. 투시는 조니에게 의학이나 화학, 기계학을 제안했다. 그러나 조니는 엥겔스에게 자기는 그런 것에 아무런 관심이 없으며, 아무것도 잘할 수 있는 것이 없는 것은 아닌지 두렵다고 말했었다.[39] 이 년 후 조니는 자신이 쓴 기사를 투시에게 보냈다. 투시는 "우리 장한 조카가 참으로 자랑스럽다"고 말했지만 다가올 미래가 두려웠다. "나는 네가 저널리스트가 되는 것은 절대로 보고 싶지 않다…… 먹고살기 위해서 기사를 쓰는 것은 결국 글을, 나중에는 네 양심을 팔도록 강요받게 되는 길이다."[40]

엥겔스의 죽음은 라우라와 투시 간의 이십삼 년간의 불화를 해소하는 데 촉매 역할을 했다. 그들의 편지에는 이제 예전의 소원함을 보여주던 부자연스럽고 의식적인 다정함이 없었다. 투시는 라우라가 어머니의 미모와 편지 쓰는 재능을 물려받은 반면 자기가 물려받은 것이라고는 아버지 코밖에 없다는 농담을 하기도 했다.[41] 투시가 엥겔스의 유산으로 집을 구입하는 데 신중한 태도를 보인 반면, 라우라와 라파르그에게는 그런 조심스러움이 없었다. 그들은 파리에서 남쪽으로 32킬로미터 떨어진 드라베이Draveil에 대저택을 사들였다. 그 집에는 서른 개의 방과 정자, 과수원, 닭 백 마리, 그리고 수십 마리의 토끼와 염소가 있었다.[42] 수년간 아슬아슬한 경제적 파탄의 언저리에서 지내오다가 언제나처럼 엥겔스로부터 구원이 도달하자 라우라와 라파르그—각각 쉰 살과 쉰세 살이었다—는 새로운 집과 안정된 생활을 마음껏 즐겼다.

라파르그 부부가 목가적인 삶에 젖어든 반면, 투시의 삶은 더욱 복잡해지기만 했다. 1895년 봄, 사회주의자들은 1896년 여름에 런던에서 열리기로 되어 있는 제2인터내셔널의 네 번째 대회를 준비하기 위해 기금 마련을 위한 야회를 열었다. 에이블링이 행사를 기획하고 자신의 연극 〈기차 안에서〉를 공연했다.[43] 그 단막극에 릴리언 리처드슨이라는 여배우가 출연했다. 에이블링은 그녀의 상대역이었다. 나중에 월 손은 에이블링이 리처드슨 양과 "매우 친해졌다"고 말했다(사회주의 언론의 한 기사는 그녀를 누구나 사랑에 빠질 수밖에 없는 여행 동반자 같은 사람이라고 평했다).[44] 갑자기 에이블링은 웨스트엔드에 자신의 연극을 올리는 일에 다시 열을 올리기 시작했다. 그리고 그와 투시가 이제 런던에 가기 위해서는 기차를 타야 하는 곳에 살고 있었기 때문에 에이블링은 이따금씩 외박을 하기도 했다.

투시는 아무것도 눈치채지 못했을 것이다. 힘겨운 일들과 아버지의 글에 파묻혀 있었기 때문이다. 그녀는 『자본론』 제4권이 출판되는 것을 보고 싶었고, 그 밖의 마르크스의 저작들을 출판하는 일에도 바빴다. 그리고 『뉴욕 데일리 트리뷴』의 기사들을 모아 『1848년 독일에서의 혁명과 반혁명』이라는 제목으로 출판하기도 했다. 그것은 당시의 역사를 보여주는 귀중한 자료가 되었다(나중에 그 기사들의 대부분은 마르크스가 아니라 엥겔스에 의해 쓰인 것으로 밝혀졌다. 그렇지만 당시 투시는 그 잘못을 모르고 묵묵히 일만 했다). 마흔한 살의 투시는 말년에 엥겔스가 일분일초를 아쉬워하며 아꼈던 것처럼 열심히 일만 했다.

당시 투시가 가깝게 지내던 사람들은 라우라, 프레디, 윌 손과 그의 아내, 에드 베른슈타인, 카를 카우츠키, 그리고 어렸을 때부터 그녀를 지켜봐왔던 늙은 리프크네히트 등이었다.[45] 투시는 리프크네히트가 자신의 어린 시절과 연결되어 있기 때문에 그에게 더욱 애착을 가졌고, 리프크네히트는 이제 엥겔스도 없기 때문에 그녀를 보호해야 할 책임을 자신이 물려받았다고 느꼈을 것이다. 투시가 시드넘으로 이사 간 후 처음 이 년간 리프크네히트는 세 번이나 독일을 떠나 그녀를 방문했다. 이제 그도 일흔 살이었으므로 여행이 쉽지 않은 나이였다. 1896년 봄에 투시와 리프크네히트는 과거를 거닐고 있었다. 그들은 그녀가 너무 어려서 잘 기억도 못하는 딘스트리트, 그리고 그녀가 어린 시절을 보낸 그래프턴 테라스를 걸었다. 그들은 햄프스테드 히스 근처에 가족이 자주 들르던 선술집에 들렀고, 리프크네히트는 투시가 줄줄 외우고 있지만 다시 듣고 싶어 할 이야기들,[46] 이제 그녀에게 생명선과 같이 되어버린 어린 시절의 동화들을 들려주었다. 그렇지만 그녀는 윤색되지 않은 가족사에 대해서도 듣고 싶었다. 엥겔스가 죽은 후, 그녀에게 아버지는 결점을 지닌 인간의 모습으로 되돌아왔다. 비록 그 아버지가 당원들에게는 여전히 신화적인 존재라 할지라도 말이다. 리프크네히트가 그해 마르크스에 대한 회상을 책으로 펴냈을 때, 카우츠키는 그의 주벽, 빈곤, 개인적 버릇 등이 상세히 알려지면 그의 명성에 치명적인 손상이 될 것이라고 우려했다. 그렇지만 투시는 라우라에게 리프크네히트의 이야기가 혼란스럽기는 하지만, 마르크스를 인간화시키는 것이 그의 가르침의 권위를 깎아내릴 것이라는 카우츠키의 입장에는 동의할 수 없다고 말했다. "결국에는 '정치가'이자 '사상가'인 마르크스는 살아남을 거야. 인간 마르크스(카우츠키가 일개 인간이라고 말한 사람)는 그럴 가능성이 적지만 말이야."[47] 실로 그녀는 카우츠키에게 쓴 편지에서 리프크네히트의 책이 유익하다고 말했다. 왜냐하면 "인간 마르크스는 거의 알려지지 않고 오해를 사고 있기"[48] 때문이었다. 그녀는 비록 고통스러울지라도 마르크스의 사적인 몇몇 편지들을 출판하는 데 동의하기도 했다. 아버지가 "사적인 삶이 정치로 끌려 나오는 것"을 얼마나 싫어했는지 잘 알았으면서도 말이다.[49] 투시는 평생 동안 속마음을 숨기며 살아왔기 때문에 이제 진실의 일부만이라도 알리고 싶었다.

그런 심정은 몇 달 후 전면화되었다. 7월에 투시는 자기 집에서 제2인터내셔널 대회의 대표들을 위한 파티를 열었다. 투시의 친한 친구가 된 클라라 제트킨은 나중에 그때의 일을 모스크바의 마르크스-엥겔스 연구소 소장에게 설명해주었다. 그녀는 투시가 놀라운 것을 알려주겠다며 자신을 사람들 밖으로 끌었다고 말했다. 그리고 약간 구부정했지만 아직 젊은 남자를 소개해주었다. "나의 친애하는 클라라, 당신에게 니미[렌헨]와 무어인의 아들이자 내 배다른 오빠인 사람을 소개해줄게요." 제트킨은 그 만남이 자기에게는 깊은 인상을 남겼지만 프레디는 안절부절못했던 것 같았고, 그래서 그들은 사적인 것보다는 정치에 관한 얘기를 주로 나누었다고 말했다. 그날 밤 이후에 투시는 클라라에게 비록 아버지와 엥겔스가 거짓말을 하기는 했지만 옳은 일을 한 것이다, 왜냐하면 어머니가 아버지를 깊이 사랑하기는 했지만 그런 배신과 스캔들을 견디지는 못했을 것이기 때문이다, 라고 말했다. 그렇지만 투시는 어머니가 돌아가신 후에도 마르크스가 자식들에게 진실을 알리지 않은 것에 대해서는 화가 난다고 말했다. 그녀는 아버지가 아내와 예니헨을 잃은 슬픔 때문에 미처 그 일에까지 마음을 쓰지 못했을 것이라고 추측했다. 비록 자신에게도 별로 설득력이 없는 얘기였지만 말이다. 아버지가 무엇인가를 망각해버린다는 것은 상상하기 어려웠기 때문이다. 투시는 프레디가 이복오빠인 것을 좀 더 일찍 알지 못했던 것이 안타깝다고 말했다. 만약 그랬다면 그와 좀 더 가까이 지내려고 노력했을 것이기 때문이다. 하지만 그녀는 잃어버린 시간을 만회하기 위해 애쓰고 있다고 클라라에게 말했다.[50]

　1896년 말, 투시는 가족의 숨겨진 과거와 화해한 듯 보였다 그녀는 깊은 상처를 입고 회한을 품게 되었지만, 어머니처럼 그런 것들과 함께 사는 법을 깨달은 것이다. 어쩔 수 없이, 투시는 인간이란 위대하면서도 결점을 지닐 수 있고, 결점 있는 인간도 여전히 사랑해줄 만한 가치가 있다는 결론에 이르게 되었다. 그녀의 아버지의 경우가 그랬으며, 에이블링 역시 그런 경우의 인간일 것이라고 그녀는 믿었다.

52

1897년
런던

나는 당신과 내가 특별히
나쁜 사람이라고 생각하지는
않아요 — 하지만, 프레디 오빠, 정말로
우리는 천벌을 받고 있는 것처럼
보이는군요.

—엘레아노르 마르크스[1]

1월에 에이블링은 하고 싶어 하던 과학강좌를 열 자금을 마련하기 위해 자기 연극 중 하나를 무대에 올렸다. 그의 상대역은 한 음악교사의 스물두 살 된 딸이었다. 이름이 에바 프라이였지만, 일 년 전 릴리언 리처드슨이라는 이름으로 그와 함께 나타났던 바로 그 여배우였다.[2] 에이블링은 이제 마흔일곱 살이었으나 아직 자기 나이의 반밖에 되지 않는 여인의 마음을 사로잡을 수 있는 수단을 가지고 있다는 것에 희열을 느꼈을지도 모른다. 투시와의 생활은 일적인 관계가 되었고, 이제 엥겔스도 없었기 때문에 그에게는 거칠 것이 없었다. 게다가 투시는 이제 한때 러시아인 혁명가가 말하던 호리호리하고 매혹적인 발랄한 소녀가 아니었다. 그녀는 나이가 들면서 펑퍼짐한 몸으로 변했다. 아버지를 닮았던 것이다. 누군가 그녀를 아름답다고 묘사한다면 그것은 아마도 내적 아름다움을 일컫는 말이었을 것이다. 투시는 웨스트엔드의 여배우와는 정반대의 모습이었고, 에이블링이 추구한 여인상은 당연히 후자였다.

에이블링은 극장가 근처에 과학강좌를 열었다. 그래서 도시에 밤늦게까지 머물며 에바와 가까이 있을 구실이 생겼다. 그녀에게 홀딱 반해버린 것이 분명했다. 그는 오랫동안 여성 편력으로 악명이 높았다. 그렇지만 깊이 빠지는 일은 없었다. 그런데 에바의 경우, 한 번 건드려보는 것 이상의 것을 원했다. 자기 나이 때문이었을 수도 있다. 에바가 곧 극장가에서 별로 전망도 없는 중늙은이에게 싫증을 내지 않을까 두려웠을 것이다. 아니면 건강 때문에 자극받았을 수도 있다. 그는 이 년 이상 허리에 종양을 달고 있었으며 몸 상태가 그다지 좋지 않았다.

이유가 무엇이었건 에이블링은 6월 8일에 에바가 살고 있는 첼시에서 그녀와 결혼식을 올렸다. 결혼증명서에는 홀아비 알렉 넬슨으로 기재되어 있었다. 그가 여전히 함께 살고 있는 '아내' 엘레아노르에 대한 언급은 없었다.[3] 6월 말에 그는 세인트 마가렛 베이로 여행을 떠났다. 투시에게는 요양 차 간다고 말했지만, 의심할 여지없이 에바와 떠난 신혼여행이었다.[4] 그는 2주간 떠났다가 런던으로 돌아와서 투시가 있는 유대인 거리로 들어갔다. 그렇지만 8월에 다시 떠났다. 그는 팔 수 있는 모든 것을 가지고 떠나면서 투시에게 주소도 알려주지 않고, 연락할 일이 있으면 한 동료 배우를 통하면 된다는 말만 남겼다.[5]

에이블링이 에바와 결혼한 순간부터 시드넘을 떠날 때까지 유대인 거리에서 부부싸움이 벌어졌을 것이라고 추정할 수 있다. 그리고 에이블링의 열정이 절정으로 치닫는 몇 개월 동안, 에이블링과 투시 간의 불화도 역시 깊어졌을 가능성이 있다. 그럼에도 불구하고 투시는 그의 갑작스럽고 이해할 수 없는 가출을 받아들일 수 있는 준비가 전혀 되어 있지 않았을 것이다. 영문도 모른 채 그가 떠나가는 것을 보고 있어야만 했던 것이다. 그녀는 프레디에게 두서없는 편지를 보내 에이블링이 나타날 것으로 짐작되는 사회주의자 모임에 가봐달라고 부탁했다. "만약 그 사람이 거기 있으면 그에게 이 말을 해줘요. 다른 사람들 앞에서 도망치지는 못할 거라고." 그녀는 에이블링이 지명한 배우를 통해 많은 편지를 보냈지만 에이블링은 답하지 않았다. 그녀는 프레디에게 자기 자신이 약하기 때문에 에이블링에게 편지를 쓰는 것이라는 걸 알고 있다고 말했다. "그렇지만 십사 년이나 살아와놓고 이렇게 아무 일 없었다는 듯 돌아설 수는 없잖아요."[6]

프레디가 에이블링과 연락이 닿았는지는 알려지지 않았지만, 다음 날 투시는 에드워드로부터 "돌아왔소. 내일 아침 일찍 집에 들어갈 거요"라고 씌어 있는 편지를 받았다. 그다음 "1시 30분에 분명히 귀가함"이라는 전보가 뒤따랐다. 그녀는 프레디에게 에이블링이 돌아온 후 '남편'은 그녀가 그의 품에 뛰어들지 않은 것에 놀란 것 같다고 쓴 편지를 보냈다. "그는 아무런 변명이나 설명도 하지 않았어요. 그래서 나는 우리가 사업 얘기를 할 필요가 있고, 내가 받았던 대접을 절대로 잊지 못할 거라고 말해주었지요. 그는 묵묵부답이었어요." 그녀는 프레디에게 집으로 와서 같이 에이블링을 만나달라고 부탁했다.[7] 그리고 엥겔스의 재산 분배를 담당하고 투시의 유서를 작성했던 변호사 아서 윌슨 크로스에 대한 언급도 있었다.[8] 안타깝게도 그 편지에는 많은 일들이 누락되어 있고 프레디의 답장도 없기 때문에 시드넘에서 실제로 무슨 일이 있었는지는 추측에 의존할 수밖에 없다. 투시와 프레디가 같이 에이블링을 만나야 했다면 그것은 프레디의 출생과 관련해서였을 것이다. 크로스가 개입되었다면 투시가 프레디에게 유리하도록, 그리고 에이블링이 수용할 수 없는 방식으로 유서를 고치기를 원했던 것이라고 추측해볼 수 있다(사실 에이블링은 투시가 엥겔스로부터 상속받은 후 이 년 만에 그 돈의 절반 가까이를 써버렸다). 에이블링은 이제 딴살림을 차렸기 때문에 돈이 부족했을 것이고, 그래서 프레디의 출생에 관한 이야기를 폭로하겠다며 투시를 협박해 돈을 얽어내려 했을 수도 있다. 진실을 소수의 당원들만 알고 있는 것과 언론을 통해 널리 퍼져나가는 것은 사뭇 다른 문제였다.

9월 2일에 투시는 프레디에게 편지했다. "가능하면 오늘 저녁에 와주세요. 오빠에게 이런 부담을 안기기가 부끄럽지만, 저는 너무 외롭고, 끔찍한 상황과 맞서야 해요. 완벽한 파산—마지막 한 푼까지—이냐, 아니면 전 세계 앞에서 씻을 수 없는 수치를 당하느냐지요. 끔찍해요. 이런 일은 상상도 못했어요. 누군가 조언해줄 이가 필요해요. 최종 결정을 내려야 할 사람은 저라는 것도 알아요…… 그러니까 제발, 프레디 오빠, 와주세요. 어찌할 바를 모르겠어요. 투시."[9]

프레디는 에이블링을 경멸했다. 그렇기 때문에 투시와 에이블링이 같이 살기로 모종의 합의를 했을 때 깊은 마음의 상처를 입었다. 9월 말에 투시와 에이블링은 드라베이로 가서 라우라와 라파르그의 근사한 새집에 머물렀다. 라우라는 어떤 불화도 눈치채지 못했고, 투시는 지난여름의 고통스러운 사건에 대해서는 입도 뻥긋하지 않았다. 사건의 모든 진상을 알고 있는 사람은 프레디뿐이었다.

투시는 런던으로 돌아와서 곧바로 일에 복귀했다. 통합기계공협회가 8시간 노동제를 위해 파업을 벌인 것이다. 그녀는 그 파업을 '내전'과 다름없다고 말했다.[10] 그녀의 언어는 평상시보다 더욱 과격해져 있었다. 아마도 개인적 불안이 반영된 탓일 것이다. 자유노동협회의 설립자인 윌리엄 콜리슨이 이 시기에 투시와 우정을 회복했다.[11] 그들은 투시가 런던에서 첫 번째 메이데이 행사를 기획하고 "화려한 인물", 윌 손에게 글을 가르치던 1890년부터 알고 지내던 사이였다. 콜리슨은 투시를 종교는 없지만 모든 행동거지가 기독교인 같은 사람이라고 말했다. 그렇지만 불행히도 그녀는 "윤리적 쓰레기를 만나서…… 가난 때문일 것이라고 그녀가 눈감아주었던 약점들이, 그가 상대적인 번영의 왕국에 들어섰을 때는 오히려 더욱 커졌다. 그는 견딜 수 없게 변했는데 그래도 그녀는 그를 견뎌주었다"고 덧붙였다.[12]

콜리슨의 협회는 비노조 노동자들을 파견하는 일을 했고, 그래서 종종 고용주에 의해 파업 파괴자로 활용되기도 했지만, 그는 투시에 대한 존중으로 자기 단체의 노동자들이 파업 중인 기계공의 자리에는 들어가지 않도록 배려했다.[13] 이 기간 중에 콜리슨은 챈서리 레인Chancery Lane 근처의 거리에서 투시를 만났던 일을 회상했다. 그곳은 투시가 아버지의 서류를 보관하던 곳이었다. "사실 나는 그때 이미 그녀가 죽어 있었다고 생각한다. 가슴과 모든 여성적 희망이 죽었다. 우리는 바람 불고 어둑어둑해지는 곳에 서 있었고 나는 거의 말을 하지 않왔다…… 나는 아름다움이 사라진 그녀의 얼굴, 희망을 잃은 눈동자, 입가의 주름에 깊게 밴 슬픔을 볼 수 있었다. 그녀는 조금 초조해 보이기도 했다. 목에 모피인지, 털목도리인지, 레이스 스카프인지를 매고 있었는데 그것을 초조하게 만지작거렸다."14

기계공들은 해외로부터 지원금을 받았음에도 불구하고 1월에 아무런 성과 없이 항복하고 말았다.15 그것이 투시의 마지막 직업적 싸움이었다. 나머지는 모두 사적인 것이었다.

이제 투시의 모든 관심은 에이블링에게 쏠렸다. 에이블링은 허리의 종기에 아울러 폐울혈과 폐렴 증세도 보였다. 그녀는 라우라에게 에이블링이 뼈만 남았고 의사가 약간의 한기도 치명적일 수 있다고 경고했다고 말했다. 그녀는 에이블링을 데리고 바닷가로 가서 따뜻한 공기와 햇볕을 쐬도록 해주고 싶었다. 그렇지만 둘이 같이 갈 형편이 못 되었다. 프랑스에서 돌아온 후 몇 주 동안 그의 의료비로 써버린 돈이 이미 그들의 고갈되어가는 저축을 위험스럽게 갉아먹은 뒤였다.16 조지 버나드 쇼는 에이블링이 돈을 갚을 의도가 거의 또는 전혀 없으면서 돈을 빌리는 과거의 속임수로 또다시 되돌아갔다고 말했다. 그렇지만 이미 너무 많은 사람들이 당하고 난 뒤였다. 에이블링은 사람들로부터 지원 대신 어깨를 으쓱이는 반응만 얻었다.17

1월 13일에 에이블링은 혼자 해변으로 떠났다. 바로 그날 투시는 프레디에게 편지를 썼다.

가끔 나는 프레디 오빠처럼 우리에게는 어떤 옳은 일도 생기지 않을 것이라는 느낌이 들어요. 오빠와 나 모두 다에게요. 선천적으로 약했던 예니 언니는 나름의 문제와 슬픔이 있었고, 라우라 언니는 아이들을 모두 잃었지요. 그렇지만 아이들에게는 안됐지만 예니 언니가 세상을 떠난 것은 잘된 일이라는 생각이 가끔씩 들어요. 내가 겪어야 했던 인생을 예니 언니가 겪는 것을 나는 절대로 바라지

않거든요.**18**

에이블링은 별로 건강이 좋아지지 않은 채 돌아왔다. 그는 의사를 만난다며 자주 런던으로 갔지만 투시가 동행하는 것은 허락지 않았다(의심해볼 필요도 없이 갈 때마다 에바를 만났던 것이다). 투시는 근심으로 제정신이 아니었다. 에이블링의 건강에 대해, 그리고 그들의 경제형편에 대해. 그녀는 나탈리 리프크네히트에게 "가끔 내가 어떻게 버티고 있는지조차 잘 모르겠어요!"라고 말했다.**19**

투시는 이디스 랭카스터라는 한 사회주의자와 사귀었다. 그녀는 간통으로 가족들의 체면에 먹칠을 했기 때문에 정신병원에 보내졌다**20**(19세기에 여성은 본질적으로 아버지나 남편의 소유물이었고, 대부분의 법적 과정에서 그들의 주장에 거의 대항할 수 없었다). 1898년에 랭카스터에게 보낸 편지에서 투시는 "가끔 왜 사람은 이런 끔찍한 고통을 겪으면서도 살아가는지 의아할 때가 있어요. 물론 나는 가여운 에드워드에게 이렇게 말한 적은 없어요. 그렇지만 종종 그 모든 것을 끝내버리는 것이 훨씬 쉬울 것이라는 생각을 하곤 해요. 내 고통이 당신에 비해 결코 작지 않다는 것을 당신도 잘 알고 있지요?"라는 의미심장한 말을 했다.**21**

2월에는 상황이 더욱 악화되었다. 에이블링의 의사는 종기 때문에 에이블링의 건강 회복이 방해되고 있다며 제거수술이 필요하다고 말했다. 수술이 필요하다는 데는 이견이 없었으나 투시는 그 비용 때문에 절망했고, 또한 에이블링에게 건강 말고도 무엇인가 잘못되었다는 어렴풋한 느낌을 받게 되었다. 그녀는 프레디에게 에이블링이 그녀에게 말해주지 않은 무엇인가가 있다고 확신한다고 털어놓았다. "내가 너무 이기적인 것은 알지만, 프레디 오빠는 내가 흉금을 토로할 수 있는 유일한 사람이고…… 이게 무슨 뜻인지 알겠지요. 나는 다른 누구에게도 하지 않을 얘기를 오빠에게 하고 있는 거예요."**22** 투시는 프레디가 유대인 거리에 와주기를 바랐지만 그는 거절했다. 에이블링이 꼴도 보기 싫었던 것이다. 그녀는 그의 혐오감을 이해하면서도 설득하려 했다.

귀머거리나, 근시나, 그 밖의 장애인들처럼 어떤 윤리적 감각이 결여된 사람들도 있는 거예요. 그리고 나는 다른 사람의 어떤 장애에 대해 비난할 만큼 정당한 사람은 거의 없다는 사실을 깨닫기 시작했어요. 우리는 그들을 고쳐주려고 노력해야 해요. 그리고 치료법이 없다 하더라도 최선을 다해야 해요. 나는 오랜 고통을 거친 후 이것을 이해하게 되었어요…… 그래서 가능한 한 이 모든 시련을 견뎌보려고 애쓰고 있어요.[23]

이틀 후 그녀는 덧붙였다. "프랑스 속담에 '이해하는 것은 용서하는 것이다'라는 말이 있어요. 많은 고통 끝에 그 말을 이해하게 되었어요. 그러므로 나는 용서할 필요가 없어요. 오직 사랑할 뿐이지요."[24]

에이블링은 2월 8일에 유니버시티 칼리지 병원에 입원하고 다음 날 수술을 받았다. 투시는 병원 근처에 방을 잡고 밤낮으로 호출에 대기했다.[25] 아흐레 후 의사는 에이블링을 퇴원시키면서 회복을 위해 마게이트 해변으로 갈 것을 권했다. 그것은 투시가 감당할 수 없지만 거부할 수도 없는 지출이었다. 이번에는 투시도 동행했다.[26]

이 기간 중 그녀의 편지에 의거해 투시의 많은 서신교환자들은, 그녀가 당의 정치, 운동의 역사, 그리고 자신의 작업에 대해 토론하던 예전의 모습과 하나도 다를 바 없는 원기 왕성한 여인이라고 생각했을 수도 있다. 그렇지만 그녀는 가까운 친구들, 특히 프레디와 나탈리 리프크네히트에게는 숨김없이 자신의 절망을 표현했다.[27] 3월 1일에 그녀는 이복오빠에게 편지를 썼다.

사랑하는 프레디 오빠에게

내가 편지하지 못한 것을 무관심으로 여기지는 말아주세요. 문제는 내가 너무 피곤하다는 것과, 편지를 쓸 기분이…… 나한테는 어려운 시기예요. 내게 희망이라고는 거의 남아 있지 않고, 고통은 거대한…… 나는 갈 준비가 되어 있고, 기쁘게 그렇게 할 거예요. 그렇지만 그 사람이 도움이 필요한 한 나는 남아 있어야 해요. 나를 지탱해준 유일한 것은 사방에서 나에게 보여준 우정이었어요. 여러 사람들이 나한테 얼마나 잘해주었는지 말로 설명할 수 없어요. 글쎄, 정말 모르겠어요.[28]

투시와 에이블링은 3월 27일에 런던으로 돌아왔다. 나흘 후 투시는 자살했다.[29]

투시의 포기는 격류 속에서 익사한 것과 같았다. 그렇지만 자살의 직접적 계기는 3월 31일 아침에 받은 한 통의 편지였을 가능성이 높다. 한 동료 사회주의자는 그 편지가 특정인—말할 것도 없이 에이블링을 지칭한다—에 대한 "아주 안 좋은 사실"을 전했다고 말했다. 아마도 에이블링이 에바와 결혼한 사실일 것이다.[30] 에이블링은 검시관의 심문 때 그들이 그날 아침 싸우지 않았다고 증언했고, 하녀도 싸움이 있었다는 말은 하지 않았다.[31] 투시는 자기가 무엇을 해야 할지 즉시 알았기 때문에 눈물이나 분노 같은 것은 필요치 않았을지도 모른다. 그녀는 이미 프레디에게 자신이 살아 있어야 할 유일한 이유는 에이블링을 돌볼 의무 때문이라고 말했었다. 편지의 내용이 무엇이었건 투시는 그 의무로부터 해방되었다.

오전 10시에 투시는 하녀인 거트루드 젠트리에게 쪽지 한 장과, 에드워드 에이블링 박사라고 쓰인 에이블링의 신분증을 주고 약국에 심부름을 보냈다. 쪽지에는 개를 죽이기 위해 필요하다며 클로로포름과 청산가리를 달라는 내용이 적혀 있었다. 젠트리는 약품과 함께 투시가 서명해야 할 노트를 들고 왔다. 그 약품이 취급 제한 물품이었기 때문이다. 투시는 노트에 'EM 에이블링'이라고 서명했다.

에이블링은 투시가 독약을 주문할 때 집에 있었지만, 젠트리가 꾸러미를 들고 돌아오기 전에 집을 나갔다. 그는 런던에 가겠다고 말했다. 그 전날만 해도 너무 쇠약해서 서 있지도 못했으면서 말이다. 투시는 그에게 가지 말라고 부탁했다. 그렇지만 그는 그녀의 청을 뿌리치고, 그녀가 혼자 독약이 배달되기를 기다리도록 놔둔 채 집을 나섰다. 자신의 속임수가 어떤 끔찍한 결과를 낳을지 다 알고 있었던 것이다. 투시는 2층으로 올라가서 세 통의 편지를 썼다. 한 통은 변호사 크로스에게 보내는 것으로 그 속에 그날 아침 받은 편지를 동봉했다.[32] 또 한 통은 에이블링을 위한 것이었다. "여보, 이제 곧 모두 끝날 거예요. 제가 당신에게 하고픈 마지막 말은 지난 슬픈 세월 동안 내내 제가 해왔던 말과 같아요. 사랑해요." 마지막으로 그녀는 조카에게 편지를 썼다. "사랑하는 조니야, 나의 마지막 말을 남긴다. 네 할아버지에게 부끄럽지 않은 손자가 되거라. 이모, 투시."[33]

젠트리가 약국에 다시 갔다가 돌아와서 투시의 방으로 갔을 때, 옷을 벗고 침대에 누워 있는 투시를 발견했다. 그녀는 숨을 쉬고 있었지만 상태가 안 좋아 보였다. 젠트리는 그녀에게 괜찮냐고 물었지만 대답이 없자 이웃사람에게 도움을 청하려고 뛰쳐나갔다. 다시 돌아왔을 때 투시는 이미 숨을 거둔 상태였다.[34]

한편 에이블링은 기차를 타고 런던으로 가서 곧장 사회민주주의연맹 사무실로 향했다. 그곳에서 한 회원과 대화를 나누고 그 사람에게 정확한 시간을 기록하도록 만들었다.[35] 에드 베른슈타인은 에이블링이 투시가 자살할 것을 알고 있었다고 주장했다. 그리고 그녀의 친구들은 에이블링이 그녀의 죽음으로 자신에게 혐의가 오는 것을 피하기 위해 시간이 기록되기를 원했던 것이라고 추측했다.[36] 사회민주주의연맹을 떠나 그가 어디로 갔는지는 알 수 없다. 그렇지만 오후 5시가 되어서야 시드넘에 돌아왔다. 그가 도착했을 때 투시의 시신은 여전히 침대에 있었다. 그는 즉시 방을 뒤져서 자신과 크로스에게 보내는 편지를 찾아냈다. 그는 편지를 없애려 했지만 현장에 있던 검시관 부하의 제지 때문에 그러지 못했다.[37]

오래전 투시가 아편 과다복용으로 자살하려 했을 때 해브록 엘리스는 그녀의 친구들이 슬퍼했지만 놀라지는 않았다고 말했었다. 1898년에 그녀의 친구들은 더욱 그랬다. 그 비극으로 놀란 것은 두 사람뿐이었다. 리프크네히트는 도무지 이해할 수가 없었다. 사 개월의 형기를 살고 3월 중순에 막 석방된 그는 투시가 자살했다는 사실을 믿을 수 없었고, 에이블링이 그녀를 그렇게 몰았다고 생각하지도 않았다.[38] 또 다른 한 사람은 라우라였다. 두 사람의 관계는 이미 회복되었지만, 투시는 언니에게 속내를 털어놓지 않았었다. 라우라는 유대인 거리의 삶이 그저 행복한 줄로만 알고 있었다. 투시가 죽었다는 소식을 들었을 때 그녀의 슬픔은 이루 말할 수 없었다.[39] 그녀의 반응은 당연히 충격과 비통함이었지만, 또한 그들 삶에 별로 중요하지도 않았던 리사가레라는 한 남자 때문에 그토록 오랜 세월 동안 서로를 멀리해왔던 것에 대한 회한 역시 있었다.

4월 5일, 투시의 시신은 워털루의 화장터에서 화장되었다. 유럽 전역의 사회주의자들과 노동당에서 보낸 화환이 밀려들었다. 이 년 전 엥겔스의 장례식을 위해 이 장소에 모였던 조문객들은 슬픔에 젖기는 했지만 뜻깊은 삶을 살다간 고인을 추억했었다. 투시의 장례식에 모인 사람들은 완전히 달랐다. 그녀를 추모하기 위해 모인 사람들은 진정 가슴이 아팠지만, 그것은 그녀를 마흔세 살이라는 한창때 잃었다는 것 때문이 아니라, 그녀가 겪었을 고통과 그녀를 도와주지 못한 그들의 무능력 때문이었다. 라파르그, 조니 롱게, 하인드먼, 베른슈타인, 윌 손, 그리고 그 밖의 당과 노조 친구들이 참석했다. 공개석상에 나서기에는 슬픔이 너무 깊었던 프레디와 라우라는 참석하지 않았다.[40]

여러 사람이 추도사를 낭독했고, 에이블링도 그중 하나였다. 한 노동자 신문의 기사는 그가 "눈물도 흘리지 않고 무덤덤한 태도를 보였다"고 묘사했다. 베른슈타인은 "당의 체면을 고려하지 않았다면 사람들은 에이블링을 갈기갈기 찢어 죽였을 것이다"[41]라고 말했다. 베른슈타인의 말은 독일 사회주의자들을 대변한 것이었다. 그와 그의 아내는 엥겔스가 죽은 후 각별히 투시와 친하게 지냈었다. 그는 투시가 자살한 후, 그녀를 억지로라도 에이블링의 사악한 영향력에서 떼어놓지 못했던 것을 후회하며 불면의 밤을 보냈었다고 후에 기록했다. 마지막으로 손이 발언했다. 한 기자는 그 노동자의 거인이 한 말을 거의 알아들을 수 없었다고 말했다. 그가 울먹이며 말했기 때문이다.[42]

투시의 자살 이후 화장이 치러지기 전까지 시드넘 검시사무소에는 그녀의 죽음에 대한 사인 심문회가 열렸다. 그 이야기는 지역신문에 비상한 관심을 끌었다. 신문은 '시드넘의 비극적 자살'이라는 제하의 기사를 실었다. 에이블링이 증언을 위해 소환되었다. 그는 슬픔에 잠기기는커녕 자신만만한 표정으로 나타났다. "고인은 당신의 부인입니까?"라는 질문에 태연하게 "법적으로요, 아니면 실질적으로요?"라고 반문했다(그는 후자라고 인정했다). 에이블링은 투시의 나이는 정확히 모르고, 그녀가 비록 여러 차례 자살하겠다고 위협하기는 했지만 건강은 양호한 상태였다고 말했다. 또 그녀가 "우리 그냥 이대로 모든 것을 끝내 버리자"는 말을 자주 했다고 덧붙였다. 그다음은 젠트리가 증언대에 서서 3월 31일 아침에 대해 시간별로 설명했다. 마지막으로 약품상인 조지 에드가 데일이 불려나왔다. 그는 허가받지 않은 사람에게 독약을 주었기 때문에 법적인 문제에 휘말릴 소지가 있었다. "저는 에이블링 박사가 자격 있는 사람인 줄 알았습니다. 그것을 보내도 되는 줄 알았지요." 그는 에이블링이 의사인 줄 알았으며 쪽지의 글을 에이블링의 친필로 믿었다.[43]

4월 4일에 배심원들은 자살이 일시적 광란 상태에서 일어난 일이라는 평결을 내렸다. 검시관은 에이블링에게 투시가 자살 당일 그와 변호사에게 썼던 편지를 돌려주었다. 에이블링은 둘 다 파쇄해버렸다.[44] 폴 라파르그와 롱게가 심문회에 참석했다가 끝난 후 에이블링과 함께 근처의 선술집으로 갔다. 그들이 에이블링에게 투시의 죽음에 대해 조의를 표했는지 아니면 검시관 앞에서의 그의 건방진 태도 때문에 그를 미워했는지는 알 수 없다. 알려진 유일한 사실은, 롱게와 라파르그가 자신들과 함께 에이블링이 투시의 변호사를 만나러 가기를 원했다는 것뿐이다. 에이블링은 거절했다.[45] 다음 날 그는 축구경기를 보러 갔다.[46] 그에게는 이제 문제가 해결된 것이다. 투시의 죽음으로 그는 거의 2천 파운드의 현찰과 1천4백 파운드 상당의 부동산을 물려받았고,[47] 사랑스러운 젊은 아내 에바와 같이 살 수 있게 되었다.

투시의 친구들은 에이블링을 만나는 순간부터 그를 항상 경멸해왔다. 그리고 투시의 자살 이후 그들의 증오는 더욱 커져갔다. 베른슈타인은 에이블링의 비밀결혼에 대해 듣고 에이블링이 자살에 관여하지는 않았다 하더라도 직접적인 책임이 있다고 믿었다. 그래서 에이블링을 재판정에 세우고 싶었다.[48] 그는 관심을 불러일으키기 위해 투시가 프레디에게 마지막으로 보낸 편지를 에이블링에 대한 비난 기사와 함께 카우츠키의 사회주의 신문 『노이에 차이트』에 실었다. 그 보도는 런던의 사회주의 언론에 다시 실렸다. 그렇지만 기소할 근거는 없었다. 여름이 끝날 때쯤 투시의 친구들은 결국 포기할 수밖에 없었다. 그들이 할 수 있는 일은 에이블링을 피하는 것뿐이었다(곧 에이블링이 젊은 여인을 대동하고 런던의 화려한 식당을 드나드는 모습이 목격되었다).[49]

투시의 유서에 따라 에이블링은 모든 마르크스의 저작물에 대한 이권을 가지고 있었다. 그렇기 때문에 자신과 투시가 함께 편집하던 마르크스의 『가치, 가격, 그리고 이윤』의 또 다른 번역판을 서둘러 출판했다. 서문에서 그는 자신이 많은 양을 편집하기는 했지만, "책의 가장 중요한 부분은 표지에 이름이 실린 그녀, 즉 투시가 담당했다"고 썼다. 그다음 자화자찬하기 시작했다. "나는 학생들이 사회주의의 기초이론을 습득하기 위해 어떤 순서로 책을 읽는 것이 가장 좋을지 묻는 질문을 곧잘 받는다…… 한 가지 제안으로 첫 번째는 프리드리히 엥겔스의 『공상적 사회주의와 과학적 사회주의』, 그다음은 이 책과 『자본론』 제1권, 그리고 『학생들을 위한 마르크스주의』를 읽는 것을 들 수 있을 것이다."[50] 에이블링은 앞의 세 책의 번역에 참여했고, 네 번째 것은 자기가 쓴 것이다.

그렇지만 에이블링도 오래 살지 못했다. 8월 2일에 그는 에바와 함께 살고 있던 베터시 아파트의 독서의자에서 죽었다.[51] 그해 초에 투시를 그렇게 괴롭혔던 그의 병이 마침내 그도 죽인 것이다. 에바는 엥겔스의 유산 중 남은 부분인 852파운드를 상속받았다.[52]

리프크네히트는 에이블링이 사악한 인간이었다는 설득을 마침내 받아들여서, 투시는 앞으로 에이블링이라는 성을 뺀 그녀 자신의 이름으로만 불려야 한다고 선언했다. 그녀는 비록 세상을 떠났지만 오랜 시간이 경과한 후 다시 엘레아노르 마르크스로 불리게 되었다.[53]

53

1910년
프랑스 드라베이

> 사람들은 싸우고 전투에서 패하고,
> 그 패배에도 불구하고 그들의 투쟁
> 목표는 이루어지지만, 막상 현실화되었을
> 때 그것은 그들이 의도했던 바가 아닌
> 다른 것으로 드러난다.
>
> ─윌리엄 모리스[1]

1910년 여름 일요일 오후에 두 명의 러시아인이 자전거를 타고 드라베이의 라파르그 집으로 올라갔다. 바로 블라디미르 레닌과 그의 아내 나디아 크룹스카야였다. 레닌은 1905년 혁명에서 러시아 사회민주주의노동당의 볼셰비키를 이끈 후, 파리에 망명 중이었다.[2] 1905년 1월, 상트페테르부르크에서 노동자들의 시위에 군대가 발포하자, 엥겔스가 오랫동안 예견해왔던 혁명이 발발했다. 그 사건으로 격발된 불꽃은 도시에서 도시로, 그리고 농노제는 폐지되었지만 해방된 자들의 삶을 개선하는 데는 실패해 반세기 동안 불만이 누적되어온 농촌 지역으로 급격히 번져 나갔다. 차르 정부뿐만 아니라 러시아 경제를 서구 자본주의 국가의 판박이로 만들려던 자본가들도 표적이 되었다. 1848년이 재현된 모습이었으나 정치적 격동은 러시아에만 머물렀다. 레닌이 파리에 도착할 무렵, 양보 조치가 이루어졌다. 국회Duma가 만들어지고 '헌법', '정당', '노동조합' 같은 말들이 거론되었다. 그렇지만 전제군주제로부터 대변혁을 시작할 때 서유럽에서도 그랬듯이 국회는 실질적인 힘이 없었다. 개혁은 알맹이 없는 사탕발림이었고 도화선은 불붙은 채 남아 있었다.

레닌은 파리의 러시아 망명자들 사이에서 벌어진 자잘한 음모들에 신물이 나서 뒤로 물러나 조용히 공부와 저술에 몰두하고 있었다. 그는 1895년에 라파르그를 만난 적이 있었는데, 그때 라파르그는 러시아인이 마르크스의 책을 읽고 이해했다는 것에 놀라움을 표시했었다. 1910년에 레닌은 존경의 표시로 그 당의 원로를 다시 방문한 것이다. 라파르그는 이제 예순여덟 살의 투철한 마르크스주의자였다. 그는 비사회주의 정부에 대한 어떤 유화적 접근도 거부했다. 사회주의자는 스스로 정부를 구성하든지 그렇지 않으면 반체제로 남아야 한다는 것이 그의 생각이었다(마르크스도 영국 생활 초기에는 같은 입장이었다).[3] 젊은 시절에는 너그럽고 잘 흥분하지도 않았던 라파르그는 오십대 후반에 들어서면서 자신의 입장에 너무 철저했던 나머지 한 사회주의자 대회에서 연사에게 신체적 공격을 가하기도 했다. 워낙 거칠게 덤볐기 때문에 사람들이 그를 억지로 단상에서 끌어내려야 했다.[4] 그와 레닌은 비타협적인 면에서 공통점이 있었다. 젊은 러시아인은 라파르그에게서 그토록 강한 혁명적 견해를 발견할 수 있다는 사실이 놀랍고 또한 즐거웠다.[5]

크룹스카야가 그들의 방문을 기록했다. 그녀와 라우라가 정원을 산책하는 동안 레닌은 라파르그와 자신의 이론적 작업에 대해 토론했다. 그녀는 그 시간 내내 "내가 지금 마르크스의 딸과 있다!"며 흥분을 주체할 수 없었다고 말했다. 그녀는 라우라를 자세히 관찰했다. 그렇지만 그녀에게서 마르크스를 닮은 구석은 찾아볼 수 없었다.[6] 정말로 라우라는 마르크스보다 예니 폰 베스트팔렌을 닮았던 것이다. 말년에 라우라는 참으로 아름다웠다. 친구들이 그녀가 세 살 연상인 남편보다 더 나이 들어 보인다고 말하기는 했지만, 그녀는 나이가 들어도 기품이 있었다.[7] 그녀는 어머니와 마찬가지로 당을 위해 그늘에서 오랫동안 헌신해왔다. 1893년의 한 일화가 선명한 예였다. 한 작가가 엥겔스의 『가족의 기원』 프랑스어 번역을 망쳐놓은 후 라우라가 맡아서 재번역했다.[8] 책이 출판되었을 때 엥겔스는 표지에 라우라의 이름이 빠진 것을 보고 놀랐다.[9] 라우라는 엥겔스에게 "일단 미력이나마 당신에게 봉사할 수 있었고, 당신이 제 작업에 어느 정도 만족한다고 공개적으로 말씀해주실 수 있다면, 저는 그것만으로도 충분히 보상받을 수 있기 때문에 굳이 이름을 넣을 필요는 없다고 생각해서 제가 직접 뺐어요"[10]라고 말했다.

엥겔스는 작가이자 번역가로서 라우라의 재능을 매우 높이 평가하고 있었고[11](그는 파리에서 라우라가 아버지 저작의 최고의 번역가라고 여러 차례 강조했다), 마르크스의 사망 이후 바쁘게 작업하는 기간 동안 라우라에게 많이 의지했었다. 라우라는 그에게 다음과 같은 얘기를 한 적이 있었다. "당신이 저를 기억해준 것에 대해 저는 처음부터 감사를 표시했어야 했어요. 저는 뒤로 숨는 경향이 있기 때문에 간과되고 잊히기 쉽지요. 그런데 당신은 항상 무어인에게 보여주었고, 지금도 보여주고 있는 것과 똑같은 고귀한 우정을 그의 딸들에게도 보여주고 있어요!"[12] 엥겔스가 죽고 투시가 자살한 후에도 라우라는 드라베이의 집에 묻혀 지내면서 조용히 가족의 저작에 대한 작업을 계속 해오고 있었다.

라파르그 역시 거의 정치 일선에서 물러난 상태였다.[13] 그는 마르크스주의를 프랑스와 스페인에 도입한 인물이었고, 그것은 운동에 커다란 영향을 미친 중대한 기여였다. 러시아 혁명에 고무된 그는 1905년에 잠시 선거전에 뛰어들었다. 그렇지만 강력한 사회주의 정치가 에티엔 밀랑에 대항한 그의 선거운동은 애초부터 가망 없는 것이었다. 라파르그는 일차 투표도 통과하지 못했다.[14] 그가 과거 급진주의 정치의 유물로 비춰졌던 것이다. 그의 머리카락은 처음 라우라에게 구애할 때와 마찬가지로 굵었지만 색은 이미 온통 흰색으로 변해 있었다. 그의 큼지막한 콧수염도 마찬가지였다. 얼굴은 팽팽하고 윤곽이 뚜렷했으며 허리는 꼿꼿했다. 그는 부유한 지주처럼 보였다. 자신이 평생을 바쳐 조롱했던 그런 종류의 인간 말이다. 사실 라파르그는 그 역할에 너무나도 충실했기 때문에 일부 동료 사회주의자들은 그에 대해 돈을 주기 싫어서 오랜 친구를 피하는 "대저택에 사는 백만장자"라고 비난하기도 했다.[15] 그렇지만 그런 비난은 사실과 달랐다. 라파르그와 라우라는 손님을 환대하기로 유명했고, 파리에서 고생하는 사람들을 초대해 파티를 열거나 주말에 전원을 즐기도록 해주었다. 라파르그는 오랫동안 먹고 마시기를 즐겼고, 정치 얘기를 좋아했는데 가끔 언쟁으로 번지기도 했다. 조니의 아들 로베르-장 롱게는 정치토론 중 라우라가 폴을 거세게 비판하는 것을 보고 놀랐던 일을 회고했다. "그분은 그럴 때마다 부드러운 목소리로 입버릇처럼…… '여자들이란 머리카락은 긴데 생각은 짧단 말이야'라고 마무리 지었고, 그러면 라우라 할머니는 그분에게 달려들곤 했다."[16]

예니헨의 아이들과 손자들은 라파르그 집에 자주 들렀고, 샤를 롱게가 세상을 떠난 1903년 이후에는 더욱 빈번히 그들을 찾았다. 롱게가 살아 있을 때도 라우라가 그들의 양육을 도왔다. 롱게는 아내가 죽은 지 얼마 되지 않았을 때 잠시 다른 여자와 사귀어서 투시와 라우라를 화나게 만들기는 했지만, 평생 재혼하지 않았다. 그는 작가로서 사회주의를 위해 활동했고 파리의 시의원을 지내기도 했다.[17] 조니는 아버지와 할아버지를 따라 정치에 뛰어들었다. 그는 프랑스 사회주의당의 지도자였다. 메메는 오페라 가수가 되어 기억도 없는 어머니의 꿈을 대신 이루어주었다. 그녀는 결혼하지 않았다.[18] 라우라는 조카들과 질녀에게 커다란 자부심을 가졌다. 그렇지만 피레네에서 자신의 아이들을 잃은 슬픔은 평생 그녀를 쫓아다녔다. 그녀는 평생의 고통과 좌절을 잊기 위해 위안이 필요했다. 이웃들은 라우라가 취해 있는 모습을 자주 보았다고 말했다.[19]

1911년 11월 25일, 라파르그 부부는 쇼핑을 하고 저녁식사를 하고 영화를 보기 위해 파리로 갔다. 라우라는 새 모자를 샀다. 정원사는 그들이 돌아오는 것을 보았다. 무척 행복해 보였다고 한다. 그들은 영화를 본 후 차를 마시고 케이크를 먹었다.[20] 11월 26일 아침, 하녀는 라파르그가 창문 블라인드를 여는 소리를 들었다. 매일 하는 일이었다. 그렇지만 그다음은 조용했다. 10시가 돼도 라우라가 아침식사를 주문하지 않자 그녀는 뭔가 이상하다고 느끼고 정원사 에르네스트 두세를 불러 라파르그를 살펴보라고 말했다. 두세가 문을 두드렸지만 아무런 반응도 없었다. 그는 들어가서 라파르그가 전날 밤 입었던 야회복을 그대로 입고 숨을 거둔 채 침대에 누워 있는 것을 발견했다. 두세는 라우라의 방으로 갔다. 그녀 역시 나이트가운을 입고 옷 방으로 통하는 통로에 쓰러져 숨져 있었다.

두세는 아들 로제를 차가운 아침 빗속으로 내보내 면장을 찾아오게 했고, 면장은 의사를 불렀다. 집 안에서 조사가 진행되는 동안 경찰이 집 밖을 지켰다. 부부를 살펴본 의사는 라파르그가 전날 밤 라우라에게 시안화칼륨 액을 주사하고 아침에는 자신에게 주사한 것으로 보인다고 말했다. 라파르그는 라우라의 시신을 밤새도록 바닥에 방치해두었던 것이다.[21] 아내가 죽은 후 자신도 자살하기까지 라파르그는 다음 날 불가피하게 제기될 의문들에 대해 체계적으로 서면 응답을 작성해두었고, 그것과 함께 기타 여러 가지 문서들을 침실탁자 위에 올려놓았다. 그리고 조카 에드가 롱게에게 보낼 전보 문구도 써두었다. "라파르그 부부 운명함. 속히 오기 바람. 정원사 두세." 그는 유서 사본과 두세에게 가축의 분배를 지시하는 편지도 남겼다.[22] 또한 자살의 동기를 설명하는 편지도 남겼다.

건강한 마음과 정신으로 나는 생을 마감한다. 무정한 나이가 조금씩 생의 기쁨과 환희를 앗아가고, 육체적, 지적 힘을 박탈하고, 내 에너지를 마비시키기 전에…… 오래전부터 나는 일흔 살 이상 살지 않겠다고 다짐해왔다. 나는 이 삶에서 떠날 해를 골랐고 그 결심을 실행할 방법을 준비했다. 시안화칼륨을 주사하는 것이다. 나는 내가 사십오 년간 전심전력했던 대의가 아주 가까운 미래에 승리할 것이라는 확신이 있기 때문에 기쁜 마음으로 죽는다. 공산주의 만세! 국제사회주의 만세!

폴 라파르그[23]

그의 침실탁자 위에는 『플루타르코스 영웅전』도 있었다. 책은 카토의 죽음을 묘사한 페이지가 펼쳐져 있었다. 카토는 자신의 검으로 배를 찌르고 의사가

자기를 구하지 못하도록 죽어가는 손으로 자기 내장을 찢었다고 한다.[24]

라파르그는 많은 질문에 답을 해두었지만 아주 중요한 것을 말하지 않았다. 라우라가 그의 주사바늘을 흔쾌히 받아들였는가? 두세의 아내는 그들 모두 죽기를 원했다고 확신했다. 라우라가 동의하지 않았다면 라파르그는 그 계획을 실행하지 않았을 것이라는 얘기였다.[25] 살인인지 자살인지를 밝히는 수사는 필요 없었다. 그렇지만 왜라는 물음은 여전히 남았다. 어떤 사람은 라파르그가 병에 걸렸다고 말했다. 그는 보통 일 년에 두 번씩 진찰을 받았었다. 그렇지만 1911년 7월부터 죽기 전까지는 일주일에 한 번씩 의사의 진찰을 받았다.[26] 또 어떤 사람들은 라파르그 부부가 엥겔스로부터 물려받은 돈과, 1899년 라파르그의 어머니가 돌아가셨을 때 상속받은 돈을 모두 다 써버렸고 다시 가난해지기는 싫었기 때문이었을 것이라고 말했다.[27]

라파르그는 일흔 번째 생일을 두 달 앞둔 예순아홉 살이었고 라우라는 갓 예순여섯 살에 접어든 때였다.

조니 롱게─동료들에게는 장으로 불렸다─는 전 세계로부터 라파르그에 대한 조의를 받았다. 서른다섯 살인 그는 이제 마르크스 가족의 가장이 되었다. 더 손위의 가족이 한 명 있었지만 그 책임을 맡지 않았다. 프레디 데무트는 서둘러 장에게 편지를 보냈다. "금방 라파르그와 라우라의 마지막에 대한 슬픈 소식을 접했다. 네게 심심한 조의를 표한다. 이곳의 신문들은 슬픈 마지막에 대해 제각각으로 보도하고 있다. 내가 보기에는 도무지 가능할 것 같지 않은 얘기들이기 때문에 네가 자세한 내막을 알려주면 고맙겠구나…… 라우라는 마지막으로 소식을 들었을 때만 해도 아주 밝은 모습이었다."[28]

예순 살이 된 프레디는 자신의 출생에 관한 의문과 여전히 씨름하고 있었다. 한 해 전 프레디는 살아남을 수 있을지 확신할 수 없는 수술을 앞두고 병원에서 장에게 편지를 썼었다. "내 존재가 무엇이든, 네가 나에 대해서 다른 사람들로부터 듣는 것보다 나한테 직접 듣는 것이 좋을 것 같구나. 이제 나는 내가 말할 수 있는 범위 내에서 내 아버지에 관한 얘기를 네게 해주고 싶다." 프레디는 마르크스가 죽은 후 장군의 집에서 있었던 일들과 엥겔스가 죽기 직전에 투시에게 말해주었던 것에 대해 설명했다. "나는 마르크스가 내 아버지라고 절대적으로 확신하기 때문에 언젠가 진실을 알게 될 것이라는 희망을 버린 적이 없으며, 지금도 마찬가지다. 이 수술로, 내 마지막이 아주 가까워졌기 때문에⋯⋯ 똑같은 정보가 다른 사람들로부터 네게 전달되는 것보다 내가 알고 있는 사실을 너와 공유하는 것이 훨씬 나을 것이라고 생각한다."[29]

프레디는 죽지 않았다. 그는 계속 진실을 찾아 헤매며 1929년까지 살았다.

1911년 11월 30일, 드라베이에서는 라파르그와 라우라를 위한 조촐한 장례식이 있었다. 그리고 12월 3일, 그들의 관은 거대한 행렬을 따라 파리를 가로질러 페르-라세즈 공동묘지로 옮겨졌다.[30] 거리는 붉은 깃발로 물들었다. 붉은 깃발은 평소보다 더욱 선명해 보였다. 군중 모두가 검은 상복을 입고 있었기 때문이다. 쇼팽의 장송행진곡을 연주하는 밴드를 앞세운 행진은 12시 30분에 시작되어 두 시간 후 장지에 도착했다. 비가 추적추적 내리고 있었지만 수천 명으로 시작한 행렬은 가는 도중 점점 불어났다.[31] 경찰은 8천5백 명으로 추산했고, 사회주의자들은 20만 명 정도라고 주장했다.[32]

프랑스인, 폴란드인, 독일인, 영국인, 이탈리아인, 스페인인, 벨기에인, 네덜란드인, 그리고 러시아인들 — 아주 많은 러시아인들 — 이 공동묘지까지 비에 젖은 거리를 숙연한 분위기 속에서 행진했다. 도시는 죽은 듯 고요했다. 라우라와 라파르그는 그곳에서 화장되었다. 그들의 몸에서 나온 잿빛 연기가 하늘로 오를 때, 납골당의 계단에서 연설이 시작되었다. 장례식은 두 사람에 대한 것이 아니라 한 시대를, 마르크스와 엥겔스가 초석을 다진 한 시대를 마감하기 위한 것 같았다. 신세대 지도자들은 차례로 계단에 올라 그들이 기억하는 남자와 여자에 대해 그리고 그 사람들이 대표했던 시대와 운동에 대해 말했다. 카를 카우츠키가 독일을 대표해, 키어 하디가 영국을 대표해, 장 조레스가 프랑스를 대표해 그 자리에 있었다.[33] 한 경찰 보고서는 연설자들 중 "신원을 알 수 없는 한 러시아인"이 청중에게 다음과 같이 호소했다고 전했다. "투쟁하십시오. 고인들이 예견했던 그곳에 도달하기 위해 항상 투쟁하십시오. 프롤레타리아트의 승리를 위해."[34]

그 연사는 블라디미르 레닌이었다. 그는 청중에게 라파르그는 두 시대를 상징한다고 말했다. 프랑스의 혁명적인 젊은이들이 노동자들과 어깨를 나란히 하고 행진하며 제국을 공격하던 시대와, 프랑스 프롤레타리아트가 마르크스주의의 지도하에 사회주의의 최종적인 승리를 준비하며 부르주아에 대한 전쟁을 벌인 또 다른 시대를. "우리는 라파르그가 그의 평생을 바쳤던 대의가 승리하는 날이 얼마나 빠르게 가까워지고 있는지 똑똑히 볼 수 있습니다." 그는 마르크스의 정신으로 교육된 사람들이 공산주의 체제를 건설할 준비가 되었다고 말했다.[35] 육 년 후 러시아에서 레닌과 볼셰비키 동료들이 권력을 장악했을 때 그들은 그렇게 했다(비록 마르크스가 그들의 공산주의 국가에서 실현된 자신의 이념을 알아볼 수 있을지는 논란의 여지가 있지만 말이다). 프레디 데무트가 그것을 살아서 지켜본 유일한 마르크스의 자식이었다.

그는 인간이 할 수 있는 가장 위대한
학문적 업적을 남겼다. 마르크스는
세상의 마음을 바꾸어놓았다.

—조지 버나드 쇼

편지들이 없었다면 마르크스의 가족사를 쓸 수 없었을 것이다. 이를 가능하게 해준 모스크바의 두 사람에게 커다란 빚을 졌다. 전 로이터 동료인 안드레이 슈크신 Andrei Shukshin과, 마르크스 전문가이자 '러시아 국립 사회정치사 기록보관소' 직원 인 발레리 포미체프Valerij Fomičev가 그들이다. 안드레이는 모스크바에서 많은 문을 열어주는 열쇠 역할을 해주었다. 그중에서 가장 중요한 것은 러시아 국립 사회정치 사 기록보관소의 포미체프 박사와 연결해준 것이다. 포미체프 박사는 관대하게도 내가 마르크스 가족의 수백 통에 달하는 편지를 볼 수 있도록 허락해주었고, 그중 일부를 이 책에 이용할 수 있도록 허가해주었다. 그리고 내게 보관소 지하 깊숙한 곳 의 방공호에 보관된 마르크스의 육필 원고를 볼 수 있는 특전을 베풀어주기도 했다. 두 사람은 이 작업에 귀중한 시간을 투자해주었다. 나는 그들이 나를 돕기 위해 혹 시 자신들의 일까지 제쳐둔 것은 아닌지 걱정스럽다. 편지뿐만 아니라 그들은 수년 간의 작업 기간 동안 내게 많은 조언을 해주었다. 그리고 포미체프 박사는 내 연구 기간 중 의문이 떠오를 때마다 전문가적 의견을 제시해주었다. 그들의 친절과 인내 에 대해 무한한 감사의 뜻을 표한다. 그리고 안드레이와 내가 방문했을 때 바로 작업 에 들어갈 수 있도록 모든 것을 배려해준 노라 모길레프스카야Nora Mogilevskaya를 비 롯한 모스크바의 '러시아 국립 사회정치 도서관'의 직원들에게도 감사의 뜻을 표한 다. 우리는 그 도서관에서 작업에 커다란 진보를 가져다준 매우 귀중한 자료들을 발 견했다.

마르크스 가족의 편지들이 보관된 또 다른 중요한 곳은 암스테르담의 '국제사회 사연구소'였다. 그 훌륭한 기관의 모든 직원들에게 감사한다. 매번 방문할 때마다 그 들은 전문적이고 해박한 지식으로 기꺼이 환대해주었다. 그들의 도움으로 인해 방 대한 자료를 조사하는 일이 좀 더 수월했다. 그중에서도 특히 한 사람을 언급하지 않을 수 없다. 그 사람은 안타깝게도 더 이상 그곳에서 일하지 않는다. 미커 이체르만스Mieke Ijzermans는 내가 암스테르담에 머무는 동안 숙소를 제공해주었을 뿐만 아니라 — 그녀가 수많은 연구자들에게 해왔던 것처럼 — 진실한 친구가 돼주기도 했다. 미커는 내가 런던으로 돌아와 있을 때, 내 대신 글과 사진들을 찾아주고 질문에 답해주는 등 차분하고 친절한 태도로 문제들을 해결해주었다. 그녀는 또한 조사과정에서 내게 많은 힌트를 제공해주었는데, 아마 그런 도움이 없었다면 나는 글에서 중요한 부분을 놓쳤을지도 모른다. 그녀에게 무한한 감사를 표하며, 오랜 기간 그녀가 보여준 다정한 태도와 도움에 이렇게 감사하는 것은 나 혼자가 아닐 것임을 확신한다.

다른 기관들도 귀중한 도움을 주었다. '에베르트 재단'의 엘리자베스 노이Elisabeth Neu와 직원들, 그리고 독일 트리어의 '카를 마르크스 하우스'는 내가 예전의 마르크스 문헌들의 잘못을 발견하는 데 도움이 된 파일들을 제공해주었다. 특히 사진과 일자에 관한 잘못들을 많이 발견할 수 있었다. 엘리자베스는 조사과정 중 질문이 떠오를 때마다 성실히 답해주었다. 그녀의 도움으로 나는 마르크스 전기 작가들 사이에서 지속적으로 반복돼온 잘못을 피할 수 있었다. 그리고 그녀는 내가 난관에 봉착했을 때 자신의 마르크스 학자들의 네트워크를 통해 답을 찾아주려고 노력했다. 나는 또한 '함부르크 한자동맹 도시 주립 문서기록소'와 데사우의 '작센안할트 주주요 국립 문서기록소'에 감사를 표하고 싶다. 그들은 베스트팔렌 가족의 서신을 제공해주어 내가 예니와 그녀의 오빠와의 관계를 더 분명하게 그리는 데 도움을 주었다. 아울러 두 기관이 그 편지의 일부를 이 책에 사용할 수 있도록 허가해준 데 대해 감사한다.

런던에서는 마르크스 관련 자료들의 보고인 '마르크스기념도서관', 그리고 전 세계 신문들을 총망라해 모아놓은 '영국신문박물관'을 빼놓을 수 없다. 마지막으로 영국도서관 직원들에게 감사를 표한다. 영국도서관은 이제 마르크스가 연구할 당시처럼 영국박물관 내에 있지는 않지만, 그곳은 여전히 연구자들의 꿈이다. 그곳에는 없는 것이 없고, 그곳 직원들이 찾을 수 없는 것이라고는 없는 듯했다. 켄트에서는 '램즈게이트 해양박물관'의 마이클 헌트Michael Hunt가 19세기 리조트타운의 구조를 잘 이해할 수 있도록 도와주었기 때문에 나는 마르크스 가족이 즐겨 찾던 해변의 장소를 발견할 수 있었다.

이 책에 결정적인 도움을 준 개인들도 여러 명 있다. 나는 마르크스의 후손인 파리의 프레데리크 롱게-마르크스Frédérique Longuet-Marx와 전화로 마르크스 가족에 대해 토론할 수 있는 영광을 누렸다. 그녀는 어머니 시몬느, 자매 안느와 함께 살고 있다. 그녀는 가족들만이 알 만한 내용들을 답해주었다. 나는 세 사람 모두에게 시간을 할애해주고 고견을 제시해준 데 대해 감사한다. 또한 영국의 두 명의 학자들—데이비드 맥렐란과 테렐 카버—에게도 내가 집필 중 떠오른 질문에 대해 자상하게 답해준 데 대해 감사한다. 각각의 인물에 대한 그들의 전기는 오랫동안 교과서가 되어왔다. 그들의 글에 의지하며, 마르크스에 대해서는 맥렐란 교수에게, 엥겔스에 대해서는 카버 교수에게, 그들에게는 사소한 문제겠지만 내게는 중대할 수밖에 없는 사항들에 대해 이메일로 도움을 청할 수 있었다는 것이 크나큰 도움이 되었다. 런던의 데이비드 킹David King은 탁월한 마르크스 사진 모음을 제공해주었고, 구하기 어려운 사진들을 찾는 일에도 성실히 조언해주었다. 마지막으로 런던에서 내게 말 그대로 마르크스의 세상을 둘러볼 수 있도록 도움을 준 사람이 있다. 현재 딘스트리트 28번지의 소유주인 샘 하트Sam Hart가 그 사람이다. 그는 친절하게도 내가 마르크스의 아파트를 돌아보고 그 비좁은 공간에서 마르크스 가족의 삶이 어땠을지 느껴볼 수 있는 기회를 제공해주었다.

율리아네 마츠Juliane Matz는 이 작업에서 장기간 나의 조수 역할을 해주었다. 무수히 많은 독일어 번역을 해주었을 뿐만 아니라, 내가 알지 못했던 독일에서의 문서 자료를 발굴해주었다. 그녀는 어려운 조건 속에서도 작업을 포기하지 않는 재능 있고, 성실하고, 헌신적인 사람이었다. 게다가 우리의 작업을 위해 영국, 독일, 프랑스, 아일랜드로 뛰어다녀야만 했다. 그녀는 유쾌하게 함께 일할 수 있는 사람이었다. 토르스텐 쉴케Thorsten Schülke는 까다로운 육필 편지를 번역하는 데 도움을 주었다. 19세기의 언어 자체도 어려운데 어떤 것은 거의 읽을 수 없을 정도였다. 그는 작업에 주도면밀했으며 탁월한 번역가였다. 나는 또한 얀 페르메이런Jan Vermeiren과 긴밀히 협력했다. 그는 수십 통의 육필 서한을 부지런히 번역해주었을 뿐만 아니라, 독일어의 뉘앙스에 대해 조언하고 독일과 오스트리아의 역사에 대해서도 알려주었다. 또한 번역에 도움을 준 사람들로는 잉그리트 몬트바제트, 율리아 리디포르트, 샬로테 라이란트, 그리고 루이제 밀러가 있다. 또한 영국도서관에서 해브록 엘리스의 문서에서 자료를 이용하도록 허락해준 니콜라스 디킨에게 감사를 표한다.

마지막으로 이 책이 나올 수 있도록 관심을 보여준 세 사람이 있다. 니림앤윌리엄스 사의 질 니림Jill Kneerim과 브레튼 블룸Brettne Bloom, 그리고 리틀브라운 사의 제프 샌들러Geoff Shandler이다. 질이 카를 마르크스의 가족에 대한 책을 내는 모험을 하기로 결정했을 때는 세상이 완전히 달라져 있었다. 마르크스 사상은 이론적으로도 실질적으로도 사망선고를 받은 상태였다. 그렇지만 그녀는 마르크스의 가족사가 지닌 가치를 꿰뚫어보는 예지력을 가지고 있었다. 프로젝트를 담당한 브레튼은 내 아이디어를 갈고 닦는 데 도움을 주었을 뿐만 아니라, 제안서를 준비하는 데 탁월한 조언을 해주었고, 프로젝트 전반에 걸친 건강한 지침을 제공해주었다. 그녀의 도움은 흔히 출판사로부터 기대되는 수준을 뛰어넘는 매우 값진 것이었다. 제프 샌들러가 없었다면 이 책도 존재할 수 없었다. 그는 질문과 제안을 통해 내가 가족의 이야기를 더 명료하게 보도록 도움을 주었으며, 그들이 살던 격동의 시대를 더 잘 묘사할 수 있도록 해주었다. 책의 양이 방대했지만, 제프는 관대하고 참을성 있는 모습을 보여주었으며, 작가에게는 가장 중요한 아낌없는 격려를 해주었다. 내가 이렇게 뛰어난 편집인과 함께 일하게 된 것은 엄청난 행운이다. 내가 쓰고 싶었던 책을 완성된 형태로 가질 수 있도록 도와준 그에게 감사의 뜻을 표한다. 또한 이렇게 오랜 기간 동안 이 프로젝트를 지속할 수 있도록 도와준 리틀브라운 사의 리제 메이어Liese Mayer, 그리고 신중한 광고 문안을 작성해준 크리스 제롬Chris Jerome에게도 감사한다.

개인적으로 내가 지난 팔 년간 다른 가족과 시간을 보내며 소홀히 했어도 불평 한마디 없이 견뎌주고, 컴퓨터를 들고 현관문 앞에 나타났을 때 부엌 테이블을 내주신 어머니께 감사의 말씀을 전하고 싶다. 리지, 몬, 마크의 지원과 우정에도 감사한다. 내가 이 책을 쓰고 편집하고 연구하는 데 격려를 아끼지 않았고 마르크스 가족의 세상에 나와 함께 동참해준 존에게도 감사를 전한다. 존 없이는 이 책에 그렇게 많은 시간을 쏟아 부을 수 없었을 것이다.

이 책에서 인용한 문헌들 중에 제목이 짧은 경우는 전체 제목과 세부 서지사항을 참고문헌에 기재했다. 자주 인용한 문헌이나 기관들은 아래와 같이 약칭했다.

Dessau—Landeshauptarchiv Sachsen-Anhalt Abteilung Dessau

FE-PL—Friedrich Engels-Paul Lafargue and Laura Lafargue. *Correspondence, Volumes 1–III.* Moscow: Foreign Languages Publishing House, 1959, 1960.

Hamburg—Freie und Hansestadt Hamburg Kulturbehörde Staatsarchiv

IISG—Internationaal Instituut voor Sociale Geschiedenis, Amsterdam

KMIR—McLellan, David (ed.), *Karl Marx, Interviews & Recollections.* London: Macmillan, 1981.

MECW—*Karl Marx and Frederick Engels. Collected Works, Volumes 1–50.* Moscow, London, New York: Progress Publishers, Inrernational Publishers, and Lawrence & Wishart, 1975–2004.

MEGA—Karl Marx and Friedrich Engels. *Historisch-Kritische Gesamtausgabe. Werke, Schriften, Briefe.* Berlin: Akademie Verlag, 1927–ongoing.

Moscow—Rossiiskii gosudarstvennyi arkhiv sotsial'no-politicheskoi istorii, Moscow

REM—*Reminiscences of Marx and Engels.* Moscow: Foreign Language Publishing House, 1970.

서문

1 Valerij Fomičev, "Helene Demuth Without Brethren," 970.

프롤로그: 1851년 런던

1 MECW, Volume 16, 489.

2 Henry Mayhew, *London Labour and the London Poor,* 167.

3 MECW, Volume 38, 325; MEGA, III, Band 4, 85–86.

1부 마르크스와 남작의 딸

1 | 1835년 독일 트리어

1 Honoré de Balzac, *Gambara,* 84.

2 Robert Payne, *Marx: A Biography,* 25.

3 H. F. Peters, *Red Jenny,* 5.

4 역사학자 데이비드 카길은 예니의 가계력을 아가일의 첫 번째 백작인 콜린 캠벨Colin Campbell 영주로까지 거슬러 올라간다. 카길에 따르면 아치볼드 아가일은 예니와 직계는 아니다. 그러나 예니와 그녀의 가족들은 그렇다고 믿었다. Robert Payne, *Marx,* 26–27, 557.

5 Peter Stearns, *1848: The Revolutionary Tide in Europe,* 232–233.

6 Jürgen Reetz (ed.), *Vier Briefe von Jenny Marx aus den Jahren, 1856–1860,* Ferdinand von Westphalen to Ludwig and Carolyn von Westphalen, Apr. 10, 1831.

7 Peters, *Red Jenny*, 16; Louise von Westphalen to her parents, Dec. 15, 1831, Hamburg.

8 Louise von Westphalen to her parents, Dec. 20–22, 1831, Hamburg.

9 Louise von Westphalen to her parents, Jan. 4, 1832, Hamburg.

10 Peters, *Red Jenny*, 15, 18; Ferdinand von Westphalen to Wilhelm von Flourencourt, Nov. 26, 1830, Dessau.

11 Isaiah Berlin, *The Roots of Romanticism*, 8–9, 13.

12 E. H. Carr, *Michael Bakunin*, 14.

13 Berlin, *Roots of Romanticism*, 70–71.

14 Peters, *Red Jenny*, 15.

15 Steven Ozment, *A Mighty Fortress*, 157, 159.

16 Isaiah Berlin, *Karl Marx: His Life and Environment*, 29–32; Isaiah Berlin, *Political Ideas in the Romantic Age*, 80.

17 Eric Hobsbawm, *The Age of Revolution, 1789–1848*, 35.

18 Peters, *Red Jenny*, 1, 8; Robert Payne, *Marx*, 28.

19 R. J. W. Evans and Hartmut Pogge von Strandmann (eds.), *The Revolutions in Europe, 1848–49*, 14; Paul Lafargue, *The Right to Be Lazy*, 77–78; Hobsbawm, *Age of Revolution*, 139–140.

20 Alexis de Tocqueville, *The Recollections of Alexis de Tocqueville*, 66–67.

21 Hobsbawm, *Age of Revolution*, 140; Tocqueville, *Recollections*, 2–3.

22 Hobsbawm, *Age of Revolution*, 146.

23 Ozment, *Mighty Fortress*, 169; Carl Schurz, *The Reminiscences of Carl Schurz, Volume I, 1829–1852*, 104–105.

24 MECW, Volume 6, 21–22.

25 John Breuilly (ed.), *19th-Century Germany*, 113.

26 John Breuilly, *Austria, Prussia and Germany, 1806–1871*, 30.

27 Theodore S. Hamerow, *Restoration, Revolution, Reaction*, 34.

28 Jerrold Seigel, *Marx's Fate*, 40–41.

29 Peters, *Red Jenny*, 15.

30 Robert Payne, *Marx*, 23–24.

31 Wilhelm Liebknecht, *Karl Marx: Biographical Memoirs*, 65.

32 Oscar J. Hammen, *The Red 48ers*, 9.

33 Werner Blumenberg, *Karl Marx: An Illustrated History*, 6.

34 Ibid., 6–7; David McLellan, *Karl Marx: A Biography*, 2–3; Saul K. Padover, *Karl Marx: An Intimate Biography*, 2–3.

35 Blumenberg, *Illustrated*, 7; Jonathan Sperber (ed.), *Germany, 1800–1870*, 183.

36 하인리히 마르크스의 법률 수련에 대한 더 상세한 내용과 그가 어느 해에 변호사가 되었는지에 대한 기록은 남아 있지 않다. McLellan, *Karl Marx*, 4; Berlin, *Karl Marx*, 23; Padover, *Karl Marx*, 4.

37 Eleanor Marx to "Comrade," Oct. 1, 1893, Moscow; Liebknecht, *Karl Marx*, 163.

38 Boris Nicolaievsky and Otto Maenchen-Helfen, *Karl Marx: Man and Fighter*, 4.

39 McLellan, *Karl Marx*, 4; Blumenberg, *Illustrated*, 9; Berlin, *Karl Marx*, 17–20; Nicolaievsky and Maenchen-Helfen, *Karl Marx*, 4.

40 Padover, *Karl Marx*, 5–6.

41 McLellan, *Karl Marx*, 5; Blumenberg, *Illustrated*, 10; Padover, *Karl Marx*, 18.

42 Padover, *Karl Marx*, 17.

43 McLellan, *Karl Marx*, 1.

44 Berlin, *Karl Marx*, 23.

45 Ibid., 21; Padover, *Karl Marx*, 7; S. L. Gilman, "Karl Marx and the Secret Language of Jews," 31.

46 McLellan, *Karl Marx*, 4.

47 Blumenberg, *Illustrated*, 13.

48 Hammen, *Red 48ers*, 16.

49 Sperber (ed.), *Germany, 1800–1870*, 150.

50 Fritz J. Raddatz, *Karl Marx: A Political Biography*, 11; Nicolaievsky and Maenchen-Helfen, *Karl Marx*, 13.

51 McLellan, *Karl Marx*, 6; Blumenberg, *Illustrated*, 10; Nicolaievsky and Maenchen-Helfen, *Karl Marx*, 9; James M. Brophy, *Popular Culture and the Public Sphere in the Rhineland, 1800–1850*, 100–101.

52 Hal Draper and E. Haberkern, *Karl Marx's Theory of Revolution, Volume V: War & Revolution*, 20.

53 Nicolaievsky and Maenchen-Helfen, *Karl Marx*, 8.

54 Ernst Pawel, *The Poet Dying*, 8.

55 MECW, Volume 1, 4–9.

2 | 1838년 베를린

1 Friedrich von Schiller, *The Robbers*, 14.

2 McLellan, *Karl Marx*, 13–14; Padover, *Karl Marx*, 23, 28; Robert Payne, *Karl Marx*, 42, 44; MECW, Volume 1, 689.

3 MECW, Volume 1, 646.

4 Ibid., 651.

5 Ibid., 648.

6 Ibid., 653.

7 Robert Payne, *Karl Marx*, 45.

8 MECW, Volume 1, 657–658.

9 Françoise Giroud, *Jenny Marx ou la femme du diable*, 33.

10 MECW, Volume 1, 698.

11 Brophy, *Popular Culture and the Public Sphere*, 271.

12 Giroud, *Femme du diable*, 24; Hobsbawm, *Age of Revolution*, 283.

13 MECW, Volume 1, 689.

14 Padover, *Karl Marx*, 31.

15 McLellan, *Karl Marx*, 15, 19; Nicolaievsky and Maenchen-Helfen, *Karl Marx*, 29; Padover, *Karl Marx*, 32; Robert Payne, *Karl Marx*, 47.

16 Sperber (ed.), *Germany, 1800–1870*, 150.

17 MECW, Volume 1, 688.

18 Ibid., 11–21.

19 Robert Payne, *Karl Marx*, 49.

20 MECW, Volume 1, 18–19.

21 MECW, Volume 25, 24.

22 Eric Hobsbawm, *The Age of Capital, 1848–1875*, 48, 75; J. M. Roberts, *A History of Europe*, 327–328; Hobsbawm, *Age of Revolution*, 46, 61, 340.

23 Hobsbawm, *Age of Revolution*, 304; Hammen, *Red 48ers*, 18; Nicolaievsky and Maenchen-Helfen, *Karl Marx*, 33; McLellan, *Karl Marx*, 26.

24 MECW, Volume 1, 664–665.

25 Ibid., 517–528.

26 Ibid., 666–667.

27 Ibid., 670–671.

28 Franz Mehring, *Karl Marx: The Story of His Life*, 9.

29 Hammen, *Red 48ers*, 19–20; Robert Payne, *Karl Marx*, 79.

30 Ozment, *Mighty Fortress*, 187; Leszek Kolakowski, *Main Currents of Marxism, Volume I, The Founders*, 88; Seigel, *Marx's Fate*, 77.

31 KMIR, 3.

32 MECW, Volume 1, 674–675.

33 Ibid., 686–688.

34 Ibid., 691–692.

35 Jenny von Westphalen to Karl Marx, after May 10, 1838, Moscow.

36 Friedrich-Ebert-Stiftung Studienzentrum, Karl-Marx-Haus, Trier.

37 McLellan, *Karl Marx*, 27–28.

3 | 1842년 쾰른

1 MECW, Volume 1, 707.

2 Ibid., 704.

3 Giroud, *Femme du diable*, 38; Peters, *Red Jenny*, 26; Robert Payne, *Karl Marx*, 89.

4 MECW, Volume 1, 696–697.

5 Ibid., 698.

6 Schurz, *Reminiscences*, 106–107; Hammen, *Red 48ers*, 23; Breuilly, *Austria, Prussia and Germany*, 29, 33

7 Schurz, *Reminiscences*, 106–107.

8 Berlin, *Karl Marx*, 47.

9 Nicolaievsky and Maenchen-Helfen, *Karl Marx*, 41.

10 MECW, Volume 1, 379; McLellan, *Karl Marx*, 33; Francis Wheen, *Karl Marx: A Life*, 33.

11 MECW, Volume 1, 27–28.

12 Nicolaievsky and Maenchen-Helfen, *Karl Marx*, 41, 47; Mehring, *Karl Marx*, 32; Hammen, *Red 48ers*, 27; McLellan, *Karl Marx*, 42.

13 John Breuilly (ed.), *19th-Century Germany*, 99.

14 Lenore O'Boyle, "The Democratic Left in Germany, 1848," 379–380.

15 Ibid., 379.

16 McLellan, *Karl Marx*, 32; Luc Somerhausen, *L'Humanisme Agissant de Karl Marx*, 10.

17 Robert-Jean Longuet, *Karl Marx: Mon Arrière-Grand-Père*, 70.

18 Padover, *Karl Marx*, 19.

19 Brophy, *Popular Culture and the Public Sphere*, 125.

20 Karl Marx to Arnold Ruge, May 1843, MEGA, III, Band 1, 48–53.

21 Sperber (ed.), *Germany, 1800–1870*, 53.

22 McLellan, *Karl Marx*, 34.

23 MECW, Volume 1, 707.

24 Ibid., 709.

25 Ibid., 707.

26 Giroud, *Femme du diable*, 39–40.

27 Peters, *Red Jenny*, 28.

28 Jenny von Westphalen to Karl Marx, Sept. 13, 1841, MEGA, III, Band 1, 366–368.

29 Longuet, *Karl Marx*, 74; McLellan, *Karl Marx*, 35.

30 Padover, *Karl Marx*, 60–61; MECW, Volume 1, 109.

31 그 법은 신뢰할 수 없다고 판단되는 편집자의 해고를 출판인들에게 강제하거나, 편집자의 해고를 원치 않는다면 출
    판인들이 그 사람이 행한 위법행위에 대해 무제한적 책임을 지게 할 수 있는 권한을 검열관에게 부여했다. MECW,
    Volume 1, 116, 119, 120, 123, 125, 131.

32 McLellan, *Karl Marx*, 35; Hammen, *Red 48ers*, 19–20; Sperber (ed.), *Germany, 1800–1870*, 193.

33 McLellan, *Karl Marx*, 61; Giroud, *Femme du diable*, 45; Peters, *Red Jenny*, 30; Padover, *Karl Marx*, 73; Robert
    Payne, *Karl Marx*, 89

34 McLellan, *Karl Marx*, 37–38.

35 Ibid., 38; Berlin, *Karl Marx*, 54.

36 McLellan, *Karl Marx*, 38; Stearns, *1848*, 56; Nicolaievsky and Maenchen-Helfen, *Karl Marx*, 47–48, 50.

37 MECW, Volume 11, 8–9; Hamerow, *Restoration, Revolution, Reaction*, 7, 61–62.

38 Padover, *Karl Marx*, 65.

39 Brophy, *Popular Culture and the Public Sphere*, 49, 162.

40 MECW, Volume 1, 155, 162.

41 KMIR, 2.

42 McLellan, *Karl Marx*, 41.

43 MECW, Volume 1, 389.

44 McLellan, *Karl Marx*, 42–43.

45 MECW, Volume 1, 392.

46 Ibid., 220.

47 KMIR, 3.

48 Ibid., 5.

49 McLellan, *Karl Marx*, 44.

50 Hammen, *Red 48ers*, 28.

51 MECW, Volume 1, 394.

52 Ibid., 395.

53 Izumi Omura, Valerij Fomičev, Rolf Hecker, and Shun-ichi Kubo (eds.), *Familie Marx privat*, 416; Padover, *Karl
    Marx*, 72.

54 MECW, Volume 50, 497.

55 McLellan, *Karl Marx*, 46; Hobsbawm, *Age of Capital*, 51; Hamerow, *Restoration, Revolution, Reaction*, 17, 19, 47, 52.

56 MECW, Volume 1, 234, 254.

57 Ibid., 340, 342.

58 McLellan, *Karl Marx*, 48–50.

59 Peters, *Red Jenny*, 36.

60 MECW, Volume 1, 396–398; McLellan, *Karl Marx*, 47.

61 McLellan, *Karl Marx*, 50; Peters, *Red Jenny*, 38; Berlin, *Karl Marx*, 56; Wheen, *Karl Marx*, 12.

62 Padover, *Karl Marx*, 69; McLellan, *Karl Marx*, 50.

63 MECW, Volume 1, 397–398.

4 | 1843년 크로이츠나흐

1 Pawel, *Poet Dying*, 271.

2 MECW, Volume 3, 572.

3 Ibid., 134; Longuet, *Karl Marx*, 82.

4 MECW, Volume 1, 728.

5 Longuet, *Karl Marx*, 85; Maenchen-Helfen and Nicolaievsky, *Karl und Jenny Marx: Ein Lebensweg*

6 Arnold Ruge to Karl Marx, Aug. 10, 1843, MEGA, III, Band I, 409–410.

7 McLellan, *Karl Marx*, 61.

8 MECW, Volume 1, 399.

9 Ibid., 728.

10 Berlin, *Roots of Romanticism*, 94.

11 MECW, Volume 3, 573–574.

12 Giroud, *Femme du diable*, 52–53; Robert Payne, *Karl Marx*, 92.

13 MECW, Volume 1, 729.

14 REM, 279; Padover, *Karl Marx*, 76; McLellan, *Karl Marx*, 62.

15 Raddatz, *Karl Marx*, 77; Peters, *Red Jenny*, 41.

16 MECW, Volume 3, 175, 187; Padover, *Karl Marx*, 79; Seigel, *Marx's Fate*, 106–107.

17 Giroud, *Femme du diable*, 53–54.

18 Berlin, *Karl Marx*, 59.

19 Hammen, *Red 48ers*, 24; McLellan, *Karl Marx*, 63–64.

20 McLellan, *Karl Marx*, 64–65; Breuilly (ed.), *19th-Century Germany*, 46.

21 Padover, *Karl Marx*, 79.

22 Karl Marx to Arnold Ruge, Sept. 1843, MEGA, III, Band I, 54–57.

2부 망명가족

5 | 1843년 파리

1 Karl Marx to Arnold Ruge, Sept. 1843, MEGA, III, Band 1, 54–57.

2 François Fejtö(ed.), *The Opening of an Era: 1848*, 72–75; Somerhausen, *L'Humanisme*, 51–52, 54.

3 Edith Thomas, *The Women Incendiaries*, 3; Hammen, *Red 48ers*, 80.

4 Nicolaievsky and Maenchen-Helfen, *Karl Marx*, 66; Pavel Annenkov, *The Extraordinary Decade*, 63.

5 Fejtö (ed.), *Opening of an Era*, 75.

6 KMIR, 7; McLellan, *Karl Marx*, 73.

7 KMIR, 67.

8 REM, 82.

9 KMIR, 12.

10 Peters, *Red Jenny*, 44–45; Hammen, *Red 48ers*, 64.

11 엠마 헤르베크의 아버지는 베를린의 은행가로 기술되기도 했다. Carr, *Michael Bakunin*, 117; Peters, *Red Jenny*, 45.

12 Padover, *Karl Marx*, 88; Peters, *Red Jenny*, 45–46; Giroud, *Femme du diable*, 65–66.

13 Hobsbawm, *Age of Revolution*, 316–317; Hal Draper, *Karl Marx's Theory of Revolution, Volume 1, State and Bureaucracy*, 136–137.

14 Hobsbawm, *Age of Revolution*, 151, 324.

15 Eleanor Marx Aveling to Karl Kautsky, Sept. 7, 1895, Moscow; Nicolaievsky and Maenchen-Helfen, *Karl Marx*, 72.

16 Robert Payne, *The Unknown Karl Marx*, 97–100.

17 Pawel, *Poet Dying*, 5–7, 13, 68; Robert Payne, *Unknown Marx*, 97–100.

18 Eleanor Marx Aveling to Karl Kautsky, Sept. 7, 1895, Moscow.

19 Pawel, *Poet Dying*, 16, 190.

20 Hammen, *Red 48ers*, 70–71; McLellan, *Karl Marx*, 73.

21 McLellan, *Karl Marx*, 88–89; Nicolaievsky and Maenchen-Helfen, *Karl Marx*, 69; Padover, *Karl Marx*, 87.

22 예니의 이 평가는 1865년 작성된 미완의 비망록에 나온다. 비망록은 초고로만 보관되다가 1965년 출판되었다. KMIR, 19.

23 Hammen, *Red 48ers*, 79; McLellan, *Karl Marx*, 89; Somerhausen, *L'Humanisme*, 26; Nicolaievsky and Maenchen-Helfen, *Karl Marx*, 70; Mehring, *Karl Marx*, 62.

24 McLellan, *Karl Marx*, 88; Mehring, *Karl Marx*, 67.

25 McLellan, *Karl Marx*, 80.

26 MECW, Volume 3, 187.

27 McLellan, *Karl Marx*, 77; MECW, Volume 3, 147–148, 173–174.

28 Hammen, *Red 48ers*, 79; McLellan, *Karl Marx*, 90; Raddatz, *Karl Marx*, 47.

29 McLellan, *Karl Marx*, 89; Hammen, *Red 48ers*, 79; Padover, *Karl Marx*, 87; Nicolaievsky and Maenchen-Helfen, *Karl Marx*, 70.

30 McLellan, *Karl Marx*, 89; Padover, *Karl Marx*, 87.

31 Raddatz, *Karl Marx*, 47.

32 KMIR, 89.

33 MECW, Volume 11, 264–266.

34 마르크스의 모든 딸들은 어머니의 이름을 따서 예니로 불렸다. 이를테면 예니 율리아 엘레아노르, 예니 라우라 등. 그렇지만 예니헨만 그 이름을 첫 이름으로 사용했다. 다른 딸들은 공식적으로 엘레아노르 그리고 라우라로 알려져 있다. Omura, Fomičev, Hecker, and Kubo (eds.), *Familie Marx privat*, 447.

35 Eleanor Marx Aveling to Karl Kautsky, Sept. 7, 1895, Moscow

36 MECW, Volume 1, 581–584, Volume 3, 581.

6 | 1844년 파리

1 Carr, *Michael Bakunin*, 137.

2 Nicolaievsky and Maenchen-Helfen, *Karl Marx*, 82.

3 연회 참석자로는 러시아를 대표한 미하일 바쿠닌, 그리고리 톨스토이 백작, 의사인 세르게이 보트킨이 있었으며, 프랑스 쪽에는 사회주의 저널리스트 루이 블랑, 피에르 르루, 나중에 보나파르트주의자가 된 펠릭스 피야트가 있었다. 독일 쪽은 루게, 베르나이스, 그리고 마르크스가 참석했다. Raddatz, *Karl Marx*, 53; Somerhausen, *L'Humanisme*, 26; Carr, *Michael Bakunin*, 126.

4 K. J. Kenafick, *Michael Bakunin and Karl Marx*, 15; Carr, *Michael Bakunin*, 3, 5, 18, 86, 90, 94.

5 Nicolaievsky and Maenchen-Helfen, *Karl Marx*, 54.

6 Carr, *Michael Bakunin*, 24, 110; Annenkov, *Extraordinary Decade*, 178.

7 Carr, *Michael Bakunin*, 167.

8 Ibid., 129.

9 KMIR, 11.

10 Stearns, *1848*, 27, 50, 60–61; Arnold Whitridge, *Men in Crisis*, 50–51.

11 Stearns, *1848*, 27, 50.

12 Hammen, *Red 48ers*, 90; Stearns, *1848*, 46–47; Roberts, *History of Europe*, 338–339; Evans and von Strandmann (eds.), *Revolutions in Europe, 1848–49*, 10.

13 Berlin, *Karl Marx*, 9–10.

14 McLellan, *Karl Marx*, 79–80; Padover, *Karl Marx*, 91; Nicolaievsky and Maenchen-Helfen, *Karl Marx*, 79.

15 엥겔스는 의인동맹이 유명한 프랑스의 혁명가 오귀스트 블랑키와 아르망 바브가 이끄는 비밀결사인 사계절회Society of the Seasons와 밀접한 관련이 있었다고 적고 있다. Karl Marx and Friedrich Engels, *The Cologne Communist Trial*, 39–40.

16 MECW, Volume 3, 313.

17 마르크스가 연구한 경제학자들은 데이비드 리카도, 애덤 스미스, 장 바티스트 세이였다. 『1844년 수고』는 마르크스의 평생 작업의 토대가 되었고 『자본론』에서 완성되었다. MECW, Volume 3, xvi–xvii, 270–273; McLellan, *Karl Marx*, 94–98.

18 MECW, Volume 3, 324.

19 Ibid., 273.

20 Hobsbawm, *Age of Revolution*, 212; Fejtö (ed.), *Opening of an Era*, 68–69.

21 Fejtö (ed.), *Opening of an Era*, 75.

22 McLellan, *Karl Marx*, 103–104.

23 Pawel, *Poet Dying*, 126.

24 MECW, Volume 3, 313.

25 Draper, *Karl Marx's Theory of Revolution*, 174–175, 177; Hamerow, *Restoration, Revolution, Reaction*, 35.

26 Longuet, *Karl Marx*, 107; Hammen, *Red 48ers*, 82; McLellan, *Karl Marx*, 103–104; Brophy, *Popular Culture and the Public Sphere*, 87.

27 MECW, Volume 38, 64; Raddatz, *Karl Marx*, 53; Carr, *Michael Bakunin*, 125.

28 MECW, Volume 20, 28; McLellan, *Karl Marx*, 103–104; Nicolaievsky and Maenchen-Helfen, *Karl Marx*, 81; Hammen, *Red 48ers*, 82; Whitridge, *Men in Crisis*, 196–197.

29 MECW, Volume 4, 24, Volume 20, 28; McLellan, *Karl Marx*, 117.

30 Wheen, *Karl Marx*, 67.

31 이웃나라들은 파리가 소름 끼칠 정도로 민주적(당시 한 작가는 "무원칙적이고 혁명적"이라고 말했다)이라고 보고 그 영향력을 차단하기 위해 수많은 첩자를 파견했다. Annenkov, *The Extraordinary Decade*, 63; Robert Payne, *Karl Marx*, 106.

32 Nicolaievsky and Maenchen-Helfen, *Karl Marx*, 81–82.

33 MECW, Volume 3, 576–579.

34 Ibid., 580(다른 사람들은 그 암살자의 동기가 부정부패에 대한 자신의 탄원을 왕이 들어주지 않은 데 격분한 것이라고 말하기도 했다. 저격범 하인리히 루트비히 체크는 전직 마을 우편배달부이자 공무원이었다. 그는 처형되었다.

Brophy, *Popular Culture and the Public Sphere,* 85).

35 MEGA, I, Band 2, 501.

36 Nicolaievsky and Maenchen-Helfen, *Karl Marx,* 82–83.

37 Somerhausen, *L'Humanisme,* 69.

38 MECW, Volume 3, 582–583.

7 | 1845년 파리

1 Wheen, *Karl Marx,* 17.

2 McLellan, *Karl Marx,* 95, 115.

3 Ibid., 116; Seigel, *Marx's Fate,* 147.

4 KMIR, 5.

5 Marx and Engels, *Cologne Communist Trial,* 44.

6 Gustav Mayer, *Friedrich Engels: A Biography,* 3–4; Terrell Carver, *Engels: A Very Short Introduction,* 5; Carver, *Friedrich Engels: His Life and Thought,* 3.

7 MECW, Volume 2, 582.

8 Carver, *Engels, Short Introduction,* 3; Seigel, *Marx's Fate,* 148.

9 Mayer, *Friedrich Engels,* 9–10; Engels, *The Condition of the Working Class in England,* x; Hammen, *Red 48ers,* 30.

10 MECW, Volume 2, 511–512.

11 Ibid., 525.

12 Carver, *Friedrich Engels,* 31; Carver, *Engels, Short Introduction,* 3; Yelena Stepanova, *Frederick Engels,* 22.

13 MECW, Volume 2, 9.

14 Ibid., 10.

15 Carver, *Friedrich Engels,* 146.

16 MECW, Volume 2, 493.

17 Stepanova, *Frederick Engels,* 17.

18 Ibid., 19; Hammen, *Red 48ers,* 35–36; Mayer, *Friedrich Engels,* 19; Carver, *Friedrich Engels,* 64; Hammen, *Red 48ers,* 36.

19 Mayer, *Friedrich Engels,* 26; Hammen, *Red 48ers,* 39.

20 Mayer, *Friedrich Engels,* 4.

21 Ibid., 30; Carver, *Friedrich Engels,* 96–97.

22 John Smethurst, Edmund Frow, and Ruth Frow, "Frederick Engels and the English Working Class Movement in Manchester, 1842–1844," 340–341.

23 Ibid., 341.

24 Ibid., 342.

25 Edmund Frow and Ruth Frow, *Frederick Engels in Manchester,* 9, 11; Eleanor Marx Aveling to Karl Kautsky, Mar. 15, 1898, Moscow.

26 Engels, *Condition of the Working Class,* 61, 63, 65, 66.

27 Ibid., 91.

28 Ibid., 148.

29 Smethurst, Frow, and Frow, "Frederick Engels and the English Working Class Movement," 342.

30 Mayer, *Friedrich Engels,* 44; Mick Jenkins, *Frederick Engels in Manchester,* 16.

31   Smethurst, Frow, and Frow, "Frederick Engels and the English Working Class Movement," 343–344.

32   Carver, *Friedrich Engels*, 110–111; Hammen, *Red 48ers*, 77.

33   MECW, Volume 4, 8.

34   McLellan, *Karl Marx*, 118.

35   Giroud, *Femme du diable*, 62.

36   McLellan, *Karl Marx*, 116–117.

37   MECW, Volume 4, 55–76.

38   MECW, Volume 38, 9–10.

39   Ibid., 4, 17–18.

40   Nicolaievsky and Maenchen-Helfen, *Karl Marx*, 83–84.

41   REM, 222.

42   Nicolaievsky and Maenchen-Helfen, *Karl Marx*, 84.

43   Ibid., 84–85.

44   REM, 222.

45   MECW, Volume 38, 525–526.

46   REM, 222.

8 | 1845년 봄, 브뤼셀

1   McLellan, *Karl Marx*, 143.

2   Fejtö (ed.), *Opening of an Era*, 161; Robert Payne, *Karl Marx*, 118.

3   MECW, Volume 4, 675.

4   Ibid., 676–677.

5   Somerhausen, *L'Humanisme*, 76.

6   Ibid., 75; Raddatz, *Karl Marx*, 284.

7   Longuet, *Karl Marx*, 114.

8   Ibid., 118.

9   McLellan, *Karl Marx*, 141; Nicolaievsky and Maenchen-Helfen, *Karl Marx*, 99–100.

10   Nicolaievsky and Maenchen-Helfen, *Karl Marx*, 100; Peters, *Red Jenny*, 62–63.

11   Nicolaievsky and Maenchen-Helfen, *Karl Marx*, 100.

12   McLellan, *Karl Marx*, 129; Fejtö (ed.), *Opening of an Era*, 57; KMIR, 20; Robert Payne, *Karl Marx*, 118–119.

13   MECW, Volume 38, 21–22; McLellan, *Karl Marx*, 130; Longuet, *Karl Marx*, 118.

14   KMIR, 20; McLellan, *Karl Marx*, 130; Longuet, *Karl Marx*, 118.

15   KMIR, 5–6.

16   헤스는 1852년 아버지가 돌아가신 후에야 지빌레와 결혼했다. Shlomo Avineri, *Moses Hess*, 16; Longuet, *Karl Marx*, 118.

17   KMIR, 20.

18   Peters, *Red Jenny*, 60; McLellan, *Karl Marx*, 129–130; Edna Healey, *Wives of Fame*, 78.

19   KMIR, 20; Peters, *Red Jenny*, 60.

20   KMIR, 60; Valerij Fomičev, "Helene Demuth Without Brethren," 970; Peters, *Red Jenny*, 61.

21   McLellan, *Karl Marx*, 130; Longuet, *Karl Marx*, 119; Mayer, *Friedrich Engels*, 66.

22   MECW, Volume 38, 9–10.

23   Ibid., 19–20.

24   Ibid., 10–11, 28–29.

25   Ibid., 572(n).

26   Mayer, *Friedrich Engels*, 65.

27   MECW, Volume 38, 13.

28   McLellan, *Karl Marx*, 130.

29   MECW, Volume 38, 19.

30   McLellan, *Karl Marx*, 143; Nicolaievsky and Maenchen-Helfen, *Karl Marx*, 133.

31   Longuet, *Karl Marx*, 120.

32   Whitridge, *Men in Crisis*, 293.

33   Stearns, *1848*, 31–32; Hobsbawm, *Age of Revolution*, 64; Roberts, *History of Europe*, 14.

34   Hamerow, *Restoration, Revolution, Reaction*, 81.

35   Stearns, *1848*, 28; Roberts, *History of Europe*, 221, 913.

36   Hobsbawm, *Age of Revolution*, 169; Fejtö (ed.), *Opening of an Era*, 24.

37   Evans and von Strandmann (eds.), *Revolutions in Europe, 1848–49*, 3; Derek Offord, *Nineteenth-Century Russia*, 20.

38   Annenkov, *Extraordinary Decade*, 62.

39   Offord, *Nineteenth-Century Russia*, 10; Hobsbawm, *Age of Revolution*, 160, 162.

40   Fejtö (ed.), *Opening of an Era*, 60.

9 | 1845년 런던

1   Mayhew, *London Labour and the London Poor*, 296.

2   MECW, Volume 5, 3; McLellan, *Karl Marx*, 131–132.

3   MECW, Volume 5, 5.

4   McLellan, *Karl Marx*, 130.

5   MECW, Volume 3, 576, 578.

6   G. D. H. Cole and Raymond Postgate, *The British Common People 1746–1946*, 302, 305; Stearns, *1848*, 22.

7   McLellan, *Karl Marx*, 133; "On Your Marx," *The Guardian*, London, Feb. 4, 2006, 31; MECW, Volume 38, 574.

8   Mayhew, *London Labour and the London Poor*, 12–13, 15; Engels, *Condition of the Working Class*, 80, 84.

9   Engels, *Condition of the Working Class*, 61, 72–73.

10   Ibid., 78–80.

11   Ibid., 153; Stephen Halliday, *The Great Filth*, 43.

12   마르크스와 엥겔스의 1845년 맨체스터 여행을 서술하면서 마르크스 전기 작가들은 보통 두 사람이 도서관에서 경제학을 공부한 것만 언급하고, 맨체스터의 삶을 직접 본 마르크스가 어떤 충격을 받았는지에 대해서는 말하지 않는 경향이 있다. 그 이유는 부분적으로 훗날 엥겔스가 체담 도서관에서 토론하며 보낸 날들을 언급한 것이 그 여행에 대한 실제적인 설명의 전부였기 때문일 것이다. 두 사람이 메리 번스와 함께 다녔음을 보여주는 편지는 없다. 그렇지만 마르크스가 산업사회의 심장부로 처음 여행하면서 맨체스터 노동자 지구를 방문할 때 메리 번스가 안내인 역할을 하지 않았을 것이라고 상상하기는 어렵다. 마르크스는 이미 그 경제학자들의 책을 모두 읽었었다. 그렇지만 그 경제학자들이 찬양해 마지않던 그 체제로부터 유래된 사회적 병폐의 꾸밈없는 모습을 실제 목격할 기회는 없었다. 그렇기 때문에 그가 그 기회를 그냥 흘려버렸으리라고 생각하는 것은 논리적으로 옳지 않다. 여행 후 브뤼셀로 돌아와서 그가 이론에 치중하는 것에 화를 내며 동료 사회주의자들에게 더욱 엄격한 태도를 취한 것을 볼 때 맨체스터에서 단순히 안락한 도서관에 앉아 책을 읽은 것보다 더 강한 체험을 했다고 생각할 수 있다.

13 Engels, *Condition of the Working Class*, 36–37, 40.

14 Ibid., 58–59.

15 Mayhew, *London Labour and the London Poor*, 57–58.

16 Robert Winder, *Bloody Foreigners*, 196–197.

17 Engels, *Condition of the Working Class*, 40.

18 Mayhew, *London Labour and the London Poor*, 111, 118.

19 Ibid., 167, 476.

20 McLellan, *Karl Marx*, 133; Hammen, *Red 48ers*, 119.

21 Marx and Engels, *Cologne Communist Trial*, 40–41.

22 Ibid., 41.

23 MECW, Volume 26, 315–317; Marx and Engels, *Cologne Communist Trial*, 42–43.

24 E. P. Thompson, *The Making of the English Working Class*, 17–19.

25 Cole and Postgate, *British Common People*, 196.

26 Ibid., 202–203, 214.

27 Ibid., 249, 258; Francis Sheppard, *London 1808–1870*, 320–321.

28 Cole and Postgate, *British Common People*, 261–262.

29 Thompson, *English Working Class*, 194, 822.

30 A. N. Wilson, *The Victorians*, 43; Kenneth Morgan, *The Birth of Industrial Britain*, 84; Cole and Postgate, *British Common People*, 280.

31 Cole and Postgate, *British Common People*, 286; Sheppard, *London 1808–1870*, 327.

32 McLellan, *Karl Marx*, 133.

33 Marx and Engels, *Cologne Communist Trial*, 44; McLellan, *Karl Marx*, 133; Hammen, *Red 48ers*, 120.

10 | 1846년 브뤼셀

1 MECW, Volume 5, 41.

2 MECW, Volume 38, 527–528.

3 Ibid.

4 Ibid., 528.

5 REM, 223; Longuet, *Karl Marx*, 121.

6 MECW, Volume 38, 528–529.

7 McLellan, *Karl Marx*, 133–134.

8 MECW, Volume 5, xvi, 24; McLellan, *Karl Marx*, 135; Nicolaievsky and Maenchen-Helfen, *Karl Marx*, 103; Draper, *Karl Marx's Theory of Revolution*, 189

9 MECW, Volume 5, 31.

10 MECW, Volume 26, 173, Volume 5, 44; Carver, *Engels, Short Introduction*, 72.

11 MECW, Volume 5, 50.

12 Ibid., 52.

13 Ibid., 52, 74–75.

14 Ibid., 59.

15 MECW, Volume 47, 31.

16 『독일 이데올로기』는 1932년에 모스크바에서 처음 출간되었다. McLellan, *Karl Marx*, 140–141.

17 MECW, Volume 4, 678–679, 721(n); Longuet, *Karl Marx*, 122–123; Nicolaievsky and Maenchen-Helfen, *Karl Marx*, 101.

18 McLellan, *Karl Marx*, 143; MECW, Volume 38, 39.

19 MECW, Volume 38, 573(n).

20 Longuet, *Karl Marx*, 124.

21 MECW, Volume 38, 533.

22 McLellan, *Karl Marx*, 143–144; Nicolaievsky and Maenchen-Helfen, *Karl Marx*, 108–109.

23 Marx and Engels, *Cologne Communist Trial*, 46.

24 Nicolaievsky and Maenchen-Helfen, *Karl Marx*, 109.

25 Marx and Engels, *Cologne Communist Trial*, 46.

26 McLellan, *Karl Marx*, 130.

27 Annenkov, *Extraordinary Decade*, 168–170; KMIR, 12–14; Nicolaievsky and Maenchen-Helfen, *Karl Marx*, 117–118.

28 McLellan, *Karl Marx*, 159

29 MECW, Volume 6, 35–41; McLellan, *Karl Marx*, 146.

30 Annenkov, *Extraordinary Decade*, 171.

31 Fejtö (ed.), *Opening of an Era*, 362–365, 367.

32 MECW, Volume 38, 39; Nicolaievsky and Maenchen-Helfen, *Karl Marx*, 116–117.

33 McLellan, *Karl Marx*, 147.

34 MECW, Volume 38, 530–531; Carver, *Friedrich Engels*, 150–151.

35 Blumenberg, *Illustrated*, 65; Hammen, *Red 48ers*, 140–141.

36 MECW, Volume 38, 576(n).

37 Ibid., 532.

38 Ibid., 36–37.

39 Ibid., 42–43.

40 MECW, Volume 24, 131; McLellan, *Karl Marx*, 142; REM, 223.

41 KMIR, 20; McLellan, *Karl Marx*, 142.

42 Mayer, *Friedrich Engels*, 76.

43 MECW, Volume 38, 82, 89.

44 Ibid., 92.

45 Longuet, *Karl Marx*, 125–126; McLellan, *Karl Marx*, 142; Peters, *Red Jenny*, 69.

46 MECW, Volume 38, 51.

47 Ibid., 105.

48 MECW, Volume 38, 95–97; Annenkov, *Extraordinary Decade*, 171–172.

49 MECW, Volume 38, 101–102.

50 Hammen, *Red 48ers*, 145.

51 MECW, Volume 6, 176.

52 McLellan, *Karl Marx*, 148.

53 MECW, Volume 38, 591(n); McLellan, *Karl Marx*, 152.

54 McLellan, *Karl Marx*, 157; Robert Payne, *Karl Marx*, 131.

11 | 1847년 브뤼셀

1 MECW, Volume 38, 149.

2 Marx and Engels, *Cologne Communist Trial*, 39–41; McLellan, *Karl Marx*, 154, 157.

3 Marx and Engels, *Cologne Communist Trial*, 40, 47; McLellan, *Karl Marx*, 156–157; Nicolaievsky and Maenchen-Helfen, *Karl Marx*, 111, 122–124.

4 Stearns, *1848*, 33.

5 MECW, Volume 10, 495.

6 Whitridge, *Men in Crisis*, 26; Stearns, *1848*, 34; Hamerow, *Restoration, Revolution, Reaction*, 76–77.

7 Hobsbawm, *Age of Capital*, 43–44.

8 에드가 마르크스의 생일은 마르크스 전기마다 다르다. 트리어의 에베르트 재단은 1847년 2월 3일에 태어났다고 결론 내렸다. 출생증명서에 기재된 이름은 찰스 루이스 헨리 에드가 마르크스Charles Louis Henri Edgar Marx였지만 에드가 또는 무슈라고 알려졌다. *Genealogy Marx*, Friedrich-Ebert-Stiftung Museum/Studienzentrum, Trier; Omura, Fomičev, Hecker, and Kubo, *Familie Marx privat*, 447.

9 Padover, *Karl Marx*, 128; MECW, Volume 38, 121.

10 MECW, Volume 38, 154.

11 Ibid., 158.

12 Ibid., 576(n).

13 Ibid., 108.

14 Ibid., 55, 90.

15 Ibid., 153.

16 Ibid., 154.

17 Ibid., 115, 587(n).

18 Ibid., 117.

19 Ibid., 120, 588(n).

20 Ibid., 117.

21 MECW, Volume 6, 585, Volume 38, 587–588(n); Carr, *Michael Bakunin*, 139; McLellan, *Karl Marx*, 156–157.

22 MECW, Volume 6, 96–103, 341–357.

23 Ibid., 600.

24 Boris Nicolaievsky, "Toward a History of the Communist League, 1847–1852," 241.

25 Robert Payne, *Unknown Marx*, 18; Padover, *Karl Marx*, 115; Robert Payne, *Karl Marx*, 131; McLellan, *Karl Marx*, 142–143.

26 Nicolaievsky and Maenchen-Helfen, *Karl Marx*, 133.

27 MECW, Volume 38, 588(n).

28 Nicolaievsky and Maenchen-Helfen, *Karl Marx*, 128–129; Hammen, *Red 48ers*, 163; Longuet, *Karl Marx*, 127–128(오늘날 백조의 카페Café au Cygne는 백조의 집Maison du Cygne으로 알려져 있다).

29 Nicolaievsky and Maenchen-Helfen, *Karl Marx*, 131–132; MECW, Volume 38, 122–130.

30 Nicolaievsky and Maenchen-Helfen, *Karl Marx*, 129.

31 MECW, Volume 38, 141.

32 Longuet, *Karl Marx*, 128; Hammen, *Red 48ers*, 190.

33 MECW, Volume 38, 122, 143.

34 McLellan, *Karl Marx*, 163; Carr, *Michael Bakunin*, 123, 131.

35 Carr, *Michael Bakunin*, 146.

36 Kenafick, *Bakunin and Marx*, 41–42.

37 Carr, *Michael Bakunin*, 146.

38 MECW, Volume 38, 150–151.

39 McLellan, *Karl Marx*, 160–161.

40 MECW, Volume 6, 388–389.

41 REM, 153.

42 동맹의 회의가 열린 그해 가을, 사실 마르크스는 스물아홉 살이었다. KMIR, 14.

43 MECW, Volume 38, 592; McLellan, *Karl Marx*, 154–155; Nicolaievsky and Maenchen-Helfen, *Karl Marx*, 110–111.

44 MECW, Volume 6, 633–638.

45 Ibid., 585.

46 Ibid., 633.

47 MECW, Volume 38, 149.

12 | 1848년 브뤼셀

1 Tocqueville, *Recollections*, 11–12.

2 Giroud, *Femme du diable*, 92–93; Peters, *Red Jenny*, 73.

3 Jenny Marx to Lina Schöler, Dec. 17, 1847, Moscow.

4 Jenny Marx to Lina Schöler, mid-Jan. 1848, Moscow.

5 Giroud, *Femme du diable*, 92–93.

6 MECW, Volume 6, 639.

7 Giroud, *Femme du diable*, 92–93.

8 Jenny Marx to Lina Schöler, mid-Jan. 1848, Moscow.

9 McLellan, *Karl Marx*, 163.

10 Peters, *Red Jenny*, 65.

11 MECW, Volume 38, 153; Carver, *Friedrich Engels*, 152.

12 McLellan, *Karl Marx*, 162; MECW, Volume 26, 523–524, Volume 6, 695–696(n).

13 Roberts, *History of Europe*, 336.

14 MECW, Volume 6, 463, 465, Volume 26, 523–524.

15 MECW, Volume 26, 523.

16 MECW, Volume 38, 152–154.

17 Nicolaievsky and Maenchen-Helfen, *Karl Marx*, 136; Raddatz, *Karl Marx*, 80.

18 MECW, Volume 6, 698.

19 Ibid., 698(n); Padover, *Karl Marx*, 129.

20 MECW, Volume 39, 60; Padover, *Karl Marx*, 129.

21 MECW, Volume 6, 481.

22 Ibid., 487–488.

23 Ibid., 489.

24 Ibid., 496.

25 Ibid., 500.

26 Ibid., 502.

27 Ibid., 506.

28 Ibid., 519.

13 │ 1848년 파리

1 Hamerow, *Restoration, Revolution, Reaction*, 87.

2 MECW, Volume 6, 559; Nicolaievsky and Maenchen-Helfen, *Karl Marx*, 141–142.

3 Wilson, *Victorians*, 127.

4 Hobsbawm, *Age of Capital*, 14.

5 Fejtö (ed.), *Opening of an Era*, 60–63, 65–66; Whitridge, *Men in Crisis*, 246–247.

6 Fejtö (ed.), *Opening of an Era*, 66.

7 Whitridge, *Men in Crisis*, 115–116; Stearns, *1848*, 123; Evans and von Strandmann (eds.), *Revolutions in Europe*, 55.

8 Stearns, *1848*, 53; Evans and von Strandmann (eds.), *Revolutions in Europe*, 56.

9 Fejtö (ed.), *Opening of an Era*, 116–118; Whitridge, *Men in Crisis*, 140–141, 146–147; Stearns, *1848*, 123, 125; Evans and von Strandmann (eds.), *Revolutions in Europe*, 57, 60.

10 Stearns, *1848*, 57, 124; Whitridge, *Men in Crisis*, 147.

11 Nicolaievsky and Maenchen-Helfen, *Karl Marx*, 141.

12 John J. Baughman, "The French Banquet Campaign of 1847–48," 1; MECW, Volume 6, 375; Stearns, *1848*, 6; Evans and von Strandmann (eds.), *Revolutions in Europe*, 32.

13 Pawel, *Poet Dying*, 17.

14 Stearns, *1848*, 71; Evans and von Strandmann (eds.), *Revolutions in Europe*, 32.

15 Baughman, "The French Banquet Campaign of 1847–48," 2–3, 6–9; MECW, Volume 6, 393.

16 MECW, Volume 6, 375.

17 Baughman, "The French Banquet Campaign of 1847–48," 32; Whitridge, *Men in Crisis*, 29.

18 Baughman, "The French Banquet Campaign of 1847–48," 14; Stearns, *1848*, 72.

19 Stearns, *1848*, 73; Whitridge, *Men in Crisis*, 27, 31, 32.

20 Stearns, *1848*, 73.

21 Ibid., 73–74; Hamerow, *Restoration, Revolution, Reaction*, 97; Whitridge, *Men in Crisis*, 36.

22 Tocqueville, *Recollections*, 11–12.

23 Evans and von Strandmann (eds.), *Revolutions in Europe*, 164.

24 A. J. P. Taylor, *The Struggle for Mastery of Europe, 1848–1918*, 6; Andrew Jackson Donelson, "The American Minister in Berlin on the Revolution of March, 1848," 357; Hamerow, *Restoration, Revolution, Reaction*, 98.

25 Longuet, *Karl Marx*, 131; Somerhausen, *L'Humanisme*, 236.

26 Hammen, *Red 48ers*, 193.

27 MECW, Volume 38, 82.

28 Hammen, *Red 48ers*, 193(엘레아노르 마르크스 에이블링은 1898년 3월 15일 [모스크바] 카를 카우츠키에게 쓴 편지에서 자신이 파리에서의 엥겔스 추방과 관련된 "불쾌한 수수께끼"의 존재에 대해 오랫동안 알고 있었다고 말했다. 하지만 그녀가 확실히 알고 있는 것은 단지 한 여성이 관련되었다는 것뿐이었고, "그것에 대한 좀 더 불미스러운 얘기도 소문으로 들었다"는 것이었다).

29 MECW, Volume 6, 643.

30 Nicolaievsky and Maenchen-Helfen, *Karl Marx*, 138–139.

31 Fejtö (ed.), *Opening of an Era*, 163.

32　Nicolaievsky and Maenchen-Helfen, *Karl Marx*, 143.

33　MECW, Volume 6, 567; Nicolaievsky and Maenchen-Helfen, *Karl Marx*, 143.

34　Hammen, *Red 48ers*, 196.

35　MECW, Volume 6, 559, Volume 24, 136–137; Hammen, *Red 48ers*, 196–197.

36　Nicolaievsky and Maenchen-Helfen, *Karl Marx*, 143; MECW, Volume 24, 137.

37　MECW, Volume 6, 568, 581.

38　Ibid., 560, Volume 24, 137.

39　MECW, Volume 6, 560.

40　KMIR, 20.

41　Nicolaievsky and Maenchen-Helfen, *Karl Marx*, 143; McLellan, *Karl Marx*, 177; Somerhausen, *L'Humanisme*, 217.

42　KMIR, 20.

43　Somerhausen, *L'Humanisme*, 237, 245.

44　Peters, *Red Jenny*, 74.

45　McLellan, *Karl Marx*, 177–178; Somerhausen, *L'Humanisme*, 245.

46　MECW, Volume 6, 651–652.

47　Ibid., 649.

48　Ibid., 650.

49　Hammen, *Red 48ers*, 198.

50　Marx and Engels, *Cologne Communist Trial*, 49; Nicolaievsky and Maenchen-Helfen, *Karl Marx*, 144.

51　Somerhausen, *L'Humanisme*, 239.

52　MECW, Volume 6, 561–562, 565; Somerhausen, *L'Humanisme*, 239–240; Nicolaievsky and Maenchen-Helfen, *Karl Marx*, 144.

53　Somerhausen, *L'Humanisme*, 240; KMIR, 20–21; MECW, Volume 6, 561, 565.

54　KMIR, 21; Somerhausen, *L'Humanisme*, 240–241.

55　KMIR, 21; Somerhausen, *L'Humanisme*, 241.

56　KMIR, 21.

57　MECW, Volume 6, 565; Somerhausen, *L'Humanisme*, 242.

58　KMIR, 21.

59　MECW, Volume 6, 565.

60　Ibid., 562.

61　Somerhausen, *L'Humanisme*, 242.

62　KMIR, 21.

63　Peters, *Red Jenny*, 76.

64　Nicolaievsky and Maenchen-Helfen, *Karl Marx*, 146.

65　KMIR, 21.

14 | 1848년 봄, 파리

1　MECW, Volume 4, 82.

2　KMIR, 21.

3　Peter Amann, "The Changing Outlines of 1848," 941; Nicolaievsky and Maenchen-Helfen, *Karl Marx*, 146; Padover, *Karl Marx*, 133.

4   Nicolaievsky and Maenchen-Helfen, *Karl Marx*, 147; Carr, *Michael Bakunin*, 149.

5   MECW, Volume 38, 169.

6   Raddatz, *Karl Marx*, 86.

7   Stearns, *1848*, 77.

8   MECW, Volume 7, 513.

9   Longuet, *Karl Marx*, 136.

10 Ibid., 135; McLellan, *Karl Marx*, 179.

11 Carr, *Michael Bakunin*, 149.

12 Hobsbawm, *Age of Capital*, 26.

13 Amann, "The Changing Outlines of 1848," 942.

14 Stearns, *1848*, 80.

15 Ibid., 179–180.

16 Thomas, *Women Incendiaries*, 21, 23.

17 Stearns, *1848*, 83.

18 Giroud, *Femme du diable*, 98.

19 MECW, Volume 21, 61.

20 Fejtö (ed.), *Opening of an Era*, 7; Hamerow, *Restoration, Revolution, Reaction*, 76–79, 84.

21 Sperber (ed.), *Germany, 1800–1870*, 54; MECW, Volume 11, 19–20.

22 Sperber (ed.), *Germany, 1800–1870*, 54, 57.

23 Schurz, *Reminiscences*, 108–109.

24 Stearns, *1848*, 64; Evans and von Strandmann (eds.), *Revolutions in Europe*, 29.

25 Priscilla Rotertson, "Students on the Barricades: Germany and Austria, 1848," 375–376; Stearns, *1848*, 95–96.

26 Hamerow, *Restoration, Revolution, Reaction*, 99; Stearns, *1848*, 96; Evans and von Strandmann (eds.), *Revolutions in Europe*, 181.

27 Evans and von Strandmann (eds.), *Revolutions in Europe*, 186; Robertson, "Students on the Barricades," 376; Fejtö (eds.), *Opening of an Era*, 255.

28 Evans and von Strandmann (eds.), *Revolutions in Europe*, 62–63; Stearns, *1848*, 129–130.

29 Evans and von Strandmann (eds.), *Revolutions in Europe*, 106.

30 Schurz, *Reminiscences*, 119; Donelson, "The American Minister in Berlin," 358; Stearns, *1848*, 146; Whitridge, *Men in Crisis*, 218.

31 Schurz, *Reminiscences*, 119; Sperber (ed.), *Germany, 1800–1870*, 59.

32 Schurz, *Reminiscences*, 119.

33 Whitridge, *Men in Crisis*, 218.

34 Donelson, "The American Minister in Berlin," 358; Stearns, *1848*, 147.

35 Donelson, "The American Minister in Berlin," 360–361.

36 Ibid., 360.

37 Ibid., 360–361.

38 Ibid.

39 Schurz, *Reminiscences*, 120–121; Donelson, "The American Minister in Berlin," 363.

40 Schurz, *Reminiscences*, 121.

41 Donelson, "The American Minister in Berlin," 362.

42 Ibid., 370–371.

43 Offord, *Nineteenth-Century Russia*, 39–40.

44 Carr, *Michael Bakunin*, 150.

45 Liebknecht, *Karl Marx*, 63.

46 Marx and Engels, *Cologne Communist Trial*, 50; Amann, "Changing Outlines of 1848," 940.

47 Carr, *Michael Bakunin*, 151–152.

48 REM, 19; Nicolaievsky and Maenchen-Helfen, *Karl Marx*, 150–151; MECW, Volume 26, 324.

49 MECW, Volume 6, 657.

50 Karl Marx and Friedrich Engels, *Letters to Americans, 1848–1895*, 15.

51 Stearns, *1848*, 142; McLellan, *Karl Marx*, 180; Nicolaievsky and Maenchen-Helfen, *Karl Marx*, 152–153.

52 MECW, Volume 26, 324; Nicolaievsky and Maenchen-Helfen, *Karl Marx*, 152, 155; Hammen, *Red 48ers*, 214.

53 마르크스의 입장에서 라인란트는 당연히 가야 할 곳이었다. 그곳은 가장 자유로운 언론법이 있었고 여전히 나폴레 옹법에 의해 통치되는 곳이었다. 그래서 만일의 경우 배심원 재판을 받을 수 있었다. 또한 예전에 그에게 자금을 대 던 사업가들이 있는 곳이었기 때문에 또다시 그럴 가능성이 높은 지역이기도 했다. 그리고 그곳은 독일에서 처음으 로 공산주의자 봉기가 발생한 지역이었다. McLellan, *Karl Marx*, 181.

54 MECW, Volume 7, 3–7.

55 McLellan, *Karl Marx*, 181.

56 MECW, Volume 6, 558.

15 | 1848년 쾰른

1 Seigel, *Marx's Fate*, 173.

2 Nicolaievsky and Maenchen-Helfen, *Karl Marx*, 165; Sperber (ed.), *Germany, 1800–1870*, 60.

3 McLellan, *Karl Marx*, 182; Stearns, *1848*, 145; Donelson, "The American Minister in Berlin," 365.

4 마르크스와 고트샬크가 최종적으로 결별하게 된 것은 헤르베크의 독일여단의 잔당들에 대한 자금 지원 문제 때 문이었다. 고트샬크는 찬성한 반면 마르크스는 그렇지 않았다. McLellan, *Karl Marx*, 182–183; Nicolaievsky and Maenchen-Helfen, *Karl Marx*, 164, 166–167; Hammen, *Red 48ers*, 222.

5 MECW, Volume 26, 122.

6 마르크스는 처음에는 시민권 복원 신청서에 자신이 신문을 만들 계획이라고 써넣었다. 그렇지만 최종 문안에는 그 런 말을 빼고 단순히 "최근 일련의 사건들 이후 저는 고국에 돌아와 가족들과 함께 쾰른에 정착하려 합니다"라고 만 썼다. 엿새 후 경찰 보고서는 마르크스가 정부 당국에 자기가 경제학에 관한 책을 저술 중이며 그 책에서 나오는 수입과 부인의 재산으로 살아갈 것이라고 말했다고 기록하고 있다. 경찰 수사관은 마르크스를 "정치적으로 신뢰 할 수 없다"고 했지만 그의 신청에 직접적인 조치를 취하지는 않았다. MECW, Volume 7, 537–538.

7 Peters, *Red Jenny*, 82–83; McLellan, *Karl Marx*, 181.

8 Hammen, *Red 48ers*, 222.

9 Luise Dornemann, *Jenny Marx: Der Lebensweg einer Sozialistin*, 103.

10 MECW, Volume 26, 127.

11 MECW, Volume 7, 69–70.

12 MECW, Volume 26, 127.

13 MECW, Volume 7, 15.

14 Whitridge, *Men in Crisis*, 47, 50; Stearns, *1848*, 76.

15 Whitridge, *Men in Crisis*, 50; Evans and von Strandmann (eds.), *Revolutions in Europe*, 35.

16   Evans and von Strandmann (eds.), *Revolutions in Europe*, 35; Whitridge, *Men in Crisis*, 51.

17   Whitridge, *Men in Crisis*, 52–53, 71; Evans and von Strandmann (eds.), *Revolutions in Europe*, 36.

18   Tocqueville, *Recollections*, 95, 102; Amann, "Changing Outlines of 1848," 946; Stearns, *1848*, 79; Whitridge, *Men in Crisis*, 66–67.

19   Whitridge, *Men in Crisis*, 66–67.

20   Evans and von Strandmann (eds.), *Revolutions in Europe*, 39; Stearns, *1848*, 85.

21   Tocqueville, *Recollections*, 107.

22   Ibid., 130–132; Taylor, *Struggle for Mastery in Europe*, 11; Amann, "A Journée in the Making: May 15, 1848," 44, 63–64; Stearns, *1848*, 86.

23   Whitridge, *Men in Crisis*, 66–67; Tocqueville, *Recollections*, 130.

24   Tocqueville, *Recollections*, 133–134.

25   Schurz, *Reminiscences*, 129.

26   Hamerow, *Restoration, Revolution, Reaction*, 102–104, 107; Stearns, *1848*, 41.

27   Hobsbawm, *Age of Capital*, 33.

28   Fejtö (ed.), *Opening of an Era*, 231.

29   Hamerow, *Restoration, Revolution, Reaction*, 114.

30   Ibid., 120–122; Breuilly, *Austria, Prussia and Germany*, 42–43.

31   Hamerow, *Restoration, Revolution, Reaction*, 123–124.

32   MECW, Volume 7, 72.

33   MECW, Volume 11, 41–42; Breuilly, *Austria, Prussia and Germany*, 42–43.

34   Hammen, *Red 48ers*, 223–224.

35   Nicolaievsky and Maenchen-Helfen, *Karl Marx*, 168.

36   MECW, Volume 26, 123.

37   Blumenberg, *Illustrated*, 86.

38   Schurz, *Reminiscences*, 139–140; KMIR, 15.

39   MECW, Volume 7, 45, Volume 26, 126.

16 | 1848년 6월, 파리

1   Tocqueville, *Recollections*, 156.

2   Ibid., 146.

3   Stearns, *1848*, 88.

4   Fejtö (ed.), *Opening of an Era*, 90.

5   Whitridge, *Men in Crisis*, 99.

6   MECW, Volume 7, 124–127; Stearns, *1848*, 89; Whitridge, *Men in Crisis*, 99.

7   MECW, Volume 7, 128; Whitridge, *Men in Crisis*, 98.

8   Tocqueville, *Recollections*, 154, 175; MECW, Volume 7, 138.

9   Tocqueville, *Recollections*, 162; Whitridge, *Men in Crisis*, 100.

10   Tocqueville, *Recollections*, 150–151.

11   Stearns, *1848*, 92; Evans and von Strandmann (eds.), *Revolutions in Europe*, 41; Whitridge, *Men in Crisis*, 101–102.

12   Stearns, *1848*, 93; Evans and von Strandmann (eds.), *Revolutions in Europe*, 43; Pawel, *Poet Dying*, 53; Whitridge, *Men in Crisis*, 103.

13 Evans and von Strandmann (eds.), *Revolutions in Europe*, 43; Whitridge, *Men in Crisis*, 103.

14 MECW, Volume 7, 128.

15 Ibid., 130.

16 Ibid., 144.

17 Ibid., 146–147.

18 Ibid., 147, Volume 10, 68.

19 MECW, Volume 7, 143.

20 Ibid., 478, Volume 26, 126.

21 MECW, Volume 26, 126.

22 McLellan, *Karl Marx*, 183; Seigel, *Marx's Fate*, 199; REM, 156.

23 MECW, Volume 7, 74, 170, 194, Volume 11, 36.

24 MECW, Volume 7, 176–179.

25 Ibid., 186.

26 Ibid., 554.

27 Ibid., 208.

28 Ibid., 383–384, 407–408, 581.

29 Ibid., 448, 452, Volume 38, 182.

30 MECW, Volume 7, 653(n); Hammen, *Red 48ers*, 296; Nicolaievsky and Maenchen-Helfen, *Karl Marx*, 173.

31 Hammen, *Red 48ers*, 296.

32 Brophy, *Popular Culture and the Public Sphere*, 216–217, 224.

33 MECW, Volume 7, 582–583.

34 Hammen, *Red 48ers*, 297.

35 MECW, Volume 7, 574; Hammen, *Red 48ers*, 298.

36 Hammen, *Red 48ers*, 299–300.

37 MECW, Volume 7, 584.

38 Ibid., 442–443.

39 Hammen, *Red 48ers*, 287–289.

40 Ibid., 304.

41 Ibid., 304; Hamerow, *Restoration, Revolution, Reaction*, 181.

42 MECW, Volume 7, 444, 589.

43 Ibid., 452.

44 Ibid., 452–453.

45 Hammen, *Red 48ers*, 307.

46 MECW, Volume 7, 463; Hammen, *Red 48ers*, 307–309; Nicolaievsky and Maenchen-Helfen, *Karl Marx*, 175.

47 MECW, Volume 7, 455, 642(n); Hammen, *Red 48ers*, 310; Nicolaievsky and Maenchen-Helfen, *Karl Marx*, 175.

48 MECW, Volume 7, 455–456, 590.

49 Ibid., 593.

50 MECW, Volume 24, 140.

51 MECW, Volume 38, 540–541.

52 MECW, Volume 7, 459–460, 594.

53 Ibid., 513–514.

54 Ibid., 511.

55 Ibid., 526, 528–539.

56 Ibid., 515.

57 Ibid., 456.

58 Hammen, *Red 48ers*, 316.

59 Brophy, *Popular Culture and the Public Sphere*, 59.

60 MECW, Volume 38, 178.

61 Dornemann, *Jenny Marx*, 103–139.

62 KMIR, 16.

63 마르크스와 예니의 전기 작가들은 그들과 페르디난트 폰 베스트팔렌 간의 적대관계를 강조해왔다. 그것은 정치적이든 개인적이든 분명 존재했고 약하지 않았던 것도 사실이다. 하지만 예니는 평생에 걸쳐 많은 어려움에도 불구하고 그녀의 오빠나 올케 루이제를 버리지 않았다. 예니는 그들에게 정기적으로 편지를 쓰고 가족 소식을 나누었으며 편지 말미에는 "사랑하는 누이가 키스를 전하며"라고 자주 적곤 했다. 그녀의 편지는 귀족들이 동료 귀족들에게 인사할 때 사용하는 극히 정중한 표현들로 가득했기 때문에, 어떤 경우는 그녀의 말들이 의례적인 사교적 언사 이상의 의미를 지니는지 판단하기가 쉽지 않다. 하지만 필자는 대부분의 경우 그렇다고 믿는다. 그 편지들은 그녀가 마르크스와 결혼하면서 버린 삶과 가족들에 대한 갈망의 표현이었다—그녀가 마르크스 대신 그것을 택하지는 않았겠지만, 그런 것들은 그녀가 투쟁하는 동안 비록 짧지만 잠시의 휴식을 주었을 것이다.

64 Ferdinand von Westphalen to Louise von Westphalen, June 10, 1847, Hamburg.

65 Ferdinand von Westphalen to Louise von Westphalen, Oct. 23, 1848, Hamburg.

17 | 1849년 쾰른

1 MECW, Volume 10, 70.

2 Stearns, *1848*, 119–121; Hammen, *Red 48ers*, 327–328, 330; MECW, Volume 11, 67; McLellan, *Karl Marx*, 193.

3 Stearns, *1848*, 121; Hammen, *Red 48ers*, 329, 331; Breuilly, *Austria, Prussia and Germany*, 49.

4 MECW, Volume 9, 453.

5 마르크스의 기사가 나오자마자 프로이센 의회가 납세 거부 수단을 채택하기로 결의한 것은, 비록 의원들이 그의 기사를 읽고 그의 주장에서 영감을 얻었을 가능성도 있지만 우연의 일치였을 가능성도 배제할 수 없다. MECW, Volume 7, 477.

6 MECW, Volume 11, 67; Hammen, *Red 48ers*, 340.

7 MECW, Volume 8, 36; Hammen, *Red 48ers*, 342, 345.

8 MECW, Volume 8, 36, 41.

9 Ibid., 46.

10 Hammen, *Red 48ers*, 347

11 마르크스는 이제 부장검사가 된 헥커의 기소로 법정에 소환되었다. 문제가 된 것은 『신 라인 신문』에 게재된 한 통의 편지였는데, 그것이 뉴욕으로 도망친 공화주의자로 확인된 '헥커'의 것이었기 때문이다. 그 기사는 여러 프로이센 신문에 반복적으로 게재되었다. 검사는 마르크스가 그 편지를 날조하고 악의적으로 '헥커'라고 서명해 검사가 공화주의적 성향을 가진 것으로 오도하려 했다고 고발했다는 것이다. 11월 14일, 마르크스는 청문회를 위해 법정에 출석했을 때 체포를 각오하고 있었다. 수백 명의 시위대가 그를 지지하기 위해 몰려들었다. 그리고 소요사태의 우려 때문이었던지 그는 구속되지 않았다. MECW, Volume 7, 485–487; Volume 8, 495–496, 501, 503; Volume 38, 180; McLellan, *Karl Marx*, 195.

12 MECW, Volume 8, 504.

13 Ibid., 82.

14 MECW, Volume 38, 179.

15 MECW, Volume 8, 135, 588(n).

16 MECW, Volume 38, 190.

17 MECW, Volume 8, 312.

18 Ibid., 314.

19 Ibid., 316–317.

20 Ibid., 320, 322, 517–518.

21 Ibid., 323, 335, 338.

22 Ibid., 338–339.

23 Ibid., 520–521; McLellan, *Karl Marx*, 199; Nicolaievsky and Maenchen-Helfen, *Karl Marx*, 192; Stearns, *1848*, 183.

24 MECW, Volume 8, 527–528.

25 MECW, Volume 9, 487, 492–493, 496–497.

26 Ferdinand von Westphalen to Louise von Westphalen, Feb. 10, 1849, Hamburg.

27 Nicolaievsky and Maenchen-Helfen, *Karl Marx*, 191.

28 MECW, Volume 38, 192–193, Volume 47, 613(n); McLellan, *Karl Marx*, 201–202; Nicolaievsky and Maenchen-Helfen, *Karl Marx*, 191.

29 MECW, Volume 38, 193.

30 MECW, Volume 11, 80, 83–85.

31 McLellan, *Karl Marx*, 203; Nicolaievsky and Maenchen-Helfen, *Karl Marx*, 195.

32 MECW, Volume 38, 196.

33 McLellan, *Karl Marx*, 202; Nicolaievsky and Maenchen-Helfen, *Karl Marx*, 181, 193–194.

34 Nicolaievsky and Maenchen-Helfen, *Karl Marx*, 194.

35 McLellan, *Karl Marx*, 203.

36 Hammen, *Red 48ers*, 386.

37 MECW, Volume 9, 451, 509; McLellan, *Karl Marx*, 203.

38 Carr, *Michael Bakunin*, 186, 190, 193; McLellan, *Karl Marx*, 203; Nicolaievsky and Maenchen-Helfen, *Karl Marx*, 195; Sperber (ed.), *Germany, 1800–1870*, 65.

39 Carr, *Michael Bakunin*, 166, 194.

40 MECW, Volume 9, 447; Hammen, *Red 48ers*, 391–392.

41 Mayer, *Friedrich Engels*, 13; Hammen, *Red 48ers*, 393(최근 엥겔스 전기를 쓴 트리스트럼 헌트Tristram Hunt는 엥겔스와 아버지의 만남에 관한 이 이야기가 너무 극적이라며 그 진실성에 의문을 제기했다. 이 일화는 한 목격자의 증언에 의한 것이며 부퍼탈 문서기록실에 보관되어 있다. Tristram Hunt, *The Frock-Coated Communist*, 175).

42 MECW, Volume 9, 449, 508; Stearns, *1848*, 191; Carver, *Friedrich Engels*, 204; Hammen, *Red 48ers*, 392–393.

43 세월이 흐른 후 엥겔스는 그 일에 대해 기록하면서 실망스럽게도 많은 "주정뱅이 룸펜프롤레타리아트들"이 바로 그날 저녁 그 총들을 부르주아에게 팔아넘겼다고 말했다. MECW, Volume 9, 449, Volume 10, 168, 602–603; Carver, *Friedrich Engels*, 204.

44 MECW, Volume 9, 514, 524, Volume 10, 602–604.

45 MECW, Volume 9, 417.

46 MECW, Volume 11, 68.

47 Nicolaievsky and Maenchen-Helfen, *Karl Marx*, 197.

48 McLellan, *Karl Marx*, 203.

49 MECW, Volume 9, 418.

50 Ibid., 453–454, 467.

51 McLellan, *Karl Marx*, 204; Nicolaievsky and Maenchen-Helfen, *Karl Marx*, 197.

52 MECW, Volume 26, 128.

53 Nicolaievsky and Maenchen-Helfen, *Karl Marx*, 197.

54 Giroud, *Femme du diable*, 106.

55 MECW, Volume 9, 509; McLellan, *Karl Marx*, 204.

56 MECW, Volume, 24, 164.

57 MECW, Volume 9, 515; McLellan, *Karl Marx*, 204.

58 KMIR, 21.

59 McLellan, *Karl Marx*, 205.

60 KMIR, 21; McLellan, *Karl Marx*, 205; Carver, *Friedrich Engels*, 205.

61 MECW, Volume 11, 86.

18 | 1849년 파리

1 MECW, Volume 11, 103.

2 Whitridge, *Men in Crisis*, 92.

3 W. H. C. Smith, *Second Empire and Commune*, 2.

4 Whitridge, *Men in Crisis*, 88.

5 W. H. C. Smith, *Second Empire*, 2, 7; Whitridge, *Men in Crisis*, 90.

6 Whitridge, *Men in Crisis*, 93; Stearns, *1848*, 216.

7 Whitridge, *Men in Crisis*, 91, 94.

8 Ibid., 84, 104, 106.

9 Ibid., 108.

10 MECW, Volume 9, 525, Volume 38, 200; McLellan, *Karl Marx*, 205.

11 MECW, Volume 7, 150, Volume 38, 209.

12 MECW, Volume 38, 199.

13 Stearns, *1848*, 217.

14 Whitridge, *Men in Crisis*, 179, 181–182.

15 Taylor, *Struggle for Mastery of Europe*, 30.

16 Stearns, *1848*, 217.

17 MECW, Volume 9, 478.

18 Tocqueville, *Recollections*, 245–246, 272–274.

19 Nicolaievsky and Maenchen-Helfen, *Karl Marx*, 203.

20 MECW, Volume 38, 546.

21 Ibid., 546–548; Pawel, *Poet Dying*, 46.

22 MECW, Volume 38, 202.

23 Ibid., 201.

24 Ibid., 200, 207.

25 KMIR, 22.

26 MECW, Volume 9, 480–481.

27 MECW, Volume 38, 211.

28 Ibid., 210–211, 605(n), Volume 9, 526.

29 MECW, Volume 38, 208.

30 Ibid., 209–210.

31 Berlin, *Karl Marx*, 119.

32 MECW, Volume 38, 205.

33 Ibid., 209.

34 Ibid., 207–208.

35 McLellan, *Karl Marx*, 206.

36 MECW, Volume 38, 204–205.

37 Ibid., 212, Volume 9, 527.

38 MECW, Volume 38, 212–213, 606.

39 Ibid., 212.

40 Ibid., 213.

41 Ibid., 606(n).

42 Ibid., 216.

43 Pawel, *Poet Dying*, 6–7, 71–72.

44 MECW, Volume 38, 216.

45 REM, 225.

3부 빅토리아 여왕 시대 영국에서의 망명생활

19 | 1849년 런던

1 Percy Bysshe Shelley, "Peter Bell the Third," *The Daemon of the World*, 39.

2 KMIR, 22; MECW, Volume 38, 607; Padover, *Karl Marx*, 151; Gustav Mayer, "Letters of Karl Marx to Karl Blind," 154–155.

3 Bernard Porter, *The Refugee Question in Mid-Victorian Politics*, 2–3.

4 Ibid., 22.

5 Daniel Pool, *What Jane Austen Ate and Charles Dickens Knew*, 30.

6 Ibid., 30; Halliday, *Great Filth*, 79.

7 Halliday, *Great Filth*, 133.

8 Ibid., 135, 204; Gilda O'Neill, *The Good Old Days*, 10.

9 Halliday, *Great Filth*, 77.

10 Porter, *Refugee Question*, 20, 25; Jenny Marx to Louise von Westphalen, Jan. 29, 1858, Moscow.

11 William C. Preston, *The Bitter Cry of Outcast London*, 8; Donald J. Olsen, *The Growth of Victorian London*, 12.

12 Mayhew, *London Labour and the London Poor*, 68–69, 104.

13 MECW, Volume 10, 280–282.

14 Ibid., 605–606.

15 MECW, Volume 38, 216.

16 Liebknecht, *Karl Marx*, 65, 68–69.

17   KMIR, 44–46; Liebknecht, *Karl Marx*, 69; McLellan, *Karl Marx*, 214.

18   Porter, *Refugee Question*, 28; Berlin, *Karl Marx*, 137.

19   Porter, *Refugee Question*, 25–26.

20   Liebknecht, *Karl Marx*, 82.

21   Berlin, *Karl Marx*, 13.

22   MECW, Volume 10, 596.

23   Ibid., 599, Volume 38, 231; McLellan, *Karl Marx*, 214.

24   MECW, Volume 10, 623; McLellan, *Karl Marx*, 214.

25   MECW, Volume 38, 213; Hammen, *Red 48ers*, 403.

26   REM, 141.

27   MECW, Volume 38, 202–203.

28   REM, 142.

29   Ibid., 143–144; Carver, *Friedrich Engels*, 206; Hammen, *Red 48ers*, 403.

30   MECW, Volume 38, 217, 607(n); Tocqueville, *Recollections*, 272–273.

31   Winder, *Bloody Foreigners*, 179–181; KMIR, 22; Olsen, *The Growth of Victorian London*, 150.

32   KMIR, 22; Robert Payne, *Karl Marx*, 227–228; Wilson, *Victorians*, 141.

33   KMIR, 22.

34   MECW, Volume 38, 557–558.

35   Ibid., 549–550.

36   Ibid., 607(n).

37   MECW, Volume 10, 606.

38   *New York Daily Tribune*, December 1, 1852.

39   MECW, Volume 38, 219.

40   MECW, Volume 38, 224–225, 609(n).

41   Evans and von Strandmann (eds.), *Revolutions in Europe*, 166.

42   MECW, Volume 38, 226–227.

43   Ibid., 608(n).

44   MECW, Volume 10, 69, 127, 135.

45   Mehring, *Karl Marx*, 194.

46   MECW, Volume 38, 605(n); McLellan, *Karl Marx*, 219.

47   MECW, Volume 38, 605(n).

48   Ibid., 234.

49   Ibid., 555.

50   Ibid., 556–558.

51   KMIR, 23.

52   MECW, Volume 10, 281–285.

53   Ibid., 375.

54   MECW, Volume 38, 610(n).

55   MECW, Volume 10, 370, 681(n).

56   Robert Payne, *Unknown Marx*, 103, 107, 109.

57   MECW, Volume 38, 237.

58 MECW, Volume 10, 378–386.

59 Ibid., 381.

60 Porter, *Refugee Question*, 76, 81.

61 Berlin, *Karl Marx*, 134.

62 Liebknecht, *Karl Marx*, 81.

63 Berlin, *Karl Marx*, 143.

64 KMIR, 17–18.

65 MECW, Volume 38, 607(n); McLellan, *Karl Marx*, 213.

66 MECW, Volume 1, 674.

67 MECW, Volume 38, 557–558.

20 | 1850년 8월, 네덜란드 잘트보멀

1 Jenny Marx to Karl Marx, Aug. 1850, Moscow.

2 Marjorie Caygill, *The British Museum Reading Room*, 29; Asa Briggs and John Callow, *Marx in London*, 50.

3 Caygill, 5–6.

4 MECW, Volume 38, 239–240.

5 Mayer, *Friedrich Engels*, 136; Raddatz, *Karl Marx*, 139.

6 Mayer, *Friedrich Engels*, 137.

7 Carver, *Friedrich Engels*, 139.

8 Mayer, *Friedrich Engels*, 138; Carver, *Friedrich Engels*, 139.

9 KMIR, xvii.

10 MECW, Volume 38, 274.

11 Jenny Marx to Karl Marx, Aug. 1850, Moscow; KMIR, 24.

12 KMIR, 59–60.

13 Ibid., 24.

14 McLellan, *Karl Marx*, 228.

15 Nicolaievsky and Maenchen-Helfen, *Karl Marx*, 156, 205.

16 KMIR, 22.

17 McLellan, *Karl Marx*, 228.

18 Marx and Engels, *Cologne Communist Trial*, 23.

19 마르크스는 평생에 걸쳐, 그리고 그의 사후인 20세기에 이르기까지도 노동자들의 편에 서는 척하면서도 부르주아적인 생활을 영위했다는 비난에 시달렸다. 그런 비난은 이미 보았듯이 초창기 런던 생활 때부터 제기되었지만, 1864년 저널리스트들이 그가 커다란 집에서 여러 가지 편의시설에 둘러싸여 사는 것을 발견한 후부터 더욱 잦아졌다. 그렇지만 그들은 외견상 부유해 보인 것이 겉모습뿐이었다는 사실을 몰랐다. 그런 비난은 냉전기에 마르크스를 위선자로 묘사함으로써 그의 권위를 깎아내리려는 전기 작가들에 의해 되풀이되었다. 사실 마르크스의 삶은 '부르주아적'이었다. 그는 그런 환경에서 교육받은 중간계급 프로이센인이었고 가정을 가진 남자였다. 그리고 눈에 띄는 모든 물질적 안락함은 엥겔스의 선의에서 비롯된 것이었다. Nicolaievsky and Maenchen-Helfen, *Karl Marx*, 217; McLellan, *Karl Marx*, 228.

20 MECW, Volume 10, 614–615.

21 REM, 292.

22 Liebknecht, *Karl Marx*, 106–107.

23 REM, 112; Liebknecht, *Karl Marx*, 104–105.

24 Liebknecht, *Karl Marx*, 104.

25 Ibid., 106–107.

26 McLellan, *Karl Marx*, 229.

27 Liebknecht, *Karl Marx*, 106–107; MECW, Volume 38, 618.

28 McLellan, *Karl Marx*, 229.

29 Liebknecht, *Karl Marx*, 106–107.

30 MECW, Volume 10, 625–626.

31 Ibid., 626–627.

32 Ibid., 628.

33 Ibid., 629.

34 Ibid., 483–484.

35 Ibid., 625, 633; Marx and Engels, *Cologne Communist Trial*, 62–63.

36 MECW, Volume 39, 60, Volume 10, 627; Porter, *Refugee Question*, 41.

37 MECW, Volume 38, 240–241.

38 Ibid., 558–559.

39 Ibid., 241.

40 Ibid., 242.

41 Ibid., 250.

21 | 1851년 겨울, 런던

1 Marx and Engels, *Cologne Communist Trial*, 53.

2 Wilson, *Victorians*, 137–138, 144; Cole and Postgate, *British Common People*, 328, 366; Judith Flanders, *The Victorian House*, 290.

3 '자본주의capitalism'는 프루동이 만들어낸 말로 1840년대에 다른 사회주의자 및 공산주의자 저술가들에 의해 사용되었지만 1850년대 초까지는 일반적으로 사용된 말이 아니었다. 마르크스 자신도 『공산당 선언』에서 자본주의라는 단어는 사용하지 않았다. Hobsbawm, *Age of Capital*, 13; Roberts, *History of Europe*, 376.

4 Hobsbawm, *Age of Capital*, 44–45; Sperber (ed.), *Germany, 1800–1870*, 73.

5 Sheppard, *London 1808–1870*, 98, 101.

6 Hobsbawm, *Age of Capital*, 13; Hammen, *The Red 48ers*, 90.

7 Hobsbawm, *Age of Capital*, 49–50; Sheppard, *London 1808–1870*, 71–72.

8 Hobsbawm, *Age of Capital*, 51.

9 Roberts, *History of Europe*, 329.

10 MECW, Volume 39, 21, Volume 10, 500–502.

11 MECW, Volume 39, 96, Volume 10, 502.

12 REM, 98; Liebknecht, *Karl Marx*, 57.

13 Berlin, *Karl Marx*, 13.

14 MECW, Volume 38, 270.

15 REM, 185; Flanders, *Victorian House*, 105–106; MECW, Volume 38, 251.

16 Mayer, *Friedrich Engels*, 143, 155, 157; Grenfell Morton, *Home Rule and the Irish Question*, 10; Wilson, *Victorians*, 76; MECW, Volume 41, 634(n); Carver, *Friedrich Engels*, 149.

17 MECW, Volume 38, 250.

18 Ibid., 252.

19 Ibid., 257.

20 Ibid., 297, 561.

21 MECW, Volume 10, 535.

22 MECW, Volume 38, 257.

23 마르크스의 아파트가 건물의 2층이었다고 전기 작가들이 기술하는 경우가 있으며 영국 의회도 그곳에 파란색의 역사적 장소 표시를 해두었다. 하지만 가족은 꼭대기 층에 살았다. 그리고 언제 딘스트리트 28번지로 이사 갔는지도 종종 논란거리다. 어떤 전기 작가들은 1850년 12월 2일 이사했다고 말하기도 한다. 그렇지만 그 날짜에 마르크스는 딘스트리트 64번지에서 엥겔스에게 편지를 썼다. 또한 1851년 1월 6일 마르크스는 자기의 집주인이 "아주 가난하다"며 그녀에게 줄 돈이 필요하다고 엥겔스에게 편지했다. 딘스트리트 64번지에서는 집주인이 여성이었고 28번지에서는 남성이었다. 마르크스가 엥겔스에게 보낸 편지에서 처음으로 새집 주소를 사용한 것은 1851년 1월 27일이었다. Briggs and Callow, *Marx in London*, 43; Robert Payne, *Karl Marx*, 289; MECW, Volume 38, 251, 257, 269.

24 Liebknecht, *Karl Marx*, 94.

25 Briggs and Callow, *Marx in London*, 43.

26 Liebknecht, *Karl Marx*, 6.

27 MECW, Volume 38, 361.

28 Liebknecht, *Karl Marx*, 85.

29 Ibid., 54.

30 REM, 163–164.

31 Liebknecht, *Karl Marx*, 116.

32 Ibid., 117–118.

33 Gustav Mayer, "Neue Beitrage zur Biographie von Karl Marx," 54–66.

34 Paul Lafargue, *Karl Marx*, 26.

35 Liebknecht, *Karl Marx*, 115.

36 그들 중 일부—이탈리아의 주세페 마치니, 프랑스의 르드뤼-롤랭, 폴란드의 알베르트 다라시, 그리고 마르크스의 숙적 아르놀트 루게—는 유럽민주주의중앙위원회Central Committee of European Democracy라는 단체를 결성했다. 그들은 민족주의는 죽었다고 선언하고 반체제 세력들에게 국경을 넘어 손을 잡자고 제안했다. MECW, Volume 38, 615(n), Volume 39, 158.

37 Marx and Engels, *Cologne Communist Trial*, 168.

38 Liebknecht, *Karl Marx*, 94.

39 Marx and Engels, *Cologne Communist Trial*, 190.

40 MECW, Volume 38, 286.

41 Ibid., 287, 289–291.

42 Ibid., 323–324.

43 Ibid., 325; MEGA, III, Band 4, 85–86(엘레아노르 마르크스 에이블링은 카를 카우츠키에게 보낸 1898년 3월 15일자 [모스크바] 편지에서 마르크스의 사망 이후 엥겔스는 마르크스의 서류들 중에서 자신과 관련된 많은 편지를 태워버렸다고 말했다. 엥겔스는 또한 영국 경찰이 마르크스 서클의 멤버들의 집을 수색할 준비를 하고 있다는 롤란트 다니엘스의 말에 따라 1851년 봄의 편지와 서류들을 파쇄해버렸다. 만약 마르크스가 렌헨의 임신에 관해 엥겔스에게 쓴 편지가 있다면 그것은 그때 사라졌을 것이다).

44 Marx and Engels, *Cologne Communist Trial*, 209; MECW, Volume 11, 304–305.

45 Porter, *Refugee Question*, 33.

46 Ibid., 86–87.

47 Ibid., 48, 57.

48 MECW, Volume 38, 355; Hamerow, *Restoration, Revolution, Reaction*, 206; Sperber (ed.), *Germany, 1800–1870*, 205; Marx and Engels, *Cologne Communist Trial*, 19.

49 MECW, Volume 38, 338.

50 Sperber (ed.), *Germany, 1800–1870*, 70.

51 Marx and Engels, *Cologne Communist Trial*, 20.

52 Ibid., 272.

53 Ibid., 19; MECW, Volume 38, 626–627(n).

54 스티버는 나중에 프로이센의 정치경찰 책임자가 되었다. 마르크스가 슈미트Schmidt라는 이름으로 활동하던 경찰 스파이와 마주친 것은 이번이 처음은 아니었다. 1848년 자신의 신문에 쓴 한 기사에서 마르크스는 스티버가 슈미트라는 이름의 예술가로 위장해 실레지아에서 첩보 활동을 벌였다고 비난했다. 마르크스와 엥겔스에 따르면 슈미트는 프로이센 경찰 스파이들이 사용하던 이름이었다. Peters, *Red Jenny*, 98; MECW, Volume 11, 410, Volume 38, 183–184.

55 Peters, *Red Jenny*, 115.

56 KMIR, 24.

57 Jenny Marx(daughter) to Laura Lafargue, Dec. 24, 1868, Moscow.

58 프레디의 출생 비밀은 여전히 일부 마르크스 학자들 사이에 논란거리다. 어떤 사람은 만약 프레디가 마르크스의 아들이라는 사실을 예니가 알았다면 그녀는 마르크스 곁에 남아 있지 않았을 것이라고 주장한다. 그렇지만 그런 주장은 20세기적 견해이다. 19세기의 여성은 이런 상황에서 그렇게 선택권이 많지 않았다. 예니의 선택은 프로이센으로 돌아가서 집안의 망신거리로 살며 아이들의 미래까지 스캔들로 그늘지는 것을 감수하느냐, 아니면 남편의 부정을 용서하느냐 둘 중 하나였을 것이다. 예니의 강한 자존심으로 볼 때 그 선택은 분명했을 것이다. 어떤 사람은 마르크스의 서클에서 제3의 사나이가 아버지였을 것이라고 주장한다. 그렇지만 만약 그렇다면 왜 그 사람은 렌헨과 결혼하지 않았을까? 친구나 주변 사람들에게 거리낄 이유가 없었을 것이다. 마르크스의 성격으로 볼 때 그가 이 책임에서 도망쳤다고 보는 것이 타당하다. 그리고 만약 엥겔스가 아버지였다면 그렇게 자식을 버린다는 것이 그에게는 전혀 어울리지 않는다. 엥겔스가 프레디의 아버지를 자처한 것은 정치적인 편의를 위해서였을 뿐이다. 그리고 사적으로는 엥겔스가 또 한 번 마르크스를 재앙으로부터 구출해준 것이다. 20세기 초 마르크스가 프레디의 아버지라는 증거를 담고 있는 편지가 발견되었다. 마르크스-엥겔스연구소의 소장 다비트 랴자노프로부터 그 보고를 들은 스탈린은 "사소한 문제"를 덮어버리라고 지시했다고 한다. 그 편지들(Freddy Demuth to Jean Longuet, Sept. 10, 1910, Moscow; August Bebel to Ede Bernstein, Sept. 8, 1898, Moscow; Clara Zetkin to David Borisovich Ryazanov, Feb. 27, 1929, Moscow)이 다시 나타난 후, 현대의 학자들 대부분은 프레데 데무트가 마르크스의 아들이라는 사실에 동의하고 있다. 관련된 인물들의 성격, 당시의 자료들, 논리, 그리고 러시아, 독일, 일본의 마르크스 학자들의 발견 등을 고려해볼 때 필자도 동일한 결론에 도달했다. Valerij Fomičev, "Helene Demuth Without Brethren," 971–972; McLellan, *Karl Marx*, 249–250; MECW, Volume 38, 338.

59 KMIR, 24.

60 Marx and Engels, *Cologne Communist Trial*, 54–55, 59; MECW, Volume 38, 365, Volume 11, 399.

61 MECW, Volume 38, 355, 359, 366.

62 나중에 마르크스와 엥겔스는 망명자들의 상상 속의 음모가 "정부가 독일 내 모든 종류의 사람들을 체포해 국내 운동을 말살하는 데 필요한 빌미를 제공해주었다. 그리고 정부는 영국의 그 하찮고 무력한 사람들을 독일의 중간계급을 겁주는 데 필요한 허수아비로 활용했다"고 말했다. MECW, Volume 38, 366, 375; *Cologne Communist Trial*, 215.

63 MECW, Volume 38, 369.

64 Ibid., 623(n).

65 Fomičev, "Helene Demuth Without Brethren," 970; Wheen, *Karl Marx*, 170.

66 Raddatz, *Karl Marx*, 160.

67 MECW, Volume 38, 398.

68 McLellan, *Karl Marx*, 250; Robert Payne, *Karl Marx*, 267.

69 Peters, *Red Jenny*, 61, 104–105.

70 MECW, Volume 38, 402–403.

71 Fomičev, "Helene Demuth Without Brethren," 970.

72 MECW, Volume 40, 66.

73 MECW, Volume 38, 432, 629(n); Nicolaievsky and Maenchen-Helfen, *Karl Marx*, 225.

74 MECW, Volume 38, 431–432, 628–629(n).

75 Ibid., 629(n); Nicolaievsky and Maenchen-Helfen, *Karl Marx*, 225.

76 MECW, Volume 38, 409, 627(n); Berlin, *Karl Marx*, 145.

77 Nicolaievsky and Maenchen-Helfen, *Karl Marx*, 236.

78 MECW, Volume 38, 380; Berlin, *Karl Marx*, 146, 204; Nicolaievsky and Maenchen-Helfen, *Karl Marx*, 244.

79 MECW, Volume 38, 409.

80 Ibid., 425.

22 | 1852년 런던

1 MECW, Volume 11, 103–104.

2 MECW, Volume 38, 489.

3 Ibid., 494.

4 MECW, Volume 39, 569.

5 MECW, Volume 38, 499–501.

6 Schurz, *Reminiscences*, 384–386; Porter, *Refugee Question*, 108–109; Whitridge, *Men in Crisis*, 280.

7 MECW, Volume 38, 488, 502, 508.

8 Ibid., 635(n); Stearns, *1848*, 221.

9 E. B. Washburne, *Recollections of a Minister to France, Part I*, 35.

10 MECW, Volume 38, 635–636(n).

11 Schurz, *Reminiscences*, 398–400.

12 MECW, Volume 38, 508.

13 Ibid., 519, 636(n).

14 Ibid., 635–636(n); Stearns, *1848*, 222.

15 Draper, *Karl Marx's Theory of Revolution*, 409.

16 MECW, Volume 38, 563.

17 KMIR, 24.

18 McLellan, *Karl Marx*, 233.

19 MECW, Volume 39, 3.

20 Ibid., 16.

21 Ibid., 6.

22 Ibid., 567.

23 Ibid., 20–21.

24 Ibid., 9.

25 Ibid., 570.

26 Ibid., 28.

27 Draper, *Karl Marx's Theory of Revolution*, 386.

28 REM, 250–251; KMIR, 24–25, 99–100.

29 Liebknecht, *Karl Marx*, 97, 151–152.

30 Flanders, *Victorian House*, 170–172; W. L. Burn, *The Age of Equipoise*, 17.

31 MECW, Volume 38, 637(n), Volume 39, 71, 603(n).

32 MECW, Volume 39, 33.

33 MECW, Volume 11, 103–104, 106.

34 MECW, Volume 38, 475, 490–491.

35 MECW, Volume 39, 50.

36 Ibid., 59, 606(n).

37 Ibid., 59; Marx and Engels, *Cologne Communist Trial*, 86.

38 MECW, Volume 11, 426–427, Volume 39, 59, 624–625(n).

39 MECW, Volume 39, 78–79, 81; KMIR, 25.

40 Halliday, *Great Filth*, 20.

41 KMIR, 25.

42 MECW, Volume 39, 85.

43 Ibid., 84–85.

44 Ibid., 85.

45 Ibid., 216.

46 Ibid., 93, 101, 611(n).

47 Ibid., 98.

48 Marx and Engels, *Cologne Communist Trial*, 276.

49 Laura Marx, writing for Edgar Marx, to Karl Marx, May 19, 1852, IISG.

50 이 편지는 작가들에 따라 마르크스의 가족사에서 각기 다른 극적인 순간들에 배치되어왔다. 그렇지만 사건들, 다른 심적 고통의 시기에 주고받은 서신들, 그리고 마르크스의 반응을 고려해볼 때 필자는 이 시기에 예니가 편지를 썼다고 믿는다. Jenny Marx to Karl Marx, undated, IISG.

51 MECW, Volume 39, 116–117.

52 Ibid., 124.

53 Ibid., 208.

54 Ibid., 148.

55 Ibid., 594(n), 610(n).

56 Ibid., 175.

57 Ibid., 182.

58 Ibid., 148–149.

59 MECW, Volume 39, 149, Volume 38, 323, Volume 11, 254.

60 MECW, Volume 39, 181–182.

61   Liebknecht, *Karl Marx*, 164; Raddatz, *Karl Marx*, 176; Mayhew, *London Labour and the London Poor*, 495.

62   MECW, Volume 39, 576–578.

63   Marx and Engels, *Cologne Communist Trial*, 60.

64   MECW, Volume 39, 144–145.

65   Ibid., 134.

66   Marx and Engels, *Cologne Communist Trial*, 26.

67   MECW, Volume 39, 142.

68   Marx and Engels, *Cologne Communist Trial*, 60, 114.

69   Ibid., 25, 66.

70   Ibid., 25.

71   MECW, Volume 38, 521, Volume 39, 222–223, 226, 229–230, 240, 576–577, 624–625(n); Marx and Engels, *Cologne Communist Trial*, 87–88.

72   Marx and Engels, *Cologne Communist Trial*, 132.

73   Ibid., 105; MECW, Volume 39, 236.

74   MECW, Volume 39, 235, 247; Marx and Engels, *Cologne Communist Trial*, 106.

75   Marx and Engels, *Cologne Communist Trial*, 80–95, 265–266.

76   MECW, Volume 39, 215, 219.

77   Raddatz, *Karl Marx*, 114.

78   MECW, Volume 39, 241.

79   Ibid., 221.

80   Ibid., 216.

81   Marx and Engels, *Cologne Communist Trial*, 112.

82   Marx and Engels, *Cologne Communist Trial*, 29, 55, 112.

83   MECW, Volume 39, 577.

84   Ibid., 247.

85   Ibid., 232–233, 242, 255–256; Nicolaievsky and Maenchen-Helfen, *Karl Marx*, 222.

86   MECW, Volume 39, 386.

87   Ibid., 281.

88   Ibid., 264; Mehring, *Karl Marx*, 222.

89   MECW, Volume 39, 579.

90   Ibid., 259.

91   Ibid., 287, 580, 625(n).

92   Ibid., 288.

93   Mehring, *Karl Marx*, 223.

23 | 1853년 런던

1   Seigel, *Marx's Fate*, 274.

2   MECW, Volume 39, 386.

3   MECW, Volume 11, 621–625.

4   MECW, Volume 39, 272.

5   Ibid., 283.

6   Ibid., 273, 275.

7   KMIR, 25; REM, 230.

8   Mayhew, *London Labour and the London Poor*, 57, 195–196, 284.

9   Liebknecht, *Karl Marx*, 116–118.

10 Mayhew, *London Labour and the London Poor*, 478.

11 Derek Hudson, *Munby, Man of Two Worlds*, 22.

12 Liebknecht, *Karl Marx*, 131,139.

13 Jenny Marx to Wilhelm von Florencourt, Aug. 10, 1855, Moscow.

14 MECW, Volume 39, 581.

15 Preston, *The Bitter Cry of Outcast London*, 8.

16 Liebknecht, *Karl Marx*, 52.

17 Mayer, "Letters of Karl Marx to Karl Blind," 155.

18 REM, 251; Lafargue, *Karl Marx*, 26.

19 KMIR, 60–61; Liebknecht, *Karl Marx*, 126, 128–129.

20 KMIR, 61–62.

21 Ibid., 56–57.

22 REM, 251.

23 Francis Wheen, *Marx's Das Kapital*, 8.

24 Mayer, "Neue Beitrage zur Biographie von Karl Marx," 54–66; KMIR, 34–36.

25 MECW, Volume 39, 315.

26 Ibid., 293, 309.

27 Ibid., 308–309.

28 "Aleph," *London Scenes and London People*, 153–154.

29 KMIR, 101–102.

30 Jenny Marx (daughter) to Laura Lafargue, Dec. 24, 1868, Moscow.

31 KMIR, 25–26.

32 MECW, Volume 39, 406.

33 Ibid., 406, 453, 454, 458.

34 Ibid., 453.

35 Ibid., 589.

36 Ibid., 405, 646(n).

37 Ibid., 502, 506, 511.

38 Ibid., 481.

39 Halliday, *Great Filth*, 73, 143.

40 MECW, Volume 39, 483.

41 Halliday, *Great Filth*, 77–78.

42 MECW, Volume 39, 457, 462–463, 465.

43 Ibid., 464–465.

44 Ibid., 408, 423–426.

45 Ibid., 427–428.

46 Ibid., 434–436.

47 Ibid., 443.

48 Ibid., 436.

49 Ibid., 448–449.

50 Ibid., 421, 472, 477.

51 Ibid., 455.

52 Ibid., 485–486.

53 Ibid., 428.

54 Ibid., 421.

55 Edgar Marx to Karl Marx, Mar. 27, 1854, IISG.

56 MECW, Volume 39, 467, 469.

57 Ibid., 483–484.

58 Liebknecht, *Karl Marx*, 145.

59 KMIR, 63–65.

60 Laura Marx to Jenny Marx, Aug. 1854, IISG.

61 Jenny Marx(daughter) to Jenny Marx, July 10, 1854, Moscow; Olsen, *Growth of Victorian London*, 191.

62 Jenny Marx(daughter) to Jenny Marx, July 24, 1854, Moscow.

24 | 1855년 런던

1 MECW, Volume 39, 544.

2 Ibid., 509.

3 Ibid., 505, 658(n).

4 Schurz, *Reminiscences*, 393–395.

5 MECW, Volume 39, 296, 299; Porter, *Refugee Question*, 30.

6 Liebknecht, *Karl Marx*, 106–107.

7 MECW, Volume 39, 658; Liebknecht, *Karl Marx,* 109

8 "Aleph," *London Scenes*, 271.

9 MECW, Volume 39, 505.

10 Ibid., 524.

11 Ibid., 522, 524–525.

12 Ibid., 526.

13 Ibid., 528.

14 Ibid.

15 Jenny Marx to Wilhelm von Florencourt, Aug. 10, 1855, Moscow.

16 Ibid.

17 MECW, Volume 39, 529.

18 Ibid., 530.

19 KMIR, 63.

20 Halliday, *Great Filth*, 86.

21 Jenny Marx to Wilhelm von Florencourt, Aug. 10, 1855, Moscow.

22 KMIR, 85.

23 Liebknecht, *Karl Marx*, 133–134, 179.

24 Ibid., 133–134.

25 MECW, Volume 39, 533.

4부 보헤미안 생활의 끝

---

25 | 1855년 가을, 런던

1 William Shakespeare, *Richard III*, 109.

2 MECW, Volume 39, 534, 613(n).

3 Ibid., 533, 534, 544.

4 Gosudarstvennaia Obshchestvenno-Politicheskaia Biblioteka, Moscow.

5 Jenny Marx to Ferdinand Lassalle, May 5, 1861, Moscow.

6 MECW, Volume 39, 536.

7 Ibid., 535.

8 Ibid., 526.

9 Ibid., 541.

10 Ibid., 543; Briggs and Callow, *Marx in London*, 46.

11 MECW, Volume 39, 550; Briggs and Callow, *Marx in London*, 46.

12 Jenny Marx to Wilhelm von Florencourt, Aug. 10, 1855, Moscow.

13 Jenny Marx to Louise von Westphalen, Jan. 29, 1858, Moscow.

14 MECW, Volume 39, 546.

15 MECW, Volume 41, 454.

16 MECW, Volume 39, 545.

17 Jenny Marx to Wilhelm von Florencourt, Sept. 22, 1855, Moscow.

18 Hobsbawm, *Age of Capital*, 99; Wilson, *Victorians*, 186, 199.

19 Wilson, *Victorians*, 178–179, 183.

20 Ibid., 173; Taylor, *Struggle for Mastery of Europe*, 49, 52.

21 Draper and Haberkern, *Karl Marx's Theory of Revolution*, Volume V, 82.

22 Offord, *Nineteenth-Century Russia*, 45.

23 1848년 이후의 사건 중 하나로, 차르가 49명의 문학클럽 회원들을 체포한 일이 있었다. 그중에는 당시 스물일곱 살이던 표도르 도스토옙스키도 포함되어 있었다. 그 조직은 외국 작가들을 공부하는 모임이었지만, 또한 사회주의자 조직의 외곽조직 역할도 하고 있었다. 그들은 1849년 5월에 사형을 선고받았고 처형 날 총살형이 집행될 장소로 이동하고 있었다. 도스토옙스키와 그의 동료들이 공포에 질린 채 기다리고 있을 때, 그들의 선고가 바뀌었다는 놀라운 소식이 전해졌고, 그들은 사형 대신 시베리아 유형을 떠나게 되었다. 차르 니콜라이 1세는 지식인들을 멸시했다. 그는 그들을 추방하고, 채찍질하고, 목매달았다. Fejtö (ed.), *Opening of an Era*, 397.

24 Ibid., 395.

25 MECW, Volume 39, 534.

26 Wilson, *Victorians*, 179–180, 193.

27 Ibid., 181, 183, 186.

28 1853년 아우구스트 루트비히 폰 로하우가 '실리정책realpolitik'이라는 용어를 만들어냈다. Sperber (ed.), *Germany, 1800–1870*, 22; MECW, Volume 39, 663–664; Porter, *Refugee Question*, 122, 165.

29 Taylor, *Struggle for Mastery of Europe*, 81.

30 MECW, Volume 39, 548–549.

31 Ibid., 550.

32 Ibid., 562.

33 Ibid., 557, 559–560.

34 KMIR, 26.

35 Wilson, *Victorians*, 411.

36 MECW, Volume 40, 8.

37 Ibid., 14.

38 Jenny Marx to Ernestine Liebknecht, mid-July 1856, Moscow.

39 MECW, Volume 40, 33.

40 Ibid., 41.

41 Ibid., 33.

42 MECW, Volume 40, 33, 44.

43 Ibid., 45.

44 Ibid., 46.

45 Ibid.

46 Ibid., 54.

47 Ibid., 49–50(영국인들은 깨끗이 면도하곤 했지만, 크림 전쟁의 전사들을 기리면서부터 턱수염을 기르기 시작했다).

48 Ibid., 54–56.

49 Jenny Marx to Ernestine Liebknecht, mid-July 1856, Moscow.

50 엘레아노르 마르크스의 별명의 기원에 대해서는 전기 작가들 사이에서 추측이 분분했다. 필자는 예니헨이 그녀의 남편에게 보낸 편지에서 그 답을 발견했다. Jenny Longuet to Charles Longuet, Mar. 31, 1876, Moscow.

51 Jenny Marx to Ernestine Liebknecht, mid-July 1856, Moscow.

52 MECW, Volume 40, 59, 63, 588(n).

53 Ibid., 63.

54 Ibid., 61.

55 Ibid., 66.

56 Ibid., 64.

57 Ibid., 67.

58 Ibid., 67, 71.

59 Olsen, *Growth of Victorian London*, 238.

60 MECW, Volume 40, 67, 71.

61 Briggs and Callow, *Marx in London*, 58, 60; Jenny Marx to Wilhelm von Florencourt, Oct. 4, 1856, Moscow.

62 Edgar von Westphalen to Ferdinand von Westphalen, Aug. 22, 1856, Dessau.

63 MECW, Volume 40, 68.

64 Jenny Marx (daughter) to Karl Marx, September 28, 1856, IISG.

65 MECW, Volume 40, 68.

66 Sheppard, *London 1808–1870*, 71–72; Hobsbawm, *Age of Capital*, 49.

67 Cole and Postgate, *British Common People*, 348; Hobsbawm, *Age of Capital*, 85.

68 MECW, Volume 40, 191.

69 Ibid., 74.

70 Ibid., 72.

71 Jenny Marx to Wilhelm von Florencourt, Oct. 4, 1856, Moscow.

72 Ibid.; KMIR, 26.

73 Jenny Marx to Wilhelm von Florencourt, Oct. 4, 1856, Moscow.

74 KMIR, 26.

75 Flanders, *Victorian House*, lii.

76 Jenny Marx to Wilhelm von Florencourt, Oct. 4, 1856, Moscow.

77 Briggs and Callow, *Marx in London*, 60.

78 Jenny Marx to Wilhelm von Florencourt, Oct. 4, 1856, Moscow.

79 Ibid.

80 Ibid.

81 KMIR, 26.

82 Raddatz, *Karl Marx*, 115.

83 MECW, Volume 40, 88.

84 Ibid., 68, 590(n).

85 MECW, Volume 40, 69; Pawel, *Poet Dying*, 181.

86 KMIR, 26.

87 MECW, Volume 40, 87.

88 마르크스와 엥겔스는 미국의 언론사 푸트남스에 대해 『트리뷴』지와 같은 관계를 맺으려 노력했었다. 푸트남스의 원고료는 훌륭했다. 마르크스는 1856년 런던에서 프라일리그라트, '푸트남스의 사람' 프레데릭 로 옴스테드 그리고 또 다른 미국인과 저녁식사를 했다. 그는 옴스테드가 "차분하고 싹싹한 사람"이라고 생각했고 기고 요청도 받았다. MECW, Volume 40, 68, 71, 88, 111.

89 Peters, *Red Jenny*, 118.

26 | 1857년 런던

1 MECW, Volume 41, 575.

2 MECW, Volume 40, 93–94.

3 MECW, Volume 41, 216.

4 Carver, *Friedrich Engels*, 140.

5 MECW, Volume 40, 96–97.

6 Ibid., 132, 563.

7 Ibid., 111.

8 Ibid., 564.

9 Ibid., 122, 125, 599–600(n). 그 백과사전은 1858년에서 1863년까지 뉴욕에서 총 열여섯 권으로 출판되었다. 세목 작성자들은 보통 무기명이었다.

10 Ibid., 124–125.

11 Ibid., 565.

12 Caygill, *British Museum*, 12, 15, 29.

13 Jenny Marx to Louise von Westphalen, Jan. 19, 1858, Moscow; KMIR, 27.

14 MECW, Volume 40, 143, 146.

15 Ibid., 148.

16 Jenny Marx to Louise von Westphalen, Jan. 19, 1858, Moscow.

17 MECW, Volume 40, 191.

18 Ibid., 197.

19 Ibid.

20 Ibid., 199.

21 Ibid., 566.

22 Ibid., 224, 226, 249.

23 Ibid., 238.

24 Ibid., 202, 213.

25 Ibid., 203–204.

26 Ibid., 236.

27 Ibid., 215.

28 Ibid., 220.

29 결국 이혼은 승인되었지만 재산을 둘러싼 분쟁은 라살레가 에드문트 하츠펠트-빌덴부르크 백작이 저지른 범행에 대한 증거를 얻을 때까지 끝나지 않았다. 라살레는 전혀 합법적이지 않은 수단으로 얻은 증거로 백작이 그의 전처에게 재산의 일부를 양도하지 않으면 그것을 폭로하겠다고 협박했다. 백작은 자신의 최선의 이익이 무엇인지 고려한 후 양보했고, 백작부인과 라살레는 평생 동안 부자가 되었다. Raddatz, *Karl Marx*, 167, 171–172; Norman Davies, *Europe: A History*, 837; MECW, Volume 40, 23, 583–584(n).

30 MECW, Volume 40, 23.

31 Ibid., 270, 286.

32 Ibid., 255.

33 Ibid.

34 Ibid., 273.

35 Jenny Marx to Louise von Westphalen, Jan. 29, 1858, Moscow.

36 Wilson, *Victorians*, 260, 263.

37 Jenny Marx to Louise von Westphalen, Jan. 29, 1858, Moscow.

38 MECW, Volume 41, 571; Longuet, *Karl Marx*, 201, 204.

39 Jenny Marx (daughter), May 1, 1857, IISG.

40 Jenny Marx to Berthe Markheim, July 6, 1863, Moscow.

41 MECW, Volume 40, 295.

42 McLellan, *Karl Marx*, 293.

43 MECW, Volume 40, 286.

44 Ibid., 295.

45 Ibid., 295, 297.

46 Ibid., 304.

47 Ibid., 569.

48 Ibid., 374.

49 Ibid., 309–310, 312.

50 Ibid., 311.

51 Ibid., 312.

52 Ibid., 313.

53 Ibid., 315–316.

54 Ibid., 318.

55 O'Neill, *Good Old Days*, 10.

56 MECW, Volume 40, 328.

57 Ibid., 328–331.

58 Ibid., 332.

59 Ibid., 333–334, 347, 350.

60 Ibid., 335.

61 Pamela Horn, *Pleasures & Pastimes in Victorian Britain*, 125.

62 MECW, Volume 40, 339.

63 Yvonne Kapp, *Eleanor Marx, Volume I*, 32; MECW, Volume 40, 337.

64 MECW, Volume 40, 340.

65 Ibid., 341.

66 Ibid., 351.

67 Ibid., 353–354.

68 Ibid., 358.

69 Ibid., 364.

70 Ibid., 368.

71 Ibid., 369.

72 Ibid., 371.

73 Ibid., 369.

27 | 1859년 런던

1 MECW, Volume 40, 397.

2 Ibid., 620(n).

3 Breuilly, *Austria, Prussia and Germany*, 63; MECW, Volume 40, 620(n).

4 Hamerow, *Restoration, Revolution, Reaction*, 240.

5 Taylor, *Struggle for the Mastery of Europe*, 58.

6 Breuilly, *Austria, Prussia and Germany*, 63; MECW, Volume 41, 617.

7 Jenny Marx to Louise von Westphalen, Feb. 10, 1859, Moscow.

8 MECW, Volume 40, 389–390.

9 Ibid., 400.

10 MECW, Volume 40, 547; KMIR, 27.

11 MECW, Volume 40, 402, 415.

12 Ibid., 406, 408.

13 Ibid., 404.

14 Ibid., 408.

15 Ibid., 416.

16 Ibid., 455.

17 Ibid., 435.

18 Ibid., 547.

19 Ibid., 446–447, 452.

20 Ibid., 454.

21 Ibid., 632–633(n).

22 Ibid., 520.

23 Ibid., 439.

24 Ibid.

25 Ibid., 462–463.

26 Padover, *Karl Marx*, 180; MECW, Volume 40, 635(n).

27 MECW, Volume 40, 457.

28 Ibid., 473.

29 McLellan, *Karl Marx*, 282, 286–288.

30 MECW, Volume 40, 471, 478.

31 McLellan, *Karl Marx*, 288.

32 MECW, Volume 40, 518.

33 Ibid., 473.

34 Ibid.

35 Ibid., 479.

36 Ibid., 572.

37 Ibid., 472.

38 Ibid., 484.

39 Ibid., 501.

40 Ibid., 489.

41 Ibid., 490.

42 Ibid., 491.

43 Ibid., 493.

44 Ibid., 575.

45 Ibid., 498–499.

46 Ibid., 511.

47 Ibid., 532–533.

48 Ibid., 496, 508, 548.

49 Ibid., 548.

50 Jenny Marx to Louise von Westphalen, Feb. 10, 1859, Moscow.

51 MECW, Volume 40, 569.

52 Ibid., 466.

53 Ibid., 572–573, Volume 41, 571.

54 MECW, Volume 40, 573–576.

55 Ibid., 574.

56 Wilson, *Victorians*, 225–226.

57 MECW, Volume 40, 551.

58 MECW, Volume 41, 232, 246.

59 Liebknecht, *Karl Marx*, 91.

60 MECW, Volume 40, 631; McLellan, *Karl Marx*, 289.

61 MECW, Volume 40, 434.

62 McLellan, *Karl Marx*, 289.

63 Ibid., 290; MECW, Volume 40, 521.

64 McLellan, *Karl Marx*, 290.

65 MECW, Volume 40, 514, 637–638(n); MECW, Volume 17, 10–11.

66 MECW, Volume 40, 515.

67 McLellan, *Karl Marx*, 290.

68 Ibid., 291.

69 MECW, Volume 41, 80–83.

70 Ibid., 188, 576.

71 Ibid., 6.

72 Ibid., 43, Volume 17, 28–29, 41–43, 46–48, 89; McLellan, *Karl Marx*, 290.

73 McLellan, *Karl Marx*, 290.

74 MECW, Volume 41, 6, 69, 261; Mehring, *Karl Marx*, 288.

75 MECW, Volume 41, 9.

76 Ibid., 13–14.

77 Ibid., 22–23.

78 Ibid., 24.

79 Ibid., 572.

80 Ibid., 114.

81 Ibid., 28.

82 MECW, Volume 17, 12–13.

83 MECW, Volume 41, 29.

84 MECW, Volume 17, 14–15.

85 MECW, Volume 41, 75.

86 MECW, Volume 17, 259, 279.

87 MECW, Volume 41, 33.

88 Ibid., 94.

89 Ibid., 56.

90 Ibid., 114.

91 Ibid., 34, 77.

92 Ibid., 567.

93 Ibid., 157; Offord, *Nineteenth-Century Russia*, 50; Hobsbawm, *Age of Revolution*, 200.

94 MECW, Volume 41, 567.

95 예니의 양친이 살아 있는 동안 베스트팔렌 가족은 안전한 투자로서 다른 가족에게 약간의 돈을 맡겨놓았다(그중 일부는 예니가 아버지의 비서로 일하면서 번 돈이었다). 그렇지만 그 가족은 파산했고, 베스트팔렌 가는 1860년, 마르크스 가족이 그래프턴 테라스로 이사 간 지 사 년째가 되어서야 돈을 받을 수 있었다. 예니는 16파운드를 받았다. MECW, Volume 39, 526; Jenny Marx to Ferdinand and Louise von Westphalen, June 4, 1860, Moscow.

96 Jenny Marx to Ernestine Liebknecht, Oct. 13, 1863, Moscow.

97 Jenny Marx to Ferdinand and Louise von Westphalen, June 4, 1860, Moscow.

98 투시는 올리브 슈라이너에게 보낸 편지(1885년 6월 16일)에서 아버지가 "예니헨이 가장 나를 닮았어. 그렇지만 투시는 바로 나야"라고 말했다고 했다. Havelock Ellis; "Havelock Ellis on Eleanor Marx," *Adelphi*, London, Sept.-Oct. 1935.

99 Nicolaievsky and Maenchen-Helfen. *Karl Marx*, 244.

100 MECW, Volume 41, 116.

101 Ibid., 120–121.

102 Ibid., 121.

103 Ibid., 129, 609(n).

104 Ibid., 167.

105 Ibid., 175–176.

106 Ibid., 177.

107 Ibid., 568.

108 Ibid., 179.

109 Ibid., 190.

110 Ibid., 191, 198–199.

111 Ibid., 193.

112 Ibid., 195.

113 Jenny Marx(daughter) to Karl Marx, Sept. 17, 1862, Moscow.

114 MECW, Volume 41, 197–198.

115 Ibid., 202.

116 Ibid., 198, 205.

117 Ibid., 212.

118 Ibid., 207.

119 Ibid., 208, 211.

120 Ibid., 214.

121 Ibid., 216–217, 573.

122 MECW, Volume 41, 216; Halliday, *Great Filth*, 8, 9, 14, 16.

123 MECW, Volume 41, 573.

124 Halliday, *Great Filth*, 8–9, 58.

125 MECW, Volume 41, 216.

126 Ibid., 573.

127 Ibid., 220–221, 224; Liebknecht, *Karl Marx*, 180.

128 MECW, Volume 41, 222, 231.

129 MECW, Volume 17, 26, 50, 69.

130 MECW, Volume 41, 227, 234, 239, 327; McLellan, *Karl Marx*, 292.

131 MECW, Volume 41, 327–328; McLellan, *Karl Marx*, 292.

132 MECW, Volume 17, 26.

133 REM, 20; MECW, Volume 44, 130.

28 | 1861년 런던

1 MECW, Volume 41, 114.

2   Ibid., 573; Jenny Marx to Antoinette Philips, early May 1861, Moscow.

3   MECW, Volume 41, 574.

4   "Aleph," *London Scenes*, 156.

5   MECW, Volume 41, 574.

6   Ibid., 231, 262.

7   Ibid., 231.

8   Ibid., 230, 232.

9   Ibid., 243.

10 Ibid., 252, 257.

11 Ibid., 263.

12 Ibid., 247.

13 Ibid., 617(n).

14 Ibid., 252.

15 Ibid., 261.

16 Ibid., 264–265.

17 REM, 252–253; Chushichi Tsuzuki, *Eleanor Marx, 1855–1898*, 12.

18 Eleanor Marx Aveling to Karl Kautsky, Jan. 1, 1898, Moscow; Jenny Marx to Louise von Westphalen, Feb. 10, 1859, Moscow.

19 Eleanor Marx Aveling to Karl Kautsky, Jan. 1, 1898, Moscow.

20 Jenny Marx to Louise von Westphalen, Feb. 10, 1859, Moscow; MECW, Volume 41, 582.

21 REM, 252–253.

22 MECW, Volume 41, 572.

23 Ibid., 258, 261.

24 Ibid., 264; Padover, *Karl Marx*, 185.

25 MECW, Volume 41, 264.

26 Ibid., 266.

27 Ibid., 268.

28 Ibid., 268–269.

29 Padover, *Karl Marx*, 186.

30 MECW, Volume 41, 503.

31 Ibid., 576–578.

32 Ibid., 576.

33 Ibid., 577–578.

34 Ibid., 269–271.

35 Ozment, *Mighty Fortress*, 165.

36 MECW, Volume 41, 269–271.

37 Ibid., 273.

38 Ibid., 578–579.

39 Ibid., 278.

40 Ibid., 274–276.

41 Giroud, *Femme du diable*, 157.

42 Jenny Marx to Ferdinand Lassalle, first half of April 1861, Moscow.

43 Jenny Marx to Ferdinand Lassalle, May 5, 1861, Moscow.

44 MECW, Volume 41, 275.

45 Ibid., 289.

46 Ibid., 279.

47 Ibid., 283.

48 Ibid., 279.

49 Ibid., 277.

50 Jenny Marx to Ferdinand Lassalle, May 5, 1861, Moscow.

51 Ibid., MECW, Volume 41, 277.

52 MECW, Volume 41, 283.

53 Jenny Marx to Ferdinand Lassalle, May 5, 1861, Moscow; Giroud, *Femme du diable*, 164.

54 MECW, Volume 41, 337–338.

29 | 1862년 런던

1 MECW, Volume 41, 411.

2 Wilson, *Victorians*, 243–244; "Aleph," *London Scenes*, 162; Hudson, *Munby*, 111.

3 "Aleph," *London Scenes*, 162.

4 Edward Royle, *Radical Politics, 1790–1900*, 67.

5 MECW, Volume 41, 335–336; Hudson, *Munby*, 111–113.

6 MECW, Volume 19, 109.

7 MECW, Volume 41, 291.

8 Ibid., 335–336.

9 MECW, Volume 19, 137–138; D. G. Wright, *Democracy and Reform, 1815–1885*, 64.

10 MECW, Volume 19, 137–138.

11 Hudson, *Munby*, 90, 113.

12 MECW, Volume 41, 376, 416.

13 Ibid., 4, Volume 19, 10.

14 MECW, Volume 41, 414.

15 Ibid., 633(n).

16 Ibid., 344, 347.

17 Ibid., 402.

18 Ibid., 341; Kapp, *Eleanor Marx, Volume I*, 44.

19 MECW, Volume 41, 341.

20 Ibid., 340–341.

21 Ibid., 343–344.

22 Ibid., 344, 354.

23 Ibid., 344, 369, 376, 388.

24 Ibid., 354.

25 Ibid., 365.

26 Ibid., 379.

27 Jenny Marx to Ferdinand Lassalle, May 5, 1861, Moscow.

28 MECW, Volume 41, 380.

29 Ibid., 383.

30 Ibid., 389–390.

31 Robert Payne, *Karl Marx*, 334.

32 MECW, Volume 41, 389.

33 Ibid., 390; Eduard Bernstein, *My Years of Exile*, 158.

34 MECW, Volume 41, 389, 399.

35 Ibid., 389.

36 Ibid., 390.

37 Robert Payne, *Karl Marx*, 335.

38 MECW, Volume 41, 399, 403.

39 Ibid., 392.

40 Ibid., 401.

41 Ibid., 402.

42 Ibid., 401, 406.

43 Ibid., 405–406, 409.

44 Ibid., 411, 419.

45 Ibid., 411.

46 Ibid., 415–416.

47 Ibid., 417, 425.

48 Ibid., 414.

49 Ibid., 427.

50 Ibid., 582.

51 Ibid., 429.

52 MECW, Volume 19, 250.

53 MECW, Volume 41, 421.

54 Ibid., 436.

55 Ibid., 433; Jenny Marx to Ernestine Liebknecht, Jan. 16, 1863, Moscow.

56 Jenny Marx to Ernestine Liebknecht, Jan. 16, 1863, Moscow.

57 MECW, Volume 41, 433.

58 Jenny Marx to Ernestine Liebknecht, Jan. 16, 1863, Moscow.

59 MECW, Volume 41, 441.

60 Ibid., 442.

61 Ibid., 443.

62 Ibid., 444–445.

63 Ibid., 446–448, 455.

64 Ibid., 468.

65 Ibid., 474, 481.

66 Ibid., 488.

67 Ibid., 481.

68 Ibid., 482, 582.

69 Ibid., 488; Jenny Marx to Ernestine Liebknecht, Oct. 13, 1863, Moscow.

70 Jenny Marx to Karl Marx, early April 1862, Moscow.

71 MECW, Volume 41, 571.

72 Jenny Marx to Karl Marx, Aug. 1863, Moscow.

73 REM, 272; Longuet, *Karl Marx*, 204.

74 MECW, Volume 41, 571.

75 Jenny Marx to Karl Marx, early April 1862, Moscow.

76 MECW, Volume 41, 583; Jenny Marx to Karl Marx, Aug. 1863, Moscow.

77 MECW, Volume 41, 581.

78 Ibid., 584–585, 587.

79 Ibid., 585.

80 Ibid., 497, 587.

81 Ibid., 495.

82 Ibid., 500.

83 Ibid., 495.

84 Ibid., 499.

85 Ibid., 503.

86 Jenny Marx to Karl Marx, Jan. 1864, Moscow.

87 Ibid.

88 Jenny Marx to Ernestine Liebknecht, Dec. 10, 1864, Moscow.

89 Hudson, *Munby*, 173.

90 MECW, Volume 41, 507, 510.

91 Ibid., 508, 511.

92 McLellan, *Karl Marx*, 304; Padover, *Karl Marx*, 192.

93 Briggs and Callow, *Marx in London*, 62; Sheppard, *London 1808–1870*, 156(주소는 1 Maitland Park Road로 바뀌었다. 오늘날은 아파트 단지가 들어서 있다).

94 Padover, *Karl Marx*, 193.

95 McLellan, *Karl Marx*, 325.

96 Kapp, *Eleanor Marx, Volume I*, 57; Briggs and Callow, *Marx in London*, 63.

97 MECW, Volume 41, 518, 520, 521, 522.

98 Ibid., 523.

99 Ibid., 524.

100 Ibid., 525.

101 Ibid., 170–171.

5부 「자본론」에서 코뮌으로

---

30 | 1864년 런던

1 MECW, Volume 20, 12.

2 MECW, Volume 25, 266.

3 Sheppard, *London 1808–1870*, 118.

4 미국에서 노예제는 1865년에 헌법 제13조 개정안이 승인된 후에야 금지되었다.

5 Offord, *Nineteenth-Century Russia*, 57–59; Hobsbawm, *Age of Capital*, 223.

6 자본가들과 정부는 노동자들의 조직화에 약간의 양보를 할 수밖에 없었다. 일부 노동조합이 허용되고 파업도 가능하도록 법이 바뀌었다. 그렇지만 노동자계급 중 많은 사람들에게는 전혀 만족할 만한 것이 아니었다. Sheppard, *London 1808–1870*, 118.

7 MECW, Volume 41, 534.

8 폭력사태에는 러시아가 임명한 관리들에 대한 암살 시도도 포함되었다. 이런 경우 노동자들이 범인으로 지목되어 처형되었다. 폴란드는 영국이나 프랑스처럼 비교적 자유주의적인 국가들로부터 지원을 기대했다. 그러나 도움은 없었다. Davies, *Europe*, 828.

9 McLellan, *Karl Marx*, 340.

10 MECW, Volume 41, 546–547.

11 마르크스가 증권거래에 손을 댔는지에 대해 의문을 제기하는 학자들이 몇몇 있다. 그들은 마르크스가 단순히 숙부에게 자신이 『자본론』이 아닌 '자본'의 거래에 관여하고 있는 것으로 보이고 싶었던 것이라고 믿는다. MECW, Volume 41, 543.

12 Jenny Marx to Ernestine Liebknecht, Dec. 10, 1864, Moscow.

13 MECW, Volume 41, 546.

14 Jenny Marx to Ernestine Liebknecht, July 16, 1864, Moscow.

15 Jenny Marx to Ferdinand von Westphalen, before May 29, 1865, Moscow.

16 Jenny Marx to Karl Marx and daughters, 1864, Moscow.

17 MECW, Volume 41, 552.

18 Ibid., 556.

19 Jenny Marx to Ernestine Liebknecht, Spring 1866, Moscow.

20 MECW, Volume 41, 553–554.

21 Jenkins, *Engels in Manchester*, 18.

22 MECW, Volume 41, 555, 558; McLellan, *Karl Marx*, 327.

23 MECW, Volume 43, 88.

24 1862년과 1863년에 비스마르크는 재상의 재량으로 저널리스트들을 매수하거나 협박하고 자유주의자들을 회유하는 방식으로 자유주의적 반대파들을 약화시키려 했다. Sperber (ed.), *Germany, 1800–1870*, 73; Breuilly (ed.), *19th-Century Germany*, 144, 151.

25 MECW, Volume 41, 556.

26 Ibid., 560.

27 MECW, Volume 42, 15–16.

28 Hobsbawm, *Age of Capital*, 49.

29 McLellan, *Karl Marx*, 341–342; Padover, *Karl Marx*, 223; Hobsbawm, *Age of Capital*, 136; Sheppard, *London 1808–1870*, 336–337.

30 Padover, *Karl Marx*, 223.

31 MECW, Volume 42, 3–4, 587–588(n).

32 Ibid., 3–4.

33 Ibid., 17–18.

34 MECW, Volume 20, 9–11.

35 MECW, Volume 42, 43–44.

36 Raddatz, *Karl Marx*, 123.

37 Carr, *Michael Bakunin*, 197, 201.

38 Ibid., 205, 207, 210.

39 Ibid., 220.

40 Ibid., 223.

41 Ibid., 227.

42 Ibid., 232–235.

43 Ibid., 242.

44 MECW, Volume 41, 492.

45 Carr, *Michael Bakunin*, 305.

46 Ibid., 308.

47 Ibid., 287, 295, 299, 301.

48 MECW, Volume 42, 18–19.

49 Nicolaievsky and Maenchen-Helfen, *Karl Marx*, 281.

50 Jenny Marx to Ernestine Liebknecht, Dec. 10, 1864, Moscow.

51 Pool, *What Jane Austen Ate*, 53, 78.

52 Giroud, *Femme du diable*, 177.

53 Jenny Marx to Ernestine Liebknecht, Dec. 10, 1864, Moscow.

54 MECW, Volume, 20, 19–20.

55 MECW, Volume 42, 86, 161.

56 *The Times*, London, Feb. 6, 1865.

57 MECW, Volume 41, 582.

58 Eleanor Marx to Laura Marx, Dec. 29, 1868, Moscow.

59 Ernestine Liebknecht to Jenny Marx (daughter), late Dec. 1865, IISG.

60 Leslie Derfler, *Paul Lafargue and the Founding of French Marxism*, 49.

61 Longuet, *Karl Marx*, 217–218.

62 클레망소는 1906년에 프랑스 수상이 되었다. Longuet, *Karl Marx*, 218.

63 Jacques Macé, *Paul et Laura Lafargue*, 25.

64 Derfler, *Paul Lafargue and the Flowering of French Socialism*, 2.

65 라파르그는 1865년에 파리 인터내셔널이 전하는 소식을 가지고 런던에 파견되었다고 말했다. 그렇지만 그의 전기 작가인 레슬리 더플러는 그가 1866년에 런던에 나타났었다는 것에 대해, 그리고 인터내셔널이 런던의 중앙위원회에 보내는 중요한 소식을 그 같은 신참자에게 맡겼겠는가에 대해 의문을 제기했다. Derfler, *Founding of French Marxism*, 33; Lafargue, *Karl Marx*, 11; Macé, *Paul et Laura Lafargue*, 14–17.

66 Macé, *Paul et Laura Lafargue*, 16.

67 Lafargue, *Karl Marx*, 11.

68 MECW, Volume 42, 106.

69 Lafargue, *Karl Marx*, 11.

70 Ibid., 13–14.

71 Derfler, *Founding of French Marxism*, 34.

72 Eleanor Marx to Friedrich Engels, Feb. 13, 1865, Moscow.

73 Eleanor Marx to Friedrich Engels, Feb. 1865, Moscow.

74 MECW, Volume 42, 129–130.

75 인터내셔널의 중앙조직은 1866년에 중앙위원회General Council가 되기 전까지 중앙협의회Central Council로 불렸다. MECW, Volume 42, 140, Volume 43, 545.

76 MECW, Volume 42, 144.

77 Ibid., 597(n).

78 Ibid., 227.

79 Ibid., 78.

80 MECW, Volume 20, 362.

81 Longuet, *Karl Marx*, 201.

82 MECW, Volume 42, 155.

83 *The Times*, London, Apr. 27, 1865.

84 MECW, Volume 42, 150.

85 MECW, Volume 20, 99–100.

86 MECW, Volume 42, 414.

87 Ibid., 150.

88 Ibid.

89 Jenny Marx to Ernestine Liebknecht, before May 27, 1865, Moscow.

90 Jenny Marx to Ferdinand von Westphalen, before May 29, 1865, Moscow; Jenny Marx to Ernestine Liebknecht, before May 27, 1865, Moscow.

91 Jenny Marx to Ferdinand von Westphalen, before May 29, 1865, Moscow; Edgar von Westphalen to Ferdinand von Westphalen, May 26, 1865, Dessau; Jenny Marx(daughter) to Ernestine Liebknecht, Nov. 10, 1865, Moscow.

92 Edgar von Westphalen to Ferdinand von Westphalen, May 26, 1865, Dessau.

93 Ferdinand von Westphalen to Edgar von Westphalen, Apr. 9, 1859, Dessau.

94 Jenny Marx to Ferdinand von Westphalen, before May 29, 1865, Moscow.

95 MECW, Volume 42, 160.

96 Ibid., 159.

97 Jenny Marx to Friedrich Engels, May 20, 1865, Moscow.

98 MECW, Volume 42, 172–174.

99 Ibid., 177.

100 Ibid., 175.

101 Ibid., 178.

102 Ibid., 180.

103 Ibid., 183–184.

104 Ibid., 180, 184, 193, 196.

105 Ibid., 187–188.

106 Ibid., 213, 221.

107 Hudson, *Munby*, 216.

108 MECW, Volume 42, 228.

109 Ibid., 223–224, 228.

110 Ibid., 227.

111 Ibid., 249, 573–574.

112 Ibid., 225–226, 233.

113 Ibid., 233–234.

114 Ibid., 236, 250.

115 Ibid., 238.

31 | 1866년 런던

1 Germaine de Staël, *Delphine*, 371.

2 가족의 세 친구는 프랑스인이자 1848년 반란자인 외젠 뒤퐁, 스위스의 시계공인 헤르만 융, 그리고 1863년의 폴란드 반란 이후 처음으로 런던을 찾은 마흔아홉 살의 콘스탄티 보프친스키였다. MECW, Volume 42, 250; Longuet, *Karl Marx*, 211.

3 Pawel, *Poet Dying*, 117–119.

4 Macé, *Paul et Laura Lafargue*, 21; Derfler, *Founding of French Marxism*, 25.

5 Derfler, *Founding of French Marxism*, 26.

6 Macé, *Paul et Laura Lafargue*, 25.

7 Ibid., 26; Derfler, *Founding of French Marxism*, 27.

8 Derfler, *Founding of French Marxism*, 29.

9 Macé, *Paul et Laura Lafargue*, 27–28; Derfler, *Founding of French Marxism*, 30–31.

10 Jenny Marx to Ernestine Liebknecht, Oct. 14, 1867, Moscow; Macé, *Paul et Laura Lafargue*, 28; Derfler, *Founding of French Marxism*, 32; Porter, *Refugee Question*, 35; Taylor, *Struggle for Mastery of Europe*, 101.

11 Derfler, *Founding of French Marxism*, 34.

12 Longuet, *Karl Marx*, 220.

13 MECW, Volume 20, 339.

14 MECW, Volume 42, 243.

15 Ibid., 243, 250.

16 Raddatz, *Karl Marx*, 66.

17 MECW, Volume 42, 250–251.

18 Ibid., 240; Olga Meier, Michèle Perrot, and Michel Trebitsch (eds.), *The Daughters of Karl Marx*, 5.

19 MECW, Volume 42, 241.

20 Ibid., 245–246.

21 Meier, Perrot, and Trebitsch (eds.), *Daughters*, 5.

22 MECW, Volume 42, 246.

23 Longuet, *Karl Marx*, 220.

24 REM, 82.

25 Macé, *Paul et Laura Lafargue*, 33.

26 MECW, Volume 42, 249.

27 Jenny Marx to Ernestine Liebknecht, Spring 1866, Moscow.

28 Jenny Marx to Ferdinand von Westphalen, Aug. 8, 1865, Moscow.

29 Meier, Perrot, and Trebitsch (eds.), *Daughters*, 6–7.

30 Ibid., 8.

31 MECW, Volume 42, 254.

32   Ibid., 262.

33   Ibid., 268; Jenny Marx to Ernestine Liebknecht, Spring 1866, Moscow.

34   D. G. Williamson, *Bismarck and Germany*, 10, 22–23; Breuilly, *Austria, Prussia and Germany*, 7; Sperber (ed.), *Germany, 1800–1870*, 85; MECW, Volume 42, 288.

35   Robert Payne, *Karl Marx*, 390; Mayer, "Letters of Karl Marx to Karl Blind," 155(그가 목을 맸다는 보도도 있었고, 또 스스로 칼로 목을 그었다는 보도도 있었다. 1886년 비스마르크는 국회에 출석해 코헨—페르디난트 블린트라고 불렸다 — 이 마르크스의 '학생들' 중 하나였으며, 마르크스가 암살자들을 육성했다며 이미 고인이 된 사람을 비난했다. 투시는 자신과 라우라의 명의로 독일 언론에 항의편지를 썼다).

36   MECW, Volume 42, 272–273.

37   Ibid., 273–274.

38   Ibid., 274.

39   Ibid., 287.

40   MECW, Volume 20, 411.

41   MECW, Volume 42, 303–304.

42   Jenny Marx to Ernestine Liebknecht, Oct. 14, 1867, Moscow.

43   MECW, Volume 42, 306.

44   Ibid., 307–308.

45   Ibid., 308.

46   Ibid., 308–309.

47   Ibid., 309–310.

48   Ibid., 310.

49   Ibid., 313; Emile Bottigelli (ed.), *Lettres et documents de Karl Marx*, Karl Marx to Laura and Eleanor Marx, Aug. 28, 1866.

50   MECW, Volume 42, 313.

51   Jenny Marx (daughter) to Jenny Marx, Sept. 2, 1866, Moscow.

52   Jenny Marx (daughter) to Eleanor and Laura Marx, Sept. 6, 1866, Moscow; Eleanor Marx to Alice Liebknecht, Oct. 14, 1866, Moscow.

53   Meier, Perrot, and Trebitsch (eds.), *Daughters*, 9.

54   Jenny Marx to Ernestine Liebknecht, Oct. 14, 1867, Moscow.

55   MECW, Volume 42, 328.

56   Ibid., 321.

57   Ibid., 398.

58   Ibid., 331.

59   Ibid., 332.

60   Ibid.

61   Ibid., 576.

62   Ibid., 343–344.

63   Ibid., 383.

64   Ibid., 350–351.

65   Meier, Perrot, and Trebitsch (eds.), *Daughters*, 16; MECW, Volume 42, 352.

66   MECW, Volume 3, 248.

32 │ 1867년 런던

1 Honoré de Balzac, *The Unknown Masterpiece*, 40.

2 MECW, Volume 42, 362–364.

3 Ibid., 357.

4 Ibid., 358.

5 Ibid., 366.

6 Ibid., 371.

7 Ibid., 369.

8 Ibid., 360–361.

9 Padover, *Karl Marx*, 203.

10 이 편지에서 마르크스는 예니헨을 '조Joe'라고 불렀다. 이 호칭이 여러 책에서 루이자 메이 올콧의 『작은 아씨들』에 나오는 인물인 조Jo를 빗댄 것으로 잘못 설명하고 있다. 그렇지만 올콧의 책은 1868년에 출판되었고, 마르크스의 편지는 1867년에 쓰여졌다. MECW, Volume 42, 369.

11 Ibid., 375.

12 Ibid.

13 Meier, Perrot, and Trebitsch (eds.), *Daughters,* 24–25.

14 마담 텡게의 방명록으로 준비된 노트에 마르크스는 "인생의 거친 광기"를 다스린 "여성적인 고귀한 하모니의 주술"에 대해 적었다. Meier, Perrot, and Trebitsch (eds.), *Daughters,* 27; Padover, *Karl Marx*, 204–205.

15 MECW, Volume 42, 371–372.

16 Ibid., 379–380.

17 Ibid., 361.

18 Ibid., 347–348.

19 Ibid., 381–382.

20 Ibid., 383, 394.

21 Meier, Perrot, and Trebitsch (eds.), *Daughters,* 17, 19.

22 Ibid., 16.

23 Jenny Marx(daughter), undated Maitland Park, IISG.

24 Jenny Marx(daughter) notebook, IISG; Meier, Perrot, and Trebitsch (eds.), *Daughters,* 16–17; MECW, Volume 42, 369, 649(n).

25 MECW, Volume 42, 396–397.

26 Jenny Marx to Ernestine Liebknecht, Oct. 14, 1867, Moscow.

27 Jenny Marx(daughter) to Jenny Marx, 1867, Moscow.

28 Ibid.

29 REM, 185.

30 MECW, Volume 42, 400.

31 Ibid., 402–405.

32 Ibid., 405.

33 REM, 26–27.

34 MECW, Volume 42, 405–406.

35 Ibid., 431; Padover, *Karl Marx*, 208.

36 MECW, Volume 42, 428.

37 Ibid., 451, 462; Carver, *Engels, Short Introduction*, 49–50.

38 MECW, Volume 42, 512.

39 Ibid., 444, 467.

40 Ibid., 443.

41 Ibid., 490.

42 McLellan, *Karl Marx*, 325.

43 MECW, Volume 42, 549.

44 Ibid., 453.

45 Ibid., 453–454.

46 Ibid., 458.

47 Ibid., 507.

48 노먼 데이비스는 마르크스가 사적 유물론은 포이어바흐, 계급투쟁은 생시몽, 프롤레타리아트 독재는 바뵈프, 노동이론은 애덤 스미스, 잉여가치는 존 트랜시스 브레이와 윌리엄 톰슨, 변증법은 헤겔에게서 가져온 것이라고 말했다. Davies, *Europe*, 837.

49 Berlin, *Karl Marx*, 15.

50 KMIR, 145.

51 MECW, Volume 35, 739.

52 Ibid, 748.

53 Ibid, 47–48.

54 Ibid., 181–182.

55 MECW, Volume 42, 514.

56 MECW, Volume 35, 195.

57 Ibid., 195.

58 Ibid., 510.

59 마르크스는 자본이 노동을 지휘 또는 통제한다고 말한 경제학자 애덤 스미스와 달랐다. 그는 자본이 부불unpaid 노동을 지휘한다고 믿었다. MECW, Volume 35, 219, 534.

60 Ibid., 158–159.

61 Ibid., 162–164.

62 Ibid., 534.

63 Ibid., 570–571.

64 Ibid., 531.

65 Ibid., 202.

66 Ibid., 626.

67 Berlin, *Karl Marx*, 176.

68 MECW, Volume 35, 471, 87, 183.

69 Ibid., 241.

70 Ibid., 271.

71 Ibid., 336.

72 Ibid., 306–307.

73 Ibid., 750.

74 Ibid., 751.

75 MECW, Volume 42, 578–579.

33 | 1868년 런던

1 Lafargue, *Karl Marx*, 14.

2 MECW, Volume 42, 519.

3 Ibid., 535.

4 Ibid., 538.

5 Ibid., 517.

6 MECW, Volume 43, 25(찰스 디킨스가 1868년 한 해에만 3만 3천 파운드를 번 것과 비교한 말이었다. Hobsbawm, *Age of Capital*, 332).

7 MECW, Volume 42, 579.

8 Jenny Marx to Ernestine Liebknecht, Oct. 14, 1867, Moscow.

9 MECW, Volume 42, 529.

10 Padover, *Karl Marx*, 195.

11 Morton, *Home Rule*, 1, 3, 5; Wilson, *Victorians*, 77, 79, 80, 83; Hobsbawm, *Age of Revolution*, 201–202.

12 MECW, Volume 21, 190, 192, Volume 42, 486.

13 Paul Rose, *The Manchester Martyrs*, 16.

14 Ibid., 13.

15 Ibid., 17–19.

16 Jenkins, *Engels in Manchester*, 18; REM, 88.

17 Rose, *Manchester Martyrs*, 28; Annie Besant, *An Autobiography*, 73–74.

18 Mayer, *Friedrich Engels*, 202; REM, 88; Rose, *Manchester Martyrs*, 75.

19 Rose, *Manchester Martyrs*, 38, 42; Besant, *Autobiography*, 75.

20 MECW, Volume 42, 501.

21 Ibid., 483.

22 Ibid., 431.

23 Ibid., 444.

24 Rose, *Manchester Martyrs*, 46; Besant, *Autobiography*, 75–76.

25 Rose, *Manchester Martyrs*, 67.

26 MECW, Volume 42, 460, Volume 21, 121.

27 Rose, *Manchester Martyrs*, 70.

28 Ibid., 11; MECW, Volume 42, 484; Morton, *Home Rule*, 19.

29 Morton, *Home Rule*, 19.

30 MECW, Volume 42, 474.

31 O'Neill, *Good Old Days*, 225; Winder, *Bloody Foreigners*, 205.

32 MECW, Volume 42, 505–506.

33 Ibid., 479.

34 Meier, Perrot, and Trebitsch (eds.), *Daughters*, 42–43.

35 MECW, Volume 42, 483, 492, 666(n).

36 Ibid., 501–502.

37 Ibid., 503.

38 Ibid., 542, 553.

39 Flanders, *Victorian House*, 197; MECW, Volume 42, 72.

40 MECW, Volume 42, 538.

41 Ibid., 542, 548(엘레아노르 마르크스는 이름이 알려지지 않은 '동지'에게 보낸 편지에서 리온 필립스가 죽은 후 "사촌들은 너무 고상했고, 또 너무 겁먹었기 때문에" 마르크스 가와 관계를 끊었다고 말했다. October 1, 1893, Moscow).

42 MECW, Volume 42, 551.

43 Ibid., 554.

44 FE-PL, Volume I, 20.

45 Ibid., 22, 23.

46 MECW, Volume 42, 316.

47 Ibid., 547, 556, 557.

48 Padover, *Karl Marx*, 284.

49 Derfler, *Founding of French Marxism*, 58.

50 Meier, Perrot, and Trebitsch (eds.), *Daughters*, 32.

51 Jenny Marx(daughter) to Laura Lafargue, Apr. 7, 1868, Moscow.

52 MECW, Volume 43, 9–10.

53 Ibid., 25.

54 Ibid., 28.

55 Eleanor Marx, notebook, IISG.

56 Eleanor Marx to Lion Philips, undated (1863), Moscow.

57 MECW, Volume 42, 513, 525.

58 Lafargue, *Karl Marx*, 29.

59 O'Neill, *Good Old Days*, 225; Wilson, *Victorians*, 338.

60 Eleanor Marx to Lizzy Burns, Feb. 14, 1868, Moscow.

61 Jenny Marx(daughter) to Eleanor Marx, June 1868, Moscow.

62 MECW, Volume 43, 44.

63 Ibid., 50.

64 Ibid., 75.

65 Ibid., 72.

66 Jenny Marx(daughter) to Laura Lafargue, Dec. 24, 1868; MECW, Volume 43, 171(19세기 영국에서 가정교사는 독자적 수입이 필요한 중간계급 여성에게는 나쁘지 않은 직업이었다. 그렇지만 고용주로부터는 하녀 취급을 받았다. Pool, *What Jane Austen Ate*, 224).

67 MECW, Volume 43, 171.

68 Ibid., 213.

69 Ibid., 199.

70 Jenny Marx(daughter) to Laura Lafargue, Jan. 7, 1869, Moscow.

71 Ibid.

72 MECW, Volume 43, 591(n).

73 Ibid., 130–131.

74 Ibid., 169–170.

75 Ibid., 214.

76 Olsen, *Growth of Victorian London*, 237; Cole and Postgate, *British Common People*, 354.

77 MECW, Volume 43, 171–172.

34 | 1869년 런던

1 Charles Prolès, *Gustave Flourens*, 92.

2 MECW, Volume 20, 478(n); Nicolaievsky and Maenchen-Helfen, *Karl Marx*, 283–284.

3 Nicolaievsky and Maenchen-Helfen, *Karl Marx*, 285.

4 Ibid., 286.

5 Mehring, *Karl Marx*, 394.

6 McLellan, *Karl Marx*, 360; MECW, Volume 44, 291.

7 MECW, Volume 43, 8.

8 Mehring, *Karl Marx*, 392.

9 MECW, Volume 42, 515, 520, 669(n); Mehring, *Karl Marx*, 393.

10 MECW, Volume 42, 520.

11 MECW, Volume 43, 173–174.

12 Derfler, *Founding of French Marxism*, 61.

13 MECW, Volume 43, 155.

14 Meier, Perrot, and Trebitsch (eds.), *Daughters*, 33–34.

15 Laura Lafargue to Karl Marx, Nov. 2, 1868, Moscow.

16 MECW, Volume 42, 178.

17 Derfler, *Founding of French Marxism*, 61.

18 Meier, Perrot, and Trebitsch (eds.), *Daughters*, 38.

19 MECW, Volume 43, 216.

20 Ibid., 243.

21 Ibid., 216.

22 Ibid., 225.

23 Ibid., 229.

24 Ibid., 214.

25 Meier, Perrot, and Trebitsch (eds.), *Daughters*, 37.

26 MECW, Volume 43, 217, 608(n).

27 Ibid., 287–288.

28 Ibid., 290.

29 Derfler, *Founding of French Marxism,* 66.

30 MECW, Volume 43, 243.

31 Ibid.

32 Thomas, *Women Incendiaries*, 34.

33 Meier, Perrot, and Trebitsch (eds.), *Daughters*, 63; Thomas, *Women Incendiaries,* 28.

34 Meier, Perrot, and Trebitsch (eds.), *Daughters*, 70.

35 Thomas, *Women Incendiaries*, 27.

36 Meier, Perrot, and Trebitsch (eds.), *Daughters*, 37.

37 Ibid., 46.

38 MECW, Volume 43, 262.

39 Meier, Perrot, and Trebitsch (eds.), *Daughters*, 38.

40 *Contemporary Review*, London, No. 6, June 1868, 317.

41 Karl Marx, Jenny Marx, and Friedrich Engels, *Lettres à Kugelmann*, 186–187.

42 MECW, Volume 43, 410, 528.

43 Meier, Perrot, and Trebitsch (eds.), *Daughters*, 40.

44 MECW, Volume 43, 270.

45 Ibid., 275.

46 Jenny Marx (daughter) to Jenny Marx, May 1869, Moscow: MECW, Volume 21, 48, 466(n).

47 MECW, Volume 43, 297: 618–619(n)(상층 만인들upper ten thousand이란 귀족들과 문학인 및 정치인들을 말한다. Wilson, *Victorians*, 274).

48 MECW, Volume 43, 310, 623(n).

49 Ibid., 620(n).

50 마르크스와 예니헨은 9월에 함께 독일로 떠나서 10월 12일에 돌아왔다. 그들은 하노버의 쿠겔만 집에 머물렀고, 마르크스는 정치적 동료들을 만났다. MECW, Volume 43, 353.

51 Meier, Perrot, and Trebitsch (eds.), *Daughters*, 49; Eleanor Marx Aveling to Karl Kautsky, Mar. 15, 1898, Moscow.

52 MECW, Volume 43, 295, 308.

53 Ibid., 303.

54 Jenkins, *Engels in Manchester*, 10; REM, 186.

55 MECW, Volume 43, 299.

56 Carver, *Friedrich Engels*, 141; Hunt, *Frock-Coated Communist*, 240.

57 MECW, Volume 43, 302–303.

58 MECW, Volume 43, 311; Mayer, *Friedrich Engels*, 253.

59 Meier, Perrot, and Trebitsch (eds.), *Daughters*, 51–52; Eleanor Marx to Jenny Marx (daughter), July 1969, Moscow.

60 MECW, Volume 43, 356–357.

61 Jeremiah O'Donovan Rossa, *My Years in English Jails*, 8–9, 30.

62 MECW, Volume 21, 101.

63 Bert Andreas (ed.), *Briefe und Dokumente de Familie Marx*, 131.

64 MECW, Volume 43, 546.

65 Ibid., 366.

66 Ibid., 365.

67 Morton, *Home Rule*, 13.

68 O'Donovan Rossa, *My Years*, 214.

69 MECW, Volume 43, 387.

70 Andreas, *Briefe und Dokumente*, 205.

71 MECW, Volume 43, 449.

72 Ibid., 640(n); Meier, Perrot, and Trebitsch (eds.), *Daughters*, 64(n).

73 Derfler, *Founding of French Marxism*, 65; David Wetzel, *A Duel of Giants*, 44.

74 Washburne, *Recollections*, 3.

75 Derfler, *Founding of French Marxism*, 75.

76 Washburne, *Recollections*, 7.

77 MECW, Volume 43, 419; Thomas, *Women Incendiaries*, 34.

78 Thomas, *Women Incendiaries*, 34.

79 Meier, Perrot, and Trebitsch (eds.), *Daughters*, 60−61.

80 MECW, Volume 43, 314−316.

81 Ibid., 644(n).

82 Ibid., 431.

83 Prolès, *Gustave Flourens*, 51.

84 Meier, Perrot, and Trebitsch (eds.), *Daughters*, 65−66.

85 MECW, Volume 43, 440.

86 Ibid., 646(n).

87 MECW, Volume 21, 101−102.

88 MECW, Volume 43, 444−445.

89 Charles Habeneck to Jenny Marx(daughter), 1870, Moscow.

90 예니헨은 1870년 3월 1일부터 4월 24일까지 『라 마르세예즈』에 여덟 편의 글을 실었다. MECW, Volume 21, 414−416, Volume 43, 646(n).

91 O'Donovan Rossa, *My Years*, 98; MECW, Volume 21, 417−418.

92 MECW, Volume 43, 497; Marx, Marx, and Engels, *Lettres à Kugelmann*, 192.

93 O'Donovan Rossa, *My Years*, 198; MECW, Volume 21, 417−418.

94 MECW, Volume 43, 454−455.

95 MECW, Volume 21, 420.

96 MECW, Volume 43, 458.

97 Ibid., 461, 649(n); O'Donovan Rossa, *My Years*, 218.

98 MECW, Volume 43, 461.

99 Ibid., 458.

100 Ibid., 466.

101 Ibid., 423, 559.

102 Ibid., 559.

103 문구 선정으로 인해, 나폴레옹 3세의 황제로서의 권한을 확장하는 데 반대표를 던지는 것은 국회의원들이 지지하는 민주적 개혁에 대해서도 반대하는 것으로 해석한 반면, 나폴레옹에게 새로운 권한을 부여하는 데 찬성하는 것은 그의 통치를 승인하고 지지를 표명하는 것을 의미했다. Washburne, *Recollections*, 26; MECW, Volume 43, 653(n), 656(n).

104 MECW, Volume 22, 3, Volume 43, 522.

105 MECW, Volume 43, 656(n).

106 Ibid., 444.

107 Meier, Perrot, and Trebitsch (eds.), *Daughters*, 65.

108 MECW, Volume 43, 446.

109 Meier, Perrot, and Trebitsch (eds.), *Daughters*, 66.

110 MECW, Volume 43, 486.

111 Ibid., 556−557.

112 Derfler, *Founding of French Marxism*, 62.

113 MECW, Volume 43, 497.

114 Andreas, *Briefe und Dokumente*, 217.

115 MECW, Volume 43, 504–505.

116 Prolès, *Gustave Flourens*, 52.

117 MECW, Volume 44, 558.

118 MECW, Volume 43, 495.

119 Ibid., 442, 514.

120 Jenny Marx to Friedrich Engels, July 12, 1870, Moscow.

35 | 1870년 가을, 파리

1 MECW, Volume 49, 35.

2 Washburne, *Recollections*, 26; Wetzel, *Duel of Giants*, 31, 37–38, 96, 110; Taylor, *Struggle for Mastery of Europe*, 203–204; Ozment, *Mighty Fortress*, 210.

3 Washburne, *Recollections*, 33–34.

4 Ibid., 55.

5 Andreas, *Briefe und Dokumente*, 224.

6 MECW, Volume 44, 591(n).

7 1869년 8월에 총연맹에서 갈라져 나온 세력이 사회민주주의노동자당을 결성했다. Williamson, *Bismarck and Germany*, 48.

8 MECW, Volume 44, 3–4.

9 MECW, Volume 22, 4.

10 Ibid., 6.

11 Ibid., 3–7.

12 MECW, Volume 44, 40, 598 (n).

13 Ibid., 7, 35, 593(n).

14 Ibid., 32, 58.

15 예니헨은 엥겔스에게 스태프 장군General Staff이라는 별명을 붙여주었다고 말했다. 그 이유는 군사학에 대한 그의 글 때문이기도 했고, 또한 『르 피가로』지가 '참모general staff'를 개인을 지칭하는 말인 것처럼 잘못 표현했기 때문이라고 말했다. Andreas, *Briefe und Dokumente*, 229.

16 Washburne, *Recollections*, 54–55.

17 Ibid., 59–60.

18 MECW, Volume 44, 64–65, 71.

19 Prosper Lissagaray, *History of the Commune of 1871*, 1.

20 Washburne, *Recollections*, 65.

21 Meier, Perrot, and Trebitsch (eds.), *Daughters*, 69, 72, 74–75, 77.

22 MECW, Volume 44, 59.

23 Ibid., 65.

24 Washburne, *Recollections*, 100.

25 Ibid., 105–106; W. H. C. Smith, *Second Empire*, 56–57.

26 Washburne, *Recollections*, 108.

27 Ibid., 111.

28 Ibid., 126.

29 Ibid., 131.

30 Ibid., 109.

31 Ibid., 131.

32 Charles Longuet to Karl Marx, Sept. 5, 1870, Moscow.

33 MECW, Volume 44, 64–65.

34 Meier, Perrot, and Trebitsch (eds.), *Daughters*, 78–79.

35 Washburne, *Recollections*, 140–141.

36 Ibid., 133.

37 MECW, Volume 44, 560.

38 Robert Gildea, *The Third Republic*, 3.

39 Lissagaray, *History of the Commune*, 20; W. H. C. Smith, *Second Empire*, 57.

40 Lissagaray, *History of the Commune*, 21.

41 Washburne, *Recollections*, 208–209; Lissagaray, *History of the Commune*, 22.

42 Washburne, *Recollections*, 210; Lissagaray, *History of the Commune*, 23.

43 Washburne, *Recollections*, 212; Lissagaray, *History of the Commune*, 25.

44 Lissagaray, *History of the Commune*, 32.

45 Washburne, *Recollections*, 201.

46 REM, 186.

47 모데나 빌라스를 찾은 러시아인들 중에 몰락한 귀족 출신의 스물다섯 살 청년인 헤르만 로파틴이 있었다. 코카서스의 감옥을 탈출해 프랑스로 도망쳤다가 다시 영국으로 건너간 인물이었다. 그는 러시아 청년들의 경의를 전하기 위해 마르크스를 찾았다. 그다음 찾아온 러시아인으로는 러시아에서 스위스로 간 열아홉 살의 엘리자베스 드미트리예프가 있다. 그녀는 나중에 결혼해 엘리자베스 토마노프스카야가 되었으며 제네바의 인터내셔널에서 활동했다. 스위스 인터내셔널은 마르크스에게 소식을 전하기 위해 1870년 여름에 그녀를 런던으로 보냈다. 그녀는 마르크스와 가족처럼 지내면서 프랑스 쪽 연락책으로 활동했다. MECW, Volume 42, 530; Thomas, *Women Incendiaries*, 72–74; Carr, *Michael Bakunin*, 446.

48 Lafargue, *Karl Marx*, 17.

49 MECW, Volume 44, 105.

50 Marx, Marx, and Engels, *Lettres à Kugelmann*, 171; MECW, Volume 43, 548.

51 MECW, Volume 44, 81,102.

52 REM, 90; Lafargue, *Karl Marx*, 31.

53 Andreas, *Briefe und Dokumente*, 229.

54 Paul Lafargue to Karl Marx, late 1870, IISG.

55 Meier, Perrot, and Trebitsch (eds.), *Daughters*, 80–82.

56 Washburne, *Recollections*, 175, 267.

57 Meier, Perrot, and Trebitsch (eds.), *Daughters*, 82.

58 Washburne, *Recollections*, 235, 244, 271, 274.

59 Lissagaray, *History of the Commune*, 31.

60 Washburne, *Recollections*, 271.

61 MECW, Volume 44, 108.

62 MECW, Volume 22, 274, Volume 44, 595(n), 606(n).

63 MECW, Volume 44, 97.

64 Ibid., 95–96.

65 O'Donovan Rossa, *My Years*, 227; Jenny Marx (daughter) to Kugelmann, Jan. 27, 1871, Moscow.

66 O'Donovan Rossa, *My Years*, 227.

67 Ibid., 237–238.

68 Washburne, *Recollections*, 290.

69 Alistair Horne, *The Terrible Year*, 53.

70 Lissagaray, *History of the Commune*, 33.

71 비스마르크가 프랑스와 전쟁을 벌인 목적은 프로이센의 군사적 우월성을 과시하고 나아가 독일연방 내에서 자연스럽게 지배력을 행사하기 위해서였다. 그의 군대는 눈부신 성과를 거두었다. 발달된 무기와 잘 짜인 조직력으로 프랑스군을 압도한 것이다. 북부와 남부 독일 공국의 의회들 다수가 프로이센 왕이 제2제국의 황제가 되는 것에 동의했다. 프로이센이 프랑스를 물리치고 빌헬름이 황제로 오르면서 대륙의 정치적, 군사적 균형의 중심지는 파리에서 베를린으로 이동했다. 프로이센은 원하는 것을 프랑스에 요구할 수 있게 되었다. Williamson, *Bismarck and Germany*, 41, 65; Taylor, *Struggle for Mastery of Europe*, 210.

72 Horne, *Terrible Year*, 59; Lissagaray, *History of the Commune*, 34–35.

73 Horne, *Terrible Year*, 60; Washburne, *Recollections*, 320–321.

74 Lissagaray, *History of the Commune*, 26, 36.

75 Ibid., 36.

76 Washburne, *Recollections*, 323.

77 Horne, *Terrible Year*, 61; Washburne, *Recollections*, 324; Lissagaray, *History of the Commune*, 37.

78 Lissagaray, *History of the Commune*, 38–39.

79 Horne, *Terrible Year*, 61; Washburne, *Recollections*, 325.

80 Washburne, *Recollections*, 327–328; Lissagaray, *History of the Commune*, 41.

81 Thomas, *Women Incendiaries*, 50.

82 Horne, *Terrible Year*, 66; Lissagaray, *History of the Commune*, 56–57.

36 | 1871년 파리

1 Thomas, *Women Incendiaries*, 128.

2 Ibid., 51; Lissagaray, *History of the Commune*, 66.

3 Lissagaray, *History of the Commune*, 70, 77; Horne, *Terrible Year*, 72.

4 Lissagaray, *History of the Commune*, 207–209.

5 Ibid., 72.

6 Ibid., 72–73.

7 Ibid., 74.

8 Prolès, *Gustave Flourens*, 81.

9 Lissagaray, *History of the Commune*, 74.

10 Thomas, *Women Incendiaries*, 52; Lissagaray, *History of the Commune*, 78–79.

11 MECW, Volume 22, 323; Lissagaray, *History of the Commune*, 80.

12 Thomas, *Women Incendiaries*, 54.

13 Lissagaray, *History of the Commune*, 81.

14 Ibid., 84.

15 Ibid., 128–129.

16 W. H. C. Smith, *Second Empire*, 63.

17 MECW, Volume 22, 157, 288.

18 Ibid., 289.

19 MECW, Volume 44, 130–131.

20 Lissagaray, *History of the Commune*, 164.

21 Prolès, *Gustave Flourens*, 85–87; Lissagaray, *History of the Commune*, 166.

22 Prolès, *Gustave Flourens*, 87–90.

23 Ibid., 90; MECW, Volume 22, 326; Lissagaray, *History of the Commune*, 166.

24 Lissagaray, *History of the Commune*, 167–168; Horne, *Terrible Year*, 95.

25 Lissagaray, *History of the Commune*, 169.

26 Ibid., 185.

27 Ibid., 191.

28 Prolès, *Gustave Flourens*, 91.

29 *The Daily Telegraph*, London, April 5, 1871, 4.

30 Jenny Marx to Kugelmann, May 12, 1871, Moscow; MECW, Volume 22, 326.

31 Marx, Marx, and Engels, *Lettres à Kugelmann*, 192; Andreas, *Briefe und Dokumente*, xvii.

32 MECW, Volume 44, 129.

33 Meier, Perrot, and Trebitsch (eds.), *Daughters*, 91–92.

34 Ibid., 87.

35 Ibid., 99.

36 Ibid., 98–99.

37 Marx, Marx, and Engels, *Lettres à Kugelmann*, 192.

38 Jenny Marx (daughter) to Laura Lafargue, Apr. 18, 1871, Moscow; Marx, Marx, and Engels, *Lettres à Kugelmann*, 192.

39 Derfler, *Founding of French Marxism*, 99; Marx, Marx, and Engels, *Lettres à Kugelmann*, 192.

40 Lissagaray, *History of the Commune*, 273.

41 Derfler, *Founding of French Marxism*, 103–106; Macé, *Paul et Laura Lafargue*, 56–57.

42 Jenny Marx (daughter) to Karl and Jenny Marx, May 4, 1871, Moscow; Jenny Marx to Kugelmann, May 12, 1871, Moscow; Jenny Marx (daughter) to Friedrich Engels, May 9, 1871, Moscow.

43 Marx, Marx, and Engels, *Lettres à Kugelmann*, 173.

44 이런 찬사에도 불구하고 마르크스는 처음부터 코뮌 정부가 베르사유에 대한 공격을 늦추고 재정을 장악하지 않는 커다란 실수를 범하고 있다고 보았다. MECW, Volume 44, 131–132.

45 Lissagaray, *History of the Commune*, 295.

46 Horne, *Terrible Year*, 114–115; Lissagaray, *History of the Commune*, 290–291; *The Times*, London, May 17, 1871, 5.

47 Lissagaray, *History of the Commune*, 306.

48 Horne, *Terrible Year*, 121; Thomas, *Women Incendiaries*, 151; Lissagaray, *History of the Commune*, 312, 314.

49 Horne, *Terrible Year*, 121.

50 Ibid., 112; Lissagaray, *History of the Commune*, 298, 314.

51 Lissagaray, *History of the Commune*, 300, 324; Thomas, *Women Incendiaries*, x.

52 코뮌 이후 몽마르트에 희망과 참회의 상징으로 사크레쾨르Sacré-Coeur 대성당이 건립되었다. Horne, *Terrible Year*, 139; Lissagaray, *History of the Commune*, 329.

53 Horne, *Terrible Year*, 133; *The Times*, London, May 31, 1871, 9.

54 *The Eastern Post*, London, Apr. 20, 1872, 20.

55 Horne, *Terrible Year*, 129, 131; *The Evening Standard*, London, May 25, 1871, 1; *The Evening Standard*, London, May 26, 1871, 1; *The Standard*, London, May 29, 1871, 5.

56 Thomas, *Women Incendiaries*, 166.

57 Lissagaray, *History of the Commune*, 366.

58 Ibid., 383.

59 MECW, Volume 44, 143.

60 Ibid., 151.

61 Horne, *Terrible Year*, 126.

62 MECW, Volume 44, 151.

63 Ibid., 153.

64 Jenny Marx to Karl Marx, undated (Spring 1871), Moscow.

65 Ibid.

66 Horne, *Terrible Year*, 137; Lissagaray, *History of the Commune*, 384–385, 489.

67 Lissagaray, *History of the Commune*, 484.

68 Ibid., 491.

69 *The Evening Standard*, London, May 31, 1871, 1.

70 Ibid.

71 Lissagaray, *History of the Commune*, 390–391.

72 *The Standard*, London, June 2, 1871, 5.

73 Horne, *Terrible Year*, 139; W. H. C. Smith, *Second Empire*, 65; Lissagaray, *History of the Commune*, 395.

74 Lissagaray, *History of the Commune*, 397.

75 Horne, *Terrible Year*, 139; Lissagaray, *History of the Commune*, 458–459.

76 MECW, Volume 44, 159; McLellan, *Karl Marx*, 368; Berlin, *Karl Marx*, 189.

77 MECW, Volume 22, 336.

78 Ibid., 355.

79 McLellan, *Karl Marx*, 372.

80 Nicolaievsky and Maenchen-Helfen, *Karl Marx*, 333.

81 *Pall Mall Gazette*, London, May 1871, 2065.

82 *The New York World*, June 3, 1871, 1.

83 *Chicago Tribune*, June 5, 1871, 1.

84 *The Evening Standard*, London, June 23, 1871, 5.

85 Lissagaray, *History of the Commune*, 465.

86 McLellan, *Karl Marx*, 366.

87 MECW, Volume 23, 223.

88 MECW, Volume 44, 158, 680(n).

89 Ibid., 564; Derfler, *Founding of French Marxism*, 108.

90 프랑스 경찰기록보관소에 따르면, 경찰이 라파르그가 뷔송에서 마르크스에게 보낸 몇몇 편지를 가로챘으며 그 속에는 그를 체포할 만한 정보가 들어 있었던 것으로 보인다. 그렇지만 그것이 어떤 편지들이었는지, 그리고 아직 존재하는지는 분명치 않기 때문에 그 안에 어떤 내용이 들어 있었는지 말하는 것은 불가능하다. 어쨌든 라

파르그를 체포하기 위해서는 그가 보르도에서 한 행동 외에 또 다른 구실을 만들 필요는 없었던 것으로 보인다.

MECW, Volume 44, 153–154, 617(n); Derfler, *Founding of French Marxism*, 108.

91 Jenny Marx(daughter) to Friedrich Engels, July 5, 1871, IISG.

92 Jenny Marx(daughter) to "doctor" [Ludwig Kugelmann], Oct. 3, 1871, Moscow.

93 MECW, Volume 24, 460–461; Derfler, *Founding of French Marxism*, 109.

94 Georg Eckert (ed.), *Wilhelm Liebknecht Briefwechsel*, 478.

95 Derfler, *Founding of French Marxism*, 109.

37 | 1871년 여름, 프랑스 바녜르-드-뤼숑

1 MECW, Volume 22, 632.

2 Eckert (ed.), *Wilhelm Liebknecht Briefwechsel*, 478; MECW, Volume 22, 623.

3 Jenny Marx(daughter) to Friedrich Engels, July 5, 1871, IISG.

4 Eckert (ed.), *Wilhelm Liebknecht Briefwechsel*, 478; MECW, Volume 22, 623.

5 Ibid.

6 MECW, Volume 24, 460–461.

7 투시의 편지가 누구에게 보내질 것이었는지에 대한 언급은 어디에도 없다. 또한 예니헨은 『우드헐 앤드 클래플린스 위클리*Woodhull & Claflin's Weekly*』에 자기들의 고난을 설명한 후 쿠겔만에게 보낸 편지에서 자기가 가지고 있었던 것은 신문이 아니라 오도노반 로사에게 보낸 편지였다고 말했다. Eckert (ed.), *Wilhelm Liebknecht Briefwechsel*, 478–479, 484; MECW, Volume 22, 623–625, Volume 44, 564.

8 Eckert (ed.), *Wilhelm Liebknecht Briefwechsel*, 414.

9 Ibid., 479–480; MECW, Volume 22, 625.

10 MECW, Volume 24, 460–461.

11 Eckert (ed.), *Wilhelm Liebknecht Briefwechsel*, 480–482; MECW, Volume 22, 625–627.

12 Eckert (ed.), *Wilhelm Liebknecht Briefwechsel*, 482–483; MECW, Volume 22, 628–629.

13 McLellan, *Karl Marx*, 373; Derfler, *Founding of French Marxism*, 113.

14 Eckert (ed.), *Wilhelm Liebknecht Briefwechsel*, 483; MECW, Volume 22, 630.

15 Paul Lafargue to Karl Marx, Apr. 16, 1871, IISG.

16 Derfler, *Founding of French Marxism*, 113.

17 W. H. C. Smith, *Second Empire*, 70; *The Standard*, London, June 3, 1871, 5.

18 MECW, Volume 44, 154.

19 Porter, *Refugee Question*, 217.

6부 붉은 테러리스트 박사

38 | 1871년 런던

1 Vladimir Lenin, *Collected Works*, Volume 17, 143.

2 Lissagaray, *History of the Commune*, 413–414, 420–421; Horne, *Terrible Year*, 139.

3 Derfler, *Founding of French Marxism*, 157, 158; REM, 29.

4 3월 21일에 롱게와 한 친구는 썼다. "모든 것을 생산하면서 아무것도 누리지 못하는 노동자들, 그들은 영원히 분노하고 있어야만 하는가? 자신의 해방을 성취한 부르주아는 이제 프롤레타리아트가 해방될 시기가 도래했다는 사실을 정녕 이해하지 못한단 말인가? 왜 프롤레타리아트가 정당한 자기 몫을 갖는 것이 계속 거부되어야 한단 말인

가?" Lissagaray, *History of the Commune*, 109.

5 롱게의 의사 친구인 두플랑이 그를 생장드듀Saint Jean de Dieu 마을로 데려다주었고, 그곳에서 한 신부의 도움을 받아 그는 벨기에로 넘어갔다. Longuet, *Karl Marx*, 221.

6 REM, 162.

7 Ibid., 82.

8 KMIR, 106.

9 Jenny Marx(daughter) to Kugelmann, Oct. 6, 1871, Moscow.

10 KMIR, 107.

11 *New York Herald*, Aug. 30, 1871.

12 *Chicago Tribune*, Dec. 18, 1871.

13 MECW, Volume 22, 600.

14 KMIR, 111; MECW, Volume 44, 213.

15 MECW, Volume 22, 398.

16 *Public Opinion*, London, Aug. 19, 1871, 229, Aug. 26, 1871, 262; MECW, Volume 22, 393.

17 MECW, Volume 44, 176–177.

18 bid., 206–207.

19 Ibid., 207.

20 바쿠닌의 조직은 사회민주주의 국제연합International Alliance of Socialist Democracy으로 불렸다. Carr, *Michael Bakunin*, 345, 352.

21 Ibid., 396, 404–407.

22 Ibid., 446.

23 Berlin, *Karl Marx*, 190.

24 REM, 290; KMIR, 103–105.

25 REM, 170–171.

26 MECW, Volume 22, 423–431.

27 Ibid., 426–427.

28 Jenny Marx(daughter) to "doctor" [Ludwig Kugelmann], Oct. 3, 1871, Moscow; Robert Payne, *Karl Marx*, 429.

29 MECW, Volume 44, 186.

30 MECW, Volume 22, 633–634; McLellan, *Karl Marx*, 377.

31 MECW, Volume 44, 220.

32 Ibid., 229.

33 Ibid., 216.

34 Ibid., 229.

35 Jenny Marx(daughter) to "doctor" [Ludwig Kugelmann], Oct. 3, 1871, Moscow.

36 MECW, Volume 44, 617(n).

37 Ibid., 228–229.

38 REM, 299.

39 Hobsbawm, *Age of Capital*, 308.

40 Jenny Marx(daughter) to the Kugelmanns, Dec. 21, 1871, Moscow.

41 MECW, Volume 44, 562.

42 MECW, Volume 23, 635.

43 온 가족이 망명자 구제 사업에 매달려 있던 중, 마르크스는 영국에서 자신의 지위도 위험에 처했다는 사실을 알아 챘다. 영국 내무부의 연락책이 정부가 공산주의자들과 인터내셔널 회원들을 추방할 법률을 준비하고 있다고 알려 온 것이다. 마르크스가 들은 얘기는 한 영국 신문에 실리기도 했다. 예니헨은 만약 가족이 추방당한다면 "양키 두 들 댄디Yankee Doodle Dandy"의 나라로 가는 것이 유일한 선택일 것이라고 말했다. Jenny Marx(daughter) to the Kugelmanns, Dec. 21, 1871, Moscow.

44 FE-PL, Volume I, 32.

45 Jenny Marx(daughter) to Charles Longuet, Friday evening (Feb. 1872), Moscow.

46 Charles Longuet to Jenny Marx(daughter), before Feb. 15, 1872, Moscow.

47 Jenny Marx(daughter) to Charles Longuet, Feb. 17, 1872, Moscow.

48 Jenny Marx to Wilhelm Liebknecht, May 26, 1872, Moscow.

49 FE-PL,Volume III, 403–405; MECW, Volume 44, 283; Derfler, *Founding of French Marxism*, 114–115.

50 MECW, Volume 44, 574.

51 J. Roy to Charles Longuet, Jan. 19, 1872, Moscow.

52 FE-PL, Volume I, 46.

53 KMIR, 91.

54 Longuet, *Karl Marx*, 207.

55 Jenny Marx to Wilhelm Liebknecht, May 26, 1872, Moscow.

56 MECW, Volume 44, 32.

57 Jenny Marx(daughter) to the Kugelmanns, May 3, 1872, Moscow.

58 MECW, Volume 44, 575.

59 Eckert (ed.), *Wilhelm Liebknecht Briefwechsel*, 413–415.

60 REM, 250.

61 코뮌 가담자였던 헝가리인 보석상 레오 프랑켈이 그녀에게 관심을 듬뿍 쏟았다. 또 다른 코뮌 가담자이자 중앙 협의회 위원이었던 프랑스인 석판인쇄공 쥘 조나르도 마찬가지였다. 두 사람은 최소한 그녀보다 열 살은 많았다. Kapp, *Eleanor Marx, Volume I*, 145.

62 Ibid., 155–156.

63 Ibid., 160.

64 Jenny Marx(daughter) to the Kugelmanns, Dec. 21, 1871, Moscow.

65 FE-PL, Volume I, 46.

66 Jenny Marx(daughter) to Kugelmann, Jan. 22, 1872, IISG; Derfler, *Founding of French Marxism*, 119.

67 Macé, *Paul et Laura Lafargue*, 63.

68 MECW, Volume 44, 581.

69 Ibid., 327.

70 Ibid., 347.

71 Marx, Marx and Engels, *Lettres à Kugelmann*, 214–215.

72 Ibid., 216–217.

73 Derfler, *Founding of French Marxism*, 142.

74 FE-PL, Volume III, 463.

75 Derfler, *Founding of French Marxism*, 138.

76 FE-PL, Volume III, 428–429.

77 그렇지만 라파르그는 스페인에 족적을 남겼다. 7월에 그와 한 동료는 스페인에서 최초의 마르크스주의 정당인 신

마드리드 동맹New Madrid Federation을 결성했고, 그것은 오늘날 스페인 사회주의당의 전신이 되었다. Derfler, *Founding of French Marxism*, 138–141.

78   FE-PL, Volume III, 471.

39 | 1872년 가을, 헤이그

1   MECW, Volume 23, 256.

2   MECW, Volume 44, 386, 387.

3   Ibid., 346–347.

4   Ibid., 387.

5   Ibid., 100, 283, 607(n).

6   Ibid., 385.

7   Ibid., 390.

8   Ibid., 396.

9   Offord, *Nineteenth-Century Russia*, 68; Carr, *Michael Bakunin*, 453.

10   Offord, *Nineteenth-Century Russia*, 76.

11   Hobsbawm, *Age of Revolution*, 197.

12   Ibid., 198.

13   MECW, Volume 44, 399.

14   McLellan, *Karl Marx*, 395.

15   MECW, Volume 44, 400.

16   Hobsbawm, *Age of Capital*, 308; MECW, Volume 44, 438.

17   McLellan, *Karl Marx*, 394.

18   MECW, Volume 44, 385.

19   Jenny Marx to Wilhelm Liebknecht, May 26, 1872, Moscow.

20   Carr, *Michael Bakunin*, 375–376; Offord, *Nineteenth-Century Russia*, 64.

21   Nicolaievsky and Maenchen-Helfen, *Karl Marx*, 347.

22   Ibid., 349; MECW, Volume 43, 595(n). 바쿠닌은 니콜라이 다니엘손, 니콜라이 류바빈, 헤르만 로파틴이 착수한 『자본론』 번역에 관여했던 것으로 보인다.

23   Nicolaievsky and Maenchen-Helfen, 350–351.

24   표도르 도스토옙스키는 이 범죄를 그의 소설 『악령』에 포함시켰다. Offord, *Nineteenth-Century Russia*, 64.

25   MECW, Volume 44, 398.

26   Nicolaievsky and Maenchen-Helfen, *Karl Marx*, 294.

27   REM, 163.

28   Nicolaievsky and Maenchen-Helfen, *Karl Marx*, 358.

29   MECW, Volume 44, 426.

30   Nicolaievsky and Maenchen-Helfen, *Karl Marx*, 359.

31   Nicolaievsky and Maenchen-Helfen, *Karl Marx*, 360; Padover, *Karl Marx*, 244; REM, 208.

32   MECW, Volume 44, 438–439.

33   KMIR, 90.

34   Ibid., 91.

35   Ibid., 113; FE-PL, Volume III, 473.

36 Nicolaievsky and Maenchen-Helfen, *Karl Marx*, 360–361.

37 Ibid., 361; KMIR, 159.

38 MECW, Volume 44, 516.

39 REM, 210.

40 인터내셔널에서 바쿠닌의 가장 중요한 추종자인 자매 기욤도 추방되었다. MECW, Volume 23, 249.

41 Padover, *Karl Marx*, 245.

42 Ibid., 246; REM, 212.

43 마르크스의 발언 내용은 세 개의 언론보도에 기초한 것이었다. MECW의 편집자들은 정확성을 기하기 위해 『라 리베르테*La Liberté*』, 『폴크스슈타트*Der Volksstaat*』, 『라 에망시파시옹*La Emancipation*』을 비교 검토했다. MECW, Volume 23, 254–256.

44 Carr, *Michael Bakunin*, 430.

45 Ibid., 418.

46 Offord, *Nineteenth-Century Russia*, 65.

47 Carr, *Michael Bakunin*, 325, 353–354, 372.

48 Ibid., 456–457.

49 Ibid., 459, 461.

50 Ibid., 408.

51 바쿠닌에게 은퇴는 어울리지 않았다. 1874년 그는 볼로냐로 가서 (실패한) 폭탄테러에 가담했다. 그는 검은 안경을 쓰고 사제복을 입고 탈출했다. 이것이 러시아 거인의 마지막 반란이었다. 바쿠닌은 1876년에 사망했다. Carr, *Michael Bakunin*, 461, 478.

52 Jenny Marx-Charles Longuet Certificate of Marriage, Moscow.

53 Jenny Longuet to the Kugelmanns, Dec. 23, 1872, Moscow.

54 Jenny Longuet to Karl Marx, Oct. 30, 1872, Moscow.

55 Jenny Longuet to Karl Marx, undated (likely Fall 1872), Moscow.

56 MECW, Volume 44, 450.

57 Jenny Longuet to the Kugelmanns, Dec. 23, 1872, Moscow; Jenny Marx to Johann Philip Becker, Nov. 7, 1872, Moscow.

58 MECW, Volume 44, 455.

59 Meier, Perrot, and Trebitsch (eds.), *Daughters*, 113–114.

60 Jenny Longuet to Charles Longuet, Mar. 1873, Moscow.

61 Macé, *Paul et Laura Lafargue*, 68.

62 MECW, Volume 44, 457.

63 Ibid., 472, 517; Derfler, *Founding of French Marxism*, 153.

64 MECW, Volume 44, 527.

65 Ibid., 544, 676(n), Volume 45, 456; Jenny Marx to Madame Longuet, Oct. 1874, Moscow; McLellan, *Karl Marx*, 389.

66 MECW, Volume 45, 468.

67 Derfler, *Founding of French Marxism*, 154.

68 Jenny Marx to Wilhelm Liebknecht, July 1873, Moscow.

69 Jenny Marx to Eleanor Marx, May 1873, Moscow; Marx, Marx, and Engels, *Lettres à Kugelmann*, 224–225.

70 Jenny Marx to Wilhelm Liebknecht, July 1873, Moscow.

71 MECW, Volume 45, 457(n), 460(n), Volume 44, 607(n).

72 REM, 76; Berlin, *Karl Marx*, 213.

73 Jenny Longuet to Karl Marx, Apr. 24, 1874, Moscow.

74 REM, 76.

75 Jenny Marx to Eleanor Marx, May 1873, Moscow; Jenny Marx to Eleanor Marx, June 1873, Moscow.

76 Jenny Marx to Eleanor Marx, May 1873, Moscow.

77 Kapp, *Eleanor Marx, Volume I*, 146.

78 Eleanor Marx to Karl Marx, May 3, 1873, Moscow.

79 Jenny Marx to Wilhelm Liebknecht, July 1873, Moscow.

80 Kapp, *Eleanor Marx, Volume I*, 150.

81 MECW, Volume 44, 496(마르크스의 이야기에서 가장 비극적인 일 중 하나는 마르크스 사후에 투시와 라우 라가 친구—특히 엥겔스—에게 누가 되거나, 아니면 그들의 개인적인 이유로 마르크스 가족의 기록으로 남기 를 원치 않았던 편지들을 모두 태워버린 일이다. Eleanor Marx to Laura Lafargue, Mar. 26, 1883, Moscow; B. Nicolaievsky, "Toward a History of the Communist League," 239).

82 MECW, Volume 44, 506.

83 Jenny Marx to Eleanor Marx, June 1873, Moscow.

84 Kapp, *Eleanor Marx, Volume I*, 152.

85 Jenny Marx to Wilhelm Liebknecht, July 1873, Moscow.

86 Charles Longuet to Jenny Longuet, Friday morning, undated, Moscow.

87 Jenny Marx to Eleanor Marx, June 1873, Moscow.

88 Jenny Marx to Wilhelm Liebknecht, July 1873, Moscow.

89 MECW, Volume 44, 516.

90 Jenny Marx to Wilhelm Liebknecht, July 1873, Moscow.

91 MECW, Volume 44, 516.

92 Ibid., 538.

93 Ibid., 550.

94 MECW, Volume 45, 3.

95 Walt Contreras Sheasby, "Marx at Karlsbad," 91–97.

96 Taylor, *Struggle for Mastery of Europe*, 219; Hobsbawm, *Age of Capital*, 201.

97 그 예로 독일에서는 리프크네히트와 베벨이 정치적 실력행사, 그리고 인터내셔널의 회원이라는 이유로 1872년에 이 년의 감옥형을 선고받았다. MECW, Volume 45, 466(n).

98 Williamson, *Bismarck and Germany*, 48; Hobsbawm, *Age of Capital*, 62.

99 Offord, *Nineteenth-Century Russia*, 77; MECW, Volume 45, 461(n).

100 MECW, Volume 45, 33, 35.

101 MECW, Volume 24, 564.

102 Paul Lafargue to Karl Marx, July 26, 1874, IISG; Derfler, *Founding of French Marxism*, 155; FE-PL, Volume I, 48–49(1874년과 1878년 사이에 라파르그는 엥겔스에게 돈을 요구하는 최소한 스물여덟 통의 편지를 보냈다).

103 MECW, Volume 45, 21–22; Briggs and Callow, *Marx in London*, 71; A. E. Laurence and A. N. Insole, *Prometheus Bound*, 4.

104 REM, 254.

105 KMIR, 130.

106 MECW, Volume 45, 26, 29.

107 Ibid., 28.

108 Ibid., 27.

109 Ibid.

110 Jenny Longuet to Charles Longuet, Aug. 1874, Moscow.

111 MECW, Volume 45, 36.

112 Kapp, *Eleanor Marx, Volume I*, 153–154.

113 Jenny Marx to Madame Longuet, Oct. 1874, Moscow.

114 MECW, Volume 45, 34.

115 Ibid., 35.

116 Sheasby, "Marx at Karlsbad," 91–97.

117 Egon Erwin Kisch, *Karl Marx at Karlsbad*, 5–46.

118 MECW, Volume 45, 37.

119 KMIR, 93.

120 Meier, Perrot, and Trebitsch (eds.), *Daughters*, 118.

121 백작에 관한 기사는 그를 역시 칼스바트에 머물고 있던 투르게네프와 혼동한 것이다. 투르게네프는 "니힐리스트의 우두머리"는 아니었지만, 1840년대에 베를린에 머물 당시 니힐리즘이라는 말을 만들어낸 사람으로 여겨지고 있다. MECW, Volume 45, 37.

122 REM, 284–285; KMIR, 91.

123 Eleanor Marx to Jenny Longuet, Sept. 5, 1874, Moscow; MECW, Volume 45, 46.

124 MECW, Volume 45, 52–53.

125 KMIR, 121.

126 Ibid., 165.

40 | 1875년 런던

1 MECW, Volume 45, 31.

2 Jenny Longuet to Charles Longuet, mid-Aug. 1874, Moscow; Jenny Longuet to Charles Longuet, Aug. 8, 1874, Moscow; Jenny Longuet to Charles Longuet, Aug. 28, 1874, Moscow.

3 Jenny Longuet to Charles Longuet, Aug. 1874, Moscow.

4 MECW, Volume 45, 38.

5 Jenny Longuet to Charles Longuet, Aug. 10, 1874, Moscow; Jenny Longuet to Charles Longuet, mid-Aug. 1874, Moscow.

6 Jenny Longuet to Charles Longuet, Aug. 28, 1874, Moscow.

7 Jenny Longuet to Charles Longuet, mid-Aug. 1874, Moscow.

8 Jenny Longuet to Charles Longuet, Sept. 1, 1874, Moscow.

9 Jenny Marx to Madame Longuet, Oct. 1874, Moscow.

10 KMIR, 130.

11 Jenny Marx to Wilhelm Liebknecht, May 26, 1872, Moscow.

12 MECW, Volume 45, 446.

13 Jenny Longuet to Madame Longuet, Dec. 25, 1874, Moscow.

14 Longuet, *Karl Marx*, 224.

15 Jenny Longuet to Madame Longuet, Dec. 25, 1874, Moscow.

16 Jenny Longuet to Madame Longuet, July 27 [1875], Moscow.

17 MECW, Volume 45, 75; Jenny Marx to Madame Longuet, June 1875, Moscow.

18 Jenny Marx to Madame Longuet, June 1875, Moscow; MECW, Volume 45, 66.

19 Eckert (ed.), *Wilhelm Liebknecht Briefwechsel*, 414.

20 Ibid., 421.

21 Ralph Miliband and John Saville (eds.), *The Socialist Register*, 183–184.

22 Gildea, *Third Republic*, 7–8.

23 MECW, Volume 45, 60–66.

24 Ibid., 63.

25 Ibid., 69.

26 Ibid., 467(n).

27 MECW, Volume 24, 89–90.

28 Ibid., 87.

29 Ibid., 94–95.

30 Ibid., 95.

31 Ibid., 99.

32 Padover, *Karl Marx*, 219.

33 "마르크스가 영국에서 오래 살았고, 어쩔 수 없이 우리의 언어로 많은 글을 쓰기는 했지만 — 그의 주요 저작들의 예시와 주요 증거들이 영국에서의 경험에서 나온 것이기는 하지만 — 여기서 그의 이름은 거의 알려지지 않았다. 사람들은 그에 대해 남용의 명예를 안겨줄지도 모른다. 그의 책을 읽지도 않고서 말이다. 그는 자신만의 스타일이 있다…… 한마디로 축약하자면, 그는 모든 사람을 괴롭힌다. 또는 적어도 세상에 의해 권위라고 여겨지는 모든 사람을 말이다. 공공연하고 완고한 방식으로 남용…… 철학적 논쟁보다 길거리 토론에서 더 자주 들을 만한 표현들을 접할 수 있다." John Macdonnell, "Karl Marx and German Socialism," 384.

34 Jenny Marx to Eleanor Marx, Sept. 1875, Moscow.

35 Jenny Longuet to Eleanor Marx, Aug. 1875, Moscow.

36 MECW, Volume 45, 84–85.

37 Ibid., 82.

38 Kisch, *Karl Marx at Karlsbad*, 20.

39 KMIR, 124–125.

40 Blumenberg, *Illustrated*, 152.

41 MECW, Volume 45, 518.

42 REM, 298–299.

43 Jenny Marx to Natalie Liebknecht, Jan. 18, 1876, Moscow.

44 Jenny Longuet to Madame Longuet, Dec. 31, 1875, Moscow.

45 MECW, Volume 45, 96.

46 Ibid., 56.

47 REM, 217; Jenny Longuet to Eleanor Marx, Nov. 28, 1873, Moscow.

48 Jenny Longuet to Charles Longuet, Apr. 5, 1876, Moscow.

49 MECW, Volume 45, 120–121.

50 Jenny Marx to Madame Longuet, June 1875, Moscow.

51 Jenny Longuet to Madame Longuet, Dec. 31, 1875, Moscow.

52 Jenny Marx to Natalie Liebknecht, Jan. 18, 1876, Moscow.

53 MECW, Volume 45, 135–137.

54 그는 예니헨에게 모든 사람의 입술에 걸린 질문이 "'당신은 바그너에 대해 어떻게 생각하는가?'였어. 바그너와 그의 아내(뷜로우와 이혼한 리스트의 딸), 오쟁이 진 뷜로우, 그리고 두 사람 모두의 장인인 리스트, 그 네 사람이 모두 바이로이트에서 오순도순 같이 살며 서로 껴안고 키스하며 사랑하고 즐기는 것이 이 후기 프로이센-독일제국의 궁정음악가들의 극히 전형적인 모습이었어"라고 말했다. MECW, Volume 45, 143.

55 MECW, Volume 45, 149–150, 152.

56 Ibid., 444.

57 Tsuzuki, *Eleanor Marx*, 57; MECW, Volume 45, 191, 446; Hudson, *Munby*, 123.

58 MECW, Volume 45, 191.

59 Ibid., 446.

60 McLellan, *Karl Marx*, 407.

61 MECW, Volume 45, 122–123.

62 MECW, Volume 25, 27, Volume 24, 195.

63 Draper and Haberkern, *Karl Marx's Theory of Revolution, Volume V*, 115.

64 MECW, Volume 25, 154.

65 MECW, Volume 45, 442.

41 | 1880년 런던

1 Madame de Staël, *Delphine*, 304.

2 마르크스가 자기 딸들에게 했던 것과 마찬가지로 엥겔스도 펌프스에게 프롤레타리아트의 삶 이상의 것을 마련해 주어야 했다. 1875년에 엥겔스와 리지는 그녀를 독일로 데려가서 학업을 '마칠' 때까지 일 년 반 동안 한 화학자 부부에게 맡겼었다. Jenny Longuet to Eleanor Marx, Sept. 1, 1874, Moscow; MECW, Volume 45, 104, 106.

3 MECW, Volume 45, 244.

4 Ibid., 274.

5 Ibid., 245.

6 Ibid., 267–268.

7 KMIR, 98.

8 Jenny Marx to Eleanor Marx, Nov. 20, 1877, Moscow.

9 MECW, Volume 45, 320.

10 Ibid., 447.

11 KMIR, 162.

12 Williamson, *Bismarck and Germany*, 55; Ozment, *Mighty Fortress*, 219.

13 Williamson, *Bismarck and Germany*, 58.

14 MECW, Volume 45, 312.

15 Jenny Longuet to Charles Longuet, Sept. 1878, Moscow; Jenny Marx to Eleanor Marx, Aug. 1878, Moscow.

16 Jenny Longuet to Charles Longuet, Sept. 14, 1878, Moscow.

17 MECW, Volume 45, 447.

18 Jenny Longuet to Charles Longuet, Sept. 14, 1878, Moscow.

19 MECW, Volume 45, 320; Hunt, *Frock-Coated Communist*, 271.

20 Jenny Longuet to Charles Longuet, mid-Sept. 1878, Moscow.

21 Jenny Longuet to Charles Longuet, Sept. 19, 1878, Moscow.

22 MECW, Volume 45, 361–362.

23 KMIR, 128.

24 MECW, Volume 45, 343.

25 Ibid., 354–356.

26 Ibid., 369.

27 Ibid., 371–372.

28 Ibid., 376.

29 Ibid., 373.

30 Ibid., 388.

31 MECW, Volume 24, 669(n); KMIR, 140.

32 MECW, Volume 24, 580–582; KMIR, 140–142.

33 Liebknecht, *Karl Marx*, 110; KMIR, 97.

34 마르크스 전기 작가들은 1882년까지 가족의 서신에 프레디의 이름이 나타나지 않는다고 대체로 말하고 있다. 그러나 모스크바 문서기록실에서 발견된 편지에서 그보다 이 년 전에 그에 대해 언급하고 있다. 이것이 지니는 의미는 예니 마르크스가 딸들의 삶에 프레디가 관여하고 있음을 죽기 전에 알고 있었다는 사실이다. 그동안 의문으로 남아 있었던, 프레디가 몇 년 후의 편지에서 롱게에게 돈을 갚으라고 재촉했던 것도, 이 편지로 인해 상황이 설명된다—예니헨이 렌헨과 프레디로부터 자주 돈을 빌렸던 것이다. Jenny Longuet to Charles Longuet, Oct. 24, 1880, Moscow; Jenny Longuet to Charles Longuet, Nov. 17, 1880, Moscow.

35 Ernest Belfort Bax, *Reminiscences and Reflections of a Mid and Late Victorian*, 70–71.

36 KMIR, 158–159

37 Ibid., 151.

38 Wilson, *Victorians*, 444.

39 KMIR, 144, 150.

40 MECW, Volume 46, 102–103.

41 Kapp, *Eleanor Marx, Volume I*, 211.

42 Jenny Marx to Eleanor Marx, Aug. 1878, Moscow.

43 Jenny Longuet to Charles Longuet, late Sept. 1880, Moscow.

44 FE-PL, Volume I, 63–64.

45 MECW, Volume 46, 32; Derfler, *Founding of French Marxism*, 154.

46 Longuet, *Karl Marx*, 228.

47 MECW, Volume 46, 95, 101.

48 MECW, Volume 45, 390.

49 Jenny Longuet to Charles Longuet, Aug. 1, 1880, Moscow.

50 MECW, Volume 46, 22–23, Volume 24, 584–585.

51 Derfler, *Founding of French Marxism*, 177, 183.

52 MECW, Volume 24, 585.

53 Charles Longuet to Jenny Longuet, Aug. 24, 1880, Moscow.

54 Jenny Longuet to Charles Longuet, Sept. 29, 1880, Moscow.

55 Liebknecht, *Karl Marx*, 114; Jenny Longuet to Charles Longuet, Sept. 29, 1880, Moscow.

56 Bernstein, *My Years of Exile*, 150.

57 Bax, *Reminiscences*, 48.

58 Offord, *Nineteenth-Century Russia*, 81–82; MECW, Volume 46, 495(n).

59 하르트만은 투시와 펌프스에게 번갈아가며 사랑에 빠졌고, 청혼했다. 한편 마르크스와 엥겔스는 그에게 정치적인 일을 맡겼고, 의심할 여지없이 엥겔스는 그의 생계를 책임졌다. KMIR, 150, 160; MECW, Volume 46, 95–96.

60 Bernstein, *My Years of Exile*, 152–153, 156–157.

42 | 1881년 런던

1 Dornemann, *Jenny Marx*, 318–326.

2 Jenny Longuet to Charles Longuet, Nov. 22, 1880, Moscow.

3 Jenny Longuet to Charles Longuet, Nov. 10, 1880, Moscow.

4 Jenny Longuet to Charles Longuet, undated, Moscow; Jenny Longuet to Charles Longuet, Nov. 1880, Moscow.

5 Jenny Longuet to Charles Longuet, Nov. 1880, Moscow.

6 Jenny Longuet to Charles Longuet, undated, Moscow.

7 Charles Longuet to Jenny Longuet, Nov. 1880, Moscow.

8 Jenny Longuet to Charles Longuet, Sunday morning, Dec. 1880, Moscow.

9 Jenny Longuet to Charles Longuet, Nov. 10, 1880, Moscow.

10 MECW, Volume 46, 61.

11 Jenny Longuet to Charles Longuet, Jan. 1881, Moscow.

12 Jenny Longuet to Charles Longuet, Feb. 1881, Moscow.

13 Jenny Longuet to Charles Longuet, Jan. 13, 1881, Moscow.

14 아르장퇴유의 롱게의 집은 티에르Thiers 가에 있었다. 그 거리는 나중에 카를 마르크스 가로 개명되었다. Longuet, *Karl Marx*, 230.

15 Jenny Longuet to Laura Lafargue, Apr. 1881, Moscow.

16 Jenny Longuet to Laura Lafargue, Apr. 22, 1881, Moscow.

17 MECW, Volume 46, 81.

18 Ibid., 81–82.

19 카우츠키의 『잉여가치론*Theories of Surplus Value*』은 마르크스가 『자본론』 제4권을 위해 준비한 자료들을 그가 편집한 것에 기초한 것이다. Blumenberg, *Illustrated*, 159.

20 KMIR, 154–155.

21 Jenny Longuet to Charles Longuet, Nov. 10, 1880, Moscow; Bernstein, *My Years of Exile*, 158.

22 MECW, Volume 46, 82.

23 Ibid., 83.

24 Ibid., 89.

25 Ibid., 91.

26 Ibid., 96.

27 Ibid., 97.

28 Ibid., 106.

29 Ibid., 108.

30 Jenny Longuet to Jenny Marx, July 1881, Moscow.

31 MECW, Volume 46, 107.

32   Ibid., 109.

33   Ibid., 110.

34   Ibid., 116; Giroud, *Femme du diable*, 224.

35   MECW, Volume 46, 124.

36   Ibid., 124, 132.

37   Kapp, *Eleanor Marx, Volume I*, 187.

38   Morton, *Home Rule*, 23.

39   Eckert (ed.), *Wilhelm Liebknecht Briefwechsel*, 427–429; Morton, *Home Rule*, 25.

40   Bax, *Reminiscences*, 73–74; Joseph Clayton, *The Rise and Decline of Socialism in Great Britain*, 9.

41   나중에 쇼는 마르크스주의를 포기한다. James W. Hulse, *Revolutionists in London*, 111.

42   Bernstein, *My Years of Exile*, 159–160.

43   MECW, Volume 46, 104.

44   Meier, Perrot, and Trebitsch (eds.), *Daughters*, 134–135.

45   Ibid., 133.

46   MECW, Volume 46, 133, 134–135.

47   Ibid., 475.

48   MECW, Volume 46, 161; Liebknecht, *Karl Marx*, 43–44.

49   Meier, Perrot, and Trebitsch (eds.), *Daughters*, 138–139.

50   Ibid., 139.

51   Eleanor Marx to Jenny Longuet, Oct. 31, 1881, Moscow.

52   Liebknecht, *Karl Marx*, 158.

53   KMIR, 1.

54   Williamson, *Bismarck and Germany*, 58.

55   Eleanor Marx to Pytor Lavrov, Dec. 3, 1881, Moscow; Eleanor Marx to Jenny Longuet, Oct. 31, 1881, IISG; Jenny Longuet to Laura Lafargue, Dec. 2, 1881, Moscow.

56   MECW, Volume 46, 163; Bax, *Reminiscences*, 45.

57   Wheen, *Marx's Das Kapital*, 89.

58   MECW, Volume 46, 157, 165.

59   Ibid., 156.

60   MECW, Volume 24, 423–424; REM, 90.

61   MECW, Volume 46, 164.

62   Liebknecht, *Karl Marx*, 159.

43 | 1882년 런던

1   William Shakespeare, *King Lear*, 30.

2   KMIR, 159.

3   Bernstein, *My Years of Exile*, 155.

4   MECW, Volume 46, 156.

5   Ibid., 157–158.

6   Ibid., 161.

7   Ibid., 158.

8   Ibid., 161.

9   Ibid., 184.

10 Flanders, *Victorian House*, 182.

11 Eleanor Marx to Jenny Longuet, Jan. 16, 1881, Moscow.

12 Jenny Longuet to Karl Marx, Dec. 3, 1881, Moscow.

13 MECW, Volume 46, 169.

14 Eleanor Marx to Jenny Longuet, Jan. 8, 1882, Moscow.

15 Jenny Longuet to Laura Lafargue, Dec. 1881, Moscow.

16 Jenny Longuet to Laura Lafargue, Dec. 2, 1881, Moscow.

17 Jenny Longuet to Laura Lafargue, Dec. 1881, Moscow.

18 MECW, Volume 46, 176–177.

19 Eleanor Marx to Jenny Longuet, Jan. 15, 1882, Moscow.

20 Jenny Longuet to Eleanor Marx, Jan. 23, 1882, Moscow.

21 Jenny Longuet to Eleanor Marx, Thursday, Apr. 1882, Moscow.

22 MECW, Volume 46, 184.

23 Ibid., 199.

24 Ibid., 213–215.

25 Ibid., 218.

26 Ibid., 227.

27 Ibid., 249.

28 Ibid., 253–254.

29 Ibid., 269.

30 Ibid., 262.

31 Ibid., 271–272.

32 Jenny Longuet to Karl Marx, Feb. 24, 1882, Moscow.

33 Jenny Longuet to Eleanor Marx, Mar. 23, 1882, Moscow.

34 Jenny Longuet to Eleanor Marx, Jan. 23, 1882, Moscow; Jenny Longuet to Eleanor Marx, June 10, 1882, Moscow; Jenny Longuet to Eleanor Marx, May 3, 1882, Moscow.

35 Jenny Longuet to Eleanor Marx, May 3, 1882, Moscow.

36 Jenny Longuet to Eleanor Marx, May 17, 1882, Moscow.

37 Jenny Longuet to Charles Longuet, undated, Moscow.

38 Jenny Longuet to Laura Lafargue, Mar. 1882, Moscow.

39 Jenny Longuet to Eleanor Marx, June 10, 1882, Moscow.

40 Jenny Longuet to Eleanor Marx, May 1882, Moscow.

41 MECW, Volume 46, 276; Longuet, *Karl Marx*, 234.

42 FE-PL, Volume I, 82–83.

43 MECW, Volume 46, 303.

44 Jenny Longuet to Laura Lafargue, July 1881, Moscow.

45 REM, 258.

46 MECW, Volume 46, 303.

47 Meier, Perrot, and Trebitsch (eds.), *Daughters*, 154–155.

48 Tsuzuki, Eleanor Marx, 66–67.

49 MECW, Volume 46, 303.

50 Ibid., 308.

51 Ibid., 356.

52 FE-PL, Volume I, 88–89.

53 MECW, Volume 46, 291.

54 FE-PL, Volume I, 101; Derfler, *Flowering of French Socialism*, 4.

55 FE-PL, Volume III, 479–480.

56 Jenny Longuet to Eleanor Marx, Sept. 5, 1882, Moscow.

57 Jenny Longuet to Eleanor Marx, Sept. 23, 1882, Moscow.

58 FE-PL, Volume I, 100–101.

59 MECW, Volume 46, 221; Derfler, *Founding of French Marxism*, 167.

60 Derfler, *Flowering of French Socialism*, 5.

61 MECW, Volume 46, 375.

62 Ibid., 394.

63 Ibid., 529(n).

64 Ibid., 399.

65 FE-PL, Volume I, 119.

66 Jenny Longuet to Eleanor Marx, Nov. 8, 1882, Moscow.

67 FE-PL, Volume I, 119.

68 Ibid., 117.

69 Jenny Longuet to Eleanor Marx, Sept. 5, 1882, Moscow.

70 Jenny Longuet to Eleanor Marx, Nov. 8, 1882, Moscow; Jenny Longuet to Eleanor Marx, Dec. 30, 1882, Moscow.

71 MECW, Volume 46, 419, 420.

72 Ibid., 425.

73 FE-PL, Volume III, 479–480.

74 MECW, Volume 46, 420–421.

75 Ibid., 421, 424.

44 | 1883년 런던

1 Honoré de Balzac, *Lost Illusions*, 60.

2 Liebknecht, *Karl Marx*, 160.

3 MECW, Volume 24, 460–461.

4 MECW, Volume 46, 434.

5 Ibid., 440–441.

6 MECW, Volume 46, 456; REM, 346.

7 Friedrich Engels, *The Fourteenth of March 1883*, 21; FE-PL, Volume I, 121(19세기 영국에서는 시신을 집에 두었고 커튼을 쳐놓는 것은 상중임을 의미했다. 장례식이 끝날 때까지 커튼을 열지 않았다. Flanders, *Victorian House*, 32).

8 MECW, Volume 24, 476.

9 MECW, Volume 46, 462–463.

10 Wheen, *Karl Marx*, 382; Robert Payne, *Karl Marx*, 500(마르크스와 예니, 그리고 그들의 손자 해리가 묻힌 묘의 묘

석은 평평한 돌에 불과했다. 엥겔스와 가족들은 마르크스의 작품이 기념비로 충분하기 때문에 더 장대한 치장은 필요치 않다고 생각했다. MECW, Volume 47, 17. 오늘날 하이게이트 공동묘지에 있는 거대한 묘비는 1956년에 공산당이 세운 것이다).

11 REM, 256–257.

12 MECW, Volume 24, 463.

13 REM, 348.

14 MECW, Volume 24, 464.

15 Engels, *The Fourteenth of March 1883*, 11–13; REM, 348.

16 MECW, Volume 24, 469; REM, 350.

17 MECW, Volume 24, 469.

18 *The Coming Nation*, March 18, 1911, Greensburg, Indiana, 8; Raddatz, Karl Marx, 272.

19 Berlin, *Karl Marx*, 206.

7부 마르크스 사후

---

45 │ 1883년 봄, 런던

1 MECW, Volume 46, 462.

2 Ibid., 465.

3 MECW, Volume 47, 3.

4 MECW, Volume 36, 5.

5 MECW, Volume 47, 13.

6 MECW, Volume 46, 466; 533(n).

7 MECW, Volume 47, 12.

8 FE-PL, Volume I, 124–125.

9 MECW, Volume 47, 3, 26, 561(n).

10 Tsuzuki, Eleanor Marx, 71.

11 Eleanor Marx to Laura Lafargue, Mar. 26, 1883, IISG(투시는 엥겔스도 마르크스의 서류들 중에서 그 자신과 관련된 많은 편지들을 태워버렸다고 말했다. Eleanor Marx Aveling to Karl Kautsky, Mar. 15, 1898, Moscow).

12 Warren Sylvester Smith, *The London Heretics*, 74; Tsuzuki, *Eleanor Marx*, 83.

13 엘리스가 에이블링에 대한 쇼의 언급을 인용했다. Ellis, "Havelock Ellis on Eleanor Marx," *Adelphi*, London, Sept./Oct. 1935.

14 KMIR, 120.

15 Warren Sylvester Smith, *London Heretics*, 74.

16 Tsuzuki, *Eleanor Marx*, 91–92.

17 Ibid., 91–92; Robert Payne, *Karl Marx*, 513(이 표현은 18세기 런던 시장이었던 존 윌크스가 한 말이었다. "나는 런던에서 가장 못생긴 남자다. 하지만 영국에서 가장 잘생긴 남자보다 삼십 분만 먼저 시간을 준다면 나는 이 나라에서 가장 아름다운 여인의 마음을 사로잡을 수 있다." "Aleph," *London Scenes*, 31).

18 Ellis, "Havelock Ellis on Eleanor Marx," *Adelphi*, London, Sept./Oct. 1935; Warren Sylvester Smith, *London Heretics*, 74.

19 Kapp, *Eleanor Marx, Volume II*, 204.

20 마르크스가 사망한 지 한 달이 채 안 돼서 엥겔스는 에이블링을 위해 취리히 신문의 편집자인 에두아르트 베른슈

타인에게 편지를 썼다. MECW, Volume 47, 7.

21 Ibid., 26.

22 에이블링은 『진보Progress』와 『자유사상가Freethinker』의 편집을 맡았다. Warren Sylvester Smith, *London Heretics*, 63–65; Besant, *Autobiography*, 288.

23 Beatrice Webb, *My Apprenticeship*, 301–302.

24 MECW, Volume 47, 28–29.

25 Derfler, *Flowering of French Socialism*, 6–7.

26 MECW, Volume 46, 375.

27 Derfler, *Flowering of French Socialism*, 8.

28 Ibid., 11.

29 Derfler, *Flowering of French Socialism*, 12; FE-PL, Volume I, 132.

30 FE-PL, Volume I, 138–139.

31 Ibid., 140.

32 Ibid., 139.

33 Ibid., 141–142.

34 MECW, Volume 47, 39–40.

35 Ellis, "Havelock Ellis on Eleanor Marx," *Adelphi*, London, Sept./Oct. 1935.

36 Bax, *Reminiscences*, 75.

37 O'Neill, *Good Old Days*, 226; MECW, Volume 47, 583(n).

38 Wright, *Democracy and Reform*, 98.

39 Hulse, *Revolutionists in London*, 79.

40 J. Bruce Glasier, *William Morris and the Early Days of the Socialist Movement*, 32.

41 Hulse, *Revolutionists in London*, 226.

42 May Morris, *William Morris: Artist, Writer, Socialist, Volume II*, xii.

43 MECW, Volume 47, 78.

44 Ibid., 60–61.

45 Gildea, *Third Republic*, 25.

46 FE-PL, Volume I, 162–163.

47 Gildea, *Third Republic*, 34.

48 Ibid., 35; FE-PL, Volume I, 148–150.

49 FE-PL, Volume I, 151.

50 Ibid.

51 Ibid., 155.

52 Meier, Perrot, and Trebitsch (eds.), *Daughters*, 175–176.

53 FE-PL, Volume I, 194–196.

54 MECW, Volume 47, 118, 122, 551(n).

55 FE-PL, Volume I, 217–219.

56 그녀는 결혼과 함께 1천 파운드를 받았고, 아버지의 2만 5천 파운드짜리 부동산 일부를 상속할 자격을 얻었다. Kapp, *Eleanor Marx, Volume I*, 257–258.

57 Ibid., 257.

58 Eleanor Marx to Laura Lafargue, June 18, 1884, Moscow.

59 Bernstein, *My Years of Exile*, 161.

60 Eleanor Marx Aveling to Mrs. Bland, July 15, 1884, Moscow.

61 FE-PL, Volume I, 217–219.

62 MECW, Volume 47, 177.

63 Tsuzuki, Eleanor Marx, 99.

64 MECW, Volume 47, 167; Tsuzuki, *Eleanor Marx*, 107.

65 Michael Rive (ed.), *Olive Schreiner Letters, Volume I*, 48.

66 Ibid., 49.

67 엘리스는 올리브를 통해 투시, 그리고 그녀의 성 경험에 대해 알게 되었다. 엘리스는 한 가지 흥미롭지만 슬프게도 애매모호한 투시의 "갑작스러운 성 입문"에 대해 언급했다. 투시가 부모 집의 소파에 누워 있을 때 "아버지의 추종자 중 유명한 외국인"에 의해 성 경험을 하게 되었다는 것이다. 엘리스는 나중에 그 남자의 이름은 잊어버렸다고 썼다. Ellis, "Havelock Ellis on Eleanor Marx," *Adelphi*, London, Sept./Oct. 1935.

68 Ibid.

69 Yaffa Claire Draznin (ed.), *My Other Self*, 140; Ellis, "Havelock Ellis on Eleanor Marx," *Adelphi*, London, Sept./Oct. 1935.

70 Draznin, *My Other Self*, 141.

71 Tsuzuki, *Eleanor Marx*, 99.

72 Cole and Postgate, *British Common People*, 415–416, 421; Clayton, *Rise and Decline of Socialism*, 20–21; Bax, *Reminiscences*, 80.

73 Clayton, *Rise and Decline of Socialism*, 42.

74 1885년 1월 10일 에드워드 에이블링, 엘레아노르 마르크스 에이블링, 로버트 배너, 벨포트 백스, 윌리엄 모리스, 존 맨 등이 서명한, 사회민주주의연맹 회원들에게 '사회주의자동맹'의 결성을 알리는 선언문, IISG.

75 MECW, Volume 47, 248.

46 | 1885년 런던

1 Eleanor Marx Aveling to George Bernard Shaw, June 2, 1885, Catalog of George Bernard Shaw Papers, British Library, London.

2 MECW, Volume 47, 244.

3 Ibid., 316.

4 Ibid., 244.

5 Ibid., 290.

6 Ibid., 244.

7 Ibid., 245, 249, 394.

8 Ibid., 394.

9 FE-PL, Volume I, 270–271.

10 MECW, Volume 36, 283.

11 Ibid., 235–236.

12 Ibid., 238–239.

13 MECW, Volume 47, 289, 296.

14 엥겔스는 베라 자술리치를 비롯한 노동해방 회원들과 서신을 교환하고 있었다. 그녀는 인민의 의지파Narodnaya Volya 조직원이기도 했다. 인민의 의지파는 알렉산드르 2세와 그의 초반동적인 아들 알렉산드르 3세에 대한 테

러활동을 벌여왔지만 더 가중된 탄압만 불러일으켰을 뿐 노동자들을 위해 별다른 성과를 올리지 못했었다. 자술리치는 상트페테르부르크의 시장을 저격했는데 놀랍게도 배심원에서 무죄방면된 후 러시아를 탈출했다. Offord, *Nineteenth-Century Russia*, 80, 88; Hulse, *Revolutionists in London*, 32–33.

15 Tsuzuki, *Eleanor Marx*, 121.

16 MECW, Volume 47, 405; Tsuzuki, *Eleanor Marx*, 122.

17 *The National Reformer*, London, May 4, 1884, 310.

18 Bax, *Reminiscences*, 109.

19 MECW, Volume 47, 274.

20 Eleanor Marx Aveling to Laura Lafargue, Apr. 12, 1885, Moscow.

21 Eleanor Marx Aveling to George Bernard Shaw, June 2, 1885, London, British Library, GBS Papers.

22 Tsuzuki, *Eleanor Marx*, 127.

23 Ellis, "Havelock Ellis on Eleanor Marx," *Adelphi*, London, Sept./Oct. 1935.

24 Ibid.

25 Ibid.

26 Miliband and Saville (eds.), *The Socialist Register*, 183–184, 187.

27 Vera Buchanan-Gould, *Not Without Honor: The Life and Writings of Olive Schreiner*, 221.

28 Tsuzuki, *Eleanor Marx*, 123–124.

29 Edward Aveling and Eleanor Marx Aveling, *The Woman Question*, 6, 8, 13, 16.

30 Eleanor Marx Aveling to George Bernard Shaw, June 2, 1885, London, British Library, GBS Papers; Tsuzuki, *Eleanor Marx*, 165.

31 Gustave Flaubert, *Madame Bovary*, trans. Eleanor Marx-Aveling, xx.

32 Williamson, *Bismarck and Germany*, 58–61.

33 Ibid., 46.

34 Clayton, *Rise and Decline of Socialism*, 26; MECW, Volume 47, 366.

35 O'Neill, *Good Old Days*, 156; Wilson, *Victorians*, 508.

36 Clayton, *Rise and Decline of Socialism*, 27.

37 MECW, Volume 47, 404, 408.

38 Clayton, *Rise and Decline of Socialism*, 27.

39 MECW, Volume 47, 413.

40 Derfler, *Flowering of French Socialism*, 48.

41 MECW, Volume 47, 413.

42 Ibid., 428.

43 Gildea, *Third Republic*, 35

44 MECW, Volume 47, 441, 452, 470.

45 Ibid., 436.

46 Meier, Perrot, and Trebitsch (eds.), *Daughters*, 193–194.

47 Ibid., 194.

48 Tsuzuki, *Eleanor Marx*, 135.

49 *Chicago Tribune*, Nov. 6, 1886, 9.

50 Meier, Perrot, and Trebitsch (eds.), *Daughters*, 194.

51 Tsuzuki, *Eleanor Marx*, 136.

52 Edward Aveling and Eleanor Marx Aveling, *The Working Class Movement in America*, 8.

53 *Chicago Tribune*, Nov. 6, 1886, 1.

54 Kapp, *Eleanor Marx, Volume II*, 158.

55 Ibid., 153.

56 MECW, Volume 47, 525.

57 Ibid., 530–532, 628(n); Tsuzuki, *Eleanor Marx*, 140.

58 MECW, Volume 47, 494, Volume 48, 3.

59 *New York Herald*, Jan. 8, 1887, 5.

60 *Evening Standard*, London, Jan. 13, 1887, 4.

61 *New York Herald*, Jan. 14, 1887, 5.

62 *Evening Standard*, London, Jan. 13, 1887, 4.

63 Warren Sylvester Smith, *London Heretics*, 79.

64 Tsuzuki, *Eleanor Marx*, 117.

65 MECW, Volume 26, 617; *New York Herald*, Jan. 14, 1887, 5.

66 MECW, Volume 48, 16–17.

67 Bax, *Reminiscences*, 52, 55.

68 George Bernard Shaw, *The Doctor's Dilemma*.

69 Tsuzuki, *Eleanor Marx*, 165.

47 | 1887년 런던

1 Tsuzuki, *Eleanor Marx*, 168.

2 Derfler, *Flowering of French Socialism*, 69.

3 1875년부터 시작해 이십 년간 지구의 4분의 1 이상이 여섯 개의 유럽 강국에 의해 정복되었다. Davies, *Europe, A History*, 848.

4 Hobsbawm, *Age of Capital*, 354–355.

5 Derfler, *Flowering of French Socialism*, 70.

6 MECW, Volume 47, 413.

7 Ibid., 5.

8 Macé, *Paul et Laura Lafargue*, 90.

9 FE-PL, Volume II, 19.

10 Fomičev, "Helene Demuth Without Brethren," 972.

11 프레디는 유언장에서 해리를 "내 아들로 알려진 조카 해리 데무트"라고 언급했다. Kapp, *Eleanor Marx, Volume I*, 294.

12 Ibid., *Volume II*, 437.

13 FE-PL, Volume II, 40.

14 MECW, Volume 48, 542(n).

15 FE-PL, Volume II, 34–36.

16 Ibid., 28.

17 Tsuzuki, *Eleanor Marx*, 79, 115; Morris, *William Morris*, 226.

18 MECW, Volume 48, 73–74, 83, 105.

19 Bernstein, *My Years of Exile*, 202.

20 MECW, Volume 48, 91.

21   Ellis, "Havelock Ellis on Eleanor Marx," *Adelphi*, London, Sept./Oct. 1935.

22   Tsuzuki, *Eleanor Marx*, 168.

23   *To-Day*, London, June 1887, No. 43.

24   Ellis, "Havelock Ellis on Eleanor Marx," *Adelphi*, London, Sept./Oct. 1935.

25   Meier, Perrot, and Trebitsch (eds.), *Daughters*, 197–198.

26   Wilson, *Victorians*, 508.

27   MECW, Volume 48, 57.

28   Wilson, *Victorians*, 508.

29   MECW, Volume 48, 79, 536–537(n).

30   Wilson, *Victorians*, 509.

31   *Pall Mall Gazette*, London, Nov. 14, 1887, 1.

32   MECW, Volume 48, 113.

33   *Pall Mall Gazette*, London, Nov. 14, 1887, 5.

34   Morris, *William Morris*, 263.

35   Ibid., 252.

36   MECW, Volume 48, 113.

37   Wilson, *Victorians*, 510; Warren Sylvester Smith, *London Heretics*, 22.

38   Tsuzuki, *Eleanor Marx*, 155.

39   Meier, Perrot, and Trebitsch (eds.), *Daughters*, 202.

40   MECW, Volume 48, 119.

41   Tsuzuki, *Eleanor Marx*, 169–170.

42   Eleanor Marx Aveling to Laura Lafargue, Dec. 31, 1887, IISG.

43   Tsuzuki, *Eleanor Marx*, 173.

44   MECW, Volume 48, 198.

45   Ibid., 183.

46   Mayer, *Friedrich Engels*, 294.

47   Eleanor Marx Aveling to George Bernard Shaw, Dec. 16, 1887, GBS Papers(쇼는 1887년 5월 에이블링과 영국의 새로운 세대의 사회주의자들이 과연 마르크스주의자로 간주되어야 하는지에 대해 다투었다고 말했다. 쇼가 그렇지 않다고 주장하자 에이블링이 일련의 편지 공세로 그를 공격했다. London, British Library, GBS Papers).

48   MECW, Volume 48, 184, 192.

49   Ibid., 194.

50   Mayer, *Friedrich Engels*, 253.

51   MECW, Volume 48, 195, 202, 203.

52   Meier, Perrot, and Trebitsch (eds.), *Daughters*, 204–205.

53   Ibid., 207.

54   MECW, Volume 48, 208.

55   Ibid., 207.

56   Ibid., 211.

57   Olsen, *Growth of Victorian London*, 122; Wilson, *Victorians*, 521.

58   Will Thorne, *My Life's Battles*, 13.

59   Flanders, *Victorian House*, 370.

60   Winder, *Bloody Foreigners*, 215.

61   O'Neill, *Good Old Days*, 46; Anne Cowen and Roger Cowen, *Victorian Jews Through British Eyes*, xiv–xv.

62   Eleanor Marx Aveling to Laura Lafargue, June 24, 1888, IISG.

63   Paul Adelman, *The Rise of the Labour Party*, 12.

64   Kapp, *Eleanor Marx, Volume II*, 260.

65   Ibid., 510.

66   Eleanor Marx Aveling to Laura Lafargue, Dec. 31, 1888, IISG.

48 | 1889년 런던

1   William Stewart, *J. Keir Hardie: A Biography*, 38.

2   Adelman, *Rise of the Labour Party*, 10.

3   Clayton, *Rise and Decline of Socialism*, 56.

4   Thorne, *My Life's Battles*, 67.

5   Clayton, *Rise and Decline of Socialism*, 62.

6   MECW, Volume 48, 601(n); Adelman, *Rise of the Labour Party*, 12–13.

7   손과 맨은 국회의원이 되었다. 번스는 국회의원과 자유당 정부의 장관이 되었다. Cole and Postgate, *British Common People*, 427.

8   William Collison, *The Apostle of Free Labour*, 81.

9   Clayton, *Rise and Decline of Socialism*, 55.

10   Cole and Postgate, *British Common People*, 427–428.

11   Ibid., 427.

12   Thorne, *My Life's Battles*, 13.

13   Ibid., 80–81.

14   Ibid., 81.

15   MECW, Volume 48, 591(n); Cole and Postgate, *British Common People*, 428; Thorne, *My Life's Battles*, 80.

16   Thorne, *My Life's Battles*, 86.

17   MECW, Volume 48, 373, 379.

18   Tsuzuki, *Eleanor Marx*, 197.

19   Clayton, *Rise and Decline of Socialism*, 59.

20   Cole and Postgate, *British Common People*, 429.

21   MECW, Volume 48, 373.

22   Cole and Postgate, *British Common People*, 430.

23   Clayton, *Rise and Decline of Socialism*, 64.

24   MECW, Volume 26, 545.

25   MECW, Volume 48, 377, 487, Volume 49, 479–480.

26   MECW, Volume 48, 312–313.

27   Ibid., 313.

28   Ibid., 286.

29   Ibid., 286, 287.

30   Ibid., 316; Meier, Perrot, and Trebitsch (eds.), *Daughters*, 210.

31   Derfler, *Flowering of French Socialism*, 75.

32 FE-PL, Volume II, 285; Derfler, *Flowering of French Socialism*, 75.

33 MECW, Volume 48, 348.

34 Ibid., 352; Derfler, *Flowering of French Socialism*, 74–75.

35 MECW, Volume 48, 353.

36 Derfler, *Flowering of French Socialism*, 76.

37 MECW, Volume 48, 352.

38 Ibid., 589(n); Derfler, *Flowering of French Socialism*, 77.

39 MECW, Volume 48, 392.

40 REM, 187.

41 MECW, Volume 48, 257–258.

42 FE-PL, Volume II, 363.

43 MECW, Volume 48, 605(n), 607(n).

44 Ozment, *Mighty Fortress*, 222; Williamson, *Bismarck and Germany*, 62.

45 Williamson, *Bismarck and Germany*, 62–63; Ozment, *Mighty Fortress*, 222.

46 Ozment, *Mighty Fortress*, 222–223.

47 Williamson, *Bismarck and Germany*, 64.

48 MECW, Volume 48, 481.

49 FE-PL, Volume II, 374.

50 MECW, Volume 48, 493.

51 *People's Press*, London, May 10, 1890, 5.

52 MECW, Volume 48, 493–494.

53 Ibid., 409.

54 *People's Press*, London, May 10, 1890, 7.

55 MECW, Volume 48, 494–495, 496.

56 MECW, Volume 49, 14.

57 MECW, Volume 48, 470.

58 MECW, Volume 49, 67.

59 MECW, Volume 48, 200.

60 Ibid., 84.

61 Bernstein, *My Years of Exile*, 169.

62 Ibid., 192, 196.

63 Ibid., 197.

64 MECW, Volume 49, 53.

65 Ibid., 65–66.

66 MECW, Volume 49, 67; Fomičev, "Helene Demuth Without Brethren," *Motherland*, 972.

67 MECW, Volume 49, 67.

68 Ibid., 67.

49 | 1891년 런던

1 MECW, Volume 49, 215.

2 Mayer, *Friedrich Engels*, 196.

3   R.EM, 191.

4   Mayer, *Friedrich Engels*, 196.

5   MECW, Volume 49, 69–71.

6   Eleanor Marx Aveling to Laura Lafargue, Dec. 19, 1890, Moscow.

7   Tsuzuki, *Eleanor Marx*, 247.

8   MECW, Volume 49, 88.

9   MECW, Volume 47, 265.

10   MECW, Volume 48, 224–225, 235.

11   MECW, Volume 49, 68–69.

12   Ibid., 72.

13   Ibid., 71.

14   Ibid., 87.

15   Ibid., 73.

16   Ibid., 82.

17   Ibid., 76.

18   Eleanor Marx Aveling to Friedrich Engels, Oct. 14, 1890, Moscow.

19   Eleanor Marx Aveling to Edward Aveling, Oct. 16, 1890, Moscow.

20   영국에서는 사회주의자들의 내부투쟁이 치열했고, 프랑스에서는 양대 사회주의당이 각자의 기반을 확장하기 위해 상대를 노리고 있었다. 소위 현실개혁주의자들Possibilists — 룽게가 연합하고 있던 온건 사회주의자들 — 도 파리에서 영향력을 넓히고 있었다. 그렇지만 라파르그의 노동당은 산업화가 막 시작되고 더 많은 노동자들이 요구되는 보통 보수적인 지역에서 더 많은 추종자들을 거느리고 있었다. *Justice*, London, Feb. 21, 1891, 1; MECW, Volume 49, 127.

21   Derfler, *Flowering of French Socialism*, 85, 87–88.

22   FE-PL, Volume III, 88.

23   Derfler, *Flowering of French Socialism*, 88.

24   Ibid., 89.

25   Derfler, *Flowering of French Socialism*, 89–90; Macé, *Paul et Laura Lafargue*, 110–111.

26   Derfler, *Flowering of French Socialism*, 90.

27   Ibid., 91.

28   FE-PL, Volume III, 79(n).

29   Derfler, *Flowering of French Socialism*, 91–92.

30   Ibid., 93–94.

31   Macé, *Paul et Laura Lafargue*, 113; Derfler, *Flowering of French Socialism*, 94.

32   FE-PL, Volume III, 88.

33   Derfler, *Flowering of French Socialism*, 95.

34   FE-PL, Volume III, 106, 110–111.

35   Ibid., 112–113.

36   MECW, Volume 49, 269; Derfler, *Flowering of French Socialism*, 98.

37   Ibid., 288, 290.

38   FE-PL, Volume III, 127.

39   MECW, Volume 49, 293; FE-PL, Volume III, 131(n).

40 FE-PL, Volume III, 133.

41 Ibid., 134–135.

42 Ibid., 134(n).

43 FE-PL, Volume III, 137(n); MECW, Volume 49, 301–302.

44 MECW, Volume 49, 305.

45 FE-PL, Volume III, 137.

46 Ibid., 138, 144; MECW, Volume 49, 306–307.

47 FE-PL, Volume III, 146(n).

48 Derfler, *Flowering of French Socialism*, 104–106.

49 FE-PL, Volume III, 145–146, 148.

50 Derfler, *Flowering of French Socialism*, 105.

51 FE-PL, Volume III, 150–151.

52 Ibid., 112–113.

53 Ibid., 114.

50 | 1892년 런던

1 Derfler, *Flowering of French Socialism*, 110.

2 Eleanor Marx Aveling to Laura Lafargue, Dec. 19, 1895, Moscow.

3 MECW, Volume 49, 225, 584(n).

4 Clayton, *Rise and Decline of Socialism*, 37; MECW, Volume 49, 237, 238; Ferdinand Gilles, "Is He the Son-in-Law of Karl Marx?," London, Nov. 10, 1891.

5 MECW, Volume 49, 238.

6 Ibid., 584(n).

7 Derfler, *Flowering of French Socialism*, 108.

8 MECW, Volume 49, 621–622(n); Derfler, *Flowering of French Socialism*, 110.

9 MECW, Volume 49, 409.

10 Cole and Postgate, *British Common People*, 434; MECW, Volume 49, 468; Clayton, *Rise and Decline of Socialism*, 61; Stewart, *J. Keir Hardie*, 6–7, 68.

11 Adelman, *Rise of the Labour Party*, 17.

12 Ibid., 22.

13 Cole and Postgate, *British Common People*, 435; Clayton, *Rise and Decline of Socialism*, 75.

14 Clayton, *Rise and Decline of Socialism*, 72.

15 MECW, Volume 49, 479.

16 MECW, Volume 50, 154, 569(n).

17 Adelman, *Rise of the Labour Party*, 19–20; MECW, Volume 50, 574(n).

18 MECW, Volume 27, 404–405; Stepanova, *Frederick Engels*, 229.

19 Derfler, *Flowering of French Socialism*, 143; FE-PL, Volume III, 290; Gildea, *Third Republic*, 37.

20 MECW, Volume 50, 10, 113.

21 Derfler, *Flowering of French Socialism*, 140.

22 Tsuzuki, *Eleanor Marx*, 233, 237.

23 Ibid., 239.

24 MECW, Volume 49, 357–358, 359, Volume 46, xvii.

25 MECW, Volume 49, 357–358.

26 Meier, Perrot, and Trebitsch (eds.), *Daughters*, 246.

27 Eleanor Marx Aveling to Laura Lafargue, July 26, 1892, Moscow.

28 Eleanor Marx Aveling to Laura Lafargue, Mar. 22, 1894, Moscow.

29 Meier, Perrot, and Trebitsch (eds.), *Daughters*, 247, 248, 250; Eleanor Marx Aveling to Laura Lafargue, Mar. 22, 1894, Moscow.

30 Kapp, *Eleanor Marx, Volume II*, 560.

31 Meier, Perrot, and Trebitsch (eds.), *Daughters*, 248.

32 MECW, Volume 50, 299.

33 Ibid., 308.

34 Ibid., 300.

35 MECW, Volume 37, 436.

36 Ibid., 541–542.

37 Ibid., 590.

38 MECW, Volume 50, 386–387.

39 Kapp, *Eleanor Marx, Volume II*, 566.

40 독일 사회주의자 클라라 제트킨은 나중에 당원들 간에 빅토르 아들러, 엥겔스, 또는 베벨 중 한 사람이 루이제의 아이 아버지일 것이라는 추측이 돌았지만 베벨이 가능성이 가장 높았다고 말했다. 테렐 카버는 자신이 쓴 엥겔스 전기에서 펌프스가 사생아를 가졌을 때도 엥겔스는 비슷하게 서둘러 퍼시 로슬러라는 회계사와 결혼을 주선하는 것으로 일을 처리했다고 말했다. Fomičev, "Helene Demuth Without Brethren," 971–972; Carver, *Friedrich Engels*, 161.

41 Kapp, *Eleanor Marx, Volume II*, 566–567.

42 Eleanor Marx to Laura Lafargue, Nov. 5, 1894, Moscow.

43 Tsuzuki, *Eleanor Marx*, 252–253.

44 Eleanor Marx Aveling to Laura Lafargue, Nov. 5, 1894, Moscow.

45 Meier, Perrot, and Trebitsch (eds.), *Daughters*, 258, 260.

46 MECW, Volume 50, 537.

47 Ibid., 395, 424–425.

48 Meier, Perrot, and Trebitsch (eds.), *Daughters*, 263; MECW, Volume 50, 425.

49 MECW, Volume 50, 364.

51 | 1895년 런던

1 REM, 65.

2 Halliday, *Great Filth*, 195; MECW, Volume 50, 441.

3 MECW, Volume 50, 477.

4 스테프니아크의 본명은 세르게이 미하일로비치 크라프친스키Sergey Mikhaylovich Kravchinskiy였다. Bernstein, *My Years of Exile*, 214; Hulse, *Revolutionists in London*, 8.

5 스테프니아크는 1895년 런던에서 열차에 치여 숨졌다. Hulse, *Revolutionists in London*, 28, 30–31.

6 Bernstein, *My Years of Exile*, 219; MECW, Volume 50, 611(n); Georgy Plekhanov, *Anarchism and Socialism*.

7 Offord, *Nineteenth-Century Russia*, 94.

8 Ibid., 97.

9 MECW, Volume 50, 455.

10 MECW, Volume 49, 538.

11 Offord, *Nineteenth-Century Russia*, 99.

12 Longuet, *Karl Marx*, 239.

13 MECW, Volume 50, 507.

14 Ibid., 395.

15 Ibid., 526.

16 Cole and Postgate, *British Common People*, 436–437; Adelman, *Rise of the Labour Party*, 23.

17 MECW, Volume 50, 526.

18 Ibid., 535.

19 Fomičev, "Helene Demuth Without Brethren," 972.

20 Fomičev, "Helene Demuth Without Brethren," 971.

21 마르크스가 프레디의 아버지라는 사실을 부정하는 일부 학자들은 죽음을 앞둔 엥겔스가 투시에게 해준 고백의 진실성에 대해 의문을 제기한다. 그들은 그 상황이 진실이기에는 너무 판에 박힌 듯 '빅토리아적'이며, 자세한 상황이 후일 루이제 카우츠키의 설명에 따른 것이기 때문이라는 것이다. 그들은 또한 엥겔스가 그렇게 중요한 정보를 루이제에게 털어놓았겠는가에 대해서도 의문을 제기한다. 하지만 루이제 카우츠키와는 별도로, 프레디 데무트도 똑같은 얘기를 했다. 필자는 사건의 골자는 진실이며, 그 이야기가 관련된 인물들의 성격에 완전히 부합하고, 그 이후 사건들이 그 진실을 알게 됨으로써 투시의 삶이 바뀌었음을 보여준다고 믿는다. Fomičev, "Helene Demuth Without Brethren," 971; REM, 385; Blumenberg, *Illustrated*, 112.

22 Fomičev, "Helene Demuth Without Brethren," 971.

23 리프크네히트는 엥겔스가 식도암을 앓았지만 뇌졸중으로 사망했다고 말했다. REM, 148.

24 MECW, Volume 50, 612(n); Carver, *Friedrich Engels*, 253(루트비히 프라이베르거는 엥겔스의 사망 직후 투시에게 마르크스의 의자와 책장을 가져가라고 말했다. Ludwig Freyberger to Eleanor Marx, Oct. 4, 1895, IISG).

25 MECW, Volume 50, 537–538, 541–542.

26 Carver, *Friedrich Engels*, 253.

27 Kapp, *Eleanor Marx, Volume II*, 611.

28 Fomičev, "Helene Demuth Without Brethren," 972.

29 Eleanor Marx Aveling to Karl Kautsky, Sept. 29, 1895, Moscow; Bernstein, *My Years of Exile*, 187, 191–192; Mayer, *Friedrich Engels*, 327; REM, 180(영국에서 화장은 단지 1885년에 시작되었는데, 1890년대에도 여전히 드물었다. Wilson, *Victorians*, 544).

30 REM, 59.

31 *Justice*, London, July 30, 1898, 2.

32 Meier, Perrot, and Trebitsch (eds.), *Daughters*, 285.

33 Kapp, *Eleanor Marx, Volume I*, 258.

34 Eleanor Marx Aveling Last Will and Testament, Oct. 16, 1895, London, IISG; Codicil, Nov. 28, 1896, IISG.

35 Fomičev, "Helene Demuth Without Brethren," 972.

36 Frédérique Longuet-Marx, author interview; Kapp, *Eleanor Marx, Volume II*, 505(n).

37 FE-PL, Volume III, 26–27; MECW, Volume 49, 203.

38 Eckert (ed.), *Wilhelm Liebknecht Briefwechsel*, 453

39 Jean Longuet to Friedrich Engels, Dec. 31, 1893, IISG.

40 Eleanor Marx Aveling to Jean Longuet, July 14, 1895, Moscow.

41 Eleanor Marx Aveling to Karl Kautsky, Feb. 28, 1896, Moscow.

42 Eleanor Marx Aveling to Karl Kautsky, Sept. 28, 1897, Moscow.

43 Tsuzuki, *Eleanor Marx*, 278–279.

44 Thorne, *My Life's Battles*, 148.

45 Kapp, *Eleanor Marx, Volume II*, 632.

46 Ibid., 630.

47 Eleanor Marx Aveling to Laura Lafargue, Dec. 24, 1896, Moscow.

48 Kapp, *Eleanor Marx, Volume II*, 631.

49 Eleanor Marx Aveling to Karl Kautsky, July 19, 1897, Moscow.

50 Fomičev, "Helene Demuth Without Brethren," 971–972.

52 | 1897년 런던

1 *Justice*, London, July 30, 1898, 2.

2 Tsuzuki, *Eleanor Marx*, 296.

3 Ibid., 299.

4 Eckert (ed.), *Wilhelm Liebknecht Briefwechsel*, 455; Tsuzuki, *Eleanor Marx*, 300.

5 프레디 데무트와 에두아르트 베른슈타인은 투시가 죽음에 이르기 몇 개월 전부터 프레디에게 보낸 편지들을 출판
했다. *Justice*, London, July 30, 1898, 2.

6 Eleanor Marx Aveling to Freddy Demuth, Aug. 30, 1897, *Justice*, London, July 30, 1898, 2.

7 Eleanor Marx Aveling to Freddy Demuth, Sept. 1, 1897, *Justice*, London, July 30, 1898, 2.

8 Eleanor Marx Aveling to Freddy Demuth, Aug. 30, 1897, *Justice*, London, July 30, 1898, 2.

9 Eleanor Marx Aveling to Freddy Demuth, Sept. 2, 1897, *Justice*, London, July 30, 1898, 2(일부 전기 작가들은
에이블링이 폭로하겠다고 협박한 비밀은 그와 투시가 결혼하지 않았다는 사실이라고 추측하고 있다. 그렇지만 그
럴 가능성은 거의 없다. 왜냐하면 그녀는 편지에 에이블링이라는 이름을 사용하기 시작한 순간부터, 누구든 자신
의 결혼에 대해 물어보는 사람에게 거리낌 없이 사실을 밝혔기 때문이다).

10 Tsuzuki, *Eleanor Marx*, 305.

11 Ibid., 306.

12 Collison, *Apostle of Free Labour*, 81–83.

13 Tsuzuki, *Eleanor Marx*, 306.

14 Collison, *Apostle of Free Labour*, 84; Tsuzuki, *Eleanor Marx*, 303.

15 Tsuzuki, *Eleanor Marx*, 307.

16 Meier, Perrot, and Trebitsch (eds.), *Daughters*, 299; Tsuzuki, *Eleanor Marx*, 310.

17 Tsuzuki, *Eleanor Marx*, 308–309.

18 Eleanor Marx Aveling to Freddy Demuth, Jan. 18, 1898, *Justice*, London, July 30, 1898, 2.

19 Eleanor Marx Aveling to Natalie Liebknecht, Feb. 1, 1898, Moscow.

20 Tsuzuki, *Eleanor Marx*, 297.

21 Eleanor Marx Aveling to Edith (no surname), [month illegible] 29, 1898, Moscow.

22 Eleanor Marx Aveling to Freddy Demuth, Feb. 3, 1898, *Justice*, London, July 30, 1898, 2.

23 Eleanor Marx Aveling to Freddy Demuth, Feb. 5, 1898, *Justice*, London, July 30, 1898, 2.

24 Eleanor Marx Aveling to Freddy Demuth, Feb. 7, 1898, *Justice*, London, July 30, 1898, 2.

25 Eleanor Marx Aveling to Jean Longuet, Feb. 9, 1898, Moscow.

26 Eckert (ed.), *Wilhelm Liebknecht Briefwechsel*, 463.

27 Eleanor Marx Aveling to Karl Kautsky, Mar. 15, 1898, Moscow.

28 Eleanor Marx Aveling to Freddy Demuth, Mar. 1, 1898, *Justice*, London, July 30, 1898, 3.

29 Tsuzuki, *Eleanor Marx*, 316.

30 사회주의자 동료인 로버트 배너는 그 편지를 보았고 "어떤 사람", 즉 에이블링을 나쁘게 그리는 내용이었다고 주장했다. *Justice*, London, July 30, 1898, 3.

31 지역신문인 『시드넘 조사관*Sydenham Examiner*』은 투시의 사인에 대한 검시관의 조사기록 전문을 실었다. *Sydenham Examiner*, London, Apr. 8, 1898, 5.

32 Tsuzuki, *Eleanor Marx*, 318–319.

33 Kapp, *Eleanor Marx, Volume II*, 697.

34 *Sydenham Examiner*, London, Apr. 8, 1898, 5.

35 Tsuzuki, *Eleanor Marx*, 319; *Justice*, London, July 30, 1898, 3.

36 *Justice*, London, July 30, 1898, 3.

37 Ibid.; Bernstein, *My Years of Exile*, 163; Tsuzuki, *Eleanor Marx*, 319.

38 Meier, Perrot, and Trebitsch (eds.), *Daughters*, 311.

39 Macé, *Paul et Laura Lafargue*, 149; *Justice*, London, Apr. 9, 1898, 2.

40 *Justice*, London, Apr. 9, 1898, 2(투시의 유해는 에이블링이 가져가 사회민주주의연맹 본부에 보관되었다. 경찰이 그곳을 습격하자 유해는 영국납골당Urn Park of Great Britain에 옮겨져 1921년까지 보관되었다. 그리고 나중에 런던의 마르크스기념도서관에 넘겨졌다. 1957년 투시의 유골은 하이게이트 공동묘지의 가족묘에 안장되었다. Tsuzuki, *Eleanor Marx*, 337).

41 Tsuzuki, *Eleanor Marx*, 321.

42 *Justice*, London, Apr. 9, 1898, 2; Bernstein, *My Years of Exile*, 210.

43 *Sydenham Examiner*, London, Apr. 8, 1898, 5.

44 베벨은 투시와 프레디의 긴밀한 관계로 볼 때 그녀가 유서에서 그에 대해 배려해놓았으며 크로스에게도 그녀의 그런 지시사항을 알리려 했던 것이 명백했는데, 에이블링이 그 편지를 없애버렸다고 말했다. Fomičev, "Helene Demuth Without Brethren," 971.

45 Tsuzuki, *Eleanor Marx*, 323; *Justice*, London, July 30, 1898, 2.

46 *Justice*, London, July 30, 1898, 2.

47 Probate of Eleanor Marx Aveling's Last Will and Testament, Apr. 16, 1898, London, IISG; Tsuzuki, *Eleanor Marx*, 324.

48 *Justice*, London, July 30, 1898, 2; Meier, Perrot, and Trebitsch (eds.), *Daughters*, 311, 312.

49 *Justice*, London, July 30, 1898, 2.

50 Karl Marx (Eleanor Marx Aveling, ed.), *Value, Price and Profit*, introduction.

51 Tsuzuki, *Eleanor Marx*, 325.

52 Edward Aveling's Last Will and Testament, July 21, 1898, London, IISG; Probate of Aveling's will, August 17, 1898, IISG.

53 Tsuzuki, *Eleanor Marx*, 325.

53 | 1910년 프랑스 드라베이

1 Whitridge, *Men in Crisis*, 331.

2 Macé, *Paul et Laura Lafargue*, 172; Derfler, *Flowering of French Socialism*, 277.

3 Derfler, *Flowering of French Socialism*, 222.

4 Ibid., 225.

5 Ibid., 278.

6 Macé, *Paul et Laura Lafargue*, 172–173.

7 Ibid., 194.

8 MECW, Volume 50, 567(n).

9 Ibid., 216.

10 FE-PL, Volume III, 304–305.

11 MECW, Volume 47, 333.

12 FE-PL, Volume III, 304–305.

13 Derfler, *Flowering of French Socialism*, 158.

14 Ibid., 270–271.

15 Ibid., 158.

16 Longuet, *Karl Marx*, 243.

17 롱게가 1903년 8월 6일 사망한 후 클레망소가 그를 위한 헌사를 지었다. 롱게는 예순네 살로 세상을 떠났다. *L'Action Régionaliste*, Paris, undated, 235–239.

18 Frédérique Longuet-Marx, author interview.

19 Macé, *Paul et Laura Lafargue*, 160.

20 Derfler, *Flowering of French Socialism*, 288; Macé, *Paul et Laura Lafargue*, 8, 179.

21 라파르그 부부의 죽음 이후, 가족들은 발견 당시 라우라의 모습에 대한 설명을 바꾸었다. 라우라가 화장대에 앉은 채 죽어 있는 것을 두세가 발견했다는 것이다. 그렇지만 자크 마세는 시신을 발견한 첫 번째 증언자는 그녀가 바닥에 누워 있었던 것으로 묘사했다고 말했다. Macé, *Paul et Laura Lafargue*, 7–9.

22 Ibid., 9–10.

23 Ibid., 11–12.

24 Derfler, *Flowering of French Socialism*, 290; *Plutarch's Lives, Volume II*, 316.

25 Macé, *Paul et Laura Lafargue*, 9.

26 Ibid., 178.

27 Derfler, *Flowering of French Socialism*, 295.

28 Freddy Demuth to Jean Longuet, Nov. 29, 1911, Moscow.

29 Fomičev, "Helene Demuth Without Brethren," 972(마르크스가 프레디의 아버지라는 주장을 부정하는 마르크스 전기 작가들은 프레디가 장에게서 돈을 얻어내기 위해 이 편지를 썼다고 주장한다. 그렇지만 프레디는 그 수술에서 살아남지 못할 것이라고 생각했기 때문에 그에게 돈은 필요 없었고, 따라서 이 주장이 사실일 가능성은 희박하다. 그렇지만 투시의 전기 작가 이본 카프는 나중에 프레디가 유서에서 그의 '아들'에게 1,971파운드를 상속해준 사실을 지적했다. 마르크스-롱게 가족 중 누군가가 프레디가 카를 마르크스의 인세 중 일부를 받도록 조치해주었을 가능성이 있다. 왜냐하면 프레디가 자신의 임금만으로 그런 금액을 모은다는 것은 거의 불가능했기 때문이다. Kapp, *Eleanor Marx, Volume 1*, 294).

30 Macé, *Paul et Laura Lafargue*, 183.

31 Ibid., 185; Louis Aragon, *The Bells of Basel*, 247.

32 Macé, *Paul et Laura Lafargue*, 184.

33 Derfler, *Flowering of French Socialism*, 300; Aragon, *Bells of Basel*, 248.

34   Macé, *Paul et Laura Lafargue*, 188.

35   Lenin, *Collected Works, Volume 17*, 304–305.

참고문헌

Research Libraries

British Library, London. *George Bernard Shaw Papers, Havelock Ellis Papers.*

British Newspaper Library, London.

Freie und Hansestadt Hamburg Kulturbehörde Staatsarchiv (State Archives of the Free and Hanseatic City of Hamburg), Hamburg, Germany. *Hugo Friedrich Beneke Collection.*

Friedrich-Ebert-Stiftung Museum/Studienzentrum (Friedrich-Ebert-Stiftung Study Center), Karl-Marx-Haus, Trier, Germany.

Gosudarstvennaia Obshchestvenno-Politicheskaia Biblioteka (Socio-Political State Library), Moscow.

Internationaal Instituut voor Sociale Geschiedenis (International Institute of Social History), Amsterdam. *Marx/ Engels Papers, Eleanor Marx Aveling Papers, Jenny Marx Papers, Laura Lafargue Papers, Paul Lafargue Papers, Jenny Longuet Papers, Charles Longuet Papers, and those of associates of the Marx family.*

Landeshauptarchiv Sachsen-Anhalt Abteilung Dessau (Principal National Archive of Saxony-Anhalt), Dessau, Germany.

Library of Congress, Washington, D.C.

Marx Memorial Library, London.

Rossiiskii gosudarstvennyi arkhiv sotsial'no-politicheskoi istorii (Russian State Archive of Social and Political History), Moscow. *Marx/Engels Papers, Jenny Marx Papers, Eleanor Marx Aveling Papers, Laura Marx Lafargue Papers, Paul Lafargue Papers, Charles Longuet Papers, Jenny Marx Longuet Papers, and those of associates of the Marx family.*

Collected Works

Marx, Karl, and Frederick Engels. *Collected Works, Volumes 1–50.* Moscow, London, New York: Progress Publishers, International Publishers Co. Inc., and Lawrence & Wishart. 영어판 전집은 1975년 제1권을 출간했고, 2004년 제50권을 마무리했다. 이 전집은 마르크스와 엥겔스가 출간한 모든 저작물들을 포함한다. 그중에는 『자본론』의 최초 3권과 『공산당 선언』, 『루이 보나파르트의 브뤼메르 18일』, 『프랑스 내전』, 『공상적 사회주의와 과학적 사회주의』 등이 있다. 이 전집에는 마르스크와 엥겔스, 그들의 지인과 가족들 사이에 주고받은 13권의 서신집도 포함되어 있다.

Marx, Karl, and Friedrich Engels. *Historisch-kritische Gesamtausgabe. Werke, Schriften, Briefe* (known as MEGA). Frankfurt, Berlin, Moscow. 마르크스와 엥겔스의 저작물을 모은 이 전집의 출간은 1927년 마르크스-엥겔스 연구소의 설립자인 다비트 랴자노프의 감독 아래 모스크바에서 시작되었다. MEGA는 세계적인 학자들이 참여하는 여전히 진행 중인 프로젝트이며 베를린에서는 아카데미 출판사Akademie Verlag에서 출간되고 있다. 2008년 현재 55권이 출간되었다. 계획된 114권이 마무리되면, MEGA는 마르크스와 엥겔스의 저작물과 서신 전체를 포함하게 될 것이다.

Newspapers

The Chicago Tribune

The Coming Nation, Greensburg, Indiana

The Daily Chronicle, London

The Daily Telegraph, London

The Eastern Post, London

The Evening Standard, London

The Guardian, London

Justice, London

The National Reformer, London

The New York Daily Tribune

The New York Herald

The New York World

Pall Mall Gazette, London

People's Press, London

Public Opinion, London

The Standard, London

The Sydenham Examiner, London

The Times, London

Books and Journals

Ackroyd, Peter. *London: The Biography*. London: Vintage, 2001.

Adelman, Paul. *Gladstone, Disraeli and Later Victorian Politics*. Essex, UK: Longman Group, 1983.

—. *The Rise of the Labour Party, 1880–1945*. London and New York: Longman Group, 1986.

"Aleph" (pseudonym of William Harvey). *London Scenes and London People*. London: W. H. Collingridge, City Press, 1863.

Amann, Peter. "The Changing Outlines of 1848." *American Historical Review* 68, no. 4 (July 1963): 938–953.

—. "A Journée in the Making: May 15, 1848." *Journal of Modern History* 42, no. 1 (March 1970): 42-70.

Andreas, Bert, ed. *Briefe und Dokumente de Familie Marx aus der Jahren, 1862–1873*. Hannover: Archiv für Sozialgeschichte, 2 Band, 1962.

Annenkov, Pavel. *The Extraordinary Decade: Literary Memoirs*. Ann Arbor: University of Michigan Press, 1968.

Aragon, Louis. *The Bells of Basel*. New York: Harcourt, Brace, 1936.

Aveling, Edward. *The Student's Marx*. London: Swan Sonnenschein, 1892.

Aveling, Edward, and Eleanor Marx Aveling. *Shelley's Socialism*. London and West Nyack, NY: Journeyman Press, 1975.

—. *The Woman Question*. London: Swan Sonnenschein, Le Bas & Lowrey, 1886.

—. *The Working Class Movement in America*. London: Swan Sonnenschein, Lowrey, 1888.

Avineri, Shlomo. *Moses Hess: Prophet of Communism and Zionism*. New York and London: New York University Press, 1985.

Bakunin, Michael. *Marxism, Freedom & the State*. London: Freedom Press, 1998.

Balzac, Honoré de. *Lost Illusions*. London: Penguin, 1971.

—. *Old Goriot*. London: Penguin, 2006.

—. *The Unknown Masterpiece*. New York: New York Review Books, 2001.

Baughman, John J. "The French Banquet Campaign of 1847–48." *Journal of Modern History* 31, no. 1 (March 1959): 1–15.

Bax, Ernest Belfort. *Reminiscences and Reflections of a Mid and Late Victorian*. New York: Augustus M. Kelley, 1967.

Berlin, Isaiah. *Karl Marx: His Life and Environment*. New York and Oxford: Oxford University Press, 1996.

—. *Political Ideas in the Romantic Age*. Princeton, NJ, and Oxford: Princeton University Press, 2008.

—. *The Roots of Romanticism*. Princeton, NJ: Princeton University Press, 2001.

Bernstein, Eduard. *My Years of Exile: Reminiscences of a Socialist*. London: Leonard Parsons, 1921.

Besant, Annie. *Annie Besant: An Autobiography*. London: T. Fischer Unwin, ca. 1893.

Best, Geoffrey. *Mid-Victorian Britain 1851–75*. London: Fontana Press, HarperCollins, 1985.

Black, Clementina. *An Agitator*. New York: Harper & Brothers, 1895.

Blumenberg, Werner. *Karl Marx: An Illustrated History*. London and New York: Verso, 1998.

Bottigelli, Emile, ed. *Lettres et documents de Karl Marx*. Milan: Annali, Istituto Giangiacomo Feltrinelli, 1958.

Breuilly, John. *Austria, Prussia and Germany, 1806–1871*. London and New York: Longman, 2002.

—, ed. *19th-Century Germany: Politics, Culture and Society, 1780–1918*. London: Edward Arnold, 2001.

Briggs, Asa, and John Callow. *Marx in London*. London: Lawrence and Wishart, 2008.

Brophy, James M. *Popular Culture and the Public Sphere in the Rhineland, 1800–1850*. Cambridge: Cambridge University Press, 2007.

Buchanan-Gould, Vera. *Not Without Honor: The Life and Writings of Olive Schreiner*. London: Gould Hutchinson, 1949.

Burn, W. L. *The Age of Equipoise*. New York: Norton, 1965.

Carr, E. H. *Michael Bakunin*. London: Macmillan, 1937.

Carver, Terrell. *Engels: A Very Short Introduction*. Oxford: Oxford University Press, 1981.

—. *Friedrich Engels: His Life and Thought*. New York: St. Martin's, 1990.

Caygill, Marjorie. *The British Museum Reading Room*. London: Trustees of the British Museum, 2000.

Chancellor, E. Beresford. *The West End of Yesterday & Today*. London: Architectural Press, 1926.

Chernaik, Judith. *The Daughter: A Novel Based on the Life of Eleanor Marx*. New York: Harper & Row, 1979.

Clark, T. J. *The Absolute Bourgeois: Artists and Politics in France 1848–1851*. Berkeley and Los Angeles: University of California Press, 1973.

Clayton, Joseph. *The Rise and Decline of Socialism in Great Britain, 1884–1924*. London: Faber & Gwyer, 1926.

Clough, Arthur Hugh, ed. *Plutarch's Lives*, vol. 2. New York: Modern Library, 2001.

Cole, G. D. H., and Raymond Postgate. *The British Common People 1746–1946*. London: University Paperbacks, Methuen, 1961.

Collison, William. *The Apostle of Free Labour: The Life Story of William Collison*. London: Hurst and Blackett, Paternoster House, 1913.

Cowen, Anne, and Roger Cowen. *Victorian Jews Through British Eyes*. Oxford: The Littman Library, Oxford University Press, 1986.

Davies, Norman. *Europe: A History*. London: Pimlico, Random House, 1997.

Derfler, Leslie. *Paul Lafargue and the Flowering of French Socialism, 1882–1911*. Cambridge, MA, and London: Harvard University Press, 1998.

—. *Paul Lafargue and the Founding of French Marxism, 1842–1882*. Cambridge, MA, and London: Harvard University Press, 1991.

Donelson, Andrew Jackson. "The American Minister in Berlin on the Revolution of March, 1848." *American Historical Review* 23 (October 1917–July 1918): 355–371.

Dornemann, Luise. *Jenny Marx: Der Lebensweg einer Sozialistin*. Berlin: Dietz, 1971.

Draper, Hal. *Karl Marx's Theory of Revolution*. Vol. 1, *State and Bureaucracy*. New York and London: Monthly Review Press, 1977.

Draper, Hal, and E. Haberkern. *Karl Marx's Theory of Revolution*. Vol. 5, *War & Revolution*. Alameda, CA: Center for Socialist History, 2005.

Draznin, Yaffa Claire, ed. *My Other Self: The Letters of Olive Schreiner and Havelock Ellis, 1884–1920*. New York: Peter Lang, 1992.

Eckert, Georg, ed. *Wilhelm Liebknecht Briefwechsel mit Karl Marx und Friedrich Engels*. The Hague: Monitor, 1963.

Ellis, Havelock. "Havelock Ellis on Eleanor Marx." *Adelphi*. London: September/October 1935.

—. *My Life: Autobiography of Havelock Ellis*. Boston: Houghton Mifflin, 1939.

Engels, Friedrich. *The Condition of the Working Class in England*. Oxford: Oxford University Press, 1999.

—. *The Fourteenth of March 1883: Friedrich Engels on the Death of Karl Marx*. London: Martin Lawrence, 1933.

Engels, Friedrich, Paul Lafargue, and Laura Lafargue. *Correspondence*. 3 vols. Moscow: Foreign Languages Publishing House, 1959-1960.

Evans, R. J. W., and Hartmut Pogge von Strandmann, eds. *The Revolutions in Europe, 1848–49: From Reform to Reaction*.

Oxford: Oxford University Press, 2002.

Fejtö, François, ed. *The Opening of an Era: 1848*. New York: University Library, Grosset & Dunlap, 1973.

Flanders, Judith. *The Victorian House*. London: HarperPerennial, 2003.

Flaubert, Gustave. *Madame Bovary: Provincial Manners*, Eleanor Marx Aveling, trans. London: Vizetelly, 1886.

Flourens, Gustave. *Ce qui est possible*. Paris: Garnier Frères, 1864.

Fomičev, Valerij. "Helene Demuth Without Brethren." *Motherland*. Moscow: August 9, 1992, 970–972.

Frow, Edmund, and Ruth Frow. *Frederick Engels in Manchester*. Manchester: Working Class Movement Library, 1995.

Gildea, Robert. *The Third Republic from 1870–1914*. London and New York: Longman Group, 1988.

Gilman, S. L. "Karl Marx and the Secret Language of Jews." Vol. 5, *Marx's Life and Theoretical Development*. London: Routledge, 1999.

Giroud, Françoise. *Jenny Marx, ou la femme du diable*. Paris: Robert Laffont, 1992.

Glasier, J. Bruce. *William Morris and the Early Days of the Socialist Movement*. London: Thoemmes Press, 1994.

Goethe, Johann Wolfgang von. *The Sorrows of Young Werther*. New York: Modern Library, 2005.

Halliday, Stephen. *The Great Filth: The War Against Disease in Victorian England*. Stroud, UK: Sutton, 2007.

Hamerow, Theodore S. *Restoration, Revolution, Reaction: Economics and Politics in Germany, 1815–1871*. Princeton, NJ: Princeton University Press, 1972.

Hammen, Oscar J. *The Red 48ers: Karl Marx and Friedrich Engels*. New York: Charles Scribner's Sons, 1969.

Healey, Edna. *Wives of Fame: Mary Livingstone, Jenny Marx, Emma Darwin*. London: Sidgwick & Jackson, 1986.

Hobsbawm, Eric. *The Age of Capital, 1848–1875*. London: Abacus, 2004.

—. *The Age of Revolution, 1789–1848*. London: Abacus, 2005.

—. *Revolutionaries*. London: Abacus, 2007.

Hoffmann, Leni, ed. *Mohr und General: Erinnerungen an Marx und Engels*. Berlin: Dietz, 1983.

Horn, Pamela. *Pleasures & Pastimes in Victorian Britain*. Stroud, UK: Sutton Publishing, 1999.

Horne, Alistair. *The Terrible Year: The Paris Commune, 1871*. London: Phoenix, 2004.

Hudson, Derek. *Munby, Man of Two Worlds: The Life and Diaries of Arthur J. Munby, 1828–1920*. Boston: Gambit, 1972.

Hulse, James, W. *Revolutionists in London: A Study of Five Unorthodox Socialists*. Oxford: Oxford University Press, 1970.

Hunt, Tristram. *The Frock-Coated Communist: The Revolutionary Life of Friedrich Engels*. London: Allen Lane, Penguin, 2009.

Jenkins, Mick. *Frederick Engels in Manchester*. Manchester: Lancashire and Cheshire Communist Party, 1951.

Jones, Peter. *The 1848 Revolutions*. London and New York: Longman Group, 1992.

Kapp, Yvonne. *Eleanor Marx*. Vol. I. New York: Pantheon, 1972.

—. *Eleanor Marx*. Vol. 2. New York: Pantheon, 1976.

Kenafick, K. J. *Michael Bakunin and Karl Marx*. Melbourne, Australia: A. Maller, Excelsior, 1948.

Kisch, Egon Erwin. *Karl Marx in Karlsbad*. Berlin: Aufbau, 1953.

Kolakowski, Leszek. *Main Currents of Marxism*. Vol. 1, *The Founders*. Oxford: Oxford University Press, 1978.

Krosigk, Lutz Graf Schwerin von. *Jenny Marx: Liebe und Leid im Schatten von Karl Marx*. Wuppertal: Verlag Fr. Staats, 1975.

Lafargue, Paul. *Karl Marx*. New York: Labor News, 1947.

—. *The Right to Be Lazy*. Chicago: Charles H. Kerr, 1989.

Lanjalley, Paul, and Paul Corriez. *Histoire de la Révolution du 18 Mars*. Boston: Adamant Media, 2006.

Laurence, A. E., and A. N. Insole. *Prometheus Bound: Karl Marx on the Isle of Wight*. Isle of Wight, UK: Crossprint, 1981.

Lea, F. A. *Shelley and the Romantic Revolution*. London: Routledge, 1945.

Lenin Vladimir. *Collected Works*, vol. 17. Moscow: Progress Publishers, 1974.

Liebknecht, Wilhelm. *Karl Marx: Biographical Memoirs*. London: Journeyman Press, 1975.

Lissagaray, Prosper. *History of the Commune of 1871*, Eleanor Marx Aveling, trans. London: Reeves & Turner, 1886.

Longuet, Robert-Jean. *Karl Marx: Mon Arrière-Grand-Père*. Paris: Editions Stock, 1977.

Macdonnell, John. "Karl Marx and German Socialism." *Fortnightly Review*, London, March 1, 1875.

Macé, Jacques. *Paul et Laura Lafargue: Du droit à la paresse au droit de choisir sa mort*. Paris: L'Harmattan, 2001.

Maenchen-Helfen, J. Otto, and B. I. Nicolaievsky. *Karl und Jenny Marx: Ein Lebensweg*. Berlin: Verlag der Bücherkreis, 1933.

Marx, Karl. *Value, Price and Profit*, Eleanor Marx Aveling, ed. London: Swan Sonnenschein, 1898.

Marx, Karl, and Friedrich Engels. *The Cologne Communist Trial*. New York: International Publishers, Lawrence & Wishart, 1971.

—. *Letters to Americans, 1848–1895*. New York: International Publishers, 1953.

Marx, Karl, Jenny Marx, and Friedrich Engels. *Lettres à Kugelmann*. Paris: Editions Social, 1971.

Mayer, Gustav. *Friedrich Engels: A Biography*. New York: Alfred A. Knopf, 1936.

—. "Letters of Karl Marx to Karl Blind." *International Review for Social History* 4 (1939): 154–155.

—. "Neue Beitrage zur Biographie von Karl Marx." *Archiv für Geschichte des Sozialismus* 10 (1922): 54–66.

Mayhew, Henry. *London Labour and the London Poor*. London: Penguin, 1985.

McLellan, David. *Karl Marx: A Biography*. New York: Palgrave Macmillan, 2006.

—, ed. *Karl Marx: Interviews & Recollections*. London: Macmillan, 1981.

Mehring, Franz. *Karl Marx: The Story of His Life*. Ann Arbor: University of Michigan Press, 1962.

Meier, Olga, Michèle Perrot, and Michel Trebitsch, eds. *The Daughters of Karl Marx: Family Correspondence 1866–1898*. New York and London: Harcourt Brace Jovanovich, 1982.

Miliband, Ralph, and John Saville, eds. *The Socialist Register*. London: Merlin Press, 1976.

Morgan, Kenneth. *The Birth of Industrial Britain: Social Change 1750–1850*. Harlow, UK: Pearson Longman, 2004.

Morris, May. *William Morris: Artist, Writer, Socialist*. Vol. 2. Oxford, UK: Basil Blackwell, 1936.

Morton, Grenfell. *Home Rule and the Irish Question*. Essex, UK: Longman Group, 1980.

Murger, Henry. *Bohemians of the Latin Quarter*. Charleston, SC: BiblioBazaar, 2007.

Nicolaievsky, Boris. "Toward a History of the Communist League, 1847–1852." *International Review of Social History*, vol. 1, pt. 2, 1956.

Nicolaievsky, Boris, and Otto Maenchen-Helfen. *Karl Marx: Man and Fighter*. Philadelphia and London: J. B. Lippincott, 1936.

O'Boyle, Lenore. "The Democratic Left in Germany, 1848." *Journal of Modern History* 33, no. 4 (1961): 379–380.

—. "The Problem of an Excess of Educated Men in Western Europe, 1800–1850." *Journal of Modern History* 42, no. 4 (December 1970): 476–477.

O'Donovan Rossa, Jeremiah. *My Years in English Jails: The Brutal Facts*. Tralee, Ireland: Anvil Books, 1967.

Offord, Derek. *Nineteenth-Century Russia: Opposition to Autocracy*. Essex, UK: Longman, 1999.

Olsen, Donald J. *The Growth of Victorian London*. London: Peregrine Books, 1979.

Omura, Izumi, Valerij Fomičev, Rolf Hecker, and Shun-ichi Kubo, eds. *Familie Marx privat: Die Foto- und Fragebogen-Alben von Marx' Töchtern Laura und Jenny*. Berlin: Akademie, 2005.

O'Neill, Gilda. *The Good Old Days: Poverty, Crime and Terror in Victorian London*. London: Penguin, 2007.

Ozment, Steven. *A Mighty Fortress: A New History of the German People*. London: Granta, 2006.

Padover, Saul K. *Karl Marx: An Intimate Biography*. New York: New American Library, 1980.

Pawel, Ernst. *The Poet Dying: Heinrich Heine's Last Years in Paris*. New York: Farrar, Straus & Giroux, 1995.

Payne, Howard, and Henry Grosshans. "The Exiled Revolutionaries and the French Political Police in the 1850s." *American Historical Review* 68, no. 4 (July 1963): 945–973.

Payne, Robert. *Marx: A Biography*. New York: Simon & Schuster, 1968.

—, ed. *The Unknown Karl Marx*. New York: New York University Press, 1971.

Peters, H. F. *Red Jenny: A Life with Karl Marx*. New York: St. Martin's, 1986.

Pike, E. Royston. *"Hard Times": Human Documents of the Industrial Revolution.* New York and Washington: Frederick A. Praeger, 1966.

Plekhanov, Georgy. *Anarchism and Socialism.* London: Twentieth Century Press, 1906.

Pool, Daniel. *What Jane Austen Ate and Charles Dickens Knew: From Fox Hunting to Whist—The Facts of Daily Life in Nineteenth-Century England.* New York: Simon & Schuster, 1993.

Porter, Bernard. *The Refugee Question in Mid-Victorian Politics.* Cambridge, London, and New York: Cambridge University Press, 1979.

Preston, William C. *The Bitter Cry of Outcast London.* Bath, UK: Cedric Chivers, 1969.

Prolès, Charles. *Les hommes de la révolution de 1871: Gustave Flourens, Insurrection Crétois, 1867–1868, Siège de Paris 1870–71.* Paris: Chamuel, 1898.

Raddatz, Fritz J. *Karl Marx: A Political Biography.* Boston and Toronto: Little, Brown, 1978.

Reetz, Jürgen, ed. *Vier Briefe von Jenny Marx aus den Jahren, 1856–1860.* Trier, Germany: Karl-Marx-Haus, 1970.

Reminiscences of Marx and Engels. Moscow: Foreign Language Publishing House, 1970.

Rive, Michael, ed. *Olive Schreiner Letters.* Vol. 1, *1871–1899.* Oxford: Oxford University Press, 1988.

Roberts, J. M. *A History of Europe.* New York: Penguin, 1997.

Robertson, Priscilla. "Students on the Barricades: Germany and Austria, 1848." *Political Science Quarterly* 84, no. 2 (June 1969): 375–376.

Rose, Paul. *The Manchester Martyrs: The Story of a Fenian Tragedy.* London: Lawrence & Wishart, 1970.

Royle, Edward. *Radical Politics, 1790–1900: Religion and Unbelief.* London: Longman Group, 1971.

Salt, Henry S. *Company I Have Kept.* London: George Allen & Unwin, 1930.

Schiller, Friedrich von. *The Robbers.* London: Dodo Press, undated; first published 1781.

Schröder, Wolfgang, ed. *Sie können sich denken, wie mir oft zu Muthe war: Jenny Marx in Briefen an eine vertraute Freundin.* Leipzig: Verlag für die Frau, 1989.

Schurz, Carl. *The Reminiscences of Carl Schurz.* Vol. 1, *1829–1852.* Boston: Adamant Media, 2006.

Seigel, Jerrold. *Marx's Fate: The Shape of a Life.* University Park: Pennsylvania State University Press, 1993.

Shakespeare, William. *King Lear.* London: Penguin, 2005.

—. *Richard III.* London: Penguin, 2005.

Shaw, George Bernard. *The Doctor's Dilemma.* Teddington, UK: Echo Library, 2006.

Sheasby, Walt Contreras. "Marx at Karlsbad." *Capitalism Nature Socialism*, 12, no. 3 (September 2001).

Shelley, Percy Bysshe, *The Daemon of the World and Peter Bell the Third.* London: Dodo Press, undated.

—. *The Mask of Anarchy.* London: Reeves and Turner, 1887; New York: AMS Press, 1975.

—. *Prometheus Unbound.* Los Angeles: Black Box Press, 2007.

Sheppard, Francis. *London 1808–1870: The Infernal Wen.* Berkeley and Los Angeles: University of California Press, 1971.

Smethurst, John, Edmund Frow, and Ruth Frow. "Frederick Engels and the English Working Class Movement in Manchester, 1842–1844." *Marxism Today*, November 1970, 340–341.

Smith, Warren Sylvester. *The London Heretics, 1870–1914.* London: Constable, 1967.

Smith, W. H. C. *Second Empire and Commune: France 1848–1871.* London and New York: Longman Group, 1985.

Somerhausen, Luc. *L'Humanisme Agissant de Karl Marx.* Paris: Richard-Masse, 1946.

Sperber, Jonathan, ed. *Germany, 1800–1870.* Oxford: Oxford University Press, 2004.

Staël, Germaine de. *Delphine.* De Kalb: Northern Illinois University Press, 1995.

Stearns, Peter. *1848: The Revolutionary Tide in Europe.* New York: Norton, 1974.

Stepanova, Yelena. *Frederick Engels.* Moscow: Foreign Language Publishing House, 1958.

Stewart, William. *J. Keir Hardie: A Biography.* London: Independent Labour Party, 1921.

Taylor, A. J. P. *The Struggle for Mastery of Europe, 1848–1918.* Oxford: Oxford University Press, 1971.

Thomas, Edith. *The Women Incendiaries*. Chicago: Haymarket Books, 2007.

Thompson, E. P. *The Making of the English Working Class*. New York: Vintage, 1966.

Thomson, David. *Democracy in France Since 1870*. London, Oxford, and New York: Oxford University Press, 1969.

Thorne, Will. *My Life's Battles*. London: George Newnes, 1925.

Tocqueville, Alexis de. *The Recollections of Alexis de Tocqueville*. New York: Meridian Books, 1959.

Tsuzuki, Chushichi. *The Life of Eleanor Marx, 1855–1898: A Socialist Tragedy*. Oxford: Clarendon Press, 1967.

Washburne, E. B. *Recollections of a Minister to France, Part I*. New York: Charles Scribner's Sons, 1887.

Webb, Beatrice. *My Apprenticeship*. Cambridge: Cambridge University Press, 1979.

Weissweiler, Eva. *Tussy Marx: Das Drama der Vatertochter Eine Biographie*. Cologne: Kiepenheuer & Witsch, 2002.

Wetzel, David. *A Duel of Giants: Bismarck, Napoleon III and the Origins of the Franco-Prussian War*. Madison: University of Wisconsin Press, 2001.

Wheen, Francis. *Karl Marx: A Life*. New York and London: Norton, 1999.

—. *Marx's Das Kapital: A Biography*. London: Atlantic Books, 2006.

Whitridge, Arnold. *Men in Crisis: The Revolutions of 1848*. New York: Charles Scribner's Sons, 1949.

Williamson, D. G. *Bismarck and Germany, 1862–1890*. London and New York: Longman Group, 1986.

Wilson, A. N. *The Victorians*. London: Arrow Books, 2003.

Winder, Robert. *Bloody Foreigners: The Story of Immigration to Britain*. London: Abacus, 2005.

Wright, D. G. *Democracy and Reform, 1815–1885*. Essex, UK: Longman Group, 1970.

—. *Revolution and Terror in France, 1789–1795*. Essex, UK: Longman Group, 1974.

Zola, Emile. *Germinal*. London: Penguin, 2004.

백과사전만큼이나 두꺼운 양장본에 페이지마다 깨알 같은 글자들이 가득하다! 이것은 분명 시대착오적인 책이다. 2011년 미국에서 도대체 무슨 연유로 이런 책이 출판되었단 말인가. 그가 영영 죽어버렸다는 사실을 모르는, 또는 여전히 인정하지 않으려는 고집스러운 사람들이 아직도 있단 말인가. 그것도 그의 저주에 걸려 불안과 공포에 시달리며 한 세기를 아마겟돈에 대비하는 것으로 말짱 허송해버린 바로 미국이라는 나라에서 말이다. 도무지 이해할 수 없는 일이었다. 그런데 더욱 어처구니없는 것은 그의 삶에 관한 그 책이 이듬해 전미도서상^{National Book Awards} 논픽션 부문 최종후보에까지 올랐다는 사실이다. 다시 말하자면 미국에서 한 해 동안 홍수처럼 쏟아져 나온 수많은 도서들 중에서 그 책이 다섯 손가락에 꼽힐 만큼 훌륭했다는 것이다. 무엇이 그 책을 특별하게 만들었는가.

그 책은 여태까지 나왔던 그에 관한 모든 책과는 판연히 달랐다. 책은 그에 관해 전혀 새로운 얘기를 하고 있었다. 그 책은 죽었지만 죽지 못하고 유령이 되어 지상을 떠돌던 그에 관한 이야기가 아니라 살이 있고 피가 도는 살아 있는 그를 비로소 이야기했던 것이다. 책은 그동안 강렬한 광배에 둘러싸여 까만 점으로밖에 보이지 않았던 인간 마르크스의 맨 얼굴을 환하게 비춰주었다. 그 얼굴은 사랑의 신열에 달뜬 청년, 아이의 재롱에 헤벌쭉 웃는 아버지, 생활의 무게에 짓눌린 가장, 숱한 좌절 속에서도 꾸역꾸역 살아갈 수밖에 없는 평범한 우리 이웃들의 초상이었다. 그곳에는 경외나 적의 없이 담담한 시선으로 바라볼 수 있는 낯설지 않은 삶이 있었다. 카를 마르크스가 우리와 별반 다르지 않은 인간이었다니! 처음에 어리둥절하던 사람들은 곧 새삼스러운 발견에 책의 진가를 알아보았다. 신성도 마성도 벗어던진 인성의 마르크스를 보았다. 그리고 그들은 저자의 팔 년간의 노력에 합당한 갈채를 보냈다.

마르크스는 인류 역사상 가장 많은 오해를 받은 인물 중 한 사람일 것이다. 그의 필생의 저작,『자본론』이 스스로 말하기 시작하면서 역설적이게도 저자는 잊혔다. 『자본론』은 지구의 반에서 경전이 되었고, 나머지 반에서는 금서가 되었다. 덩달아 신 또는 악마가 되어버린 마르크스는 이제 더 이상 인간일 수 없었다. 한쪽에서는 동상이 세워지고 다른 한쪽에서는 연일 저주와 악담이 쏟아져 나왔다. 그러므로 『자본론』이 말을 멈추기 전까지 우리가 보았던 인물은 실제로 이승에 살았던 마르 크스가 아니었다. 그것은 『자본론』이 자신의 형상으로 빚어낸 창조물이었다. 아니, 더 정확히는 『자본론』에 대한 제각각의 감상을 투사해놓은 허상들이었다. 우리는 그것을 여태껏 마르크스로 잘못 알고 있었던 것이다. 그것들 중에는 "『자본론』은 그걸 쓰면서 피웠던 담배 값도 벌어주지 못할 것"이라고 투덜거리던 인간 마르크스 는 없었다.

　『자본론』이 아닌 마르크스에게 눈을 돌리자마자 우리에게는 그의 가족이 보인 다. 허랑한 남편 또는 아버지로 인해 곤궁한 삶 속에 시들어버렸을 것이라고 추단, 또는 고의적으로 왜곡되었던 그들의 인생이 실은 마르크스의 사업과 얼마나 긴밀 히 그리고 능동적으로 연관되었는지 책은 아주 잘 보여주고 있다. 그런 점에서 이 책 은 전기 형식을 빌려 마르크스주의의 형성 과정을 더듬는 판에 박힌 책들과는 완 전히 다르다. 저자에게 중요했던 것은 『자본론』이 아니라 그것의 완성에 바쳐진 한 가족의 삶이었다. 그래서 이 책의 주인공은 마르크스가 아니라 그와 그의 가족들 이다. 둘째 딸의 출산을 앞둔 마르크스의 아내, 예니는 "그 큰일(출산)이 제가 간절 히 기다리는 그 책(『자본론』)을 당신이 마무리하고 있는 바로 그 순간에 발생하지는 말아야 할 텐데요"라고 편지에 적었다. 이때가『자본론』제1권이 세상에 나오게 될 1867년으로부터 무려 21년이나 앞선 1846년이었다.

　『자본론』은 천재적 사상가, 마르크스가 어느 날 뚝딱 써낸 책이 아니다. 그 책은 난산에 난산을 거듭해 무려 21년이나 뒤늦게 세상에 나왔다. 밤마다 담배연기 자 욱한 골방에서 새벽까지 머리칼을 쥐어뜯는 외골수와 그런 사람을 가장으로 둔 한 가족의 오랜 신산한 삶을 대가로 탄생한 것이 바로『자본론』이다. 그 오랜 기다림의 시간은 가족으로서의 의무적 헌신만으로는 설명되지 않는다. 아무리 무책임하고 독선적인 가장이라도 가족의 후원 없이 그 긴 세월을 오롯이 집필에만 투자할 수는 없다. 『자본론』은 마르크스 가※의 작품이다. 그래서 이 책의 저자는 여태까지 어느 누구도 주목하지 않았던 마르크스의 가장 가까운 동지인 가족들을 무대의 주인공으로 올려놓는다. 그것을 통해 저자는 오히려 마르크스와 그의 사상을 온전히 이해할 수 있는 길을 터놓았다.

애초의 기한을 한참 넘긴 후 마침내 『자본론』의 출간을 눈앞에 두었을 때 마르크스는 지인들에게 보낸 편지들에서 "그것을 위해 나는 건강, 행복, 내 가족까지도 희생했습니다……", "(『자본론』은) 의심할 여지없이 지금까지 부르주아의 머리에 던져진 것들 중 가장 가공할 만한 미사일입니다", "일 년 안에 나는 성공하게 될 것으로 희망하고 또 확신하고 있네. 내 경제적 문제들을 근본적으로 뜯어고칠 수 있을 것이고 마침내 자립하게 될 거란 말일세"라고 잔뜩 기대감에 부풀어 말한다. 그러나 결과는 전연 딴판이었다. 『자본론』은 아무런 반향도 불러일으키지 못했다. 세상은 『자본론』이 나오기 전이나 후나 아무런 변화도 없이 믿을 수 없을 정도로 조용하기만 했다. 마르크스와 예니는 뜻밖의 상황에 당황했다. 그러니 그들은 그것을 부르주아들의 모종의 음모로 단정하며 스스로 위로하는 수밖에 없었다.

예니는 엥겔스에게 보낸 편지에서 "우리가 오랫동안 카를의 책에 걸어왔던 은밀한 희망까지도 이제 독일인들의 '침묵의 음모'로 인해 물거품이 되어버렸군요"라고 말한다. 여기서 '은밀한 희망'이란 물론 『자본론』이 가져다줄 수익이었다. 가사를 꾸려야 했던 주부에게는 당연한 기대였다. 하지만 예니는 거기에 머무르지 않는다. "(『자본론』) 제2권은 게으름뱅이들을 깜짝 놀라게 만들어서 무기력에서 끌어낼 거예요. 그리고 그 작품의 과학적 성격에 관해 그간 침묵했었기 때문에 이제 더욱 격렬하게 그 사상의 맥락에 대해 공격을 퍼붓겠지요. 꼭 그렇게 될 거예요"라고 그녀는 덧붙였다. 예니는 단순히 『자본론』 저자의 아내가 아니라 스스로 제2의 저자였던 것이다(실제로 그녀는 남편의 모든 악필을 사람들이 읽을 수 있는 문자로 옮겨 적었다). 그리고 그녀는 결국 '침묵의 음모'가 걷히고 『자본론』이 사람들의 관심을 끌기 시작할 때, 침대 맡에서 남편이 읽어주는 "『자본론』은 경제학에서 교조적인 이론의 틀을 깬 작품으로서, 그 혁명적 성격과 파급효과의 중요성은 천문학에서 코페르니쿠스의 이론, 또는 중력과 물리학의 법칙에 견줄 만하다"는 한 잡지의 서평을 들으며 "크고, 사랑스럽고, 그 어느 때보다도 반짝"이는 눈으로 남편을 올려다본다. 그리고 이틀 뒤 그녀는 조용히 숨을 거두었다. 그런 예니를 알지 못하고는 마르크스의 삶을 온전히 이해할 수 없으며, 그의 사상에 대한 이해도 반쪽짜리일 수밖에 없다. 마르크스의 가족은 마르크스주의를 낳은 생산관계였다!

마르크스는 대단하기는 하지만 특별하지는 않았다. 별종이 아니라는 얘기다. 당시 파리, 그리고 런던은 망명자들로 넘쳐났고 그들 모두는 혁명가였다. 무익한 가정이겠으나 마르크스가 만약 우리 시대에 태어났다면 아마도 강단에서 비교적 조용한 삶을 살다가 사라졌으리라. 이런 억측을 해보는 것은 한 사람을 이해하는 데 그만큼 시대에 대한 이해가 중요하기 때문이다.

지나간 시대, 살아보지 못한 환경에 대한 더욱 생생한 이해를 우리는 종종 문학작품에서 경험하곤 한다. 에밀 졸라나 찰스 디킨스의 소설에서는 시장자본주의의 폐해가 극에 달했던 19세기의 시대상이 손에 잡힐 듯 실감나게 그려진다. 그것은 어떤 수치의 나열이나 해부학적 고찰도 가질 수 없는 문학만의 힘이다. 그래서 이 책은 살아 있다. 전문 전기 작가가 그리는 마르크스는 배경과 완벽하게 융화되어 살아 숨쉰다. 저자는 마르크스의 특별함을 칭송하는 대신, 시대 속에서 고뇌하는 지식인을 말한다. 그리고 때로는 역사책을 방불케 할 정도로 세세한 배경과 사건 묘사에 많은 노력을 기울이지만 전혀 따분하지 않다. 독자는 저자의 안내에 따라 시끌벅적한 런던의 빈민굴에, 피비린내 풍기는 파리코뮌의 현장 한가운데 서는 경험을 하게 될 것이다.

이 책은 연구실에서 자료를 뒤적이며 쓴 책이 아니다. 저자가 발로 뛰며 마르크스의 인생 궤적을 되짚어서 복원해낸 삶의 기록이다. 저자는 마르크스 가족이 살았던 아파트 다락방을 방문했고 후손들과 대화도 나누었다. 그러므로 그 느낌은 믿어도 좋다. 방대한 분량이지만 소설책 읽듯 책장이 술술 잘 넘어가는 것은 글쟁이 작가의 기량 덕분일 것이며, 그것은 단순히 재미를 선사하는 차원을 넘어 시대와 인물에 대한 더 풍부한 이해로 우리를 인도한다.

마르크스는 주지하다시피 과학적 사회주의(공산주의) 이론을 완성한 인물로 알려져 있다. 그러나 정작 마르크스 자신은 공산주의라는 말에 상당히 조심스러웠다. 그의 시선은 항상 환상적인 미래가 아닌 구체적인 현실에 두어져 있었기 때문이다. "우리에게 공산주의란 향후 설립되어야 하는 어떤 상태, 현실이 스스로를 적응시켜야 하는 어떤 이념이 아니다. 우리는 공산주의를 현재의 상황을 철폐하는 현실의 운동이라 부른다"(『독일 이데올로기』). 그가 원했던 것은 인간이 인간답게 사는 세상이었으며, 그것이 무엇이라 불리든 상관없었다(마르크스 자신은 '마르크스주의자'가 아니라고 말했다). 그리고 그 실현 방법으로 군이 폭력혁명만을 고집했던 것도 아니다. 그런 점에서 마르크스는 휴머니스트였다. 그런 이상은 그의 사후인 1917년 러시아에서 실현되는 듯했다. 그러나 다시 70년이 흐른 후 소련의 수장인 고르바초프는 "사회주의의 새로운 모습, 이것은 인간의 얼굴을 한 사회주의다. 이는 마르크스 사상과 완전히 일치하며 미래의 사회는 실현된 휴머니즘이다. 그러한 사회의 창조가 바로 페레스트로이카의 중요한 목적이기 때문에 우리는 충분한 근거를 가지고 인도적 사회주의를 건설할 것임을 단언한다"고 선언한다. 이는 러시아 혁명이 마르크스의 이상을 실현시키지 못했다는 진솔한 고백이자, 그 실현을 위해 매진하겠다는 새로운 다짐이었다.

그러나 아쉽게도 우리는 페레스트로이카의 끝을 볼 수 없었다. 인간성을 추구하던 페레스트로이카는 좌절되었고, 사회주의권은 붕괴했다. 그러자 견제자를 잃은 자본주의는 인간성의 가면을 벗어던지고 한동안 잊고 지냈던 자유를 만끽하기 시작한다. 신자유주의의 물결이 지구촌 곳곳에 거침없이 넘실거린다. 복지와 고용안정은 점점 아련한 추억으로 변해가고 있다. 독점자본이 골목까지 독점하겠다고 나섰다. 직장과 업장에서 내몰린 가장은 더 이상 가족을 부양할 수 없다. 온 가족이 비정규직으로 노동력을 팔며 희망 없는 하루를 살고 있다. 과학기술의 발전이 가져다준 풍요를 제외한다면 과연 우리 시대가 마르크스가 살던 세상과 얼마나 다를지 새삼 고민하게 만드는 대목이다. 그런 의미에서 이 책이 과거의 한 인물에 대한 서술, 그 이상의 의미를 지닌다고 말한다면 지나친 해석일까?

2015년 봄

천태화

부록

등장인물과 정치적 연대기

ㄱ

가리발디, 주세페 Garibaldi, Giuseppe   19세기 이탈리아의 민족주의자. 1848~1849년 봉기에 참여한 혁명영웅. 향후 이십 년간 전개된 이탈리아 통일투쟁에 군사전략과 전투로 기여했으며, 파리 코뮌도 지지했다.

강베타, 레옹 Gambetta, Léon   프랑스의 정치가. 1870년 임시정부에서 공화주의 선동가로 활동했다.

게드, 쥘 Guesde, Jules (본명은 마티유 쥘 바질Mathieu Jules Bazile)   프랑스의 혁명적 사회주의자. 폴 라파르그의 친구. 프랑스 최초의 마르크스주의 정당인 프랑스 노동자당을 창설했다.

고트샤크, 안드레아스 Gottschalk, Andreas   빈자들을 치료해 유명해진 쾰른의 의사. 노동계급 활동가이자 공산주의자였다. 1848년에 쾰른 노동자협회 의장을 지냈으나 전술 문제에서 마르크스와 견해를 달리했다.

괴테, 요한 볼프강 폰 Goethe, Johann Wolfgang von   독일의 위대한 시인, 극작가, 소설가. 그의 작품은 과학, 정치, 사회관계, 낭만주의, 고전주의를 총망라했으며, 마르크스와 그의 동료들에게 사랑받았다. 괴테가 인류의 역동적 발전에 믿음을 가지고 있었다는 것이 이유 중 하나였다.

굼퍼트, 에두아르트 Gumpert, Eduard   맨체스터에서 루푸스, 엥겔스, 마르크스, 예니를 진료한 노의사. 마르크스가 신뢰한 유일한 의사였다.

그레비, 쥘 Grévy, François Jules Paul   프랑스의 공화주의자. 1879년부터 1887년까지 프랑스 대통령을 역임했다. 그의 재임기간 때 망명 중인 코뮌 가담자들에 대한 사면령이 내려졌다.

글래드스턴, 윌리엄 Gladstone, William   1868년부터 1894년까지 19세기 동안 네 차례나 영국 수상을 역임했다(처음은 토리당, 잠시 필 당원, 마지막으로 자유당 지도자로).

기조, 프랑수아 Guizot, François Pierre Guillaume   루이 필리프 치하에서 재상을 역임했다. 왕좌 뒤의 실권자로 알려졌으며, 1848년의 파리 봉기 초반에 자리에서 물러나야 했다.

ㄴ

나폴레옹 1세 Napoleon I (본명은 나폴레옹 프랑수아 샤를 조제프 보나파르트Napoleon François Charles Joseph Bonaparte)   1805년부터 1815년까지 프랑스의 황제였다. 유럽의 지배자들은 그의 패배 후에도 나폴레옹법전의 영향으로 프랑스 시민들에게 확대된 자유 때문에 두려움을 느꼈고, 1815년의 워털루 패전 후에 확정된 국경을 지키기 위해 애썼다.

나폴레옹 3세 Napoleon III (본명은 샤를 루이 나폴레옹 보나파르트Charles Louis Napoleon Bonaparte)   보나파르트 나폴레옹의 조카이자 네덜란드 왕 루이 보나파르트의 아들. 파리에서 태어나 스위스에서 자랐으며, 1848년부터 1851년까지 프랑스 대통령을 지냈다. 1852년에 나폴레옹 3세가 되어 1870년까지 통치했다.

네차예프, 세르게이 Nechayev, Sergei   러시아의 무정부주의자이자 음모자로 바쿠닌과 친밀하게 교류했다. 러시아의 광범위한 비밀결사를 장악하자고 주장했다. 그는 조직의 존재에 의문을 제기한 한 학생을 살해하고 스위스로 도피해 그곳에서 붙잡혔다. 이후 러시아에 인도되어 수감되었고, 1882년에 옥사했다.

노트융, 페터 Nothjung, Peter 독일인 재단사, 쾰른 공산주의자동맹 조직원. 1851년에 라이프치히에서 체포되었다. 쾰른 공산주의자 재판에서 대역죄로 6년형을 선고받았다.

누아르, 빅토르 Noir, Victor 프랑스의 공화주의 신문 『라 마르세예즈』의 저널리스트. 1870년에 나폴레옹 3세의 사촌에게 살해당했다.

니콜라이 1세 Nikolai I (본명은 니콜라이 파블로비치Nikolai Pavlovich) 1825년부터 1855년까지 재위한 러시아의 차르. 잔인한 세기로 알려진 반동기를 지배했으며, 크림 전쟁 발발 초기까지 군림했다.

ㄷ

다구 백작부인D'Agoult, Countess (결혼 전 이름은 마리-카트린-소피 드 플라비니Marie-Catherine-Sophie de Flavigny) 프랑스 리스트의 전 애인. 리스트와의 관계에서 세 아이를 가졌다. 카를 마르크스와 예니 마르크스가 파리에 있을 때 게오르크 헤르베크의 연인이었으며, 급진주의 사상가들을 위한 살롱을 운영했다. 다니엘 스턴Daniel Stern이라는 가명을 사용했다.

다나, 찰스 Dana, Charles 미국인 저널리스트. 1849년부터 1862년까지 『뉴욕 데일리 트리뷴』의 편집장으로 일했다. 마르크스를 외국인 통신원으로 고용했다.

다니엘손, 니콜라이 Danielson, Nikolai 마르크스와 엥겔스의 러시아인 친구이자 작가, 경제학자. 헤르만 로파틴Herman Lopatin, 니콜라이 류바빈과 함께 『자본론』 제1권을 러시아어로 번역했다.

다니엘스, 롤란트 Daniels, Roland 쾰른의 의사, 마르크스의 측근, 공산주의자동맹의 조직원. 쾰른 공산주의자 재판에서 무죄방면되었으나 오랜 투옥 기간에 얻은 병으로 곧 사망했다.

다니엘스, 아말리에 Daniels, Amalie 롤란트 다니엘스의 부인.

다윈, 찰스 Darwin, Charles 19세기 영국의 자연과학자. 1859년에 『종의 기원』을 발표해 진화에 대한 대중적 논쟁을 촉발시키며 새로운 학설의 창시자가 되었다.

단테Dante, Alighieri 13세기 이탈리아의 시인. 『신곡』으로 유명하며, 세계에서 가장 위대한 시인 중 한 명으로 추앙받고 있다.

데무트, 헨리 프레데릭 루이스 Demuth, Henry Frederick Lewis 카를 마르크스와 헬레네 데무트 사이에서 태어난 사생아. 이스트런던의 양부모 밑에서 자라나 기계공, 노조운동가가 되었으며 엥겔스와 마르크스를 존경했다. 하지만 죽을 때까지 두 사람 중 누가 자신의 아버지인지 확실히 몰랐다. 프레디Freddy로 불렸다.

데무트, 헬레네 Demuth, Helene 트리어에서 베스트팔렌 가＊의 하인. 스물다섯 살 때부터 카를과 예니 마르크스와 함께 가족으로 살기 시작했다. 렌헨Lenchen으로 불렸으며, 마르크스의 아들을 낳았다.

데일, 조지 에드가 Dale, George Edgar 시드넘의 약재상. 엘레아노르 마르크스에게 청산가리를 판매했다.

디포, 대니얼 Defoe, Daniel 영국의 소설가, 저널리스트. 『로빈슨 크루소』, 『몰 플랜더스』 등의 저자. 17세기 말과 18세기 초의 영국 사회에 대한 현실주의적 묘사로 유명하다.

도넬슨, 앤드류 잭슨 Donelson, Andrew Jackson 1848년 봉기 때 프로이센 주재 미국 대사. 1849년에 귀국하기 전까지 독일연방 정부에 대한 전권대사로 재임했다.

두세, 로제 Doucet, Roger 에르네스트 두세의 아들.

두세, 에르네스트^{Doucet, Ernest} 폴과 라우라 라파르그의 프랑스 드라베이 집 정원사.

둔커, 프란츠 구스타프^{Duncker, Franz Gustav} 베를린의 출판업자. 페르디난트 라살레의 요청으로 1858년에 마르크스의 책들을 출판하기로 계약했다. 1859년에 『정치경제학 비판 요강』을 출판했다.

두를랑, 귀스타브^{Dourlen, Gustave} 코뮌 이후 샤를 롱게의 프랑스 탈출을 돕고 후에 롱게 가족이 아르장퇴유에 살 때 주치의 역할을 한 프랑스 의사.

뒤링, 오이겐^{Dühring, Eugen} 독일의 맹인 사회주의자, 철학자, 경제학자, 베를린 대학 강사. 성장하는 독일 노동운동에 유토피아적 이념을 주입하려고 해 엥겔스를 자극했다. 엥겔스의 『반뒤링론』은 마르크스주의에서 중요한 저서가 되었다.

뒤퐁, 외젠^{Dupont, Eugène} 프랑스의 노동활동가. 1848년 봉기에 참가했고, 인터내셔널 중앙협의회에 참석했다.

듀프, 마운트스튜어트 엘핀스턴 그랜트^{Duff, Sir Mountstuart Elphinstone Grant} 19세기 후반 영국의 자유당 소속 의원.

드롱케, 에른스트^{Dronke, Ernst} 작가. 독일의 감옥에서 탈출해 공산주의자동맹의 조직원이 되었으며, 쾰른에서 마르크스와 함께 『신 라인 신문』의 편집을 담당했다. 나중에 영국으로 이주했으며, 마르크스와 엥겔스의 측근이었다.

드미트리예프 토마노프스카야, 엘리자베스^{Dmitrieff Tomanovskaya, Elizabeth} 러시아 출신의 혁명가. 1870년 열아홉 살 때 런던의 마르크스 집을 방문해 마르크스와 딸들의 측근이 되었다. 1871년 파리 코뮌 때 마르크스의 심부름으로 파리에 갔다가 결국 바리케이드전에 여성들을 조직화하기 위해 그곳에 남았다.

드페페, 세자르^{De Paepe, César} 벨기에인 저널리스트, 의사, 인터내셔널 청년회원. 1872년에 인터내셔널 주도권 싸움에서 잠시 마르크스와 결별하고 바쿠닌을 지지했다. 벨기에 노동당의 설립자였다.

디지, 마이클^{Deasy, Captain Michael} 미국 남북전쟁에 참전한 퇴역군인으로, 1867년에 맨체스터에서 페니언의 지도자로 체포되었다. 그를 탈출시킨 세 명의 아일랜드인이 교수형 당한 사건으로 인해 아일랜드 독립운동에서 전설적인 인물이 되었다.

디킨스, 찰스^{Dickens, Charles} 영국의 인기 소설가. 19세기의 폭발적인 산업화 사회 속에서 하층민의 힘겨운 삶을 생생하게 묘사했다.

ㄹ

라마르틴, 알퐁스 마리 루이 드^{Lamartine, Alphonse Marie Louis de} 프랑스의 낭만주의 시인, 공화주의자, 웅변가. 1848년 봉기 후 프랑스의 임시정부 수반이었다.

라브로프, 표트르^{Lavrov, Pyotr} 파리로 망명한 러시아 출신의 저널리스트, 수학 교수, 철학자. 마르크스의 친구였고, 코뮌 동조자였으며, 인터내셔널 회원이었다.

라살레, 페르디난트^{Lassalle, Ferdinand} 독일인 변호사, 사회주의자. 독일 최초의 노동계급 정당인 독일노동자총연맹을 설립했으며, 마르크스의 『정치경제학 비판 요강』의 출판을 도왔지만, 마르크스는 그를 친구라기보다 숙적으로 여겼다.

라샤트르, 모리스^{Lachâtre, Maurice} 코뮌 가담자. 프랑스어판 『자본론』 제1권의 출판업자.

라스파유, 프랑수아 Raspail,François 프랑스의 작가, 과학자, 정치인. 1830년과 1848년 봉기에 가담한 베테랑 사회주의자이자 프롤레타리아트 계급의 옹호자였다.

라투르, 테오도르 Latour,Theodor 오스트리아의 국방장관. 1848년 빈에서 흥분한 노동자들에게 피살되었다.

라파르그, 마르크-로랑 Lafargue,Marc-Laurent 라우라와 폴 라파르그의 셋째 아이. 생후 일 년이 안 돼서 사망했다.

라파르그, 샤를 에티엔 Lafargue,Charles Etienne 라우라와 폴 라파르그의 첫아이. 네 살 때 사망했다. 슈냅스Schnapps와 푸쉬트라Fouchtra로 불렸다.

라파르그, 예니 라우라 Lafargue,Jenny Laura 카를과 예니 마르크스의 둘째 딸, 라파르그의 부인. 성년의 대부분을 프랑스에서 보냈고, 아버지와 엥겔스의 저작을 번역하는 일을 했다. 라우라로 불렸다.

라파르그, 제니 Lafargue,Jenny 라우라와 폴 라파르그의 아기. 생후 한 달 만에 사망했다.

라파르그, 폴 Lafargue,Paul 쿠바 태생의 프랑스인 사회주의 활동가, 선전가, 마르크스의 딸 라우라의 남편. 마르크스주의가 프랑스와 스페인에 도입되는 데 기여했다. 툴리Tooley로 불렸다.

라파르그, 프랑수아 Lafargue,François 폴 라파르그의 부유하고 보수적인 아버지. 보르도에는 포도 농장을, 쿠바와 뉴올리언스에는 부동산을 소유하고 있었다.

래드포드, 어니스트 Radford,Ernest 영국인 변호사, 아마추어 배우, 도그베리 클럽 회원, 엘레아노르 마르크스의 친구.

랭카스터, 이디스 Lancaster,Edith 영국 사회민주주의연맹의 회원, 페미니스트, 엘레아노르 마르크스의 친구. 불륜을 저질렀다는 이유로 가족들에 의해 정신병원에 감금되었다.

레닌, 블라디미르 Lenin,Vladimir(본명은 울리아노프Ulianov) 1917년 10월 혁명의 지도자. 러시아의 임시 정부를 전복하고 마르크스주의-하지만 유일한 원칙은 아니었다-에 기초해 최초의 공산주의 국가를 세웠다. 폴 라파르그를 두 번 만났으며, 1911년에 라파르그 부부의 장례식에서 추도연설을 했다.

레스너, 프리드리히 Lessner,Friedrich 독일인 재단사, 런던의 공산주의자동맹 조직원. 1848~1849년 반란 때 쾰른에서 마르크스와 일했으며, 동맹의 선전가로 여행했고, 쾰른 공산주의자 재판에서 피고인으로 3년형을 선고받았다. 제1차 인터내셔널에 가담했으며 마르크스와 엥겔스의 최측근 중 한 명이었다.

레스케, 카를 Leske,Karl Friedrich Julius 다름슈타트의 자유주의 출판업자. 1845년에 마르크스의 정치경제학서를 출판하기로 계약했다.

레오, 앙드레Léo,André(본명은 레오니드 베라Léonide Béra) 서른한 살에 과부가 된 프랑스 여인. 소설을 쓰며 자식 앙드레와 레오를 키웠으며, 여권운동가가 되었다. 파리 코뮌을 지지해 프랑스군에 맞서 싸웠고 후에 스위스로 망명했다.

레오폴드 1세 Leopold I 작센 코부르크-고타 공국의 왕자. 1831년부터 1865년까지 벨기에를 통치한, 상대적으로 자유주의적인 왕이었다.

렐레벨, 요아힘 Lelewel,Joachim 폴란드의 역사가, 베테랑 혁명가. 1830년 폴란드의 좌절된 봉기에 가담했으며, 브뤼셀에서 카를과 예니 마르크스와 가깝게 지냈다.

로렌소, 안젤모 Lorenzo,Anselmo 스페인의 인쇄업자, 노동운동가, 스페인 인터내셔널 회원.

로슈포르, 앙리 드 Rochefort, Henri de 공화주의 신문『라 마르세예즈』의 편집자. 1870년 나폴레옹 3세의 패전 이후 프랑스 임시정부에 참여했다.

로이, 조제프 Roy, Joseph 『자본론』제1권의 프랑스어 번역자.

롱게, 마르셀 Longuet, Marcel 샤를과 예니 롱게의 아들. 파Par 또는 파넬Parnell로 불렸다.

롱게, 샤를 펠리시앵 마르크스 Longuet, Charles Félicien Marx 샤를과 예니 롱게의 첫아이. 생후 일 년이 채 되지 않아 숨졌다. 카로Caro로 불렸다.

롱게, 샤를 Longuet, Charles 프랑스의 사회주의자, 저널리스트. 마르크스의 장녀 예니와 결혼했다.

롱게, 앙리 Longuet, Henry 샤를과 예니 롱게의 아들. 다섯 살이 되기 전에 죽었다. 해리Harry로 불렸다.

롱게, 에드가 Longuet, Edgar 샤를과 예니 롱게의 아들. 프랑스의 노동계급 내에서 활동한 의사이자 사회주의 당원이었다. 울프Wolf로 불렸다.

롱게, 예니 카롤리네 Longuet, Jenny Caroline 카를과 예니 마르크스의 장녀, 샤를 롱게의 부인. 아버지 마르크스의 연락비서로 일했으며 잠시 저널리스트로 활동하기도 했다. 그녀의 최고 업적은 아일랜드 정치범들을 영국 감옥에서 구해낸 일련의 기사를 작성한 일이었다. 예니헨Jennychen으로 불렸으며, J. 윌리엄스J. Williams라는 필명을 사용했다.

롱게, 장 로랑 프레데릭 Longuet, Jean Laurent Frédéric 샤를과 예니 롱게의 둘째 아들. 변호사이자 프랑스 사회주의자들의 지도자가 되었으며, 부분적으로 엘레아노르 마르크스에 의해 키워졌다. 조니Johnny로 불렸다.

롱게, 제니 Longuet, Jenny 샤를과 예니 롱게의 딸. 오페라 가수가 되었으며, 부분적으로 라우라 라파르그에 의해 키워졌다. 메메Mémé로 불렸다.

롱게, 펠리시타 Longuet, Félicitas 샤를 롱게의 어머니.

루게, 아르놀트 Ruge, Arnold 독일의 저널리스트. 자유주의적 사상 때문에 육 년간 투옥되었다. 마르크스와 합작으로 프랑스어-독일어 신문을 만들었으나 실패했고, 그 이후 두 사람은 영원히 사이가 멀어졌다.

루스탈로, 엘리제 Loustalot, Elisée 18세기 프랑스인 저널리스트, 프랑스 혁명 때 자코뱅이었다.

루이-필리프 Louis-Philippe 1830년부터 1848년까지 재위한 프랑스 군주. 대중적 봉기로 권좌에 올랐기 때문에 시민왕으로 불렸다. 그의 재위 기간 중 상공업계층이 성장했다.

루텐베르크, 아돌프 Rutenberg, Adolf 논란을 일으킨 신문 기고문 때문에 프로이센 정부에 의해 학교에서 쫓겨난 교사. 베를린에서 초창기 마르크스의 동료였으며, 쾰른의『라인 신문』편집자로도 잠시 일했다.

류바빈, 니콜라이 Lyubavin, Nikolai 『자본론』제1권의 러시아어판 번역자 중 한 사람. 바쿠닌을 번역 작업에 끌어들인 일 때문에 네차예프로부터 협박당했다.

르드뤼-롤랭, 알렉상드르 Ledru-Rollin, Alexandre 프랑스의 공화주의자, 1848년의 임시정부 장관. 1848년 파리 봉기를 촉발한 연회운동banquet campaign에 참여했다.

르 루베즈, 빅토르 Le Lubez, Victor 런던의 프랑스인 망명자. 후에 제1인터내셔널 창립으로 이어질 모임에 마르크스를 초대했다. 인터내셔널 중앙협의회 회원이었으며, 프랑스 담당 연락비서였다.

르 무쉬, 뱅자맹 Le Moussu, Benjamin 프랑스인 조판공, 파리 코뮌 위원, 인터내셔널 중앙협의회 회원. 폴 라파르그와 잠시 함께 일했다.

르콩트, 클로드(장군) Lecomte, General Claude 1871년에 파리의 반란자들로부터 대포를 회수하려고 몽마르트에 여단을 이끌고 갔으나 부하들에 대한 통솔력을 잃고 포로가 되어 성난 파리 시민들에게 처형당했다. 그의 죽음은 코뮌 가담자들에 대한 무자비한 탄압의 빌미가 되었다.

리, H. W. Lee, H. W. 하인드먼의 사회민주주의연맹 계열의 영국인 사회주의자, 저널리스트. 에드워드 에이블링과 엘레아노르 마르크스와 함께 일했다.

리넬, 앨프레드 Linnell, Alfred 1887년 런던에서 경찰의 시위 진압 중 사망한 법률사무원.

리사가레, 이폴리트-프로스퍼-올리비에 Lissagaray, Hyppolite-Prosper-Olivier 프랑스 귀족 출신의 저널리스트, 군인. 1871년에 파리 코뮌에 대한 책을 썼는데, 마르크스로부터 사건을 가장 잘 묘사한 책이라는 찬사를 받았다. 서른네 살 때 열일곱 살의 엘레아노르 마르크스와 약혼했으나, 마르크스의 강력한 반대로 결혼에 이르지는 못했다. 리사Lissa로 불렸다.

리스, 에디스 Lees, Edith 영국인 작가, 페미니스트, 해브록 엘리스의 레즈비언 부인. 엘레아노르 마르크스 에이블링의 친구였다.

리카도, 데이비드 Ricardo, David 영국인 정치경제학자. 자유무역을 신뢰했다. 마르크스는 고전주의 또는 '부르주아' 경제학자들을 섭렵하는 과정에서 그를 연구했다.

리프크네히트, 나탈리 Liebknecht, Natalie 빌헬름 리프크네히트의 두 번째 부인. 독일에서 런던의 마르크스가 여인들과 잦은 서신교환을 했다. 말년에 엘레아노르 마르크스와 특히 친했다.

리프크네히트, 빌헬름 Liebknecht, Wilhelm 마르크스의 평생 동지, 런던의 공산주의자동맹 조직원, 독일 국회의원. 가장 중요한 노동계급 정당 중 하나인 독일사회민주의당의 창당에 관여했다. 마르크스 가족에게는 라이브러리Library로 불렸다.

리프크네히트, 에르네스티네 Liebknecht, Ernestine 빌헬름 리프크네히트의 첫 번째 부인으로 런던에서 예니 마르크스의 친구였다. 리프크네히트와 함께 독일로 돌아간 뒤에는 그녀와 긴밀히 편지를 주고받았다.

리히노프스키, 펠릭스 Lichnowsky, Felix 프로이센의 왕자, 프랑크푸르트 국회의 우익 의원. 1848년 프랑크푸르트 봉기 때 린치를 당했다.

링스, L. W. Rings, L. W. 런던의 독일인 망명자. 문맹이었음에도 불구하고 쾰른 공산주의자 재판에서 마르크스 서클의 의사록을 공동 작성한 사람으로 지목되었다.

링컨, 에이브러햄 Lincoln, Abraham 1861년부터 1865년까지 재임한 미국의 대통령. 남북전쟁 기간 중 재임했으며, 1865년에 노예제 폐지로 이어질 노예해방 선언문에 서명했다.

ㅁ

마르크스 에이블링, 예니 율리아 엘레아노르 Marx Aveling, Jenny Julia Eleanor 카를과 예니 마르크스의 막내딸, 에드워드 에이블링의 사실상의 부인. 영국 출생의 사회주의 활동가, 노동운동가, 플로베르와 입센의 번역자, 저널리스트. 엘레아노르 또는 투시Tussy로 불렸다.

마르크스, 예니 Marx, Jenny(본 명은 요한나 베르타 율리 예니 폰 베스트팔렌Johanna Bertha Julie Jenny von Westphalen) 프로이센 남작의 딸, 카를 마르크스의 부인. 마르크스의 연구를 적극적으로 지원했으며 사회주의자들과 노동자들을 위해 애썼다.

마르크스, 찰스 루이스 헨리 에드가 Marx, Charles Louis Henri Edgar 카를과 예니 마르크스의 첫아들. 에드가 또는 무슈Muschf로 불렸다.

마르크스, 카를 Marx, Karl 프로이센의 경제학자, 철학자, 저널리스트, 국제 사회주의의 아버지. 무어인 Mohr 으로 불렸고, A. 윌리엄스A. Williams라는 가명을 사용했다.

마르크스, 프란치스카 Marx, Franzisca 카를과 에니 마르크스의 다섯 번째 아이. 생후 일 년 만에 사망했다.

마르크스, 하인리히 Marx, Heinrich 트리어 최초의 유대인 변호사, 카를 마르크스의 아버지. 프로이센의 라인란트에서 변호사 일을 계속하기 위해 1817년에 루터교로 개종했다.

마르크스, 하인리히 귀도 Marx, Heinrich Guido 카를과 에니 마르크스의 두 번째 아들. 첫돌 이후 사망했다. 포크시Fawksy로 불렸다.

마르크스, 헨리에타 Marx, Henrietta (결혼 전 성은 프레스부르크Presburg) 카를 마르크스의 어머니.

마르탱, 알렉상드르 Martin, Alexandre 프랑스인 노동자. 1848년 봉기 때 임시정부 장관이 되었다. 알베르 Albert로 불렸다.

마우러, 게르마인 Maürer, Germain 독일의 망명한 사회주의 작가, 파리의 초창기 지하 노동자단체인 무법 자동맹의 조직원, 의인동맹 조직원. 파리에서 마르크스와 가까이 살면서 조직 모임에 그를 초대했다.

마이스너, 오토 Meissner, Otto 함부르크의 출판업자. 1865년에 마르크스와 『자본론』, 『정치경제학 비판 요강』의 출판을 계약했다.

마이어베어, 자코모 Meyerbeer, Giacomo (본명은 야코프 리프만 베어Jacob Liebmann Beer) 프로이센의 오페라 작곡가. 파리의 급진적 독일어 신문 『전진!』을 재정적으로 후원했다. 하지만 반체제 인사들을 처단하기 위해 그들이 스스로 모습을 드러내기를 원했던 프리드리히 빌헬름 4세를 대신한 것이었다는 설이 있다.

마치니, 주세페 Mazzini, Giuseppe 이탈리아의 민족주의자, 1830년 반란 이후 '청년 이탈리아 협회'를 설립해 이탈리아 반도 내의 여러 나라, 왕국, 공국들을 하나의 나라로 통일시키려는 활동을 했다. 런던에서 망명생활을 했으며 마르크스의 숙적이었다.

마크마옹 장군 MacMahon, Marshal Marie Edme Patrice 알제리의 군사독재자. 1871년 파리 코뮌에 대항한 전투에서 베르사유군의 원수였다. 파리 코뮌 이후 잠시 군사독재를 하다가 1873년부터 1879년까지 제3공화국의 대통령을 지냈다.

만토이펠, 오토 폰 Manteuffel, Otto von 남작. 1848년 11월부터 1850년 11월까지 프로이센 내무장관, 1850년부터 1858년까지 프로이센 수상을 역임했다.

매닝, 찰스 Manning, Charles 마르크스 가족의 친구. 라우라 마르크스에게 구애했으나 거절당했다.

맨, 토머스 Mann, Thomas 영국인 기계공, 노동계급의 정치 지도자, 노동 운동가. 독립노동당원으로 국회의원이 되었다. 톰Tom으로 불렸다.

멀케이, 데니스 다울링 Mulcahy, Dennis Dowling 의사, 더블린의 『아일랜드 인민』의 보조편집자. 마르크스가 영국 간수들이 그에게 자행한 학대를 폭로했다.

메비센, 구스타프 Mevissen, Gustav 라인란트의 은행가, 마르크스의 『라인 신문』을 재정적으로 후원했다.

메이틀랜드, 돌리 Maitland, Dollie 엘레아노르 마르크스의 친구, 여배우, 도그베리 클럽의 회원. 어니스트 래드포드의 아내.

메테르니히, 클레멘스 폰 Metternich, Clemens von 오스트리아의 왕자. 1809년부터 1821년까지 외무장관을, 1809년부터 1848년까지 재상을 역임했다. 19세기 유럽의 가장 강력한 반동 인사 중 한 명이었지만, 1848년 반란 초기에 자리에서 물러났다.

모리스, 메이 Morris, May 윌리엄 모리스의 딸. 작가이자 노동계급의 옹호자였다.

모리스, 윌리엄 Morris, William 영국인 건축가, 예술가, 시인, 소설가, 사회개혁가. 엘레아노르 마르크스와 함께 사회주의자동맹을 결성하고 노동운동을 했다.

몰, 요제프 Moll, Joseph 쾰른의 시계공, 런던 의인동맹 및 독일 노동자교육협회의 창립 멤버. 마르크스와 엥겔스의 동맹 가입을 주선했다. 1849년에 바덴에서 시민군으로 싸우다가 전사했다.

무어, 새뮤얼 Moore, Samuel 영국인 변호사, 『자본론』 제1권과 『공산당 선언』의 영역자. 서아프리카의 식민지 관리였으며, 마르크스와 엥겔스의 오랜 친구였다.

무어, 조지 Moore, George 영국인 사회주의자. 런던에서 잠시 폴 라파르그와 사업을 함께했다.

미셸, 루이즈 Michel, Louise 프랑스 시골 출신의 여교사에서 1871년 코뮌을 거치면서 혁명가가 된 인물. 정부 관리들의 암살을 계획하고, 르콩트와 토마 장군의 체포 및 처형에 관여했다.

미스코프스키, 헨리크 Miskowsky, Henryk 런던의 폴란드인 망명자. 콘라트 슈람이 아우구스트 빌리히와 결투를 벌일 때 보조자로 동행했다.

민케, 폴 Mincke, Paule (본명은 폴리나 메카르스카Paulina Mekarska) 저널리스트이자 여교사로서 여권을 위해 투쟁했으며, 1871년 파리 코뮌에도 적극 가담했다.

밀, 존 스튜어트 Mill, John Stuart 19세기 영국의 철학자, 경제학자, 국회의원, 여권 옹호자 및 평화주의자.

밀랑, 에티엔 Millerand, Etienne 프랑스의 정치가, 변호사, 저널리스트, 국회의원, 독립사회주의자들의 수장. 1891년에 라파르그의 살인혐의 재판에서 그를 변호했으나, 나중에 파리의 총선에서 라파르그를 물리치고 당선되었다.

밀리에르, 장-바티스트 Millière, Jean-Baptiste 프랑스의 변호사, 저널리스트. 1870년 10월 31일에 파리 시청 반란에 참여했다가 1871년 5월에 처형당했다.

ㅂ

바그너, 리하르트 Wagner, Richard 19세기 독일인 작곡가, 지휘자, 민족주의자. 음악뿐만 아니라 문학과 정치에도 영향을 미쳤다.

바르텔레미, 에마뉘엘 Barthélemy, Emmanuel 오귀스트 블랑키를 추종한 프랑스인. 1848년 '6월의 나날들'에 파리에서 투쟁했고, 1849년 마르크스가 런던에 도착했을 무렵 그도 런던에 나타났으며, 서로 비슷한 정치모임에 자주 모습을 드러냈다. 마르크스를 너무 보수적이라고 생각해 그를 암살할 계획을 세웠다. 나중에 런던에서 두 건의 살인죄로 처형당했다.

바브, 아르망 Barbes, Armand 프랑스의 베테랑 혁명가이자 초기 '사계절회Society of the Seasons'의 멤버. 사계절회는 1839년 반란을 이끌었으나 실패했다. 루이 필리프에 의해 수감되었다가 1848년 봉기 때 석방되었으며 잠시 국회의원을 지냈다.

바우어, 루트비히 Bauer, Ludwig 마르크스 가족이 런던에 도착했을 때부터 돌봐주었던 독일인 의사. 나중에 외상 진료비를 받기 위해 마르크스를 쫓아다녔다.

바우어, 브루노 Bauer, Bruno 청년헤겔파, 독일의 급진적 신학자이자 철학자. 초기에 마르크스와 베를린에서 가깝게 지냈다.

바우어, 에드가^{Bauer, Edgar} 독일의 철학자, 작가, 청년헤겔파. 마르크스와 엥겔스의 『신성가족』에서 형 브루노와 함께 공격 대상이 되었지만 런던에서 마르크스와 친구간으로 지냈다.

바우어, 하인리히^{Bauer, Heinrich} 독일의 제화공, 런던의 의인동맹 창설자. 후에 공산주의자동맹의 조직 원이 되어 런던에서 독일까지 여행하며 선전활동을 벌였다. 그다음에 오스트레일리아로 이민 갔다.

바이데마이어, 요제프^{Weydemeyer, Joseph} 전직 프로이센군 중령. 미국의 남북전쟁에 북군으로 참전했다. 독일에 있을 때 마르크스의 가장 친한 동료 중 한 사람이었으며, 뉴욕으로 건너간 후 그곳에서 마르크스 저작의 출판에 관여했다. 바이바이^{Weywey}로 불렸다.

바이틀링, 빌헬름^{Weitling, Wilhelm} 독일인 재단사, 작가. 19세기 전반기에 사회주의 및 공산주의 노동자 들의 지도자. 자신의 신비화에 입각한 공상적 사회주의를 설파했다.

바잘게트, 조지프^{Bazalgette, Joseph} 19세기 영국의 도시공학자. 런던의 하수도 건설을 담당해 콜레라 발 생으로 시민들이 수천 명씩 희생되는 일을 예방했다.

바쿠닌, 미하일^{Bakunin, Mikhail} 19세기 러시아 귀족 출신의 무정부주의자이자 작가. 프랑스, 폴란드, 스 페인, 스위스, 러시아 등지에 추종자를 거느렸으며 마르크스 평생의 정적이었다.

바쿠닌, 안토니아^{Bakunin, Antonia} 폴란드 상인의 딸, 미하일 바쿠닌의 아내.

발자크, 오노레 드^{Balzac, Honoré de} 프랑스의 소설가. 낭만주의와 현실주의를 결합시켜 19세기 초기 프 랑스의 사회적, 정치적, 경제적 삶을 생생하게 묘사했다.

방야, 야노스^{Bangya, Janos} 헝가리의 저널리스트이자 프로이센을 위해 일한 정치 첩자로서 런던에서 마르크스의 서클에 침투했다. 후에 나폴레옹 3세 치하의 파리에서 비밀경찰로 일했다.

배럿, 마이클^{Barrett, Michael} 열두 명의 목숨을 앗아간 클러큰웰 감옥 폭파에 참여한 죄로 런던 교외의 뉴게이트 감옥에서 교수형을 당한 아일랜드인. 영국에서 공식적으로 교수형을 당한 마지막 인물이었다.

백스, 어네스트 벨포트^{Bax, Ernest Belfort} 영국인 저널리스트. 영어권에서 처음으로 마르크스의 『자본 론』 제1권을 칭송한 평론을 쓴 작가였다. 나중에 엘레아노르 마르크스와 함께 맹아 단계의 영 국 사회주의 운동에 헌신했으며, 영국사회주의당의 지도자가 되었다.

번스, 리디아^{Burns, Lydia} 아일랜드인 공장노동자, 메리 번스의 동생. 1863년 언니가 사망한 후 엥겔스 의 사실상의 부인으로 살았다. 리지^{Lizzy}로 알려졌다.

번스, 메리^{Burns, Mary} 맨체스터의 아일랜드인 공장노동자. 1863년 사망할 때까지 엥겔스의 사실상의 부인이었다.

번스, 메리 엘렌^{Burns, Mary Ellen} 메리 번스와 리지 번스의 질녀. 리지와 엥겔스에 의해 딸처럼 키워졌다. 펌프스^{Pumps}로 불렸다.

번스, 존^{Burns, John} 영국의 노동운동 지도자, 사회민주주의동맹 회원, 런던 부두파업 지도자, 영국 국 회의원, 자유당 정부의 장관.

벌린, 이사야^{Berlin, Isaiah} 20세기 러시아 출생의 영국인 자유주의 철학자, 사상사 학자. 정치적 자유에 관한 첫 번째 책 『자유의 두 가지 개념^{Two Concepts of Liberty}』으로 유명하다.

베르나이스, 카를 루트비히^{Bernays, Karl Ludwig} 자유주의적 견해 때문에 신문사에서 쫓겨난 편집인. 파리에서 마르크스와 두 개의 신문에서 함께 일했다. 군주제에 반대한 기사 때문에 프로이센의 압력을 받은 프랑스에 의해 투옥되었다. 나중에 미국으로 이민 갔다. F. C. 베르나이스로 알려졌다.

베르트, 게오르크 Weerth, Georg 독일의 시인, 저널리스트, 공산주의자동맹 조직원. 파리, 브뤼셀, 쾰른에서 마르크스와 함께 일했으며, 예니 마르크스가 런던에 처음 도착했을 때 마중나왔다.

베른슈타인, 에두아르트 Bernstein, Eduard 스위스의 독일어 신문 편집자. 독일 사회민주주의자로서 마르크스와 엥겔스에 의해 당 지도부의 유능한 새 세대의 한 명으로 평가되었다. 엥겔스 사후 수정주의자로 비난받았다. 영국으로 건너간 이후 엘레아노르의 절친한 친구가 되었다. 에데 Ede로 불렸다.

베를렌, 폴 Verlaine, Paul 19세기 프랑스의 상징주의 시인. 프랑스-프로이센 전쟁에 참전했으며 파리 코뮌을 지지했다. 1873년 자신의 연인이자 동료 시인인 아르튀르 랭보를 총으로 쏴서 투옥되었으나 1875년 석방되었다.

베벨, 아우구스트 Bebel, August 19세기와 20세기 초 독일 노동자들의 정치운동과 인터내셔널의 지도적 인물, 사회민주주의노동자당의 설립자이자 국회의원. 마르크스와 엥겔스의 사후에 노동운동에서 결정적 역할을 했다.

베스트팔렌, 루트비히 폰 Westphalen, Ludwig von 프로이센 남작, 트리어의 고위관리, 마르크스 부인 예니의 아버지. 초창기 사회주의 옹호자였고 마르크스에게 영향을 미쳤다.

베스트팔렌, 루이제 폰 Westphalen, Louise von 페르디난트 폰 베스트팔렌의 부인.

베스트팔렌, 에드가 폰 Westphalen, Edgar von 예니 마르크스의 유일한 동복형제. 카를 마르크스의 초기 추종자. 미국의 남북전쟁에 남부군으로 참전했다가 프로이센으로 돌아갔다.

베스트팔렌, 카롤리네 폰 Westphalen, Caroline von 루트비히 폰 베스트팔렌의 두 번째 부인, 예니 마르크스의 어머니.

베스트팔렌, 페르디난트 폰 Westphalen, Ferdinand von 1850년부터 1858년까지 역임한 프로이센의 반동적 내무장관. 마르크스의 부인 예니의 이복 큰오빠. 장관 시절에 마르크스의 활동을 방해했다.

베전트, 애니 Besant, Annie 영국의 세속주의자, 작가. 초창기 산아제한론자로서 그 추진 과정에서 음란죄로 기소되기도 했다. 에드워드 에이블링의 애인이었으나, 에이블링이 엘레아노르 마르크스와 관계를 갖자 가장 극렬한 비판자가 되었다. 후에 신지론자神智論者가 되었으며 인도 독립에 열성적이었다.

베커, 요한 Becker, Johann 스위스에 거주한 베테랑 독일인 혁명가. 1848년 봉기에 참여했고, 제1인터내셔널에 가입했으며, 스위스 노동운동에 헌신했다. 마르크스, 엥겔스, 예니의 평생 친구였다.

베커, 헤르만 Becker, Hermann 독일인 변호사, 저널리스트. 쾰른 공산주의자 재판에 피고인으로 체포되기 전까지 마르크스 전집 출판을 진행했다. 대역죄로 5년형을 선고받았다. 나중에 도르트문트와 쾰른의 시장을 거쳐 국회의원이 되었다.

보나파르트, 피에르 나폴레옹 Bonaparte, Pierre Napoleon 나폴레옹 3세의 사촌, 제헌국회 의원.

보들레르, 샤를 Baudelaire, Charles 프랑스의 가장 영향력 있는 시인 중 한 사람. 인간의 어두운 심성과 다른 인간에 대한 잔혹성에 주목했으며, 그런 현상이 자기 주변의 19세기 사회에 만연하다고 묘사했다. 1860년대에 파리에서 마르크스의 사위 샤를 롱게와 친구가 되었다.

보른, 슈테판 Born, Stephan 독일인 식자공, 공산주의자동맹 조직원. 브뤼셀에서 엥겔스를 통해 마르크스 서클에 가입했다. 후에 베를린에서 노동계급 운동의 지도자가 되었다.

보른슈테트, 아달베르트 폰 Bornstedt, Adalbert von 독일인 저널리스트, 오스트리아 정부의 첩자. 파리의 신문 『전진!』의 편집보조인. 브뤼셀의 『독일-브뤼셀 신문』의 편집인.

볼프, 빌헬름 Wolff, Wilhelm 독일인 저널리스트, 교사. 실레지아에서 출판법 위반으로 체포되기 직전 탈출했다. 공산주의자동맹 중앙위원회 위원. 브뤼셀, 쾰른, 런던, 맨체스터에서 마르크스의 가장 친한 동료였다. 마르크스는 『자본론』 제1권을 그에게 헌정했다. 루푸스Lupus로 불렸다.

볼프, 페르디난트 Wolff, Ferdinand 독일인 저널리스트. 브뤼셀, 쾰른, 파리, 런던, 맨체스터에서 마르크스와 가까운 동료로 지냈다. 레드 볼프Red Wolff로 불렸다.

뵈른슈타인, 하인리히Börnstein, Heinrich 독일인 저널리스트, 『전진!』을 창간한 사업가. 나중에 미국으로 건너가 세인트루이스에서 신문 편집 일을 했다.

뷔르거스, 하인리히Bürgers, Heinrich 급진적 독일인 저널리스트, 국회의원. 파리, 브뤼셀, 쾰른에서 마르크스와 함께 일했다. 쾰른 공산주의자동맹 재판으로 육 년간 복역했다.

뷔링, 카를 요한Bühring, Karl Johann 독일인 가구공, 공산주의자동맹 조직원. 마르크스가 1861년에 네덜란드와 베를린으로 여행할 때 그의 여권을 사용했다.

브란덴부르크, 프리드리히 빌헬름 폰 Brandenburg, Friedrich Wilhelm von 프로이센 왕 프리드리히 빌헬름 2세의 사생아, 군사령관. 1849년 11월에 구성된 반혁명적 프로이센 정부의 수상으로서 1850년 11월에 사망할 때까지 역임했다.

블랑, 장 조제프 루이 Blanc, Jean Joseph Louis 프랑스의 사회주의 작가, 활동가. 1848년의 임시정부 각료. 논란이 많았던 일자리 프로그램을 감독했다. 프로그램의 폐지는 '6월의 나날들' 반란의 불씨가 되었다. 루이로 불렸다.

블랑크, 마리 Blank, Marie 프리드리히 엥겔스의 가장 가까운 누이동생. 사회주의자 에밀 블랑크와 결혼했다.

블랑키, 루이 오귀스트 Blanqui, Louis Auguste 베테랑 프랑스 혁명가, 무정부주의자, 공산주의자, 선전가. 19세기 프랑스의 굵직한 반란(1830, 1848, 1871년)에 모두 참가했다. 오귀스트로 불렸다.

블랙, 클레멘티나 Black, Clementina 영국의 작가, 초상화가, 노동 운동가, 여성산업협회 회장. 엘레아노르 마르크스의 친구였다.

블로스, 빌헬름 Blos, Wilhelm 저널리스트, 사회민주주의노동자당 당원, 국회의원. 1918~1920년까지 독일의 뷔르템베르크 정부의 지사를 역임했다.

블린트, 카를 Blind, Karl 독일인 작가. 런던에서 망명자 관련 일로 마르크스와 함께 일했으며, 1850년대 초 런던에서 마르크스 가족과 가깝게 지냈다.

비누아, 조제프 Vinoy, General Joseph 1871년 1월부터 잠시 프랑스의 국가방위 임시정부의 수반 직을 맡았다.

비스마르크, 오토 폰 Bismarck, Otto Eduard Leopold von 러시아 및 프랑스 주재 프로이센 대사와 프로이센 수상 직을 역임했으며, 1871년에 건국된 새로운 독일제국의 재상을 지냈다. 독일연방을 독일제국으로 통일시키는 데 결정적인 역할을 했으며, 국내외적으로 막강한 권력을 행사했다. 반사회주의법을 만들고 노동운동을 탄압했다.

비스캄프, 엘라르트^{Biskamp, Elard} 1848~1849년의 독일 봉기에 참가했으며, 런던 소재의 독일 망명인 신문인 『전진!』을 창간했다. 1859년 마르크스와 함께 신문을 발간했다.

비오 9세^{Pius IX} 1846년부터 1878년까지 교황으로 재임했다. 사회개혁을 시도함으로써 남부 이탈리아의 1848년 반란을 촉발시켰다.

빅토리아^{Victoria} 빅토리아 여왕의 딸. 빌헬름 1세의 아들 프리드리히와 결혼해 독일의 황비가 되었다. 남편은 황제로 단 99일 동안만 살았다.

빅토리아 여왕^{Queen Victoria} 1837년부터 1901년까지 영국과 아일랜드의 통치자. 집권 초기는 산업, 경제, 군사적 성장과 지배의 화려한 시대였지만, 집권 말기는 계급투쟁이 격화되고 그녀가 이해하지 못한 사회변혁으로 빛이 바랜 시기였다.

빌리히, 아우구스트^{Willich, August} 전직 프로이센군 장교, 쾰른의 공산주의 선동가, 공산주의자동맹 조직원. 1849년 바덴 봉기의 지도자. 런던으로 망명해 1849~1850년 동안 마르크스와 사귀었으나, 사적인 문제와 정치적 견해 차이가 겹치면서 서로 멀어졌다. 미국으로 이주한 후 북군으로 남북전쟁에 참전했다.

빌헬름 1세^{Wilhelm I} 프로이센의 왕자. 1858년 섭정 자리에 오른 후 1861년 1월에 형 프리드리히 빌헬름 4세가 미처버리자 왕위에 등극했다. 1870년의 프랑스-프로이센 전쟁에서 나폴레옹 3세를 물리치고 1871년에 베르사유 궁에서 빌헬름 황제로 등극했다.

빌헬름 2세^{Wilhelm II} 1888년부터 1918년까지 독일의 황제. 원래는 노회한 재상 비스마르크보다 자유주의적이었으나, 비스마르크가 압력에 굴복해 사임한 후 세월이 흐를수록 보수화되었다. 제1차 세계대전 때 독일군의 원수였으며, 1918년 하야한 후 가족과 함께 네덜란드로 도망쳤다.

ㅅ

상드, 조르주^{Sand, George}(본명은 아망틴 루실 오로르 뒤팽, 뒤드방 남작부인^{Amantine Lucile Aurore Dupin, Baronne Dudevant}) 19세기에 논란을 불러일으킨 유명한 여성 소설가. 1848년 혁명정부에 선전가로 가담했다.

상티 부인^{Santi, Madame} 폴 라파르그의 어머니와 친척이었다. 파리에서 라파르그 부부가 첫아들을 가졌을 때 집안일을 도왔다.

생시몽, 클로드 앙리 드^{Saint-Simon, Claude Henri de} 18세기 말~19세기 초에 활동한 백작이자 철학자. 프랑스 사회주의의 창시자이다.

샤를 10세^{Charles X} 프랑스 부르봉 가의 군주. 전임자가 선포한 제한적 헌법 등과 같은 개혁을 되돌리려다가 1830년 7월 봉기로 쫓겨났다.

샤퍼, 카를^{Schapper, Karl} 독일인 식자공, 파리의 의인동맹 지도자. 프랑스 반란에 가담한 혐의로 추방되어 영국에서 조직을 재건했으며, 공산주의자동맹 중앙위원회 위원으로 활동했다. 쾰른의 『신 라인 신문』에서 마르크스와 함께 일했으며 제1인터내셔널 중앙협의회의 회원이었다.

세르반테스^{Cervantes, Miguel de} ……스페인의 작가. 전어텅 산에 돈이 떨어질 때까지 모험적인 삶을 살았다. 소설 『돈키호테』로 유명하다. 『돈키호테』는 마르크스 가족이 가장 좋아한 책 중 하나였다.

셰익스피어, 윌리엄^{Shakespeare, William} 16세기 말 영국의 위대한 극작가. 마르크스 가족은 셰익스피어에 열광적이었다. 마르크스는 그의 작품을 읽으며 영어를 공부했다.

셸리, 퍼시 비시 Shelley, Percy Bysshe 영국의 낭만주의 시인, 급진적 선전가. 마르크스 서클에 영향을 미쳤다.

손, 윌리엄 제임스 Thorne, William James 버밍햄 출신의 벽돌공, 노동계급 정치지도자, 노동조합 활동가, 사회민주주의연맹 회원. 런던 부두노동자 파업을 도왔으며 나중에 영국 의회에 진출했다. 엘레아노르 마르크스의 도움으로 글을 깨쳤다. 윌Will로 불렸다.

솔트, 케이트 Salt, Kate 헨리 솔트의 부인.

솔트, 헨리 Salt, Henry 영국의 명문인 이튼 공립학교 교사, 사회주의 운동가, 저널리스트, 페이비언 협회 회원. 에드워드 에이블링, 엘레아노르 마르크스 에이블링과 가까웠다.

쉴러, 리나 Schöler, Lina 예니 마르크스의 독일인 친구, 예니의 동생 에드가 폰 베스트팔렌의 과거 약혼자.

쇼, 조지 버나드 Shaw, George Bernard 아일랜드의 극작가, 비평가, 사회주의 개혁가. 프랑스어판『자본론』 제1권을 읽고 마르크스주의를 받아들였지만, 점차 자신만의 개혁주의적 입장을 취하게 되었다. 런던에 오자마자 엘레아노르 마르크스와 친구가 되었으며, 사회주의 신문, 조직, 소극장에서 같이 일했다. 20세기 전에 그의 작품들은 극장에서 공연되기에는 너무 파격적인 것으로 여겨졌다.

쇼를레머, 칼 Schorlemmer, Carl 유기화학의 창시자 중 한 사람. 영국으로 이주한 독일인. 맨체스터에 거주했으며 인터내셔널과 독일 사회민주주의노동자당에 가입했고, 마르크스와 엥겔스의 평생 친구였다. 마르크스 가족들에게 졸리마이어Jollymeier로 불렸다.

수, 외젠 Sue, Eugène 19세기 프랑스의 의사. 대중적 낭만주의 소설들의 저자로 유명했다.

슈나이더 2세, 카를 Schneider, Karl II 변호사, 쾰른 민주주의협회 회장. 마르크스와 함께 무고 혐의로 재판받았으나 무죄방면되었다. 나중에 1852년 쾰른에서『신 라인 신문』과 공산주의자동맹 관련 재판에서 마르크스와 엥겔스를 변호했다.

슈라이너, 올리브 Schreiner, Olive 작가, 페미니스트. 남아프리카로 이주하기 전 런던에서 엘레아노르 마르크스와 가깝게 지냈다. 나중에 랠프 아이언Ralph Iron이라는 필명으로『아프리카 농장 이야기』The Story of an African Farm를 발표했다.

슈람, 콘라트 Schramm, Conrad 런던의 독일인 망명자, 공산주의자동맹 조직원. 마르크스와 함께『신 라인 신문, 정치경제학 비평』에서 일했으며, 마르크스를 위해 대신 결투에 나서기도 했다.

슈르츠, 카를 Schurz, Carl 독일인 민주주의자, 마르크스 비방자. 바덴의 시민군에 참여했다가 미국으로 이주한 후 남북전쟁에 참전했고 나중에 내무부 장관의 자리까지 올랐다.

슈말하우젠, 소피 Schmalhausen, Sophie (결혼 전 이름은 소피 마르크스Sophie Marx) 카를 마르크스의 큰누나다. 형제 중 마르크스와 가장 가까웠다.

스미스, 애덤 Smith, Adam 18세기 스코틀랜드의 정치경제학자. 저서『국부론』은 고전주의 경제학의 기초가 되었고, 자유시장에 대한 그의 신념은 자유방임주의적 자본주의의 토대가 되었다.

스윈턴, 존 Swinton, John 스코틀랜드 출신의 자유주의적 언론인, 뉴욕의『더 선』The Sun의 편집인.

스콧, 월터 Scott, Sir Walter 스코틀랜드의 낭만주의적 역사소설가. 19세기 초의 인기 작가 중 한 사람이었고, 마르크스 가족이 그의 작품을 애독했다.

스키너, 마리안 Skinner, Marian 영국인 여배우. 도그베리 클럽의 회원이자 엘레아노르 마르크스의 친구로서 마르크스 집을 자주 방문했다. 결혼 후 마리안 코민Marian Comyn이라는 이름으로 회고록을 썼다.

스탈 부인 Staël, Madame de (결혼 전 이름은 안느 루이즈 게르마인 네커 Anne Louise Germaine Necker) 18세기 스위스-프랑스 작가. 그녀가 쓴 『델핀 Delphine』(1802)과 『코린 Corinne, or Italy』(1807)은 현대 페미니스트 소설의 시초로 꼽힌다.

스탠턴, 에드워드 Stanton, Edward 미국 여성 참정권의 선구자 엘리자베스 캐디 스탠턴의 아들.

스탠턴, 엘리자베스 캐디 Stanton, Elizabeth Cady 1848년 미국 여성 참정권 운동의 개시자 중 한 사람. 『여성 참정권의 역사 A History of Woman Suffrage』의 공동 저자.

스테드, W. T. Stead, W. T. 런던 신문 『팔 말 가제트』의 진보적 편집자. 런던의 성매매에 대한 연구로 논란을 불러일으켰다. 1912년에 타이타닉 호에서 사망했다.

스테프니아크 Stepniak (본명은 세르게이 미하일로비치 크라프친스키 Sergei Mikhailovich Kravchinsky) 19세기 러시아인 혁명가, 나로드니키 조직원. 1878년 상트페테르부르크에서 군 장교를 암살하고 서유럽으로 도망쳤다. 테러 전술의 옹호자로 엥겔스의 집을 자주 방문했다. 1895년 런던에서 기차에 치여 숨졌다.

스티버, 빌헬름 Stieber, Wilhelm 프로이센의 경찰 첩자로서 쾰른 공산주의자 재판에서 검찰 측 중요 증인으로 나섰다. 나중에 프로이센 정치경찰의 수장이 되었다.

실러, 요한 크리스토프 프리드리히 폰 Schiller, Johann Christoph Friedrich von 독일의 낭만주의 작가, 역사가. 독일 연방의 많은 공국들을 느슨하지만 하나의 집단으로 묶어준 상징적 존재였다.

ㅇ

아가일 백작 Earl of Argyll 스코틀랜드에서 가장 강력하고 풍운을 겪은 가문의 후예. 아가일 가의 일곱 번째 백작인 아치볼드 캠벨 Archibald Campbell은 영국의 찰스 2세에 대항한 죄로 1661년 에딘버러에서 처형당했다.

아들러, 빅토르 Adler, Victor 오스트리아의 저널리스트. 오스트리아 사회민주당 지도자. 엥겔스의 측근.

아이히만, 프란츠 아우구스트 Eichmann, Franz August 1848년에 프로이센 내무장관과 라인 지역 지사를 역임했다.

아피안 Appian AD 95년경에 로만이집트의 수도 알렉산드리아에서 태어난 역사가. 165년 이전으로 추정되는 때에 『로마사 Roman History』를 썼다.

안네케, 프리츠 Anneke, Fritze 전직 프로이센 장교, 저널리스트. 초기에는 쾰른의 공산주의 선동가였고 이후에는 민주주의자가 되었다. 1848년에 노동자들을 조직한 죄로 육 개월간 복역했으며, 1849년 바덴 봉기에서 싸우다가 미국으로 탈출했다. 미국에서는 남북전쟁에 북군으로 참전했다.

안넨코프, 파벨 Annenkov, Pavel 러시아의 부유한 자유주의적 저널리스트이자 마르크스의 친구.

알렉산드르 2세 Alexander II 1855년부터 1881년까지 러시아의 차르였다. 1861년 농노제를 폐지하고 러시아의 경제 및 정치에 일부 현대적인 요소를 도입하기도 했으나, 그의 정부는 압제적이었으며 대다수 시민들은 무시했다는 비난을 받았다. 1881년 암살당했다.

애덤스, 찰스 프랜시스 Adams, Charles Francis 법률가. 에이브러햄 링컨 행정부 시절의 영국 주재 미국 대사. 미국의 제6대 대통령 존 퀸시 애덤스의 아들.

앨버트 공 Albert 1840년 빅토리아 여왕과 결혼해 앨버트 공이 되었다. 영국의 문화와 과학 제도의 발전에 기여했다.

앵거스 백작 Earl of Angus 스코틀랜드에서 10세기 무렵부터 시작된 유서 깊은 가문의 후예. 앵거스 가문은 1389년 최초로 백작 작위를 수여받았다. 영국에 포로로 잡혔다가 옥중에서 사망했다.

앰베르, 자크 Imbert, Jacques 프랑스의 사회주의자, 저널리스트, 브뤼셀의 민주주의연합 회원. 1848년 반란 직후에 파리 지사를 역임했다.

에르멘, 고트프리트 Ermen, Gottfried 엥겔스와 함께 맨체스터에서 에르멘앤엥겔스Ermen & Engels 사를 운영한 동업자.

에베르베크, 아우구스트 헤르만 Ewerbeck, August Hermann 파리로 망명한 독일인 의사, 공산주의자동맹 조직원. 마르크스도 가입했던 파리 의인동맹의 지도자.

에이블링, 에드워드 Aveling, Edward 영국의 동물학 박사, 저널리스트, 세속주의자, 연극평론가, 극작가, 사회주의자, 노동 운동 선동가. 마르크스의 막내딸 엘레아노르의 사실상 남편이었고, 필명은 알렉 넬슨Alec Nelson이었다.

에이블링, 이자벨 Aveling, Isabel 에드워드 에이블링의 첫 번째 부인, 런던의 레든홀 시장의 부유한 닭장사의 딸. 벨Bell이라고 불렸다.

에카리우스, 게오르크 Eccarius, Georg 런던으로 망명한 독일인 재단사. 의인동맹, 공산주의자동맹, 인터내셔널의 회원. 1863년부터 1872년까지 인터내셔널 총비서를 역임했다.

에피쿠로스Epicouros 미신이 아닌 단순한 생활과 미덕을 통해 성취되는 평온으로 감각에 의해 경험되는 삶의 물질적 토대를 장려한 그리스 철학자.

엘리스, 헨리 해브록 Ellis, Henry Havelock 영국의 심리학자, 엘레아노르의 친구. 60세까지 성불능이었으며, 성적 관계에 대한 연구에 몰두했다. '동성애homosexual', '자기성애auto-eroticism', '나르시시즘narcissism'이라는 말을 만들어낸 사람으로 알려져 있다.

엥겔스, 프리드리히 시니어 Engels, Friedrich Senior 바르멘Barmen 지역의 종교적으로 독실한 사업가였으며, 마르크스의 절친한 동료의 아버지였다.

엥겔스, 프리드리히 Engels, Friedrich 프로이센 방직업자의 상속자, 마르크스의 절친한 동료이자 『공산당 선언』을 비롯한 여러 저서의 공동 저자. 『자본론』 제2, 3권을 완성했고 자신의 저서도 다수 출판했다. '장군'으로 불렸으며, 젊을 때 프리드리히 오스발트Friedrich Oswald라는 필명을 사용하기도 했다.

오도노반 로사, 메리O'Donovan Rossa, Mary 제레미어 오도노반 로사의 부인.

오도노반 로사, 제레미어O'Donovan Rossa, Jeremiah 더블린의 신문 『아일랜드 인민』의 편집자. 1865년 그의 신문이 반란을 선동하고 사회주의를 선전한다는 혐의로 체포되었다. 마르크스의 딸 예니는 여러 차례의 신문 기고문을 통해 그에게 가해진 학대행위를 고발했다. 그는 결국 석방된 후 미국으로 이민 갔다.

오르시니, 체사레 Orsini, Cesare 펠리체 오르시니의 동생. 폴 라파르그와 런던으로 가 인터내셔널에서 마치니의 영향력을 약화시키기 위해 일했다.

오르시니, 펠리체 Orsini, Felice 이탈리아의 민족주의자이자 공화주의자. 여덟 명의 무고한 사람을 죽인 파리 폭발에서 나폴레옹 3세를 암살하려 한 시도로 1858년에 처형되었다.

오브라이언, 제임스 브론테어O'Brien, James Bronterre 더블린 출신의 급진적 개혁가, 선전가, 사회주의자. 영국의 아일랜드 지배에 저항하고 노동개혁을 위해 활동했다. 사적 소유에 대해 전쟁을 선포한 그의 저서는 광범위하게 읽혔으며, 차티즘의 '교사'로 불렸다.

오스만, 조르주-외젠^{Haussmann, Georges-Eugène} 나폴레옹 3세의 승인하에 센 강 정비사업의 일환으로 1850년부터 1870년까지 파리를 재개발했다. 도로를 넓히고 초라한 집들을 철거한 다음 문화, 금융, 행정에서 기념비적인 건물들을 지었다. 그의 도시 재개발은 또한 바리케이드전을 무력화시키려는 목적도 있었다.

오언, 로버트^{Owen, Robert} 최초의 영국인 사회주의자, 스코틀랜드의 사회주의 공동체인 뉴 래너크^{New Lanark}의 경영자. 19세기 초반 스코틀랜드에서 사회주의 원칙에 입각해 공장을 성공적으로 경영했다. 하지만 나중에 미국에서의 비슷한 공동체 실험은 실패로 돌아갔다.

올리어리^{O'Leary} 60세 아니면 70세가량의 아일랜드 정치범이었으며, 본명은 머피^{Murphy}지만 성은 알려지지 않았다. 마르크스가 영국 간수들이 그에게 가한 학대를 폭로했다.

와일드 부인^{Wilde, Lady} (본명은 제인 프란체스카 아그네스 엘지^{Jane Francesca Agnes Elgee}) 시인, 작가, 아일랜드 민족주의자. 작가 오스카 와일드의 어머니.

와일드, 오스카^{Wilde, Oscar Fingal O'Flahertie Wills} 아일랜드 출신의 극작가, 소설가. 자신의 작품, 외모, 생활방식으로 19세기 영국 사회에 도전했다. 동성애 죄목으로 이 년간 중노동형을 받기도 했다.

울리아노프, 알렉산드르^{Ulianov, Alexander} 블라디미르 레닌의 형. 차르 알렉산드르 3세를 암살하려다 1887년에 처형되었다.

워시번, E. B.^{Washburne, Elihu Benjamin} 프랑스-프로이센 전쟁과 1870~1871년 파리 포위 때 프랑스 주재 미국 대사였다. 1877년까지 대사로 근무했다.

웹, 비어트리스^{Webb, Beatrice} (본명은 마사 비어트리스 포터^{Martha Beatrice Potter}) 영국인 사회학자, 경제학자. 남편 시드니와 함께 사회변혁에 대한 점진적인 접근을 옹호했다. 사회주의와 노동조합에 대한 다양한 책들을 펴냈으며, 1895년 남편과 함께 런던 정경대를 설립했다.

웹, 시드니 제임스^{Webb, Sidney James} 영국인 사회학자, 페이비언 협회 초창기 멤버. 영국 노동운동을 위해 선동활동을 벌였으며 부인 비어트리스와 함께 영국의 사회주의와 노동운동의 역사를 저술했다. 1895년 그와 비어트리스는 런던 정경대를 설립했다.

위고, 빅토르^{Hugo, Victor} 19세기 프랑스의 소설가, 시인. 각기 다른 정부에 두 번 관직에 진출했다. 그의 작품은 민족성을 뛰어넘은 최초의 국제적인 작품 중 하나로 여겨진다. 낭만주의를 언어, 성격, 사건에서 현실주의와 결합시켰다.

위샤트, 조지^{Wishart, George} 16세기 스코틀랜드의 종교개혁가. 반가톨릭적 설교로 화형당했다. 그의 순교는 프로테스탄트 종교개혁을 촉발시켰고, 1560년대에 가톨릭이 지배하던 스코틀랜드에서 프로테스탄티즘의 승리를 가져왔다.

융, 게오르크^{Jung, Georg} 독일인 저널리스트, 쾰른의 『라인 신문』 경영자. 파리와 브뤼셀에서 마르크스와 예니가 곤궁할 때 그들을 지원하기 위해 모금활동을 벌였다.

이만트, 페터^{Imandt, Peter} 독일인 교사. 1848~1849년 반란 때 쾰른에서 마르크스와 함께 일했다. 런던 공산주의자동맹의 조직원이었다.

이사벨라 2세^{Isabella II} 스페인의 여왕. 1868년 반란으로 권좌에서 쫓겨났다. 그녀의 승계를 둘러싼 분쟁이 1870년 프랑스-프로이센 전쟁의 불씨가 되었다.

입센, 헨리크 Ibsen,Henrik 노르웨이의 극작가. 관행을 깨뜨리고 일상생활의 문제에 집중하고 플롯보다는 등장인물의 개성을 강조해 19세기 극장가를 발칵 뒤집어놓았다. 『인형의 집』처럼 사회에서 여성에 대한 억압을 다룬 희곡들은 여성들이 오랫동안 속으로만 앓아온 문제들을 공론의 장으로 끌어내는 데 기여했다.

ㅈ

제트킨, 클라라 Zetkin,Clara 독일사회민주주의당 당원으로서 국제 사회주의와 독일 노동자들을 위해 활동했다. 엥겔스에게 높은 평가를 받았다.

젠트리, 거트루드 Gentry,Gertrude 런던 외곽 시드넘의 엘레아노르 마르크스와 에드워드 에이블링의 집 하녀.

조레스, 장 Jaurès,Jean 프랑스인 저널리스트, 제2인터내셔널의 프랑스 대표, 사회주의 지도자, 하원의원. 1914년 제1차 세계대전 직전 평화를 주창하다가 암살당했다.

조지, 헨리 George,Henry 1886년의 뉴욕 시장 선거에서 통합노조의 후보로 출마해 2위로 선전하며 미국에서 노동자들의 정치적 세력을 과시했다.

조트랑, 루시앙 Jottrand,Lucien 벨기에인 저널리스트, 변호사. 브뤼셀 민주주의연합의 회장을 역임했는데, 그때 마르크스는 부회장이었다.

존스, 어니스트 Jones,Ernest 영국인 변호사, 저널리스트, 노동계급 옹호가, 차티스트 지도자. 1867년 맨체스터 순교자 재판에서 변호를 맡았고, 마르크스와 엥겔스의 오랜 친구였다.

존슨, 새뮤얼 Johnson,Samuel 18세기 영국의 시인, 윤리적 수필가, 학자. 1765년 셰익스피어 전집을 출판하고 그 모두에 실은 서론으로 유명했다.

졸라, 에밀 Zola,Emile 19세기 프랑스의 작가. 나폴레옹 3세 치하의 프랑스 사회를 솔직하게 묘사한 자연주의적 소설을 썼다. 고통을 상세히 묘사하는 것을 통해 개혁을 지지했다.

지고, 샤를 필리프 Gigot,Charles Philippe 벨기에인 사서. 브뤼셀에서 공산주의자 통신원으로 마르크스, 엥겔스와 같이 일한 급진주의자로서 공산주의자동맹에 가입했다.

ㅊ

챔피언, 헨리 하이드 Champion,Henry Hyde 영국의 사회주의자, 저널리스트, 퇴역 포병장교. 런던 부두파업의 조직사업을 도왔다. 독립노동당의 초창기 지지자로서 규약 작성에 참여했다.

체르니셰프스키, 니콜라이 가브릴로비치 Chernyshevsky,Nikolay Gavrilovich 러시아의 저널리스트로서, 1850년대와 1860년대 러시아의 급진적 지식인들의 지도자였다. 혁명적 인민주의를 선동하는 것으로 해석된 저작으로 인해 시베리아에서 십구 년간 유형생활을 했다.

ㅋ

카베냐크, 루이 외젠 Cavaignac,Louis Eugène 프랑스의 장군. 1848년 정부의 국방장관. 국회에 의해 '6월의 나날들'부터 1848년 12월 대통령 선거까지 비상대권을 부여받았다.

카우츠키, 루이제 Kautsky,Louise 오스트리아인 사회주의자, 독일과 오스트리아의 사회민주당 지도부 측근. 카를 카우츠키와 이혼한 후 1890년에 엥겔스의 가사를 관리했다. 후에 런던에서 오스트리아인 의사 루트비히 프라이베르거와 결혼했다.

카우츠키, 카를^{Kautsky, Karl} 독일인 저널리스트, 경제학자, 역사가, 지도적 마르크스주의 이론가. 엥겔스로부터 그의 사후에 에두아르트 베른슈타인과 함께 마르크스 저작의 편집을 맡아달라는 부탁을 받았다. 카우츠키의 『잉여가치론』은 마르크스의 『자본론』 제4권을 위한 자료의 편집에 근거한 것이었다.

칸트, 이마누엘^{Kant, Immanuel} 18세기 독일의 철학자. 세계 사상과 발전에서 이성의 역할에 대한 그의 저작은 실러, 피히테, 헤겔, 나아가 마르크스에게까지 영향을 주었다.

캄프하우젠, 루돌프^{Camphausen, Ludolf} 프로이센의 은행가, 철도왕이자 프로이센의 수상. 마르크스가 쾰른에서 편집한 『라인 신문』을 재정적으로 후원했다.

케라트리, 에밀 드^{Kératry, Emile de} 프랑스인 백작. 1870년과 1871년에 오트가론^{Haute-Garonne} 경찰 책임자였다. 코뮌 가담자 색출작업의 일환으로 마르크스의 딸들인 예니와 엘레아노르를 체포해 심문했다.

켈리, 토머스(대령)^{Kelly, Colonel Thomas} 미국 남북전쟁에 참전한 퇴역군인, 아일랜드 페니언 운동의 지도자. 1867년 맨체스터에서 체포되었다가 탈출한 사건으로 아일랜드 독립운동에서 유명인이 되었다. 그의 탈주를 돕다가 세 명의 아일랜드인이 교수형 당했다.

코발렙스키, 막심^{Kovalevsky, Maxim} 자유주의적인 러시아 지식인. 칼스발트^{Karlsbald}에서 마르크스와 사귀고, 런던에서 마르크스 가족 모두와 가깝게 지냈다.

코슈트, 러요시^{Kossuth, Lajos} 헝가리의 독립영웅. 1848년 헝가리 왕국의 분리를 요구하며 오스트리아 제국에 맞섰다. 잠시 헝가리 혁명정부의 수반을 맡기도 했다.

코헨, 페르디난트^{Cohen, Ferdinand} 카를 블린트의 의붓아들. 1866년 베를린에서 비스마르크를 암살하려다 실패하자 옥중에서 자살했다.

콜리슨, 윌리엄^{Collison, William} 런던 경찰의 아들, 초기 8시간노동제 선동가, 자유노동협회의 설립자. 자유노동협회는 비노조 노동자를 공급하는 등의 행위로 파업 파괴활동을 벌였다.

쿠겔만, 게르트루다^{Kugelmann, Gertruda} 루트비히 쿠겔만의 부인. 마르크스는 그녀의 지력을 높이 샀다.

쿠겔만, 루트비히^{Kugelmann, Ludwig} 하노버의 산부인과 의사. 1848~1849년 반란에 참여했다. 마르크스와 엥겔스 저작의 초창기 열광자였으며, 마르크스를 숭배했다. 인터내셔널에 가입하고 대회에 참석했다. 그렇지만 마르크스는 아내를 대하는 그의 태도가 못마땅해서 점차 그를 경멸하게 되었다.

쿠겔만, 프란치스카^{Kugelmann, Franzisca} 루트비히와 게르트루다 쿠겔만의 딸. 그녀가 쓴 마르크스 가족에 대한 회고록은 런던과 해외에서의 그들의 세세한 사생활을 전하는 데 기여했다.

쿠노, 테오도르^{Cuno, Theodor} 독일인 사회주의자, 인터내셔널 회원. 이탈리아에서 인터내셔널을 대표해 활동하다가 미국으로 이민 갔다. 미국에서도 사회주의 노동운동가로서 선동활동을 계속했다.

쿠퍼, 제임스 페니모어^{Cooper, James Fenimore} 19세기 미국인 작가. 신대륙의 변경지대와 처녀림에 대한 이야기로 유럽 독자들의 감성을 자극했다.

쿨린, 이폴리트^{Culine, Hippolyte} 프랑스 릴 지역의 노동당 지도자.

크로스, 아서 윌슨^{Crosse, Arthur Wilson} 런던의 변호사. 엥겔스의 유언을 집행하고 엘레아노르 마르크스

에이블링과 에드워드 에이블링의 유언장을 작성했다.

크로이츠, 마리안네 Kreuz, Marianne 헬레네 데무트의 여동생. 1856년에 트리어의 여주인 카롤리네 폰 베스트팔렌이 사망하자 마르크스의 집에 들어와 살았다.

크룹스카야, 나디아 Krupskaya, Nadia 블라디미르 레닌의 부인.

크리게, 헤르만 Kriege, Hermann 독일인 저널리스트, 공상적 사회주의자.

클레망소, 조르주 외젠 뱅자맹 Clemenceau, Georges Eugène Benjamin 프랑스의 공화주의자, 저널리스트, 국회의원, 내무장관. 1906~1909년, 1917~1920년 두 차례 프랑스 수상을 역임했다. 파리에서 샤를 롱게의 가장 친한 친구 중 한 명으로 런던에 망명 중이던 롱게가 프랑스로 귀국하는 데 기여했다.

클루스, 아돌프 Cluss, Adolf 독일인 기계공, 작가, 공산주의자동맹 조직원. 워싱턴 DC에서 중요한 마르크스의 협력자였다. 미국에서 마르스크의 사회주의를 선전했다.

키네, 에드가 Quinet, Edgar 역사학자. 1848년 파리 반란에 가담했고, 1871년 국회의원으로 프랑스 정부에 참여했다.

키크햄, 찰스 Kickham, Charles 『아일랜드 인민』의 편집자. 마르크스가 그에 대한 영국인 간수들의 학대를 폭로했다.

킨켈, 고트프리트 Kinkel, Gottfried 독일인 저널리스트. 1849년 바덴 봉기 때 체포되었으나 후원자 카를 슈르츠의 도움으로 풀려났다. 나중에 런던에 나타나 그의 무용담에 환호하는 망명자들 사이에서 활발한 활동을 펼쳤다. 그러나 마르크스와 엥겔스로부터 욕을 먹었다.

ㅌ

테데스코, 빅토르 Tedesco, Victor 벨기에인 변호사, 사회주의자. 브뤼셀의 공산주의자동맹의 조직원이자 민주주의연합의 회원이었다.

테코프, 구스타프 Techow, Gustav 전직 프로이센 장교, 민주주의자. 1849년 바덴 봉기의 지도자였다.

텡게, 테레즈 Tenge, Therese (결혼 전 성은 볼롱가로-크레베나Bolongaro-Crevenna) 부유한 독일인 지주와 결혼한 이탈리아 여성. '마담 텡게'라고 불렸다. 마르크스는 하노버에서 『자본론』 제1권의 교정지를 기다리는 동안 잠시 그녀에게 연정을 품었다.

토마, 클레망(장군) Thomas, General Clément 1871년 파리 시민들로부터 대포를 회수하려 르콩트 장군과 함께 성난 군중에 의해 살해되었다. 1848년 파리 반란을 진압한 일과 1871년 뷔장발 전투에서의 역할로 미움을 받았기 때문이다.

토크빌, 알렉시스 드 Tocqueville, Alexis Charles Henri Maurice Clérel de 19세기 프랑스인 백작, 작가, 역사가, 사회비평가. 1848년 반란 이후 국회의원으로 선출되어 1851년 12월 나폴레옹이 쿠데타를 일으킬 때까지 정부에 남아 있었다.

투르게네프, 이반 Turgenev, Ivan 19세기 러시아의 소설가. 바쿠닌의 친구였으며 '니힐리스트'라는 말을 만들어냈다. 그의 글은 러시아의 급진주의자들과 보수주의자들을 공히 자극했으나, 서유럽에서는 찬사를 받았다.

트로쉬, 루이 쥘 Trochu, General Louis Jules 나폴레옹 3세가 임명한 파리의 군정장관. 1870년 나폴레옹이 프로이센군의 포로가 되자 프랑스 국가방위 임시정부의 수반이 되었다.

틸렛, 벤 Tillett, Ben 영국인 제화공, 해군, 부두노동자, 노동계급 조직가, 조합 활동가. 런던 부두노동자 파업을 이끌었다. 나중에 국회의원이 되었다.

ㅍ

파네비츠, 카를 폰 Pannewitz, Karl von 예니 폰 베스트팔렌의 첫 번째 약혼자.

파넬, 찰스 스튜어트 Parnell, Charles Stuart 19세기의 유명한 아일랜드 민족주의자. 위클로 주를 대표해 영국 의회에 진출했으며 자치권을 강력히 주장했다.

파니치, 안토니 Panizzi, Anthony 1850년 마르크스가 영국박물관 열람실을 이용하기 시작할 때, 그곳을 관리한 이탈리아 출신의 사서.

파브르, 쥘 가브리엘 클로드 Favre, Jules Gabriël Claude 프랑스 국가방위 정부의 외무장관. 1871년 비스마르크와 잠정 휴전협정을 체결함으로써 1870년의 프랑스-프로이센 전쟁으로 시작된 적대관계를 공식적으로 종식시켰다. 1871년 선거로 구성된 프랑스 정부에서 유임되었으며 파리 코뮌과 인터내셔널에 대항해 싸웠다.

퍼니벌, 프레데릭 제임스 Furnivall, Frederick James 영국의 기독교사회주의자, 열성 페미니스트, 브라우닝 연구회와 초서 연구회, 특히 신新셰익스피어 연구회 등 여러 문학회의 창립자. 옥스퍼드 영어사전의 초기 편집인.

페로프스카야, 소피아 Perovskaya, Sofia 러시아의 혁명가, '인민의 의지Narodnaya Volya' 조직원. 레오 하르트만과 함께 차르 알렉산드르 2세를 암살하려고 계획했으나 성공하지 못했다. 나중에 다시 암살을 시도해 결국 성공했으나 그로 인해 처형당했다.

페르디난도 2세 Ferdinand II 남부 이탈리아의 아풀리아와 시칠리아 사이에 있던 양兩 시칠리아 왕국의 왕. 1848년에 식량과 대의권을 요구하는 반란이 일어났는데, 잔인한 탄압으로 권력을 유지해 '폭탄왕'이라는 별명을 얻었다.

페르디난트 1세 Ferdinand I 1835년부터 1848년까지 재위한 오스트리아의 황제. 심약했으며 클레멘스 폰 메테르니히 재상의 손아귀에 놀아났다고 일컬어진다.

페티, 윌리엄 Petty, Sir William 17세기 영국인 철학자, 과학자, 정치경제학자. 경제에서의 정부의 역할에 대해 자유방임주의적 접근을 주장했다.

포글러, 카를 Vogler, Carl 브뤼셀의 독일인 서적판매상. 마르크스의 프루동 비판서인『철학의 빈곤』을 출판하기로 계약했다.

포이어바흐, 루트비히 Feuerbach, Ludwig 19세기 독일인 철학자, 청년헤겔파, 마르크스의 친구. 포이어바흐의 저작 중 특히 종교에 관한 책이 마르크스가 헤겔로부터 벗어나는 데 도움을 주었다.

포크트, 카를 Vogt, Carl 독일인 민주주의자, 지리교사, 1848년 프랑크푸르트 의회 의원. 스위스로 망명하던 중 나폴레옹 3세로부터 프랑스에 우호적인 글을 써달라는 청탁과 함께 돈을 받았다. 이 사실이 알려지면서 마르크스와 공개적인 설전을 벌였다.

폭스, 피터 Fox, Peter 영국인 민주주의자, 저널리스트. 1864년부터 1869년까지 인터내셔널 중앙협의회에 참석했고,『커먼웰스The Commonwealth』의 편집자였다.

푸트카머, 엘리자베트 폰 Puttkamer, Elisabeth von 오토 폰 비스마르크의 질녀. 1867년 함부르크에서 런던으로 가는 길에 우연히 마르크스와 동행해 하루 동안 같이 시간을 보냈다.

프라이, 에바 Frye, Eva 런던의 여배우, 에드워드 에이블링의 두 번째 부인. 릴리언 리처드슨Lillian

Richardson으로도 알려졌다.

프라이베르거, 루트비히 Freyberger, Ludwig 오스트리아인 의사, 루이제 카우츠키의 두 번째 남편. 1894년부터 엥겔스 집에 입주해 1895년 엥겔스가 사망할 때까지 그를 돌보았다.

프라일리그라트, 페르디난트 Freiligrath, Ferdinand 독일의 사업가이자 유명한 시인. 작품의 정치적 색채 때문에 프리드리히 빌헬름 4세로부터 금서 처분을 받았다. 1845년 브뤼셀 시절부터 마르크스 가족과 친하게 지냈으나 1860년 런던에서의 다툼으로 소원해졌다.

프랑스, 아나톨 France, Anatole (본명은 자크 아나톨 프랑수아 티보Jacques Anatole François Thibault) 19세기 프랑스의 시인, 소설가, 비평가로 세기말의 프랑스 문학을 주도한 인물. 샤를 롱게의 친구였다.

프뢰벨, 율리우스 Fröbel, Julius 취리히의 교수, 급진적 서적의 출판자. 파리에서 카를 마르크스와 아르놀트 루게의 신문 사업에 자금을 대기로 약속했다.

프루동, 피에르-조제프 Proudhon, Pierre-Joseph 독학한 19세기 프랑스인 철학자, 경제학자, 작가. 사적 소유를 비판한 그의 저서는 마르크스에게 '획기적'이라는 찬사를 받았다. 사회주의를 버리고 무정부주의의 창시자가 되었다.

프리드리히 빌헬름 3세 Friedrich Wilhelm III 1797년부터 1840년까지 재위한 프로이센의 왕. 그의 반동적 정책은 새롭게 부상한 부르주아 세력의 기대와 충돌했다.

프리드리히 빌헬름 4세 Friedrich Wilhelm IV 1840년부터 1861년까지 재위한 프로이센의 왕. 1848년에 유럽을 휩쓴 반란의 물결 속에서도 자리를 지켰으며, 프로이센에서 반동적 세력이 승리를 거둔 반혁명을 관장했다.

플래터 백작 Plater, Vladislaw 폴란드의 백작. 1830년 폴란드 반란에 가담했다. 1874년 마르크스가 칼스바트에 머물 때 같이 있었으며, '니힐리스트의 대부'로 오인받았다.

플뢰리, 찰스 Fleury, Charles 프로이센의 경찰 첩자. 런던의 마르크스 서클에 침투하기 위해 기자를 가장했다. 슈미트Schmidt로도 알려졌다.

플레클스, 페르디난트 Fleckles, Ferdinand 칼스바트에서 마르크스를 치료한 의사.

플레하노프, 게오르기 Plekhanov, Georgy 러시아인 작가, 철학자. 서유럽으로 이주해 1883년에 최초의 러시아인 마르크스주의 조직인 '노동해방'을 만들었다. 엥겔스, 엘레아노르 마르크스와 긴밀히 협력했으며, 엥겔스 사후, 그리고 러시아 혁명기에도 수정주의를 거부하고 엄격한 마르크스주의를 고수했다.

플로렌코트, 빌헬름 폰 Florencourt, Wilhelm von 페르디난트 폰 베스트팔렌의 처남, 예니 마르크스의 친구.

플로베르, 귀스타브 Flaubert, Gustave 19세기 프랑스의 소설가, 『보바리 부인』의 저자. 엘레아노르 마르크스가 『보바리 부인』을 영어로 번역했다.

플로케, 샤를 Floquet, Charles 1891년에 라파르그가 릴의 대표로 국민회의에 들어갔을 때 의장을 역임했다.

플로콩, 페르디낭 Flocon, Ferdinand 프랑스의 민주주의자, 『개혁』의 편집자. 1848년 프랑스 임시정부에 참여했다.

플루랑스, 귀스타브 Flourens, Gustave 프랑스의 자연과학자, 군사적 모험가, 혁명가. 파리 코뮌에 가담해 싸우다가 1871년 프랑스 정부군에게 사살되었다. 런던 망명시절에 마르크스 집을 자주 찾았으며, 예니헨 마르크스의 첫사랑으로 여겨졌다.

플루타르코스Plutarchos AD 46~AD 120년에 활동한 그리스의 전기 작가. 초기 그리스와 로마인들의 삶을 소설 형식의 연대기로 묶은 것으로 유명하다.

피퍼, 빌헬름 Pieper, Wilhelm 런던의 독일인 망명자, 공산주의자동맹 조직원, 파트타임 저널리스트. 종종 마르크스 자녀의 개인교사 및 마르크스의 비서 역할을 했다.

피히테, 요한 고틀리프 Fichte, Johann Gottlieb 18세기 후반 독일의 낭만주의 철학자. 세상을 '나'의 관점에서 주관적으로 보았다.

필립스, 리온 벤자민 Philips, Lion Benjamin 네덜란드인 사업가, 마르크스 어머니의 제부. 하인리히 마르크스 사후에 가족의 재정 문제를 처리했다.

필립스, 앙투아네트 Philips, Antoinette 마르크스의 네덜란드인 사촌, 리온 필립스의 딸. 1860년대 초부터 수년간 마르크스는 그녀와 연애관계를 유지했다. 나네트Nanette 또는 네첸Netchen으로 불렸다.

필립스, 자크 Philips, Jacques 마르크스의 네덜란드인 사촌, 리온 필립스의 아들. 로테르담의 변호사.

ㅎ

하니, 조지 줄리언 Harney, George Julian 영국인 저널리스트, 개혁운동가, 차티스트 운동의 지도자. 그의 신문『붉은 공화주의자The Red Republican』는『공산당 선언』을 최초로 영어로 발표했고, 그 저자를 카를 마르크스와 프리드리히 엥겔스라고 밝혔다.

하디, 키어 Hardie, James Keir 스코틀랜드의 광부, 노조 활동가, 독립노동당의 지도자. 1892년에 영국 의회에 진출한 세 명의 노동자 중 한 명이었다.

하르트만, 레오 Hartmann, Leo(본명은 레프 니콜라예비치 하르트만Lev Nikolayevich Hartmann) 러시아인 혁명가, '인민의 의지' 조직원. 1879년에 상트페테르부르크에서 차르 알렉산드르 2세의 암살을 기도하다가 탈출했다. 런던의 마르크스와 엥겔스 집을 자주 방문하다가 나중에 미국으로 이민 갔다.

하이네, 하인리히 Heine, Heinrich 독일의 위대한 시인 중 한 사람. 정견 때문에 출판이 금지당했다. 1831년 파리로 망명해 평생을 지냈다. 파리에서 카를과 예니 마르크스의 친구였다.

하인드먼, 헨리 Hyndman, Henry 19세기 영국인 사회주의자, 초창기 마르크스 추종자. 영국에서 사회민주주의연맹을 조직했다. 마르크스와는 사이가 틀어졌지만, 사회주의 및 노동운동과 관련된 이슈에서 엘레아노르 마르크스와 긴밀히 협력했다.

하인첸, 카를 Heinzen, Karl 쾰른에서 마르크스와 함께『라인 신문』에서 일한 급진주의적 독일인 저널리스트. 브뤼셀에서 마르크스 서클의 일원이었지만 런던 망명 중 마르크스와 틀어진 후 미국으로 이민 갔다.

하츠펠트, 소피 폰 Hatzfeldt, Sophie von 독일의 백작부인, 19세기의 유명한 이혼 소송에 관련된 사교계 명사. 페르디난트 라살레의 도움으로 승소했다. 라살레의 활동을 지원하면서 사회주의에도 관심을 보였다.

한제만, 다비트 유스투스 Hansemann, David Justus 프로이센의 사업가, 재무장관. 마르크스의『라인 신문』을 후원했다.

헤겔, 게오르크 빌헬름 프리드리히 Hegel, Georg Wilhelm Friedrich 독일의 철학자. 삶의 변화하는 본성에 대한 연구로 인해 세계에서 가장 중요한 사상가 중 한 명으로 여겨진다. 그는 자신의 사상을 변증법이라고 불렸다. 카를 마르크스에게 지대한 영향을 미쳤다.

헤르베크, 게오르크^{Herwegh, Georg} 스스로 공화주의라고 선언해 프리드리히 빌헬름 4세에 의해 추방당한 독일인 시인. 파리에서 마르크스와 함께 일했지만, 1848년에 독일 진군작전으로 마르크스와 멀어졌다.

헤르베크, 엠마^{Herwegh, Emma} 베를린의 실크 상인의 딸이자 독일인 시인 헤르베크의 부인.

헤르첸, 알렉산드르^{Herzen, Alexander} 망명한 러시아인 저널리스트. 최초의 러시아 망명자 신문인 『더 벨 *The Bell*』을 창간했고, 러시아 국내에까지 영향을 미쳤다. 인민주의를 지지했으며 미하일 바쿠닌의 친구였다.

헤스, 모제스^{Hess, Moses} 저널리스트. 나중에 사회주의 시오니스트가 되었다. 마르크스의 초기 독일인 친구들 중 처음으로 공산주의자를 자처했다. 마르크스와 함께 『라인 신문』, 『신 라인 신문』에서 일했고, 파리와 브뤼셀에서 선전활동을 했다.

헤스, 지빌레^{Hess, Sibylle} 독일인 여성 노동자. 브뤼셀과 파리에서 모제스 헤스와 동거했다. 두 사람은 1852년에 결혼했다.

헤커^{Hecker} 1848년 당시 쾰른의 검사.

훔볼트, 알렉산더 폰^{Humboldt, Alexander von} 독일인 남작, 과학자, 박물학자, 탐험가, 작가. 1810년에 베를린 대학을 설립했다. 프리드리히 빌헬름 4세의 명에 따라 파리에서 독일어 신문 『전진!』의 직원들을 추방하는 데 관여했다.

흄, 데이비드^{Hume, David} 18세기 스코틀랜드의 철학자, 경제학자. 오직 보이거나 경험된 것만 알 수 있다고 믿은 경험주의자였다. 마르크스의 사상에 영향을 주었다.

히르슈, 빌헬름^{Hirsch, Wilhelm} 함부르크 출신의 프로이센 경찰 첩자. 런던에서 마르크스 그룹에 침투했다.

정치적 연대기

1837년 마르크스가 베를린의 청년헤겔파에 가입했다. 1831년 독일의 철학자 게오르크 프리드리히 헤겔이 사망한 이후, 일부 젊은 추종자들은 변화는 불가피하다는 그의 변증법 이론에 기초해 정치적, 사회적 개혁을 부르짖었다. 이 청년헤겔파는 베를린에 근거지를 두고 있었다.

1842년 5월 마르크스가 쾰른의 『라인 신문』에 기고하기 시작했다. 이 반체제 신문은 라인란트 지역에서 경제적, 지적으로 가장 융성한 도시에서 발간되었으며, 경제적 진보를 추구한 중간계급 사업가들로부터 사회주의자들에 이르기까지 광범위한 반체제 인사들의 지원을 받고 있었다. 마르크스는 1842년 10월에 이 신문의 편집장이 되었다.

1844년 2월 마르크스가 파리에서 『독불연보』의 창간호이자 마지막 호를 편집했다. 마르크스와 예니는 프랑스와 독일의 반체제 작가들의 목소리를 대변하겠다는 취지로 창간된 아르놀트 루게의 신문사에 합류하기 위해 파리로 이주했다. 신문은 프랑스 작가들을 영입하는 데 실패했고, 독일에서는 배포 금지되었으며, 마르크스를 포함한 관련자 네 명에 대해서는 대역죄로 프로이센 정부로부터 체포영장이 발부되었다.

1844년 봄 마르크스가 파리의 의인동맹과 접촉했다. 이 비밀 음모-선전 조직은 1836년 독일인 망명 수공업자들에 의해 결성된 것으로 오귀스트 블랑키와 아르망 바브가 비밀조직 '사계절회 Society of the Seasons'에서 주창했던 프랑스 노동자 공산주의 원칙을 따르고 있었다.

1844년 8월 마르크스가 파리의 『전진!』에 글을 쓰기 시작했다. 이 주간지는 유럽에서 검열 없이 발행된 유일한 독일어 신문으로 알려져 있었다. 신문이 너무 급진적이었기 때문에 편집장은 구속되고 마르크스를 포함한 집필진은 프랑스에서 추방되었다.

1845년 여름 마르크스와 엥겔스가 영국으로 여행을 떠나 의인동맹 조직원들과 차티스트들을 접촉했다. 동맹의 일부 독일인 조직원들은 1839년 프랑스인 동료들의 반란이 실패한 후 런던으로 도망쳐 의인동맹 지부와 함께 공개적인 조직원 선발 창구인 독일노동자교육협회를 설립했다. 마르크스와 엥겔스는 또한 대륙으로부터의 지지를 구하고 있던 영국의 개혁운동인 차티즘의 고참 운동가들과도 교류했다.

1846년 1월 마르크스, 엥겔스, 그리고 필리프 지고가 브뤼셀에서 공산주의자통신위원회를 조직했다. 위원회의 목적은 다가올 혁명에 대비해 유럽 전체의 노동자들과 사회주의자들을 단합시키기 위해 공통의 이해가 걸린 일들로 서로의 교류를 확산시키는 것이었다. 그것은 마르크스가 만들려고 한 최초의 국제조직이었다.

1847년 2월 마르크스가 런던 소재 의인동맹의 가입 권유를 받아들이고 브뤼셀에 지부를 열었다. 마르크스와 엥겔스는 의인동맹의 런던 지도부가 노동자들을 끌어들이기 위해서는 젊은이들의 도움이 필요하다는 사실을 인정한 후에 동맹에 가입했다. 그것은 마르크스가 가입한 최초의 프롤레타리아트 조직이었다.

1847년 6월 의인동맹이 공산주의자동맹으로 개칭되었다. 조직원들은 새로운 정강을 작성하기 위해 런던에 모였다. 마르크스와 엥겔스의 주도하에 동맹은 역사상 최초의 국제적 공산주의자 조직이 되었다.

1847년 7월 마르크스와 엥겔스가 브뤼셀에서 비밀조직인 공산주의자동맹을 결성하고 아울러 공개조직인 독일노동자협회를 설립했다. 런던의 공산주의자동맹 모임 이후 마르크스와 엥겔스는 브뤼셀 지부의 조직원 모집에 나섰으나 실제 노동자들의 참여가 없어서 실망했다. 그들은 비밀조직에 노동자들을 끌어들이기 위해 사회적 교육단체를 만들었다.

1847년 11월 마르크스가 브뤼셀에서 국제민주주의협회의 부회장이 되었다. 협회는 독일인 망명자들과 벨기에 급진주의자들 사이에서 마르크스와 엥겔스의 영향력이 커지는 것을 차단하기 위해 설립되었지만, 엥겔스는 교묘히 마르크스가 단체의 부회장으로 선출되도록 만들어서, 그것을 또 다른 조직화의 수단으로 바꾸어놓았다.

1848년 2월 마르크스와 엥겔스의 『공산당 선언』이 런던에서 출간되었다. 두 사람은 공산주의자동맹으로부터 새로운 조직원 모집에 필요한 문서를 작성해달라는 부탁을 받았었다. 엥겔스를 비롯한 여러 동맹원들도 문서를 작성했지만, 1848년 런던에서 인쇄된 것은 마르크스의 글이었다. 한 동료는 그 글을 여태까지 세상에 출현한 것들 중 가장 혁명적인 문서라고 평했다.

1848년 3월 공산주의자동맹의 중앙위원회가 파리로 이전했다. 1848년 유럽은 베를린에서부터 시칠리아까지 반란의 물결에 휩싸였고, 그 중심지는 파리였다. 브뤼셀에서 외국인 급진주의자들에 대한 경계심이 고조되자 마르크스 가족은 파리로 이주했다.

마르크스는 파리에서 독일노동자조합을 설립했다. 파리는 각자의 조국에서 봉기를 일으키려는 망명 집단들로 북적였다. 마르크스의 조합은 군인들이 아닌 선전가들의 부대였으며, 독일로 잠입해 이제 막 움트기 시작한 반체제 운동을 강화시키는 것을 목표로 했다.

1848년 6월 마르크스의 『신 라인 신문』이 쾰른에서 간행되었다. 마르크스와 그의 동료들은 과거의 쾰른 신문을 재건해 여태까지는 비밀이었던 독일연방 전체의 정부활동과 유럽 전역의 봉기를 보도하는 민주주의 조직으로 활용했다.

마르크스는 공산주의자동맹을 해체했다. 파리에서 반혁명 세력들이 시민들을 상대로 전투를 벌인 야만적인 '6월의 나날들'이 발생한 후, 그는 이제 투쟁이 공공연한 장소, 그리고 자신의 신문지상에서 펼쳐질 수 있기 때문에 동맹과 같은 비밀조직은 필요 없다고 판단했다. 거의 대부분 마르크스와 함께 쾰른에 머물고 있던 동맹의 지도부는 투표로 조직 해산을 결정했다.

1848년 9월 마르크스와 엥겔스가 쾰른의 공공안전위원회 결성을 도왔다. 가톨릭 지역인 쾰른에 대부분 프로테스탄트로 구성된 프로이센군이 주둔하자 긴장이 고조되었다. 시민들은 군대가 자신들의 적이라고 판단하고 스스로를 지키기 위해 정부의 허가 없이 민병대를 만들기로 결정했다.

1849년 4월 마르크스가 라인란트 민주주의조합을 탈퇴했다. 마르크스는 1849년 반혁명기에 중간계급 민주주의자들이 자신들의 이익을 위해 노동계급을 배신했다고 느꼈다. 1849년 이후 마르크스는 다시는 부르주아와 정치적으로 협력하지 않았다.

1849년 5월 『신 라인 신문』 폐간. 마르크스의 신문 논조가 점점 과격해지자 프로이센 당국은 그에게 추방명령을 내렸다. 폐간호는 붉은 잉크로 인쇄되었다.

1849년 9월 공산주의자동맹이 독일노동자교육협회와 함께 영국에서 재건되었다. 유럽에서 1848년 봉기가 진압당하자 대륙으로부터 많은 정치망명자들이 런던으로 건너갔다. 마르크스와 그의 동료들도 그들 중 일부였다. 그들은 조직을 재건하고 모집 창구를 마련했다.

망명자부조위원회가 설립되었다. 마르크스는 위원으로 선출되었으며, 음식이나 거처, 돈도 없이 무작정 런던으로 밀려든 수백 명의 독일인 망명객들을 도왔다. 위원회는 독일노동자교육협회의 일부였기 때문에 역시 공산주의자동맹의 모집 창구 역할을 했다.

1850년 초 마르크스와 엥겔스는 런던의 '혁명적 공산주의자 세계협회'에 가입했다. 프랑스인들이 주도한 그 극좌 단체는 대부분 오귀스트 블랑키의 추종자들로 구성되었다. 블랑키는 1848년 봉기에 가담했다가 프랑스에서 투옥된 상태였다.

1850년 3월 마르크스의 『신 라인 신문, 정치경제학 비평』이 함부르크에서 간행되었다. 이 독일어 반체제 신문은 적어도 지면상에서만이라도 1848년 봉기의 생명을 유지시키기 위해 마르크스와 그의 동료들이 런던에서 작성한 것이었다. 그렇지만 신문은 자금 부족과 마르크스가 독일에서의 '관료들의 횡포'라고 표현한 것 때문에 단 6호까지만 발간되었다.

1850년 9월 공산주의자동맹 중앙위원회가 쾰른으로 이전했다. 런던의 독일 망명자들 사이에서는 즉각적인 혁명활동을 지원할 것인지, 아니면 마르크스의 제안에 따라 미래의 변화될 지위에 걸맞게 노동자들을 준비시키기 위해 교육에 집중할 것인지를 두고 분열이 발생했다. 마르크스는 중앙위원회를 런던 밖으로 옮기고 경쟁자들을 동맹에서 축출함으로써 그들을 물리쳤다.

마르크스와 엥겔스는 혁명적 공산주의자 세계협회와의 관계를 청산했다. 마르크스는 블랑키를 지지했지만, 그 추종자들은 경솔하다고 생각했으며, 그들이 노동자들을 패배로 몰아넣을 반란을 일으키지 않을까 우려했다. 마르크스, 엥겔스, 조지 줄리언 하니는 협회를 떠났다.

1851년 8월 마르크스가 『뉴욕 데일리 트리뷴』에 기고하기 시작했다. 찰스 다나 편집장이 마르크스를 자신의 자유주의적 미국 신문의 유럽 통신원으로 위촉해 기사 및 평론을 써달라고 부탁했던 것이다. 마르크스는 1852년까지 영어로 기사를 쓸 수 없었기 때문에 엥겔스가 마르크스의 기사를 영어로 번역해주었다.

1851년 12월 마르크스와 그의 동료들은 자신들을 '시나고그'라고 부르며 런던에서 모임을 갖기 시작했다. 마르크스의 주변 인물들은 다른 독일인 망명자들과 멀리하며 영국박물관 열람실에서 시간을 보내고, 시나고그 모임에서 술을 마시며 정치경제학과 사회이론에 대해 토론했다.

1852년 11월 마르크스가 공산주의자동맹을 해산했다. 쾰른에서 열한 명의 동맹 조직원이 체포되고 그중 일곱이 투옥된 사건에 아울러, 유럽의 반혁명적 정세는 마르크스가 더 이상 비밀조직을 운영하는 것이 생산적이지 않다는 결론에 이르도록 만들었다. 그는 이선으로 물러나서 신문과 이론 작업에 몰두했다.

1859년 5월 마르크스는 독일노동자교육협회의 런던 신문 『인민』에 관여했다. 그는 그 망명자 신문을 넝마조각이라고 비웃었으나, 정치경제학에 관한 자신의 저작 출간과 관련해 실의에 빠졌던 기간 동안 그 신문을 경쟁자들에 대한 울화를 분출할 수단으로 삼았다.

1859년 6월 마르크스의 『정치경제학 비판 요강』이 베를린에서 출판되었다. 친구와 추종자들은 그 책이 오랫동안 고대해왔던 그의 정치경제학에 관한 중대한 저서가 될 것으로 기대했으나, 책은 난해하고 실망스러웠으며, 언론의 주목을 받지도 못했다.

1860년 3월 마르크스의 『정치경제학 비판 요강』이 러시아에서 판매되었으며, 모스크바 대학의 한 교수가 그 책으로 강의했다. 책은 마르크스가 주요 대상으로 삼았던 독일 독자들에게는 거의 무시된 반면, 차르 알렉산드르 2세 치하에서 자유주의조차 숨죽이고 있던 러시아에서 그 번역본이 독자들의 환영을 받았다.

1862년 3월 『뉴욕 데일리 트리뷴』이 더 이상 런던 특파원이 필요치 않다며 마르크스와의 관계를 끊었다. 에이브러햄 링컨의 대통령 당선과 그에 뒤이은 내전 소식이 미국 신문의 지면을 채우게 되면서 『뉴욕 데일리 트리뷴』은 점차 외국 기사를 줄이게 되었다.

1863년 5월 페르디난트 라살레가 독일노동자총연맹을 설립했다. 1860년대 초반에 유럽 전역에서 노동자들은 자신들의 힘을 인식하기 시작했다. 독일에서는 라살레가 『노동자의 강령』이라는 팸플릿을 출판해 노동자 조직화를 시도했는데, 그것은 현대적 독일 노동운동의 효시로 여겨지고 있다. 그는 나중에 노동자 정당을 창당했다.

1863년 7월 유럽 노동자들이 폴란드의 봉기를 지원하기 위해 런던에 모였다. 1861년 러시아가 농노제를 폐지한 후, 폴란드인들은 더 많은 권리를 요구했고, 그들의 요청이 답을 얻지 못하자 결국 반란을 일으켰다. 유럽의 각국 정부들은 도움을 거절했으나 노동자들은 연대를 표시했다. 그들은 또한 향후의 도전에 대처하기 위해 국제 노동자 조직을 창설할 것을 결정했다.

1864년 9월 런던에서 국제노동자협회(인터내셔널)의 창립준비회의가 개최되었다. 성마틴 홀에 모인 영국, 이탈리아, 프랑스, 아일랜드, 폴란드, 독일의 반체제 인물들은 정부와 기업가들의 유착과 점점 커져가는 그들의 힘에 맞서기 위한 조직을 창설하기로 하고 제1인터내셔널을 결성했다. 마르크스는 모임을 대표해 『노동자계급에게 드리는 담화』를 작성했다. 그의 공식 직함은 독일 연락비서에 불과했지만, 실질적으로는 인터내셔널의 지도자가 되었다.

1867년 9월 마르크스의 대작 『자본론』 제1권이 출판되었다. 1851년(1844년까지 거슬러 올라가지는 않더라도)부터 마르크스가 작업해온 정치경제학이 마침내 세상에 모습을 드러낸 것이다. 마르크스와 예니는 그 책이 '폭탄'처럼 대중에게 떨어질 것이고 자신들의 모든 희생을 보상해주리라고 기대했지만, 마르크스의 다른 경제학 저작들과 마찬가지로 그 책에 대한 반응은 조용하기만 했다.

1868년 9월 마르크스는 『자본론』 제1권의 러시아어판 번역을 제의받았다. 경제학자이자 작가인 니콜라이 다니엘손이 상트페테르부르크의 출판업자 N. 폴랴코프가 『자본론』의 번역 출간을 원한다고 알려왔다. 그것은 독일어판 『자본론』의 최초 번역 출판이 되었다.

1869년 8월 사회민주주의노동자당이 창당되었다. 마르크스의 친구 빌헬름 리프크네히트와 그의 동료 아우구스트 베벨이 독일의 아이젠나흐에서 노동자당 창당대회를 가졌다. 그 정당은 15만 명을 대표했으며 인터내셔널의 규약을 당규로 채택했다.

1869년 11월 마르크스는 인터내셔널 중앙협의회가 아일랜드의 정치범 석방을 요구하고 아일랜드 독립을 지지하도록 영향력을 행사하기 시작했다. 그는 유럽의 사회변혁을 가속화하기 위해서는 영국에서 변화가 일어나야 하며 그 변화의 열쇠는 아일랜드에 있다고 생각했다. 인터내셔널의 영국 대표단은 그 입장에 반대했으며, 영국 정부에 대한 정치적 도전은 인터내셔널에 대한 경계심을 초래했고, 프랑스에서의 회원들에 대한 탄압으로 이어졌다.

1870년 9월 나폴레옹 3세가 프랑스-프로이센 전쟁에서 포로가 된 후, 프랑스에는 공화국이 선포되었다. 프랑스 인터내셔널 회원들은 국가방위 임시정부 설립에 참여했으며, 공화국 군대로서 프로이센에 대항한 전쟁을 계속했다. 그렇지만 인터내셔널 회원들은 새 정부가 과거에 노동계급을 배신했던 부르주아들에 의해 장악되었기 때문에 또다시 그런 일을 벌일 것이라고 생각했다.

1871년 3월 파리 시민들이 자신들만의 정부인 코뮌을 건설하기 위해 투표했다. 2월에 치러진 총선거에서 프로이센에 막대한 전쟁배상금을 무는 휴전을 승인한 보수주의자들이 정부를 장악했던 것이다. 전해 8월부터 포위공격에 저항해왔던 파리 시민들은 배신감을 느끼고 인터내셔널 회원들이 포함된 좌파 정부를 구성하고 프랑스 정부군과 일전을 불사할 각오를 다졌다.

언론들은 마르크스가 파리의 인터내셔널을 통해 코뮌을 배후조종하고 있다고 비난했다. 프랑스 정부군이 동포들과의 싸움을 회피하자, 정부는 코뮌이 외국인의 조작으로 보이도록 만들고 싶어 했다. 그런 사악한 영향력을 행사하는 사람들의 우두머리로 마르크스가 지목되었다. 그는 거듭해서 파리 반란의 배후에 숨은 붉은 배후조종자로 언급되었다.

1871년 5월 마르크스는 인터내셔널 중앙협의회에 자신의 35장짜리 팸플릿 『프랑스에서의 내전』을 제출했다. 마르크스는 파리 코뮌 이전에는 거의 알려지지 않은 사람이었지만, 그 후로는 파리 시민들을 찬양하는 그의 팸플릿에 힘입어 붉은 테러리스트 박사, 반란의 사악한 설계자로 널리 알려졌으며, 시카고에서 빈까지 많은 언론들로부터 지탄의 대상이 되었다.

1871년 7월 스페인에서 최초의 마르크스주의자 조직인 '신新마드리드동맹'이 창립되었다. 스페인에서 폴 라파르그의 활동은 별다른 성과를 내지 못했지만, 마드리드에서 마르크스주의 단체를 만든 것만은 예외였다. 그 조직은 현재 스페인 사회당의 모태가 되었다.

1872년 3월 러시아어판 『자본론』 제1권이 출간되었다. 러시아의 검열관들은 『자본론』이 너무 어려워서 아무도 사지 않을 것이라며 배포를 허락했다. 초판 3천 부는 두 달 만에 완판되었다.

1872년 9월 제5차 인터내셔널 연례대회가 헤이그에서 개최되었다. 마르크스는 런던 이외의 지역에서 개최되는 인터내셔널 대회에 참석한 적이 없었지만, 헤이그 대회에는 직접 참석해 중앙협의회를 뉴욕으로 옮김으로써 자신의 지도자적 역할을 끝내고 은퇴를 준비하는 계기로 삼았다.

마르크스는 암스테르담에서 열린 인터내셔널 지역모임에서 마지막 공식연설을 했다. 그 연설은 나중에 마르크스가 사실은 평화주의자였는지 아니면 폭력혁명의 옹호자였는지를 두고 논란을 불러일으켰다.

1875년 3월 고타에서 독일사회주의노동당(SAPD)이 창당되었다. 독일 노동자들과 사회주의자들은 두 개의 주요 노동당─라살레의 독일노동자총연맹과 베벨과 리프크네히트의 사회민주주의 노동자당─이 통합하면 더욱 큰 영향력을 발휘할 수 있을 것이라고 생각했다. 그 당은 1890년에 현재까지도 남아 있는 독일 사회민주당이 되었다.

1875년 11월 프랑스어판 『자본론』 제1권이 출판되었다. 1만 부가 간행된 이 번역본의 초도 물량은 금세 소진되었다. 프랑스어판은 독일어판보다 더욱 넓은 독자층을 지니고 있었던 것도 이유였지만, 마르크스가 읽기에 어려웠던 초기 독일어판에 상당한 개정을 가했던 것도 인기에 기여했다.

1876년 7월 제1인터내셔널이 필라델피아에서 해산되었다. 인터내셔널은 미국으로 이전된 후, 영향력이 줄어들고 조직 전반에 걸쳐 분열이 발생하기 시작했다. 남은 열 명의 회원은 인터내셔널의 해체를 결정하고 각자의 조직을 창설했으며, 그중 하나는 미국의 사회주의노동당이 되었다.

1878년 10월 독일에서 반사회주의자법이 통과되었다. 비스마르크 재상은 빌헬름 황제에 대한 두 번의 암살 기도를 빌미로 독일에서 커져가는 사회주의노동당의 정치적 영향력을 억제하기 위 한 법을 제정했다. 그 법으로 인해 마르크스를 비롯한 사회주의자들은 독일에서 책을 출판할 수 없게 되었다.

1879년 10월 쥘 게드가 프랑스 노동당을 창당했다. 프랑스 좌파는 코뮌 이후 분열되어 있었는데, 지도자들이 해외로 망명한 것도 그 이유 중 하나였다. 사회주의자 게드는 마르세유에서 모든 정치 분파의 노동자들을 통합해 단일 정당을 만들려고 노력했다. 1880년 그 당은 프랑스 노 동당으로 발전해 프랑스 최초의 마르크스주의 당이 되었다.

1881년 6월 하인드먼이 런던에서 민주주의연맹을 결성하고 『모든 이를 위한 영국*England for All*』을 출 판했다. 하인드먼은 초기 영국의 '마르크스주의자들' 중 한 명이었다. 그의 단체는 사회주의 적 성향이 불투명했으며, 노동자들을 위해 노동자들로 구성되었다고 주장했다. 그의 책 내용 은 『자본론』이 아직 영국에 소개되지 않았을 때, 『자본론』으로부터 말 그대로 차용한 것이었 기 때문에 마르크스는 하인드먼의 표절 행위를 공개적으로 비난하는 일까지 고려했다.

1883년 3월 14일 마르크스가 런던의 자택에서 세상을 떠났다. 그는 필생의 저작인 『자본론』을 미 완성한 채 방대한 자료들로 남겨두었으며, 그의 이론은 소수에게만 알려져 이해되고 있었다. 장례식에는 열한 명이 참석했다.

1884년 1월 중간계급 지식인 사회주의자들의 페이비언 협회가 창설되었다. 페이비언 협회는 하인 드먼의 민주주의연맹과 새생활협회라고 불린 단체에서 떨어져 나온 사람들이 만든 모임이었 다. 그들은 사회개혁에 대해 점진적인 접근법을 취했다. 그들의 모토는 "파비우스가 그랬듯이, 적당한 시기가 올 때까지 끈질기게 기다려야 한다"였다.

1884년 3월 런던에서 마르크스 서거 일주기 행사가 열렸다. 마르크스 서거 일주기 및 파리 코뮌 13주기를 맞아 6천여 명이 모여 하이게이트 공동묘지로 행진했다.

1884년 8월 하인드먼은 자신의 조직을 사회민주주의연맹으로 개명했다. 새로운 명칭은 강조점의 변화를 의미했다. 조직은 엄격히 노동자들만의 조직에서 마르크스주의의 영향을 받은 사회 주의자들의 조직으로 변했다. 그 단체는 1820년대 이래 영국에서 최초의 영향력 있는 사회주 의자 단체가 되었다.

1884년 12월 엘레아노르 마르크스와 그녀의 동료들은 사회민주주의연맹을 탈퇴해 사회주의자 동맹을 창설했다. 사회민주주의연맹이 너무 독단적인 모습을 보이는 등 여러 가지 문제가 있 다고 주장하며, 마르크스주의 원칙에 따라 교육과 조직을 담당할 새로운 사회주의자 조직을 만들었던 것이다.

1885년 1월 『자본론』 제2권이 인쇄되었다(마르크스가 출판업자에게 약속한 날로부터 18년이 지 난 때였다). 마르크스 사후에 엥겔스는 수백 페이지의 초고를 정리해 마르크스의 정치경제학 제2권을 만들어냈다. 제2권은 자본의 순환에 관한 것이었다. 엥겔스는 그 책을 예니 마르크스 에게 헌정했다.

1886년 7월 프랑스, 독일, 영국의 사회주의 운동 지도자들이 제2인터내셔널의 창설을 논의하기 시작했다. 1880년대 들어 자본주의적 확장은 국가의 제국주의적 식민지 확대에 발맞춰 가속화되고 있었다. 일부 사회주의자들은 이런 새롭고 더욱 위협적인 환경에서 노동자들을 보호하기 위해서는 국제적 조직이 절실하다고 생각했다.

1886년 9월 엘레아노르 마르크스 에이블링, 에드워드 에이블링, 빌헬름 리프크네히트는 사회주의 선전을 위해 미국 순회강연을 나섰다. 그들은 12주간 캔자스시티까지 35개 도시와 마을을 돌며, 거의 모든 체류지에서 연설회를 개최했고, 어떤 경우는 한 군데서 네 가지 행사를 소화하기도 했다.

1887년 1월 『자본론』 제1권의 영어판이 출판되었다. 영국인 변호사 새뮤얼 무어와 엘레아노르의 사실상의 남편인 에드워드 에이블링이 마르크스의 저작을 번역했다. 노동운동이 한창 고조되고 있던 시기에 『자본론』은 환영받았다.

1889년 7월 파리에서 제2인터내셔널이 창립되었다. 프랑스 사회주의자들이 개최한 대회에 391명의 국제 사회주의자들과 노조 대표자들이 참석해, 마르크스의 제1인터내셔널을 계승하는 제2인터내셔널을 성공적으로 출범시켰다. 제2인터내셔널은 노동운동을 지원하기 위해 이듬해부터 세계적인 메이데이 행사를 개최하기로 했다.

1889년 8월 런던의 부두노동자들이 노동운동가와 사회주의자들의 지도하에 사상 초유의 파업을 벌였다. 영국 노동자들 중 가장 무력하고 핍박받던 6만여 명의 부두노동자들이 한 세기 동안 최초로 런던 항구를 완전히 멈춰 서게 만들었다. 파업은 9월 중순까지 이어졌으며, 노동자들은 대부분의 요구조건을 쟁취한 후에 작업에 복귀했다.

1890년 5월 최초의 세계 메이데이 시위가 벌어졌다. 유럽 전역과 북남미에서 개최되어 8시간노동제와 노동권을 요구했다. 가장 대규모의 시위가 펼쳐진 곳은 런던으로, 30만 명이 하이드파크에 운집해 노동자, 노동조합, 사회주의자들의 위세를 과시했다.

1892년 7월 영국 의회에 세 명의 노동자가 진출했다. 존 번스, J. 해브록 윌슨, 키어 하디가 선거에서 승리해 최초의 노동자 출신 하원의원이 되었다.

1893년 1월 영국 독립노동당이 결성되었다. 에드워드 에이블링이 엥겔스의 후원하에 창당위원회에 참여했다. 당의 강령은 마치 마르크스가 작성한 것 같았다. "생산, 분배, 교환수단의 집단적 소유 및 통제"와 8시간노동제도 포함되어 있었다. 나중에 영국노동당의 창당에 기여하게 될 그 당의 의장은 스코틀랜드의 광부 출신 키어 하디였다.

1894년 5월 『자본론』 제3권이 출판업자에게 송고되었다. 엥겔스가 십 년간 마르크스의 초고를 편집해 만든 것으로 제3권은 독점자본과 세계시장의 창출, 그리고 더욱 중요하게는 그 실패를 다루었다.

1894년 블리디미르 레닌이 상트페테르부르크의 마르크스주의 조직에 가입하고 서유럽으로 여행했다. 게오르기 플레하노프를 만나려 했던 것이다. 플레하노프는 생애의 대부분을 취리히와 런던에서 보냈다. 그는 러시아에서 최초의 마르크스주의 조직인 노동해방을 만든 인물이었다. 레닌은 파리에서 또한 처음으로 마르크스의 사위인 폴 라파르그를 만났으며, 라파르그는 러시아 청년이 마르크스주의를 잘 이해하고 있다는 사실에 놀라움을 표시했다.

1895년 8월 5일 엥겔스가 자택에서 세상을 떠났다. 엥겔스도 마르크스와 마찬가지로 많은 미완성작을 남겼으며, 비록 그가 카를 카우츠키와 에두아르트 베른슈타인(그리고 마르크스의 딸들)을 마르크스 저작 정리 작업에 대한 후계자로 지명했음에도 불구하고, 그의 죽음은 거의 즉각적으로 마르크스와 엥겔스의 추종자들 사이에서 신화와 이론을 둘러싼 투쟁을 촉발시켰다.

1905년 1월 상트페테르부르크에서 군대가 시위 중이던 노동자들을 향해 발포해 2백여 명이 피살되자 러시아에서 혁명이 일어났다. 1848년의 서유럽에서와 마찬가지로 노동자들의 폭발적인 봉기에 놀란 정부는 입법기관인 듀마를 포함한 여러 가지 양보를 약속했지만, 역시 1848년의 경우와 마찬가지로 그것은 상황을 모면하기 위한 허울뿐인 것으로 사회적 개혁에 이르지는 못했다.

1910년 여름 레닌이 드라베이에 있는 폴과 라우라 라파르그를 방문했다. 1905년 혁명 이후 레닌은 부인 및 장모와 함께 서유럽에 살고 있었다. 파리에서 연구와 저술활동을 하고 있던 레닌은 마르크스의 저작에 대해 토론하기 위해 마르크스의 딸과 사위를 방문했던 것이다.

1911년 12월 프랑스, 독일, 영국, 스페인, 러시아의 사회주의자들과 노동당 지도자들이 폴과 라우라 라파르그에게 마지막 경의를 표했다. 20세기 사회주의 및 공산주의의 유력한 지도자들이 파리에서 거행된 라파르그 부부의 장례식에 참석해 연설했다. 라파르그 부부는 11월에 자살로 생을 마감했다. 조문객들 중에는 레닌도 있었으며, 그는 그곳에서 프롤레타리아트의 승리가 멀지 않았음을 예언했다.

1917년 11월 레닌과 볼셰비키 추종자들이 러시아의 권력을 장악했다. 레닌은 그해 3월에 차르 니콜라이 2세가 퇴위하고 임시정부가 들어선 후, 4월에 망명생활을 청산하고 러시아로 귀국했었다. 그와 볼셰비키는 임시정부를 지지하지 않기로 결정하고 11월에 공공기관을 장악한 후, 미처 도망치지 못한 임시정부 지도자들을 체포했다. 이듬해 1월 레닌은 '혁명적 독재'를 선포했다.

찾아보기

인명

옮긴이 천태화

고려대학교 독어독문학과를 졸업하고 프리랜서 번역가로 활동하고 있다.
『보수주의자들은 왜?』, 『데스스토커』(전2권), 『데스스토커: 혁명』(전2권) 등을 번역했다.

사랑과 자본

카를과 예니 마르크스, 그리고 혁명의 탄생

초판 1쇄 발행 2015년 5월 5일

지은이   메리 게이브리얼
옮긴이   천태화
펴낸이   김철식
펴낸곳   모요사
출판등록 2009년 3월 11일(제410-2008-000077호)

주소   411-762 경기도 고양시 일산서구 가좌3로 45 203동 1801호
전화   031-915-6777
팩스   031-915-6775
이메일 mojosa7@gmail.com

ISBN   978-89-97066-24-7 03900